뼈
위에 선
괴물들

일러두기

- 이 책은 2024년 12월 3일 윤석열 정부의 비상계엄 선포 이후, 해당 사안과 관련한 의회와 정당의 공개 회의록 및 상정 안건, 공식 보도자료 등을 엮은 것입니다.
- 이 책의 자료는 〈국회회의록의 발간 및 보존 등에 관한 규정〉 제2조에 따른 임시회의록을 포함하며, 본문 내 자료에 해당 사실이 표시되어 있습니다.
- 각 자료는 최대한 시간 순서에 따라 배치했습니다. 의안은 검토나 의결 일자가 아닌 제안 일자에 맞춰 배치했고, 폐기된 의안도 중요도에 따라 수록했습니다.
- 모든 자료는 머리말과 꼬리말을 제외하고 원문 상태 그대로 보존하였습니다. 다만, 공식 문서 형태가 아닌 웹상에 게재된 자료는 책에 수록하기 위해 양식을 수정하였습니다. 이 과정에서 맞춤법을 포함하여 원문의 내용에는 어떠한 수정도 가하지 않았음을 밝힙니다.
- 목차의 각 항목에 표시한 부제는 원문 자료에 없는 것으로, 주요 논의 사항을 쉽게 파악할 수 있도록 추가한 정보입니다. 의안의 경우 최종 검색일을 기준으로 의결 상황과 일자를 표기했습니다.
- 모든 자료의 출처는 아래와 같습니다. (최종 검색일: 2025년 3월 16일)

- 국가법령정보센터 https://www.law.go.kr/
- 국무조정실 국무총리비서실 https://www.opm.go.kr/opm/index.do
- 국회회의록 https://likms.assembly.go.kr/record/
- 대한민국 정책브리핑 https://www.korea.kr/
- 의안정보시스템 https://likms.assembly.go.kr/bill/main.do
- 국민의힘 홈페이지 https://www.peoplepowerparty.kr/
- 더불어민주당 홈페이지 https://theminjoo.kr/main/
- 조국혁신당 홈페이지 https://rebuildingkoreaparty.kr/
- 개혁신당 홈페이지 https://www.reformparty.kr/press
- 진보당 홈페이지 https://jinboparty.com/
- 기본소득당 홈페이지 https://www.basicincomeparty.kr/
- 사회민주당 홈페이지 https://www.samindang.kr/

별 위에 선
괴물들

윤석열 구속 취소
(3.6.-3.11.) ──────────────── 한국학술정보 엮음

머리말

2024년 12월 3일 20시 25분경, 윤석열 대통령은 긴급 대국민 담화를 통해 비상계엄을 선포했다. 1979년 이후 45년 만에, 1987년 민주화 항쟁 이후 처음 있는 일이었다. 그는 국회의 잇따른 탄핵 소추와 예산 삭감이 정부 운영을 마비시키려는 시도라며, 비상계엄은 "종북 반국가 세력들을 척결"하기 위한 조치라고 밝혔다.

계엄 선포 직후, 경찰과 계엄군은 국회의 출입문을 봉쇄하기 시작했다. 국회의 정치활동을 금지하는 내용을 첫 번째로 실은 계엄 포고문도 발표되었다. 그러나 국회의원들은 담을 넘어 국회로 진입했고, 시민들도 어느새 모여 국회 앞을 지켰다. 긴장이 고조되며 계엄군이 국회 본관 창문을 깨고 내부로 진입하기도 했지만, 시민과 보좌진은 몸을 던져 바리케이드를 쌓고 소화기 분말을 뿌리며 저항했다.

계엄군이 회의장 앞까지 도달한 12월 4일 오전 1시경, 국회는 재석 190명 전원의 찬성으로 비상계엄 해제를 의결했다. 비상계엄 선포로부터 불과 세 시간 만이었다. 윤석열 대통령은 그로부터 다시 세 시간이 지난 4시 30분경 계엄령 해제를 공식 발표했다. 국민과 국회의 신속한 대응으로 계엄령은 여섯 시간여 만에 해제되었으나, 이는 우리 사회 전반에 가늠할 수 없는 여파를 미치고 있다.

이 책은 12 · 3 비상계엄 선포부터 현안의 중심이 된 국회와 각 정당이 공개적으로 발표한 회의록과 성명문 등을 엮은 기록물이다. 긍정적이든 부정적이든 제삼자의 필터를 거친 보도를 배제하고 한국 의회의 실제 모습을 담아냄으로써, 우리 사회를 비롯해 전 세계가 주목하고 있는 이 사건의 실체를 기록하고 기억하고자 하는 의도에서 출간되었다.

물론, 국회와 정당만이 우리 사회와 현안의 전부는 아니다. 거리 곳곳을 밝힌 불빛과 목소리, 각계각층의 시국선언, 수사기관의 상황 보고, 언론과 매체의 분석, 그리고 조용히 일상을 지키며 살아가는 수많은 사람의 노력이 모여 우리의 현재를 이루고 있다. 그럼에도 이 책이 국회와 정당의 움직임을 기록하고자 한 이유는, 그들이 사회 전체의 의지를 반영하는 대표성을 지니고 있기 때문이다. 계엄령 해제를 포함해 향후 이뤄진 주요한 사회 · 정치적 결정은 모두 시민의 요구와 더불어 국회의 민주적 절차를 통해 이루어졌다. 이를 충실히 기록하는 일은 우리 사회가 민주주의의 과정을 이해하고 앞으로의 도전에 대비하는 데 중요한 자료가 될 것이다.

한편, 이 책 역시 분량과 구성의 한계상 국회와 정당이 내놓은 모든 의견과 자료를 담지는 못했다. 정당 관련 자료는 국민의힘, 더불어민주당, 조국혁신당, 개혁신당, 진보당 다섯 개 정당의 자료를 실었으며, 공식적으로 발표한 주요 입장과 보도자료를 중심으로 구성했다. 원내 정당 가운데 전문을 실지 못한 기본소득당, 사회민주당의 자료와 기타 관련 논평 등은 비어 있는 지면을 활용해 최대한 소개하고자 했다.

본 총서 제23권은 3월 6일부터 11일까지의 내용을 다룬다. 6일 행정안전위원회에서는 중앙선관위 위원 후보자 김대웅의 인사청문회가 있었고, 농림축산식품해양수산위원회에서는 농어민 기본소득 관련 법안 공청회가 이뤄졌다. 7일부터 10일까지는 의회 내 회의가 없었으며, 11일에는 과학기술정보방송통신위원회에서 방심위원장 류희림의 사퇴 촉구안이 가결되었다. 외교통일위원회에서는 외교부장관 조태열 등이 참석해 미국의 한국 민감국가 지정 등에 관한 현안 질의가 이뤄지기도 했다.

사건은 의회 밖에서 일어났다. 3월 7일 오후, 법원은 윤석열 측의 구속 취소 청구를 인용했다. 재판부의 지귀연 판사는 구속 기간을 '10일'이 아닌 '240시간'으로 계산하여, 대통령의 구속 기간이 만료된 상태에서 공소가 제기되었다고 판단했다. 또 윤 측이 제기한 공수처의 수사 적법성 논란을 해소하는 것이 바람직하기에 구속 취소 결정을 하는 것이 타당하다고 보았다. 심우정 검찰총장은 해당 결정에 항고하지 않겠다는 뜻을 밝혔고, 결국 8일 윤석열이 지지자들과 대통령경호처의 비호 가운데 석방되었다.

더불어민주당을 포함한 야권 5당은 즉각 반발했다. 구속 기간을 시간 기준으로 계산한 것은 유래가 없는 일이었고, 영장 집행을 포함한 공수처의 수사 역시 모두 법원의 판단하에 진행된 일이었다. 심우정은 구속 취소에 대한 즉시 항고에 위헌 소지가 있다고 말했지만, 그에 대한 위헌 판단은 내려진 적 없으며 비슷한 이전 사건에서 즉시 항고를 진행했었단 사실도 드러났다. 야권은 이례적인 처사를 거듭하며 내란죄로 구속된 피의자를 석방한 법원과 검찰, 이에 환호하며 탄핵 각하와 공수처 폐지 등을 주창하는 여당 및 극우 세력에 대해 비판의 목소리를 높였다. 여야는 각자 거리 시위와 단식 투쟁에 나섰고, 헌재 판결에 주목하며 향후 행보를 가다듬던 의회와 시민사회 모두는 다시금 혼돈에 빠져들었다.

본서에는 기간 내 상임위 회의록과 윤석열 구속 취소를 둘러싼 여야의 각종 보도자료, 논평 등을 담았다. 또한 구속 취소에 관한 재판부 설명 자료를 비롯해 석방 후 윤석열의 메시지, 야권의 인권위 개선안, 방심위원장 사퇴안, 헌재 증거 제출 의무화 의안, 여권의 선관위 감사안과 검찰의 즉시 항고권 폐지, 공수처 폐지 의안 등도 수록하였다.

법은 모두에게 평등하지만 어떤 사람에겐 조금 더 평등해 보이는 이 시대, 이 책이 한국 사회가 과거를 기억하고, 미래로 나아가는 데 중요한 자료로 활용될 수 있길 바란다.

한국학술정보(주)

목 차

2025년 3월 7일

윤석열 구속 취소 청구 인용

2025년 3월 8일

검찰의 항소 포기, 윤석열 대통령 석방

2025년 3월 9일

야5당 대표 비상시국 원탁회의

2025년 3월 10일

심우정 검찰총장 고발

2025년 3월 11일

외교통일위원회 현안 질의 외, 야5당 야외 투쟁

2025년 3월 6일

행정안전위원회 선관위 인사청문회 외

한덕수 국무총리가 탄핵으로 직무 공백을 맞은 지 70일이 되어갑니다. 한 총리에 대한 탄핵심판 변론이 종료된 지 벌써 2주가 지났지만, 헌재는 여전히 결론을 내리지 않고 있어 많은 의구심을 자아내고 있습니다. 선고가 늦어질수록 탄핵심판은 정치적 논란으로 변질되고 더 큰 사회적 혼란과 갈등이 야기될 것이 뻔합니다. 헌재 스스로 변론을 종결하면서 신속하게 결론 내겠다는 의지를 보였음에도 이토록 시간을 끄는 이유가 도대체 무엇입니까? 한 총리 사건은 탄핵에 이를만한 법 위반도 없고 쟁점이 복잡하지 않아 결론 도출이 어렵지 않다는 것이 법조계의 중론입니다. 헌재가 지금처럼 이유 없이 시간을 끈다면, 작금의 혼란상을 악용하려는 민주당의 정략에 발맞춘 행보를 한다는 국민적 비판을 피할 수 없을 것입니다. 진정 국익을 생각한다면 하루속히 한 총리 탄핵을 각하해야 합니다.

— 국민의힘 수석대변인 신동욱, 3월 6일 논평

국민의힘이 헌법재판소의 결정에 정면으로 맞서고 있습니다. 원내대책회의에서 '마은혁 헌법재판관 후보자의 임명은 결코 용납할 수 없다'는 메시지를 낸 겁니다. 이제 국민의힘은 위법·극우정당을 넘어 위헌정당으로 불려도 전혀 어색하지 않을 지경이 됐습니다. 헌법재판소의 결정은 당연히 따라야 할 사안임에도 불구하고 국민의힘은 논리도 근거도 없이 반대 입장만 내고 있습니다. (…) 국민의힘은 이 꼼수의 효과가 꽤 쏠쏠하다고 착각하는 모양입니다. 권성동 원내대표는 한덕수와 최재해 탄핵을 신속히 각하해야 한다며 아예 재판관 흉내까지 내고 있습니다. 헌법재판소를 압박해 윤석열 내란수괴의 탄핵심판을 뒤집어보겠다는 그 속셈은 결코 성공할 수 없습니다. 국민과 헌법 위에 군림하려 했던 여당의 손으로 돌아갈 것은 국민과 정의의 회초리뿐입니다. 최상목 권한대행에게 또 경고합니다. 지금 당장 마은혁 헌법재판관을 임명하십시오. 임명하지 않는다면 제 스스로 붙인 위헌 대행, 내란 대행의 낙인에 합당한 심판을 받게 될 것입니다.

— 더불어민주당 원내대변인 노종면, 3월 6일 서면브리핑

여성가족위원회회의록
(임시회의록)

국 회 사 무 처

일   시   2025년 3월 6일(목)

장   소   여성가족위원회회의실

의사일정

1. 아이돌봄 지원법 일부개정법률안(김정재 의원 대표발의)(의안번호 2200758)
2. 아이돌봄 지원법 일부개정법률안(정부제출)(의안번호 2201991)
3. 아이돌봄 지원법 일부개정법률안(김한규 의원 대표발의)(의안번호 2202955)
4. 아이돌봄 지원법 일부개정법률안(정부제출)(의안번호 2204723)
5. 아이돌봄 지원법 일부개정법률안(대안)
6. 아동·청소년의 성보호에 관한 법률 일부개정법률안(이인선 의원 대표발의)(의안번호 2204624)
7. 아동·청소년의 성보호에 관한 법률 일부개정법률안(정부제출)(의안번호 2202017)
8. 아동·청소년의 성보호에 관한 법률 일부개정법률안(한지아 의원 대표발의)(의안번호 2202280)
9. 아동·청소년의 성보호에 관한 법률 일부개정법률안(서범수 의원 대표발의)(의안번호 2202881)
10. 아동·청소년의 성보호에 관한 법률 일부개정법률안(한지아 의원 대표발의)(의안번호 2203538)
11. 아동·청소년의 성보호에 관한 법률 일부개정법률안(김남희 의원 대표발의)(의안번호 2203499)
12. 아동·청소년의 성보호에 관한 법률 일부개정법률안(김상욱 의원 대표발의)(의안번호 2203513)
13. 아동·청소년의 성보호에 관한 법률 일부개정법률안(대안)
14. 청소년 보호법 일부개정법률안(신성범 의원 대표발의)(의안번호 2200300)
15. 청소년 보호법 일부개정법률안(한지아 의원 대표발의)(의안번호 2203543)
16. 청소년 보호법 일부개정법률안(대안)
17. 여성폭력방지기본법 일부개정법률안(백혜련 의원 대표발의)(의안번호 2201472)
18. 양성평등기본법 일부개정법률안(이달희 의원 대표발의)(의안번호 2202989)
19. 성폭력방지 및 피해자보호 등에 관한 법률 일부개정법률안(이달희 의원 대표발의)(의안번호 2202995)
20. 건강가정기본법 일부개정법률안(김상욱 의원 대표발의)(의안번호 2203386)
21. 파산선고 등에 따른 결격조항 정비를 위한 여성가족위원회 소관 5개 법률 일부개정을

위한 법률안(김남희 의원 대표발의)(의안번호 2203758)

22. 가정폭력방지 및 피해자보호 등에 관한 법률 일부개정법률안(김한규의원 대표발의)(의안번호 2203984)

23. 청원 심사기간 연장 요구의 건
   – 미군 위안부 기지촌에 대한 국가의 사과 촉구와 경기 동두천시 기지촌 성병관리소 철거 반대에 관한 청원(류가연 외 52,585인 국민동의로 제출)(청원번호 2200045)

상정된 안건

(09시06분 개의)

○**위원장 이인선** 의석을 정돈해 주시기 바랍니다.

성원이 되었으므로 제423회 국회(임시회) 제1차 여성가족위원회를 개최하겠습니다.

법안 회부 등 보고사항은 노트북 단말기의 자료를 참고하여 주시기 바랍니다.

(보고사항은 끝에 실음)

오늘 회의 진행 순서를 말씀드리겠습니다.

오늘 회의는 먼저 지난 2월 12일·19일, 3월 5일에 이어서 법안심사소위원회에서 심사한 법률안을 처리한 후에 청원 심사기간 연장 요구의 건을 상정하도록 하겠습니다.

그러면 의사일정에 들어가겠습니다.

1. **아이돌봄 지원법 일부개정법률안**(김정재 의원 대표발의)(의안번호 2200758)
2. **아이돌봄 지원법 일부개정법률안**(정부 제출)(의안번호 2201991)
3. **아이돌봄 지원법 일부개정법률안**(김한규 의원 대표발의)(의안번호 2202955)
4. **아이돌봄 지원법 일부개정법률안**(정부 제출)(의안번호 2204723)
5. **아이돌봄 지원법 일부개정법률안**(대안)
6. **아동·청소년의 성보호에 관한 법률 일부개정법률안**(이인선 의원 대표발의)(의안번호 2204624)
7. **아동·청소년의 성보호에 관한 법률 일부개정법률안**(정부 제출)(의안번호 2202017)
8. **아동·청소년의 성보호에 관한 법률 일부개정법률안**(한지아 의원 대표발의)(의안번호 2202280)
9. **아동·청소년의 성보호에 관한 법률 일부개정법률안**(서범수 의원 대표발의)(의안번호 2202881)
10. **아동·청소년의 성보호에 관한 법률 일부개정법률안**(한지아 의원 대표발의)(의안번호 2203538)
11. **아동·청소년의 성보호에 관한 법률 일부개정법률안**(김남희 의원 대표발의)(의안번호 2203499)
12. **아동·청소년의 성보호에 관한 법률 일부개정법률안**(김상욱 의원 대표발의)(의안번호 2203513)
13. **아동·청소년의 성보호에 관한 법률 일부개정법률안**(대안)
14. **청소년 보호법 일부개정법률안**(신성범 의원 대표발의)(의안번호 2200300)
15. **청소년 보호법 일부개정법률안**(한지아 의원 대표발의)(의안번호 2203543)
16. **청소년 보호법 일부개정법률안**(대안)
17. **여성폭력방지기본법 일부개정법률안**(백혜련 의원 대표발의)(의안번호 2201472)
18. **양성평등기본법 일부개정법률안**(이달희 의원 대표발의)(의안번호 2202989)
19. **성폭력방지 및 피해자보호 등에 관한 법률 일부개정법률안**(이달희 의원 대표발의)(의안번호 2202995)

20. 건강가정기본법 일부개정법률안(김상욱 의원 대표발의)(의안번호 2203386)
21. **파산선고 등에 따른 결격조항 정비를 위한 여성가족위원회 소관 5개 법률 일부개정을 위한 법률안**(김남희 의원 대표발의)(의안번호 2203758)
22. **가정폭력방지 및 피해자보호 등에 관한 법률 일부개정법률안**(김한규 의원 대표발의)(의안번호 2203984)

○**위원장 이인선** 의사일정 제1항부터 제22항까지 아이돌봄 지원법 일부개정법률안 등 22건의 법률안을 일괄 상정합니다.

김한규 법안심사소위원장님 나오셔서 소위원회 심사결과를 보고해 주시기 바랍니다.

○**소위원장 김한규** 안녕하십니까? 법안심사소위원장 김한규입니다.

우리 소위원회는 세 차례에 걸쳐 총 28건의 법률안에 대해 심도 있는 심사를 진행한 결과 19건의 법률안을 의결하였습니다.

먼저 김정재 의원과 본 의원이 각각 대표발의하고 정부가 제출한 4건의 아이돌봄 지원법 일부개정법률안은 본회의에 부의하지 않기로 하고 각 법률안의 내용을 통합 조정하여 우리 위원회의 대안으로 제안하기로 하였습니다.

오늘 시간이 많지 않은 관계로 법안의 내용들은 아주 간략하게만 설명을 드리겠습니다.

다음 이인선 의원, 한지아 의원, 서범수 의원, 김남희 의원, 김상욱 의원이 각각 대표발의하고 정부가 제출한 7건의 아동·청소년의 성보호에 관한 법률 일부개정법률안은 본회의에 부의하지 아니하기로 하고 각 법률안의 내용을 통합 조정하여 우리 위원회의 대안으로 제안하기로 하였습니다.

다음 신성범 의원, 한지아 의원이 대표발의한 2건의 청소년 보호법 일부개정법률안은 본회의에 부의하지 아니하기로 하고 각 법률안의 내용을 통합 조정하여 우리 위원회의 대안으로 제안하기로 하였습니다.

다음 백혜련 의원이 대표발의한 여성폭력방지기본법 일부개정법률안은 여성폭력 피해자가 이용할 수 있는 시설에 스토킹방지 및 피해자보호 등에 관한 법률에 따른 보호·지원시설을 추가하는 것으로 원안대로 의결했습니다.

다음 이달희 의원이 대표발의한 양성평등기본법 일부개정법률안과 성폭력 방지 및 피해자보호 등에 관한 법률 일부개정법률안은 각각 국가기관 등에서 발생한 성희롱 사건 및 성폭력 사건에 대하여 피해자 보호조치, 사건처리 관련 직원 등에 대한 비밀누설금지 의무 등을 신설하는 내용입니다.

다음, 김상욱 의원이 대표발의한 건강가정기본법 일부개정법률안은 건강가정지원센터와 다문화가족지원센터를 통합하여 가족센터로 설치·운영할 수 있는 법적 근거를 마련하는 법안입니다.

다음은 김남희 의원이 대표발의한 파산선고 등에 따른 결격조항 정비를 위한 여성가족위원회 소관 5개 법률 일부개정을 위한 법률안은 파산선고를 받고 복권되지 아니한 경우를 결격사유로 두고 있는 규정을 일괄 삭제하여 정비하려는 법안입니다.

마지막으로 본 의원이 대표발의한 가정폭력방지 및 피해자보호 등에 관한 법률 일부개정법률안은 긴급전화센터, 상담소 등의 장이 피해자의 동의를 받아 경찰관서의 장에게 사건정보를 요청할 수 있는 근거를 마련하는 내용입니다.

이상 말씀드린 내용의 구체적인 사항은 배포해 드린 자료를 참조해 주시고 아무쪼록 소위원회에서 심사보고한 대로 의결하여 주시기를 요청드립니다.

감사합니다.

○**위원장 이인선** 수고하셨습니다.

이상 법안심사소위원회의 심사결과에 대해서 의견이 있으시면 간단하게 조언해 주시기 바랍니다.

김남희 위원님, 한 3분 하면 되겠지요?

○**김남희 위원** 예.

제가 법안소위에서 사실 이번에 아이돌봄 지원법 일부개정법률안에 대해서 문제 제기를 했었는데요. 저는 여전히 약간 법에 대한 우려를 가지고 있습니다.

사실 우리가 이 법을 통과시키는 이유는 굉장히 명백하다고 생각합니다. 대한민국에서 자라는 아이들이 걱정 없이 돌봄을 받을 수 있고 또 대한민국에서 아이를 키우는 부모들이 걱정하지 않고 아이를 키울 수 있는 그런 환경을 만들기 위해서 국가가 책임을 다하는 그런 취지의 법안이라고 생각을 하고요.

그런데 취지는 좋지만 사실 지금 우려되는 지점은 아이돌봄사 민간업체들을 등록제를 도입한다고 하는데 지금 현재 아이돌봄 관련된 민간업체들이 대부분 플랫폼 기업으로 운영이 돼서 그 기업 자체가 자기에게 소속돼 있는 아이 돌보는 사람들에 대해서 감독을 전혀 못 하고 있어요. 그런데 지금 등록제를 도입을 하고 이 업체에 대한 관리 감독을 기초지자체 쪽으로 권한을 주는 형식으로 되어 있는데 과연 이게 우리가 우려하지 않도록 잘 이루어질 수 있을 것인지에 대한 걱정이 조금 남아 있고요.

그래서 저는 사실 이 제도를 준비하기 위한 충분한 논의와 또 계획 같은 것을 보고 난 다음에 통과시켰으면 좋겠다라는 그런 바람이 있었는데 어쨌든 오늘 전체회의에 올라왔으니까 여가부에게 특별히 당부를 드리고 싶어요. 그래서 이 관련된 내용에 대해서 문제가 발생하게 되면 과연 기초지자체들이 관리 감독에 대해서 어떤 책임을 잘 이행할 수 있을 것인가 또 문제가 발생하게 되면 결국 이 모든 법안과 이것을 주도한 여가부에게 책임이 어느 정도 갈 수밖에 없는 상황이거든요. 그래서 그런 일이 발생하지 않도록 앞으로 시행령, 시행규칙 만들고 시행을 준비하기까지 어떻게 관리 감독할 것인지 계획을 잘 준비를 하시고 또 부모나 아이들의 우려가 없을 수 있는 그런 방안들을 잘 모색을 하시고 그 업체들과도 충분히 소통을 하는 그런 대안들을 마련하셔서 위원회 위원들에게 보고를 해 주셨으면 좋겠다는 바람이 있습니다.

○**위원장 이인선** 여성부장관직무대행께서는 김남희 위원님의 의견을 잘 반영해서 개정법률안 시행에 차질이 없도록 해 주시기 바랍니다.

김한규 간사님 말씀하시지요.

○**김한규 위원** 저도 아이돌봄 지원법 관련해서 간략하게 말씀을 드리겠습니다.

지난 21대부터 여성가족위원회에서 계속 문제됐던 부분이 아이돌보미 육성을 하고 있는데 실제로 아이돌봄 업무에 종사하는 분들이 많지 않다, 정부가 관리를 제대로 하고 있는 건지 실제로 교육을 하신 분들이 아이돌보미로 일하지 못하고 있는 구조적 문제를 해결하지 못하는 이 과제가 왜 풀려지지 않는 건지 이런 것에 대한 논의를 많이 했고 여성가족부에 이 부분에 대한 개선을 요구했었습니다.

그럼에도 불구하고 이 문제가 계속 개선이 되고 있지 않다 보니까 결국 아이돌봄이 필요한 수요자 입장에서 민간 육아도우미를 이용할 수밖에 없게 됐고 민간 육아도우미는 아이돌보미하고 달리 정부에서 교육이라든지 이런 관리를 하고 있지 못하기 때문에 이분들의 전과라든지 건강 상태 또 서비스의 품질에 대한 부모들의 우려가 계속 누적이 됐습니다.

저희는 일단 공공의 아이돌보미 사업 자체는 계속 확대를 해 가되 또 현재 존재하고 있는 민간 육아도우미 시장 자체는 정부가 관리 감독을 하고 소비자들 부모들이 안전하게 이용할 수 있도록 국가의 노력이 필요하다라는 차원에서 이번에 소위원회에서 법안을 통과시키게 되었는데요. 그럼에도 불구하고 저는 여전히 공공 아이돌보미 관련된 정부의 사업은 계속돼야 된다고 생각합니다.

그래서 여성가족부에다가 요구해 드리고 싶은 사항은 지금 현재 공공 아이돌보미가 제대로 되고 있지 않은 이유는 아무래도 대기 시간이 상당히 많다라는 건데 이 부분에 대해서는 정부가 명확한 개선책을 계속 만들어야 된다라고 말씀을 드리고요. 지금 중위소득 기준으로 일정 소득에 해당되는 분들만 정부의 지원이 되고 있는데 이 부분은 예산을 계속 확대하는 노력이 필요하다라는 말씀을 드리고.

아이돌보미들이 일정 시간은 일해야 생계유지가 가능한데 정부가 수요와 공급을 제대로 연결시키지 못하면 이분들의 낮은 보수를 해결하기 위한 대안, 그러니까 다른 기관에서 근무할 수 있는 방안을 마련한다든지 이런 노력이 필요하다라는 말씀을 드리고요.

앞으로 1년 동안, 만약에 본회의에서 통과되면……

(발언시간 초과로 마이크 중단)

⋯⋯

(마이크 중단 이후 계속 발언한 부분)

시행의 기간이 있기 때문에 시행할 때까지 여성가족부가 이런 부분에 대해서 충분한 노력이 되지 않으면 시행도 전에 다시 한번 법 개정을 통해서 정부의 정책에 대한 개선을 요구하는 목소리가 나올 수도 있기 때문에 여성가족부의 그런 부분에 대한 철저한 준비를 당부하고 싶습니다.

⋯⋯

○**위원장 이인선** 법안심사소위원장님의 당부가 있습니다. 그래서 민간하고 공공 간의 그런 부분들을 장관대행께서는 잘해 주시기 바랍니다.

또 다른……

○**정춘생 위원** 조국혁신당 정춘생입니다.

우선 제가 질문드리기에 앞서서 어제 법안소위 심사 과정에서 저는 법안소위 위원이 아니었기 때문에 심사 과정에서 제 의견도 피력할 수 없는 한계도 있지만 이게 어떻게 처리되는지 굉장히 살펴보고 있었는데요 차관님의 일정 때문에 상정된 법안이 다 심사도 못 하고 중단되었습니다. 이러면 안 된다고 저는 생각하고요. 다시는 그런 일이 없도록 법안 심사에 더 철저해 주시기 바랍니다.

내용 중에요 제가 아동·청소년의 성보호법 개정안을 낸 법안이 있습니다. 혹시 내용 알고 계십니까?

○**여성가족부장관직무대행 신영숙** 예 알고 있습니다.

○**정춘생 위원** 지금 현재 13세 미만 아동 성폭력범죄, 친족에 의한 성폭력범죄에 대해서는 공소시효가 폐지됐습니다. 알고 계시지요?

○**여성가족부장관직무대행 신영숙** 예.

○**정춘생 위원** 그런데 13세 이상 청소년에 대해서는 공소시효가 있습니다. 알고 계시지요?

○**여성가족부장관직무대행 신영숙** 예.

○**정춘생 위원** 그런데 아동·청소년 대상 친족 성폭력의 특징을 알고 계시잖아요? 경제적으로 의존해 있고 독립할 수도 없고 그래서 트라우마에 시달리면서도 신고도 할 수 없고 피해를 말할 수도 없고 그런 상황 알고 계시잖아요.

○**여성가족부장관직무대행 신영숙** 예.

○**정춘생 위원** 그래서 공소시효를 폐지하자고 했는데 여가부 입장이 저는 충격적이었습니다. 다른 법과의 형평성, 국민의 법감정 때문에 이 부분에 대해서 부정적인 의견을 내셨어요.

어떻게 생각하십니까, 차관님? 저는 이게 법무부 의견인 줄 알았어요. 그런데 여가부의 입장이 그렇다고 들었습니다.

○**여성가족부장관직무대행 신영숙** 말씀하신 그 취지, 개정 취지는 충분히 공감을 하고 있고요. 그런데 친족 성범죄의 특성도 살펴봐야 되고 그다음에 형평성이라든가 사회적 처벌 감정 같은 부분들을…… 여성가족부는 정부에서 혼자 떨어져 있을 수 있는 부분이 아니라 법사위에서 일단 그 부분에 대해서 논의가 진행되고 있으니까 저는 정부에서도 충분한 논의는 좀 필요하다라는 게……

○**정춘생 위원** 그 논의를 주도하는 게 여가부예요. 이런 법들은 법무부 입장에서는 보수적으로 의견을 낼 수 있습니다. 그 전에도 성폭력 관련 법, 가정폭력 관련 법 이런 모든 법에 대해서 처리할 때 여가부는 주도해 갔고 법무부에서는 그 논쟁 과정에서 여론을 의식하면서 받아들일 수밖에 없는 이런 상황이었단 말이에요. 그 주도 하는 건 여가부예요. 법무부 탓할 것도 아니고요 다른 정부의 입장을 탓할 것도 아닙니다.

이 부분에 대해서는 적극적으로 긍정적으로 검토해서, 여가부의 부정적인 의견 때문에 여가위에서 이 법안이 처리 안 됐다 이거는 납득이 안 되는 겁니다. 적극적으로 임해 주시기 바랍니다.

○**여성가족부장관직무대행 신영숙** 친족 성범죄의 특성을 충분히 관계부처에 잘 설명을 할 수 있도록 지금 그 논의를 하겠습니다.

○**정춘생 위원** 적극적으로 노력하십시오.

○**여성가족부장관직무대행 신영숙** 예.

○**정춘생 위원** 이상입니다.

○**위원장 이인선** 차관님이 잘 협조해 주시고요.

지금 시간적으로 좀 경황이 없습니다만 혹시 다른 위원님들……

의견이 없으시면 넘어가도록 하겠습니다.

그러면 의견이 없으시기 때문에 의결하도록 하겠습니다.

법률안 의결에 앞서서 축조심사와 비용추계를 생략하는 의결을 먼저 하도록 하겠습니다.

오늘 의결할 일부개정법률안에 대해서는 소위원회에서 조문별로 축조심사를 심도 있게 진행하였으므로 국회법 제58조제5항에 따라 축조심사를 생략하고자 하는데 이의 있으십니까?

(「없습니다」 하는 위원 있음)

가결되었음을 선포합니다.

오늘 의결할 안건 중에서 비용추계서가 필요한 법안에 대해서는 시간적인 여유가 부족한 점을 감안해서 국회법 제79조의2제3항 단서에 따라서 비용추계서 첨부를 생략하고 의결하고자 하는데 이의 있으십니까?

(「없습니다」 하는 위원 있음)

가결되었음을 선포합니다.

다음으로 국회법 제58조제6항 단서에 따라 의사일정 제21항의 제정법률안에 대한 공청회 또는 청문회를 생략하고자 하는데 이의 있으십니까?

(「없습니다」 하는 위원 있음)

가결되었음을 선포합니다.

그러면 각 안건에 대해서 의결하도록 하겠습니다.

의사일정 제1항부터 제4항까지 4건의 법률안은 법안소위에서 심사보고한 바와 같이 각각 본회의에 부의하지 아니하고 의사일정 제5항 아이돌봄 지원법 일부개정법률안(대안)을 우리 위원회안으로 제안하고자 하는데 이의 없으십니까?

(「예」 하는 위원 있음)

가결되었음을 선포합니다.

의사일정 제6항부터 제12항까지 7건의 법률안은 법안소위에서 심사보고한 바와 같이 각각 본회의에 부의하지 아니하고 의사일정 제13항 아동·청소년의 성보호에 관한 법률 일부개정법률안(대안)을 우리 위원회안으로 제안하고자 하는데 이의 없으십니까?

(「예」 하는 위원 있음)

가결되었음을 선포합니다.

의사일정 제14항 및 제15항 2건의 법률안은 법안소위에서 심사보고한 바와 같이 각각 본회의에 부의하지 아니하고 의사일정 제16항 청소년 보호법 일부개정법률안(대안)을 우리 위원회안으로 제안하고자 하는데 이의 없으십니까?

(「예」 하는 위원 있음)

가결되었음을 선포합니다.

의사일정 제17항 여성폭력방지기본법 일부개정법률안은 법안소위에서 심사보고한 원안대로 의결하고자 하는데 이의 없으십니까?

(「예」 하는 위원 있음)

가결되었음을 선포합니다.

의사일정 제18항 양성평등기본법 일부개정법률안은 법안소위에서 심사보고한 수정안대로 의결하고자 하는데 이의 없으십니까?

(「예」 하는 위원 있음)

가결되었음을 선포합니다.

의사일정 제19항 성폭력방지 및 피해자보호 등에 관한 법률 일부개정법률안은 법안소위에서 심사보고한 수정안대로 의결하고자 하는데 이의 없으십니까?

(「예」 하는 위원 있음)

가결되었음을 선포합니다.

의사일정 제20항 건강가정기본법 일부개정법률안은 법안소위에서 심사보고한 수정안대로 의결하고자 하는데 이의 없으십니까?

(「예」 하는 위원 있음)

가결되었음을 선포합니다.

의사일정 제21항 파산선고 등에 따른 결격조항 정비를 위한 여성가족위원회 소관 5개 법률 일부개정을 위한 법률안은 제정법률안이므로 의결하기에 앞서 축조심사를 하겠습니다.

먼저 법안의 제명, 전체 조항 및 부칙까지 의견이 있으신 위원님 말씀해 주시기 바랍니다.

이의가 없으시면 이상으로 축조심사를 마치고 의결하도록 하겠습니다.

의사일정 제21항 파산선고 등에 따른 결격조항 정비를 위한 여성가족위원회 소관 5개 법률 일부개정을 위한 법률안은 법안소위에서 심사보고한 수정안대로 의결하고자 하는데 이의 없으십니까?

(「예」 하는 위원 있음)

가결되었음을 선포합니다.

의사일정 제22항 가정폭력방지 및 피해자보호 등에 관한 법률 일부개정법률안은 법안소위에서 심사보고한 수정안대로 의결하고자 하는데 이의 없으십니까?

(「예」 하는 위원 있음)

가결되었음을 선포합니다.

오늘 의결한 법률안에 대한 체계·자구 정리 및 심사보고서의 문안 작성 등에 대해서는 위원장에게 위임해 주시기 바랍니다.

다음은 오늘 의결한 법률안과 관련해서 정부 측 인사가 있겠습니다.

신영숙 여성가족부장관직무대행 나오셔서 인사해 주시기 바랍니다.

○여성가족부장관직무대행 신영숙 존경하는 이인선 위원장님 그리고 여성가족위원회 위원님 여러분!

심도 있는 법안 심사를 통해 아이돌봄 지원법 일부개정법률안 등 22개 개정법률안을 심의 의결해 주신 것에 대해 감사의 말씀을 드립니다.

특히 법안심사소위원회에서 애써 주신 김한규 소위 위원장님을 비롯한 소위 위원님들께도 감사의 인사를 드립니다.

이번 여성가족위원회에서 심의 의결해 주신 아이돌봄 지원법 일부개정법률안은 아이돌봄사 국가자격제도를 도입하고 민간 서비스제공기관 등록 제도를 신설하는 내용으로서 아이돌봄서비스 체계 전반의 신뢰성을 제고하는 중요한 계기가 될 것이라 생각합니다.

여성가족부는 금번에 도입된 새로운 제도들이 잘 안착될 수 있도록 현장과 지자체 의견을 수렴하여 차질 없이 준비하고 공공 아이돌봄 사업의 확대와 내실화를 위한 노력도 지속하겠습니다.

또한 아이돌보미와 현장 관계자들의 근로 여건과 처우를 개선하기 위해 다양한 의견을 들어 제도개선에 반영할 수 있도록 노력하고, 돌봄이 필요한 가정이 양질의 서비스를 부담 없이 이용할 수 있도록 정부 지원을 확대하는 방안에 대해서도 관계부처와 지속적으로 협의해 나가겠습니다.

이번 여성가족위원회에서 심의 의결해 주신 법률안은 법사위 심의 과정에서 적극 반영될 수 있도록 노력하겠습니다.

여성가족부 소관 법률안에 대해 많은 관심을 가지고 지원해 주신 위원님들께 다시 한번 감사드립니다.

○**위원장 이인선** 수고하셨습니다.

---

23. 청원 심사기간 연장 요구의 건
- **미군 위안부 기지촌에 대한 국가의 사과 촉구와 경기 동두천시 기지촌 성병관리소 철거 반대에 관한 청원**(류가연 외 52,585인 국민동의로 제출)(청원번호 2200045)

(09시27분)

○**위원장 이인선** 다음은 의사일정 제23항 청원 심사기간 연장 요구의 건을 상정하겠습니다.

국회법 제125조제6항에 따르면 장기간 심사를 필요로 하는 청원은 위원회의 의결로 의장에게 심사기간의 연장을 요구할 수 있습니다.

배부해 드린 자료와 같이 우리 위원회에 계류 중인 미군 위안부 기지촌에 대한 국가의 사과 촉구와 경기 동두천시 기지촌 성병관리소 철거 반대에 관한 청원의 심사기간을 관례에 따라서 2026년 5월 29일까지로 연장 요구하고자 하는데 이의가 없으십니까?

○**김한규 위원** 이의 있습니다.

○**위원장 이인선** 잠시 말씀하시지요.

○**김한규 위원** 위원장님께서 말씀하신 국회법 125조 제6항은 그 전의 5항부터 말씀드리고 나서 적용할 수 있는 조문인데요. 원래 청원은 국회법에 따라서 90일 내에 심사를 해야 됩니다. 그리고 의장한테 보고를 해야 되는데, 특별한 사유로 심사를 마치지 못했을 경우에 위원장님께서 의장한테 중간보고를 해서 60일의 범위 내에서 한 차례 연장할 수 있습니다. 그러니까 이미 150일의 기간이 지났습니다, 위원회의 결의 없이. 그래서 지금 150일 동안 못 했기 때문에 위원회 의결로 추가 연장을 요구하게 되는 건데요.

연장요구서에 나와 있는 것처럼 관련 사항에 대한 종합적 검토가 필요한 것은 맞습니다. 그런데 저희가 아직까지 청원소위를 한 번도 열지 않았기 때문에 사실 이런 연장 요구 사유가 적절한지 자체를 판단하기가 어려운 상황입니다, 하지만 이 사안에 대해서 기간 내에 결정을 못 했기 때문에 연장을 할 수밖에 없는 상황이 됐는데.

저는 그동안은 12월 3일 비상계엄 이후에 정치적으로 여러 이슈들이 있어서 위원회를 열기 어려웠던 사정은 다 알고 있어서 이번에 한해서는 연장을 하되 5월 29일까지는 반드시 소위원회를 열어서 또 한 번으로 부족하면 더 열어서 내용이 어떻게 됐든 검토를 하고 답을 하는 모습을 보여야 되겠다라는 점을 위원님들한테 말씀드리고, 5월 29일까지 연장하는 것에 대해서는 이런 조건을 달아서 저는 개인적으로 승인하는 의견을 제출합니다.

이상입니다.

(「동의합니다」 하는 위원 있음)

○**위원장 이인선** 　예, 잘 알겠습니다.

○**서범수 위원** 　저도 한마디 하겠습니다.

○**위원장 이인선** 　그러면 청원심사소위원장님.

○**서범수 위원** 　제가 청원심사소위원장이더라고요, 저도 몰랐었는데.

○**위원장 이인선** 　죄송합니다.

○**서범수 위원** 　그래서 말씀이 한 번도 개최한 적은 없습니다. 김한규 간사님하고 의논을 해서 3월 내에 한 번 개최해서 검토하는 걸로 그렇게 저희들이 조정을 하겠습니다.

○**위원장 이인선** 　조속한 시간 내에 해 주시기 바랍니다. 지난 전체회의에서 변경이 되고 시간적인 여유가 없었던 것 같습니다.

　그러면 이런 의견을 달아서 빠른 시일 내에 해 주시기를 간곡히 부탁하면서, 이상 다른 의견이 없으시면 가결되었음을 선포합니다.

　여러 일정으로 바쁘신 가운데 회의에 참석하신 위원님들께 감사의 말씀을 드립니다.

　실은 법안소위 관련된 위원님들 내지 위원장님께 참 감사한 것은 세 차례나 굉장히 긴 시간을 거쳐서 심사를 해 주셨습니다. 앞에 굉장히 의견이 많은 법안이 있다 보니까 시간이 많이 걸려서 원하는 법안이 지금 진행을 좀 못 한 부분이 있습니다마는 법안심사소위원장님께서는 특히 위원님들이 내는 법안에 대해서는 빨리빨리 진행을 좀 해 주시기를 당부드립니다.

　특히 아이돌봄 지원법 일부개정안, 아동·청소년의 성보호에 관한 법률 일부개정안 굉장히 중요한 법안입니다. 그래서 오늘 의결하게 돼서 매우 뜻깊게 생각을 합니다. 이번 개정안을 통해서 어쨌든 좋은 돌봄 환경이 조성될 것을 기대합니다.

　우리가 단순한 정책을 넘어서 미래세대를 위한 투자이자 필수적인 국가적인 과제인 것 같습니다. 현장에서 정부와 관계기관이 책임감을 가지고 꼭 해 주시기를 당부드립니다.

　신영숙 장관직무대행을 비롯한 정부 관계자들, 수석전문위원을 비롯한 위원회 직원 및 보좌진 여러분도 수고가 많으셨습니다.

　이상으로 오늘 회의를 모두 마치겠습니다.

　산회를 선포합니다.

(09시33분 산회)

○**출석 위원(17인)**

　김남근　김남희　김상욱　김용만　김한규　백승아　서범수　서영교　이달희　이연희
　이인선　임미애　장철민　전진숙　정춘생　조은희　한지아

○**출석 전문위원 및 입법심의관**

　수석전문위원　이옥순

　입법심의관　김태규

○**정부측 및 기타 참석자**

　여성가족부

　　장관직무대행　신영숙

　　기획조정실장　김기남

청소년가족정책실장 황윤정
여성정책국장 조민경
권익증진국장전담직무대리 조용수
대변인 최문선
청소년정책관 최은주
가족정책관 최성지

【보고사항】

○의안 회부

아동·청소년의 성보호에 관한 법률 일부개정법률안

(2025. 2. 19. 이주영 의원 대표발의)(의안번호 2208279)

결혼서비스업에서의 소비자 보호에 관한 법률안

(2025. 2. 19. 조은희 의원 대표발의)(의안번호 2208291)

이상 2건 2월 20일 회부됨

○관련의안 회부

일제 식민지배 찬양 등의 처벌에 관한 특례법안

(2025. 2. 12. 허성무 의원 대표발의)(의안번호 2208088)

2월 13일 의견제시기간을 소관위원회의 심사의결일 전일까지로 정하여 회부됨

항공기사고피해자및유가족지원법안

(2025. 2. 27. 조은희 의원 대표발의)(의안번호 2208544)

12·29여객기사고 피해자 지원 등을 위한 특별법안

(2025. 2. 28. 김은혜 의원 대표발의)(의안번호 2208585)

12·29여객기참사 피해구제 및 지원 등을 위한 특별법안

(2025. 2. 28. 이수진 의원 대표발의)(의안번호 2208613)

이상 3건 3월 5일 의견제시기간을 소관위원회의 심사의결일 전일까지로 정하여 회부됨

○행정입법 제출

공포번호	행정입법명	공포일자	구분
제213호	여성가족부 직제 시행규칙 일부개정령	2025. 2. 27.	시행규칙

제423회 국회
(임시회)

행정안전위원회회의록
(임 시 회 의 록)

제 1 호

국 회 사 무 처

일 시 2025년3월6일(목)

장 소 행정안전위원회회의실

의사일정
1. 중앙선거관리위원회 위원후보자(김대웅) 인사청문회
2. 중앙선거관리위원회 위원후보자(김대웅) 인사청문경과보고서 채택의 건(추가)

상정된 안건

(10시03분 개의)

○**위원장 신정훈** 의석을 정돈해 주시기 바랍니다.

성원이 되었으므로 제423회 국회(임시회) 제1차 행정안전위원회를 개회하겠습니다.

오늘 우리 위원회는 중앙선거관리위원회 위원후보자(김대웅)에 대한 인사청문회를 실시하도록 하겠습니다.

인사청문회는 국민의 대표기관인 국회가 공직후보자의 직무수행 능력과 준법성, 도덕성, 책임성을 확인하여 해당 직책에 적임자인지를 검증하는 데 그 목적이 있습니다.

특히 중앙선거관리위원회 위원은 민주주의의 꽃인 선거를 공정하고 차질 없이 관리함으로써 우리 정치의 안전과 발전을 책임지는 막중한 자리입니다.

또한 최근에는 부정선거 음모론으로 인한 국민의 혼란과 조직 내 채용비리에 대한 국민의 불신을 해소해야 한다는 중대한 역할도 요구받고 있습니다.

오늘 인사청문회에서는 후보자가 전문성과 책임성을 가지고 맡은 바 직무를, 소임을 제대로 수행할 수 있는지 검증하도록 하겠습니다.

후보자께서는 위원님들의 질의에 성실하고 진술하게 답변하셔서 인사청문회가 그 취지에 맞게 운영될 수 있도록 협조해 주시기 바랍니다.

또한 오늘 인사청문회는 국회방송으로 생중계되고 있다는 점을 위원님들께서 참고해 주시기 바랍니다.

---

1. 중앙선거관리위원회 위원후보자(김대웅) 인사청문회

(10시04분)

○**위원장 신정훈** 그러면 의사일정 제1항 중앙선거관리위원회 위원후보자(김대웅)에 대한 인사청문회를 상정합니다.

오늘 인사청문회는 먼저 후보자의 선서와 모두발언을 들은 다음 위원님들의 질의를 시작하겠습니다. 또한 증인 신문 및 참고인 질의는 주질의를 완료한 후에 보충질의와 함께 실시하겠습니다.

그러면 공직후보자의 선서를 받도록 하겠습니다.

김대웅 후보자께서는 발언대로 나오셔서 오른손을 들고 선서문을 낭독한 다음 선서가 끝나면 서명 날인한 선서문을 위원장에게 제출해 주시기 바랍니다.

○**중앙선거관리위원회위원후보자 김대웅** "선서, 공직후보자인 본인은 국회가 실시하는 인사청문회에서 양심에 따라 숨김과 보탬이 없이 사실 그대로 말할 것을 맹서합니다."

2025년 3월 6일

공직후보자 김대웅

○**위원장 신정훈** 다음으로 공직후보자의 모두발언을 듣겠습니다.

후보자는 발언대로 나오셔서 모두발언해 주시기 바랍니다.

○**중앙선거관리위원회위원후보자 김대웅** 존경하는 신정훈 행정안전위원회 위원장님 그리고 여러 위원님 여러분!

연일 의정활동으로 바쁘신 가운데서도 귀중한 시간을 내어 저에게 중앙선거관리위원회 위원후보자로서 인사청문회를 받을 수 있게 해 주신 데 대하여 진심으로 감사드립니다.

저는 오늘 중앙선거관리위원회 위원후보자로서 국회의 검증을 받고자 이 자리에 섰습니다. 제가 이 자리에 서게 된 것은 개인적으로 큰 영광이기는 합니다만 그 어느 때보다 선거관리위원회의 공정한 선거관리에 대한 국민의 관심과 우려가 크다는 점을 잘 알기에 한없이 무거운 책임감을 느낍니다.

오늘 이 자리가 중앙선거관리위원회 위원으로서의 자질과 능력을 검증하는 엄숙한 자리인 만큼 위원님들께서 주시는 고견을 진지하게 경청하고 모든 질문에 대해 솔직하고 성실하게 답변드리도록 하겠습니다.

저는 1993년 수원지방법원 판사로 임관한 이래 32년간 법관으로 재직하면서 각급 법원에서 민사, 형사, 행정 등 다양한 재판 사무를 처리하였습니다. 기본권 보장이라는 헌법의 큰 틀 안에서 약자와 소수자 보호라는 헌법적 책무를 완수하기 위해 항상 국민을 최우선에 두고 법과 양심에 따라 공정하게 재판하고자 하였습니다. 어느 한쪽에 치우치지 않는 올바른 결론을 도출하고자 공정하고 중립적인 입장에서 당사자들의 말을 경청하였습니다. 재판 결과에 모든 사람이 동의할 수는 없을지라도 재판 절차에는 모든 사람이 승복할 수 있도록 국민의 신뢰를 얻기 위해 끊임없이 노력하였습니다.

이처럼 제가 견지해 온 공정, 중립, 신뢰라는 덕목은 중앙선거관리위원회 위원에게도 요구되는 것이기도 합니다. 선거관리위원회 위원은 참정권 보장이라는 임무를 완수하기 위해 공정하고 중립적인 자세로 국민의 말씀을 들어 이를 정책에 반영하고 흠결 없는 선거관리를 통해 국민으로부터 신뢰받을 수 있도록 노력하여야 합니다. 그것이 바로 국민이 선거관리위원회에 바라는 것이고 이 자리에서 검증받는 제가 이루어 내야 할 과제라고 생각합니다.

제가 중앙선거관리위원회 위원으로 지명된다면 법관으로서 체득한 독립성과 공정함을 바탕으로 국민의 참정권이 올바르게 선거 절차에 반영될 수 있도록 선거관리에 매진하여 이를 통해 우리나라 민주주의 발전에 기여할 수 있도록 최선을 다하겠습니다.

위원장님을 비롯한 위원님 여러분!

중앙선거관리위원회는 1963년 창설된 이래 올바른 선거문화 정착을 위해 꾸준히 노력하여 왔고 우리나라 민주주의 발전에 기여해 왔습니다.

최근 선거관리를 둘러싸고 의혹을 제기하는 일이 발생하고 있습니다. 저는 이번 인사청문을 준비하면서 민주주의 발전에서 선거관리위원회의 역할이 중요하다는 점을 다시 한번 생각하게 되었습니다.

그동안 선거관리위원회가 변화하는 선거환경에 제대로 대응하지 못한 부분은 없는지, 국민의 눈높이에서 개선할 사항이 있는지를 살펴볼 필요가 있다는 것도 느끼게 되었습니다.

오늘 인사청문 이후에 제가 중앙선거관리위원회 위원으로 직무를 수행할 기회가 주어진다면 지난 선거 과정에서 나타난 문제점이 무엇인지 살펴보고 선거관리위원회 운영에 비합리적인 부분은 없는지도 세심하게 살펴보도록 하겠습니다. 그리하여 국민들께서 안심하며 소중한 참정권을 행사할 수 있도록 최선을 다하겠습니다.

존경하는 신정훈 위원장님 그리고 위원님 여러분!

중앙선거관리위원회에 대한 국민의 신뢰는 결국 공정하고 흠 없는 선거관리를 달성함으로써만 얻을 수 있다고 생각합니다.

앞으로 실시되는 모든 선거에서 공정과 신뢰를 최고의 가치로 삼고 불합리한 제도를 개선하는 등 선거관리위원회가 국민의 신뢰를 받는 헌법기관으로 거듭날 수 있도록 최선을 다하겠습니다.

끝으로 저에 대한 인사청문을 위하여 귀중한 시간을 내어주신 신정훈 위원장님과 여러 위원님들께 다시 한번 감사를 드립니다.

오늘 인사청문 과정에서 주시는 고견과 충고는 국민의 뜻으로 여겨 겸허한 자세로 마음 깊이 새기겠습니다.

감사합니다.

○**위원장 신정훈** 수고하셨습니다.

이제 위원님들의 질의를 시작하겠습니다.

질의는 배부된 순서에 따라서 일문일답 방식으로 진행하겠습니다. 주질의 시간은 답변시간을 포함해서 7분입니다.

이만희 위원님 의사진행발언입니까? 배준영님도?

○**이만희 위원** 예.

○**위원장 신정훈** 먼저 이만희 위원님 발언해 주시기 바랍니다.

○**이만희 위원** 감사합니다, 위원장님.

이만희 위원입니다.

사실 오늘 선거관리위원회 위원의 인사청문에 대한 국민적 관심이 아마 제 경험으로는 굉장히, 어느 때보다도 제일 높은 것 같다는 생각이 들었습니다.

사실 오늘 이 회의를 통해 가지고 후보자에 대한 검증 부분도 좋겠지만 또 거기에 못지않게 많은 국민들께서 이미 분노를 느끼고 계시는 선관위의 현대판 음서제도 또 불공정함의 극치인 채용비리에 대해서 밝혀진 감사원 감사 결과에 대한 선관위의 책임 있는 답변을 아마 듣고 싶어 하신다고 저는 생각을 합니다.

그런데 오늘 사실 오전 회의에 유감스럽게도 노태악 선거관리위원장이나 또 김용빈 사무총장이 지금 출석하지 않은 것으로 조금 전 간사로부터 얘기를 들었습니다. 저는 여야를 떠나서 이런 중요한 상황이 벌어지고 국민적인 분노와 관심이 집중된 사안에 대해서는 비록 헌법기관이라고 하더라도 그 관계자들이 나와서 우리 위원들의 질의에 성실하게 답변하는 것이 맞지 않나 생각을 합니다.

위원장님, 좀 늦은 감이 있겠지만 위원장님께서 여야 간사 간의 협의를 통하셔 가지고 지금부터라도 선관위원장이나 선거관리위원회 사무총장의 출석을 좀 담보해 주시는 것이 어떤가 하는 말씀을 드리고요.

또 한 가지, 저희들 사무실에서 있었던 내용을 다시 한번 말씀드리면 지난 27일 날 발표된 감사원의 선관위 부정채용 감사 결과에 따르면 21년도 12월부터 선관위에서 부모와 친인척 간의, 자녀 간의 채용 관계 현황 자료를 이미 만들었답니다. 만들고 또 22년 4월 달에는 그 자료를 업데이트까지 했다는 거예요. 그런데 그동안 감사원에서도 밝혔지만 열한 차례에 걸쳐서 관련 정보가 없다며 허위 답변을 제출한 걸로 드러났다는 발표가 있었지만 저희 사무실에서 직접 확인을 해 보니까 23년도 5월과 6월에 걸쳐 가지고 세 차례 관련된 자료요구를 했습니다.

그런데 모두 답변들이 관련 정보가 파악되지 않고 있다, 별도로 관리하고 있지 않다, 유사하게 조사한 실시내역은 확인되지 않는다는 등의 허위 답변이 제출된 사항이 있었습니다. 저는 이런 사항들은 명백하게 허위 공문서 작성 및 동행사뿐만이 아니라 어떻게 보면 공무집행을 방해하는 그런 부분이 있지 않나 생각을 하고요.

선관위의 어떤 국회의 감사나 감시를 무력화하는 이 엄중한 사항에 대해서 위원회 차원에서 고발이라든지 이런 내용들을 검토해 주시기를 강력하게 요청하는 바입니다.

이상입니다.

○**위원장 신정훈** 배준영 위원님 발언해 주시기 바랍니다.

○**배준영 위원** 배준영 위원입니다.

지금 대한민국 중앙선관위가 총체적 난국 상황입니다. 국민에게 선거가 공정하게 관리되는지 수긍할 수 있도록 설득력 있게 설명하지도 못하고 있고요. 부정한 인사 채용이 선관위 내에 심각하게 관행화되어 있습니다. 이에 대해서 우리 국민의힘에서 이 시급하고 중대한 사항에 대해서 수차례 긴급 현안질의를 하자고 요청을 한 것으로 알고 있습니다마는 미루고 미뤄 갖고 결국은 오늘 인사청문회 오전에서조차 이걸 하지 못하는 상황이 됐습니다.

그래서 존경하는 위원장님께서는 앞으로는 민주당에서 요청한 긴급 현안질의만 그렇게 따박따박 정시에 열어 주시지 마시고 국민들이 정말 필요하고 원하는 것에 대해서는 시급하게 열어 주셔서 형평성을 맞춰 주시면 좋겠다라는 건의의 말씀을 드립니다.

이상입니다.

○**이달희 위원** 위원장님, 자료 요구 좀……

○**윤건영 위원** 저도 잠깐……

○**위원장 신정훈** 먼저 말씀하십시오.

○**이달희 위원** 국민의힘 이달희 위원입니다.

오늘 인사청문회를 앞두고 중앙선거관리위원회 위원 수당에 대한 규칙을 보면 제5조에 중앙선거관리위원회의 위원장 및 상임이 아닌 위원의 안건검토활동을 지원하기 위해 안건검토수당을 지급하고 있습니다. 회의의안 중 의결사항과 중요 정책 및 현안에 관한 보고사항에 대해 안건별로 각각 회의비를 지급하도록 규정되어 있습니다.

2023년부터 최근까지 선관위 회의는 총 32차례에 논의된 안건이 260건이고 이 가운데 의결이 필요한 안건이 93건으로 확인됩니다.

관련해서 위원장님, 위원들에게 지급한 위원회 그리고 회의별 안건수당 지급내역을 오후 질의 전에 제출해 주실 것을 요청합니다.

이상입니다.

○위원장 신정훈 윤건영 위원님 한 말씀 해 주십시오.

○윤건영 위원 윤건영입니다.

국민의힘 위원님께서 선관위 채용비리 관련 현안질의에 대한 필요성을 강조하셨습니다. 민주당은 전적으로 동의합니다. 한 번이 아니라 열 번, 스무 번도 해야 된다고 생각합니다.

다만 지금의 현안이 선관위 채용비리만 있냐라는 걸 되묻고 싶습니다. 정신 못 차리고 승진 잔치를 벌이고 있는 경찰에 대해서도 국민들은 많은 의구심을 가지고 있습니다. 보은 인사, 알박기 인사라고 비난하고 있지 않습니까?

그리고 면전에서 이런 말씀 드리기는 좀 곤란합니다만 이철규 국민의힘 의원의 자제분에 대한 마약 관련 수사에 대해서도 늑장 수사라는 의혹들이 제기되고 있습니다. 많은 국민들이 의구심을 가지고 있지요. 이런 걸 다 같이 함께 하자는 겁니다. 인사청문회에 집중하고 인사청문회 이후에 하루가 됐든 이틀이 됐든 3일이 됐든 얼마든지 했으면 좋겠습니다. 자료 요청도 저는 얼마든지 하면 좋고요. 앞서 존경하는 이만희 위원님 하셨던 고발 얼마든지 할 수 있습니다. 다 합시다.

다만 왜 채용비리만 그렇게 하냐는 겁니다. 이철규 의원의 자제분에 대한 늑장 수사, 봐주기 수사 하고요. 경찰 알박기 인사도 하고요. 다 했으면 좋겠습니다. 그게 시한이 많이 걸린다고 그러면 이틀, 3일 하면 되지 않겠습니까? 그게 국회의원이 해야 될 일 아니겠습니까?

그리고 이 자리에서 제가 최근에 제보받은 내용을 말씀드리면 소방청에서도 경찰청과 똑같은 보은 인사를 하고 있다라는 겁니다. 소방청장 다음, 즉 소방청 서열 2위인 자리의 소방정감 두 자리 인사를 추진하고 있다고 합니다. 승진한 지 1년밖에 안 된 용산발 인사, 보은 인사를 한다라는 제보를 받았습니다. 심지어 그분은, 대상되는 그분은 이상민 행안부장관 시절에 소방정책관을 해서 용산발 인사라고 소방청 내에서는 소문이 자자하다고 합니다. 특히나 이번 이상민 장관의 단전·단수 조치에서 전화 사실을 공개했던 서울본부장과 경기본부장을 내쫓기 위한 것 아니냐라는 그런 우려 섞인 걱정도 있습니다. 이런 것까지 저는 다 했으면 좋겠습니다. 얼마든지 할 수 있으니까요.

제가 존경하는 조은희 간사님께도 말씀드렸습니다. 오늘 인사청문회가 끝나고 내일이든 다음주 월요일이든 이틀이든 3일이든 다 하자고 했는데 부정적인 답변을, 그에 대한 답을 안 주셨습니다. 오늘이라도 분명하게 답을 해 주셨으면 좋겠습니다.

저희들은 선관위 부정채용 의혹뿐만이 아니라 최근에 제기되고 있는 국회 행안위와 관련돼 있는 주요 현안에 대한 현안질의 전혀 마다할 이유 없다는 것 다시 한번 밝혀 드립니다.

　이상입니다.

○**조은희 위원**　조은희 간사입니다.

　존경하는 윤건영 간사님께서 굉장히 좋은 말씀을 해 주셔서 저는 전적으로 동의합니다. 다만 섞어찌개를 하지 말자, 섞어찌개로 물타기를 하지 말자는 말씀을 드립니다. 자칫하면 민주당이 독립적인 헌법기관인 선관위에서 무수하게 벌어진 각종 특혜 채용에 대해서 심각성을 간과하고 있다는 오해를 받을 수 있으니까 이 부분은 선관위는 선관위대로 따로 하고 또 야당이 얘기하시는 경찰청·소방청에 대한 현안질의는 또 따로 하자는 제안을 제가 어제 위원장실에 드렸습니다.

　현재 국민들은 선관위 전체가 부패와 부정의 온상이다라고 생각하고 있습니다. 그래서 경찰청·소방청에 대한 현안질의와 선관위에 대한 현안질의를 같이 희석시켜서 물타기한다는 오해를 받지 않고, 선관위가 워낙 중요하니까 2일이든 3일이든 선관위 단독 하고 또 경찰청·소방청에 대해서 현안질의를 하면 된다고 생각합니다.

　또 존경하는 이만희 위원님과 배준영 위원님도 얘기하셨다시피 위원장님께서는 민주당이 요구하는 현안질의는 즉각적으로 받아 주신 전례도 있지 않습니까? 그래서 분리해서 현안질의를 할 수 있도록 그렇게 해 주시기를 건의드립니다.

　또 제가 이런 말씀을 드려야 하나 이런 생각이 들지만, 민주당이 선관위를 감싸고 돈다는 의혹에 대해서 저도 믿지 싫지 않지만 한 말씀 드리겠습니다.

　23년 5월 초에 선관위 채용비리가 처음 터지고 나서 5월 16일에 행안위 현안질의를 개최한 바 있습니다. 그 당시 민주당에서는 똑같이 경찰청, 행안부도 같이 현안질의 하자고 물타기 오해받을 수 있는 제안을 했습니다만 그냥 선관위 현안질의를 했는데 제가 그 당시 5월 24일 속기록을 찾아보니, 구체적으로 실명은 거론하지 않겠습니다. 한 민주당 위원께서는 박찬진 총장과 송봉섭 차장이 자체 조사기구로 조사하고 있으니 독립기구 흔들면 안 된다라고 실드까지 치셨습니다.

　그런데 이 두 분 오늘 증인으로 채택돼서 국회에 와서 그동안 위증한 것과 또 아빠찬스를 써서 불법 채용한 당사자 아닙니까? 이분들한테 맡기자, 조사기구를 하자 이렇게 제안까지 하셨습니다. 돌이켜 놓고 보면 고양이 앞에 생선을 맡긴 꼴 아니겠습니까? 채용비리 의혹 당사자들이 셀프 감사를 주도했으니 제대로 될 턱이 없었습니다. 지난 2년 동안 선관위의 현실은 달라지지 않았습니다.

　위원장님, 지금 이렇게 또 섞어찌개를 할 경우에는 2년 전과 똑같은 상황이 재발됩니다. 부디 따로따로 현안질의를 할 수 있도록 의사진행을 해 주실 것을 부탁드리고.

　자료 요구 있는데 해도 되겠습니까, 아니면 따로 할까요?

○**위원장 신정훈**　다음에 하시지요.

○**조은희 위원**　예, 그러겠습니다.

○**위원장 신정훈**　자료 요구는 충분히 서면질의로 할 수 있지요?

○**조은희 위원**　아닙니다.

○**위원장 신정훈**　아닙니까?

○**윤건영 위원**　자료 요구는 조금 이따 하시고.

　저쪽에서 3명이나 이야기했는데 우리도 이야기 좀 해야 될 것 같은데요.

○**위원장 신정훈** 예, 그러면 한병도 위원님 발언해 주시기 바랍니다.

○**한병도 위원** 한병도 위원입니다.

지금 무슨 이야기를 하고 계시는지 저는 이해가 안 갑니다. 그리고 지금 간사님께서 대단히 이렇게 위험한 발언들 이런 말씀들 조심해야 되는데 마치 민주당이 선관위를 감싸고 돈다는, 그걸 어떠한 근거와 주장에 의해서 이런 이야기를 하시는지…… 지금 이게 본질은 흐려지고 있는 겁니다.

저희들 자체적으로 민주당 위원들 내부적으로 다 논의해서 민주당은 결론 냈습니다. 이거 채용비리 관련해 가지고는 아주 엄격하게 대응을 하자, 할 수 있는 거 다 하자고 내부 결론이 난 사항입니다. 거기에 대한 이견이 없어요. 그러면 진짜 생각이 있으면 섞어찌개가 문제고 그게 뭐 문제입니까? 다 해야지요. 선관위에 대해서 정말 아까 우리 여당 위원님들 말씀하시는 것처럼 국민적 관심이 지대합니다. 야당에서는요 그걸 너무 잘 인지하고 있고 내부 절차를 통해서 하자고 결론이 났습니다.

그리고 지금 최근에 경찰 인사 문제도 이거 심각한 문제이고 국민적 관심이 굉장히 지대한 사항입니다. 이것은 정략적으로 분리해서 생각하지 마시고요. 그래서 국민적 관심이 있는 것들을 한데 모아서 같이 하자 이겁니다. 지금 생각의 차이가 있는 거 아니에요. 그래서 저는 그렇게 했으면 좋겠고.

그리고 지금 선관위를 민주당이 감싸고 있다 이런 말들은요 정략적 표현의 한 방법입니다. 또 이거 정략적으로 몰고 가잖아요. 그냥 이런 이야기 하지 마시고 선관위 이거 하자니까요. 그리고 경찰 이거 그냥 하자니까요, 국민들 관심 많으니까. 그리고 같이 하면서 하루 부족하시면요, 야당에서 부족하시면 이틀, 3일 하시자고요. 저희들은 그렇게 결론을 냈습니다, 민주당은. 그러면 차이가 없잖아요. 그런데 갑자기 지금 또 막 민주당이 감싸고 돈다, 마치 배후가 있는 것처럼. 이런 정략적 접근은 중단하시고요.

간사님들 모이셔서, 하자는 건 동의를 하니까 결론 내십시오. 저는 그러면 될 것 같습니다.

○**위원장 신정훈** 수고하셨습니다.

위원님들의 질의를 각자가 다 충분히 들으셨고 경청하셨고 또 판단하시리라고 생각합니다.

오늘 이 자리는 중앙선거관리위원회 위원의 인사청문회 자리입니다. 인사청문회 대상이 이 직무에 정말 합당한 그런 전문성과 도덕성과 책임성을 갖고 있는가 이런 것들을 중심으로 이야기를 해 내야 될 부분인데 어쨌든 간에 오늘 의사진행발언을 통해서 양측의 입장이 격렬하니 지금 충돌하고 있다 하는 것들은 우리가 서로 인정할 수 있는 상황이라고 생각합니다.

그럼에도 불구하고 저는 국민들의 시각에서 우리 국가가 그리고 국회가 운영돼야 된다는 생각에는 변함이 없습니다. 그리고 이 행정안전위원회도 역시 마찬가지로 국민의 시각에서 행정안전위원회가 국민의 대표기관으로서 해야 될 직무를 하는 데 있어서는 어떤 경우에도 제가 거절하지 않겠습니다.

그리고 마찬가지로 선관위 문제도 정말 중요한 문제라고 저는 인정하기 때문에 그런 문제에 대해서는 얼마든지 우리가 이야기할 수 있고, 또 경찰청 문제도 마찬가지입니다. 지금 당장 계속되고 있지 않습니까? 이런 문제들을 우리 행정안전위원회의 직무임에도 불구하고 어떤 것은 하고 어떤 것은 안 하겠다 이런 입장은 전혀 아니다 하는 말씀을 드리고.

두 양당의 간사님들이 가지고 있는 그런 어떤 협의를 통해 가지고 충분히 협의해 주셨으면 좋겠다 이런 생각합니다.

우선 이만희 위원님께서 말씀하시는 노태악 선관위원장, 아마 우리 상임위원회 현안질의에 특별히 출석한 경우가 없는 걸로 제가 지금 기억합니다마는 사무총장이 본질의, 보충질의…… 2시 이후부터 출석하니까요 충분히 그 문제에 대해서……

○이만희 위원 그게 충분히 오실 수가……

○위원장 신정훈 제가 이야기를 하고 이야기합시다.

사무총장이 오후 2시에 출석한다는 그런 일정이 있기 때문에 그때 충분히 또 이야기를 하실 수 있으리라고 생각합니다.

위원회 고발, 이 문제에 있어서는 팩트가 정확히 확인되면 얼마든지 할 수 있습니다. 다만 오늘 이 자리가 하여튼 중앙선관위후보자 청문회라는 것을 염두에 두시고 운영이 될 수 있도록 하겠습니다.

지금 두 분이 '중앙선관위원회가 총체적 난관이다' 아니면 '전체가 부정부패의 온상이다' 이렇게 이야기하는데 저는 참 위험스러운 발언이라고 생각합니다.

법적인 어떤 지위가 있고 운영상에서 문제점은 있을 수 있다고 생각하지만 선관위 자체를 온통 '부정패배의 온상이다' 이렇게 표현한 것이나 또 '총체적 난관이다' 이렇게 표현한 것은 제가 선관위를 비호하는 것이 아니라 헌법기관으로서 국가기관으로서 선관위의 존재에 대한 이야기까지를 지금 제기하는 것 같아서 대단히 위험스러운 발언으로 저는 생각합니다.

저는 그렇게는 생각하지 않습니다. 당연히 배척해야 될 부정, 비리, 채용비리 또 부정선거에 대한 경계 이것은 최고도로 높일 필요가 있지만 선관위가 헌법에 의해서 부여받은 책무에 대해서는 우리가 어떤 경우에도 훼손해서는 안 된다 이런 생각을 가지고 있습니다.

그런 의미에서 저는 오늘 위원님들이 요구하신 선관위에 대한 청문회든 또 현안질의든 얼마든지 두 양당 간사께서 협의해 가지고 저한테 이야기해 주셨으면 좋겠고요.

마찬가지로 야당에서 이야기하는 경찰청과 경찰청 인사 자체도 지금 당면의 현안입니다. 마찬가지로 정부기관이 전방위적으로 알박기 인사를 하고 있는 것에 대해서도 대단히 경계하고 있습니다. 국민들이 우려하고 있다는 사실에 대해서는 저는 위원장으로서 같은 레벨의 어떤 긴박함을 느끼고 있기 때문에 여야 간사님들이 충분히 협의하셔서 일정을 잡아 주시면 진행하겠다는 말씀을 드립니다.

○이만희 위원 위원장님!

○위원장 신정훈 이달희 위원님 선관위 회의비 지급 관련 자료에 대해서는 지금 선관위 직원 나와 계시지요?

바로 좀 준비해서 오후 회의 진행되기 전까지 제출해 주시기 바랍니다.

이만희 위원님.

○이만희 위원 후보자 청문회와 선관위 업무는 밀접하게 관련돼 있다는 건 아마 위원님들 다 아실 거고요. 거기에 관련해서 선관위원장 아니면 사무총장의 출석을 요구하는

것은 당연하다고 생각하고 2시에 출석할 수 있는데 오전에는 못 나오겠다는 거는 저는 이해하기가 어렵습니다.

우리는 선관위를 직접 소관하는 상임위원회 아니겠습니까? 제가 알기로는 어제 과방위에 나가서까지 질의 답변을 다 받으신 걸로 알고 있는데 지금이라도 간사님까지 협의하셔서 가지고 위원장님, 출석을 담보해 주실 것을 부탁을 드리고요. 노태악 위원장도 우리 상임위원회에 출석하셔서 가지고 그때 질의 답변 받으신 적이 있습니다, 23년도에. 다시 한번 확인을 해 보십시오.

그리고 위원장님도 발언 중에 좀 조심하셔야 될 부분이 있는 것 같습니다. 뭐냐 그러면 '지금 정부가 전방위적으로 알박기 인사를 하고 있다' 이렇게 말씀을 하시는데 무엇을 근거로 그렇게 말씀을 하시는 건지?

지금 민주당이 여당입니까? 여러분들이 지금 정부를 운영하고 있습니까? 알박기의 전공은, 원조는 민주당 아닙니까? 무슨 근거로 그런 식으로 말씀하시는지 저는 이해할 수가 없습니다. 그래서 그런 부분에 대해서는 좀 이렇게 삼가 주시기를 부탁드리겠습니다.

이상입니다.

○**윤건영 위원** 의사진행발언, 저 좀 할게요.

○**위원장 신정훈** 이제 그만하시겠습니다. 충분히……

○**조은희 위원** 아니, 저 자료 요청하겠습니다.

○**배준영 위원** 아니……

○**위원장 신정훈** 아니, 배준영 위원님 의사진행발언하셨고……

○**용혜인 위원** 아니, 윤건영 간사님은 말씀하셔야 될 것 같은데요.

○**배준영 위원** 아니, 위원장님이 저에 대한 발언에 대해서 언급을 했기 때문에……

○**위원장 신정훈** 아니, 충분히 할 수 있는 이야기고 기회를 주셨으니까……

○**윤건영 위원** 아니, 저도 의사진행발언하겠습니다. 알박기를 알박기라 그러지 뭐라 그럽니까?

○**배준영 위원** 아니, 제 발언이 잘못됐습니까? 저는 그렇게 생각하지 않습니다.

○**윤건영 위원** 의사진행발언 좀 하겠습니다.

○**위원장 신정훈** 저는 제 의견을 드렸습니다. 저는 제 의견을 드렸으니까……

○**배준영 위원** 아니, 위원장님의 의견을 내시는 자리가 아니고요. 공정하게 관리를 하시는 자리입니다.

○**위원장 신정훈** 저는 위원장으로서……

○**배준영 위원** 왜 제 개인 의견에 그렇게 코멘트를 하십니까?

○**위원장 신정훈** 위원장은 사회자가 아닙니다.

○**배준영 위원** 그건 맞지 않습니다.

○**위원장 신정훈** 위원장은 사회자가 아니에요.

○**배준영 위원** 저도 위원장님이 발언하신 거에 대해서 저도 이의 제기하고 저도 코멘트할까요?

○**위원장 신정훈** 저도 이 위원회의 구성원으로서 충분히 이야기할 수 있는 그런 권리가 있는 거예요.

○**배준영 위원** 저도 권리가 있습니다.

○**위원장 신정훈** 더 이상 이야기……

○**윤건영 위원** 의사진행발언하겠습니다.

○**위원장 신정훈** 자, 의사진행발언은 순서를 받고 하세요. 충분히 이야기하셨으니까 다음에 하세요.

○**윤건영 위원** 윤건영입니다.

존경하는 이만희 위원님께서 '알박기 인사라고 하지 말아라'라고 말씀하셨는데 아니, 알박기를 알박기라 그러지 뭐라고 합니까?

○**이만희 위원** 아니, 알박기 인사를……

○**윤건영 위원** 제 이야기 중입니다, 위원님. 제 이야기 중입니다.

○**이만희 위원** 그래요. 저도 다시 한번 기회를 주십시오.

○**윤건영 위원** 아니, 윤석열 정부가 알박기 인사하고 있는 건 맞는 거 아닙니까? 대통령 탄핵 선고가 오늘내일 하고 있는데 경찰이 알박기 인사하고 보은 인사한 거 아닙니까? 여기 상임위장에 나와서 위원님들이 여러 많은 문제 제기를 했음에도 불구하고 불시에 인사를 발표했습니다. 제가 조금 전에 말씀드렸던 소방청도 마찬가지입니다.

최상목 권한대행은 헌법재판소가 임명하라고 한 헌법재판관마저도 임명을 거부하고 있는 상황입니다. 이 와중에 하기 싫은 건 다 팽개쳐 놓고 알박기 인사, 내 사람 승진시키는 인사 하는 거 아닙니까? 윤석열 정부는 홍길동 정부입니까? 알박기를 알박기라고 부르지도 못하는 이게 말이 됩니까?

제가 말씀드렸지 않습니까? 소방청 인사 관련해서 두 사람…… 제가 백 번 천 번 양보해서 경찰 인사 같은 경우에는 서울청장이 공석이라는 정말 허울 좋은 명분이라도 있었다고 치겠습니다. 그런데 소방청은 아무런 명분도 없습니다. 그런데도 불구하고 두 사람을 승진시키겠다는 것 아닙니까, 용산 사람으로?

경찰 인사 다시 또 말씀드리겠습니다. 경무관 인사, 총경 인사, 지역적 편중 인사 얼마나 많이 보여 줬습니까? 그리고 용산을 거쳐 갔던 사람 벼락 인사 시켰던 것 아닙니까? 그리고 지금 경찰과 소방청, 우리 행안위 소속만 제가 말씀드렸지 그 이외에 다른 공공기관, 공기업들 그리고 부처 인사 여실히 하고 있는 것 아닙니까? 왜 손바닥으로 하늘을 가리려고 합니까?

저는 계속 말씀드립니다. 선관위 채용비리에 관련해서 하등 감싸 줄 이유도 없고 저희가 할 이유 없습니다. 열 번, 스무 번, 백 번 천 번 다 했으면 좋겠습니다.

그리고 앞서 말씀하셨던 노태악 위원장이라든지 사무총장 불러내는 것, 얼마든지 저는 불러낼 수 있다고 생각합니다. 다만 2시에 나오겠다는 사람 지금 오라고 하면 거의 2시에 도착하는 것 아닙니까? 그럴 경우가 있으면 미리 불렀어야지요. 선관위 사무총장 증인 신청, 저희 민주당에서 했습니다. 여당이 한 게 아닙니다. 그래 놓고 이제 와서 왜 이야기하십니까?

어제 여당 간사님이 저희한테 연락이 왔습니다, 미리 부를 수 있겠냐고. 아니, 저희가 부른 간사를 왜 여당이 미리 부르자고 합니까? 다만 필요하다 그러면 저는 지금이라도 간사 간 협의하에서 부를 수 있다고 생각합니다. 그런데 미리 아셔야지요, 그런 건.

○**이만희 위원** 불러 주십시오.

○**윤건영 위원** 예.

○**이만희 위원** 지금 바로 불러 주십시오.

○**윤건영 위원** 이상입니다.

○**배준영 위원** 위원장님, 왜 윤건영 위원님은 두 번 하는데 저는 두 번 하면 안 됩니까?

○**윤건영 위원** 이만희 위원님도 두 번 해서 일대일로 한 겁니다, 배준영 위원님.

○**배준영 위원** 공평하게 해 주십시오.

○**위원장 신정훈** 자, 이렇게 하십시다.

제가요 네 분의 발언을 여당에게 드렸고, 두 분의 발언을 야당한테 드렸습니다. 그리고 이만희 위원이 한 번 더 재차 발언을 했기 때문에 윤건영 위원한테 드렸고요. 지금부터 사회권을 발동해서라도 이 회의가 원만히 진행될 수 있도록 하겠습니다. 존중해 주시기 바라고요.

조은희 위원님께서는 간단히 자료 요청해 주시기 바랍니다.

○**조은희 위원** 위원장님, 자료 요청 기회를 주셔서 감사합니다.

선관위는 지난 24년 5월 31일 중앙선관위 사무총장, 차장 등 자녀 채용비리 관련 특별감사 결과 및 재발방지대책 보도자료를 배포한 바 있습니다. 선관위의 다양한 인사제도 개선 및 조직 혁신방안을 즉시 시행하겠다고 밝혔습니다. 그래서 2년 동안 선관위가 지킨 것이 있는지 점검·확인하기 위해서 자료 요청을 했지만 어떤 답변도 보내오고 있지 않습니다.

첫째, 2023년 5월 이후 전국 선관위에서 면접 대상자가 1명인 비다수 경력채용 건이 1건도 진행된 적이 있는지 없는지 여부, 둘째 경력직 채용 면접 진행 시 면접위원을 100% 외부 위원으로 선발했는지의 여부, 셋째 외부 면접위원 구성 현황, 전직 선관위 출신 인사 포함 여부, 넷째 정무직 대상 인사검증위원회의 설치 여부, 설치됐다면 구성 현황도, 도입했는지 여부, 다섯째 감사관, 사이버보안, 홍보 업무 과장급 이상 직위에 개방형 직위제 도입했는지 여부, 여섯째 당시 특혜 채용 논란이 있었던 김세환 전 사무총장의 아들, 박찬진 전 사무총장의 딸, 송봉섭 전 사무차장의 딸, 윤재현 전 경북선관위 상임위원의 딸, 4명을 포함한 채용비리 당사자가 어느 부서 소속인지, 23년 이후 승진·징계·휴직 현황 자료 요구를…… 위원장님, 오후 2시까지 관련 자료를 제출해 줄 것을 명해 주시기를 요청드립니다.

이상입니다.

○**위원장 신정훈** 아까도 말씀드렸지만 중앙선관위원장이 국정감사의 경우는 증인으로 출석한 경우가 있습니다마는 상임위 현안질의에 출석한 경우는 지금까지 관례적으로 없었습니다. 그리고 이렇게 지금 촉급한 상황에서 부를 수 없기 때문에 예정대로, 중앙선관위 사무총장 출석이 오후 2시에 예정돼 있다 하는 말씀을 드리면서 참고해 주셨으면 좋겠습니다.

○**조은희 위원** 이러니까 비호한다는 얘기를 들으시는 겁니다.

○**위원장 신정훈** 무슨 놈의 비호예요!

○**조은희 위원** 지난번 백 경정 때 어떻게 하셨습니까!

○**위원장 신정훈** 그만하세요!

○**배준영 위원** 아니, 위원장님 왜 소리를 지르십니까?

○**용혜인 위원** 적당히 좀 하세요, 간사님. 회의 진행이 안 되지 않습니까?

○**윤건영 위원** 아니, 여당이 부르시지 그랬어요?

○**조은희 위원** 불렀으니까 안 부른 겁니다.

○**윤건영 위원** 그게 말이 됩니까?

○**위원장 신정훈** 지금 시비 걸고 있는 거예요, 시비. 시비 걸고 있는 거예요. 제가 말씀 드렸잖아요.

○**조은희 위원** 참고인으로 부르셨기 때문에 안 했습니다.

○**위원장 신정훈** 잠깐만요. 잠깐만요.

○**윤건영 위원** 아니, 여당이 부르지도 않고 이제 와서 왜 부릅니까?

○**조은희 위원** 두 명, 두 명으로 하자면서요.

○**윤건영 위원** 언제 두 명, 두 명 하자고 그랬습니까?

　여당이 불렀으면 될 일을 왜……

○**배준영 위원** 이런 강압적인 분위기에서 어떻게 합니까?

○**용혜인 위원** 갑자기 그렇게 급발진하시면 돼요?

○**위원장 신정훈** 상임위 간사 간의 협의 과정에서 나오지 않았던 내용이에요. 오늘 지 금 제기하고 있는 문제를……

　그리고 지금까지 상임위 현안질의에 한 번도 출석한 바가 없는 중앙선거관리위원장을 출석할 수가 없다, 아니면 부르지 않겠다 하는 것은 사회자로서, 위원장으로서 최소한의 저의 입장으로서 이야기하는 거예요.

○**조은희 위원** 사무총장을 부르십시오.

○**위원장 신정훈** 그것이 무슨 놈의, 비호한다고 그렇게 이야기하면 제가 어떻게 회의를 진행합니까?

○**조은희 위원** 아니, 아버지를 아버지라 부르지 못하는 홍길동, 민주당입니다, 민주당.

○**이광희 위원** 조은희 위원 그만하세요. 왜 이런 식으로 회의를 파행시킵니까?

○**조은희 위원** 선관위 비리를 선관위 비리라고 말하지 못하는 것 아닙니까?

○**이광희 위원** 이런 식으로 정략적으로 하실 생각이에요!

○**용혜인 위원** 정말 해도 너무하십니다.

○**이만희 위원** 위원장님, 위원장이 안 되면 총장이라도 오라고 요청하면 될 것 아니겠 습니까?

○**이광희 위원** 이만희 위원님 그만하세요!

○**위원장 신정훈** 2시에 지금 예정돼 있다니까요, 2시에.

○**이광희 위원** 이만희 위원! 그만하세요. 뭐 하는 거야, 지금? 계속……

○**이만희 위원** 이광희 씨.

○**이광희 위원** '이광희 씨'가 뭐야!

○**이만희 위원** 이광희 씨!

○**이광희 위원** '이광희 씨'가 뭐야!

○**이만희 위원** '이만희'는 뭐야, 그러면!

○**이광희 위원** '이만희 위원'이라고 그랬지!

○**이만희 위원** '이만희'는 뭐야!

○**박정현 위원** '위원'이라고 했잖아요.

○**조은희 위원** 한참 이따가……

○**이만희 위원** 네가 '이만희'라고 한 것 아니야!

○**이광희 위원** 이만희 씨, '이광희 씨'가 뭐냐고!

○**이만희 위원** '이만희'는 뭐야!

○**용혜인 위원** 위원장님, 회의를 진행해 주십시오.

○**이광희 위원** '이만희 위원'이라고 그랬지 내가 언제 '이만희'라고 그랬어요?

　　　　(「한참 이따 그랬잖아요」 하는 위원 있음)

　　　　(「'이만희'라고 그랬어요」 하는 위원 있음)

　　그리고 '이광희 씨'가 뭐야!

○**이만희 위원** 말장난 좀 하지마!

○**이광희 위원** 사과하세요! 이것 사과 안 하면……

○**이만희 위원** 누가 할 소리 하네. 당신부터 먼저 사과해!

○**이광희 위원** 사과해!

　　　　(「말장난하지 마시고요, 이름 가지고」 하는 위원 있음)

○**위원장 신정훈** 자, 이광희 위원님.

○**이만희 위원** 이런 식으로 말하지 말라고!

　　지금 그래서 사무총장 나오라고 그러면 되는 것 아닙니까?

○**이광희 위원** 아니, 계속 문제 제기하고 같은 얘기 계속하고 지금 뭐 하는 겁니까!

○**위원장 신정훈** 나오기로 예정돼 있다니까요. 나오기로 예정돼 있다는데 제가 출석 안 시키겠다고 했습니까?

○**이만희 위원** 말을 함부로 하지 마요. '이만희'라니, 누가 먼저 '이만희'라고 그랬어!

○**이광희 위원** '이만희 위원!' 그랬지!

　　　　(「'위원'은 한참 이따가……」 하는 위원 있음)

○**이만희 위원** 이광희 씨.

○**이광희 위원** '이광희 씨'가 뭐야, '이광희 씨'가!

　　　　(「애들 장난하는 것도 아니고 말장난하지 마세요」 하는 위원 있음)

　　당신은 '위원'이라고도 안 했어, 나한테.

○**위원장 신정훈** 이광희 위원님, 자제 좀 해 주시고요.

　　　　(「우리가 바보입니까? 그것 다 듣고……」 하는 위원 있음)

　　자, 이만희 위원님.

○**이광희 위원** 지금 같은 얘기 계속 반복하면서 이런 식으로 회의를 파행시킵니까!

○**이만희 위원** 지금 같으면 나오라고 그러시면 되잖아. 무슨 한 시간이 걸립니까, 두 시간이 걸립니까?

○**위원장 신정훈** 자, 이만희 위원님, 두 시간 후에 지금 회의 진행하는 과정에서 출석하게 돼 있습니다.

○**이만희 위원** 정말 그렇게까지……

○**위원장 신정훈** 질의할 수 있는 기회가 충분히 있음에도 불구하고…… 오늘 저녁까지 하세요, 충분히 시간을 드릴 테니까.

애당초 요구도 안 했던 증인과 참고인을 이제 와서 하면서 '지금 당장 데려와라' 이렇게 이야기하면 되겠습니까?

(「해도 해도 너무하네, 진짜」 하는 위원 있음)

그리고 예정이 돼 있다니까요. 그런데 비호한다고 이야기하면 되겠습니까?

지금 국힘당은, 국민의힘은 민주당에게 선관위하고 유착 관계를 계속 부각시키려고 하는 것 같아요. 그렇지 않습니다. 선관위는……

○윤건영 위원 누가 누구를 비호해? 진짜……

○조은희 위원 그러니까 물타기하지 마시라고요.

○윤건영 위원 누가 물타기를 해요?

○용혜인 위원 물타기는 누가 물타기를 해요!

○위원장 신정훈 선관위 사무총장은 윤석열 정부가 임명한 거예요.

(「그만하십시오」 하는 위원 있음)

○윤건영 위원 말 끝마다 물타기, 비호……

○위원장 신정훈 선관위 사무총장은 윤석열 대통령이 임명했다니까요.

○이광희 위원 지난 3년 동안 뭐 하고 지금까지 수사도 안 하고 말이야!

○위원장 신정훈 우리하고 유착합니까?

○용혜인 위원 비호는 국민의힘이 윤석열을 감싸고도는 게 비호입니다.

○조승환 위원 아니, 따로따로 하면 되지. 사흘씩 하면, 마무리하면 되는 것 아닙니까?

○김종양 위원 아니, 위원이 요구하면 2시에 나오기로 되어 있었다손 치더라도 좀 일찍 나와 달라고 이야기하면 될 것 아닙니까?

○용혜인 위원 벌써 몇 분째예요, 이게!

(「질의 시작하시지요」 하는 위원 있음)

○위원장 신정훈 그만하세요.

김종양 위원님, 예정돼 있단 말이에요. 예정돼 있다니까.

○김종양 위원 좀 일찍 나오라고 이야기를 하면 되지 그걸 갖다가 또……

(「하루하루 나눠서 합시다」 하는 위원 있음)

○조은희 위원 아니, 민주당은 동행명령까지 하지 않았습니까?

○윤건영 위원 아니, 미리 부르지요, 미리.

○이광희 위원 아니, 증인 신청도 안 하고 말이야. 야당이 증인 신청한 사람을 오후에 나온다고 뭐라고 그러는 사람이 어딨어, 도대체!

○김종양 위원 미리 못 했더라도 오늘 이야기하면 그리 좀 하면 될 것 아닙니까? 그걸 뭘 그렇게 힘들게 합니까?

○조은희 위원 어제 얘기했지 않습니까, 어제.

○윤건영 위원 두 시간 이따 나오는 사람을……

○조은희 위원 아니, 동행명령권까지 발의했지 않습니까, 영등포경찰서 할 때.

○윤건영 위원 누가 물타기를 합니까, 누가?

○김종양 위원 2시에 나오더라도 좀 일찍 나오라고 그렇게 이야기하면 될 것 아닙니까?

○윤건영 위원 누가 물타기를 해요? 국민의힘이 물타기를 하고 있잖아요, 지금.

○**배준영 위원** 아니, 지난번에 파주시장은 금방 나왔잖아요.

○**윤건영 위원** 국민의힘이 물타기를 하고 있지요.

○**배준영 위원** 파주시장 금방 부른 기억 안 나십니까?

○**이광희 위원** 왜 쳐다봐? '이광희 씨'가 뭐야, '이광희 씨'가? 말 함부로 하고 말이야.

  (「같은 집안끼리 그러지 마세요」 하는 위원 있음)

○**이만희 위원** 누구한테 말 함부로 하고…… 내가 정말……

○**윤건영 위원** 내란 세력 옹호하고 있는 게 누구예요? 국민의힘 아니에요?

○**조은희 위원** 부패 세력 보호하는 게……

○**윤건영 위원** 참자 참자 하니까 말이 안 되는 소리를 하고 있어, 정말.

○**위원장 신정훈** 자, 그러면 정상적인 회의가 되기 좀 어렵기 때문에 잠시 휴회하겠습니다.

(10시43분 회의중지)
(10시58분 계속개의)

○**위원장 신정훈** 좌석을 정돈해 주시기 바랍니다.

○**조은희 위원** 의사진행발언하겠습니다.

○**위원장 신정훈** 회의를 속개하겠습니다.

○**조은희 위원** 아까 한병도 위원님 말씀에 오해가 있어서 제가 해명을 해야 되겠습니다.

○**위원장 신정훈** 오늘은 인사청문회이기 때문에…… 의사진행발언을 충분히 드렸어요.

○**조은희 위원** 아니, 한병도 위원이 지금 잘못하셨어요, 말씀을.

○**위원장 신정훈** 자, 됐어요.

  양쪽에서……

○**조은희 위원** 왜 그러십니까, 위원장님?

○**위원장 신정훈** 아니, 조은희 간사님, 충분히 이야기를 했으니까 여기서……

○**조은희 위원** 얘기 못 했습니다. 한병도 위원이 지금……

○**위원장 신정훈** 이야기하셨습니다.

○**조은희 위원** 제가 뭔 말 한지 모르겠다고 얘기하셨어요.

○**위원장 신정훈** 제가 그러면 의사진행발언 계속 드려야 됩니까? 제가 지금 이 상황에서 의사진행발언 계속 드려야 돼요?

○**조은희 위원** 예.

○**정춘생 위원** 그러면 저도 하겠습니다.

○**위원장 신정훈** 그만하세요.

  위원님들 각자가 다 한 번씩 할 수 있지만 안 하신 위원님도 계시고 또 여야 간에 충분히 본인들의 정치적인 발언 다 했지 않습니까? 충분히 그렇고.

  후보자께서 대단히 당황스러울지도 모르겠습니다.

  아무튼 오늘 의사진행발언을 통해 가지고 지금 중앙선거관리위원회 위원장 그리고 사무총장에 대한 출석요구를 다시 했습니다.

  제가 관행적으로는 국감에서는 중앙선거관리위원회 위원장이 참석한 적이 있다고 그러니까 그 문제까지는 감안하더라도 지금 저희들이 증인으로 요구하는 것이 아니기 때문에, 그분들의 지금 상황도 잘 모르기 때문에 우리가 지금 당장 부른다는 것은 대단히 어려워 보입니다. 그럼에도 불구하고 국힘 위원님들의 열화와 같은 요구가 있었기 때문에 지금 행정실을 통해 가지고 두 분들의 출석에 대한 요청을 드리도록 하겠습니다. 예정돼 있지 않기 때문에 그분들의 의사를 충분히 존중해서 최대한 출석할 수 있도록 그렇게 요청을 드리겠습니다.

그렇게 하고 오늘 회의를 진행하도록 하겠습니다.

그러면 존경하는 이광희 위원님……

조금 더 분위기가 다운됐습니까?

(「예」 하는 위원 있음)

질의해 주시기 바랍니다.

○**이광희 위원** 청주 서원구의 이광희입니다.

후보자께서는 대한민국은 민주공화국이며 민주주의를 유지하는 가장 중요한 요소가 선거라는 점에 동의하십니까?

○**중앙선거관리위원회위원후보자 김대웅** 예, 동의합니다.

○**이광희 위원** 선거관리위원회의 가장 중요한 역할은 선거의 공정성과 투명성을 보장하는 것이라고 생각하십니까?

○**중앙선거관리위원회위원후보자 김대웅** 예, 그렇게 생각합니다.

○**이광희 위원** 그러면 후보자께서는 선거관리위원으로서 어떠한 외부적 압력에 흔들리지 않고 오직 헌법과 법률에 따라 선거를 관리하겠다는 의지가 확고하다고 생각하십니까?

○**중앙선거관리위원회위원후보자 김대웅** 예, 그렇습니다.

○**이광희 위원** 영상 좀 틀어 주십시오.

지금 소리가 안 나오는데 소리 좀…… 소리가 안 나고 있는데……

○**위원장 신정훈** 잠깐만요. 좀 멈춰 주시고.

○**이광희 위원** (영상자료 상영)

지금 공무원시험 역사 강사 전한길 씨가 뜨겁지요. 부정선거론을, 대통령의 의혹을 제기했고 또 선관위에 문제를 계속 제기하고 있고 있는데요. 통계 조작이 가능하다고 보십니까, 말씀하신 대로?

○**중앙선거관리위원회위원후보자 김대웅** 일단 그렇지 않다고 생각합니다.

○**이광희 위원** 어떤 점에서 그렇지 않다고 생각하십니까?

○**중앙선거관리위원회위원후보자 김대웅** 구체적인 사안을 제가 알지는 못하지만 전체적인……

○**이광희 위원** 예, 알겠습니다.

교도소나 군부대 부정선거가 일어났다고 하는데 일어날 수 있습니까?

○**중앙선거관리위원회위원후보자 김대웅** 일단 일반론으로는 그렇지 않다고 생각합니다.

○**이광희 위원** 그리고 대통령이 말한다고 하면서 전한길 씨가 얘기한 대로 선관위가 비리 덩어리라는 등의 말에 동의하시나요?

○**중앙선거관리위원회위원후보자 김대웅** 최근 채용비리 등 문제가 생긴 것은 잘 알고 있습니다. 하지만 부정선거 관련해서는 아마 관련 소송에서도 선거부정이 없었다 이렇게

판단된 것으로 알고 있습니다.

○**이광희 위원** 다음 영상 좀 틀어 주시기 바랍니다.

　　(영상자료 상영)

　계엄의 당위성이 선관위에 있다고 하면서 말씀하신 윤석열 법률대리인단 소속 차기환 변호사의 말이고요. 지금 차기환 변호사가 한 말은…… 차기환 변호사는 같은 판사 출신 아닙니까, 후보자하고?

○**중앙선거관리위원회위원후보자 김대웅** 그건 제가 잘 모르겠습니다.

○**이광희 위원** 사법연수원 선배 아니세요? 차기환 변호사 모르세요?

○**중앙선거관리위원회위원후보자 김대웅** 예, 잘 알지는 못합니다.

○**이광희 위원** 사법연수원 선배라고 하시네요. 저분이 말씀하셨던 게 윤석열의 사고방식, 왜 계엄을 선포했는가와 관련돼 있다고 보는데, 하나씩 여쭙겠습니다.

　　(영상자료를 보며)

　선거관리 시스템 전반이 부실하고 해킹 및 투·개표 시스템 전반적 조작이 가능하다고 생각하십니까?

○**중앙선거관리위원회위원후보자 김대웅** 좀 전에 말씀드렸듯이 관련된 대법원 소송에서 대법원은 그런 부정이 없었다고 판단한 것으로 알고 있습니다.

○**이광희 위원** 장비 제조사는 대북 송금 800억의 주체인 쌍방울의 계열사라고 주장을 하는데 이에 대해서는 어떻게 생각하십니까?

○**중앙선거관리위원회위원후보자 김대웅** 그 부분은 제가 잘 모르는 부분인 것 같습니다.

○**이광희 위원** 다시 확인해서 답변해 주시고요.

　외부에서 내부 선거망으로 접속해서 투·개표 데이터 조작이 가능하다고 하는데 이에 대해서는 어떻게 생각하십니까?

○**중앙선거관리위원회위원후보자 김대웅** 대법원 판결상으로는 그게 가능하지 않은 것으로 판단된 것으로 알고 있습니다.

○**이광희 위원** 사전투표 조작 주장과 관련돼서요, 사전투표 제도가 허위로 사전투표자 수를 부풀려도 알 수가 없다고 하는 주장에 대해서는 어떻게 생각하십니까?

○**중앙선거관리위원회위원후보자 김대웅** 그 부분도 마찬가지인 것 같습니다.

○**이광희 위원** 사전투표용지 무단 인쇄가 가능합니까? 지금 계속 주장하는 바대로, 윤석열의 변호인단이 주장한 바대로 지금 질문드리는 겁니다. 그게 가능합니까?

○**중앙선거관리위원회위원후보자 김대웅** 그렇지 않다고 일단 생각합니다.

○**이광희 위원** 선거인 명부 관리가 부실해서 유령 유권자가 발생할 가능성이 있습니까?

○**중앙선거관리위원회위원후보자 김대웅** 그것도 마찬가지입니다.

○**이광희 위원** 사전투표소에 설치된 통신 장비에 인가받지 않은 외부 PC 연결이 가능합니까?

○**중앙선거관리위원회위원후보자 김대웅** 그것도 대법원 판결에서……

○**이광희 위원** 투표지 분류기와 개표 시스템의 체계가 부실해서 해킹해서 개표 결과가 변경이 가능합니까? 투표지 분류기가 외부 장비 연결 및 해킹으로 투표 결과가 변경이

가능하다고 생각하십니까?

○**중앙선거관리위원회위원후보자 김대웅** 그렇지 않은 것으로 알고 있습니다.

○**이광희 위원** 지금 제가 질문을 하면서도 너무너무 스스로 황당한, 투표 참관이나 개표 참관을 한 번이라도 해 본 적이 있는 사람이면 주장할 수 없는 내용들을 가지고 비상계엄을 선포했다는 겁니다. 그리고 이러한 내용들은 지금 선거 공정성을 훼손하려고 하는 허위 정보, 가짜뉴스가 무분별하게 확산되고 있는 중입니다.

선관위 위원 되시면 이에 대한 대책을 마련해야 된다고 생각하지 않으십니까?

○**중앙선거관리위원회위원후보자 김대웅** 어쨌든 공정한 선거가 이루어지도록 관리하는 것이 선거관리위원회의 책무라고 알고 있습니다. 그런 점을 위해서 최선을 다하도록 하겠습니다.

○**이광희 위원** 대법원이 21대 총선에 관련돼서 126건의 선거소송에서 부정선거를 인정한 판결을 한 건도 내리지 않은 것 아시지요?

○**중앙선거관리위원회위원후보자 김대웅** 예, 알고 있습니다.

○**이광희 위원** 그럼에도 불구하고 여전히 부정선거에 대한 의혹을 제기하고 있는데 이에 대해서는 어떻게 생각하십니까?

○**중앙선거관리위원회위원후보자 김대웅** 의혹을 제기하는 여러 의견이 있는 것은 알고 있습니다. 하지만 어쨌든 선거관리위원회 측의 선거관리를 더 잘하라는 취지라고 한다면……

○**이광희 위원** 잘하라는 취지라고요?

○**중앙선거관리위원회위원후보자 김대웅** 그러니까 앞으로 더 잘하라는……

○**이광희 위원** 뭐가 문제가 있어서 잘하라는 취지예요?

○**중앙선거관리위원회위원후보자 김대웅** 그런 건 아니고요. 이유를 불문하고 앞으로 더 잘하라는 취지라고 한다면 그런 점에서는 받아들일 수 있을 수도 있을 것 같은데 지금 질문하신 내용과 관련해서는 조금 전에 말씀드렸듯이 대법원 판결 등을 통해서 그런 일은 없었다라고 나와 있습니다.

○**이광희 위원** 다음 것 보여 주세요.

지금 저게 간첩단, 그러니까 중국의 간첩들이 선거 조작을 위해서……

(발언시간 초과로 마이크 중단)

···

(마이크 중단 이후 계속 발언한 부분)

분리 수용을 하고 있다는 내용이에요. 저게 왜 지금도 저곳에 관련돼서 게재가 되어 있습니까? 선관위에서 저것 문제 제기하셔야 되는 것 아닐까요? 저게 지금도 여전히 게시가 되어 있어요. 이에 대해서 언론중재위원회는 결론도 내지 않고 있고 이런 점에 대해서 선관위가 강력하게 조치해야 된다고 생각하지 않으세요?

○**중앙선거관리위원회위원후보자 김대웅** 이미 정정보도청구 등을 한 것으로 제가 알고는 있는데요.

○**이광희 위원** 아니, 영상 삭제 요청을 진행한 것으로 알고 계세요?

○**중앙선거관리위원회위원후보자 김대웅** 제가 그 부분까지는 모르겠습니다.

○**이광희 위원** 삭제 요청조차 하지 않았습니다. 왜 저게 저런 식으로 떠서 계속적으로

부정선거 음로론이 판칠 수 있도록 하는지……

○위원장 신정훈 정리해 주시기 바랍니다.

○이광희 위원 들어가시면 이에 대해서 꼭 조치해 주시기 바랍니다.

○중앙선거관리위원회위원후보자 김대웅 예, 잘 새겨듣고 검토해 보도록 하겠습니다.

○이광희 위원 감사합니다.

• •

○위원장 신정훈 후보자, 후보자께서 지금 답변을 계속 소극적으로 하시는데요. 적극적으로 좀 해 주세요.

○중앙선거관리위원회위원후보자 김대웅 예, 알겠습니다.

○위원장 신정훈 주장이, 대법원의 판결이 있음에도 불구하고 국민들은 불신하고 있고 대법원의 판결이 100건이 넘도록 나오고 있음에도 불구하고 부정선거를 철통같이 믿고 있습니다. 이런 상황에서 새로운 선거관리위원회 위원이 되시는 후보자께서 좀 더 이 문제에 대해서 분명한 태도를 보여 주시는 것이 국민들에게 더 신뢰를 줄 수 있겠다 이런 생각을 하는데, 그 문제에 대해서 한 말씀 하시고 다음 질의 넘어가도록 하겠습니다.

어떤 의지와 어떤 방안으로 이런 선관위에 대한 불신 그리고 선거 부정에 대한 그런 왜곡된 주장 이런 것에 대해서 설득해 나갈 것인지 말씀해 주시기 바랍니다.

○중앙선거관리위원회위원후보자 김대웅 선거관리 과정에서 공정성, 투명성을 더 제고하도록 노력을 하겠습니다. 그것 관련해서 또 선거관리 과정에서 일어나는 여러 가지 사항에 대해서 공개할 수 있는 내용은 투명하게 공개해서 의혹이 없도록 노력을 하도록 하겠습니다.

○위원장 신정훈 수고하셨습니다.

다음은 이달희 위원님 질의해 주시기 바랍니다.

○이달희 위원 후보자님, 먼저 중앙선거관리위원으로 지명받으신 것 축하드립니다.

아까 인사말씀에서 무거운 책임감을 느낀다고 하셨는데요. 인사청문회 준비하시면서 우리 국민들께서 선거관리위원회를 불신하고 있다는 것, 퍼센트도 다 체크하셨을 텐데 제일 큰 것 한 세 가지만 말씀해 보시지요. 어떤 측면에서 불신을 받고 있다고 생각하십니까?

○중앙선거관리위원회위원후보자 김대웅 최근 문제 된 게, 일단 채용비리 문제가 제일 크다고 생각을 하고 있습니다.

그리고 부정선거론과 관련해서는 아마도 여러 의혹 제기하는 부분들이 있는데……

○이달희 위원 선거관리위원은 전체 9명으로 구성되지요?

○중앙선거관리위원회위원후보자 김대웅 예.

○이달희 위원 그래서 선거관리 전반에 대해서 심의 의결하는 기구입니다. 그렇지요? 그래서 대통령이 3명 임명하고 국회에서 3명 선출하고 나머지 3명은 대법원장이 지명하시는 거지요?

○중앙선거관리위원회위원후보자 김대웅 예.

○이달희 위원 그래서 후보 같은 경우도 대법원장이 지명하셨잖아요.

그래서 심의 의결했는데 누가 이렇게 신고를 하고……

지금 직책이 뭡니까, 법원에서? 서울고등법원장이시지요?

○**중앙선거관리위원회위원후보자 김대웅** 예.

○**이달희 위원** 내가 심의 의결한 문제에 소송이 들어오면 그런 부분에 대해서도 국민들께서 좀 걱정이 있다 이런 말씀을 드립니다.

그래서 아까 말씀하신 부분에서 제가 두 가지 질의를 하겠습니다. 아까 말씀하신 채용 비리 문제 그리고 소명의식이, 우리 선거관리위원회에서 공직자 소명의식 부분, 이 두 가지를 질의하겠습니다.

민주주의의 가장 핵심은 뭐라고 생각하십니까? 선거겠지요?

○**중앙선거관리위원회위원후보자 김대웅** 예, 그렇습니다.

○**이달희 위원** 선거를 통해서 국민들로부터 권리를 위임받는 것 아닙니까?

○**중앙선거관리위원회위원후보자 김대웅** 예, 맞습니다.

○**이달희 위원** 그러면 선거의 가장 핵심은 뭐라고 생각하세요? 절차의 공정성 아닐까요?

○**중앙선거관리위원회위원후보자 김대웅** 예, 맞습니다.

○**이달희 위원** 절차의 공정성이 있어야 그 결과가 정의로운 결과로 마무리가 되겠지요?

○**중앙선거관리위원회위원후보자 김대웅** 예.

○**이달희 위원** 그런데 그 절차를 집행하는 사람들이 국민들로부터 신뢰를 받지 못하는 사람들로 구성이 되었다면 그 절차가 공정하다고 국민들께서 인정하실 수 있을까요?

○**중앙선거관리위원회위원후보자 김대웅** 그렇지는 않다고 생각합니다.

○**이달희 위원** 맞습니다.

(영상자료를 보며)

시도 선관위가 2013년 이후 실시한 167회의 경력직 채용에서 662건의 규정 위반이 적발됐습니다. 알고 계시지요?

○**중앙선거관리위원회위원후보자 김대웅** 예, 들어서 알고 있습니다.

○**이달희 위원** 그리고 중앙선관위가 2013년 이후 실시한 124회의 경력직 채용에서는 216건의 절차 위반이 적발되었습니다.

전체 선거관리위원회 사무처가 몇 명인지 아십니까? 한 3000명 가까이 되지요?

○**중앙선거관리위원회위원후보자 김대웅** 구체적인 숫자는 제가 잘 알지 못합니다.

○**이달희 위원** 공부를…… 인사청문회 준비하면서 선거관리위원회 전체 공직자 몇 명인지, 준비가 소홀하신 것 같아서 좀 섭섭하네요.

○**중앙선거관리위원회위원후보자 김대웅** 죄송합니다.

○**이달희 위원** 전체 한 3000명 가운데 878건의—물론 중복된 건도 있는데요—채용에 대해서 문제가 있다 이렇게 지적이 됐습니다.

그래서 특히 선관위의 고위직들은 경력채용에서 채용공고 없이 자녀를 채용하거나 내정하거나 친분이 있는 내부 인사들로만 심사위원을 구성해서 자녀 면접 점수를 조작하기도 했다 이런 것 다 들으셨지요?

○**중앙선거관리위원회위원후보자 김대웅** 예, 들어서 알고 있습니다.

○**이달희 위원** 이런 식으로 선관위 고위직 아들딸은 좋은 자리를 얻게 되고 일반 응시자는 기회를 박탈당했습니다. 이 부분에서 우리 국민들께서 입시비리나 채용비리, 특히

공직의 채용비리가 가장 국민들께서 따갑게 질책하는 부분이 아닐까요?
○**중앙선거관리위원회위원후보자 김대웅** 예, 저도 그 점에는 동의합니다.
○**이달희 위원** 그런데 왜 경력직에서 이렇게, 비리가 경력직 채용에 선관위는 왜 많다고 생각하십니까?
○**중앙선거관리위원회위원후보자 김대웅** 사실 구체적인 선관위 내용에 대해서는 알지 못 하지만 아마 본인들 판단하기에 그렇게 하지 않았을까라는 생각만 해 보는데요. 어쨌든 적법한 절차 또는 경쟁적인 절차를 거치지 않고 그런 비리가 저질러졌다는 점에 대해서는 저도 굉장히 중대하게 생각하고 있습니다.
○**이달희 위원** 불법경력자들이 채용되는 과정을 보면요 선거관리위원들의 공직에 대한 소명의식이 여기에서 드러나는데요. 한번 보시면 최근 20대 대선이 22년 3월에 있었는데요. 그전에 21년 3월에는 휴직이 92건이었습니다. 그런데 22년 3월 대선이 있는 해에는 휴직이 202건이에요. 또 8회 지선에 보면 22년 6월에 치러졌는데 21년 6월에는 99건, 22년 6월에는 225건.
　우리 국민들은 이렇게 생각해요. 선거할 때만 반짝 활동하는 선거관리위원들 평소에 뭐 하나 이렇게 궁금해하는데 심지어 선거 있을 때 휴직이 이렇게 많으면, 갑자기 옆의 동료가 휴직을 하면 그 업무가 옆의 동료한테 다 오지 않겠습니까? 그러면 과부하가 걸리면 어떻게 해야 될까요? 경력직 채용이 이래서 많아지고 갑자기 일어나는 채용도 많아진다고 합니다. 어떻게 생각하십니까?
　그래서 이런 부분은 여러 가지 인사 구조의 부실, 선거의 부실을 낳아 오고 많은 선거의 부실은 부정으로 인정되게끔 국민들께서 인식할 수 있도록, 한두 건이 아니면 부정이 있다 이렇게 생각하시는 거예요.
　선거관리위원님, 이 부분에 대해서 어떻게 생각하십니까?
○**중앙선거관리위원회위원후보자 김대웅** 선거관리 업무의 선거관리는 선거 그 자체도 중요하지만 지금 말씀하신 것처럼 조직운영, 인사관리 부분의 투명성이 확보돼야 선거에 대한 신뢰, 선거관리의 투명성도 확보된다고 생각합니다. 위원님 말씀에 전적으로 동의합니다.
○**위원장 신정훈** 수고하셨습니다.
　다음은 이상식 위원님 질의해 주시기 바랍니다.
○**이상식 위원** 용인갑 이상식입니다.
　후보자님, 엄중한 시기에 전 국민의 관심이 집중되는 선관위의 선관위원후보자가 되셔 가지고 무거운 책임감을 느껴야 될 것 같습니다. 그렇지요?
○**중앙선거관리위원회위원후보자 김대웅** 예, 그렇습니다.
○**이상식 위원** 후보자님, 법관 하실 때 형사재판 해 보셨지요?
○**중앙선거관리위원회위원후보자 김대웅** 예, 해 봤습니다.
○**이상식 위원** 검사가 어떤 혐의에 대해서 기소를 하면 그 입증책임은 누구에게 있습니까?
○**중앙선거관리위원회위원후보자 김대웅** 검찰 측에 있습니다.
○**이상식 위원** 검찰에 있지요.
　그렇다면 부정선거 관련해 가지고 주장을 하려면 그 부정선거가 있었다는 어떤 증거나 정황은 부정선거를 주장하는 측에서 제시해야 되는 것 맞지요?

○중앙선거관리위원회위원후보자 김대웅 법 이론상 그렇습니다.

○이상식 위원 법 이론상 그러면 실무상도 그렇다고 봅니다.

그런데 후보자님이 보시기에 부정선거를 주장하는 분들이 수사나 기소나 재판의 대상이 될 만한 그런 객관적이고 신빙성 있는 증거나 증언을 제시한 경우가 있다고 보십니까, 후보자님 생각에?

○중앙선거관리위원회위원후보자 김대웅 그렇지는 않다고 생각합니다.

○이상식 위원 지금 안 그래도 이광희 위원께서 말씀하셨다시피 21대 총선에서 선거무효·당선무효 소송이 126건이 있었는데 1건도 인용된 적이 없다. 그렇지요?

혹시 후보자님, 그 재판에 참여하신 적 있습니까?

○중앙선거관리위원회위원후보자 김대웅 그 재판엔 참여한 적이 없는 것 같습니다.

○이상식 위원 예. 그래서 이 말은 곧 우리나라의 선거 과정을 사법부가 세밀히 심사를 했는데도 문제점이 없었다 저는 이렇게 인식을 하고 있습니다. 그런데도 지금 윤 대통령과 국민의힘 측에서는 줄기차게 혹세무민 식의 선거부정론을 계속해서 제기하고 있습니다.

PPT 한번 보십시오.

(영상자료를 보며)

부정선거 허위 주장과 팩트인데 이거는 제가 자세히 설명을 안 하겠습니다. 그냥 정리를 해 본 건데요.

제일 마지막 게 저는 제일 문제라고 생각하는데, 부정선거 배후로 중국을 지목하고 중국 해커 99명을 체포했다 이렇게 해 가지고 지금 심지어 우리 내치 문제를 외교 문제의 위기로까지 이렇게 초래하려는 이런 문제를 보이고 있다. KBS 추적 60분에서도 사실무근이라고 보도를 했거든요. 주한미군에서도 완벽한 거짓이라고 반박을 했습니다. 이것은 제가 더 이상 이야기를 하지 않겠습니다.

다음 PPT 한번 보십시오.

윤석열 대통령하고 지금 국민의힘에서 주장하는 부정선거 주장이 얼마나 엉터리고 자기모순적이고 자기부정적인 것이냐 이거 제가 한번 보여드리겠습니다.

이거 보신 분……

후보자님, 이거 혹시 보셨습니까?

○중앙선거관리위원회위원후보자 김대웅 아니요, 오늘 처음 보는 겁니다.

○이상식 위원 제가 그래서 이거 확인을 해 봤어요. 이게 게시된 날짜가 언제냐 하면, 여기 글씨가 작아 안 보이실 것 같은데 2022년 3월 1일, 그러니까 그해 3월 4일하고 5일에 사전투표가 있는데 그 사전투표 며칠 전에 국힘 공식 홈페이지에 저게 게시돼 있었고 오늘 아침 9시 9분에도 여기에 게시돼 있는 걸 제가 캡처로 사진 해 가지고 까만 글씨에 있습니다.

그 내용은 뭐냐 하면, 2022년 대선에서 국민의힘이 이렇게 주장을 했습니다. 이 글씨를 제가 읽어 드릴게요.

'중앙선관위 선거정보센터 해킹, 투표수와 득표수 조작 가능?' 하고 옆에 '불가능'이라고 했습니다. '투표함이나 계수기 조작 가능?' '불가능', '사전투표함 바꿔치기 가능?' '불가능' 이렇게 하면서 밑에 윤석열 당시 후보의 사진을 게재하면서 '저도 첫날 사전투표 하겠습니다' 이렇게 했단 말이지요.

그런데 왜 갑자기 불과 3년이 지나 가지고 윤 대통령과 국민의힘, 특히 국민의힘은 태도를 돌변하셔 가지고 지금 이렇게 부정선거 주장에 동조하시는지 저는 참 그게 이유를 모르겠습니다.

2022년 선거는 지방선거에서 국민의힘이 승리했지요. 작년 4월 총선에서는 민주당이 압승을 했는데 그것은 그동안에 누적된 정부 여당의 실정이 가져온 그런 건데 무슨 이유로 그때는 이렇게 부정선거가 불가능하다 저렇게 주장을 하셔 놓고 지금 와 가지고는 아니, 무슨 이유로 부정선거에 대해서 저렇게 집착하고 저걸 주장하시는지 저는 지금 알 수가 없습니다.

저거는 제가 보기에는 오로지 윤 대통령이……

후보자님, 지록위마라는 한자 성어 들어 보셨지요?

○중앙선거관리위원회위원후보자 김대웅 예.

○이상식 위원 '사슴을 가리켜 말이라 한다', 대통령이 사슴을 보고 말이라고 하니까, 가리키니까 지금 국민의힘 의원님들은 가치판단이나 이런 것 없이 그냥 대통령이 말이라고 하니까 우리도 말이라 하자 저는 이렇게밖에 생각을 할 수가 없다 이 말입니다.

○조은희 위원 말조심 하세요.

○이상식 위원 아니, 조심하세요…… 아니, 아니면 아니라고 이야기를 하십시오, 나중에.

○이성권 위원 국민의힘에서 그렇게 얘기한 사람 없어요.

○이상식 위원 국민의힘에서 그러면 부정선거 주장 지금 철회하는 겁니까?

○조승환 위원 우리가 언제 부정선거 했다 그래요? 한 적이 없어요.

○이상식 위원 아니, 그런 부정선거의 주장을 지금 계속하고 있잖아요. 아닙니까?

○이성권 위원 그런 프레임은 하지 마세요. 그건 사실이 아닌 건데.

○위원장 신정훈 자자자, 시간 멈춰 주세요. 시간 멈춰 주세요.

위원님들, 본인의 의사진행발언이든지 본인의 질의시간을 이용해 주시고 위원님들의 질의를 경청해 주시기 바랍니다.

계속해 주시기 바랍니다.

○조은희 위원 그렇게 말씀하시면 안 됩니다.

○이상식 위원 아니……

○위원장 신정훈 말씀하세요, 말씀하세요.

○김종양 위원 위원장님께서 국민의힘 위원들이 하는 내용에 대해서 부적절한 게 있으면 당장 제지를 하는데 또 야당 위원……

○이상식 위원 아니, 위원님들, 제가 무슨 큰소리나 뭐 비하하는 발언을 했습니까?

○위원장 신정훈 자료를 다 가지고 하고 있잖아요, 자료를 가지고.

○조은희 위원 지금 모욕한 것 아닙니까?

○이상식 위원 아니, 지록위마라고 얘기……

○위원장 신정훈 그러면 나중에 의사진행발언하세요. 의사진행발언하시라고.

○조은희 위원 위원장님 마음대로 하십니까?

○이상식 위원 아니, 제 말, 지금 주장이 어디가 무슨 문제가 있습니까? 한번 말씀해

보십시오.

○**위원장 신정훈** 조은희 간사님, 계속 지금 오버하고 계세요.

○**이상식 위원** 아니, 그때는 저렇게……

○**위원장 신정훈** 잠깐만요.

지금 계속 위원장의 이야기…… 계속 오버하고 계세요, 지금. 제가 의사진행발언하라고 했잖아요.

○**조은희 위원** 의사진행발언하겠습니다.

○**위원장 신정훈** 계속해 주세요.

○**조은희 위원** 안 주시잖아요.

○**모경종 위원** 말하셨잖아요, 이미.

○**위원장 신정훈** 아니, 진행이 끝나고 해 주셔야지.

○**용혜인 위원** 질의가 끝나야 할 것 아닙니까?

○**이상식 위원** 예, 질의하겠습니다.

제가 주장하고 싶은 것은 20대 대선에서는 부정선거가 불가능하다고 저렇게 주장하서 놓고 지금은 대통령이나 정부 여당이 태도를 완전히 돌변하고 있는데 저는 그 이유가 뭔지, 우리 후보자님이 혹시라도 생각하고 있는 이유가 있는지 그것을 묻고 싶습니다.

○**중앙선거관리위원회위원후보자 김대웅** 그 부분에 대해서는 제가……

○**이상식 위원** 알겠습니다.

그러니까 저는 결론적으로 대통령의 지록위마 그것밖에 이유가 없다 이렇게 생각을 합니다.

그다음 슬라이드 한번 보십시오.

지금 윤석열 대통령은 혹세무민하는 선거부정론을 그렇게 말씀을 하시고 선관위가 그렇게 부정을 하고 자기가 임명한 사무총장조차도 극구 부인하는 선관위 시스템의 문제는 계속 제기하면서 정작 본인은 심각한 선거부정을 했다는 것을 자기는 모르고 있습니다.

저게 지난 4월 달 총선에서 윤석열 대통령이 민생토론회를 빙자해 가지고 총 24회나 경합지역을 찾아 가지고 수백조 원, 뭐 1000조에 달한다고 하는데 수백조 원의 선거공약을 남발하고 후보의 공약을 노골적으로 지원했다 이 말이지요. 자기가 꼭 당선시켜 주고 싶은 생각이 있었던 용인갑 지역에는 두 번이나 왔습니다.

그런데 선관위에서는 그때 아무 말도 안 하고 계셨거든요. 후보자님, 선관위에서는 그때 저런 문제가 있었을 때 아무런 의사 표명을 안 하셨다고요. 그러다가 선거가 끝나자마자 경찰에 저것을 이첩했습니다. 이첩을 하고, 경찰에서는 뭐 불문가지지요. 그냥 혐의없음으로 했는데……

선관위원 김대웅 후보자님, 선관위원 되시면 나중에 저런 문제가 발생했을 때 헌법기관으로서 자신의 정당한 주장이나 올바른 소리, 목소리를 내실 수 있겠습니까?

○**중앙선거관리위원회위원후보자 김대웅** 최대한 검토해서 올바른 판단을 하도록 하겠습니다.

(발언시간 초과로 마이크 중단)

⋯⋯

(마이크 중단 이후 계속 발언한 부분)

○**이상식 위원** 선관위는 헌법기관이잖아요. 헌법기관이고 경찰은 수사기관인데 아무래도 경찰 같은 권력기관은 권력층의 눈치를 보지 않을 수 없는데 선관위원께서, 헌법기관에서 목소리를 내서 가지고 그때 제지를 하셔야 한다 저는 이렇게 생각을 합니다. 앞으로 명심해 주십시오.

○**중앙선거관리위원회위원후보자 김대웅** 예, 잘 알겠습니다.

....

○**위원장 신정훈** 다음은 이성권 위원님 질의해 주시기 바랍니다.

○**이성권 위원** 부산 사하갑의 이성권 위원입니다.

후보자님, 현재 서울고등법원 법원장을 맡고 계시지요?

○**중앙선거관리위원회위원후보자 김대웅** 예, 그렇습니다.

○**이성권 위원** 그리고 중앙선거관리위원회 위원장은 대법관이 맡고 계시고 각급 선거관리위원장들은 다 판사시고 상임위원들도 대부분 법조인들이 많이 하지요. 그렇지요?

○**중앙선거관리위원회위원후보자 김대웅** 예, 그렇습니다.

○**이성권 위원** 그 이유가 뭐라고 생각하십니까? 선거관리위원회가 독립적인 헌법기관으로서 기능을 할 수 있도록, 그런 측면에서 됐다고 생각을 할 수 있지요?

○**중앙선거관리위원회위원후보자 김대웅** 예, 그렇습니다.

○**이성권 위원** 그 의미는 결국은 선거관리위원회가 가장 헌법의 정신과 가치를 지켜야 되는 곳 맞지요?

○**중앙선거관리위원회위원후보자 김대웅** 예.

○**이성권 위원** 그 점에 있어서 후보자님도 선거관리위원회 위원이 되면 그런 각오로 일하실 마음이라고 볼 수 있겠지요?

○**중앙선거관리위원회위원후보자 김대웅** 예, 그렇습니다.

○**이성권 위원** 그런데, 헌법 전문을 한번 보실까요.

(영상자료를 보며)

PPT 한번 띄워 주시면, 헌법 전문에 보면—제가 조금 중요한 부분만 읽어 드리면—사회적 폐습과 불의를 타파하고 자유민주적 기본질서를 더욱 확고히 하고 각인의 기회를 균등히 하고 능력을 최고도로 발휘하게 하고 뭐 이렇게 죽 내용이 되어 있습니다. 법관으로 계시니까 이 부분에 대해서 아주 잘 아시지요?

○**중앙선거관리위원회위원후보자 김대웅** 예.

○**이성권 위원** 그런데 지금 하시려고 하는 선거관리위원회의 지금까지의 행태, 감사원 감사 내용을 한번 보도록 하지요. 헌법정신이 구현됐는지 한번 보시지요.

사회적 폐습과 불의 타파라고 되어 있는데 사무총장 자녀들의 특혜 채용이라든지, 뭐 제가 설명하지 않겠습니다. 이것을 보면 사회적 폐습과 불의를 타파하는 게 아니고 불의를 축적해 온 역사가 선거관리위원회의 지금 현재 모습 아닌가, 기회 균등과 능력 발휘 환경 조성이 아니고 기회 박탈, 능력 있는 사람들을 오히려 더 배제하는 그리고 실제 모든 열정을 바친 청년들에게 취업의 기회를 막아선 그런 역사의 축적 과정이 아닌가라고 생각을 하거든요.

이번 감사원 감사 지적에 대해서 어떻게 생각하십니까, 법관으로서?

○**중앙선거관리위원회위원후보자 김대웅** 절대 있으면 안 되는 일이 발생했다고 생각을

하고 있습니다.

○**이성권 위원** 그렇지요?

그런데 아시다시피……

그다음 PPT 한번 볼까요.

원래 선거관리위원회는 행정부였습니다, 그렇지요?

○**중앙선거관리위원회위원후보자 김대웅** 예.

○**이성권 위원** 그런데 아시다시피 3·15 부정선거, 4·19 혁명을 거쳐서 독립적인 헌법기관으로 되었지요. 그리고 법관들이 많이 맡고 있습니다, 관례적으로.

그런데 왜 이렇게 됐을까요?

○**중앙선거관리위원회위원후보자 김대웅** 글쎄, 그동안……

○**이성권 위원** 제가……

저거 한번 보시면 초대 첫 중앙선거관리위원회 위원장의 담화문입니다.

저기 나와 있지요. 어떠한 권세나 정파와도 타협·동조할 수 없으며 어떠한 위협에도 굴복할 수 없으며…… 이것 독립성을 강조한 겁니다. 그렇지요?

○**중앙선거관리위원회위원후보자 김대웅** 예, 그렇습니다.

○**이성권 위원** 그런데 밑에 보면 어떠한 이권도 명예도 금전도 털끝만큼의 효과도 발휘할 수 없을 것이다……

독립된, 외부로부터의 독립은 지켰습니다만 그 안에 이권과 명예와 금전이 쌓인 거라고 볼 수 있는 것 아닙니까?

○**중앙선거관리위원회위원후보자 김대웅** 예, 그 점은 동의합니다.

○**이성권 위원** 후보자로서 이 부분에 대해서 짧게 한 마디 그래도 해 주시지요, 각오.

○**중앙선거관리위원회위원후보자 김대웅** 방금 전 말씀드렸듯이 절대 있어서도 안 되고 있을 수도 없는 문제가 발생했다는 것에 대해서는 저 후보자로서도 매우 안타깝고 중대한 문제라고 생각하고 있습니다.

제가 만약 위원이 된다면 이런 점에 좀 더 관심을 갖고 절대 이런 일이 발생하지 않도록 최선을 다해서 노력하도록 하겠습니다.

○**이성권 위원** 후보자님의 역대 경력을 쭉 보면 충분히 이러한 문제들을 극복할 수 있을 것으로 저는 기대를 하고 있습니다. 그런데……

다음 페이지 한번 보시지요.

지금까지 선관위가 자체적으로 개혁을 통해서 이런 문제를 방지하겠다라고 입장을 낸 적이 여러 차례 있습니다.

첫 번째 보이는 게, 보면 2022년 3월 달인데 이때가 소쿠리 선거, 소쿠리 투표라고 아실 겁니다. 투표에, 선거관리에 문제가 많아서…… 그런데 그때 당시에도 어떤 개혁안을 냈지만 실제로는 이와 관련된 근본적인 조직 혁신이라든가 이런 것도 전혀 이루어지지 않았습니다.

그다음 페이지 한번 보시지요.

지금 인사 채용 문제와 관련해서 감사원의 감찰을 통해서 많이 알려졌고 어제와 그제 중앙선관위에서 보도자료 혹은 노태악 위원장의 입장문 혹은 사과문이 나왔습니다. 그런데 2년 전 2023년 10월 때도 채용비리가 있어 그때 나왔던 내용하고 거의 똑같습니다.

복사해서 붙이기, 복붙. 사골곰탕 우리듯이 똑같은 내용으로 나왔거든요.

그런데 2년 전에도 그런 입장문이 나왔습니다만 결과적으로 하나도 바뀐 게 없습니다. 그동안에 저는 선거관리위원회의 위원장님을 비롯해서 위원들이 어떠한 역할을 했는지 되게 의구스럽거든요.

그다음 페이지 한번 봐 보시지요.

이것은, 제가 그런데 왜 이 말씀을 드리려고 하는가 하면 노태악 위원장이 자체적인 혁신을 하겠다고 했지만 저는 절대 믿을 수 없어서 그런 말씀을 드립니다.

저 내용을 보면 채용비리가 불거지고 난 다음에 선관위가 자체적인 감찰을 한 결과이고요. 오른쪽은 감사원이 감찰한 내용입니다. 적발 인원 수가 차원이 다르고 적발 기관 수도 차원이 다릅니다.

그러니까 제가 볼 때는 선관위는 아주 중병에 걸린 환자와 같은데 환자가 자기 환부를 자기가 메스를 들이대서 수술하겠다고 한 꼴이 결과적으로는 자기들을 계속 보호해 온 겁니다. 외부에서 메스가 가지 않으면 수정이 안 이루어지는 거지요.

그래서 저는 지금 현재 헌법적 체계에서는 감사원이 감사를 할 수 없다고 헌재가 결정을 냈지만 저는 되게 우려스럽습니다. 앞으로 외부의 감사 없이 어떻게 또 조직이 계속 병을 안고 갈지에 대한 우려를 하는 거지요.

그다음 페이지 한번 보시지요.

이 페이지를 보면 알 수가 있습니다. 우리 국민들이 가장 헌법정신과 가치를 철학을 구현해야 될 선관위 그리고 가장 독립을 유지해야 될 선관위에 대해서 어떤 판단을 하고 있는가를 보면 불공정하고 투명하지 않다라는 게 거의 과반에 육박한 47.1%입니다. 공정하고 투명하다가 49.7%거든요. 공정하다고 생각하는 게 조금 많기는 하지만 과연 독립적인 헌법기관인 선관위가 국민들로부터 이러한 판단을 받는 게 올바른가. 우려스럽습니다.

그래서 우리 국힘에서 주장하고 있는 특별감찰관제라든지 외부의 감찰이 필요하다고 생각하는데 이 점에 대해서 마지막으로 의견을 듣는 것으로 하겠습니다.

○중앙선거관리위원회위원후보자 김대웅 일단 이유를 불문하고 국민들이 저렇게 여러 가지 불공정성에 대한 의문을 가지는 것은 너무 안타까운 일이라고 생각하고 있습니다. 그리고 특히 이 채용비리에 대해서는 내부 자정 노력이 그동안 부족했기 때문에 발생한 거라고 생각을 하고 있고요. 그런 의미에서는 외부적 어떤 감독, 통제도 반드시 필요하다고 생각하고 있습니다. 그래서 거기에 대한 개선책들을 마련해 주시면 적극적으로 받아들이는 게 선관위의 태도가 돼야 된다고 생각을 하고 있습니다.

○위원장 신정훈 수고하셨습니다.

다음은 조승환 위원님 질의해 주시기 바랍니다.

○조승환 위원 후보자님, 축하드리고요.

먼저 한 가지 좀, 비상임위원인데 국회의 인사청문회를 받는다 이거에 대한 느낌이 어떠십니까?

○중앙선거관리위원회위원후보자 김대웅 일단 그만큼 선거가 가지는 의미가 크고 중요하고 중차대한 문제이기 때문에 그런 절차를 둔 것으로 생각하고 있습니다.

○조승환 위원 우리 헌법 질서가 선관위를 얼마나 중요하게 생각하느냐라는 어떤 방증이 아니겠느냐라는 생각이 듭니다.

그런데 또 한 가지 재미있는 거는 사무총장은 인사청문회를 하지 않습니다. 그거에 대해서는 또 어떻게 생각하세요?

○중앙선거관리위원회위원후보자 김대웅　나름 어떤 의미가 있어서 아마 그런 제도를 둔 것 같기는 한데 지금의 사태를 비춰서 되돌아본다면 청문회 필요성에 대해서도 충분히 공감할 수 있다고 생각합니다.

○조승환 위원　선관위에 대한 어떤 제도적인 개혁이 필요하다라는 생각을 가지고 계신다고……

○중앙선거관리위원회위원후보자 김대웅　예, 그렇습니다.

○조승환 위원　그런데 지금 고등법원장 하시고 판사 생활 쭉 하셨으니까 한 가지 질의를 드리겠습니다.

　지금 헌법재판소에서 선관위…… 저는 선거관리위원회라고 그러지 않고 선거관리위원회의 사무처라고 이야기하겠습니다. 사무처에 대한 감사가 감사원이 하면 안 된다라는 그런 결정을 내렸습니다. 그 부분에 대해서는 어떻게 생각하십니까?

○중앙선거관리위원회위원후보자 김대웅　일단 헌법재판소의 결정은 두 기관의 어떤 권한 배분에 대한 부분을 결정을 내린 것으로 알고 있고요. 기본적으로는 그런 헌법재판소의 결정은 존중되어야 된다고 생각을 합니다.

　다만 헌법재판소 결정에서도 밝혔고 누구나 다 알고 있듯이 그게 선관위에 어떤 면죄부를 주거나 무소불위의 권력을 갖도록 허용해 준 건 결코 아니기 때문에 헌법적 한계 안에서 여러 가지 자정 노력, 개선책 마련, 외부 통제 이런 것들은 필요하다고 생각합니다.

○조승환 위원　제 생각으로는 헌법재판소의 결정은 존중받아야 된다고 생각을 합니다. 존중받아야 되는데 이것의 해석의 부분에 있어서는 여러 가지 논란이 충분히 있을 수 있다라는 부분이고 선거사무에 대해서 감사를 하면 안 된다는 부분은 저는 분명하다고 생각합니다.

　예를 들어서 중앙선거관리위원회에서 고발을 한다든지 경고를 한다든지 이런 부분들에 대해서 감사원이 감사를 하면 안 되는데 복무를 제대로 안 하고, 육아휴직 하고는 외국 가고 채용비리는 여러 분이 이야기하셨으니까 말씀 안 드리겠습니다마는 그런 부분들, 그다음에 셀프 결재해 가지고서 휴가 가고 그러고 뒤에 다시 공가 처리하고 이런 부분들에 대해서는 저는 충분히 행정적인 입장의 업무라고 생각을 하는데 어떻게 생각하십니까?

○중앙선거관리위원회위원후보자 김대웅　그런 면도 있다고 생각을 하고 있습니다.

○조승환 위원　선거관리위원회가 무소불위의 기관이 되고 있다라고 저는 생각을 합니다. 아까 말씀하셨습니다. 면죄부를 준 게 아니라고 말씀하셨습니다마는 지금 사실 법관들이, 대부분 시도선관위원회는 지법원장님들이 선거관리위원장을 하고 계시고 그다음에 시군구에서는 지법 부장판사들이 선거관리위원장을 하고 계시고 이런 부분들에 대해서 개혁이 필요하다고 하십니까?

　그러니까 아까 1960년대에 만들어진 선거관리위원회 제도 자체가 어떤 부정선거를 바탕으로 해 가지고서 법관의 독립을 굉장히 인정을 해서 만들어진 제도라고 저는 생각하는데 지금 사회가 많이 바뀐 상태에서 이런 선거관리위원회의 구조나 관행들은 어떻게 좀 개선이 돼야 된다고 생각하십니까? 어떻게 생각하십니까?

○중앙선거관리위원회위원후보자 김대웅 법관이 선관위원으로 관여를 하고 또 관행적으로 위원장이 돼 왔던 것은 아마도 법관이 가진 어떤 헌법상 독립된 신분 이게 반영이 돼서 선거관리를 좀 더 잘할 수 있지 않을까라는 점이 반영이 돼서 그런 관행이 형성되어 왔다고 생각합니다. 그래서 사실 그 점에 대해서는 어느 정도 존중이 필요하지 않나 생각을 하는데요.

지금 위원님 말씀하신 것처럼 앞으로의 개선 방향이라는 관점에서 본다면 그런 여러 가지 사회적 의견을 종합해서 입법적으로나 다른 어떤 방법으로 정해 주시면 그것도 바람직하다고 생각을 하고 있습니다.

○조승환 위원 후보자님, 제도적인 개혁이 필요하다라는 말씀을 하신 것으로 생각해도 되겠습니까?

○중앙선거관리위원회위원후보자 김대웅 예, 그렇습니다.

○조승환 위원 지금 사실 선관위를 비호한다 이런 이야기들이 나오고 있는데, 저는 선거관리위원회가 무소불위의 기관이 되고 있다라는 측면에서 말씀을 드리는데 사실 국회에서 통제도 잘 되지 않습니다. 왜냐? 우리가, 여기 앉아 계신 국회의원님들이 다 고발당하고 지도받고 경고받고 하는 기관입니다. 그러다 보니 사실 현장에서는 선관위의 입법부에 대한 통제도 잘 안 되고 있고 또 법관들이 다 선거관리위원회를 다 맡고……

후보자님은 선거관리위원장 맡으신 적 있으십니까?

○중앙선거관리위원회위원후보자 김대웅 과거에 한 번 경험했습니다.

○조승환 위원 그런데 선거관리위원 본인이 관리한 선거가 재판으로 들어왔을 때 과연 법원에서 제대로 통제가 되겠느냐. 그러면 헌법상 독립기관이라는 이유만으로 행정기관성 자체를 부인해 버리고 그리고 입법적으로는 입법부를 견제하는 기관으로서 역할을 하고 또 사법부가 거기에 같이 되어 있는 이런 상태에서 저는 선관위가 상당히 무소불위의 기관이 되어 있다라고 생각하는데 그 부분에 대해서는 어떻게 생각하십니까?

○중앙선거관리위원회위원후보자 김대웅 선관위가 권한 행사에 있어서도 정당하고 적법한 한도 내에서 권한을 행사해야 된다고 생각을 하고 있습니다.

○조승환 위원 저는 국민의힘 비롯해서 저부터도 조직적 부정선거가 있다라고 전혀 생각하지 않습니다, 저는. 그런데 문제는 많은 국민들이 의혹을 가지고 있다, 이 의혹에 대해서는 해소를 해야 되지 않느냐라는 생각은 분명히 가지고 있습니다. 그 부분에 대한 의견 한마디 해 주시지요.

○중앙선거관리위원회위원후보자 김대웅 아까 여론조사에서 나왔듯이 상당히 많은 수의 국민들이 그런 문제점에 대한 의식을 갖고 있는 것으로 알고 있습니다. 어쨌든 선거관리는 선거관리 하는 것 자체도 공정하고 중립적이고 신뢰받도록 해야 되지만 그 결과에 대해서 실제로 국민들이 신뢰할 수 있는 결과를 보여 줘야 된다고 생각을 합니다. 그런 점에서 좀 더 많은 노력과 반성이 필요하다고 생각을 하고 있습니다.

○조승환 위원 감사합니다.

○위원장 신정훈 수고하셨습니다.

다음은 채현일 위원님 질의해 주시기 바랍니다.

○채현일 위원 후보자님, 기억에 남는 판결 해 가지고 자료 서면질의 답변을 하셨는데

국정원 사이버 댓글 사건 내셨고 산업 현장 질병, 형제복지원 사건을 내셨더라고요. 내용을 보니까 대체로 공정하고 정의로운 판결을 주로 한 것 같습니다.

2012년의 법관 평가에서 만점, 2021년도 평가에서 우수 법관으로, 맞지요?

○**중앙선거관리위원회위원후보자 김대웅** 예.

○**채현일 위원** 그런데 하나 여쭤보겠습니다. 이렇게 합리적이고 상식적인 판단을 하신 후보자님께서, 최근에 부정선거 음모론이 전 사회에 만연하고 이 나라를 진짜 여론을, 국론을 양분하고 있습니다. 이것에 대해서 어떻게 생각하십니까?

○**중앙선거관리위원회위원후보자 김대웅** 국민들 개개인이 여러 가지 생각을 할 수는 있겠습니다만 어떤 객관적 근거가 없는 부분에 대해서 널리 퍼지거나 유포되는 것은 옳지 않다고 생각합니다.

○**채현일 위원** 그렇지요. 문제가 많지요.

그런데 윤석열 내란수괴라고 저희가 명칭을 하는데, 부정선거 망상에 잡혀 가지고 대한민국 선거 시스템을 왜곡하고 가짜뉴스를 퍼트리고 있습니다.

후보자께서는 20대 대선 그리고 22대 국회의원 선거에서도 사전투표 했지요?

○**중앙선거관리위원회위원후보자 김대웅** 예, 했습니다.

○**채현일 위원** 사전투표의 취지가 뭔가요?

○**중앙선거관리위원회위원후보자 김대웅** 좀 더 많은 사람들이 그 투표에 참여할 수 있는 기회를 주어서 민주주의, 법치주의가 제대로 실현될 수 있게 하는 기능을 한다고 생각을 하고 있습니다.

○**채현일 위원** 최근에 국민의힘이 당론으로 사전투표를 폐지하자는 법안을 냈는데 이는 대체로 국민의 투표권을 제한하고 민주주의 가치를 훼손한다는 의견이 많습니다. 또 부정선거 음모론에 동조하고 이런 폐지법안을 낸 것 아닌가라는 비판도 있는데 이것에 대해서는 어떻게 생각하시나요? 사전투표를 폐지해야 된다 그런 일각의 주장에 대해서는 어떻게 생각하시나요?

○**중앙선거관리위원회위원후보자 김대웅** 사전투표가 갖고 있는 순기능과 또 단점도 있다고 생각을 하고 있습니다. 그래서 당장 어떻게 폐지 여부를 검토하기보다는 다양한 여론 수렴 또 다양한 여러 가지 공감대 형성을 통해서 제도 개선을 해 나가는 방향이 옳다고 생각을 하고 있습니다.

○**채현일 위원** 지금 후보자님은 그 당시 사전투표 할 때 본인의 투표 한 표가 부정선거로 악용이 될 수 있다고 걱정을 했나요?

○**중앙선거관리위원회위원후보자 김대웅** 그런 걱정을 한 적은 없습니다.

○**채현일 위원** 그러면 불필요하다고 생각하시나요, 사전투표?

○**중앙선거관리위원회위원후보자 김대웅** 그렇게 생각하지도 않았습니다.

○**채현일 위원** 지금 미국 같은 경우도 사전투표 하는 것 아시지요?

○**중앙선거관리위원회위원후보자 김대웅** 예.

○**채현일 위원** 며칠 동안 하는가 아세요?

○**중앙선거관리위원회위원후보자 김대웅** 날짜는 정확히 기억을 하지 못하고 있습니다.

○**채현일 위원** 지금 주마다 다른데 50개 중에서 47개 주가 사전투표를 합니다. 통상 4~45일 동안, 평균 20일 동안 사전투표를 하고요. 일본도 사전투표를 합니다. 그리고 미

국 같은 경우는 화요일 날 하고요. 또 미국 같은 경우는 사전투표를 활성화하기 위해서 노력을 합니다. 드라이브스루 투표소, 병원과 쇼핑몰 등 상업지구에도 투표소. 어떻게 보면 우리 대한민국에서 민주주의 선거제도를 할 때 미국의 사례를 많이 하는데 이런 미국 자유민주주의 국가에서 사전투표를 독려하는데 오히려 역행하는 일이 있는데 그것에 대해서는 어떻게 생각하십니까?

○중앙선거관리위원회위원후보자 김대웅 사전투표가 갖는 순기능도 많은 부분이 있는 만큼 앞으로 좀 더 연구를 해서 보완하는 책이 필요하다고 생각을 하지만 좀 더 심도 있는 검토는 필요하다고 생각을 하고 있습니다.

○채현일 위원 심도 있는 검토라는 게 어떤 의미지요?

○중앙선거관리위원회위원후보자 김대웅 장단점에 대해서 보완책이라든지 사전투표의 기간이라든지 내용이라든지 방법 등에 대해서 좀 더 보완하는 조치가 필요……

○채현일 위원 부정선거 음모론자들이 사전투표는 조작이다, 선관위 전산망을 중국과 북한에서 해킹해서 전자개표 조작 이런 망상 수준의 가짜뉴스가 있는데 아까 말씀하셨는데 다시 한번 입장을 말씀해 주시기 바랍니다.

○중앙선거관리위원회위원후보자 김대웅 그런 부분은, 객관적인 근거 없이 주장하는 의혹은 유포돼서는 안 된다고 생각을 하고 있습니다.

○채현일 위원 그러면 영상으로 선거 개표 과정을 한번 보시겠습니다.
    (영상자료 상영)
  보셨지요?
  우리 대한민국 개표는 전자개표인가요, 수개표인가요?

○중앙선거관리위원회위원후보자 김대웅 사실상 결과적으로는 수개표라고 알고 있습니다.

○채현일 위원 사실상이 아니라 수개표예요, 전자개표가 아니고요. 그건 분류하는 거기 때문에 전자개표라고 볼 수 없고 수개표입니다.
  외부 통신 장치가 있는 기계를 사용합니까, 없는 기계를 사용합니까?

○중앙선거관리위원회위원후보자 김대웅 없는 기계 사용하는 것으로 알고 있습니다.

○채현일 위원 그렇지요.
  그러면 부정투표가 가능합니까? 부정투표 개표 가능합니까?

○중앙선거관리위원회위원후보자 김대웅 가능하지 않다고 생각합니다.

○채현일 위원 불가능하지요. 그런데 왜 이런 주장들이 계속 부정선거 망령이 있으면서 정치권 그리고 국론을 양분하는 일이 있다고 생각하십니까?

○중앙선거관리위원회위원후보자 김대웅 글쎄, 그 부분 주장하는 분들의 이유는 제가 구체적으로 말씀드리기가 어려운 것 같습니다.

○채현일 위원 지금 선관위에서 투·개표 시연을 여러 차례 하고요. 사전투표일에는 5만 6000명, 투표일에는 11만 명이 참관을 합니다. 부정투표가 가능합니까?

○중앙선거관리위원회위원후보자 김대웅 그렇지 않다고 생각을 합니다.

○채현일 위원 그렇지요.
  그리고 대한민국 선거 공정성 지수가 미국 하버드대하고 이런 식으로 해 가지고 평가를 했는데 제18대 대통령선거 할 때 세계 6위, 투표관리는 5위, 개표관리는 2위였습니다.

그 외에도 여러 평가를 통해서 대한민국 선거 사례를 배우기 위해서 오히려 옵니다.

그런데 그게 이런 상황에 대해서 본인이 선관위 위원이 되시면 향후의 계획, 부정선거 논란이나 이런 불신을 해소하기 위해서 어떤 노력을 하실 생각이세요?

○**중앙선거관리위원회위원후보자 김대웅** 국민의 신뢰를 꼭 받아야 되는 만큼 그 부분에 대해서도 면밀히 살펴서 검토를 해 보도록 하겠습니다.

○**위원장 신정훈** 수고하셨습니다.

다음은 용혜인 위원님 질의해 주시기 바랍니다.

○**용혜인 위원** 후보자님, 후보자님께 제가 행위 유형의 허위사실공표죄에 대해서 서면 질의를 드렸었는데 이것의 존폐나 제도개선 과제에 대해서 여기에 대해서 '입법정책적으로 결정할 일이다'라는 답변을 주셨어요. 어떻게 보면 가장 안전한 답변이라고도 할 수 있을 것 같은데 대법원이 사회적 약자 편에 선 소신판결을 많이 하신 분이다 이렇게 좀 강조를 해서 최소한의 소신답변이 나오지 않을까 기대를 했는데 좀 아쉬웠습니다. 여기서도 같은 답변을 반복하시겠습니까?

○**중앙선거관리위원회위원후보자 김대웅** 기본적으로는 답변드린 내용을 답변드릴 수밖에 없다고 생각을 하고 있고 입법적인 사항이 강한 부분이라서 그런 답변을 드렸다는 것을 좀 이해해 주시면 감사하겠습니다.

○**용혜인 위원** 후보자님의 의견에 대해서 저희가 국회에서 입법을 하게 되더라도 선관위원을 포함해서 여러 의견들을 듣고 입법에 대한 논의를 하는 것이기 때문에 의견을 여쭤보는 거다라고 이해해 주시고 답변을 해 주시면 좋을 것 같습니다.

저는 최소한 행위 유형에 대한 허위사실공표죄는 폐지해야 된다라고 생각하는데요, 이유는 크게 두 가지입니다. 첫 번째 이유는 행위 유형의 허위사실공표죄가 선관위나 검찰 같은 수사기관들의 관심법에 따라서 수사나 고발 그리고 기소가 이루어질 여지가 너무 크다라는 것입니다.

예를 들면 지난 대선에서 내란수괴 혐의로 지금 구속되어 있는 윤석열 대통령이 TV 토론회에 나와서 이렇게 말했습니다. '2010년에 제가 결혼하기 전에 이 양반이 골드만삭스 출신이라고 해서 한 네 달 정도 맡겼는데 손실이 났다. 손실을 봐서 저희 집사람은 거기서 안 되겠다 해서 돈을 빼고 그 사람하고는 절연을 했다' 이렇게 이야기를 했어요. 그런데 검찰이 재판 과정에서 제출한 한국거래소 자료를 보면 김건희 13억 9000만 원, 최은순 9억 원, 합쳐서 김건희 여사 모녀가 23억을 번 것으로 드러났습니다. 그다음에 김건희 씨가 이 씨와 절연을 했다는 것도 거짓임을 밝히는 녹취록이 재판 과정에서 드러나기도 했습니다.

물론 자본주의 체제의 근간을 흔드는 이런 주가조작 사건에 대해서는 당연히 수사와 기소, 처벌이 필요하지만 윤석열 당시 대통령후보의 이 발언을 가지고 그런 허위사실공표죄로 처벌을 해야 하느냐에 있어서는 저는 그러기는 어렵다라고 생각합니다. 이유가 뭐냐면 윤석열 후보자가 배우자 김건희의 거짓말을 철석같이 믿었을 일말의 가능성을 배제하기가 어려운데 그것을 입증하기 어렵기 때문입니다.

사실 대부분의 형사범죄에서는 고의를 필수적인 구성요건으로 한다고 알고 있는데 거짓 발언에 적용되는 행위 유형 허위사실공표죄는 고의성을 입증하는 것이 너무나 어렵고 사실상 불가능합니다. 그래서 선관위나 검찰의 자의적인 법 적용 여지가 너무 크고 정치

검찰의 그리고 선거에서 승리한 자의 정치보복의 도구로 활용될 가능성도 몹시 큽니다.

저는 그래서 이 행위 유형의 허위사실공표죄에 이런 심각한 문제들이 있다고 생각하고 제도 개선이 필요하다고 생각하는데 동의하시나요?

○중앙선거관리위원회위원후보자 김대웅 예, 그 점에는 동의합니다.

○용혜인 위원 두 번째 이유는요, 대통령선거에서 법 적용을 놓고 당선자와 낙선자 사이에 발생하는 심각한 불공정 때문입니다. 후보자 윤석열도 이 발언으로 허위사실공표죄로 고발은 됐습니다만 불소추특권 때문에 기소와 재판은커녕 사실 수사도 이루어지지 않고 있는 상황이고 불소추특권이 아니더라도 검찰이, 수사기관이 대통령에게 허위사실공표죄를 적용한다라고 것은 사실 정치적으로 불가능한 일이지요.

이 선거법 위반자를 처벌하는 중대한 이유라고 하는 건 크게 부정한 방법으로 당선된 사람의 당선을 무효로 하자는 것인데 막상 대통령선거에서 당선된 사람은 법 적용이 불가능하고 낙선한 이재명 대표에게는 특정인을 몰랐다고 한 발언, 그리고 전체 일행 중에 의도적으로 일부만 캡처해서 공개한 국민의힘의 사진에 대해서 조작됐다라고 한 발언에 대해서 문제를 삼고 고의성을 객관적으로 입증하기 어렵고 불가능한 이 발언들을 문제 삼아서 수사하고 기소하고 유죄까지 선고하는 이게 과연 우리가 선거법을 통해서 달성하려고 하는 그 정의를 실현할 수 있을까, 저는 그렇지 않다고 봅니다.

오늘 제도개선의 필요성에 공감을 해 주셨기 때문에 위원으로 취임하셔서 선관위 차원에서 이 허위사실공표죄의 제도개선책에 대해서 고민을 하고 대책을 마련해 주시기를 요청드립니다. 그렇게 하시겠습니까?

○중앙선거관리위원회위원후보자 김대웅 예, 그렇게 하도록 하겠습니다.

○용혜인 위원 그리고 여론조사 관련돼서 한 가지 여쭈어보려고 하는데요.

선관위의 선거 여론조사 기준은 주관적 판단이나 편견이 개입된 어휘나 표현, 특정 정당 또는 후보자에 관한 허위사실, 긍정적·부정적 이미지를 유발하는 내용을 금지하고 있습니다.

화면 한번 봐 주시면요.

(영상자료를 보며)

윤석열 대통령 체포영장에 대한 불법 논란에도 불구하고 공수처가 현직 대통령을 강제 연행하는 것에 대해 어떻게 생각하는가, 이재명·조국 범죄 세력 심판 주장에 공감하는가, 그리고 이재명 대표의 검찰 기소 사실을 반복하는 문항들까지 이런 문항들이 여론조사의 신뢰성과 객관성을 담보할 수 있다라고 보십니까, 후보자께서는?

○중앙선거관리위원회위원후보자 김대웅 지금 이것을 놓고 제가 지금 구체적으로 어떤 말씀을 드리기는 쉽지는 않은 것 같습니다. 그런데 어쨌든 여론조사 결과가 선거에 미치는 영향이 상당하다고 생각을 하기 때문에 공정한 여론조사가 굉장히 중요하다는 점에는 저도 동의하고 있습니다.

○용혜인 위원 후보자께서 또 이렇게 애매하게 답변을 주셨는데 여기 보시면 '불법 논란'이라고 하는 한 쪽의 논란만 반영해서 질문을 하고 있어요. 그리고 이재명·조국 두 정당의 대표가 범죄 세력이다라고 하는 주관적인 판단이 개입이 됐고 불필요하게 검찰 기소 사실을 강조해서 부정적 이미지를 유발하고 있습니다. 저는 전형적인 불공정 여론조사의 사례라고 봅니다.

그런데 중앙선관위에서 이런 문항으로 여론조사를 한 여론조사 업체 KOPRA에 대한 이의 신청을 기각했습니다. 이렇게 신뢰성과 객관성을 침해하는 문항으로 보수 과표집을 유도하고 있는 행위에 대해서 선관위가 최소한의 시정조치조차 하지 않은 겁니다. 이런 상황이기 때문에 여론조사가 극우 세력들의 여론조작 도구로 전락했다라는 평가까지 나오는 겁니다.

물론 유권자들의 알권리를 위해서 여론조사 규제 자체는 최소한으로 이루어져야겠지만 이렇게 명백히 선거 여론조사 기준을 위배하는 불공정 여론조사에 대해서는 중선관위가 엄중하고 단호하게 대처해야 하지 않겠습니까, 후보자님?

○**중앙선거관리위원회위원후보자 김대웅** 예, 그 점에는 저도 동의를 하고 있습니다.

○**용혜인 위원** 최근 불공정 여론조사로 논란이 된 이 기관들은 등록 요건에 미달하는 부실기관이다라는 공통점들이 있습니다. 윤석열 지지율 51%로 논란이 됐던 여론조사공정 같은 경우는 여심위에서 편법 운영을 지적을 받았던 기관이고, KOPRA도……

　(발언시간 초과로 마이크 중단)

··

　(마이크 중단 이후 계속 발언한 부분)

상근 인력 기준 등을 위반한 부실기관이다라고 하는 시민단체의 고발이 있었습니다. 이런 부실한 여론조사 기관들을 계속 방치하면 제2, 제3의 명태균 게이트가 발생할 겁니다. 명태균 씨 같은 경우는 전문분석 인력을 한 명도 갖추지 않고 미등록 여론조사 업체를 운영했고 수차례 벌금형과 경고 처분을 받고서도 계속 여론조작을 시도했습니다.

그러니까 선관위가 등록 요건을 제대로 점검하지 않고 등록 취소와 관련된 규제들을 강화하지 않았기 때문에 여론조작 범죄들이 저는 반복돼 왔다라고 평가할 수밖에 없을 것 같습니다.

그래서 말씀드리고 싶은 것은 이 여론조사 기관에 대한 등록 요건을 법률로 좀……

○**위원장 신정훈** 정리해 주시지요.

○**용혜인 위원** 예, 정리하겠습니다.

법률로 명문화하고 기관들에 대한 상시적 점검을 진행할 필요가 있다라고 보고요. 이 등록 취소된 기관에 대한 영업 정지나 혹은 재취업 금지 같은 규제 강화도 같이 진행이 되어야 되겠다라고 생각하는데요. 여기에 대해서 후보자 입장 부탁드립니다.

○**중앙선거관리위원회위원후보자 김대웅** 위원님께서 지적하신 내용은 유념하고 그 부분에 대해서도 세심히 살펴보도록 하겠습니다.

○**용혜인 위원** 예, 이상입니다.

··

○**위원장 신정훈** 수고하셨습니다.

다음은 윤건영 위원님 질의해 주시기 바랍니다.

○**윤건영 위원** 구로을의 윤건영입니다.

후보자님, PPT 한번 봐 주시겠습니까?

　(영상자료를 보며)

앞서 여러 위원님들 말씀 주셨는데요. 감사원 통계 자료입니다. 최근 10년간 선관위 채용의 위법·부당한 사례입니다.

저는 그런 생각이 듭니다. 10년 동안 어떻게 이렇게 그냥 둘 수 있었을까, 어떤 조직이라도 이렇게 두는 것은 정말 심각한 문제가 있다고 생각하지 않습니까?

후보자님, 어떻게 생각하십니까?

○중앙선거관리위원회위원후보자 김대웅 저도 위원님하고 똑같은 생각을 하고 있습니다.

○윤건영 위원 만약에 선관위원으로 되신다면 이런 문제에 대해서 집중적으로 고민하셔야 되는데요. 그 이유에 대해서 한번 같이 토론을 해 보려고 합니다.

다음 PPT 봐 주시면요.

저는 내부 제보가 10년 동안 당연히 있었을 건데 왜 안 됐을까라고 하면 짬짜미 때문에 그렇다고 생각합니다. 선관위 고위직이나 하위직 할 것 없이 내부 제보를 묵살하지 않았을까라는 의심을 하는데요.

감사원 지적 사항에 보면 이런 내용들이 있습니다. 분명히 과장과 계장의 금품수수 사실이 있고 투서가 전달됐는데도 채용 과정에서 문제없다고 종결했다라는 겁니다.

이게 가당키나 한 일입니까? 이런 일이 있어서야 되겠습니까, 후보님?

○중앙선거관리위원회위원후보자 김대웅 절대 있으면 안 된다고 생각을 합니다.

○윤건영 위원 만약에 선관위원이 되신다면 이런 것을 바로잡는 게 선관위원으로서 해야 될 일이라고 저는 생각을 하고요.

다음 PPT 봐 주십시오.

지금 어제 선관위가 내놓은 조치에 따르면 채용비리와 관련되어 있는 10명에 대해서, 이 10명이라는 숫자 어떤 의미인지 알고 계시지요? 혹시 후보자님, 모르십니까?

○중앙선거관리위원회위원후보자 김대웅 아마……

○윤건영 위원 선관위가 파악하고 있는 현재 채용비리에 관련된 인원입니다. 이 사람에 대해서 과천 선관위로 발령을 내겠다라는 겁니다. 즉 이 10명에 대한 페널티를 뭘로 할 거냐라고 질의했더니 과천 선관위 발령 내겠다는 게 전부예요.

이게 맞습니까, 후보자님? 아니, 불법 채용했어요. 세습 채용한 거예요. 그러면 당연히 엄단을 해야 되는데 근무지만 과천으로 발령 내겠다라는 게 말이 맞습니까? 후보자님, 어떻게 생각하십니까?

○중앙선거관리위원회위원후보자 김대웅 구체적 사안에 따라 다를 수는 있겠지만 행위에 상응하는 책임을 묻는 것이 옳다고 생각을 합니다.

○윤건영 위원 '행위에 상응하는', 정확하게 말씀하셨는데요. 세습 채용한 겁니다. 아버지 잘 만나서 젊은 친구가 선관위에 들어온 거예요, 불법적으로. 그러면 단호하게 처벌하셔야지요. 과천 청사에 근무하는 게 무슨 처벌이 됩니까?

제가 '662건(?)'이라고 넣었습니다. 이게 뭔가 하면요 앞서 10년간 통계입니다. 그 이전에 얼마나 많은 일이 있었는지도 모릅니다. 이 662건과 관련되어 있는 채용비리 인원들을 선관위가 파악조차 못 하고 있습니다. 이게 무슨 정의입니까?

후보자님은 재판관으로 수십 년간 봉직하셨습니다. 후보자께서 생각하는 정의에 이게 부합한다고 생각하십니까?

○중앙선거관리위원회위원후보자 김대웅 일단 부합하는 데 모자란다고 생각을 합니다.

○윤건영 위원 그러면 이것 단호히 조치하셔야 됩니다.

○**중앙선거관리위원회위원후보자 김대웅** 예.

○**윤건영 위원** 지금 현직에 계신 분이 아니어서 제가 이 정도로 하는데요. 선관위원으로 만약에 임명을 받는다면 이 부분부터 조치하셔야지요. 즉 선관위가 발표한 10명 수준이 아니라 최소한 지난 10년 동안 채용비리하고 관련된 모든 사람들을 조치해야 됩니다. 그렇게 하실 의사 있습니까?

○**중앙선거관리위원회위원후보자 김대웅** 구체적으로 자세히 검토를 해 보도록 하겠습니다.

○**윤건영 위원** 당연히 검토하셔야지요. 그런데 채용비리는 공정과 불공정의 문제입니다. 상식과 비상식의 문제입니다. 이것을 그냥 넘어갈 일이 아닙니다.

　662건 중에 10명만 처벌하겠다니요? 이게 국민 감정에 맞습니까? 상식에 부합하지 않는다고 생각합니다. 662건을 탈탈 털어서 관련된 인사 전원을 조치해야 된다고 생각합니다. 의지를 밝혀 주십시오, 후보자님.

○**중앙선거관리위원회위원후보자 김대웅** 확실하게 신상필벌이 이루어져야 된다고 생각을 하고 있습니다.

○**윤건영 위원** 좋습니다.

　후보자께서는 22년부터 25년 2월까지 법무부 가석방심사위원회 위원으로 활동하셨습니다. 맞습니까?

○**중앙선거관리위원회위원후보자 김대웅** 예, 맞습니다.

○**윤건영 위원** 윤석열 대통령의 장모인 최은순 씨의 가석방 관련해서 애초에 법조계에서는 이런 이야기가 나왔습니다. '장모 최은순 씨를 사기죄를 적용했더라면 최소 징역 5년 이상 받았을 거야. 그런데 봐주기 위해서 부동산실명법 위반 혐의, 사문서 위조 및 행사 행위만 적용했어'라는 게 서초동 법원가의 파다한 일이었습니다.

　그래서 장모 최은순과 관련해서 가석방위에서 1차 때는 부결된 걸로 알고 있습니다. 그런데 두 번째에는 후보자가 포함된 가석방심사위원회에서 전원 만장일치로 가석방을 선고했습니다. 물론 연령이라든지 형량이라든지 그런 이야기 하지 마십시오. 그것은 일반적인 경우입니다. 윤석열 증인의 장모 최은순 씨 같은 경우에는 애초 검찰이 법 조항부터가 봐주기 위해서 수사한 겁니다. 그게 명백히 보이고요.

　앞서 말씀드렸던 것처럼 후보자는 법관으로 수십 년간 계셨습니다. 그러면 이게 다 보였을 텐데 후보자는 이게 정의라고 생각하십니까?

○**중앙선거관리위원회위원후보자 김대웅** 일단 그때는 정한 원칙과 다른 사례와의 비교 등을 통해서 공정하게 의결을 했다는 걸로 말씀을 드릴 수밖에 없을 것 같습니다.

○**윤건영 위원** 후보자가 제게 제출한 자료입니다. '정의는 국가와 사회가 올바르게 작동하기 위한 기본적 원리로서 정도를 의미한다'라고 했습니다. 후보자가 가석방심사위원회에서 한 행위는 제가 볼 때 정의롭지 않습니다. 많은 국민들의 국민 상식과 법감정에 위반되는 거라고 생각을 합니다.

　오후 추가질의 때 하고 1분은 남겨 놓겠습니다. 오후 추가질의에 쓰겠습니다.

○**위원장 신정훈** 예.

　거기에 대해서 답변하시겠습니까?

○**중앙선거관리위원회위원후보자 김대웅** 가석방심사위원회에서의 의결 내용을 여기서

말씀드릴 수는 없는 것이긴 하지만 어쨌든 법에 위반되지 않게 그것은 정당하게 권한을 행사하고 의결을 했다는 점은 다시 한번 말씀드리겠습니다.

○**위원장 신정훈** 이상으로……

○**조은희 위원** 위원장님, 자료 요구에 대해서 한 말씀 드리겠습니다.

○**위원장 신정훈** 예.

○**조은희 위원** 기회를 주셔서 감사합니다.

위원장님이 지시해 주신 덕분에 일부 자료가 도착했습니다. 그런데 자료를 보니 박찬진 전 사무총장의 딸이 아빠 찬스 채용비리가 뜨겁게 불거진 이후 작년 10월 1일 자로 승진했습니다. 이래서 자료를 안 준 겁니다. 뿐만 아니라 아빠 찬스 의혹을 받는 윤재현 전 경북선관위 상임위원의 딸 역시 작년 1월 1일에 승진했습니다.

직무 배제도 아니고 징계 절차도 아니고 어떻게 문제의 당사자들을 승진까지 시키게 됐는지 위원장님께서는 오후에 출석할 선관위원장, 선관위 사무총장에게 그 경위에 대한 답변도 준비하도록 해 주셨으면 합니다.

그리고 이상식 위원이 조금 전 질의에서 우리 국민의힘 위원들이 가치판단 없이 부정선거에 집착하고 있다, 집착하고 주장한다고 했는데요. 이상식 위원에 대해서 저희들 굉장히 할 말이 많습니다만 동료 위원에 대해서 뭐 더 이상 말씀을 안 드리고요. 이 부분에 대해서는 위원장님께서 우리 상대당 위원님들을 이렇게 도매금으로 싸잡아 하시는 것에 대해서는 중간에 지적을 좀 해 주시기를 부탁드립니다.

이상입니다.

○**위원장 신정훈** 이상으로 오전 질의를 마치고요.

점심을 위해서 오후 2시까지 휴회를 선포합니다.

(12시07분 회의중지)

(14시08분 계속개의)

○**위원장 신정훈** 의석을 정돈해 주시기 바랍니다.

성원이 되었으므로 회의를 속개하겠습니다.

오전에 여당 위원님들께서 중앙선거관리위원회 위원장의 출석을 요구하시어 의사를 확인한 결과 합의제 기구인 선관위의 의사를 위원장이 독자적으로 표시할 우려가 있고 사무총장의 출석이 예정돼 있으며 위원장이 선관위원 인사청문회에 출석한 전례가 없다는 점을 고려해서 출석이 어렵다는 의사를 보내 왔습니다.

다만 김용빈 사무총장을 비롯한 증인·참고인 질의는 주질의 이후로 예정돼 있으나 여당 위원님들의 조기 출석 요구를 고려하여 증인·참고인을 모두 미리 출석하도록 하였다는 점을 설명드립니다.

오늘 인사청문회에는 증인 두 분과 참고인 두 분이 출석하였으며 불출석 증인은 없습니다.

그러면 증인과 참고인을 확인하겠습니다.

호명된 증인과 참고인은 잠시 자리에 일어나 주시기 바랍니다.

출석한 증인과 참고인의 신원은 행정실에서 사전에 확인하였음을 안내해 드립니다.

먼저 박찬신 증인 일어나 주십시오.

송봉섭 증인 일어나 주십시오.

김용빈 참고인 일어나 주십시오.

장병호 참고인 일어나 주십시오.

(인사)

감사합니다.

여러 가지 바쁘신 일정 중에서도 이렇게 국회의 부름에 응해 주셔서 다시 한번 감사의 말씀 드립니다.

이어서 증인 선서를 받도록 하겠습니다.

증인 선서는 증인이 인사청문회에서 진술함에 있어서 양심에 따라 숨김과 보탬이 없이 사실 그대로를 증언하겠다는 확인을 받기 위한 것입니다.

정당한 사유 없이 선서나 증언을 거부하거나 증언 시 모욕적인 언행 또는 허위의 진술을 하는 경우 국회에서의 증언·감정 등에 관한 법률에 따라서 처벌될 수 있음을 알려 드립니다.

증인을 대표해서 박찬진 증인 일어나서 발언대에 나오셔서 오른손을 들고 선서문을 낭독한 후 위원장에게 제출해 주시기 바랍니다.

○**증인 박찬진** "선서, 본인은 국회 행정안전위원회에서 실시하는 중앙선거관리위원회 위원후보자 인사청문회와 관련하여 행정안전위원회에서 증언을 함에 있어 국회에서의 증언·감정 등에 관한 법률 제8조 규정에 의하여 양심에 따라 숨김과 보탬이 없이 사실 그대로 말하고 만일 진술이나 서면답변에 거짓이 있으면 위증의 벌을 받기로 맹서합니다."

2025년 3월 6일

증인 박찬진

증인 송봉섭

○**위원장 신정훈** 그러면 오전에 이어서 주질의를 계속 진행하되 증인 신문 및 참고인 질의를 병행해서 진행하겠습니다.

배부된 순서에 따라 질의하되 증인 신문과 참고인 질의 그리고 후보자에 대한 질의 중 원하시는 질의를 해 주시면 되겠습니다.

윤건영 위원님은 나중에 보충질의에서 추가 1분 쓰시겠지요?

○**윤건영 위원** 예.

○**위원장 신정훈** 다음은 조은희 위원님 질의해 주시기 바랍니다.

○**조은희 위원** 우선 화면을 좀 보시겠습니다.

(영상자료를 보며)

한 취업 준비 카페에서 공기업 준비하며 여러 번 불합격에 접했는데 참 허탈하다고 올렸고 어느 공시생 부모는 내 딸도 착하니 채용해 달라고 합니다. 878건의 채용비리 관련 규정 위반 두고 힘도 없고 백도 없는 청년들은 들러리만 됐습니다.

그간 헌법기관이라는 이름 뒤에 숨어 선관위는 외부 감사도 피해 왔습니다. 지난 10년간 가장 불공정한 부패 비리 천국이라 해도 과언이 아닙니다. 청년들이 분노하고 억울해한다는 점을 좀 명심해 주시고요.

사무총장님, 어제 과방위 현안질의에서 감사원을 상대로 권한쟁의 심판을 제기했던 이유에 대해 선관위가 헌법기관이라면 국회와 법원, 헌재와 동일한 대우를 해 달라는 것이라고 말씀하셨는데요. 이것 국회나 법원에서 감사 안 받기 때문에 선관위도 감사 안 받겠다 이 취지지요?

○참고인 김용빈 그것은 아닙니다.

○조은희 위원 그러면 뭡니까?

○참고인 김용빈 동등하게 대우를 해 달라는 겁니다.

○조은희 위원 그 말이 그 말이지요. 왜 말장난하십니까?

○참고인 김용빈 결국은……

○조은희 위원 외부 통제를 받지 않겠다는 의도 아닙니까?

○참고인 김용빈 국회나 법원에 대해서도……

○조은희 위원 다시 제가 물을게요.

그렇게 말씀하시면 안 됩니다. 국회의원이 을 아닙니까, 선관위의?

박찬진 전 사무총장의 딸이 작년 10월 7일 7급으로 승진했습니다. 윤재현 전 경북선관위 상임위원 딸도 작년 1월 1일 승진했습니다. 그간 뭐라고 하셨습니까? 선관위가 징계에 대해서는 감사원이 징계 요청한 바 없다, 내부 규정한 것 없다, 모른 척 미루더니 승진은 척척 일사천리로 진행했습니다. 소쿠리 투표 논란 당시 선거관리 실무 책임자도 충북선관위 연고지까지 배려하면서 1급 승진시켰습니다. 그런데도 외부 통제를 받지 않겠다는 말씀이십니까?

○참고인 김용빈 기관 비리가 있는 부분하고, 이 비리를 반드시 척결해야 된다는 부분은 맞는데요.

○조은희 위원 그러니까요. 지금 그냥 법조문에 얽매여서 형식 논리로 그러면 어떻게 국민들이 선관위를 믿겠습니까? 사무총장이 저렇게 말씀하시는데요.

○참고인 김용빈 그런데 이게 법리적인 부분이기 때문에 그렇게 말씀드릴 수밖에 없습니다.

○조은희 위원 잠깐요. 또 묻겠습니다.

영상 좀 틀어 주세요.

(영상자료 상영)

박찬진 증인, 증인은 아빠 찬스 아니라고 그랬어요. 책임지겠다고 그랬어요.

송봉섭 증인, 특혜 전혀 없다고 말했습니다. 거짓말이지요? 왜 거짓말했습니까?

제가 박찬진 증인에게 묻겠습니다.

지금 따님 어디 계십니까?

○증인 박찬진 중앙위원회 사무처에 보직 배제된 채 발령돼 있습니다.

○조은희 위원 배제 언제 됐습니까?

○증인 박찬진 어제 일자로 한 걸로 알고 있습니다.

○조은희 위원 그러니까 어제 직전에, 여론이 비등하니까 어제 그랬지 그전에 어디 있었습니까?

○증인 박찬진 구례군위원회에 있었습니다.

○조은희 위원 그러니까 책임지신다 그러고 자기 딸은 버젓이…… 지금 따님 사퇴시킬 의향 있으십니까? 자진 사퇴시킬 의향 있으십니까, 없으십니까?

○증인 박찬진 그건 본인의 의사……

○조은희 위원 저러니까요. 저러니까 선관위가 사무총장이 아무리 저렇게 해도 저런 소

굴로 봐두고 있다고 국민들이 비판하는 겁니다. 못 믿겠다는 겁니다.

　송봉섭 증인, 따님 지금 어디 있습니까?

○**증인 송봉섭** 마찬가지로 오늘……

○**조은희 위원** 아니, 어제 이전에.

○**증인 송봉섭** 단양군선관위에 있었습니다.

○**조은희 위원** 그러니까요. 인사 담당 직원에게 직접 전화 걸어 가지고 채용 청탁을 했어요. 그런데 국회에 나와서는 거짓말을 하셨어요.

　따님 사직서 내게 하실 겁니까?

○**증인 송봉섭** ……

○**조은희 위원** 하실 겁니까? 대답하세요.

○**증인 송봉섭** 제가 결정할 문제는 아니라고……

○**조은희 위원** 본인 의사지요? 채용할 때는 아빠 찬스 쓰고 그리고 국회 나와서 거짓말하고, 아빠 찬스 안 썼다고 거짓말하고 드러나니까 일시적으로 직무 배제시켰다가 잠잠해지니까 직무 복귀시키고 또 어제 시끄러우니까 또 배제시키고. 오늘 와서 배제시켰다고 합니다, 하루 전에 배제시키고. 그리고 사퇴하라 그러니까, 사퇴시키겠냐 그러니까 내 의사가 아니고 따님 의사라고 그러시지요. 그런 선관위를 국민이 누가 믿겠습니까?

　후보자에게 묻겠습니다.

　후보자님 축하드립니다.

　그런데 후보자님은 서울고법 판사 시절에 우리은행 채용비리 사건 2심에서 아빠 찬스로 부정 입사한 은행원을 해고한 것이 정당하다고 판결하였습니다. 맞지요?

○**중앙선거관리위원회위원후보자 김대웅** 예, 맞습니다.

○**조은희 위원** 그럼 이렇게 아빠 찬스로 부정 채용된 선관위 직원, 선관위 직원이라고 봐주는 겁니까, 아니면 우리은행처럼, 민간기업처럼 해고하는 것이 정당하다고 생각합니까?

○**중앙선거관리위원회위원후보자 김대웅** 누구나 법 앞에 평등하다고 생각합니다.

○**조은희 위원** 해고시켜야 되는 겁니다. 법원에서 판결할 때 사기업이라고 해고하라 그러고 선관위 위원으로 오셔서 이제 팔이 안으로 굽는다고 짬짜미해서 해고 안 시키고 그렇게 이중적 태도를 보이시면 안 되는 겁니다. 어떻게 생각하십니까? 답하십시오.

○**중앙선거관리위원회위원후보자 김대웅** 이중적 잣대를 가지면 안 된다는 말씀에는 당연히 동의하고요. 정해진 절차, 누구나 법 앞에 평등하기 때문에 엄격하게 검토해 보도록 하겠습니다.

○**조은희 위원** 사무총장님이 지금 그런 규정이 없다고 그러시잖아요. 그런 규정이 없다고 하는 게, 지금 국민들이 그것을 인정할 것 같습니까? 정해진 법적 절차라는 게요 '우리는 법 뒤에 숨겠습니다' 이런 것하고 똑같이 해석됩니다.

　그리고 김세환 전 사무총장의 아들 특혜, 선관위 처음에 문제없다고 그랬어요. 나중에 문제 생겼어요. 박찬진 총장 또 송봉섭 차장님 다 거짓말이에요. 거짓말 투성이니까 가서 제대로 하시라고요. 아시겠습니까, 후보자님?

○**중앙선거관리위원회위원후보자 김대웅** 예, 잘 알겠습니다. 명심하고 정확히 처리하도록 하겠습니다.

○**조은희 위원** 국민들의 기대를 실망시키지 마십시오.

이상입니다.

○**위원장 신정훈** 수고하셨습니다.

다음은 모경종 위원님 질의해 주시기 바랍니다.

○**모경종 위원** 인천 서구병 검단에서 온 모경종입니다.

앞서 조은희 간사님이 정말 제가 할 이야기를 다 해 주셨네요. 선관위 진짜 정신 차려야 됩니다.

박찬진 증인, 지금 자제분이 방금 이런 문제와 연루되어 있다 또는 연관이 되어 있다, 언제부터 파악하고 계셨습니까? 몇 년 전이지요, 그게?

○**증인 박찬진** 2022년도에……

○**모경종 위원** 그렇지요. 2022년도 문제지요.

박찬진 증인은 사무총장으로 역임하셨지요?

○**증인 박찬진** 최종 사무총장으로 퇴임했습니다.

○**모경종 위원** 사무총장이셨지요? 사무총장 언제 임명되셨지요?

○**증인 박찬진** 2022년 6월 9일 자로……

○**모경종 위원** 2022년 6월이지요?

○**증인 박찬진** 예.

○**모경종 위원** 윤석열 정부와 함께 임기도 시작하셨네요. 그렇지요?

○**증인 박찬진** 6월 9일 날 임기 시작했습니다.

○**모경종 위원** 그때 벌어졌던 일을 아직까지도 안고 있는 게 말이 됩니까? 선관위 도대체 뭐 하는 조직입니까?

박찬진 증인과 송봉섭 증인에 대해서 이야기할 내용들을 조은희 간사께서 말씀을 다 하셨으니까 제가 여기 없는 사람에 대해서 이야기를 좀 해야 되겠습니다.

김세환 사무총장, 전 김 총장인데 후보자님, 김세환 전 사무총장에 대한 내용도 알고 계십니까?

○**중앙선거관리위원회위원후보자 김대웅** 언론 보도를 통해서 아는 정도는 알고 있습니다.

○**모경종 위원** 후보자께서는 법관으로 몇 년 근무하셨지요?

○**중앙선거관리위원회위원후보자 김대웅** 32년 조금 넘게 근무했습니다.

○**모경종 위원** 32년 동안 여러 판결을 하셨을 거고 국민의 눈높이에서 소통하고 봉사하는 자세로 잘 지내 오셨다라고 스스로도 평가하시는 것 같은데 지금도 마찬가지지요?

○**중앙선거관리위원회위원후보자 김대웅** 예, 그렇습니다.

○**모경종 위원** 그런데 하필이면 이렇게 가족 찬스, 채용비리 이런 걸로 얼룩져 있는 선관위의 역할을 맡게 되었습니다.

선관위 위원이 되시면 이 부분에 대해서 조직의 뼈를 깎는 노력이 필요할 텐데 이 부분에 대해서 각오가 돼 있으세요?

○**중앙선거관리위원회위원후보자 김대웅** 예, 말씀하신 것처럼 환골탈태하는 그런 자세가 필요하다고 생각합니다.

○**모경종 위원** 지금 화면을 한번 보시지요.

(영상자료를 보며)

김세환이라는 사람이 사무차장으로 재직할 때 자녀가 강화군에 9급으로 임용이 됩니다. 옆에 계신 증인들과 똑같은 코스예요, 보니까. 2020년에 승진하고 사무총장으로 올라갔을 때는 파견도 되고 상급 선관위 전보도 되고.

이걸로 끝나는 게 아니라 어제 보도가 나온 걸 보니까 관사도 줬다고 합니다, 관사. 관사 주는 걸로는 모자라서 번복…… 진술 자체를, 2년 전에 했던 진술이, 대검에 제출했던 서류 자체도 조작되었다라는 보도가 나왔습니다. 정말 썩을 대로 썩어 있는 선관위인 것 같습니다.

이러니까 아까 여당에서 말하는 것처럼 신뢰를 못 받는 퍼센티지가 47%에 육박하는 게 아닌가 싶습니다. 물론, 물론 국회의원은 과연 얼마나 신뢰를 하고 있나 조사를 해 보면 30%도 못 넘는 수치가 나옵니다. 그래서 국회의원들도 반성을 해야 된다, 여당·야당 할 것 없이, 이 이야기를 먼저 하고 선관위에서 관련된 내용을 잘 들여다봐야 된다라는 측면에서 한 가지 사례를 더 살펴보겠습니다.

강화군청 공무원으로 공직 생활하던 김세환이라는 분의 아들이 경력직 채용에 지원을 하고 선관위는 법령을 어겨 가면서 그 김 총장과 근무했던 직원들로 시험위원들을 구성합니다.

요즘 청년들이, 젊은 세대가 얼마나 취업하는 데에 스트레스를 받고 실제로 어려움을 겪고 있는지 아시지요?

○**중앙선거관리위원회위원후보자 김대웅** 예, 알고 있습니다.

○**모경종 위원** 그런데 이 아빠 찬스를 통해서 시험위원까지 바꿔 가면서 채용이 됩니다.

이 아빠 찬스라는 걸 저도 한번 받아 보고 싶은데, 중앙선관위 역시 2013년부터 2022년까지 124회 실시된 경력채용 과정에서 216건의 위법·부당 사례가 확인됐습니다. 이것은 선관위가 아니라 가족회사 아닙니까? 어떻게 생각하십니까?

○**중앙선거관리위원회위원후보자 김대웅** 위원님 말씀에 공감을 합니다. 그리고 만약 제가 중앙선관위 위원이 된다면 그런 부분들이 확실하게 개선될 수 있도록 최선을 다하겠습니다.

○**모경종 위원** 이 선관위가 매우매우 곪아 있다라는 점은 앞에 있는 여당 위원들뿐만 아니고, 여기 저 같이 있는 야당 위원들뿐만 아니고 모든 국민들이 다 공감하고 있는 내용입니다.

옆에 계신 우리 김용빈 사무총장님께서 뼈를 깎는 노력을 해 주시겠다고 계속 약속은 하고 계십니다마는 여전히 국민들의 불신이 쌓여 가고 있습니다.

그러다 보니 이게 정말 터무니없는 곳으로 불똥이 튀어 가지고 이 선관위의 채용비리 이야기가 부정선거로까지 번지고 있는 거라고 저는 보입니다. 기존에 있는 이 조직 자체에 대한 신뢰도가 바닥으로 떨어지니까 조직에서 무슨 이야기를 한들 뭘 했다고 한들 믿지도 않고 신뢰를 안 하는 것 아니겠습니까?

후보자께서 선관위 위원이 되시면 채용비리를 뿌리 뽑고 그리고 국민들로부터의 신뢰를 회복해야 이 부정선거 같은 터무니없는 음모론으로부터 선관위가 자유로워질 것 같은데 이 부분에 대해서 한마디 해 주시지요.

○중앙선거관리위원회위원후보자 김대웅 채용비리 문제는 절대 있어서는 안 되는 일이라고 생각하고요. 다만 채용비리 문제와 부정선거 문제는 좀 별개의 문제라고 생각합니다.

어쨌든 양쪽이 다 문제가 없도록 최선을 다하겠습니다.

○모경종 위원 정답을 잘 말해 주신 것 같습니다. 부정선거와 채용비리는 분명히 뿌리 뽑아야 되고 있어서는 안 될 일이다, 동시에 부정선거라고 말하는 그 주장의 근거가 여기 있는 선관위의 조직적인 문제, 채용비리라는 문제가 근거가 되기에는 너무나도 논리적 비약이 심하다라는 점을 짚어야 되겠습니다.

지금 국민의힘 위원님들께서는 여러 가지, 부실선거라고 이야기까지 하시면서 부정선거에서 조금 수그러드는, 우회하는 표현도 쓰시는 것 같은데요. 그 근거로 드는 내용들 자체를 선관위 흔들기에 써서는 안 된다고 생각합니다. 선관위 역시…… 우리 모든 선거의 근간이 되는 기관 아니겠습니까?

후보자, 지금 현재 선관위의 슬로건이 뭔지 아세요?

○중앙선거관리위원회위원후보자 김대웅 그것은 잘 모르겠습니다.

○모경종 위원 아름다운 선거, 행복한 대한민국입니다. 선관위가 선거 자체에 대해서 그리고 선거를 치르는 과정에서 본인들의 조직 관리를 어떻게 하느냐에 따라서 진짜 행복한 대한민국을 만들 수도 있고, 지금처럼 나라가 두 동강 나 가지고 정말 말도 안 되는 이야기에 사람들이─격한 표현으로─세뇌당해 가지고 모두가 서로를 멸시하고 서로를 공격하는 그런 상황을 만든 주범 중의 한 명이라고 생각합니다.

선관위, 뼈저리게 반성하시고 개선책을 찾아내기를 바랍니다. 그렇게 하시겠습니까?

○중앙선거관리위원회위원후보자 김대웅 예, 잘 명심하겠습니다.

○모경종 위원 이상입니다.

○위원장 신정훈 수고하셨습니다.

다음은 김성회 위원님 질의해 주시기 바랍니다.

○김성회 위원 경기도 고양시갑 김성회입니다.

박찬진 사무총장, 송봉섭 차장, 지금 사표를 내는 게 자녀의 의지라고 말하는데 모든 국민이 분노할 만한 얘기지요. 어떤 과정을 통해서 선발했는지 지금 다 보도가 되고 있는데 사표를 받는다 만다의 문제가 아닙니다.

후보자님, 이런 경우에는 사표를 받는 문제가 아니라 법적으로 조치를 취해서 잘라야 되는 것 아닙니까? 징계해야 되는 것 아닙니까? 어떻게 생각하십니까?

○중앙선거관리위원회위원후보자 김대웅 제가 사실 구체적인 부분까지 말씀드리기는 좀 어려운 점을 양해해 주시고요.

다만 좀 전에도 말씀드렸듯이 본인이나 또는 본인 가족이 행했던 그 행위에 대해서는 그에 상응한 처분을 받는 것이 타당하다고 생각을 합니다.

○김성회 위원 지금 선관위는 직무배제라는 아주 희한한 정책을 펴서 한 6개월 있다가 또 잦아들면 다시 복직을 시키려고 움직이고 있는 겁니다. 그러니까 패밀리 비즈니스를 하는 사람들 대표적인 특징 중의 하나인데, 국가공무원법 제45조의3의 1항을 보면요 '공무원 채용과 관련돼서 비위를 저질러 유죄판결이 확정된 경우에는 임용된 사람에 대해서 합격 또는 임용을 취소할 수 있다' 이렇게 되어 있고요. 또 선거관리위원회, 선관위 공무

원 규칙에도 제가 찾아보니까요 채용비위 사실이 법원에 의해서 확인이 되면, 즉 법령을 위반하여 채용시험에 개입하거나 채용시험에 부당한 영향을 주는 행위 등 공정성을 해치는 행위가 발견된 것이 확인되면 임용 취소가 가능하다고 돼 있습니다.

그러니까 이건 사표를 받을 문제가 아니라 선관위에서 유죄판결을 받아 낸 다음에 임용 취소를 해야 된다라고 생각합니다. 이 케이스에 대해서 말씀드리는 게 아니라 이렇게 조치를 취하는 것 가능하겠지요?

○**중앙선거관리위원회위원후보자 김대웅**　예, 법에 정해진 절차가 있다면 그것에 따라 조치를 취하는 것이 마땅하다고 생각을 합니다.

○**김성회 위원**　사무총장님, 제가 드리는 말씀은 절차가 있습니다. 그러니까 무슨 대기발령이니 뭐니 이렇게 피해 가실 생각하지 마시고……

○**참고인 김용빈**　법령 검토를 저희가 다 했습니다. 지금 말씀하신 국가공무원법이 2021년 6월 8일 날 개정되고 그 부칙 3조에 의하면 시행일, 6개월 후에 시행이 됩니다. 2021년 12월 8일로 시행이 되는데 그 부칙조항에 의하면 45조의3, 채용 취소에 대한 규정이 시행 이후에 채용된 자에 한하여 실시된다라고 돼 있습니다.

그래서 저희가 그걸 다 검토를 해 봤는데 지금 연루된 10명의 비리채용자 자녀에 대해서 보니까 1명만 그 법 이후에 채용된 사람이고 9명은 그 이전에 채용된 상황입니다.

○**김성회 위원**　그러니까 이제……

○**참고인 김용빈**　그래서 지금 저희가 대기발령……

○**김성회 위원**　사무총장님, 제가 한 1분 가까이 말씀 들어 드렸는데 도저히 더 이상 못 들어 드리겠는데, 그러니까 법적으로 문제없는데 뭔 상관이냐, 우리는 우리끼리 알아서 하겠다고 하시니 사무총장님……

○**참고인 김용빈**　그런 뜻이 아닙니다. 그래서 저희가 대기발령을 하는 취지가……

○**김성회 위원**　거기까지밖에 들을 수가 없겠네요. 안타깝고요.

그러니까 이제 복귀시키면 되는 거네요. 그렇지요? 사실 지금 시선을 피해……

○**참고인 김용빈**　그래서 저희도 이 부분은 저희 조직원들 사이에서도 이분들이 책임지기를 원합니다. 그래서 스스로 결자해지의 심정으로 조직을 위해서 사퇴나 이러한 의사를……

○**김성회 위원**　이게 무슨 조직폭력배들 조직입니까? 누가 무슨 결심을 해서 뭘 어떻게 한다고요? 법적으로 문제를 해결할 방법이 없으면 법을 고쳐서라도 찾아야지요, 방법을. 어떻게 이렇게……

○**참고인 김용빈**　그래서 지금 저희가 어떤 방법으로든지 보기 위해서……

○**김성회 위원**　그 정도 듣겠습니다. 알겠습니다.

○**참고인 김용빈**　지금 대기발령을 한 상태입니다.

○**김성회 위원**　그 정도 듣겠습니다. 너무 어이가 없어서 말씀드리기가 어려워지는데……

그러니까 이렇게 감시가 제대로 되고 있지 않은 선관위에서 법대로 별문제가 없으니까 이대로 진행하겠다라는 이야기를 후보자님은 지금 듣고 계신데 어떻게 보셨어요? 법대로 문제가 없으니까 이대로 그냥 하자, 옛날에 우리끼리, 식구끼리 좀 해 먹었는데 어쩌겠느냐라는 입장을 제가 이렇게 공식적인 자리에서 들을 줄은 몰랐습니다. 어떻게 보십니까? 이대로 가도 되나요, 선관위?

여기에 대한 최소한의 감시, 지금 감사원이 안 된다라고 헌법재판소에서 판결을 했는데 그러면 이런 조직은 어떻게 감시를 하는 게 맞겠습니까? 워낙 오랜 기간 동안 법원에 계셨을 테니까 식견이 밝으실 텐데요, 이번 문제에 대해서 공부를 하셨을 테고. 한번 의견을 좀 주시지요.

○**중앙선거관리위원회위원후보자 김대웅** 지금 이 문제에 대해서는 저도 법 규정 자체를 자세히 들여다보지 못해서 답변드리기가 어렵습니다마는 원칙론으로는 조금 전에 말씀드렸듯이 책임질 사유가 있고 그게 법에 부합하는 것이라면 그에 따른 조치가 필요하다고 당연히 생각합니다.

○**김성회 위원** 김대웅 후보님, 저희가요 신규 채용을 하는 자리가 아닙니다. 이 자리는 경력직 면접을 보는 자리입니다. 30년 넘게 법관으로서 훌륭한 양식을 갖추시고 여러 가지 좋은 판결을 하셨고 그것에 인정을 받아서 선관위원으로 저희가 모시고 오는 겁니다, 잘 운영해 달라고. 그런데 여기 와서 잘 모르겠다라고 하시면…… 아니, 그렇게 오랜 기간 동안 관련된 문제를 다뤘던 분도 모르신다고 하시면 누가 이 문제에 답을 내놓을 수 있습니까? 공무원의 태도로서 잘 모르겠으니까 앞으로 하겠다라는 두루뭉술한 답변을 계속 일관하니까 부정선거가 여기까지 판을 치는 겁니다. 이래서는 안 된다는 얘기를 정확히 해야 되는데 그런 답변들을 못 하고 있는 거지요.

제가 예를 하나 들어 보겠습니다. 이번에 대통령 윤석열 씨가 했던 여러 가지 발언들에서 변호사들이 헌법재판소에 했던 얘기 한두 가지 보여 드릴 건데 보시고 한번 말씀 주시지요.

첫 번째는 윤석열 측의 탄핵심판 2차 변론 당시의 변호사 주장입니다. 한번 들어 보세요.

(영상자료 상영)

이것 잘 아실 텐데 국정원이 보안 컨설팅하던 당시에는 모의 해킹이었고 국정원은 시스템 정보 자료를 제공했고 게다가 침입 탐지, 차단 시스템, 보안 시스템을 점검하지 않은 상태에서 해킹이 이루어졌습니다. 그리고 우리나라 투·개표는 투표지라는 실물에다 도장을 찍는 거잖아요. 그래서 공개 투·개표라는 방식을 취하고 있기 때문에 이 정보시스템하고 기계장치는 보조 수단에 불과하고요. 지금 현장에서 9만 4655명이 개표 과정에 참여하고 있고 투·개표 참관인 포함하면 59만 3000명입니다. 이 사람들 매수해서 부정선거를 저지를 수 없는데 저런 음모론자들의 주장에 대해서 후보자님 입장 한번 좀 말씀해 주시지요.

○**중앙선거관리위원회위원후보자 김대웅** 저는 부정선거가 있다고 생각하지 않습니다.

○**김성회 위원** 저 주장에 대해서 말씀을 달라고 구체적으로 말씀드렸습니다.

○**중앙선거관리위원회위원후보자 김대웅** 저 주장 자체가 객관적 근거가 있다고 생각하지는 않고요. 대법원 판결에서도 역시 부정선거가 있지 않고 저런 조작 가능성은 있지 않다라고 명확하게 판단한 것으로 알고 있고요. 거기에 저도 동의하고 있습니다.

○**김성회 위원** 이어서 하겠습니다.

○**위원장 신정훈** 다음은 이만희 위원님 질의해 주시기 바랍니다.

○**이만희 위원** 경북 영천·청도 지역 이만희 국회의원입니다.

후보자님, 제가 요청 대상자에 대한 추천 내용을 보니까 32년 법관 생활 또 해박한 법률적 지식과 풍부한 경륜, 도덕성을 두루 갖추신 훌륭한 분이다 이렇게 나왔습니다.

조금 전에 채용비리와 관련돼 가지고 여야 위원들 간에 정말 보기 드문, 이렇게 의견이 일치되는 사항들이 나왔거든요. 뭐냐 그러면 문제가 돼 있는 10명의…… 10명이라 그랬지요? 특혜 채용에 관련된 부분들은 해고시키는 것이 맞지 않냐 하는 그런 의견입니다. 후보자님은 어떻게 생각하세요?

PPT 두 번째 거 한번 띄워 봐 주실래요?

(영상자료를 보며)

보시면 본인이 2023년도에 우리은행 채용비리와 관련된 사항에 대한 판결문의 내용입니다. 맞습니까?

○**중앙선거관리위원회위원후보자 김대웅** 예, 맞습니다.

○**이만희 위원** 보시면 '부친이 임원에게 채용 청탁을 한 이상 신뢰 관계가 일단은 훼손되었다. 그런 측면에서 채용된 사람도 해고하는 은행 측의 행위는 정당하다' 이렇게 판시하신 거예요?

○**중앙선거관리위원회위원후보자 김대웅** 예, 맞습니다.

○**이만희 위원** 그렇지요?

○**중앙선거관리위원회위원후보자 김대웅** 예.

○**이만희 위원** 이런 측면을 따지고 본다면, 물론 구체적 사실 관계를 보셔야 되겠지만 당연히 그분들은 해고시키는 것이, 조직에서 배제하는 것이 국민의 눈높이에 맞지 않겠습니까?

○**중앙선거관리위원회위원후보자 김대웅** 저 판결에 비추어 보면 그렇다고 저도 생각을 하고 있습니다.

○**이만희 위원** 이번에 청문회를 마치고 임용이 되시게 되면 이 문제 정말 심도 있게 정리를 해 주셔야 되고 선관위의 개혁이라든지 거듭 태어나겠다는 그런 자세는 바로 여기서부터 시작되지 않는가 생각을 합니다.

○**중앙선거관리위원회위원후보자 김대웅** 예, 잘 알겠습니다. 잘 명심하도록 하겠습니다.

○**이만희 위원** 사무총장님, 사무총장님 임기가 2년이신가요?

○**참고인 김용빈** 임기는 없습니다.

○**이만희 위원** 임기 제한된 건 없습니까?

○**참고인 김용빈** 예.

○**이만희 위원** 아마 그때 제 기억으로 23년도에 채용비리 부분이 한창 문제가 됐을 때 그 이후에 이걸 수습하기 위해서 이렇게 사실 오신 걸로 기억이 됩니다.

사실은 사무총장님도 고위 법관 출신이신데 지금 사무총장님 가지고 있는 생각, 말씀하신 거 보면 처음이랑 너무 달라진 것 같아서요.

○**참고인 김용빈** 그렇지 않습니다. 지금……

○**이만희 위원** 제가 그렇게 느낀다는 거지요. 그렇게 직무배제하는 것이 국민의 눈높이에 맞다는 판단도 하시는 것 같고……

○**참고인 김용빈** 그렇지 않습니다. 지금 직무배제한 이유도 그냥 면죄부를 주기 어렵기 때문에, 지금 제가 김성회 위원님한테 말씀드린 거는 법리적인……

○**이만희 위원** 그러면 추후에 조치를 위해서 하시겠다는 얘기지요?

○**참고인 김용빈** 예, 뭔가 강구를 좀 해 보겠다라는 의미에서 취한 조치고요. 그래서 김성회 위원님한테 말씀드린 대로……

○**이만희 위원** 두 번째, 지금 선관위가 가지고 있는 여러 가지 문제에 대한 감사원의 감사.

　사실 국민들의 절반 이상은 선관위가 적어도 선거 업무가 아니라면 채용이라든지 조직이나 이런 부분에 대해서는 감사원 감사를 받는 것이 합당하다는 것이 국민의 50%가 넘는 여론입니다. 물론 내가 헌법기관으로서 '아무도 나 터치 못 해' 이렇게 주장하실 수 있지만 스스로가 '나 이거 당당하다. 다시 태어나기 위해서 감사원 감사를 내가 직접 요청하겠다' 이럴 의향 없습니까?

○**참고인 김용빈** 그러니까 제도적으로 받아야 된다는 것과 저희가 능력이 부족하니까 외부 감사를 허용하겠다라는 것은 완전히 다른 겁니다. 그래서 지금 두 번째 말씀하신 부분이 있으면 필요하면 그렇게 하도록 하겠습니다.

　다만 저희가 권한쟁의에서 다툰 것처럼 선거관리 입장만 빼고 내부적으로 사무처 즉 행정 하는 부분은 감사원 감사를 받아도 되는 거 아니냐라는 말씀을 하신다면 국회도 국회사무처는 동등하게……

○**이만희 위원** 들어 보십시오. 국회사무처가 채용비리를 저질렀습니까?

○**참고인 김용빈** 예, 맞습니다. 그러니까……

○**이만희 위원** 수백 일씩 가짜로 자기들 직무배제하고 지 마음대로 자기 해외여행 다니고 했습니까?

○**참고인 김용빈** 그렇지 않습니다.

○**이만희 위원** 아니잖아요.

○**참고인 김용빈** 그래서 제가 말씀드리는 거는……

○**이만희 위원** 그러면 선관위의 사무총장으로서 '법원이 받으면, 국회가 받으면, 헌재가 받으면 나도 받겠습니다' 그런 답변은 국민들의 눈높이에 맞지 않습니다.

○**참고인 김용빈** 예, 그 부분은 충분히 수용할 수 있는 내용입니다.

○**이만희 위원** 이해가 되지도 않는 그런 말씀은 하지도 마세요!

○**참고인 김용빈** 그 부분은 제가 법리적인 부분만 말씀을 드린 거고요. 지금 말씀드린 대로 제도적인 측면에서 들어오는 거는 어쩔 수 없지만……

○**이만희 위원** 총장님한테 부탁드리는 것은 후보자님이 가시면 선거관리위원회가 있잖아요. 위원회에서 위원장하고 이 문제를 정말 신중하게 한번 논의해 보십시오. 해서 자진해서 '내가 선거관리 업무를 제외한 다른 분야에 대해서는 감사원 감사를 받겠습니다' 그렇게 할 수 있도록 한번 노력해 보십시오.

○**참고인 김용빈** 지금 법리적인 부분을 말씀을 제가 드린 거고요.

○**이만희 위원** 법리적인 부분은 충분히 이해를 들었습니다.

○**참고인 김용빈** 그런데 다만 인위적으로 우리가 그때 보안 컨설팅과 같은 형태로 저희들 자체의 능력이 없다면……

○**이만희 위원** 제가 말씀을 드렸으니까요 그 부분을 신중하게 고려를 하십시오.

○**참고인 김용빈** 예, 알겠습니다. 다시 한번 검토를 해 보겠습니다.

○**이만희 위원** 시간이 너무 많이 갔습니다.

PPT 3번 한번 띄워 봐 주십시오.

후보자님, 저는 이 말씀이, 오늘 인사말씀 자료에도 이게 나왔습니다. 결과에는 모든 사람이 동의하기 어려운 거 인정합니다. 그렇지요? 하지만 적어도 민주적인 자유 대한민국의 사법절차라면 재판절차에는 모든 사람이 승복해야 된다 이 부분에 대해서 지금 헌재, 선관위, 법원, 얼마큼 국민의 신뢰를 받고 있다고 생각하십니까? 동의를 받고 있다고 생각하십니까? 헌재에 대해서 굉장히 많은 국민들의 불신이 있다는 것도 알고 계시지요?

○**중앙선거관리위원회위원후보자 김대웅** 예, 잘 알고 있습니다.

○**이만희 위원** 아마 법관으로서, 고위 법관으로서 그 광경을 낱낱이 지켜보셨으리라고 저는 생각을 합니다. 아시다시피 탄핵의 동일성이 제대로 유지되느냐의 문제, 피청구인에 대해서 충분한 변론의 기회를 주고 있느냐의 문제 그리고 여러 가지 관련돼 있는, 헌재의 법적 절차가 지켜지고 있는가에 대해서 많은 의문점을 제기하고 있지 않습니까? 거기에 대해서 후보자님 생각을 한번 말씀해 주십시오.

○**중앙선거관리위원회위원후보자 김대웅** 위원님이 말씀하신 것처럼 저도 저기다 썼고 저도 저걸 모토로 삼아서 그동안 재판을 해 왔습니다. 그래서 항상, 특히 법치주의나 민주주의사회에서는 결과가 신뢰를 받으려면 당연히 그 결과에 이르게 된 절차가 그 이상으로 또 신뢰를 받아야 된다고 생각하기 때문에 요 적법절차는 항상 지켜져야 된다고 생각을 하고 있습니다.

○**이만희 위원** 추가질문하겠습니다.

○**위원장 신정훈** 수고하셨습니다.

다음은 한병도 위원님 질의해 주시기 바랍니다.

○**한병도 위원** 한병도 위원입니다.

먼저 후보자님, 제가 여기 법조계의 평을 좀 들어 봤더니 치우침 없이 원만하게 직무를 잘 수행하셨다는 평가를 많이 들었습니다. 평가하고요. 그리고 또 선관위원으로서 역할을 잘해 줄 것이라고 기대를 해 봅니다.

오늘 여러 질문들이 반복되고 있는데 먼저 두 증인 있잖아요, 이것 그냥 절차 이야기하지 말고 결자해지하는 게 좋지 않겠습니까? 이게 전 국민들이 다 지켜보고 있고 지금 이런 일련의, 오늘 상임위에서도 여러 토론이나 이런 내용들을 보면서 국민들 입장에서는 참 답답할 겁니다.

이 문제의 본질, 핵심은 이 문제가 지금 우리 청년들에게 대단한 상실감을 주고 있는 거거든요. 그리고 이게 뜨겁습니다. 그러면 이걸 종합적으로 판단해서…… 이건 우리가 판단할 문제가 아니고 절차 이야기하지 말고 저는 결자해지해야 된다고 생각이 듭니다. 그게 증인들뿐만이 아니고 전반적으로 이후에 문제를 헤쳐 나가는 데 어떤 게 더 지혜로운인지를…… 제가 답은 안 듣고 심사숙고하는 계기가 됐으면 좋겠습니다, 이 청문회가. 그렇게 해 주시기를 당부말씀 드리고요.

뭐 하실 말씀 있습니까?

○**증인 박찬진** 고민해 보겠습니다.

○**한병도 위원** 그리고 지금 여야 위원들이 공통되게 이야기하는 이 문제에 대해……

아까 총장님 하고 싶으신 말씀 있으셨는데 지금 우리 국민들한테 이 문제에 대해서 짧게 어떻게 하겠다고 말씀을 해 주셔야 될 것 같습니다.

○**참고인 김용빈** 지금 비정상적인 부분에서 일어나는 채용비리 관련한 부분 이걸 반드시 척결해야 되는데 결국 이 채용비리의 근본적인 원인은 법적 절차를 준수하지 않았다는 것입니다. 그래서 이 사람들에 대한 부분도 저희가 법적 절차를 준수해야만 처벌이 가능하다는 그 전제하에서 저희가 고민고민하면서 돼 있는데 결코 저희 선관위 입장에서는 이들을 봐주지 못하겠다라는 생각이 있으니까 지금 여러 각도로 생각 중이면서, 말씀드린 대로 김성회 위원님 말씀하신 부분은 법률적으로 저희들이 고민을 많이 하고 있다는 취지에서 말씀한 거고요.

그래서 어떻게든지 찾아내서 충분히 어떤 조치를 취할 수 있도록 하는 방안을 계속 생각을 해 보겠습니다.

○**한병도 위원** 후보자께서도 이것 지금 국민적 관심이 큰 상황이기 때문에 여러 번 말씀하셨지만 단호한 의지를 다시 한번 국민들 앞에서 말씀해 주시기 바랍니다.

○**중앙선거관리위원회위원후보자 김대웅** 자기가 저지른 행위에 대해서는 그거에 대한 상응한 처벌을 받는 것이 마땅하다고 생각하고요. 그게 제가 지금까지 법관으로서 재판사무를 담당하면서 지켜 온 원칙 중의 하나라고 생각합니다. 그것은 민사든 형사든 어떤 것이든 간에 다 해당하는 사항이라고 생각하고요. 저도 그 부분에 대해서는 신중하게 최대한 최선을 다해서 검토하고 연구해 보도록 하겠습니다.

○**한병도 위원** 예, 알겠습니다.

그리고 다음은 부정선거 관련해서 제가 제일 걱정하는 것은, 상임위에서도 여러 차례 말씀을 드렸는데요. 믿지 못하는, 그러니까 국가기관의, 헌법기관의 행위 자체를 믿지 못하는 이게 소수에서 다수로 확산되고 있다는 게 본 위원이 봤을 때 제일 큰 걱정입니다. 그리고 합리적인 증거, 법리 이게 통하지 않습니다. 그리고 대화가 안 된다는 거예요. 마치 종교적 신념처럼 아무리 설명을 해도 설득이 안 되는 문제입니다.

사회적인 현상도 나타나고 있는 게 45년 만에 계엄이 일어나지, 언론에서, 결론이 마음에 안 든다고 사법부를 들어가서 폭력이 행사되지, 대한민국 사회에서 이거는 진보와 보수의 문제가 아니잖아요. 결코 발생해서는 안 될 일들이, 상상도 못 할 일들이 현실로 나타나고 있습니다. 그리고 그 문제에 대해서 반성하거나 그러지 않고 옹호하고 고맙다고 표현하고 그걸 공인들이 그렇게 표현하는, 한국 사회가 지금 이렇게 위험하게 가고 있어서 굉장히 위기입니다. 그 위기의 중심에 지금 선관위가 부정선거론이 확산되고 있는 문제에 대해서 본 위원은 너무 걱정이 크고요.

그래서 이거를, 뭔가 좀 해결이 돼야 되는데 의혹을 제기한 쪽에서 입증을 해소해야 된다는 것 가지고는 앞으로 안 될 것 같아요. 좀 더 적극적으로 해야 될 것 같습니다. 그래서 할 수 있는 거는 다 하고 국민들이 이해할 때까지 설득하고 홍보하고 이런 노력을 좀 많이 해야 될 거라는 생각이 듭니다.

그래서 총장님, 이런 것도 한번 검토해 봐 주세요.

제가 얼마 전에, 다른 위원들보다는 선거 전반 시스템에 대해서 이해를 많이 하고 있는 사람 아닙니까? 그런데도 한번 듣고 싶었어요. 그래서 제가 선관위에 요청을 해 가지고 선거 시작 전, 사전투표 전부터 발생하는 모든 행정행위들부터 끝나고 이후까지 설명만 듣는데 1시간 반이 걸리더라고요. 직원분이 와서, 저한테 설명을 해 달라고 했어요. 쭉 설명을 들으니까, 적어도 1시간 반 동안 설명을 들으니까 그리고 토론을 해 보니까 완벽하게 이해가 되더라고요.

그런데 우리 위원들도 저하고 비슷한 상황일 것 같아요. 그래서 아, 이렇게 설명이 되면 좀 이해가 되는구나. 그래서 여야에도 좀 요청을 해 보세요. 저한테 설명했듯이, 예를 들어서 야당 전체 위원들한테 선관위에서 저한테 설명했듯이 한 시간 정도 설명을 한번 하겠습니다, 여당도 마찬가지고. 그것을 국민들한테 여러 형태로 홍보도 하고 이런 것들을 검토를 해서 제기한 쪽에서 입증을 하는, 이제 그런 일 아예 하지 말아 버리게 공격적으로 이렇게 해서 뭔가 돌파구를 찾아나가는 노력들을 좀 하셔야 될 것 같습니다.

○참고인 김용빈 국회 논의해서 시연회가 필요하다, 어떤 내용이다 제안을 주시면 저희들이 적극 검토를 하겠고 그거 아니더라도 저희 내부적으로는 지금 시연회 같은 활동을 통해서 국민들한테 알려야 할 필요가 있다 이렇게 생각을 하고 있습니다.

○한병도 위원 후보자님께서도요 제가 방금 말씀드린 게 신뢰의 문제잖아요, 국민들과의 신뢰. 현재 선관위가 처한 상황, 그렇기 때문에 이걸 이제는 법리적으로 입증하고 이럴 단계를 넘어섰습니다. 아주 적극적이고 공세적인 방법으로 부정선거론에 대해서 선관위가 당당하게 진실을 알리는 다양한 노력을, 앞으로 적극성을 띠어 달라 이 당부의 말씀드리겠습니다.

○중앙선거관리위원회위원후보자 김대웅 예, 잘 알겠습니다.

○위원장 신정훈 수고하셨습니다.

다음은 박정현 위원님 질의해 주시기 바랍니다.

○박정현 위원 대전 대덕구 국회의원 박정현입니다.

후보님, 어쨌든 축하드립니다, 어떻게 될지는 알 수 없지만 후보로 올라오신 거는.

그런데 후보님, 지금 극우 세력들이 선관위를 부정선거의 온상으로 보고 지속적으로 공격을 하고 있어요. 이런 상황에서 중앙선거관리위원후보가 되신 거가 굉장히 어깨가 무거우실 것 같아요.

○중앙선거관리위원회위원후보자 김대웅 예, 맞습니다.

○박정현 위원 영상 하나 보시지요.

(영상자료 상영)

불법을 자행하는 선관위를 쳐부수자고 얘기하시는 분이 지금 국민의힘 현역 의원이세요. 한숨밖에 안 나오는데요.

중앙선거관리위원후보자로서 선관위 까부숴야 된다 하는 저 발언에 대해서 어떻게 생각하시나요?

○중앙선거관리위원회위원후보자 김대웅 적절하지 않은 발언이라고 생각을 하고 있습니다.

○박정현 위원 저는 이런 발언들이 결국은 내란 사태를 지속시키는 거라고 보여지거든요. 지금 온 국민들은 내란 상황이 빨리 종식되기를 원하지 않습니까? 저는 그렇게 생각하는데 후보께서는 어떻게 생각하세요?

○중앙선거관리위원회위원후보자 김대웅 저도 거기에 동의합니다.

○박정현 위원 이 발언들은 더 이상 하면 안 되겠지요. 그렇지요?

○**중앙선거관리위원회위원후보자 김대웅** 예, 그렇습니다.

○**박정현 위원** 더군다나 국회의원으로서 헌법기관을 까부수자라고 얘기하는 게 말이 안 되지 않습니까. 그렇게 생각하시지요?

○**중앙선거관리위원회위원후보자 김대웅** 예, 그렇습니다.

○**박정현 위원** 본격적으로 질문하겠습니다.

　　(영상자료를 보며)

　후보님, 영국 시사주간지 이코노미스트가 있어요. 거기 산하기관에 이코노미스트 인텔리전스 유닛이라고 있습니다. 거기서 매년 민주주의 지수를 발표를 해요. 혹시 아시나요?

○**중앙선거관리위원회위원후보자 김대웅** 오늘 저것 처음 봤습니다.

○**박정현 위원** 제가 알려 드리겠습니다.

　다섯 가지 지표로 점수를 매기는데요.

　PPT 보시면, 2022년도에 24등, 2023년도 22등 그리고 2024년도에 32등으로 전체 167개국 중에 32등으로 열 단계나 지금 떨어졌거든요. 그래서 원래 점수가 8점 이상이면 완전한 민주주의 국가로 평가가 되고 있는데 실제 올해는 7.75점으로 결함이 있는 민주주의 국가로 내려갔습니다. 결국은 윤석열 정부 들어서 지속적으로 민주주의 지수가 하락하고 있다고 보여지거든요. 특히 정치 문화 부분을 보시면 이게 정치 문화가 민주주의에 대한 사회적 합의를 평가하는 항목인데 7.5에서 5.63까지 내려갔습니다. 굉장히 심각한 상황이라고 보여지지요? 그렇지요?

○**중앙선거관리위원회위원후보자 김대웅** 예.

○**박정현 위원** 다음 PPT 봐 주세요.

　그런데 재밌는 게요 이 지표 중에 선거 과정과 다원주의라는 지표가 있는데 전체 순위가 24등, 22등, 32등으로 내려가도 이 지표 부분만은 점수가 9.58로 굉장히 높은 점수를 기록하고 있습니다. 이 지표는 선거가 자유롭고 공정한지 평화로운 선거가 이루어지는지 선거에 따른 권력 이양이 질서 있게 이루어지는지를 점수로 환산한 건데요. 부정선거에 경도돼서 비상계엄도 하고 그리고 선관위에 군대도 보낸 윤석열 정부에서 다른 데는 다 지수가, 민주주의 지수가 내려갔는데 유독 집권 기간에 선거에서는 문제가 없다는 것을 국제사회가 증명해 준 거라고 저는 생각하거든요. 어떻게 생각하십니까?

○**중앙선거관리위원회위원후보자 김대웅** 저 수치가 어느 정도 위치에 있는지는 제가 지금 잘 알 수는 없는데⋯⋯

○**박정현 위원** 8점 이상이면 굉장히 좋은 점수고요. 10점 만점이니까 9.58이면 굉장히 높은 점수지요.

○**중앙선거관리위원회위원후보자 김대웅** 저게 저렇게 수치가 나왔다면 그 수치가 갖는 의미 그대로 받아들이는 게 맞다고 생각을 합니다.

○**박정현 위원** 그리고 선거 과정에 특별한 문제가 없다는 것을 국제사회가 인정해 준 거지요.

○**중앙선거관리위원회위원후보자 김대웅** 예, 그렇습니다.

○**박정현 위원** 그런데도 부정선거 주장하는 사람들이 없어지지가 않아요. 특히 여러 가지 얘기를 하는데 선거 과정에서 투표지 분류기 해킹 의혹을 제기하는 분들이 있습니다. 저는 이 제기는 은행에서 사용하는 지폐 계수기 있지 않습니까? 지폐 계수기를 해킹할

수 있다는 말과 똑같다라고 느껴지거든요. 이게 너무 황당하지 않습니까?

○**중앙선거관리위원회위원후보자 김대웅**   저도 언론 보도나 그걸 통해서 들은 거로는 외부와 연결돼 있지 않기 때문에 단순히 계산하는 기계에 불과, 그러니까 숫자 계산하는 기계에 불과하다 그렇게 알고 있습니다.

○**박정현 위원**   그렇지요.

21대 총선에서 126건의 부정선거 관련 소송이 있었어요. 판결이 어떻게 났는지 아시지요?

○**중앙선거관리위원회위원후보자 김대웅**   아마 인용된 건 하나도 없는 것으로 알고 있습니다.

○**박정현 위원**   없습니다.

22대 총선에서도 전산 조작이 있었다고 고발장이 접수됐는데 지난 8월에 경찰에서 무혐의 종결처리를 했습니다.

선관위 전산시스템 해킹과 조작에 무방비라는 주장도 허황된 주장이라고 금방 말씀하셨어요.

○**중앙선거관리위원회위원후보자 김대웅**   예, 그렇습니다.

○**박정현 위원**   그런데 부정선거에 대해서 계속 얘기를 하고 있는데, 동영상 하나 더 보시지요.

(영상자료 상영)

최근에 굉장히 유명세를 갖고 있는 전한길 씨가 부정선거 의혹을 지금 증폭시키고 있는데요. 모 프로그램에 나와서 얘기를 했는데 사회자가 어쨌든 부정선거 문제를 제기하는 이유에 대해서 물어보니까 실제로 증거나 근거를 내놓는 것이 아니고 인사비리가 많다는 식으로 지금 답변을 하고 있어요.

금방 들으셨지요?

○**중앙선거관리위원회위원후보자 김대웅**   예.

○**박정현 위원**   그래서 지금 부정선거 음모론자들은 한 건도 제대로 된 부정선거 증거를 내놓고 있지 못합니다. 다만 이분들이 얘기하는 것 중에 인사비리를 계속 얘기하고 있는데요. 이 인사 비리가 부정선거 빌미를 제공하는 것은 맞지 않습니까, 지금? 그렇지요?

○**중앙선거관리위원회위원후보자 김대웅**   예, 뭐 그런……

○**박정현 위원**   선관위 인사비리로 청년들에게는 상대적 박탈감과 분노감을 안겨 줬고요. 채용비리가 다시는 일어나지 않도록 하기 위해서 아까 뭐 사무처장도 말씀하시고 여러 말씀을 하셨는데……

(발언시간 초과로 마이크 중단)

··

(마이크 중단 이후 계속 발언한 부분)

후보께서 이 부분에 대해서 특단의 조치를 해 주셔야 될 것 같은데 어떤 각오로 하실 건지 한 말씀 해 주시지요.

○**중앙선거관리위원회위원후보자 김대웅**   아까도 말씀드렸지만 이미 벌어진 일에 대해서는 거기에 상응하는 엄정한 처벌이, 처분이 있어야 된다고 생각을 하고 있고요. 앞으로

는 절대 그런 일이 없도록 조직 운영의 객관성을 확보해야 될 것 같고요. 또 내부 자정 기능은 물론이고 외부에 의한 감독·통제 기능도 강화해야 된다는 생각입니다.

○**박정현 위원** 저는 벌어진 일을 어떻게 처리하느냐가 결국은 앞으로 채용비리에 대해서 어떻게 단호하게 얘기할 것인지를 드러낸다고 생각하거든요.

○**중앙선거관리위원회위원후보자 김대웅** 예, 그건 맞습니다. 저도 동의하고 그 말은 맞다고 생각합니다.

○**박정현 위원** 지금 참고인들 자식들 채용할 때는 아빠 찬스를 쓰고 부정 채용으로 사표를 내야 될 시점에서는 본인들의 의사를 운운하는 것에 대해서 국민들은 굉장히 분노할 거라고 보여집니다. 자진해서 사표를 내야 되고요. 부정 채용한 사람들은 반드시 쫓아내야 된다고 생각합니다. 그 부분을 엄중하게 해 주시기 바랍니다.

○**중앙선거관리위원회위원후보자 김대웅** 예, 잘 알겠습니다.

....

○**위원장 신정훈** 다음은 김종양 위원님 질의해 주시기 바랍니다.

○**김종양 위원** 창원특례시 의창구를 지역구로 하고 있는 김종양 위원입니다.

제 질의에 앞서 가지고 오전에 채현일 위원께서 말씀하신 내용 중에서 하나 짚고 넘어가야 될 게, 확인하고 넘어가야 될 게 있습니다.

사실 국민의힘에서 선거 사전투표제 폐지하는 걸 갖다가 당론으로 했다고 그렇게 말씀하셨는데 사실 당론으로 한 건 아니고요. 아마 우리 국민의힘 의원께서 사전투표제 폐지 발의를 한 건 맞지만 그걸 당론으로 정한 건 없으니까 다시 한번 더 확인하고 시작하도록 하겠습니다.

김대웅 후보자님께 질의하도록 하겠습니다.

최근 선관위가 부정적인 어떤 별칭을 지금 많이 얻고 있습니다. 사실 듣기 거북할 수도 있는데 비리와 무능의 종합세트, 가족회사, 판도라의 상자, 복마전, 심지어는 범죄 마피아 패밀리라고도 지금 불리고 있습니다. 그간의 어떤 각종 비리 백태가 드러나서 국민적 신뢰가 크게 실추한 그런 상황인데 이 시점에서 김대웅 후보자가 중앙선관위 위원으로 지명된 것이 정말 축하해야 할 일인지 참 안타까운 그런 일인지 잘 모르겠습니다. 이번 선관위원으로서 임명이 되면 어떻게 하느냐가 정말 구원투수가 되는 건지, 패전처리 투수용으로 전락할 것인지가 드러날 걸로 그렇게 보고 있습니다.

그래서 이런 상황에서 중앙선관위원후보 지명 요청이 왔을 때 어떤 생각으로 수용을 하셨습니까?

○**중앙선거관리위원회위원후보자 김대웅** 사실 말씀하신 것처럼 요즘의 사태를 생각하면 막중한 책임감을 느끼지 않을 수 없는 상태입니다. 처음에 지명 요청 왔을 때는 제가 그동안 해 왔던, 법관으로서 30년 넘게 해 왔던 하던 그대로 하면 선관위도 그 못지않게 객관적이고 투명한 선거관리를 통해서 발전시키지 않을까 그런 생각을 하고 수락을 했었습니다.

○**김종양 위원** 사실 대부분 중앙선관위원들은 현직 법관들이고 그렇기 때문에, 본업이 있기 때문에 남다른 어떤 각오와 사명감 등이 필요하다고 봅니다.

그리고 지금 중앙선거관리위원회가 이렇게 비리 백태가 드러나는 게 사실 중앙선관위원들이 겸직을 하다 보니까 다소 이 부분에 대해서는 중앙선관위원으로서의 어떤 업무에 대해서는 좀 소홀히 하지 않았나 하는 생각도 들고요. 그래서 남다른 어떤 소명의식이 있어야 되겠다는 생각이 드는데 후보자께서는 어떻습니까?

○중앙선거관리위원회위원후보자 김대웅 저도 그렇게 생각을 합니다. 아마 법관의 직을 가지면서 비상임으로 관여하다 보니 여러 가지 부족한 점이 있을 수 있다고 생각을 하고 있습니다.

다만 그게 비상임이라고 해서 다 면책될 수 있는 건 아니고 본인이 할 책무에 대해서는 어떻든 간에 최선을 다해서 책무를 다하는 게 맞다고 생각하고요. 저도 그렇게 할 각오를 갖고 있습니다.

○김종양 위원 그리고 후보자님 오늘 발언하시는 내용을 보니까 보기보다는 훨씬 더 강단이 있다는 걸 느낍니다. 왜냐하면 조금 전에 존경하는 박정현 위원께서 서천호 의원 발언과 관련해서 어떻게 생각하느냐고 물었을 때 대부분의 후보자들께서는, '그 부분에 대해서는 제가 후보자로서 판단할 사항이 아닌 것 같습니다' 이런 식으로 이야기하는 게 대부분의 그런 후보자의 어떤 관례였는데도 불구하고 거기에 대해서 즉답을 하는 것을 보고 생각보다는 좀 강단이 있나, 아니면 또 다른 뜻이 있나 이런 생각이 들었습니다.

○중앙선거관리위원회위원후보자 김대웅 다른 뜻은 없었습니다.

○김종양 위원 그리고 오늘 인사청문회니까 개인 신상과 관련된 질문을 제가 하나 하도록 하겠습니다.

사실 후보자께서는 변호사들의 법관 평가에서도 아주 좋은 점수를 받고 역량과 그리고 또 겸손하다는 평을 듣고 있다고 그렇게 들어 왔습니다. 그런데 지금 제출한 자료를 보니까 인사청문회 때마다 지적되는, 후보자들께서 지적되는 위장전입 문제나 다운계약서 등 작성 문제 등도 후보자도 예외가 아니더라고요. 그렇지요?

제가 봤을 때는 후보자 같은 분도 이런 걸 하나 하는 걸 느낄 정도로 그렇게 예외가 되지 않고 이런 부적절한 행위를 했었는데, 이 부분에 대해서 간단하게 해명 좀 해 주시지요.

○중앙선거관리위원회위원후보자 김대웅 이유를 불문하고 사실 그 부분을 어떻게 해명할 게 없다고 생각하고 있습니다. 저도 아까 말씀하신 것처럼 공직자 자세를 잘 지키고 살아오려고 노력했습니다마는 방금 말씀하신 그런 부분에 있어서는 잘못한 게 명백하고요. 거기에 대해서는 어떤 변명도 할 수 없고 또 해서도 안 된다고 생각합니다. 그 점에 대해서는 정말 죄송하다는 말씀을 드리고 사과를 드립니다.

○김종양 위원 조직 내에서 이런 것과 관련해 가지고 자체 징계라든지 그런 걸 받은 적이 있나요?

○중앙선거관리위원회위원후보자 김대웅 그런 것은 없습니다.

○김종양 위원 그리고 하나 더 물어봅시다.

지금 후보자님, 가상계좌가 있는 것 같은데 혹시 가상자산 투자를 한 적이 있습니까?

○중앙선거관리위원회위원후보자 김대웅 그건 연유를 좀 말씀드려 보면, 제가 몇 년 전에 가사소송, 재산분할 재판을 좀 했습니다. 그래서 그전까지는 주식, 가상자산에 전혀 거래한 적도 없고 관심도 없었는데……

○김종양 위원 오케이.

○중앙선거관리위원회위원후보자 김대웅 그 과정에서 어쨌든 거래를 조금, 가상자산을

알아보는 과정에서 소규모로 조금 한 적이 있습니다. 그게 아마 남아 있는 것 같습니다, 일부가.

○**김종양 위원** 공직자가, 그렇지요? 특히 후보자께서는 엄청난 재산을 가지고 있는 분으로 여겨지고 있는데 그런 분들이 가상자산까지 투자를 한다? 좀 남다르다는 생각이 들고요.

○**중앙선거관리위원회위원후보자 김대웅** 아니……

○**김종양 위원** 하나 더 물어보겠습니다.
그리고 지금 사인 간의 채무가 십몇억이 되더라고요.

○**중앙선거관리위원회위원후보자 김대웅** 예, 그렇습니다.

○**김종양 위원** 본인이 지금 3억 몇천이고 부인께서, 배우자께서 11억이 되는데 사실 이렇게 사인 간의 채무가, 금융기관 채무도 아니고 사인 간의 채무가 이렇게 십몇억이 되는 경우는 잘 없는데 어쩌다 이렇게 됐을까요?

○**중앙선거관리위원회위원후보자 김대웅** 배우자가 장인으로부터 토지 지분을 받은 과정에서 증여세를 부담하게 되는데 그 금액이 어느 정도 되다 보니까 그걸 금융기관을 통해서 마련하기가 어려워서 형제자매를 통해서 급하게 돈을 마련하다 보니까 그 액수가 커졌습니다.

○**김종양 위원** 하여튼 대부분의 경우에는 또 자산을 축소 신고하기 위해서 사인 간의 채무가 있다고도 하는 경우가 많은데 그렇지 않기를……

○**중앙선거관리위원회위원후보자 김대웅** 그것은 전혀 아닙니다.

○**김종양 위원** 그렇지 않기를 바라고요.
하여튼 이제 곧……
(발언시간 초과로 마이크 중단)

┄┄┄┄┄┄┄┄┄┄┄┄┄┄┄┄┄┄┄┄┄┄┄┄┄┄┄┄┄┄┄┄┄┄┄┄

(마이크 중단 이후 계속 발언한 부분)
임명이 되면 중앙선관위원이라는 또 다른 명예직을 갖게 될 텐데 앞으로 하여튼 신상과 관련된 부분에 있어서도 더욱더 관리를 철저히 해 가지고 모범을 보여 주시기 바랍니다.

○**중앙선거관리위원회위원후보자 김대웅** 예, 명심하고 그렇게 잘 지내도록 하겠습니다.

○**김종양 위원** 감사합니다.

┄┄┄┄┄┄┄┄┄┄┄┄┄┄┄┄┄┄┄┄┄┄┄┄┄┄┄┄┄┄┄┄┄┄┄┄

○**위원장 신정훈** 수고하셨습니다.
다음은 양부남 위원님 질의해 주시기 바랍니다.

○**양부남 위원** 후보자님 고생이 많습니다.
법조인으로서, 특히 법관으로서 서울고등법원장을 지금 하고 계시지요?

○**중앙선거관리위원회위원후보자 김대웅** 예, 그렇습니다.

○**양부남 위원** 모든 법관들이 아마 존경하고 그 자리에 가기를 원할 겁니다. 굉장히 명예스럽고 자긍심을 가질 만한 자리입니다. 그리고 매우 바쁜 자리입니다.
그런데 오늘 이렇게 청문회를 받는 것도 굉장히 용기가 필요했을 겁니다. 아마 이렇게 일방적으로 질문을 받는 것은 경험하지 못했을 겁니다. 이런 굉장히 힘든 과정을 겪으면서 이렇게 명예스러운 보직이 있음에도 불구하고 중앙선관위 위원이 되려는 소신이랄까,

사명이 뭡니까?

○**중앙선거관리위원회위원후보자 김대웅** 민주주의의 핵심이자 꽃이 선거라고 생각하고요. 저도 그 과정에서 유권자로서 한 표를 행사해 왔습니다. 그 과정에서 선관위가 가진 의미가 크기 때문에 제가 만약 중앙선거관리위원회의 위원이 된다면 선거의 공정성이나 법치주의 실현에 조금이나마 도움이 되지 않을까 하는 생각으로 수락을 하고 이 자리에 나오게 됐습니다.

○**양부남 위원** 법치주의 실현에 일조를 하겠다는 뜻인데 그 가진 생각이 변하지 않기를 부탁드립니다.

○**중앙선거관리위원회위원후보자 김대웅** 예, 명심하겠습니다.

○**양부남 위원** PPT 한번 보겠습니다.

　PPT 한번 보세요.

　(영상자료를 보며)

　PPT에 2개가 그려졌습니다. 위에는 '그래도! 이재명은 안 됩니다', 이것 보고 뭘 느끼십니까?

○**중앙선거관리위원회위원후보자 김대웅** 반대하는 의견으로 보입니다.

○**양부남 위원** 무슨 반대하는 게?

○**중앙선거관리위원회위원후보자 김대웅** 저기 쓰여 계신 분에 대한 반대 의견을 내신 것 아닌가……

○**양부남 위원** 저 '그래도! 이재명은 안 됩니다'라는 플래카드가, 그리고 저 밑에는 '이재명 카톡검열', 인공기가 그려졌어요. 이 플래카드를 게첩해도 된다고 생각하십니까, 게첩하면 안 된다고 생각하십니까?

○**중앙선거관리위원회위원후보자 김대웅** 글쎄요, 지금 당장 저것 말씀드리기가 좀 어렵습니다.

○**양부남 위원** 다시 한번 봅시다, PPT.

　한번 띄워 보세요.

　'그래도! 이재명은 안 됩니다' 이 플래카드가 작년 12월 16일 날 처음에 게첩이 됐습니다. 이것에 대해서 선관위에서는 저것은 저렇게 달아 놓으면 표현의 대상과 내용에 있어서 일반인이 볼 때 특정인의 낙선을 도모할 인식이 있다고 해서 결국 254조에 의해서 불허를 했습니다.

　아시는가요, 혹시?

○**중앙선거관리위원회위원후보자 김대웅** 그건 잘 몰랐습니다.

○**양부남 위원** 그런데 그 뒤에 일부 보수 언론과 국힘 의원님들이 문제점을 제기하니까 이것 게시해도 된다라고 허용을 했어요. 허용하면서 취지는 정치적 표현의 자유라고 이야기를 했습니다.

　그다음 PPT 한번 봅시다.

　그러니까 처음에 허용할 때는 254조에 의해서 안 된다는 취지야. 그런데 허용을 한 취지에 있어서는 90조에 가지 않으면 된다는 취지로 했어요. 그래서 이렇게 선관위의 결정이 들쭉날쭉하면 선관위의 결정을 누가 신뢰할 것인가 하는 생각이 듭니다. 이 점을 참고하셔서 선관위에서는 결정할 때 주의를 할 필요가 있다는 생각이 듭니다.

만약 12월 16일 날 처음에 게시 허용됐을 때, 20일 날 이렇게 불허를 했는데 그 뒤에 보수 언론과 국힘 의원님들이 문제 제기를 안 했으면 이게 그대로 갔겠지요. 그래서 이게 허용이 안 됐는데, 이렇게 결정이 왔다 갔다 하면 안 됩니다.

또 하나는 제가 이 문제를 곰곰이 생각해 보니까 지금 정치적 표현의 자유라고 해서 광범위하게 허용을 했는데 지금 탄핵심판이 인용될 게 사실상 거의 확실시되고 거기에 따라서 조기 대선도 실시될 게 거의 확실시되는 상황이에요. 또한 그런 특정인이 특정 정당의 대선후보가 될 것도 거의 확실시되는 상황에서 이것이 탄핵이 인용되지 않았기 때문에 90조로 갈 수 없다고 해서 이것을 정치적 표현의 자유로 허용한다면 탄핵이 인용되고 나서 90일이라는 짧은 시간에 선거를 치러야 하는 이 보궐선거에 있어서 이게 선거에 영향을 미치지 않는다고 보는 것은 너무나 형식논리 아닌가요?

탄핵심판이 있고 나서 보궐선거가 1년이나 2년 뒤에 이루어진다면 그런 논리도 가능하지만 탄핵심판이 인용이 되어서 60일 만에 선거를 치러야 하는 상황에서 이것은 낙선, 선거에 영향을 미치지 않는 단순한 정치적 표현으로 한다는 것은 너무나 기계적인 해석이 아닌가 하는 생각이 드는데 후보자님 거기에 대해서 답변을 좀 해 주십시오.

○중앙선거관리위원회위원후보자 김대웅 상황에 따라 다를 수 있다고 생각을 하는데요. 어쨌든 정치적 표현의 자유도 가급적 허용하는 게 맞기는 하지만 어쨌든 한계가 있는 건 분명한 것 같습니다. 그래서 아마 선거 상황이나 지금 말씀하신 것처럼 게시 시점과 어떤 선거……

○양부남 위원 제 질문의 취지를 이해를 하셨습니까?

○중앙선거관리위원회위원후보자 김대웅 예, 어느 정도 이해를 했습니다.

○양부남 위원 지금 90조에 의하면 일정한 기간 내의 조건이 붙어 있는데 254조 그 조항을 적용한다면 탄핵이 인용되고 나서 60일 만에 선거를 치르는데 그 전에, 탄핵되기 직전까지 아무리 비판을 해도 이게 선거에 영향을 미치지 않는다고 해석하는 게 과연 합리적 해석이냐는 것이지요.

그래서 제가 주문하고 싶은 것은 첫째, 선관위가 결정을 할 때는 신중하게 할 필요가 있다. 두 번째는 이러한 조항에 있어서도 현실에 부응하게 법 해석을 해 달라는 게 제 생각입니다.

○중앙선거관리위원회위원후보자 김대웅 맞는 말씀이라고 생각을 합니다. 그래서 방금 말씀드렸듯이 현 상황에 따라서 적합하게 법 해석을 하는 것이 더 마땅하다고 생각을 하고 있습니다.

○양부남 위원 나머지 시간은 다음에 쓰겠습니다. 21초 아껴 주시기 바랍니다.

○위원장 신정훈 수고하셨습니다.

21초 잘 저장해 놓으세요.

다음은 위성곤 위원님 질의해 주시기 바랍니다.

○위성곤 위원 위성곤 위원입니다.

중앙선관위의 덕목은 무엇이냐라고 물었는데 후보자께서는 공정·중립·신뢰라고 했습니다. 그렇지요?

○중앙선거관리위원회위원후보자 김대웅 예, 맞습니다.

○위성곤 위원 거기에서 지금 윤석열 내란 사태를 두고 그 과정 안에서 극우 집회나

국민의힘 일부에서 헌법재판소나 선관위나 공수처에 대한 공격을 하고 있는 것을 알고 계시지요?

○**중앙선거관리위원회위원후보자 김대웅** 예, 알고 있습니다.

○**위성곤 위원** 어떤 내용, 어떤 식으로 공격을 하고 있습니까?

○**중앙선거관리위원회위원후보자 김대웅** 선관위에 대해서는 지금까지 죽 나왔듯이 부정선거 의혹을 제기하면서 공격하는 것으로 알고 있고 헌법재판소는, 정확히는 제가 알고 있는지 말씀드리기 좀 곤란하지만 어쨌든……

○**위성곤 위원** 아니, 언론에 나와 있는 얘기를……
공격을 받고 있는 거지요?

○**중앙선거관리위원회위원후보자 김대웅** 예, 공격받고 있는 것은 알고 있습니다.

○**위성곤 위원** 그런 공격이 민주공화국에서 정당한 행위에 포함이 됩니까?

○**중앙선거관리위원회위원후보자 김대웅** 객관적 근거 없이 삼권분립에 기초해 있는 여러 헌법기관들에 대해서 그러한 공격을 하는 것은 타당하지 않다고 생각을 하고 있습니다.

○**위성곤 위원** 타당하지 않지요.
결국은 민주공화국에서 지금 국회는 괴물로, 국회는 반국가단체로 규정하고 있고 그다음에 법원은 서부지방법원을 보았듯이 폭동으로 가서 그리고 또 그 재판관들을 공격을 하고 헌법재판소 헌법재판관들을 공격을 하고 또 선관위에 대해서는 실제 압수수색과 가서 침탈을 하고 또 공수처의 적법한 활동에 대해서는 인정하지 않고, 이것을 한마디로 말하면 무법천지가 된 것이지요. 그것은 민주공화국에서 있을 수 없는 행위라고 생각합니다.
저는 지금 내란 세력이 하고 있는 것은 대한민국의 민주공화국을 흔들고 있는 행위라고 생각합니다. 구체적 근거가 있다면 그 근거를 가지고 얘기를 해야 되는데 정치 지도자들이나 집회에 참가하고 있는 집회 연설자들의 이야기를 들어 보면 아무런 근거 없이 윤석열을 보호하기 위해서, 세력을 유지하기 위해서 극단적인 언어를 사용하고 있다고 생각합니다.
지금 부정선거 관련해서, 후보자께서는 부정선거가 가능하다고 생각하십니까?

○**중앙선거관리위원회위원후보자 김대웅** 가능하지 않다고 생각하고 있습니다.

○**위성곤 위원** 현실적으로 부정선거가 불가능하지요?

○**중앙선거관리위원회위원후보자 김대웅** 예.

○**위성곤 위원** 상식적인 겁니다.
후보자께서는 법치주의를…… 법치주의가 중요하다고 이렇게 답변을 하셨어요, 문답에. 후보자가 생각하는 법치주의는 어떤 것입니까?

○**중앙선거관리위원회위원후보자 김대웅** 모든 국민이 법 앞에 평등하고 또 절차, 결과 모든 면에 있어서 정당한 기회 또는……

○**위성곤 위원** 헌법과 법률에 근거한……

○**중앙선거관리위원회위원후보자 김대웅** 예, 그렇습니다. 그건 당연한 것이라고 생각합니다. 맞습니다.

○**위성곤 위원** 근거해서 이 나라가 운영되어지는 것이 법치주의인 거지요?

○중앙선거관리위원회위원후보자 김대웅 예, 맞습니다.

○위성곤 위원 그 법치주의를 실제로 흔들고 있는 거지요. 헌법에 있는 많은 기관들을 공격하고 그것의 신뢰를 떨어뜨리고 그 신뢰를 떨어뜨림으로 인해서 사회를 분열시키고 그 사회의 분열을 통해서 이득을 행하자 하는 행위, 그런 행위를 일반적으로 뭐라 하는지 아십니까?

혹시 파시스트라고 들어 보셨어요?

○중앙선거관리위원회위원후보자 김대웅 예, 그 용어는 들어 봤습니다.

○위성곤 위원 파시스트라는 용어가 어떤 용어인지 아시겠습니까?

○중앙선거관리위원회위원후보자 김대웅 사실 많이 들어 봤습니다만 정확한 의미는 지금 파악하지는 못하고 있습니다.

○위성곤 위원 법과 제도를 무시한 채 힘을 앞세워 국가를 지배하는 체제를 파시스트라고 얘기를 합니다.

현재 지금 법률로서 규정되어진 헌법기관들의 헌법적 권위들을 다 뭉개뜨리고 힘으로써, 집단의 힘으로써 움직이고자 하는 그 세력들을 파시스트라고 얘기를 하고요. 저는 지금 우리 사회가 파시스트로 가고 있는 것 같습니다. 그런 세력들이 지금 준동을 하고 있는 상황이라고 봅니다.

이것은, 지금 내란 사태에 대한 이 문제의 논쟁과 그리고 사회적 갈등은 파시스트와 그리고 민주주의를 지키고자 하는 세력 간의 싸움이라고 저는 생각을 합니다. 제 의견에 대해서 어떻게 생각하십니까?

○중앙선거관리위원회위원후보자 김대웅 동의하고 있습니다.

○위성곤 위원 고맙습니다.

이제 공격하는 내용 중에 그런 내용을…… 법원을 공격하는 내용 중에 그런 얘기를 합니다. 우리법연구회가 특정 이념 성향을 가진 집단이라고 공격을 하고 있는데요. 우리법연구회는 특정 이념을 가진 정치집단입니까?

○중앙선거관리위원회위원후보자 김대웅 그렇지는 않다고 생각하고 기본적으로는 법을 연구하는 모임으로 저는 알고 있습니다.

○위성곤 위원 제가 이제 관련해서 답변한, 의견에 대한 답변을 보면 그렇게 말씀하셨어요. '일부 학술모임이 특정한 이념 성향이 있는 법관으로 구성돼 있다고 주장하나 일부 학술모임에 가입된 법관의 정치적 편향성을 문제 삼는 사례가 있는 것으로 알고 있다. 특정한 학술모임에 참여하고 있다는 등의 사실만으로 합리적인 근거와 논증 없이 해당 법관의 판결을 비난하는 것은 사법부의 독립성과 정치적 중립성을 제하는 결과를 초래할 것이다'라고 얘기를 하고 있습니다. 이 의견이 후보자 의견이십니까?

○중앙선거관리위원회위원후보자 김대웅 예, 맞습니다.

○위성곤 위원 법원 내 다양한 모임들이 있겠지요. 그 안에 다양한 스펙트럼을 가진 사람들이 다양한 주제를 가지고 논의할 수 있을 거라고 생각됩니다. 그런데 그렇게 모여 있다고 해서 그것을 특정 이념의 집단이라고 공격하고 그것을 법원 신뢰를 떨어뜨리는, 대법원의 신뢰를 떨어뜨리는 그런 행위로 공격하는 것에 대해서 동의할 수 없지요?

○중앙선거관리위원회위원후보자 김대웅 예. 어떤 특정 단체, 특정 연구회 모임에 가입했다는 이유만으로 어떤 성향을 가진다고 말할 수도 없는 것이고 또 그런 공격은 타당하

지 않다고 생각을 합니다.

○**위성곤 위원** 1분만 주시겠습니까?

감사원에서 감사……

1분만 주십시오.

○**위원장 신정훈** 마지막이니까 1분을 드리겠습니다.

○**위성곤 위원** 선거관리위원회 채용비리 관련해서 발표를 했어요. 어떻게 생각하십니까?

○**중앙선거관리위원회위원후보자 김대웅** 저도 그 내용을 언론 보도를 통해 듣고 많이 놀랐습니다.

○**위성곤 위원** 이런 일은 있어서 안 되는 거지요.

○**중앙선거관리위원회위원후보자 김대웅** 예, 맞습니다. 그런 점에서 많이 놀랐습니다.

○**위성곤 위원** 엄벌에 처해야 됩니다. 그런데 감사 촉발의 계기가 사실은…… 그걸 하면 시간이 너무 많이 갈 것 같아서……

감사 결과 발표를 보면요 징계에 관련된 양형을 했는데 최고가 사실은 정직입니다, 강등, 정직. 파면도 없고요. 사실은 한 스물다섯 명 정도 되는데 대부분은 통보나 주의 조치를 받고 있습니다. 저는 이런 감사원의 징계 조치가……

(발언시간 초과로 마이크 중단)

··

(마이크 중단 이후 계속 발언한 부분)

너무 낮다고 생각합니다. 만약에 후보자께서 선관위원이 되신다면 이 문제에 대해서 더 단호하게 대응해야 된다라고 말씀드리고 싶은데 그것에 대한 입장을 말씀해 주시기 바랍니다.

○**중앙선거관리위원회위원후보자 김대웅** 저도 똑같은 생각을 갖고 있습니다.

○**위성곤 위원** 고맙습니다.

이상 마치겠습니다.

··

○**위원장 신정훈** 수고하셨습니다.

다음은 배준영 위원님 질의해 주시기 바랍니다.

○**배준영 위원** 김용빈 사무총장님, 오늘 참고인으로 나와 주셔서 감사합니다.

제가 한번 여쭤볼게요.

오늘 이런 상황이 좀 억울하십니까?

○**참고인 김용빈** 반성할 점은 반성해야 된다고 생각하기 때문에요……

○**배준영 위원** 잠깐만요, 거기까지만.

반성할 점은 반성해야 된다는 말씀을 하시는데 사무총장님 산하에 지금 선관위 직원이 몇 명이나 됩니까?

○**참고인 김용빈** 3000명입니다.

○**배준영 위원** 지금 기관장으로, 장관급으로 나오신 거잖아요. 그리고 우리가 이 청문회를 통해서 또 현안질문과 비슷하게 됐는데 우리가 어떤 결과를 도출해서 어떤 방향으로 나아가고자 하는 건 아실 텐데, 그래서 법리를 말씀하시고 '반성할 것은 반성해야 하

지만'이라고 말씀하셔서 굉장히 유감스럽다는 말씀을 드리고.

(영상자료를 보며)

제가 만약 말이지요, 2013년 이후에 실시한 경력채용 전수검사를 했는데 291건 채용에서 878건의 규정·절차 위반이 나오고 단순 계산으로 1회 채용마다 3건을 어기고 그랬으면요, 저 같으면 나와서 죄송하고 통렬히 반성한다는 말씀부터 했을 것 같거든요. 그런데 어제 사실 노태악 중앙선거관리위원장님이 말씀하시니까 그것으로 갈음하신다고 하실 수 있을지 모르겠는데, 제가 자료를 봤는데 선관위가 참 묘한 조직입니다. 어제 통렬하게 사과하신 중앙선관위 위원장님을 포함해서, 선관위 전체회의가 두 달에 한 세 번 정도 열리더라고요. 그리고 한 60% 이상이 오후 4시 이후에 열렸습니다. 그래서 통렬히 반성하는 선관위원장님을 포함한 후보자님도 사실은 두 달 동안 세 번밖에 아마 안 가실 겁니다. 그래서 제가 앞으로 더 어떻게 개혁하실지 들어 볼 텐데 통렬한 반성은 지금 3000명을 관리하고 지휘하고 계시는 사무총장님에게서부터 직접 듣는 게 저는 맞다라는 생각을 하고 있고, 제가 사과를 강요하는 것은 아니고요 나중에라도 시간이 되시면 말씀해 주시기 바랍니다.

다음, 제가 후보자께 여쭙겠는데요.

아까 존경하는 윤건영 위원님이 말씀하시는데 지난 10년 동안의 채용비리에 대해서 말씀하셨는데 감사원의 감사 결과를 쿼트(quote)를 하셨습니다.

(자료를 들어 보이며)

이겁니다, 340페이지가 넘는 감사원 보고서. 그런데 이게 나오지 않았으면 아마 존경하는 윤건영 위원님이 그렇게 지적을 못 하셨을 거라고 저는 생각을 합니다. 그것에 대해서 어떻게 생각하십니까?

○중앙선거관리위원회위원후보자 김대웅 아마 그랬을 것 같습니다, 구체적인 내용을 알 수가 없기 때문에요.

○배준영 위원 그런데 헌법재판소에서 감사원에서 직무감찰 하지 말라고 그랬거든요. 그런데 법리를 말씀하셨으니까, 법리는 그럴지 모르겠는데 3월 4일 날 한 여론조사기관에서 '감사원은 인력관리에 대한 직무감찰을 선관위가 할 수 없다고 선고하였습니다. 선생님께서는 이에 대해 어떻게 생각하십니까?' 했는데 '감사원이 인력관리 등 직무감찰은 해야 된다'가 54%, '감사원이라도 인력관리 등 직무감찰은 하면 안 된다'가 29% 이렇게 나왔단 말이지요. 그런 게 상충된단 말입니다.

그러면 법관 출신이니까 법리를 따지셔야 될 텐데, 제가 이 말씀은 좀 드리고 싶어요. 아까 질의를 하는 과정에서 죽 보니까 민주당 위원님들이 선관위를 비호하는 것은 아니라는 것을 알겠습니다. 그런데 민주당에서 전용기 의원님 등 열두 분이 대표발의한 감사원법 일부개정법률안이 있습니다. 이 법안을 보니까 감사원에서 선관위 직무감찰을 할 수 없도록 규정하게 돼 있어요. 그래서 말씀으로는 비호를 하지 않지만 결과적으로 감사원의 그런 결과가 이렇게 나오지 않으면 우리가 어떻게 합니까?

그러니까 후보자님, 혹시 CVID라고 들어 보셨지요? 핵 관련해서, 북한의 핵을 동결할 때 완전하고 검증 가능하고 돌이킬 수 없고 그런 방법이 없으면 이게 언제 다시 재발할지 우리가 알 수가 없단 말입니다. 그래서 저희 국민의힘은 당론으로 다음과 같은 선관위 개혁 과제에 대해서 제시를 했는데 한번 입장을 묻고 싶습니다. 메모하셔도 될 것 같습니다. 내용이 조금 길어서요.

첫째는 특별감사관 제도를 도입해서 선관위 외부기관 감시·견제 시스템을 도입해야 된다. 그래서 감사 대상은 선관위 조직·인사·회계관리 업무 전반을 해야 된다. 왜 이 얘기를 하느냐 하면 감사원에서 조사하면 안 된다면서요, 법리적으로. 그러면 이것에 대해서는 어떻게 생각하시는지 입장을 첫 번째로 말씀해 주시고요.

두 번째는 선관위 사무총장의 국회 인사청문회 도입입니다. 사실 아까 말씀드렸지만 후보자님도 개혁의 기치를 올리시고 선관위로 가시지만 한 달에 한두 번 이상 안 가실 수도 있어요. 그런데 어떻게 그걸 다 합니까? 그러니까 형식적으로나 실질적으로 사무총장이 어떻게 하는지 그걸 초기 단계에서부터 저희가 챙겨야 되는데 국회에서의 선관위 사무총장 인사청문회 도입에 관련해서는 어떻게 생각하시는지 말씀을 해 주시고요.

세 번째는 선관위원장의 법관 겸임 금지입니다. 지금 나와 계셔서 이건 차후의 정책적인 문제기는 하지만 사실 선관위가 제기한 선거소송 관련된 심판은 법관이 결국 하시잖아요. 그러니까 선관위원장님이 계신 조직에서 했으니까 그건 어떤 판결이 나올지…… 물론 그렇지 않으리라고 보지만 삼권분립이 명확하게 생기는지, 견제와 균형이 있는지 그런 것에 대한 의아심이 생길 수 있으니까 그것에 대한 장기적인 말씀을 좀 해 주시고.

네 번째는 지방 시도 선관위의 행안위 국정감사를 도입하자는 건데, 다른 기재위라든지 행안위라든지 모든 지방 산하조직을 다 하고 있는데 선관위는 안 하고 있다.

마지막으로는 지방 선관위 상임위원 관련 시행규칙인데 시행규칙은 4급 이상……

(발언시간 초과로 마이크 중단)

···

(마이크 중단 이후 계속 발언한 부분)

공무원으로 7년 이상 선거 및 정당사무에 종사한 경력이 있는 자로 상임위원 자격을 제한하고 있습니다. 지방 선관위 상임위원이요. 그러면 4년 이상 공무원으로 7년 이상 선거 및 정당사무 한 사람은 선관위 직원밖에 없습니다. 그래서 이걸 어떻게 고쳐야 되는지, 말씀이 길었는데 답변을 제가 듣고 싶습니다.

감사합니다.

○**중앙선거관리위원회위원후보자 김대웅** 일단 첫 번째 말씀하신 건 아마 특별감사관 제도, 외부기관에 의한 감시·통제 말씀하신 것 같습니다. 저도 이게 입법으로 해결된다면 충분히 바람직한 방향이라고 생각을 하고 있습니다.

두 번째, 사무총장 인사청문회 도입은 오전에도 말씀드렸듯이 그것 하는 것에 대해서 저도 찬성을 하고 있고요. 이게 선관위를 더 발전시키고 개선시키는 데 도움이 된다고 생각을 하고 있습니다.

세 번째, 법관 겸직 금지 문제는 아까 말씀하신 것처럼 그런 우려가 있는 건 알고 있습니다. 법관이 선관위원장 하는데 본인이 직접 재판하지 않더라도 관련 법원의, 그 소속 법원의 판사들이 과연 올바르게 재판을 할 수 있는가 이런 의문은 충분히 생길 수 있다고 생각합니다.

다만 제 경험으로는 선관위원장이 보통 법원장이거나 지원장이거나 이런 경우가 많은데요 재판 자체에는 아시다시피 관여를 할 수 없기 때문에 우려와 달리 실제로는 그런 일은 겪어 보지 못해서 발생할 가능성이 거의 없지 않나 이런 생각을 해 봅니다.

다만 이 취지가 단순히 겸직 문제가 아니라 선관위의 독립성, 지금 같은 이런 채용비리 문제가 안 생기게 하고 선거관리가 부실 관리가 되지 않도록 한다는 측면에서는 앞으로 이 부분도 여러 가지 면으로 여러 가지 방책을 생각할 필요가 있다고 저는 충분히 생각을 합니다.

그리고 네 번째, 시도 선관위에 대한 국정감사 문제는, 이것도 당연히 삼권분립 원칙 또 견제와 균형이 가장 중요하니까요, 국회에 의해서 국정감사 또는 국정조사 받는 것은 어찌 보면 너무나 당연하다고 생각을 합니다. 그 부분에 대해서는 적극적으로 저도 동의를 하는 바입니다.

다섯 번째, 지방 선관위 상임위원 자격 제한 문제는, 저도 구체적으로 이 부분 요건 같은 건 모르고 있었는데, 내부에서만 이루어지는 조직이 병들기 쉽다는 것은 누구나 다 알고 있는 것이기 때문에 당연히 어떤 필요한 부분에 대해서는 개방을 하고 자격요건을 좀 바꾸어서 건전한 선관위 구성이 되도록 할 필요가 있다고 저도 적극적으로 생각을 하고 있습니다.

○**위원장 신정훈** 수고하셨습니다.

다음은 존경하는 정춘생 위원님 마지막 본질문 해 주시기 바랍니다.

○**정춘생 위원** 민생의 봄날, 국민의 봄날을 위해 정치하는 조국혁신당 정춘생입니다.

후보자께 질의하겠습니다.

중앙선거관리위원회는 선거와 국민투표의 공정한 관리 및 정당에 관한 사무를 처리하는 헌법기관입니다. 맞지요?

○**중앙선거관리위원회위원후보자 김대웅** 맞습니다.

○**정춘생 위원** 그래서 무엇보다도 선거관리위원회는 헌법수호의 의지, 법률 준수의 의지가 있는 것이 우리가 인사청문회를 하면서 판단하는 중요한 자질이라고 생각합니다. 동의하시지요?

○**중앙선거관리위원회위원후보자 김대웅** 예.

○**정춘생 위원** 그래서 묻겠습니다.

12월 3일 밤 당시 대통령 윤석열이 비상계엄을 선포했습니다. 이것에 대해서 위헌·위법적인 내란이라고 생각하십니까, 아니면 대통령이 통치할 수 있는 비상계엄, 헌법에 근거한, 법률에 근거한 통치행위라고 생각하십니까?

○**중앙선거관리위원회위원후보자 김대웅** 아마도 지금 현재 그게……

○**정춘생 위원** 헌법과 법률에 입각해서 말씀해 주십시오.

○**중앙선거관리위원회위원후보자 김대웅** 현재 그것과 관련된 탄핵심판이나 아마 재판이 진행되는 걸로……

○**정춘생 위원** 탄핵심판과 상관없이 헌법과 법률에 근거해서 선거관리 업무를 관장해야 되는 선거관리위원으로서 입장을 묻는 것입니다.

○**중앙선거관리위원회위원후보자 김대웅** 선거관리위원회에 대한 어떤 계엄군 투입 이런 문제에 대해서……

○**정춘생 위원** 헌법과 법률에 근거해서 판단해 달라는 얘기입니다.

○**중앙선거관리위원회위원후보자 김대웅** 어쨌든 계엄은 헌법과 계엄법에 정해져 있듯

이 엄격한 요건에 한해서 아주 제한적으로 선포하도록 돼 있습니다.

○**정춘생 위원** 그러니까요. 12월 3일 당시 대통령 윤석열이 한 행위는 헌법에 근거한 비상계엄입니까, 아니면 내란입니까?

○**중앙선거관리위원회위원후보자 김대웅** 거기에 대해서는 지금 제가 구체적인 답변을 드릴 수가 없을 것 같습니다. 좀 양해해 주시면 감사하겠습니다.

○**정춘생 위원** 실망스럽습니다.

그러면 당시 계엄군이 선관위 침탈한 것에 대해서는 어떻게 생각하십니까? 그것도 답변할 수 없습니까?

○**중앙선거관리위원회위원후보자 김대웅** 그것은 그렇게 정당했다고 생각하지는 않습니다.

○**정춘생 위원** 위헌·위법한 행동이었지요? 그렇게 말씀하셔야지요, 정확하게.

앞서 많은 위원님들이 부정선거 음모론에 대해서 지적을 하셨습니다. 부정선거 음모론에 대해서는 저는 선관위가 정말 단호하게 대처해야 된다고 생각합니다. 많은 주장들 중에 선거 투표용지가 빳빳해서, 빳빳한 투표용지가 다량 발견됐기 때문에 그게 부정선거의 증거다 이렇게 유포하는 사람들이 있습니다. 들어 보셨지요?

○**중앙선거관리위원회위원후보자 김대웅** 예, 들어 봤습니다.

○**정춘생 위원** 황교안 전 총리, 민경욱 전 의원 같은 경우는 아직도 그것을 설파하고 그것을 극우 유튜버들은 퍼 나르고 그것을 전광훈 집회에서, 세계로 집회에서 아직도 설파하고 있습니다. 들어 보셨지요?

○**중앙선거관리위원회위원후보자 김대웅** 예.

○**정춘생 위원** 후보님, 그러면 사전투표 해 보셨습니까?

○**중앙선거관리위원회위원후보자 김대웅** 예, 해 봤습니다.

○**정춘생 위원** 관외에서 해 보셨습니까? 관내에서 해 보셨습니까, 관외에서 해 보셨습니까?

○**중앙선거관리위원회위원후보자 김대웅** 관내에서 했습니다.

○**정춘생 위원** 내에서만 했습니까? 저는 관외에서 자주 해 봤거든요.

제가 시연을 한번 해 드리겠습니다.

(투표용지를 들어 보이며)

이게 모의 투표용지인데 이것도 부정선거라고 할지 몰라서…… 모의선거 투표용지입니다. 관외에 가서 투표를 하게 되면 이런 투표용지와……

(봉투를 들어 보이며)

투표용지를 담을 수 있는 봉투를 제공받습니다. 이렇게, 아시지요?

그래서 이것을 투표함에 가서, 투표소에 가서 기표를 하게 됩니다. 저는 이것을 접지 않고 그냥 봉투에 넣습니다. 물론 접는 사람도 있지만 많은 사람들이 접지 않고 봉투에 넣습니다. 왜냐, 인주가 묻으면 무효투표가 될까 봐 접지 않고 넣습니다. 그리고 이렇게 봉인을 하고 이렇게 투표함에 넣습니다. 많은 사람들이 이렇게 합니다.

그리고 저는 본투표도 많이 합니다.

이렇게 합니다. 그리고 인주가 묻을까 봐 저는 접지 않고 그냥 살짝 말아서 넣습니다. 이것도 빳빳하지 않습니다. 개표할 때 이건 다 빳빳한 용지가 되는 겁니다. 그런데 이걸 근거로 해서 부정투표라고, 부정선거라고 하는 거예요.

그런데 이게 선거무효소송에서 다 졌습니다. 기각됐습니다. 그래도 믿지 않습니다. 이걸 그대로 주장해요, 아직도. 나는 이것은 선관위는 단호하게 대처해야 된다고 생각해요. 이건 여당, 여당의 입장이 아닙니다. 민주주의를 좀먹고 있지 않습니까? 민주주의의 근간인 선거를 부정하고 민주주의 피를 빨아먹는 좀비들처럼 지금 독버섯처럼 번져 가지고 거의 30%에 육박하는 국민들이 부정선거를 묻고 있는 상황까지 온 겁니다.

이 입장에서 보면 저는 선관위는 피해자라고 생각해요. 가해자한테 너무너무 학대라고 저는 생각해요. 이 부분에 대해 단호하게 대처해야 된다고 생각합니다.

○**중앙선거관리위원회위원후보자 김대웅** 예, 잘 알겠습니다.

○**정춘생 위원** 그리고 제가 이 부정선거 음모론에 대해서 처벌할 수 있는 근거를 만든 법 개정안 냈는데요. 현재는 이런 부정선거 음모론에 대해서 처벌할 수 있는 법적 근거가 없어요.

PPT 한번 보여 주세요.

(영상자료를 보며)

물론 선관위에서는 이 부분에 대해서 고발한 사건들이 있습니다. 그런데 모두 불기소, 기각, 무죄, 불송치 이런 결론이에요. 법적 근거가 없다는 이유입니다.

그래서 이런 허위사실 유포에 대해서는 민주주의 근간을 흔드는 그리고 우리 사회 공동체를 흔들 수 있는 아니면 지금처럼 내란, 내전까지 번질 수 있는 사안이기 때문에 엄격하게 처벌해야 된다. 저는 법적 근거를 만드는 개정안을 냈습니다. 이 부분에 대해서 선관위원으로 임명이 되신다면 법 개정을 위해서 적극적으로 나서 주십시오.

○**중앙선거관리위원회위원후보자 김대웅** 예, 잘 명심하도록 하겠습니다.

○**정춘생 위원** 다음 질의 하겠습니다. 마지막 질의입니다.

최근 전 선관위 사무총장을 맡았던 김세환 씨가 언론에 많이 보도되고 있어요.

PPT 좀 보여 주십시오.

김세환 전 총장은 퇴직 후에 국민의힘에 입당하고 2024년 3월 9일 국민의힘 배준영 후보의 선거사무소 개소식에도 참석했습니다. 이후 8월에는 강화군수 보궐선거에 국민의힘 후보로 출마를 선언하고 1차 경선까지 통과했습니다. 알고 계십니까?

○**중앙선거관리위원회위원후보자 김대웅** 어느 정도 언론 보도 통해서 들어서 알고 있습니다.

○**정춘생 위원** 그런데 많은 보도는 안 됐습니다만 알고 봤더니 이분은 또 내란 우두머리 윤석열과 서울대학교 법대 79학번 동기인 사실도 추가로 확인됐습니다.

저는 다른 말을 하고 싶은 게 아닙니다. 직전에 선관위 사무총장 했던 사람이 몇 개월이 지나서, 아니면 2년 6개월 정도 지난 것 같은데요. 공직후보자로 출마해서는 저는 안 된다고……

(발언시간 초과로 마이크 중단)

･･･

(마이크 중단 이후 계속 발언한 부분)

생각합니다. 이 부분에 대해서 어떻게 생각하십니까?

○**중앙선거관리위원회위원후보자 김대웅** 저도 그렇게 생각합니다. 선거관리의 투명성을

위해서는 그 조직에 있는 모든 사람, 특히 고위직에 있었던 사람은 한치의 의심받는 행동도 해서는 안 된다고 생각을 합니다.

○**정춘생 위원** 당연하지요. 출마를 제한할 수 있는 법이 없다면 내부 윤리 규범이라도 만드십시오. 저는 직전까지 선거 사무를 관장했던 사람이 특정 정당의 후보로 출마하는 거는 선거관리의 공정성에 굉장히 침해가 된다고 생각합니다.

○**중앙선거관리위원회위원후보자 김대웅** 잘 알겠습니다.

○**정춘생 위원** 그 부분을 반드시 명심해서 준비해 주시기 바랍니다.

　이상입니다.

....

○**배준영 위원** 신상발언하겠습니다.

○**위원장 신정훈** 아니요, 그……

○**배준영 위원** 짧게……

○**위원장 신정훈** 아니요, 제가……

○**배준영 위원** 1분만 하겠습니다.

○**조은희 위원** 신상발언 주셔야 돼요.

○**위원장 신정훈** 제가 발언하고요. 주고 안 주고는 제가 알아서 할게요.

　방금 전에 정춘생 위원님 말씀하셨는데요. 공직자윤리법에는 근무 시에 직무하고 이해관계가 있는 그런 어떤 직종이라든가 기관에 재취업하는 것을 엄격히 금지하고 있습니다.

　선관위는 선거관리를 주된 업무로 하고 있는데 선관위 그 업무의 가장 중심에 서 있는 선관위 사무총장이 아무런 제한 없이 특정 정당에 가입해서 정치적 행위를 한다, 이건 선관위 업무의 중립성이나 공정성을 대단히 침해할 우려가 있다 이렇게 생각합니다.

　선관위 사무총장 계시는데 그 문제에 대해서 해결 방안을 다음 우리 상임위에 좀 보고해 주셨으면 좋겠습니다.

○**참고인 김용빈** 예, 좀 검토해 보겠습니다. 절대적으로 있어서는 안 되는 일이라고 생각합니다.

○**위원장 신정훈** 아마 법적인 어떤 미비라고 생각되고요.

　두 번째, 제가 지금 뭡니까……

　PPT 하나 올려 주시겠습니까. 준비돼 있습니까?

　(영상자료를 보며)

　후보자, 지금 위에 있는 플래…… 내용을 한번 읽어 봐 주시겠습니까?

○**중앙선거관리위원회위원후보자 김대웅** '진짜 내란의 수괴는 이재명입니다'.

○**위원장 신정훈** 어떻게 생각됩니까? 이게 표현의 자유라고 생각됩니까, 아니면 과도한, 허위에 가까운 적시라고 생각됩니까?

○**중앙선거관리위원회위원후보자 김대웅** 말씀드리기 좀 어렵습니다만……

○**위원장 신정훈** 아니, 지금 이 상황은요, '말씀드리기 어렵습니다' 계속 그렇게 이야기하시는데 그렇게 이야기하면 안 돼요. 본인의 소견을 이야기하는 거지 지금 판결을 해달라는 이야기가 아니지 않습니까?

○**중앙선거관리위원회위원후보자 김대웅** 정치적 표현을 한 것 아닐까라는 생각을 하고

있습니다.

○**위원장 신정훈** 이재명 카톡검열 이퀄 인공기, 이것 표현의 자유입니까?

○**중앙선거관리위원회위원후보자 김대웅** 이것도 마찬가지인 것 같습니다.

○**위원장 신정훈** 표현의 자유라 할지라도…… 표현의 자유를 최대한 보장해야 된다라는 헌법적 가치, 저는 존중합니다. 다만 이게 사실의 적시나 아니면 특정인에 대한 명예라든가 이런 문제도 동시에 같이 판단해 주시는 게 중요하지 않겠어요? 이것이, 이런 내용들이 표현의 자유라는 이유로 그냥 무방비 상태로 게첨된다면 우리 사회가 얼마나 가치관의 혼란에 빠지겠어요?

그런 지점을 선관위가 전혀 무방비 상태로 그냥 방치해 두는 것이 표현의 자유에 대한 옹호라고 생각합니까?

○**중앙선거관리위원회위원후보자 김대웅** 그렇지는 않다고 생각합니다.

○**위원장 신정훈** 어떤 기준이 필요하다고 생각합니까?

○**중앙선거관리위원회위원후보자 김대웅** 사안에 맞는 합리적인 기준을 세우는 게 제일 중요하다고 생각하고 또 공평한 기준을 세우는 게 제일 중요하다고 생각을 하고 있습니다.

○**위원장 신정훈** 저도 후보자의 의견을 존중합니다. 표현의 자유일 수 있다라고 하는 이 문제를 저는 그냥 무작정 반대하지는 않습니다. 다만 그 경계선에 대해서 선관위가 엄중하게 관리하고 기준을 가져야 될 필요가 있다 이렇게 생각하는데 동의하십니까?

○**중앙선거관리위원회위원후보자 김대웅** 예, 그렇습니다. 그것은 맞습니다.

○**위원장 신정훈** 선관위원이 되시면 이런 표현의 자유를 넘는 그야말로 과격한 폭력적 구호라든가 개인에 대한 인신이라든가 허위사실이라든가 이런 부분들이 무방비적으로 게첨되는 문제를 조금 거기에 대한 기준을 마련해서 표현의 자유가 이렇게 정치적인 공격거리로 활용되지 않도록 해 주시는 것도 선관위의 정당한 임무라고 생각합니다.

○**중앙선거관리위원회위원후보자 김대웅** 예, 합리적인 기준을 마련하도록 노력을 하겠습니다.

○**위원장 신정훈** 제가 오늘 위원님들 본질문 다 받았는데요, 저도 마지막으로 한 가지 더 지적하고 가고자 합니다.

아까 많은 분들이 선관위가 총체적 부정부패의 온상이다 이런 이야기를 하셨습니다. 그런 중에도 선관위의 채용비리에 대해서는, 선관위가 부정부패의 온상이라고 하는 내용 중에 채용비리에 대해서는 여야가 한목소리로 정말 단죄하고 근절시키고 앞으로는 이런 일이 없어야 된다 이렇게 주장하셨습니다. 거기에는 동의하시지요?

○**중앙선거관리위원회위원후보자 김대웅** 예, 전적으로 동의합니다.

○**위원장 신정훈** 그런데 아까 영상에서 보셨듯이 공수처, 선관위, 헌재 다 쳐부수자 하는 그런 의견에 대해서는 어떻게 생각하십니까?

○**중앙선거관리위원회위원후보자 김대웅** 그것도 옳지 않다고 생각합니다.

○**위원장 신정훈** 옳지 않다고 생각되지요?

선관위가 부정부패의 온상이라고 이렇게 뭉뚱그려서 섞어찌개 해 버리니까 지금 소위 말해서 채용비리하고 부정선거 음모론이라고 하는 것을 혼돈시켜 버려요. 그래서 선관위에 대한 적대감을 키워 나가는 이런 분위기는 절대로 객관적인 진실일 수도 없고 또 우리 사회의 발전을 위해서도 도움이 되지 않는다 이렇게 생각하는데 어떻게 생각하세요?

○중앙선거관리위원회위원후보자 김대웅 저도 채용비리 문제와 선거부정 문제는 별개의 문제라고 생각을 하고 있습니다.

○위원장 신정훈 그렇습니다. 채용비리 문제에 대해서는 후보자도, 여기 이 자리에 계시는 위원님들도 여야 간에 이견이 없습니다. 단호하게 그것은 척결해야 됩니다.

두 번째, 그런데 지금 사실은 선관위를 쳐부수자 하는 그 구호를 외친 국민의힘 특정당 의원의 논리적 근거는 채용비리가 아닙니다. 부정선거 음모론에 근거해서 그런 이야기를 하는데 정작 후보자께서는 부정선거 음모론에 대해서 아까 정춘생 위원님이나 몇몇 위원님이 말씀하시는 것에 대해서 굉장히 법률적으로 유보적인 이야기를 하셨어요. 어떻게 생각하세요?

○중앙선거관리위원회위원후보자 김대웅 저는 부정선거는 있지 않았다고 생각을 하고 있습니다.

○위원장 신정훈 그러면 이번 계엄은 어떤 거예요? 소위 말해서 윤석열 대통령이 이번 계엄의 근거로 가장 내세운 것은 첫째가 선관위의 부정선거, 선관위가 부정선거 온상으로서 선거를 공정하게 관리하지 못하고 있기 때문이라고 이야기하는 주장에 대해서 어떻게 생각하세요?

○중앙선거관리위원회위원후보자 김대웅 말씀드렸듯이 부정선거는 있지 않았다고 생각하고 있고요.

○위원장 신정훈 그런 논리에 근거해서 계엄령이 만들어졌는데 그 계엄이 위헌과 불법적인 계엄이라고 하는 질문에 대해서 왜 그렇게 주저주저하세요?

○중앙선거관리위원회위원후보자 김대웅 그 부분은 현재 사건도 진행 중이고 또 여러 가지 요인이 있을 수 있을 것 같아서……

○위원장 신정훈 소신을 묻는 겁니다. 소신과 소견을 묻는 거예요.

지금 선관위가 갖고 있는 두 가지의 오해, 그중에서 하나는 적극적으로 해명해야 될 내용이고 하나는 적극적으로 주장해야 될 내용이란 말이에요.

부정선거에 대해서는 자신 있게 대법원의 판결이라든가 이런 것을 근거로 해서 선관위의 무고함을 주장하고 그 문제에 대해서 탄핵해 가야 될 이야기 아니겠습니까?

○중앙선거관리위원회위원후보자 김대웅 예, 그렇습니다.

○위원장 신정훈 그 문제에 대해서 왜 소극적이에요, 그렇게?

지금 채용비리가 본질이 아니란 말이에요. 우리 사회에 지금 선관위에 쏟아지는 비난의 거의 90%는 부정선거의 근원지라는 오명 때문에 그렇단 말이에요. 저는 그렇게 봐요.

채용비리는 채용비리대로 척결해야 됩니다. 따로따로 해야 됩니다. 그렇지만 부정선거에 대한 선관위의 단호한 입장이 필요하고 주장이 필요한데 후보자께서 그 문제에 대해서 굉장히 법률가적인 주장이 있어요.

제 지적에 대해서 어떻게 생각하세요?

○중앙선거관리위원회위원후보자 김대웅 지적은 잘 받아들이고 선관위원이 된다면 그런 문제에 대해서도 다시 한번 생각해 보도록 하겠습니다.

○위원장 신정훈 여하튼 선관위원이 되시면 선관위가 지금 받고 있는, 누가 아까 그랬지 않습니까, 억울한 그런 부분도 없지 않아 보입니다.

채용비리는 백번 반성해도 부족함이 없고 선관위 부정선거 음모론에 근거한 계엄령이라든가 선관위 쳐부수자라는 이 논리에 대해서는 단호하고 자신 있게 대응해 주시는 것이 앞으로 선관위가 우리 민주주의 대한민국을 만들어 가는 데 자기 역할을 제대로 해 나갈 수 있는 길이라고 생각합니다.

○중앙선거관리위원회위원후보자 김대웅 예, 말씀하신 것을 잘 명심하도록 하겠습니다.

○위원장 신정훈 꼭 그렇게 해 주시기 바랍니다.

배준영 위원님.

○배준영 위원 존경하는 정춘생 위원님이 저에 대해서 언급을 하셨기 때문에 제가 부득이하게 말씀을 드립니다.

제가 총선 전에 개소식 하는 화면이었던 것 같은데 그날 개소식에 2000명이 조금 넘게 왔습니다. 그런데 그 당시에 제가 당협위원장이었고요. 제가 미루어서 생각해 보건대 나중에 국민의힘에 입당까지 해서 선거까지 나오려고 그러면 적어도 제 개소식에는 왔어야 되지 않나 그런 생각을 가지고 온 것 같은데, 여기 지역구 가지신 국회의원님들 다 계신데 뭐 반론하실 게 있으시겠습니까?

그리고 정춘생 위원님께 제가 정중하게 말씀드리는데 그러지 마십시오. 사과를 요구하겠는데, 그것은 본인의 판단에 맡기겠는데 그러시면 안 될 것 같습니다.

이상입니다.

○정춘생 위원 위원장님, 저도 1분만……

○위원장 신정훈 예, 간단히.

○정춘생 위원 사과할 부분은 아니라고 생각을 하고요.

저는 선관위 사무총장 출신이 특정 정당에 가입해서 입후보하는 것이 문제 있다라는 문제를 제기하는 과정에서 불가피하게 언급할 수밖에 없었다는 점을 말씀을 드리고요.

대개 지역구 선거사무소 갈 때는 지지자들도 가지만 눈도장을 찍기 위해서도 많이 가시지요. 그런 의미에서 언급이 된 겁니다. 이 부분에 대해서 사과한다는 것 저는 받아들일 수 없습니다.

이상입니다.

○위원장 신정훈 그 정도로 하시지요.

동료 위원님들하고 관련돼 있는 부분에 대해서는 최대한 절제하면서 발언해 주셨으면 좋겠다 이런 말씀 드리고요.

다만 해당된 그 선관위 사무총장은 소쿠리 투표의 책임을 지고 물러난 사람입니다. 그런 사람들이 특정 정당, 특히 정부 여당에 가입했다는 것도 좀 우습고 또 후보자로 출마했다는 것은 더더욱 우습습니다.

그런 문제들에 대해서는 앞으로 우리가 제도적으로 개선 대책을 세워 나가면서 앞으로 선관위가 더 이상 정치적인 논란에 또 휘말리지 않도록 하는 것이 필요하겠다 이렇게 생각합니다.

○조은희 위원 제가 한 말씀 드리겠습니다, 위원장님.

○위원장 신정훈 그만하십시다.

○조은희 위원 기회 좀 주십시오.

○위원장 신정훈 그만하십시다. 충분히……

○**조은희 위원** 주십시오. 일방적입니다.

○**위성곤 위원** 하면 또 저희가 해야 되잖아요.

○**위원장 신정훈** 잠시 정회를 했다가……

○**조은희 위원** 아니, 또 하시지요. 30초만 주십시오, 서로서로.

○**위원장 신정훈** 그만하십시다.

○**조은희 위원** 이거는 배준영 위원님 명예에 관한 것이기 때문에 해야 됩니다.

○**모경종 위원** 신상발언하셨잖아요.

○**조은희 위원** 신상발언……

○**위원장 신정훈** 아니요, 충분히 정춘생 위원님이 발언한 내용에 대해서 소위 말해서 국회 윤리라든가 이런 문제에 대해서 전혀 벗어남이 없었다고 생각합니다. 특별히 특정 위원을 공격하는 그런 것이 아니었는데 그런 자료가 쓰여서……

○**조은희 위원** 제가 증인이어서 그렇습니다. 위원장님, 주십시오.

○**위원장 신정훈** 그러면 계속할까요, 계속?

○**조은희 위원** 예, 하십시다.

○**위원장 신정훈** 예, 하세요.

○**조은희 위원** 기회 주셔서 감사합니다.

저는 세자 논란이 있는 김세환 전 사무총장이 우리 배준영 위원님 지역구에 출마할 의사가 있다는 제보를 받았습니다, 당시에요. 너무 놀라서 배준영 위원께 전화드렸습니다, 그 사실 알고 있냐고. 모르고 계시더라고요.

그런데 지금 현행법에 의해서 본인이 가고 본인이 출마하고 이런 거를 누가 막을 수 있습니까? 그런데 마치 그렇게 말하면…… 세자 논란 일으킨 그 김세환 전 사무총장 누가 임명했습니까? 문재인 정부 때 임명한 사람 아닙니까. 그렇지요? 우리는 그 말 안 하고 있습니다.

○**위성곤 위원** 하세요, 말씀을.

○**위원장 신정훈** 하세요. 하시라고.

○**조은희 위원** 안 하고 있습니다.

○**윤건영 위원** 방금 하셨잖아요.

○**조은희 위원** 그런데 뭡니까……

○**위원장 신정훈** 정춘생 위원님이……

○**위성곤 위원** 김세환 후보 국민의힘 당원이시지요? 말씀하세요.

○**정춘생 위원** 아니, 손가락을 보지 마시고요, 하늘을 좀 봐 주십시오, 무슨 얘기를 하고자 했는지.

○**조은희 위원** 그러니까 위원 이름을 거명하시면 안 됩니다.

○**정춘생 위원** 그러면 심사에서 걸렀어야지요.

○**이만희 위원** 지금 발언하잖아요. 왜 그래요? 발언하고 있잖아요. 발언하고 있는데 왜 그래. 한번 들어 봐요.

○**정춘생 위원** 사전 서류 심사하지 않습니까? 심사에서 걸렀어야지요.

○**조은희 위원** 그리고 출마 신청한 사람들 전부 다 자유 경선 했습니다.

○**정춘생 위원** 문제가 있는 놈으로 심사에서 걸렀어야지요.

○**조은희 위원** 왜냐하면 경선 안 하면 무소속으로 출마하니까요.

그런데 그걸 가지고 배준영 위원 사진을 내는 거는 프레임 씌우기입니다.

○**정춘생 위원** 아니, 말이 안 되잖아요.

○**위성곤 위원** 무슨 프레임이에요?

○**이달희 위원** 배준영 위원 사진을 왜 냅니까?

○**조은희 위원** 왜 거기 사진을 냅니까?

○**정춘생 위원** 아니, 특정 정당에 가서는 안 된다 이 얘기예요.

○**조은희 위원** 거기에 대해서 왜 사과를 못 합니까?

○**정춘생 위원** 제 질의의 본질을 좀 보십시오.

○**조은희 위원** 질문 본질을 오해받지 않게 하셔야 됩니다.

○**정춘생 위원** 그게 왜 사과입니까? 사과할 사안입니까?

○**조은희 위원** 사과하십시오.

○**정춘생 위원** 사과할 사안이 아니라고 생각합니다, 저는

○**위원장 신정훈** 자, 이제 멈춰 주세요. 멈춰 주세요.

윤건영 위원님 의사진행발언하세요.

○**윤건영 위원** 존경하는 배준영 위원님이 질의 과정에서 사진이 인용된 것 같습니다. 저희가 말하려고 하는 것은 선관위 사무총장 출신으로 그리고 부주의한 행위로 인해서 사실상 경질됐던 사람이 정당의 후보가 되고 또 보궐선거에 출마하려고 했다라는 사실을 이야기하는 것 아니겠습니까, 존경하는 정춘생 위원님이 지적하신 내용은.

그 부분에 대해서는 여야의 문제가 아닌 것 같습니다. 어느 당이든, 여당이든 야당이든 그런 사람 받으면 안 되는 거지요. 그게 상식 아닙니까? 경질됐던 사람에 대해서……

그런데 제가 알기로는 이미 1차 경선도 통과된 걸로 알고 있고요. 방금 조은희 간사님께서 어느 정부 때 임명했나 그러면 존경하는 지금 현직 사무총장님은 윤석열 대통령이 임명하셨지 않습니까. 그렇지요? 그런데 존경하는 사무총장님 매번 하시던 말씀이 있습니다, 당부처럼 하시던 말씀. '선관위는 법적으로 독립된 기관이다. 윤석열 대통령이 나를 임명하지 않았다'라고 이야기하십니다. 그런 걸 따지자는 게 아니잖아요.

손가락이 하늘을 가르키고 그러면 하늘을 봐야지요. 왜 손끝을 봅니까? 이거는 싸우자는 것도 아니고요 문제가 있는 사무총장에 대해서, 전 선관위 사무총장의 행태에 대해서 이야기하는데 뭘 두둔하십니까? 두둔할 일 아니잖아요. 저희도 그 문제 제기를 적절히 지적……

○**조은희 위원** 왜 말씀을 만드십니까? 언제 두둔했습니까?

○**윤건영 위원** 지금 하는 게 두둔하는 거여서 그러는 겁니다.

○**조은희 위원** 김세환 전 총장에 대해서 왜 두둔한다고 하십니까?

○**윤건영 위원** 그러니까요. 제 이야기 중이잖아요. 아니면 가만히 있으면 되지 저희가 지금 뭐……

○**조은희 위원** 또 발언 기회를 주실 줄 압니까?

○**윤건영 위원** 정춘생 위원이나 저희 야당에서 다른 이야기 하는 게 아니잖아요.

○**조은희 위원** 그러면 사진 내면 안 됩니다.

○**윤건영 위원** 전 사무총장에 대해서 이야기하고 있는 것 아닙니까? 그런데 왜 지금

발끈해 가지고 이야기를 합니까? 그러면 두둔하는 거지요.

○조은희 위원 발끈하게 됐지요.

○윤건영 위원 제 발언 시간에 끼어들지 마세요. 그렇게 하시면 안 돼……

○조은희 위원 위원장님이 발언 기회를 안 주십니다.

○모경종 위원 그러면 이따가 다시 말씀하시고요.

○윤건영 위원 이따가 하셔야지요. 발언 기회 안 준다고 무턱대고 막 합니까. 그렇게 합니까, 정치를?

○조은희 위원 민주당 위원장이시잖아요.

○모경종 위원 그게 지금 무슨 말씀이세요?

○윤건영 위원 민주당 위원장이라고 정치를……

○조은희 위원 민주당 편드시잖아요!

○윤건영 위원 지금 하고 있는 행태가 문제가 있어서 말씀하는 겁니다.

○위원장 신정훈 정리해 주세요.

○윤건영 위원 이상입니다.

○위원장 신정훈 잠시 정회를 했다가, 생중계가 다시 재개될 수 있는 약 20분 정도 휴회를 했다가 속개하도록 하겠습니다.

정회를 선포합니다.

(15시55분 회의중지)
(16시33분 계속개의)

○위원장 신정훈 의석을 정돈해 주시기 바랍니다.

성원이 되었으므로 회의를 속개하겠습니다.

이어서 보충질의를 시작하겠습니다.

질의 시간은 답변 시간을 포함해서 5분입니다.

먼저 이달희 위원님 질의해 주시기 바랍니다.

○이달희 위원 오전 질의에 이어서 존경하는 한병도 위원님께서 선관위원들하고 1시간 30분 토론해 보니까 이해가 되더라 하셨는데 저도 한 2시간 가까이 보고도 받고 토론을 했었는데요. 이해가 다 됐던 부분이 감사원 감사보고서 나오고 깜짝 놀랐습니다. 우리를 이렇게 이해를 다 시키고 아무 일 없고 이랬다고 했는데 어떻게 이런 비리 사실을 감사원 지적이 됐는데, 이 부분에서는 사실 고위직 비리이기 때문에 직원들이 함부로 바깥에 발설을 할 수가 없었던 것입니다, 위원후보님.

여기 자체에서, 내부에서도 특혜 채용에 대해서 투서가 접수되어도 '우리 가족회사잖아, 선거만 잘 치르면 되지'라는 얘기로 무마시켰다고 합니다. 이 부분에 대해서 정말 그동안 바깥에 와서 국회에 와서 두 시간 토론하면서도 고위직 비리에 대해서는 말할 수 없었던 선거관리위원회 직원들에 대한 고충, 이런 부분에 대해서, 이 채용비리에 대해서는 반드시 단죄하고 넘어가야 되지 남아 있는 직원들 전체가 매도되는 이런 상황을 청산해야 된다고 생각합니다. 동의하십니까?

○중앙선거관리위원회위원후보자 김대웅 예, 동의합니다.

○이달희 위원 그리고 제가 이십여 년 정당에서 사무처로 일을 했기 때문에 행안위 질의에서 선관위 부실선거에 대해서 가장 많은 시간을 할애해서 현안질의했던 것 같습니

다. 총장님, 맞습니까?

　그래서 저 나름으로 전자개표기도 자동분류기로 하지 왜 이름을 전자개표기로 해서 국민을 헷갈리게 하느냐 이런 질의까지 한 적도 있습니다. 지금 말씀드리면 아까 우리 존경하는 위원님들 말씀에 47% 이상의 국민들이 선관위 업무가 불공정하다, 불공정하다고 하는 것은 선거 부실에 더해서 아까 말씀드린 것처럼 부정까지 막 이렇게 연결되는 듯한 느낌이 들지 않습니까?

　그러면, 지난 현안질의에도 제가 말씀드렸습니다. 지금 우리나라 사회적 갈등 비용이 1년에 한 200조 가까이 되다가 선거 관련해서 나오고부터는 거의 300조에 가까운 통계 자료가 나오고 또 특히 탄핵 정국에는 1700조, 이번에 선거관리위원 부정 이 문제로 갈등 비용을 더 많이 치를 것 같습니다. 위원님 어떻게 생각하십니까?

○중앙선거관리위원회위원후보자 김대웅　저도 사회적 갈등……

○이달희 위원　그러면 이 사회적 갈등 비용 털고 가야 되지 않겠습니까?

○중앙선거관리위원회위원후보자 김대웅　예, 맞습니다.

○이달희 위원　그래서 지난번에 이거는 지금 국민의힘 전신인 정당이 패소한 겁니다마는 그때 이회창, 노무현 때 전자개표기 조작에 의해서 재검표한 적이 있습니다. 개표소 약 40% 가까운 80곳을 재검표했는데 당락에는 차이가 없었습니다. 그때 비용이 5000만 원 가까이 들고 8000명 정도가 동원되었다고 합니다. 저도 그 8000명 중의 한 명으로 가서 재검표에 참여한 적이 있습니다. 이런 인원의 참여와 돈을 들여서 이 사회의 갈등 비용을 줄이고 가야 되겠습니까, 아니면 그대로 이 47%, 50%에 가까운 반 국민이 이렇게 부실하다고 하고 있는데 사회 갈등 비용을 치르고 계속 우리는 아무런 그것 없다고 가야 되겠습니까?

　그래서 저는 강력하게 위원님, 선거관리위원님들 다 모이셔서 이번에 서버 검증을 해야 된다고 합니다. 전문가들은 한 두세 달만 하면 그 안에서 해킹이 있었는지 어떤 프로그램이 심어졌다 지워졌는지 다 추적할 수 있다고 합니다. 지금 저는 이 부분에서 선거 부정으로 인해서, 부정이 되었다고 하는 게 아니고 이렇게 불신이 있으니까 돈을 들여서, 시간을 들여서라도 털고 가자는 겁니다. 우리 야당의 위원님들이 음모론 나올 때마다 그러면 돈 쓰고 따라다니면서 해야 되나…… 국민의 47%입니다. 그리고 사회적 갈등비용 너무 큽니다. 이 부분에 대해서 위원님 어떻게 생각하십니까?

　（신정훈 위원장, 윤건영 간사와 사회교대）

○중앙선거관리위원회위원후보자 김대웅　일단 사회적 갈등을 일으키는 데 선거가 또 문제가 됐다는 것은 저희 굉장히 안타깝게 생각을 하고 있습니다. 그래서 갈등을 해소하기 위한 여러 가지 장치를 마련하는 거는 맞다고 생각하고 있습니다.

　말씀하신 서버 검증은 제가 정확히 말씀드릴 수는 없지만 어떤 적법한 절차나 재판 과정이나 그런 걸 통해서 허용이 된다면 그것은 가능하지 않을까 이렇게 생각을 하고 있습니다.

○이달희 위원　위원장님, 1분만 더 쓰겠습니다.

○위원장대리 윤건영　1분 더 드리십시오.

○이달희 위원　사무총장님.

○참고인 김용빈　예.

○**이달희 위원** 국회 행정법상 우리가 행안위 소속 선거관리위원회잖아요.

○**참고인 김용빈** 예.

○**이달희 위원** 여야 간사님들께서 합의하면 이 부분에 대해서 동의하시겠습니까?

○**참고인 김용빈** 예. 예를 들어서 지금 행안위에서 국정감사 권한을 갖고 계시잖아요?

○**이달희 위원** 예.

○**참고인 김용빈** 그런 취지에서 저희들 서버에 대해서도 적법한 의견을 통해서 어떤 내용을 전부 보시겠다고 한다면 경우에 따라서, 저희가 비공개 자료이기는 하지만 경우에 따라서는 비공개를 전제로 해서도……

○**이달희 위원** 전문가들에 의해서……

○**참고인 김용빈** 예. 저희들이 위원님들한테는 업무 범위 내에서 보여 드리지 않습니까?

○**이달희 위원** 예.

○**참고인 김용빈** 그런 취지로 하면 또 가능도 할 것 같으니까 한번 의견을 주시지요.

○**이달희 위원** 전문가들 붙여서, 여야 간사님께 벌써 지금 세 번째 제가 건의하는 것 같습니다. 전문가들 붙여서 이 사회적 갈등 비용 털고 갑시다. 그리고 여당·야당 합의해서 전문가들 붙여서 이 서버에 대해 검증하고 우리 다른 선거 치르더라도, 이 부분에 대해서 여야 간사님께 강력하게 건의합니다. 서버 점검 전문가들 붙여서 해 봅시다.

이상입니다.

○**위원장대리 윤건영** 수고하셨습니다.

다음은 존경하는 모경종 위원님 질의해 주십시오.

○**모경종 위원** 인천 서구병 검단에서 온 모경종입니다.

김대웅 후보자님, 고생 많으십니다.

지금 청문회 하면서 질문들이 부정선거나 부정 채용 관련된 내용으로 많이 집중되고 있는데 이 부분에 대해서 확실하게 처리하겠다라는 의지는 확고하신 거지요?

○**중앙선거관리위원회위원후보자 김대웅** 예, 그렇습니다.

○**모경종 위원** 아까 방금 여당 위원님께서도 말씀하셨지만 저는 여러 가지 의혹 제기할 수도 있고 그것을 털고 가야 된다는 것 너무 100% 동의합니다. 그런데 지금 국민이 이렇게 절반으로 갈라지고 많은 분들이 고생하고 있는 이유 중의 하나가 윤석열의 계엄 아니겠습니까? 계엄의 이유로 든 것이, 이 부정선거 관련된 내용을 헌재에서도 계속 이야기를 합니다.

가장 뼈아팠던 선거를 저에게 물어본다면 지난 대선이었을 것 같습니다. 정말 아까운 차이로 대선에서 졌는데 민주당에서 그 아까운 차이로 졌다고 해서 이 선거에 대해서 부정선거를 제기하고 또는 계엄을 해야 될 정도라고 생각하지는 않았다고 생각합니다. 정도를 지나치고 있다. 그 정도를 지나친 것에 대해서 특정 당이 계속 부화뇌동해서는 안 된다라는 말을 먼저 하고 질의를 이어 가도록 하겠습니다.

후보자님, 판사 재직 시절에 가장 기억에 남는 판결이 뭐라고 답변하셨지요?

○**중앙선거관리위원회위원후보자 김대웅** 세 가지를 들었었습니다.

○**모경종 위원** 그중에 원세훈 국정원장의 여론 조작 사건도 들어 있지요?

○**중앙선거관리위원회위원후보자 김대웅** 맞습니다.

○**모경종 위원** 그 판결문 한번 잠깐 보겠습니다.

(영상자료를 보며)

판결문에 보면, 저 볼드 처리해 놓은 곳, 음영 처리해 놓은 곳 보면 '국민의 여론은 각 개인들과 정당 등 정치적 결사체들 사이의 건전한 비판과 토론을 통해서 자유롭게 형성해야 된다', 이 판결문 기억나십니까?

○**중앙선거관리위원회위원후보자 김대웅** 예, 맞습니다.

○**모경종 위원** 국민의 여론은 진짜 저렇게 되어야 되는데 국정원의 개입 방식 자체가 가짜뉴스 생산, 댓글 조작, 여론 조작 이런 것을 통해서 대중의 판단을 흐리게 했고 그들의 주요 논리 중의 하나가 뭐였냐면 야당이 집권하면 중국과 북한과 더 가까워지고 국가 안보가 위태로워진다 이런 내용이었는데 기억나십니까?

○**중앙선거관리위원회위원후보자 김대웅** 그런 것으로 알고 있습니다.

○**모경종 위원** 과거에는 국정원을 통해서 이런 여론을 조작하려고 했다면 이제는 대통령 그리고 여당의 일부 국회의원들이 직접 나서서 선거 자체를 부정하고 음모론을 퍼트리고 대중을 선동하고 있다고 생각합니다.

미국이 한국의 부정선거를 조사했다 이런 이야기 혹시 들어 보셨어요?

○**중앙선거관리위원회위원후보자 김대웅** 글쎄, 잘 듣지는 못했습니다, 그 부분은.

○**모경종 위원** 이게 윤석열의 변호인이 헌법재판소에서 한 변론입니다. 물론 이후에 국방부에서 당연히 그런 내용 없다라고 부인을 했고. 대통령이 변론할 때마다 중국이 개입했다, 선관위 서버에 접속할 수 있다, 투표용지가 조작되었다 이런 거짓 정보를 통해서 여론을 호도하고 있습니다.

대표적인 것 몇 가지만 확인을 하고 넘어가겠습니다.

첫 번째, 월터 미베인 교수가 2020년 부정선거를 인정했다.

김용빈 사무총장님, 이 내용 아십니까?

○**참고인 김용빈** 이 내용은 잘 모르고 있습니다.

○**모경종 위원** 이것을 가지고 부정선거 이야기를 계속하시는 분들이 있는데 거기에 따르면 그 교수는 '통계적으로 다른 이상치가 있었다 그런 표현을 했었다. 하지만 사전투표라는 결과는 다양한 변수에 의해서 달라질 수 있다'라고 이야기했고 실제로 그 논문이 삭제되었고 YTN 해명 인터뷰도 진행이 되었습니다.

다음 보지요.

중국인 해커 90명이 선거 개입 후 미국으로 압송됐다. 이것은 들어 보셨지요, 김용빈 총장님?

○**참고인 김용빈** 예.

○**모경종 위원** 이 부분은 사실입니까?

○**참고인 김용빈** 아닙니다.

○**모경종 위원** 명백한 허위사실이지요. 팩트가 틀린 것 자체를 넘어서서, 저 캡틴코리아라고 불리는 사람을 들여다봤더니 일단 일베 유저였고 스카이데일리와 접촉한 후에 이 가짜뉴스가 확산이 엄청 됐는데 이 사람은 애초에 미군 출신도 아니고 모든 것이 다 가짜인 사람이었습니다.

다음이요.

외국인 개표사무원이 개표 과정에 개입했다. 이것은 어떻습니까, 김용빈 사무총장님?

○**참고인 김용빈** 이것은 그러니까 한 명이, 조선족이 개표사무원으로 진행된 사례는 맞습니다.

○**모경종 위원** 그래서 개표 참여자는 애초에 국민만 가능하지요, 원칙적으로?

○**참고인 김용빈** 그렇습니다.

○**모경종 위원** 그리고 문제 제기한 그 6명을 들여다봤더니 1명은 영주권자였고 1명은 한국인이었고 4명은 귀화한 한국 국적을 가진 사람이었다.

소위 그 가짜뉴스를 퍼뜨린 사람들의 이야기처럼 진짜 중국 사람들이 와 가지고 그렇게 한 게 아니었지요?

○**참고인 김용빈** 예, 그렇지 않습니다.

○**모경종 위원** 다음이요.

'국정원이 선거 시스템 변조 가능성을 확인했는데 선관위가 확인을 거부했다' 이것은 어떻습니까, 총장님?

○**참고인 김용빈** 이것도 사실과 다릅니다.

○**모경종 위원** 역시 여러 차례 이야기를 함에도 불구하고 듣고 싶은 말만 듣고 듣기 싫은 말은 귀를 닫고 있는 것 같습니다.

국정원장이 뭐라고 말했냐면 '선거 부정이 발생했다는 대통령 보고는 없었다'라고 이야기를 했습니다.

다음이요.

이것 여러 가지 종이 관련된 이야기 나오는데 이런 것들을 포함해서 이런 많은 부정선거에 대한 이야기들이 나오고 있습니다. 후보자께서는 차기 선거, 총선이 되었건 대선이 되었건……

(발언시간 초과로 마이크 중단)

∙∙∙

(마이크 중단 이후 계속 발언한 부분)

지선이 되었건 이 부분에 대해서 어떻게 대응하시겠습니까, 이런 가짜뉴스에 대해서?

○**중앙선거관리위원회위원후보자 김대웅** 가짜뉴스에 대해서는 사전에 가짜뉴스가 유포되지 않도록 공개할 수 있는 정보는 활발히 공개해서 가짜뉴스 유포를 방지해야 될 것 같고요. 사후적으로는 엄정하게 대처해서 필요한 부분에 대해서는 거기에 대한 대처가 필요하다고 생각을 합니다.

○**모경종 위원** 여러 가지 팩트 체크를 해 드렸는데 소감은 어떠십니까?

○**중앙선거관리위원회위원후보자 김대웅** 글쎄요, 지금 보여 드린 것들은 제가 알기로도 전혀 근거가 없는 것으로 이렇게 알고 있습니다.

○**모경종 위원** 이상입니다.

∙∙∙

○**위원장대리 윤건영** 수고하셨습니다.

다음은 존경하는 이성권 위원님 질의해 주십시오.

○**이성권 위원** 부산 사하갑의 이성권 위원입니다.

저는 선관위의 무능과 또 불리한 내용들을 이렇게 감추는 것 때문에 부정선거론이 확산되고 있다는 생각을 좀 가지고 있습니다.

지금 오늘, 어제도 노태악 위원장이 셀프 개혁을 하겠다고 인사 채용과 관련된 비리 문제에 대해서 했는데 저는 거의 불가능할 거라고 생각을 합니다, 솔직히. 어떤 변화가 있을지는 잘 모르겠습니다만 똑같은 사례로 저는 인사 채용뿐만 아니고 지금까지 선관위의 모습을 보면 또 하나의 사례, 국정원 아까 보안 점검에 대한 얘기들이 좀 있는데 국정원 보안 점검에 있어서도 동일한, 유사한 패턴을 반복했다고 생각을 합니다.

한번 PPT 띄워 보시지요.

(영상자료를 보며)

23년도에 선관위가 그때 국정원의 보안 점검 권고를 거부했다는 보도를 하면서, 보도자료를 내지요. 여기에서 보면 '정치적 중립성에 대한 논란을 야기할 수 있어서 자체 점검 외에도 외부 전문가의 자문 평가를 받는 등 시스템 신뢰성 제고에 대한 다양한 방안을 검토하고 있다' 하면서 국정원 보안 점검을 거부했습니다. 맞지요, 총장님?

○참고인 김용빈 예, 그때 당시에……

○이성권 위원 맞지요?

○참고인 김용빈 예, 이렇게……

○이성권 위원 대답 간단하게……

맞지요?

○참고인 김용빈 보도……

○이성권 위원 그러니까 그렇게 인식하고 있는 국민이 많은 거예요. 그런데 딱 20일 지나자마자 입장이 바뀌었습니다, 한국인터넷진흥원하고 국정원하고 선관위하고 합동으로 한다고. 왜 바뀌었습니까?

○참고인 김용빈 대외적인 부분도 있고 실제적으로는 감사를 받는 것은 안 되지만……

○이성권 위원 됐습니다.

어쨌든……

○참고인 김용빈 컨설팅 명목으로는 받을 수 있다 그렇게……

○이성권 위원 그것도 웃기는 얘기예요.

자, 이렇게 바뀌었는데 받아들였잖아요. 그렇지요?

○참고인 김용빈 예.

○이성권 위원 받아들였는데 그 결과에 대해서 신뢰하고 있습니까? 국정원의 감사를 잘 받았다 생각합니까? 어떻습니까?

○참고인 김용빈 예, 최선을 다해서 협조를 했고요. 지금 그 내용에 따라서 저희가 굉장히 많은 혜택을 입었습니다.

○이성권 위원 그러면 혜택을 얻었지요?

○참고인 김용빈 예.

○이성권 위원 제가 지금 드리고 싶은 말이, 다음 페이지 한번 보시지요.

이게 국정감사를 2023년에 했습니다. 하기 전에 자체 보안 점검에 대한 점수를 매겨요, 선관위가.

한번 보시지요.

2019년 20년 21년 보면, 22년 국정원 감사를 받기 전에 22년은 100점을 매겼어요, 자체. 그런데 국정원에서 국정원의 기준으로 하니까 몇 점 나왔지요?

과장님, 답변해 보시지요.

총장님도 아시지요?

○**참고인 김용빈** 예. 한 30, 처음에……

○**참고인 장병호** 처음에 31.5점……

○**이성권 위원** 31.5점 나왔지요?

○**참고인 장병호** 예.

○**이성권 위원** 거기에 준용해서 적용을 해 보니까 41점이 된 거지요?

셀프가 제가 안 된다고 하는 이유가 이런 데 있습니다. 인사 채용도 그렇고 지금 보안도 마찬가지입니다. 국정원이 지적한 건수가 몇 건이지요?

말해 보세요.

○**참고인 장병호** 186건입니다.

○**이성권 위원** 86건이 아니고 정확하게……

○**참고인 김용빈** 백팔십……

○**이성권 위원** 아, 186건이지요?

그리고 조치는 지금 170건 했지요?

○**참고인 김용빈** 예.

○**이성권 위원** 만에 하나 국정원이 이때 이런 보안점검을 안 했으면 이 결과 나옵니까? 개선이 되었겠어요?

○**참고인 김용빈** 지금 지적……

○**이성권 위원** 외부에서 메스를 가해야만이 변화되는 조직이 선관위입니다, 지금까지 모습을 보면.

다음 표 한번 보시지요.

국정원의 보안점검 이전의 인력, 예산 엄청나게 적었어요. 국정원 보안 점검 덕분에 이렇게 예산도 늘고 인원도 늘고 국회에서 예산도 배정을 해 줬잖아요. 셀프로 된 것 아니잖아요? 너무 한심합니다.

그다음 페이지 한번 보시지요.

제가 하나 좀 총장님이 국회에 나와서 답변한 내용 중에 의구심이 가는 게 있어서 그런데, 국정원에서는 해커가 역할을 해 가지고 이게 기존의 관제, 보안 관제를 낮추거나…… 그렇지요, 총장님?

○**참고인 김용빈** 예.

○**이성권 위원** 아니면 해제한 상태에서 문제가 있다는 게 증명이 되었고 기존의 보안 관제를 작동시켰을 때는 해킹이 안 된다는 답변을 하셨지요?

○**참고인 김용빈** 예, 해킹 툴을 저희들이 발견을 해 가지고 그것을 국정원이 삭제를 해 달라고 개방을 해 달라고 해제를 해 달라는 얘기가 있었습니다.

○**이성권 위원** 과장한테 여쭤볼게요.

제가 국정원의 보고를 받아 봤습니다. 제가 정보위도 같이 일을 하고 있는데 국정원에서 얘기는 뭔가 하면은 기존의 보안 관제를 작동시킨 상태도 했고 그다음에 문을 열어 놓은 상태 두 가지 방식 다 했는데 두 가지 다 뚫렸다는 거예요. 과장님, 어떻게 된 겁니까?

○**참고인 장병호** 국정원에서 보안이 적용된 상태에서 했다는 거는 사실 저희는 좀 이해가 안 되는……

○**이성권 위원** 안 되는 거예요. 지금 입장이 다른 거지요?

○**참고인 장병호** 예, 그렇습니다.

○**이성권 위원** 다음 주에 제가 국정원에 직접 보안점검을 했던 직원을 부를 테니까 과장님 나오세요. 사실관계를 확인합니다.

○**참고인 장병호** 예, 알겠습니다.

○**이성권 위원** 자, 그다음에 저 자료에도 나와 있습니다만 사무총장님께서는 북한에 의한 해킹 흔적은 발견할 수 없었다고 얘기했지요?

○**참고인 김용빈** 예.

○**이성권 위원** 다음 페이지 보시지요.

　제가 딱 30초만 쓰겠습니다. 죄송합니다.

○**위원장대리 윤건영** 예.

○**이성권 위원** 과장님, 2023년 10월 10일 날 강평이 있었지요, 보안점검에 대한?

○**참고인 장병호** 국정원이 언론 브리핑 한 결로 알고 있습니다.

○**이성권 위원** 아니요. 언론 브리핑은 이때가 아니에요. 강평을 했잖아요?

○**참고인 장병호** 9월 13일 날……

○**이성권 위원** 9월 13일, 날짜 제가 틀렸습니다. 9월 13일 강평했지요?

○**참고인 장병호** 예, 맞습니다.

○**이성권 위원** 강평 내용 다 들으셨지요? 사무총장님 계셨습니까, 강평할 때는?

○**참고인 김용빈** 저는 그때 없었습니다.

○**이성권 위원** 없었지요. 됐습니다.

　과장님, 사무총장님은 국회에 나와서 답변에서는 북한의 해킹이 없었다고 얘기하는데 그날 강평에서 보안 점검 결과 8건의 해킹이 있었다는 걸 강평에서 얘기를 했어요. 들으셨습니까?

○**참고인 장병호** 예, 해킹 시도가 있었다고 들었고요. 그중에 1건이 악성코드 감염된 결로 확인이 됐습니다.

○**이성권 위원** 지금 제가 읽어 드릴게요. 저기 자료를 한번 보세요.

　국정원이 선관위에 통보한 북한발 해킹 사건 8건에 대한 선관위의 대응 실태를 점검한 결과 선관위는 국정원이……

　　　　(발언시간 초과로 마이크 중단)

··

　　　　(마이크 중단 이후 계속 발언한 부분)

통보하기 전까지는 인지하지도 못했으며 해킹 원인 파악 및 자료 유출 여부 확인 등 적절한 대응 조치도 하지 않았다고 그때 강평에서 말한 내용입니다.거기에 대해서 반박하셨어요, 과장님?

○**참고인 장병호** 저 8건이 저희가 확인한 바로는 국정원도 마찬가지겠지만 저희 정보 시스템이 선관위 정보시스템은 아니고요, 외부의 일반 상용 메일입니다. 네이버라든지 다

음 같은 메일이 무단 열람된 사례입니다.

○**이성권 위원** 자, 됐습니다. 그러면……

○**참고인 김용빈** 이거는 국정원도 인정한 건데요. 북한 해킹 흔적을 찾지 못했다라는 건 국정원에서도 인정한 것 아닙니까?

○**이성권 위원** 아니요, 이게 그러니까 제가 드리고 싶은 얘기는 강평 때 선관위 직원들……

○**참고인 김용빈** 그러니까 이거는 서버가 아니라는 거예요, 말하자면.

○**이성권 위원** 자, 그래서 그 부분에 대해서 국정원한테 얘기를 했냐고요?

○**참고인 장병호** 그건 국정원도 알고 있는 사안입니다.

○**이성권 위원** 자, 좋습니다. 그러면 이 내용까지 포함해서 다음 주에 담당하고 있는 국정원의 보안 점검을 했던 사람과 같이 부를 테니까 그때 나오도록 하세요. 아시겠지요?

○**참고인 장병호** 예, 알겠습니다.

∙∙

○**위원장대리 윤건영** 수고하셨습니다.

다음은 존경하는 이상식 위원님 질의해 주시기 바랍니다.

○**이상식 위원** 용인갑 이상식 위원입니다.

조금 전에 여당 위원께서 질의를 하시면서 국민의 47%가 부정선거를 믿는다고 하셨어요. 그 통계 자체에 대한 신뢰성은 별론으로 하고, 이게 국민이 언제부터 이렇게 됐나? 혹시 윤 대통령과 윤 대통령을 또 동조하는, 윤 대통령에 동요하는 사람들이 이런 가짜뉴스, 방금 여러 가지 가짜뉴스를 이야기했습니다마는 이런 가짜뉴스를 특정한 목적으로 왜곡해서 확대 재생산한 것 아닌가 이런 생각이 들거든요.

후보자님, 나치 시대 선동가 괴벨스라는 분 이름 들어 보셨지요?

○**중앙선거관리위원회위원후보자 김대웅** 예.

○**이상식 위원** 그분이 뭐라고 했냐 하면 사람들은 거짓을 들으면 처음에는 부정한다는 거예요. 두 번째는 긴가민가 좀 의심을 한다는 거예요. 계속 반복되면은 결국 믿게 된다는 거예요. 이런 게 없지 않나 하는, 이렇게 생각을 하고요.

이거하고 관련해 가지고 후보자님, 헌재가 최근에 감사원의 선관위에 대한 감찰권 배제 판결한 거 알고 계시지요?

○**중앙선거관리위원회위원후보자 김대웅** 예.

○**이상식 위원** 이 판결에 대해서는 어떻게 생각하십니까?

○**중앙선거관리위원회위원후보자 김대웅** 헌재 판결은 일단 존중돼야 된다고 생각을 하고 있습니다.

○**이상식 위원** 헌재 재판관들이 채용비리에 대해서 몰랐을 리가 없습니다. 그렇지요? 저는 이분들이 다 알았다고 생각을 합니다.

그런데 채용비리에 대해서 다 알면서 왜 헌재 재판관들이 이런 결정을 했겠습니까? 그보다 더 가치…… 물론 채용비리가 나쁘지만 헌법적 가치와 헌법적 결단을 먼저 존중해야 된다고 이렇게 이야기한 거지요.

보면 '헌법이 선거관리사무를 독립된 헌법기관인 선거관리위원회에 부여한 것은 대통령을 수반으로 하는 정부의 영향력을 제도적으로 차단할 필요가 있기 때문이다', 그렇지요? 그리고 '대통령 또는 행정부의 영향력을 제도적으로 차단하는 것이 대한민국의 헌법적 결단이다' 이렇게 판시를 했다 이 말이지요. 이 점에 대해서 동의하십니까?

○**중앙선거관리위원회위원후보자 김대웅** 예, 그 부분에 대해서는 동의하고 있습니다.

○**이상식 위원** 자, 그런데 이러한 헌재의 판결에 대해서 보수 언론하고 그리고 여당, 많은 분들이, 많은 사람들이 일제히 비난의 십자포화를 퍼붓고 있습니다.

왜냐고요? 저는 이렇게 생각합니다. 이 헌재의 결정을 공격하는 사람들의 목적은 뭐냐 하면 첫째, 채용비리를 저지른 선관위 엄청 나쁘다, 나쁜 사람들이다. 그리고 이것을 두둔하는 헌재도 나쁜 사람들이다. 세 번째, 나쁜 사람들로 구성된 헌재가 내리는 결정은 다 나쁘다. 저는 이러한 삼단논법에 의해서 조만간 내려질 윤석열 대통령에 대한 탄핵소추 결정에 대해서 불복의 근거를 만들기 위해서 이렇게 한다고 저는 생각을 하거든요. 거기에 대해서 저는 후보자님의 그 의견은 묻지 않겠습니다. 이거는 판단의 문제니까요.

사무총장님, 노태악 선거관리위원장님이 국민들 앞에서 연거푸 지금 계속 머리를 숙이고 계신 거 알고 계시지요?

○**참고인 김용빈** 예.

○**이상식 위원** 그리고 비리 연루자 10명에 대해서 지금 어떻게 한다고 하셨습니까? 법에 따른 절차······

○**참고인 김용빈** 저희들도 국민 법감정에 맞게 뭔가 조치를 지금 취하려고 연구 검토 중입니다. 다소······

○**이상식 위원** 아까 어떤 두 분 중의 한 분은 자녀 의사도 이야기하고 또 생각해 보겠다 이런 말씀도 하셨는데 저는 사무총장님께서, 물론 이 사람들 적법절차를 거치지 않고 임용이 되었다면 그것을 해임하는 절차도 당연히 적법절차를 거쳐야 된다고 생각합니다. 거기에 동의합니다. 반드시 그렇게 해 주시고, 제가 이렇게 말한다고 해서 그 채용비리자 10명에 대해서 어물쩍 넘어가라는 주장은 절대로 아닙니다.

○**참고인 김용빈** 아닙니다. 저희들도 하여튼 최선을 다해서 어떤 방안을 강구를 해 보겠습니다.

○**이상식 위원** 제가 보기에는 국민들이 물론 가짜뉴스나 이런 데 대해서 호도되고 하는 측면이 분명히 있습니다. 그건 이야기했지만 또 한편으로는 선관위가 그동안에 잘못했기 때문에, 헌법기관이라는 그런 큰 그늘 아래서, 또 정확한 거버넌스 관리감독 체제가 없기 때문에 거기에서 내부적으로 여러 가지 문제가 발생하고 있다고 생각하고 이러한 국민적인 의구심을 잠재우기 위해서라도 선관위에서 제대로 된 자구책을 내놓아야 된다고 생각합니다.

후보자님, 정말로 뼈를 깎는다는 이런 말이 오늘 여러 번 나왔는데 그렇게 하실 수 있겠습니까?

○**중앙선거관리위원회위원후보자 김대웅** 예, 그렇게 하겠습니다.

○**이상식 위원** 헌재가 이렇게까지 판결을 내리면서 선관위의 그걸 결정해 준 것이 선관위에 면죄부를 준 게 아니라고요. 알고 계시지요?

○**중앙선거관리위원회위원후보자 김대웅** 예, 그렇습니다.

○**이상식 위원** 헌재인들 선관위에 대한 국민의 공분을 모르겠습니까? 다 알고 있습니

다. 알고 있지만 그래도 헌법재판관들은 헌법을 수호해야 된다, 민주주의를 수호해야 된다. 그러려면 행정부와 대통령의 부당한 간섭으로부터 선관위를 보호해야 된다.

지금 당장 감사원에서, 헌재에서 이런 결정이 나오자마자 같은 날 채용비리 추가 자료를 또 배포를 했지 않습니까? 그게 보면 감사원의 불순한 의도가 있다고 볼 수 있고 그게 권력의 작동이라고 해석할 여지가 충분히 있지 않습니까?

(발언시간 초과로 마이크 중단)

그래서 이런 모든 억측이나 구구한 여러 가지 비난 이런 데에서 완전하게 벗어나는 방법은 선관위가 스스로 도덕성을 갖춰 가지고 공공성과, 선거관리의 공정성과 중립성을 회복하는 것이라고 생각합니다.

후보자님, 한번 한 말씀 해 주십시오.

○**중앙선거관리위원회위원후보자 김대웅** 　그 부분에 대해서 전적으로 동의하고요. 어쨌든 선관위가 투명해져야 국민의 신뢰도 얻을 수 있다고 생각을 하고 있습니다. 그 부분 명심하도록 하겠습니다.

○**이상식 위원** 　이상입니다.

○**위원장대리 윤건영** 　이상식 위원님 수고하셨습니다.

다음은 존경하는 조승환 위원님 질의해 주십시오.

○**조승환 위원** 　부산시 중구영도구 출신 조승환입니다.

먼저 총장님, 선관위에 부여된 헌법기관으로의 지위는 사실 선거관리에 관한 것 아니겠습니까? 어떻게 생각하십니까?

○**참고인 김용빈** 　예, 맞습니다. 그런데……

○**조승환 위원** 　사무처의 운영에 관해서까지 헌법기관으로서의 지위를 가져야 되느냐 이 부분에 대해서 어떻게……

○**참고인 김용빈** 　제가 다 동일하다고 말씀을 드렸습니다. 국회도 사무처가 있고요.

○**조승환 위원** 　아니, 그러니까 그 이야기 하시면 또 채용비리 이야기가 나오니까, 그러니까 법리적으로만 보시지 말고……

○**참고인 김용빈** 　그러니까 법리적으로……

○**조승환 위원** 　법리적으로만 보시지 말고, 제가 봐서는 선거사무와 관련된 업무는 헌법기관으로서의 결정이 존중받아야 된다고 저는 생각을 합니다. 그런데 운영과 관련된 부분, 지금 채용이나 복무나 이런 부분들에 관해서는 감사원의 감사를 받는 게 맞지 않느냐라는 생각이다. 그것에 대해서 동의하지 않으시는 걸로 알고 저는 한 가지만 여쭙겠습니다.

헌재 결정에 대해서 바로 직전에 이상식 위원님 이렇게 말씀하시니까 내가 마치 음모론을 확대시키려고 하는 것처럼 돼서 좀 죄송한데 준비된 거니까, 감사원법 24조 3항에서 법원하고 국회하고 헌재만 제외하도록 돼 있지 않습니까? 그걸 헌재에서는 예시적 규정이다라고 해석을 했습니다. 그것에 대해서 예시적 규정이라고 생각하십니까?

○**참고인 김용빈** 　예, 저희들이 주장한 내용이 그겁니다.

○**조승환 위원** 　그런데 이 개정 과정을 보면 94년도 법사위 통과할 때 이미 중앙선거관리위원회의 건의사항으로 해서 중앙선거관리위원회도 넣어 달라라는 요청이 있었고 그것에 대해서 국회에서 논의가 있었습니다. 국회에서 논의가 있었고 결국 본질상 선거관리

는 일종의 행정작용으로 보는 것이 행정법 학자들의 통설적 견해다, 그다음 직무감찰 대상에서 배제된다 그러면 성역 없는 감사 기조를 흩뜨리게 된다 이런 입법적 목적을 가지고 선거관리위원회가 빠졌습니다. 제 이야기를 듣고도 지금, 뭐 헌재에서 결정했으니까 어쩔 수 없습니다마는 이게 확실하게 예시적…… 저는 열거적 규정으로 봅니다.

○참고인 김용빈 예시적 확인 규정이 맞고요. 84년도에…… 국민권익위원회의 설치·운영에 관한 법률이 있습니다. 거기 국민감사청구…… 헌법재판소에서 결정문에 다 나오는 내용들인데요. 조금만 더 살펴보시면 법리적으로는 헌재의 결정이 맞습니다.

○조승환 위원 그러니까 법리적으로 헌법기관이기 때문에 감사원의 감사를 받으면 안 된다라는 것인데 제 이야기는 감사원법을 만들 때 감사를 배제하지 않은 것은 국회에서 논의가 있었기 때문에 국회에서 그것은 입법적으로 뺀 것이다라고 저는 해석을 해야 된다라는 의견이다라는 말씀을 먼저 드립니다.

그리고 아까 셀프 부분에 관해서 조금 말씀을 드려야 될 것 같은데 능력이 있다, 능력이라는 표현을 많이 쓰셨어요. 선거관리위원회에 능력이 있다. 그러면 2013년 이후로 자체감사를 몇 회나 했습니까? 그것도 확인이 안 됩니까?

○참고인 김용빈 자체감사는 계속해 왔습니다. 그러니까……

○조승환 위원 자체감사하고 자체감사 횟수, 감사 결과 그리고 감사 이후에 어떻게 조치를 했는지에 대해서 정말 능력이 있는 건지, 자체적인 감사 능력이 있는 건지 없는 건지를 이것을 통해서 좀 확인을 해 봐야 되겠다라는 말씀을 드립니다.

그리고 지난번에 노태악 위원장께서 조직 개편해서 조직 개선사항 중에 다수 외부인으로 독립된 감사위원회 설치하겠다 그랬는데 설치됐습니까?

○참고인 김용빈 예, 됐습니다.

○조승환 위원 됐습니까?

○참고인 김용빈 예.

○조승환 위원 그러면 감사위원회에서 정기회의를 분기별로 1회 하겠다……

○참고인 김용빈 예, 했습니다.

○조승환 위원 다 하고 있습니까?

○참고인 김용빈 예.

○조승환 위원 그러면 그 회의록 주실 수 있습니까? 어떤 안건들이……

○참고인 김용빈 회의록이요?

○조승환 위원 어떤 안건들이 이 감사위원회에서 논의되고 감사위원회가 제대로 워킹하고 있는지에 대해서 보려 그러면……

○참고인 김용빈 위원님도 잘 아시지만 감사는 징계에 대한 부분이나 이런 부분들이 있어서 대외비로 관리하는 내용입니다. 그래서……

○조승환 위원 그러면……

○참고인 김용빈 회의록 자체는 저희들이 내용은 공개할 수가 없고요. 다만 그 주변 자료가 있다면……

○조승환 위원 그러니까 어떤 안건을 가지고서……

그러니까 지금 감사위원회가 징계위원회입니까? 아니지 않습니까?

○참고인 김용빈 전반적인 겁니다. 인사감사가 들어가 있으니까요.

○**조승환 위원** 그러니까 감사위원회가 감사위원회로서의 어떤 역할을……

○**참고인 김용빈** 회계감사, 인사감사, 보안감사 다 들어가 있습니다.

○**조승환 위원** 다 들어가 있다면 최소한 어떤 내용들이 질의되고 운영되고 있는지 확인할 수 있게 자료를 주십시오.

(윤건영 간사, 신정훈 위원장과 사회교대)

○**참고인 김용빈** 비공개 대상이 아닌 선에서 알려 드리도록 하겠습니다.

○**조승환 위원** 이상입니다.

○**위원장 신정훈** 수고하셨습니다.

다음은 채현일 위원님 질의해 주시기 바랍니다.

○**채현일 위원** 후보자님, 오전에 질의한 것 중에서 답변 내용에 대해서 다시 한번 여쭤볼게요.

부정선거 음모론에 대해서 정확한 입장이 아까 뭐라고 답변하셨지요?

○**중앙선거관리위원회위원후보자 김대웅** 부정선거는 없다고 생각합니다.

○**채현일 위원** 없다, 그렇지요? 선거 수백 건 소송 중에서 인용된 적이 한 번도 없잖아요, 지금 우리 대한민국 판결에서?

○**중앙선거관리위원회위원후보자 김대웅** 예.

○**채현일 위원** 그런데 또 아까 사전투표 폐지에 대해서 물어보니까 순기능과 단점이 있다고 말씀하셨어요. 당장 폐지 여부를 검토하기보다는 다양한 여론 수렴을 통해서 제도개선해야 된다, 되게 원론적이고 애매모호했는데 순기능은 이해가 되는데 단점이 뭔가요? 사전투표에도 단점이 있나요?

○**중앙선거관리위원회위원후보자 김대웅** 본투표 전에 시행하다 보니까 사전투표 기간과 본투표 기간 사이의 어떤 상황 변화가 사전투표 당시에는 반영될 수 없는 그런 한계가 있다는 점을 말씀드린 겁니다.

○**채현일 위원** 그러면 사전투표를 폐지를 해야 된다는……

○**중앙선거관리위원회위원후보자 김대웅** 아니, 그 이유 때문에 폐지해야 된다는 것은 아닙니다.

○**채현일 위원** 혹시 청문회 준비하면서 선관위에서 내는 보도자료나 이런 걸 좀 준비하고 오셨나요?

○**중앙선거관리위원회위원후보자 김대웅** 좀 본 거는 있습니다.

○**채현일 위원** 지금 최근에 선관위에서 보면 12월 12일 자, 19일 자 '대통령의 부정선거 주장에 대해 강력히 규탄한다' 그런 게 나왔고요. 근거 없는 부정선거 주장은 전혀 사실이 아니다, 사회통합을 저해하고 선거의 정당성을 훼손하고 민주주의 제도를 위협한다, 사전투표 얘기하는 겁니다.

그래서 하여튼 답변한 내용에 대해서는 되게 교과서적인 답변을 했는데, 지금 판사로서 판결을 내리는 자리가 아니에요. 헌정질서를 수호하고 선거관리위원으로서 엄중한 자리입니다. 그러면 후보자로서 명쾌하면서도 단호한, 왜 그러냐면 민주주의의 근간인 선거제도를 뒤흔드는 내란행위가 있었던 것 아닙니까, 선관위에 계엄군이 침탈하고. 그럴 경우에는 순기능과 단점이 있다 이런 식으로 원론적으로 답변하시면 안 돼요.

다시 한번 여쭤볼게요.

사전투표는 폐지해야 됩니까?

○**중앙선거관리위원회위원후보자 김대웅** 폐지하는 이유로 단점을 얘기한 것은 아니고 요. 존속 가치가 충분히 있다고는 생각하고 있습니다.

○**채현일 위원** 단호하게 말씀하셔야 돼요. 지금 선거관리위원회는 헌정질서를 수호하기 위해서 모든 조직을 걸고 명운을 걸고 싸우고 있습니다.

○**중앙선거관리위원회위원후보자 김대웅** 말씀하신 그 선관위 보도자료 내용에 저는 전 적으로 동의를 하고 있습니다.

○**채현일 위원** 박찬진 증인님, 선관위 사무총장을 지낸 고위공직자 출신이고 자녀 채용 특혜 의혹으로 책임을 통감하고 계시지요?

○**증인 박찬진** 예.

○**채현일 위원** 공직자 이해충돌방지법이 왜 만들어졌는지 아시나요?

○**증인 박찬진** 공정성을 담보하기 위해서……

○**채현일 위원** 그러니까 사적이익 추구를 금지함으로써―가장 중요한 겁니다―공공기 관인 헌법기관인 선관위의 국민의 신뢰를 회복…… 그런데 가장 잘못하신 게 뭐냐면 사 무총장님을 지낸 박찬진 증인이나 사무차장님께서 이것 하나 때문에, 채용비리 때문에 조직이 뒤흔들리고 있어요.

채용비리하고 부정선거하고 관련이 되나요?

○**증인 박찬진** 관련 없습니다.

○**채현일 위원** 사무총장님, 채용비리하고 부정선거하고 관련이 있어요?

○**참고인 김용빈** 관련이 없다고 생각합니다.

○**채현일 위원** 그런데 왜 일각에서 이렇게 채용비리 문제를 해 가지고 선관위를 공격 하는 이유가 뭔가요?

○**참고인 김용빈** 저희 기관이 믿지 못하는 그 일을 했다는 것 자체가 저희 기관이 행 하는 업무의 적정성을 의심하기에 충분하기 때문입니다.

○**채현일 위원** 그렇지요. 공직자 자녀나 관계자들 30여 명이 지금 이렇게 부정하게 채 용이 되고, 지금 선거관리위원이 2만여 명, 선관위 공무원들이 3000명이에요. 1%도 안 됩니다, 1%도. 그런데 헌법기관 전체가 지금 흔들리고 있고 우리 민주주의 선거제도가 불신을 받고 있다는 거지요.

채용비리는 명백히 잘못한 겁니다. 그런데 이것을 가지고 중국 해커들이 선관위 전산 망을 조작했다 이런 음모론, 채용비리로 들어온 사람들이 중국인 해커입니까? 아니잖아 요.

○**참고인 김용빈** 예.

○**채현일 위원** 그렇지요. 그래서 눈이 내렸다고 해서 도로가 미끄럽다고 해서 눈만 치 우면 되지 도로까지 없앨 필요 없잖아요. 그래서 지금 후보자님은 이런 선관위의 국민의 신뢰 또 헌정질서 수호, 민주주의 근간인 선거제도를 확고하게, 지금 되게 중요한 시점이 라고 봅니다. 기존에 선관위원 임명할 때와 달라요. 그래서 답변을 하실 때도 명확하게, 단호하게, 결기 있게 답변하셔야 합니다.

한번 답변해 주세요.

○**중앙선거관리위원회위원후보자 김대웅** 말씀드렸듯이 채용비리와 선거 부정은 전혀

관계가 없다고 생각하고 있고요. 앞으로 선거관리가 더 투명하게 되도록 최선의 노력을 또 다하겠습니다.

○**위원장 신정훈** 수고하셨습니다.

다음은 윤건영 위원님 질의해 주시기 바랍니다.

○**윤건영 위원** 구로을의 윤건영입니다.

우선 과장님.

○**참고인 장병호** 예.

○**윤건영 위원** 과장님 오늘 참고인으로 나와 주셨는데 수고 많으십니다.

제가 최근에 헌법재판소 탄핵심판 과정에서 윤석열 대통령 측에서 이야기하는 부정선거 음모론에 대해서 몇 가지 PPT를 보면서 좀 간단하게 여쭤보겠습니다. 좀 짧게 답변해 주시면 좋겠는데요.

(영상자료를 보며)

오늘 나왔던 이야기도 있어서 중복될 수 있는데, 첫 번째는 '국정원의 점검 요구에 선관위가 불응했다'라고 하는데 제가 알기로는 국정원이 점검 대상으로 요청한 업무용 PC를 전량 제공한 걸로 알고 있습니다.

과장님, 맞습니까?

○**참고인 장병호** 예, 서버 정보 다 제공했고요. 말씀하신 대로 PC도 요구하는 것에 대해서는 다 제공을 했습니다.

○**윤건영 위원** 그다음, 두 번째로 '데이터 조작이 가능하며 방화벽은 무용지물이다'라고 했는데 앞서 일부 질의가 나왔습니다만 자체 보안시스템을 일부러 적용하지 않은 측면이 있고, 이 방화벽이 사실상 무용지물이라는 주장이 맞습니까, 과장님? 어떻습니까?

○**참고인 장병호** 점검을 원활하게 진행하기 위해서 일부 보안시스템을 해제한 상태로 진행한 게 맞습니다.

○**윤건영 위원** 예.

'선관위 보안 프로그램 비밀번호 단순하다' 이것은 일부 인정했지요. 그런데 곧바로 조치를 취했다라는 게 선관위 입장 아닙니까?

○**참고인 장병호** 예, 맞습니다.

○**윤건영 위원** 네 번째로 '시스템 보안 관리회사가 소규모고 전문성이 부족하다'라고 윤석열 대통령이 이야기합니다. 하지만 해당 업체는 과기부가 지정하는 정보보안 전문자격을 모두 갖춘 업체라고 알고 있습니다.

과장님, 맞습니까?

○**참고인 장병호** 예, 맞습니다. 보안, 정보보호 전문서비스 기업으로 지정된 업체입니다.

○**윤건영 위원** 예.

그리고 윤석열 대통령은 '4월 총선을 앞두고 개선했는지 도저히 알 수가 없더라. 그래서 비상계엄을 했다'라고 하는데 제가 알기로는 총선 전에 정당 참관인 입회하에 두 차례나 국정원과 합동으로 이행여부 현장점검을 시행한 걸로 알고 있습니다.

과장님, 맞습니까?

○**참고인 장병호** 예, 맞습니다.

○**윤건영 위원** 그리고 또 하나, 윤석열 대통령은 선관위 장비 제작 업체가, 비트엔이라

는 업체가 있는데 '쌍방울 자회사다'라고 합니다. 장비 제작과는 무관한 회사 아닙니까, 과장님? 어떻습니까?

○**참고인 장병호** 비트엔은 저희 프로그램 위탁운영 업체입니다.

○**윤건영 위원** 예, 전혀 번지수를 잘못 찾았지요?

○**참고인 장병호** 예, 맞습니다.

○**윤건영 위원** 과장님 수고하셨습니다.

도대체 윤석열 대통령이 헌재에서 주장하는 부정선거 여섯 가지 주장, 맞는 게 단 하나도 없습니다. 허위·날조 주장을 헌재에서 설파하면서 본인의 비상계엄 선포가 합당하다고 이야기하고 있습니다. 그리고 이를 듣고 바라보는 극렬 지지자들은 한순간에 폭도가 되어서 헌재를 위협하고 있는 그런 형국입니다.

다음 PPT 한번 봐 주십시오.

제가 후보자께 여쭙겠습니다.

앞서 많은 위원님들이 지적하셨지만 윤석열 대통령의 부정선거론에 어떻게 생각하냐라고 했더니, 빨간색을 보시면 저게 후보자 의견입니다. 구체적 의견을 밝히는 건 적절치 않다. 그리고 오늘 답변도 죽 저렇게 이야기해 주셨는데요.

후보자께서는 법관으로 수십 년 동안 재직하셨잖아요. 그렇지요?

○**중앙선거관리위원회위원후보자 김대웅** 예, 그렇습니다.

○**윤건영 위원** 다음 PPT 한번 봐 주십시오.

부정선거 음모론에 대해서는 이미 대법원에서 판결이 나와 있습니다, 확정판결.

○**중앙선거관리위원회위원후보자 김대웅** 예, 그렇습니다.

○**윤건영 위원** 저희가 오늘 인사청문회를 하는 건 판사로서 후보자에게 여쭙는 것이 아니라 법으로 어떻게 결정돼 있냐, 그리고 앞으로 선거관리위원회 임무를 하시게 될 텐데 선거관리위원으로서 어떻게 보냐라는 부분이거든요.

부정선거 음모론 이게 실체가 없는 게 확실한 거지요, 후보자님?

○**중앙선거관리위원회위원후보자 김대웅** 예, 부정선거는 없었다고 생각을 하고 있습니다.

○**윤건영 위원** 예, 좋습니다.

다음 PPT 한번 봐 주시면요, 제가 또 후보자께 윤석열 대통령 내외의 공천 개입에 대해서 질의를 했더니 후보자께서는 서면으로 '개인적인 의견을 밝히는 건 적절치 않다'라고 이야기를 하셨습니다. 이게 명태균 씨의 황금폰에 나오는 이야기이고 국민의힘 전 모 의원님에 대한 이야기입니다.

물론 법관일 때는 개인적인 의견을 밝히는 건 맞지 않다고 생각합니다.

다음 PPT 보시면요, 박근혜 전 대통령의 새누리당 공천 개입 이 부분도 후보자께서는 법관 출신이니까 잘 아시겠지요. 대법원 확정판결이 난 거 아닙니까?

○**중앙선거관리위원회위원후보자 김대웅** 예.

○**윤건영 위원** 맞지요?

○**중앙선거관리위원회위원후보자 김대웅** 예, 그렇습니다.

○**윤건영 위원** 그러면 대통령 내외의 공천 개입에 대해서 보다 당당하게 이야기를 하셔야 되는 것 아닙니까? 후보자님, 어떻게 생각하십니까?

○**중앙선거관리위원회위원후보자 김대웅** 또 현직 법관의 신분도 같이 갖고 있기 때문에 이런 구체적인 사안에 대해서 말씀드리는 건 좀 적절하지 않다고 생각을 합니다. 좀 양해해 주셨으면 합니다.

○**윤건영 위원** 뭐 그렇게 말씀하실 수 있습니다. 하지만 이 자리는 법관에 대한 인사청문회 자리가 아니라 대한민국의 선거관리 업무를 총괄하는 선거관리위원으로서의 인사청문회 자리다라는 걸 후보자께서 다시 한번 명심을 해 주셔야 될 것 같습니다.

저는 선관위원이 여든 야든 진보든 보수든 치우쳐서는 안 된다고 생각합니다. 원칙대로, 법대로 정의롭게 하는 게 맞다고 생각합니다. 제가 오전 질의에서도 계속 말씀드렸던 게 정의라는 부분인데요. 공천 개입도 마찬가지고요 부정선거 음모론도 마찬가지입니다. 후보자께서 이제까지의 판사와는 다르게 여야가 정쟁이 부딪치는 굉장히 첨예한 사항들을 많이 다루실 겁니다. 그럴 때마다 오늘 이 자리를 꼭 기억하셨으면 좋겠습니다. 정의롭게 대의를 위해서 하겠다라는 것, 그렇게 하실 수 있습니까?

○**중앙선거관리위원회위원후보자 김대웅** 예, 그 점은 명심하겠습니다.

○**윤건영 위원** 좋습니다.

사무총장님, 오늘 참고인으로 나오셨는데요 두 가지 좀 여쭙겠습니다.

오늘 선관위의 채용비리에 대해서 여러 가지 말들이 많고요. 총장님 안 계실 때 오전에 제가 내부 짬짜미라든지 내부 제보의 문제들을 지적한 바가 있습니다. 저는 시스템적으로 이걸 바꿔야 된다고 생각을 합니다. 그래서 몇 가지만 딱 주문을 드릴 텐데 나중에……

(발언시간 초과로 마이크 중단)

1분만 더 주시면 마무리하겠습니다.

질문을 드릴 텐데 모아서 답변을 해 주셨으면 좋겠습니다.

첫 번째로는 지금 선관위가 이야기하고 있는 10명에 대해서 과천청사 출근, 그것만으로는 부족합니다. 이제까지 600여 건 넘는 것에 대해 전수조사를 해서 반드시 찾아내서 일벌백계해야 됩니다. 그래야지 선관위가 다시 태어난다라는 거고요. 그에 대해서 답변을 해 주시기 바라고.

두 번째는 선거관리위원장을 대법관이 겸임하고 있는데 그래서는 안 된다고 생각합니다. 상근직으로 가는 게 맞다고 생각합니다. 역대 정부에서도 여러 시도가 있었는데 잘 안 됐습니다. 대법관 티오를 하나 늘리더라도 선거관리위원장의 상근직화에 대한 의견을 말씀해 주시고.

세 번째로는 선관위 상임위원이 선관위에서 바로 상임위원 되는 경우가 왕왕 있습니다. 그러다 보니까 내적 통제에 약하다는 그런 지적들이 많이 있습니다. 즉 선관위에서 바로 가는 게 아니라 최소한 일정 기간, 3년이면 3년, 5년이면 5년은 경과한 사람들을 받을 수 있는 그런 제도적 장치가 필요하다라는 게 생각인데요. 이 세 가지에 대해서 답변 부탁드립니다.

○**참고인 김용빈** 죄송하지만 마지막 질문, 상임위원은 중앙상임위원을 말씀하시는 건가요, 아니면 시도상임……

○**윤건영 위원** 아니, 중앙상임위원, 선관위 중앙상임위원요.

이상입니다.

○**위원장 신정훈** 간단히 요약해서 답변해 주시기 바랍니다.

○**참고인 김용빈** 일단 지금 비리채용과 관련한 부분에 대해서 선거관리위원회 사무처를 대표하는 사무총장 입장에서 국민 여러분들께 다시 한번 사과의 말씀을 드립니다.

이 부분, 저희 전수조사를 했느냐의 부분이 문제 될 수 있겠습니다. 그런데 감사원의 감사가 전국적으로, 전방위적으로 이루어졌기 때문에 상당히, 전수조사가 다 끝났다고 저는 생각을 합니다. 그럼에도 불구하고 새로운 비리나 이런 부분이 있을 때는 더 노력해서 또 전수조사가 필요하다고 그러면 하겠습니다.

그리고 문제 됐었던 그 10명의 사람에 대해서는 아까 말씀드린 대로 저희가 여러 가지 방안도 연구를 하고. 다만 말씀을 드리는 내용이 적법 절차에 의해서 징계를 하더라도 하고 임용을 취소하더라도 해야 되기 때문에 일단은 대기발령 조치를 취한 것인데요, 저희들이 좀 더 연구를 해 보겠고. 사실은 또 본인들도 책임질 부분이 있으면 스스로 책임져 주기를 원하고 있습니다.

그다음에 위원장 상근직화에 대해서는 여러 가지 문제가 있을 수는 있는데 일단은 저희들 입장에서는 동의한다는 의견을 드렸고요. 이 부분은 헌법의 문제가 있기 때문에 개헌적 요소가 동반되지 않으면 사실상 어렵습니다.

다만 선거관리위원회 그 법을 통해서 현재 체제에서 움직일 수 있다면 저희가, 우리 상임위원회에 보고를 드린 걸로 알고 있는데요. 국회나 대통령, 대법원에서 상임위원을 세 분 선택을 해서 임명을 하시고 그 상임위원회를 구성하고 6년의 임기니까 2년씩 호선해서 돌아가는 방법으로 위원장 상근제를 실시할 수는 있다고 생각을 합니다.

그리고 중앙상임위원 제도에 관련한 부분에 대해서는 지금까지…… 그러니까 지금 말씀하시는 것은 사무처를 통해서, 예를 들어서 사무총장을 지낸 사람이 상임위원으로 오거나 이런 부분들이 업무의 연속성을 가져서 실질적으로 사무처를 상임위원이 관리 감독하는 데 어렵지 않겠느냐 이런 말씀을 주신 것으로 이해했습니다. 이런 부분이 충분히 공감할 수 있는 영역이 있기 때문에, 그러나 지금 당장 이 상임위원 제도가 가지고 있는 내용이 좀 복잡하고 실질적으로 위원장이 상근제가 되는 경우에는 이 상임위원 제도가 사실은 형해화될 수가 있기 때문에 그런 점까지 전부 고려를 해서 저희들이 검토를 해 보겠습니다.

○**위원장 신정훈** 수고하셨습니다.

다음은 조은희 위원님 질의해 주시기 바랍니다.

○**조은희 위원** 서초갑의 조은희 위원입니다.

김용빈 사무총장님, 제가 조금 아쉬워서 여쭤보겠습니다.

앞서 존경하는 김성회 위원님 질의에 국가공무원법 45조의3 합격 취소 조항은 시행 일시가 2021년부터라서 1명밖에 적용 안 된다 이렇게 말씀하셨는데요.

○**참고인 김용빈** 2021년 12월 8일 시행입니다.

○**조은희 위원** 예, 21년. 그런데 같은 국가공무원법 바로 윗 조항을 보시면요 제45조의2(채용시험 등 부정행위자에 대한 조치)는 채용시험에서 부정행위를 한 사람에게 합격 취소 처분을 할 수 있게 되어 있습니다. 해당 법 조항은 2015년 신설된 조항이라 문제된 당사자들 전부 적용이 가능하거든요. 왜 이런 생각은 안 해 보셨어요?

○**참고인 김용빈** 다시 한번 검토를 해 보겠습니다.

○**조은희 위원** 그래서……

○**참고인 김용빈** 제가 그 부분은……

○**조은희 위원** 잠깐요, 제가 말씀…… 이게 바로 윗 조항에 이런 조항이 있는데 밑의 조항 가지고 그렇게 답변을 하시니까 총장님이 이렇게 노력하시는데도 불구하고 오해를 받으시는 겁니다.

또 PPT 좀 한번 보겠습니다.

(영상자료를 보며)

총장님 답변에 오해의 소지가 있는 게 있는데요. 아까 총장님 임기에 대해서 임기 제한이 없다고 그러셨어요.

○**참고인 김용빈** 예.

○**조은희 위원** 없는 것 맞습니다. 그런데 그렇게 답하시면 오해가 됩니다. 왜냐하면 역대 사무총장 임기가 전부 관례적으로 2년이었거든요.

○**참고인 김용빈** 예, 관례적으로 2년입니다.

○**조은희 위원** 그 답을 안 하시고 임기가 없다고 그러셨어요.

그리고 딱 하나 예외가 세자 논란을 일으킨 김세환 전 사무총장이 6개월 앞서 책임지고 사퇴했습니다.

지금 관례대로 하면 총장님 임기가 6월입니다. 맞지요?

○**참고인 김용빈** 예?

○**조은희 위원** 총장님 그만두셔야 되는 게 올 6월이잖아요. 그렇지요, 관례대로 하면?

○**참고인 김용빈** 관례대로 하면 그렇습니다.

○**조은희 위원** 그런데 지금 임기가 없다 그러시면 김용빈 사무총장은 윤석열 정부에서 임명되었지만 혹시 정권이 바뀔지도 모르니까, 임기 없다 그러니까 또 저쪽에서 하려고 지금 이런 말 하는 것 아니냐 이런 오해를 받으셔요. 그러니까 말조심하셔야 됩니다.

○**참고인 김용빈** 예, 알겠습니다.

○**조은희 위원** 왜냐하면 총장님이 지금 말씀하시는 게 항상 '법이 그렇지 않습니다', 그래서 아까 '공무원 45조의3에 의하면 1명밖에 못 합니다', 그러나 그 윗 조항이 있는데 그것도 안 하시거든요. 그래서……

○**참고인 김용빈** 제가 저희들이 이것 법률 검토를 했다고 말씀드리지 않았습니까?

○**조은희 위원** 아니, 그러니까요. 지적을 하니까 말씀하잖아요.

○**참고인 김용빈** 이 45조의2가 법조문 자체가……

○**조은희 위원** 잠깐만요. 제가, 제 시간이니까요 다 끝나고 답하십시오.

○**참고인 김용빈** 예.

○**조은희 위원** 또 2023년 선관위 채용비리 당시 발표한 인사 대책 기억하십니까?

○**참고인 김용빈** 예.

○**조은희 위원** 선관위 내부적으로 외부 인사의 정무직 임용 시 검증을 담당하는 정무직 인사검증위원회를 설치하기로 했는데 실제로 설치했습니까?

○**참고인 김용빈** 안 했습니다.

○**조은희 위원** 안 하셨지요?

○**참고인 김용빈** 예.

○**조은희 위원** 그리고 또 지난해 1월 1일부터 개방형 직위로 도입하기로 한 직책 중에 사이버보안과장, 홍보과장 직위도 모집했습니까?

○**참고인 김용빈** 안 했습니다.

○**조은희 위원** 그러니까요. 지난번에…… 지금 박찬진 전 사무총장이 증인으로 나와 계시고 있는데요. 또 윤재현 전 경북선관위 상임위원의 따님, 이분들이 작년 10월 1일 자 승진하고 작년 1월 1일 자 승진했어요. 책임지겠다는 분들이, 그 자제분들이 책임은 안 지고 승진했단 말입니다. 이런 것에 대해서…… 제가 목이 메어서 그렇습니다.

○**위원장 신정훈** 잠깐만 시간 중지해 주시고……

○**조은희 위원** 이렇게 징계는 안 하고 승진시키고 그리고 하겠다고, 개혁 조치하겠다고 하고 안 하고 그리고 법 조항도 법 전문가니까, 그냥 국민들 잘 모르니까 그렇게 하시고 그러니까 지금 선관위가 불신받는 겁니다.

　후보자님, 이런 선관위의 현재 주소에 대해서 어떻게 생각하십니까?

○**중앙선거관리위원회위원후보자 김대웅** 고칠 점이 있다면 반드시……

○**조은희 위원** 있다면? 지금 제가 이렇게 말씀을 드렸는데도 있다면입니까?

○**중앙선거관리위원회위원후보자 김대웅** 하여튼 뭐 고칠 점이 있으면 반드시 고쳐야 된다고 생각을 하고 있습니다.

○**조은희 위원** 또 묻겠습니다.

　지금 우리가 채용비리, 부정부패만 얘기하는데 선관위 무능합니다.

　소쿠리 투표 기억하시지요?

○**중앙선거관리위원회위원후보자 김대웅** 예.

○**조은희 위원** 그런데 이날……

　1분 좀 더 쓰겠습니다.

　대법원으로 출근하는 선관위원장님, 당시 노정희 전 선관위원장이 비상근이라 출근 안 하셨어요. 그리고 노태악 위원장 사과가 너무 똑같아요. 그리고 아까 고개 숙여 사과했다고 사무총장님 얘기하시는데 고개 숙이지 않았어요. 서면으로 사과했습니다. 그런데 보통 다른 기관이나 또 기업 같으면 이런 일이 벌어지면 위원장과 사무총장 일괄 사퇴입니다. 그런데 지금 아무도 책임지지 않잖아요. 노태악 선관위원장은 2년 전에 이 문제가 불거졌을 때 사퇴하라는 국민 여론에도 이 문제를 해결하기 위해서 사퇴하지 못한다고 그랬는데 아직까지 해결 못 하고 똑같은 사과문을 하고, 그것도 서면으로 하지 않습니까?

　이런 문제에 대해서 선관위원장과 사무총장, 책임자 전부 책임지고 사퇴해야 됩니다. 어떻게 생각하십니까?

○**중앙선거관리위원회위원후보자 김대웅** 제가 그 두 분의 입장에 대해서 뭐라고 말씀 드릴 수는 없는 것 같은데요, 위원님 말씀하신 부분은 충분히 수긍할 수 있는 면이 있다고 생각합니다.

○**위원장 신정훈** 수고하셨습니다.

　다음은 한병도 위원님.

○**참고인 김용빈** 위원장님!

○**위원장 신정훈** 예.

○**참고인 김용빈** 답변 기회가 없어서 답변 한 말씀 드리겠습니다.

○**위원장 신정훈** 예, 간단히 해 주십시오.

○**참고인 김용빈** 45조의2, 지금 조은희 위원님이 지적하신 내용대로 돼 있는데 이것은 그때 당사자의 행위에 한정해서 법문이 만들어진 겁니다. 그래서 그게 제도적으로 45의3이 나오면서 당사자의 행위 이외에 누구든지 채용절차에 대해서 불법을 저질렀을 때 그 해당자를 취소하기 위해서 새로운 조문을 둔 겁니다. 그래서 이 45조의2가 적용되기 위해서는 그 당사자의 행위에 의해서 채용절차 안에 위법한 것이 들어가 있어야 됩니다. 그래서 저희들이 이 부분을 보다가 이거 가지고 안 되겠다고 해서 검토가 진행이 된 것이라는 점을 말씀을 드리겠습니다.

그리고 정무직 공적심사위원회를 실시하지 않은 것은 실제적으로 중앙위원들 사이에서 의견이 갈렸습니다. 그래서 제가 취임할 때 당시에 직접 위원회에서 저에 대한 청문 절차를 바로 진행하는 바람에 더 이상 그 논의가 진행이 안 됐었던 거고요.

그다음에 저희가 개혁 방안 중에서 하지 않았다는 전문직 채용 이 부분은 사실은 채용 비리하고는 관련이 없는 부분입니다. 홍보 전문가나 미디어 전문가 이런 부분들이었기 때문에 저희가 실제적으로 그런 전문가들을 지금 채용할 필요가 없어서 안 했는데 앞으로 개방직으로 운영하겠다는 것은 맞습니다.

○**조은희 위원** 그러니까요. 이게 얼마나 변명의 일관입니까?

이상입니다.

○**위원장 신정훈** 다음에는 한병도 위원님 질의해 주시기 바랍니다.

○**한병도 위원** 한병도 위원입니다.

총장님, 본 위원이 봤을 때는 최근 공직 생활하시면서 계엄 이후 이 상황이 가장 좀 힘든…… 본인에게도, 총장님 개인에게도 좀 힘든 순간일 것 같은데 제 예상이 맞습니까, 지금 공직 생활하시면서?

○**참고인 김용빈** 예, 맞습니다.

지금 제가 1년 7개월 됐는데요. 지금 현재 상황이 저는 나름대로 노력을 많이 기울였다고 생각하는데 제가 선관위에 와서 제도개선하고 이런 것들이 지금 전혀 부인되는 상황이기 때문에 심정은 참담합니다. 아까 말씀드렸는데 그게 무능의 소치라면 저는 이 자리 그만둘 각오가 돼 있습니다.

○**한병도 위원** 아무튼 현재 정국이 힘들 것이라는 생각이 드는데요. 그래도 내외부의 여러 어려움 속에서도 끝까지 업무를 최선을 다하시는 게 국민에 대한 도리라고 생각을 하기 때문에 그렇게 잘 판단하실 거라고 생각을 합니다. 끝까지 노력해 주시고요.

그다음에 후보자님, 제가 좀 여쭙고 싶은데요. 이게 2024년 12월 12일 대국민담화 내용입니다. 당시 대통령의 담화 내용인데 이런 말씀을 했어요. '제가 비상계엄이라는 엄중한 결단을 내리기까지 심각한 일들이 많이 있습니다', 중략하고요. 그러면서 뭐라고 이야기했냐 하면 '선관위는 헌법기관이고 사법부 관계자들이 위원으로 있어서 영장에 의한 압수수색이나 강제수사가 사실상 불가능합니다' 이게 대국민담화에서 나온 내용입니다. 그런데 대한민국 어느 기관이든 범법행위가 있으면 수사 가능하고 압수수색 가능한 거 아닌가요?

○**중앙선거관리위원회위원후보자 김대웅** 예, 맞습니다.

○**한병도 위원** 그렇지요? 즉 위법이나 이런 것들이 구체적으로 드러나지 않으면 또 강

제수사를 할 수 없는 거잖아요?

○**중앙선거관리위원회위원후보자 김대웅** 예, 그렇습니다.

○**한병도 위원** 그러면 사법부 관계자들이 위원으로 있어서 영장에 의한 압수수색이나 강제수사가 불가능한 겁니까? 즉 이 말은 뭐냐 하면 안의 사법부 관계자들이라면 판사님들이 선관위에 있어서 영장에 의한 압수수색이나 강제수사가 불가능하다 이렇게 결론을 낸 것 같은데.

○**중앙선거관리위원회위원후보자 김대웅** 그건 맞지 않다고 생각합니다.

○**한병도 위원** 이거 말이 안 되잖아요. 그래서 압수수색을 못 해서 결론은 선관위에 계엄군을 보내서 압수수색 형식을 취해서 사진 찍고 이렇게 조사를 하려고 했다는 내용인데 이것에 대해서는 문제가 있다고 생각을 하시지요? 즉 그래서 위헌·위법한 행위라는 겁니다.

이러한 생각의 기본을 가지고 압수수색이 안 되니까 계엄군을 보내서 한다는 것 자체가, 대국민담화에서 이야기를 했던 것처럼 이런 내용 때문에 위헌·위법한 행위라는 거고요.

그다음에 오늘 이 부분에 대해서는 저희들이 말이 많이 안 나왔는데 지금 부정선거에 대한 이야기들이 막 확산이 되고 있다는 건 또 어떤 이야기냐 하면 가짜뉴스가 지금 빠르게 확산이 되면서 유튜브, SNS에 개표 조작, 사전투표 조작, 이 허위정보가 지금 막 더 끓고 있습니다. 특히 계엄 이후에요. 확대 재생산이 더 빠르게, 예전보다 심각하게 되고 있어서 문제인데 이게 지금……

총장님, 선관위에서 이걸 물리적으로 어떤 계량화해서 파악하기가 어렵지 않나요? 파악을 하고 있는 기준이 뭡니까?

○**참고인 김용빈** 파악하기 좀 어려운 것 같습니다.

○**한병도 위원** 그렇지요? 보면 너무 다량으로 유포가 되고 있고 하기 때문에 이런 걸 현실적으로 모니터링하기가 현재 선관위 입장에서는 지금 좀 어렵지요?

○**참고인 김용빈** 예, 그렇습니다.

○**한병도 위원** 자체 모니터링하는 부서나 이런 건 있습니까?

○**참고인 김용빈** 지금 인터넷 조사 그다음에 선거보도 이런 부분들은 있기는 있는데, 나름대로 모니터링은 하고 있습니다.

○**한병도 위원** 자체적으로 하고는 있군요.

○**참고인 김용빈** 예.

○**한병도 위원** 그래서 이런 모니터링을 강화해서 이것에 대해서 어떻게 전략적으로 대응을 할지 이런 고민을 해야 될 거라고 생각을 하고, 후보님께서도 이제 되면 가짜 뉴스 확대 재생산이 어떻게 되고 있는지 이런 걸 꼼꼼히 확인을 해서 이것에 대한 다양한 대응을 함께 준비를 해 주셨으면 좋겠습니다.

○**중앙선거관리위원회위원후보자 김대웅** 예, 알겠습니다.

○**한병도 위원** 이상 마치겠습니다.

○**위원장 신정훈** 수고하셨습니다.

다음은 김성회 위원님 질의해 주시기 바랍니다.

○**김성회 위원** 아까 전에 이어서 부정선거 신앙촌 생활하시는 분들 생활활동 한 번 더

지켜보도록 하겠습니다. 사전투표에 유령 유권자가 있다고 주장하는 얘기를 헌법재판소에서 뻔뻔하게 하는 모습 잠깐 보고 시작할까요?

(영상자료 상영)

너무 부끄러워서 이런 거 보여 드리면서 말씀 여쭤봐야 되는 게 좀 그렇기는 한데 이게 지금 헌법재판소에서 나온 이야기입니다. 그래서 부정선거 신앙촌에 계시는 분들은 '봐라, 헌법재판소에서 유령 유권자가 있다고 했다'라고 해서 이 영상을 돌리면서 저 얘기를 지금 신빙성을 갖고 있는 것처럼 하고 있는데요.

아시는지 모르겠지만 사전투표 통신망은 인터넷하고 분리가 된 폐쇄망입니다. 그리고 다중의 보안체계도 구축되어 있고 통합명부시스템에 접근해서 사전투표자 수를 불리는 거는 불가능한 상태지요. 게다가 사전투표기간 중에 한 시간 단위로 사전투표 현황을 집계해서 선거통계시스템에 공개하고 구·시·군청이 보유하고 있는 선거인명부 원본에 사전투표 사실이 기재되어 있어서 얼마든지 대조가 가능한데 후보자님, 지금 이런 부정선거 음모론자들의 주장 어떻게 보셨습니까?

○**중앙선거관리위원회위원후보자 김대웅** 계속 말씀드리지만 사전투표나 선거 과정에서 부정은 없었다고 생각하고 있습니다.

○**김성회 위원** 59만 3520명의 투·개표 사무원들과 참관인들이 지켜보고 있는데 유령투표가 가능하다고 말하고 있고요.

이런 얘기도 합니다.

이거는 정말 부끄러운데 보시지요, 그래도.

투표지 분류기 얘기입니다.

(영상자료 상영)

이게 무슨 중국공산당이 인터넷 칩을 만들어 갖고 이렇게 막 무선으로 왔다 갔다 염동력 거의 비슷한 얘기들을 하신 분들도 계시던데, 투표지 분류기에는 랜카드가 없습니다. 그래서 외부에서 해킹하거나 조작하는 것이 원천 불가능하고요. 분류기에 제어 프로그램이 설치된 보안 USB만 설치가 가능합니다. 일반 USB로는 해킹 프로그램 설치가 불가능한데……

그러니까 제가 지난번 선관위 사무총장님께도 여쭤봤었습니다만 심지어 서버 사진을 계엄군이 찍으면 그 사진을 가지고 서버 내용을 다 탈취해서 확보할 수 있다 이런 주장을 지금 유튜버들이 하고 있거든요.

후보자님, 고통스러우시겠지만 지금 이 주장에 대해서 어떻게 생각하시는지 답변 좀 부탁드리겠습니다.

○**중앙선거관리위원회위원후보자 김대웅** 존재하지 않는 이야기인 것 같습니다. 실제로 존재하지 않는 것에 관한 이야기인 것 같습니다.

○**김성회 위원** 그다음에 투표지가 붙어 있다, 뻣뻣한 투표지가 있다는 주장도 하나 좀 볼까요?

(영상자료 상영)

아니, 물리학자들이 노벨상 탈 그런 큰 종이를 만드신 분들이 뭘 부정선거에 쓰고 있어, 저걸 시중에 나가서 팔면 떼돈을 벌겠구만. 그 돈을 벌어서 딴 일을 할 생각…… 부끄러워서 더 이상 얘기를 못 하겠네요.

어쨌건 배춧잎 투표지 같은 경우는 투표용지를 인지 못 하고, 단순한 실수로 밝혀졌고 투표용지 발급기와 같은 프린터에서 인쇄된 걸로 이미 판명이 났던 일이고요. 그다음에 붙어 있는 투표지 경우에도 도포돼 있는 접착제나 정전기로 생길 수 있는 문제라는 것을 이미 대법원이 판결을 했지요. 뻣뻣한 투표지 역시 가볍게 말아지는 경우도 있고 실제로 자세하게 들여다보면 금이 가 있는 경우도 있었는데 물리학자까지 등장해서 이런 얘기를 헌법재판소에 가서 윤석열 대통령을 변호한다고 하고 있습니다.

어떻게 보십니까?

○**중앙선거관리위원회위원후보자 김대웅**   저기서 주장하는 내용들은 계속 말씀드렸듯이 그런 사실이 없는 걸로 알고 있고요. 또 그게 맞다고 생각합니다.

○**김성회 위원**   지금 보시면 국민의힘에서 국론 통합을 위한 대한민국 선거 투·개표 시스템 점검과 보안을 위한 특별법안 이걸 박수민 의원이 발의해서 아직 되지는 않았고 지금 모으는 중인데요. 무려 예순세 분의 국민의힘 의원들이 이미 동참을 하셨습니다.

이게 통과되면 어떻게 되냐 하면요, 여기 앉아 계신 분들이 다 부정선거로 당선되신 분들이라는 의심에서 시작하는 겁니다. 지난 5년간의 모든 선거를 다 들춰 보자는 거고요. 한 투표구마다 법원에 가서 표 열어 보려면 5000만 원씩 드는데 253개 지역구를 열어 보려면 123억의 비용이 듭니다, 한 선거에 대해서만. 그런데 여기 앉아 있는 잠재적인 부정선거 특혜를 보고 있는 사람들을 전부 다 5년 동안……

1분만 주시면 끝내겠습니다.

○**위원장 신정훈**   예.

○**김성회 위원**   전부 다 5년 동안 들여다봐서 이걸로 하는 법안을 발의하시니까 저희들이 보기에는 선관위를 이렇게 못 믿고 선거를 하면 어떻게 하나. 그리고 저는 아까 전에 경력자 채용 얘기를 말씀드렸는데 지금 저 바깥에 서 있는 부정선거 신앙촌에 사는 사람들은 선관위와 헌법재판소를 뿌리부터 흔들어서 대한민국의 체제를 지금 바꾸려고 하는 사람들입니다.

후보자님이 좀 더 단호한 각오를 가지시고 이런 부정선거를 주장하는 사람들을 깨야 됩니다. 이거를 입증하면 도와줄 것 같지만, 예전에 지구가 평평하다고 믿는 사람들을요 남극에 들어가서 24시간 해가 떠 있는 걸 보여 줬습니다. 그다음에 어떻게 됐는 줄 아세요? 24시간 해가 떠 있는 영상이 조작이라고, 그 자리에 간 사람은 믿었지만 그 자리에 갔다 온 사람이 증언을 하니까 그 사람을 배척하고 나머지 신도들은 그냥 그대로 신앙을 유지했다는 겁니다.

부정선거는요 증명으로 해결될 문제가 아닙니다. 여기에 대해서 후보자님의 단호한 입장 부탁드리겠습니다.

○**중앙선거관리위원회위원후보자 김대웅**   위원이 된다면 확실한 의지를 갖고 그 부분에 대해서 단호하게 대처하도록 하겠습니다. 명심하겠습니다.

○**김성회 위원**   마치겠습니다.

○**위원장 신정훈**   수고하셨습니다.

다음은 이만희 위원님 질의해 주시기 바랍니다.

○**이만희 위원**   후보자님, 후보자님 단호한 의지를 가지고 하신다는데 후보자님, 선관위가 국민 위에 있습니까?

○**중앙선거관리위원회위원후보자 김대웅** 그렇지는 않습니다.

○**이만희 위원** 그러면 주권자의 절반에 가까운 분들이 선거관리 업무에 대해서 의문점을 제기하면 그 부분을 어떻게 하든 거기에 대한 의문점을 해소하기 위한 노력이 우선돼야 되는 서 아닙니까?

○**중앙선거관리위원회위원후보자 김대웅** 그 부분까지 포함된 그런 답변이었습니다.

○**이만희 위원** 지금……

○**이상식 위원** 국민의 60%가 원하면 대통령 탄핵해야지.

○**이만희 위원** 잠깐만 세워 주십시오.

위원장님, 발언 중에 조용히 좀 해 주시도록 말씀 좀 드려 주십시오.

○**이상식 위원** 죄송합니다.

○**이만희 위원** 지금 후보자님도 그렇고 총장님도 그런데, 같이 묻겠습니다.

저는 선관위 업무 중에서 가장 중요한 것이 공정하고 투명해야 된다고 생각합니다. 맞습니까? 동의하시지요?

○**중앙선거관리위원회위원후보자 김대웅** 예, 동의합니다.

○**이만희 위원** 또 여러 업무 중에서도 채용 부분이야말로 무엇보다도 공정하고 투명해야 되는 거 아니겠습니까?

○**중앙선거관리위원회위원후보자 김대웅** 예, 맞습니다.

○**이만희 위원** 그러면 여러분들의 채용 행태가 국민들의 질타를 받는 엄청난 특혜, 비리 채용으로 얼룩져 있는데 그런 일을 하시는 분들이 가장 공정하고 투명해야 될 선거 업무를 '이거하고 아무 상관없이 나는 하고 있습니다' 이렇게 하면 그거 쉽게 납득이 되겠습니까? 스스로를 돌아보고 본인들이 그렇게 하지 않았어야지요. 그렇지 않습니까?

저는 선관위가 가족 회사다, 가족 회사 이럴 때 그건 무슨 말인가 했어요. 지금 이게 언론 속보에도 많이 뜹니다마는 존경하는 조승환 위원님께서 선관위로부터 받은 자료가 있습니다. 총장님, 알고 계십니까?

○**참고인 김용빈** 지금 어떤 자료를 말씀하시는지……

○**이만희 위원** 전체 선관위의 직원이 3236명입니다. 그중에 친인척 채용 현황을 지난번에 23년 6월 달에 본인들의 동의를 받아서 확인을 했습니다. 거기에 응답한 사람이 339명이었고 그중에 약 20%에 이르는 분들이 무려 사촌 이내입니다, 사촌 이내. 그러면 뭡니까? 언론 속보에는 경력채용자 중에서 5명 중에 1명이 친인척이라는 거 아닙니까? 그러면서 계속 자정 노력을 하신다고 그래요.

(영상자료를 보며)

PPT 6페이지 한번 띄워 봐 주시겠습니까?

지난 10년간 선관위는요 인사와 인사감사를 인사과에서 같이 했습니다.

후보자님, 법원에서는 법원행정처에서 인사를 하고 대법원 윤리감사관실에서 감사를 하지요?

○**중앙선거관리위원회위원후보자 김대웅** 예, 그렇습니다.

○**이만희 위원** 그런데 지난 10년간 선관위는 인사과에서 인사하고 인사감사는 같은 인사과에서 한 거예요. 그걸 김용빈 총장이 와서 그나마 바꾼 겁니다.

다음도 한번 볼까요?

7페이지 한번 보여 주십시오.

총 항목이 8개 항목입니다, 보시다시피, 경력채용을 비롯해서 정무직공무원들에 대한 검증까지. 이게 23년도 채용비리 상황이 나왔을 때 특별감사위원회를 만들면서 노태악 위원장이 국민들한테 약속한 내용들입니다, 이렇게 하겠다고. 총장님, 맞습니까?

○참고인 김용빈 예, 맞습니다.

○이만희 위원 이번에는 국민들한테 머리를 숙였다고 하면서도 나타나지도 않았어요. 서면으로 사과하시면서 그중에 3개는 뺐어요, 슬그머니. 왜? 하기 힘들다고. 이런 선관위에 어떻게 국민들이 믿고 크레디트를 줄 수 있겠습니까? 어떻게 자체적으로 개혁한다는 거에 대해서 100% 믿을 수 있겠습니까?

한번 볼게요.

4페이지 한번 띄워 봐 주십시오.

이거 바로 며칠 전에 이루어졌던 내용입니다. 감사원에 대한 선관위의 직무감찰에 대해서 어떻게 생각하냐, 국민들께서. '국민들의 의견이 어떻습니까' 물어보면 53%, 54% 가까운 분이 직무감찰을 받으라는 겁니다.

그러면 헌재 결정에 대해서는 어떻게 생각합니까?

5페이지 한번 띄워 봐 주십시오.

물론 헌재가 단심제고 불복할 방법도 없습니다. 그렇지만 주권자분들은 헌재 판결에 대한 이런 불신을 가지고 있는 겁니다. 이걸 줄이기 위한 노력해야 되지 않습니까? 책임 있는 위치에 계신 분들이 국민들만 탓하는 겁니까! 부정선거 없다고! 채용비리하고 부정선거가 무슨 관계가 있냐고?

후보자님, 어떻게 그렇게 단언할 수 있습니까! 국민들께서……

○이해식 위원 아니, 조용조용히 좀 하시지요. 뭘 그렇게 세게 얘기를 해요?

○이만희 위원 그래요.

1분 좀 더 주십시오.

○위원장 신정훈 예, 그렇게 하세요.

○이만희 위원 후보자님, 그래요. 제가 너무 소리가 좀 높아진 것 같은데 제가 말씀드리고 싶은 건 뭐냐면 부정선거 없다는 거…… 저도 부정선거 있다고 이렇게 100% 믿는 사람은 아닙니다. 하지만 적어도 주권자들이 그렇게 많은 의문점을 가진다면 그 의문점을 해소하기 위한 노력을 하셔야 되지 여러분들이 '네가 잘못됐어' 손가락질하면서 '왜 네가 그걸 믿는 거야?' 그렇게 얘기하면 안 된다는 거지요.

더군다나 선관위는 채용과 관련된 이런 엄청난 비리가 있지 않습니까? 그리고 선거, 선관위 조직 운영과 관련해서도 정말 이루 다 말하지 못할 만큼의 많은 얘기가 남아 있습니다, 아직까지도.

제가 총장님 열심히 하신 거 압니다.

이번에 후보자님 가시면 같이 힘 모으서 가지고 꼭 이것 좀 바로잡아 주십시오. 국민들 탓하지 마시고요 스스로 좀 바로잡아 주십시오.

○중앙선거관리위원회위원후보자 김대웅 예, 위원님 말씀하신 것 잘 새겨듣도록 하겠습니다.

○이만희 위원 그래요.

감사합니다.

○**위원장 신정훈** 참 답답하네요. 지금 양쪽에서 부정선거가 없었다고 확인하는 그런 발언과 또 국민들이 50%의, 절반 가까운 국민들이 부정선거라고 믿고 있는데 국민들의 뜻을 따라야 하지 않냐고 하는 그런 또 질책이 있습니다. 이거에 대해서 어떻게 생각하세요?

○**중앙선거관리위원회위원후보자 김대웅** 지금까지 말씀드린 것처럼 부정선거가 있지 않았다고 생각하고 있고요. 다만 국민들의 의혹을 풀어 주기 위해서 선관위가 더 열심히 하라고 하면 그 부분……

○**위원장 신정훈** 맞습니다. 저는 이 자리가 정말 국민들의 의혹을 객관적인 팩트와 우리가 가지고 있는 헌법과 법률에 근거해서 정말 국민들에게 이해시키고 납득을 시켜야 한다고 생각합니다.

그럼에도 불구하고 계속적으로 선관위의 채용비리, 선관위의 부정선거 의혹, 이것들이 뒤섞이면서 지속적으로 이것이 저는 국민들한테 더 증폭되지 않을까 이런 우려가 있습니다. 이건 우리 위원회가 해야 될 일이 아니라고 생각합니다.

그런 점에서 선관위의 위원으로 지금 추천된 후보자께서는 좀 더 분명하고 또 그렇게 살아오셨지 않습니까? 법률이, 판결이 국민들에게 통용되지 않는다면 대한민국 헌정질서가 어떻게 유지될 수 있습니까?

저는 그런 점에서 좀 더 국민들의 여론과 그 여론을 감안하더라도 팩트와 법률에 의해서 분명한 답변을 해 주셔야 될 의무가 있다고 생각합니다.

○**중앙선거관리위원회위원후보자 김대웅** 예, 알겠습니다.

○**위원장 신정훈** 흔들려서도 안 된다고 생각합니다.

다음은 이해식 위원님 질의해 주시기 바랍니다.

○**이해식 위원** 서울 강동을의 이해식 위원입니다.

후보자님, 앞서 위원님의 질의가 있었던 것으로 제가 얘기를 들었는데 애초 저희 의원실에서 제일 처음 문제 제기한 거라서 제가 또 다시 한번 질문을 하겠습니다.

후보자께서는 아파트 분양 과정에서 다섯 차례의 위장전입을 했고 배우자께서는 다운계약서를 작성한 바가 있습니다.

위장전입이라고 하는 것은 명백한 실정법 위반이지요?

○**중앙선거관리위원회위원후보자 김대웅** 예.

○**이해식 위원** 당시 현직 법관 신분이었던 후보자가 상습적으로 실정법을 위반한 것이다, 매우 실망스러운 것이라고 할 수 있겠지요?

○**중앙선거관리위원회위원후보자 김대웅** 예, 그 부분은 잘못한 걸 인정하고 있습니다.

○**이해식 위원** 2003년도에 작성되었던 다운계약서는 당시 불법은 아니었다 하더라도 세금을 줄이기 위한 편법 행위로 관행이다 이렇게 말할 수는 없는 거라고 생각이 됩니다. 그렇지요?

○**중앙선거관리위원회위원후보자 김대웅** 그렇습니다. 그것도 역시 잘못한 것입니다.

○**이해식 위원** 당시 정상적으로 지방세를 냈더라면 4930만 원을 내야 되는데 다운계약서를 작성함으로써 1009만 2000원 정도밖에 내지를 않았고 따라서 4000만 원 가까운 세금을 내지 않은 결과를 초래한 것이지요. 국가재정의 손실을 초래한 것으로 보여집니다.

그렇지요?

○**중앙선거관리위원회위원후보자 김대웅** 예.

○**이해식 위원** 그렇다면 불법이 아니다 그런 말로 넘어갈 수는 없는 거겠지요?

○**중앙선거관리위원회위원후보자 김대웅** 예, 그렇습니다.

○**이해식 위원** 다시 한번 공식적으로 사과를 하실 용의가 있습니까?

○**중앙선거관리위원회위원후보자 김대웅** 예, 그 부분에 대해서는 사실 오전에도 말씀드렸지만 변명의 여지가 없는 부분이라서 그 부분은 제가 잘못했다는 것을 확실히 인정하고 있습니다. 사과드립니다.

○**이해식 위원** 후보자께서 헌법과 법률을 수호하는 법관 신분이고 또 선거관리를 책임져야 되는 선관위원으로, 지금 후보자로 앉아 계시기 때문에 재차 이런 질문을 드리는 겁니다.

그리고 저는 선관위도 마찬가지라고 생각해요. 선거관리위원회가 헌법상 독립기구로 돼 있지 않습니까?

○**중앙선거관리위원회위원후보자 김대웅** 예.

○**이해식 위원** 이렇게 헌법상 독립기구로 돼 있는 나라가 우리나라 말고 어느 나라가 있는지를 혹시 아십니까?

○**중앙선거관리위원회위원후보자 김대웅** 제가 아는 한도로는 드문 걸로 알고 있습니다.

○**이해식 위원** 드물지는 않습니다. 가까이 필리핀이라는 나라도 있고 아프리카의 나이지리아라든가 남아프리카공화국 이런 데도 그런 것 같습니다. 그리고 인도라든가 파키스탄 같은 나라들도 그렇다고 알고 있습니다. 정확한지는 모르겠는데…… 사무총장님, 어떻습니까?

○**참고인 김용빈** 태국은 확실하게 상설기관화돼서 국가 서열도 굉장히 높습니다.

○**이해식 위원** 그렇습니까?

○**참고인 김용빈** 그런데 인도 쪽은 제가 정확하게 모르겠습니다.

○**이해식 위원** 그러나 어떻든 미·영을 비롯해서 일부…… 그러니까 주로 선진 국가들은 그렇지는 않지요?

우리나라도 사실은 행정부에서 선거관리를 할 때는 됐다 그렇게 생각합니다, 개인적으로. 그런데 우리는 역사적인 맥락이 있지요. 그렇지요?

○**중앙선거관리위원회위원후보자 김대웅** 예.

○**이해식 위원** 3·15 부정선거라는 게 있었고 4·19 혁명이 있었고, 그래서 1963년도 5차 헌법 개정 때 선거관리위원회를 헌법기구로 독립을 시켰습니다. 3·15 부정선거라고 하는 뼈아픈 역사의 과거가 있기 때문에 그걸 되풀이해서는 안 된다라고 하는 국민적 열망을 담은 것이거든요.

그러면 선거관리위원회는 그만큼 더 엄격하게 선거관리에 임해야 되고 선거관리위원회 위원들을 포함한, 위원장에서부터 위원들을 포함한 직원들까지 헌법상 독립기구로서의 어떤 자존감이라 그럴까 그런 것을 가지고 근무를 했어야 됨에도 불구하고 헌법상 독립기구라고 하는 것을 마치 이용이라도 하듯이 이런 채용비리가 만연한 조직으로 운영해 왔다는 것, 이것은 정말 땅을 치고 통곡할 일이다 이렇게 생각합니다.

○**중앙선거관리위원회위원후보자 김대웅** 예, 맞습니다.

○**이해식 위원** 그렇지요?

○**중앙선거관리위원회위원후보자 김대웅** 예, 저도 똑같이 생각하고 있습니다.

○**이해식 위원** 바로 저는 그 점에 있어서 채용비리가 재발되지 않도록 하는 자체적인 아주 정말 단호한 조치 그리고 국민들께서 납득할 만한 정말 파격적인 조치가 있어야 된다고 생각합니다.

그래서 위원으로 가시면 국민들의 신뢰를 다시 회복할 수 있는 정말 엄정한 조치를 해야 될 책임이 저는 후보자에게 있다 이렇게 생각하는데 어떻게 생각하세요?

○**중앙선거관리위원회위원후보자 김대웅** 맞습니다. 헌법기관이라고 해서 제한 없는 권한을 갖고 있는 건 아니라고 생각하고요. 헌법기관이라면 또 그에 걸맞은 책임을 져야 된다고 생각하고 있습니다. 말씀하신 것은 명심하고 최선을 다해서 수행하도록 하겠습니다.

○**이해식 위원** 시간이 끝나서 그런데요, 어쨌든 이것이 선거 부정 의혹으로까지 연결되는 그런 빌미를 제공한 것은 있다 이렇게 생각합니다. 물론 선거 부정하고 차원이 다른 문제이지요. 그동안 이 채용비리가 없었다면 우리나라 선거관리는 정말 세계에서도 자랑할 만한 선거관리였고 모범적인 선거관리였거든요, 선진국에서도 벤치마킹을 왔고. 특히 사전선거의 시스템이라고 하는 것은 탁월한 시스템으로 인정받고 있었어요. 그런데 부정 채용, 채용비리 이것이 그냥 한꺼번에 그런 명성을 다 무너뜨려 버린 거예요.

그래서 지금 내란을 경고하면서 윤석열의 파면을 반대하는 측에서 이렇게 과도하게 활용하고 있는 측면이 있고 또 그것을 국민의힘 의원들 상당수가 동조하고 있는 상황이 참 안타깝기는 한데……

그러나 이 부정 채용비리만큼은 다시 재발되지 않도록 확실한 대책이 있어야 한다 이런 말씀을 꼭 드리고 싶습니다.

○**중앙선거관리위원회위원후보자 김대웅** 예, 잘 알겠습니다.

○**위원장 신정훈** 수고하셨습니다.

다음은 양부남 위원님 질의해 주시기 바랍니다.

○**양부남 위원** 후보자님, 많은 위원님들이 선관위의 채용비리에 대해서 질타가 많이 이어지고 있습니다. 채용비리는 제가 구체적으로 말씀드리지 않겠는데 비리의 종합세트라고 할 수가 있어요. 그리고 이걸 보면서, 우리 많은 청년들에게 실망감과 분노와 좌절감을 안겨 준 사건입니다.

그것의 PPT 한번 보겠습니다.

(영상자료를 보며)

채용비리도 있지만 선관위가 선거 때 정말로 힘을 집중해야 될 기관인데도 불구하고 선거 때만 되면 집을 나가요. 2018년도에 30명, 2020년 총선 때 60명, 2022년 지방선거에 85명, 2024년 총선에 80명이 집을 나갔어요, 선거하기 6개월 전에. 이것 가당키나 한 일입니까? 그래서 이러한 문제가 있어서 이번에 감사원에서 직무감찰을 한 것 아닙니까?

여기에 대해서 헌재는 행정권을 수반으로 하는 대통령, 거기에 속한 감사원이 헌법기관으로 있는 중앙선관위를 감찰하는 것은 적절치 않다라고 판결을 내렸습니다.

제가 행정안전위원회 처음 왔을 때 그런 질의를 했어요, 사무총장한테. 과연 중앙선관위가 헌재를 상대로 권한쟁의심판을 하는 걸 보고 국민이 어떻게 생각할까 질의한 적이 있었습니다. 그건 또 다른 차원이지만…… 어찌 됐든 헌재에서는 이번에 감사원의 감사가 적절하지 않다는 판단인데 면죄부를 준 건 아닙니다. 그걸 명심해야 될 것입니다.

그리고 제가 확인하고 싶은 것은 이렇게 채용비리가 있고 근무 기강이 엉망이지만 그렇다고 해서 이것이 부정선거로 이어지는 것은 아니지 않습니까?

○중앙선거관리위원회위원후보자 김대웅 예, 그렇습니다.

○양부남 위원 그렇지 않습니까?

○중앙선거관리위원회위원후보자 김대웅 예.

○양부남 위원 이건 논리의 비약이고 견강부회라는 생각이 듭니다.

그리고 지금 윤석열 대통령께서 수없이 강조하고 있습니다. 부정선거 때문에 내가 계엄을 했다 이렇게 강조하고 있는데 부정선거가 인정되지 않는다는 것은 우리가 여러 번 질의와 답변을 통해서 확인했습니다.

그런데 제가 후보자께 질의하고 싶은 것은 가사 윤석열 대통령 주장처럼 부정선거 의혹이 있다손 칩시다. 그러면 부정선거의 의혹이 있으면 이렇게 무장한 군을 동원해서 압수수색을 해야 됩니까, 아니면 윤석열 대통령의 지시를 철통같이 잘 따르는 검찰을 동원해서 수사를 해야 됩니까? 어떻게 해야 돼요?

○중앙선거관리위원회위원후보자 김대웅 글쎄, 통상적인 방법을 취하는 게 맞다고 생각을 하는데요.

○양부남 위원 통상적인 방법이 뭡니까? 그렇게 답변하지 마시고, 통상적인 방법이 무슨 방법이야? 군을 동원하는 게 통상적입니까?

○중앙선거관리위원회위원후보자 김대웅 그렇지는 않다고 생각합니다.

○양부남 위원 정확히 이야기를 해 보세요.

○중앙선거관리위원회위원후보자 김대웅 다만 개개 질문하신 부분의 부정선거 부분에 대해서는 좀 말씀드린 게 있고……

○양부남 위원 아니, 제가 전제를 했잖아요. 부정선거가 가사 만 번, 천 번 양보해서 있다손 치면 어떻게 해야 되냐 이거예요. 군을 보내야 돼요, 아니면 수사기관을 보내야 돼요?

○중앙선거관리위원회위원후보자 김대웅 하여튼 그 부분은 제가 지금 후보자 신분에서 좀 말씀드리기가 어렵다는 점을 이해해 주시면 감사하겠습니다.

○양부남 위원 그러면 윤석열 대통령의 비상계엄이 정당하다는 겁니까?

○중앙선거관리위원회위원후보자 김대웅 꼭 그런 뜻은 아닙니다만 어쨌든 구체적인 답변은 좀 드리기가 어렵다……

○양부남 위원 아니, 그게 무슨…… 그러면 군을 보내도 된다 이 말씀입니까?

○중앙선거관리위원회위원후보자 김대웅 그 부분도 마찬가지입니다.

○양부남 위원 그래요?

아니, 확실히 이야기하세요. 군을 보내도 되는 겁니까?

○중앙선거관리위원회위원후보자 김대웅 그러니까……

○양부남 위원 아니, 판사 출신이 법치주의에 대한 개념이 있는지 저는 질의하고 싶네요.

○중앙선거관리위원회위원후보자 김대웅 초기 질문에 아마, 어느 위원님 질문할 때 잠

간 답변……

○**양부남 위원** 아니, 제 질문이에요. 제 질문에 답변해 보세요.

○**중앙선거관리위원회위원후보자 김대웅** 군을 동원해서 선관위에 온 것은 잘못됐다고 생각한다고……

○**양부남 위원** 아니, 그 답변이 그렇게 어려워요? 그런 소신도 없이 어떻게 중앙선관위원을 할 수가 있어요? 무엇 때문에 중앙선관위원으로 오신 겁니까, 그러면?

그리고 군을 동원해서 헌법기관인 중앙선관위를 점거한 것은 국헌문란이 되지요? 안 됩니까, 국헌문란? 뭐가 국한문란입니까?

○**중앙선거관리위원회위원후보자 김대웅** 국가 헌법기관을……

○**양부남 위원** 그렇지요? 중앙선관위는 헌법기관이지요?

○**중앙선거관리위원회위원후보자 김대웅** 예, 맞습니다.

○**양부남 위원** 헌법기관을 무력으로 진압했어요. 그게 국헌문란 아닙니까? 아니에요?

○**중앙선거관리위원회위원후보자 김대웅** 그렇지는 않습니다.

○**양부남 위원** 국헌문란이지요?

그리고 군대를 동원해서 이런 것은 폭동입니다. 내란죄에 해당되지요?

답변해 보세요. 법률가가 이런 걸 답변을 못 하면 어떤 소신을 가지고 일하겠습니까?

○**중앙선거관리위원회위원후보자 김대웅** 그 부분은 말씀드리기 곤란하다는 점을 좀 이해해 주셨으면……

○**양부남 위원** 어떤 데서 답변이 곤란합니까?

○**중앙선거관리위원회위원후보자 김대웅** 현직 후보자 신분이고 또 재판 중에 있는 사건이어서 현직 법관 입장에서 말씀드리기가 좀 곤란합니다. 그것은 좀 이해해 주셨으면 감사하겠습니다.

○**양부남 위원** 제가 이해할 부분이 아니고 이 TV를, 이 인사청문회를 보고 있는 많은 국민이 후보자를 보면서 저 정도 소신을 가지고 지금 온 국민한테 질타를 받고 있는 중앙선관위 근무 기강, 채용비리, 공정성을 과연 확보할 수 있을 것인지 의문을 가질 겁니다. 소신 갖고 하세요.

○**중앙선거관리위원회위원후보자 김대웅** 예, 잘 알겠습니다.

○**양부남 위원** 현재 서울고등법원의 법원장이신 분이 무슨 미련이 있고 무슨 관직에 대해 미련이 있습니까? 소신 갖고 하는 게 국가와 국민을 위하는 길입니다, 본인의 명예를 지키는 길이고. 명심하시기 바랍니다.

이상입니다.

○**중앙선거관리위원회위원후보자 김대웅** 명심하겠습니다.

○**위원장 신정훈** 후보자께 다시 한 번 더 좀 실망스럽습니다.

지금 후보자가 추천된 기관은 중앙선관위입니다. 중앙선관위 위원의 후보자로 이 자리에 와서 지금 청문회를 받고 있습니다.

이번 윤석열 불법계엄으로 동원돼서 장악한 기관이 선관위고 국회고 둘 다 헌법기관이에요. 무력으로 봉쇄하고 방해하고 침탈했단 말이에요.

이런 문제에 대해서, 이 불법성에 대해서 법률 전문가인 후보자께서 그렇게 좌고우면하는 모습으로 어떻게 이 어려운 선관위의 공정성을 유지하고 관리할 수 있겠습니까?

윤석열 대통령께서요, 대통령이 지금 현재 재판을 받고 있는, 형사적으로 어떤 범죄의 혐의로 지금 형사적 재판을 받고 있는지 아십니까?

○중앙선거관리위원회위원후보자 김대웅 예, 내란죄로 알고 있습니다.

○위원장 신정훈 내란수괴지요?

○중앙선거관리위원회위원후보자 김대웅 예.

○위원장 신정훈 온 국민들이 다 보고 지금 판단하고 있어요. 특히 헌재는 침탈되고 봉쇄된 그 기관의 당사자란 말이에요.

대한민국의 헌법기관인 선관위가 지금까지 어떤 역사에서도 침탈된 적이 있었습니까? 이런 엄중한 상황에서 선관위원으로 추천된 분이 좌고우면하고 우물쭈물하고 하는 그런 소신으로 어떻게 선관위가 지금 실추된 명예를 회복하고 제 기능을 회복할 수 있겠어요?

저는 그 부분에 대해서는 후보자가 좀 더 명료하니 자기 입장을, 소신을 이야기해야 한다고 생각합니다. 법률적인 판결을 이야기하지 않습니다. 어떻게 생각해요?

○중앙선거관리위원회위원후보자 김대웅 군을 동원해서 선관위를 왔던 것은 잘못이라고 생각하고 있습니다.

○위원장 신정훈 단호하게 그렇게 말씀하셔야지요, 단호하게. 그것은 초등학교 학생도 다 이야기할 수 있는 이야기예요. 법률을 모르는 일반 노동자나 농민들도 할 수 있는, 당연히 그렇게 판단하고 그렇게 이야기할 수 있는 이야기예요.

다음은 김종양 위원님 이야기해 주시기 바랍니다.

○김종양 위원 창원특례시 의창구 지역구 국회의원 김종양입니다.

오늘 질의 과정에서 대통령의 비상계엄과 관련해서 비상계엄을 하게 된 이유를 갖다가 부정선거로만 몰아가는 것 같아 가지고 조금 아쉽다는 그런 생각이 들고요.

사실 주 이유는 대통령으로서의 어떤 권능 행사를 하지 못하게 여러 가지 탄핵이라든지 등등, 그렇지요? 그런 것 때문에 비상계엄, 대통령이 가지고 있는 권한을 행사한 걸로 그렇게 보여지는데, 그렇지요? 그런데도 불구하고 이것을 갖다가 부정선거로만 몰아가 가지고 지금 비상계엄을 한 것에 대해서 후보자에게 질의를 하는 것에 대해서 상당히 안타깝다는 그런 생각이 듭니다.

후보자께 질의하겠습니다.

후보자는 중앙선관위 후보자이자 지금 현재 고등법원장이잖아요. 그래서 제가 이 질문을 드립니다.

오늘 후보자께서 모두발언 중에서 저에게도 가장 가슴에 와 닿은 것이 재판절차만은 모든 사람이 승복할 수 있도록 하기 위해서 최선을 다해 왔다 그렇게 말씀하셨는데 후보자님, 재판절차를 조금 구체적으로 설명을 한번 해 주시지요.

○중앙선거관리위원회위원후보자 김대웅 소송 당사자에게 변론할 기회를 충분히 주는 것, 그 당사자의 말을 일단 경청하는 것, 또 형사소송 절차 같으면 피해자의 진술권이나 의견도 반영하는 것, 엄정한 양형 이런 것이라고 생각합니다.

○김종양 위원 잘 알겠습니다.

지금 주말마다 전국 곳곳의 광장에 수십만 명이 모여서 분노하고 있는 걸 잘 알고 있지요?

○**중앙선거관리위원회위원후보자 김대웅** 예.

○**김종양 위원** 그 주 이유 중의 하나가 재판절차의 불공정성 때문에 그렇다고 저는 보고 있습니다. 그중의 하나가, 재판의 지연 문제도 재판절차에 속하는 거지요?

○**중앙선거관리위원회위원후보자 김대웅** 예, 그렇습니다.

○**김종양 위원** 규정에 따라서 재판 진행되도록 하는 게 맞지요?

○**중앙선거관리위원회위원후보자 김대웅** 예, 맞습니다.

○**김종양 위원** 선거사범 재판은 어떻게 하도록 돼 있습니까?

○**중앙선거관리위원회위원후보자 김대웅** 정해진 6개월, 3개월, 3개월 기간 안에 1·2·3심을 진행하도록……

○**김종양 위원** 지금 선관위에서 애써 불법행위자를 적발해 가지고 고발한 것에 대해서 법원에서 재판을 규정에 따라서 재판 기간을 제대로 지키지 않음으로 인해 가지고 임기를 마치는 그런 사례가 허다합니다. 그렇지요?

○**중앙선거관리위원회위원후보자 김대웅** 예, 그런……

○**김종양 위원** 그런데 지금 법원에서 규정된 6·3·3월이었던 그런 규정을 지키지 않아도 되는 겁니까, 아니면 의도적으로 또 사람에 따라서 그렇게 하는 겁니까? 어떻게, 힘 있거나 한 사람들에 대해서는 그분들의 편의를 봐주고 그리고 약자일 경우에는 그냥 신속하게 끝내고 하는 그런 분위기입니까? 왜 6·3·3의 원칙을 지키지 않고 있지요?

○**중앙선거관리위원회위원후보자 김대웅** 글쎄, 각 재판부가 고의로 이 기간을 지키지 않았다고 생각하지는 않습니다. 다만 사건의 특성에 따라서는 심리하는 데 여러 가지 증인이 필요하다든지 여러 가지 증거조사가 필요한 경우에 현실적인 재판 여건하에서 심리를 하다 보면 본의 아니게 늦어지는 경우도 있다고 생각하고 있습니다.

○**김종양 위원** (영상자료를 보며)

지금 화면에서 보다시피 실제 재판 기간을 제대로 준수하는 경우는 거의 없습니다. 그렇지요? 그렇다 보니까 뭐 임기 특혜라는 그런 비난도 나오고 있고. 그리고 특히 최근 들어 가지고 지금 두 분의, 야당 대표인 이재명 대표하고 윤석열 대통령과의 그런 재판 진행 과정에 있어서의 어떤 불공정성 거기에 대해서 지금 엄청나게 국민들이 분노를 하고 있잖아요.

지금 이재명 대표 몇 개 사건에서 몇 개 범죄로 몇 개 재판을 받고 있다는 것 잘 알고 계십니까? 8개 사건에서 12개 범죄 혐의로 5개 재판을 진행하고 있습니다. 그런데 2개가 일심 재판이 지금 나왔잖아요. 그것 하나 일심 재판하는 데 얼마나 기간 걸렸는지 압니까?

○**중앙선거관리위원회위원후보자 김대웅** 상당한 기간이 걸렸던 걸로 알고 있습니다.

○**김종양 위원** 지금 그런 부분에 대해서 만에 하나, 지금 선관위하고 가교 역할, 법원하고 가교 역할을 할 수 있는 위치에 계신데 그런 부분에 대해서 빨리 신속하게 규정대로 재판절차 진행해 가지고 국민들로부터 사법부라든지 선관위가 신뢰를 얻도록 해야 되겠다는 그런 생각은 안 하십니까?

○**중앙선거관리위원회위원후보자 김대웅** 재판 자체에 대해서는 관여할 수 없는 것이지만 말씀하신 대로 어떤 법규를 지키는 부분에 대해서……

○**김종양 위원** 법원의 분위기를 갖다가, 문화를 그렇게 조성하는 게 저는 무엇보다도

중요하다고 그렇게 생각을 합니다. 특히 리더, 사회적인 어떤 위치에 있는, 최고의 위치에 있는 그런 사람들에 대한 재판은 보다 더 규정에 따라 엄정하게 이루어져야 국민들이 수용할 것 아닙니까? 그렇잖아요.

그러니까 오늘 제가 한 그런 부분에 대해서 특히 사회적 지도층에 있는 사람들의 재판에 대해서는 신속하고 공정하게 이루어질 수 있도록 후보자께서 잘 좀 챙겨 주시기 바랍니다.

○**중앙선거관리위원회위원후보자 김대웅**　예, 유념하겠습니다.

○**김종양 위원**　이상입니다.

○**위원장 신정훈**　다음은 박정현 위원님 질의해 주시기 바랍니다.

○**박정현 위원**　대전 대덕구 박정현 위원입니다.

오늘 하루 종일 부정선거에 대해서 이야기를 하는데 좀 답답합니다. 그런데 이 문제가 중요한 것은 윤석열이 12월 3일 날 비상계엄을 선언한 중요한 동기가 어쨌든 부정선거고 내란을 획책하는 세력들이 부정선거를 촉매제로 지금 활용하고 있습니다. 그래서 이 문제는 선관위가 명백한 입장을 갖고 대응을 하셔야 되거든요. 이번에 중앙선거관리위원이 되시면 이 부분에 대해서는 아주 단호한 입장을 가지셔야 될 것 같습니다. 그렇게 하실 거지요?

○**중앙선거관리위원회위원후보자 김대웅**　예, 그렇습니다.

○**박정현 위원**　저는 조금 다른 것 얘기 한번 해 보겠습니다.

후보자께서는 한국이 OECD 국가 중에 공무원의 정치 기본권이 가장 엄격하게 제한되어 있는 국가라는 건 아시지요?

○**중앙선거관리위원회위원후보자 김대웅**　정확히는 모르지만 그렇게 알고는 있습니다.

○**박정현 위원**　보시면 제가 구청장 시절에 정책과 관련해서 페이스북에 올렸고 그리고 그 정책을 함께 추동했던 공무원이 '좋아요'를 눌렀는데 그 문제 때문에 그 공무원이 경고를 받는 일이 있었어요. 이게 말이 안 되잖아요. 더군다나 자기가 추진한 정책인데 제가 SNS에 올렸다고 해서 거기에 좋아요를 눌렀는데 경고를 받는다는 게 말이 안 됩니다. 지금 우리나라가 그런 상황에까지 간 거거든요. 그래서 이 문제에 대해서는 변화가 좀 있어야 된다고 생각하지 않으세요?

○**중앙선거관리위원회위원후보자 김대웅**　저도 그렇게 생각하고 있습니다.

○**박정현 위원**　(영상자료를 보며)

PPT 좀 보시면, 공무원의 정치 기본권 보장과 관련해서 국가별 유형이 있는데요. 기본권 자체가 평등하게 보장된 나라가 있고 그리고 일부 제한이 되는데 조금 유연하게 제한된 나라가 있고 또 경직되게 제한된 나라가 있는데 우리는 지금 완전히 부정을 당하고 있거든요. 이를테면 일본만 하더라도 실제로 공무원이 개인적으로 정당에 가입할 수 있어요.

그다음 PPT 보여 주시면……

가입은 할 수 있지만, 정치자금을 기부할 수는 없지만 정당 당비는 낼 수 있습니다. 그리고 영국 같은 경우도 중위 관리직급이나 하위 관리직급, 행정직 지원직은 정치적으로 자유롭게 참여할 수 있습니다. 미국도 근무시간이 아닌 때 연방정부 자산 밖에서 연방정부의 시설과 자원을 이용하지 않는 조건하에서는 광범위한 당파적 정치활동을 할 수 있습니다. 대만의 경우도 직책만 겸직할 수 없을 뿐이지 정당에 가입할 수 있고, 태국도 마찬가지입니다.

그런데 우리가 대만하고 태국보다 정치적으로 못한 나라가 아닌데 지금 이렇게 규정하고 있는 것에 대해서는 문제가 있다고 생각하지 않습니까?

○**중앙선거관리위원회위원후보자 김대웅** 좀 더 확대할 필요가 있다고는 생각하고 있습니다.

○**박정현 위원** 그래서 저는 우리나라 공무원의 정치 기본권이 제한돼서 오히려 공무원들의 정당한 목소리가 왜곡되고 있다, 그리고 음성화되고 있다라고 생각이 되고요. 최근 내란 사태에서 부당한 명령에 불응한 공무원들도 물론 있었지만 대개 순응한 공무원들이 많았어요. 특히 고위직급, 장관급들은 대부분 그렇게 했지요. 그래서 영혼 없는 공무원들이 양산된 주된 원인이 이런 거라고 보여집니다.

그래서 전체를 풀 수 없다면 대상을 한정하고 중하위직이나 일반직 공무원에 대해서는 정치 기본권을 보장해야 된다 이렇게 생각하는데 동의하시는 거지요?

○**중앙선거관리위원회위원후보자 김대웅** 예, 그렇습니다. 동의합니다.

○**박정현 위원** 한 가지만 더 여쭤보겠는데요.

지금 누가 봐도 선거가 임박한 것 같아요. 그런데 선거 준비가 지금 촉박한데 만약에 파면이 되면 60일 안에 선거를 해야 되지 않습니까? 저는 국내에서도 잘 정비해야 되지만 재외선거가 어떻게 되고 있는지 궁금한데요. 이 부분은 후보자께서는 잘 모르실 것 같고 김용빈 사무총장께 질의를 하도록 하겠습니다.

재외선거 업무와 관련해서 지금 국외부재자 신고부터 재외선관위 설치까지는 최소 보름 정도 시간이 걸리지요?

○**참고인 김용빈** 지금 신고받는 부분은 한 20일 정도에 걸쳐서 하게 되고요.

○**박정현 위원** 그렇지요. 그리고 선거에 필요한 장비와 물품을 수급하는 데도 이게 한 30일 정도 걸리는 것 같더라고요, 제작하고 배송하는 데.

○**참고인 김용빈** 일단 쓰던 장비를 보낼 거고요. 만약 재외선거가 이루어지면 쓰던 장비를 보낼 겁니다. 그리고 외무부나 이런 협조에 의해서 차질이 없도록 하겠습니다.

○**박정현 위원** 잘해 주셔야 될 것 같고요.

2017년 박근혜 탄핵 때는 어차피 그해 연말에 대통령선거가 있었기 때문에 이미 조금씩 준비하고 있었던 게 있었는데 지금은 전혀 선거 시기가 아니기 때문에……

○**참고인 김용빈** 다만 지금 이 자리에서 마치 조기 대선이 있는 것을 전제로 해서 제가 말씀드리기는 좀 어렵습니다.

○**박정현 위원** 그러시겠지만 어쨌든 그 부분에 대해서는……

○**참고인 김용빈** 하여튼 일말의 가능성에 대해서 전부 열어 놓고 저희 나름대로는 잘 준비하겠습니다.

○**박정현 위원** 잘 준비를 하셔야 될 것 같고요. 특히 선거인명부 확인 이런 게 조금 불가능할 가능성이 있기 때문에 이런 부분에 대해서 잘 대응을 하셔야 될 것 같고요.

후보자께서도 이제 위원이 되시면 선거 기간에, 지금 부정선거 논쟁이 계속되고 있으니까 특히 이번에 이 불씨를 완전히 제거할 수 있도록 국내 선거도 그렇지만 재외선거에 대한 대비도 잘해 주시기를 당부드리겠습니다.

○**중앙선거관리위원회위원후보자 김대웅** 예, 잘 알겠습니다.

○**박정현 위원** 이상입니다.

○**위원장 신정훈** 수고하셨습니다.

다음은 위성곤 위원님 질의해 주시기 바랍니다.

○**위성곤 위원** (영상자료를 보며)

PPT 보시면요, '모두 때려 부숴야 합니다. 쳐부수자' 또 '처단하라' 이런…… 3월 1일에 서천호 의원이 3·1절 기념 탄핵 반대 집회에서 한 얘기고 또 김용현 전 국방부장관이 한 얘기입니다.

어떻게 생각하십니까?

○**중앙선거관리위원회위원후보자 김대웅** 옳지 않다고 생각합니다.

○**위성곤 위원** 이게 우리가 헌정질서를 유지하는 데 도움이 되는 이야기입니까?

○**중앙선거관리위원회위원후보자 김대웅** 그렇지 않다고 생각합니다.

○**위성곤 위원** 헌정질서를 유린하고 파괴하는 행위지요?

○**중앙선거관리위원회위원후보자 김대웅** 예.

○**위성곤 위원** 이렇게 선동하고 선전해서 얻는 이득이 대한민국의 분열일 것이라고 생각합니다. 그 분열은 결국 우리 민주주의를 파괴하는 것이라고 생각하고요. 그런 것에 대해서 단호한 입장을 가져 주실 것을 요청드리겠습니다.

앞서 여러 위원님들 질의에…… 계엄 선포하고 나서 계엄군이 선관위에 침입을 했지요?

○**중앙선거관리위원회위원후보자 김대웅** 예.

○**위성곤 위원** 그리고 어떤 행위를 한 것으로 알고 있습니까?

○**중앙선거관리위원회위원후보자 김대웅** 언론 보도를 통한 건 저기 화면에도 나와 있지만 서버 촬영하고 한 것으로 알고 있습니다.

○**위성곤 위원** 그것이 정당한 행위입니까?

○**중앙선거관리위원회위원후보자 김대웅** 그것은 아까 말씀드렸듯이 정당하지 않다고 생각합니다.

○**위성곤 위원** 헌법에 계엄이 되어도, 헌법과 계엄법에 의하면 그러한 행위를 허용하고 있습니까?

○**중앙선거관리위원회위원후보자 김대웅** 아니요, 허용하고 있지 않습니다.

○**위성곤 위원** 허용하고 있지 않지요. 그러면 그것에 대해서 단호해야 된다고 생각합니다.

○**중앙선거관리위원회위원후보자 김대웅** 예, 그 점은……

○**위성곤 위원** 그런데 법관이기 때문에, 아니면 뭐기 때문에 입장을 밝힐 수 없다 이것이 아니라 계엄법을 위반한 것에 대해서는 분명하게 입장과 태도를 얘기해야 되는 것이 선관위원으로서의 역할이다 이렇게 말씀을 드리겠습니다. 그래서 분명한 태도를 가져 주시고요. 법령을 위반했고 그 위반한 행위로 지금 재판을 받고 있습니다. 다시는 이렇게 우리 선관위가 침탈당해서는 되지 않습니다.

사무총장님께 질문을 좀 드리겠습니다.

선거 데이터 관련해서, 그러니까 선거는 서버가 외부망과 내부망으로 구성돼 있지요?

○**참고인 김용빈** 예.

○**위성곤 위원** 그리고 국정원이 점검한 것은 내부망입니까, 외부망입니까?

○**참고인 김용빈** 둘 다입니다.

○**위성곤 위원** 둘 다?

○**참고인 김용빈** 예, 중앙 서버와 저희 직원들이 사용하고 있는 개인 PC 그걸 다 점검했습니다.

○**위성곤 위원** 그러면 앞서 이성권 위원께서 질의하신 내용 중에 8건의 해킹과 관련된 것은 외부망입니까, 내부망입니까?

○**참고인 김용빈** 저희가 업무망뿐만 아니라, 실질적으로 라자루스가 침범했다고 하는 북한 해킹 부분은 아예 인터넷망에 있는 PC였습니다.

○**위성곤 위원** 아예 다른 망으로 구성돼 있는 거지요?

○**참고인 김용빈** 예. 개인적인 메일이 해킹당한 거고 나머지 부분은 저희한테 이것이 북한의 공격인지 아닌지도 정확히 안 왔고 실질적으로 검토를 했을 때 북한의 개입 흔적은 없는 것으로 밝혀졌습니다.

○**위성곤 위원** 그리고 내부망에 설사 접속이 되더라도 실질적으로 개표 결과를 바꿀 수 있습니까?

○**참고인 김용빈** 전체적으로 저희 보안 체계를 무력화한 상태에서는 가능합니다. 모의 실험으로 그건 가능한 것으로 나왔습니다.

○**위성곤 위원** 아니, 실물 투표지가 따로 있는데 그게 가능해요?

○**참고인 김용빈** 아니, 서버에 있는 데이터값은 변경할 수 있다는 취지입니다.

  그런데 지금 말씀드린 대로 우리는 실물 투표지이기 때문에 사전투표에 가시면 그냥 전자투표를 하는 게 아니라 그 투표지가 출력이 됩니다. 그 투표지를 가지고 투표를 하는 것이기 때문에 본투표의 투표지와 동일합니다.

○**위성곤 위원** 그 투표지를 감시하고 있는 분이, 한 59만 명 정도가 참여해서 실질적으로 그렇게 감시를 하고 있는 거지요.

○**참고인 김용빈** 전체적으로 그렇습니다. 연인원이 그렇습니다.

○**위성곤 위원** 후보자님과 사무총장님께 드리고 싶은 얘기인데요. 채용비리 관련해서 어떻든 간에 선관위의 문제가 매우 심각하다고 생각합니다. 그 심각한 것은 내부적인 문제만으로 해결할 수 없다고 생각하고요. 그것에 대한 국회 차원의 대안 마련이 필요하다고 봅니다. 그것에 대해서 선관위도 안을 마련해 주시고요.

  제 생각에는 지금 현행에 선관위원장은 대통령이 3인, 정당에서 3인 그리고 대법원에서 3인을 추천해서 선관위원장을 구성합니다. 선관위원장은 대부분 대법원에서 추천한 자 중에 1인이 하게 돼 있고 그다음에 상임위원은 호선으로 선출하게 돼 있는데 대부분 대통령이 추천한 분 중에 한 분을 하는 걸로 돼 있습니다. 그런데 거기에 사무총장이라는 직제가 조직 밑에 있지요. 사무총장도 장관급이고 상임위원도 장관급이지요.

  그래서 저는 그렇게 생각을 합니다. 결국 사무총장이 모든 것을 관리하고 있는 것이 대부분 그간, 30여 년 동안 내부자 중심으로 되었기 때문에 이런 비리가 있었다 이렇게 판단합니다. 그래서 대법원처럼…… 대법원의 법원행정처장이 대법관이지요? 그렇지요?

○**참고인 김용빈** 예.

○**위성곤 위원** 대법관 중에 호선을 하지요?

○**참고인 김용빈** 예.

○**위성곤 위원** 그런 것처럼 선관위 사무총장도 선관위원 중에 호선을 하는 제도로 두고 지금 사실상 아무런 역할을 하고 있지 않는 상임위원 제도를 없앨 필요가 있다. 이래서 조직을 통합해서 실질적으로 선관위원들이 조직을 관리할 수 있는 체계로 하는 것은 어떤가 하는 것이 제 의견입니다.

윤건영 위원께서 말씀하셨듯이 보통 사무차장이 사무총장으로 올라가는 관례가 있어서 선관위를 3년이든 5년이든 일단 떠난 이후에 임용이 가능하도록 그런 제한 조건을 두어서 실질적으로 외부 인사가……

○**위원장 신정훈** 마무리해 주시지요.

○**위성곤 위원** 선관위를 관리하게끔 하는 것에 대해서 검토해 주시기 바랍니다.

이상 질의를 마치겠습니다.

○**위원장 신정훈** 수고하셨습니다.

시스템이 잘 작동되지 않아 가지고 좀 실수가 있었습니다. 이해해 주셨으면 좋겠습니다.

다음은 배준영 위원님 질의해 주시기 바랍니다.

○**배준영 위원** (자료를 들어 보이며)

후보자님, 이 감사원 감사보고서 읽어 보셨습니까?

○**중앙선거관리위원회위원후보자 김대웅** 전체는 확인해 보지 못했습니다.

○**배준영 위원** 꼭 읽어 보셔야 될 텐데요.

○**중앙선거관리위원회위원후보자 김대웅** 되면 반드시 읽어 보도록 하겠습니다.

○**배준영 위원** 반드시 읽어 보십시오.

여기 내용을 꼼꼼히 보면 인사비리에 관련된 것도 참 어이가 없는 것들이 많습니다. 그런데 내용 중에 이런 것도 있어요. 허위병가 셀프 결재 후에 장기 해외여행, 허위 항공료 영수증을 제출하여 출장여비 청구 그리고 HS의 근무지 무단이탈 현황 해 갖고 이렇게 두 바닥이나 됩니다.

그런데 헌법재판소에서 감사원 감사를 받는 게 맞지 않다라고 했는데, 그런데 저는 그렇다고 하면 여기에 나와 있는, 감사원에서 중앙선거관리위원회 위원장한테 조치를 요청한 게 있습니다. 징계 또는 주의 또는 여러 가지 조치를 했는데 이것 그냥 묻어 버리실 겁니까, 어떻게 하실 겁니까?

○**중앙선거관리위원회위원후보자 김대웅** 그래서는 절대 안 된다고 생각합니다.

○**배준영 위원** 어떻게 하실 겁니까? 말씀해 주십시오.

○**중앙선거관리위원회위원후보자 김대웅** 그 결과에 나와 있는 걸 보고 그에 따른 정당한 정확한 조치를 해야 된다고 생각을 합니다.

○**배준영 위원** 정확한 조치를 해 갖고 감사원한테 보고 못 하면 국회에 보고해 주시겠습니까?

○**참고인 김용빈** 위원님, 어제 날짜로 그 감사원 결과보고서에서 지적한 32명 중에 17명이 징계 의결 요구고요.

○**배준영 위원** 아니, 그러니까요.

○**참고인 김용빈** 그 감사원 감사 결과에서 원하는 의견대로 저희가 징계 요구도 하고 주의 촉구도 하고 그다음에 지금 퇴직자에 대해서는 통보를 했습니다.

○**배준영 위원** 아니, 그러니까 그러면 결과 보고해 주십시오.

○**참고인 김용빈** 예.

○**배준영 위원** 그러니까 서면으로 결과 보고해 주세요.

○**참고인 김용빈** 예.

○**배준영 위원** 그러면 그걸 보고 제가 다시 한번 따지겠습니다.

○**참고인 김용빈** 예, 알겠습니다.

○**배준영 위원** 저는 이런 생각을 합니다. 3000명의 선관위 직원들이 있는데 99%는 정말 딴 생각 안 하고 열심히 일하시고 성실한 분들이세요. 그리고 밤낮없이 공정한 선거를 위해서 애쓰시는 분들입니다.

그런데 말입니다. 후보자님, 윗물이 맑아야 아랫물이 맑다는 말씀 혹시 들어 보셨지요?

○**중앙선거관리위원회위원후보자 김대웅** 예.

○**배준영 위원** 그래서 이 감사보고서에서 나타난 대로 고위직에 있는 분들이 이렇게 일탈행위를 하다 보니까 그 밑에서 지휘를 받고 계신 분들이 '아, 이런 정도도 하시는데 내가 이런 것 한다고 뭐 문제가 되겠어?' 이런 생각이 만연하지 않았을까 저는 그런 생각이 들거든요. 어떻게 생각하십니까?

○**중앙선거관리위원회위원후보자 김대웅** 저도 그런 분위기가 있지 않았을까라는 생각은 해 봤습니다.

○**배준영 위원** 그래서 일을 정확하게 해야지 정말 성실하게 일하는 선관위 대부분의 직원들이 욕을 먹지 않습니다.

제가 궁금한 게 위원님하고 사무총장님하고 계신데 업무적으로 어떤 관계입니까? 서로 업무보고 하고 지시하고 그런 관계입니까, 아니면 중앙선관위원회라는 위원회를 통해서만 보고를 하시고 업무를 수행하시게 돼 있습니까?

사무총장님, 그거 말씀 좀 해 주시겠어요?

○**참고인 김용빈** 위원회 구조와 사무처 구조는 분리돼 있습니다. 그래서 사무처는 위원장이 관리하도록 돼 있고, 지휘·감독. 다만 그 결재라인 선상에서는 위원장이 비상근이다 보니까 상임위원의 결재를 거치도록 되어 있습니다. 그래서 상임위원만 사무총장하고 안건에 대해서 의논하게 되고 나머지 분들에 대해서는 주요한 안건을 회의가 있을 때 저희들이 보고를 하고 의결사항에 대해서 말씀을 드리고 나머지 부분은 의사담당관실을 통해서 그때그때마다 개별적으로 위원님들한테 중요한 사안에 대해서 보고하고 또 의논할 부분이 있으면 의논을 받고 있습니다.

○**배준영 위원** 그러면 제가 이해하기로는 후보자님이 비상근이시기 때문에 위원회의 결정이라든지 논의를 통해서만 말하자면 사무처의 지시라든지 어떤 결정사항에 대해서 영향력을 미칠 수 있다 이렇게 받아들여도 되는 겁니까?

○**참고인 김용빈** 예, 지금 현실은 그렇습니다.

○**배준영 위원** 글쎄요, 그런데 그 시스템도 좀 맞는지는 제가 잘 모르겠고.

제가 추가질문에서 좀 더 하겠습니다.

이상입니다.

○**위원장 신정훈** 수고하셨습니다.

다음은 정춘생 위원님 질의해 주시기 바랍니다.

○**정춘생 위원** 위원장님, 저 질의하기에 앞서 아까 제 질의에 대해서 배준영 위원님이 사과를 요구했기 때문에 그거에 대한 입장을 먼저 밝히고 시작하겠습니다. 의사진행발언……

○**위원장 신정훈** 간단히만 해 주십시오.

○**정춘생 위원** 예.

저의 손가락을 갖고 뭐라고 하지 마시고요. 하늘을 좀 봐 주셨으면 좋겠습니다.

직전에 선관위 사무총장 했던 사람이 특정 정당에 가입해서 출마하는 부분이 부적절하다, 선거관리에 있어서 공정성을 신뢰할 수 없기 때문이다 이런 지적을 하는 과정에서 배준영 위원의 사진이 나왔던 것입니다.

PPT 한번 띄워 주세요.

○**위원장 신정훈** 잠깐만요.

만약에 하시겠다면 질의를 해 주세요. 지금 의사진행발언으로 하시면 안 됩니다.

○**정춘생 위원** 예, 알겠습니다.

(영상자료를 보며)

배준영 위원님 그 당시 페이스북입니다. 이 사진을 보시면 저 동그라미 쳐진 부분이 김세환 전 사무총장이거든요. 그 옆에 계신 분이 전 국민의힘 비대위원장까지 하셨던 5선 의원의 황우여 의원입니다.

다 아시겠지만 정치에서는 의전이 굉장히 중요하지요. 수천 명 중에 왔던 한 사람은 저기 앉을 수가 없어요. 맨 앞에 아예 중심 위치에 있습니다.

그리고 기사 한번 띄워 주십시오.

관련 기사가 다 보도됐는데 김세환 전 사무총장에 대한 기사가 다 언급이 되어 있습니다. 그런데 그 순서가 다 동일해요. 이건 뭐냐 하면 해당 캠프에서 보도자료를 냈다는 겁니다. 그런 의미에서 이게 부적절한 거다 한 거지 저는 특정 위원을 이거에 대해서 명예를 훼손하거나 이런 건 아닙니다. 저의 뜻을 곡해하지 말아 주시기 바랍니다.

○**배준영 위원** 저도 좀 발언을……

○**정춘생 위원** 질의 이어가겠습니다.

○**배준영 위원** 아니, 제가 먼저 의사진행발언……

○**정춘생 위원** 제 질의 시간입니다.

○**배준영 위원** 아니요, 제가 먼저 발언하겠습니다.

○**정춘생 위원** 제 질의 시간입니다.

○**위원장 신정훈** 제가 질의는 존중하고 나중에 의사진행발언 드릴게요.

○**배준영 위원** 예.

○**정춘생 위원** 후보님, 선거기간에 보도의 공정성을 위해서 선거방송심의위원회가 별도로 꾸려지는 것 알고 계시지요, 선관위 소속은 아닙니다만.

○**중앙선거관리위원회위원후보자 김대웅** 예.

○**정춘생 위원** 방송통신위원회에 방송통신심의위원회가 있고 선거 시기에는 특별하게 선거방송심의위원회가 꾸려집니다. 알고 계시지요?

○**중앙선거관리위원회위원후보자 김대웅**　예.

○**정춘생 위원**　그런데 이 선거방송심의위원회가 너무너무너무너무 편파적으로 이용이 된다면 이게 공정한 선거에 악영향을 줍니다. 이런 부분에 대해서 어떻게 생각하십니까?

○**중앙선거관리위원회위원후보자 김대웅**　만약 방송심의 부분이 제대로 되지 않으면 말씀하신 대로 선거에 큰 영향을 준다고 생각하고 있습니다.

○**정춘생 위원**　PPT 보여 주십시오.

(영상자료를 보며)

22대 총선 기간 동안 선거방송심의위원회는 총 30건의 법정 제재를 가했습니다. 이 중 20건이 정권에 비판적인 언론, MBC에 집중됐습니다. MBC는 이 중에서 17건에 대해서 집행정지 가처분을 신청했고 법원은 17건 모두 인용해서 받아들였습니다. 무슨 말이냐 하면 선거방송심의위원회가 편파적인 심의를 했다는 것입니다. 여실히 드러나는 것입니다, 객관적인 증거로.

MBC에 좌표를 찍고 표적심의를 이끈 것은 윤석열 정부 출범 직후에 출범한 어용 단체, 윤석열 친위부대, 공정언론연대 출신 위원들입니다. 공언련이 민원을 접수하고 공언련 출신 위원이 이를 심의 안건으로 선정해서 윤석열 정권에 비판적인 언론들을 탄압했습니다.

지난 1월에 상반기 재보궐선거를 위한 선거방송심의위원회가 꾸려졌는데 이 중에 3분의 1이 공언련 출신입니다.

김정수 위원은 12·3 내란 직후 윤석열의 대국민담화에 대해서 대한민국 헌법 질서를 수호하고 국민적 혼란과 부정한 선거 문제에 대한 확고한 의지를 밝힌 선언이라고 평가하며 내란을 옹호했습니다.

오정환 위원도 칼럼에서 윤석열 탄핵을 반대하고 윤석열 체포저지대 역할을 했었던 소위 백골단에 대한 비판 보도를 선전공작이라고 주장했습니다. 오 위원은 돌연 사퇴했는데요. 새로 임명된 이영태 위원 역시 공언련 출신입니다.

헌법을 부정하고 내란을 옹호하며 헌정질서를 파괴한 이들이 선거방송심의를 맡는다는 것이 말이 된다고 생각하십니까? 선관위원으로서의 입장을 묻겠습니다.

○**중앙선거관리위원회위원후보자 김대웅**　방송심의위원회에 대한 얘기라서 말씀드리기는 좀 어려운 것 같습니다. 제가 구체적 사항을 잘 알지 못해서 그렇습니다.

○**정춘생 위원**　그래서 지금 방송통신심의위원회 산하에 선거방송심의위원회가 저는 부적절하다고, 그런 것을 지적하고 싶습니다.

조국혁신당은 공정한 선거방송심의를 위해서 선방심위를 독립기관인 중앙선거관리위원회 소속으로 이관하는 법안을 발의했습니다. 선거방송심의위원회 이관에 대해서 후보자의 의견을 듣고 싶습니다.

○**중앙선거관리위원회위원후보자 김대웅**　입법으로 해결해 주신다면 그것은 얼마든지 수용할 수 있다고 생각합니다.

○**정춘생 위원**　김용빈 사무총장님 의견 듣고 싶습니다.

○**참고인 김용빈**　저희들 이 부분은 3개 기관으로 나누어져 있습니다. 그런데 유독 방송법에 관련한 방송사에 대해서만 지금 법안을 발의하셨고요. 언론중재위원회가 가지고 있는 선거기사보도심의위원회에 대한 부분은 저희한테 지금 의견이 없습니다. 그래서 이게

법적 적합성, 정합성 부분에서 다소 문제가 있습니다.

어쨌든 입법적으로 해결해서 그 부분을 정리해 주시는 부분에 대해서는 저희는 특별한 의견이 없습니다.

○**정춘생 위원** 선거방송심의는 그리고 선거 관련된 언론 보도는 저는 더욱더, 평상시보다 더욱더 공정해야 된다고 생각합니다. 그래서 방송뿐만이 아니라 다른 언론 부분에 대해서도 선거 시기에는 그 관련된 심의기구가 정말 객관적이고 공정하게 심의될 수 있도록 선관위 소속으로 하는 부분에 대해서 저희들이 추진하고자 합니다. 이 부분에 대해서도 긍정적으로 적극적으로 검토해 주시기 바랍니다.

이상입니다.

○**위원장 신정훈** 이상으로 2차 보충질의를 다 마쳤습니다.

그런데 3차 질의를 열한 분이 또 신청해 주셔서 시간 관리가 좀 필요할 것 같습니다. 3차 질의는 시간을 넘지 않도록 여러 위원님들이 협조해 주셨으면 좋겠습니다.

○**배준영 위원** 위원장님, 제가 마지막 발언 하게 해 주십시오.

○**위원장 신정훈** 예, 의사진행발언 제가 1분 드릴게요.

○**배준영 위원** 조국혁신당 정춘생 위원님 정말 유감입니다. 그래서 주장하려고 하시는 게 도대체 뭡니까?

그리고 제가 말씀드리는데 그 사진에서 보다시피 2000명이나 왔습니다. 제가 포토세션 하느라고 300번이 넘는 사진을 찍었어요. 우리 보좌진이 누구를 앞에 앉히든 제가 그것을 어떻게 관여합니까? 문재인 정부에서 만든 장관급 인사를 했으니까 앞에 앉혔겠지요. 뭘 저한테 말씀하시려고 그러는 거예요? 뭘 주장하시려고 하시는 겁니까?

○**정춘생 위원** 저한테 사과를 요구했기 때문에 하는 얘기입니다. 사과할 이유가 아니라는 겁니다.

○**배준영 위원** 사과하세요.

○**정춘생 위원** 사과할 이유 없습니다.

○**배준영 위원** 왜, 왜 아무런……

○**정춘생 위원** 제가 뭘 잘못했는데 사과를 합니까.

○**배준영 위원** 왜 아무런 이유 없이 그……

○**정춘생 위원** 이유가 없는 게 아니지요.

○**배준영 위원** 무슨 이유가 있습니까, 그러면?

○**정춘생 위원** 제가 당직자 경험이 20년이 넘은 사람입니다. 선거관리 할 때 특히 보궐선거에서는 해당 지역구 국회의원의 의견이 반영 안 될 수가 없어요.

○**배준영 위원** 아니, 13명……

○**정춘생 위원** 컷오프 했어야지요, 그러면.

○**배준영 위원** 아니, 열……

○**정춘생 위원** 컷오프 했어야지요.

○**배준영 위원** 아니……

○**이성권 위원** 아니, 본인이 그렇다고 다른 사람이 다 그렇다고 전제를 합니까, 그거를.

○**정춘생 위원** 아니, 다 그렇…… 제가 뭘 했다고 하는 겁니까.

○**배준영 위원** 13명이 전부 다 경선했어요, 한 명도 빠짐없이.

○**정춘생 위원** 아니, 그냥 넘어갈 수 있는 문제예요.

○**위원장 신정훈** 자, 정춘생 위원님.

○**정춘생 위원** 제가 원래 배준영 위원님을 공격하려고 했던 질의가 아닙니다!

　　　　(발언시간 초과로 마이크 중단)

⋯⋯⋯⋯⋯⋯⋯⋯⋯⋯⋯⋯⋯⋯⋯⋯⋯⋯⋯⋯⋯⋯⋯⋯⋯⋯⋯⋯⋯⋯⋯⋯⋯⋯⋯⋯⋯⋯

　　　　(마이크 중단 이후 계속 발언한 부분)

○**배준영 위원** 13명이 전부 다 경선했다고요, 한 명도 빠짐없이.

○**정춘생 위원** 배준영 위원님을 공격하려고 했던 질의나 내용이 아니란 말입니다. 그런데 사과를 요구하시기 때문에⋯⋯

○**배준영 위원** 저를 공격하셨으니까 사과하세요!

○**정춘생 위원** 그게 공격 아니에요!

○**이성권 위원** 받아들인 사람이 공격으로 받아들이는데⋯⋯

○**윤건영 위원** 마무리하시지요.

○**정춘생 위원** 불가피하게⋯⋯

○**위원장 신정훈** 자, 마무리하겠습니다.

○**정춘생 위원** 언론에 보도가 됐기 때문에 그것을 차용한 겁니다, 제가.

○**배준영 위원** 아, 나 참.

⋯⋯⋯⋯⋯⋯⋯⋯⋯⋯⋯⋯⋯⋯⋯⋯⋯⋯⋯⋯⋯⋯⋯⋯⋯⋯⋯⋯⋯⋯⋯⋯⋯⋯⋯⋯⋯⋯

○**위원장 신정훈** 자, 마무리하겠습니다.

　지금 3차 질의 시간이 있기 때문에 또 과정에서 부족한 것들은 이야기를 하도록 하겠습니다.

　계속해서 하겠습니다.

　혹시 용무를 보실 분들은 개인적으로 쭉 나가셔서 하시고요.

　다음은 3차 질의, 이제 3분입니다.

　3분은 더 이상 여유 시간 드리지 않겠습니다.

　이달희 위원님 질의해 주시기 바랍니다.

○**이달희 위원** 사무총장님.

○**참고인 김용빈** 예.

　　　　(신정훈 위원장, 윤건영 간사와 사회교대)

○**이달희 위원** 아까 존경하는 조은희 간사님 질문에서 홍보 업무 과장급 필요 없어서 개방형 직위 도입하지 않았다고 하셨지요?

○**참고인 김용빈** 아닙니다. 채용비리하고는 관련이 없는 사안이고 이게⋯⋯

○**이달희 위원** 채용비리로 물은 게 아니지 않습니까?

○**참고인 김용빈** 아니, 그⋯⋯

○**이달희 위원** 혁신안을 내놨는데⋯⋯

○**참고인 김용빈** 이게 개선안에 그게 돼 있는데 시급한 사안이 아니라고 판단했다는⋯⋯

○**이달희 위원** 어떻게 시급한 사항이 아닙니까?

　전 국민의 47%가 이렇게 선관위를 부정하고 여러 가지 선거 형태, 야당 위원님들 그리고 여당 위원님들 이렇게 하루 종일 지적하면서 선거 부정이 없다는 것을 국민들한테 저희들도 호소하고 이렇게 하는데 부정과 부실 그리고 채용비리 분리해서 말하고 싶은데 어떻게, 홍보 업무가 필요하지 않다고 생각하시는 그 자체가 이해가 안 되고요.

여기, 위원장님……

위원장님께 말씀드리려고 하니까 왜 또 간사님께서 계십니까?

아까 두 분 간사님이 여야가 합의하시면 서버에 대해서 선관위가 전문가들 합쳐서 점검하겠다고 하셨습니다.

총장님, 그러셨지요?

○참고인 김용빈 예, 법적 절차에 맞으면 저희는 응합니다.

○이달희 위원 이 부분에 대해서 위원장 대신해 계시는 윤건영 대신 위원장님 말씀 좀 해 주십시오.

○위원장대리 윤건영 예, 이것은 간사 협의를 통해서 진행하도록 하겠습니다. 협의해 보겠습니다.

○이달희 위원 협의하셔서 반드시 이 부분에 대해서 선관위는, 선거관리위원회 직원들도……

○위원장대리 윤건영 저한테 질의하는 게 아니고……

○이달희 위원 제안합니다.

선거관리위원회 직원들도 제발 서버 이것 좀, 전문가들이 정리해서 깨끗하다는 것 밝혀 달라고 저한테 와서 얘기했습니다. 이것 선거관리위원회 직원들도 요구하는 사항입니다.

여야 간사님께 간곡히 부탁합니다.

전문가들 조합을 하셔서 선거관리위원회가 가지고 있는 서버 검증을 확실하게 해 주시면 고맙겠습니다.

그리고 홍보 업무, 아까 말씀하신 사이버 보안 개방형 직위도…… 아니, 지금 가장 문제되고 있는 게……

○참고인 김용빈 예, 그게 거의……

○이달희 위원 사이버 보안 개방형 직위와 홍보 업무, 이 두 가지가 가장 안 돼 가지고 국민적 불신을 일으키는데 이것을 안 했다는 게 어떻게 개선안을 됐다고 말씀하실 수 있는지 말씀 좀 해 보세요.

○참고인 김용빈 그게 전문가 인력이고요. 지금 이달희 위원님께서 말씀하신 대로 그 부분 취지는 충분히 공감을 합니다. 그런데 그 개선 대책이 나올 때 기본적으로 채용비리에 대한 부분이 맞춰져 있어야 되는데, 그래서 감사관 외부 임용은 당연히 그 비리에 맞춰서 비리 척결에 필요한 조치였는데 이 부분은 지금 말씀드린 대로 대국민 홍보라든지 그다음에 사이버 능력 제고라든지 이런 별도의 목적이었기 때문에 저희가……

(발언시간 초과로 마이크 중단)

⸱⸱

(마이크 중단 이후 계속 발언한 부분)

○이달희 위원 잠시만요, 30초만……

○위원장대리 윤건영 마무리해 주십시오. 왜냐하면 위원장님께서 마무리하자고 하신 거

니까요.

○**이달희 위원** 예, 감사……

후보님, 이 부분에 대해서 어떻게 생각하십니까?

○**중앙선거관리위원회위원후보자 김대웅** 선거관리위원회 공정성, 투명성을 확보하는 데 말씀하신 대로 적극적으로 선거관리위원회의 조치가 필요하다고 생각하고요. 그중에 홍보 문제, 아까 말한 서버의 안정성이나 보안성 문제 이것도 관련이 있다고 생각을 합니다.

○**참고인 김용빈** 이달희 위원님이……

○**위원장대리 윤건영** 이달희 위원님 수고하셨습니다.

○**참고인 김용빈** 저……

○**위원장대리 윤건영** 예.

○**참고인 김용빈** 저희들이 이 부분이 굉장히 필요하다고 이달희 위원님이 말씀을 하셨으니까 다시 검토해서 외부 개방직으로 지금 할 수 있다면 바로 시행할 수 있는 그런 방안을 검토해 보겠습니다.

○**위원장대리 윤건영** 마무리 부탁드립니다.

○**이달희 위원** 이거는 선거관리위원회 직원들도 필요하다고 느끼는 것입니다.

○**참고인 김용빈** 예, 알겠습니다.

⋯⋯⋯⋯⋯⋯⋯⋯⋯⋯⋯⋯⋯⋯⋯⋯⋯⋯⋯⋯⋯⋯⋯⋯⋯⋯⋯⋯⋯⋯⋯

○**위원장대리 윤건영** 마무리 부탁드리겠습니다.

이달희 위원님 수고하셨고요.

존경하는 이성권 위원님 질의 부탁합니다.

○**이성권 위원** 부산 사하갑의 이성권 위원입니다.

바로 PPT 띄워 주시렵니까?

(영상자료를 보며)

총장님!

○**참고인 김용빈** 예.

○**이성권 위원** 사전투표의 관리에 좀 문제가 많지…… 있지요?

○**참고인 김용빈** 사전투표……

○**이성권 위원** 예, 사전투표.

○**참고인 김용빈** 관리에 문제가 있다는 뜻이 어떤 뜻인지 모르겠는데……

○**이성권 위원** 한번 저 표 보시지요.

○**참고인 김용빈** 업무적으로 저희가 사전투표 관리에 많이 힘든 건 맞습니다.

○**이성권 위원** 지금 표를 보시면 나오지만 역대 선거를 보면 사전투표 관외 투표가 있고 관내 투표가 있고 또 본투표가 있지 않습니까?

○**참고인 김용빈** 예.

○**이성권 위원** 투표용지 교부 숫자에 비해서 개표한 결과의 투표수가 불일치하다는 투표소 개수가 여기 21대 국선의 경우는 투표소 수가 253개인데 그중에서 투표용지하고 투표자, 한 사람의 숫자가 일치하지 않는 곳이 248군데 그러니까 퍼센티지로 보면 98.02%의 불일치가 발생했지요. 그렇지요?

○참고인 김용빈 예.

○이성권 위원 20대 대선에는 80.80%의 불일치, 22대 국회의원선거에서는 93.94%. 이 정도로 관외 투표의 경우 본투표나 관내 투표에 비해서 상당히 많은 불일치가 발생하지요, 투표소에서. 그렇지요?

○참고인 김용빈 예, 실질적으로 그렇게 됐습니다.

○이성권 위원 그렇지요? 그렇게 보면 사전투표 중에서 관외 투표는 상당히 문제가 있다고 할 수 있는 것 아닙니까. 그렇지요? 이 수치상으로 보면, 관리에 있어서 어려움이 있겠지요. 그렇지요?

○참고인 김용빈 예.

○이성권 위원 그다음 페이지 한번 보시지요.

이 표를 보면 최근에, 날짜가 정확하게 안 나오는데 3월 3일에서 4일까지 이틀에 걸쳐 가지고 여론조사공정에서 사전투표제 폐지 여부를 물었는데 폐지해야 된다는 의견이 국민들 중에서 48.5%고 그대로 유지해야 된다가 45.8%입니다. 그 정도로 불신이 많은 거지요. 그렇지요?

○참고인 김용빈 예.

○이성권 위원 그다음 표 한번 보시지요.

문제는 사전투표에, 특히 관외 투표가 상당히 문제가 많이 되고 있는데 사전투표제도에 대해서 좀 한번 고민을 해 봤으면 좋겠습니다, 본투표하고. 이거는 부정선거니 아니니 그런 문제를 떠나 가지고 투표자, 주권자의 의사결정과 관련해서도 이게 사전투표하고 본투표가 나눠짐으로 인해 가지고 사실은 본투표 날짜를 기준으로 했을 때는 제대로 된 정보가 전달이 안 된 상태에서 투표 행위가 이루어질 수 있는 거지요. 그런 측면도 있지 않겠습니까?

○참고인 김용빈 예, 장단점이 있습니다.

○이성권 위원 잠깐이라고 볼 수가 없습니다. 유권자 한 사람 한 사람의……

○참고인 김용빈 아니, 장단점이 있다고 그랬습니다.

○이성권 위원 아, 장단점이요. 그렇지요.

어쨌든 그래도 결과적으로 보면 이게 사전투표라기보다는 1차 투표, 1차 본투표, 2차 본투표라고 요즘은 불릴 정도로 그런 단점이 있다는 거예요, 사전투표로서.

다음 페이지 한번 보시지요.

그러면 이 사전투표 도입의 근거는, 이유는 투표율 상승을 이끌기 위해서입니다. 여기에 보면, 역대 대통령선거 투표율 추이를 보면 크게 기여한 바가 없습니다. 그렇지요?

그다음 페이지 보시지요.

국회의원선거 때 기여한 것처럼 보이지만 전체적으로는 18대 국회의원선거……

　　(발언시간 초과로 마이크 중단)

....

　　(마이크 중단 이후 계속 발언한 부분)

이후에 경향적으로 상승하고 있습니다.

그다음 표 한번 보시지요.

이거는 지방선거인데 오히려 사전투표가 있어도 투표율은 감소를 하고 있는 경향을 보이고 있습니다.

　마지막 페이지 한번 보시지요.

　들어가는 비용은, 한번 보면 사전투표를 통해서 투표율 상승을 이끌었다라는 결과가 유추가 안 되는데 들어가는 비용은 본투표보다 더 들어가는 상황이 되고 있습니다.

　그런 측면에 있어서 사전투표제를 한번 검토를, 중간 점검을 한번 해 볼 필요가 있지 않겠느냐. 그래서 우리 국민의힘 소속의 장동혁 의원이 발의한 법안을 보면 사전투표제를 없애고 부재자 투표를 좀 강화하고 그다음에 투표 날짜를 수요일 날 하루만 하는 게 아니고 본투표를 금, 토, 일 3일에 나누어 가지고 본투표 날짜를 좀……

○위원장대리 윤건영　마무리 부탁드리겠습니다.

○이성권 위원　연장을 하면 좋겠다라는 의견이 있는데 여기에 대해서 한번 답변을 부탁드리도록 하겠습니다.

○참고인 김용빈　이 부분 전에도 제가 질문을 받은 것 같아서 말씀을 드렸습니다.

　이게 입법적 정책 사항에 해당하는 것이고 실질적으로 이 사전투표제가 성공한 제도인지 이런 문제가 많은 제도인지는 사람마다 보는 각도가 다 다릅니다.

　다만 사전투표제로 인해서 선거관리의 업무 부담이 상당하다는 것은 저희가 지금 인정합니다. 그런데 선거관리가 힘들다는 이유만으로 선거관리위원회가 이 제도를 폐지하자, 말자라는 의견을 드릴 수는 없습니다. 그런데 저희가 분석을 해 보니까 공교롭게도 사전투표제 그 값이 어느 특정 이념 성향에 따라서 지금 나누어지고 있다라는 그런 부분들을 저희가 결괏값을 갖고 있습니다. 이런 상황에서 어느 한쪽 부분을 편들 수가 없기 때문에, 제가 말씀드린 것은 저희도 여론조사 같은 것을 했지만 실질적으로 저희 기관이 하는 것보다 국회가 나서서 국회입법조사처 등을 통해서 여론조사도 하시고 국민 공청회도 열어서 이 제도를 논의하셔서 입법적으로 결정하시는 게 이 부분을 해결할 수 있는 방안이라고 생각합니다.

○위원장대리 윤건영　마무리 부탁드릴게요.

○이성권 위원　그건 당연한 것이지요. 어쨌든 선관위의 입장을 물어봅니다.

···

○위원장대리 윤건영　수고하셨습니다.

　다음은 존경하는 이해식 위원님 질의하겠습니다.

○이해식 위원　이해식입니다.

　후보자님, 지난 93년부터 약 32년간 법관으로 헌신해 오셨지요?

○중앙선거관리위원회위원후보자 김대웅　예.

○이해식 위원　지금은 서울고등법원장이시고?

○중앙선거관리위원회위원후보자 김대웅　예, 맞습니다.

○이해식 위원　헌법재판소에 파견 근무를 하신 적이 있더라고요.

○중앙선거관리위원회위원후보자 김대웅　예, 그렇습니다.

○이해식 위원　그래서 제가 한번 또 여쭤볼 건데, 지금 최상목 권한대행이 마은혁 헌법재판관을 임명하지 않는 것에 대해서 국회의장이 권한쟁의심판을 해 가지고 헌법재판소가 결정을 했잖아요. 그렇지요?

○중앙선거관리위원회위원후보자 김대웅　예.

○**이해식 위원** 그것은 국회의 권한을 침해한 것이다 이렇게 결정을 내렸는데 그런데 최상목 권한대행이 즉시 마은혁 후보자를 임명하지 않고 국무회의를 열어 가지고, 그것도 6일이나 지난 다음에 국무회의를 열어서, 그것도 국무위원들한테 의견을 물어보는 행위 이게 가당키나 합니까?

원래 권한쟁의심판의 결과는 모든 국가기관을 기속하는 것 아닙니까? 그렇지요?

○**중앙선거관리위원회위원후보자 김대웅** 예, 맞습니다.

○**이해식 위원** 그런데 그 행위가 정당한 행위라고 생각하세요?

○**중앙선거관리위원회위원후보자 김대웅** 아마 제가 알기로는 헌법재판소 결정 자체는 어떤 행위를 하라 이런 건 아니고 그게 헌법 권한을 침해하느냐, 헌법 위반이냐의 여부를 판단하는 것으로 알고 있습니다. 그래서 위원님이 말씀하시는 그 부분은 제 입장에서는 답변드리기 조금 어려운 부분인 것 같습니다.

○**이해식 위원** 아니, 그러니까 위헌법률심판도 그렇고 권한쟁의심판도 그렇고 헌법재판소에서 결정을 하면 그 결정은 모든 국가기관을 기속하는 것이기 때문에 즉시 따라야 되는 거잖아요.

○**중앙선거관리위원회위원후보자 김대웅** 예, 그것은 맞습니다.

○**이해식 위원** 그런데 그것을 의견을 물어 가지고, 무슨 합의하는 것도 아니고 그 행위 자체가 너무 황당한, 황당무계한 행위 아니에요, 상식적으로 봤을 때? 정치적인 고려를 하지 마시고 소신대로 말씀을 한번 해 보세요.

○**중앙선거관리위원회위원후보자 김대웅** 말씀하신 것처럼 권한대행이 해야 될 일이라고 생각하는데요. 그것에 대해서……

○**이해식 위원** 권한대행이 마땅히 임명해야 되는 일이잖아요. 그렇지요?

○**중앙선거관리위원회위원후보자 김대웅** 취지에 따르면 그렇습니다.

○**이해식 위원** 그렇지요. 그런데 왜 저런 행위를 하고 있는 걸까요?

○**중앙선거관리위원회위원후보자 김대웅** 그건 사실 구체적인 이유는 제가 알 수가 없는 것 같습니다.

○**이해식 위원** 정말 명백하게 헌법을 위반하고 있는 거잖아요. 그렇지요?

○**중앙선거관리위원회위원후보자 김대웅** 결정의 취지에 딱 부합하는 건 아닌 거라고 생각을 합니다.

○**이해식 위원** 딱 부합하는 게 아니라 말이 안 되는 행위를 지금 하고 있는 거지요. 그렇지 않습니까?

○**중앙선거관리위원회위원후보자 김대웅** ……

○**이해식 위원** 저 답변으로 저는 충분하다고 생각합니다.

○**위원장대리 윤건영** 수고하셨습니다.

다음은 조승환 위원님 질의해 주십시오.

○**조승환 위원** 후보자님, 좀 소신껏 이야기를 해 주셨으면 좋겠다라는 생각이 듭니다.

저는 기본적으로 대통령께서 하신 비상계엄에 대해서 절차적이나 구성요건적 차원에서는 일부 흠결이 있다고 생각을 합니다. 하지만 제가 전제를 깔고 말씀드리는데 저는 내란에 대해서는 이건 아니다라고 생각하는 사람인데, 지금 내란으로 재판 중인 사건이지 않습니까?

○**중앙선거관리위원회위원후보자 김대웅** 예, 맞습니다.

○**조승환 위원** 그리고 후보자님께서는 지금 현직 고등법원장이십니다. 그렇다면 재판 중인 사건이므로 이것에 대해서 입장을 밝힐 수 없다라고 명백하게 말씀을 하시는 게 맞는 것 아닌가요? 고등법원장이 이런 부분들에 대해서 말씀하시게 되면 지금 다른 재판을 하고 있는 상황에, 재판에 영향이 갈 수가 있지 않습니까?

○**중앙선거관리위원회위원후보자 김대웅** 그런 점이 있다고 생각합니다.

○**조승환 위원** 그렇게 소신 있게 말씀을 하셨으면 좋겠다라는 말씀 드립니다.

그리고 채용비리와 관련돼서 정말 총장님도 같이 고민을 해야 되겠다라는 생각이 드는데 이게 증인들 나와 계십니다마는 완전 구조화된 문제입니다. 지금 사실 시군구 같은 경우에는 공무원 채용하기가 굉장히 힘듭니다.

그래서 예를 들어서 경상북도다 하면, 충북에 계신 분 계십니다마는 경상북도다 그러면 아주 외곽 지역에 있는 군 단위에는 들어갈 때 벌써 지원을 받습니다. 그러면 성적이 낮은 학생들이 합격이 됩니다. 실제 지금 그런 상황인데 이걸 그런 식으로 이용을 해 가지고 선관위의 경력채용 과정을 통해서 선관위로 당기고 선관위로 당겨서 국가직으로 해 가지고 다시 자기 연고지나 중앙으로 아빠 찬스 이용해서 전출을 시키고, 특히 고위직들이. 이런 부분들에 대해서 저는 그래서 경력채용부터 고민을 해야 되지 않느냐.

○**참고인 김용빈** 그래서 그 제도 완전히 없애 버렸습니다, 저희가.

○**조승환 위원** 없애 버리셨어요?

○**참고인 김용빈** 예.

○**조승환 위원** 그러면 이제 어떻게 채용하십니까?

○**참고인 김용빈** 공채로 일단 지금 충당을 하고 있고요. 만약 할 때는, 지금 비다수인 경채가 문제 아니겠습니까? 그래서 구·시·군에서 그렇게 뽑아 가지고 하지 못하도록 광역공채, 그러니까 경력채용을 하더라도 다수인 경력채용을 하게끔 지금 제도 자체를 완전히 뜯어고쳤습니다.

○**조승환 위원** 바뀌셨다는 거지요?

○**참고인 김용빈** 예.

○**조승환 위원** 저는 그 부분에 한걸음 더 나아가서 사실 시군구 선관위를 계속 유지해야 되느냐 이 부분도 한번 검토해 봐 주십시오.

○**참고인 김용빈** 예, 시도 위원회와 시군구 위원회 이런 구조 전체를 한번 재검토할 필요는 있다고 생각을 합니다.

○**조승환 위원** 알겠습니다.

이상입니다.

○**위원장대리 윤건영** 수고하셨습니다.

다음은 존경하는 채현일 위원님 질의하십시오.

○**채현일 위원** 박찬진 전 사무총장님, 오늘 반나절 자녀 특혜 채용 문제로 증인석에 있는데 소회가 좀 어떤가요? 편하게 말씀해 보세요.

○**증인 박찬진** 저희도 감사원 결과보고서를 언론을 통해서 봤고 저는 지금까지 지내오면서 제가 제 자녀의 채용, 경채 과정에서 전혀 관여한 바도 없고 영향을 미치지 않았는데도 불구하고 또 조직 전체적으로 이런 문제들이 있어서 참담하기 그지없고 또 죄송

스럽게 생각합니다.

○**채현일 위원** 알겠습니다.

일단 선관위 사무총장직을 맡았고 기관 운영의 최종적인 책임자를 역임을 하셨잖아요?

○**증인 박찬진** 예.

○**채현일 위원** 그런데 자녀 특혜 채용이 감사원 결과로 드러났고 그런데 본인의 의사라는 답변으로 아까 자녀가 결정할 문제라고 책임을 회피하는 것 같은 발언을 했는데요.

○**증인 박찬진** 자녀의 문제라고 생각, 제가 그렇게 답변 안 했고 한번 검토해 보겠다고……

○**채현일 위원** 그런데 저도 개인적으로 부모된 입장에서 인간적으로는 안타까운 마음이 있습니다. 그런데 공과 사는 구별을 해야 한다고 봐요. 부모의 입장과 공직자, 전직 공직자, 헌법기관의 실무 총책임자였던 입장과는 다르다고 봅니다.

그런데 중요한 것은 공정한 채용이 이루어졌다면 본인의 의사가 중요하지요. 그런데 부정채용이라고 밝혀졌고 그리고 사무총장님의 영향력이 미쳤다는 것도 밝혀졌고 자녀 입장에서는 억울하지요. 그렇지만 불공정한 이런 혜택에 대해서는 바로잡아야 되는 것 아닙니까?

○**증인 박찬진** 위원님, 제 영향력이 있었다고 밝혀졌다는 것은 뭐를 근거로 해서 그렇게 말씀하시는 겁니까?

○**채현일 위원** 감사원 감사 결과 나온 거잖아요.

○**증인 박찬진** 아닙니다. 그 결과보고서에, 제가 감사원 감사를 두 번이나 받고 했지만……

○**채현일 위원** 그러니까 자녀 부정 채용, 특혜 채용이 아니라는 말씀이세요?

○**증인 박찬진** 전남에서 채용 과정에서 여러 가지 절차적인 문제가 있었지 여기에 사무차장이었던 제가 영향력을 행사해서……

○**채현일 위원** 지금 현 김용빈 사무총장님이 답변해 보십시오, 이 내용에 대해서.

○**참고인 김용빈** 지금 박찬진 전 사무총장은 감사원 감사 결과에 의하면 지금 피혐의 사실이 없는 것으로 정리가 되어 있습니다. 밝히지 못했습니다.

○**채현일 위원** 그래요?

제가 말씀드리는 건 그겁니다. 일단 본인이 평생 몸담았던 조직이고 선관위가 지금 너무 힘들잖아요. 기본적으로……

(발언시간 초과로 마이크 중단)

⋯⋯

(마이크 중단 이후 계속 발언한 부분)

민주주의의 근간인 선거제도를 폄훼하는 바깥의 세력이 있는 거고요. 그런데 국민의 신뢰를 회복하는 게 지금 가장 중요한 시점에 어떻게 보면 사무총장님은 이미 아까 말씀하신 내용을 충분히 이해를 하지만 동료나 후배들한테 선배로서 뭔가 마지막으로 헌신하고 전 공직자로서 책임지는 모습 그런 게 필요하지 않겠나라는 생각이 듭니다.

○**위원장대리 윤건영** 마무리 부탁드립니다.

○**채현일 위원** 그래서 그 부분에 대해서 한번 말씀해 주십시오.

○**증인 박찬진** 그렇지 않아도 이전부터 많은 고민을 했었고 또 그런 권유도 해 본 사실이 있습니다, 자녀한테.

○**채현일 위원** 알겠습니다.

··

○**위원장대리 윤건영** 수고하셨습니다.

　다음은 존경하는 조은희 간사님.

○**조은희 위원** 후보자님.

○**중앙선거관리위원회위원후보자 김대웅** 예.

○**조은희 위원** 반드시 개선되어야 될 선관위의 현주소에 대해서 좀 설명을 드리겠는데요.

　　(윤건영 간사, 신정훈 위원장과 사회교대)

　첫째, 짬짜미 승진 카르텔입니다. 지금 얘기가 많이 나왔는데……

　PPT 준비됐는지 모르겠는데요.

　　(영상자료를 보며)

　상임위원 자격을 보면 선관위법과 선관위 시행규칙이 충돌합니다. 시행규칙에서 선관위법은 외부인사 임명을 가능하게 하는데 시행규칙에서 외부인사 임명을 원천 봉쇄합니다. 그래서 지방의 1급 상임위원직도 전부 내부 출신끼리 독식했습니다. 또 다른 1급 실장직 두 자리를 외부 전문가로 위촉할 수 있도록 규정되어 있는데 현실은 100% 내부 승진입니다. 이런 100% 짬짜미, 내부자끼리 돌려먹는 이 인사카르텔, 정상이라고 생각합니까? 시행규칙 고쳐야 되지 않겠습니까?

○**중앙선거관리위원회위원후보자 김대웅** 바람직한 방향으로 바꿔야 될 것 같다는 생각이 듭니다.

○**조은희 위원** 시행규칙과 상위법이 충돌하는데 고쳐야 되지 않겠습니까?

○**중앙선거관리위원회위원후보자 김대웅** 당연히 위의 법령이 우선이라고 생각합니다.

○**조은희 위원** 고치시기 바랍니다.

○**중앙선거관리위원회위원후보자 김대웅** 예, 알겠습니다.

○**조은희 위원** 그다음에 엉망진창 복무관리입니다.

　강원 선관위 간부 A 사례 보면 무단결근 100일, 허위병가 81일, 정상출근으로 조작하면서 3800만 원 급여는 다 타 갔습니다. 전북 선관위 B씨, 로스쿨 강의 들으면서 근무지를 무단이탈했습니다. 이외에도 재외선거관 파견, 이게 꽃보직이지요. 이것을 파견 전에는 재택근무할 수 있게 하고 해외파견 나갈 때는 내부규정까지 고쳐 가지고 단기직원 어학점수도 면제하는 특권을 줬습니다. 그래서 10년간 97명이 떵까떵까 해외에 나갔습니다.

　또 아까 존경하는 위원님들이 얘기하셨는데, 이러면서 일이 많은 선거철에는 육아휴직 직원이 2배로 늘어나고 무더기 휴직이 이루어집니다. 이렇게 기본적인 근태관리가 안 되는데 어떻게 공정한 선거관리를 하겠습니까. 어떻게 생각하세요?

○**중앙선거관리위원회위원후보자 김대웅** 근태 관리는 조직 운영의 기본이라고 생각을 합니다.

○**조은희 위원** 기본이 안 되어 있습니다. 들어가셔서 기본부터 바로잡기 바랍니다.

　솜방망이 감싸기 문화인데요, 수사기관 등으로부터 범죄사건 통보받으면 징계의결 요구해야 되는데 선관위는 절도, 상해 등 범죄 일으킨 직원에 대해서도 구두 주의만 줍니다. 징계절차 안 받아요. 자기들끼리 내부규정 개정해서 특권, 편의를 누리고 일할 때는 무단결근, 허위병가, 복무태만을 해도 덮어 주고 범죄를 저질러도 제 식구 감싸고 덮어 줍니다.

　(발언시간 초과로 마이크 중단)

━━

　(마이크 중단 이후 계속 발언한 부분)
　다 그런 게 아니고요, 윗물들이 대부분 그렇습니다. 어떻게 고치시겠습니까?
○중앙선거관리위원회위원후보자 김대웅　자세한 내용을 확인해 보고 필요한 사항이 있으면 개선하도록 하겠습니다.
○조은희 위원　반드시 바로잡아 주시기 바랍니다.
○중앙선거관리위원회위원후보자 김대웅　예, 알겠습니다.
○조은희 위원　이상입니다.

━━

○위원장 신정훈　수고하셨습니다.
　윤건영 위원님 질의해 주시기 바랍니다.
○윤건영 위원　구로을의 윤건영입니다.
　박찬진, 당시 사무차장이에요?
○증인 박찬진　예.
○윤건영 위원　존경하는 채현일 위원님 질의에 대한 답변을 보고 제가 질의 안 하려고 했다가 하는데요.
　지금 감사원에서는 명확한 혐의는 없으나 부당한 영향력을 행사했을 가능성이 있다고 해서 수사 의뢰를 한 거잖아요. 그렇지요?
○증인 박찬진　감사원에서 한 게 아니고 그것은 위원회에서……
○윤건영 위원　아니, 그러니까 위원회가 하라고, 수사 의뢰를 한 거잖아요.
　그리고 혐의 사실을 제가 간단하게 말씀드리면 자제분이 전남도 선관위에 채용됐는데 전남도 선관위가 알아서, 우리 총장님이 그쪽 출신이고 하니까 알아서 다 점수표도 비워 놓고 여러 가지 자료들을 조작했다 이거잖아요. 그렇지요? 그러면 저는 변명할 게 없을 것 같아요. 나는 연루되지 않았다, 어떻게 국민들이 그렇게 생각합니까? 총장님께서 전남도에 있었고 전남도에 계신 분이 알아서 긴 거잖아요. 그래서 세습 채용이라고 이야기하는 것 아닙니까? 그런데 그것을 나는 관여된 게 없다라는 식으로 답변을 해 버리면 지금 국민들을 우롱하는 거지요.
○증인 박찬진　위원님, 전남도에 있었다는 말은 무슨 말씀이신가요, 제가요?
○윤건영 위원　총장님께서 전남도에 영향을 미칠 수 있는 위치에 있기 때문에 전남도 선관위 직원들이 했다는 겁니다.
　지금 저는 총장께서 이 자리에 계시는 게, 전혀 채용비리와 세습 채용에 대해서 반성하는 게 없는 것 같아요.
○증인 박찬진　그 부분은……
○윤건영 위원　제가 질의하는 것 아닙니다.

○증인 박찬진   그 부분은……

○윤건영 위원   설명, 국민을 대신해서 이야기하는 거고, 잘 들어 보세요. 왜 이 자리에 와서 계시는지를 이야기하는 거라고요. 수십 년 동안 공무원으로 봉직하셨지만 지금 이 자리에 계신 거는요, 혼이 나고 있는 거라고요.

억울하세요, 지금 총장님 이 자리에 계신 게? 억울하다고 생각하는 것 자체가 선관위의 현주소라고 생각합니다.

후보자님께 마지막으로 제가 당부 겸해서 말씀 좀 드리겠습니다.

부정선거 음모론과 관련해서는 후보자께서는 단호하셨으면 좋겠습니다. 근거도 없고, 우리 오늘 하루 종일 이야기하지 않았습니까? 부정선거 음모론에 대해 이야기하는 여러 상황들을 팩트 체크 다 하지 않았습니까?

민주주의 공화국에서요 선거가 무너지면 나라가 무너지는 겁니다. 그런데 정략적인 계산하에서 부정선거 음모론을 이야기하고 있습니다. 그것을 선관위가 바로잡아 주셔야 돼요. 이것은 여야의 문제가 아니에요. 진보·보수도 아닙니다.

그래서 선관위원 오늘 이 자리에서 고생하시는데요. 이것은 중심을 잡아 주셔야 될 내용인 거예요. 흔들리시면 안 돼요. 그러면 민주공화국이 무너진다라는 생각을 가지셔야 됩니다. 그렇게 해 주시겠습니까?

○중앙선거관리위원회위원후보자 김대웅   예, 잘 알고 명심하도록 하겠습니다.

○윤건영 위원   이상입니다.

○위원장 신정훈   수고하셨습니다.

다음은 이만희 위원님 질의해 주시기 바랍니다.

○이만희 위원   제가 하면 되지요?

○위원장 신정훈   예.

○이만희 위원   후보자님, 오늘 많이 얘기되고 있는 선관위 문제 또 부정선거 문제에 대해서 꼭 다시 한번 당부드리고 싶은 것은 주권자인 국민들이 믿을 수 있는 제도·절차를 만들어 주시기를 부탁드립니다.

○중앙선거관리위원회위원후보자 김대웅   예.

○이만희 위원   선거에서는 가장 중요한 것이 공정하고 투명한 것 아니겠습니까?

○중앙선거관리위원회위원후보자 김대웅   예, 맞습니다.

○이만희 위원   그것 만들어 주십시오.

그런 측면에서 저는 최근에 우리 사회 상황들에 대해서 굉장히 위험하다는 생각들을 많이 가지고 있습니다. 어떻게 보면 법치주의 최고의 보루라 할 수 있는 우리 법원, 우리 사회 갈등을 주관적으로 해결해 나가는 법원이 많은 국민들의 불신을 받고 있다는 거지요. 동의하십니까?

○중앙선거관리위원회위원후보자 김대웅   예, 불신하고 있다는 것은 알고 있습니다.

○이만희 위원   특히나 법원과 헌재에 대해서, 그 판단에 대해서는 거의 절반 가까운 국민들이 헌재에 대한 여러 가지 절차들을 지금 불신하고 계십니다.

후보자님께서는 재판절차에는 모든 사람들이 승복해야 된다고 했지 않습니까?

○중앙선거관리위원회위원후보자 김대웅   예.

○이만희 위원   그 내용을 아마 누구보다도 고등법원 법원장 하면서 유심히 지켜보셨을

텐데, 이번에, 더군다나 헌재에서 일하신 경험도 있으시고요. 어떻게 평가하십니까?

○**중앙선거관리위원회위원후보자 김대웅** 글쎄요, 제가 지금 진행 중인 사건이라 참 그 부분, 절차 부분에 대해서도 재판에 관련된 사항에 대해서 말씀드리기는 어렵고요. 다만 위원님 말씀하신 것처럼 절차가 결과 못지않게 중요하다는 점은 여기서 자신 있게 말씀드릴 수 있습니다.

○**이만희 위원** 정말 저는 미흡하기 짝이 없다고 생각을 합니다. 첫 번째는 탄핵 의결의 대상이 된 그 주요 내용부터 바꾸는데도 헌재에서는 받아들였습니다. 당사자하고 상의 없이 헌재에서 일방적으로 변론기일도 정했습니다. 헌재법 32조·40조 형사절차의 준용이라든지 수사 중인 사건의 어떤 송부 요청을 할 수 없다는 그 내용 명시적으로 위반하고 있습니다.

특히나 중요 사실관계의 분쟁이 있지 않습니까? 홍장원의 메모라든지, 곽 누구입니까? 곽종근 사령관의 어떤 진술이라든지 이런 사실관계에 대한 많은 분쟁이 남아 있는데도 거기에 대한 변론조차도 저는 제대로 이루어졌다고 보기 어렵다고 하는 겁니다.

어떻게 생각하십니까, 후보자님?

○**중앙선거관리위원회위원후보자 김대웅** 절차는 정확하게 지켜져야 된다고 생각을 합니다.

○**이만희 위원** 많은 국민들의 헌재에 대한 불신이라든지 선관위에 대한 불신 이런 부분들은 바로 이런 보여 주는 국민들의 어떤 절차에 대한 공정성과 투명성이 결여되었다고 저는 생각을 하기 때문에 이 지적을 말씀드리고.

이번에 선관위 위원으로 가시더라도 사무총장님과 상의하셔서 정말 국민의 의심을 해소해 주는 데 최선을 다해 주시기를 부탁드립니다.

○**중앙선거관리위원회위원후보자 김대웅** 예, 명심하겠습니다.

○**위원장 신정훈** 다음은 김종양 위원님 질의해 주시기 바랍니다.

○**김종양 위원** 김용빈 사무총장님께 질문하겠습니다.

사무총장님, 이번에 감사원 감사 결과, 감사 있잖아요. 이것을 갖다가 표적 감사네 아니면 정치적 목적의 어떤 그런 감사라고 보십니까, 아니면 어떻게 평가하십니까?

○**참고인 김용빈** 결과론적으로는 저희 비리가 생각보다 굉장히 대규모적이고 조직적인 것이었기 때문에 이 감사 결과를 겸허히 받아들일 수밖에 없는 상황 아닌가 싶습니다.

○**김종양 위원** 하여튼 권한이 있고 없고 떠나 가지고 감사원 감사 결과에 대해서는 제가 봤을 때는 겸허히 받아들이고 철저하게 이행할 그럴 각오를 가져야 된다고 봅니다.

○**참고인 김용빈** 예, 그 내용대로 이행……

○**김종양 위원** 지금 사무총장님은 내부 승진한 분도 아니고 사실 어떻게 보는 것 같으면 우리 중앙선관위의 어떤 그런 여러 가지 폐해를 갖다가 좀 개혁하도록 하기 위해서 외부 영입되신 분이시잖아요. 그렇지요? 그러니까 기대도 크고 그런데, 하여튼 감사원에서 구체적인 문제 그리고 방향까지도 다 제시를 해 주고 있잖아요.

제가 봤을 때는 문제 있는 직원들에 대해서는 자체 징계 그리고 가담한 사람들에 대해서는 형사처벌 할 수 있도록 고발 반드시 해야 된다고 봅니다. 그렇지요?

여기에 오늘 증인으로 오신 분들도 자기는 전혀 거기에 대해 관련된 바 없고 자발적으로 아마 어떻게 된 건지 모를 정도로 자기 자식들이 이렇게 큰 배려를 받았다는 그런 뉘

앙스였다는 말씀도 하셨기 때문에 그런 부분에 대해서 과연 형사적으로 책임을 물어야 될 부분이 있는지 없는지 판단을 하셔 가지고 고발조치 해야 된다고 그렇게 봅니다. 그렇게 하실 거지요?

○**참고인 김용빈** 예, 잘 검토하겠습니다.

○**김종양 위원** 하여튼 그야말로 분량은 많지만 줄을 그어 가면서 한번 보시면서 뭐가 문제였는지 비리 백태가 어떤 거였는지 그것을 잘 파악해서 가지고 정말 가혹한, 엄정한 조치가 이루어져야 된다고 봅니다. 자체 징계뿐만 아니라 형사적인 처벌 부분도 고려해 주시기 바랍니다.

그리고 또 후보자님께는 하나 부탁을 드리겠습니다.

오늘 부정선거 관련해 가지고 엄청난 시간을 많이 사용했었는데 사실 지금 문제는 부정선거가 있든 없든 떠나 가지고 부정선거에 대한 의혹을 가지고 있는 그런 부분들이, 그것을 사람들이 납득할 수 있도록 선관위의 어떤 좀 더 많은 노력이 필요하다 하는 그런 생각을 지난번에 제가 사무총장님께도 했기 때문에 이번에는 후보자한테, 그렇지요? 시간, 여러 가지 돈, 예산 많이 들더라도 국민들의 몇십 프로의, 상당히 많은 분들이 선거 부정에 대해서 지금 의혹을 가지고 계시기 때문에 그런 부분들의 의혹이 해소될 수 있도록 아니면 또 부실한 그런 부분이 있으면 바로잡을 수 있도록 좀 최선을 다해 주시기 바랍니다.

○**중앙선거관리위원회위원후보자 김대웅** 예, 알겠습니다.

○**위원장 신정훈** 수고하셨습니다.

다음은 위성곤 위원님 질의해 주시기 바랍니다.

○**위성곤 위원** 후보자님, 본 위원이 여론조사 제도의 대표적인 문제점이 무엇이라고 생각하는지 물었는데 후보자께서 답변을 응답률 저하 추세 그리고 조사 결과 편파 발생 등 두 가지의 문제점을 꼽으면서 여론조사의 객관성과 신뢰성의 논란이 제기된다고 답변을 했고 그래서 객관성과 신뢰성을 담보하는 노력을 하겠다 이렇게 답변을 했는데요.

선거 여론조사는 국민의 정치적 의사를 반영하고 후보자와 정당이 민심을 파악하는 데 매우 중요한 역할을 합니다. 그렇지요?

○**중앙선거관리위원회위원후보자 김대웅** 예.

○**위성곤 위원** 여론조사가 정치적 판단에 큰 영향을 미치는 만큼 공정하고 정확한 조사가 이루어지는 게 매우 중요합니다.

PPT 한번 보시면요.

(영상자료를 보며)

그런데 최근 조사한 내용들을 저희들이 좀 분석을 해 봤습니다. 아시아투데이 의뢰로 한국여론평판연구소가 3월 1일부터 2일까지 한 조사에 의하면 이런 내용을 담았습니다. '이재명 대표가 더불어민주당 후보로 정해져 경선에서 선출된 국민의힘 후보와 맞대결을 벌인다면?' 이렇게 질문을 하면 어떻게 답을 하게 될까요? 이거는, 보십시오. 더불어민주당에는 후보가 여럿이지요?

○**중앙선거관리위원회위원후보자 김대웅** 예.

○**위성곤 위원** 이재명 후보를 지지하는 사람도 있고 지지하지 않는 사람도 있습니다. 그런데 이재명 대표만 뽑아냈어요. 그리고 국민의힘은 여러 후보가 있습니다. 그런데 정

당으로 묻는 거예요. 그래 놓고 이 여론조사 결과를 발표를 합니다. 이게 공정하겠습니까? 이건 일부러 국민의힘 후보를, 지지율을 높이 하기 위해서 만든 아주 편파적인 노골적인 여론조사 방식이거든요.

두 번째 보시면 고성국TV 의뢰로 한국여론평판연구소가 3월 2일 날 이렇게 했습니다. '만약에 윤석열 대통령이 직무에 복귀하게 된다면 임기에 연연하지 않고 개헌과 정치 개혁에 집중하겠다는 최후 진술 내용에 공감하십니까, 공감하지 않으십니까?' 이건 어떤 문제가 있을까요?

○중앙선거관리위원회위원후보자 김대웅 유도하는 듯한 느낌이 드는 것 같습니다.

○위성곤 위원 유도를 하고 여론을 형성하는 거지요, 사실상. 그러니까 여론조사를 해야 되는데 여론조사를 하는 게 아니라 여론을 만드는 겁니다. 이런 행위들이 버젓이 지금 진행되고 있는데 이런 문제에 대해서 선관위가 적극적으로 대응해야 되지 않겠습니까?

앞서 말씀했듯이 선거 여론조사라는 것이 선거에 영향을 미치거든요, 여론 형성에 영향을 미치고. 그러면 보다 객관적이고 공정할 수 있게끔……

(발언시간 초과로 마이크 중단)

(마이크 중단 이후 계속 발언한 부분)

감시체계가 필요한데 적극적으로 대처해야 된다고 보는데 후보자 생각은 어떻습니까?

○중앙선거관리위원회위원후보자 김대웅 저도 그렇게 동일하게 생각하고 있습니다.

○위성곤 위원 만약에 선관위원이 되신다면 적극적으로 이 문제도 들여다봐 주시고 공정하게 여론조사가 진행되게끔 제도도 개선해 주시기 바랍니다.

○중앙선거관리위원회위원후보자 김대웅 예, 알겠습니다.

○위성곤 위원 이상 질의 마치겠습니다.

○위원장 신정훈 수고하셨습니다.

다음은 배준영 위원님 질의해 주시기 바랍니다.

○배준영 위원 사무총장님, 지난번에 제가 질의를 했을 때 저는 부정선거라고 주장해 본 적이 한 번도 없습니다. 그렇지만은 무신불립이라고 선관위가 믿음을 찾아야지 국민으로부터 신뢰를 받을 수 있다 이런 생각은 하고 있습니다.

그런데 저한테 지난번에 답변하신 내용 중에 한 가지는 대법원 판결이 아무 문제 없다는데 더 이상 문제를 제기하지 않는 게 좋겠다라는 말씀을 하셨는데 그 말씀에 제가 동의하기도 하고 동의하지 않기도 합니다. 동의하지 않는 부분은 뭐냐면은 대법원 판결 내용은 선거 무효 사유가 없다는 것이지 선관위의 선거관리가 완벽하게 이루어졌다는 내용이 아닙니다.

(영상자료를 보며)

그래서 제가 좀 보여드리면 오히려 실제로 법원 측에서 진행한 재검표 결과 유효표를 무효표로 번복한 사례가 322건이나 됐습니다, 322표지요. 그런데 보시면은 19대 때 우리 당 손범규 후보가 170표 차이로 졌습니다. 8회 지선에서 충북 증평군수 301표 차이로 패배하고요. 7회 지선에서 강원 평창군수가 24표 차이로 졌거든요.

그래서 대법원 판결을 존중하고 저도 국민들이 따라야 된다고 하지만은 거기에 있는 취지를 살려서 정말 뼈를 깎는 노력을 하셔야 되겠다는 말씀을 드립니다. 어떻게 생각하십니까?

○**참고인 김용빈** 지적 사항 동감을 합니다. 다만 그때 말씀드렸던 것은 부정선거론에 기초한 주장을 대법원에서 받아들이지 않았다라는 그 부분을 즉 선거 무효 사유가 있느냐 없느냐의 부분이었기 때문에 그렇게 말씀을 드렸고 지금 지적하신 내용의 판례 사안은 당선무효나 이런 것에 관련해서 선거 부실을 지적하시는 것 같습니다. 그 부분은 뼈 아프게 저희들이 반성할 점이라고 생각해서 앞으로도 이런 선거 부실이 없도록 많이 노력하겠습니다.

○**배준영 위원** 감사합니다.

PPT 한번 보여 주십시오.

이게 제가 2022년 4월 7일에 중앙선관위를 항의 방문한 겁니다. 당시 오세훈 후보 부인이 세금 30만 원을 더 냈습니다. 더 냈는데 그것을 밝히지 않았다는 이유로 서울시내 일부 누락 관련 공고문이 부착됐는데 공고문에는 '세금 부정확하게 납부했다는 사실 누락' 이렇게 돼 있습니다. 남들이 보면 꼭 세금을 덜 내서 이게 문제가 돼서 모든 투표소에 붙은 걸로 오해가 될 것 같아서 그 당시 저희가 항의하러 갔는데 이게 조치가 안 됐어요. 2023년 3월 7일에도 선관위가······

(발언시간 초과로 마이크 중단)

··

(마이크 중단 이후 계속 발언한 부분)
부실하게 관리를 했기 때문에 제가 인천시당 현장을 맡아서 찾아갔던 예가 있습니다.

그래서 다시 한번 강조드리지만 하여튼 선거는 정확하게 그리고 내실 있게 하셔서 국민의 믿음을 좀 되찾으시기를 다시 한번 간곡하게 부탁드립니다.

○**참고인 김용빈** 예, 더욱 노력하겠습니다.

··

○**위원장 신정훈** 수고하셨습니다.

정춘생 위원님 질의해 주시기 바랍니다.

○**정춘생 위원** 후보자님, 저는 오늘 후보자님의 도덕성 검증보다는 헌법 수호의 의지가 있고 법률에 입각해서 선관위원으로서 엄정하게 선거관리를 할 수 있는지를 보고자 했습니다. 그런데 앞서 저의 질문에 대한 답변도 그렇고 야당 일부 위원님들 질문에 대해서 12·3 사태에 대해서 내란이라고 분명하게 답변을 하지 못하는 부분에 대해서는 굉장히 실망스럽고 아쉽습니다. 위헌·위법적인 거 분명하지 않습니까? 요건도 안 되고 절차도 안 지켰지요? 국회의원들 체포하려고 했지요? 선관위도 침탈했지요? 그걸 어떻게 내란 아니라고 얘기할 수 있습니까? 왜 답변을 회피하십니까?

엄정한 중립이 중요합니다. 그런데 엄정한 중립이라는 것이 저는 여당과 야당 사이에 어정쩡한 중간 위치 그게 아니라고 생각합니다. 헌법에 입각해서, 법률에 입각해서 엄정하게 그거에 근거해서 입장을 분명히 하는 거 그것이 공정이고 독립성이고 중립 아닙니까? 저는 그렇게 생각하는데요. 이 부분에 대해서 어떻게 생각하십니까?

○**중앙선거관리위원회위원후보자 김대웅** 제가 어정쩡하게 답변한 것은 아니라고 생각

하고요.

다만 내란죄 성립 여부에 대해서는 재판이 진행 중에 있고……

○**정춘생 위원** 선관위원후보자로서 묻는 겁니다.

○**중앙선거관리위원회위원후보자 김대웅** 그렇기는 하지만 또 제가 현직 서울고등법원장의 신분에 있다 보니 그 부분에 대해서 말하는 게 적절하지 않다고 판단해서 말씀을 못 드린 것입니다. 그 부분을 좀 이해를 해 주시면 감사하겠습니다.

○**정춘생 위원** 알겠습니다.

만약에 후보자께서 선관위원으로 임명이 되신다면 정당보조금 배분 문제에 대해서도 신경을 써 주십시오.

현재 정치자금법에 근거해서 정당보조금이 국민의 세금으로 배분이 되는데요. 철저하게 교섭단체 위주의 배분 방식입니다. 국고보조금의 전체 50%를 일단 교섭단체 양당에 나눠주고 나머지 50%를 갖고 다른 정당에, 그리고 교섭단체 포함해서 다른 정당에 배분하는 방식이다 보니까 86% 이상이 교섭단체 양당에만 돌아갑니다.

그런데 지금 정치가 굉장히 다원화돼 있고요. 정치적 견해나 철학, 가치, 세계관이 굉장히 다원화돼 있습니다. 양당으로 다 포괄하기에는 너무나 많은 다양성이 존재합니다. 그런데 지금 정치자금의 배분 방식은 저는 굉장히 양당체제를 고착화하고 더 공고히하고 부익부 빈익빈을 양산하는 제도라고 생각합니다.

이 부분에 대해서 제가 일찌감치 정치자금법 개정안을 발의한 바 있습니다. 이 부분에 대해서도 보다 다양한 정치적 견해들이 입법으로, 정책으로, 정당활동으로 실현될 수 있도록 선관위원으로 임명되신다면 보다 적극적으로 살펴보시고 제도개선에 대해서도 신경을 써 주시기 바랍니다.

어떻게……

○**중앙선거관리위원회위원후보자 김대웅** 예, 관심을 많이 갖도록 하겠습니다.

○**정춘생 위원** 기대하겠습니다.

수고하셨습니다.

○**위원장 신정훈** 수고하셨습니다.

○**이달희 위원** 위원장님, 한 30초만 의사진행발언……

○**위원장 신정훈** 예.

○**이달희 위원** 오늘 민주당 위원님 여러 분들께서 12·3 비상계엄 때 윤석열 대통령께서 선관위 서버 문제를 하니까 국민의힘 의원들이 부정선거 부각하고 선관위 서버 문제를 집중 부각한다고 여러 분이 말씀하셨어요. 제가 그래서 사실 속기록을 좀 찾아보라 했습니다.

총장님, 기억하십니까? 10월 10일 국정감사에서부터 저는 선관위의 사이버 보안 문제를 강력하게 얘기했고 그때부터 이 부분에 대해서 집중으로 계속 질의하고 또 보안에 대해서 말씀드렸던 것입니다. 이 부분에 대해서 국민들께 정확하게 알려 드리고 싶습니다.

이상입니다.

○**위원장 신정훈** 수고하셨습니다.

사무총장님, 아까 위원님들께서 여론조사 문제, 공정성, 여러 가지 편법 여론조사 이야기가 나왔습니다. 문항에 있어서의 문제라든가 데이터에 있어서 오염된 문제라든가, 사실 이것이 가장 크게 부각된 것이 명태균 사건 아니겠습니까? 명태균 사건은 선거 관련 여론조사를 가지고 소위 말해서 악용한 대표적인 사례, 아주 백화점이라고 볼 수 있습니다. 이제는 문제점만 인식할 게 아니고 해결 방안에 대해서 선관위에서 대책을 더 신중하게 심도 있게 준비해야 된다고 생각합니다.

되게 지금 선관위가 플래카드 문제라든가 이런 나타난 문제에 대해서 조금 더 신중한 것까지는 좋은데 너무 유보적인 상태, 대체로 개입하지 않으려고 하는 그런 문제들에 대해서 그런 자세는 틀렸다고 생각합니다. 특히 명태균 사건 이후에 여론조사를 악용한 공표형 여론조사가 선거 결과에 미치는 영향이라든가 이런 사례가 없도록 하기 위해서는 선관위가 특별팀을 만들어서라도 여론조사 관리 방안, 기준, 공표 여론조사의 기준 이런 것들을 심도 있게 준비하고 개선 대책을 마련해야 된다고 생각합니다.

○**참고인 김용빈** 위원장님 의견에 전적으로 동의하고, 저도 지금 여심위에 그와 같은 주문을 해 놓은 상태입니다. 그리고 금년에 여론조사 업체에 대한 품질기준을 마련해서 시행할 수 있도록……

○**위원장 신정훈** 금년이 아니라요, 지금 대선이 바로 박두해 있지 않습니까?

○**참고인 김용빈** 예, 하여튼 실행 가능한 방안……

○**위원장 신정훈** 충분히 사전에 문항도 선관위에 신고해서 먼저 컨펌을 받는 그런 절차가 있지 않습니까?

○**참고인 김용빈** 예, 실행 가능한 방안인지 무엇인지 바로 확인해서 신속히 조치할 부분은 하겠습니다.

○**위원장 신정훈** 두 달 내에 시행되는 대선 과정에서도 이런 여론조사 오염이 없도록 그런 만반의 준비를 해 주셨으면 좋겠다.

(「탄핵 결정하셨네」 하는 위원 있음)

(「헌재를 아주 무시하고 계시네」 하는 위원 있음)

(「헌재를 존중해서 그러는 거예요」 하는 위원 있음)

그 부분에 대해서는 제가 여당 위원님들 말씀 존중하겠습니다. 제가 조금 더……

(「마무리하세요」 하는 위원 있음)

예.

오늘 장시간 동안 증인과 참고인 신문을 통해서 그리고 후보자 신문을 통해서 여러 가지 우리가 지금 당면하고 있는 문제에 대해서 많이 지적되고 또 그 문제 해결 방안에 대해서도 많은 의견이 있었습니다.

최소한 이 자리에 계신 위원님들께서는 선관위에 채용비리가 정말 있었다는 것에 대해서 그리고 그 문제는 어떤 이유로도 정당화될 수 없다, 그것을 해결해야 된다라는 것에 대해서 함께 공감했습니다. 마찬가지로 선거 부정에 있어서도 명료하게 이 문제에 대해서 선거 부정이 있었라고 주장하는 분들은 없었습니다.

이제 이 두 문제가 더 이상 선관위의 앞으로 활동 과정에 발목을 잡지 않도록 하기 위해서는 사무총장이나 후보자께서 좀 더 단호하게 이 두 가지 문제를 해결해 나가는 두 가지의 지혜가 필요하다고 생각합니다.

그런 점에서 오늘 후보자께서 더 많은 그런 의지를 가지고 또 답변해 주신 것에 대해서 감사하게 생각합니다.

먼저 증인과 참고인은 퇴장해도 되겠습니다.

수고하셨습니다.

후보자에게 마무리 발언 기회를 드리겠습니다.

발언대로 나오셔서 마무리 발언해 주시기 바랍니다.

○**중앙선거관리위원회위원후보자 김대웅** 존경하는 신정훈 위원장님과 위원님 여러분!

바쁘신 가운데에서도 오늘 인사청문회 자리를 마련해 주시고 또 오랜 시간 조언과 충고를 주신 데 대하여 진심으로 감사를 드립니다.

위원님들의 질의에 솔직하고 성실하게 답변하려고 노력하였습니다만 미흡한 점도 많았을 것으로 생각합니다. 부디 너그럽게 양해하여 주시기 바랍니다.

이번 청문 과정을 통하여 선거관리위원회에 대한 국민들의 기대와 우려 그리고 위원이 된다는 것에 대한 막중한 책임감을 느낄 수가 있었습니다.

오늘 위원님들께서 주신 고견을 가슴 깊이 새겨 자유롭고 공정한 선거관리라는 헌법적 책무를 충실히 수행할 수 있도록 최선을 다하겠습니다.

다시 한번 위원장님과 위원님들께 감사의 말씀을 드립니다.

감사합니다.

○**위원장 신정훈** 수고하셨습니다.

그러면 인사청문경과보고서를 채택하기 위해서 위원장과 간사님들 간의 협의를 위해서 잠시 정회하도록 하겠습니다.

다만 의결정족수가 필요하기 때문에 가급적이면 회의 장소에서 조금만 기다려 주셨으면 좋겠습니다.

정회를 선포하겠습니다.

(19시25분 회의중지)

(19시32분 계속개의)

○**위원장 신정훈** 의석을 정돈해 주시기 바랍니다.

성원이 되었으므로 회의를 속개하겠습니다.

---

o 의사일정 변경의 건

○**위원장 신정훈** 간사님들과 협의한 결과 오늘 회의에서 중앙선거관리위원회 위원후보자(김대웅) 인사청문경과보고서를 채택하기로 합의하였습니다.

이에 국회법 제77조 및 제71조에 따라 의사일정을 변경해서 안건을 상정하고 의결코자 하는데 위원님 여러분 이의 없으십니까?

(「예」 하는 위원 있음)

---

2. 중앙선거관리위원회 위원후보자(김대웅) 인사청문경과보고서 채택의 건

(19시33분)

○**위원장 신정훈** 그러면 중앙선거관리위원회 위원후보자(김대웅) 인사청문경과보고서 채택의 건을 의사일정 제2항으로 추가해서 상정하겠습니다.

오늘 우리 위원회는 중앙선거관리위원회의 위원후보자(김대웅)에 대한 인사청문회를 실시했습니다. 이 과정에서 이루어진 위원님들의 질의와 후보자의 답변을 바탕으로 위원장이 간사님들과 협의해서 인사청문경과보고서(안)을 마련하였습니다.

자세한 내용은 배부해 드린 유인물을 참조해 주시고, 경과보고서에 대해 이견 있으시면 위원님께서 말씀해 주시기 바랍니다.

(「없습니다」 하는 위원 있음)

없으십니까?

더 이상 의견이 안 계시면 의결토록 하겠습니다.

의사일정 제2항 중앙선거관리위원회 위원후보자(김대웅)에 대한 인사청문경과보고서를 배부해 드린 유인물 내용과 같이 채택코자 하는데 위원님 여러분 이의 없으십니까?

(「없습니다」 하는 위원 있음)

가결되었음을 선포합니다.

(인사청문경과보고서는 부록으로 보존함)

오늘 의결한 인사청문경과보고서의 체계와 자구의 정리는 위원장에게 위임해 주시기 바랍니다.

오늘 회의 중에 이광희 위원님, 이만희 위원님, 이해식 위원님께서 서면질의가 있었습니다. 각 기관은 서면답변서를 구체적으로 작성해서 빠른 시간 내에 위원님들께 제출해 주시기 바랍니다.

서면질의와 답변 내용은 회의록에 게재토록 하겠습니다.

바쁘신 일정 중에서도 내실 있게 청문회를 준비해 주신 위원님들께 감사의 말씀 드립니다.

김대웅 후보자께도 거듭 수고하셨다는 말씀 드립니다.

회의 진행을 위해 고생해 주신 국회 공무원 그리고 국회 보좌직원, 언론인 여러분께도 감사의 말씀 드립니다.

다음 회의 일정은 간사님들과 협의를 통해서 안내해 드리도록 하겠습니다.

오늘 회의는 이것으로 마치겠습니다.

산회를 선포합니다.

(19시35분 산회)

○출석 위원(21인)

김성회 김종양 모경종 박정현 배준영 신정훈 양부남 용혜인 위성곤 윤건영 이광희 이달희 이만희 이상식 이성권 이해식 정춘생 조승환 조은희 채현일 한병도

○출석 전문위원

수석전문위원 유상조
전문위원 조문상
전문위원 서기영

○출석 공직후보자

김대웅

○출석 증인

박찬진(중앙선거관리위원회 전 사무총장)

송봉섭(중앙선거관리위원회 전 사무차장)
○**출석 참고인**
  김용빈(중앙선거관리위원회 사무총장)
  장병호(중앙선거관리위원회 정보정책과)

곽종근 전 특전사령관의 폭로를 둘러싼 새로운 정황이 드러났습니다. TV조선 보도에 따르면, 곽 전 사령관은 민주당 김병주 의원의 유튜브에 출연하기 전날 지인과의 통화에서 "내란죄로 엮겠다고 한다", "살려면 양심선언을 하라더라"는 말을 들었다고 토로했습니다. 곽 전 사령관의 주장은 탄핵 심판의 핵심 근거가 되어왔습니다. 그러나 유튜브 출연 전날 이미 압박을 받았고, 심지어 "아무도 내말은 안 듣는다"며 답답함을 호소한 정황이 확인되었습니다. 온전히 본인 판단으로 김병주 의원 유튜브에 출연해 "전임 장관으로부터 국회의사당 안에 있는 인원들을, 요원들을 밖으로 좀 빼내라" 라고 지시 받았다는 진술이 나온것인지 의문에 의문이 더해지고 있습니다.

– 국민의힘 원내대변인 박수민, 3월 6일 논평

곽종근 전 특수전사령관이 자신에게 '양심선언을 요구한 사람'은 고등학교 동기들이라며 회유 의혹을 정면 부인했습니다. 야당의 압박과 회유로 조작된 진술로 몰아가려고 했던 국민의힘은 당장 민주당과 국민께 사죄하십시오. 오늘 하루 국민의힘은 곽종근 전 사령관에 대한 회유 공작의 증거가 밝혀졌다며, 윤석열 대한 구속 취소와 탄핵심판 변론 재개를 요구하는 공세들을 쏟아냈습니다. 누가 곽 전 사령관에게 구체적으로 무슨 회유와 압박을 했는지도 없는 허깨비 같은 주장이었습니다. 더욱이 곽종근 전 사령관의 반박으로 국민의힘의 정치공세는 일장춘몽, 아니 반나절만의 헛꿈으로 끝났습니다. 호수 위 달그림자를 쫓듯 엉터리 의혹을 쫓아 좌충우돌하는 국민의힘의 모습은 한심합니다. 제발 더 늦기 전에 정신 차리고 현실을 직시하십시오. 보수의 가치를 내버리고 달려간 극우는 더 이상 갈 곳 없는 막다른 절벽임을 직시하십시오.

– 더불어민주당 수석대변인 조승래, 3월 6일 서면브리핑

제423회 국회 농림축산식품해양수산위원회회의록 제1호
(임시회)　　（임시회의록）

국 회 사 무 처

일　　시　　2025년3월6일(목)

장　　소　　농림축산식품해양수산위원회회의실

의사일정

1. 농업·농촌 공익기능 증진 직접지불제도 운영에 관한 법률 일부개정법률안(강준현의원 대표발의)(의안번호 2205057)
2. 농업·농촌 공익기능 증진 직접지불제도 운영에 관한 법률 일부개정법률안(박덕흠의원 대표발의)(의안번호 2205519)
3. 농업·농촌 공익기능 증진 직접지불제도 운영에 관한 법률 일부개정법률안(대안)
4. 화훼산업 발전 및 화훼문화 진흥에 관한 법률 일부개정법률안(김도읍의원 대표발의)(의안번호 2201912)
5. 수산자원관리법 일부개정법률안(김선교의원 대표발의)(의안번호 2200307)
6. 수산자원관리법 일부개정법률안(정부제출)(의안번호 2202290)
7. 수산자원관리법 일부개정법률안(대안)
8. 수산업·어촌 발전 기본법 일부개정법률안(이병진의원 대표발의)(의안번호 2200495)
9. 수산업·어촌 발전 기본법 일부개정법률안(전종덕의원 대표발의)(의안번호 2205544)
10. 수산업·어촌 발전 기본법 일부개정법률안(대안)
11. 해양심층수의 개발 및 관리에 관한 법률 일부개정법률안(정부제출)(의안번호 2201695)
12. 갯벌 및 그 주변지역의 지속가능한 관리와 복원에 관한 법률 일부개정법률안(서삼석의원 대표발의)(의안번호 2201878)
13. 해양수산발전 기본법 일부개정법률안(조경태의원 대표발의)(의안번호 2201998)
14. 항로표지법 일부개정법률안(정부제출)(의안번호 2202052)
15. 항로표지법 일부개정법률안(정부제출)(의안번호 2202200)
16. 항로표지법 일부개정법률안(대안)
17. 농어업재해대책법 일부개정법률안(서삼석의원 대표발의)(의안번호 2202156)
18. 어장관리법 일부개정법률안(정부제출)(의안번호 2202199)
19. 해운법 일부개정법률안(정부제출)(의안번호 2202299)
20. 김산업의 육성 및 지원에 관한 법률 일부개정법률안(김원이의원 대표발의)(의안번호 2203125)
21. 김산업의 육성 및 지원에 관한 법률 일부개정법률안(송옥주의원 대표발의)(의안번호 2203418)
22. 김산업의 육성 및 지원에 관한 법률 일부개정법률안(대안)

23. 수산업법 일부개정법률안(조승환 의원 대표발의)(의안번호 2203195)
24. 수산업법 일부개정법률안(정부제출)(의안번호 2205330)
25. 수산업법 일부개정법률안(대안)
26. 수산업협동조합법 일부개정법률안(이양수 의원 대표발의)(의안번호 2205392)
27. 수산과학기술진흥을 위한 시험연구 등에 관한 법률 일부개정법률안(주철현의원 대표발의)
    (의안번호 2206415)
28. 수중레저활동의 안전 및 활성화 등에 관한 법률 일부개정법률안(주철현의원 대표발의)(의안
    번호 2206416)
29. 해양경비법 일부개정법률안(조경태 의원 대표발의)(의안번호 2205487)
30. 연안사고 예방에 관한 법률 일부개정법률안(정희용의원 대표발의)(의안번호 2206062)
31. 수상레저안전법 일부개정법률안(정부제출)(의안번호 2206428)
32. 2024년도 국정감사 결과보고서 채택의 건
33. 참고인 출석요구의 건(공익직불제 기본계획안 심의 진술 관련)
34. 제1차(2025~2029) 공익직불제 기본계획안 심의 요청의 건
35. 농어민 기본소득 관련 법률안(5건)에 대한 공청회

상정된 안건

(14시15분 개의)

○**위원장 어기구** 의석을 정돈해 주시기 바랍니다.

성원이 되었으므로 제423회 국회(임시회) 제1차 농림축산식품해양수산위원회를 개회하겠습니다.

보고사항은 배부해 드린 유인물을 참고해 주시기 바랍니다.

(보고사항은 끝에 실음)

오늘 회의에서는 법안심사소위원회에서 심의한 법률안을 먼저 의결하고 2024년도 우리 위원회가 실시한 국정감사 결과보고서를 채택한 후에 공익직불제 심의 요청의 건과 농어민 기본소득 관련 법률안 5건에 대한 공청회를 개최하도록 하겠습니다.

참고로 오늘 회의는 국회방송에서 유튜브 생중계 예정임을 알려 드립니다.

먼저······

○**임미애 위원** 위원장님, 의사진행발언 있습니다.

○**위원장 어기구** 의사진행발언해 주시기 바랍니다.

○**임미애 위원** 여당 측에서 위원들이 아무도 들어오지 않아서 굉장히 유감입니다. 지금 저희가 앞에 이렇게 붙여 놓은 것처럼 오늘 이 자리에서 본 안건이 토론되기 전에······

○**정희용 위원** (위원장석 옆에서)

위원장님, 지금 간사 간에 협의도 안 됐는데 일방적으로 이렇게 진행하시면 어떻게 하십니까? 저희가 피켓 안 떼면 못 들어오겠다고 이야기하고 있는 중에 일방적으로 진행하시면 저희는 회의 참석할 수가 없습니다.

○**위원장 어기구** 회의는 간사 간에 합의하고 상관없는 거니까……

○**송옥주 위원** 들어오시면 되지요. 사과하셔야 되는데 그런 식으로 어거지로 하시면 안 되지요.

○**정희용 위원** (위원장석 옆에서)

무슨 말씀을 하시는 거예요, 지금 위원장님한테 이야기하는데.

빨리 떼시고 간사님하고 더 이야기할 수 있도록 위원장님께서 진행을 해 주십시오.

○**송옥주 위원** 정희용 간사님이라도 사과하세요, 대표로.

○**정희용 위원** (위원장석 옆에서)

이렇게 막 일방적으로 진행하시면 안 되지요.

○**송옥주 위원** 사과하실 일이지 그렇게 떼쓸 일이 아니세요.

○**정희용 위원** (위원장석 옆에서)

그러면 저희도 '이재명 아웃' 안 붙이고 할 수가 없습니다. 지금 그렇게 해야 되겠습니까?

○**송옥주 위원** 이재명 대표가 때려 부수라는 얘기를 한 게 아니잖아요.

○**이병진 위원** 진행하세요.

○**위원장 어기구** 민주당 위원님들, 국민의힘 쪽에서 앞에 붙인 이 피켓을 떼었으면 하는 얘기를 주셨습니다. 어떻게 생각하십니까?

○**윤준병 위원** 일단 의사진행발언은 지금 진행 중이니까 기본적인 의사진행발언을 마친 다음에 탈착 여부에 대해서는 다시 가서 한번 협의를 하도록 하겠습니다.

○**위원장 어기구** 그러면 임미애 위원님 의사진행발언해 주시기 바랍니다.

○**임미애 위원** 의사진행발언 계속하도록 하겠습니다.

지금 여당 위원들께서 아무도 들어오지 않는데 저는 방금 정희용 간사 들어와서 하는 말씀은 굉장히 적반하장이다라는 생각이 듭니다. 이 상황에서 이재명 얘기를 꺼낸다는 것 자체가 그들이 궁색할 때마다 내미는 카드인데 이미 그 카드의 용도가 다했다라는 얘기를 드리고 싶고요.

저는 지난주에 우리와 함께 이야기를 하고 마주 앉아서 법안 심의를 하고 예산안 논의를 했던 서천호 위원에 대한 이야기를 하지 않을 수가 없습니다.

저희가 22대 국회의원으로 임기를 시작하면서 이렇게 선서를 했었습니다. "나는 헌법을 준수하고 국민의 자유와 복리의 증진 및 조국의 평화적 통일을 위하여 노력하며, 국가이익을 우선으로 하여 국회의원의 직무를 양심에 따라 성실히 수행할 것을 국민 앞에 엄숙히 선서합니다." 이렇게 선서했습니다.

그 선서 한 지 1년이 채 지나지 않았습니다. 그런데 헌법을 준수하는 것은 국회의원의 의무입니다. 대통령도 마찬가지입니다. 그렇기에 헌법에 정하지 않은 사유로 계엄을 발동하고 국회와 선관위에 군대를 보내 헌정질서를 위협한 윤석열이 헌법재판소에서 탄핵심판을 받고 있는 것은 온 국민이 다 아는 사실입니다.

이렇게 혼란스러운 정국에서 국회의원이 할 일은 빠르게 탄핵심판이 마무리되어 헌정질서를 회복할 수 있도록 하는 것이지 헌법기관을 쳐부수자, 거리에서 국민들을 선동하는 것이 아닙니다.

그런데 지난 주말 광화문에서 열린 탄핵 반대 집회에서 국민의힘 서천호 위원께서 '공수처, 선관위, 헌법재판소, 불법과 파행을 자행해 왔다. 모두 때려 부숴야 한다. 쳐부수자'라는 극단적인 발언을 했습니다. 그야말로 헌법을 부정하고 파괴하는 발언입니다.

지금의 탄핵 정국은 헌정질서의 수호냐 파괴냐를 두고 벌어지는 싸움입니다. 헌법재판소의 심판 과정에 불만이 있다 하더라도 그에 대한 비판과 대응은 헌법질서 안에서 이루어져야 합니다. 국회의원의 발언과 정치행위 역시 그렇습니다. 헌법기관과 최고 사법기관을 때려 부수자는 국회의원의 반헌법적 발언, 반헌법적 선동이 용인되어서는 안 된다고 생각합니다.

오늘 회의가 본격적으로 시작하기 전에 서천호 위원께서는 본인의 반헌법적 발언에 대해 국민들 앞에 공식적으로 사과와 동시에 즉각 자진 사퇴할 것을 촉구합니다. 그것이 국회의원의 자세입니다. 그것이 사회적 혼란을 최소화하기 위한 정치인의 책무입니다.

위원장님께서도 우리 농해수위가 헌법질서를 지키는 속에서 농정에 대한 토론이 이루어질 수 있도록 필요한 조치를 정확하게 강구해 주시기 바랍니다.

이상입니다.

○**위원장 어기구** 잘 들었습니다.

문금주 위원님 의사진행발언 있겠습니다.

○**문금주 위원** 문금주입니다.

지난 1일 윤석열 탄핵 반대 집회에서 나오지 않아야 될 발언이 나왔습니다. 제 귀로 듣고 깜짝 놀랐는데요. '공수처, 선관위, 헌법재판소, 불법과 파행을 자행하고 있습니다. 모두 때려부숴야 합니다. 쳐부수자'라며 갈등과 폭동을 부추기는 발언이 나왔습니다. 이 발언은 정말 막말, 망언 수준을 넘어선 불법을 선동하는 파쇼적인 범죄행위다 이렇게 생각을 합니다.

국민의 불안은 극심하고 민생은 비상인데 여전히 국힘은 윤석열의 나팔수와 거수기로 전락해서 태극기부대의 선봉에 선 것마냥 불법 선동과 증오를 쏟아내고 있습니다.

더욱 놀라운 것은 이 발언이 경찰대학장과 국정원 2차장의 이력을 가진 같은 국회 농해수위 소속, 엊그제만 해도 바로 앞에서 발언했던 서천호 위원이라고 하는 게 정말 끔찍합니다. 지난 1월 19일 서울지법이 침탈당했을 때 현장의 질서와 치안을 유지하기 위해 투입됐다가 부상을 당한 후배 경찰들에게 부끄럽지 않은지 의문입니다.

특히 해당 발언은 헌법에 서명된, 명시된 삼권분립을 위협하고 헌법을 부정하는 행위입니다. 서천호 위원이 이렇게 헌법을 부정한다면 본인이 대표발의한 21건의 법안도 스스로 부정하는 것이 됩니다.

지난 9월 2일 국회 개원식을 통해 낭독했던 국회의원 선서는 그새 잊으신 것 같습니다. 국회의원 선서는 헌법 준수를 의무화하는 막중함과 책임감을 담고 있습니다. 어떻게 선서까지 한 국회의원이 나라의 근간이 되는 헌법을 위협하고 스스로를 부정하면서까지 폭력과 폭동을 선동할 수 있다는 말입니까?

서천호 위원의 해당 발언으로 국회의 명예마저 크게 실추되었습니다. 얄팍한 기득권을 지키기 위한 행위에 동료 국회의원이자 대한민국 국민의 한 사람으로서 매우 심각한 유감을 표하면서 위원장님께 강력하게 요청합니다.

정치적 견해가 다름으로 인한 의견 제시와 주장은 이해를 합니다만 서천호 위원의 해당 발언은 단순히 정치적 의견에 그치지 않은 심각한 헌법 부정행위이자 불법행위입니다. 나라의 근간인 헌법을 부정하고 국회법에 따라 헌법을 준수한다는 선언마저 무색하게 만든 서천호 위원은 즉각적인 사과를 함과 동시에 자진 사퇴가 마땅하고 국회 윤리위가 제명까지도 검토해야 된다고 생각합니다.

　아울러 국민의힘은 공당으로서 책임을 지고 공식적인 사과와 함께 출당 조치를 해야 된다고 생각을 합니다. 위원장님도 의견을 같이해 주시면 좋겠습니다.

　이상입니다.

○위원장 어기구 오늘 서천호 위원님도 안 계시고 그런데 이제 그만하시지요.

○이병진 위원 의사진행발언 있습니다.

○위원장 어기구 이병진 위원님.

○이병진 위원 (패널을 들어 보이며)

　자, 여기 제가 하나 준비해 왔는데요. 입헌민주주의 국가인 우리나라에서 헌법은 보도와 같은 것입니다. 그 누구도 지켜야 됨이 마땅합니다. 헌법을 어기고 흔들렸을 때 그걸 지켜 주는 곳이 또 우리가 쉽게 얘기하면 헌법재판소입니다. 그런데 존경하는 서천호 위원께서 헌법재판소를 부숴 버리자, 쳐부수자는 이런 망언을 백주 대낮에 대중들 앞에서 내뱉었습니다.

　서천호 위원이 과연 어떤 분인가? 항상 조용하게 가만히 계셔서 궁금해서 찾아봤어요. 그랬더니 이력이 보여집니다. 국정원 댓글 조작 사건, 채동욱 전 검찰총장 사찰 사건, 한진중공업 희망버스 여론 조작 사건 다 유죄를 받았습니다. 그런데 이분이 나선 이유가 있다는 생각이 언뜻 든 게 윤석열 씨가 사면을 해 줬어요. 사면을 해 주다 보니까 거기에 대한 보은 차원인지 거기서 그렇게 외치지 않았나 이런 생각을 떨쳐 버릴 수가 없다. 저는 말이지요, 위원장님에게 강력하게 촉구드리면서 이렇게 헌법질서를 부정하고 내란 폭동을 선동하는 서천호 위원님 정말 반성하고 사과를 뛰어넘어서 제명안이 국회에서 통과되기 전에 우리가 여기서 사퇴를 촉구하는 결의서를 만들자는 제안을 드립니다.

　이상입니다.

○위원장 어기구 서천호 위원님이 안 계십니다. 안 계시기 때문에 오늘은 위원님들 이 정도 하시고……

○문대림 위원 저도 간단하게 하겠습니다.

○위원장 어기구 이거를 떼어야 국민의힘 위원님들이 들어오신다 그러니까……

○문대림 위원 간단하게 의사진행……

○위원장 어기구 그러면 마지막으로 문대림 위원님 간단히 의사진행발언해 주시기 바랍니다.

○문대림 위원 '헌법재판소, 고위공직자범죄수사처, 선거관리위원회 모두 때려 부수자' 이것은 민주공화정 대한민국을 때려 부수자는 얘기나 다름없습니다. 그럼에도 불구하고 이걸 떼고 물러서고 상임위를 진행하는 게 무슨 의미가 있겠습니까? 저희는 아까 이병진 위원이 얘기하신 위원회에서 할 수 있는 제명 결의안이 있다면 해야 된다라고 봅니다.

　서천호 위원이 발언한 내용들이 사실 심각한 법적 문제로 이어질 가능성도 큽니다. 크고요, 이렇게 보니까 내란선동죄 혐의, 내란이 얼마나 국가적 관점에서 무서운 일입니까?

선동한 것입니다. 선동죄 혐의, 그리고 형법의 각종 죄들이 있네요. 예비·음모·선동·선전, 소요, 공무집행방해, 국헌문란에 해당할 수 있는 죄에 저촉될 수가 있고요. 집회 및 시위에 관한 법률에도 위반 혐의가 또 제기되고 있습니다. 그래서 실제로 법적 처벌로 이어질 가능성이 크다 저는 이렇게 봅니다.

이렇게 보고, 그럼에도 불구하고 형식적으로 이걸 뗐다가 타협 차원에서 이걸 붙였다가 떼고 이 정도는 저는 용납할 수 없다 이렇게 생각합니다. 본인이 공식적인 사과 그리고 응당의 처분을 받겠다라는 그러한 인정을 하는 그런 사고가 없으면 저는 동료 위원으로서 인정하고 싶지 않다 이런 말씀을 꼭 드리고 싶습니다.

○위원장 어기구 위원님들 마음 충분히 이해합니다. 우리 국민들께서도 헌법을 부정하고 헌법을 파기하는 발언을 한 서천호 위원님께 매우 부적절한 발언이었다라고 아마 모든 국민들께서 그렇게 인식을 하고 계실 거라고 믿습니다.

아마 서천호 위원도 다음 회의 때, 이 자리에는 오늘 안 계시지만 반드시 사과를 하실 거로 믿고 오늘 민주당 위원님들 붙인 패널은 떼어 주시고 오늘 법안도 의결해야 되고 국감 결과도 채택해야 되고 공청회도 있고 그러니까 여기에서 이제 의사진행발언은 마무리하는 것으로 하면 어떨까요?

○임미애 위원 동의하지 않습니다.

○위원장 어기구 협조를 부탁드립니다. 팻말은 좀 떼어 주시기 바랍니다. 그래야 국민의힘 위원들이 들어오신다고 그러니까요. 이 정도 했으면 아마 국민들께 충분히 위원님들 의사는 전달됐다고 봅니다. 서천호 위원님이 다음에 오셔 가지고 여기에 대한, 위원님들에 대한 적절한 사과가 있을 거라고 믿고요. 오늘은 우리 의사가 많이 남아 있으니까 그렇게 협조를 좀 부탁드리겠습니다.

○임미애 위원 저희가 떼려면 적어도 정희용 간사 들어오셔서 대표로, 당 대표로서 사과 발언은 있어야 됩니다. 그것이 없는데 저희가……

○위원장 어기구 간사가 또 그걸 하기에는……

○임미애 위원 이걸 뗀다는 게 말이 안 됩니다.

○위원장 어기구 그러면 어떻게…… 잠시 정회했다가 다시 할까요, 아니면……

○임호선 위원 그러시지요.

○문금주 위원 이걸 떼는 것 동의가 쉽게 안 됩니다. 이걸 떼는 것 쉽게 동의가 안 돼요.

○서삼석 위원 일단 정회해요, 속기사도 고생하고 하는데.

○송옥주 위원 사과 없으면 진행할 수 없다고 생각합니다.

○위원장 어기구 그런데 지금 본인이 없잖아요. 본인이 없고……

○송옥주 위원 본인이 아니어도 대표할 만한 분이 하셔야 되는 거지요, 국민의힘 쪽에서.

○위원장 어기구 오늘도 의사 진행할 안건이 많으니까 오늘 양해하시고 다음에 서천호 위원님 오시면 그때 또 추가발언 해 주시면 좋겠습니다.

○임미애 위원 위원장님, 저는 이것이 서천호 위원 개인의 발언이라고 생각하지 않습니다. 최근에 보여지는 국민의힘의 전반적인 당지도부뿐만이 아니라 일반 의원들의, 평의원들의 발언을 살펴봐도 이것은 당의 기조와 연관되어 있는 겁니다. 그렇기 때문에 이 부

분에 대해서 사과하지 않는 상태에서 저희가 이 패널을 떼는 거는 동의하기가 어렵습니다. 헌재의 판결이 나왔을 때 그 판결을 존중한다는 보장이 없습니다, 지금 이 상황에서는. 적어도 그 부분에 대한 답변은 있어야 되지 않겠습니까?

○**서삼석 위원** 정회하시고 위원장님이 직접 실득 한번 해 보세요.

○**문대림 위원** 그냥 넘어가게 되면 말입니다, 지금 봐 보십시오. 윤석열과 국민의힘 지도부 그리고 극우 그리고 전광훈 뭐가 다릅니까? 똑같지. 이런 것들을 계속 의회 내에서 어느 정도 하다가 물러서고 물러서고 하니까 계속 이 모양 이거 아닙니까. 저희는 이게……

○**위원장 어기구** 자, 알겠습니다.

윤준병 간사하고 상의를 했는데요. 회의를 계속 진행하도록 하겠습니다.

---

1. 농업·농촌 공익기능 증진 직접지불제도 운영에 관한 법률 일부개정법률안(강준현 의원 대표발의)(의안번호 2205057)

2. 농업·농촌 공익기능 증진 직접지불제도 운영에 관한 법률 일부개정법률안(박덕흠 의원 대표발의)(의안번호 2205519)

3. 농업·농촌 공익기능 증진 직접지불제도 운영에 관한 법률 일부개정법률안(대안)

4. 화훼산업 발전 및 화훼문화 진흥에 관한 법률 일부개정법률안(김도읍 의원 대표발의)(의안번호 2201912)

5. 수산자원관리법 일부개정법률안(김선교 의원 대표발의)(의안번호 2200307)

6. 수산자원관리법 일부개정법률안(정부 제출)(의안번호 2202290)

7. 수산자원관리법 일부개정법률안(대안)

8. 수산업·어촌 발전 기본법 일부개정법률안(이병진 의원 대표발의)(의안번호 2200495)

9. 수산업·어촌 발전 기본법 일부개정법률안(전종덕 의원 대표발의)(의안번호 2205544)

10. 수산업·어촌 발전 기본법 일부개정법률안(대안)

11. 해양심층수의 개발 및 관리에 관한 법률 일부개정법률안(정부 제출)(의안번호 2201695)

12. 갯벌 및 그 주변지역의 지속가능한 관리와 복원에 관한 법률 일부개정법률안(서삼석 의원 대표발의)(의안번호 2201878)

13. 해양수산발전 기본법 일부개정법률안(조경태 의원 대표발의)(의안번호 2201998)

14. 항로표지법 일부개정법률안(정부 제출)(의안번호 2202052)

15. 항로표지법 일부개정법률안(정부 제출)(의안번호 2202200)

16. 항로표지법 일부개정법률안(대안)

17. 농어업재해대책법 일부개정법률안(서삼석 의원 대표발의)(의안번호 2202156)

18. 어장관리법 일부개정법률안(정부 제출)(의안번호 2202199)

19. 해운법 일부개정법률안(정부 제출)(의안번호 2202299)

20. 김산업의 육성 및 지원에 관한 법률 일부개정법률안(김원이 의원 대표발의)(의안번호 2203125)

21. 김산업의 육성 및 지원에 관한 법률 일부개정법률안(송옥주 의원 대표발의)(의안번호 2203418)

22. 김산업의 육성 및 지원에 관한 법률 일부개정법률안(대안)

23. 수산업법 일부개정법률안(조승환 의원 대표발의)(의안번호 2203195)
24. 수산업법 일부개정법률안(정부 제출)(의안번호 2205330)
25. 수산업법 일부개정법률안(대안)
26. 수산업협동조합법 일부개정법률안(이양수 의원 대표발의)(의안번호 2205392)
27. 수산과학기술진흥을 위한 시험연구 등에 관한 법률 일부개정법률안(주철현 의원 대표발의)
    (의안번호 2206415)
28. 수중레저활동의 안전 및 활성화 등에 관한 법률 일부개정법률안(주철현 의원 대표발의)
    (의안번호 2206416)
29. 해양경비법 일부개정법률안(조경태 의원 대표발의)(의안번호 2205487)
30. 연안사고 예방에 관한 법률 일부개정법률안(정희용 의원 대표발의)(의안번호 2206062)
31. 수상레저안전법 일부개정법률안(정부 제출)(의안번호 2206428)

(14시31분)

○**위원장 어기구** 그러면 먼저 의사일정 제1항부터 제31항까지 이상 31건의 법률안을 일괄하여 상정합니다.

이들 안건에 대해서는 법안심사소위원회 위원님들께서 심도 있는 심사를 해 주셨습니다.

심사를 위해 수고해 주신 농림축산식품 및 해양수산법안심사소위원회 위원님들께 깊은 감사의 말씀을 드립니다.

그러면 먼저 농림축산식품법안심사소위원회 윤준병 위원님 나오셔서 소위원회 심사 결과를 보고해 주시기 바랍니다.

○**소위원장대리 윤준병** 농림축산식품법안심사소위원회 위원 윤준병입니다.

우리 소위원회는 지난 2월 27일 25건의 법률안에 대하여 심사한 결과 2건의 법률안에 대해서는 본회의에 부의하지 아니하고 각 법률안의 내용을 통합하여 1건의 대안을 제안하고 1건의 법률안은 수정 의결하였습니다.

먼저 강준현 의원과 박덕흠 의원이 각각 대표발의한 2건의 농업·농촌 공익기능 증진 직접지불제도 운영에 관한 법률 일부개정법률안을 통합 조정한 대안은 농지전용 허가·신고·협의가 의제된 농지 중 다른 법률에 따라 공용 수용된 농지에 한해 직불금 등록 신청 연도의 직전 연도까지 보상을 받지 아니한 농지분을 기본직불금 지급대상으로 인정하고 하천 점용허가를 받고 친환경인증 농산물을 재배하는 농지 등도 기본직불금 지급대상으로 인정하는 내용입니다.

다음으로 김도읍 의원이 대표발의한 화훼산업 발전 및 화훼문화 진흥에 관한 법률 일부개정법률안은 국가, 지방자치단체 및 공공기관으로 하여금 생화를 사용하도록 노력하는 의무를 부여하는 내용입니다. 다만 현행법 정의에 따라 생화를 화훼로 수정하는 등 일부 내용을 수정하여 의결하였습니다.

보다 자세한 내용은 유인물을 참조해 주시고 이상 2건의 법률안에 대하여 소위원회에서 심사보고한 대로 의결하여 주시기 바랍니다.

감사합니다.

○**위원장 어기구** 윤준병 위원님 수고하셨습니다.

이어서 해양수산법안심사소위원장 조경태 위원님 나오셔서 소위원회 심사 결과를 보고

해 주시기 바랍니다.

○**소위원장 조경태** 안녕하십니까?

저는 국민의힘 조경태 위원입니다.

아마 조만간에 대통령 탄핵에 대한 헌재의 결과가 나올 텐데 그 결과에 대해서는 어느 당이든 결과에 대해서 존중해야 된다라고 생각합니다. 그것이 바로 민주주의입니다. 그리고 어떠한 일이 있어도, 국회도 헌법기관이지 않습니까? 마찬가지로 헌재, 즉 헌법기관을 무력화시키겠다는 그런 발언은 국회의원으로서, 헌법기관 소속의 국회의원으로서 대단히 부적절한 발언이었다고 생각합니다.

그리고 향후 야당에도 제가 좀 말씀을 드리겠습니다.

무슨 일만 터지면 법원을 찾아간다든지 경찰청을 찾아가든지 이런 식으로 하는 행위는 대단히 부적절해 보입니다. 그래서 여야 정치인 모두가 사법기관을 존중하는 문화를 가지고 국회는 국회 본연의 자세에서 국민의 삶에 대해서 좀 더 보살펴 주는 그런 선량의 모습으로 되돌아와야 된다. 제가 22대 국회를 보니까 대단히 유감스럽게도 정치가 실종이 됐다는 생각을 합니다. 다수당인 야당에서는 이러한 부분에 대해서 무겁게 그 또한 책임감을 가지고 임했으면 좋겠다라는 생각을 합니다. 분명히 말씀드리지만 저 개인적인 입장에서는, 헌재 결과가 곧 나올 텐데요. 꼭 존중하는 그런 위원들도 우리 여당에 많이 있다는 것을 야당 위원님께서도 좀 살펴봐 주시면 좋겠습니다.

○**위원장 어기구** 조경태 위원님 6선의 경륜이 묻어나는 말씀 감사드립니다.

○**소위원장 조경태** 해양수산법안심사소위원장조경태 위원입니다.

우리 소위원회는 지난 26일 소위원회에 계류 중인 해안수산부 소관 21건의 법률안과 해양경찰청 소관 3건의 법률안에 대하여 심도 있게 심사한 결과 10건의 법률안에 대해서는 본회의에 부의하지 아니하고 각 법률안의 내용을 통합하여 5건의 대안을 제안하기로 하였습니다. 10건의 법률안에 대해서는 수정 의결하였으며 2건의 법률안에 대해서는 원안 의결하였습니다.

이하 주요 내용을 중심으로 간략히 보고드리겠습니다.

먼저 김선교 의원님이 대표발의하고 정부가 제출한 수산자원관리법 일부개정법률안을 통합 조정한 대안은 수산자원조성금 중 수산자원에 미치는 영향이 큰 항목은 존치하되 어업면허를 받은 자에 부과하는 조성금 등 어업인에게 부담이 될 수 있는 항목은 폐지하여 어업인의 부담을 경감하고 시도지사가 금어기·금지체장 등의 규정을 강화할 수 있는 범위를 명확히 하려고 하는 것입니다.

다음으로 주철현 의원님이 대표발의한 수중레저활동에 안전 및 활성화 등에 관한 법률 일부개정법률안은 안전관리 분야에 대한 전문성 확보와 효율성 제고를 위하여 수중레저활동 안전관리 사무, 수중해저사업 등록 사무 등을 해양경찰청으로 이관하려는 것으로 수정 의결하였습니다.

다음은 해양경찰청 소관 법률안에 대한 심사 결과를 말씀드리겠습니다.

본 의원이 대표발의한 해양경비법 일부개정법률안은 국제적으로 수출입이 제한되는 금지물품 운송 의심 선박에 대한 해상 검문·검색 근거 규정을 마련하는 것으로서 금지물품 수송이 의심되는 선박 등에 대하여 검문·검색 없이 곧바로 추적·나포할 수 있도록 한 규정은 과도한 기본권 제한의 우려가 있으므로 삭제하여 수정 의결하였습니다.

보다 자세한 내용은 유인물을 참고해 주시고 아무쪼록 소위원회에서 심사보고한 대로 의결하여 주시기 바랍니다.

감사합니다.

○**위원장 어기구** 조경태 소위원장님 수고하셨습니다.

법안심사소위원회에서 심사보고한 법률안에 대해 발언하실 위원님 계십니까?

(「없습니다」 하는 위원 있음)

그러면 법률안에 대해 의결하도록 하겠습니다.

먼저 축조심사와 비용추계 생략을 위한 의결을 하도록 하겠습니다.

오늘 의결할 일부개정법률안에 대해서는 소위원회에서 조문별로 축조심사를 심도 있게 진행하였으므로 국회법 제58조제5항에 따라 축조심사를 생략하고자 하는데 이의 없으십니까?

(「예」 하는 위원 있음)

가결되었음을 선포합니다.

다음, 오늘 의결할 법안은 국회법 제66조제3항 단서 등에 따라 국회예산정책처의 비용추계서 첨부를 생략하도록 의결하려고 하는데 이의 없으십니까?

(「예」 하는 위원 있음)

가결되었음을 선포합니다.

의사일정 제1항 및 제2항은 소위원회에서 심사보고한 대로 각각 본회의에 부의하지 아니하기로 하고 소위원회에서 그 내용을 수정 통합한 의사일정 제3항 농업·농촌 공익기능 증진 직접직불제도 운영에 관한 법률 일부개정법률안(대안)을 우리 위원회안으로 채택하고자 하는데 이의 없으십니까?

(「예」 하는 위원 있음)

가결되었음을 선포합니다.

다음 의사일정 제4항 김도읍 의원이 대표발의한 화훼산업 발전 및 화훼문화 진흥에 관한 법률 일부개정법률안은 소위원회에서 심사보고한 수정안대로 의결하고자 하는데 이의 없으십니까?

(「예」 하는 위원 있음)

가결되었음을 선포합니다.

다음 의사일정 제5항 및 제6항은 소위원회에서 심사보고한 대로 각각 본회의에 부의하지 아니하기로 하고 소위원회에서 그 내용을 수정·통합한 의사일정 제7항 수산자원관리법 일부개정법률안(대안)을 우리 위원회안으로 채택하고자 하는데 이의 없으십니까?

(「예」 하는 위원 있음)

가결되었음을 선포합니다.

다음 의사일정 제8항 및 제9항은 소위원회에서 심사보고한 대로 각각 본회의에 부의하지 아니하기로 하고 소위원회에서 그 내용을 수정·통합한 의사일정 제10항 수산업·어촌 발전 기본법 일부개정법률안(대안)을 우리 위원회안으로 채택하고자 하는데 이의 없으십니까?

(「예」 하는 위원 있음)

가결되었음을 선포합니다.

다음 의사일정 제11항 정부가 제출한 해양심층수의 개발 및 관리에 관한 법률 일부개정법률안은 소위원회에서 심사보고한 수정안대로 의결하고자 하는데 이의 없으십니까?

(「예」 하는 위원 있음)

가결되었음을 선포합니다.

다음 의사일정 제12항 서삼석 의원이 대표발의한 갯벌 및 그 주변지역의 지속가능한 관리와 복원에 관한 법률 일부개정법률안은 소위원회에서 심사보고한 수정안대로 의결하고자 하는데 이의 없으십니까?

(「예」 하는 위원 있음)

가결되었음을 선포합니다.

다음 의사일정 제13항 조경태 의원이 대표발의한 해양수산발전 기본법 일부개정법률안은 소위원회에서 심사보고한 수정안대로 의결하고자 하는데 이의 없으십니까?

(「예」 하는 위원 있음)

가결되었음을 선포합니다.

다음 의사일정 제14항 및 제15항은 소위원회에서 심사보고한 대로 각각 본회의에 부의하지 아니하기로 하고 소위원회에서 그 내용을 수정·통합한 의사일정 제16항 항로표지법 일부개정법률안(대안)을 우리 위원회안으로 채택하고자 하는데 이의 없으십니까?

(「예」 하는 위원 있음)

가결되었음을 선포합니다.

다음 의사일정 제17항 서삼석 의원이 대표발의한 농어업재해대책법 일부개정법률안은 소위원회에서 심사보고한 원안대로 의결하고자 하는데 이의 없으십니까?

(「예」 하는 위원 있음)

가결되었음을 선포합니다.

다음 의사일정 제18항 정부가 제출한 어장관리법 일부개정법률안은 소위원회에서 심사보고한 수정안대로 의결하고자 하는데 이의 없으십니까?

(「예」 하는 위원 있음)

가결되었음을 선포합니다.

다음 의사일정 제19항 정부가 제출한 해운법 일부개정법률안은 소위원회에서 심사보고한 수정안대로 의결하고자 하는데 이의 없으십니까?

(「예」 하는 위원 있음)

가결되었음을 선포합니다.

다음 의사일정 제20항 및 제21항은 소위원회에서 심사보고한 대로 각각 본회의에 부의하지 아니하기로 하고 소위원회에서 그 내용을 수정·통합한 의사일정 제22항 김산업의 육성 및 지원에 관한 법률 일부개정법률안(대안)을 우리 위원회안으로 채택하고자 하는데 이의 없으십니까?

(「예」 하는 위원 있음)

가결되었음을 선포합니다.

다음 의사일정 제23항 및 제24항은 소위원회에서 심사보고한 대로 각각 본회의에 부의하지 아니하기로 하고 소위원회에서 그 내용을 수정·통합한 의사일정 제25항 수산업법 일부개정법률안(대안)을 우리 위원회안으로 채택하고자 하는데 이의 없으십니까?

(「예」 하는 위원 있음)

가결되었음을 선포합니다.

다음 의사일정 제26항 이양수 의원이 대표발의한 수산업협동조합법 일부개정법률안은 소위원회에서 심사보고한 원안대로 의결하고자 하는데 이의 없으십니까?

(「예」 하는 위원 있음)

가결되었음을 선포합니다.

다음 의사일정 제27항 주철현 의원이 대표발의한 수산과학기술진흥을 위한 시험연구 등에 관한 법률 일부개정법률안은 소위원회에서 심사보고한 수정안대로 의결하고자 하는데 이의 없으십니까?

(「예」 하는 위원 있음)

가결되었음을 선포합니다.

다음 의사일정 제28항 주철현 의원이 대표발의한 수중레저활동의 안전 및 활성화 등에 관한 법률 일부개정법률안은 소위원회에서 심사보고한 수정안대로 의결하고자 하는데 이의 없으십니까?

(「예」 하는 위원 있음)

가결되었음을 선포합니다.

다음 의사일정 제29항 조경태 의원이 대표발의한 해양경비법 일부개정법률안은 소위원회에서 심사보고한 수정안대로 의결하고자 하는데 이의 없으십니까?

(「예」 하는 위원 있음)

가결되었음을 선포합니다.

다음 의사일정 제30항 정희용 의원이 대표발의한 연안사고 예방에 관한 법률 일부개정법률안은 소위원회에서 심사보고한 수정안대로 의결하고자 하는데 이의 없으십니까?

(「예」 하는 위원 있음)

가결되었음을 선포합니다.

다음 의사일정 제31항 정부가 제출한 수상레저안전법 일부개정법률안은 소위원회에서 심사보고한 수정안대로 의결하고자 하는데 이의 없으십니까?

(「예」 하는 위원 있음)

가결되었음을 선포합니다.

오늘 의결된 법률안에 대한 자구 정리 등은 위원장에게 위임해 주시기 바랍니다.

그러면 농림축산식품부장관 나오셔서 오늘 의결된 안건과 관련해서 인사말씀해 주시기 바랍니다.

○**농림축산식품부장관 송미령** 존경하는 어기구 위원장님 그리고 농림축산식품해양수산 위원회 위원님 여러분!

바쁘신 일정 중에도 농업·농촌 공익기능 증진 직접지불제도 운영에 관한 법률, 화훼산업 발전 및 화훼문화 진흥에 관한 법률을 심의 의결하여 주신 데 대해서 감사의 말씀을 드립니다. 법안을 심도 있게 심사해 주신 농림축산식품법안심사소위원회 이원택 소위원장님과 위원님들께도 다시 한번 감사드립니다.

정부는 이번 심의 과정에서 위원님들께서 주신 고견을 바탕으로 현장의 제도개선과 농업·농촌 발전에 최선의 노력을 다하겠습니다.

감사합니다.

○**위원장 어기구** 　장관님 수고하셨습니다.

다음은 해양수산부장관 나오셔서 오늘 의결된 안건과 관련하여 인사말씀해 주시기 바랍니다.

○**해양수산부장관 강도형** 　존경하는 어기구 위원장님 그리고 위원님 여러분!

바쁘신 일정 속에서도 해운법 일부개정법률안, 수산업·어촌 발전 기본법 일부개정법률안 등 17개 법률안을 의결해 주신 것에 깊은 감사의 말씀을 드립니다.

오늘 의결해 주신 법률안들은 타당성이 약화된 부담금을 정비하여 국민과 기업의 부담을 완화하고 기후변화가 수산업 및 어촌에 미치는 영향을 평가하여 그 대처 방안을 마련하는 등 해양수산부의 여러 정책을 추진하는 데 중요한 기반이 될 것으로 생각이 됩니다.

법안을 심도 있게 검토해 주신 조경태 법안소위 위원장님을 비롯한 위원님들께 감사를 드리며, 법안 심의 과정에서 지적해 주신 사항은 하위 법령을 마련하고 법령을 시행하는 과정에서 그 취지를 충분히 반영하도록 하겠습니다.

감사합니다.

○**위원장 어기구** 　장관님 수고하셨습니다.

---

32. 2024년도 국정감사 결과보고서 채택의 건

(14시47분)

○**위원장 어기구** 　다음은 의사일정 제32항 2024년도 국정감사 결과보고서 채택의 건을 상정합니다.

이 안건은 2024년도 국정감사에서 수감기관에 대하여 감사한 사항과 이에 대한 시정 및 처리를 요구하는 사항입니다. 위원님들께 배부해 드린 국정감사 결과보고서(안)은 수석전문위원실에서 보고서 초안을 작성하고 전체 위원님들의 의견을 받아서 작성되었다는 것을 말씀드립니다.

결과보고서의 주요 내용은 2024년도 10월 7일부터 10월 25일까지 모두 51개 수감기관에 대하여 감사한 내용들을 농림축산식품부와 해양수산부 등 주요 기관별로 요약하여 수록하였고, 감사 결과 시정 및 처리 요구사항으로 농림축산식품부 193건, 해양수산부 129건, 농촌진흥청 44건, 산림청 66건, 해양경찰청 69건, 기타 431건 등 총 932건을 선정하였습니다.

그 밖에 자세한 내용은 배부해 드린 보고서(안)을 참고해 주시기 바랍니다.

○**윤준병 위원** 　위원장님.

○**위원장 어기구** 　윤준병 위원님.

○**윤준병 위원** 　국정감사 과정에서 농림축산식품부 식품산업 정책 부분 또 해양수산부 수산 부분에 대해서 제가 매년 수십조 원의 농축수산식품 무역적자가 발생하고 있음에도 불구하고 수출 실적 홍보에만 매달리는 농식품부, 해수부의 행태 개선, 또 농축수산식품 수입에 따른 농어민 피해보전 대책 이게 마련이 필요하다 하는 내용을 국감에서 지적을 했습니다. 그런데 이 내용이 지금 우리 국정감사 보고서에 누락돼 있기 때문에 이 부분을 반영해서, 추가해서 의결해 주시기 바랍니다.

○**위원장 어기구** 그렇게 해도 되겠습니까?

　(「예」 하는 위원 있음)

　알겠습니다.

　또 국정감사 결과보고서(안)에 대해서 의견 있으신 위원님들께서 말씀해 주시기 바랍니다.

　없습니까?

　(「예」 하는 위원 있음)

　더 이상 말씀하실 위원님이 안 계시면 윤준병 위원님께서 제시한 의견을 정리해서 의결하도록 하겠습니다.

　그러면 의결하도록 하겠습니다.

　2024년도 국정감사 결과보고서는 배부해 드린 결과보고서(안)의 내용에 윤준병 위원님의 의견을 반영하여 우리 위원회안으로 채택하고자 하는데 이의 없으십니까?

　(「예」 하는 위원 있음)

　가결되었음을 선포합니다.

　그러면 잠시 장내를 정리하겠습니다.

　농림식품부장관, 차관님을 제외하고 해양수산부장관을 비롯한 나머지 출석하신 분들은 이석하셔도 좋겠습니다.

　위원님들께서는 잠시만 그 자리에 앉아 계시기 바랍니다.

---

33. 참고인 출석요구의 건(공익직불제 기본계획안 심의 진술 관련)

(14시52분)

○**위원장 어기구** 다음은 의사일정 제33항 참고인 출석요구의 건을 상정합니다.

　이 안건은 간사 위원님 간의 협의에 따라서 제1차(2025~2029) 공익직불제 기본계획안 심의 요청의 건의 심사에 참고하기 위하여 관련자들의 진술을 듣기 위함입니다.

　참고로 국회에서의 증언·감정 등에 관한 법률 제5조제4항 및 제5항에 규정된 출석요구서의 송달 요건을 충족하지는 못했습니다만 사전 협의를 통해 참고인들께서 오늘 회의에 출석하시는 것으로 하였습니다.

　그러면 의사일정 제33항 참고인 출석요구의 건을 배부해 드린 유인물과 같이 의결하고자 하는데 이의 없으십니까?

　(「예」 하는 위원 있음)

　가결되었음을 선포합니다.

(참고인 명단은 끝에 실음)

---

34. 제1차(2025~2029) 공익직불제 기본계획안 심의 요청의 건

(14시53분)

○**위원장 어기구** 다음은 의사일정 제34항 제1차(2025~2029) 공익직불제 기본계획안 심의 요청의 건을 상정합니다.

　이 안건은 작년 연말, 12월 26일 회의 때 심사한 바 있으나 오늘은 지난번 회의 때 논의한 내용을 포함한 개선된 내용을 정부 측으로부터 먼저 보고를 받고 참고인들의 의견을 청취한 후에 위원님들의 질의답변 시간을 갖도록 하겠습니다.

먼저 송미령 장관님 나오셔서 제1차 공익직불제 기본계획안 심의 요청의 건에 대해 보고해 주시기 바랍니다.

○농림축산식품부장관 송미령 존경하는 어기구 위원장님 그리고 농림축산식품해양수산위원회 위원님 여러분!

우리 농업·농촌과 식품 산업의 발전을 위해 노력하시는 위원님들을 모시고 제1차 공익직불제 기본계획안에 대해 다시 한번 위원님들의 고견을 듣는 자리를 갖게 되어 뜻깊게 생각합니다.

정부는 농업·농촌 공익기능 증진 직접지불제도 운영에 관한 법률에 따라 제1차 공익직불제 기본계획안을 마련하여 지난해 11월 28일 국회 심의를 요청드린 바 있습니다. 그후 12월 13일과 26일 두 차례에 걸쳐 상임위에서 심사를 진행하였고 위원님들께서 주신 귀중한 의견을 반영하여 기본계획을 충실히 보완하기 위해 최선을 다했습니다.

먼저 기본계획 추진 방향의 주요 목표를 수정했습니다. 식량자급률 목표는 농업·농촌 및 식품산업 발전계획 수립 주기에 맞춰 설정한다는 점, 식량안보는 공익직불제만으로는 달성하기 어려운 농정과제임을 감안하여 삭제하였습니다.

다음으로 소농직불금 개편을 위한 추진 일정과 절차 등을 보완하였습니다. 소농직불금이 농업·농촌에 미치는 긍정적·부정적 효과에 대해 면밀한 검토를 거쳐서 개편 방안을 마련하겠습니다.

여러 위원님들께서 우려하셨던 벼 재배면적 조정제 시행에 따른 기본직불금 감액 조치의 경우 올해는 지자체 중심의 자율적 재배면적 조정 방식으로 추진하도록 결정하는 만큼 기본직불금 감액은 하지 않을 계획입니다.

또한 선택형 공익직불제 확충을 위해 신규 직불제 도입 방안을 보완하였습니다. 청년농 정착, 기후변화 적응, 동물복지 축산 활성화를 위한 직불제의 해외 운영 사례와 국내 도입을 위한 검토 사항을 추가하였습니다.

마지막으로 단년도 예산편성 주기에 따라서 기본계획에 재정투입 계획을 포함하기는 어렵습니다만 국민과의 약속을 이행하기 위해 농업직불제 관련 예산을 5조 원 수준으로 확대하겠다는 내용을 반영하였습니다.

자세한 내용은 배부해 드린 자료를 참고해 주시기 바랍니다.

존경하는 위원장님 그리고 위원님 여러분!

정부는 지난 상임위에서 위원님들께서 지적해 주신 사항을 기본계획에 충실히 반영하기 위해 최선을 다하였습니다.

아무쪼록 기본계획에 담긴 추진 과제들이 적기에 시행될 수 있도록 예산 확보와 법령 개정 과정에서 많은 관심과 지지를 부탁드리며, 오늘 위원님들께서 주시는 의견도 깊이 새겨듣고 공익직불제가 우리 농업·농촌의 지속가능성을 높이고 공익적 가치를 확산시키는 역할을 할 수 있도록 노력하겠습니다.

고맙습니다.

○위원장 어기구 장관님 수고하셨습니다.

다음은 공익직불제 기본계획안 심의 요청의 건에 대해 참고인으로부터 진술을 듣고 위원님들의 질의시간을 갖도록 하겠습니다.

오늘 회의에 참석해 주신 참고인분들을 소개해 드리겠습니다.

먼저 충남연구원의 강마야 연구위원님이십니다.

다음은 한국농촌지도자중앙연합회 강정현 사무총장님이십니다.

다음은 군산시농민회 오주병 부회장님이십니다.

마지막으로 농촌경제경제연구원의 이명기 선임연구위원님이십니다.

(인사)

바쁘신 중에도 오늘 회의에 참석해 주신 참고인 여러분들께 우리 위원회를 대표해서 감사드립니다.

그러면 참고인분들의 진술을 듣도록 하겠습니다.

참고인들께서는 5분 이내의, 5분입니다. 5분 이내의 범위에서 핵심 사항 위주로 간략히 진술해 주시면 고맙겠습니다.

먼저 강마야 연구위원님 진술해 주시기 바랍니다.

○**참고인 강마야** 말씀할 기회를 주셔서 감사합니다.

기본계획 검토안을 보고 저의 의견을 말씀드리도록 하겠습니다.

자료집 2페이지부터 나와 있습니다.

전체적으로 총괄 의견은 서론으로서 2020년 공익직불제를 개편하면서 다시금 저희는 그 취지를 상기할 필요가 있다고 보았습니다. 즉 농업계 주체들이 국민에게 말하고 싶었던 공익이라는 건 무엇이었는지 그다음에 직불제 앞에 생략된 단어는 무엇이었는가, 바로 농업과 농촌 그리고 농민일 것이라고 생각합니다. 그래서 그런 취지로 저는 공익이라는 관점으로 의견을 말씀드립니다.

나머지 단가의 상향 조정이라든지 소농직불금 개편 등은 국회 심의 후 내용은 반영된 것으로 보여서 별 다른 큰 이견은 없습니다만 비중 있게 이 계획에 다뤄져야 함에도 불구하고 그렇지 못한 점들을 좀 중심으로 또 지방의 농정 입장에서 말씀드려 보겠습니다.

첫 번째, 공익직불제 예산과 추진 체계 부분입니다.

세부적인 내용은 다 기본계획안에 있습니다. 하지만 예산을 어떻게 조달할 것인지 그다음에 이 예산을, 받아 온 예산을 어떻게 추진할 것인지에 대한 얘기가 좀 부족하지 않나 싶습니다.

공익직불제 5조 원 예산 확보 실현을 위해서 사실은 순증액되는 것이 가장 좋겠지만 재정지출 현실상 녹록지 않아 보입니다. 그렇다고 하면 우리 농업계는 예산 확보를 위해서 어떤 노력을 기울여야 될지, 전략을 마련해야 될지와 같은 내용들을 한번 검토해 보면 좋겠습니다.

첫 번째, 재정 확보를 위한 전략으로서 앞서 얘기했던 공익 기능 증진 관점에서 다시 한번 직불제를 바라보자, 그렇다고 하면 기본형 직불 예산 중심 구조에서 선택형 직불 예산 중심 구조로 확장하는 전략을 우리는 더 많이 써야 됩니다.

지금 예산의 배분 비율을 보면 9 대 1 정도로 기본형 직불에 많이 매몰되어 있습니다. 물론 기본형 직불이 내포한 식량안보 기능, 농가소득 안정 및 경영 안정과 같은 경제적인 산업 기능에 초점이 맞춰져 있다고 보면 이것은 사실 국민으로부터 그렇게 큰 공감대를 얻는 것에는 한계가 있을 것입니다.

오히려 선택형 직불제가 내포한 다양한 공익 기능을 수행할 것이라고 국민들에게 더 강조해야 됩니다. 환경과 경관의 보존, 농촌다움의 유지입니다. 그다음에 전통문화, 자연유산 유지, 마을 공동체의 복원 그다음에 환경친화적인 영농을 통해서 탄소중립 실현에 기여한다는 것들을 더 많이 읍면 단위에서 마을 단위에서 시행 가능한 다양한 프로그램을 발굴해야 된다고 생각합니다. 그래야만 이것들이 시장 개입이 아닌 정부 개입 논리가 맞아떨어진다고 생각합니다.

두 번째는 이것을 하기 위한 또 두 번째 전략으로서 예산을 가져오는 것도 중요하지만 불용되지 않도록, 헛되이 집행하지 않도록 하는 지역 추진 체계 전략의 구사가 되게 중요하다고 생각합니다.

지금 국회예산정책처의 자료에 보면 집행률이 감소하고 불용액이 확대되고 있다는 그런 우려를 나타내고 있습니다. 그 주요한 사유로서는 자격 검증의 강화로 인해서 부적합한 어떤 면적의 증가라든지 지금 요건이 미충족한다는 그런 얘기들이 좀 많습니다. 엄격한 기준을 적용함에 따라서 오히려 받을 수 있는데도 그렇게 하지 못하는 그다음에 참여율도 저조하다는 게 사유로 나와 있습니다.

오히려 다양한 선택형 직불제 도입을 검토하고 있는데 제가 볼 때는 여러 개의 직불로 계속 쪼개지다 보면 현장의 수용성, 적용성이 굉장히 낮아지고 신청률도 저하될 뿐만 아니라 관리감독의 부서만 늘어나고 통합적인 성과 관리가 힘들어질 수도 있다, 그렇게 되면 선택형 직불 예산을 세웠더라도 이게 결산으로까지 잘 이어지지 않는 그런 구조가 우려된다고 생각합니다.

예를 들면 지금 이행점검이 굉장히 중요하겠습니다. 아마 선택형 직불제 과정에서 가장 중요한 게 이행점검일 텐데 지금의 기본형 직불제 이행점검만 보더라도 전혀 읍면 사무소 직원은 현장에 나갈 여력이 없습니다, 워낙 사무 업무가 바쁘기 때문에요. 그리고 그런 많은 모든 것을 이장님이 책임지는 구조 그다음에 실질적인 이행점검보다는 형식적 이행점검에 머무른다는 그런 구조적인 한계를 노출하고 있습니다.

물론 정부는 지금 대상 농지, 농업인 부정수급의 어떤 고도화에 집중을 지금처럼 하되 선택형 직불제를 하는 경우에는 시군과 읍면 그다음에 마을에 거주하는 농민과 주민에게 좀 더 많은 재량권을 부여하고 현장의 실천 사항을 존중하는 구조로 현장 추진 체계 방식을 만들어 가면 불용할 수 있는 예산도 오히려 더 잘 쓸 수 있지 않을까 생각합니다.

예를 들면 지금 논의되고 있는 읍면 자치제 도입이라든지 농어업회의소에 어떤 기능과 역할을 부여, 농지위원회 심의회의 어떤 기능 강화를 통해서 현장에 있는 주민과 농민들이 좀 조직적으로 결합되고 연계된 방식으로 선택형 직불제 예산을 확대한 이후에 이들한테 어떠한 집행을, 진행을 한다고 하면 그나마 불용률이 많이 없지 않을까 싶습니다.

단, 이 방식은 개별 단위가 아니고 집단 단위로 해야 효과가 있을 것입니다. 마을 공동체의, 그런 마을 영농을 했을 때 규약으로 만들던가 아니면 포괄적으로 통합 프로그램 방식으로 진행해야 됩니다. 지금처럼 선택형 직불제가 있지만 단위 사업별로 쪼개진다고 하면 불용률이 높아지고 또 이거를 하려고 하는 행정에서도 굉장히 우려 사항이 클 것 같습니다. 그런 부분들이 준비돼야 될 것 같습니다.

세 번째로는 받아 온 예산을 일단은 집행하는 것도 중요하지만 관행대로 썼던 우리 보조 사업들, 불요불급의 예산 사업들을 재편하는 노력들이 수반되어야만 5조 원을 달성할 수 있을 것 같습니다.

여기 계신 위원님들과 국회, 입법부와 민간이 풀어야 될 숙제라고 봅니다. 이제는 어떤 사업이 좀 우리가 중요하지 않은지, 중요한지를 판단해서 이것들을 예산 집행하는 과정까지 논의해야 예산의 5조 원 달성을 위해서 우리가 추가로 기재부라든지 국민한테 설득을 할 수 있지 않을까 생각을 합니다.

마지막으로 식량 자급률이라는 어떤, 직불제가 내세우는 계획도 목표치가 있고 하지만 지금 정책 목표와 수단이 불일치하고 있다라는 것도 좀 우려가 됩니다. 목표치 설정이 어쨌든 가장 우리나라가 지켜야 할 마지막 보루인데 지금 이것들이 지켜지지 않고 있는 문제, 농지 규제 완화라는 그런 문제가 맞물려서 직불제에서는 식량안보를 하겠다고 얘기하지만 다른 한쪽에서는 농지 규제 완화를 통해서 이것들이 굉장히 시도가 제대로 되고 있지 않은, 그러니까 목표와 수단이 불일치되고 있는 현상들이 우려되고 상충되는 배치되는 문제들이 굉장히 우려스럽다고 생각을 합니다.

마지막으로 직불제가 단일 사업으로서는 굉장히 큰 사업이기 때문에 미치는 영향이 굉장히 큽니다. 이런 중요성을 좀 입각해서 농업직불금이 구조 개혁 선순환 고리 역할을 기대하고 그런 기대 역할에 좀 부응해 주실 것을 당부드립니다.

다시 한번 이 '공익'이라는 단어가 왜 붙었는지 생각을 해 주시면 좋겠고요. 선택형 직불제의 내용에 좀 집중을 했으면 좋겠다 말씀을 드립니다.

지금까지 기본계획 참여에 준비했던 여러분들의 노고에 대해 감사를 드리고요 농민들의 진심이 여기 계신 분들한테 와닿기를 기원하겠습니다.

이상입니다.

○위원장 어기구 강마야 연구위원님 아주 귀한 발제 잘 들었습니다.

기본 직불을 중심으로 해서 공익 기능을 강조하는 선택형 직불로 확장하는 예산 확보 전략이 필요하고 또 직불금 예산 불용 안 되도록 지역, 현장 추진 체계를 마련하는 것도 중요하다 등의 내용이었던 것 같습니다.

다음은 강정현 사무총장님 진술해 주시기 바랍니다.

○참고인 강정현 한국농촌지도자중앙연합회 강정현 사무총장입니다.

공익직불제 초기에…… 지금도 공익직불제의 도입에 대해서 맞느냐 틀리냐의 어떤 논쟁도 있는 거가 사실이기는 하지만 2019년에 공익직불제도가 도입됐던 거는 결국에는 쌀에 집중돼 있었던 부분 그다음에 특정 대농 중심에 직불제가 편중됐던 부분들을 해소하기 위한 수단이었다라고, 시작점이었다라고 봅니다.

그 당시에는 1ha 미만의 농업인 같은 경우는…… 지금 저희가 경지면적 1.4ha인데 그 당시에도 1ha 미만의 농업인들은 직불제 대상에서 완전 배제되고 있었기 때문에 그 당시에 직불제의 시작은 면적이 아닌 사람 중심의 농업을 이제는 만들어 가야 될 때지 않느냐 이거가 시작점이 됐다고 보고요. 그 시작의 5년은 저는 충분히 그것들을 채워 내는 시기였고 앞으로 이 계획안에……

제가 농식품부 계획안을 보면서 상당히 노력이 많이 들어가 있다라는 평가를 했습니다, 내부적으로도. 이전에 저희들이 매년 요구했던 문제점들, 직불제의 사각지대에 있었던 부분들을 매년 스케치하셨고 그것들에 대해서 농민단체와 협의해 가면서 새롭게 내용들을 수정해 가는 단계들을 2020년부터 2024년까지 진행을 했던 것 같습니다.

여전히 저희가 진행하면서 풀어야 될 숙제들이 많이 있는 건 사실입니다. 풀어내야 될 숙제들이 많이 있지만 그런 단계들을 거쳤다라는 생각이 들면서 앞으로 구상되는 5년의 계획이 새로운 농업·농촌을 구성하는 농민들을 위한 마중물이 되기를 바라면서 저희 나름의 총평을 해 봤었습니다.

그러니까 직불제가 면적 중심에서 이제 사람 중심의 고민의 시작점이 됐고 실제적으로 영농폐기물 수거 활동 등 그러니까 농민 스스로도 농촌 환경을 지켜 내는 가장 선구자적인 입장을 만들어 내야 된다, 그래야지만이 국민적 공감대를 형성하고 우리가 원하는 금액들을 계속 늘려 갈 수 있는 바탕이 될 거다라는 어떤 풍토들을 만들어 갔던 것 같습니다.

그다음에 이거가 생산 비연계 방식이기 때문에 기존에 저희가 농업 예산을 할 때 매번 WTO 규정상으로 이거를 해 줄 수 있느냐, 보조가 가능하느냐고 봤을 때 실제적으로 이 생산 비연계 방식의 규제는, 허용 보조는 항상 무한대로 열려 있는 부분이기 때문에 저희들 입장, 농민단체 입장에서는 실제적으로 농업 재정 확충을 위한 중요한 수단으로 활용돼야 된다라고 평가를 했고요.

그러면서 초기에 지금 생산조정제가 많이 논쟁이 되기는 한데요. 저희가 초기에 설계를 할 때 이 생산조정제 방식을 동의했던 이유 중의 하나는 일단은 일정량 이상이 파종되거나 일정량 이상이 생산 예측되면 재배면적을 농민들 스스로가 조정을 해서 그 속에서 조정이 되면 결국에는 시장의 가격이 올라갈 것이고 그렇다면 일정하게 농업소득을 올릴 수 있는 수단으로 이 생산조정제 방식이 이용될 수 있겠구나라는 그 초점이 있었습니다. 그렇기 때문에 그 당시에 공익직불법을 만들었을 때 어떤 생산조정제 방식에 대한 요구들도 나름은 있었다라는 말씀드리겠습니다.

그러면서도 이 제도가 5년 오면서 저는 던지고 싶은 단어 중의 하나가 과연 우리 스스로가 공익 증진…… 소득 안정이라는 부분들은 뒤에 표로 보시다시피 지금 이전소득 비중이 2019년, 20년 이후로 꾸준히 증가 추세에 있습니다. 지금은 농업소득보다 이전소득이 더 높게 자리 잡고 있다라고 봤을 때는 결국에는 이 공익직불제가 농가소득에 있어서 일정량 영향을 미치고 있고 이거는 비단 우리나라 농업뿐만 아니라 전 세계의 기조라고 볼 수 있을 것 같습니다.

그 대신에 그러면 공익 증진 활동에 대해서는 어떠냐, 이거는 우리 스스로도 뒤돌아볼 문제이기도 하고요. 결국에는 국민적 공감대가 형성되지 않고 농업 재정 예산 확보는 어려움이 따를 수밖에 없기 때문에 충분하게 이 부분들은 단체를 중심으로 계속해서 활동의 영역들은 하고 있다라는 말씀드리도록 하겠습니다.

그러면서 총괄적으로 전부 다 말씀 나오실 것 같아서 제가 마지막으로 드리고 싶은 말 중의 하나는 이 공익직불제의 기본안을 만들어 가면서 농업 경영체가 증가되고 있고 소농직불금이 증가되는 부분들에 대해서 원래 사람 중심의 가장 초점이 결국에는 직불금의 사각지대에 있었던 분들을 받게 할 수 있는 배경을 만들었으나 지금 뒤돌아서 보니 이 부분이 과연 n분의 1에 가서 우리는 예산을 계속해서 올릴 텐데 말 그대로 소농직불금이 됐든 직불금 대상의 범위들이 명확하지 않은 속에서 n분의 1을 간다라면 정책적 효과가 앞으로 생길 수 있을 것인가의 고민도 좀 필요하겠구나. 그렇게 해서 소농직불금을 늘리는 것도 중요하지만 정말로 소농직불금이 우리가 원하는 대로 적정하게 배치되고 있는지에 대한 검토의 요구들도 실제적으로는 농민 단체 스스로도 먼저 내놨다는 말씀을 드리고요.

  그다음에 그러기 위해서는 지금 계속해서 논의되고 있는 그러면 농업인은 누구일까? 농업인에 대한 정의 그다음에 최근 들어서 농민 단체 내에서도 조세제도, 농업인들은 지금 과세 기준점이나 농업소득이 잡히지 않으니 과연 농업인이 누군지도 모르는 상황에서 전반적인 농업 정책을 다 수행하기에 한계가 있다라고 이야기되고 있지 않습니까? 그래서 어찌 됐든 간에 농업인 소득 과세제도 도입이라든가 이 부분들이 솔직히 농민 단체 내에서도 긍정적으로 이야기되고 있다는 말씀 드리고요.

  우리는 직불제도를 만능의 키처럼 생각하고 있는 것이 아닌지라는 생각도 해 봅니다. 5조 원이라는 금액이 농업 쪽에서는 직접 지불하면 상당히 큰 금액인데 이러다 보니까 전략작물직불도 확대를 하자라고 그러는 놓고 있으나 우리는 거기서 멈춘다라는 거지요. 결국에는 전략작물이 됐든 다양하게 직불제를 투여를 하고 그에 따른 사업 예산들이 확보돼서 그것들을 보충해 줄 수 있는, 여러 가지 사업 예산들이 보충이 돼서 간다라면 지금 계획하고 있는 이 공익직불제가 더욱더 농업 현장에 도움이 될 수 있을 거라는 생각이 들어서요 이런 부분들도 마련이 됐으면 좋겠고.

  마지막으로 고령농이 은퇴할 수 있는, 지금 직불제 도입하면서 저희가 가장 우려했던 부분 중의 하나가 연세 있으신 분들이 은퇴를 하지 않으니까 청년농들이 농지 구하기가 힘들다라는 이야기들이 현장에서 많이 있습니다. 아흔아홉을 먹고 계시는 분들이 여전히 농사의 대상이 되고 있다라는 것은 저는 원치 않는 삶이거든요. 농업인도 어느 순간이 되면 은퇴를 해야 되고 은퇴를 해서 또 다른 삶을, 제2의 삶을 구상할 수 있는 농촌이 되기를 저는 바랍니다.

  그런 제도가 이 직불제 안에서 다시 논의되고 이야기돼서 건전하게 농지가 이양될 수 있는 구조까지도 논의됐으면 하는 바람으로 말씀 마치도록 하겠습니다.

○**위원장 어기구** 공익직불제도에 대한 여러 가지 원론적인 말씀을 주신 것 같습니다.

  다음은 오주병 부회장님께 진술의 기회를 드리겠습니다.

○**참고인 오주병** 저는 2010년에 37세로 귀농을 해 가지고 농사를 짓고 있는 농부입니다.

  처음 들어왔을 때 소유 농지 3600평, 임대 2600평 해서 2ha 벼농사를 지었습니다. 처음 5년간은 수익이 1200만 원 정도로 생활고를 겪었습니다. 떠날까 고민도 많이 했는데 남았고요. 제가 싱글이었기 때문에 남았지 아마 결혼을 했으면 농촌에서 나갔을 거다라는 말씀을 드립니다. 2017년도에 6000평 땅을 임대를 더 늘려 가지고 현재는 4ha, 1만 2000평 농사를 짓고 있습니다.

  농협 경영 이해를 위해서 제가 저의 1년간 소득을 말씀드리겠습니다.

  화면을 좀 띄워 주실 수 있으십니까?

  (영상자료를 보며)

  좀 키워 주시지요.

  안 보이나요? 그냥 말씀드리겠습니다.

  17페이지에 있으니까 한번 봐 주시기 바랍니다.

  제가 1만 2000평 농사를 지어서 농산물 판매로 3960만 원 그다음에 생산비로 3640만 원 그래서 농사 순이익은 320만 원이고요. 이전소득 2100만 원, 농외소득 1900만 원, 그래서 제 작년 총소득은 4300만 원이었습니다. 예년보다 기계 수리비 그다음에 작업비가 좀 더 들어서 평소보다 한 200만 원 정도 더 들었습니다.

농가 소득 측면에서, 이 표 보시면서 제가 말씀드릴게요.

2024년을 평가한다고 하면 이상 고온으로 인해서 수확량은 줄고 쌀 소비는 감소해서 농민들이 굉장히 고난받은 한 해였다라고 생각을 합니다. 평소에는 통장 잔고만 확인하다가 여기 진술을 위해서 제가 영농일지에 기록된 저의 경영 자료를 이렇게 정리를 하다 보니까 농업소득, 그러니까 순수익이 300만 원이고 이전소득, 저 소득의 대부분이 이전소득이라는 것에서 상당히 충격을 받았습니다. '아, 이게 농업의 현실이구나' 이렇게 느꼈다고 말씀드리겠습니다. 왜 농민들이 공익직불금 없애고 변동직불금으로 가자 하는지 제가 이렇게 와닿습니다.

제 소득 중에 큰 부분 하는 이전소득 중에 선택직불금이 가장 크게 기여를 했습니다. 제가 선택직불을 3개를 받았는데요. 경관직불금이 530만 원으로 제일 많았고 친환경직불금 310만 원, 탄소중립 시범사업으로 제가 110만 원을 받았습니다. 그런데 여기서 경관직불금하고 탄소직불금은 하고자 한다고 모든 농민이 참여할 수 있는 것이 아니라 어떤 조건이 만족된 사람만 할 수 있다라고 말씀드려서 선택직불제의 폭이 좀 많이 넓어져야 된다라는 말씀을 드리고 싶습니다.

그다음에 벼 재배면적 조정에 대한 입장을 말씀드리고 싶습니다.

우리 벼가 주식이 됐고 그것이 쌀이 된 이유는 재배 환경이 쌀에 맞고 그다음에 우리가 농사 지을 수 있는 환경 자체가 쌀에 집중됐기 때문입니다. 내년부터 벼 재배면적 의무조정을 시행한다고 하는데 타작물에 대해서 좀 말씀을 드리겠습니다.

원래 타작물이 2011년에 3년간 시범사업을 처음에 시작했습니다. 그러다가 2012년 흉년으로 인해서 2년만 하고 중단했었고요. 2016년에 쌀값이 폭락하자 2017년부터 다시 시작됐습니다. 그 이후부터 농기계가 계속 보급되고 있고요 타작물을 위한 기반 조성이 이루어졌습니다.

하지만 내년에 이것을 전면 10% 의무 시행했을 때 큰 문제가 있다는 말씀을 드립니다. 우선은 농기계 보급의 부족인데요. 농기계 가진 사람의 입장에서 농작업을 해 보면 1200평 작업을 하나 600평 작업을 하나 작업 시간에 큰 차이가 없습니다. 그러다 보니까 농기계 가진 사람은 작은 거를 도외시하고 회피하기 마련인데요. 내년에 시작을 하게 되면 농기계가 부족한 상황에서 소농들은 진짜 수작업으로 다 해야 되는 상황이 옵니다. 매우 곤란하다라는 말씀을 드리고요.

사진 한번 보여 주시겠습니까, 논 사진?

지금 저게 제가 짓는 곳 옆에, 논 옆에 콩을 짓기 위해서 해 놓은 사진을 제가 엊그제 찍은 사진입니다. 보면 논 옆에 콩을 심으려면 땅을 파야 됩니다. 깊이 50cm 정도로 땅을 파야 되는데요. 1200평이 포크레인이 하루 정도 작업을 해야 하는 양입니다. 요새 포크레인 작업비가 70만 원입니다.

다음 거 사진 한번 보여 주시겠습니까?

지금 농식품부 자료에 의하면 0.5ha 농가가 75만 그다음에 2ha 미만이 40만 건입니다. 이거를 내년에 한다고 하면 이분들 전부 다 포크레인으로 저 작업을 해야 되는데요. 하루에 2건씩 한다고 해도 계산을 해 보니까 70만 원 곱하기 75만 건 하니까 무려 농가가 부담하는 비용이 4060억 원이나 됩니다. 지금 그림과 같이 논이 있으면 저 주변을 저렇게 파야 되는 거거든요.

그다음에 다음 사진 한번 보여 주시겠습니까?

농장의 모습인데요. 저게 지금 제가 짓고 있는 농장 모습입니다. 작년 7월 달인데요 완전히 침수된 모습입니다. 2023년에는 세 번 저렇게 됐습니다. 지금 기후온난화에 의해서 폭우가 많이 쏟아지기 때문에 전면 시작했을 때 문제가 심각하다는 말씀을 드립니다.

제가 2017년, 18년 서리태콩을 했는데요. 3000평을 심었는데 3000평에서 수확을 200kg밖에 못 했습니다. 작업비도 못 건졌거든요. 이게 필요한 것을 시간에 따라서 배수 작업을 다 해 놓고 서서히 점진적으로 해야지 내년에 전면 전체 한다 그러면 농가들은 그 10%를 포기하라는, 강제로 포기하라는 그 말씀을 드리겠습니다.

시간이 없어서…… 소농직불금, 청년이 있는데요. 지금 제가 말씀드릴 때, 이게 더 크니까 여기까지만 말씀을 드리도록 하겠습니다.

○**위원장 어기구** 아주 구구절절 현장의 목소리를 들려 주셨는데요. 선택직불제 선택의 다양성, 폭이 넓어졌으면 좋겠다. 그리고 타작물 준비되지 않은 채 밀어붙이면 곤란하다 이런 말씀이신 것 같습니다.

수고하셨습니다.

다음은 마지막으로 이명기 선임연구위원님 진술해 주시기 바랍니다.

○**참고인 이명기** 안녕하십니까? 한국농촌경제연구원 선임연구위원 이명기입니다.

먼저 오늘 농해수위에 참석해서 말씀드릴 기회를 주신 어기구 위원장님과 위원님 모든 분들께 감사의 말씀 먼저 드립니다.

저는 공익직불제 기본계획 수립방안 연구용역을 수행한 연구 책임자로서 그 연구의 목적과 주요 연구 결과를 중심으로 말씀드리고자 합니다.

제가 수행한 연구는 지난 5년간 공익직불제 운용 과정에서 제기된 직불제의 목적, 제도 운영 등에 대한 문제점 또는 개선 사항을 분석하고 성과를 평가해서 공익직불제가 앞으로 확충할 수 있도록 그리고 그 성과를 극대화할 수 있도록 하기 위한 중장기 추진 방향 및 목표, 방안들을 제시하고자 수행하였습니다.

또한 다들 아시다시피 농업농촌공익직불법에 의해서 기본계획 수립 의무화가 명시되어 있기 때문에 공익직불제의 기본계획이 실효성 있게 수립될 수 있도록 연구자로서 체계적이고 심층적인 연구를 수행함으로써 지원하고자 노력하였습니다.

주요 연구 내용은 다음과 같습니다.

먼저 농업·농촌의 공익기능 증진을 도모하고 영농 규모 간 및 품목 간 형평성 제고와 쌀 생산과잉을 완화하기 위해서 2020년에 공익직불제가 도입되었고요. 그다음에 공익기능 증진과 소득 안정 등의 목적 달성을 위해서 제도개선 및 사업 규모 확대가 지속해서 이루어졌습니다. 그 결과 2024년 공익직불제 관련 예산은 약 2조 9000억 원까지 증가하였습니다.

공익직불제는 그간 운영 과정에서 농가소득 안정, 경영 규모 간 형평성 개선, 논밭 간 형평성 개선, 공익기능 증진 그다음에 농업인의 인식 개선, 농지와 농가인구 감소율의 둔화, 논에서의 밀과 콩의 재배면적 증가 등 긍정적인 성과가 많이 나타난 것으로 분석되었습니다. 하지만 더 많은 공익기능 창출을 위해서는 소득 안정뿐만 아니라 공익기능 증진에 목적을 두고 있는 선택형 공익직불제를 보다 확충할 필요가 있겠습니다.

우리나라 농업은 저출산·고령화로 인한 총인구와 생산가능인구 감소, 농촌 소멸위험지역 증가, 기후위기 및 환경 문제 등 다양한 대외 여건에 직면해 있습니다. 또한 한국 농업은 생산성 및 농업 GDP 징책, 규모화된 전문 농업경영체와 영세소농으로의 양분화, 농업법인의 생산 비중 증가, 농업소득의 평균적인 정책, 농업인 수 감소 및 고령화, 농업 경영 불안정 심화 및 경영비 부담 등 다양한 여러 가지 도전 과제에 직면해 있습니다. 따라서 이러한 농업을 둘러싼 대내외 여건에 대응하고 공익기능 증진을 위한 소득 지원을 위해서 공익직불제 확충이 어느 때보다 필요하다고 볼 수 있겠습니다.

이러한 측면에서 봤을 때 특히 세계 경제의 불확실성과 기후위기 심화에 따라서 국민의 건강과 국가 안정을 위협하는 위기상황 발생 시에 필수적으로 필요한 농산물, 즉 쌀 등 식량작물을 생산할 수 있는 농지, 토양의 유지 관리가 매우 중요합니다.

또한 국가 발전과 국민 개개인의 다양한 가치 추구에 따라서 농업·농촌의 환경적 가치 창출과 농업·농촌의 환경부하 저감 필요성이 함께 존재합니다. 또한 기후위기 심화에 따라서 농업 부문의 탄소 저감과 기후변화 대응 필요성 역시 증가해 오고 있습니다.

저출산·고령화, 수도권 인구 집중 등으로 농촌 인구 감소와 농업 인력 부족을 해결하기 위해서 농업 인력 유입 및 정착 지원이 매우 필요합니다.

한편 농업인은 농업을 수행하면서 다양한 공익적 가치를 창출하고 있음에도 시장에서 그 가치를 제대로 평가받지 못하여 필요한 만큼 충분히 공급되지 못하고 있습니다. 따라서 다양한 공익기능을 공급하는 농업 활동에 대한 보상 차원으로 직불금을 지급함으로써 농업경영체의 소득을 안정시키고 공익기능도 증대할 필요가 있습니다.

본 연구에서는 기본계획의 비전으로 농업인의 농업·농촌 공익기능 창출로 국민 삶의 질 향상과 지속가능한 발전 실현을 제시를 했고, 수립의 기본 방향으로 공익직불제, 즉 기본형과 선택형으로 나눠져 있는 공익직불제의 목적을 다시 한번 재정립할 필요가 있음을 제시했습니다.

그다음에 기본형 공익직불제의 준수 사항을 정비하고 이행점검체계 강화를 추진할 것을 제시했고요. 그다음으로 기본형 공익직불제의 단가체계 개편 그다음에 지급 대상 농지·농업인 요건 개편을 제시를 했습니다. 그다음에 기본적 수준 이상의 다양한 공익기능 창출을 위한 자발적 활동을 촉진하기 위해 선택형 공익직불제의 대폭 확충과 체계화를 제시를 했습니다.

마지막으로 공익직불제 추진체계 효율화하고 고도화할 필요가 있음을 제시를 했습니다.

이상으로 말씀을 마치겠습니다.

○**위원장 어기구** 이명기 선임연구위원님 시간도 잘 맞춰 주시고 공익직불제 기본계획 수립 관련 연구용역도 해 주셔서 감사드리고요.

공익기능 증진을 위해서 직불금 확대가 필요하다, 선택형 공익직불의 대폭 확충이 필요하다 이런 말씀이신 것 같습니다.

수고하셨습니다.

다음은 위원님들의 질의 순서입니다.

질의는 질의 순서에 따라 하되 질의 시간은 답변 시간을 포함해서 7분으로 하겠습니다.

그러면 질의 순서에 따라서 송옥주 위원님 질의해 주시기 바랍니다.

○**송옥주 위원** 경기 화성갑의 송옥주 위원입니다.

먼저 진술해 주신 네 분께 감사말씀 드리겠습니다.

제가 생각하는 현 정부의 공익직불제는 농촌, 농업의 공익기능 증진과 농업인의 소득 안정, 지속 가능한 농업을 위해 제기능을 못 하고 있다고 생각을 합니다. 조삼모사식이거나 눈 가리고 아웅식이 아닌가라는 그런 생각을 하고 있습니다.

현 정부의 5조 원 공익직불제 공약에는 농업 예산 중에서 직불성 예산도 포함돼 있고요. 또 한 가지는 공익직불제에 농촌 사회 보장이나 청년 농가, 은퇴농 지원 제도라든지 정책 예산까지 그렇게 연계되어 있는 부분들이 있어서 이렇게 되면 직불제도 제대로 추진이 안 되고 청년농이나 은퇴농과 관련된 지원도 제대로 안 될 수 있는 문제가 발생될 수 있다라고 생각을 합니다.

은퇴농이나 청년농 지원 문제는 직불제와 좀 분리해서 미래 지향적인 친환경 탄소 중립, 국민 건강을 보장하는 농정을 위한 성장동력으로 삼아야 된다라고 보는데 장관님은 여기에 동의하세요?

○**농림축산식품부장관 송미령** 예, 그게 지난번에 윤준병 위원님께서도 말씀해 주신……

○**송옥주 위원** 동의하시는 거지요?

○**농림축산식품부장관 송미령** 아마 농업직불제와 공익직불제의 범위 차이에서 기인한다고 생각을 합니다, 위원님.

○**송옥주 위원** 제가 질문 답변을 포함해서 7분이라……

동의하시지요?

○**농림축산식품부장관 송미령** 예, 알겠습니다.

○**송옥주 위원** 예, 그렇습니다.

강마야 연구위원님께 간단하게 질의를 드리겠는데요.

아마 이 부분에 대한 연구를 심도 있게 하시는 것 같은데 고령농 지원 제도하고 청년농 지원 제도에 대해서 질문을 드리겠습니다.

아시겠지만 고령농이 지금 상당한 비중을 차지하고 있고 이분들에게 이 직불제와 관련돼서는 실제로 소득 안정이라든지 노후 대책이 제대로 되고 있지 않은 것 같습니다.

그래서 독일 제도를 좀 봤는데요. 독일의 경우에는 국민연금을 보완하는 농어민연금제를 도입해서 은퇴농들에게 여러 가지 삶의 보장을 주고 있다라고, 그렇게 되어 있습니다. 우리나라에 이런 제도를 도입하는 것에 대해서 어떻게 생각하세요?

○**참고인 강마야** 제도 도입에 저도 동의하는 바입니다. 하지만 이게 직불제 범위로 들어가는 것에는 조금 우려를 나타내는 입장입니다. 왜냐하면 은퇴를 전제로 한 연금이기 때문에 복지 영역에 조금 더 가깝고요. 공익형 직불에 해당하는 범주에는 좀 적절하지 않다고 생각을 합니다.

대신에 청년농 관련된 직불은 사실은 유럽의 공동농업정책을 보면 영파머스 스킴이라고 또 따로 그렇게 해서 강조하고 있어서 저는 그 부분은 포함돼도 괜찮다는 생각을 하고요.

○**송옥주 위원** 아, 그러세요?

청년농 정책을 간단하게 말씀을 해 주시기는 했는데 청년농이 사실은 농촌에서 정착하기가 쉽지가 않잖아요. 그래서 이런 창업을 하기보다는 농협 같은 데 취업을 해 가지고 거기를 통해서 보전을 받는 부분들, 그래서 농업을 좀 활성화시키기도 하고……

농촌 사회가 고령화되다 보니까 사실은 이것에 대한 지속 가능성을 보장하기 위해서는 청년농과 같은 정책을 좀 더 강화시켜야 된다는 생각이 드는데 혹시 직불제 안에서 청년에 대한 대책이 아니더라도 별도로 이런 청년농 정책에 대해서 고민하시는 부분들이 좀 있으실까요?

○참고인 강마야 지금 위원님 말씀처럼 지역에 청년이 내려오면 당장 농업을 하는 것보다는 그 지역 사회 주민들과 어울리면서 마을에 필요한 일들이 무엇인지, 돌봄이 필요하면 돌봄, 먹거리면 먹거리, 여러 가지 다양한 활동들이 있는데 지금의 영농정착 지원 사업이라든지 청년농 정책은 너무 농업에만 올인돼 있다 보니까 이 친구들이 와서 지역을 알아 갈 수 있는 기회 없이 바로 농업에 투입되면서 겪는 애로사항이 굉장히 많습니다.

그래서 저는 만약에 직불제를 하더라도 이 친구들이 농업 외의 일도 할 수 있는 그것에 대한 사실은 수당, 보상 이런 제도들이 더 도입돼서 하면 좋겠다는 생각을 가지고 있습니다.

○송옥주 위원 말씀 감사하고요.

현행 공익직불제를 보면 여러 진술인께서 말씀하셨지만 면적 중심의 기본형에 집중이 돼 있습니다. 91.7%에 해당하는 부분이고요. 당초에 윤석열 정부가 이런 직불제에 관련된 농업 정책과 관련된 공약을 내세울 때는 친환경 농업 육성을 통한 직불금 5조 원 달성을 공약으로 내세운 부분이 있습니다.

그런데 지금까지 추진한 것을 보니까 친환경 농업 육성이라든지 선택형 직불제에 대한 부분들에 대해서는 심도 있게 논의가 되어 있는 것 같지 않고요. 이 기본계획에도 위원들께서 발언한 부분을 빨간색으로 해서 추가했다고 하긴 하는데 구체성이 전혀 없습니다.

장관님께서는 선택형 직불제에 대해서 활성화할 방법이나 고민이나 있으시긴 하신 거예요?

○농림축산식품부장관 송미령 예, 위원님. 선택형 직불제를 확대하는 게 공익직불제의 목표를 달성하는 근간이라고 생각을 하고 있고요. 그래서 지금 하고 있는 선택직불제 같은 경우에도 예를 들면 경관보전직불제에 우리가 농업유산 같은 게 있지 않습니까? 그런 걸 더 한다거나……

○송옥주 위원 아시기는 하지만 기본 직불제, 면적 중심의 기본형은 91.7%고 선택형은 8%밖에 지금 안 되는 부분들인데……

○농림축산식품부장관 송미령 맞습니다. 지금 현재는 그렇습니다.

○송옥주 위원 그 부분들을 어떻게 2029년까지 구체적으로, 몇 년에 어느 단계에서 선택형을 강화시키고 활성화시킬 건지에 대한 구체성이 전혀 없습니다. 말씀은 그렇게 하시지만 구체성이 있어야지 5년 안에 이런 계획을 달성할 수 있는 부분이지 그런 부분들이 없다고 그러면 그냥 사상누각이다 하는 생각이 들고요.

또 한 가지는 선택형 직불제 활성화를 위한 전담기관이 없습니다. 이게 전담기관이 있어야 책임을 지고 정부 부처에서 추진을 하고 그에 따라서 관련된 농민들과 컨설팅이나 나머지 추후 사업도 추진할 텐데 전담기관을 제대로 두지 않은 부분들은 좀 문제가 있다고 보고요.

현장에 있는 농민들께서 답답해하시는 게 이런 것 같습니다. 시도의 농업기술원과 시군의 농업기술센터가 국가기관에서 지자체 소속으로 전환되면서 현장의 농정을 제대로 책임질 조직이나 기구가 좀 미흡하다, 시군 차원에서는 예산 지원이나 그런 것을 하지만 정부 차원에서 일관되게 농업과 농촌과 농민을 위한 정책이 나오지를 않는다, 책임의 주체가 어디인지 알 수 없다라는 그런 불만과 비판의 소리가 있습니다.

장관님은 들으신 적이 있으세요?
○농림축산식품부장관 송미령 예, 그런 이야기를 들은 적이 있고요, 위원님.

그래서 이게 다른 나라하고 달리 우리가 국가 농업행정기관이 말단까지 사실 연결되지 않는 문제가 좀 있습니다. 그렇지만……
○송옥주 위원 말단까지 연결을 해서 그런 세밀한 것까지 잘 챙겨 줘야지 이 목적이 달성된다고 생각을 합니다.

또 한 가지 짧게 질문을 드릴 텐데 32페이지에 재배면적 조정 의무 부과가 있습니다. 물론 기본 직불금에서 감액을 하지는 않고 유예된 상태이긴 하지만 지자체 중심의 자율적 재배면적 조정이라고 하는데 실제로 지역의 얘기를 들어 보니까 그렇지가 않습니다. 농어촌공사에서 다니면서 설명회를 해서 주민들에게 재배면적 관련된 부분들을 거의 강압적으로 추진하고 있는 것 같습니다. 타 작물을 재배한다든지 아니면 여러 가지 부분에서 조정 의무에 대해서 자율성을 상실하고 제대로……

(발언시간 초과로 마이크 중단)

⋯⋯⋯⋯⋯⋯⋯⋯⋯⋯⋯⋯⋯⋯⋯⋯⋯⋯⋯⋯⋯⋯⋯⋯⋯⋯⋯⋯⋯⋯⋯⋯⋯⋯⋯⋯⋯⋯

(마이크 중단 이후 계속 발언한 부분)
정부 부처에서 개입을 하고 있다고 생각을 하는데 이런 보고가 적절한지 저는 잘 모르겠습니다.
○농림축산식품부장관 송미령 저희가 여러 유형을 소개해 드리고 있는 차원으로 설명회를 진행하고 있습니다.
○송옥주 위원 그 설명회가 농민들이 보기에는 강제적으로 하고 이것 꼭 해야 된다는 의무감과 그런 걸 느끼게 한다는, 그런 형식은 맞지 않는 것 같습니다.
○농림축산식품부장관 송미령 좀 더 저희가 친절하게 다시 한번 설명드리도록 하겠습니다.

⋯⋯⋯⋯⋯⋯⋯⋯⋯⋯⋯⋯⋯⋯⋯⋯⋯⋯⋯⋯⋯⋯⋯⋯⋯⋯⋯⋯⋯⋯⋯⋯⋯⋯⋯⋯⋯⋯

○위원장 어기구 수고하셨습니다.
다음은 윤준병 위원님 질의하시겠습니다.
○윤준병 위원 장관님 수고가 많으신 데요.
○농림축산식품부장관 송미령 예, 위원님.
○윤준병 위원 본질의하기 전에 몇 가지 좀 여쭤볼게요.
3월 4일 날 국무회의에 참석하셨습니까?
○농림축산식품부장관 송미령 예, 했습니다.

○**윤준병 위원** 비공개 간담회도 참석하셨습니까?

○**농림축산식품부장관 송미령** 예, 했습니다.

○**윤준병 위원** 그때 마은혁 재판관 임명과 관련해서 어떤 의견을 개진하셨습니까?

○**농림축산식품부장관 송미령** 제가요?

○**윤준병 위원** 예.

○**농림축산식품부장관 송미령** 일단 헌재에서 이야기하신 것에 대한 판단을 존중해야 된다라는 말씀을 드렸고요. 다만 시기에 대해서는 여러 사항을 고려해서 대행께서 숙고 하시는 게 좋겠다라고 말씀드렸습니다.

○**윤준병 위원** 숙고해야 되는 사유가 어떤 내용들이 주로 국무위원들 간에 거론이 되 고 또 그때 숙고돼야 될 사항으로 어떤 내용들을 염두에 두고 그런 의견들이 개진됐나 요?

○**농림축산식품부장관 송미령** 다른 분들이 이야기하신 것을 제가 이 자리에서 전달하 는 건 적합치 않은 것 같고요.

○**윤준병 위원** 송 장관님 내용은 어떤 거였어요?

○**농림축산식품부장관 송미령** 저는 그 구체적인 내용을 말씀드리지는 않았습니다. 어차 피 대행께서 판단하시는 데 있어서……

○**윤준병 위원** 그러면 장관께서 일단 헌재 결정은 존중해야 된다, 대신에 시기는……

○**농림축산식품부장관 송미령** 대행께서 여러 상황을 고려해서 숙고하시면 좋겠다라고 말씀드렸습니다.

○**윤준병 위원** 어떤 내용들을 숙고해야 될 대상으로 염두에 두고 이렇게 말씀하신 거 예요?

○**농림축산식품부장관 송미령** 글쎄요, 일단……

○**윤준병 위원** 아니, 헌재 결정이 떨어졌는데 결정이 났으면 이행을 해야 되는 것이지 이행의 시기 문제를 재량으로 판단하면 헌재 결정을 존중하지 않는 것이 되잖아요. 그 부분에 대한 내용을 어떻게 판단하신 거예요?

○**농림축산식품부장관 송미령** 여러 의견들이 있습니다.

○**윤준병 위원** 아니, 여러 의견인데 장관의 의견은 뭐였냐고요?

○**농림축산식품부장관 송미령** 저는 대행께서……

○**윤준병 위원** 아니, 장관께서도 시기에 대한 고려는 대행이 좀 판단했으면 좋겠다고 했다는데……

○**농림축산식품부장관 송미령** 예, 대행께서 숙고하실 거라고 생각합니다.

○**윤준병 위원** 그 시기에 대한 내용을 어떤 내용을 가지고 시기 판단을 좀 재량적으로 했으면 좋겠다고 의견을 주신 거냐고요?

○**농림축산식품부장관 송미령** 여러 의견이 있으니까 그 부분을 대행께서 숙고하시는 게 좋겠다라고 말씀을 드렸습니다.

○**윤준병 위원** 여러 의견이 뭐…… 아니, 헌재 결정이 떨어졌는데 여러 의견이 있을 수 가 있습니까? 헌재의 결정을 존중하면 수용하는 거고 수용하지 않으면 미정 상태로 보 류하는 것인데 다른 대안이 없잖아요.

○**농림축산식품부장관 송미령** 대행께서 숙고하고 계신 걸로 알고 있습니다, 위원님.

○**윤준병 위원** 아니, 숙고라고 하는 것이 제대로 존중을 않는 것이지요, 그것은.

○**농림축산식품부장관 송미령** 존중을 하시는 것 같습니다.

○**윤준병 위원** 아니, 숙고를 한다고 하는 것은 이행을 않는다는 거잖아요. 헌재 결정에서 임명해야 맞다 이렇게 결정을 했어요. 그러면 이행을 해야지 이행을 안 하고 좌고우면하고 재량적인 시기 결정을 한다? 이건 존중하지 않는 것이지요.

내가 국무위원들이 어떻게 그런 발상을 하는지 이해가 안 돼서 국무위원으로서 국무회의에 참석하신 송 장관의 생각을 기회 삼아서 국무회의의, 국무위원들의 인식 수준을 한 번 판단해 보려고 여쭤본 거예요.

지금 수준들이 그런 것 아닙니까? 말은 그럴싸하게 하면서, 헌재 결정을 존중한다고 그러면서 시기 결정을 재량적으로 해요. 그건 헌재를 존중하는 게 아니에요. 위법적인 발상이지요. 어떻게 그런 생각들을 국무위원들이 감히 할 수 있습니까? 그러면서 말로는 번드르르하게 헌재의 결정을 존중한다고요? 저는 이것 지극히 잘못된 인식이다 이렇게 지적을 합니다. 다음 국무회의에 그런 내용이 거론될 때는 정확하게 의사 전달을 해 주시기를 촉구합니다.

공익직불금 관련해서 제가……

두 가지가 담기잖아요, 기본계획에는. 제도적인 기본사항 그리고 제도적인 기본사항을 이행할 수 있는 재정적인 툴 이게 두 가지가 담기는데, 제도적인 운영과 관련해서는 여러 가지 입장이 있을 수 있지요. 그걸 이행하기 위해서는 재정적인 수단을 연도별로 어떻게 가지고 갈 것인지 이 부분에 대한 입장이 명확하게 담겨야 된다고 지적했고 그 내용을 요청도 했어. 그게 빠지면 기본계획이 될 수 없다, 본질이 빠진 거다 이렇게 지적을 했는데 여전히 그 부분이 담기지 않았어요.

특별한 이유가 있습니까, 아니면 국회 상임위의 입장을 무시하는 겁니까?

○**농림축산식품부장관 송미령** 전혀 무시하는 건 아니고요, 위원님. 위원님 잘 아시는 것처럼 우리나라가 단년도 예산편성주의지 않습니까? 그래서 말하자면 올해 예산을 올해 편성하지 않습니까? 그러니까……

○**윤준병 위원** 아니, 기본계획이잖아요, 예산이 아니고.

○**농림축산식품부장관 송미령** 그래서 저희가 단년도 예산편성주의라 매년 어떻게, 어떻게는 넣지 않았지만 말하자면 우리 예산을 5조 원으로 하겠다라는 것에 대해서는 명시를 하였습니다.

○**윤준병 위원** 내용은요, 5조 원 내용도 2027년 5조 원이에요.

○**농림축산식품부장관 송미령** 국정과제 목표가……

○**윤준병 위원** 그러면 이건 기본계획은 29년까지예요. 그러면 29년까지 얼마로 가겠다, 그다음에 29년까지 농업직불금은 얼마로 가는데—여러분들이 주장하는—그러면 공익직불금을 얼마로 가겠다, 연도별 배분은 어떻게 간다, 이 내용이 담겨야 이게 기본계획이지 예산적인 내용 제대로 담지 않아 놓고 기본계획이라고요? 그리고 기본적인 내용 5조 원 얘기된 것 그냥 선언적으로 넣어 놓고 재정계획이 담겨 있다? 여러분들 기본계획 그렇게 수립합니까?

여러분들이 운영하고 있는 기본계획들, 식품산업진흥 기본계획, 전통주 등의 산업발전 기본계획, 여성농업인 육성 기본계획, 제2차 쌀가공산업 육성 및 쌀 이용 촉진에 관한 기본계획, 연도별 재정계획 다 담겨 있고요. 또 단년도 계획안인데 여러분들이 운영하고 있는 농식품부의 예산 및 기금운용계획, 중기재정계획 여기에도 연도별 계획이 다 담겨 있어요. 공익직불사업 예산, 중기재정계획에 따르면 2027년도 4조 452억으로 추계하고 있어요. 기본적인 사항이 담겨야 기본계획이지요.

　　　　(발언시간 초과로 마이크 중단)

━━

　　　　(마이크 중단 이후 계속 발언한 부분)

　이것 담아 오시기 바랍니다.

○**위원장 어기구** 수고하셨습니다.

　차관님, 하실 말씀 계십니까, 윤준병 위원님 질의에 대해서?

○**농림축산식품부차관 박범수** 예.

　위원님들 잘 아시겠습니다만 중기재정계획에 저희들은 직불제를 얼마로 한다 이것은 들어가 있습니다. 다만 저희들은 27년까지 국정과제 5조라고 잡혀 있는 게 있고 그래서 그 내용을 저희들이 담을 수는 있지만 중기계획에는 그게 5조가 안 잡혀 있기 때문에 지금 저희가 중기계획을 넘어서서 숫자를 쓰게 되면 저희가 목표로 하고 있는 5조보다 더 안 나오니까 그렇게는 담을 수가 없었고요.

　그래서 저희가 기재부하고 재정 당국하고 설명하고 협의를 한 게 5조에 대해서는 확실하게 국정과제에 들어가 있고 그러니까 그것에 대해서는 명확하게 좀 해 달라 그렇게 해서 그 정도까지는 넣었습니다만 세부적으로, 저희들이 내부적으로는 계획을 갖고 있지만 거기에 대해서는 매년 국회에서 좀 달라질 수도 있고 그렇기 때문에 거기에 대해서는 기재부에서 그 부분까지는 여기에 넣는 것은 조금 자기들이 부담이 있다 그렇게 얘기를 해서 이번에 그 내용까지는 담지는 못했습니다.

　다만 5조에 대해서는 확실하게 국정과제에도 잡혀 있고 27년 5조 가는 것에 대해서는 명확하게 기재부에서도 동의를 한 사항입니다. 그래서 거기까지만 저희들이 담을 수가 있었습니다.

○**위원장 어기구** 알겠습니다.

○**윤준병 위원** 말로 그렇게 표현하는 것은 의미가 없고요. 공약으로 2027년도 여러분들이 주장하고 있는 농업직불금 5조 원 달성되려면 그 내용을 근간으로 해서 전후에 해당되는 연도별 계획이 확정되어야 그래야 구속력을 가지는 거예요.

　그것을 말로 임시방편으로 표현하고 '담겨 있습니다' 그러면 여러분들 일 안 한 거예요. 그리고 지금 얘기하고 있는 5조 원이 허무맹랑한 숫자에 불과하다 이것을 반증하는 겁니다.

　이 내용이 계획서에 각기 담겨야 여러분들이 얘기하고 있는 것처럼 기관 간의 협의가 다 완료됐다 이렇게 인식을 하고 인정을 해 주는 거고 그것을 근거로 해서 국민들에게 설명을 할 수 있는 것이지 입으로만 '5조 원 약속받았습니다' 이게 무슨 의미가 있어요?

━━

○**위원장 어기구** 이 점 유념해서 보완해 주시기 바라고요.

　이병진 위원님 질의해 주시기 바랍니다.

○**이병진 위원** 차관님, 국무회의는 말이지요, 대리 참석 말고는 참석 안 하지요?

○**농림축산식품부차관 박범수** 제가 대리 참석하는 경우도 가끔 있습니다.

○**이병진 위원** 그렇지요. 그것 말고는, 그렇지요?

○**농림축산식품부차관 박범수** 예.

○**이병진 위원** 헌법재판소의 판결은 존중해야 마땅하지요?

○**농림축산식품부차관 박범수** 예, 존중돼야 됩니다.

○**이병진 위원** 좋습니다.

장관님, 헌법재판소를 우리가 사법부라고 하는데 사법부의 결정을 정무적 판단의 대상물로 삼으면 된다, 안 된다? 대답해 보세요. 차관님은 존중한다고 하셨는데 장관님은 어떻게 생각하세요?

○**농림축산식품부장관 송미령** 존중합니다.

○**이병진 위원** 예?

○**농림축산식품부장관 송미령** 존중합니다.

○**이병진 위원** 그렇지요?

국무회의가 최상목 권한대행의 자문기구입니까?

○**농림축산식품부장관 송미령** 그렇지 않습니다.

○**이병진 위원** 그렇지요?

○**농림축산식품부장관 송미령** 예.

○**이병진 위원** 장관님은 최상목 권한대행의 비서입니까?

○**농림축산식품부장관 송미령** 아닙니다.

○**이병진 위원** 아니지요?

그러면 그런 자리에서 제가 항상 애증이 있는 장관님한테 자기 의견을 내라고 그렇게 말씀하시는데 따라가면 안 되잖아요. 그렇지요?

여기 농촌농업공익직불법도 정무적 판단으로 하시면 되잖아요, 그러면. 사법부의 결정도 정무적으로 판단하는데 이 법 만들어 따를 필요가 없겠네요. 그렇지요? 결정돼도, 우리가 심의를 해도.

참 유감스럽고 실망스럽고 부끄럽습니다, 장관님. 왜 제가 그렇게 말씀드리는데…… 부화수행자 자처하지 마세요, 좀.

5조 원 확대 누구 공약입니까?

○**농림축산식품부장관 송미령** 윤석열 정부의 농업직불제 관련 예산 5조 원 확대가 국정과제에 포함되어 있습니다.

○**이병진 위원** 다 끝나가는 정권인데 5조 원 확대를 국정 기본계획에 왜 넣습니까? 우리는 5조 원 얘기한 적도 없어요. 2배로 늘려야 된다는 그런 말은 한 적이 있는데, 어떻게 생각하세요? 우리가 5조 원 얘기한 적 있어요? 다 끝나 가는 정권 5조 원을 여기에 꼭 이렇게 집어넣고 보물같이 여길 필요가 있다, 없다? 저는 이것도 동의하기 쉽지 않다 이런 말씀을 드리고.

5년 기본계획 지금 이것을 국정과제를 반영하는 것은 시기적으로 맞지 않다. 차라리 농업직불제로 확대하겠다고 이렇게 하는 게 좋지 않나 이런 생각을 하고요.

우리나라 지금 식량자급률 2024년도에 어떻게 됩니까?

○**농림축산식품부장관 송미령** 49% 정도 될 겁니다.

○**이병진 위원** 그런데 27년까지 55.5%로 확대한다고 했지요?

○**농림축산식품부장관 송미령** 예, 55.5%가 목표입니다.

○**이병진 위원** 150만ha로 농지면적도 이렇게 줄인다고 발표했고요. 그렇지요? 그게 마지노선이네요. 마지노선인 것 같아요. 그렇지요?

○**농림축산식품부장관 송미령** 예.

○**이병진 위원** 그런데 2월 27일 통계청의 발표 혹시 보셨어요?

○**농림축산식품부장관 송미령** 예, 봤습니다.

○**이병진 위원** 어떻게 나왔어요?

○**농림축산식품부장관 송미령** 그 마지노선은 지킨 것으로 알고 있습니다.

○**이병진 위원** 아니, 전년보다 0.5% 줄었고 150만 5000ha 겨우 유지하고 있는 그런 통계를 발표했어요. 그리고 식량자급 달성은커녕 농지면적조차 유지도 지금 제가 볼 때는 이게 글쎄 하는 그런 생각이 들거든요.

그런데 여기 해외 사례 조사라든지 국내 도입 타당성 이런 검토에만 이렇게 그치고 있고 이런 것들은 할 수도 있다, 안 할 수도 있다 이런 의미로 제가 또 해석도 된단 말이지요. 제 생각이 틀렸나요?

○**농림축산식품부장관 송미령** 기본계획 수립이라는 것이 의무사항이라기보다는요, 그러니까 우리가 목표를 설정을 하고 목표에 가기 위한 전략……

○**이병진 위원** 그러니까 안 할 수 있는 거네요. 그렇지요?

○**농림축산식품부장관 송미령** 아니요, 그렇지는 않습니다.

기본계획을 수립을 하면 그것은 달성 가능한 목표를 세우는 거니까요.

○**이병진 위원** 선택직불제를 구체화하려는 그런 노력 이런 것들이 보이지 않는다는 거예요. 그래서 저한테는 말로만 때우려고 한다는 게 보여진다. 제가 잘못 봤나요? 너무 깊게 봤나?

○**농림축산식품부장관 송미령** 그렇지 않습니다, 위원님.

○**이병진 위원** 차관님께 한번 물어보겠습니다.

선택직불제를, AI가 앞으로 굉장히 주목을 받는데 이런 농업에 접목을 해서 해 본다든지 또 스마트팜을 지원해서 말이지요, 직불제를 해 보겠다는 그런 생각 검토하신 적 있습니까, 그런 것?

○**농림축산식품부차관 박범수** 위원님, 그런……

아까 참고인들께서도 말씀을 해 주셨는데 이것을 직불제로 할 거냐 아니면 다른 재정사업으로 할 거냐를 판단을 해야 되고요. 그래서 아까 청년농 같은 경우에 유럽도 직불제로 하고 있는 게 있을 거고 그다음에 AI를 활용한 수직농업이라든지 스마트팜을 하는 경우는 직불제로 하는 방법도 있겠지만 직불제가 아닌 다른 재정사업으로 할 수도 있는 것이고요. 또 반대로 공익적 가치를 중요하게 하다 보니까 예를 들면 기후변화라든지 또는 우리가 탄소중립이라든지 이런 것들은 선택직불로 해서 더 강화할 수도 있는 거고 이렇게 다양한 방법이 있을 수 있습니다.

그래서 그것은 지금 저희들이 내부적으로 판단을 하고 있고요. 계획에 저희가 선택직불제 아직 확정이 안 됐기 때문에 구체적으로 넣을 수는 없겠습니다만 내부적으로는 다 저희들이 검토를 하고 있습니다, 다.

○**이병진 위원** 그래요. 좋아요.

저는 그래서 농업이 우리가 기간산업이지만 항상 우리 장관님도 강조하잖아요. 스마트산업이 될 수 있다라고 보거든요.

우리가 지금 AI가 뒤처졌는데 차제에 말이지요, 농업에 대한 발상을 좀 전환시켜서 AI산업과 접목한 과감한 투자를 계획 세우는데 이런 때 하는 거예요.

지금 우리가 AI에 대한 예산도 대폭 늘리고 그쪽으로 우리가 포커싱 해 가지고 우리 국가경쟁력을 제고시키려고 하는 거거든요. 그래서 저는 그런 쪽으로 가는 게 맞다고 하는데 차관님 고견은 어떻습니까?

○**농림축산식품부차관 박범수** 그러니까 그것은 저희가 직불제의 범주, 그러니까 공익증진 직불이라고 하는 건데 예를 들면 땅에다 농사를 지어 가지고 하는 것하고 AI를 가지고 수직농업을 하는 것하고는 또 공익 가치가 좀 다를 수 있거든요.

○**이병진 위원** 향후 5년이면 정말 많은 것이 바뀌어요. 그래서 그러는 거예요.

○**농림축산식품부차관 박범수** 그러니까 그것은 다른 재정사업으로 해 가지고 충분히 저희들이 백업을 해야 되고요.

○**이병진 위원** 여기하고도 한번 연계시켜서 나는 오히려 가는 게 맞다라고 하는 거니까……

○**농림축산식품부차관 박범수** 그것을 직불에 넣는 것은 조금 아마 좀…… 저희도 검토가 더 필요하다고 생각을 합니다.

○**이병진 위원** 그렇게 기본적인 편견을 갖고 보지 말라는 말이지요. 항상 열린 생각으로……

지금 AI가 세계적인 조류잖아요. 그러니까 우리 농업도 맨날 답보된 상태에서 머물지 말고 차제에 이런 쪽으로 시야를 확대해 가지고 공간을 넓혀 가란 말이지요.

○**농림축산식품부차관 박범수** 예, 그것도 저희들이 하고 있고요. 다만 직불로 할 거냐 안 할 거냐 그것은 한 번 더 저희들이 논의를 해 보겠습니다.

○**위원장 어기구** 수고하셨습니다.

다음은 임미애 위원님 질의해 주시기 바랍니다.

○**임미애 위원** 존경하는 이병진 위원님 질의 중에 식량자급률과 관련된 것 잠깐 한 번 더 확인을 하고 싶은데요.

장관님, 27년도까지 55.5% 식량자급률 목표치를 설정을 했다가 이 부분에 대해서 29년 식량자급률 다시 추계하겠다라고 보고를 했었거든요, 지난번에. 그런데 오늘 보고에서 보면 29년도 식량자급률 목표치가 아예 삭제가 됐어요.

○**농림축산식품부장관 송미령** 예, 위원님.

○**임미애 위원** 이것 왜 이렇게 됐나요?

○**농림축산식품부장관 송미령** 저희들이 사실은 이게 우리 KREI 통해서 한번 추정도 해 보고 이런 작업을 했는데요. 저희가 보니까 식량자급률 목표라는 게 농업·농촌 식품산업 기본법을 가지고 우리가 그 기본계획의 목표잖아요.

○**임미애 위원** 좀 짧게 얘기해 주시겠어요?

그러면 직불제 기본계획 안에는 이것을 넣는 게 부적절하다라는 생각을 해서 그렇게 됐다라는 얘기를 들었는데……

○**농림축산식품부장관 송미령** 맞습니다. 그러니까 27년 목표인데 29년이어서……

○**임미애 위원** 저희는 의심스러운 것은 실제로 그동안 지속적으로 농림부가 보여 줬던 규제개혁이라는 이름 아래 농지에 대해서 과감하게 이렇게 소유에 관한 것들을 푼다라든가 그러면서 3ha 미만의 농지를 자투리 농지라는 이름으로 해서 또 그것도 푼다든가 이런 일들을 지속적으로 해 왔기 때문에 지금 농지면적이 150만ha 까딱까딱하는 거예요.

실제로 25년도 통계를 한번 해 보면 저는 이것 무너졌을 거라고 생각을 하는데 여전히 유지하고 있다라고 말하는 답변이 되게 안이한 것 같고요. 식량자급률 목표치에 대해서는 좀 더 분명한 입장을 보여 주셨으면 좋겠다라는 얘기를 드리겠습니다.

그리고 하나는 제가 지난번에 쌀 재배면적 감축과 관련돼서 여러 차례, 차관님께도 얘기하고 국장님한테도 이야기를 드렸던 건데요.

이것을 개별 농가 단위로 일정한 비율만큼 재배면적을 축소하는 방식은 이 사업의 취지에 맞지 않다라는 말씀을 드렸습니다. 그렇기 때문에 이것을 하려면 다른 농사를 짓도록 농가를 유도해 나가는 정책이 선행이 되어야 되고 그를 위해서는 기반 작업들을 농림부가 해 주어야 되고 동시에 농사를 지어 다른 작물을 재배를 했다고 하면 그것에 따르는 수익이 쌀농사를 지었을 때에 결코 뒤지지 않을 정도의 인센티브가 부여되는 방식으로 재배 감축이 이루어져야 된다라는 얘기를 드렸어요.

그 뒤에 제가 좀 확인을 해 봤어요. 그러면 농림부는 논 범용화 사업에 어느 정도 예산을 쓰고 있는가 그다음에 배수개선 사업이 어느 정도 예산을 확보하고 있는가 봤는데 굉장히 실망스러워요.

논 범용화 사업과 관련돼서는요, 15억 정도의 예산이에요. 배수개선 사업과 관련해서는요, 이게 결코 늘었다고 얘기할 수가 없어요.

이렇게 되면 최근 10년간 예산 현황을 봤을 때 25년도 예산이 지구가 60개 지구예요. 24년도 58개거든요. 결코 는 게 아니지요. 기본조사 했을 때도 이게 예산이 81억 정도예요. 이러면 오히려 24년도보다 예산이 줄었어요.

도대체 어떤 방식으로 쌀 재배면적을 감축하겠다라고 하는 건지, 이것을 정책으로 밀고 나가겠다라고 하는 것인지 저희가 의지를 확인할 수가 없어요.

지난번에도 말씀드렸지만 이것을 시군별로 내려보내고, 재배면적 감축 비율을 내려보내고 그다음에 이것을 농가 단위로 나누게 되면 논의 가에 기계가 돌아가는 그 면적을 나락을 심지 않는 방식으로 농가는 재배를 축소할 수밖에 없다, 이것은 원래 이 사업의 취지와는 다르잖아요.

그렇기 때문에 이것 지금이라도 논에 다른 작물을 재배하더라도 전혀 불편함이 없도록 배수개선 사업이라든가 논 범용화 사업을 목적의식적으로 추진하지 않으면 재배면적 감축 사업은 부작용이 훨씬 더 많이 발생할 수 있다.

또한 8만ha라고 하는 사실상 불가능한 목표치를 설정해 놓고…… 제가 8만ha를 계산을 해 봤더니 한 40만t의 쌀을 감축할 수 있는 양이에요. 이것은 저희가 수입 혹은 남아서 격리 조치 시행했던 그 양을 아마 염두에 두고 8만ha인 것 같은데 현실적인 목표치를 설정하고 그 현실적인 목표치를 달성하기 위한 정책사업의 예산을 준비하는 것이 지금이라도 필요하다라는 생각이 듭니다.

그래서 이 문제는 직불금과 관련해서 반드시 선행되어야 되는 것이기 때문에 이것 제가 드리는 말씀 염두에 두시고 두 가지 사업 확충해 주시기 바랍니다. 가능할까요?

○**농림축산식품부장관 송미령** 예.

○**임미애 위원** 그리고……

뭐 답변하실 게……

○**농림축산식품부차관 박범수** 아니, 다 하시고……

○**임미애 위원** 그리고 강마야 연구위원님, 제가 말씀하시는 것 아주 잘 들었습니다.

제가 특히 관심 있는 것은 지역 추진 체계에 관한 건데요. 그리고 직불금 제도가 쏘아 올린 여러 가지 쟁점들, 적극적으로 동의합니다. 그리고 이 문제에 대해서 우리 농업 정책은 대안을 준비하지 않으면 더 이상 농업은 미래가 없다라는 얘기를 저도 드리고 싶습니다.

이 지역 추진 체계에 대해서 가지고 있는 생각이 있다면 조금 더 구체적으로 말씀 좀 해 주시기 바랍니다.

○**참고인 강마야** 지금처럼 직불제가 단위사업으로 쪼개져서 하는 것은 사실은 굉장히 성과 나기 힘들고 직불제 지급 단위도 집단적으로, 마을 단위로, 영농의 단위로, 단위로 묶여서야만이 효과를 볼 수 있다. 방식 중에 그게 가장 중요하고요. 그렇게 되면 마을 주민들이 뭔가 법인을 만들든지 영농그룹을 만들어서 거기서 논의하신 활동들을 스스로 자기들이 실천사항을 도출하고 이것들이 마을 규약으로 입제가 되면 그 활동들은 지역주민들이 무조건 한다는 거거든요. 그런 방식을 선택형 직불제로 인정해 주면 사실 성과 달성치도 그렇고 지역의 현장 수용성도 그렇고 주민들이 할 수 있는 걸 만들었기 때문에 오히려 저는 직불제를 그런 방식으로 했을 때, 그런 추진 체계였을 때 굉장히 효과가 저는 좋을 거라고 예상을 하고 있습니다. 그리고 실제 그런 주민들을 만나서 얘기도 많이 들어 봤고요.

○**임미애 위원** 그런데 말씀하신 대로 하려면 마을총회가 살아 있어야 그게 가능한 겁니다. 그런데 현장을 보시면 아시겠지만 마을총회의 기능을 제대로 갖추고 있는 마을들을 찾기가 그 숫자가 점점점 줄어들고 있습니다. 이런 문제는 어떻게 극복할 수 있을까요?

○**참고인 강마야** 없지만 있는 곳도 더 많습니다, 아직은. 지금 우리나라의 마을 이장이 있는 행정리 기준으로 한 3만 7000개 마을이 있다고 하는데요. 제가 볼 때 여기서 30%만 제대로 돌아가도 이제 직불제 사업을 할 수 있는 여건들이 있다고 봅니다. 우리가 안 되는 것만 보지 말고 되는 쪽을 오히려 발굴해서 더 확산시키고 그랬을 때 청년 농업인들이 들어가서 그 지역을 활성화시키는 그런 역할들을 더 하게끔 하면 이것들이 좀 더 어우러져 잘 되지 않을까 생각을 합니다.

(발언시간 초과로 마이크 중단)

··

(마이크 중단 이후 계속 발언한 부분)

○**임미애 위원** 차관님, 혹시 답변하실 거면……

○**농림축산식품부차관 박범수** 지금 쌀 재배면적 조정하는 걸 위원님 걱정하셨던 대로 저희가 무슨 전체 농가마다 일률적으로 10%를 줄여라 그렇게 하지를 않았고요.

○**임미애 위원** 아니, 그런데 시군에서는 그렇게 하고 있다니까요.

○**농림축산식품부차관 박범수** 그러니까 초기에 아마 시군에서 그렇게 오해를 했던 게 있었던 것 같은데 저희가 그렇게 하지를 않았고요. 그때 위원님들 이야기를 하셔서 유형도 저희들이 만들어서 줬고 지금 배수 개선이 됐든 저희들이 하고 있는 범용화 사업이 됐든 이런 기반 정비라는 사업들은 쌀 재배면적 줄이는 데 우리가 최우선의 지원을 해 주겠다 이렇게 했고 그게 부족하니까 지자체에서 가지고 있는 자체 예산도 좀 넣어 가지고 바꿀 수 있도록 해 달라 그렇게 했고, 거기에 필요한 기술 지원이나 이런 것도 기술센터나 진흥청을 통해서 저희들이 다 해 주겠다 이런 얘기들을 했고요.

다만 인센티브로 다 채울 수가 없기 때문에 일부는 휴경을 하는 게 불가피할 거다 저희들도 그렇게 생각을 하고 있습니다. 다만 제가 이게 가장 큰 인센티브가 무엇인가, 쌀 재배면적을 줄일 때. 이것은 재배면적을 그대로 유지하기 위해서 각 위원님 말씀하신 대로 테두리에 이렇게 기계가 못 가는 데까지 지금은 다 심고 있는데 굳이 그것을 비용을 들이고 인력을 들이고 또 볍씨까지 추가로 해 가지고 다 심어야 되느냐. 그 비용을 안들이고 줄이면 줄여서 생산량이 줄어들어서 내가 손해 보는 효과보다 가격이 올라서 이득 보는 효과가 훨씬 더 크다고 저희들은 생각을 하기 때문에 지자체하고 해 가지고 이렇게 무슨 일률적으로 줄이는 게 아니고 그러면 단지를 해 가지고 이렇게 줄이든지 아니면 여기를 조사료로 한다 그러면 축협하고 우리가 계약재배도 해 주고 파종비도 지원을 해 주겠다 이렇게 이렇게 해 가지고 지자체마다 시군별로 계획을 세워서 저희들한테 제출을 해 달라. 저희가 무슨 일률적으로 다 농가마다 얼마씩 줄여라 그렇게 안 할 테니 제발 좀 시군에서 계획을 세워 가지고 어느 필지에 어떻게 줄일지 그런 걸 계획을 좀 세워 달라 지금 그렇게 요구를 했고요. 그걸 지금 저희들이 받고 있는 상태입니다. 그래서 아마 이게 정리가 돼서 나오면 그걸 가지고 저희들이 보여 드리면 어느 정도가 정리되지 않을까 저는 그렇게 생각을 합니다.

○**임미애 위원** 이제 곧······

○**농림축산식품부차관 박범수** 파종 시기가 옵니다.

○**임미애 위원** 그렇지요.

○**농림축산식품부차관 박범수** 그래서 저희는 원래······

○**임미애 위원** 못자리 하기 전에 일단 마무리돼야 되는데요.

○**농림축산식품부차관 박범수** 원래 그래서 저희가 2월 말까지 달라고 했었는데 시군에서 조금 시간을 더 달라고 해서 모내기 하기 전까지는 저희들이 다 정리를 할 거고요. 거기에 필요한 지원 프로그램 이런 것까지 다 연계시켜서 그렇게 하는 계획을 지금 수립하고 있습니다, 지역별로 다.

○**임미애 위원** 예.

··

○**위원장 어기구** 여기에서 오주병 참고인 할 말 없습니까, 아직 정부가 지금 잘 준비하고 있다고 그러는데?

○**참고인 오주병** 지금 제가 알고 있기로 올해는 말씀하신 것처럼 지자체에서 대규모 농가를 통해서 그렇게 하는데 내년에는 의무화를 하겠다는 거거든요, 각 농가를. 그러면 아까와 같은 사태가 벌어질 수밖에 없습니다. 저는 지금 내년을 말씀드리는 거거든요.

처음에 올해 개인 농가를 의무화하려고 하다가 이게 지금 너무 늦게 시작했습니다. 농민들한테 공지된 게 채 두 달도 안 됩니다. 거의 불가능에 가깝거든요. 그러니까 어떤 이유에서였는지 모르지만 그 이후에 지금 보름 전인가요, 그때 다시 공지가 온 것이 올해는 면적을 지자체 단체장 그러니까 한 개인에게 떠넘기지 않고 지자체 단위로 면적을 그쪽에서 줄이는 면적을 만들겠다라고 했던 거고요.

문제는 내년입니다. 내년에는 공익지불금에 이것을 이제 반영하겠다는 것은 전체 농가보고 다 하라는 얘기거든요. 그런데 현재 현장에는 전혀 준비가 안 됐기 때문에 아마 심각한 문제가 내년에 제기될 것 같다고 생각합니다.

○위원장 어기구 차관님, 또 하실 말씀 계세요?

○농림축산식품부차관 박범수 그러니까 공익직불금 감액을 하지 않겠다, 올해는 우리가 그렇게 얘기를 했고요.

사실은 이렇습니다. 그러니까 면적을 줄여 가지고 전체적으로 같이 면적을 줄이면 농가가 전부 다 같이 이득을 볼 수 있다. 그것은 사실은 조금만 아는 사람이면 다 알 겁니다. 면적을 줄이면 생산량이 줄어들어 손해 보는 것보다 가격이 올라가서 내 수입이 더 늘어날 거다. 거기에 대해서는 아마 많은 사람들이 인정을 하실 겁니다. 원래 농산물이라는 게 그런 특성이 있기 때문에요.

그런데 그러면 알고 있는데 왜 농민들이 면적을 안 줄이느냐, 이것은 사실은 아시는 대로 죄수의 딜레마입니다. 나는 안 줄이고 다른 사람만 줄이면 나는 크게 이득을 보고 이 사람은 안 좋을 것이기 때문에 그래서 제가 말씀드리는 게 8만ha라는 것을 정하고 시도별로 나눈 걸 시군별로 나누고 그래서 어느 필지 어떻게 줄일지가 확정이 돼야 그래야 눈치를 안 보고 서로 같이 줄이는 걸 합의를 할 수가 있다. 그런데 이것을 이 많은 농가들 사이에서 그러면 알아서 자율적으로 다 줄이십시오, 이렇게 하게 되면 아무도 안 줄일 겁니다. 그렇게 되면 또 과잉 생산이 되고 가격은 또 떨어지고 또 정부가 추가 격리를 해야 되고 이런 상황이 계속 반복되니까 이런 상황이 반복되지 않게 하기 위해서 저희들이 목표를 정하고 이것을 배분을 한 겁니다. 그렇게 해 가지고 필지별로 어디를 줄이겠다 이런 게 정해지면 그다음부터는 같이 줄일 수가 있을 것이다. 저는 그렇게 생각을 합니다.

○위원장 어기구 악마는 디테일에 있다고 잘 준비해 주시기 바랍니다.

다음은 임호선 위원님 질의해 주시기 바랍니다.

○임호선 위원 충북 증평·진천·음성 임호선 위원입니다.

차관님, 사실 어제 '쌀 재배면적 감축, 왜 문제인가' 이것 가지고 우리 농민의길 또 여러 동료 위원님들하고 현장 농민분들이 여기 간담회실을 꽉 채웠어요, 정말 입추의 여지없이 꽉 채웠는데. 3시간을 열띠게 말씀하셨거든요. 그분 정말 화나신 농민 한 분은요 '농림부 해체해야 된다' 하는 발언까지 현장에서 나왔습니다.

그런데 차관님 말씀하신 것 같이 그렇게 이상적이지가 않아요. 현장의 지금 돌아가는 분위기를 말씀드리는 게 아니라 상황을 말씀드리는 거예요. 현장 농민들이 예를 들어서 지금 내가 이렇게 벼 재배면적 감축을 하는데 내가 모판을 '한두 판 또 덜 심으면 되겠네, 세 판 덜 심으면 되겠네'가 아니에요. 읍면동 직원들에게 이게 재배면적 감축량이 할당이 돼 가지고 지금 현장에서 계속 싸움이 일어나고 있는 거예요. 그 현장을 보셔야 된다는 말씀을 드리고요. 적어도 제가 이렇게 예를 들어서 열 마지기가 있는데 그러면 내가 열 마지기 논에 이번에 아홉 마지기만 짓고 그냥 주변에 덜 심는 것 이것 감축······ 지자체에서 그렇게 이 사람이 심기로 했으니까 여기 감축관리시스템에 그것 입력해 가지고 이 사람이 덜 심기로 했으니까 감축면적으로 인정해 줍니까?

○**농림축산식품부차관 박범수** 예.

○**농림축산식품부장관 송미령** 그렇지요.

○**임호선 위원** 인정해 주는 거예요?

○**농림축산식품부차관 박범수** 예.

○**농림축산식품부장관 송미령** 예.

○**임호선 위원** 그럼 확실하게 그렇게 지침 내려 주십시오, 현장에서.

○**농림축산식품부차관 박범수** 예, 그렇게 내렸습니다. 테두리 휴경도 하나의 사례로 저희들이 보냈습니다.

○**임호선 위원** 그러니까. 그런데 현장에 지금 그 혼선이 엄청 빚어지고 있다······ 거기 공무원 노조분들도 왔었거든요. 그런데 현장 읍면동 공무원들도 이 문제 때문에 엄청난 스트레스를 받고 있다는 거예요. 어제 현장의 목소리입니다. 제가 대신해서 전달 드려요.

　그리고 이 문제는 앞서 우리 강마야 위원님께서도 말씀하셨는데 지금 농지가 아시다시피 150만ha 올해부터 무너지기 시작할 것이라는 우려의 말씀을 하셨는데 당장 이게 재배면적 감축면적의 8만ha잖아요. 그렇지요?

○**농림축산식품부차관 박범수** 예.

○**임호선 위원** 그러면 이미 무너지는 거잖아요, 올해.

○**농림축산식품부차관 박범수** 8만ha를 줄이는 게 농지에서 빠지는 게 아니고요. 타 작목을 심든지 아니면 휴경을 하든지 하는 것이기 때문에 언제든지 다시 필요하다면······

○**임호선 위원** 복원할 수 있다?

○**농림축산식품부차관 박범수** 예, 그렇습니다.

○**임호선 위원** 그러니까 벼농사로 복원할 수 있는······

○**농림축산식품부차관 박범수** 언제든지 할 수가 있는 그런 방식입니다.

○**임호선 위원** 그렇게 보신다는 말씀이시지요?

○**농림축산식품부차관 박범수** 예.

○**임호선 위원** 그러면 식량자급률 관련해서 말씀드릴게요. 밀을 29년도까지 10%, 콩을 33.6%에서 50%까지 식량자급률 확대하는데 이렇게 되면 밀 재배면적과 콩 재배면적이 계산이 나오지요.

○**농림축산식품부차관 박범수** 예, 늘어나는 걸로······

○**임호선 위원** 그러면 얼마 정도로······

○**농림축산식품부차관 박범수** 제가 지금 숫자는 가지고 있지 않은데······

○**임호선 위원** 제가 왜 이 말씀을 드리냐 하면 앞서 존경하는 윤준병 위원님께서도 말씀하셨습니다만 지금 5개년 계획이라고 하면 연도별 기본계획이 들어와야 되잖아요, 연도별. 예를 들어서 밀을 2%에서 10%로 콩을 33.6%에서 50%로 자급률을 달성하려면 선택형 공익직불제를 통해서 지금 방금 말씀하신 전략작물 재배가 이렇게 이루어질 것이다. 그렇지요?

○**농림축산식품부차관 박범수** 예.

○**임호선 위원** 그러면 재배면적뿐만 아니라 직불금 예산 변동이 이렇게 갈 것이다 하는 것들이 눈에 보이잖아요, 손에 잡힐 수 있고. 그런데 계획에는 하나도 안 나타나요, 그런 부분들. 아니, 눈에 보이고 손에 잡힐 수 있는 부분들도 5개년 계획에 반영이 전혀 안 돼 있다. 제가 처음에 지난번에도 말씀드렸다시피 연차별 계획이 가능한 부분들은 연차별 계획을 잡아 달라는 말씀 드렸고.

또 앞서 연구위원님께서도 말씀하셨습니다만 신규 직불 발굴하는 부분에 있어서도 이게 예시만 이렇게 들어 놨어요. 29년도까지 예를 들어서 청년농 관련해서 직불제를 만약에 직불제를 통해서 청년농을 육성하겠다라고 하면 적어도 당장은 어려우면 청년농 관련해 가지고 자료조사는 몇 년 그리고 시범 운영은 몇 년 또 전체 확산을 몇 년 해서 적어도 29년 전에는 청년농에 대한 직불제가 시행될 거다, 안 될 거다라고 하는 것은 이 계획에 보여드릴 수 있는 그림이잖아요.

그런데 그런 노력들도 안 보인다, 안 했다? 이건 제가 볼 때도 여기 보면 무엇을 하겠다는 것도 정확히 그림이 잘 안 보일 뿐더러 어떻게 하겠다는 내용들은 더 없는 거지요. 그런 부분들에 대해서 지적을 했던 거고요. 사실 이 정도 가지고는 대선 공약집으로도 쓰기 어려운 정도다. 사실 이게 우리 농업 관련 공약에서 무척 중요한…… 아니, 예컨대 대선이 치러진다고 하면 이런 부분들에 대해서 우리 농민들에게 그림을 드려야 될 것 아니에요. 그렇지요? 그래서 그런 부분들에 대해서 부족하다는 말씀 드리고요.

참고로 어제 벼 재배면책 강제 감축에 대해서 이런 현장의 목소리도 있었어요. 소작인을 두 번 죽이는 거다, 이 부분이. 벼 재배면적의 50% 이상을 비농업인 그러니까 사실은 소장농이시지요. 그런데 잘 아실 겁니다. 지금 농업경영체 등록 절차라든지 농지임대 수탁사업, 농지은행 있지요?

○**농림축산식품부차관 박범수** 예.

○**임호선 위원** 이 사업을 통해서 지금 임차인 선정 순위에서 과거 이런 식으로 농사짓던 분들 있잖아요, 그냥 임대차계약을 통해. 지금은 이분들이 여기 임차인 선정 우선순위에서 엄청 밀리는 거 아시지요? 사실상 사인 간의 임대차계약이 어려워지니까 이분들이 지금 엄청 이번 정부에서 추진하는 이 감축이 그냥 벼 재배면적의 문제가 아니라 임대차 문제까지도 같이 이어져 있는 거예요. 그래서 농어촌공사하고 농림부하고 현장의 목소리를 다시 한번 짚어 주시길 부탁드리겠습니다. 이게 엄청 중요한 문제라는 말씀 드리고요.

특히 농지임대 수탁사업 같은 경우에 소작하시는 분들 그러니까 그분들은 아주 대규모로 하시는, 어제 이천에서 오신 분 여기 자료 외에 현장에서 말씀하신 내용이 있거든요. 그래서 참고하셔 가지고 어제 농림부에서도 오셨었으니까 현장의 목소리 좀 한번 직접 들어 주시면 감사하겠습니다.

○**농림축산식품부차관 박범수** 예, 잘 챙겨 보겠습니다.

○**위원장 어기구** 잘 챙겨 보시기 바랍니다.

다음은 주철현 위원님 질의해 주시기 바랍니다.

○**주철현 위원** 장관님 이하 여러분들 고생이 많으신데 저도 직불제 기본계획에 앞서서 현안질의 좀 하고 다시 하도록 하겠습니다.

앞에서 몇 분 위원님들께서 질의가 있었는데 지난주 화요일 4일 날 10시에 국무회의에 앞서서 9시부터 1시간 정도 국무위원 간담회가 비공개로 열렸다고 그러는데 장관님께서 참석하신 거지요?

○**농림축산식품부장관 송미령** 예, 간담회에 참석했습니다.

○**주철현 위원** 당시 간담회에서 마은혁 헌재 재판관후보자 임명에 관한 논의가 있었고 국무위원들이 숙고해야 한다는 의견을 모았다면서 최 대행이 마 후보자 임명을 또 다시 보류를 했습니다. 숙고해야 한다고 의견을 모았다면 우리 장관님께서도 마 후보자 임명을 보류해야 한다고 건의를 했습니까 아니면 뭐라고 말씀하셨습니까?

○**농림축산식품부장관 송미령** 저는 아까도 말씀드린 것처럼 헌법재판소의 결정을 존중해야 된다고 말씀을 드렸고요.

○**주철현 위원** 그렇게 발언을 하셨습니까?

○**농림축산식품부장관 송미령** 예, 그 발언을 했고요. 그렇지만 어디까지나 대행이 판단해야 될 문제라서 여러 상황을 고려하셔서 숙고하셔서 결정하시라 이렇게 말씀드렸습니다.

○**주철현 위원** 당시에 참석했던 국무위원들께서 다 발언하신 모양이지요, 돌아가면서?

○**농림축산식품부장관 송미령** 예, 대체로 발언하셨습니다.

○**주철현 위원** 해수부장관은 뭐라고 발언하셨습니까?

○**농림축산식품부장관 송미령** 해수부장관은 그 자리에 참석하지 않았습니다.

○**주철현 위원** 그러면 장관께서는 헌재 결정을 존중해야 한다, 따라야 한다 말씀을 하셨다면 정부 발표가 잘못된 거네요? 마치 국무위원들이 전부 다 입을 모아서 숙고해야 한다 이렇게 말했다고 발표를 했는데……

○**농림축산식품부장관 송미령** 그러니까 그 임명 시기에 대해서는 대행께서 숙고하셔서 결정하시라 이렇게 말씀을 하신 거지요. 아무도 헌재 판결에 대해서 의문을 제기하시는 분은 없었습니다.

○**주철현 위원** 그런데 헌재 결정은 따르되 임명 시기는 마음대로 해라 이런 취지로 말씀하셨다고요?

○**농림축산식품부장관 송미령** 여러 상황을 고려하시는 게 좋겠다라는 취지입니다.

○**주철현 위원** 그런데 헌재 결정을, 국회에서 후보자 결의를 작년 12월 26일 날 하셨어요. 그러면 벌써 1월, 2월 두 달이 지나고 지금 석 달 다 돼 가는데, 이게 결국은 시기의 문제 아닙니까? 시기의 문제고 해야 되느냐 안 해야 되느냐 이런 문제인데, 공무원이 직무상·헌법상·법률상 의무가 있는데 이것을 바로 하지 않고 1년 뒤에 하면 문제가 안 됩니까? 그것 문제 되잖아요. 시기의 문제인데 시기를 마음대로 하라는 것은 결국 헌재 결정 따르지 말고 대행 마음대로 하라 이렇게 말씀하신 것이나 마찬가지네요?

○**농림축산식품부장관 송미령** 그런 뜻은 아닙니다, 위원님.

○**주철현 위원** 아시겠지마는 결국 우리 헌법 규정이 헌법재판관들은 대통령이 세 분 또 국회가 추천하는 3명, 대법원장이 추천하는 3명을 임명하게 돼 있어요, 대통령이 임명은 하지만. 국회 추천 몫은 국회가 그냥 추천 의결하게 되면 대통령은 기계적으로 임명하게 돼 있어요. 이것이 모든 헌법학자들이나 판례도 그렇고 대부분 그래서 당연히 그럴 줄 알았는데 마치 다른 이론이 있는 것처럼 우기면서 거의 두 달 이상을 미뤘잖아요.

그런데 헌재가 '잘못됐다. 바로 임명해야 된다' 이렇게 말씀을 했어요. 정확히 말하면

'국회의 재판관 선출권은 독자적이고 실질적인 것이고 대통령은 국회가 재판관으로 선출한 사람의 임명을 임의로 거부하거나 선별하여 임명할 수 없다', 명확하게 판시했어요. 그러니까 헌재가 선택의 여지가 없다고, 우리나라 대법원과 동급상에 있는, 어떤 면에서는 대법원의 상위에 있는 헌법재판소가 결정을 했는데 대통령이든 그 권한대행이든 어떻게 마음대로 임명을 또 다시 심사숙고하고 시간을 연장한단 말이에요. 이게 도대체 어디에서 나온 사고 발상이에요?

장관님, 나는 이해가 안 됩니다. 최상목 권한대행이든 장관님이든 다 헌법과 법률에 따라서 권한이 주어지고 임명돼서 활동하고 있는 것 아닙니까? 그런데 왜 이 부분 헌법은 안 지키고 그러세요?

○농림축산식품부장관 송미령 아마 제 생각에는 권한대행께서 충분히 고려하셔서 판단하실 것이라고 생각하고 있습니다.

○주철현 위원 그게 말이 됩니까? 두 달 이상 고려했고 온갖 핑계 다 대면서, 임명하려면 세 분 다 임명을 해야지 어떻게 본인이 선별해서 두 사람은 임명하고 나머지 한 명은 또 임명을 안 해요. 한 번도 임명 안 했으면 논리가 수미일관해요. 두 명 선택 기준도 도대체 뭐예요? 그것도 없어요. 엿장수 마음대로, 본인이 선별해서 두 명 임명하고 한 명은 내버려두고, 헌재 결정이 있어도 또 미루고 있고. 이것은 공직자가 헌법을 정면으로 위반하는 것이고 최고법원의 결정을 지금 안 지키는 거잖아요. 이게 뭐냐 그러면 바로 직무유기거든요.

법제처장하고 법무부차관이 법적인 해석에 관해서 설명했다고 당시에 언론에 브리핑이 됐는데 어떻습니까? 그들이 헌법재판소 결정 거부해도 된다고 그렇게 설명했습니까? 어떻게 설명했습니까?

○농림축산식품부장관 송미령 그렇지 않습니다.

○주철현 위원 그러면 뭐라고 하시던가요?

○농림축산식품부장관 송미령 그것은 제가 일일이 기억을 하지는 못합니다.

○주철현 위원 언론 보도에 따르면, 이완규 법제처장이 국무위원도 아니에요, 이분은. '한덕수 총리 탄핵심판 결과가 조만간 나올 가능성이 크니 마은혁 후보자 임명을 미뤄야 한다' 이렇게 했다는데 맞습니까?

○농림축산식품부장관 송미령 그것은 잘 기억하지 못합니다.

○주철현 위원 기억하지 않아요? 언론에 나왔는데도 기억이 안 됩니까?

○농림축산식품부장관 송미령 잘 모르겠습니다.

○주철현 위원 김석우 법무부차관은 뭐라고 했어요?

○농림축산식품부장관 송미령 누가 무엇을 말했는지는 잘 기억하지 못하겠습니다.

○주철현 위원 이렇게 되면, 형법상 분명히 의무인데 안 하게 되면 형법상 직무유기죄 성립하는데 이 처벌은 어떻게 된다고 하던가요? 그냥 직무유기죄 처벌 받으라고 하던가요, 걱정 말라고 하던가요?

○농림축산식품부장관 송미령 그런 이야기는 없었습니다.

○주철현 위원 직무유기죄가 1년 이하의 징역이나 금고, 형이 가벼우니까 살아 봐야 1년밖에 안 살고 실제 1년 이하 법정형이면 실형 선고가 없다 이렇게 설명했습니까? 뭐라고 하던가요, 이 부분이 제일 핵심일 것 같은데?

○**농림축산식품부장관 송미령** 그런 이야기는 기억하지 못합니다.

○**주철현 위원** 이건 결국은 최상목 권한대행이 본인 책임으로 결정해야 될 일을 국무위원들에게 공범으로 함께 가자고 미룬 거거든요. 그렇지 않습니까? 핑계를 대면서. 그런데 국무위원들께서 거기에 맞장구치면서 좋다, 마음대로 해라 이렇게 힘을 실어 준 것 아니에요. 이게 딱 공범이에요.

위원장님, 1분만 더 쓰겠습니다.

○**위원장 어기구** 예, 1분 더 주십시오.

마무리하십시오.

○**주철현 위원** 대한민국이 아무리 대통령이 지금 권한을 정지 당하고 구속돼 있다고 하더라도 헌법과 법률은 지켜져야 될 것 아닙니까. 도대체 이런 나라가 어디 있어요. 이런 개판인 나라가 어디가 있습니까, 말이 됩니까?

장관님, 그때 제가 말씀드렸잖아요. 이렇게 헌법과 법률을 안 지키는 내각에 왜 계세요. 사퇴하세요, 사직하고. 뒷감당 어떻게 하시려고 그러세요. 참으로 걱정돼서 제가 못 살겠어요.

상설특검 후보 추천도 마찬가지예요. 작년 12월 10일 날 상설특검 본회의 의결됐으면 대통령은 지체 없이 특검 후보 추천을 의뢰해야 돼요. 법에 나와 있어요. 그런데 이것도 지금 3개월 넘게 안 하고 계세요. 나는 무슨 배짱인지 모르겠어요.

다음에 하도록 하겠습니다.

○**위원장 어기구** 수고하셨습니다.

다음은 전종덕 위원님 질의해 주시기 바랍니다.

○**전종덕 위원** 장관님, 계획이 계획으로 끝나지 않으려면 예산이 수반돼야 되고 그리고 현실 가능한 세부계획이 있어야겠지요. 그렇지요? 그래서 몇 가지 확인하겠습니다.

제출한 내용 보면 29년까지 공익직불금을 농가당 350만 원으로 상향하겠다고 제출했습니다. 그래서 이것을 24년 기준으로 보면 한 128만 가구 되니까 29년까지 350만 원으로 상향하려면 4조 5000억이 들어요. 원래 27년까지 5조를 달성하겠다 하셨지 않습니까? 그러면 27년까지 목표는 얼마인가요?

○**농림축산식품부장관 송미령** 27년까지는 저희가 농업직불금 예산을 5조까지 하겠다라는 생각이고요.

○**전종덕 위원** 그러니까요. 아직 목표는 없습니까? 27년까지 목표가, 27년까지 5조 달성을 하겠다는 거예요?

○**농림축산식품부장관 송미령** 예, 27년까지.

○**전종덕 위원** 그런데 29년까지 350만 원 수준으로 올리면 그 돈이 4조 5000억이 든다고요. 29년까지 4조 5000억이면 27년까지 5조하고 안 맞잖아요.

○**농림축산식품부장관 송미령** 아니, 공익직불만 그런 거고요. 농업직불금을 하게 되면……

○**전종덕 위원** 그렇지요. 그래서 제가 그 질문을 하려고 하는데 지금 3조잖아요, 2조 9000억?

○**농림축산식품부장관 송미령** 올해 예산이 3조 4000억이고요.

○**전종덕 위원** 그렇지요. 그러니까 지금까지 2조 9000억 정도 됐잖아요. 그러면 매년

3750억씩 증원을 해야 돼요. 그리고 이 기준대로 하면 27년 되면 3조 7000억 정도 돼요. 그러면 27년까지 5조를 채우려면 1조 2200억 정도가 남잖아요. 그러면 그건 어디에서 쓸 거예요?

○**농림축산식품부장관 송미령** 그게 공익직불금이 있고요, 위원님. 예를 들면 수입안정보험이라든지 그다음 청년 영농정착 지원 그다음에 농지이양 은퇴직불 등등이 있지 않습니까?

○**전종덕 위원** 5조 직불금이 나왔을 때 저는 그때도 이 지적을 했습니다마는 아랫돌 빼서 윗돌 괸다. 다 수입안정보험, 채소 안정보장보험 예산 깎아서 수입안정보장으로 채우고, 직불금 5조 중에서 그것 맞추려고 이 돈 빼다 저 돈 넣고 이렇게 해서 5조를 맞춘다, 이렇게 하면 안 된다 그런 얘기를 제가 드렸습니다.

마찬가지로 저는 정책이 이렇게 되면 안 될 것 같아요. 이 사업은 이 사업에 맞게 정확하게, 정직하고 투명하게 계획을 세우고 그리고 나중에 평가받아야지 이렇게 하는 방식은 좀 문제가 있다고 보거든요. 그래서 또 문제 지적을 드립니다. 5조 원 관련해서 27년까지 세부 예산 집행내역을 준비하서 가지고 제출 좀 해 주십시오.

그리고 또 하나 지적드리면, 제가 지난번에도 그 얘기를 드렸어요. 식량자급률 55.5% 가 27년까지 계획이었다, 그런데 전체적으로 29년까지 늦어지면서, 연장이 되면서 식량자급률도 그러면 29년까지 연장하겠다는 거냐 이렇게 물었더니 이번에 삭제를 해 버렸어요. 그랬더라고요. 제가 식량자급률에 대해서 그 질문을 했던 것은 27년에서 29년까지 연장하는 것을 묻는 게 아니라 식량자급률에 대한 구체적인 계획과 이행목표를 제시해라, 그것 없이 왜 이렇게 무조건 재배면적 감축이라든지 농지 완화라든지, 식량 안보에 대한 대책 없이 왜 이렇게 자꾸 축소하는 방향으로 정책을 펴느냐에 대한 문제 제기였어요. 그런데 그 답변은 안 하시고 식량자급률을 삭제해 버리고 식량자급률 목표 달성에 대한 계획은 여전히 없습니다. 그래서 식량자급률 목표 달성에 대한 구체적인 계획을 제출해 주셔야 돼요. 제가 보니까 지금 딱 8만ha 줄이면 41만t 수입물량하고 똑같잖아요. 그것 믿고 계시는 건지……

일단 공익직불제에서 식량자급률을 말하는 것은 공익직불제 대부분의 예산의 쓰임새가 식량을 위해서 하는 거잖아요. 그러면 식량 안보가, 식량 주권 문제가 가장 최우선에 있어야 될 문제 아니겠습니까? 그래서 중요한 문제지요. 이에 대한 대비 없이, 이에 대한 계획 없이 무조건 5조를 세운다는 것도 비현실적이고 그리고 지금 추진하고 있는 면적 감축이라든지 이런 내용들이 맞지 않다라는 겁니다.

그리고 통계나 이런 것도 자꾸 문제 제기를 했었는데요. 농림부 통계를 솔직히 믿을 수가 없어요. 그래서 식량자급률 목표하고, 제가 농지 설명은 들었어요. 농지도 이렇게 완화해 가지고, 농업 포기하겠다는 거예요. 저는 이렇게 계속 정책을 펴는 것에 대해서 잘못됐다고 생각하고 철회해야 된다고 봅니다. 그래서 식량자급률 목표 이행과 농지 확보 목표 이행계획 있잖아요. 그것 제출해 주세요. 저희가 계속 요청하는데 지금 제출 안 되고 있거든요. 그래서 계획 좀 해 주시고, 자꾸 이렇게 안 하셨으면 좋겠어요.

그리고 또 하나 질문드리면 청년농 신규 직불금 도입하잖아요. 청년농 관련해서 신규 직불 예시로 제출한 자료 보니까 농업인력의 세대 전환 촉진하고 청년농의 안정적 정착을 위해서 하는데 기존 영농 정착 지원사업을 보완하거나 대체하는 방식으로 하겠다 이렇게 제출이 됐어요. 저희가 계산을 딱 해 보니까 EU 기준으로 제시해서 전체 직불금 지급액의 3% 내에서 운영하겠다, 이렇게 보면 공익직불금이 지금 3조 원 정도 되니까, 3조 4000억 된다고 하셨잖아요. 그러면 한 1000억 정도 돼요. 그런데 지금 영농정착지원금이 약 957억 정도 집행을 했더라고요. 그러면 비슷한 금액이잖아요. 그러면 이것을 빼 갖고, 또 이것도 아랫돌 빼서 윗돌 괴겠다는 식인지, 이 돈을 빼서 어떤 형태로 대체를 하겠다는 건지, 그러면 결국은 청년농을 위한 직불금이 특별히 증액되는 예산이 없는 꼴이 되는 거거든요. 그래서 이것도 어떻게 하시겠다는 건지 도저히 알 수가 없어 가지고, 정말 청년농을 육성하겠다고 하면 제대로 예산…… 이것 갖다 다른 데 쓰지 마시고 제대로 예산 배정해서 육성자금뿐만 아니라 실제로 정착할 수 있도록 컨설팅해 주고 지원해 줘야 되잖아요. 저는 그런 비용으로 써야 된다고 봅니다. 그렇게 쓸 수 있도록 해 주면 좋겠고요.

○**농림축산식품부장관 송미령** 예.

○**전종덕 위원** 제가 마지막으로, 시간이 없어 가지고.

임호선 위원님께서 쌀 재배면적 관련해서 어제 우리 농민들의 마음을 전달했습니다. 그 마음은 제가 더 잘 알고요. 지금 계속 주장하지만 이렇게 강압적으로 식량자급률에 대한 대책 없는 재배면적 감축 안 된다, 저는 철회해야 된다 계속 요구를 하고 있습니다. 그런데 어제 굉장히 의미 있는 말씀이 있었어요.

저도 1분만 더 주십시오.

일본 있잖아요. 일본의 농민단체의 간부님께서 발제를 하셨는데 일본이 쌀을 우리하고 똑같이 줄였지 않습니까? 지금 우리가 일본의 전철을 밟아 가고 있는 거잖아요. 그런데 일본의 쌀 폭동 사태가 났던 여러 가지 원인을 이야기하면서 정부가 수요·공급, 쌀값 안정에 대한 책임을 지지 않고 시장 메커니즘에 맡긴 것이 문제다.

두 번째, 재배면적을 줄이고 수요를 조금 초과하는 생산을 장려하는 정책으로 작은 충격에도 쌀 부족이나 급격한 가격 변동을 초래할 수 있는 상황을 만든 정부정책 실패다, 이것이 쌀값 폭등으로 인해서 마트에 진열돼 있는 쌀조차 연금수급자, 그러니까 저소득층이나 빈곤층은 접근할 수 없는 사치품이 돼 버렸다, 이게 지금 일본의 현실이다, 이런 현실을 잘 봐야 된다라는……

(발언시간 초과로 마이크 중단)

．．．

(마이크 중단 이후 계속 발언한 부분)

그런 시사점을 주셨어요.

그런데 일본의 사례를 반면교사 삼아서 우리도 이런 사례를 당하지 않도록 저는 대책이 세워져야 된다고 하는데 지금 아무런 대책 없이 계속 감축하는 데만 굉장히 집중하고 계시거든요. 그래서 지금 농림부에서 일본 사례를 어떻게 분석을 했는지 좀 궁금해요. 어떻게 하고 계시는지 그리고 계속 쌀 재배면적 감축을 추진하실 것인지 관련해서 의견 주시기 바랍니다.

○**농림축산식품부장관 송미령** 위원님 말씀 잘 들었습니다.

위원님이 첫 번째 말씀하신 우리 식량자급률 목표치 같은 경우에 삭제한 이유는 아까 제가 처음에 발제드리면서도 이야기를 했는데요. 이게 우리 농업·농촌 및 식품산업 발전

계획 수립 주기에 맞춰서 27년에 55.5%로 설정이 돼 있었던 거라 지금 이 공익직불제 기본계획은 2029년이라서 물리적으로 그냥 2년 연장하면 되지 이렇게 계산해서는 안 될 것이다라는 게 하나 있었고요.

또 하나는 공익직불제 하나만으로 우리 식량자급률을 달성하는 것은 아니지 않습니까? 그래서 공익직불제 기본계획에 굳이 그렇게 무리해서 자급률 목표를 넣을 필요가 없겠다라는 뜻에서 그렇게 된 거고요.

○전종덕 위원 그래서 제가 주라고 했잖아요. 주세요, 자료. 27년까지 목표 주세요.

○농림축산식품부장관 송미령 예.

그다음에 농업직불제 관련 예산에서 청년 이야기를 하셨는데요. 지금 청년 영농 정착 지원 예산 같은 경우에는 25년 예산에 반영된 게 1136억 원입니다. 그래서 작년도 957억 원 대비 증가가 된 거고요. 이 기본계획 안에서 EU 사례를 제시한 것은 EU의 경우에는 이런 방식으로 한다라는 제시인 것이지 우리가 이대로 하겠다라는 의미가 아닙니다. 그래서 지금 우리가 하고 있는 청년 영농 지원 사업을, 앞으로 이런 방식을 보완할 것인지 아니면 다른 방식으로 이행할 것인지를 논의하겠다라는 그런 의미로 담아 놓은 것이고요.

그다음에 벼 재배면적 감축에서는 앞에서도 여러 분들이 말씀을 하셨지만 저희는 이게 쌀 가격 안정 이것하고도 맞닿아 있다고 생각을 합니다. 그래서 그 부분을 고려해 주시면 좋겠고 쌀을 줄인다고 해서 이게 식량자급률하고 바로 연동되는 게 아니라 쌀을 다른 식량 작물로 또 연계를 할 수 있기 때문에요, 그 부분도 고려를 같이 해 주셔야 될 것 같고.

일본의 작년 쌀 부족 사태 같은 경우에는 우리하고 약간 다른 점이 있습니다. 일본도 같은 방식으로는 할 수 있는데 저희는 지금 사실은 우리가 가지고 있는 정부 쌀들이 상당히 많이 있습니다. 그래서 만약에 일본과 같은 사태가 난다 하더라도 우리는 그런 위험을 가질 정도는 아니다 이렇게 이해를 해 주셨으면 좋겠습니다.

○임미애 위원 아니, 그러니까 질문은 원인이 뭔지를 물어보고 어떻게 보고 있는지를 물어보는 거였어요.

○전종덕 위원 저는 인식을 물어본 거였어요. 그런데 인식이 정말 답답합니다.

....

○위원장 어기구 정리해 주시고요.

다음은……

○임미애 위원 저 자료 요청할 게…… 질의 안 끝났나요?

○전종덕 위원 아니요, 저는 시간이 다 됐어요.

○위원장 어기구 자료 요청이요?

○임미애 위원 아니요, 그게 아니고 질의가 아직 다 안 끝났네요.

○위원장 어기구 예, 그럼요. 아직도 남았어요.

○임미애 위원 그러네요. 죄송합니다. 다 끝난 줄 알았어요.

○위원장 어기구 다음은 문금주 위원님 질의하시겠습니다.

○문금주 위원 문금주입니다.

시작하겠습니다.

(영상자료를 보며)

　장관님, 공익직접지불제도에 관한 기본계획은 농업농촌공익직불법 제4조에 근거한 법정 계획이지요?

○**농림축산식품부장관 송미령**　예, 그렇습니다, 위원님.

○**문금주 위원**　그리고 또 23조에 따라서 공익직불제 운영 심의위원회의 심의를 거쳐서 기본계획안을 국회에 제출하도록 하고 있고요.

○**농림축산식품부장관 송미령**　예.

○**문금주 위원**　또 공익직불법 23조에 보면 심의위원회는 다음 각호의 사항을 심의하도록 돼 있어요. 거기 3호에 보면 재정 지원에 관한 심의를 하도록 돼 있습니다.

　여러 존경하는 선배·동료 위원님들께서 말씀을 주셨습니다만 기본계획에는 당연히 구체적인 재원 계획이 들어가야 돼요. 그리고 연차별·연도별 시행계획까지도 포함이 되어야 된다고 봅니다. 이것 정책보고서는 아니잖아요.

○**농림축산식품부장관 송미령**　그렇습니다.

○**문금주 위원**　기본계획이잖아요.

○**농림축산식품부장관 송미령**　예, 기본계획입니다.

○**문금주 위원**　여러분들이, 연구원하고 농림부하고 다른 점은 거기에서 차이가 나는 거예요. 이게 단순한 정책보고서냐, 기본계획이냐 하는 것은 여러분들께서 그런 구체적인 재원조달계획, 재원계획 또 연도별 시행계획이 들어가야 되는데 그게 빠졌다는 거지요. 심의위원회 당연직 위원에 기재부차관이 들어가는 이유가 다 그것 때문에 그런 것 아닙니까?

　그래서 제가 다른 기본계획도 그렇게 돼 있는지 한번 봤어요. 존경하는 윤준병 위원님도 말씀 주셨습니다만 밀산업 육성 기본계획을 한번 볼게요. 20년 11월, 이것도 5년 단위의 법정 계획 맞지요?

○**농림축산식품부장관 송미령**　예.

○**문금주 위원**　여기에 자세한 14개 중점 추진과제, 하여튼 형식은 비슷해요.

　그런데 다음 화면 보시면 여기에는 실행력을 높이기 위해서 주요 내용별로 연도별 시행계획하고 재원조달계획이 포함되어 있어요. 확인하셨지요?

○**농림축산식품부장관 송미령**　예.

○**문금주 위원**　또 신규 과제에 대해서도 마찬가지라는 거지요.

　그리고 지난번에 존경하는 윤준병 위원님도 했고 본 위원도 그렇게 얘기를 했는데, 다음에 보완하실 때는 구체적인 재정계획, 연도별 시행계획을 수립해서 보완을 해 달라고 얘기를 한 거거든요. 그런데 그게 지금 빠져 있다고 하는 것은, 그 빠져 있는 것에 대해서 구체적인 얘기도 지금 없고. 아까 차관님이 이상한 얘기를 하던데 이해를 못 하겠어요. 이건 그냥 단순한 정책보고서가 아니기 때문에 반드시 그게 포함이 되어야 된다라는 말씀을 저는 드리고.

　보완하시겠어요, 어쩌시겠어요?

○**농림축산식품부장관 송미령**　저희들이 보완하려고 애를 썼습니다, 위원님.

○**문금주 위원**　기재부를 설득을 해서라도……

○**농림축산식품부장관 송미령**　아까도 설명드린 것처럼……

○**문금주 위원** 연차별 기본계획…… 계획이잖아요, 계획.

○**농림축산식품부장관 송미령** 그런데 계획이어도 사실 그냥 저희 마음대로 적어 넣을 수는 없는 것이고요.

○**문금주 위원** 설득을 해야지. 기본계획에 재정계획하고 시행계획이 안 들어가면 이건 기본계획이 아니라 그냥 연구원에 우리가 용역 줘서 나오는 보고서하고 똑같은 것밖에 안 되는 거예요. 그러니까 여러 위원님들께서 구체성이 결여돼 있다고 지적을 하는 겁니다.

그리고 재배면적 조정에 관해서도 제가 잠깐 말씀을 드려 보면, 지난번 업무보고 때도 제가 지적을 했습니다만 여러분들은 강제 아니다, 바꿨다, 처음부터 강제가 아니었다고 또 말씀을 주셨고.

여기 자료에도 보면 32페이지의 공익직불제 기본계획안에도 지자체 중심의 자율적 재배면적 조정을 추진한다고 그랬고 내년에는 미이행 농업인 대상 페널티를 주겠다고 적시를 해 놨어요. 맞지요?

○**농림축산식품부장관 송미령** 예.

○**문금주 위원** 그런데 여기에 보면 지자체 중심의 자율적 재배면적 조정, 말이 좋아 자율적이지 여러분들이 지금 시도, 시군별로 다 할당을 해 줬잖아요. 저도 지자체에서 근무한 공직자 출신이지만 중앙부처에서 이렇게 할당을 해 주는 것은 자율이 아니에요. 강제지요, 강제. 그걸 맞추기 위해서 얼마나 고심을 하고…… 어제 농민단체에서 간담회도 했습니다만 그것 때문에 현장에 있는 공직자들은 엄청 스트레스를 받는 거거든요. 이렇게 말로 그냥 자율적, 여러분들한테는 자율적인지 몰라도……

그리고 아까 차관님이 설명을 주셨는데 시군 단위에 내려보내서 자율적으로 지금 받고 있다고 하는 건데 절차가 바뀌었어요, 순서가. 먼저 사전에 그런 부분들을, 너희들이 어느 정도 자율적으로 재배면적 감축을 할 수 있는지를 먼저 사전조사를 해서 8만ha를 정하든지 재배면적 감축 목표를 정해야 되는데 여러분들이 8만ha 감축 목표를 정해 놓고 내려보내니 이게 자율적이 되겠습니까? 시도 단위, 시군 가면 이건 강제가 되는 거예요.

그리고 지난번에 제가 업무보고 때도 요청한 내용인데요. 여러분들이 재배면적 조정을 할 수는 있어요. 할 수는 있는데 그 8만ha라는 구체적인 수치가 나오기 위해서는 거기에 따른 지침을 만들어서 산정을 해야 돼요. 그래야 예측 가능성이 있는 거고 설득을 할 수가 있는 거예요. 매년 쌀 초과생산량 정하듯이 나름 기준과 지침을 만들어 가지고 해야 된다는 걸 제가 다시 한번 요구하고.

그리고 재배면적 감축에 관련해서 여러분들이 사회·경제적 편익·비용, 편익 같은 것 효과 분석을 해 보셨어요?

○**농림축산식품부차관 박범수** 예, 저희들이 갖고 있습니다.

○**문금주 위원** 갖고 있어요?

○**농림축산식품부차관 박범수** 예.

○**문금주 위원** 제출해 보세요.

○**농림축산식품부차관 박범수** 예.

○**문금주 위원** 그런데 제가 봐서는 안 돼 있는 것 같아. 왜냐하면 여러분들은 단순히 쌀 생산량만 감소해서 쌀값 안정을 목표로 하고 있다고 말씀을 주셨는데……

○**농림축산식품부차관 박범수** 예, 그런 내용입니다.

○**문금주 위원** 8만ha가 감축이 되면요, 농기계 사용도 줄어들지요, 인력도 줄게 되지요, 여러 가지 농가 소득은 당연할 것이고 예를 들면 농사용 전기니, 농사용 기름도 감소가 될 것이고 이걸 사회 전체적으로 봐야 돼요, 어느 정도 경제적 효과가 나타날 건지. 거기에 따른 농가나 농업 소득은 어떻게 되는지, 느는지 주는지 이런 효과 분석을 해 놓고 여러분들이 설득을 해야지요, 현장을. 8만ha 정한 것부터 그 나름, 전체적으로 순서도 잘못됐고.

저도 1분만, 마무리하겠습니다.

전체적으로 8만ha 정하는 과정에 있어서 절차도 잘못됐고 순서도 잘못돼 있고 제대로 된 효과 분석 안 하고 단순하게 가장 쉬운 방법, 쌀 소비량을 늘리기 위한 여러 가지 다양한 정책 수단이 있음에도 불구하고 그런 것보다는 가장 쉬운, 단순하게 재배면적 감축하면 생산량이 줄 것 아니냐, 쌀값 올라갈 것 아니냐. 너무나 단순하게 여러분이 생각하고 접근한 것 아니냐, 농림부가 수준이 이 정도밖에 안 되느냐, 좀 안타까울 뿐입니다.

제가 말씀드린 내용 보완을 해 주세요.

○**농림축산식품부장관 송미령** 예, 위원님. 저희가 8만ha 감축하게 된 근거, 효과 이런 것들은 저희가 알고 있는 범위 내에서 위원님께 보고를 드리겠고요.

다만 저희가 쌀산업 구조 개선 방향 이야기를 하면서 이야기한 게 첫 번째가 재배면적 감축이지만 사실 두 번째는 고품질 쌀을 어떻게 더 늘릴 것이냐 그다음에 세 번째는 쌀 소비를 어떻게 확대할 것이냐 이렇게 세 가지 방향이 있습니다.

그런데 그중에서 재배면적 감축 하나만이 지금 부각이 됐는데 실은 저희가 위원님 말씀하신 대로 소비를 어떻게 늘릴까 그다음에 어떻게 고품질화할까 이런 것들을 종합적으로 고려했다라는 점을 이해해 주셨으면 좋겠습니다.

(발언시간 초과로 마이크 중단)

⋯⋯⋯⋯⋯⋯⋯⋯⋯⋯⋯⋯⋯⋯⋯⋯⋯⋯⋯⋯⋯⋯⋯⋯⋯⋯⋯⋯⋯⋯⋯⋯⋯⋯⋯⋯

(마이크 중단 이후 계속 발언한 부분)

○**문금주 위원** 그런 종합적인 것을 고려만 할 게 아니라 계획으로 여러분들이 보여 줘야 되고, 예를 들면 쌀 재배면적 감축도 영농형 태양광 사업을 하게 되면 전체적으로 한 15%인가 줄더라고요. 이런 것까지 종합적으로 다 해서 뭔가 이렇게 단계적으로 이루어져야지 그냥 8만ha 농림부가 마음대로, 그런 재량까지 여러분들한테 준 것 아니에요.

○**농림축산식품부장관 송미령** 하여튼 위원님 말씀 잘 알겠고요. 저희가 조금 더 추가 설명을 드리도록 하겠습니다.

○**위원장 어기구** 차관님, 하실 말씀 있으세요?

○**농림축산식품부차관 박범수** 제일 먼저 위원님들이 많이 지적하시는 게 재원계획이 없는 건데요. 저도 그 부분에 대해서 되게 아쉽게 생각합니다. 저희들도 충분히 노력은 했습니다만 저희가 거기까지 가지 못한 것에 대해서 참 죄송스럽게 생각은 합니다.

그런데 쌀 재배면적 조정은 강제냐 이렇게 말씀도 많이 하셨는데 사실은 이게 줄여서 농민들한테 더 도움이 된다고 생각을 하기 때문에 저희들이 줄이려고 하는 것이고요. 그 줄이는 과정에서 가급적이면 그런 문제가 안 생기도록⋯⋯ 아까 위원님 말씀하신 대로 테두리 휴경을 하게 되면, 이 정도로 하게 되면 얼마나 면적을 줄인 걸로 우리가 계산을 해 준다, 거기까지 지짐을 다 지자체에 내려보냈고요.

 8만ha 목표를 저희들이 세웠던 것도 사실은…… 아마 지난 정부로 생각을 하는데요, 그런 경험이 있습니다. 타작물 재배를 지난 정부에서 할 때, 저희가 기재부에 예산을 낼 때 5만ha를 줄여야 된다, 그래야 쌀값이 우리가 목표하는 정도로 올라갈 수 있다, 그런 분석 결과가 나왔고 그래서 5만ha를 기재부에 제출했는데 예산은 3만ha가 반영이 됐습니다. 그 3만ha를 줄이려고 그때도 그냥 위원님 말씀하신 것처럼 신청을 받아 가지고 해 보니 한 1만 5000ha나 1만 9000ha밖에 신청이 안 들어오는 겁니다. 그래서 실지로는 저희들이 목표 달성을 못 했고 그 해의 가격도 그만큼 저희들이 그만큼 달성을 못 했던 겁니다.

 그래서 이번에는 그런 실패를 반복하지 않기 위해서 가급적이면 저희들이 좀 더 목표를 정해 주고 그렇게 해서 유도해서 끌고 가 보자 그런 목표였던 겁니다.

○문금주 위원 그러니까 강제적이라는 말이 나오는 거잖아요. 강제적으로 하는 거잖아요, 지금.

○위원장 어기구 알겠습니다.

○농림축산식품부차관 박범수 그러니까 저희들이 그렇게 할 수 있도록 뭔가 지원하는 프로그램을 더 만든다는 것이고요. 강제로 안 한다는 얘기는, 저희가 그걸 안 하게 되면 직불금을 안 준다든지 저희들이 그렇게는 하지 않는다, 거기에 대해서 불이익을 주지는 않는다 이렇게 말씀을 드린 겁니다.

○위원장 어기구 장관님, 차관님, 아무리 좋은 정책이라도 현장에서 받아들이지 못하면, 현장 수용성이 없으면 어렵잖아요. 그런 차원에서 우리 위원님들께서 걱정을 많이 하시는 것 같으니까 잘 살펴봐 주시기 바랍니다.

○농림축산식품부차관 박범수 예, 그렇게 하겠습니다.

⋯⋯⋯⋯⋯⋯⋯⋯⋯⋯⋯⋯⋯⋯⋯⋯⋯⋯⋯⋯⋯⋯⋯⋯⋯⋯⋯⋯⋯⋯⋯⋯⋯⋯⋯⋯⋯⋯⋯

○위원장 어기구 다음은 문대림 위원님 질의해 주시기 바랍니다.

○문대림 위원 저도 최근 상황에 대해서 한마디 하고 지나가겠습니다.

 현재의 판결은 즉시 효력을 발생해야 하며 이를 지연하거나 정무적 판단의 대상으로 삼는 것은 매우 부적절한 행동이다. 그러니까 어쨌든 헌재의 판결을 정무적 대상으로 삼았다라는 것은 헌법질서와 법치주의의 근간을 뒤흔드는 그런 행동이라고 저는 생각합니다. 그 현장에 장관님이 계셨다. 이것에 대한 역사적 책임을 지셔야 할 것이다 생각합니다.

 그리고 오늘 주제와 관련해서 어쨌든 공익직불제 기본계획 수정안을 보면 지난해 12월 심의 당시에 국회에서 요구한 내용들이 거의 반영이 안 됐다 이런 말씀을 드리고 싶습니다. 본 계획안에서도 어쨌든 국회를 농정 파트너로 보고 있지 않다. 지금 이 자리도 기본계획 심의를 한다는 요식행위 정도로 생각하고 있지 않느냐 이런 유감스러운 느낌이 듭니다.

 특히 지난해에 저를 포함해서 여러 위원님들이 지적을 했었는데 기후위기와 농업환경 변화 문제를 제기했었지 않았습니까? 이 부분이 반영되지 않았습니다. 반영되지 않았고 물론 농업 분야 NDC 품목에 따라 가지고 2030년에 500만t 온실가스 감축목표 달성을 해야 되는데 당초 보고한 공익직불 기본계획에는 어떤 수치조차 게재가 안 됐었는데 이번에 올라왔습니다. 올라왔는데 아까 여러 위원님들이 지적을 했는데 어쨌든 재원조달계획, 연도별 실행계획이 없습니다. 그러니까 29년까지 264만t을 기재했습니다. 그런데 감축수단별 구체적인 계획들이 없다는 것이지요, 재정 추계도 빠져 있고.

아까 차관님께서 아쉽다라고 했는데 아쉬운 걸로 끝날 일이 아니다. 계획을 세워야 된다라고 저는 생각합니다. 4만 7000t에서 264만t이면 56배 정도 차이가 나는데 파격적인 목표치이지 않습니까? 파격적인 목표치에 대한 소요되는 지원액 또 최소 수십 배는 늘어날 것이다. 이것에 대한 추계를 안 해봤다 하는 것은 저는 이건 말장난에 불과하다고 생각하는데 차관님이 좀 답변해 보세요.

○농림축산식품부차관 박범수 비슷한 얘기인 것 같습니다, 재원계획도 마찬가지고요. 이것은 있습니다. 저희들이 식량자급률 목표치도 그랬고 이번에 탄소감축 목표치도 그랬고 이것은 공익직불 기본계획이기 때문에 그래서 저희가 거기에 목표치를 제시하지는 않았다 이렇게 말씀을 드리겠습니다.

○문대림 위원 글쎄요. 그리고 제가 보기에 그렇게 해서 넘어갈 일이 아니다라고 봐지고요. 어쨌든 그러면 농민들 입장에서 탄소저감 영농에 대해서 의욕을 갖고 접근하겠습니까? 정부 예산계획도 없고 실행계획도 없는데 정부의 목표치가 264만t이라고 해서 농민들이 따라가겠냐고요. 그렇지가 않거든요. 농민들도 다 봅니다. 재원계획도 보고 실행계획도 보고 그렇게 하지 농민들이 그렇게 우둔한지 아십니까? 그렇지 않거든요. 잘못 생각하고 계세요. 그래서 저는 반드시 계획 예산 추계를 해야 된다, 포함시켜야 된다 이런 지적을 드리고 싶고요.

그리고 어쨌든 아까 존경하는 이병진 위원님께서도 비슷한 얘기를 했었는데 저탄소 농업 프로그램은 이제 경축농업에 대해서만 지원하고 스마트팜 수경재배는 빠졌지 않았습니까? 아까 스마트팜 수경재배도 차관님이 말씀하신 대로 다른 재정사업을 검토 중인 겁니까?

○농림축산식품부차관 박범수 예, 저희들이 지금도 하고 있고요.

○문대림 위원 아니, 그러니까 우리나라가 세계 3위 수준인 농약과 비료 사용 국가이지 않습니까? 그런데 화학비료를 사용하지 않거나 최소화할 수 있는 수경재배에 대해서 저탄소 직불 지원을 하지 않는 것은 납득이 안 갑니다.

○농림축산식품부차관 박범수 그러니까 그걸 직불 방식으로 줄 거냐 다른 방식으로 줄 거냐를 검토하는 거지요.

○문대림 위원 그래서요 다른 재정사업이 뭔지 모르지만 그러면 그 다른 재정사업을 제출해 주시고요.

또한 44페이지에 보면 신규직불 예시로서 기후변화 적응 프로그램을 제시했지 않습니까? 여기 보면 과수농가가 기후변화에 따른 재배적지에 맞게 원활한 작목 전환 또는 품종 갱신할 수 있도록 지원하겠다라고 했지 않습니까?

○농림축산식품부차관 박범수 예.

○문대림 위원 왜 과수농가만이지요?

○농림축산식품부차관 박범수 예시로 든 거고요.

○문대림 위원 제주발 기후플레이션이라는 얘기 들어 봤지요?

○농림축산식품부차관 박범수 예.

○**문대림 위원** 그것은 사실 물론 여기에 귤, 만감류, 과수들이 생각나겠지만 실제로 월동채소가 기후위기에 따라 가지고 가격에 타격을 입어서 인플레가 초래되는 게 비일비재하거든요. 각종 학자들도 최근에 고려대학교 김덕파 교수라든가 이런 분들도 남부지방에서 특히 기후변화에 따른 농업소득 피해 효과가 뚜렷하게 나타나고 있다. 정책적 지원을 우선적으로 고려해야 된다라고 하고 있습니다. 그래서 과수뿐만 아니라 이 프로그램에 당연히 지역적 특성이 반영돼야 되고 월동채소도 들어가야 된다.

○**농림축산식품부차관 박범수** 그러니까 저희가 과수는 예시로 든 거고요. 다만 이런 건 있습니다. 단년생 채소류 경우에는 바로바로 작목 전환이 가능하니까 조금 봐줄 수는 있다.

○**문대림 위원** 수정하시겠습니까, 안 하시겠습니까?

○**농림축산식품부차관 박범수** '등'이라고 해 가지고 저희들이 반영할 수는 있습니다.

○**문대림 위원** 수정하십시오.

그리고 밭콩과 관련해서 있지 않습니까? 상대적 소외 거듭 내가 계속 말씀드리는데 농경연에서도 최근 지적하고 있습니다만 정부 지원 시책이 심각한 격차를 보이고 있다. 어디에? 논콩과 밭콩에. 이것도 인정하시겠지요?

○**농림축산식품부차관 박범수** 위원님, 그때 말씀하셔 가지고……

○**문대림 위원** 그래서 사실 지난번에 전문가 의견 수렴 얘기도 나왔고 용역 얘기도 나왔고 그런데 여기에 반영돼 있지 않아요. 그래서 사실 지나치게 차별적이다. 전략작물 식품과 관련해서 상당적으로 소외받는 부분 이것에 대해서 어쨌든 기본계획 안에 담아 내지 못할 일이 없을 텐데 계속 밭콩을 홀대하고 있다. 어디가? 농림부가. 기본계획에 반영시키겠습니까, 안 시키겠습니까?

○**농림축산식품부차관 박범수** 위원님 말씀하셔 가지고 밭콩에 대해서 제가 일단 분석을 해서 자료를 받아 봤고요. 지금 전략작목 직불에 밭콩을 넣는 것은 성격상 맞지는 않는 것 같고요. 지금 수지를 분석해서 밭콩에 대해서 어떤 방식으로 지원할 거냐 그것을 지금 검토를 시켜 놓은 상태입니다.

○**문대림 위원** 저도 조금만 더 하겠습니다.

쌀 농민이 가격지지 정책을 위해서 밭콩은 희생돼야 된다, 그게 아니면 논타작 말고 논콩 재배로 인해 가지고 사실 소득에 직접적인 피해를 입는 밭콩 농가들에 대한, 밭콩에 대한 대책이 나와야 될 것 아닙니까? 제가 몇 번 얘기하는 겁니까?

○**농림축산식품부차관 박범수** 그래서 지금 분석을 시켰고요. 제가 일단 받아 본 것은 지금까지 밭콩하고 논콩하고 논콩이 직불금을 받는다 하더라도 여전히 밭콩이 뭔가 수취 가격으로 봤을 때 킬로그램당 한 200원 정도는 더 많이 받고 있는 걸로 제가 자료를 받았는데요. 그 외에 그러면 밭콩에 대해서 상대적으로 손해 보는 게 있으니 여기에 대해서 어떤 식으로 지원할까 그 지원 프로그램을 한번 검토해 보자 이렇게 돼서 지금 진행을 하고 있습니다.

○**문대림 위원** 지금 논란이고 되고 있는 어떤 재배면적 8만t과 관련해서 논콩의 생산량이 증가하는 부분, 그에 대한 파급효과 이것도 분석을 해야 되지 않습니까?

○**농림축산식품부차관 박범수** 예. 그러니까 그걸 보니까……

(발언시간 초과로 마이크 중단)

(마이크 중단 이후 계속 발언한 부분)

○**문대림 위원** 내년에 결과가 나온 이후에 밭콩에 대해서 아무런 구제 조치도 못 받는 이런 상황이 오면 안 되겠지요. 어쨌든 저는 이번 기본계획에 밭콩을 포함시키는 게 답이다 이런 말씀 드리고 싶습니다.

○**농림축산식품부차관 박범수** 그러니까 위원님께서 말씀하신 대로 전략작목 직불이나 기본직불이나 이런 데에 이미 밭콩의 경우에도 밭직불을 받기 때문에 과거에 받았고 그래서 기본직불에는 포함돼 있는데 논에다 콩을 심을 경우에는 타 작목으로 전환하니까 거기에 대해서 저희들이 추가로도 지원을 하는 전략작목 직불을 하고 있습니다.

그런데 기본적으로 밭하고 논하고의 차이라는 게 있어서 과거에는 논을 훨씬 더 많이 줬었고 그 차이 때문에 밭직불을 조금 더 올렸었고요. 이런 상황이어서 밭콩에 대해서만 특별하게 더 직불에 넣어 가지고 하는 게 조금 어려운 점은 있어서 저희가……

○**문대림 위원** 갖고 온 대책이 뭐지요?

○**농림축산식품부차관 박범수** 그러니까 밭콩에 대해서 그러면 밭콩을 하는 사람들한테 뭔가 다른 쪽으로 지원하는 거예요. 직불금이 아니라 거기에 생산성을 향상시킬 수 있는 뭔가 다른 것들을 좀 지원해 주는 것 이런 것들을 저희들이 검토하고 있습니다.

○**위원장 어기구** 여기까지 하겠습니다.

다음은 서삼석 위원님 질의해 주시기 바랍니다.

○**서삼석 위원** 절기는 봄으로 치닫고 있는데 우리 농민들의 가슴에도 진정 봄이 오고 있을까라는 글을 생각해 보면서 제 욕심인데요, 장관님. 대한민국의 농민들의 봄은 적어도 최소한 농림부로부터 농림부장관의 생각으로부터 농림부 전 공직자와 장관의 의지에서 오지 않느냐 하는 그런 욕심으로 한번 부려 봅니다. 혹시 제 생각에 조금이라도 동의하시는가요? 웃고 했습니다마는 가슴 아픈 얘기입니다.

제가 말씀드리기 전에 여러 위원님들께서 공익직불제 관련 여러 얘기들을 하셨는데 제가 드릴 말씀도 크게 다르지는 않습니다.

직불제 역사가 얼마나 됐어요, 장관님?

○**농림축산식품부장관 송미령** 20년 정도 된 것 같습니다. 15년? 97년.

○**서삼석 위원** 그런데 왜 이렇게 정착이 안 된 이유가 뭐예요?

○**농림축산식품부장관 송미령** 글쎄요.

○**서삼석 위원** 한마디로 그런 역사를 갖고 있음에도 불구하고 정착이 안 돼서 이렇게 이 자리에서 논의가 되고 있는 이유가 뭐냐고요.

저도 알고 물어본 건 아닌데 장관께서 답변을 일부러 안 하시는 건지 모르겠습니다만 그러면 제가 거꾸로 물어볼게요. 저희 당을 비롯한 제2야당에서 주창했던 양곡관리법이나 농안법이 개정되었다고 가정하면 다소 조금이라도 이런 문제들이 해결됐을까요? 짧게 한번 해 주십시오.

○**농림축산식품부장관 송미령** 그와는 조금 저는 결이 다른 문제라고 생각합니다.

○**서삼석 위원** 그래요? 공익직불제를 시행하는 이유가 여러 가지가 있겠지만 쌀값 문제에 집중적으로 접근을 하는 것도 있잖아요.

○**농림축산식품부장관 송미령** 하여튼 크게는 위원님 잘 아시지만 소득도 있고 그다음에 국민들한테 우리 농업의 공익적 기능이랄까 이런 것들도……

○**서삼석 위원** 결이 다르라는 얘기는 동의하지 않는다는 얘기인가요?

○**농림축산식품부장관 송미령** 저는 약간 조금 다른 문제라고 생각합니다. 우리가 소득이라는 측면에서는 그렇지만 공익직불 같은 경우에는 우리 국민들한테 우리 농업의 가치를 조금 더 알려 드리는 것도 있고 그래서 농업활동 자체를 공익적 기능을 강화하는 방향으로 이행해야 한다라는 의지도 담고 있어서요. 그런 부분, 농업의 지속가능성이라는 측면에서……

○**서삼석 위원** 결이 다르다라니까 제가 여기서 시간을 더 이상 쓰기는 좀 그렇고.
 24년도에 직불금이 2조 9000억이었나요?

○**농림축산식품부장관 송미령** 공익직불만 2조 9000억입니다. 농업직불을 하면 3조 1000억 정도 됩니다, 위원님.

○**서삼석 위원** 농업 총예산 18조 중에서 2조 9000억이 환산해 보니까 15.7%더라고요.

○**농림축산식품부장관 송미령** 예.

○**서삼석 위원** 장관은 이게 적은 액수라고 생각합니까, 적정한 액수라고 생각합니까, 아니면 많다고 생각합니까?

○**농림축산식품부장관 송미령** 글쎄요.

○**서삼석 위원** 제가 먼저 말씀드릴게요. 퍼센트만 놓고 보면 저는 결코 적지 않다고 생각합니다. 그러면 이 사안이 그만큼 중대하다는 거거든요. 마찬가지로 직불제 역사가 그렇게 짧지도 않은데 그런 여러 기관을 통해서 문제점이 해소되지 않았다는 것은 한마디로 말씀드리면 정책결정권자와 집행권자들의 의지에 문제가 있다는 것을 제가 일러 주기 위해서 드린 말씀을 너무 길게 했습니다.

 직불금액 기준을 좀 고려해야 된다라는 걸 말씀을 드리고 싶은 게 뭐냐 하면 미국 트럼프 대통령 보호무역 정책으로 인해 가지고 관세전쟁이 세계대전급이다라는 그런 얘기들이 있는데 그 연장선상에서 보면 국내 원자재 지수 상향, 최고치 치닫고 있고 옥수수 가격 5% 이상 상승, 따라서 조사료 생산가격 증가 우려 또 국제유가 등등 이런 것들이 총체적으로 농민들한테 가중을 시키고 있어요.

 그러면 직불금 기준 금액도 최소한 최저임금 수준은 넘어야 되지 않냐 하는 그런 계산이 나오는데 이걸 23년 농가소득 5082만 원으로 같은 기간 농업경영비 2677만 원을 차감하면 실소득이 2405만 원인데 이를 월별로 환산하면 200만 원 수준밖에 안 된단 말이에요. 최저임금이 209만 원이란 말이에요. 농민들이 이런 실정에 처해 있는데 이런 것을 유동적으로 이렇게 지급 방안을 좀 고려할 필요가 있는 것 아닌가요?

○**농림축산식품부장관 송미령** 이게 공익직불제만으로도 다 할 수 있는 것은 아니니까요, 위원님.

○**서삼석 위원** 직불금 지급 방식의 유동성을 좀 줘야 되는 것 아니냐는 게 제 질문의 요지입니다.

○**농림축산식품부장관 송미령** 지급 방식의 유동성이라고 하시면…… 제가 그거는 잘 이해를 못 했습니다, 위원님.

○**서삼석 위원** 최저임금이 209만 원인데 농가소득이 월 200만 원에도 미치지 못하니까

여러 재해 상황을 고려해서 직불금 지급 방법도 유동성을 좀 고려해야 되지 않냐 그 얘기예요. 그걸 안 하신다고, 그러면? 못 하시겠다고?

○**농림축산식품부장관 송미령** 아니요, 아니요.

○**서삼석 위원** 고려를 해야지요.

○**농림축산식품부장관 송미령** 제가 좀 살펴보겠습니다, 위원님. 위원님 말씀하신……

○**서삼석 위원** 아, 이거 심각하게 고려를 해야지.

○**농림축산식품부장관 송미령** 예.

○**서삼석 위원** 미국 농림부장관이 취임한 지가 지금…… 2월 14일 날 취임한 걸로 자료를 냈는데, 맞나요?

○**농림축산식품부장관 송미령** 예, 그 정도 됐습니다.

○**서삼석 위원** 혹시 미국 농림부장관 이름은 기억하세요?

○**농림축산식품부장관 송미령** 이름 기억 못 합니다. 여성분이라는 것만 알고 있습니다.

○**서삼석 위원** 그러면 통화도 못 했겠네요?

○**농림축산식품부장관 송미령** 예, 아직 통화 못 했습니다.

○**서삼석 위원** 대통령 권한도 뭐, 미국 대통령하고 통화도 못 한다는데……

그런 얘기를 하려는 게 아니고 여러분이 낸 자료에 상당히 눈에 띄는 대목이 있더라고요. '트럼프 대통령과의 긴밀한 관계를 활용한다'라는 그런 표현들이 나는 너무 부러웠어요. 우리나라 농림부장관도 이런 관계를 유지하면 좋겠다라는 그런 생각이 들었어요.

동식물 방역을 강조한 부분이 상당히 눈에 띄었어요. 이런 걸 유심히 좀 지켜봤으면 좋겠고.

○**농림축산식품부장관 송미령** 예.

○**서삼석 위원** 시간이 없으니까 이 정도로 하겠는데.

오늘 이렇게 참고인으로 와 주신 여러 전문가 선생님들한테 기회를 못 드려서 죄송한데 마지막으로 오주병 부회장님, 못 하신 말씀 있으면 한번 해 보세요.

○**참고인 오주병** 말할 수 있게 기회 주셔서 감사합니다.

아까 벼 생산면적 조정제에서, 지금 각 지자체로 넘겼는데 지자체가 만일 할당 면적을 다 채우지 못하면 공공비축미에서 불이익을 주거나 주지 않겠다라고 했거든요. 그것 때문에 담당 공무원들은 이걸 할당량을 채우기 위해서 지금 노력하는 거고 그래서 농민들하고 갈등이 생기는 거거든요.

그러니까 사실은 정책을 세우는 게 좀 오래 갔으면 좋겠고 이것처럼 지금 강제조정제 같은 경우에는 갑작스러운 거거든요. 5개년 계획답게 미리 계획해서 농민들이 미리 인지할 수 있게끔 하는 정책을 좀 했으면 좋겠습니다.

지금 사실 농민들이 작년, 굉장히 많이 어렵거든요. 그러니까 하나의 산업 역군이었고 지금 앞으로도 해 가야 될 텐데 농민들이 좀 잘 살 수 있는 장을 좀 이 위원회에서 만들어 주셨으면 하는 바람입니다.

이상입니다.

감사합니다.

○**서삼석 위원** 장관, 잘 들으셨어요?

○**농림축산식품부장관 송미령** 예.

○위원장 어기구 질의 마지막 순서입니다. 이원택 간사님 질의하시겠습니다.

○이원택 위원 참여해 주신 참고인 여러분들께 감사드립니다.

참고인분들께 주로 질문을 좀 던지겠습니다.

강마야 참고인님께요. 사실 여기 직불계획을 보면, 기본 직불금계획을 보면 지적했듯이 식량계획이랄까 또는 농지계획이랄까 또는 직불금계획이 지금 상호 충돌되고 있지 않습니까, 그렇지요?

○참고인 강마야 예.

○이원택 위원 이 원인과 어떤 방향으로 해소할지 한번 좀 말씀해 주시겠습니까?

○참고인 강마야 말씀할 기회 주셔서 감사합니다.

저도 기본형 직불이 지금은 어느 정도 많이 완성이 됐다, 그동안 많은 공무원분들과 현장의 노력으로 완성이 됐지만 앞으로 좀 더 강조해야 될 방향은 선택형 직불로 갈 수밖에 없지 않겠느냐. 왜냐하면 재정당국의 설득을 위해서라도 어쨌든 농업이 공익적 기능을 뭔가 한다는 걸 보여 줘야 되는데 그쪽에서 나올 건 사실 선택형에서 많이 나올 수밖에 없다. 그래서 그런 방향으로 제도개선이 좀 더 보완되고.

단, 그 집행 방식에 있어서 개별 사업으로 자꾸 쪼개지면, 선택형 직불이 이행 점검이라든지 현장에서 관리·감독이 굉장히 힘들기 때문에 그런 단일 사업으로 쪼개진 방식이 아니고 뭔가 지역 내에서 집단적으로, 마을 조직이라든지 이런 집단적인 방식으로 사업을 진행하는 그런 프로그램 방향으로 진행을 해야 이 선택형 직불제가 좀 더 효과가 있고 나중에 탄소중립, 감축이라든지 환경농업으로 달성하는 이런 것들이 더 측정하기가 쉽지 않을까 이런 생각을 가지고 있습니다. 그래서 그런 방식으로 기본계획들의 내용이 추후에 조금 더 보완된다면 좋겠다 하는 말씀을 드립니다.

○이원택 위원 선택형 직불제를 확대·강화해야 된다는 건 저도 공감을 하고 있습니다. 그런데 지금 현재 어떻든 서류상 식량의 자급률 계획과, 식량계획하고 또 예를 든다면 직불계획하고 일치하지 않는 문제, 충돌되는 문제. 또 농지를, 벼 재배면적을 줄이는 문제 등 여러 가지 요소들이 있는데 그 과정에서 하나의 방안으로 선택형 직불을 확대해서 좀 풀어가자 이런 취지로 제가 이해하겠습니다.

강정현 참고인님하고 오주병 참고인님께 또 좀 여쭙겠습니다.

두 분 다 생산조정제 또는 벼 재배면적과 관련된 문제 제기를 했습니다, 사실. 그래서 페널티를 주는 방식보다는 인센티브를 줘야 된다 이렇게 얘기를 하고 있는데 사실 정부가 직불금을, 예를 든다면 벼 재배면적을 줄이지 않으면 직불금을 좀 감액하겠다 이런 계획을 갖고 있었던 걸로 보이잖아요.

○참고인 강정현 예.

○이원택 위원 그런데 직불금 취지는 사실 이렇게 페널티용으로 쓰는 게 아니잖아요. 공익형 직불금의 취지는 농민의 소득 증대와 공익적 가치를 위해서 하는 거잖아요. 이 수단으로 활용하는 것이 적정하다고 생각합니까?

○참고인 강정현 앞서 말씀드렸지만 저는 연장해서 말씀드리면 현장에서의 농민들한테 기본형은 고정시키고 선택형 직불로 가자고 하면 저는 수용하지 않을 것 같습니다. 그러니까 기본형 직불금은 저희는 어찌됐든 간에 계속 늘어나야 된다라고 생각하고 있습니다. 기본형 직불금이 가지고 있는 의미가 어찌됐든 간에 소득의 보장도 있지만 제가 봤

을 때 공익 증진 활동에 대한 보상금 차원이라고 보고 있거든요.

그러니까 현장에서는 열일곱 가지의 영농활동 의무 준수사항을 하고 있는 겁니다. 하고 있는 것에 대한, 결과에 대한 보상을 해 주고 있는 거지 마치 하지 않는 거에 대해서 농민들이 그냥 받이기는 거가 아니거든요. 그래서 어찌됐든 간에 저는 이 기본형이 가지고 있는 의미는 소득 보전도 있지만 농촌 환경을 지키기 위한 수단의 어떤 보상금 차원이다라는 부분들을 현장에서 말씀드리고 있다.

그다음에 농식품부의 어려움을 제가 모르는 바는 아니나 저희들도 이 기본 안 이야기 나왔을 때도 말씀드렸다시피 우리는 항상 보면 규제 중심, 규제로 이야기를 한다. 규제를 이야기하면서, 식약처도 그랬었고 농업을 바라보는 환경부도 그렇고 농업을 바라보는 거가 매번 규제, 규제에 따르지 않으면 거기에 따른 페널티를 부과하는 부분들이 계속 오는 것에 대해서는 저는 연착륙할 수 없다라고 생각합니다.

우리가 제도를 바꾸려고 하는 것은, 그 제도가 연착륙할 수 있는 방향을 찾고자 한다라면 그것들을 확산시킬 수 있을 정도의 그런 인센티브를 줘서 점점점 확산해 가야지 저는 좋은 제도로서의 정착을 할 수 있을 거라고 보고 있습니다.

○**이원택 위원** 오주병 참고인께 좀 여쭙겠습니다.

○**참고인 오주병** 예.

○**이원택 위원** 아까 벼 재배면적을 조정하는 것과 관련해서 논에 타작물을 심게 했는데 결국 소득이 하향 평준화되는 결과가 발생했다 이런 취지의 지적도 있더라고요. 그러지요?

○**참고인 오주병** 예.

○**이원택 위원** 그러면 사실 논에 타작물을 심게 하려면 전략작물직불금의 단가라든가 이런 설계가 좀 부적정할 수도 있다 이런 취지로 이해되는데 논의 재배면적 조정과 관련해서 의견을 한번 좀 주셨으면 좋겠습니다.

○**참고인 오주병** 우선은 제가 지역 뉴스 중에 강원도 시군, 어느 시군인지 잊어버렸는데 생산조정제와 관련해서 일부 면적을 안 심으면 그거에 대한 대가를 시군에서 지급하겠다라고 하니까 그 시군은 다 채워졌다라는 뉴스를 들었습니다.

사실은 제가 순수하게 농산물 판매로만 해서는 아까 말씀드렸듯이 300만 원 수익을 냈는데요. 저는 친환경을 하기 때문에 작년의 나락값하고 올해 나락값하고 동일한 가격을 받았습니다. 그러니까 시장가격에 별로 큰 영향을 받지 않습니다. 그런데 만일 제가 일부분을 벼를 심지 않았다 그러면 아마 농산물로는 순수하게 마이너스를 겪었을 겁니다.

그러니까 공익직불금은 사실은 공익성을 위해서 하는 것이고 그다음에 선택직불금은 제가 생각할 때는 예전의 변동직불금의 한 대안으로서, 소득을 보전하기 위한 한 방법으로 늘어났다고 생각합니다.

변동직불금이 현재 있기는 하지만 사실은 그 변동직불금을 받을 수 있는 제한 요건이 너무 커 가지고, 저 같은 경우는 운이 좋아 가지고 변동직불금 3개나 선택할 수 있었지만 대부분의 농가들은 하나 선택할 수 있는 상황입니다.그래서 현재 공익직불금이 소득 대체를 많이 하고 있지 못하다. 그러니까 지금 있는 정책으로서는 오히려 마이너스 효과만 있지 대안적인 것은 하지 못하고 있다 말씀드리겠습니다.

○**이원택 위원** 이명기 참고인께도 물어보려고 그랬는데 시간이 많지 않은 것 같습니다.

사실 저는 일단 소농직불제에서 면적직불을 선택하면 선택형 직불과 관련해서 선택형 직불을 받을 수…… 소농직불을 선택하면 선택형 직불을 못 받잖아요. 안 주는 걸로 이렇게 규제를 해 놨는데 이 부분도 사실 좀 재검토해 주셨으면 좋겠다 이런 말씀도 드리고.

또 아까 벼의 재배면적을 조정하는 문제도 제가 말씀드렸지만 결국 국민들의, 농민들의 소득 향상이 목표거든요. 재배면적 감축이 목표가 아니잖아요. 쌀값 수급 안정이 목표가 아니고 결국은 농민들의 소득을 증대하는 거기 때문에 타 품종으로 전이되더라도……

(발언시간 초과로 마이크 중단)

(마이크 중단 이후 계속 발언한 부분)

결국은 소득이 상향될 수 있는 정책이 구사돼야 되는데 제가 볼 때 전략작물직불제 등 설계가 그 유인책이 적고 그리고 또 지자체의 자율조정이라고 하지만 사실 지자체 입장에서는 반강제로 이해를 하고 있기 때문에 인센티브 효과가 적게 드러나고 있다라고 봅니다. 그래서 이런 부분에 대한 수정·보완을 하지 않으면 어려워질 거다 이렇게 저는 보고 있다는 말씀을 좀 드리고요.

예산 확보는 아까 앞에서 위원님들이 많이 말씀하셔서 저는 생략하겠습니다.

이상 마치겠습니다.

○**위원장 어기구** 수고하셨습니다.

이상 질의를 모두 마치겠는데요. 윤준병 위원님이 딱 1분만 시간 달라고 해서 드리겠습니다.

○**윤준병 위원** 시간 연장을 못 해 가지고……

○**위원장 어기구** 또 서면질의라는 좋은 제도가 있으니까요.

○**윤준병 위원** 예.

간단히 좀 말씀드리는데요. 소농직불금 기능은 저는 여전히 있다고 생각합니다. 그래서 지금 140만 원 내용을 150만 원으로 올려야 된다 이렇게 생각하는데 그거 아직 반영이 안 됐더라고요. 그래서 그 부분 좀 점검해 주셨으면 좋겠고.

그다음에 재배면적 조정과 관련해서 가이드라인을 지자체에 좀 명확하게 줘라, 그냥 맡기지 말고. 예를 들면 조정해야 될 내용들이 조건불리지역이라든지 지역적인 여건이 있으면 그 내용을 좀 감안해서 조정하도록 하고 이렇게 하라고 그랬는데 그 내용도 아직 명확치가 않아서 좀 조정했으면 좋겠고.

현장에서 자율적으로 한다는데 강제적으로 이루어지고 있는 건 사실이에요. 더더군다나 읍면동을 통해서 하는 것뿐만이 아니고 지금 농협 RPC를 중심으로 해서 조정하고 있잖아요. 이게 지금 통보되는 내용 보면 이미 각기 기계적으로 면적 통보해서 불이익 주겠다 이렇게 통보되고 있는 게 현실이에요. 그러니까 정확하게 현장 여건들을 좀 보고 그런 내용들이 민원으로 작동하지 않도록 챙겨 주시기를 바랍니다.

○**농림축산식품부장관 송미령** 예.

○**임미애 위원** 자료 요청이요.

○**위원장 어기구** 자료 요청해 주시기 바랍니다.

○**임미애 위원** 오주병 부회장님 의견서에 보면 이런 얘기가 나와요. 19쪽에 '일을 해 보면 1200평 농작업 시간이나 600평 농작업 시간이나 별 차이가 안 나기 때문에 바쁜 시기에 소규모 농장은 작업자가 작업을 기피하기 때문입니다' 그러니까 저는 이걸 되게 중요한 문제라고 생각을 하는데요.

뭐냐 하면 들 하나에 경작자가 굉장히 많습니다. 경작자가 아주 소규모의 농지를 경작하고 있고 그로 인해서 밭 주인이 다 다르니까, 논 주인이 다르니까 다 저마다 기계가 들어와서 작업을 해야 됩니다.

이러면 농림부는 정책 사업 중에 뭘 해야 되냐 하면 논을, 농지를 병합하고 교환해서 집적화하는 사업을 의도적으로 해야 되는 것이 농림부입니다. 그런데 23년도 기준으로 해서 농림부가 농지의 병합과 교환 사업을 어느 만큼 했느냐? 딱 두 건에 1억 원의 예산을 들여서 했습니다.

그래서 저는 이것과 관련해서 25년도에 농림부가 농지의 교환·병합을 통해서 규모화하기 위한 정책을 어떤 계획을 가지고 있는지 건수와 예상 규모에 대해서 자료 요청을 드리겠습니다. 이 문제는 농업의 생산성이 갈수록 떨어지고 있는 상황에서 농림부의 농정의 방향을 잡는 데서도 되게 중요한 문제여서 자료 요청을 부탁드립니다.

○**위원장 어기구** 예, 알겠습니다.

농식품부, 자료 좀 제출해 주시기 바라고요.

○**농림축산식품부장관 송미령** 예, 위원장님, 임미애 위원님 말씀에 대해서 잠깐 말씀드리고……

위원님 생각에 전적으로 동의를 하고요. 그래서 저희가 최근에 생각하는 것이, 아마 경북 농업대전환 모델 해서 문경 영순면에서 했던 늘봄영농조합법인 사례를 저희가 정말 강조를 하고 있습니다. 작은 필지의 농지를 모아서, 80농가로부터 모아서 110ha를 만들어서 거기에 규모화를 하고, 말하자면 이모작 삼모작 이렇게 하고, 그래서 농가들의 소득도 결과적으로는 3배까지 더 올라가고 이런 모델로 우리가 가자라는 이야기를 강조하고 있고요.

그런데 다만 여기 이 직불금하고 관련해서도 약간 난점이 있는 게 윤준병 위원님 소농직불금 더 확대하자라고 하지만 사실 소농직불금이 생기면서 70세 이상 고령의 소면적을 가진 농가들이 이 직불금을 수령하는 게 점점점 늘어나고 있습니다, 건수가. 그러니까 농지를 합병하려고 그래도 고령화된 농가들 입장에서는 합병해서 본인이 별로 이득이 없다고 생각하시는 거예요. 그래서 계속 소농직불금을 받으면서 유지를 하는 이런 차원이 있거든요.

이런 게 있고 그다음에 윤준병 위원님 말씀하신 대로 이게 또 지역사회를 유지하는, 말하자면 근간이 되는 힘이 있지 않습니까? 그래서 농림부로서는 그 두 가지 요소들이 다 약간 고민스러운 대목입니다.

(발언시간 초과로 마이크 중단)

••

(마이크 중단 이후 계속 발언한 부분)

○**임미애 위원** 제가 그것을 모르는 바는 아니나 농림부는 그래도 정책적으로 농지의 교환을 요구하는 농가의 경우에는 의도적으로 그 사업을 추진해 줘야 됩니다.

○**농림축산식품부장관 송미령** 예, 맞습니다. 그럼요.

○**임미애 위원** 그러니까 소농직불금을 받기 위해서 농지를 소유, 1000㎡ 이상을 소유하고 있으면서 농사지어서 소농 받겠다 이것을 얘기하는 것이 아니라…… 이 정책하고 이 정책을 섞으면 안 되고요. 그럼에도 불구하고 농지의 규모화를 위해서 병합과 교환을 요구하는 농가의 경우는 이 사업이 별도로 진행되어야 하는데……

○**농림축산식품부장관 송미령** 예, 물론입니다.

○**임미애 위원** 실제로 아까도 얘기드렸지만 23년도에 이 사업이 딱 두 건이었고 1억이었어요. 이것은 안 한다는 소리예요. 그래서 이 문제를 지적드리는 겁니다.

○**농림축산식품부장관 송미령** 농가가 원하지 않아서 그렇습니다, 위원님.

···

○**위원장 어기구** 자료를 좀, 계획하고 좀 충실히 해서 위원님께 보고해 주시기 바랍니다.

○**농림축산식품부장관 송미령** 예, 그렇게 하겠습니다.

○**위원장 어기구** 오늘 공익직불제 기본계획안 심의 요청의 건 관련한 질의를 마치도록 하겠습니다.

○**서삼석 위원** 추가질문 있다니까.

○**위원장 어기구** 추가질문은 서면으로 해 주시면 감사하겠습니다. 서면으로 의견 잘 내 주시고요.

오늘 국민의힘 위원님들이 함께했으면 좋을 텐데 많이 아쉽다는 말씀을 드리고.

참고인님들, 오랜 시간 너무 감사드리고요. 시간을 저희들이 짧게 5분 드렸는데 마지막으로 오늘 우리 위원님들 질의 또 농림식품부의 답변 등등 관련해서 공익직불제 기본계획안에 꼭 들어가면 좋겠다 이런 의견이라든지 코멘트가 있으면 한 말씀 부탁드려도 될까요? 참고인들 충분히 말씀하셨습니까?

연구용역을 맡은 이명기 선임연구위원님이 말씀이 없었던 것 같아요. 아마 이 분야 최고 전문가일 것 같은데 총평 부탁드리겠습니다.

○**참고인 이명기** 마지막으로 말씀드릴 기회를 주셔서 감사합니다.

총평이라고 하기보다는…… 공익직불제가 분명히 농가소득 안정과 공익기능 증진이라는 두 가지 목표를 갖고 있는데요. 결국 농업인이 현재 농업활동을 하는 것 자체 그다음에 농지를 유지하는 것 자체 그게 굉장히 큰 공익기능이라고 저는 생각을 합니다. 그런 차원에서 농지 유지를 위한 또 토양 보전을 위한 농업인의 활동에 대해서 지속적으로 관심을 가지면서, 그러면서 또 하나의 중요한 것이 농업의 성장입니다.

그래서 이러한 두 가지 큰 정책 목적이 때로는 상충하기도 하고 때로는 같이 가기도 하는데요. 공익직불제가 앞으로 그러한 두 가지 정책 목표를 달성하는 데 있어서 큰 역할을 할 수 있도록 정부와 위원님들의 많은 협의와 함께해 나가면 좋겠다는 바람을 드리면서 마무리하도록 하겠습니다.

감사합니다.

○**위원장 어기구** 좋은 말씀 감사드리고요.

오늘 위원님들 말씀 또 우리 참고인들 진술 등 포함해서 농림식품부는 공익직불제 기본계획안을 충실히 잘 작성해 주시기 바랍니다.

○**농림축산식품부장관 송미령** 예.

○**위원장 어기구** 그리고 장관님, 이 질의를 마무리하기 전에 지금 홈플러스 사태 좀 정부가 파악하고 있습니까?

○**농림축산식품부장관 송미령** 예, 그렇습니다, 위원님.

○**위원장 어기구** 지금 기업회생절차 신청한 관계로 농식품 분야에 큰 피해가 예상이된다 그런 말씀들이 많이 있어요. 이것을 농식품부가 잘 좀 파악을 해야 될 것 같아요.

○**농림축산식품부장관 송미령** 예, 그렇게 하겠습니다.

○**위원장 어기구** 예를 들면 서울우유, 목우촌 이런 데가 수십억에서 수백억 판매대금 정산을 못 받은 상황이 벌어지고 있다라는 신고가 저희들한테 들어오거든요. 지난해에도 위메프 사태로 우리가 많이 타격을 받았으니까 이 점 유념해서 또 제2의 위메프 사태가 발생하지 않도록 기재부와 잘 협의도 하고 대책 마련, 피해 발생 현황 파악을 정부가 철저히 해 주시기를 바랍니다.

○**농림축산식품부장관 송미령** 예, 위원장님.

○**위원장 어기구** 감사드립니다.

그러면 이상으로 질의를 모두 마치겠습니다.

이어서 공청회를 해야 되는데요, 장내 정리를 위해서 잠시 정회했다가 5시 30분에 속개하도록 하겠습니다.

정회를 선포합니다.

(17시16분 회의중지)
(17시33분 계속개의)

○**위원장 어기구** 회의를 속개하겠습니다.

---

35. 농어민 기본소득 관련 법률안(5건)에 대한 공청회

○**위원장 어기구** 이어서 의사일정 제35항 공청회 개최의 건을 상정합니다.

이 안건은 우리 위원회에 회부된 농어민 기본소득 관련 법률안(5건)을 심사하기 위하여 관련 진술인의 의견을 듣고 위원님들 간 의견을 교환하고자 하는 것입니다.

공청회 진행 방식은 먼저 진술인들의 발제를 들은 후에 위원님들께서 질의하는 순서로 진행하도록 하겠습니다.

공청회의 취지를 감안하여 진술인 간 토론은 원칙적으로 허용되지 않는다는 점을 참고해 주시기 바랍니다.

오늘 공청회 진술인들의 진술 요지, 관련 법률안 등에 관해서는 배부해 드린 유인물을 참조해 주시기 바랍니다.

먼저 오늘 회의에 참석해 주신 진술인 분들을 소개해 드리겠습니다.

농어촌기본소득운동전국연합 서봉균 정책실장님을 소개해 드립니다.

감사합니다.

다음은 포항 소재 매실농장 최무순 대표님을 소개해 드립니다.

감사합니다.

다음은 농민기본소득전국운동본부 차흥도 상임운영본부장님을 소개해 드립니다.

감사합니다.

마지막으로 천안 소재 멜론농장 홍종민 대표님을 소개해 드립니다.

감사합니다.

(인사)

바쁘신 중에서도 오늘 공청회에 참석해 주신 진술인 여러분들께 위원회를 대표하여 감사말씀을 드립니다.

오늘 공청회에 정부 관계자로서 농림축산식품부 박수진 기획조정실장과 해양수산부 홍래형 수산정책실장이 출석하셨습니다.

질의에 참고해 주시기 바랍니다.

그러면 곧바로 진술인 분들의 의견을 듣도록 하겠습니다.

진술인 분들께서는 7분 이내에, 7분 드리겠습니다. 7분 내의 범위에서 핵심 위주로 간략히 진술해 주시기 바랍니다.

먼저 서봉균 정책실장님 진술해 주시기 바랍니다.

○**진술인 서봉균** 감사합니다.

방금 소개받은 농어촌기본소득운동전국연합 정책실장을 맡고 있는 서봉균이라고 합니다.

먼저 오늘 농해수위에서 귀한 시간을 내어 주신 어기구 위원장님 그리고 또 관계 국회의원 여러분들께 대단히 감사의 말씀을 드리겠습니다.

제가 좀 전에 농어민 관련 기본소득이라고 말씀을 드렸는데 사실 저희는 농어민 기본소득과는 상당히 결이 다른 농어촌 기본소득이라는 것에 대해서 제가 지금 설명을 드리려고 하고 있습니다.

농어촌 기본소득은 자료에도 나와 있지만 목적이 농어민 기본소득과는 많이 다릅니다. 지방소멸 극복과 국토균형발전 이것을 저희들이 목적으로 하고 있습니다.

주지의 사실과 같이 이미 도시와 농촌, 수도권과 지역 사이에는 극심한 격차가 나 있습니다. 제가 이 자리에서 조금 말씀을 드리자면 제가 자주 하는 얘기가 서울 수도권은 배 터져서 죽고 지방은 배고파서 죽는다라는 이런 말을 자주 쓰고 있습니다. 이것이 매우 심각한 상황이기 때문에 이것을 빨리 고쳐야 된다고 하는 점에 있어서는 누구도 이의를 달지 못할 거라고 생각을 하고 있습니다.

그동안 많은 정책들이 있었지만 사실은 소기의 결과를 내지는 못하고 있었다는 것이 다 인정되는 사실이라고 할 수가 있습니다. 그래서 저희는 기존의 정책들과 다른, 저희 나름대로는 획기적인 새로운 정책을 펴야 된다고 생각하고 그것을 우리는 농어촌 기본소득이라고 얘기를 하고 있습니다.

농어촌 기본소득이라고 하는 것은 농어촌 지역, 읍면 지역에 살고 있는 개인이라면 직업, 노동력, 소득, 자산 등 어떠한 조건도 가지지 않고 그 농어촌 지역, 읍면 지역에 살고 있는 모든 주민들에게 개개인들에게 기본소득을 지급하는 것을 얘기를 하고 있습니다.

그런데 지방은 여러 곳이 있지요. 농어촌인 지방도 있고 농어촌이 아닌 지방도 물론 있습니다. 그렇지만 저희가 왜 농어촌이라고 하는 특정한 지역에 대해서 주안점을 두고 있느냐라고 하면 농어촌이라고 하는 지역이 가지고 있는 역사성, 역사적인 특수성 때문이라고 할 수가 있습니다.

지난 70년 동안의 급격한 경제성장 속에서 농어촌 지역은 의도적인 정부의 저곡가 정책으로 인해서 농가소득은 급속도로 감소를 하고 있고 또 도시 지역에 저임금 노동자들을 배출해서 경제개발에 이바지를 했었습니다. 그리고 현재에 와서는 농어촌은 도시의 여러 각종 위락시설, 폐기물시설, 위해시설들이 들어오는 장소로 전락을 하고 말았습니다.

거기에 따른 여러 가지 효과, 역효과들은 많이 알고 계실 겁니다. 이미 2020년도에 수도권과 비수도권 간에 인구가 역전이 되었고요. 인구감소 지역이 매년 급속도로 많아지고 있습니다. 농가 대비, 그러니까 도시 지역 노동자 대비 농가소득은 60% 이하를 하회하고 있습니다.

물론 이런 농어촌 지역을 살펴보기 위한 지원하기 위한 여러 정책들이 그동안 없었던 것은 아닙니다. 대표적인 것을 말씀드리자면 노무현 정부 이후에 혁신도시를 비롯한 지역균형발전을 위한 여러 가지 제도들이 있었습니다. 그런데 그 결과는 우리 예상과는 많이 달랐다고 할 수가 있지요.

왜냐하면 집요하게 혁신도시들이 생겨남으로 인해서 오히려 그 혁신도시들이 그 주변에 있는 농어촌 지역을 블랙홀처럼 빨아들이는 역할을 했었습니다. 제가 살고 있는 공주 주변의 세종시가 가장 대표적인 경우라고 할 수가 있습니다.

그 외에도 그동안 막대한 사업 보조금 위주, 사업자를 중심으로 한 사업 보조금 위주의 지원 그리고 농촌 신활력 플러스 사업이라든지 농산어촌개발사업 등 다양한 수백억 규모의 지원사업들이 계속되었지만 그 결과는 참담하다고 할 수 있습니다.

그래서 저희들은 전혀 다른 차원의 접근을 해 보고자 하는 겁니다. 바로 농어촌 기본소득이라는 것을 통해서 이미 지역, 그중에서도 활력이 급격하게 무너져 있는 농어촌 지역에 기본소득을 지급함으로 인해서, 모든 개인들에게 어떠한 조건도 없이 기본소득을 지급함으로 인해서 농촌 지역을 활력화시키고 인구를 유입시켜 지역을 활성화시키고 도농 간에 인구를 분산시키자라고 하는 계획을 가지고 있는 것입니다.

거기에 따른 여러 가지…… 저희 농어촌 기본소득이 다른, 예를 들어서 오늘 농어민 기본소득 관련돼서도 말씀을 드리겠지만 저희들의 장점이라고 하면, 물론 기본소득이라고 하는 것 자체에 대해서 현재 종국적으로 그리고 전 세계적으로 공식적으로 시행되고 있지는 않습니다. 다만 경기도에서 2022년도부터 연천군 청산면에 인구 약 3400명 정도 되는 면을 중심으로 해서 5년간 매월 15만 원씩의 지역화폐를 지급하는 그러한 제도를 현재 실시를 하고 있습니다. 경기도 농촌기본소득 시범사업에 관한 조례가 바로 그것이라고 할 수가 있습니다.

이것의 장점은 이미 한 번 정도 검증이 되어 있는 것이기 때문에 다른 제도들에 비해서 훨씬 더 효과성을 담보할 수 있지 않느냐라는 생각을 하고 있습니다. 물론 이것이 상당한 재원이 드는 것이고 이러한 복지정책, 경제정책이라는 것은 한 번 시작하면 되돌리기가 어렵습니다. 그것 경로 의존성이라고 하지요. 그렇기 때문에 저희는 법안 안에 시범사업을 실시할 수 있는 어떤 근거 조항을 가지는 것이 중요하다라고 생각을 하고 있습니다.

대상 지역은 농업·농촌 및 식품산업 기본법에 따른 농촌 지역과 수산업·어촌 발전 기본법에 따른 어촌 지역에 살고 있는 모든 지역을 대상으로 하고 있습니다.

대상 인구는 읍면 지역을 보시면 2023년 말 기준 면 지역 인구가 4500만 명 정도, 읍

지역은 5100만 명 정도입니다. 따라서 둘을 합치면 9660만 명 정도로 전체 인구의 한 18.7%가 됩니다.

저희 농어촌기본소득의 장점이라고 하면 농어민수당이라든지 농어민기본소득과는 다르게 그 지역에 주소지를 두고 있는 사람이라면 어떠한 선별 기준이 없다라는 거지요. 그것이 가장 큰 장점이라고 할 수 있습니다.

농어촌기본소득 실시 재원은 작년 12월에 존경하는 임미애 의원님께서 발의하신 농어촌기본소득법안에 따른 국회예산정책처의 예산 추계에 따르면 읍면 지역, 아까 말씀드린 9600만…… 960만 명에게 매월 15만 원씩, 연 180만 원을 지급한다고 했을 때 한 17.4조 원 정도의 예산이 들고 있다라고 할 수가 있습니다. 적다면 적고 크다면 클 수도 있는데요 작년, 올해 예산이 673.3조인 것을 생각하고 각종 사업 보조금과 SOC 사업 등 기존에 농어촌에 투입된 막대한 자금들을 생각하면 여력이 있다라고 생각을 하고 있습니다.

시간이 초과돼서 죄송합니다.

어쨌든 저희는 목적이 농어민을 지원하는 것도 부수적으로 있지만 농어촌 지역에 있는 모든 주민들을 지원함으로 인해서 지역을 활성화시키고 도농 간의 인구를 분산시키는 것을 목적으로 하는 법안이다라고 이렇게 말씀드리겠습니다.

감사합니다.

○**위원장 어기구** 서봉균 실장님 감사드립니다.

농어민소득보다는 농어촌기본소득이 기본소득 원칙에 더 부합하다 이런 말씀이시고 전면적 실시보다는 시범사업 실시할 필요가 있겠다 이런 내용들이시라고 말씀……

○**진술인 서봉균** 예, 맞습니다.

○**위원장 어기구** 다음은 최무순 대표님 진술해 주시기 바랍니다.

○**진술인 최무순** 안녕하세요? 포항에서 올라온 청년 농부 최무순입니다.

먼저 농업인들을 위해서 농어민기본소득 관련 법안을 발의해 주신 의원님들께 감사하다는 말씀 드립니다. 하지만 저는 이 법안의 직접적인 수혜자임에도 불구하고 반대의견을 말씀드리고자 합니다.

반대하는 이유는 크게 두 가지입니다.

첫 번째는 비효율적이며 더 시급한 지원이 필요합니다.

현재 정부는 농어민을 지원하기 위해 공익직불제와 지자체 농민수당을 시행하고 있습니다. 그런데도 농촌이 어렵다는 것은 예산의 절대적인 규모보다는 그 예산이 어떻게 쓰이느냐가 더 중요하다는 것을 의미합니다.

이번 법안이 통과되면 연간 최소 3~4조 원의 재원이 추가로 필요합니다. 그러나 월 10만 원씩 지급한다고 해서 농어민의 실질적인 삶의 질이 크게 개선될까요? 2024년 1인 가구 최저 생계비는 134만 원이며 한 끼를 8000원으로 계산해도 한 달에 최소 72만 원이 필요합니다. 최저 생계비 이상 주지 않는다면 허울뿐인 기본소득이라고 생각합니다.

그리고 이 내용을 듣고 가장 먼저 생각났던 것은 저희 청년 농업인들입니다. 예산이 없어서 후계농 자금이 작년 8월부터 마감되었고 다음 해인 25년에도 예산이 부족해서 올해 초 큰 혼란이 있었습니다.

저처럼 가족이 농사를 짓지 않아 기반과 연고가 없는 청년들은 더 절망적이었습니다. 땅 사는 계약금을 주고 후계농 자금이 안 나와서 절망한 청년도 있었고 땅은 샀지만 시설 올리는 자금이 나오지 않아서 토지 이자만 계속 내면서 붕 떠 있는 청년도 있었습니다.

기본소득 제도가 시행된다면 결국 이런 예산들은 더 줄어들고 중요한 곳에 쓰이지 못하게 되는 것이 우려됩니다. 이미 비슷하게 공익직불제가 있고 그리고 지자체 농민수당도 있습니다.

공익직불제 1년 예산이 3.4조 원이라고 하는데 이 예산 규모가 비슷합니다. 이미 공익직불제라는 유사한 제도가 존재하는데 농어민기본소득을 별도로 도입할 이유가 없다고 생각합니다. 차라리 그러면 공익직불제를 없애고 원점에서 농어민기본소득 도입을 통합적으로 다시 논의하는 것이 현실적이라고 생각합니다.

그리고 두 번째 이유는 시기상조라고 생각합니다.

우리나라도 미래에 언젠가는 분명히 기본소득이 실현될 것입니다. 그런데 그 시기는 바로 특이점이 왔을 때입니다. AI 인공지능이 고도로 발달하고 그리고 로봇이 사람들의 일자리를 모두 대체해서 더 이상 일을 하지 않아도 되는 세상이 왔을 때 그때 기본소득이 필요합니다.

물론 특이점이 오기 전에도 기본소득을 실현하는 방법도 있습니다. 국가가 막대한 자본을 손에 넣었을 때입니다. 대표적으로 두 가지 정도가 있는데 과거 중동이 석유라는 독점적인 경제 자산을 바탕으로 세계의 자본을 끌어들였듯이 우리나라가 에너지 패권을 잡는 것입니다.

지금 한국에서도 연구 중인 소형 핵융합 발전이 성공해서 에너지 자유와 그리고 기술을 선점한다면 막대한 자본을 확보할 수 있습니다. 이게 아니라면 과거처럼 전쟁을 해서 주변국들을 정복하고 약탈하고 그 재화를 국민들한테 분배하는 것입니다. 분명히 여기 계신 그 누구도 우리나라가 강력한 군사력을 보유했다 하더라도 전쟁을 바라는 사람은 없을 것입니다.

지금 우리나라는 이런 추가 재정을 확보하지 못했습니다. 아직 여기 모두에 해당되지 않기 때문에 저는 시기상조라고 생각합니다. 만약 지금 나라 빚을 내서 기본소득 제도를 시행한다면 그 빚은 고스란히 미래 세대인 청년들이 부담해야 하는 빚입니다. 청년들의 미래를 저당잡는 정책이 아니라 청년들이 미래를 꿈꿀 수 있는 정책과 제도를 만들어 주십시오.

지금은 농어민기본소득이 아니라 농촌의 현실적인 문제를 해결하는 정책이 필요합니다. 대표적으로 청년 농업인의 안정적인 정착을 위한 농지·시설 자금지원 확대, 농어촌 지역의 주거·생활 인프라 개선 그리고 농어업의 생산성 향상을 위한 기술 및 교육 지원 강화 등이 있습니다.

기본소득 지금 당장의 문제를 해결하지 못하면서 미래 세대의 부담만 가중시키는 정책이라면 저는 반대할 수밖에 없습니다.

이상입니다.

감사합니다.

○**위원장 어기구** 청년 관점에서 기본소득을 보신 것 같아요.

기본소득 도입은 비효율적이고 시기상조다 이렇게 말씀을 하시면서 기본소득 시행 시 미래 세대인 청년들의 부담이 가중이 되고 법 시행 시 청년 후계농 지원 예산이 감소할 수 있어서 반대한다 이런 말씀입니다.

다음은 차흥도 본부장님 진술해 주시기 바랍니다.

○**진술인 차흥도** 안녕하세요? 이런 자리를 마련해 주셔서 정말로 고맙습니다.

저희가 지난 국회 때 허영 의원이 대표발의해서 국회의원들 모두 66명의 공동발의로 해서 농민기본소득법안을 냈는데 법안심사소위에 올라가 보지도 못했어요. 그런데 이렇게 여러 분들이, 위원님들이 수고해 주셔서 법안심사소위에 올리고 공청회를 열어 주셔서 대단히 감사히 생각합니다.

저희가 농민기본소득을 얘기를 하는데 왜 농민기본소득을 얘기하느냐? 저희는 기본적으로 우리나라 농정이 바뀌어야 된다고 생각합니다. 다 농정의 전환을 얘기하는데 그러면 농정이 어디에서 어떻게 전환하느냐, 대전환을 하는 데 저는 기본적으로 대농 중심의 농정, 대농과 기업농 중심의 농정에서 중소가족농 중심의 농정으로 바뀌어야 된다고 생각합니다.

우리나라 정책, 농업 정책은 다 예산을 얘기하는 건데 농정의 대부분이 다 대농과 기업농 위주의 정책으로 돼 있어요. 그런데 우리나라 농민들을 약 220만 정도로 보는데 대농·기업농들 우리나라 농민의 8%도 채 안 돼요. 8%도 채 안 되는 이들을 위해서 우리나라 농정의 모든 정책이 과투입되고 있습니다. 그래서 저는 농정의 전환이 우리나라 92% 이상을 차지하는 중소가족농 위주의 정책으로 전환돼야 된다는 것입니다.

그리고 두 번째로는 우리나라 농정이 지금 어떻게 보면 가격 중심의 정책인데 그런데 정부가 얘기하는 가격 중심과 농민단체들이 얘기하는 가격 중심이…… 농민 단체들은 적정가를 보장해야 된다는 거고 정부는 농산물가격의 안정 그래서 조금 올라가면 수입해서 안정시키고 서로 다른데……

여러분들 우리나라 농민들의 평균 농업소득이 얼마인지 아세요, 대농까지 포함해서? 평균 되는 돈이 약 1000만 원입니다. 1200까지 올라갈 때도 있고 작년 같은 때는 900 몇만 원으로 떨어졌어요. 이게 대농까지 포함해서입니다.

그런데 여러분, 가격을 보장해 주면 농업소득이, 농사로 버는 돈이 한 2000만 원, 3000만 원 될까요? 제가 보기에는 가격 보장되면 한 100~200만 원 올라갑니다. 그러면 농업소득이 우리나라 평균으로 하면 대농까지 포함해서 한 1100만 원, 1200만 원 돼요. 그런데 그것 가지고 못 살잖아요. 대농들은 규모가 커서 살 수가 있습니다.

그런데 중소가족농은 어떻게 살아요. 중소가족농은 그래서 어떻게 해? 한 농가가 1년에 평균적으로 들어가는 돈이 얼마냐, 농가소득으로 하면 약 한 4000여만 원, 그냥 4000만 원 해 보자고요. 4000만 원이면 나머지 3000만 원을 근처 공장에 가서 다른 알바를 해서, 친지들을 통해서 이거를, 다른 데서 돈이 들어와야지만 기본적으로 먹고살 수가 있습니다.

기본적으로 저희는 농정이 농사만 짓고도 농민들이 안심하고 살 수 있는 사회를 만들어 줘야 된다고 생각합니다. 그래서 중소가족농 위주의 농정으로 가야 되고.

그런데 중소가족농을 보면 1년에 이 사람들이 농업으로 버는 돈이 450만 원이에요. 중소가족농은 한 2ha 미만의 농가를 얘기하는데 그다음에 1ha 미만, 1ha면 약 3000평을 얘기하니까 1ha 미만의 농가들은 약 한 450만 원뿐이 못 법니다. 어떻게 농사를 지어요, 다 내쫓는 거지. 나는 그래서 이들에게 기본소득으로 보장해 줘야 된다고 생각합니다, 첫째.

할 얘기는 많지만 기본적으로…… 그런데 도대체 이 예산을 어떻게 확보할 거냐가 저는 이게 가장 핵심적이라고 생각합니다. 많은 분들이 이 돈 빼서 이것 쓰고 이 돈 빼서 이것 쓰자고 합니다. 저는 그런 방식에는 반대합니다. 기본적으로……

여러분들, 그런데 우리나라 농정 예산이 계속 소금씩 늘었지. 그러면 한 17조, 18조 되지 않습니까? 그런데 실제적으로 따지면 농정 예산이 계속 깎인 겁니다. 제가 여기 23페이지에 올려놨는데, 23페이지 중간에 보면 MB 정부 때 전체 국정 예산이 6.5% 증가했어요. 그런데 농정 예산 약 2.6% 증가했습니다. 그러면 실질적으로 4%가 삭감된 거예요, 이거는.

그다음에 박근혜정부 때 국정 예산 4.2%가 증가했는데 농정 예산이 1.2% 증가했어요. 그러면 이것 3%가 깎인 겁니다. 문재인 정부 때도 전체 국정 예산이 약 8.6% 증가했는데 농정 예산 2.8가 증가했어요. 이것 농정 예산이 무려 6%나 깎인 거예요.

나는 이거를 국회의원 여러분들과 그리고 우리 농민 단체들과 관계되는, 농업, 농민에 관계되는 모든 사람이 힘을 합쳐서 이 농업 예산을 확보해야 한다고 생각합니다. 최소한 박근혜정부 시절의 4.2%인가 이것만 확보돼도 농민기본소득 약 7조, 8조의 예산은 다 확보가 됩니다.

저는 농민기본소득으로 우리 농민의 모든 것이 보장된다고 생각하지 않아요. 이거는 주춧돌 같은 겁니다. 이 주춧돌을 위해 다양한 복지, 아까 AI, 기타 이런 것들은 계속해 나가자는 거예요. 그러나 기본적인 주춧돌이 있어야지만 농민들의 삶이 안정이 되고 살아나갈 수가 있습니다.

더군다나 청년 귀농을 위해서도 저는 농민기본소득이 필요하다고 생각합니다. 제가 귀농본부장도 했었는데 최근의 10년의 귀농·귀촌 현상은 여러분들 아마 놀라실 텐데요 우리가 1960년대 산업화를 하면서 매년 50만 명이 농촌에서 도시로 이주했어요. 그런데 최근 10년의 상황을 보면 도시에서 농촌으로 귀농·귀촌 인구가 50만입니다. 그중의 귀농자들이 약 한 2만 명 내외고 귀농자들의 약 한 23% 정도가, 한 3000~4000명 내외가 39 미만의 청년들이에요.

이들이 들어와서, 세습농들은 부모가 땅이 있고 농기계 있고 다 있어서 기반이 있지만 이들 새로운 도전을 하고자 하는 청년 귀농자들은 아무것도 가진 게 없어요. 이들에게 일할 수 있고 버틸 수 있는 것들을 근거를 마련해 줘야 됩니다. 이 농민기본소득 30만 원은 이들에게 큰 도움이 되리라고 생각합니다.

마치겠습니다.

○**위원장 어기구** 좋으신 말씀 감사합니다.

기업농·대농에서 중소농·가족농으로 농정 패러다임 전환을 위해 농민기본소득이 꼭 실현돼야 된다, 재원은 농업 예산 5% 증액 그리고 충당하자 이런 말씀이신 것 같습니다. 좋은 말씀 감사드리고요.

마지막으로 홍종민 대표님 진술해 주시기 바랍니다.

○**진술인 홍종민** 안녕하십니까? 먼저 이 자리에서 의견 제시 기회를 주신 여기 계신 분들과 관계자 분들에게 감사의 말씀을 드립니다.

그리고 짧은 식견으로 부족한 지식과 잘못 알고 있는 부분이 있다면 바로 시정하겠습니다.

저는 3대째 농업에 종사하며 2023년도 청년창업후계농 선정된 전업농 3년 차이자 어렸을 때부터 조부모님을 도와 농업에 종사한 지 직간접적으로 10년차, 멜론·토마토를 생산하는 안녕삼촌농부의 홍종민입니다.

80년 평생 농업에 종사하시며 몸 구석구석이 아프셔 거동이 불편한 지 오래되어 돌아가신 조부모님을 옆에서 모시며 상당한 일의 강도는 물론 평범한 직장인들처럼 휴일의 개념 없이 일만 하신 부분을 보고 경험했습니다. 그럼에도 제가 농업에 종사하고 있는 이유는 미래와 성장 가능성을 보았기 때문입니다.

30년 전에는 많은 농업인이 그랬던 것처럼 저희 조부모님도, 저도 직접 비닐하우스도 짓고 겨울철 눈이 오면 하우스 무너지지 않게 하우스에 쌓인 눈을 쓸곤 했습니다. 여전히 일부 농업인들은 그리하고 있는 것으로 알고 있습니다. 제가 어렸을 적 조부모님을 도울 때는 그 흔한 점적밸브가 없어 하우스 내 작물에 물을 줄 때마다 호스를 끈으로 묶었다 풀어 가며 일일이 변경한다고 뛰어다닌 기억도 있습니다. 지금은 이렇게 하시는 분들이 없으리라 믿고 없어야 합니다.

제가 구태여 이런 말씀을 드리는 이유는 경제가 발전되며 대량생산이 가능해진 제조업 기반의 산업 생태계가 있다고 봅니다 이는 기술개발을 통해 이루어진 현상으로 농업을 포함한 전 산업군에 해당한다고 생각합니다. 기본적으로 경제 성장에 따른 시장이 형성되었기에 가능하다고 보는데 다르게 말하면 돈을 주고 살 가치가 있는 상품으로 돈과 교환되는 물건들이 생긴 것이고 농업 또한 상당한 발전을 이루었다고 보고 있습니다. 소위 말하는 ICT 기술이 도입된 스마트팜 준공을 목전에 둔 저는 더욱 크게 느끼고 있습니다.

그럼에도 농업은 상당한 부분에서 사람이 해야 할 일의 비중이 다른 산업군에 비해 무척 높다고 생각합니다. 이는 어업도 다르지 않다고 생각합니다. 앞서 말씀드린 부분에 대한 이유는, 과거에서 현재로 오며 농업인이 더 잘살 수 있었던 것은 기술개발에 따른 시장 가치가 유효한 상품들이 나오면서 작업의 편의성과 강도가 줄어든 것이라고 생각해서입니다.

기술개발은 아시다시피 수많은 시행착오와 언제 유효한 상품이 나올지 모르는 상황에서 큰 자본을 필요로 합니다. 농업 최선진국이자 최고 기술을 갖고 있는 네덜란드에서 농업 AI 경진대회, 즉 AI 알고리즘을 통해 작물재배 최적의 환경을 갖춘 재배 시스템을 구축하는 대회로 우리나라에서도 개최하고 있는 것으로 알고 있습니다. 미국과 호주 등지에서는 토마토, 딸기 등의 수확로봇을 상용화하기 위해 기업들의 투자도 있고 사람이 필요 없는 자율주행 트랙터는 이미 상용화 단계에 접어들었다고 언론을 통해 들었습니다.

그럼에도 산업용 로봇 이용 세계 1위인 한국에서 농업용 로봇 상용화는 아주 먼 얘기일 것이다, 혹은 상업용으로 사용 가치가 없다라고들 일부는 말씀하십니다. AI, 로봇, 자율주행 등등 모두 막대한 자본을 바탕으로 한 전 세계 우수한 인재들이 만들어 낸 산물이며 이는 시쳇말로 돈이 되는 사업에 가장 먼저 적용될 것이고 그 말은 농업계, 특히 한국의 농업계에 언제 적용될지 모른다는 말로 해석할 수 있습니다. 어업은 더욱 열악하지 않을까 감히 말씀드립니다.

서두가 길었습니다. 과거 저희 조부모님이 해 오셨던 만큼의 작업 강도와 작업량을 지금 같은 작물을 재배하는 저는 하고 있지 않습니다. 이유는 앞서 말한 기술개발과 시장 경제에 맞춘 상품들이 작업 강도를 낮춰 주고 작업량을 줄여 주고 있기 때문이라고 봅니다.

혹자들은 현재 1.5세대를 넘어 2세대 스마트팜을 목표로 기술개발을 하고 있다고 보고 있는데 현장에서는 남의 일이라고 보고 있습니다. 이유는 여전히 농업인, 즉 사람이 직접 하지 않으면 할 수 없는 일들이 대다수이고 2세대 스마트팜 도입을 위해서는 엄청난 자본을 필요로 합니다. 그 정도 투자는 1차 농업 생산만으로 ROI가 불가능하다 말할 정도로 상당한 자본입니다. 심지어 2세대 스마트팜도 극히 일부 작물에서만 가능하며 상당수의 작물에는 상업성이 없다고 보고 있습니다.

이를 실현시킬 방법은 한 가지가 아닐까 감히 말씀드립니다. 기술개발을 위해서는 타 산업군에서 보여 줬던 것처럼 1. 자본, 2. 전문가, 3. 시장 생태계 구축이라고 생각합니다. 점적밸브 하나, 비료살포기 하나로 수많은 농업인의 작업량과 강도를 낮춰 준 것처럼 지금 대한민국에 필요한 투자는 지속가능한 농업을 위한 기술개발에 초점을 맞춰야 한다고 봅니다. 작업량과 강도가 줄어든 만큼 농업인들은 그 시간과 에너지로 효율적 경영체계 구축을 하고 지금보다 적은 생산비로 고품질 농산물과 높은 단위면적당 생산량을 통해 농업소득이 농업외소득보다 낮은 비이상적 농산업 구조를 바꿀 수 있다고 봅니다. 지금의 농업이 과거의 농업보다 높은 생산성과 농업소득이 올랐던 이유는 기술개발에 따른 1인당 경작 규모가 늘고 단위면적당 생산량과 품질 향상이라는 것은 이미 자료로 나와 있습니다.

오늘의 달콤한 마시멜로 하나로 비교할 수 있는 농어민수당보다 마시멜로를 생산할 수 있고 여러 가지 마시멜로 맛을 만들 수 있는 기술개발을 해 준다면 우리 농업인들이, 지금의 청년들이 저와 같은 농업의 미래와 성장 가능성을 보고 더욱 현명하게 농업에 종사해 대한민국 농업 생태계를 건강하고 지속가능하게 이끌 수 있다 믿습니다.

두서 없는 의견을 들어 주셔서 감사합니다.

○위원장 어기구 수고하셨습니다.

홍종민 대표께서는 지속가능한 농업을 위해서는 농어민기본수당 지급보다 스마트팜 등 기술개발에 초점을 맞춰야 된다라고 하면서 반대 의견을 주신 것 같습니다.

모두모두 수고하셨습니다.

다음은 위원님들의 질의 순서입니다. 질의는 신청하신 위원님들에 한해서 하시고 질의 시간은 5분 드리겠습니다.

송옥주 위원님 질의해 주시기 바랍니다.

○송옥주 위원 저는 경기 화성갑에 살고 있는 국회의원 송옥주라고 합니다.

네 분 진술인께서 좋은 진술 해 주셔서 감사말씀 드리고요. 저는 서봉균 정책실장님께 질의를 할까 합니다.

농어촌·농어민 기본소득 관련된 이게 제정안이지요. 제정법 관련된 부분들인데 정부 부처라든지 그런 데에서는 이게 직불제랑 중복되는 그런 제도인 것 같다라는 부정적인 의견도 있고요. 오늘 네 분의 진술인이 참석을 하셨는데 그중에 공교롭게도 청년농민들 께서 이 제도에 대해서 미래세대에 대한 부채나 빚으로 남을 수 있고 가닥이나 이런 가는 방향 자체가 부담스럽다라는 의견들을 좀 주신 것 같아요. 그래서 실장님께서 보기에 이 제도가 꼭 필요하고 이게 말씀하실 때나 실장님이 설명하실 때에는 청년들이 오히려, 실장님과 본부장님께서 말씀하실 때는 농촌에 정착하거나 이런 농촌과 고령농과 그리고 청년농이 같이 지속가능한 농촌을 위해서 꼭 필요한 제도라고 하는데 실제적으로 보면 실질적으로 이 혜택을 받아야 될 청년농들에 대한 이해는 많이 부족하다라는 생각이 들어서 어떤 입장이신지 말씀을 주시고요.

또 한 가지 짧게 말씀드리면 저희가 기초연금이 있잖아요. 그렇지요? 기초연금을 처음에 도입할 때 저 제도가 될까라는 의구심이 사실은 있었습니다. 그래서 그 당시에도 보편적 복지와 선택적 복지에 대한 의견들이 많다가 지금은 소득 하위 70%에 해당하는 선별적 복지가 되는 거지요. 기초연금을 지금 다들 혜택을 보고 있는 부분들이 있는데, 말씀하신 농어촌기본소득과 관련된 것은 농어촌에 거주하는 모든 사람을 대상으로 한다라고 하는데 모든 사람을 대상으로 하면 여러 가지 부분들에 대해서 약간 문제가 생길 수도 있을 것 같아요, 기초연금 주듯이. 그래서 그렇게 되면 여기도 보편적 복지와 선택적 복지 차원에서 보면 약간의 논란이나 협상의 거리가 생기지 않을까 하는 생각이 잠깐 들기는 합니다.

그래서 실장님께서 두 질문에 대해서 답변 주시기 바랍니다.

○**진술인 서봉균** 존경하는 송옥주 국회의원님, 좋은 질문 감사드립니다.

두 가지를 지금 질문해 주셨는데, 청년들의 미래 빚이 되지 않는가라고 말씀을 하셨는데 저는 오히려 좀 다르게 생각을 하고 있습니다.

빚이라고 하는 것은 투자와는 다르지요. 그러니까 저는 이렇게 말씀드리고 싶습니다. 아까 제가 서두에 대도시는 배 터져서 죽고 소도시는 배고파서 죽는다고 했지 않습니까? 그게 단순히 거기에서 그치는 것이 아니라 양쪽에서 문제점이 생기기 때문에 발생하는 사회적 비용이 굉장히 높습니다. 그런데 이것을 통해서 인구를 유입시키고 특히나 이미 도시 지역에서 생활 기반이 갖춰져 있기보다는 이동성이, 모빌리티가 더 강한 청년들이 어느 정도는 그래도 농어촌기본소득을 통해 가지고 농어촌 지역에 들어올 수 있다라고 한다면 그것은 인구 유입을 넘어서서, 그분들은 어차피 출생 가임시기이기도 하고 굉장히 그런 것들을 통해서 인구가 증가를 하게 되고 또 반면에 도시 지역의 사회적 비용은 줄어들게 되고 이런 것들을 통해서 저는 이것을 투자의 개념으로 보는 것도 좋지 않을까.

그러니까 보통 기업의 예를 들면 비용이라든지 이런 것들과는 다르게 우리가 공공 영역에서 어떤 것을 사용한다라고 하는 것은 사회적 비용이라든지 사회적 투자를 보기 때문이라고 생각을 합니다. 민간 부문에서는 사회적 비용과 사회적 투자를 볼 수가 없지요, 명확하게 되어 있는 것만 하기 때문에. 그것 때문에 저는 과감하게 농어촌기본소득은 투자의 개념이다, 투자의 개념이라는 것은 미래에 더 큰 것으로 돌아올 수 있다라는 이런 말씀을 드렸던 것이고요.

두 번째는 제가 죄송한데 뭘 말씀하셨는지……

○**송옥주 위원** 기초연금하고 비교를 하면 보편적 복지, 선택적 복지 차원에서 모든 농어촌 지역의 농어촌민들을 대상으로 해서 주는 부분들에 대해서는 나중에 약간의 시비가 생기지 않을까 하는 생각이 있다고 그 얘기를 하는 겁니다.

○**진술인 서봉균** 빠르게 말씀을 드리면 이렇습니다. 그러니까 기초연금과 농어촌기본소

득은 목적 자체가 다릅니다. 기초연금이라는 것은 우리나라를 위해서 희생을 하신 노인 분들에 대한 일종의 돌봄 보상 차원의 것이라고 한다면 농어촌기본소득은 아까 말씀드린 지역 소멸을 극복하고 국가균형발전을 이룬다는 것인데, 그런데 사실은 이게 여러 타 법들에도 많이 있습니다.

대표적인 우리나라의 공공부조 제도라고 하는 것이 국민기초생활 보장제도라는 것이 있습니다. 그렇지만 그럼에도 불구하고 추가적인 목적을 달성하기 위해서 예를 들면 한부모가족지원법이라든지 장애인연금법이라든지 이런 것들이 있습니다. 그런 국민기초생활 보장제도 법이 있음에도 불구하고 어떤 특정한 목적이 추가적으로 필요하다고 하면 거기에 따라서 얼마든지 법을 더 할 수도 있는 것이지요. 저는 그런 식으로 이해를 하고 있습니다.

○위원장 어기구 감사합니다.

다음은 이병진 위원님 질의해 주시기 바랍니다.

○이병진 위원 기조실장님, 죄송하지만 저 앞의 발언대로 나와 주시면 고맙겠습니다. 제가 안 보여서 보고 싶어서 그래요. 그러면 여기 정면으로 보일 것 같아요. 오래 앉아 있으면 다리 아프고 서서 대답하면 더 정신이 맑아질 겁니다.

우리 여야 의원 다섯 분이 낸 법안 제가 잘 봤습니다. 농림부의 입장은 찬성이다, 반대다?

○농림축산식품부기획조정실장 박수진 저희는 발의하신 법안에 대해서는 좀 신중한 검토가 필요하다는 입장입니다.

○이병진 위원 아니, 그런 얘기 말고 찬성이다 반대다?

○농림축산식품부기획조정실장 박수진 저희는 부정적입니다.

○이병진 위원 그러면 반대네요?

○농림축산식품부기획조정실장 박수진 예.

○이병진 위원 그렇지요. 그렇게 얘기하세요, 논의가 길어지면 안 되니까.

본질적이며 실질적인 질문을 드리겠습니다. 원천적인 질문, 농림부는 누구를 위해서 존재합니까?

○농림축산식품부기획조정실장 박수진 농업과 농촌 그리고 국민 전체를 위해서 일하는 기관이라고 생각을 합니다.

○이병진 위원 좋아요.

그러면 결국 그게 농촌 소멸과 식량안보를 지키기 위해서 농림부가 전투를 하겠다는 거지요?

○농림축산식품부기획조정실장 박수진 예, 맞습니다.

○이병진 위원 그런데 왜 반대했지요?

○농림축산식품부기획조정실장 박수진 그러니까 발의하신 내용을 보면 기본적으로 목적이 농업·농촌의 어떤 공익기능에 대한 보상 그리고 농업인 소득안정이 가장 큰 목적으로 알고 있고, 그런데 저희가 기존에 유지하고 있는 공익직불제가 같은 목적으로 운영을 하고 있는 제도입니다. 공익직불법도 보면 목적이 농업·농촌 공익기능 증진과 농업인 소득안정으로 되어 있습니다. 그래서 저희가 볼 때는 두 제도가 중복된다고……

○이병진 위원 그러면 중복되고 예산이 많이 들어간다는 그런 얘기네요. 그렇지요?

○농림축산식품부기획조정실장 박수진   예, 그렇습니다.

○이병진 위원   결국 항상 나오는 예산의 문제 아닙니까. 그렇지요? 그러면 농촌의 소멸이라든지 고령화 이런 것에 대한 획기적인 대책 있어요?

○농림축산식품부기획조정실장 박수진   농촌 고령화나 농촌의 소멸이나 이런 부분에 대한 대책들은 저희가 다른 방법으로 해야지 이게 기존의 공익직불제가 있는데 유사한 제도를 통해서 이렇게 해결하려고 하는 것은 적절치 않다고 생각을 하고 있습니다.

○이병진 위원   그건 언어의 유희고 대책도 없잖아. 가장 목전에 닥친 문제이기도 해요. 그런데 여야 의원 다섯 분이 이렇게 고심 끝에 의견을 냈다면 잘 선별해서 거기에서 가장 좋은 최적의 방안을 찾아서 내는 게 옳다, 틀리다? 그게 옳은 것 아니겠어요, 오히려 거기에 부합하면서? 반대를 위한 반대를 하고 있다라고 저는 느끼지 않을 수가 없어요.
　들어가 주세요.
　서봉균 실장님, 연천군의 농민기본소득 15만 원 그 효과는 어떻습니까?

○진술인 서봉균   그 효과는 첫 1년 동안은 상당히 좋은 효과를 거뒀습니다. 한 2년 정도까지는, 청산면 인구가 그 당시에 8%인가 늘었는데 청산면이 속해 있는 연천군 전체는 동시에 인구가 줄어들고 있는 상태에서 청산면만 인구가 늘었기 때문에 인구 유입의 효과는 상당했다라고 생각을 하고 있습니다.

○이병진 위원   존경하는 임미애 의원이 발의한 농어촌기본소득법 추계 예산이 17.4조지요, 들어가는 것?

○진술인 서봉균   예.

○이병진 위원   우리 금년도 예산이 673.3조 정도 될 거예요, 673.3조. 한 2% 되는 것 같아요.
　국방부 국방비가 61.6조예요, 61.6조. 그런데 정부가 경기를 살리기 위해서 상반기에 가용자원 총동원해서 투자하는 금액이 지금 한 18조 되거든요, 18조. 그러니까 경기가 안 좋아 가지고 다 가용해서 지금 한다는 말이지요. 마음만 먹으면 18조를 만들 수 있다는 거예요, 정부가. 그렇지요?

○진술인 서봉균   예.

○이병진 위원   그런데 내수 경제를 위해서 그렇게 만드는데 내수 경제 살리는 비용보다 우리 농촌, 우리 미래를 위한 예산이 더 적어요. 그렇지요?

○진술인 서봉균   그렇습니다.

○이병진 위원   우리의 끈이기도 하고 뿌리기도 한……

○진술인 서봉균   맞습니다.

○이병진 위원   그것에 대해서 어떻게 생각합니까?

○진술인 서봉균   정말 제가, 사실은 이것 하기 전에 옆에 계신 수산정책실장님하고 사담을 좀 나눴었는데 예산을 말씀을 또 하셨습니다. 공무원이시니까 그렇게 할 수밖에 없겠지만, 저는 정부 수립 이래 예산이 남아서 어떤 사업을 하는 경우는 단 한 번도 없었다고 생각을 합니다. 정책의 우선순위가 어떤 것이 중요하냐는 것이겠지요.
　제가 자주 드리는 말씀, 아까 기초연금을 잠깐 말씀드렸지만 기초연금이 처음에 2008년도에 기초노령연금으로 2조 8000억 원부터 시작을 했습니다. 그리고 중간에 박근혜정부 때 2014년도에 그때가 보시면 6조 9000억 원 그다음에 올해는 21조 7000억 원입니다.

처음에 시작했을 때도 어차피 우리나라가 고령화가 계속될 것이고 이것이 얼마나 급속하게 늘어날지에 대해서 농어촌기본소득과 똑같은 논란이 있었습니다.

그렇지만 왜 시작이 되고 지금 10배가 넘는 것이 늘어났음에도 불구하고 지금 잘 운용이 되고 있겠습니까. 이것은 예산이 남아서 그걸 하는 것이 아니라 대한민국에서 희생하신 노인분들은 그 정도 대우는 받아야 된다라는 사회적 합의 때문에 우리가 그렇게 한 것이라고 생각을 합니다. 농어촌기본소득도 똑같은 논리가 적용될 수 있다고 생각합니다.

○**위원장 어기구** 다음은 문대림 위원님, 임미애 위원님 이렇게 넘어가겠습니다.

문대림 위원님 질의해 주시기 바랍니다.

○**문대림 위원** 제가 농어민수당 지원법안을 발의한 의원입니다. 사실 이미 여러 지자체에서 농어민수당들을 지불하고 있고 그럼에도 불구하고 지방자치단체의 재정 여건에 따라 가지고 일률적이지 못합니다. 필요성은 인정하지만 형평성의 시비를 낳고 있다. 어쨌든 농어민·농어촌 소멸 위기로부터 농어촌을 지키기 위한 사회적 안전망이 필요하다라는 것에 대해서는 누구나가 동의할 것으로 저는 그렇게 생각을 합니다.

그리고 아까 발제에서도 나왔지만 우리가 이제 도시 가구의 60% 전후에 머무는 농가 소득 이것을 제고시키지 않으면 농가인구의 붕괴를 막을 수가 없다고 그렇게 저는 생각을 합니다. 그렇게 해서 어쨌든 농어민기본소득 내지는 이에 준하는 농어민수당의 법제화가 반드시 필요하다 이런 입장을 갖고 있습니다.

거듭 말씀드리지만 농어민수당과 관련해서는 지방정부에서 이미 실시하고 있기 때문에 행정 체제는 충분히 마련돼 있다고 본다. 이제 법률로서 받아 안아서 소위 얘기하는 국가 예산으로서 국가 재정을 통해서 농어촌 소멸을 막아 내는 그러한 보장 체계를 갖고 가야 된다라고 이런 생각을 말씀드리고요.

그리고 아까 홍종민 대표께서 말씀 주신 부분 문제의식에 저는 절대 공감합니다. 공감하고, 어쨌든 미래 농업의 발전을 위해서 기술 지원, 펀딩, 창업 생태계 이러한 것들을 구축하기 위한 정부의 과감한 투자 매우 필요하다라고 봅니다.

그럼에도 불구하고 어쨌든 ICT 기반의 스마트팜을 예를 든다고 하면 소위 얘기하는 기자재 그리고 관련 건축기술 이런 것들에 대해서 대한민국 농정이 상당히 뒤처져 있더라고요, 제가 봐도. 기자재는 유럽 쪽이 발전해 있고 건축기술은 중국 쪽이 발전해 있고 대한민국 정부는 바라만 보고 있는 이런 실정입니다.

그런데 저는 어쨌든 농어민기본소득이든 기본수당이든 기본적으로 보편적 혜택에 대한 관점이 있어야 될 거라고 봅니다. 그래서 어쨌든 홍종민 대표께서 말씀 주시는 내용하고 기본소득의 문제는 양자택일의 문제가 아니고 저는 이제 병립하고 가야 되는 것이다 이렇게 봅니다.

그리고 소위 얘기하는 농업의 ICT 기반의 기술 투자에 대한 혜택이 당장 보편성을 찾기 힘들 것이거든요. 여기에도 또 불평등의 문제를 낳기 때문에 저는 기본적으로 함께 가는 정책으로서 충분히 가능하다. 그리고 저의 수당 지원에 관한 법안의 예산 추계는 한 4조면 되더라고요. 그러니까 차이는 있겠는데 결국 선택의 문제라고 봐집니다. 그래서 이런 것들에 대해서 제가 홍종민 진술인에게 말씀드리는 것은 상호보완 정책이지 차별적인 것이 아니다 이런 말씀을 드리고 싶습니다. 이에 대해서 홍종민 대표는 어떻게 생각하십니까?

○**진술인 홍종민** 위원님, 답변 기회 주셔서 감사합니다.

 물론 매우 공감하는 바이고 저도 농어민수당을 받는 입장에서 상당히 유용하게 쓰고 있습니다. 생각보다 초기 정착이 매우 어렵습니다. 그래서 감사하게 쓰고 있는 부분이 있으나 제가 드리고사 했던 부분은 이게 참 같이할 수 있으면 좋을 텐데 저도 여기서……

○**문대림 위원** 결국 예산의 문제를 얘기하는 것 아닙니까?

○**진술인 홍종민** 예, 맞습니다. 저도 지금 사업을 하는 입장에서 한정된 자원으로 최대의 효율성을 나타내는 게……

○**문대림 위원** 실제로 그런 기술 투자, 벤처 생태계 이런 것들도 데스밸리라는 기간들이 있거든요. 3~7년을 잡습니다. 그런 기간 동안 누가 지지를 해 줍니까? 그래서 이 사회안전망은, 어쨌든 농업·농촌의 기본사회의 실현을 위한 안전망은 촘촘할수록 좋다 이런 생각을 갖는 게, 그런 욕심을 좀 부려 주시라 이런 말씀을 좀 드리고 싶어요. 이 돈이 이렇게 투자가 된다고 해서 어쨌든 기술 투자에 대해서 소홀해진다 이런 관점으로 보면 안 되신다 이런 말씀을 드리고 싶어요. 어떻게 생각하십니까?

○**진술인 홍종민** 예, 꼭 그렇게 해 주시면 너무 감사드리겠습니다.

 다만 제가 여기서 말씀드리고 싶었던 부분은 저도 지금 바우처라고 흔히 말하는 것을 지금 혜택을 받고 있는데 한 달에 100만 원이라는 금액은 매우 큽니다. 그래서 엄청나게 잘 쓰고 있으나 이게 한 달에 10만 원, 20만 원이 더 주어졌을 때 제가 여기서 과연 죽을 고비를 넘길 수 있냐 이게……

○**문대림 위원** 그러니까 이게 어쨌든 저희도 전통농업, 관행농법을 고수하고 키워 가는 것에 대해서 찬성하는 건 아니거든요.

○**위원장 어기구** 수고하셨습니다.

 다음은 임미애 위원님, 문금주 위원님 이렇게 가겠습니다.

 임미애 위원님 질의해 주시기 바랍니다.

○**임미애 위원** 홍종민 대표님, 바우처로 받으시니까 생활하는 데 실제로 도움이 많이 되시지요? 그렇지요?

○**진술인 홍종민** 예, 저 없었으면 아마 많이 힘들었을 것 같습니다.

○**임미애 위원** 최무순 대표님, 혹시 창농 준비하고 계신데 결혼하셨나요?

○**진술인 최무순** 아직 못 했습니다.

○**임미애 위원** 그러신가요?

○**진술인 최무순** 예.

○**임미애 위원** 저는 농어촌기본소득 법안을 발의한 사람입니다. 제가 왜 그 소득 법안을 발의했는지를 잠깐 먼저 말씀을 좀 드리면 좋을 것 같은데, 이 자리가 굉장히 재미있는 자리가 된 것 같아요.

 저는 30여 년 전에 농촌에 들어왔습니다. 들어와서 아이를 낳고 사는데 농업소득으로 먹고살기가 불가능했습니다. 그런데 농사라는 게 다달이 돈이 나오는 직업이 아니지 않습니까. 1년에 한 두어 번 나오는 직업인데 그러다 보니 살기가 너무 어려워서 저는 다달이 돈이 될 수 있는 농사라는 농사는 다 지어 봤습니다. 5월 달에 소득이 되는 것, 6월 달에 소득 되는 것, 7월 달에 소득 되는 것, 그러니 사람이 못 살겠더라고요. 그래도 살기 어려웠습니다.

아이가 태어났는데 저한테 가장 괴로웠던 건 다달이 내야 하는 3만 4000원의 의료보험료, 다달이 내야 하는 전기요금 그리고 가스요금 이런 것들이 저의 숨통을 막는 거였습니다. 거기다 아이가 태어나니까 한 달에 들어가는 분유비도 저한테는 '내가 이곳에서 계속 살 수 있을까'라는 나의 삶의 태도에 대해서 근본적으로 고민하게 되는 그게 걸림돌이 되더라는 겁니다.

월 10만 원이 삶의 질이 얼마나 나아지겠느냐라고 질문을 할 수도 있지만 그 당시 저는 '누가 나한테 한 달에 15만 원만 주면 내가 이 고통스러운 시간을 넘기고 그래도 농촌에 잘 정착할 수 있을 텐데'라는 간절한 생각을 가지고 있었습니다. 10만 원이든 15만 원이든 기본소득이 그것이 내 삶의 질을 확 낫게 하거나 이러지는 않습니다. 그렇지만 농촌에서 농사짓고 살고 싶어 하는 사람한테는 최소한의 정말 사는 것이 고통이 아니라 그래도 다달이 내가 가스요금도 내고 전기요금도 내고 수도요금도 내고 거기에 조금 된다면 의료보험료도 내고 하는 그 정도는 되겠더라라는 생각이 들어서 저는 농어촌기본소득에 대해서 일찌감치 필요하다. 30년 전에 귀농을 했으니까 저한테는 그게 꽤 오래된 거지요. 그러니까 결국 기본소득은 대한민국 국민으로서 최소한이 가능하게 해 주는 그런 소득이다라는 말씀을 좀 드리고 싶습니다.

우리가 지금 다양한 형태로 바우처를 합니다. 그리고 그것이 실제로 살아가는 데는 도움이 많이 됩니다. 신안군의 경우 재생에너지를 통해서 지역주민들한테 기본소득을 제공하고 있다고 합니다. 그런데 만약에 법이 정비가 되어 있지 않아서 기초지방자치단체에서 지역주민들을 대상으로 국가에 손을 빌리지 않고서도 기본소득 제도를 시행하고 싶은데 법이 정비되지 않아서 이것이 걸림돌이 된다면 만약 두 분의 경우는 이런 상황에서 어떻게 지방정부, 제가 군수라면 또 최무순 대표님이 군수라면, 홍종민 대표님이 군수라면 이런 상황에서 어떤 생각을 할 수 있을까요? 답변 좀 부탁드리겠습니다.

○진술인 최무순 위원님께서 그 취지에 대해서 설명해 주셔서 너무 감사드립니다. 저도 조금 더 잘 이해할 수 있는 계기가 된 것 같습니다.

그 부분에 대해서 충분히 공감을 하고 그런데 지금 농촌 같은 경우에 농촌 소멸에서 벗어나려면 청년들의 유입이 필수적입니다. 아마 그 부분에 대해서도 다들 공감을 하실 겁니다. 그러면 청년들이 거기로 들어가게 하려면 도대체 어떻게 해야 되느냐를 생각을 했을 때 사실 지금의 청년들은 대부분 도시에서 살면서 도시의 인프라에 다들 익숙해져 있습니다. 그런데 그런 청년들이 농촌으로 들어갔을 때 농촌에는 기존에 누리던 그런 인프라들이 없습니다. 거기서부터 먼저 청년들은 충격을 받게 되고……

○임미애 위원 인프라 구축……

○진술인 최무순 예, 인프라가 없게 되고 만약에 기본소득으로 보조를 해 준다면 정말 너무 좋을 것 같습니다. 그런데 그 금액이 사실상 위원님께서 말씀해 주신 15만 원 정도로는, 사실 저희들이 '15만 원 준다고 농촌에 들어갈래?' 하면 그것은 또 아닐 것 같다라는 생각이 들고……

계속 얘기해도 되는가요?

○위원장 어기구 얘기하세요.

○임미애 위원 예, 말씀하세요. 제가 말을 못 하는 거예요.

○진술인 최무순 그렇게 생각이 들고. 저는 무엇보다도 농촌에서 청년들이 새로운 라이

프 스타일을 찾을 수 있도록 그것에 대한 정책들이 부재한 점에 대해서도 많이 아쉬움을 느끼고 있고 무엇보다도 기본소득이 돼야 된다면 지금 법안에서 하고 있는 15만 원 너무 적습니다. 좀 많이 높여서 정말로 실질적으로 도움이 될 수 있는 금액이라야지 이게 효과가 날 수 있다고 생각하는데 그 작은 효과를 위해서 3조, 4조 원을 쓰기에는 솔직히 미래세대, 미래를 보고 있는 입장에서 굉장히 부담스럽게 생각합니다. 왜냐하면 나중에 결국에는 저희가 다 내야 되는 세금이지 않습니까. 그렇게 생각을 하고 있습니다.

○**임미애 위원** 그러니까 제가 드리고 싶은 얘기는 지방정부가 지방의 어떤 소득, 자원을 가지고 기본소득을 시행하고 싶은데 법이 정비되지 않아서 행위를 할 수가 없다면 그런 관점에서 본다면 이 기본소득을 어떻게 하겠느냐라는……

○**진술인 홍종민** 기회 주셔서 감사합니다.

저는 사실 지역에 따라서 기본 농어민소득이 다르다는 것에 대해서 되게 속상했습니다. 제가 살고 있는 지역이 다른 지역에 비해서 적다면 많이 억울할 것 같거든요. 왜 똑같은 농업인인데 단지 내가 살고 있다는 지역이 다른 지역보다 조금 예산이 부족하다 혹은 정책이 그렇지 않다라는 이유로 그 혜택을 못 받는다면 사실 매우 섭섭할 것 같고 화가 날 것 같습니다.

하지만 이게 바라보는 관점에 따라 다르다고 보는데 섭섭하겠지만 만약에 그 금액으로, 한정된 자원이다 보니 그 자원으로 다른 것들을 해서 오히려 그 지역에는 어떠한 것들이, 예를 들어 저 같은 경우는 충청남도인데 다른 예산을 다른 것을 통해서 청년들에 대해서 조금 더 혜택을 준다. 농업·농촌에 살고 있는 사람들에 대해서 또 다른 혜택을 주었다라고 보았을 때는 단순히 배만 아플 것 같지 않다는 생각을 갖고 있기 때문에 살고 있는 주민으로서는 좀 아쉽고 군수 입장으로서도 더 주고 싶지 못해서 아쉽지만 그러면 그 예산을 다른 방안으로 쓰게 된다면 훨씬 더 어떻게 보면 다른 결과가 나올 수도 있지 않을까라고 조금은 생각해 봤습니다.

○**위원장 어기구** 감사합니다.

다음은 문금주 위원님 질의하시겠습니다.

○**문금주 위원** 존경하는 임미애 위원이 제가 말씀드리고 싶은 내용을 말씀을 주셔서 저는 최무순 대표께 한두 가지만 확인을 좀 해 보겠습니다.

최무순 대표님은 우선 두 가지 이유로 좀 반대하는 입장을 피력해 주셨는데 거기에 보면 전제조건이 있는 것 같아요. 기본소득을 하게 됐을 경우 다른 예산이 줄어드는 것 아닐까. 또 하나는 우리가 정책을 함에 있어서 예를 들면 청년을 유입을 한다고 했을 때 기본소득만 가지고 청년을 유입하지는 않겠지요. 여러 가지 정책들이 이루어지는데 그중의 하나, 원 오브 뎀(one of them)이 기본소득일거예요. 그렇지요?

○**진술인 최무순** 예.

○**문금주 위원** 그래서 예를 들면 그 전제조건을 다른 예산은 건드리지 않고 우리 정책의 우선순위를 조정해서 다른 분야 우선순위를 조정해서 이 정도 제원을 순차적으로 마련을 해서 기본소득을 추가로 플러스알파로 드린다면 그래도 반대를 하시는 건 아니지요? 어쩐가요?

그리고 다른 청년농에 대한 여러 가지 정책들 이루어지는 가운데 플러스 기본소득이 이루어진다면 반대를 안 하시는 거지요??

○**진술인 최무순** 예, 물론 좋습니다. 그런데……

○**문금주 위원** 아까 15만 원이 아니라 더 많이 줬으면 좋겠다라는……

○**진술인 최무순** 예, 물론 주시는 것은 좋지만 그 효율성에 대해서는 분명히 비효율적이라는 것은 충분히 그렇게 생각을 하고 있습니다.

○**문금주 위원** 그런데 그런 비효율적이라는 전제가 제가 봐서는 좀 이해가, 아까 존경하는 윤미애 위원님이 말씀 주셨는데 또 그런 부분에서 보면 어찌 됐든 기본소득이라는 것은 필요한 거거든요. 그 부분은 충분히 이해를 하시는 거지요?

○**진술인 최무순** 예, 맞습니다. 아니면 차라리 저는 예를 들어서 3~4조 원이 있다고 한다면 지금 저희 청년들한테 굉장히 또 좋은 정책이 선임대후매도 제도가 있습니다. 농지를 정부에서 먼저 매입을 해서 그거에 대해서 저렴하게 청년들한테 임대를 해 주고 일정 시간이 지나면 그것을 저희가 매입할 수 있도록 해 주는 제도인데 차라리 거기에 좀 더 예산을 많이……

○**문금주 위원** 그러니까 그런 정책도 하고 계속 다른 정책도 하면서 플러스알파로 기본소득을 드린다면……

○**진술인 최무순** 제가 늘 듣기에는 예산이 부족해서 못한다고 들었는데 그렇게 가능하다면……

○**문금주 위원** 청년농 육성 이번에 자금 부족한 것도 제가 봤을 때는 정부가 경제정책 실패로, 조세정책 실패 때문에 세수펑크가 났잖아요. 작년, 재작년 합해서 86조가 펑크가 난 거거든요. 그것 때문에 지출 구조조정을 하다 보니까 그렇게 된 거거든요. 그런 상황이 없었다면 이번 청년농 영농자금 부족한 일은 벌어지지 않았을 텐데 그런 게 제대로 작동이 됐었더라면 이런 부분에 대해서는 굳이 반대하실 이유는 없을 것 아닙니까?

○**진술인 최무순** 예, 맞습니다.

○**위원장 어기구** 마무리했습니까?

감사합니다.

나머지 임호선 위원님 질의해 주시기 바랍니다.

○**임호선 위원** 기조실장님, 농민수당을 반대하는 이유가 지금 이게 직불제하고 상충되는 정책이라는 판단 때문이신가요? 그렇다면 너무 잘못된 판단 아닌가요?

이게 기본형 공익직불제 지급 대상자 같은 경우에는 사실은 후계농, 전업농 해 가지고 까다롭게 되어 있잖아요. 이게 지금 농민 258만을 대상으로 저희들이 기본소득을 다 지급하자고 하는 건데 전혀 성격도 다르고 내용도 다르고 또 예산 규모 같은 경우도 10만 원인 경우에는 1조 5000, 월 10만, 그러니까 2인 가족이면 월 20만, 예를 들어 20만 원을 지급했을 경우 월 40만 원을 기준으로 했을 경우에는 3조, 그 정도면 제가 볼때는 존경하는 임미애 위원님이 말씀 그리고 또 존경하는 차홍도 위원장님 말씀하신 이런 내용들이 다 충족이 될 수 있는 부분이거든요. 그러면 예산 범위도 그렇게 크지 않고 지급이나 이런 부분들도 그렇고 현재 각 지자체, 지금 충남 말씀하시는데 충남은 80만 원이거든요, 다른 지자체 같은 경우 대부분 다 60만 원이에요. 그리고 그것은 농민수당이 아니라 농가수당이에요. 연간 60만 원, 거기에 이제 충남 같은 경우는 80만 원을 지급하고 있습니다. 제가 자료를 다 받아봤는데……

그런데 이것을 예를 들어 10만 원이든 20만 원이든 지급하는 부분은 이게 직불제하고는 지급 대상이나 방식이나 이런 부분들이 전혀 다르다 하는 말씀에 동의하시나요?

○**농림축산식품부기획조정실장 박수진** 기본적으로 직불제는 농촌에서 실경작을 하는 농업인들이 기본적으로 대상이 되는 것이고요……

○**임호선 위원** 그러니까요. 그런데 직불제 때문에 농민수당을 지급할 수 없다라고 하는 논리는 제가 볼 때는 전혀 농민수당 지급하자고 하는 이런 기본소득론자—저를 포함해서—전혀 설득력이 없는 내용이다 하는 말씀을 좀 먼저 드리고 싶고요. 그 점은 나중에 이런 부분들, 오늘은 청문회자리지만 이제 법안심의 때는 좀 다듬어서 나오셨으면 하는 부탁말씀 드리겠고요.

그리고 최무순 대표님, 이제 어느 정도 나름대로 공감대가 형성이 되는 것 같은데 이게 청년농, 저희 같은 경우에는 잘 아시다시피 청년 영농정착지원사업 같은 경우에도 올해 같은 경우 사병들 월급이 200만 원을 넘었거든요. 그런데 영농정착지원사업 예산, 우리 장관님 이 자리에 계시는데도 말씀드렸습니다만 사병 월급만큼도 안 되는, 그 반밖에 안 되는 110만 원 첫해 주고 둘째 100만 원 주고 90만 원 주는, 월평균 100만 원 줘 가지고 3년 주고 3년을 의무 농사 지으라고요? 이것 누가 정착하겠습니까? 사병 월급만큼도 안 되잖아요. 제가 그 얘기 했거든요. 그리고 사병들은 옷 입혀줘, 재워줘, 밥 먹여줘, 다 하잖아요, 월급만 문제가 아니라.

그런데 왜 이 말씀을 드리는 거냐 하면 10만 원, 20만 원, 30만 원 이게 중요한 게 아니라 지금 60만 원을 법에 근거도 없이 법적근거는 없이 지자체에서 조례로 지금 60만 원씩 80만 원까지 지급을 하고 있는 거거든요. 법에 이런 근거조항을 담으면 농어촌수당이 됐든 우리 농민기본소득이 됐든 지급할 수 있는 국가책임이 법에 명시가 되는 거거든요. 그렇게 되면 국가와 지방자치단체가 50 대 50으로 하든 국가에서 100으로 하든 제가 말씀드린 3조, 20만 원의 경우에는 3조 예산은 50 대 50을 지자체하고 국가하고 나눠 부담할 때 그렇다는 얘기거든요. 그런데 예를 들어서 만약에 월 10만 원으로 한다고 하면 60만 원은 이미 지방예산에 담겨 있는 거예요. 그러니까 이게 청년농의 미래세대에 대해서 가중되는 게 전혀 아니다.

그리고 제가 볼 때는 여기 장관님한테도 말씀드렸습니다만 지금 농민 현실을 들어가 보면 최저생계비에도 못 미칩니다. 최저생계비만 150만 원 되거든요, 가구당. 그런데 월 150만 원 되는 농가가 어디 있어요. 농업 외 소득 그러니까 어디 요양원 가 가지고 요양사 하고 이런 식으로 해 가지고 그것도 일정소득기준이 넘으면 여성 농민 같은 경우에는 농민 자격을 잃어요. 너무 잘못된 것 아니에요? 이런 부분들까지 조금 더 폭넓게 깊이 있게 이해해 주셨으면 감사하겠다는 말씀 드리겠습니다. 정부도 마찬가지고요.

○**위원장 어기구** 수고하셨습니다.

다음은 마지막으로 이원택 간사님 질의하시겠습니다.

○**이원택 위원** 저는 농어촌기본소득과 관련해서 조금 다른 관점에서 한번 접근을 해 보고 싶습니다.

기조실장님께 좀 질의를 하겠습니다.

우리 대한민국이 글로벌 Top 10 국가잖아요 그렇지요?

○**농림축산식품부기획조정실장 박수진** 예.

○**이원택 위원** 그래서 앞으로 미래에도 글로벌 Top 10 국가를 유지하면서 지속성장하

려면 우리나라의 내수시장 규모가 적정 규모가 어느 정도 되어야 된다고 보고 있습니까? 내수시장은 곧 인구일 텐데 인구가 수요를 창출하기 때문에 어느 정도 인구여야 된다고 생각하십니까?

○**농림축산식품부기획조정실장 박수진** 최소한 현재 수준의 인구가 유지가 되어야 된다고 생각합니다.

○**이원택 위원** 그러면 축소사회를 인정하는 건 아니네요. 그렇지요? 현재를 유지해야 된다는 거잖아요. 지금 농어촌은 사실 농어촌에서 인력이 지금 도시로 다 가고 있는 것 아니겠습니까? 도시에 인력을 공급해 주는 역할을 하고 있습니다. 도시하고 농어촌을 비교하면 출생률이 다르지요. 농촌이 출생률이 많이 있습니다. 높고 또 도시는 낮습니다. 그렇잖아요?

저는 우리가 적어도 인구 5000만 원을 유지하면서 글로벌 Top 10 국가로 가려면 사실 인구감소, 지방소멸을 막아야 된다이렇게 보고 있습니다. 내가 농촌에 가서 어떤 정체성을 갖고 살 거냐 그리고 나의 기술력, 나의 재배능력 또 그 주변에 생태계를 구축하는 것은 본질적으로 해야 됩니다. 그것을 반대하는 게 아닙니다. 그것은 누구나 다 추구해야 할 핵심적인 거다 이렇게 보고 있습니다. 다만 농어촌이 갖고 있는 위치에 대해서 설명을 드리려고 하는 겁니다. 우리가 글로벌 Top 10 국가로 계속 유지하려면 인구 5000만을 유지해야 되고요. 또 하나는 앞으로 자동화, AI기술이 아마 발전하게 될 겁니다. AI가 지금보다 몇 배 빠른 속도로 발전하게 될 겁니다. 자동화나 로봇화가 많이 될 거예요. 그때 인간의 역할은 뭐냐라는 거거든요.

그런데 일부 거대기업들은 돈을 벌 겁니다. 글로벌 차원에서 돈을 벌 거예요. 왜냐하면 전체적으로 글로벌 차원에서 인구가 줄더라도 그게 거대시장이니까. 그러나 국가로 보면 또는 지방으로 보면 그 AI 거대기업들이 많은 생산성을 독차지하게 되는 겁니다. 그렇지 않겠어요? 나머지는 거대기업의 고용노동자인데 그것도 아마 적지 않겠습니까?

그러면 결국 축소사회로 가야 되는 것 아니냐라고 하는 거지요. 인구가 감소되고 줄어들 수밖에 없는 것 아니냐라는 건데 우리나라의 발전전략을 인구를 유지하고 끌고 가려고 한다면 적어도 수도권 중심의 일극체제에서 벗어나서 농어촌지역에서 살고 있는 사람들의 어떤 삶의 기본조건을 지탱할 수 있고 버팀목이 될 수 있는 그런 기본 바탕이 만들어지지 않으면 농어촌에 있는 사람들은 농어촌에 가서 좀 도전해 볼까 오다가 일부 성공하는 사람은 남고 나머지는 또 다시 도시로 돌아가고 일부 성공하는 사람 남고 다시 도시로 돌아가고 그래서 더 소멸되어 가는 과정으로 갈 거다. 그래서 농어촌지역에 사실 강한 어떤 방어선, 저지선을 주지 않으면 안 된다라는 거고요. 저는 그게 AI가 발전하는 속도를 놓고 볼 때도 그렇고 우리가 글로벌 Top 10 국가로서 내수시장을 유지하려면 결국 그게 인구인데 그 인구를 어떻게 할 거냐라는 거지요. 수도권은 들어 오면 경쟁이 치열해서 아예 한 명도 안 오는 상황과 구조인데 그런 것 아닙니까. 그렇잖아요?

그래서 저는 우리나라의 국가비전 차원에서라도 농어촌에 살고 있는 사람한테 예를 든다면 고기를 잡아서 주는 게 아니라 고기를 잡는 방법을 알려 줘야 된다고 아까 두 분 말씀하시는 것 같아요. 그것 100% 본질적인 대답이니까 오케이. 그러나 농어촌지역에 전체직인 방어선을 구축해 줘야 된다. 이게 이제 기본소득이다라고 저는 보입니다. 그렇지 않으면 더 빨리 가속하게 무너질 거다 이렇게 보고 있습니다. 농어촌에서 일부 경쟁력 있는 사람들은 살아남겠지요. 그래서 인구가 한 15년, 20년 지나면 농어촌 지금 200만에서 30만, 50만으로 농촌인구 줄겠지요. 제가 볼 때는 아마 농업인구 줄 겁니다. 줄 수밖에 없을 거예요. 과연 그게 우리가 지향하는 사회인지라는 것을 저는 물어보고 있는 겁니다. 그것을 막을 수 있는 기제, 방법, 이런 수단으로써의 농어촌기본소득을 말씀드리는 거고요.

다만 이게 1인당 15만 원, 이건 사실 껌값도 아니고 뭣도 아니잖아요. 그러나 저는 이런 1인당 15만 원이 적정하지 않다고 보고 있습니다. 이건 좀 더 올라가야 겠지요. 그러나 나한테는 15만 원이지만 지금……

1분만 더 주세요.

지금 우리 군에 있는 인구 전체에다가 15만 원 곱해 보세요. 그리고 열두 달을 곱해 보세요. 그러면 지역경제가 선순환이 됩니다. 사실 소비부터 여러 가지 선순환이 되는 거거든요. 지역경제가 선순환이 되면 거기에 젊은 친구를 포함해서 다양한 사람들이 그 생태계에서 생존해 갈 수 있는 겁니다, 이제 그러는 거고.

사실 최종적으로는 아까 기초생활수급자 수준의 150만 원이다 이게 적정 수준은 어디일지는 모르지만 적어도 우리가 글로벌 Top 10 국가로 가기 위한 인구 5000만 정도를 유지하려면 지금 아마 15년 후 정도면 인구가 2040년에 가면 한 600만 주는 걸로 인구감소 통계가 있을 겁니다. 눈앞에 와 있거든요. 그리고 2050년 가면 800에서 1200만이 주는 것으로 나옵니다, 25년 후에요. 그러면 농촌인구는 제가 볼 때는 아마 아작날 겁니다. 그래서……

(발언시간 초과로 마이크 중단)

(마이크 중단 이후 계속 발언한 부분)
방어기제로서의 기본소득을 좀 검토를 정부도 해 주셨으면 좋겠고 여기에 계신 참고인들도, 진술인들도 한번 검토해 주셨으면 좋겠다 이 말씀 드립니다. 제가 일방적으로 말씀드려서 그렇습니다.

기조실장님, 한번……

○농림축산식품부기획조정실장 박수진 제가 잠깐 답변을……

○이원택 위원 예.

○농림축산식품부기획조정실장 박수진 위원님 말씀 취지라든지 방향에 대해서는 저희도, 그러니까 농촌에 사람이 들어오고 사람이 살 수 있게, 정착해서 살 수 있게 만들어야 된다는 부분에 대해서는 저희도 전적으로 공감하고. 그래서 농촌 소멸 대책이라든지 그다음에 정부 전체적으로는 인구감소지역에 대한 대책들을 만들고 있는데요. 다만 그 방법론 차원에서 기본소득, 어차피 재원이 한정돼 있는 부분들은 현실로 저희가 받아들일 수밖에 없는 것이고 한정된 재원하에서 어떤 방법이 가장 효과적인 것인가 이런 부분들은 좀 저희가 고민을 해야 되는 것이고.

앞서 진술인들이 말씀을 하셨듯이, 그러니까 저희가 재원이 무한정하지 않기 때문에 지역의 생활 인프라를 개선한다든지 아니면 지역에 투자가 될 수 있는 여건을 만든다든지 이런 부분들이 오히려 사람들이 더 들어와서 정착할 수 있는 데는 도움이 될 수 있지 않을까 이런 생각이 들고요.

그다음에 직불제가 만약에 미흡하다면 그것을 좀 보완을 해서 해결을 하려고 하는 게 저희는 더 바람직하지 않을까 이렇게 생각을 하고 있습니다.

○**이원택 위원** 제가 볼 때는 아까 국가 예산의 지금 2.7%잖아요? 농업예산이 이점 몇 %지요?

○**농림축산식품부기획조정실장 박수진** 2.9%입니다.

○**이원택 위원** 2.9%잖아요. 저희 민주당이 국가 예산, 농업예산 5% 정도까지 확대해야 된다고 주장을 하거든요. 그 주장을 하고 있습니다. 그러면 한 13조 정도가 늘어나는 거예요. 단계적으로 늘어나겠지만 13조 정도의 재원을, 예를 든다면 불과 20년 전에 그 정도 됐잖아요? 국가 예산의 5% 정도 된 적이, 계속 줄어 왔잖아요. 그렇지요? 국가 예산에 농업예산이 5% 된다고 해서 나라가 망하지 않습니다. 70년대·80년대·90년대 다 그렇게 5% 이상 유지됐었습니다. 그러나 계속 줄어 온 거지요, 이것은.

그래서 이 부분에 대해서 농촌의 지위와 역할을 어떻게 정부가 바라볼 거냐라는 거고요. 그런 점에서 기본소득도 하나의 방어기제다. 이것이 만능이라는 것 아닙니다. 하나의 방어기제다라는 거고, 다만 아까 정주여건도 개선해 줘야 되고 청년들이 와서 놀고……

(발언시간 초과로 마이크 중단)

(마이크 중단 이후 계속 발언한 부분)

먹을 수 있는 정주여건도 개선해 줘야 되고 아까 기술력도, 자본력도 줘야 되고 정책금융도 줘야 되고 이런 게 있지요. 그런데 정부 전체적으로 농어촌의 전략적 지위를 어떻게 판단할 거냐를 보고 국가 예산 배정을 해야 된다 저는 그렇게 봅니다.

○**위원장 어기구** 법률안 심사 과정에서 또 심도 있는 논의를 해 주시기 바라고요.

오늘 좋은 말씀들 많이 나온 것 같습니다. 농어민 기본소득으로 할 거냐, 농어촌 기본소득으로 할 거냐 명칭 문제부터 농어민 수당과 공익직불제 등 다른 제도와의 중복 상충 문제, 또 기본소득 역시 가장 크게 대두되는 재정 문제까지 많은 토론이 있었습니다.

더 이상 질의하실 위원님이 안 계시므로 농어민 기본소득 관련 법률안에 대한 공청회를 마치도록 하겠습니다.

진술인들께서 진술하신 의견과 오늘 토론 내용은 우리 위원회에서 법률안 심사 과정에 참고하여 심도 있게 논의하도록 하겠습니다.

오늘 참석해 주신 진술인들께 진심으로 감사의 말씀을 드립니다.

질의 도중에 본 위원장을 포함하여 송옥주 위원님, 이원택 위원님, 주철현 위원님, 윤준병 위원님, 서삼석 위원님으로부터 서면질의가 제출되었습니다.

해당 기관장께서는 서면질의에 대한 답변서를 성실히 작성해서 일주일 이내에 제출해 주시기 바랍니다.

서면질의와 서면답변은 회의록에 게재토록 하겠습니다.

이상으로 오늘 회의를 모두 마치겠습니다.

위원님 여러분 수고 많으셨습니다.

오늘 출석해 주신 진술인, 기관장 및 관계 직원 여러분, 위원회 사무처 직원을 비롯한 의원실 보좌진 여러분, 방송 관계자 여러분 모두모두 수고 많으셨습니다.

　산회를 선포합니다.

(18시43분 산회)

....

참고인 명단
참고인(4인)

성명	직업	출석요구일
강마야	충남연구원 연구위원	
강정현	한국농촌지도자중앙연합회 사무총장	2025. 3. 6.
오주병	군산시농민회 부회장	
이명기	한국농촌경제연구원 선임연구위원	

○**출석 위원(14인)**

　문금주　문대림　서삼석　송옥주　어기구　윤준병　이병진　이원택　임미애　임호선
　전종덕　정희용　조경태　주철현

○**청가 위원(1인)**

　서천호

○**출석 전문위원**

　수석전문위원　최용훈

　전문위원　최선영

　전문위원　임재금

○**정부측 및 기타 참석자**

　농림축산식품부

　　장관　송미령

　　차관　박범수

　　기획조정실장　박수진

　　정책기획관　김정주

　　농업정책관　윤원습

　해양수산부

　　장관　강도형

　　차관　송명달

　　기획조정실장　이시원

　　수산정책실장　홍래형

　　정책기획관　권순욱

　해양경찰청

　　청장　김용진

　　경비국장　여성수

○**출석 참고인**

　강마야(충남연구원 연구위원)

강정현(한국농촌지도자중앙연합회 사무총장)
오주병(군산시농민회 부회장)
이명기(한국농촌경제연구원 선임연구위원)
○**출석 진술인**
서봉균(농어촌기본소득운동전국연합 정책실장)
최무순(무순농장 대표)
차홍도(농민기본소득전국운동본부 상임운영본부장)
홍종민(안녕삼촌농부 대표)

【보고사항】
○**의안 회부**
항만법 일부개정법률안
(2025. 2. 17. 허종식 의원 대표발의)(의안번호 2208193)
도시숲 등의 조성 및 관리에 관한 법률 일부개정법률안
(2025. 2. 17. 조경태 의원 대표발의)(의안번호 2208202)
　이상 2건 2월 18일 회부됨
동물보호법 일부개정법률안
(2025. 2. 18. 이상휘 의원 대표발의)(의안번호 2208230)
농약관리법 일부개정법률안
(2025. 2. 18. 서삼석 의원 대표발의)(의안번호 2208235)
수산자원관리법 일부개정법률안
(2025. 2. 18. 서삼석 의원 대표발의)(의안번호 2208237)
해상대중교통 육성 및 지원에 관한 법률안
(2025. 2. 18. 서삼석 의원 대표발의)(의안번호 2208248)
　이상 4건 2월 19일 회부됨
농업·농촌 및 식품산업 기본법 일부개정법률안
(2025. 2. 20. 윤준병 의원 대표발의)(의안번호 2208294)
양곡관리법 일부개정법률안
(2025. 2. 20. 윤준병 의원 대표발의)(의안번호 2208296)
굴 산업 진흥 및 지원에 관한 법률안
(2025. 2. 20. 정점식 의원 대표발의)(의안번호 2208310)
　이상 3건 2월 21일 회부됨
소나무재선충병 방제특별법 일부개정법률안
(2025. 2. 21. 이만희 의원 대표발의)(의안번호 2208321)
동물보호법 일부개정법률안
(2025. 2. 21. 이만희 의원 대표발의)(의안번호 2208323)
전통주 등의 산업진흥에 관한 법률 일부개정법률안
(2025. 2. 21. 윤준병 의원 대표발의)(의안번호 2208328)
항만안전특별법 일부개정법률안
(2025. 2. 21. 이병진 의원 대표발의)(의안번호 2208343)

이상 4건 2월 24일 회부됨

동물보호법 일부개정법률안

(2025. 2. 24. 이춘석 의원 대표발의)(의안번호 2208372)

농수산물 유통 및 가격안정에 관한 법률 일부개정법률안

(2025. 2. 24. 조경태 의원 대표발의)(의안번호 2208378)

이상 2건 2월 25일 회부됨

농수산물 유통 및 가격안정에 관한 법률 일부개정법률안

(2025. 2. 25. 이원택 의원 대표발의)(의안번호 2208410)

2월 26일 회부됨

농업협동조합법 일부개정법률안

(2025. 2. 26. 김선교 의원 대표발의)(의안번호 2208459)

2월 27일 회부됨

산림자원의 조성 및 관리에 관한 법률 일부개정법률안

(2025. 2. 27. 김동아 의원 대표발의)(의안번호 2208521)

산림자원의 조성 및 관리에 관한 법률 일부개정법률안

(2025. 2. 27. 이만희 의원 대표발의)(의안번호 2208525)

농업협동조합법 일부개정법률안

(2025. 2. 27. 이만희 의원 대표발의)(의안번호 2208532)

귀농어·귀촌 활성화 및 지원에 관한 법률 일부개정법률안

(2025. 2. 27. 한병도 의원 대표발의)(의안번호 2208534)

농어촌 빈집정비에 관한 특별법안

(2025. 2. 27. 이만희 의원 대표발의)(의안번호 2208561)

이상 5건 2월 28일 회부됨

○관련의안 회부

조세특례제한법 일부개정법률안

(2025. 2. 17. 이만희 의원 대표발의)(의안번호 2208222)

국가재정법 일부개정법률안

(2025. 2. 17. 이만희 의원 대표발의)(의안번호 2208223)

이상 2건 2월 18일 의견제시기간을 소관위원회의 심사의결일 전일까지로 정하여 회부됨

관광진흥법 일부개정법률안

(2025. 2. 19. 이만희 의원 대표발의)(의안번호 2208267)

지방세특례제한법 일부개정법률안

(2025. 2. 19. 이만희 의원 대표발의)(의안번호 2208270)

조세특례제한법 일부개정법률안

(2025. 2. 19. 이만희 의원 대표발의)(의안번호 2208280)

이상 3건 2월 20일 의견제시기간을 소관위원회의 심사의결일 전일까지로 정하여 회부됨

지방세특례제한법 일부개정법률안

(2025. 2. 20. 이만희 의원 대표발의)(의안번호 2208302)

2월 21일 의견제시기간을 소관위원회의 심사의결일 전일까지로 정하여 회부됨

재난 및 안전관리 기본법 일부개정법률안

(2025. 2. 24. 윤준병 의원 대표발의)(의안번호 2208366)

제약바이오헬스산업 진흥 및 역량 강화를 위한 특별법안

(2025. 2. 24. 정일영 의원 대표발의)(의안번호 2208375)

중부권 거점 청주국제공항 활성화 지원에 관한 특별법안

(2025. 2. 24. 송재봉 의원 대표발의)(의안번호 2208386)

　이상 3건 2월 25일 의견제시기간을 소관위원회의 심사의결일 전일까지로 정하여 회부됨

제423회 국회
(임시회)

외교통일위원회회의록
(법안심사소위원회)
(임시회의록)

제 1 호

국 회 사 무 처

일   시   2025년3월6일(목)

장   소   외교통일위원회소회의실

의사일정

1. 2012년 12월 11일 서울에서 서명된 대한민국 정부와 키르기즈공화국 정부 간의 소득과 자본에 대한 조세의 이중과세 방지와 탈세 예방을 위한 협정을 개정하는 의정서 비준동의안 (의안번호 2207717)
2. 대한민국 정부와 바레인왕국 정부 간의 투자의 증진 및 보호를 위한 협정 비준동의안(의안번호 2207714)
3. 대한민국과 안도라공국 간의 소득에 대한 조세의 이중과세 방지와 탈세 및 조세 회피의 예방을 위한 협약 비준동의안(의안번호 2207713)
4. 해양법에 관한 국제연합협약에 따른 국가관할권 이원지역의 해양생물다양성 보전 및 지속가능한 이용에 대한 협정 비준동의안(의안번호 2208169)
5. 한반도 평화를 위한 한미동맹 지지 결의안(김병주 의원 등 82인 발의)(의안번호 2207678)
6. 굳건한 한미동맹 관계 지속발전 지지 결의안(김건 의원 등 108인 발의)(의안번호 2207927)
7. 국제개발협력기본법 일부개정법률안(권칠승 의원 대표발의)(의안번호 2204968)
8. 국제개발협력기본법 일부개정법률안(민형배의원 대표발의)(의안번호 2206598)
9. 국제개발협력기본법 일부개정법률안(윤후덕 의원 대표발의)(의안번호 2207253)
10. 국제개발협력기본법 일부개정법률안(최보윤 의원·서미화 의원 대표발의)(의안번호 2206472)
11. 여권법 일부개정법률안(김성원 의원 대표발의)(의안번호 2206578)
12. 여권법 일부개정법률안(민형배의원 대표발의)(의안번호 2207039)
13. 여권법 일부개정법률안(박용갑 의원 대표발의)(의안번호 2206450)
14. 여권법 일부개정법률안(한정애의원 대표발의)(의안번호 2203018)
15. 해외긴급구호에 관한 법률 일부개정법률안(윤후덕의원 대표발의)(의안번호 2207254)
16. 해외긴급구호에 관한 법률 일부개정법률안(차지호의원 대표발의)(의안번호 2203063)
17. 해외긴급구호에 관한 법률 일부개정법률안(윤후덕의원 대표발의)(의안번호 2207342)
18. 해외긴급구호에 관한 법률 전부개정법률안(이재정의원 대표발의)(의안번호 2204092)
19. 공공외교법 일부개정법률안(김건 의원 대표발의)(의안번호 2206809)
20. 공공외교법 일부개정법률안(한정애의원 대표발의)(의안번호 2202307)
21. 국제연합 평화유지활동 참여에 관한 법률 일부개정법률안(추미애의원 대표발의)(의안번호 2205303)

22. 독도 및 동해의 영토주권 수호에 관한 법률안(조국 의원 대표발의)(의안번호 2204899)
23. 외무공무원법 일부개정법률안(한정애의원 대표발의)(의안번호 2205877)
24. 한국국제교류재단법 일부개정법률안(김성원 의원 대표발의)(의안번호 2206577)
25. UN 경제적 사회적 및 문화적 권리에 관한 국제규약 선택의정서 비준 촉구 결의안(김예지 의원 등 47인 발의)(의안번호 2207186)
26. 러시아-우크라이나 전쟁 종식과 우리 정부의 살상용무기 지원 및 파병 등 일체의 전쟁 개입을 반대하고 평화적 해결 및 인도적 지원을 촉구하기 위한 결의안(이언주 의원 등 74인 발의)(의안번호 2206032)
27. 명성황후 살해에 사용된 히젠도 처분 촉구 결의안(임미애 의원 등 27인 발의)(의안번호 2207249)
28. 장생 탄광 수몰 사고 진상규명과 희생자 유해발굴 및 봉환을 위한 일본 정부와 국제사회의 노력 촉구 결의안(김준혁 의원 등 33인 발의)(의안번호 2207447)
29. 한반도의 항구적 평화 유지와 국민의 안전보장을 위한 자위권적 핵무장 촉구결의안(김기현 의원 등 12인 발의)(의안번호 2205464)
30. 재외동포기본법 일부개정법률안(김건 의원 대표발의)(의안번호 2206354)
31. 재외동포기본법 일부개정법률안(김기현 의원 대표발의)(의안번호 2206675)
32. 재외동포기본법 일부개정법률안(이용선 의원 대표발의)(의안번호 2207462)
33. 군사정전에 관한 협정 체결 이후 납북피해자의 보상 및 지원에 관한 법률 일부개정법률안(김건 의원 대표발의)(의안번호 2205213)
34. 북한이탈주민의 보호 및 정착지원에 관한 법률 일부개정법률안(김건의원 대표발의)(의안번호 2205836)
35. 북한이탈주민의 보호 및 정착지원에 관한 법률 일부개정법률안(박지원의원 대표발의)(의안번호 2205009)
36. 북한이탈주민의 보호 및 정착지원에 관한 법률 일부개정법률안(박충권의원 대표발의)(의안번호 2205888)
37. 북한이탈주민의 보호 및 정착지원에 관한 법률 일부개정법률안(박충권의원 대표발의)(의안번호 2206182)
38. 북한이탈주민의 보호 및 정착지원에 관한 법률 일부개정법률안(한정애의원 대표발의)(의안번호 2205603)
39. 북한이탈주민의 보호 및 정착지원에 관한 법률 일부개정법률안(안상훈의원 대표발의)(의안번호 2206803)
40. 통일교육 지원법 일부개정법률안(김기현 의원 대표발의)(의안번호 2205530)
41. 통일교육 지원법 일부개정법률안(윤후덕 의원 대표발의)(의안번호 2202762)
42. 6·25전쟁 납북피해 진상규명 및 납북피해자 명예회복에 관한 법률 일부개정법률안(김병기 의원 대표발의)(의안번호 2204909)
43. 6·25전쟁 납북피해 진상규명 및 납북피해자 명예회복에 관한 법률 일부개정법률안(구자근 의원 대표발의)(의안번호 2200917)
44. 남북교류협력에 관한 법률 일부개정법률안(김건 의원 대표발의)(의안번호 2205834)

45. 남북협력기금법 일부개정법률안(박정 의원 대표발의)(의안번호 2205501)

46. 남북협력기금법 일부개정법률안(인요한의원 대표발의)(의안번호 2207184)

47. 북한인권법 일부개정법률안(김용태 의원 대표발의)(의안번호 2205518)

48. 북한인권법 일부개정법률안(추경호 의원 대표발의)(의안번호 2205685)

49. 북한인권법 일부개정법률안(김기웅 의원 대표발의)(의안번호 2202369)

50. 남북관계 발전에 관한 법률 일부개정법률안(김영배의원 대표발의)(의안번호 2206526)

51. 남북관계 발전에 관한 법률 일부개정법률안(권영세의원 대표발의)(의안번호 2200075)

52. 남북관계 발전에 관한 법률 일부개정법률안(김준형의원·김태년 의원 대표발의)(의안번호 2203042)

53. 남북관계 발전에 관한 법률 일부개정법률안(박지혜의원 대표발의)(의안번호 2200976)

54. 남북관계 발전에 관한 법률 일부개정법률안(신정훈의원 대표발의)(의안번호 2202006)

55. 남북관계 발전에 관한 법률 일부개정법률안(양부남의원 대표발의)(의안번호 2204535)

56. 남북관계 발전에 관한 법률 일부개정법률안(위성락의원 대표발의)(의안번호 2201667)

57. 남북관계 발전에 관한 법률 일부개정법률안(윤종오의원 대표발의)(의안번호 2205273)

58. 남북관계 발전에 관한 법률 일부개정법률안(윤후덕의원 대표발의)(의안번호 2200612)

59. 남북관계 발전에 관한 법률 일부개정법률안(이용선의원 대표발의)(의안번호 2201309)

60. 남북관계 발전에 관한 법률 일부개정법률안(이재강의원 대표발의)(의안번호 2200434)

61. 남북관계 발전에 관한 법률 일부개정법률안(조국 의원 대표발의)(의안번호 2202149)

62. 남북관계 발전에 관한 법률 일부개정법률안(한정애의원 대표발의)(의안번호 2201752)

63. 남북관계 발전에 관한 법률 일부개정법률안(황명선의원 대표발의)(의안번호 2202862)

64. 남북교류협력에 관한 법률 일부개정법률안(이인영의원 대표발의)(의안번호 2205042)

65. 남북교류협력에 관한 법률 일부개정법률안(이재강의원 대표발의)(의안번호 2204365)

상정된 안건

(14시21분 개의)

○**소위원장 김건** 의석을 정돈하여 주시기 바랍니다.

성원이 되었으므로 제423회 국회(임시회) 외교통일위원회 제1차 법안심사소위원회를 개의하겠습니다.

본격적인 안건 심사에 앞서 소위 위원님들께 안내말씀 드리겠습니다.

오늘 의사일정 제6항, 제17항, 제50항 및 제64항 이상 4건의 일부개정법률안은 국회법 제58조제4항에 따라 여야 간사 간 협의로 소위원회에 직접 회부하여 같이 심사하게 되었음을 알려 드립니다.

그러면 안건 심사를 시작하기 전에 먼저 인요한 위원님 의사진행발언해 주십시오.

○**인요한 위원** 짧게 말씀드리겠습니다.

제가 30년 전에 앰뷸런스를 제대로 대한민국에 맞는 걸 만들었는데 그 앰뷸런스가 법이 안 돼 가지고 심폐소생이 불가능한 앰뷸런스로 돼 버렸어요. 그래 가지고 너무…… 이것 회의록 기록할 필요 없습니다. 그래서 12인승 승합차가 안 좋아서 이번에 법을 만들어서 제대로 된 앰뷸런스가 나와요. 앞으로는 법으로 이걸 규제해서 제대로 했어요.

나는 이 남북관계에 관심이 굉장히 많고 우리 여야의 공동 상대가 미국 북한 중국, 외국이라고 생각합니다. 그런데 제가 의사지만 여기 외교통일 쪽에 들어오게 된 것은 북쪽에 관한 여야가 합의할 수 있는 정책, 그러니까 다시 말하면 빌리 브란트(Willy Brandt)가 독일에서 이 정책을 여야 합의하에서 이렇게 나간다, 정권이 바뀌어도 이렇게 나간다 해 가지고 만들었는데 19년 만에 통일이 됐습니다. 아주 굉장히 긍정적인 이야기입니다.

그래서 앞으로 제가 존경하는 우리 외교통일위원님들한테 모두, 지금 우리 보좌관들보고 빌리 브란트 그걸 연구를 하라고 그랬는데 그 내용이 뭔지 좀 파악하고 벤치마킹하고 제가 여기 비례대표로 있는 동안에 이게 꼭 실현됐으면, 앰뷸런스 법도 이번에 통과시키는 데 굉장히 어려움이 많았어요. 그런데 우리가 다 합의할 수 있는 일관성 있는, 오늘 의견들을 다 검토를 해 봤는데 죄송하지만 오늘 여기에 법 발의한 분들이 귀한 발의를 많이 했지만 그것보다 이게 더 중요하지 않은가. 그러니까 우리가 중장기적으로 북쪽을, 우리 존경하는 이용선 위원님하고 저하고 북하고 굉장히 거래를 많이 했는데……

○**이용선 위원** 거래?

○**인요한 위원** 표현이 좀 그렇다.

　　(웃음소리)

골치 아픈 일을 많이 했는데, 그것 좀 정정하세요. 거래라고 하지 마세요.

○**이용선 위원** 트럼프가 좋아해서, 트럼프가 좋아하는 표현.

○**인요한 위원** 내가 완전히 트럼프에 미쳤어요. 맨 트럼프 책만 읽다 보니까 이렇게 돼 버렸어요. 우리가 트럼프를 상대해야 되고 중국도 상대해야 되고 북한도 상대해야 되고 그러니까 남북 관계에 좀 건설적이고 지속적인 팔러시(policy)를 정했으면 좋겠다 이런 뜻을 진행상 말씀드리고.

나이가 많아지니까 말도 길어지네요. 미안합니다.

감사합니다.

○**소위원장 김건** 양해해 주시면 오늘 심사를 한 1시간 반 정도 외교부 법안을 하고 30분 정도는 재외동포청 법안을 한 다음에 한 10분 정회를 하고 나머지 1시간 반을 통일부 법안을 해서 한 6시에 끝내는 걸 목표로 그렇게 진행해 보겠습니다.

그러면 안건 심사를 시작하겠습니다.

소위원회 심사자료를 기초로 하여 외교부, 재외동포청, 통일부의 순서로 심사하겠습니다.

1. 2012년 12월 11일 서울에서 서명된 대한민국 정부와 키르기즈공화국 정부 간의 소득과 자본에 대한 조세의 이중과세 방지와 탈세 예방을 위한 협정을 개정하는 의정서 비준동의안 (의안번호 2207717)

2. 대한민국 정부와 바레인왕국 정부 간의 투자의 증진 및 보호를 위한 협정 비준동의안(의안 번호 2207714)

3. 대한민국과 안도라공국 간의 소득에 대한 조세의 이중과세 방지와 탈세 및 조세 회피의 예방을 위한 협약 비준동의안(의안번호 2207713)

4. 해양법에 관한 국제연합협약에 따른 국가관할권 이원지역의 해양생물다양성 보전 및 지속가능한 이용에 대한 협정 비준동의안(의안번호 2208169)

5. 한반도 평화를 위한 한미동맹 지지 결의안(김병주 의원 등 82인 발의)(의안번호 2207678)

6. 굳건한 한미동맹 관계 지속발전 지지 결의안(김건 의원 등 108인 발의)(의안번호 2207927)

7. 국제개발협력기본법 일부개정법률안(권칠승 의원 대표발의)(의안번호 2204968)

8. 국제개발협력기본법 일부개정법률안(민형배 의원 대표발의)(의안번호 2206598)

9. 국제개발협력기본법 일부개정법률안(윤후덕 의원 대표발의)(의안번호 2207253)

10. 국제개발협력기본법 일부개정법률안(최보윤 의원·서미화 의원 대표발의)(의안번호 2206472)

11. 여권법 일부개정법률안(김성원 의원 대표발의)(의안번호 2206578)

12. 여권법 일부개정법률안(민형배 의원 대표발의)(의안번호 2207039)

13. 여권법 일부개정법률안(박용갑 의원 대표발의)(의안번호 2206450)

14. 여권법 일부개정법률안(한정애 의원 대표발의)(의안번호 2203018)

15. 해외긴급구호에 관한 법률 일부개정법률안(윤후덕 의원 대표발의)(의안번호 2207254)

16. 해외긴급구호에 관한 법률 일부개정법률안(차지호 의원 대표발의)(의안번호 2203063)

17. 해외긴급구호에 관한 법률 일부개정법률안(윤후덕 의원 대표발의)(의안번호 2207342)

18. 해외긴급구호에 관한 법률 전부개정법률안(이재정 의원 대표발의)(의안번호 2204092)

19. 공공외교법 일부개정법률안(김건 의원 대표발의)(의안번호 2206809)

20. 공공외교법 일부개정법률안(한정애 의원 대표발의)(의안번호 2202307)

21. 국제연합 평화유지활동 참여에 관한 법률 일부개정법률안(추미애 의원 대표발의)(의안 번호 2205303)

22. 독도 및 동해의 영토주권 수호에 관한 법률안(조국 의원 대표발의)(의안번호 2204899)

23. 외무공무원법 일부개정법률안(한정애 의원 대표발의)(의안번호 2205877)

24. 한국국제교류재단법 일부개정법률안(김성원 의원 대표발의)(의안번호 2206577)

25. UN 경제적 사회적 및 문화적 권리에 관한 국제규약 선택의정서 비준 촉구 결의안(김예지 의원 등 47인 발의)(의안번호 2207186)

26. 러시아-우크라이나 전쟁 종식과 우리 정부의 살상용무기 지원 및 파병 등 일체의 전쟁 개입을 반대하고 평화적 해결 및 인도적 지원을 촉구하기 위한 결의안(이언주 의원 등 74인 발의)(의안번호 2206032)

27. 명성황후 살해에 사용된 히젠도 처분 촉구 결의안(임미애 의원 등 27인 발의)(의안번호 2207249)

28. 장생 탄광 수몰 사고 진상규명과 희생자 유해발굴 및 봉환을 위한 일본 정부와 국제사회의 노력 촉구 결의안(김준혁 의원 등 33인 발의)(의안번호 2207447)

29. 한반도의 항구적 평화 유지와 국민의 안전보장을 위한 자위권적 핵무장 촉구결의안(김기현 의원 등 12인 발의)(의안번호 2205464)

(14시26분)

○**소위원장 김건** 의사일정 제1항 2012년 12월 11일 서울에서 서명된 대한민국 정부와 키르기즈공화국 정부 간의 소득과 자본에 대한 조세의 이중과세 방지와 탈세 예방을 위한 협정을 개정하는 의정서 비준동의안부터 제29항 한반도의 항구적 평화 유지와 국민의 안전보장을 위한 자위권적 핵무장 촉구결의안까지 이상 29건을 일괄하여 상정합니다.

안건 심사를 위해 김홍균 외교부 제1차관님 출석하셨습니다.

수석전문위원님, 그러면 의사일정 제1항부터 제3항까지 총 3건 비준동의안의 주요 내용에 대해 설명해 주시기 바랍니다.

○**수석전문위원 곽현준** 3건 비준동의안에 대한 검토보고 드리겠습니다.

먼저 대한민국 정부와 키르기즈공화국 정부 간의 소득과 자본에 대한 조세의 이중과세 방지와 탈세 예방을 위한 협정을 개정하는 의정서 비준동의안입니다.

자료 4쪽부터 보시면 협정 전문 개정은 양국의 협력 강화 및 조세 회피 방지 원칙을 보다 명확히 한 것으로 별다른 문제는 없어 보입니다.

다음 5쪽, 상호 합의 절차 신청 국가를 거주지국에서 양 체약국으로 확대한 것은 납세자 권리 보호 강화에 기여할 것으로 보이고, 6쪽 정보교환에 관한 신설조항은 양국 간 조세 정보 교환 강화로 국제적인 조세 회피 및 탈세 방지가 더욱 효과적으로 이루어질 것으로 예상되며, 7쪽의 협정 혜택의 악용을 방지하기 위한 조항의 판단 기준을 보다 엄격하게 강화한 것은 우리나라의 과세권 보호에 기여할 수 있을 것으로 기대됩니다.

이상 살펴본 바와 같이 이번 개정은 기존 협정의 목적과 취지를 유지하면서 그 효과를 보다 강화한 것으로 비준동의의 필요성이 인정된다고 보입니다.

다음 11쪽, 대한민국 정부와 바레인왕국 정부 간의 투자의 증진 및 보호를 위한 협정 비준동의안은 양국 간 투자의 증진 및 보호를 위한 제도적 기반을 마련하고자 하는 것으로 내국민대우 및 최혜국대우, 수용 및 보상, 한쪽 국가와 상대국 투자자 간의 투자분쟁 해결 등에 관한 사항을 담고 있습니다.

12쪽입니다.

우리나라가 바레인에 대한 투자진출국인 점, 바레인을 거점으로 우리 기업들의 중동시장 진출 확대가 예상되는 점 등에서 동 협정안에 대한 비준동의가 필요할 것으로 보입니다.

다음은 25쪽입니다.

대한민국과 안도라공국 간의 소득에 대한 조세의 이중과세 방지와 탈세 및 조세 회피의 예방을 위한 협약 비준동의안은 우리나라와 안도라공국의 과세권 경합을 조정함으로써 양국 국민·기업의 이중적인 조세부담을 방지하여 양국 간의 경제 교류를 활성화하고 조세 회피 목적의 거래에 대해서는 협정에 따른 혜택을 부여하지 않도록 함으로써 탈세 및 조세 회피를 예방하려는 것입니다.

한국과 안도라 간 교류 규모가 작고 동 협정으로 인한 투자 유인 효과가 상대적으로 크지 않을 수 있고 조세징수협조에 관한 규정을 포함하지 못한 한계가 있기는 하나 양국 간 경제협력 강화를 위한 기반 마련과 조세협력 증진에 기여할 수 있을 것으로 기대되므로 비준동의가 필요할 것으로 보입니다.

이상입니다.

○**소위원장 김건** 다음은 정부 측 의견 제시해 주시기 바랍니다.

○**외교부제1차관 김홍균** 지금 금방 수석전문위원께서 말씀하신 모든 것들이 잘 검토가 되었다고 생각하고요. 3개의 협정, 의정서, 협약 모두 우리 국민과 기업의 이익을 보호하고 도모하려는 것인 만큼 비준 동의를 긍정적으로 검토해 주시기 바랍니다.

감사합니다.

○**소위원장 김건** 그러면 의견 있는 위원님들 말씀해 주시기 바랍니다.

(「의견 없습니다」 하는 위원 있음)

그러면 이 건은 더 이상 의견이 없으시면 토론을 종결하고 의결해도 되겠습니까?

(「예」 하는 위원 있음)

그러면 의사일정 제1항은 원안대로 의결하고자 하는데 이의 없으십니까?

(「예」 하는 위원 있음)

가결되었음을 선포합니다.

의사일정 제2항은 원안대로 의결하고자 하는데 이의 없으십니까?

(「예」 하는 위원 있음)

가결되었음을 선포합니다.

의사일정 제3항은 원안대로 의결하고자 하는데 이의 없으십니까?

(「예」 하는 위원 있음)

가결되었음을 선포합니다.

그러면 다음, 의사일정 제4항 해양법에 관한 국제연합협약에 따른 국가관할권 이원지역의 해양생물다양성 보전 및 지속가능한 이용에 대한 협정 비준동의안에 대해 심사하겠습니다.

수석전문위원님 설명해 주시기 바랍니다.

○**수석전문위원 곽현준** 같은 자료 39쪽입니다.

해양법에 관한 국제연합협약에 따른 국가관할권 이원지역의 해양생물다양성 보전 및 지속가능한 이용에 대한 협정 비준동의안인데요. 이 협정은 유엔해양법협약의 세 번째 이행협정으로 주요 내용을 간략히 말씀드리면……

41쪽입니다.

해양유전자원에 관한 정보와 이익 공유를 의무화하고 있는데 협상 과정에서 선진국그룹과 개발도상국그룹의 이견으로 디지털서열정보의 범위나 기여금의 액수, 금전적 이익의 구체적인 산정 방식 등이 협정에 담기지는 못했습니다.

다음 44쪽, 구역기반관리수단 설정과 관련하여 해양보호구역을 포함한 어떤 구역에서 특정한 보전 및 지속 가능한 이용을 위한 수단에 대한 당사국의 제안서 제출과 과학기술기구의 예비 검토, 제안서에 대한 협의 및 평가와 당사자총회에서의 결정, 이외에 이의 있는 당사자의 선택적 불구속 선언 및 과학기술기구의 모니터링 등에 대해서 규정하고 있습니다.

다음, 46쪽입니다.

환경영향평가는 당사자가 스크리닝을 통해 그 실시 여부를 결정하되 이해관계자와 협의하여 조사 범위를 결정하고 환경영향평가 실시보고서에 대해서 과학기술기구에서 심의하며 과학기술기구와 당사자들은 허가된 활동에 대하여 지속적으로 감시하고 우려를 표명할 수 있도록 하고 있습니다.

49쪽입니다.

협정안은 개발도상국, 군소도서국, 최빈개발국 등에 역량 구축 방안을 제시하고 선진국이 개발도상국에 연구장비 지원, 시스템 구축 등 해양 관련 기술을 이전하도록 장려하고 있습니다.

종합적으로 말씀드리면, 다시 40쪽입니다.

이 협정은 해양유전자원 이익의 공정한 배분과 해양생물다양성 보호, 해양 자원의 지속 가능한 이용 및 국제협력 강화에 기여하는 긍정적인 효과를 고려할 때 협정 비준의 필요성이 인정된다고 할 수 있습니다.

다만 해양유전자원 관련 정보와 이익을 공유함에 따라 우리나라 경제적 이익이 감소하는 부분 그리고 기여금 납부 의무로 국가재정 부담이 발생하는 점 등을 함께 고려할 필요가 있을 것으로 보입니다.

이상입니다.

○소위원장 김건 다음은 정부 측 의견을 제시해 주시기 바랍니다.

○외교부제1차관 김홍균 이 협정은 조금 생소하실 것 같아서 조금만 더 설명을 드리겠습니다.

이 협정은 바다 표면적의 3분의 2를 차지하는 공해 수역에 대해서 생물다양성 보전과 지속 가능한 이용을 위해서 한 20여 년 동안 협상을 한 끝에 2023년 6월에 유엔에서 채택된 그런 협정입니다. 공해의 자유를 최대한 누리려는 선진국하고 또 공해의 유전자원에 대에서 이익 공유를 주장하는 개도국 그런 양쪽의 입장이 적절하게 반영이 된 합리적인 규범체계라고 우리는 보고 있습니다. 기존 유엔해양법협약 체계하에서는 공해에서의 생물다양성 보호와 적절한 이용에 관한 그런 구체적인 국제규범이 없습니다. 이 협정은 공해에서의 인간 활동을 관리함으로써 공해 해양생태계를 보호하고 지속 가능한 이용을 도모한다는 점에서 국제사회에서 큰 기대와 관심을 받고 있습니다.

정부로서는 공해의 생물다양성 보호 및 활용 논의에 주도적으로 참여해서 우리의 국익을 보호하고 또 국제규범 형성의 선도국가로서 위상을 제고하고자 이 협정을 비준할 필요가 있다고 생각해서 비준동의안을 긍정적으로 검토해 주실 것을 건의드립니다.

감사합니다.

○소위원장 김건 그러면 의견 있는 위원님들은 말씀해 주시기 바랍니다.

○권칠승 위원 기여금은 얼마씩 냅니까?

○외교부제1차관 김홍균 아직 정해진 건 없고 지금 막 비준이 시작됐기 때문에, 총 60개국이 비준이 돼야지만 발효가 되거든요. 그다음부터 구체적인 기여금이라든지 그런 문제가 논의될 겁니다.

○권칠승 위원 기여금을 얼마 정도로 한다 이런 것에 대한 아주 러프한 기준이나 이런 것도 없습니까?

○**외교부제1차관 김홍균** 현재로써는 없습니다. 그런데 과한 그런 기준이 되리라고는 생각을 안 합니다.

○**인요한 위원** 전의 무슨 예가 없어요?

○**외교부국제법률국장 황준식** 국제법률국장 황준식입니다.

말씀드리겠습니다.

기존에 저희가 가입하고 있는 해양 관련된 기구들을 보면 국제해저기구, 국제해사기구, 국제수로기구, 생물다양성협약 이런 부담금들이 있는데요. 이런 것들이 전부 다, 저희가 유엔에서 내고 있는 그런 부담금 비준에 비춰 봤을 때 합리적인 수준으로 결정되고 있는 것 같습니다.

○**이용선 위원** 여기 보면 해양생물다양성 보호, 자원의 지속 가능한 이용과 협력 강화 등등 긍정적인 측면을 이야기하셨는데 한국이 이런 공해를 비롯해서 해양수산산업에 대해 상당히 발달된 국가잖아요. 그 과정에서 해양생물다양성에 사실 저희가 조금 좋지 않은 영향을 끼친 측면도 있다고 보고 그래서 적극적으로 이 조약에 참여하는 것이 합당하다고 보여지는데.

지금 어떻습니까? 경제적 이익 감소, 기술경쟁력 약화 이런 마이너스 요소를 적시하셨는데 그럴 이유가 있습니까? 어떤 측면 때문에 이렇게 표현을 했는지 궁금한데요.

○**수석전문위원 곽현준** 그건 제 검토보고에 대한 내용인데요. 방금 기여금에 대해서도 얘기가 나왔지만 정확한 액수가 들어가지 않은 게 협정 체결 과정에서 계속 선진국그룹이랑 개발도상국그룹이, 선진국에서는 최대한 기여를 덜하려는 쪽으로 가고 개발도상국에서는 최대한 지원을 받는 쪽으로 하다가 타협안을 찾아서 어쨌든 협정은 이루어진 거고 우리나라는 선진국그룹에 속할 것이기 때문에 아무튼 기여하는 쪽으로, 기여받는 쪽보다는 기여하는 쪽으로 들어가겠지만 규모는 지금은 예상을 할 수는 없으나 선진국그룹 전체가 같이 대응을 하는 거기 때문에 그렇게 크게……

○**이용선 위원** 우려할 건 없다?

○**수석전문위원 곽현준** 예. 불리한 상황이 되지는 않을 것 같고 또 정보 공유 차원에서는 우리나라가 도움을 받는 측면도 있을 것으로 보입니다.

○**이용선 위원** 알겠습니다.

○**외교부제1차관 김홍균** 또 한 가지 더 말씀을 드리면 지금 현재까지 비준한 국가가 한 17개 국가 정도 된다고 하거든요. 만약에 우리가 비준을 하면 빨리 비준하는 국가 중의 하나가 될 겁니다. 그런데 이렇게 빨리 서두르는 이유가, 어쨌거나 하여튼 선진국과 개도국 간에 협상이 이루어질 거고 하기 때문에 우리가 주도적으로 협상에 참여하면서 아까 말씀하셨듯이 그런 우려되는 부분이 있으면 적극적으로 우리도 국익을 보호하면서 간다는 측면에서라도 더 비준을 빨리해야 되는 그런 필요성이 있다고 봅니다.

○**이용선 위원** 예, 좋습니다.

○**소위원장 김건** 또 다른 말씀……

더 이상 의견이 없으시면 토론을 종결해도 되겠습니까?

(「예」 하는 위원 있음)

그러면 종결하겠습니다.

의사일정 제4항은 원안대로 의결하고자 하는데 이의 없으십니까?

(「예」 하는 위원 있음)

그러면 가결되었음을 선포합니다.

다음, 의사일정 제5항 한반도 평화를 위한 한미동맹 지지 결의안 및 제6항 굳건한 한미동맹 관계 지속발전 지지 결의안 이상 2건의 결의안에 대해 심사하겠습니다.

수석전문위원님 설명해 주시기 바랍니다.

○수석전문위원 곽현준 이 2개의 결의안에 대해서 한미동맹 관계 강화를 지지하는 취지와, 특히 미국에서 트럼프 2기 정부가 출범한 시점에서 결의안의 의미나 필요성에 대해서는 이견이 없을 것으로 보입니다. 다만 2개의 안의 구체적인 문구는 서로 다 다르기 때문에 구체적 문구와 관련한 조정이 필요한 부분이 있는데요.

두 안의 비교표를 62쪽에서 67쪽까지 정리를 했습니다. 한 가지 말씀드릴 부분은 66쪽의 김병주 의원안에는 우크라이나 전쟁의 조기 종전 지지 내용이 있는데 이 부분은 한미동맹 지지와의 부합성 등을 고려해서 채택 여부에 대한 논의가 필요할 것으로 보입니다.

그 밖에 반드시 필요한 문구나 수정 또는 삭제가 필요한 부분에 대해서 위원님들 의견을 주시면 대안으로 정리를 해 보고자 합니다.

이상입니다.

○소위원장 김건 다음은 정부 측 의견 제시해 주시기 바랍니다.

○외교부제1차관 김홍균 2개의 결의안 모두 한미동맹을 지지한다는 근본적인 취지가 있는 만큼 저희 정부로서는 전혀 반대할 이유가 없고요.

하지만 이 2개의 결의안이 조금 다른 내용이 있기 때문에 그걸 같이 잘 정리를 해서 하나의 강력한 그런 결의안을 만들어 주시면 고맙게 생각하겠습니다.

○소위원장 김건 그러면 의견이 있는 위원님들은 말씀해 주시기 바랍니다.

○김준형 위원 제가 오해가 없으시길 바라는데요. 저는 동맹 결의안이 지금 적절한가를 좀 문제 제기하겠습니다. 한미동맹을 반대하는 게 아니라, 지지 안 한다는 말이 아니라 지금의 트럼프 방식은 한미동맹의 특수성을 강조할수록 더 많이 내라고 하는 것이 트럼프의 방식인데 지금 당연한 얘기를 함으로써 오히려 미국과의 향후 협상에서 협상의 위치를 우리가 불리하게 만든다고 저는 생각을 합니다. 지금 트럼프가 동맹국이나 우방국부터 때리고 있는 사실을 보더라도 우리가 혈맹이니 특수한 동맹을 하고 국회까지 지지를 하면 그만한 대가를 내놓으라는 것이 트럼프일 텐데 구태여 지금 이걸 내 가지고 향후에 정부의 협상에 관해 가지고 오히려 저는 도움이 안 될 수도 있다, 저는 오히려 이 시점에서 적극적으로 결의안 내는 것을 반대합니다.

○인요한 위원 혹시 그거에 대한 정부 쪽의 반론이 있습니까?

○외교부제1차관 김홍균 위원님이 말씀하신 그런 우려 사항을 제가 이해는 하지만 사실은 한미동맹의 중요성이나 한미동맹의 필요성에 대해서 정부나 국회가 입장을 밝히는 것에 대해서 저는 너무나 자연스럽다고 생각을 하고요. 그것이 어떤 트럼프 행정부의 빌미가 돼서 우리에 대한 압박으로 돌아올 것을 우려를 해서 이런 결의안을 안 하는 것보다는 저는 명확한 입장을 밝혀 주는 게 더 좋다고 생각을 합니다.

○소위원장 김건 권칠승 위원님.

○권칠승 위원 우리가 그동안 이 한미동맹 지지 결의안 이런 걸 한 몇 번 정도 냈습니까? 이거 처음은 아니잖아요.

○**김준형 위원** 그럴 것 같은데요. 많았을 것 같은데요.

○**권칠승 위원** 몇 번 정도 됩니까? 이거 미국 대통령 바뀔 때마다 내는 건가요?

○**외교부제1차관 김홍균** 제가 지금 정확한 기록은 안 갖고 있습니다만.

○**수석전문위원 곽현준** 지금 21대 국회 때 가결된 결의안이 3건이 있습니다.

○**권칠승 위원** 21대 때 세 번 가결했고요.

○**수석전문위원 곽현준** 예.

○**이용선 위원** 가장 최근은요?

○**수석전문위원 곽현준** 최근에 한 게 21대 2023년 2월에 있었습니다. 그때 70주년 기념이었기 때문에……

○**인요한 위원** 워낙 트럼프가 괴팍해서요 지금 얘기가 설득력이 있거든요.

○**권칠승 위원** 위원님, 기록됩니다.

　　(웃음소리)

○**인요한 위원** 괜찮아요.

○**권칠승 위원** 그리고 또 하나, 미국도 의회에서 이런 거 냅니까?

○**수석전문위원 곽현준** 예, 미국에서도 동맹 결의안에 대한 발의는 굉장히 많았고요. 의결까지 간 경우가 최근으로 보면 작년 2023년 4월에 채택된 게 있습니다.

○**권칠승 위원** 최근은 그런데……

○**수석전문위원 곽현준** 이때도 70주년 기념으로 해서 했고 그전에도 2022년에 채택이 된 게 있고 발의 건수로만 보면은 거의 매년 발의는 돼 왔었습니다.

○**권칠승 위원** 채택은?

○**수석전문위원 곽현준** 채택된 건 2022년에 한 번, 2023년에 한 번 그렇게 있습니다.

○**권칠승 위원** 그러면 자주 하는 거네.

○**소위원장 김건** 이번에도 토머스 스워지(Thomas Suozzi) 의원인가 누가 발의하지 않았나요?

○**수석전문위원 곽현준** 2025년 1월에 발의된 게 1건 있고 아직 가결까지는 안 갔습니다.

○**인요한 위원** 몇 년이요?

○**수석전문위원 곽현준** 올해 1월 자에 한미동맹의 중요성 및 한미 관계 심화 필요성을 강조하는 내용의 결의안이 발의된 적이 있습니다.

○**소위원장 김건** 위성락 위원님.

○**위성락 위원** 존경하는 김준형 위원님 말씀을 잘 들었습니다. 나름 또 그런 이유도 있을 수 있겠다 싶긴 합니다만 이것은 국회의 입장 표명이고 또 종래에 보면 우리 국회가 이런 입장 표명을 하면 미국 의회에서 유사한 결의도 있고 하니까 미국 의회의 반향을 얻을 수도 있기 때문에 국회가 이런 입장을 표명하는 것이 반드시 트럼프 행정부로부터의 추가적인 주문을 촉발한다고 연결, 일부는 되겠습니다만 저는 꼭 그렇게 맞는 것 같지는 않습니다. 미국 의회에도 다양한 견해가 있고 여야가 있고 하기 때문에 한국 국회가 한목소리로 동맹의 강화를 제기하면 미국 의회에 또 우리하고 생각을 같이 하는 분도 많이 있을 터이니까 원군을 얻을 수도 있고 또 그것이 트럼프 행정부에 대해서 일정한 영향을 줄 수도 있지 않나 싶습니다. 그런 말씀을 우선 드리고 싶고 또 지금 여야의 큰

정당 두 군데에서 유사한 안을 제기한 상황이니까 이 논의를 진행시켜서 진행하는 게 저는 더 맞다고 생각합니다.

○**김준형 위원** 부연해서 일단 기록을 위해서라도 저는 반대한다는 말씀을 분명히 드리고요. 계속 논의를 하시는 것에 대해서는 하셔도 되는데요. 저는 반대하는 이유가 지금 대행 정부도 좀 관성인 것 같습니다. 기본적으로 한미가 얼마나 혈맹이고 특수한 관계를 얘기하면 그것을 이해하는 트럼프의 정책이나 국회까지 이렇게 하게 되면 한국 전체는 여전히 미국을 절실히 필요로 하고 그 절실히 필요하는 데 대한 대가를 요구하는 정당성을 제공할 거라는 데 대해서 저는 다시 한번 강조하고요.

제가 낸 결의안이 하나 있습니다. 그게 뭐냐 하면 자유무역 수호 지지 결의안인데 제가 여기에 대한 다른 분들의 서명을 잘 받지를 못합니다. 이유는 지금 트럼프 대통령이 이렇게 하는 것에 대해서 유럽이나 멕시코나 캐나다가 어떤 의미에서 연대의 움직임을 보이고 있고 아무리 트럼프라도 아무리 한미동맹이라도 자유무역을 지지하는 것들을 하는 것이 일종의 대응책이 될 수 있는데 자꾸 트럼프의 프레임에 빠져들어가는 것 같다, 저는 여전히 거기에 대해서 우려를 합니다. 그래서 저는 하여튼 반대를 합니다.

○**인요한 위원** 대개 위원장님이 발언을 안 하는데 존경하는 위성락 위원님이 말씀하셨으니까 외교부 경험이 있는 분으로서 한 말씀 좀 듣고 싶어요.

○**소위원장 김건** 제가 위원장이라서……

사실 제 생각은 위성락 위원님 생각하고 비슷합니다. 왜냐하면 이거를 해서 플러스가 되는 게 마이너스가 되는 것보다는 많다고 생각이 되고 그다음에 이런 게 있으면 저희가 미국하고 얘기할 때 아주 좋습니다, 특히 미 의회나 이렇게 접촉해서 얘기할 때. 아까 1차관께서 얘기하신 것처럼 우리 이런 결의를 했으니까 미국 측에서도 좀 상응하는 결의안 같은 걸 추진했으면 좋겠다 이렇게 얘기할 수도 있고 그래서 저희 외교에도 그렇게 도움이 안 될 것 같지가 않아서.

그런데 사실은 이게 그 내용이 트럼프 대통령 출범하고 신행정부하고 관계를 잘 갖고 가자는 그런 결의안이다 보니까 이게 오늘 통과가 안 되면 사실 다음에는, 늦어지면 조금 의미가 사라질 가능성이 있어서 오늘 좌우간 어떤 결정을 해야 될 것 같습니다. 그래서 오늘 만약에 못 하게 되면 그냥 아예 못하게 될 가능성도 좀 있다 이렇게 생각을 하시고 의견을 내셔서 가급적이면 컨센서스가 이루어졌으면 좋겠습니다.

○**김기웅 위원** 저도 말씀드리면 일단 저는 다들 일리가 있는데 저희 국회가 나름 품격이 있는데 계산을 해 가지고 득이 될 거다 안 될 거다 작은 전술적인 것보다는 큰 틀에서 트럼프를 대하는 방법도 제가 볼 때는 원칙 또 정도가 오히려 낫다 하는 생각이 들고요.

지금 이렇게 논의하는 것을 이미 다 알고 있는데 여야 당이 결의안 내서 얘기를 하려고 그랬더니 모여 보니까 안 하는 게 더 득일 것 같다 해서 안 했다는 얘기가 오히려 더 이상한 뉴스가 될 수도 있고, 이거 다들 다 알고 계신 거잖아요. 아예 얘기가 안 나왔으면 모르지만 법안심사소위에서 결의안 논의하다가 트럼프 대통령 성향으로 볼 때 안 하는 게 득이다라는 얘기가 나왔다 하면 그게 또 약간의 무슨 가십거리가 될 수도 있고 그래서 저는 아까 말씀하신 대로 이걸 정상적으로 진행하고 문구도 좀 잘 만들고 해서 하는 게 맞겠다 보고요. 시기를 안 놓치면 좋겠는데 지금 제가 2개 읽어 보니까 둘 다 좋은 말씀들이 다 들어 있어요. 그런데 서로 다른 문구들이 워낙 많아서 이 조율을 어떻게 할 것인가가 조금 어려운 것 같고요.

그래서 앞으로 하는 것 중에 제의하는 거는 여기 수석전무님께서 하셨지만 한미동맹 해 온 것에 대한 그동안의 어떤 평가, 역할 또 다시 한번 재규정 리마인드 하는 거 그리고 앞으로의 발전 방향을 정의하고 그래서 어떻게 우리가 노력해 나가자는 그런 기본 컨셉이라고 하나요? 그것들을 이렇게 한 3개 4개를 딱 제목을 정해 놓고 양쪽 결의안에서 그에 부합하는 걸 가져와서 문구 정리하는 게 그나마 좀 쉽게 단일안을 만들 수 있는 방법이 아닌가. 왜냐하면 지금 문구를 만들 때 2개 다 분류가 되잖아요. 다만 제가 볼 때 나머지는 조정할 수 있을 것 같은데 쟁점은 아까 말한 대로 우크라이나 문제, 전쟁을 넣을 것인가 말 것인가라는 게 하나의 쟁점이 있고 또 비핵화 표현 중에 한반도·북한 비핵화가 섞여서 쓰이고 있어요. 그것도 저번에 한번 상임위에서 일부 또 논란이 있었습니다만 그 용어 자체를 지금 어떤 걸 쓸 거냐도 쉽게 얘기가 될 것 같지는 않아서 그런 부분만 좀 주의하고 한반도 평화라든가 동맹의 굳건한 발전 이런 것들이야 다른 논란이 없지 않을까 싶어서요. 그래서 일단 수석전문위원하고 따로 이렇게 문구 조정을 하는 기회를 가지면 좋겠다, 단일안을 만드는 걸로 해서요.

이상입니다.

○**소위원장 김건** 권칠승 위원님.

○**권칠승 위원** 검토보고서에 있는 것처럼 우크라이나 전쟁 문제도 좀 정리를 해야 될 것 같고요 비핵화 문제도 좀 정리를 해야 될 것 같습니다. 그리고 나머지들은 문구 표현 상의 문제인 걸로 보입니다. 그래서 그거는 좀 시간은 걸리겠지만 정리할 수 있을 걸로 보입니다. 그래서 오늘 소위에서는 우크라이나 전쟁 관련하고 비핵화를 한반도로 할 것인가 북한으로 할 것인가 이 2개만 일단 정리를 하고 나면 나머지 부분은 정리할 수 있지 않을까 싶습니다. 그 부분에 대해서 좀 압축해서 토론을 했으면 좋겠습니다.

○**소위원장 김건** 좋습니다. 그렇게 하시지요.

그런데 먼저 우선 정부 측에서 의견을 주셨으면 좋겠는 게, 우크라이나 문구, 우크라이나 종전을 빨리 하자 이런 거 하면은 미국은 되게 좋아할 것 같은데 이게 또 유럽이라든가 다른 나라 입장이 있어서 이걸 외교적으로 좀 어떻게 보시는지 하고 그다음에 북한 비핵화, 한반도 비핵화에 대해서 현재 정부의 입장은 뭔지 먼저 설명해 주시면 감사하겠습니다.

○**외교부제1차관 김홍균** 아까 전문위원 검토의견에도 있었지만 한미동맹 결의안이라는 그 성격 자체를 봤을 때는 특정한 사안에 대해서 우리 입장이 담기는 것이 조금은 결의안 전반적인 그런 성격에 안 맞을 수 있겠다라는 생각은 들지만 여야가 검토해서 논의되는 대로 하시면 될 것 같고요.

한반도 비핵화, 북한 비핵화는 외교장관이 상임위 때도 말씀을 드렸지만 그동안 혼용되어 왔었고 이번에 트럼프 행정부 들어와서는 명확하게 북한의 완전한 비핵화라는 용어를 쓰는 것으로 트럼프 행정부 내에서 정리가 됐습니다. 그래서 만약에 아까 말씀하신 것 같이 그렇게 트럼프 행정부가 이 결의안을 어떻게 받아들일지에 대한 그런 고려도 하신다면 이번 기회에 북한 비핵화라는 명확한 표현을 집어넣는 것도 좋지 않을까 생각이 됩니다.

○**소위원장 김건** 권칠승 위원님.

○**권칠승 위원** 제가 자꾸 이야기해서 죄송합니다.

우크라이나 전쟁을 조기에 종결하자라고 하는 거는 여기에 들어가는 건 조금 안 맞다는 느낌을 저는 조금 가지고 있습니다. 예를 들어서 그것은 별도의 결의안을 통해서 입장을 정리하는 게 오히려 더 시의성도 있고 또 타이밍도 맞출 수 있을 것 같습니다. 그래서 차관님 의견에 동의하고요.

그런데 비핵화 문제는 북한 비핵화를 하면 또 굉장히 여러 가지 논란들을 가져올 게 분명해 보입니다. 그리고 미국 측의 한반도 정책에 대해서 너무 일방적으로 따라간다는 느낌도 좀 들고요. 그동안에 우리나라가 표현해 왔던 거는 한반도 비핵화였지 않습니까? 그래서 이 부분들을 우리 내부의 아무런 공감대나 또 공론화 과정 없이 그렇게 입장을 바꾼다는 것도 좀 적절해 보이지는 않습니다. 그래서 한반도 비핵화라고 하는 게 모든 경우를 생각했을 때 우리가 미국의 이야기를 또 다른 여론들을 방어해 내는 데 훌륭한 용어가 아닌가 싶습니다.

○**소위원장 김건** 차관님.

○**외교부제1차관 김홍균** 그냥 참고로 말씀을 드리면 북한 비핵화와 한반도 비핵화 용어를 이렇게 혼용해서 쓴 지가 벌써 한 10여 년 이상이 됐습니다. 저희가 기록을 쭉 살펴보니까 2013년부터 북한 비핵화라는 용어를 썼다가 2017년에도 한미안보협의회 공동성명 같은 데 북한 비핵화라는 표현이 나오고 또 같은 해에 또 다른 걸 보면 한반도 비핵화라는 표현이 나오거든요.

그러니까 그동안에는 한반도 비핵화라는 용어를 쓰면서도 그게 북한 비핵화를 의미한다는 게 모두가 다 주지하고 있는 사실이었기 때문에 전혀 그 둘 사이에 어떤 용어를 써야 되는지에 대한 그런 논란이 크지 않았다고 저는 생각이 되고요. 반드시 북한 비핵화 용어를 써야 되겠다고 제가 주장하는 것은 아니지만 지금 트럼프 행정부가 들어와서 그런 쪽으로 용어를 정리하고 있기 때문에 또 그동안에 한반도 비핵화가 결국에는 북한 비핵화를 의미하는 게 명확했었기 때문에 이번 기회에 북한 비핵화라는 용어를 쓰는 것도 저는 좋겠다는 그런 의견을 드린 것입니다.

○**권칠승 위원** 그러니까요. 그냥 아주 직설적으로 말씀을 드리면 북한에는 핵이 없고 남한에는 핵이 있는 것들을 허용하는 거잖아요. 그냥 직설적으로 말씀드리면 북한 비핵화라는 게 그런 거잖아요. 남한은 비핵화를 할지 안 할지 말이 없는 거잖아요, 용어 자체가. 우리가 그런 상황을 만들어 놓을 이유가 있나요? 저는 그게 이해가 잘 안 갑니다.

○**외교부제1차관 김홍균** 그런데 지금 한국은 NPT 조약에 명확하게 가입하고 있고 비핵화 의지를 항상 확인하고 있는데……

○**권칠승 위원** 그러면 더 잘됐네요. 그러면 표현하는 데 더 문제가 없네요.

○**외교부제1차관 김홍균** 그러니까 제 말씀은 한반도 비핵화와 북한 비핵화를 혼용했던 이유는 북한은 핵 능력이 있고 핵시설이 있기 때문에 그걸 디뉴클리어라이즈(denuclearize) 하자는 거고 한국에는 그런 핵 능력이나 핵시설이 없기 때문에 그 용어를 쓸 필요가 없다는 것이었지요. 그런데 만약에 북한 비핵화라고 했다고 해서 그러면 한국의 핵무장 길을 열어 주는 것과 마찬가지다 그것은 좀 저는……

○**권칠승 위원** 예전에 남한에 전술핵이 있었잖아요.

○**외교부제1차관 김홍균** 부시 1기 행정부 때.

○**권칠승 위원** 여기도 있었잖아요.

○**외교부제1차관 김홍균** 예, 그 이전에……

○**권칠승 위원** 그때도 우리가 NPT 가입국 아니었나요? 그게 있잖아요. 그러니까 한반도 비핵화라고 하는 게 우리 컨트롤 안에 있는 핵일 수도 있고 아닐 수도 있는 거지요. 그렇잖아요. 그런 여러 가지 경우들을 생각했을 때 저는 한반도 비핵화라고 표현하는 게 당연해 보이는데요. 이걸 하면 다른 여러 가지 상황들을 다 방어해 낼 수가 있잖아요.

○**소위원장 김건** 김준형 위원님.

○**김준형 위원** 저도 같은 의견인데요. 특히 지금 오늘 또 다뤄야 될 29번 결의안이 핵무장 촉구입니다. 그리고 일각에서 나오는 핵 잠재력 보유가, 국제 사회에서 다음으로 의심되는 나라, 아주 위험한 나라 중의 하나가 한국으로 거론이 됩니다. 심지어 뉴클리어 레이턴시(nuclear latency)라고 얘기하는 것 자체가 위장 핵 개발론이라고 볼 수도 있는 측면에서 오히려 한국의 비핵화에 대한 의지 그리고 북한 비핵화에 대한 의지를 더 담을 수 있는, 전 세계의 비핵화와 반확산에 관한 의지를 밝히는 면에서는 한반도 비핵화가 훨씬 더 국제사회에 호소력이 있다고 생각합니다.

○**소위원장 김건** 위성락 위원님.

○**위성락 위원** 제가 결론부터 말씀드리면 이 논쟁을 계속 끌고 가지 않았으면 좋겠다는 겁니다. 그 이유를 설명하자면 저도 북한 핵 문제에 오래 관여를 해 왔습니다만 저는 이 한반도 비핵화와 북한 비핵화가 혼용되는 오랜 기간 동안 개인적으로 항상 북한 비핵화라는 말을 선호해 왔습니다. 그렇게 하려고 협상을 했는데 북한이 듣지 않거나 또 중국이 듣지 않거나 그렇게 해서 이렇게 혼용돼 왔고 그러나 우리 측의 의도는 북한의 비핵화를 말하는 것이다 그렇게 혼용돼 왔습니다.

그런데 용어라는 것은 상황의 흐름에 따라서 시대의 흐름에 따라서 다른 의미 부여가 되기도 합니다. 지금 한국에서는 보수 진영을 중심으로 핵무장론이 비등합니다. 핵무장론을 지지하지 아니하는 보수 진영의 리더가 없습니다. 그리고 주요 언론도 이걸 강력히 프러모트(promote)하고 있습니다. 그래서 이제는 잘못 논쟁을 벌이면 여기에 의미 부여가 되어서 우리가 여기 결론을 못 냅니다. 결론을 못 내는데 아직까지는 한국 내에서는 혼용돼 있는 거고 새로운 의미 부여가 돼 있지만 거기에 우리가 올라탈 필요는 없기 때문에 저는 이 논쟁은 너무 계속하지 말고 그냥 종래대로 한반도 비핵화로 놔두고요. 만약에 한반도 비핵화를 완전히 버리면 권칠승 위원님이 제기하신 문제나 김준형 위원님이 제기하시는 문제로 이게 의미가 전이될 수 있습니다. 그러니까 북한 비핵화에 국한하고 남한 비핵화는 모호하게 놔두고 남한은 할 수도 있다 이렇게 될 수도 있기 때문에 그렇게 하고.

아까 말한 우크라이나·러시아 전쟁 조기 종결 부분은 있어도 되고 없어도 되지만 이 전체의 문맥 흐름에서 볼 때 조금 다른 이슈이기 때문에 그건 빼고 그렇게 정리를 하는 것이 좋지 않나.

그리고 그 문제, 한국의 핵무장을 어떻게 하느냐 하면 그건 나중에 다른 계기에서 논의하는 게 좋지 여기서 거기까지 섞어 놓으면 이것도 안 되고 저것도 안 되지 않느냐 싶습니다.

○**소위원장 김건** 김기웅 위원님.

○**김기웅 위원** 우선 역사 한번 쭉 리뷰하면 91년 11월 8일 날 노태우 대통령이 비핵화 선언을 했지요. 11월 8일 날 비핵화 선언을 하신 이유가 당시에 부시 정부 입장도 있지만 그때 들어와 있던 우리 전술핵도 있었고 북한의 비핵화가 급해지니까 사실은 그 선언을 하고 그 해 말에 한반도 비핵화 공동선언을 북한에 제의해서 타결해서 그다음 해 2월 19일 날 발효를 시켰잖아요, 기본합의서랑 같이. 그러고 나서 우리 쪽은 다 빠졌는데 저쪽이 핵무기를 가지기 위한 개발을 계속하면서 이제 한반도 비핵화의 가장 큰 숙제는 북한의 비핵화가 중요한 목표가 된 거지요.

그래서 용어가, 왜 이 용어가 헷갈리냐 하면 우리가 모든 국민이 원하는 건 이 한반도에 핵이 없는 겁니다, 기본적으로. 우리가 추구할 궁극적 목표는 한반도의 비핵화인 거지요. 그런데 당면해서 지금 해야 할 일은 북한의 비핵화가 당면 과제로 돼 있는 거거든요. 그러니까 한반도 비핵화가 궁극적 목표라는 걸 부인하지는 않고 대신에 이를 위해서 지금 우리가 주력해야 될 부분은 남한의 비핵화가 아니라 북한의 비핵화가 핵심 과제가 돼 있기 때문에 용어가 헷갈리고 개념도 왔다 갔다 하는 것 같은데, 여기 김병주 의원안도 보면 64페이지 비교표 보면 '한반도의 비핵화와 평화정착을 위해 긍정적 역할을 할 것이다'라고 써 놓은 부분이 있고요. 그다음 65페이지를 보면 거기에는 이렇게 써 났습니다. '북한 비핵화와 한반도 평화를 위한 노력을 지속적으로 강화해 나간다' 이렇게 돼 있어요.

물론 혼용을 했다고 볼 수도 있지만 저는 이걸 어떻게 이해하냐면 이게 지금 한미 동맹의 목표와 역할이잖아요. 한미 동맹이 남한의 비핵화를 위해서 노력한다는 건 좀 웃기지 않습니까? 난센스지요, 기본적으로는. 왜냐하면 주한미군에 전술핵이 다시 들어올 수도 있는 것이고, 우리가 핵무장을 하는 게 아니라 주한미군이 옛날처럼 전술핵을 다시 배치할 수도 있는 겁니다, 상황에 따라. 우리가 마음대로 하는 게 아니고 미군이 알아서 하는 거잖아요. 미국이 자기들이 전술핵을 배치할지 안 할지 우리가 뭐, '우리는 한반도 비핵화니까 다 나가라. 너희들이 배치하면 안 된다' 이렇게 우리가 제안을 할 수도 있겠지만 기본적으로 우리가 주한미군의 전술핵 배치까지를 다 열어놓고 생각했을 때 한미 동맹이 그런 것까지도, 주한미군이 전술핵을 갖지 않도록 한미 동맹은 노력한다 이렇게 쓰는 건 난센스 같고요.

제가 볼 때는 우리의 목표가 한반도 비핵화다라는 건 다 동의하는데, 맞고, 궁극적 목표는 그게 맞고요. 그런데 한미 동맹을 지지하고 한미 동맹이 어떤 역할을 해야 될 것인가를 규정하는 데 있어서 남한의 비핵화다라는 걸 집어넣어서 하는 게 맞다라고 하는 건 난센스 같다는 거지요.

그러니까 이 표현을 앞에 혼용이니 논쟁하지 마시고 64페이지에 있는 이 부분이 서문이지 않습니까? 서문에서는 간략히 해서 이 표현들을 다 없애 버리고 그냥 좋은 말 몇 개 쓰고, 서문이니까, 결의안은 지금 김병주 의원이 쓴 이 표현 그대로 받으면 문제가 없어요. 여기 지금 한반도 비핵화라는 단어가 한 번 나오는 게 서문에 나오고 두 번째는 북한 비핵화로 나와 있잖아요. 그러니까 서문에 있는 표현을 좀 뭉쳐서 털고 뒤에 있는 김병주 의원안에 북한 비핵화 그대로 돼 있으니까 그대로 받아서 쓰면 그쪽에서 낸 원안이 사는 거고요, 지금 여기서 우리가 불필요한 논쟁을 할 필요가 없고.

제가 드리고 싶은 말씀은 우리의 궁극적인 목표는 한반도 비핵화가 맞겠지만 한미 동맹이 당면해서 추진해야 될 부분은 북한 비핵화에 집중할 필요가 있다는 뜻으로 해석하면 되지 않겠느냐. 한미 동맹이 한반도, 남한의 비핵화를 열심히 하겠다라고 하는 건 언뜻 난센스같이 보이잖아요. 그래서 제가 볼 때 양쪽 안이 괜찮기 때문에 김병주 의원안 그대로 받고 앞에 서문에 있는 것만 좀 뭐랄까요 다른 좋은 표현들로 대체하면 될 것 같다는 겁니다.

여기서 괜히 개념 논쟁 계속해 봐야 어차피 뜻은 같은 것 같아요. 궁극적인 목표는 한반도 비핵화라는 것은 다 동의하시는 거고요. 대신에 우리가 지금 주력할 부분은 남한보다는 북한 비핵화가 당면 과제다 그것 다 동의하시고 한미 동맹이 그걸 위해 노력해야 된다는 것도 다 동의하시는 거니까 그렇게 이해하고 문구 조정하면 좋겠다 생각합니다.

○소위원장 김건 인요한 위원님.

○인요한 위원 외교적인 표현의 문제인 것 같아요. 그렇게 중요한 것 같지 않아요. 어떻게 할 건지는 위성락 위원님께서 제시한 게 맞는 것 같고요.

우크라이나 문제는 이게 좀 늦게 나가면 전쟁이 끝날지도 몰라요. 그래서 별도로 다루는 것 저는 전적으로 찬성합니다.

○소위원장 김건 제가 한마디만 좀 말씀을 드리면 북한 비핵화가 우리가 원하는 한반도 비핵화거든요. 왜냐하면 우리는 핵무기가 없고 미국의 전술핵은 이미 철수해서 우리 남한 지역에는 핵무기가 없고 지금 북한이 핵무기를 갖고 있으니까 북한의 비핵화만 이루면 한반도의 비핵화가 이루어진다는 게 저희 입장이고 그러니까 우리가 생각하는 한반도의 비핵화라는 건 북한 비핵화를 의미합니다.

의미하는데, 북한 사람들은 다른 뜻으로 씁니다. 이게 문제입니다. 북한 사람들이 한반도의 비핵화라고 할 때는 그 의미가 다릅니다. 그게 뭐냐 하면 우리가 6자 회담을 했는데 갑자기 북한 대표가 이렇게 나온 겁니다. 뭐라고 그랬냐 하면 '여기 분명히 한반도 비핵화라고 써 있다, 한반도 비핵화' 그러면서 요구한 게 '그러니까 이것은 우리만 비핵화하는 게 아니고 그다음에 북한을 핵으로써 위협하지 않을 의무가 6자 회담 참가국 모두에게 있다' 이렇게 얘기를 한 겁니다. 그러니까 달리 말하면 미국뿐만 아니고 중국과 러시아도 북한을 핵으로 위협하지 않아야 북한이 핵을 포기할 수 있다 이런 논리로 가서, 그다음에 소위 전 세계 비핵화 이런 개념으로 지금 북한이 나갔거든요.

그래서 그때 러시아 대표가 화들짝 놀라 가지고 저렇게 하면 러시아에 어떤 의무가 주어지니까 그건 받아들일 수 없다 그래서 우리가 난리가 나고 그랬는데, 그래서 지금 안보리 결의에는 한반도 비핵화라고 돼 있지만 사실은 한반도 비핵화가 우리가 원하는 바인데 우리가 원하는 한반도 비핵화의 뜻은 북한 비핵화다, 그래서 우리가 그냥 일반적으로 쓸 때는 북한 비핵화라고 쓰고 있는 상황입니다, 상황이고.

그래서 여기서 지금 한반도 비핵화가 낫냐 북한 비핵화가 낫냐 너무 이렇게 논쟁을 하기보다는 제가 봤을 때는 그러면 다른 대안은 없는지 한번 정부 측에서 하고 수석전문위원님께서 찾아주시면 어떨까, 가령 예를 들어서 한반도라든가 북한이라든가 특정 안 해도 그 뜻이 통한다면 그렇게 하든가. 어떻게 생각하십니까?

○수석전문위원 곽현준 위원장님, 저희가 전문위원실에서 양 안을 다 섞어서 최대한 양쪽 의견이 다 들어 있는 쪽으로 대안을 마련해 보려고 하는데 그렇게 되면 김건 의원안

의 북한의 완전한 비핵화 부분은 어차피 명확한 목표기 때문에 들어가게 되고 문제는 서문에 한반도의 비핵화 부분은 아까 그걸 빼고 다른 표현으로 하면 어떻겠냐 하셨는데 이것이 들어가면 서문에는 한반도 비핵화가 들어가고 주문, 결의문 항에는 북한 비핵화를 명확히 하는 쪽으로 정리를 할 때 문제가 있는지, 그러면 그 부분에 대해서 명확히 결정을 해 주셔야 저희가 대안을 만들 수 있을 것 같습니다.

○김기웅 위원 김병주 의원안 서문 뒤에 북한 비핵화 이것 받으면……

○소위원장 김건 위성락 위원님.

○위성락 위원 너무 미시적으로 분석할 필요는 없을 것 같고 저는 김기웅 위원님 제시하신 대로 그냥 현행대로 김병주 의원안의 용어를 차용하면 우리는 섞어 쓰는 걸로 이런……

○수석전문위원 곽현준 김기웅 위원님은 한반도 비핵화는 빼고 가자고 하셔 가지고……

○김기웅 위원 여기 보시면 북한 비핵화라고 돼 있잖아요. 서문에 이것을 살리자는 거지요, 김병주 의원안을. 그러면 된다 이거지.

○수석전문위원 곽현준 북한 비핵화만 살리자라고 해서……

○권칠승 위원 사실 이건 앞뒤 문맥을 생각 안 하고 용어를 볼 수는 없는 거잖아요.

○위성락 위원 아까 얘기한 건 북한 비핵화하고 한반도 비핵화를 혼용하자는 뜻 아닌가요? 혼용 아닌가요?

○김기웅 위원 아니에요. 한미 동맹의 목표가 한반도 비핵화라는 게 우리 비핵화도 포함한다는 게 저는 난센스라고 본다 이거지요. 이건 우리가 어디 가서 주제 발표하는 게 아니고, 주제 발표할 때는 한반도 비핵화라고 해야 정확한 표현인데 이건 한미 동맹이 뭘 할 것인가 봤을 때는 남한의 비핵화도 거기 목표라고 하는 건 난센스 같다 이 말이지요.

○위성락 위원 아니, 한미 동맹하고 한반도 비핵화라는 용어를 사용했다 해서 미국이 한국에서 가지고 있는 전술핵이나 무슨 전략핵이나를 운용하는 데 제약이 꼭 되지는 않습니다. 그걸 피해 가는 방법을 미국은 항상 가지고 있습니다, 옛날에 전술핵 있을 때도 그랬고 그 이후에도. 그러니까 미국은 NPT 체제하에서 그렇게 운용할 수 있는 여지를 갖고 있습니다, NCND도 있고. 이게 비핵지대가 아닌 한, 비핵화가 아닌 한은 미국은 운신할 수 있기 때문에 반드시 저촉되지는 않습니다.

그런데 이제 와서 지금 이게 논란의 대상이 돼 있는 의미 부여가 한국 사회에서 이루어지고 있는데 이 논쟁을 계속하면 낭비적일 것 같아요. 그냥 혼용하는 걸로 두는 게 편할 것 같습니다.

○소위원장 김건 혹시 정부 측에서 대안 표현 같은 건 없을까요? 한반도에서 핵무기가 없다거나 이렇게 좀 풀어 쓴다거나……

○외교부제1차관 김홍균 당장 떠오르는 건 없고, 하여튼 저는 위 위원님이나 김 위원님 말씀대로 다 혼용을 할 수 있으면 혼용을 하고요. 그런데 혼용하는 게 오히려 혼동을 가져올 가능성이 크면 하나로 용어를 통일하는 것이 더 맞을 것 같기도 합니다.

○권칠승 위원 그리고 문맥에서 봤을 때도 어떤 의미로 썼다는 게 명백하게 앞뒤 문구를 조정하면 그게 기술적으로는 제일 맞을 것 같습니다. 이게 좀 이상해질 수 있거든요.

이게 지금 우리가 오늘 같이 해야 되는 다른 결의문하고 완전히 모순되는 상황이기 때문에 우리가 자가당착이 될 수가 있습니다. 자가당착이 될 수 있는데……

○**김기웅 위원** 제가 의견을 내면…… 자, 봅시다. 핵무기가 없는, 핵 없는 한반도를 지향하며. 예를 들어서요, 앞의 부분을 '핵 없는 한반도를 지향하며' 이렇게 해 놓고 '한미동맹은 북한의 완전한 비핵화를 위해서 노력해 나간다'라고 하면 절충안이 될 수 있는데 한 가지 제가 이 절충안 중에 딱 궁금한 것은 김홍균 차관님, 우리 한반도 비핵화 공동선언이라는 게 있어요. 거기에 보면 비핵화, 아까 비핵지대화 아니면 괜찮다 했지만 사실은 비핵화 공동선언에 보면 배비라든가 여러 가지 내용이 다 못 하게 돼 있잖아요. 그러니까 북한이 주장했던 게 뭐냐 하면 상호 사찰을 해야 되는데 주한미군에 핵이 있는지 없는지 나도 나가서 주한미군 기지를 털어봐야 되겠다, 우리만 볼 게 아니다라고, 이유는 아무도 있는지 없는지 확인 못 해 봤지 않냐, 한국에 있는, 남한에 있는 모든 미군 기지를 자기들이 들어가서 봐야 되겠다, 말이 안 되는 거지요.

그런데 결국 그 비핵화 공동선언에 보면 이 땅에는, 한반도 땅에는 어쨌든 핵무기가 들어와 있으면 안 된다는 겁니다, 배비 이런 것 다 표현들이 있기 때문에, 우리 게 아니라도. 그러니까 배가, 핵잠수함이 지나가는 건 비핵지대화에 해당되는 거지만 우리 땅에 들어와서 핵무기가 배치돼 있는 건 거기에 분명히 저촉되는 거거든요.

그러니까 지금 한반도 비핵화 얘기를 하실 때 비핵화 공동선언 문구 5개를 봐야 되는데 그중에 분명히 저촉되는 부분이 있을 수 있고 만약에 우리가 이 표현을 잘못 쓰면 한미 동맹은 앞으로 미국은 어떤 경우에도 남한에 전술핵무기를 배치하지 않는다는 뜻으로 약속하는 걸로, 요구하는 걸로 읽혀질 수도 있다, 저는 그걸 우려해서 우리가 그 표현을 굳이 안 쓰면 더 좋다라고 말씀드리는 거예요.

○**소위원장 김건** 위성락 위원님.

○**위성락 위원** 자꾸 다른 논란으로 막 이어지는데 간단히 한 마디만 클래러파이(clarify)하면 미국의 핵 정책은 그런 비핵화 선언에도 불구하고 운용할 수 있도록 돼 있어요. 배비, 반입 이걸 다 못 하게 돼도 미국은 할 수 있게 그걸 NCND를 가지고 합니다. 그러니까 핵잠함이 들어와도, 그것 사실 반입이거든요. 반입인데 없다고 하고 부인하면서 운용합니다. 그러니까 크게 저촉되지는 않습니다.

○**김기웅 위원** 미국이 운용할 수 있는 거랑 우리 국민이, 세계인이 볼 때 문제가 있지요.

○**위성락 위원** 아니, 우리가 비핵화 선언을 했다 해서 미국이 한반도와 주변에서 핵을 운용 못 하는 건 아니고 또 우리로서는 운용하는 게 좋은 겁니다, 우리의 안보를 위해서.

○**권칠승 위원** 우리가 북한 비핵화 결의문을 내면서 또 하나의 결의문은 핵무장 촉구를 결의하고 이게 뭡니까, 도대체?

○**김기웅 위원** 핵무장 촉구결의안은 안 하고.

○**권칠승 위원** 아니, 그러니까요. 지금 그런 것을 여당에서 주장하고 있잖아요.

○**김기웅 위원** 그건 안 하면 되니까. 지금 얘기는……

○**권칠승 위원** 아니요, '안 하면 되니까'가 아니고 이게 지금 안건으로 올라와 있잖아요, 여당의 대표 지내신 분이. 이런 모순이 어디 있습니까? 이것 옆에서 보면 완전히 웃기는 짜장이지요.

○**인요한 위원** 그런데 핵 보유를 북쪽이 포기 안 하면 남한도 어떤 억제로 핵을 가져야 된다는 논리 같아요, 그것은.

○**권칠승 위원** 그러니까 지금 아주 그냥 이야기하면 북쪽 보고는 비핵화를 위해서 비핵화 해라라고 요구하고 우리는 가질 수도 있나 이렇게 해석을 당할 수가 있잖아요. 그런 이야기를 하는 게 이게 경우가 맞나 싶기도 하고. 또 29번 항에 이런 게 올라와 있는데 이건 우리 스스로 논리가 좀 안 맞잖아요. 그래서 문맥을 혼용하는 것까지는 저도 그럴 수 있다고 생각하는데 문맥을, 이것은 이 문맥에서 어떤 의미라고 하는 게 누구나 다 알 수 있는 그런 게 있으면 하나만 따로따로 떼서 이야기하면 논란이 되겠지만 문맥을 봐라 이 정도로 우리가 명분을 세우고. 여기도 한반도 비핵화라고 하지만 뒤에 메이드 인 코리아만 해당된다 이런 말이 없잖아요. 그렇지만 나중에 그렇게라도 이야기할지도, 지금 그런 이야기가 좀 깔려 있는 거잖아요, 전술핵 이런 이야기 할 때 보면요. 그래서 저는 그 정도로 약간은 방어막을 쳐서 용어를 만드는 게 맞는 것 같습니다.

○**소위원장 김건** 예.

그래서 참고로 그때 북한 대표가 주장하던 게 이게 한반도 비핵화이기 때문에 사찰은 우리만 받는 게 아니고 중국 러시아도 다 받아야 된다 이렇게 주장을 해 가지고 그래서 그때부터 이걸 명확하게 해야 되겠다 그래서 우리가 얘기하는 한반도 비핵화라는 것은 북한 비핵화다 이렇게 해서 용어를 혼용해서 쓰기도 하고 우리가 쓸 때는 북한 비핵화라는 말을 많이 쓰고 이렇게 된 거거든요. 그래서 지금 말씀하신 것은 또 다른 우려이신 건데……

○**권칠승 위원** 그런데 반대의 경우에는 오히려 더 신랄한 공격을 받을 것 같거든요. 우리는 비핵화하고 누구는 안 되느냐 이런 식으로 공격을 해서 더 할 말이 없을 것 같은데요.

○**김기웅 위원** 그러면 만약에 이렇게 되면 어떻게 됩니까? 김병주 의원안 중의 앞의 부분에 '포괄적 전략동맹으로 발전하였다' 이렇게 끝내고 그다음 페이지에 가서 뒷부분에 '협력을 확대하며, 핵 없는 한반도를 위해 북한 비핵화와' 그렇게 하면 안 됩니까? 비슷하게 되는 거 아니에요?

○**권칠승 위원** 예, 훌륭한 의견이신 걸로 보입니다.

○**김기웅 위원** 그러니까 한반도 비핵화 용어, 앞 페이지 김병주 의원안 중에 '전략동맹으로 발전하였다' 예를 들면 이렇게 끊어 버리고 뒷 페이지에 가서 '협력을 확대하며, 핵 없는 한반도를 위해 북한 비핵화를 위해 노력을 지속적으로 강화해 나간다' 이렇게 표현을 쓰면 적절히 융합되는 것 아닐까 하는 생각을, 절충안을…… 그러니까 당면 목표가 이거라는 것과 궁극적 목표라는 것을 잘 섞은……

○**권칠승 위원** 저는 그런 취지에는 동의합니다.

○**소위원장 김건** 두 분 안 계실 때 권칠승 위원님만 동의해 주시면 바로 그냥 합의해서, 동의하신다고 그랬으니까.

(웃음소리)

그러면 그런 방향에서 수석전문위원께서 합치는 문구, 그러니까 러시아·우크라이나 전쟁에 관한 문안은 빼고 그다음에 북한 비핵화와 한반도 비핵화는 지금 말씀하신 그런 대안을 넣어서 한번 양안을 합친……

○**수석전문위원 곽현준** 정리해서 오늘 소위 끝나기 전에 다시 보고드리겠습니다.

○**소위원장 김건** 그래서 마지막에 돌려서 한번 검토를 받도록 그렇게 해 주시기 바랍니다.

그러면 다음은 의사일정 제7항부터 제10항까지 이상 4건의 국제개발협력기본법 일부개정법률안에 대해 심사하도록 하겠습니다.

수석전문위원님 설명해 주시기 바랍니다.

○**수석전문위원 곽현준** 심사자료 Ⅱ권입니다.

먼저 권칠승 의원안은 두 가지 내용입니다.

국제개발협력에 따른 인권 향상의 대상 범위를 여성·아동·장애인·청소년에서 여성·아동·장애인·청소년 등 인권 취약계층으로 확대하는 것은 자칫 인권 향상의 대상이 여성·아동·장애인·청소년에만 국한되는 것으로 해석할 수 있는 것을 합리적으로 확대하는 것으로 타당한 조치로 보입니다.

2쪽, 두 번째 내용은 국제개발협력 기본원칙에 세계인권선언 및 주요 국제인권조약의 존중을 추가하는 것인데 인권 보호 강화의 취지와 다른 호 규정과의 정합성 등을 고려한 입법정책적 결정이 필요하다고 보입니다.

다음은 6쪽, 민형배 의원안은 다섯 가지 내용입니다.

9쪽의 조문대비표에서 보고드리면, 먼저 다른 법률과의 관계 조항은 현행법과 개정안 공히 이 법이 국제개발협력에 있어서 기본법임을 나타내는 규정인데 다른 법률들이 이 법의 목적과 기본정신에 맞도록 하여야 한다는 현행 규정도 의미가 있고 다른 법률에 특별한 규정이 있는 경우를 제외하고는 이 법에 따른다는 개정안의 규정 또한 다수의 법률 간 적용의 우선순위를 정한다는 점에서 타당한 측면이 있으므로 양자를 병기하는 방식을 검토할 수 있겠습니다.

다음은 10쪽, 국제개발협력의 날 지정 규정은 현재 예산 사업으로 추진하고 있는 개발협력의 날 행사를 안정적으로 개최·운영하고 국민의 이해와 지지를 제고한다는 점에서 바람직하다고 보입니다.

다음은 12쪽, 위원회 권한의 위임·위탁 근거를 신설하는 것인데 먼저 2항의 국제개발협력 사업 간 연계·조정 업무는 위원회 업무가 아니라 이를 위탁하게 하는 규정은 적절하지 않다고 보아 삭제하는 수정의견을 제시하였고, 통계 관련 전자정보시스템 운영 업무의 전문기관 위탁은 필요하다고 보입니다.

그리고 14쪽과 15쪽의 조례 제정 근거 마련 조항과 포상 실시 근거 마련 조항은 별도의 근거 법률이 없어도 가능하기 때문에 개정 실익이 크지 않다고 봐서 삭제 의견을 제시하였습니다만 신설하더라도 부작용 등이나 별다른 문제는 없기 때문에 법률로 강조하고자 하는 의지 등을 고려해서 입법정책적 결정을 해 주시면 되겠습니다.

18쪽입니다.

윤후덕 의원안은 무상협력의 범위에 해외긴급구호가 포함되도록 하는 것으로 국제개발협력과 인도적 지원의 연계를 강화하고자 하는 취지는 타당하다고 보이나 개발도상국을 대상으로 하는 무상협력 정의에 해외재난 피해국을 대상으로 하는 해외긴급구호를 포함하는 것이 적절한지, 두 개념의 정합성에 대한 검토가 필요할 것으로 보입니다. 참고로 이 개정안은 해외긴급구호 정의에 해외재난 피해의 예방을 추가하는 해외긴급구호에 관한 법률 일부개정법률안과 연계되어 있음을 말씀드립니다.

21쪽입니다.

최보윤 의원, 서미화 의원 발의안은 두 가지 내용으로 23쪽의 조문대비표에서 보고드리겠습니다.

먼저 여성·아동·장애인·청소년 분야의 전문가 포함 문제는 전문가 위촉에 유연성이 저하될 수 있는 점과 여성·아동·장애인 및 청소년 분야의 전문가를 여성·아동·장애인 및 청소년의 인권 분야 전문가로 볼 수 있는지에 대한 검토가 필요할 것으로 보입니다.

25쪽, 국제개발협력 종합기본계획의 주요 사항에 체결·공포된 조약을 국제개발협력에 적용하는 데 필요한 사항을 추가하는 것은 정책의 기본 방향, 환경 분석, 규모 및 운용계획 등 현행 종합계획에 포함시켜야 하는 사항들과 성격이 다소 상이한 점을 고려할 필요가 있겠습니다.

이상입니다.

○소위원장 김건 다음은 정부 측 의견 제시해 주시기 바랍니다.

○외교부제1차관 김홍균 한 가지씩 말씀드리겠습니다.

먼저 권칠승 의원님 개정법률안 중에서 기본정신에 인권 취약계층을 대상으로 명시하는 것에 대해서는 인권 존중 원칙을 더욱 명확히 하려는 그런 입법 취지에 저희도 공감을 합니다.

하지만 개정안 내용 중에서 세계인권선언 및 우리 정부가 비준한 주요 인권조약을 추가하는 부분은 신중한 검토가 필요하다고 생각이 됩니다. 개발협력은 개발도상국의 주권적 권리 등 해당 국가의 다양한 국내적 상황 등을 종합적으로 고려하는 그런 접근이 필요하고 지금 현재 국제개발협력기본법 안에 인도주의, 인권과 같은 국제사회의 공동 가치를 포괄하고 있는 국제연합헌장, UN의 제반 원칙을 기본원칙에 명시하고 있기 때문에 다소 불필요한 것이 아닌가 하는 생각입니다.

그다음에 민형배 의원님 발의하신 안에 대해서는 국제개발협력기본법하고 타 법과의 관계를 명확히 하고자 하는 그런 입법 취지에 공감을 하고 따라서 현행 규정의 취지도 함께 고려한 수석전문위원의 대안이 합리적이라고 생각해서 수용하고자 합니다. 또 국제개발협력의 날 지정과 유공자 대상 포상 근거를 마련해서 국민의 인식과 관심을 높이고자 하는 입법 취지에도 공감하고 수용할 수 있겠습니다.

전자정보시스템의 업무 일부 위탁은 시스템의 효율적 관리나 활용의 필요성이 있으므로 근거를 마련하는 것에 대해서도 동의를 합니다. 다만 개정안 중에서 ODA 사업의 연계와 조정, 평가 업무를 외부 전문 연구기관에 위탁하는 부분에 대해서는 저희가 좀 우려가 있습니다. ODA 사업의 조정은 현행법에 명시된 대로 주관 기관이 수행하고 있는 핵심 업무입니다. 수원국의 수요 및 상황, 외교 정책 및 관계 같은 그런 국가 정책적인 차원에서 종합적으로 검토해야 될 사안이기 때문에 다른 기관에 이것을 위탁하는 것은 바람직하지 않다고 생각을 합니다. ODA 사업 평가와 관련해서도 국제개발협력위원회는 현행법과 시행령에 따라서 평가를 효율적으로 수행하기 위해서 이미 평가전문위원회를 설치해서 운영 중입니다. 연구기관에 이것을 위탁해서 할 그런 타당성이라든가 필요성에 대해서는 신중한 검토가 필요하다고 봅니다.

마지막으로 조례 개정 관련해서 기본법상 규정이 없이도 지자체는 조례를 제정할 수 있으므로 별도 조항 신설이 불요한 것으로 보입니다만 수석전문위원께서 검토하신 대로 그대로 존치를 해도 무방할 것으로 생각이 됩니다.

그다음에 윤후덕 의원님이 발의하신 개정법률안은 양자 간 개발협력 중에서 무상협력의 범주에 포함되는 긴급재난구호를 해외긴급구호에 관한 법률에 따른 해외긴급구호로 적시를 해서 양쪽 법안의 연계성을 높이고자 하는 그런 취지로 이해가 갑니다. 해외긴급구호에 관한 법률상 해외긴급구호는 재난 발생 시에 긴급구호대 파견과 같이 그런 절차적인 문제, 특정 긴급구호 활동에 국한이 되므로 이를 신속하게 지원하는 그런 단기적 활동을 의미합니다. 이러한 측면에서 국제개발협력기본법상의 긴급재난구호를 포함하는 무상협력을 해외긴급구호에 관한 법률과 명시적으로 연계를 하면 무상협력의 범위가 축소될 수 있다는 생각입니다. 장기적인 개발협력사업을 대상으로 하는 국제개발협력기본법상 절차하고 단기적인 해외긴급구호에 관한 법률상 절차 간에 또 충돌할 가능성도 우려가 되기 때문에 외교부로서는 현행법을 유지하기를 희망합니다.

끝으로 최보윤 의원님과 서미화 의원님께서 발의하신 안에 대해서는 아까 검토보고 의견에서도 나왔지만 여성·아동·장애인·청소년 같은 그런 특정 분야 전문가를 법적으로 규정을 하면 다양한 분야의 전문가 의견을 폭넓게 수립할 수 있는 그런 현재 체계의 유연성을 저해할 가능성이 있다는 생각입니다. 또 이미 국제개발협력위원회 안에 학계 분야별 전문가, 시민사회 등 각계 전문가가 민간 위원으로 활동을 하고 있고 여성이나 청년을 대표하는 위원들도 위촉이 되고 있습니다.

그다음에 종합기본계획에 헌법에 따라 체결·공포된 조약의 적용 관련 사항을 추가하는 내용과 관련해서는 기본계획의 조약의 적용과 관련된 사항을 포함하게 되면 해외에서 개발협력사업을 수행할 때 법적 권리 의무를 창설할 가능성에 대한 면밀한 검토가 필요하고 이러한 내용을 조문화할 경우에는 기본계획에 어떤 구체적인 내용을 담아야 할지에 대한 그런 다툼이 있을 수 있다는 검토가 되어 있습니다. 그래서 이 개정 제안에 대해서는 재고해 주실 것을 건의드립니다.

○**소위원장 김건** 그러면 의견 있는 위원님들은 말씀해 주시기 바랍니다.

○**권칠승 위원** 제가 발의한 거는, 외교부에서 문제 제기한 부분은 수용하도록 하겠습니다.

○**인요한 위원** 제가 KOICA 자문을 20년 이상 했고 그다음에 국제보건의료재단 이사장을 3년 직접 운용해 봤는데 그냥 포괄적인 말씀을 드리면 그 안에서 공모를 하고 이런 룰들이 굉장히 많습니다, 까다롭고. 그런데 걱정스러운 것은 혹시, 정부에서의 우려하고 일맥상통한 얘기인데 더 관료적으로 뷰라크러시(bureaucracy)를 만들어 버리면 더 발목이 잡히지 않을까…… 저희들이 국제보건의료재단(KOFIH)을 운영하면서 정부들의 룰을 지키느라고 굉장히 속도가 느려요. 힘이 들었어요, 제가 3년 동안 다 지키고 하느라고. 그런데 거기다가 또 얹어서 만든다? 글쎄, 그게 좋을까요? 그것은 그냥 누가 발의하고 어떻게 하고 그런 걸 떠나서 경험자로서 말씀을 드리는 겁니다.

○**소위원장 김건** 다른 위원님들 의견……

예, 수석님.

○**수석전문위원 곽현준** 특별히 의견이 없으시면 정리를 한번 하고 넘어가겠습니다.

권칠승 의원안의 인권 향상 대상 범위 확대 수용하고 기본원칙에 추가하는 부분은 빼고요.

다른 법률과의 관계는 수정의견대로, 국제협력의 날 지정 그리고 전자정보시스템 운영 위임·위탁 근거 마련, 포상 실시 근거 두는 것까지 정부에서도 수용했고 의견 없으시면 반영을 하면 되겠고요.

나머지 부분은 빼고 조례 제정 근거 두는 것에 대해서 결정해 주시면 대안으로 마련이 가능할 것 같습니다.

○소위원장 김건 조례 제정 문제에 대해서 의견 있으시면……

○권칠승 위원 실익은 없어 보이는 것 아닌가요?

○수석전문위원 곽현준 이미 법이 없어도 조례를 다 만들고 있고 만들 수도 있는데 다만 개정안의 취지로 보면 법에서 이렇게 하면 조금 더 조례 제정을 진흥 내지는 장려하는 그런 의지는 있어 보입니다.

그러면 조례는 빼고 포상 실시 근거만 두는 걸로 해서 정리를 할까요?

○김기웅 위원 별 의미는 없는 것 같아요, 규정을 두나 안 두나.

○수석전문위원 곽현준 예.

○소위원장 김건 꼭 없어도 되는 거면 입법을 안 하는 게 제일 좋은 거니까.

○수석전문위원 곽현준 그러면 다섯 가지 내용만 대안에 반영하는 것으로.

그러면 권칠승 의원안, 민형배 의원안만 대안 반영 폐기되고 윤후덕 의원안과 최보윤·서미화 의원안은 계속 심사가 되겠습니다.

○소위원장 김건 예, 지금 정부에서 일단 유보적 입장을 보였기 때문에.

그러면 위의 두 안을 기초로 위원회안을 한번 만들어서 다시 한번 검토하실…… 의결을 할 수가 있나요, 내용 정리한 대로?

○수석전문위원 곽현준 예, 다시 한번 말씀을 드릴까요?

○소위원장 김건 예, 다시 한번 정확하게 말씀해 주시지요.

○수석전문위원 곽현준 권칠승 의원안, 민형배 의원안을 대안 반영 폐기하고 대안을 마련하되 기본 내용은 인권 향상 대상 범위를 확대하고 다른 법률과의 관계에 2항을 추가하고 국제개발협력의 날 지정과 전자정보시스템 운영의 위임·위탁 근거 마련 그리고 포상 실시 근거 마련하는 조항 이렇게 되겠습니다. 그리고 다른 2개의 안은 계속 심사하시는 것으로 보면 되겠습니다.

○소위원장 김건 차관님, 정부는 어떤……

○외교부제1차관 김홍균 저희 입장 다 반영된 것 같고 나머지 2개 안은 정부 입장은 현행 유지입니다.

○소위원장 김건 예, 알겠습니다.

그러면 더 이상 논의 사항이 없으시면 의사일정 제7항 및 제8항은 그 취지가 반영되었으므로 각각 본회의에 부의하지 아니하기로 하고 이들을 통합 조정안 대안을 우리 위원회안으로 제안하고자 하는데 이의 없으십니까?

(「예」 하는 위원 있음)

가결되었음을 선포합니다.

나머지 제9항 및 제10항은 계속 심사하도록 하겠습니다.

다음, 의사일정 제11항부터 제14항까지 이상 4건의 여권법 일부개정법률안에 대해 심사하도록 하겠습니다.

수석전문위원님 설명해 주시기 바랍니다.

○**수석전문위원 곽현준** 자료 28쪽입니다.

먼저 김성원 의원안은 18세 미만인 사람이 친권자의 친권상실, 소재 불명 등의 사유로 법정대리인의 동의를 받지 못해 여권 발급에 어려움을 겪는 상황을 방지하기 위해서 법정대리인 동의의 예외 조항을 신설하는 것으로 개정의 필요성과 타당성이 있다고 보입니다.

그런데 그 취지를 보다 명확하게 반영하기 위한 수정의견을 제시하였습니다. 30쪽에서 보시면 개정안은 단수여권 발급만을 규정하고 있는데 국제대회 참석 등 복수여권 발급이 요구되는 경우도 있다는 점과 친권자를 법정대리인으로 수정할 필요가 있다라는 점을 고려해서 '다만 법정대리인의 소재를 알 수 없는 등의 사유로 법정대리인의 동의를 받을 수 없는 경우에는 대통령령으로 정하는 바에 따라 여권의 발급을 신청할 수 있다'로 정리하였습니다.

33쪽입니다.

민형배 의원안과 박용갑 의원안은 탄핵으로 파면된 전직대통령들을 외교관여권 발급대상자에서 제외하고자 하는 것입니다.

37쪽 표에서 보시면 논의사항은 크게 두 가지입니다.

먼저 전직대통령 제외 규정을 신설할 것인지 여부인데 신설한다면 그 요건을 탄핵 또는 내란·외환죄로 금고 이상의 형이 확정된 경우로 하느냐, 전직대통령 예우 배제 대상으로 하느냐에 대한 결정이 필요하겠습니다.

두 번째로는 박용갑 의원안에서 대통령 외에도 탄핵된 국무총리와 외교부장관을 제외하도록 하고 있는데 전직대통령 외에 외교관여권 발급 제외 대상을 더 둘 것인지에 대한 결정이 필요하겠습니다.

참고로 박용갑 의원안의 관용여권의 경우에는 제외 대상자들이 모두 관용 발급대상이 아니기 때문에 고려할 필요가 없겠습니다.

다음은 42쪽입니다.

한정애 의원안은 현행 국외 위난상황 시 해당 국가나 지역에서의 여권의 사용제한 등의 예외사유로 영주, 취재·보도, 긴급한 인도적 사유, 공무 외에 해외구호를 추가하려는 것으로 인도적 구호 활동의 의미나 개인의 여행 자유 측면과 위난상황에서 우리 국민의 생명과 신체·재산을 보호하기 위한 현행법 목적을 종합적으로 고려하여 입법정책적으로 결정할 사안으로 보입니다.

이상입니다.

○**소위원장 김건** 정부 측 의견 제시해 주시기 바랍니다.

○**외교부제1차관 김홍균** 먼저 김성원 의원님 개정안 관련해서는 예외적 여권 발급 제도는 외교부가 아동·청소년의 권익 보호를 위해서 이미 운영 중인 제도인 만큼 이번 개정으로 법적 근거를 마련하는 것에서 찬성을 합니다.

아까 검토보고에서처럼 개정안이 예외적 발급 사유를 '친권자가 친권을 행사할 수 없는 경우'라고 규정해서 법정대리인 동의 주체를 친권자로만 한정하고 있지만 후견인 또한 법정대리인 동의가 가능하고 또 개정안이 단수여권 발급만 규정하고 있지만 실제로는 복수여권 발급이 요구되는 경우가 있기 때문에 수석전문위원이 제안하신 수정안과 같이 일부 문안을 수정할 것을 건의드립니다.

박용갑 의원과 민형배 의원님께서 각각 대표발의하신 개정안에 대해서는 두 법안의 구체적인 제외 대상 범위가 다소 상이하기는 한데 외교관여권의 특수성을 고려할 때 탄핵된 전직대통령 등에게는 발급하지 않도록 하려는 개정안의 취지에 저희도 공감은 합니다.

하지만 이런 내용을 법률로 명문화하는 것에 대해서는 신중한 검토가 필요하다고 봅니다. 현행 여권법상 외교관여권 발급대상자 조항에 전직대통령 등이 규정돼 있긴 하지만 실제 발급 여부는 외교부장관의 재량사항이기 때문에 명문 규정이 없더라도 외교부가 발급하지 않는 방식으로 개정안의 취지를 달성할 수가 있겠습니다. 실제로 대부분의 다른 국가에서도 탄핵된 국가원수 등에 대해 외교관여권을 발급하고 있지 않지만 이것을 명문으로 규정하고 있지는 않은 것으로 알고 있습니다.

참고로 과거 2015년, 2016년에도 이번 개정안과 같은 취지의 여권법 개정안이 3건 발의가 되었지만 상임위 논의 과정에서 다소 과도한 입법이라는 결론에 이르러서 폐기된 것으로 알고 있습니다. 이런 경위와 해외 입법례 등을 고려해서 명문화가 필요할지에 대해서 보다 더 심사숙고해 주실 것을 건의드리겠습니다.

끝으로 한정애 의원님께서 발의하신 여권법 일부개정법률안이 현행 여권법상 국외 위난상황 시 해당 국가나 지역에서 여권의 사용제한 등의 예외 사유에 해외구호를 포함해서 NGO들의 인도적인 해외구호 활동이 적시에 이루어지도록 지원하고자 하는 것으로 이해를 하고 있고 저희도 여러 차례 말씀드린 것처럼 취지에는 동감을 합니다.

하지만 헌법과 법률에 따라서 재외국민 보호 의무를 지는 외교부로서는 천재지변·전쟁·내란 등 국외 위난상황이 발생한 지역에 대해서 NGO 활동을 위한 방문을 제한함에 따라 발생하는 그런 사익의 제한과 위난상황이 발생한 지역에서의 우리 국민의 생명·신체 및 재산의 보호라는 공익을 비교형량했을 때 우리 국민을 보호할 법익이 더 크고 중하다고 판단하고 있습니다.

또 해외구호라는 광범위한 개념으로서 어떠한 법령에도 그 법적 정의가 규정돼 있지 않으므로 해석에 있어서도 혼란이 발생할 여지가 있는 것으로 보입니다. 가령 해외구호에 NGO의 활동만이 포함되는 것인지 혹은 개인의 활동도 포함되는 것인지에 대한 의문이 있을 수 있고 NGO의 활동만을 포함한다고 하더라도 NGO가 그 형태와 목적에 따라서 법적 성격 등이 달라질 수 있기 때문에 어떤 기준으로 NGO 여부를 판단할 것인지에 대한 것도 문제가 될 수 있다고 봅니다. 해외구호를 국제기구의 공무 활동 등 현행 여권법령상 예외적 여권 사용 허가 사유와 동일한 수준으로 보장해 주어야 할 그런 근거도 충분하지 않다는 것이 저희 생각입니다.

과거 헌법재판소에서 2008년에 재판관 전원일치로 의견을 판시한 바가 있는데 현행법상 규정돼 있는 예외 사유는 국민의 기본권이나 국가의 경제적 이익 등에 대한 직접적인 관련이 있는 사안임에 반해서 NGO나 개인의 해외구호 활동은 국민의 생명·신체 및 재산의 위험을 담보하면서까지 보호되어야 할 중대한 국가적 이익에 관련이 있다고 보기가 어렵다라는 그런 헌재의 판시가 있습니다.

또 뿐만 아니라 예외적인 여권 사용 허가를 NGO들한테 허용하기 위해서 철저하게 경호·경비 대책과 유사시 대피·탈출 방안 같은 충분한 안전 대책이 필요한데 천재지변이나 전쟁·내란 등의 해외 위난상황에서 NGO나 개인이 충분한 안전 대책과 이를 담부할 수 있는 그런 지원체계를 갖출 수 있을 것인지는 의문스럽습니다. 이런 말씀 드린 내용들을 종합적으로 고려할 때 외교부로서는 해외구호를 예외적 여권 사용 허가 사유로 포함하는 것에 대해서는 신중한 검토가 필요하다는 입장입니다.

감사합니다.

○소위원장 김건 위원님들의 의견 있으면 말씀하십시오.

김준형 위원님.

○김준형 위원 저 일단 의사진행발언하겠습니다.

지난번에 소위 말하는 런종섭 방지법이 오히려 그것보다 더 강화하자는 논의는 있었어도, 법무부에서 출입국 금지를 했는데 여전히 임명하는 그 사이에 소통이 없어서 보낼 경우에 사실상의 출입국 금지된 사람들은 대사로 파견하고 공관장으로 파견할 수 없다고 한 부분이 왜 갑자기 여기서 빠졌는지, 단순한 누락인지 좀 설명이 필요할 것 같습니다. 이것 올릴 때 저는 교섭단체가 아니니까 문제 제기를 못 했는데 보니까 오늘 빠져 있거든요. 그것 꽤 컨센서스를 이뤘던 것 같은데 왜 빠졌습니까?

○소위원장 김건 어느 부분을 말씀하시는지 제가……

○수석전문위원 곽현준 오늘 상정되지 않은 안건이 상정 안 된 이유를……

○김준형 위원 왜 상정이 안 됐는지 이유를 모르겠습니다. 그때 거의 합의에 가깝게……

○김기웅 위원 제 것도 보니까 저번에 올라왔다가…… 왜 한 번 올라왔던 것 있잖아요? 상정하는 걸 물어봤더니 한 번 상정된 것 빼고 이번에 상정한 건 상정 안 됐던 것들을 여야 간사가 협의해서 미상정 안건부터 먼저 올린답니다. 그러니까 올라왔던 건 나중에, 뒤로 밀려간 거지요, 계속 제 것도 그렇고. 그러니까 저번에 했던 걸 계속 이어서 하는 게 아니고 한 번 안건 올라왔던 것은 빼고 미상정 안건 우선으로 여야 간사가 하신다 해서…… 이걸 어떻게 알았냐면 제 게 없어서 물어봤더니, 저번에 제 게 있었는데 토의도 안 했는데 어디 갔냐 했더니 그렇게 하신다네요. 그래서 하여간……

○김준형 위원 그게 합의의 편의상 그럽니까? 왜 그런 것이지요?

○김기웅 위원 그렇게 해 왔다고 그러더라고요.

○소위원장 김건 제가 이해한 바는 뭐냐면 저희가 지금 안건이 많이 밀려 있어서 그래도 한 번 올라왔던 안건 빼고 다루지 못했던 안건을 죽, 그다음 것 하고 그다음 것 하면서 다시 올라오거든요, 그게. 좀 시간이……

○이용선 위원 계속 심사가 뒤로 밀렸구면. 그 이야기인가요?

○소위원장 김건 예, 그렇지요.

○김기웅 위원 나중에 한다는 거지요. 한 번도 못 올라온 게 많다 이거지요.

○소위원장 김건 한 번 상정이 됐던 안건은 뒤로 다시 가는 거였습니다, 순서가.

○김준형 위원 상식적으로 생각하면 민감한 걸 뒤로 미루는 건 알겠는데 합의가 거의 됐던 것들은 빨리 처리하고 가는 게 낫지 않나, 상식적으로는 그래요.

○김기웅 위원 여야 간사님이……

○소위원장 김건 예, 확인해 가지고……

○**권칠승 위원** 이것 여권발급에 있어 가지고 후견인 동의까지 포함하자 이런 의견이신 거지요?

○**외교부제1차관 김홍균** 예.

○**권칠승 위원** 그건 맞는 것 같고요.

그런데 지금까지 이런 규정이 없었는데 18세 미만, 친권자나 이런 동의를 못 구했을 때 어떻게 해결을 했습니까?

○**수석전문위원 곽현준** 외교부에서 가이드라인을 만들어서 소정의 어떤 증빙자료를 보고 판단해서 냈었는데요. 현재도 진행을 하고 있습니다.

○**외교부제1차관 김홍균** 정확하게 설명을……

○**외교부여권과장 정재훈** 저희가 여권발급 지침에 규정되어 있습니다. 그래서 그 지침에 따라서 이런 경우에는 발급을 하고 있고요. 그래서 예를 들어 행방불명이 됐거나 단독 친권자가 사망했거나 이런 경우에는 저희가 증빙서류를 증거로 해서 발급을 하고 있습니다.

○**권칠승 위원** 그러면 그때도 후견인이 있으면 후견인 동의를 받아서 발급을 하고 그렇게 했습니까?

○**외교부여권과장 정재훈** 예, 그렇습니다.

○**권칠승 위원** 그러니까 지금 법에 나오는 것하고 거의 유사한 방식인가요?

○**외교부여권과장 정재훈** 예, 그것은 저희가 규정이 없었는데, 지침으로 운영을 하고 있었는데 이번에 입법화하는 겁니다.

○**권칠승 위원** 그러면 그때 복수여권도 발급을 하셨나요, 지침상?

○**외교부여권과장 정재훈** 예, 발급했습니다.

○**권칠승 위원** 아, 그러면 그 내용을 법으로 규정한다 이런 정도로 보면 되겠네요?

○**외교부여권과장 정재훈** 예.

○**권칠승 위원** 그건 맞는 것 같고요.

그다음에 제가 여권 업무를 몰라서 그러는데 한정애 의원님 대표발의한 것, 이게 지금 여권의 예외적 사용 허가라고 하는 게 출국하는 것을 이야기하는 거라고 생각하면 됩니까?

○**외교부제1차관 김홍균** NGO 활동을 하기 위해서 여권발급이 제한된 지역에 갈 경우에 예외적으로 여권을 사용할 수 있는 허가를 받아야 되는 것이지요, 출국하기 위해서.

○**권칠승 위원** 그러니까 출국은 시켜 준다 이걸로 해석하면 되는 건가요?

○**외교부제1차관 김홍균** 그렇습니다.

○**권칠승 위원** 그러면 예를 들어서 외국에서 외국으로 가는 경우 있잖아요. 그것은 우리가 어떻게 할 수가 없는 상황이잖아요.

○**외교부제1차관 김홍균** 우리나라 여권을 가지고 있는 NGO가 외국에서 외국으로 갈 경우에?

○**권칠승 위원** 그렇지요.

○**수석전문위원 곽현준** 그런데 이게 출국을 금지한다는 개념보다는 오히려 금지구역에서 여권을 사용하거나 거기에 체류하면 사후적으로 제재하는 경우, 그런 케이스기 때문에 외국에서 외국으로 가도 그 제재 케이스에 걸리게 됩니다, 우리나라 여권으로 가면.

○**권칠승 위원** 그걸 어떻게 제재하지요? 제가 그게 제일 이해가 안 되거든요.

○**인요한 위원** 찍히니까요, 여권에 찍히니까.

○**외교부영사안전정책과장 유병석** 영사안전국심의관입니다.

저희가 출국을 제한한다는 표현을 쓰는데 사실은 여권법령상 보면 '여권의 사용제한 등' 이렇게 돼 있거든요. 왜 '등'이 붙냐 하면 여권의 사용을 제한하기도 하지만 방문·체류도 제한을 금지하는 거거든요. 그래서 출국을 제한한다는 표현이 약간 실질하고는 좀 거리가 있는 표현인 것 같습니다.

○**권칠승 위원** 그러면 제가 더더욱 이해가 잘 안 되는데요. 제가 잘못 이해해서 그런 것 같기도 한데, 그러니까 지금 여행금지국에 가서 무슨 구호 활동을 하려고 하는 사람들을 보내 주자, 저는 이런 취지로 이 법을 보고 있거든요. 맞습니까? 이 법이 통과되면 그렇게 되나요?

○**외교부영사안전정책과장 유병석** 그게 한국에서 가든 외국에서 가든 여행금지된 지역이나 국가로 들어가지 못하게 하는 거지요.

○**권칠승 위원** 누가 못 들어가게 하지요? 외국에서 가는 것을 우리나라가 어떻게 못 들어가게……

○**외교부영사안전정책과장 유병석** 아, 외국인이요?

○**권칠승 위원** 아니요, 외국에 있는 한국인이. 그 나라는 이 나라가 여행금지가 아닐 수도 있잖아요.

○**수석전문위원 곽현준** 사전적으로 금지를 못 하기 때문에 사후적으로 제재 규정이 있습니다.

○**외교부영사안전정책과장 유병석** 사후적으로 제재를 하게 돼 있는 겁니다.

○**인요한 위원** 사전적으로는 못 합니다.

○**수석전문위원 곽현준** 그런데 해외구호 같은 경우에는 사전 허가 없이도 갈 수 있도록 하자는 게 이 법안 취지입니다.

○**인요한 위원** 그러니까 이 문제에 대해서 조금 설명을 드릴게요.

사실 트럼프 정권 때 웜비어 사건 때문에 이런 일들이 벌어지기 시작한 겁니다. 웜비어 사건 때문에 미국 사람들이 지금 북쪽으로 못 가요. 여권을 따로 내야 돼요, 특별히 허락을 받고. 새로운 사업하는 사람은 거의 99% 아예 못 가요.

그런데 유엔의 근본적인 차터(Charter)에서는 NGO가 하는 일은 정치와 구호 사업은 섞지 말라, 반대하지 말라. 그러니까 유엔에서 얘기하는 것하고 각 나라에서 얘기하는 것하고 대립이 좀 있습니다.

그런데 제가 적어 왔는데 북한, 이란, 소말리아, 리비아, 수단 이런 나라들을 한국에서도 아마 규제가 있나 보지요, 다는 아니겠지만?

○**외교부영사안전정책과장 유병석** 예, 여행금지국 지정을 하고 있습니다.

○**인요한 위원** 그래서 잘 생각을 하셔야 될 게 또 지금 옆에서 위원님께서 말씀해 주셨는데 어떤 나라는 갔다 온 줄도 몰라요. 북을 수도 없이 갔는데 여권에 아무 근거가 없어요. 그 사증을 넣었다 빼 가요, 자기네가. 그래서 그런 나라도 있고. 그래서 몰래 가는 것, 그런데 아마 가서 사고가 나면……

그다음에 제가 북한 편을 드는 것은 아니지만 거기에서, 오늘 이것 폭발적인 얘기인데요 북한에 가서 감금된 미국 사람들이 전부 다 현행법을 어겼습니다. 현행법을 어기지 않고 감옥에 간 사람은 아무도 없어요, 교화소나 어디 간 사람들이.

그래서 아마 외교부나 출입국에서 걱정하는 것은 책임감 때문에, 위험한 데 들어가서 무슨 일이 생기면 엄청나게, '뭐 하고 있나. 대한민국 국민이 당했는데 왜 그것을 허용했냐' 하는 이런 취지에서 그런 것 같은데……

참 어려운 문제입니다. 인도적인 지원에서는 한 의원께서 발의한 것이 맞아요. 그러나 또 책임지는 면에서는…… 그런데 인도적인 지원으로 간다고 그러고 다 갈지 모르잖아요, 또 그것을 꼬투리를 잡아서, 핑계로 잡아서. 참 어려운 문제입니다. 굉장히 어려운 문제입니다.

정부 입장을 좀 듣고 싶습니다.

○**외교부제1차관 김홍균** 아까 권 위원님 말씀하신 것처럼 만약에 NGO가 마음먹고 정부한테, 아무도 얘기 안 하고 외국에 갔다가 돌아오면 저희 정부로서는 알 방법도 없고 제재할 방법도 없지요. 하지만 그럴 경우에 거기에 가서 위난이나 그런 상황에 처해서 긴급하게 구조되어야 될 상황이라든가 혹시 거기서 그런 일이 발생하게 되면 저희가 알게 되는 것이지요.

지금 한 의원님 발의 취지는 그런 경우도 가끔 있고 하지만 NGO들도 정부가 허가해 주지 않을 거라는 것을 알기 때문에 처음부터 그런 생각을 하는 NGO들이 많지가 않은 것이지요. 하지만 이것을 입법화해서 그 카테고리 안에 넣어 주면 거의 모든 NGO들이, 개인이든 어떤 형태의 NGO들이든 요구가 폭발적으로 있을 가능성이 많고 그럴 경우에 그분들의 안전을 다 책임질 수 없는 상황이 오기 때문에 신중을 기해야 된다는 게 저희 정부의 입장입니다.

○**권칠승 위원** 그리고 '여권의 사용 제한'이라는 게 구체적으로 어떤 건지를, 제가 지금 오해하고 있는 것 같거든요. 이게 출국 금지가 아니라는 건가요? 그러면 해당 국가에 가서 여권을 가지고 우리나라 국민으로서 가질 수 있는 권리를 제한한다 이런 의미인가요?

○**외교부제1차관 김홍균** 그러니까 여행금지국인 경우에 한국 여권을 사용하지 말라는 것이지요. 그런데 특정한 경우에 한해서만 가서 한국 여권을 사용하게 해 준다고 정부가 합법적으로 허가를 해 준다는 의미입니다.

○**김준형 위원** 그게 예외적 사유니까.

○**수석전문위원 곽현준** 출국도 안 되고 입국도 안 되고 하는 거고요. 아까 제가 '사용 허가 없이'라고 말씀드렸는데 그게 아니고 그런 경우에도 허가를 받으면 사용할 수 있다라는 취지가 되겠습니다. 어차피 외교부에서 허가를 해 줘야 긴급 구호도 합법적으로 가능하게 되는데 문제는 외교부에서 우려하는 것은 이렇게 법으로 들어가 있으면 허가 요청이 굉장히 쇄도할 것이다라는 부분입니다.

○**이용선 위원** 이게 결국은 내전이든 분쟁이 발생한 국가에 인도주의 운동하는 단체들이 인도적 지원을 위해서 방문하고자 할 때 어쨌든 우리 정부는 분쟁이 발생하면 교민들, 국민들의 안전 때문에 입국이라든지 체류를 제한하고 있는 거잖아요. 그러니까 결국 정말 특별한 경우는 승인을 받아라 이렇게 되어 있는데 승인 대상에 인도주의 활동 부분이 빠져 있는 거잖아요. 그래서 빠져 있어서 예외적 대상으로 할 수 있도록 열어 달라는

게 법안 개정의 취지이지 않습니까?

○**외교부제1차관 김홍균** 예, 맞습니다.

○**이용선 위원** 그런데 방금 말씀하신 대로 현재 제3국을 통해서, 한국 여권은 웬만하면 비자 없이 가는 데가 아주 많고…… 특히 분쟁 대상 지역이 제3세계가 많잖아요, 아프리카. 그런 데 같은 경우는 실제 방문을 위해서 비자를 별도로 받아야 할 이유가 없기 때문에 극단적으로 이야기하면 제3국을 통해서 가게 되면 사실은 방문 자체에 문제는 없는 경우들이 많을 것 같아요.

그런데 무슨 제재나 처벌 규정이 있습니까?

○**수석전문위원 곽현준** 자료 43쪽에 보시면 행정제재와 또 형벌 조항까지 있습니다. 그런데 그게 적발이 안 되는 경우도 있고, 하여튼 현행법 체제에서는 긴급 구호로 위난 지역에 가는 것은 무조건 다 제재 대상이고 불법적인 게 되는 거고요. 그래서 이 개정안 취지는 허가를 받아서는 그래도 합법적으로 활동을 하게 해 주자라는 취지로 이해해 주시면 되겠습니다.

○**권칠승 위원** 그러면 불법적 활동이라는 거네요?

○**수석전문위원 곽현준** 그렇지요, 지금 하는 것은.

○**이용선 위원** 그러네, 불법적 활동이네.

○**권칠승 위원** 불법 활동에 대한 제재가 없어요.

○**외교부영사안전정책과장 유병석** 있습니다. 징역 또는 1000만 원 이하 벌금……

○**이용선 위원** 있네. 세네.

○**수석전문위원 곽현준** 그러니까 그 제재가 1년 이하 징역 또는 1000만 원 이하 벌금까지 부여가 가능합니다.

○**권칠승 위원** 아, 그걸로 되어 있네.

○**외교부제1차관 김홍균** 제재가 있습니다. 1년 이하 징역, 1000만 원……

○**권칠승 위원** 그러니까 출국을 제한하는 것 이외에도 다른 제재가 있나요?

○**수석전문위원 곽현준** 그러니까 사실 출국을 제한……

○**권칠승 위원** 실질적으로 어떤 것을 하지요, 외국에 가 있는데 그것을 어떻게 한다는 것이지요?

○**수석전문위원 곽현준** 그래서 출국 제한 외에는 사전적으로 막을 수는 없기 때문에 이 사후적 제재를 하는……

○**인요한 위원** 들어와서 발각되면 무슨 페널티가 일어나나요?

○**김기웅 위원** 아까 벌칙 얘기했잖아요.

○**인요한 위원** 벌칙이 뭐예요?

○**이용선 위원** 1년 이하의 징역, 1000만 원. 세네.

○**소위원장 김건** 1년 이하의 징역 또는 1000만 원 이하 벌금.

○**권칠승 위원** 알겠습니다. 이제 이해했습니다.

○**외교부제1차관 김홍균** 지금은 이런 규정이 있기 때문에 NGO들도 굉장히 조심하고 있고 정부가 허용하지 않는 지역은 가지 않으려고 많이들 노력을 하는 것이지요. 그런데 이게 입법화가 되면 그다음부터는 정부가 통제할 수 있는 수단이 없을 정도로 많아질 가능성이 큽니다. 정부의 책무를 다할 수 없다는 그런 우려 때문에 저희가 신중해야 된다

는 말씀을 드린 겁니다.

○**이용선 위원** 이 법 조항이 2007년 아프가니스탄의 분당 샘물교회 참수 사건 이후로 개정이 이루어진 건가요?

○**외교부제1차관 김홍균** 예, 처벌 규정이 그때 만들어졌고……

○**이용선 위원** 아, 그때. 그러니까 이게 참혹한 사건들을 경험하면서 이 처벌 규정이 강화된 거네.

○**외교부제1차관 김홍균** 거기에 앞서서 2004년 김선일 사건 때 이미……

○**이용선 위원** 김선일도 있었지요.

○**외교부제1차관 김홍균** 예, 그때.

○**이용선 위원** 참 딜레마네.

○**김준형 위원** 나온 김에 질문을 좀 하겠습니다.

예외적 여권 사용이 1년에 얼마나 되나요?

○**외교부영사안전정책과장 유병석** 법안소위 심사자료에 참고로 붙어 있습니다만, 최근 5년간 예외적 여권 사용 허가 현황이 있는데요. 2024년의 경우에는 총……

○**김준형 위원** 몇 페이지인가요?

○**수석전문위원 곽현준** 47쪽입니다.

○**김준형 위원** 47쪽이요?

○**외교부영사안전정책과장 유병석** 47쪽 되겠습니다.

말씀드리면 2024년의 경우 기업 활동이 4639건으로 가장 많았고요. 나머지는 공무 344건, 기타 184건 그다음에 영주, 취재·보도, 인도적 사유 이런 순위였습니다.

○**김준형 위원** 그런데 법안하고는 상관없습니다마는 워낙에 상임위가 안 열려 가지고 묻고 싶은데, 제가 이게 다른 식으로, 공무의 경우 예를 들어서 우크라이나에 소수지만 군인들이 들어간 것에 대한 예외적 사용 허가 건수를, 내역을 밝히라는데 외교부는 이게 비밀도 아닌데도 저한테 한 번도 제출을 안 했고요. 제가 따로 파악한 경로는 127건이나 있습니다, 우크라이나에 공무로 들어가서.

그런데 이 내역을 안 밝히는 이유가 뭐예요, 비밀이 아닌 것으로 알고 있는데?

○**외교부영사안전정책과장 유병석** 이 부분은 제가 최근에 이쪽으로 옮겨서 한번 확인을 하고 답변을 드려야 될 것 같습니다.

○**소위원장 김건** 이용선 위원님.

○**이용선 위원** 저도 마지막으로 한 말씀만 더 하겠습니다.

이게 예외 사유의 항목을 좀 늘리자라는 게 법 개정 취지인데, 그중에 그야말로 보편적 가치인 인도주의 활동을 위한 이런 경우에 대해서도 예외 사유로 넣어 달라 하는 것이 개정의 기본 취지이지 않습니까? 그리고 이것은 분쟁이나 이런 상태의 심도에 따라서 결정을 할 수가 있잖아요. 무조건 열어라가 아니라 예외 사유 대상이 될 수 있다라는 것이기 때문에, 이 부분에 대해서는 정부가 그때그때 심사를 할 수 있기 때문에 개정을 수용하는 것도 제가 볼 때는 크게 문제가 없을 것 같은데, 너무 소극적으로 이 개정 사유를 해석하는 게 아닌가 싶습니다만.

즉 자동으로 여는 게 아니라 예외 사유 범위의 확장, 사실 국익에 따라서 예외 사유가 있잖아요. 기존에 있는 건데 그중에 그런 인류의 보편적 가치인 인도주의 활동이라든지 이 영역도 포함시키자고 하는 거기 때문에 이 문제에 대해서 너무 그렇게 소극적인 입장을 가질 이유는 없지 않을까 싶은데, 이 점에 대해서 한번 좀……

○**외교부제1차관 김홍균** 지금도 예외적 여권 사용 사유에 네 가지가 명시적으로 되어 있거든요. 그것도 다 열어 놓은 게 아니라 그런 사유로 신청을 하면 그때부터 심사를 하게 되는 것이지요.

○**이용선 위원** 그러니까요.

○**외교부제1차관 김홍균** 그런데 아까 제가 말씀드린 것처럼 해외 구호라는 개념부터 시작해서 NGO의 정의, 어떤 NGO가 가능하고, 개인은 다 가능하지 않느냐부터 시작해서 여러 가지 검토를 해야 될 일들이 많이 있고 그러다 보면 누구한테는 허용하고 누구한테 허용하지 않는 이런 문제부터 시작을 해 가지고 많은 사안들이 발생할 수가 있고요.

무엇보다도 아주 제한적으로 사용하게 했기 때문에 지금까지, 예를 들면 사업, 기업을 위해서 나간다는 이런 사람들은 아주 제한적으로 했거든요. 만약 이렇게 해서 NGO들이 대거, 특히 종교적인 그런 이념을 갖고 가시는 분들도 NGO로 들어오게 되거든요. 그런 분들이 가서 분쟁 지역, 특히 그런 위험한 지역에 많이 나가게 되시는 경우 나중에 거기서 상황이 악화됐을 경우에 그분들에 대한 안전을 정부가 책임지기가 굉장히 어려운 상황입니다.

그래서 제 생각에는 이것을 저희가 지금 완전히 안 되겠다는 의미가 아니라 도대체 어떤 방식으로 가능한지를 더 신중하게 서로 검토해 나가야 된다는 생각입니다.

○**이용선 위원** 그런 취지는 좋고요. 특히 종교 쪽의 선교 활동하고는 영역이 너무 다르기 때문에 그렇게 하고.

이 문제는 선진국 일반은 대체로 예외 사유를 폭넓게 인정하고 지금 운영하고 있는 현실을 잘 볼 필요가 있다고 보고요. 이것을 발의한 한정애 의원실 쪽하고도 소통을 좀 적극적으로 하시면 좋겠습니다.

○**외교부제1차관 김홍균** 예, 저희가 계속 소통을 하고 있습니다.

○**수석전문위원 곽현준** 위원장님, 참고로 다음 주에 한정애 의원실에서 이 주제로 정책간담회 준비하고 있기 때문에 다음번 소위에서 조금 더 풍부한 논의 자료가 준비될 수 있을 것 같습니다.

○**인요한 위원** 저희 가족하고 가까운 사람이 샘물교회 사건에 연루됐는데 사실 국정원에서 많은 돈을 써서 뭐랄까요, 납치비를 지불하고 데리고 왔어요, 그 사람들을 다. 그렇게 제가 들었거든요. 그래서 아마 정부 쪽에서도 피해가, 그때 트라우마가 좀 있어서 이것 이렇게 된 것 같아요.

○**권칠승 위원** 여기 법 17조에 나오는 '긴급한 인도적 사유'라는 게 인도적 구호하고는 다른 내용으로 해석을 하시네요, 다르게?

○**외교부제1차관 김홍균** 그것은 인도적 사유지요, 인도 지원이 아니라.

○**권칠승 위원** 그러네요.

여기 여권법 시행령에도 보니까 재량권을 거의 안 주네요. 재량권이 거의 없네요. 법에 정해져 있는 틀을 완전히 벗어나기 힘들게 그렇게 되어 있네요.

알겠습니다.

○**소위원장 김건** 김기웅 위원님.

○**김기웅 위원** 이용선 위원님 말씀도 동의하고요.

제가, 여기 지금 나온 얘기 중에 하나 고려할 게, 저희도 북한 갈 때 승인을 받고 가라고 하는데 안 받고 갔다 오는 사람들이 있지요. 그런 경우에 해 주는 게 좋을 때도 있습니다. 왜냐하면 지금 이 경우도 허가하든 안 하든 들어가는 분들이 있는데 만약에 자기가 불법으로 들어가는 경우에는 무슨 일이 닥쳤을 때 우리 대사관이 나가서 도움을 요청하기가 힘들어지거든요. 합법적이면 자기가 가서 도와달라고 할 수 있고 미국대사관에 뛰어들어 갈 수도 있고 경찰한테도 얘기하기 좋은데 불법이면 드러났을 경우에 처벌을 받게 되잖아요. 당사자 입장에서는 이게 불법으로 된 경우에는 오히려 활동도 훨씬 위축되고 제대로 못 하는 데다 더 위험할 수도 있기 때문에 사실은 합법화해 주는 것이 우리 국민 보호에는 도움이 되는 측면도 있다 이것을 하나 말씀드리고 싶고.

지금 걱정하는 것은 저도 그렇지만 이것을 넣었다가 마구 몰려오거나 혹은 제일 큰 문제가 갔는데 결과적으로 사고가 났을 경우에 외교부에 대해서 우리 국민들 다수가 '정부 뭐 했냐, 그 위험한 데 왜 우리 국민들을 가게 만들었냐, 다 막아야지'라는 또 엄청난 비판 여론이 나오고 그것을 다 일일이 해외 통제도 못 하는데 그러다 보니까 부처 입장에서는 행정 양도 엄청나게 폭주할 거고 그분들 일일이 다 선별하는 것도 사실상 쉽지 않은 일이고 가면 사고 날 가능성이 더욱더 늘어나는 것이고 하니까 좀 피하고 싶은 것은 이해되는데요.

제가 드리고 싶은 말씀은 기본적으로 오늘 이것은 안 하는 것은 맞는데 한 가지 측면이 아까처럼 심사를 할 수 있다는 게 하나, 재량행위잖아요. 그래서 넓게 심사하자는 말씀도 제가 볼 때는 틀린 것은 아닌 것 같고.

두 번째는 이왕 이분이 꼭 가실 것 같다면, 심사를 해 봤는데 이것은 못 가게 해도 무조건 갈 사람이라고 판단될 경우에는 아예 합법화시켜 주는 게 오히려 보호에 도움될 수 있다는 측면에서 적극적으로 행정을 하면…… 범위는 넓혀 주고 심사하는데, 가급적 못 가게 하는데 이 사람은 못 가게 하더라도 갈 사람이다 싶은 사람은 아예 합법적으로 갈 수 있게 해 주는 게 국민 보호에서는 오히려 플러스일 수 있다 이 말씀 하나 드리고 싶고요.

오늘 뭐, 의견입니다, 의견이고.

하나 궁금한 것은 아까 앞의 부분 후견인 관련해서 제가, 지금 검토의견 여기 있는데…… 원래 것도 '법정대리인' 되어 있는데 민법에 보면요 친권자가 친권을 행사할 수 없을 때 후견인을 두는데 후견인의 권리가 법률행위를 대리하거나 재산상의 처분 등에 대해서 권한을 갖는 게 후견인이거든요. 이 사람의 여권 발급은 이게 과연, 친권자는 물론 당연히 여권 발급에 대해서 관여할 수 있고 동의를 할 수 있지만 후견인이……

원래는 법이 그렇더라고요, 법정대리인의 동의를 받아라. 원래 법에는 법정대리인이라는 개념으로 들어와 있는데 법을 발의하신 분이, 개정안 내신 분이 이것을 몰라서 '법정대리인'이라는 표현을 안 쓰고 '친권자'를 썼나 생각해 봤더니 그게 아니라 후견인, 지금도 후견인이 없을 때는 데리고 양육한 사람 확인만 받아서 여권 발급해 준다 하는데 쓴 이유가 후견인에게까지 동의 여부 필요 없이 친권자 없으면 그냥 해 줄 수 있는 것 아니냐, 그러니까 후견인이 과연 그 권리까지 있느냐에 대해서 약간 의문을 제기하시는 것 같아요, 제가 볼 때는.

그런데 실제로 후견인이 신분상의 신분증 같은 건데 그것에 대해서 후견인이 동의를 할 권한이 있나요? 권능이 있나?

○**외교부여권과장 정재훈** 제가 알고 있기로는 친권의 범위는 포괄적인데 말씀하신 대로 후견인의 범위는 제한적입니다. 그런데 재산상에 관한 부분이 있고요, 법적인 것 동의할 수 있게 되어 있습니다. 그래서 후견인도 법상으로 동의할 수 있게 되어 있습니다.

○**김기웅 위원** 알겠습니다.

○**소위원장 김건** 그러면 더 의견이 없으시면 정리를, 11항은 수정해서 가면 되고 나머지 세 안은 계속 심사하는 것으로 되는 거지요? 그렇게 한번 정리해 주십시오, 수석전문위원님.

○**수석전문위원 곽현준** 그러면 여권법 안에 대해서는 김성원 의원안을 수정 의결하시면 되겠고요. 그리고 민형배·박용갑 의원안과 한정애 의원안은 계속 심사하시게 되겠습니다.

○**소위원장 김건** 그러면 의사일정 제11항은 수정한 부분은 수정한 대로, 기타 부분은 원안대로 의결하고자 하는데 이의 없으십니까?

(「예」 하는 위원 있음)

가결되었음을 선포합니다.

○**수석전문위원 곽현준** 위원장님, 그리고 아까 한미 동맹 결의안 조금 섞어서 만들어 봤는데 한번 보고를 하고 넘어가시겠습니까?

○**소위원장 김건** 지금……

○**이용선 위원** 그건 통일부까지 끝내 놓고 하지요.

○**권칠승 위원** 그 부분은 쉬는 시간에 따로 한번 상의를 하시지요.

○**김준형 위원** 쉬는 시간에 한번 살펴보세요.

○**소위원장 김건** 예, 일단 나눠 드리고 쉬는 시간에 좀 살펴보시게 하고.

그다음에 외교부 것은 일단 여기까지만 하고요.

그다음에 수석전문위원님도 이것 일정 정할 때 같이 참여하시는 거지요, 양당 간사실하고?

○**행정실장 김형진** 아니요, 행정실하고……

○**소위원장 김건** 행정실하고 같이하는 거지요?

○**행정실장 김형진** 예.

○**소위원장 김건** 그래서 김기웅 위원님 말씀대로 지난번에 아예 논의가 안 된 것은 상정이 됐다 하더라도 빼지 말고 다시 올려서, 그러니까 상정이 됐지만 논의를 안 하면 심사가 안 된 것이지 않습니까?

○**권칠승 위원** 그것은 그렇게 하는 게 맞는 것 같아요.

○**이용선 위원** 많이 좁혀졌던 안.

○**김준형 위원** 예, 좁혀졌던 안 위주로.

○**소위원장 김건** 그러니까 상정이 됐는데 아예 심사가 없었다 그러면 그것은 지나갔더라도 그다음에 다시 올려서…… 오늘도 그러니까 15항 이하는 다음에 할 때 우선적으로 올릴 수 있어야 되는 거고, 그렇지요? 15항 이하는 검토를 전혀 안 했으니까. 그렇게 행정실에서 해 주시고.

그다음에 김준형 위원님 말씀하신 것처럼 이제까지 논의된 것 중에 아주 좁혀져서 이번에 조금만 더 논의하면 합의될 것 같은 그런 게 있다고 그러면 그것은 좀 올려 주시고 그렇게, 할 때 행정실에서 같이 논의해서 정해 주십시오.

그러면 외교부에 관해서는 여기까지 하겠습니다.

차관님 수고하셨습니다.

이어서 재외동포청 소관 안건 심사를 위해 회의를 계속 진행하겠습니다.

---

30. 재외동포기본법 일부개정법률안(김건 의원 대표발의)(의안번호 2206354)
31. 재외동포기본법 일부개정법률안(김기현 의원 대표발의)(의안번호 2206675)
32. 재외동포기본법 일부개정법률안(이용선 의원 대표발의)(의안번호 2207462)

(16시03분)

○**소위원장 김건** 그러면 의사일정 제30항부터 제32항까지 이상 3건의 재외동포기본법 일부개정법률안을 상정합니다.

안건 심사를 위해 변철환 재외동포청 차장님께서 출석하셨습니다.

그러면 의사일정 제30항부터 제32항까지 이상 3건의 재외동포기본법 일부개정법률안에 대해 심사하겠습니다.

수석전문위원님 관련 내용 설명해 주시기 바랍니다.

○**수석전문위원 곽현준** 재외동포청 법안심사 소위자료 마지막 4번입니다, 외교부 소관 4번.

그러니까 1번·2번까지 보셨고 3번은 건너뛰고 4번 가겠습니다.

먼저 김건 의원안은 세 가지 내용으로 첫째, 재외동포정책의 범위에 재외동포의 대한민국 정착 지원을 포함시키고 있습니다. 외국 국적 동포의 국내정착 지원을 위한 사업의 법적 근거를 보다 명확히 한다는 측면에서 필요하다고 보입니다.

둘째, 관계 중앙행정기관의 자체평가 결과의 제출 방식을 변경하여 재외동포정책위원회에 제출하는 대신 재외동포청장에게 제출하고 재외동포청장이 이를 종합하여 재외동포정책위원회에 제출하도록 한 것은 위원회의 효율적 운영을 도모할 수 있다는 점에서 개정의 필요성이 인정된다고 보입니다.

2쪽입니다.

세 번째로 '재외동포협력센터'의 명칭을 '동포교류진흥원'으로 변경하고 재외동포협력센터의 사업 범위 중 재외동포 대상 홍보사업을 제외하고 있는데 이는 유사 명칭으로 인한 혼선을 줄이고 국내외 재외동포 홍보사업과 중복 기능을 조정하기 위한 것으로 타당한 것으로 보입니다.

다음 8쪽, 김기현 의원안은 재외동포의 대한민국 정착 지원과 해외재난에 처한 재외동포에 대한 긴급지원을 지원정책에 포함시키고 자체평가 결과의 제출 방식을 변경하며, 재외동포협력센터의 설립 목적을 조정하여 업무 범위를 재외동포청의 정책 수행에 대한 지원으로 축소하는 한편 재외동포 관련 단체 지원의 법적 근거를 명확히 하는 것인데, 11쪽에서 보시면 재외동포의 국내정착 지원사업과 관련하여 대한민국에서의 정착뿐만 아니라 지위 향상까지 포함하고 있어 김건 의원안과 같이 새로운 목을 신설하는 방식이 타당해 보입니다.

다음 12쪽, 해외재난에 처한 재외동포에 대한 긴급지원사업은 현재도 추진하고 있기는 하나 외교적 측면과 형평성 문제를 고려할 필요가 있어 보입니다.

13쪽, 자체평가 결과의 제출 방식 변경은 개정의 필요성은 인정되나 체계·자구 정비가 필요한 부분이 있어 23쪽 수정의견 표에 조문 내용을 정리하였습니다.

14쪽입니다.

재외동포협력센터의 업무 범위를 재외동포청의 정책 수행에 대한 지원으로 축소하는 것은 재외동포협력센터의 설립 목적과 업무 범위에 대한 입법정책적 판단이 필요한 사항이라고 보입니다.

15쪽, 재외동포단체 지원의 법적 근거를 신설하는 것은 국고보조금 관리의 투명성을 확보하는 점에서 타당하다고 보이며, 뒤에 나오는 이용선 의원안과 같이 보조금의 지급 대상을 해외 소재 재외동포까지 확대하는 내용의 수정의견을 26쪽에 제시하였습니다.

17쪽입니다.

이용선 의원안은 재외동포정책 관련 사업에 대한 국고지원 조항을 신설하는 것으로 김기현 의원안과 같이 국고보조금 관리의 투명성을 확보하는 점에서 타당해 보입니다.

이상 보고드린 사항을 종합하여 21쪽부터 통합 조문대비표로 정리하였습니다.

이상입니다.

○**소위원장 김건** 그러면 정부 측 의견 제시해 주시기 바랍니다.

○**재외동포청차장 변철환** 존경하는 외교통일위원회 법안소위 위원님 여러분!

안녕하십니까? 변철환 재외동포청 차장입니다.

그간 재외동포정책 추진 환경의 변화에 따른 법적·제도적 정비가 요구되었던 상황에서 재외동포정책 추진 체계의 강화를 위해 김건·김기현·이용선 의원께서 각각 대표발의하신 개정안의 입법 취지에 정부는 공감하고 있습니다.

우선 국내 동포 지원을 위한 정책 추진의 필요성이 증대되고 있는 상황에서 김건·김기현 의원께서 대표발의하신 개정안에 따라 재외동포의 대한민국에서의 안정적 정착을 위한 지원정책을 재외동포정책의 범위에 포함한다면 현재 동포청에서 수행 중인 국내정착 지원사업의 법적 근거가 더욱 탄탄해질 수 있을 것으로 생각합니다.

또한 김건·김기현 의원께서 발의하신 개정안과 같이 시행계획에 따른 추진 실적의 자체평가를 재외동포청이 종합한다면 재외동포정책의 종합적이고 체계적인 관리 체계가 더욱 강화되리라 기대합니다.

아울러 김건·김기현 의원께서 발의하신 개정안에 따른 재외동포청 산하 재외동포협력센터의 명칭 변경 및 수행기능 조정과 협력센터의 설립 목적 변경도 수용 가능한 입장입니다.

또한 김기현·이용선 의원께서 발의하신 개정안에 따른 재외동포단체 지원에 대한 국고보조 규정을 신설하여 행정의 법적 안정성과 예측 가능성을 확보할 수 있으리라 생각됩니다. 다만 해외 소재 재외동포단체는 보조금 관리에 관한 법률에 따른 보조금 통합관리망 사용이 기술적으로 제한되는바 별도의 관리망을 통해 보조금 집행을 관리할 수 있는 법적 근거를 추가할 필요가 있습니다.

마지막으로 김기현 의원께서 발의하신 개정안 중 해외재난에 처한 재외동포에 대한 긴급구호에 대한 정책을 재외동포정책에 포함시키는 것은 재외국민 보호 기능과의 중복 가능성, 외국 국적 동포 지원 시 외교적 마찰 가능성 그리고 내국민 재난피해 지원과의 형평성 논란 등이 있을 수 있다는 관계 부처 의견 등을 감안해서 신중한 검토가 필요할 것으로 보입니다.

정부의 종합적 의견을 고려해 주시기 바라며 재외동포청은 재외동포사회와 대한민국이 함께 발전해 나갈 수 있는 환경을 조성하기 위해 더욱 노력해 가겠습니다.

감사합니다.

○소위원장 김건 위원님들 의견 말씀해 주시기 바랍니다.

○김준형 위원 간단한데요, 아까 외교적 마찰도 얘기하셨는데 데이터가 없는 상황에서 해당국…… 국적은 우리나라가 아니지 않습니까? 예를 들어서 다른 외국 국적을 갖고 있을 경우에 거기의 지원을 받을 수도 있는데 중복 지원은 어떻게, 중복 지원될 경우를 어떻게 밝혀낼 방법이나 그에 대한 대응 방안이 있는지 모르겠습니다.

○재외동포청기획조정관 오진희 해외위난 재외동포들을 지원할 때 기본적으로 저희 지침상 세운 원칙은 첫 번째 자력구제, 두 번째 거주국에서의 지원이 불충분한 경우, 세 번째 개개인이 아니라 재외동포사회에서 그런 불충분한 상황을 고려해서 지원을 요청할 때입니다. 그러니까 거주국에서의 지원이 일차적으로 선행이 되어야 되는 것입니다.

○김준형 위원 그것을 파악하는 것은 정확하게 파악할 수 있는 건가요?

○재외동포청기획조정관 오진희 예.

○재외동포청차장 변철환 저희 재외공관 통해서 파악을 하고 나서, 저희들이 지금도 사실은 지원을 하고는 있습니다. 다만 이게 법적으로 지원하는 것이 아니고요, 저희 내부 지침에 따라서 방금 말씀드린 세 가지 원칙에 따라서 문제가 없을 경우에 현금이 아닌 물품 지원을 하고 있는데요. 다만 이것이 법적으로 명시화될 경우에 외국 정부하고의 마찰 가능성 그런 것들을 저희들이 조금 우려하고 있는 그런 상황입니다.

○소위원장 김건 위원님들 의견 말씀해 주시기 바랍니다.

○이용선 위원 국내에 재외동포들이 지금 대거 들어오고 있고 더 늘어나고 있는 추세를 감안하면 동포청 사업에 국내에 들어와 있는 재외동포를 대상화하는 그것은, 지금 사업도 시작을 했지 않습니까?

○재외동포청차장 변철환 그렇습니다.

○이용선 위원 그런 점에서 법적 근거를 갖는 것은 타당하고 필요하다 이렇게 보여지고요.

그런데 재외동포센터인가요?

○재외동포청차장 변철환 재외동포협력센터입니다.

○이용선 위원 재외동포협력센터 명칭 개정과 관련되어서는 어떻습니까? 이게 저도 상당히 합당하다고 보는데 두 분 개정 대안이 같은 건가요?

○수석전문위원 곽현준 명칭에 대해서는 김건 의원안이 가지고 있습니다.

○이용선 위원 김기현 의원안은 없습니까?

○수석전문위원 곽현준 예, 김기현 의원안은 목적 조정하는 조항이 있는데요.

○이용선 위원 명칭 개정은 없고요?

○수석전문위원 곽현준 예. 협력센터가 워낙 비슷한 이름이 많고 그래서 동포교류진흥원으로 할 경우에 조금 더 공적인 느낌이 많아서 아마 동포교류진흥원으로 제안을 주신

것 같습니다.

○**이용선 위원** 청하고 관계가 어떨는지가 좀 궁금한데.

○**재외동포청차장 변철환** 지금 저희 동포청 소속으로 재외동포서비스 지원센터가 광화문에 있습니다. 거기도 센터이기 때문에 장이 센터장이고요. 그다음에 재외동포협력센터는 청소년 모국 연수 등 초청 연수를 해서 동포들이 한국 방문해서 여러 가지 교류를 하는 그런 사업을 많이 하고 있기 때문에 같은 센터, 센터 하니까 교민들이 많이 혼동이 있는 것 같습니다.

그래서 기능에 따라서 모국 초청 연수 또 교민들, 우리 동포들 초청 연수를 많이 하기 때문에 교류 그래서 동포교류진흥원이라고 하는 것이 이에 더 합당한 것이다 생각을 하고 있고요. 그래서 이 부분은 저희 동포청하고 재외동포협력센터하고도 공감대를 이룬 그런 명칭입니다.

○**이용선 위원** 좋습니다.

○**소위원장 김건** 또 의견 말씀······

(「없습니다」 하는 위원 있음)

○**수석전문위원 곽현준** 위원장님, 잠깐 정리드리면 지금 재외동포 대한민국 정착지원은 정부 측 다 수용이 됐고, 자체평가 결과 제출 방식 변경하는 부분은 수정의견드렸고요. 재외동포협력센터 명칭 변경 수용하고, 홍보사업 제외하는 것 수용하고 또 정책사업의 국고지원은 김기현 의원안과 이용선 의원안을 반영해서 수정의견 하고, 해외재난 재외동포 긴급지원은 반영하지 않고요.

지금 한 가지가, 14쪽인데요. 협력센터의 목적을 재외동포청의 정책 수행을 지원하기 위한 것으로 사업 범위를 축소하는 부분에 대해서 저희는 공공기관 자율성 차원에서 조금 신중한 검토가 필요하다고 봤고 재외동포청은 수용한다는 입장입니다. 그래서 이 부분에 대해서 목적 조정을 어떻게 할 것인지 결정해 주시면 대안 정리가 가능할 것 같습니다.

○**소위원장 김건** 거기에 대해서 위원님들 의견······

○**권칠승 위원** 그러면 목적에 비해서는 엄청 줄어드네요, 기존 법에 비해서.

○**수석전문위원 곽현준** 예, 강화를 위한 지원이 아니라 강화를 위한 재외동포청의 정책 지원을 하는 기관으로······

○**소위원장 김건** 재외동포협력센터가 재외동포청 산하기관 아닌가요?

○**이용선 위원** 산하기관은 맞지요.

○**수석전문위원 곽현준** 그래서 어차피 관리 감독 관계에 있기는 한데 정책 수행을 지원한다라고 하면 일단 재외동포청의 정책을 지원하는 것도 아니고 정책 수행을 지원하는 것이기 때문에 너무 폭이 좁아지는 게 아닌가 싶어서 신중 검토 의견을 냈습니다.

○**권칠승 위원** 그렇게까지 할 필요가 없을 것 같은데. 하다 보면 정책을 세우기도 하고 정책을 기획해 보기도 하고 그렇게 되는 게 자연스러운 거잖아요.

○**인요한 위원** 발의한 의원님께서 추가 설명 한번 해요.

○**수석전문위원 곽현준** 김기현 의원님 발의안입니다.

○**소위원장 김건** 아니, 제가 발의한······

○**수석전문위원 곽현준** 김기현 의원님.

○**이용선 위원** 김건 의원님 아닌가요?

○**소위원장 김건** 김기현 의원님안.

○**이용선 위원** 김기현 의원님 발의인가요?

○**수석전문위원 곽현준** 예, 김건 의원님 안의 홍보 삭제하는 것에 대해서는 정부나 다 공감을 하고 있고요.

○**권칠승 위원** 재외동포협력센터는 의견이 없습니까?

○**수석전문위원 곽현준** 재외동포청에서 수용을 했기 때문에 별 의견 표명을 못 하고 있는 것으로 보입니다.

○**소위원장 김건** 그러니까 제가 한 이름 변경은 수용이 됐고, 그게 아니라 김기현 의원님이 한 목적 부분 바꾸는 것……

○**수석전문위원 곽현준** 예, 자료 14쪽입니다.

○**이용선 위원** 명칭은 동포교류진흥원이라는 보다 적극적인 이름으로, 중복성도 있습니다만 그 명칭 자체가 보다 적극적인 활동을 할 수 있는 명칭으로 진일보했는데 그런데 정의에 관련되어서는 너무 좁아지는 측면이 있어서 이 부분은 좀 손을 보는 게 합당하다 이렇게……

○**권칠승 위원** 그런데 이 센터가 공공기관 운영에 관한 법률 여기에 해당되는 기관인가요?

○**수석전문위원 곽현준** 예, 공공기관입니다.

○**권칠승 위원** 그러니까 우리가 일반적으로 생각하는 행정기관에 있는 센터하고는 조금 다르네요?

○**수석전문위원 곽현준** 예, 부처의 산하기관으로 보시면 될 것 같습니다. 그래서 아마 이름도 진흥원으로 좀 더 공공기관스러운 이름으로 바꾸는……

○**권칠승 위원** 굳이 이렇게 좁혀서 할 필요 없겠는데요. 제 생각은 그렇습니다. 수행으로 이렇게 꼭 기능을 좁힐 필요까지 있나 싶은데요.

○**이용선 위원** 전문위원께서 좀 좋은 안을……

○**소위원장 김건** 제가 공무원 생활을 한 감으로는 재외동포협력센터가 별로 말을 안 들으니까 이렇게 바꿔 온 것 아닌가요, 솔직히 얘기해서?

○**권칠승 위원** 그것을 그렇게 명시적으로 말씀하시다니.

　　(웃음소리)

○**재외동포청차장 변철환** 참고로 저희 재외동포청으로서는 김기현 의원님 안에 대해서 기본적으로 반대는 하지 않습니다만 국회에서 정해 주시는 대로 따르겠다는 그런 입장입니다.

○**소위원장 김건** 그래서 뭔가 그런 게 있다고 그러면 지금 이 워딩이 아니더라도 조금 유기적으로, 그러니까 동포청의 산하기관이니까 유기적으로 업무가 이루어질 수 있게 하는 그런 표현 같은 게 뭐가 있었으면 좋기는 좋을 것 같습니다.

○**권칠승 위원** 두 기관이 많이 불편한가요?

○**재외동포청차장 변철환** 아닙니다. 전혀 그렇지 않습니다.

○**권칠승 위원** 아니, 있는 대로 이야기하십시오.

○**재외동포청차장 변철환** 아닙니다. 저희들이 협력, 있는 대로 말씀드리면 아주 협력

잘하고 있습니다.

(웃음소리)

○**이용선 위원** 이게 홍보 같은 유사 기능의 조정은 동의가 있다면 좋고요. 그렇지만 목적과 관련된 것은 현행 규정을 준용하는 게 더 합당하지 않겠어요? 그런 차원에서 적극적으로 고민하시면 좋겠습니다.

○**인요한 위원** 오케이.

○**권칠승 위원** 한 개 더 여쭤볼게요.

재외동포청에서 해외위난 동포 긴급지원정책을 명시하는 것은 외교적 마찰이 있다는 건데 이게 외국에 가서 어떤 본국에서 무슨 행위를 하는 게 마찰이 있을 수 있다 이런 의미인가요?

○**재외동포청차장 변철환** 아까 보고드린 바와 같이 저희들 이미 하고는 있습니다, 금액이 크지는 않고 많은 사업은 하고 있지는 않습니다마는.

○**권칠승 위원** 1억, 그렇지요?

○**재외동포청차장 변철환** 예, 그렇습니다.

그래서 해외, 예를 들어서 LA 산불 같은 경우에 났을 때 일부 우리 교민들이 피해가 있으면 저희들이 현금은 아니고 물품으로, 공관을 통해서 신청을 하면 일부 지원하는 것으로 되어 있는데 그것이 법률이 아니고 저희들 내부 지침으로 해서 지원을 하고 있는데 그것을 법률로 명시할 경우에는 조금……

○**권칠승 위원** 굳이 그럴 필요 없다 이런 뜻이네요.

○**재외동포청차장 변철환** 굳이 필요가……

○**권칠승 위원** 알겠습니다.

○**재외동포청차장 변철환** 예, 외교적 마찰……

○**소위원장 김건** 그러니까 지금 제가 생각해 봤는데, 원래 11조 있지 않습니까? 11조를 '국가는 재외동포의 한인으로서의 정체성 함양 및 대한민국과의 유대감 강화 정책을 효율적이고 체계적으로 지원하기 위해 재외동포청 산하에 재외동포……', 아까 이름이 뭐였지요?

○**이용선 위원** 교류진흥원.

○**소위원장 김건** 그래서 '재외동포청 산하에'라고 딱 박아 주면 좀 낫지 않을까요? 어차피 산하기관 맞지 않습니까?

○**재외동포청차장 변철환** 저희는 좋습니다.

○**소위원장 김건** 그렇게 하면 업무 범위는 줄지 않더라도, 만약 지금 그런 문제가 있다고 그러면 서로 잘 유기적으로 긴밀하게 협의할 수밖에 없게 해 주는 개념으로……

○**재외동포청차장 변철환** 답이 잘 될 것 같습니다.

○**소위원장 김건** 감사합니다.

그러면 좀 정리를 해 주시겠습니까, 수석전문위원님?

○**수석전문위원 곽현준** 그러면 오늘 상정된 3개 안은 다 대안 반영 폐기하고 위원회 대안으로 재외동포의 대한민국 정착 지원 자체평가 결과 제출 방식 변경은 수정의견 제시했고요.

재외동포협력센터 명칭 변경 그리고 홍보사업을 제외하는 부분, 목적을 조정해서 재외동포청 산하라는 부분을 명시하도록 하고 재외동포정책사업 국고 지원 부분은 수정의견대로 반영하는 것으로 대안을 마련하면 될 것 같고.

참고로 이것에 따른 부칙을 시행일은 공포 후 6개월 시행과 재외동포센터 명칭 변경에 따른 경과조치 부칙을 넣어서 대안 정리하도록 하겠습니다.

○**재외동포청차장 변철환** 죄송합니다, 한 가지만 더 말씀을 드리고자 하는데요.

저희 보조금 관련해서 해외에 있는 우리 동포 단체들은 보조금 관리에 관한 법률에 따른 보조금통합관리망을 사용하기가 좀 어려운, 기술적인 부분도 있고 해외 인프라 관련된 부분도 있고 해서요. 저희 재외동포청에서 운영하는 별도의 망이 있는데 그것을 사용하는 것도 가능하다 하는 안을 법률에 넣으면 저희들이 보조금 집행에 있어서 더 명확하지 않을까 하는 생각이 들어서 말씀드리겠습니다.

○**재외동포청기획조정관 오진희** 부연 설명하면, 일단 지금 기재부가 운영하는 보조금관리망이 있는데요. 그걸 사용하기 위해서는 사업자 등록이라든지 아니면 무슨 카드 사용에 관한 증명이라든지 이런 것들이 있는데 해외에서는 그런 게 조금 어렵기 때문에 저희가 따로 해야 되고 보조금 관련 법에서는 다른 법률에 의해서 정해야지만 이게 가능하기 때문에 이 법에 명시를 해 주시면 좋겠습니다.

○**김기웅 위원** 그것 기재부랑 협의하셨어요?

○**소위원장 김건** 아니, 그런데 기재부랑 협의가 된 건가요?

○**재외동포청기획조정관 오진희** 예, 협의됐습니다.

○**소위원장 김건** 협의가 된 것 맞아요?

○**재외동포청기획조정관 오진희** 예, 이견 없습니다.

○**소위원장 김건** 그렇다면 그 문안을 어떻게 한다는 거지요?

○**재외동포청기획조정관 오진희** 저희가 제시하는 문안은, 법 17조 2항에 '해외 소재 재외동포 관련 단체가 보조금 관리에 관한 법률 제26조의2에 따라 구축된 보조금통합관리망을 사용하는 것이 제한될 경우 재외동포청장은 별도의 관리망을 지정할 수 있다' 이렇게 해 주시면 좋겠습니다.

○**소위원장 김건** 그런데 그게 법률에 들어갈 내용인가요?

○**수석전문위원 곽현준** 그게 청장의 재량 범위가 너무 넓어져서 시행규칙에 따라라든가 하위 법령으로 위임하는 것이……

○**소위원장 김건** 대통령령쯤에 들어가면 될 것 같은데.

○**재외동포청차장 변철환** 예, 저희들 그 안도 동의합니다.

○**재외동포청기획조정관 오진희** 만약에 이걸 받으시는 게 어렵다고 하면 김기현 의원께서 만드신 안에 2항 있잖아요, '제1항에 따른 보조금의 지급·사용 및 관리 등에 필요한 사용은 대통령령으로 정한다'. 그것을 해 주시면……

○**소위원장 김건** 대통령령으로 정한다, 그러면 그렇게 해서 기재부하고 합의를 해야 그게 대통령령으로 바뀔 테니까……

○**수석전문위원 곽현준** 지금 내용도 들어가고 이 부분을 넣자는……

○**소위원장 김건** 아니아니요, 지금 내용은 안 들어가고.

○**수석전문위원 곽현준** 그게 안 들어가면, 보조금 관리에 관한 법률은 다른 법률에 정하도록 하기 때문에……

○소위원장 김건　예외가 안 되는 건가요?

○재외동포청기획조정관 오진희　그러니까 법률에 정하도록 하기 때문에 김기현 의원 안……

○권칠승 위원　그게 몇 조에 있어요, 26조의2에는 그런 말이 없는데요?

○재외동포청기획조정관 오진희　제17조입니다, 제17조. 김기현 의원안에 보면……

○권칠승 위원　17조요?

○재외동포청기획조정관 오진희　예, 김기현 의원님 안에……

○권칠승 위원　아니아니요, 보조금에 관한 법률 몇 조에 있냐고요.

○재외동포청기획조정관 오진희　보조금 관리에 관한 것은 26조의2에 있습니다.

○권칠승 위원　그게 몇 항에 있어요?

○소위원장 김건　26조의2를 찾아서 읽어봐 주실래요?

○재외동포청기획조정관 오진희　보조금법 3조에 보면……

○소위원장 김건　3조?

○재외동포청기획조정관 오진희　예, 죄송합니다.

　3조(다른 법률과의 관계 등) 해서 보조금 예산의 편성·집행 등 그 관리에 관하여는 다른 법률에 특별한 규정이 있는 것을 제외하고는 이 법에서 정하는 바에 따른다.

○권칠승 위원　그러면 법에 정해야 되네요.

○김기웅 위원　아니, 그런데 여기 법에 대통령령으로 정한다고 하는 것 자체가 근거가 되는 거잖아요.

○재외동포청기획조정관 오진희　그렇지요.

○소위원장 김건　그러니까 대통령령으로 정한다고 하면 근거가 생기는 건데.

○재외동포청기획조정관 오진희　그렇습니다. 재외동포법에 대통령령으로 한다 하면……

○김기웅 위원　예외가 되는 거지.

○재외동포청기획조정관 오진희　그렇습니다.

○소위원장 김건　그렇지, 예외가 되는 거지요.

○김기웅 위원　군이 다른 망을 쓴다라고 안 써도 된다 이거지.

○재외동포청기획조정관 오진희　예.

○김기웅 위원　맞아요?

○김준형 위원　맞아요? 그걸 정확히 하셔야 돼요.

○재외동포청기획조정관 오진희　예.

○수석전문위원 곽현준　다른 망을 사용할 수 있다는 내용이 들어가고 하위 법령에 위임을 해야지 지금 체계에서 하위 법령에만 위임을 하면 그냥 '국고 보조할 수 있다'하고 그 사항에 대한 것만 대통령령에서 정할 수 있거든요.

　그래서 아까 말씀하신 조항에서 '재외동포청장이 정할 수 있다'를 '대통령령에 따라 달리 정할 수 있다' 정도로 하면……

○권칠승 위원　그렇지요, 그렇게 넣으면 되지요.

○재외동포청기획조정관 오진희　예, 그렇게 하시면 되겠네요.

○소위원장 김건　오케이.

○수석전문위원 곽현준　그렇게 정리하고 전체회의 전에 기재부 협의 상황 다시 한번

확인해 보겠습니다.

○**소위원장 김건** 수석전문위원께서 확인을 해 가지고……

○**수석전문위원 곽현준** 예.

○**소위원장 김건** 그렇게 해서 하는 걸로 하겠습니다.

그러면 의사일정 제30항부터 제32항까지는 그 취지가 반영되었으므로 각각 본회의에 부의하지 아니하기로 하고 이들을 통합 조정한 대안을 우리 위원회안으로 제안하고자 하는데 이의 없으십니까?

(「예」 하는 위원 있음)

그러면 가결되었음을 선포합니다.

잠시 정회하였다가 10분 후에, 35분에 속개하도록 하겠습니다.

정회를 선포합니다.

(16시25분 회의중지)
(16시41분 계속개의)

○**소위원장 김건** 의석을 정돈해 주시기 바랍니다.

회의를 속개하겠습니다.

먼저 한미동맹 지지 결의안…… 일단 제목을 이렇게 하지요, '한반도 평화를 위한 굳건한 한미동맹 관계 지속발전 지지 결의안'.

○**김기웅 위원** 이 부분은 하여간 제 생각에는 공통적인 말로 해서 한미동맹 지지 결의안으로 그냥 짧게 해도 된다, 다 빼 버리고.

○**소위원장 김건** 예, 그냥 짧게.

아니, 이렇게 하면 한미동맹은 한반도 평화를 위한 목적밖에 없는 것처럼 느껴져서 그냥 양쪽에……

○**김기웅 위원** 형용사 다 빼고 한미동맹 지지 결의안.

○**소위원장 김건** 예, 다 빼고 한미동맹 지지 결의안이 어떠실까 싶은데요.

(「좋습니다」 하는 위원 있음)

그다음에 지금 이 수정의견은 아까 김기웅 위원님이 말씀하신 걸로 안 돼 있는 것 같은데요?

○**김기웅 위원** 그런데 제가 하여간 불러 드리면, 한번 보시면 절충안…… 절충이 아니라 이 문구에 대한, 애를 써서 만드셨는데 하여간 의견을 들어 보시고.

1페이지에 있는 내용은 김병주 의원안이 그대로 와 있는 건데 저는 다른 의견이 없습니다. 그대로 가도 된다고 생각하는 거지요.

○**위성락 위원** 제가 이건 짧게짧게 코멘트하겠습니다.

○**소위원장 김건** 예.

○**위성락 위원** 좋습니다, 그런데 1페이지에 사소하지만…… 첫 문장이 있고요, '중대한 기로에 놓여 있다'. 그다음에 북한과 러시아가 먼저 나오는데 북한의 핵·미사일이 먼저 나오는 게 좋습니다.

○**김기웅 위원** 그래요?

○**위성락 위원** 그 뒤에 있는 '북한의 핵·미사일 능력 고도화와' 그다음에 '북한과 러시아', 그게 낫다고 생각합니다.

○**소위원장 김건** 그러면 군사적 긴장 증대는 어디로……

○**위성락 위원** 그러니까 '북한의 핵·미사일 능력 고도화와 북한과 러시아 간 군사협력 강화에 따른 군사적 긴장' 그렇게.

○**소위원장 김건** 아, 그렇게?

○**김기웅 위원** 아니, 그게 거기 있는 '북한의 핵·미사일 능력 고도화에 따른 군사적 긴장 증대와'……

○**위성락 위원** 아니, '고도화와'.

○**김기웅 위원** '긴장 증대와' 하면 안 되고?

○**위성락 위원** 뭐, 그건 좋고요. 하여튼 북한의 핵·미사일 능력 고도화가 먼저 나오고……

○**김기웅 위원** 순서를 바꾸자는 거지요?

○**위성락 위원** 그다음에 북·러가 나오는 게 좋지, 우리가 무슨 러시아부터 들먹거릴 게 있느냐는 거지요. 북한부터 들먹거리는 게 낫지.

○**소위원장 김건** 그러면 제 생각에는 군사적 긴장 증대는 빼면 어떠실까요?

○**김기웅 위원** 그걸 빼도 되지요.

○**소위원장 김건** 예, 왜냐면 북한·러시아 간 군사협력 강화가 군사적 긴장 증대로 어떻게 되는지는 몰라서. 그러면……

○**김기웅 위원** 예, 그러면 '북한의 핵·미사일 능력 고도화와 북한과 러시아 간 군사협력 강화로'……

○**소위원장 김건** 강화 등.

○**김기웅 위원** 강화 등으로……

○**소위원장 김건** '강화 등은 한반도 안보 환경을 심각하게 위협하고 있다' 그렇게.

○**김기웅 위원** 그렇게 하시지요.

○**위성락 위원** 죽 가시면 제가……

○**김기웅 위원** 예, 1페이지 그냥 가고요.

2페이지의 수정의견 보시면 '1950년' 해 가지고 이건 또 김건 위원님 것을 그대로 죽 가져왔습니다, 첫 문장이. 그렇지요?

○**소위원장 김건** 예.

○**김기웅 위원** 그런데 그 밑에 보시면 또 비슷한 문구가 나옵니다. '이후에 한미동맹은 동북아, 인도태평양 지역, 나아가 세계의 평화와', 밑에 보시면 똑같이 '인도태평양 지역, 나아가 세계의 평화와', 같은 말을 또 중복해서 쓰고 있거든요. 그러니까 둘을 합쳐야 될 것 같다는 거지요.

○**위성락 위원** 합칠 수 있습니다, 그건.

○**김기웅 위원** 합쳐서 어떻게 했냐 하니까 위에서부터 읽으면, 죽 내려와서 네 번째 줄 '자유민주주의와 시장경제, 인권과 법치 등 공동의 가치를 기반으로' 이렇게 돼 있지 않습니까? '기반으로'……

○**위성락 위원** 거기서 그냥 그다음 문장으로 넘어가면 되나요?

○**김기웅 위원** 아니요, '기반으로' 해서…… 뒷페이지에 보시면 3페이지에 있는 '대한민국의 민주화와 경제성장의 기반이 되었다'라는 문장이 있거든요. 3페이지의 '6·25 전쟁은

피로 맺어진 한미동맹의'…… 앞의 '6.25 전쟁, 50년' 이거랑 똑같은 게 또 중복이 되고 있어서……

○**위성락 위원** 맞습니다. 지워야 됩니다.

○**김기웅 위원** 3페이지에 있는 '6·25 전쟁부터 시작했으며'를 날리고 '대한민국의 민주화와 경제성장의 기반이 되었다'를 가져와서 '한미동맹은 지난 70여 년 동안 자유민주주의와 시장경제, 인권과 법치 등 공동의 가치를 기반으로 대한민국의 민주화와 경제성장의 기반이 되었다', 같은 단어들이라서.

○**위성락 위원** 예, 동의하는데 조금 더 바꾸면 이게 인태지역 등등에 대한 한미동맹의 컨트리뷰션(contribution)이 좀 빠져야 되고요, 그러면.

○**소위원장 김건** 예, 밑에 있어서.

○**김기웅 위원** 밑에 있으니까.

○**위성락 위원** 그래서 어떻게 하면 되냐면, 서로 타협하면 아까 죽 읽으신 '1950년' 죽 해서 '공동의 가치를 기반으로'까지 나오지요. 김건 의원님 안, 거기에서부터 김병주 의원님 안, '한반도의 평화와 안정을 유지함은 물론 동북아, 인도태평양 지역, 나아가…… 발전하였다'로 이어 가면 됩니다.

○**김기웅 위원** 그렇지요. 그건 이어 가는 거지요.

○**위성락 위원** 예, 그렇게 이어 가고 뒤로 넘어가서는 '6·25 전쟁은 피로 맺어진 한미동맹의 시작이었으며'는 지워 버리고 다시 또 '대한민국의 민주화와 경제성장의 기반이 되었다'.

○**김기웅 위원** 그런데 제 얘기는…… 다 합치는데요 아까 한 대로 '기반으로 '대한민국의 민주화와 경제성장의 기반이 되었다'와 함께 거기다 하고 '또한 한반도의…… 나아가, 핵심축으로 돼서 글로벌 포괄적 전략동맹으로 발전하였다'로 털어 버리는 거지요.

○**위성락 위원** 그래도 됩니다.

○**이용선 위원** '기반으로 기반이 되었다'는 것은 중복 표현 아니에요?

○**김기웅 위원** 다시, 어떤 거지요? 기반으로……

○**이용선 위원** '가치를 기반으로 대한민국의 민주화와 경제성장의 기반이 되었다' 하면 이상하잖아요.

○**김기웅 위원** 아, 그것 기반이 되는구나. '가치를 바탕으로 기반이 되었다' 하든지 '민주화와 경제성장을 이루는 힘이 되었다' 하든지 이렇게 할 수 있을 것 같아요. 그렇게 하고 다 딱 잘라 버리고 '글로벌 전략동맹으로 발전하였다' 그렇게 이어 붙이면 되는 거지요. 그렇지요?

○**소위원장 김건** 제가 잘 팔로(follow)가 안 돼서……

수석전문위원님이 한번 읽어 주세요, 지금 고치신 문장 그대로.

○**김기웅 위원** 그걸 다 못 읽으실 것 같은데……

○**소위원장 김건** 아니면 김기웅 위원님이 다시 한번 죽 읽어 주십시오.

○**김기웅 위원** 할게요.

○**소위원장 김건** 예.

○**김기웅 위원** 2페이지 보면 '한미동맹은 지난 70여 년 동안 자유민주주의와 시장경제, 인권과 법치 등 공동의 가치를 기반으로 대한민국의 민주화와 경제성장에 큰 힘이 되었

다. 또한'…… 그리고 이제 또한입니다. '또한 한반도와 동북아, 인도태평양 지역, 나아가 세계의 평화와 안정을 유지하는 핵심축의 하나로 발전해 왔으며 안보동맹에서 글로벌 포괄적 전략동맹으로 발전하였다' 해서 이게 전부 끝나는 거지요, 밑의 것은 다 없어지고.

　그러니까 다시 읽으면 '인권과 법치 등 공동의 가치를 기반으로 대한민국의 민주화와 경제성장에 큰 힘이 되었다', 하여간 이렇게 하고 '또한 한반도와 동북아, 인도태평양 지역, 나아가 세계의 평화와 안정을 유지하는 핵심축의 하나로 발전해 왔으며 안보동맹에서 글로벌 포괄적 전략동맹으로 발전하였다' 이렇게 하는 거지요.

○**이용선 위원** 그러면 좀 부드럽네.

○**소위원장 김건** 조금, 다시 한번 수석전문위원님이 읽어 주십시오, 정리.

○**수석전문위원 곽현준** '1950년 6월 25일 북한의 불법 남침에 맞서기 위해 흘린 피와 희생으로 맺어진 한미동맹은 지난 70여 년 동안 자유민주주의와 시장경제, 인권과 법치 등 공동의 가치를 기반으로 대한민국의 민주화와 경제성장에 큰 힘이 되었다. 또한 한반도와 동북아, 인도태평양 지역, 나아가 세계의 평화와 안정을 유지하는 핵심축의 하나로 발전해 왔으며 안보동맹에서 글로벌 포괄적 전략동맹으로 발전하였다'.

○**소위원장 김건** 동의…… 괜찮으신가요?

　(「좋습니다」 하는 위원 있음)

○**김기웅 위원** 됐나요?

○**소위원장 김건** 예.

○**김기웅 위원** 그러면 다음 3페이지의 수정의견 중에 다 날…… 새로 쓰는, 새로 쓰진 않고요 그 문장을 부르면요 '이에 대한민국 국회는 한미 양국이 연합방위태세를 강화하여 한반도 평화를 공고히 하고 그다음에 핵 없는 한반도 실현을 위해, 북한의 완전한 비핵화를 위해 가일층 노력하며 사이버와 우주와 같은 신흥 안보 분야에서 협력을 확대해 나가고자 다음과 같이 결의한다' 이렇게.

○**이용선 위원** 그 표현이 맞겠네.

○**김기웅 위원** 그러니까 다시 읽으면 '이에 대한민국 국회는 한미 양국이 연합방위태세를 강화하여 한반도 평화를 공고히 하며 핵 없는 한반도를 위해 북한의 완전한 비핵화를 위한 노력을 가일층 기울이며 사이버와 우주와 같은 신흥 안보 분야에서 협력을 확대하고자 다음과 같이 결의한다'.

　나머지 뒤에 있는 다른 결의안 문 자체에는 저는 의견은 없습니다. 보시고 말씀하시면 되고, 저는 앞에 서문만 문구 조정을 이렇게 할 수 있겠다 이거지.

○**소위원장 김건** 그렇기는 한데 아까 원래 김기웅 위원님께서 말씀하신 거는 이 앞에서는 '핵 없는' 이런 게 없고 뒤에 '핵무기 없는 한반도를 이루기 위한'……

○**김기웅 위원** 뒤에 있어요. 5페이지 보시면 '진정한 비핵화'는 뒤에 또 나와서 들어 있지요.

○**소위원장 김건** 5페이지에는 '북한의 완전한 비핵화'.

○**김기웅 위원** 그것만 따로 딱 특정해서 들어가요. 그런데 원래 앞의 서문에도 이게 용어가 있었는데 원래 김병주 의원이 했던 표현을 그렇게 바꿀 수 있겠다 하는 거지.

　의견들을 내셔야지요.

○**소위원장 김건** 그렇게요?

○**김기웅 위원** 앞의 거 다 빼는 거는 이견이 있으셨잖아. 싹 빼 버리는 건 이견이 있으셨잖아요.

○**이용선 위원** 앞에는 그냥 '핵 없는 한반도 평화'로만 표현하고 '북한의 완전한 비해화'는 결의……

○**소위원장 김건** 결의안 본문에 넣고요?

○**이용선 위원** 들어가 있으니까 본문에 들어가면 되지요.

○**김기웅 위원** 그렇게 하시자는 의견도 있고.

○**이용선 위원** 이렇게 합시다.

○**소위원장 김건** 그러면 다시 한번만 마지막으로 정리해서 읽어 주십시오.

○**수석전문위원 곽현준** '이에 대한민국 국회는 한미 양국이 연합방위태세를 강화하여 한반도 평화를 공고히 하고 핵 없는 한반도 실현을'……

○**김기웅 위원** 아니요, 필요 없어요.

○**수석전문위원 곽현준** 이거는 빼고 그냥 '핵 없는 한반도 평화를 위한 노력을 지속적으로 강화하며 사이버, 우주와 같은 신흥 안보 분야에서 협력을 확대하고자 다음과 같이 결의한다'.

○**김기웅 위원** 만약에 그거 다 빼시면요 지금같은 표현이 이상해요. '평화', '공고히' 다 빼고요. 그냥 '한미 양국이 연합방위태세를 강화하고 핵 없는 한반도 평화를 위해 노력하며 사이버와 우주와 같은 신흥 안보 분야에서 협력을' 이렇게 해 버리면 돼요.

○**이용선 위원** 그게 더 자연스럽네.

○**김기웅 위원** 그렇게 연결시키면 되지요.

○**이용선 위원** '평화'가 두 번 들어가니까.

○**김기웅 위원** 그렇지요, '평화'가 두 번 하니까 빼고.

○**이용선 위원** 그거 아주 부드럽네.

○**소위원장 김건** 의견 없으시면 넘어가겠습니다.

그렇게 하고 그다음.

○**이용선 위원** 나머지는 이견이 없잖아요.

○**위성락 위원** 그다음에 1·2·3·4로 들어가는 거지요?

○**소위원장 김건** 예, 그렇습니다.

○**김기웅 위원** 보시지요, 더 보시고.

○**위성락 위원** 잠깐만요. 이게 결국 본문의 2항하고 3항이 앞에 나온 거하고 중첩되는데……

○**김기웅 위원** 그런데 앞에는 서문이고 이거는 결의문이니까.

○**위성락 위원** 거의 내용이……

○**김기웅 위원** 비슷하지요.

○**위성락 위원** 중첩돼요.

○**소위원장 김건** 정말 1항·2항은 다 서문에 나와 있는 내용이네요.

○**김기웅 위원** '경의를 표한다'하고 '높이 평가한다'이거요?

○**소위원장 김건** 예.

○**김기웅 위원** 그건 사실 없어도 되지요, 왜냐하면 앞에 표현들이 다 똑같은 게 있어

서. '다시 한번 확인한다'까지만 쓰면……

○**소위원장 김건** 그러면 1·2항은 다 날리는 게 어떠십니까? 1·2항은 다 날리고 3항부터 그냥 1항으로 시작하는 걸로. '핵심축임을 다시 한번 확인한다'부터 시작해서……

○**김기웅 위원** 그렇게 5개로 해도 되겠네요.

○**소위원장 김건** 5개 항으로?

○**김기웅 위원** 저는 이견이 없습니다.

○**이용선 위원** 이견 없습니다.

○**김기웅 위원** 대체로 된 것 같은데요.

○**위성락 위원** 잠깐만요. 6번에 한미 양국에 대해서 대한민국 국회가 얘기하는데 '촉구한다'고 돼 있는데 좀 다른 표현이 나을 것 같습니다. 왜냐하면 우리 국회가 양국 정부에다가 촉구할 것이 있느냐.

○**김기웅 위원** 촉구?

○**위성락 위원** 예.

○**김기웅 위원** 결의 그것도 이상한가?

○**소위원장 김건** 그러면 결의한다고 그럴까요? 아니면 어떤 표현을……

○**김기웅 위원** 그런데 재미있는 게 '노력하고 대응'이라는 말이 대응은 이게 좀, '노력하고 대응한다' 사실 보니까 좀 그러네.
'노력해 나간다'. '대응'이라는 단어는 필요 없지 않나요, 그렇지요?

○**소위원장 김건** 어디?

○**김기웅 위원** 6번에 '평화와 안정을 위해 함께 노력하고 대응해 나간다'니까 이게 대응이라는 말은……

○**소위원장 김건** 함께 노력해 나갈 것을 다짐한다고 그럴까요?

○**김기웅 위원** 그렇게 하면 될 것 같고.
노력해 나갈 것을 국회는 다짐하는 건 아닌 것 같고 한미 양국이 이렇게 하라는 거잖아요?

○**소위원장 김건** 예.

○**김기웅 위원** 기대한다라든가.

○**소위원장 김건** 기대한다고 그럴까요?

○**김기웅 위원** 하기를 요구한다, 촉구한다, 기대한다, 바란다, 뭐 여러 가지가 있지요. '촉구한다'도 괜찮은 것 같은데?
그런데 이게 안 될 때 촉구하는 거라서 사실은 용어가 그렇지요?

○**위성락 위원** 용어로 써 놓으면 좀 의미가 달라질 거고.

○**김기웅 위원** 이상할 수 있겠지요.
'바란다' 하면 괜찮나? 순수 우리말로 할지……

○**소위원장 김건** 함께 해 나갈 것을 바란다? 확신한다고 그럴까요?

○**이용선 위원** 기대한다.

○**김기웅 위원** 기대한다, 노력해 나아가기를 바란다, 나아갈 것을 촉구한다.

○**소위원장 김건** 위 위원님, 제기하셨으니까 어떤 표현을 하실지……

○**인요한 위원** 노력해 나갈 것이다.

○**위성락 위원** 노력해 나가는 것도 괜찮아요. 노력해 나간다.

○**소위원장 김건** 노력해 나갈 것을 기대한다?

○**이용선 위원** 그렇지. 기대한다.

○**김기웅 위원** 주어가 지금 국회가 한미 양국에다 얘기하는 거니까.

○**소위원장 김건** 국회는 노력해 나갈 것을 기대한다.

○**김기웅 위원** 나아갈 것을 기대한다.

○**소위원장 김건** 그렇게 하고.

○**위성락 위원** 그다음에 또 하나만 더 말씀드리면 뒤에 '북한의 완전한 비핵화' 이렇게 돼 있지 않습니까?

○**김기웅 위원** '완전한' 빼자?

○**위성락 위원** 사실 이게 용어가 한반도의 비핵화냐 북한의 완전한 비핵화냐 해 가지고 논의가 벌어졌다가 다 피해 간 거잖아요. 그러니까 이것도 그냥 '북한의 비핵화' 아니면 '북핵 문제 해결' 이렇게 쓰는 게 좋을 것 같아요.

○**이용선 위원** '북한의 비핵화' 하지요.

○**소위원장 김건** '북한의 비핵화'로?

○**김기웅 위원** '완전한' 빼고?

○**위성락 위원** 예.

○**김기웅 위원** 이 '국제사회의 목표' 이게 일부러 넣으신 거지요?

○**소위원장 김건** 그냥 '국제사회의 목표인'……

○**김기웅 위원** 아니, 의도적으로 넣으신 것 같아요. 나는 괜찮은데……

○**소위원장 김건** 그러니까 북한의 비핵화를 원하는 게 우리만이 아니고, 한미만 아니라 국제사회가 모두 원하는 거다 이런 걸 강조하기 위해서 넣은 표현인데……

○**김기웅 위원** 좋습니다.

○**이용선 위원** 좋아요.

○**소위원장 김건** 그러면 '완전한'은 빼고.

○**인요한 위원** 다 된 거예요?

○**김기웅 위원** 예, 다 돼 가고 있습니다, 지금.

○**인요한 위원** 시간이 자꾸 가니까.

○**김기웅 위원** 나머지는 그냥 인삿말 아닌가?

○**이용선 위원** 10분만 한다 해 놓고 30분 걸렸어.

○**소위원장 김건** 그다음에 7항.

○**권칠승 위원** 마지막 7번 있잖아요, 이거 약간 좀 주어·동사가 이상하지 않나요? '한미 동맹을 더 강화하고', 주어·동사가 맞나요? 표준말 쓰는 사람들이 한번 보시지요.

(웃음소리)

○**소위원장 김건** 말씀해 주십시오.

○**김기웅 위원** '군사적 협력을 한층 더 강화하고 더욱 발전', 약간 말이 좀 그러네.

○**소위원장 김건** '한미동맹'이라고 하지만 사실은 '한미 양국이' 그런 표현이 주어로는 맞을 것 같은데요.

○**김기웅 위원** 그런데 이 주어가 '대한민국 국회는'이지요?

○소위원장 김건 국회는.

○김기웅 위원 그다음에……

○소위원장 김건 한미 양국……

○수석전문위원 곽현준 '평가하면서'고 다른 주어……

○권칠승 위원 예, 그것은 끝났어요.

○김기웅 위원 '재미 동포 사회의 기여를 높게 평가'하는데 이 앞뒤가 잘 이어지지를 않네요. 2개 뜻이 다른 센텐스예요.

○이용선 위원 그러네. 전혀 다르네. 전혀 다른 거를 한 문장에다……

○김기웅 위원 '동포 사회의 기여'를 빼야 되겠다.

○위성락 위원 그러니까 이게 지금 마지막에, 본질적인 얘기를 다 하고 맨 마지막에 재외동포 얘기가 나왔는데 거기 뒤에 다시 또 동맹, 자유민주주의, 인권과 법치, 경제안보 나오는 것은 좀 적절치 않고 동맹이 재외동포 얘기가 나왔으면 그걸로 끝나는 게 좋습니다. 이 부분은 살려야 된다면 앞에 어디다 갖다 붙이는 게 좋습니다.

○김기웅 위원 '동포 사회의 평가한다'가 여기 지금 한미동맹에……

○이용선 위원 그거 이상한데?

○김기웅 위원 이상하지 않나요? '동포 사회의 기여'가 갑자기 나오니까.

○위성락 위원 그런데 한미동맹 관계에 동포 사회의 역할이 있는 거니까 이건 있는 건 좋습니다, 이게 어디 있든지 간에.

○소위원장 김건 그러니까요. 이게 토머스 스워지(Thomas Suozzi)가 낸 결의안에 있더라고요, 똑같이. 미측도 결의안이 통과가 되면 저쪽은 '동포 사회'가 있는데 우리는 없으면 곤란해서 균형 차원에서 일단 넣어 놨는데 어디 다른 데다 위치를 정해 주시면……

○이용선 위원 '기여를 높게 평가한다' 이렇게 끝내야 되네요.

○김기웅 위원 그러면 이건 사실은 맨 앞에 있잖아요. '대한민국 국회는 발전시켜 온 것을 높이 평가한다' 이렇게 돼 있잖아요. 거기 붙여서 또 '이를 위해 대한민국 국회는 이와 관련하여'……

○수석전문위원 곽현준 1·2번은 삭제하기로 하셨습니다.

○소위원장 김건 그러니까 지금 3번이 옛날 3번. 구 3번.

○김기웅 위원 이게 '평가'가 다 날아가 버려서 그래요. 앞에 서문으로 가져가면 이상한 거지요.

○소위원장 김건 서문에 들어갈 수도 있겠지요, 뭐.

○김기웅 위원 서문에 들어간다 그러면 여기 맨 앞에 수정의견 2페이지 끝의 '50년 6·25 남침…… 글로벌 포괄적 전략동맹으로 발전하였다', 그다음에 '이와 관련하여 한미 양국 번영의 교량 역할을 해 온 260만 재미 한인 동포 사회의 기여를 높게 평가한다' 이렇게 들어갈 수 있지. 그렇지요?

○소위원장 김건 위치가 어떠십니까, 우리 위원님들?

○위성락 위원 어느 위치라고 그랬지요?

○김기웅 위원 2페이지.

○소위원장 김건 서문으로 옮겨서.

○김기웅 위원 서문으로 가서 2페이지에 '글로벌 포괄적 전략동맹으로 발전하였다' 이

렇게 끝났잖아요. '이와 관련하여 한미 양국 번영의 교량 역할을 해 온 260만 재미 한인 동포 사회의 기여를 높게 평가한다'는 그 부분이 그 뒤에 붙는다 이거지.

'이와 관련해서 이러한 한미 양국의 번영과 동맹의 발전을 위한 교량 역할을 해 온 260만 재미 한인 동포 사회의 기여를 높게 평가한다', 그것도 이상한가?

○**위성락 위원** 대체로 평가한다, 요구한다, 기대한다 그런 것들은 대개 본문에 들어가고 전문에다가는 상황을 묘사하는 것이기 때문에 그건 본문에 넣는 게 좋을 것 같아요.

○**김기웅 위원** 맨 뒤에다 넣어야 되겠네요.

○**위성락 위원** 예, 맨 뒤에 넣는 게 좋을 것 같아요.

○**소위원장 김건** 그러면 구 4항에 넣으시면 어떨까요, 구 4항. 지금 새로 된 2항, 구 4항.

그러니까 '대한민국 국회는 한미 양국 번영의 교량 역할을 해 온 260만 재미 한인 동포 사회의 기여를 높게 평가하면서 여야를 초월하여 한미동맹을 강화하고 한반도 평화를 위한 협력을 적극 지지할 것을 결의한다' 이렇게 거기에다 좀……

○**권칠승 위원** '여야를 초월하여' 이런 말도 좀 불필요한 것 같은데요. '대한민국 국회' 하면 다 들어가잖아요.

○**김기웅 위원** 예, 맞아요.

○**소위원장 김건** '여야를 초월하여' 빼고요.

○**이용선 위원** 갈수록 줄어드네. 뼈다귀만 남네.

○**소위원장 김건** 그 위치가 안 좋으신가요?

○**위성락 위원** 4항 자체는 그거 하나로 충분히 임팩트가 주어져야 되기 때문에 거기다가 '동포 사회의 기여'보다는 끝에 7항에서 '동포 사회의 기여'가 있는 게 좋을 것 같습니다.

○**김기웅 위원** 맨 끝에 살려 놓는 게 낫겠다. 마지막 항에 '높게 평가한다'.

○**소위원장 김건** 그러면 7항으로 빼 가지고요?

○**위성락 위원** 예, 7항 뒷부분만 자르고요 그걸 '동포 사회'만 하나로……

○**김기웅 위원** 이것만 살려서 7항으로 하자는 거지, 맨 뒤에.

○**위성락 위원** 예, 그것만.

○**소위원장 김건** 그러니까 6항이 되는 거지요, 그게.

○**김기웅 위원** 아니요, 5항이지요, 5항. 이게 5거든.

○**소위원장 김건** 그러니까 '대한민국 국회는 한미동맹이 자유민주주의, 법치, 인권 등 핵심가치와 함께 경제안보, 에너지'……

○**김기웅 위원** 그래서 그거 살리겠다?

○**소위원장 김건** '노력할 것을 결의한다' 이게 있고, 마지막 문장으로 '대한민국 국회는 한미 양국 번영의…… 높이 평가한다'로 끝내자는 말씀이신 거지요?

○**김기웅 위원** 아까 위 위원님은 이건 중복인 것 같아서 서문 거기에서 빼자고 그러셨는데 그런데 상관없어요, 살려도 되고 없어도 되고.

그러니까 7을 둘로 나눠 가지고 5항·6항으로 하자는 게 지금 김건 위원장님 말씀이고 동의하시면 그냥 각각 5·6이 되는 거지요.

○**이용선 위원** 그래요. 그게 낫겠어.

○**수석전문위원 곽현준** 나누는 데 순서는 '동포 사회'를 맨 뒤로 하신다는……

○**김기웅 위원** 예, 그렇게 한다는 거지요. 그렇게 합시다.

○**위성락 위원** 자꾸 까탈부리는 것 같아서 미안한데……

○**소위원장 김건** 아닙니다.

○**위성락 위원** 맨 마지막에 들어갔다는 여러 가지 협력 영역이 있지 않습니까? 인공지능, 우주, 원자력 그거가 약간 중복성이 있는데 앞에 보면 구 5항에 '한미 간 경제통상, 투자 분야의 지속적인 협력' 이런 게 있거든요. 거기다 갖다 붙이는 게 차라리 낫지 않겠는가 싶습니다.

○**소위원장 김건** 이 내용을요?

○**위성락 위원** 예, 살려야 된다면 트럼프 들어와서 신 영역에서 많은 협력을 기대한다는 취지에서 거기다가 여러 가지 분야별 협력, 우주, 안보 이렇게 5항하고 붙여 가까이 가는 게 좋을 것 같아요. 5항에 들어가든지 아니면 거기서 바로 이어 가든지.

○**소위원장 김건** 그러면 여기서 이어 가면 될 것 같은데요.

○**김기웅 위원** '한미 간 지속적인 협력' 그다음에 '에너지, 인공지능, 우주, 원자력, 조선 등 모든 분야에서 협력을 한층 더 강화해 나가기 위한 노력을 지지한다' 이렇게 돼야 되겠네. 구 5항을 합쳐서 문장을 만들어야 돼서 정리를 해야 되겠네.

○**위성락 위원** 그러든지 아니면 5·6항으로 이렇게 하나씩 가르든지.

○**김기웅 위원** 비슷한 내용……

○**소위원장 김건** 그렇게 하고 마지막 항은 '대한민국 국회는 한미 양국 번영의 교량 역할을 해 온 260만 재미 한인 동포 사회의 기여를 높게 평가한다'.

○**김기웅 위원** 전체 5항이, 5개가 되네요.

  수석전문위원님 정리하실 수 있을 거 같은데?

○**소위원장 김건** 수석전문위원님, 알아들으셨나요?

○**수석전문위원 곽현준** 예, 지금 합치는 거로 구 5번을 '대한민국 국회는 동맹국인 미합중국 도널드 트럼프 제47대 대통령의 취임과 신행정부의 출범을 환영하며, 한미 간 경제통상, 투자 분야의 지속적인 협력, 에너지, 인공지능, 우주, 원자력 조성 등 모든 분야에서 협력을'……

○**소위원장 김건** 아니, 여기 경제안보도 있는데? '경제통상, 투자 분야의'……

○**수석전문위원 곽현준** 경제통상인데 경제안보까지 해서 할까요? '경제안보, 에너지, 인공지능, 우주, 원자력 조성 등 모든 분야에서 협력을 한층 더 강화하고'.

○**김기웅 위원** '강화, 발전시켜 나간다' 이렇게 하시면 되지 않나요?

○**소위원장 김건** 아니, 우리가 나갈 수는 없지요. 국회가 나갈 수는 없으니까.

○**김기웅 위원** '나가기 위한 노력을 지지한다'.

○**수석전문위원 곽현준** '강화하고 발전시킬 수 있는 모든 노력과 정책을 지지한다'.

○**김기웅 위원** 그렇게 하셔도 되고.

○**권칠승 위원** '협력을 한 층 더 강화한다' 쓰면 되지 않나요? 그러면 안 되나요?

○**김기웅 위원** 주어가, 한미 양국이 우리 국회에 요구하는 거다 보니까 우리는 '지지한다, 촉구한다' 그렇게……

  그렇게 하세요. 그렇게 하시고 마지막으로 최종적으로 김건 위원장님이 한번 보시고.

○**이용선 위원** 취지는 그런 거니까 너무 중복이 좀 안 되도록 정리를 하면……

○**김기웅 위원** 전체를 놓고 한번 다시 봐야……

○**위성락 위원** 이 두 개를, 이거를 우리가 가져가서 합치는데 약간 중복…… '경제통상, 투자 분야' 이걸 계속 하지 말고요. 이걸 문구를 한 문단으로 만드는 게 좋을 것 같습니다, 너무 많아요. 7항 하단을 완전히 합쳐서 그냥 깔끔하게 중복 안 되는 문장으로 만들면……

○**소위원장 김건** 그러니까 지금 9-5항하고 9-7항의 하단 부분을 합쳐서 하는데 중복이 안 되게 깔끔하게 만들어서 최종안을 만든다, 그게 지금 지침입니다. 그래서 그런 자구 수정은 저한테 맡겨 주시면 제가 수석전문위원하고 해서 최종안을 만들도록 하겠습니다.

그러면 의결하도록 하겠습니다.

의사일정 제5항 및 제6항은 그 취지가 반영되었으므로 각각 본회의에 부의하지 아니하기로 하고 이들을 통합 조정한 대안을 우리 위원회 안으로 제안하고자 하는데 이의 없으십니까?

(「예」 하는 위원 있음)

가결되었음을 선포합니다.

이것으로 외교부 소관 안건 심사를 모두 마치겠습니다.

김홍균 차관님 수고하셨습니다. 퇴장하셔도 좋습니다.

이어서 통일부 소관 안건 심사를 위해 회의를 계속 진행하겠습니다.

---

33. **군사정전에 관한 협정 체결 이후 납북피해자의 보상 및 지원에 관한 법률 일부개정법률안** (김건 의원 대표발의)(의안번호 2205213)

34. **북한이탈주민의 보호 및 정착지원에 관한 법률 일부개정법률안**(김건 의원 대표발의)(의안 번호 2205836)

35. **북한이탈주민의 보호 및 정착지원에 관한 법률 일부개정법률안**(박지원 의원 대표발의) (의안번호 2205009)

36. **북한이탈주민의 보호 및 정착지원에 관한 법률 일부개정법률안**(박충권 의원 대표발의) (의안번호 2205888)

37. **북한이탈주민의 보호 및 정착지원에 관한 법률 일부개정법률안**(박충권 의원 대표발의) (의안번호 2206182)

38. **북한이탈주민의 보호 및 정착지원에 관한 법률 일부개정법률안**(한정애 의원 대표발의) (의안번호 2205603)

39. **북한이탈주민의 보호 및 정착지원에 관한 법률 일부개정법률안**(안상훈 의원 대표발의) (의안번호 2206803)

40. **통일교육 지원법 일부개정법률안**(김기현 의원 대표발의)(의안번호 2205530)

41. **통일교육 지원법 일부개정법률안**(윤후덕 의원 대표발의)(의안번호 2202762)

42. **6·25전쟁 납북피해 진상규명 및 납북피해자 명예회복에 관한 법률 일부개정법률안**(김병기 의원 대표발의)(의안번호 2204909)

43. **6·25전쟁 납북피해 진상규명 및 납북피해자 명예회복에 관한 법률 일부개정법률안**(구자근 의원 대표발의)(의안번호 2200917)

44. 남북교류협력에 관한 법률 일부개정법률안(김건 의원 대표발의)(의안번호 2205834)

45. 남북협력기금법 일부개정법률안(박정 의원 대표발의)(의안번호 2205501)

46. 남북협력기금법 일부개정법률안(인요한 의원 대표발의)(의안번호 2207184)

47. 북한인권법 일부개정법률안(김용태 의원 대표발의)(의안번호 2205518)

48. 북한인권법 일부개정법률안(추경호 의원 대표발의)(의안번호 2205685)

49. 북한인권법 일부개정법률안(김기웅 의원 대표발의)(의안번호 2202369)

50. 남북관계 발전에 관한 법률 일부개정법률안(김영배 의원 대표발의)(의안번호 2206526)

51. 남북관계 발전에 관한 법률 일부개정법률안(권영세 의원 대표발의)(의안번호 2200075)

52. 남북관계 발전에 관한 법률 일부개정법률안(김준형 의원·김태년 의원 대표발의)(의안번호 2203042)

53. 남북관계 발전에 관한 법률 일부개정법률안(박지혜 의원 대표발의)(의안번호 2200976)

54. 남북관계 발전에 관한 법률 일부개정법률안(신정훈 의원 대표발의)(의안번호 2202006)

55. 남북관계 발전에 관한 법률 일부개정법률안(양부남 의원 대표발의)(의안번호 2204535)

56. 남북관계 발전에 관한 법률 일부개정법률안(위성락 의원 대표발의)(의안번호 2201667)

57. 남북관계 발전에 관한 법률 일부개정법률안(윤종오 의원 대표발의)(의안번호 2205273)

58. 남북관계 발전에 관한 법률 일부개정법률안(윤후덕 의원 대표발의)(의안번호 2200612)

59. 남북관계 발전에 관한 법률 일부개정법률안(이용선 의원 대표발의)(의안번호 2201309)

60. 남북관계 발전에 관한 법률 일부개정법률안(이재강 의원 대표발의)(의안번호 2200434)

61. 남북관계 발전에 관한 법률 일부개정법률안(조국 의원 대표발의)(의안번호 2202149)

62. 남북관계 발전에 관한 법률 일부개정법률안(한정애 의원 대표발의)(의안번호 2201752)

63. 남북관계 발전에 관한 법률 일부개정법률안(황명선 의원 대표발의)(의안번호 2202862)

64. 남북교류협력에 관한 법률 일부개정법률안(이인영 의원 대표발의)(의안번호 2205042)

65. 남북교류협력에 관한 법률 일부개정법률안(이재강 의원 대표발의)(의안번호 2204365)

(17시08분)

○소위원장 김건 의사일정 제33항 군사정전에 관한 협정 체결 이후 납북피해자의 보상 및 지원에 관한 법률 일부개정법률안부터 제65항 남북교류협력에 관한 법률 일부개정법률안까지 이상 33건을 일괄하여 상정합니다.

안건 심사를 위해 김수경 통일부차관님께서 출석하셨습니다.

먼저 의사일정 제33항 군사정전에 관한 협정 체결 이후 납북피해자의 보상 및 지원에 관한 법률 일부개정법률안에 대해 심사하겠습니다.

전문위원님 설명해 주시기 바랍니다.

○전문위원 김사우 전문위원입니다.

이 건은 김건 의원께서 대표발의한 개정안입니다. 지난주 전체회의에 상정되었고 소위 회부되었습니다. 그리고 오늘 소위에 상정되었는데 주요 내용은 납북자의 정의에 북·중 접경지역 등 남한 외의 지역에서 북한 당국에 의해 납치, 체포되어 형벌을 선고받고 억류된 사람도 납북자에 포함됨을 명확히 규정하는 것입니다.

검토보고 요지 말씀드리겠습니다.

현행법은 납북자를 대한민국 국민으로서 군사정전 협정 이후에 본인의 의사에 반하여 남한에서 북한에 들어가 거주하게 된 자로 정의하고 있는데 개정안은 현행 정의 규정에서 1과 2를 공통으로 하고 제2조제1호의 '각 목 외의 부분'으로 하며 제3을 가목으로 하면서 북·중 접경지역 등 남한 외의 지역에서 북한 당국에 의해 납치, 체포되어 형벌을 선고받고 억류된 사람을 나목으로 신설하는 내용입니다.

이와 같은 개정안은 억류자의 입북 상황이 명확하지 않아 현행 법률 조문을 엄격하게 해석, 적용할 경우에는 납북피해자에 해당되는지 여부가 불확실한 부분이 있기 때문으로 이해됩니다. 본인 의사의 유무 등 입북 상황의 차이에도 불구하고 통일부가 억류자를 납북피해자로 결정하고 그 가족들에게 피해 위로금을 지급한 선례 등을 고려할 때 개정안과 같이 향후에도 억류자를 납북자에 포함하여 지원하는 것이 바람직하다고 봅니다.

다음 페이지, 조문 대비표로 수정의견 세 가지를 제시했습니다.

2페이지입니다.

제2조제1호 '각 목 외의 부분'에서 '해당하는'을 '해당하게 된'으로 수정하는 것이 좋겠다는 의견과 그리고 3페이지 나목에서 '형벌을 선고받고 억류된'을 통일부 의견을 반영해서 '억류됨'으로 수정하는 사항 그리고 부칙 제2조로 경과 조치를 신설하는 수정하는 의견입니다.

이상으로 보고를 마치겠습니다.

○**소위원장 김건** 다음은 정부 측 의견을 제시해 주시기 바랍니다.

○**통일부차관 김수경** 통일부에서는 수용하는 입장입니다. 어쨌든 억류자는 입북 상황 차이 외에 북한 정권에 의해서 자유를 박탈당한 상황이라는 것은 납북자와 유사하기 때문에 억류자를 납북자의 정의에 포함시키자는 개정 취지에 공감하는 바입니다. 다만 억류자 중에서는 북한 당국에 의해서 형벌을 받았는지 여부가 확인이 되지 않는 경우도 있기 때문에 형벌을 선고 받았는지의 여부를 지원 요건에 포함시키는 것은 좀 신중할 필요가 있다라는 입장입니다.

○**이용선 위원** 지금 통일부에서는 북한에 선교 활동을 하다가 내지는 탈북자들의 한국행을 돕다가 또 아니면 한국에 이미 들어왔던 탈북자들이 가족들을 만나러 중국이나 제3국에 갔다가 거기서 또 억류돼서 북에 끌려간 경우도 종종 사례가 있지 않습니까? 그런 경우에 재판을 통한 형벌을 지금 확인이 되고 있습니까? 상태가 어떻습니까?

○**통일부차관 김수경** 북에서 형벌을 받았는지의 여부요? 그거를 다 확인할 수는 없습니다.

○**이용선 위원** 없습니까?

○**통일부차관 김수경** 예, 없습니다. 지금 선교사분들 같은 경우에는 북에서 발표를 하고 기자회견도 하고 해서 형벌에 대해서 얘기가 있었지만 또 나머지 경우에 대해서는 저희가 확인을 할 수가 없었기 때문에, 지금 억류된 분들이 선교사 분들만 계신 건 아니기 때문에 그렇습니다.

○**이용선 위원** 그건 북에서 선전용으로 하는 경우에 우리가 할 수 있는 거고……

○**통일부차관 김수경** 그렇지요, 북에서.

○**이용선 위원** 그거 외에 재판에 대한 것을 확인할 수 있는 방법은 없는 거예요?

○**통일부차관 김수경** 예, 방법은 사실은 없는 것이지요.

○**이용선 위원** 그리고 탈북자들이 다시 북에 억류되는 경우도 꽤 있지 않습니까?

○**통일부차관 김수경** 그런 경우도 있기 때문에, 그 부분 같은 경우는 북에서 형벌을 선

고 받았는지 이런 부분에 대해서는 발표하지 않고 있기 때문에……

○**이용선 위원** 그래서 '형벌'이라는 표현을 삭제하고 '억류'로 표현하면 좋겠다?

○**통일부차관 김수경** 예, 그렇습니다.

○**이용선 위원** 오케이, 알겠습니다. 합리적인 것 같습니다.

○**소위원장 김건** 또 의견……

○**권칠승 위원** 어떤 경우에도 본인의 의사에 의해서 북쪽 지역으로 들어간 사람들은 100% 다 제외되는 거지요?

○**통일부차관 김수경** 입북을 어떻게 했는지보다도 북에서 어쨌든 구인을 해서 자유를 지금 박탈하고 있는 상황이라는 점이 납북과 억류자가 동일하기 때문에, 그래서 억류자를 납북자에 넣는 것이……

○**권칠승 위원** 제가 여쭤보는 거는 본인에 의해서 들어갔다가 나오려고 하는데 그때 체포, 구금되는 수가 있잖아요. 그리고 현행법이든 아니든 다른 사유가 있든 그런 경우는 해당이 안 되는 거지요?

○**통일부차관 김수경** 그 경우도 억류자에 해당해서 그 사람을 납북자랑 같이 하자라는 취지의 법안입니다.

○**권칠승 위원** 그래요? 그러면 북한 당국에 의해 납치, 체포되는 게 아니잖아요.

○**통일부차관 김수경** 그렇기는 합니다만 어쨌든……

○**권칠승 위원** 이 외의 지역에서 납치, 체포돼야 되기 때문에 본인에 의해서 그 경계선을 넘어간 사람은 전혀 해당 사항이 없을 것 같은데……

○**전문위원 김사우** 전문위원이 말씀드리겠습니다.

그 부분은, 지금 위원님께서 말씀하시는 부분은 1호 이전 현행법 조항에 대해 가지고 말씀하시는 거고 '의사에 반하여' 제일 앞부분에 한정을 짓고 있습니다. 그런데 통일부가 지금 해석 적용하고 있는 거는 본인의 의사에 반하여를 앞에서 하는 게 아니고 본인의 의사에 반하여 거주하게 된 사람으로 그렇게 해석해 가지고 적용하고 있다라고 보시면 되겠습니다.

○**권칠승 위원** 이거 보는 게 아니지요. 김건 의원님 안을 제가 보고 있거든요. 전혀 그렇지 않잖아요, 문구가. 본인의 의사에 반하여 넘어갔는데도 대상자가 되는 사람들은 남한지역에서 이북지역으로 넘어가게 된 사람들이고 그 나머지 경우에는 남한, 그러니까 북·중 접경지역 등 남한 이외의 지역에서 북한 당국에 의해서 납치, 체포돼서 넘어가야 되는…… 그런데 본인에 의해서 경계선을 넘어간 사람들은 어떤 경우에도 해당 사항이 없을 것 같은데요? 케이스가 여러 개 있을 거니까 제가 한번 구분해 보려고……

○**통일부차관 김수경** 일단 본인 의사에 반해서 남한에서 북한을 들어가서 거주하게 된 사람이니까요. 그러니까 일단 북한……

○**권칠승 위원** 그거는 가항이고요, 저는 다항이고.

○**통일부차관 김수경** 그리고 나항 같은 경우에는 북·중 접경지역이 북한일 수도 있고 중국일 수도 있기 때문에 남한 이외의 지역에서 북한 당국에 의해서 납치, 체포돼서 억류된 사람을 말하는 겁니다.

○**권칠승 위원** 뭐가 어떻게 됐든 납치 체포돼야 되잖아요, 북한에 의해서. 그러면 본인에 의해서 정해야 되는 것 맞지요?

○**전문위원 김사우** 예, 본인의 의사에 반하여로 생각했습니다.

○**권칠승 위원** 정리를 좀 해 봐요. 그다음에 북·중 접경지역 이런 말이 왜 들어가는 거지요? '남한 이외의 지역' 이러면 끝나는 거 아닌가요? 이게 왜냐하면, 제가 처음에 물었잖아요. 100% 본인에 의해서 넘어간 사람들은 100% 다 빠진다라고 한다면 북·중 접경지역이라는 게 이게 아주 애매한 이야기가 돼요. 그렇잖아요? 북한 쪽에서 접경지역이 있고 중국 쪽에서 접경지역이 있잖아요. 북한 쪽에서 접경지역은 본인에 의해서 넘어갔다 하더라도 해당이 되는 거예요. 그렇게 되면 기준이 다 깨지는 거거든요. 그리고 이렇게 적용을 해 놓으면 구체적인 케이스가 나왔을 때 적용이 아주 이상한 경우가 많이 생기잖아요. 그걸 정확하게 갈라 줘야지……

○**전문위원 김사우** 북·중 접경지역이 열거규정이 아니고 예시규정으로 지금 규정이 돼 있습니다. '등'으로 해 가지고……

○**통일부차관 김수경** '등'이니까요 북한도 해당이 되는 겁니다.

○**권칠승 위원** 그러니까 안 되는 거지요. 그러니까 그런 조항 없애 버리는 게 맞는 거지요. '남한 이외의 지역에서' 이렇게 하면 더 명확하잖아요. 지금 북·중 지역이면 북한 경계지역 내부도 북·중 경계지역이잖아요.

○**통일부차관 김수경** 그런데 이게 예시로 열거하면서 '북·중 접경지역 등'이었는데 그걸 제외하고 '남한 이외'로 한다고 해도 별 무방은……

○**권칠승 위원** 아니요, 이게 있으면 없는 거 하고 차이가 나잖아요. 북한 경계선 안쪽에 접경지역을 어떻게 준비할 건데……

○**인요한 위원** 위원님 말씀하는 게 훨씬 깔끔한데……

○**이용선 위원** 예시규정은 없애도 똑같아.

○**통일부차관 김수경** 그걸 없애고 그러면 '남한 외에 지역에서라고 한다'고 해도 그게……

○**권칠승 위원** 아니, 예시규정이 있으면 이게 섞이는 경우가 생기기 때문에 저는 없애는 게 맞다고 생각해요.

○**통일부차관 김수경** '남한 이외'로 해도 무방할 것 같습니다.

○**권칠승 위원** '이외로 해도'가 아니고 그게 없애야 된다니까요.

○**인요한 위원** 그렇게 하십시다.

○**권칠승 위원** 그런데 이게 있는 게 특별한 이유가 있나요? 제가 그냥 생각하는 건데 만들 때는 생각을 해 보셨을 거잖아요, 이거 검토하실 때.

○**소위원장 김건** 이게 아마 이제까지 이런 사고들이 다 북·중 접경지역에서 발생했기 때문에 지금 그렇게 들어간 것 같고요. 명확함을 위해서 빼는 거에 아무 문제가 없을 것 같습니다, 제가 봐도.

○**김기웅 위원** 제가 말씀드리면 이걸 왜 개정하려고 하는지는 잘 모르겠는데요. 무수하게 많은 케이스들이 있잖아요. 스위스에서 있다가 사실 속아서 이렇게 납북된 사람도 있고, 옛날 영화배우들도 계시잖아요. 들어가서 있는 분도 있고 진짜 자의 반, 타의 반인지 모르는 분들도 있고……

만약에 이런 취지가 우리 국민인데 어디에 있었든 간에, 남한 제외하는 것도 웃기는데 우리 국민으로서 어디에 있었든 간에 북한에 의해서 속아서 갔든 강제로 갔든, 북한에 자기 의사에 반해서 가서 억류된 사람, 형벌을 받았든 안 받았든 그 사람을 모두 하면 되는 거잖아요, 실제로 그런 취지라면.

그러면 굳이 이렇게 1항, 2항, 남한 외의 지역 할 것 없이 그냥 우리 대한민국 국민으로서 자기의 의사에 반하여 북한 지역으로 아니면 북한으로 끌려 들어가서 억류하게 된 사람 이래 버리면 모두가 포괄되는데, 그 쉬운 한마디로 하면 될 걸 이렇게 복잡하게 아까처럼 접경지역이 나오고 하는 이유를 잘 모르겠다고 하는 게 이 취지가 정확하게 뭔지 모르겠어요.

만약에 취지가 대한민국 국민으로서 어디에 있었든, 어디에 살고 있었든 여행 중이었든 어디에 있었든 간에 본인의 의사에 반해서 북한에 끌려가 억류된 사람이라면 굳이 이렇게 복잡하게 나눠서 정의할 필요가 없지 않냐 이거지. 왜 이렇게 복잡하게 정의하는지 내가 궁금해서 그런 거예요, 사실은.

○소위원장 김건 위성락 위원님.

○위성락 위원 저도 비슷한 문제의식인데 여기에 보면 억류자라고 하는 카테고리를 새로 신설하고 거기에 규정을 북한에 의해 납치·체포되어 형벌을 선고받고…… 이렇게 좀 복잡하게 규정해 났어요. 아까 누구도 제기하셨지만 형벌을 선고받고는 굳이 할 필요는 없을 것 같다, 맞는 말인데 좀 더 나아가서 왜 '납치·체포되어도' 굳이 쓸 필요가 있느냐.

생각을 해 보니까 이 법이 납북자 관련 법이다 보니까 거기다가 맞추려다 보니까 억류자 중에서도 납치·체포를 쓴 것 같은데 그러지 말고 펀드멘털리(fundamentally) 이 법 자체의 제목을 납북피해자가 아니라 북한에 의한 억류자로 규정을 하면 자기 자의에 반해서 북한에 억류된 자, 그 사람이 남한에서 갔든 중국에서 갔든 개의치 말고 북한에 의하여 억류된, 하여튼 납치든 유인이든……

○김기웅 위원 속아서 갈 수도 있고?

○위성락 위원 속아서 갔든 하여튼 북한에 의하여 억류된 자로 제목을 바꾸고 그러면 싹 끝나는 거 아니냐, 간단하게.

○김기웅 위원 왜냐하면 아까도 자기가 처음에는 그냥 갔는데, 자의 반 타의 반 갔는데 아까 말씀하신 대로 못 나가게 해서 잡히면 여기에 해당 안 된다 하지만 그렇게 정의하면 다 해당되는 거잖아요, 사실. 그러니까 우리 국민으로서 그냥 장소 빼 버리고 본인의 의사에 반해서 북한에 억류된 자, 쉽게 얘기하면 그 말이잖아. 그걸 자세하게 해야 되는 이유가 있느냐 이거지, 내 말이. 너무 포괄적인가?

○위성락 위원 아예 제목을 북한의 군사정전 협정에 관한 체결 이후 억류피해자의 보상·지원에 관한 법률로 해 놓고 개념 규정에다가 자기 의사에 반하여 북한 당국에 의하여 억류된 자, 그러면 다 되는 것 아니냐……

○권칠승 위원 북한으로 넘어갈 때 본인의 의사로 넘어간 사람을 어떻게 할 거냐 이게 쟁점 아닌가요? 그게 쟁점 아닌가요?

○위성락 위원 그 부분은 그러니까 자기가 들어갔는데 억류라는 거예요. 들어간 거는 상관이 없고요. 억류가 문제인데 억류 때부터 자기 의사가 아니면 이건 억류자예요. 북한에 들어올 때 자유인데 억류가 되었다.

○권칠승 위원 그러니까 그것도 해 줘야 된다는 말씀이신가요, 그런 경우도?

○위성락 위원 자기 의사에 반하여 억류되면 그 사람들은 피해자가 되는 거지요.

○**인요한 위원** 좋아서 간 사람은 그냥 빠지고?

○**이용선 위원** 아니, 좋아서 가든 안 가든 억류돼 있으면. 못 나오면.

○**김기웅 위원** 저 경우에 생각할 사례가 하나 있는 게 갔고 안 갔고가 아니라 실제 사례가 있는 게 왜 개성공단의 유 모 씨처럼 사업차 때문에 올라가서 일을 하고 있다가 억류된 거잖아요, 그냥. 자기 의사에 반해서. 이건 좋아서 간 것도 아니고 자기가 어쨌든 가게 됐는데 일을 하다가 문제가 생겨서 47일인가 억류가 됐는데 그 경우도 포함된다고 보는 거지요, 사실은. 그러면 말씀하신 게 맞는 거고, 그런 경우는 포함하지 말고 북한의 구체적인 어떤 납치라든가 이런 아주 어떻게 보면 범죄 행위에 의해서 피해를 보게 된 자라고 특정하고 싶으면 표현이 들어가야 되는 거고. 포괄적으로 보고 싶으면 아까처럼 그냥 억류된 자 이렇게 해 버리는 게 포괄적인 거지요. 그러니까 나는 어느 게 더 맞는지……

○**소위원장 김건** 지금 김기웅 위원님 하신 말씀이 맞거든요. 처음에 이걸 발의할 때 뜻은 뭐냐 하면 지금 6명의 억류자가 있지 않습니까? 그 사람들이 여기서 누락될 가능성이 있어서 그걸 확실하게 넣어 주자고 만든 법인데 6명에 대해서만. 지금 말씀하신 대로 하면 상당히 범위가 늘어날 수 있는 거라서 이거는 제가 발의를 했으니까 조금 더 검토를 해서, 계속 심사를 해서 다음……

○**권칠승 위원** 하나만 더 말씀드리면 예를 들어서 자의에 의해서 북한을 갔는데 거기에서 범죄를 저질러서 형벌을 받을 수가 있잖아요. 그런데 이 사람이 그때부터 나오고 싶을 거잖아요. 의사에 반해서 억류된 사람이 되는 거잖아요. 그러니까 예를 들면 아주 골치 아픈 케이스인 거지요, 이런 게. 이런 경우를 어떻게 할 건지에 대해서 좀 판단이 서면 조문을 정리할 수 있을 것 같습니다.

○**위성락 위원** 좋은 말씀…… 저도 그 경우를 얘기하려고 했는데 자의로 갔는데 북한 법을 위반하고, 가령 살인을 저질렀다. 북한이 억류했다. 그건 다른 경우거든요. 그러니까 그런 경우는 별도로 들어가 있어야 됩니다.

○**김준형 위원** 그런데 그걸 또 확실하게 여기서 100% 판단은 못 하잖아요. 그 사람이 누명을 쓴 건지 그거를 여기서 어떻게 하겠습니까? 정말로 죄를 저질렀는지……

○**소위원장 김건** 그러니까 그렇게 말씀하시니까 이게 입법정책적으로 생각할 게 너무 많아져서 처음에 이 법을 발의할 때 생각은 6명도 납치자하고 같이 보상을 좀 받을 수 있게 해 주면 좋겠다는 뜻이었는데 그러니까 저희가 좀 더 검토를 해 가지고 제가 다시 한번 발의하도록 하겠습니다.

○**이용선 위원** 아니, 하기 전에 방금 대상으로 설정하는 분들은 대부분 북에 의해서 강제로 납치·체포에 해당되는 거지요?

○**소위원장 김건** 예, 그렇습니다.

○**이용선 위원** 그런데 아까 문제로 삼는 것은 자의로 간 경우는 전혀 성격이 다르고 자의로 갔다 하더라도, 범죄가 아니라 하더라도 북한주민도 자유롭게 왔다 갔다가 어려운데 자기 마음대로 들어왔다 마음대로 나가는 걸 허용할 리가 없고, 그런 사후적 상황에 따라서 억류자로 규정하고 우리가 보호하고 지원하고 하는 것은 제가 볼 때는 대상이 아닐 것 같아서 이런 것까지 염두에 두고 좀 재검토를 해야 될 것 같아서요.

○**소위원장 김건** 그렇게 검토해 보겠습니다.

그러니까 계속 심사하도록 하겠습니다.

그러면 의사일정 제33항은 계속 심사하도록 하겠습니다.

다음, 의사일정 제34항부터 제39항까지 이상 6건의 북한이탈주민의 보호 및 정착지원에 관한 법률 일부개정법률안에 대해 심사하도록 하겠습니다.

전문위원님 설명해 주시기 바랍니다.

○**전문위원 김사우** 제34항 김건 의원안부터 39페이지 제39항 안상훈 의원안까지 6건에 대해서 일괄해서 설명드리겠습니다.

김건 의원안은 북한이탈주민에 대해 영농 정착지원 외에 영어 및 영림 정착지원도 제공하도록 하려는 내용입니다.

검토보고 요지 말씀드리겠습니다.

북한이탈주민에게 경제적 자립을 위한 다양한 직업 선택지를 제공할 수 있고 다양한 지역과 환경에 적응할 기회도 제공할 수 있으며 농어촌 지역의 고령화 및 인력 부족 문제 해결에도 도움이 될 수 있을 것으로 보이는 바 그 입법 취지는 타당한 것으로 보입니다.

다만 북한이탈주민에 대한 영어 및 영림 정착지원을 도입하기 위해서는 북한이탈주민 중 어업 및 임업 희망자 실태조사, 어업 및 임업에 특화된 정착지원 방안 등이 선행되는 것이 바람직하며 북한이탈주민의 특수한 상황을 고려하여 향후 지역 및 대상자 선정에도 신중을 기할 필요가 있다고 봤습니다.

12페이지, 박지원 의원안입니다.

주요 내용은 제3국에서 출생한 북한이탈주민의 자녀도 북한이탈주민의 범위에 포함시키도록 하는 내용입니다.

검토보고 요지 말씀드리겠습니다.

개정안은 제3국에서 출생한 북한이탈주민의 자녀가 외국 국적을 취득하지 않은 경우 북한이탈주민에 포함시켜 이 법에 따른 국가의 보호 및 지원을 받을 수 있도록 하려는 것인데 제3국 출생 자녀는 초기교육의 부족 등으로 인해 정착 과정에서 어려움을 겪고 있고 최근 개정된 교육지원에 관한 내용을 제외하고는 기존 지원 정책에서 제외되고 있어 제3국에서 출생했다는 이유만으로 발생하는 교육 및 복지 사각지대 문제를 해결할 필요가 있다는 점 등을 고려한 것으로 보입니다.

다만 개정안은 제3국 출생 자녀 중 외국 국적을 취득하지 않은 경우에 북한이탈주민에 포함되도록 함에 따라 중국을 거쳐 탈북한 제3국 출생 자녀의 상당수가 적용 대상에서 제외되고 제3국 출생 자녀에게 북한이탈주민과 같은 정착금, 의료 혜택 등의 지원이 이루어진다면 북한이탈주민의 남한출생 자녀와의 형평성 문제가 제기될 수 있어 이러한 점들에 대한 종합적인 검토가 필요할 것으로 봤습니다.

20페이지, 박충권 의원안입니다.

주요 내용은 통일부장관 또는 국가정보원장이 정착지원시설 보호 기간 중 보호대상자의 국민연금 가입에 필요한 지원을 하도록 하고 보호대상자의 경제적 능력 등을 고려하여 연금보험료를 지원할 수 있는 근거를 마련하는 내용입니다.

검토보고 요지 말씀드리겠습니다.

개정안은 북한이탈주민의 국민연금 가입을 유도할 수 있고 향후 연금 수급 요건을 충족하기 쉬워져 노후 빈곤 문제 예방 등에 기여할 것으로 기대되는 바 개정안의 입법 취지는 긍정적으로 보여집니다.

북한이탈주민에 대한 보험료 일부 지원을 위해서는 별도의 법적 근거가 필요할 것으로 판단되며 그 지원 수준은 형평성 차원에서 다른 저소득층 보험료 지원사업과 유사한 수준으로 지원하는 방안이 고려되는 것이 바람직하다고 봤습니다.

26페이지, 박충권 의원안입니다.

주요 내용은 통일부장관이 북한이탈주민의 보호·정착지원 업무에 종사하는 자를 대상으로 북한이탈주민 이해증진과 효율적 업무 수행에 필요한 교육을 실시하도록 하는 내용입니다.

검토보고 요지 말씀드리겠습니다.

개정안은 통일부장관의 직업훈련업무, 취업보호업무, 거주지 보호업무, 거주지에서의 신변보호업무를 수행하는 사람에게 교육을 실시할 수 있도록 하려는 내용으로 해당 업무에 종사하는 사람들에게 교육을 제공함으로써 북한이탈주민에 대한 이해도를 높이고 효율적 업무 수행을 통해 효과적인 제도 운영을 도모할 수 있다는 점에서 그 타당성이 인정되는 것으로 보여집니다.

다만 개정안은 그 대상을 직업훈련, 취업보호, 거주지 보호, 신변보호업무 수행에 한정하고 있는데 향후 교육 대상의 범위를 필요에 따라 확대할 수 있도록 시행령 등으로 유인하는 규정을 함께 두는 방안을 검토할 필요가 있다고 수정의견을 제시했습니다.

32페이지, 한정애 의원안입니다.

탈북청소년이 다니는 학교에 지방자치단체가 보유하고 있는 공유재산을 대부 또는 사용·수익뿐만 아니라 매각도 가능하게 할 수 있고 대안교육기관도 특례의 대상으로 포함시켜 탈북청소년이 안정적인 교육 환경에서 학습할 수 있도록 하려는 내용입니다.

검토보고 요지 말씀드리겠습니다.

개정안은 공유재산 대부·사용 특례의 대상인 북한이탈주민이나 그 자녀를 대상으로 교육을 실시하는 학교에 대안교육기관에 관한 법률 제2조제2호에 따른 대안교육기관을 포함시키고—지원대상 확대 내용입니다—그리고 지방자치단체가 보유하고 있는 공유재산을 대부 또는 사용·수익뿐만 아니라 매각도 가능할 수 있도록 하여—범위 확대 부분입니다—탈북청소년이 안정적인 교육 환경에서 학습할 수 있도록 하고자 하는 그 입법 취지는 타당한 측면이 있다고 봤습니다.

다만 개정안은 대안학교로 인가받지 않은 대안교육기관까지 그 대상으로 추가하고 있어 다른 기관·단체·소상공인 등과의 형평성 문제가 발생할 수 있는바 해당 지방자치단체 전체의 이익에 맞도록 공유재산 특례를 운영하라는 공유재산 및 물품 관리법의 기본 원칙에 배치될 수 있다는 점을 고려할 필요가 있다고 봤습니다.

조문대비표 하단 부분 참고해 주십시오.

그리고 개정안과 같이 특례에 공유재산의 매각을 추가적으로 규정할 경우 공유재산의 대부보다 강력한 특례를 제공하는 것인바 다른 입법례를 고려할 때 조 제목에서 이를 포함하는 것이 바람직하다고 보이며 시행령 정비를 위해 부칙의 시행일을 공포 후 6개월이 경한 날부터 시행하도록 할 필요가 있는 것으로 봤습니다.

마지막으로 39항 안상훈 의원안입니다.

주요 내용은 현행 북한이탈주민 기본교육에 마약류 오남용 방지에 대한 교육을 포함시키도록 하는 내용입니다.

검토보고 요지 말씀드리겠습니다.

개정안은 정착지원시설에서 이루어지는 북한이탈주민 대상 기본교육에 마약류 오남용 방지 교육을 포함하려는 내용으로 의료 사정이 열악한 북한에서는 마약을 상비약으로 사용할 정도로 그 접근이 쉬워 경각심이 상대적으로 낮은 것으로 알려져 있는 등 북한이탈주민이 취약계층에 포함된다고 볼 수 있으므로 마약류 예방 정책을 강화하는 것은 타당한 정책 방향으로 판단됩니다.

다만 마약류 오남용 방지 교육은 기존 교육체계 내에서 이를 포함하여 교육을 실시할 수 있을 것으로 보이므로 법률에 별도의 법적 근거를 명시할 필요가 있는지는 추가적 논의가 필요한 것으로 보았습니다.

이상으로 설명을 마치겠습니다.

○**소위원장 김건** 다음 정부 측 의견 말씀해 주시기 바랍니다.

○**통일부차관 김수경** 34번 영농에 영어, 영림을 포함하는 부분에 대해서는 정부에서 수용한다는 입장이고요. 이미 남북하나재단에서도 영농·영어·영림 지원을 모두 실시하고 있습니다. 그래서 이 부분은 수용하겠다는 입장입니다.

그리고 35번 같은 경우에 북한이탈주민 정의에 제삼국 출생 자녀를 포함시키는 부분과 관련해서는 무국적, 그러니까 중국 등등 해서 국적을 취득하지 못하고 무국적으로 들어온 제삼국 출생 자녀를 만약에 정의에 포함하게 되면 탈북민과 동일한 종합적인 지원 체계에 포섭되는 것을 의미하기 때문에 좀 신중할 필요가 있다라는 입장입니다.

그리고 아까 전문위원이 말씀하신 것처럼 국적을 취득한 채로 들어오는 제삼국 출생 아동과의 형평성 문제도 발생하기 때문에 이 부분은 신중 검토해야 된다는 입장입니다.

그리고 36번 탈북민의 국민연금 가입 지원하는 부분 같은 경우에는 입법 취지에 공감합니다. 북한이탈주민은 국민연금 가입률이 낮은 데다가 단순노무직 종사자 비율이 워낙 높아서 국민연금 가입의 사각지대에 처해 있습니다. 그래서 탈북민법에서 국민연금 보험료 지원 근거를 마련하고 조기에 가입하도록 지원하는 것에 대해서 적극 수용하는 입장입니다.

다음으로 37번 통일부장관이 탈북민 보호 관련 종사자에게 필요한 교육을 실시할 수 있음을 규정하는 개정안에 대해서는 그 입법 취지에 동의합니다. 현재도 교육을 실시하고는 있지만 법안이 마련된다면 더 체계적인 교육이 가능할 것으로 기대할 수 있을 것 같습니다.

그리고 38번 탈북민 학교, 지자체 공유재산의 매각을 가능하게 하는 이 법안 같은 경우에는 개정안에 동의하는 바입니다. 다만 만약에 지금의 개정안대로 하게 되면 미인가 대안학교까지도 해당이 되게 되기 때문에 그 부분에 대해서는 좀 수정이 필요하지 않나라는 입장입니다.

그리고 마지막으로 탈북민에 대한 마약 오남용 교육을 의무화하는 규정에 대해서는 개정 취지에는 공감하는 바입니다. 다만 이미 저희가 마약 관련한 예방 교육을 하고 있고 지금까지 문제없이 진행되고 있는 점 그리고 탈북민을 대상으로 오남용 방지 교육을 의무화하게 되면 탈북민이 마약과 굉장히 가깝다는 잘못된 인식을 줄 수 있다는 점을 고려해서 신중히 검토할 필요가 있다는 입장입니다.

이상입니다.

○**소위원장 김건** 위원님들 의견 말씀해 주십시오.

그런데 그 전에 제가 하나만 확인하면, 연금 관련해서 기재부 입장은 뭔가요, 연금에 대해서?

○**통일부차관 김수경** 기재부에서는 신중 검토 의견입니다.

○**소위원장 김건** 그러면 정부 측 의견을 얘기해 주셔야 되는데 통일부 의견만 얘기해 주시면 곤란한데.

○**통일부차관 김수경** 기재부에서는 신중 검토 의견이 맞습니다만 사실은 국민연금 보험료를 지원하는 유사 사례 입법례들이 있어서, 예를 들어 소규모 사업장 저소득 근로자 보험료 지원이라든가 저소득 지역가입자 보험료 지원 같은 제도들이 있어서 조건을 주고 한정된 범위 내에서 일정 기간 동안만이라도 국민연금을 좀 보조해 주는 것이 탈북민들의 사각지대를 벗어나게 해 주는 데 도움이 될 것이라고 통일부는 판단을 하고 있습니다.

○**소위원장 김건** 다 좋은데 정부 측 의견을 얘기해 주실 때는 정부 측 의견을 얘기해 주셔야 됩니다.

○**전문위원 김사우** 전문위원이 조문대비표로 설명을 다시 추가적으로 드리겠습니다.

21페이지입니다.

보호 기간 중 신규로 국민연금에 가입하려는 북한이탈주민의 경우 저소득 지역가입자에 해당할 여지가 있으나 국민연금법 제100조의4에 따른 저소득 지역가입자 보험료 지원은 기존 국민연금 가입자가 연금보험료 납부를 재개하는 경우에만 지원 대상에 해당이 됩니다.

따라서 기재부가 얘기하는 것처럼 기존 체계 내에서 북한이탈주민을 지원하려고 하면 정착지원시설에서 나가서 자기가 직업을 구한 다음에 국민연금을 납부할 때 연금보험료를 지원할 수밖에 없는 상황이라고 보시면 되겠습니다.

○**통일부차관 김수경** 말씀하신 것처럼 기재부에서는 '이미 제도가 있다. 저소득 지역가입자 보험료 지원 사업이 있다. 그것을 이용하면 되지 않느냐'라고 하지만 그것은 국민연금을 가입했다가 중단한 뒤에 재개하는 사람들에게만 해당하는 것이기 때문에 아예 진입을 하지 못한 탈북민 같은 경우는 이 제도를 이용할 수가 없어서 통일부 입장에서는 좀 지원을 해 주자라는 입장입니다.

○**소위원장 김건** 그러니까 정부 측 의견을 말씀하실 때 지금 얘기까지 다 해 주셔야 됩니다.

○**통일부차관 김수경** 예, 죄송합니다.

○**소위원장 김건** 그러면 위원님들 의견 듣겠습니다.

○**김기웅 위원** 아니, 그런데 기재부에다 설명했는데, 방금처럼 이렇게 '못 받잖아요'라고 했는데도 그냥 '안 된다' 이러는 거예요? 설명을 방금처럼 하면 되잖아, 대상이 안 된다.

○**권칠승 위원** 그 이후에 협의를 안 하신 모양이지요?

○**김기웅 위원** 언뜻 이해가 안 돼서. 아니, 대상이 안 된다고 기재부에 가서 얘기하면 그 사람들도……

○**권칠승 위원** 그러니까 기재부가 답변을 받고 확인을 한 다음에 추가 협의가 없었어요?

○**통일부정착지원과장 하무진** 실무자가 답변드리겠습니다.

통일부 인권인도실의 하무진 정착지원과장이고요.

저희가 이 사안을 가지고 협의하면서 기재부한테 이 해당이 안 되고 사각지대기 때문에 충분히 설명을 했습니다. 그런데 기재부에서 현재 당장 이것을 수용하기는 어렵고 지금 연금 개혁이 전체적인 이슈가 있고 추가적으로 기본 철학은 연금에는 자기가 납부하는 그런 기본 철학이 있기 때문에 이런 예외 사례가 자꾸 축적되는 것에 대해서 소극적인 입장을 갖고 계시고 그래서 일단은 신중 검토를 자기네들이 할 수밖에 없다는 게, 통일부 차원에서는 탈북민 보호를 위해 필요하기 때문에 저희가 수용 입장으로 정리를 한 것입니다.

○**이용선 위원** 제가 궁금한 것은 신규 가입이 어렵다고 했는데 규모는 어떻게 보나요? 그러니까 탈북민 연금 지원 대상 규모를 어느 정도로 지금 추산하고 있는지.

○**통일부정착지원과장 하무진** 현재 탈북민 중에 연금 가입자 비율이 40% 정도 됩니다. 3만 1000명 정도의 국내 거주자 중 40% 정도, 우리 국민은 70% 이상이 가입을 하고 있고요. 그런데 저희가 정착지원시설에서 초기에 사회 배출되는 탈북민을 대상으로, 한국에 전입 초기 대상을 대상으로 지원을 한다면 작년 같은 경우에는 200명의 탈북민이 한국에 진입을 했고 모두 성인이라고 가정할 경우에 저희가 연금보험료의 한 80%를 지원한다면 한 4만 5000원, 5만 원 정도의 보험료를 1년이면 1인당 한 50만 원 안팎의 자금을 지원해 주는 것이고 그러면 한 200명에 대해서 1년에 한 50만 원 정도를 추가적으로 보조하는 것이기 때문에 재정 소요가 크지는 않습니다.

○**김준형 위원** 그런데 그렇게 더해지는 게 나쁘다는 거잖아요, 돈보다도.

○**권칠승 위원** 기재부 것을 안 물어봤으면 우리가 이것을 보고 있었을 것 아닙니까, 그렇잖아요? 그래서 차관님이 이런 것은 좀 챙기셔야 돼요. 다른 의견을 제시하면 그 이후에 추가 협의를 해서 그 추가 협의에 따른 결론을 가지고 오셔야 되지 이게 잘못된 정보를 갖고 법안 심사를 하면 엉뚱한 방향으로 갈 수가 있으니까 이것은 차관님이 향후에도 좀 챙겨 주십시오.

○**통일부차관 김수경** 알겠습니다.

○**권칠승 위원** 특히 부처 간의 이야기들은 챙겨야 됩니다.

그다음에요, 자녀들 국적 있잖아요. 중국 같은 데가 많잖아요. 그러면 중국에서는 태어나면 국적을 주나요?

○**통일부차관 김수경** 주지 않고 보통 무국적인 상태인데 만약에 보통 그 아이의 아버지가 국적을 만들어 주고자 하면 만들어 주기도 합니다.

○**권칠승 위원** 그러면 우리나라에 넘어오는 비율로 봤을 때 넘어오는 자녀들, 그리고 자녀라고 해서 꼭 미성년자라는 의미는 아니지요, 여기서 사용하는 게?

○**통일부차관 김수경** 예.

○**권칠승 위원** 그러니까 오히려 그 사람들이 부모를 모시고 오는 자녀도 있을 것 아닙니까? 가정하면 그럴 수 있지 않습니까?

○**통일부차관 김수경** 부모를 모시고 오는 경우는 있을 수 있겠지요, 많지는 않지만.

○**권칠승 위원** 있을 수 있잖아요. 그러니까 그런 사람들 같은 경우에는 비율이 어느 정도 되나요? 물론 조그마한 애도 있겠지만 어쨌든.

○**통일부차관 김수경** 부모를 모시고……

○**권칠승 위원** 부모 자식 간의 관계라고 했을 때 자녀 비율이 어느 정도 되나요?

○**통일부정착지원과장 하무진** 실무자가 답변드리겠습니다.

정착지원과장입니다.

하나원에 작년에 236명의 교육생이 한국에 들어왔는데 이 중에 한 20% 정도는 제삼국 출생 자녀를 데리고 옵니다. 한 기수당 보통 한 10명 정도의 교육생이 들어오는데 그중에 2명 정도는 자식의 자녀를 라오스, 캄보디아 경유하는 경로로 해서 같이 이동하고 있습니다.

○**인요한 위원** 또 아버지가 외국인인 경우가 많이 있을 것 아니에요?

○**통일부정착지원과장 하무진** 제삼국 출생 자녀는 대부분 아버님이 중국 사람입니다.

○**이용선 위원** 무국적?

○**통일부정착지원과장 하무진** 예, 무국적도 상당히…… 무국적이라는 게 중국에 호적을 등록을 안 하신 케이스고 그 경우에 보통 입국 경로가 호적이 없기 때문에 반드시 태국이나 동남아를 통해서 탈북민하고 동일한 입국 경로로 오시게 되고요. 호구가 있으신 분은 하나원을 거치지 않는 경로로 그냥 비행기를 타고 중국에서 오시기도 하고요.

○**권칠승 위원** 여기 형평성 문제를 제기하셨잖아요. 그렇지요?

○**통일부차관 김수경** 예.

○**권칠승 위원** 그런데 예를 들어서 자녀가 성인인 경우에는 형평성 문제를 제기하기 어려울 것 같은데요.

○**통일부차관 김수경** 제삼국에서 태어난 성인이 오는 경우를 말씀하시는 건가요?

○**권칠승 위원** 예, 뭐 케이스가 많지는 않겠지만. 그런 차원에서 보면 형평성 문제 어떤 게 있지요?

○**이용선 위원** 아동 대상으로 비교하는 것 아닌가요?

○**통일부차관 김수경** 그렇지요.

○**권칠승 위원** 그런데 법문으로 보면 그렇지 않으니까요.

○**통일부차관 김수경** 그리고 주로 국적이 있는 채로 들어오는 아이들이 더 많기 때문에 무국적한테만 우리가 '북한이탈주민이야'라는 법적 지위를 주게 되면 사실상 삶은 똑같았던 건데 중국에서 국적을, 호구를 한 번 취득했다는 이유만으로 본인은 북한이탈주민에서 제외되는 상황이 되다 보니까 국적이 있고 없고, 중국 국적을 가지고 있었는지 없었는지에 따라서 법적 신분이 달라지는 거지요, 혜택도 달라지고.

그리고 제삼국 출생 자녀를 북한이탈주민으로 허락하게 되면 저희가 그 자녀까지도 여러 가지 혜택을 주게끔 법이 많이 만들어졌거든요. 그러면 제삼국 자녀의 자녀까지도 여러 가지 혜택을 받는 거라서 그 정의 자체를 이렇게 너무 넓히는 것은 지금의 현 체계를 굉장히 혼란스럽게 만들 여지가 없지 않습니다.

○**이용선 위원** 아니 차관님, 자녀라는 게 결국은 성인이 아니다라는 개념이 담겨 있는 것 같은데 그 연령 기준을 어떻게 설정하고 있는 거예요? 지금 현재 법안 개정안을 보면 교육에 관해서는 지원이 이루어지고 있지만 그 외에 지원금 등등은 대상에서 빠져 있어

서 그것을 위해서 이 법 개정하자는 취지 같은데, 예를 들자면 아동 같은 경우는 이것을 독립적인 탈북자의 지원으로 하는 것은 형평성 문제들이 명백한 것 같은데 나이가 가령 10대 후반이다 이렇게 되면 그런 경우는 성인과 차이가 거의 별로 없을 것도 같은데 그 기준이 어떻게 되는 건지 연령 기준이나 이런 것에 대해서 설명을 해 주십시오.

○**통일부인권인도실장 강종석** 인권인도실장이 보고드리겠습니다.

제삼국 아동의 경우에는 기존에는 사실은 별로 지원을 안 하고 있는 상태, 왜냐하면 국적 문제도 이게 중국이냐 한국이냐 북한이냐 이런 문제가 좀 복잡스러워서 모두 다 포섭하기는 어려운 점이 있었습니다. 그런데 작년에 국민통합위원회 이런 데서 건의도 받고 이렇게 해서, 지금 현재 전체 탈북민 학생들이 한 2000명쯤 되는데 그중에 한 1200명, 1300명, 한 70% 되는 인원들이 제3국 출생 아동으로 돼 있습니다. 그래서 통상적으로는 북한의 어머니 그다음에 중국으로 나와 가지고 아버지는 중국인인 경우가 많고요. 이 사람들이 오면, 순수 북한이탈주민은 군대도 면제받고 대학도 특례 입학이 다 되고 정착금도 받고 집도 받습니다. 그런데 이분들까지 이 혜택을 다 확장하다 보면 굉장히, 예산 범위도 있고 좀 한계가 있기 때문에 제3국 출생 아동들은 국내에 입국을 하게 되면 지금 정착금 이런 거나 집은 저희가 줄 수가 없고요. 군대도 가야 되고 대학도 일부, 특례 입학으로 다 면제받고 그러지는 않습니다.

그래서 명확하게 구별이 돼 있었는데 저희가 작년도에 정책을 하면서 차이가 있던 것은 교육 지원에 있어서는 동일하게 혜택을 주자, 그리고 탈북자 출신의 자녀도 대한민국 국민이고 한국에서 태어난 건데 그분들은 교육 혜택에 있어서는 특별하게 조금 더 해 주자 이래서 대학을 완전히 면제까지는 되지 않지만 특별전형으로 할 수 있는 대상까지는 해 주고요. 그래서 교육 관련해서는 대안학교 입학이라든가 그다음에 학비 지원이라든가 이런 부분에 있어서는 확대를 굉장히 많이 해 놨습니다.

하지만 지금 현재 이 정의 규정에 따르면 이분들이 북한이탈주민과 거의 동일한 취급을 받을 수 있는 거기 때문에 저희 통일부 입장에서는 아직은 이 범위에 있어서는 좀 신중하게 봐야지 그대로 다 허용을 하게 되면 법적인 원칙도 많이 흔들릴 수가 있고 그다음에 예산 지원 부분에 있어서도 굉장한 부담이 있을 수 있기 때문에 그 부분은 별도 취급을 하는 것이 맞고, 교육 지원에 있어서 조금 더 범위를 넓히거나 하는 것은 정책적으로 저희가 해결을 해 나가는 것이 바람직하다고 판단하고 있습니다.

이상입니다.

○**인요한 위원** 중국 국적을 가진 2세가 들어올 때 차라리 '나는 국적이 없다' 이러고 들어오는 것이 그러면 혜택이 더 많겠네요?

○**통일부인권인도실장 강종석** 그런데 그것은 입국을 했을 때 이 사람이 북한이탈주민이 맞느냐 아니냐 하는 그 진정성의 문제 그것들은 저희가 충분한 검증이라든가 이런 것들을 가지고서 하기 때문에 그렇게 한두 마디의 자기 진술만으로 결정이 되지는 않는다고 저는 생각하고 있습니다.

○**인요한 위원** 그러니까 그것을 객관적으로 판별하기가 아주 어려울 것 같은데요?

○**통일부인권인도실장 강종석** 어려운 점은 위원님 말씀대로 그것도 있긴 하겠습니다만 그래도 저희 보호센터라든가 하나원 이렇게 다 거치면서 저희가 그 진정성이나 이런 부분에 있어서는 충분히 전문성을 가지고 확실하게 판별을 해 나가고 있다고 제가 말씀을

드리는 것이……

○**인요한 위원** 그다음에 윤리적인 문제인데 그 여성들이 꼭 외국에서 아이를 낳고 싶어서 낳은 것도 아니고 굉장히 불행한 상황에서 아이를 낳게 되는데 그런 아이와 가족을 배제한다는 것은 맞지 않은 것 같아요.

몇 명이나 돼요, 그런 1년에 들어오는…… 그렇게 명수가 많을 것 같지 않은데.

○**통일부인권인도실장 강종석** 그렇지는 않습니다. 그런데 저희가 그 범위를 확장하는 문제가, 국내에 들어와서 여기 적응해서 평생을 살고 있기 때문에 충분히 존중을 할 필요가 있다는 점에 대해서는 저희가 적극적으로 공감을 드리고요. 하지만 그 범위를 우리가 통일이라든가 이런 측면에서 북한이탈주민이, 진짜 북한에서 체류하던 사람이 국내에 들어와서 하는 것하고 동일하게 취급하는 데 있어서는 약간 차이가 있다 이렇게 말씀을 드리고.

제가 위원님 말씀을 방어하다 보니까 마치 제한을 두는 것 같이 그런 인상을 드리고 있는데 거꾸로 그런 게 아니고 불과 한 1년 전, 국회에서도 제3국 아동의 보호에 대해서는 작년 10월 달에 법이 통과가 돼서 교육 지원 파트를 명시적으로 한 게 작년도 10월입니다. 그래서 정부로서도 상당히 신경을 쓰고 해서, 이분들을 보호 안 하는 것이 아니고 보호의 범위를 조금 더 늘리는 것은 제가 말씀을 더 공감을 하지만 보호하지 않는 그런 측면에서 제가……

○**인요한 위원** 몇 명이나 됩니까?

○**통일부인권인도실장 강종석** 아까 설명을 드렸습니다만 해마다 들어오는 것은 전체 200여 명 중에서 한 20%가 되고요.

○**인요한 위원** 그러면 20명이에요?

○**김준형 위원** 40명입니다.

○**인요한 위원** 40명?

○**통일부인권인도실장 강종석** 40명 정도 보시면 되고요. 그다음에 대안학교나 일반학교에 재학하고 있는 총인원이 한 2000명쯤 됩니다, 지금 보면. 그중에 한 1200명, 1270명 이렇게 제가 기억을 하고 있는데 그 정도 인원이라 지금은 이들을 교육 지원을 해 주지 않으면 저희가 정책적으로 미스하고 있다 그런 판단하에 교육 지원은 적극적으로 하고 있다는 보고를 드립니다.

○**김준형 위원** 그런데 똑같이 할 수는 없다는 거지요?

○**통일부인권인도실장 강종석** 저는 그것은 아직은 맞지 않다고 생각합니다.

○**인요한 위원** 또 논리적으로 따지면 탈북 자체의 생산물이에요. 결과예요. 그러니까 도와줘야 돼요. 저는 그렇게 생각해요. 똑같이 도와줘야 돼요. 제 의견은 그렇습니다.

○**통일부인권인도실장 강종석** 저희가 그것은 조금 더 의견도 모아 보고 공감대가 있을 경우에는 지금 위원님 말씀하신 대로 그런 방향에 대해서도 적극적으로 검토해 나갈 필요가 있겠습니다.

○**권칠승 위원** 도와주는 것은 찬성인데 그 카테고리에 넣기는 어렵다, 지금 정리하면 그런 거지요?

○**통일부인권인도실장 강종석** 조금 혼란이 있을 수 있습니다.

○**이용선 위원** 기본적으로 우리는 속지주의가 아니라 속인주의잖아요. 그러니까 어디서

태어나든, 북에서 태어나든 중국에서 태어나든 어쨌든 한쪽이 우리 국민인, 남자든 여성이든 간에 그 자녀가 한국에 들어오면 그걸 차별하는 것 자체는 정말 옳지 않다 이렇게 보여지는데 자녀라는 기준이 결국은 성인에 속하는 영역일 경우에 독립적인 여러 가지 정착 지원 이러한 것들은 형평성의 논란이 있을 수 있다고 봅니다.

예를 들면 아동, 가령 7세라든지 이하인 경우에 대해서는 교육 지원으로 한정하는 게 합당하다고 보이는데 그렇지 않고 연령이 좀 많을 경우에는 이런 경우는 이 지원에 대한 개념 규정이 다시 좀 바뀔 필요가 있다. 그게 좀 불명료한 것 같아요, 자녀라는 표현을 쓰다 보니까. 그래서 이 부분도 조금 명확하게 했으면 좋겠다 싶습니다.

○소위원장 김건 위성락 위원님.

○위성락 위원 저도 토론을 듣다 보니까 인요한 위원님이나 다른 분들처럼—이용선 위원님도 마찬가지고—지금보다 관대하게 대우하는 것이 정책이 갈 방향이 아닌가 그런 생각이 듭니다. 그런 방향으로 검토를 해 주시기를 기대하고요. 그러면 그건 그렇다 치고, 박지원 의원이 대표발의한 이 법안은 일단 특정 그룹의 자녀에 대해서는 좀 도와주는 취지가 있지 않습니까. 외국 국적을 취득하지 아니한 자녀는 대접을 해 주는 건데 이렇게라도 하는 게 낫다고 보는 건가요, 아니면 이마저 형평 등등을 걸어서 신중하게 해야 된다고 봐야 되는 건가요.

어떻게라도 혜택을 주는 방향으로 정책을 끌고 간다면 어떤 그룹에, 그래도 지금 조치할 수 있는 영역이 있는 그룹이라면 하는 게 맞지 않을까 하는 생각도 드는데 통일부에서는 어떻게 생각하십니까?

○통일부차관 김수경 제3국 출생 자녀에 대해서 여러 가지로 혜택을 늘리고 있는, 실제로도 늘리고 있습니다. 여러 가지 교육 혜택도 늘리고 있고, 원래는 북한에서 태어나서 온 아동에 대해서만 지원하던 것을 지금은 북한 엄마를 둔 중국에서 태어난 아이들에게도 교육 지원 같은 것을 하고 있고 그런 법들도 다 개정이 돼서 시행이 되고 있기 때문에 저희가 한정을 하는 것은 아닙니다.

다만 만약에 무국적 3국 아이를 북한이탈주민의 정의에 넣어 버리게 되면 극단적인 예긴 하겠지만 정착지원금 1500만 원도 줘야 되는 것이고 아파트도 하나씩 줘야 되는 이런 상황이 발생하는 거기 때문에 그걸 정의에 넣기보다는 그 집단에 지금 당장 필요한 여러 가지 혜택들을 정책적으로 확대하는 게 지금으로써는 더 맞지 않겠냐 그런 차원에서 지금 당장 정의를 그렇게 확장하는 건 좀 더 논의가 필요하다라는 입장입니다.

○소위원장 김건 권칠승 위원님.

○권칠승 위원 그다음에 마약류 교육하는 그 부분 좀 질문드릴게요.

지금 어차피 이 교육은 하고 있다는 거지요?

○통일부차관 김수경 예, 교육을 하고 있습니다.

○권칠승 위원 이것 식약처에서 나와서 합니까?

○통일부차관 김수경 저희가 하나원 교육 프로그램에서 하고 있습니다.

○권칠승 위원 이게 지금 우리나라 법에, 마약류법 2조 1항이 아니고 51조의2에 있거든요. 51조의2에 있는데 거기 보면 마약류 오남용 예방을 위한 교육인데 이게 담당이 식약처장으로 돼 있어요. 그래서 이게 이렇게 탁 찍어 놓으면 식약처하고 제대로 협의가 안 되면 안 되는 거거든요. 그래서 식약처에서 와서 하는지 아니면 통일부에서 그냥 이런

교육이 필요하겠다 싶어서 그냥 하는 건지.

○**통일부차관 김수경** 지난해에 식약처에서 저희한테 업무 협조를 요청해 가지고요, 전국 하나센터에서 마약류 오남용 방지 교육을 강화할 것을 요청한 바가 있습니다. 그래서 저희가……

○**권칠승 위원** 식약처에서 하는 거지요?

○**통일부차관 김수경** 식약처가 아마 마약퇴치운동본부에 위탁을 줘서……

○**권칠승 위원** 그걸 한번 확인해 보시고요.

○**통일부차관 김수경** 예.

○**권칠승 위원** 그러면 지금 시스템으로 해도 될 것 같습니다.

○**인요한 위원** 미국의 마약 문제는 50년도 넘었어요. 제가 미국에서 훈련을 받았는데 마약 환자를 엄청 많이 봤습니다. 다양한 마약을, 특강을 하라고 그래도 마약 특강도 할 수 있어요.

그런데 문제가 두 가지예요. 따로 모아서 교육을 하면 첫째, 낙인이 찍히고 아주 좋지 않습니다. 다른 교육에 마약 교육을 슬쩍 넣는 것은 바람직스럽고.

그다음에 여러분들이 상상을 초월한 말씀을 드릴게요. 거기에 혹시 마약하고 마약 유통시킨 사람이 오면 그걸 가르칩니다. 그건 아마 아무도 그 생각은 안 했을 거예요. 그런데 실제로 뉴욕에서 보니까 전파가 돼요. 그러니까 교도소에 가서 범죄를 배워 나온다는 의미하고 비슷한 겁니다. 자기네끼리 마약 통해서 돈 벌기가 너무 쉽거든요. 그러니까 그렇게 모아 놓은 것이 과연, 그중에 불순자가 있으면 마약 문제를 막는 게 아니고 오히려 확산시키는 결과가 와 버립니다. 잘 생각하십시오.

그리고 이 법안에 대해서 나는 다시 말씀드리지만 하나원에서 다른 교육 중에 교육시키는 것은 찬성하지만 따로 교육하는 것은 굉장히 신중하게 생각해야 돼요. 의사로서 말씀드립니다.

○**이용선 위원** 정부 쪽 입장이 별도로 북한이탈주민에 대해서 마약 교육을 명시하는 것은 좀 적절치 않다, 낙인효과 등……

○**통일부차관 김수경** 예, 낙인효과가 발생할 수 있다는……

○**이용선 위원** 그래서 그 취지에 공감하고요. 이미 지금 하고 있는데 굳이 법에서 명시해서까지 하는 것은 실익도 없고 오히려 오해의 문제만 좀 많은 것 같아서 저도 동의합니다.

○**소위원장 김건** 김준형 위원님.

○**김준형 위원** 저는 34번에 관해서 의견이 있고 질문이 있는데요.

저는 취지는 공감합니다만 이게 직장인이나 또는 고용되어 가지고 하는 게 아니라 직접 농업을 하는, 그러니까 기존의 직장보다 농업이 힘들 것이고 농업보다 임업이나 어업이 더 힘들 것 같은데, 먼저 농업에서 적어도 성공 사례나 충분한 그게 있으면 이걸 확대시키는 게 맞는데 거기에 대한 충분한 조사 하에 임업과 어업까지 한다는 결론이 나온 건지 그 부분에 대해서, 지금 실태 파악은 되고 있나요? 수요는 얼마인지. 왜냐하면 예를 들자면 배를 사야 되고 산을 사야 되는데.

○**통일부차관 김수경** 영농 같은 경우에 탈북민들이 원하는 사람들이 굉장히 많습니다, 영농을 자기가 직접 하겠다고. 그래서 3년 이상 창업 생존율이랑 비교할 때 오히려 영농

정착률이 더 높은 것으로 나타나고 있거든요. 굉장히 성공적으로 되고 있는 사업인 것은 맞습니다.

그리고 실제로 지금 영농뿐만 아니라 영어·영림도 저희가 지원 사업을 하고 있어서 영농의 범위에 영어·영림을 넣는 것이 그렇게 무리는 아니다 저희 통일부에서는 판단을 하고 있습니다.

○**김준형 위원**　원래 있는 주민 반발은 없나요?

○**통일부차관 김수경**　업계⋯⋯

○**김준형 위원**　그러니까 농업이든 임업이든 기존에 있는 우리⋯⋯

○**통일부차관 김수경**　큰 마찰이나 큰 반발이나⋯⋯

○**김준형 위원**　그런 건 없어요?

○**통일부차관 김수경**　이런 것들은 저희가 파악하지 않은 것으로 봐서 나름 성공적으로 잘 정착하고 있는 것으로 파악하고 있습니다.

○**통일부인권인도실장 강종석**　위원님, 보충적으로 말씀드리면 저희가 한 80~90건 정도 사례를 들여다봤는데 성공률이 한 90% 이상, 이쪽이 지금 좋은 쪽으로 그렇게 되고 있다는 점 보고드립니다.

○**이용선 위원**　38번 대안학교 공유재산 대부·사용에 관한 특례, 지금 통일부에서는 대안학교가 특례 대상으로 되는 것에 대해서 긍정적인데 비인가는 너무 지나치게 확장하는 것 아니냐 이렇게 지금 해석하는 건가요?

○**통일부차관 김수경**　예, 행안부 의견도 동일한데요⋯⋯

○**이용선 위원**　인가 대안학교는 긍정적으로⋯⋯

○**통일부차관 김수경**　예. 어차피 개정안에 보시면 24조의3의 '초·중등교육법 제2조에 따른 학교'에는 인가받은 대안학교는 이미 들어가 있습니다.

○**이용선 위원**　들어가 있습니까?

○**통일부차관 김수경**　그런데 만약에 거기다가 대안교육기관에 관한 법률 제2조 2호까지 넣어 버리면 미인가 대안교육기관도 다 들어가게 돼 버리기 때문에 이 부분은 빼고 그냥 초·중등교육법 제2조에 따른 학교에 대해서 대부나 매각을 허용해 주게 되면 인가받은 대안학교들은 이 법의 혜택을 받을 수 있는 거라서 그렇게 하는 것이 행안부의 의견도 그렇고 저희도 그게 맞지 않나 생각합니다.

○**이용선 위원**　예, 이해됩니다.

○**소위원장 김건**　그러니까 38번 관련해서는 '초·중등교육법 제2조에 따른 학교를 대부·매각' 해서 '매각'이 하나 더 들어가는 거군요?

○**통일부차관 김수경**　그렇지요. 현재 현행에서 '매각'만 하나 더 들어가면 인가 대안학교는 혜택을 받을 수 있다라는 겁니다.

○**소위원장 김건**　전문위원.

○**전문위원 김사우**　전문위원이 한 말씀 드리자면 한정애 의원님께서 입법하신 취지는 여명학교에 대해 가지고 지원을 해 주자는 의도셨던 것 같은데 여명학교의 성격이 초·중등교육법에 따른 학교가 아니고 대안교육기관일 가능성이 많습니다. 그렇게 된다면 입법 취지를 달성하지 못하는 상황이 발생하지 않습니까?

○**통일부차관 김수경**　그건 아닌 것으로⋯⋯ 이 법을 이렇게 하게 되면 여명학교가 혜

택을 받는 것으로 저희는 그렇게 파악하고 있습니다.

○**이용선 위원** 여명학교도 인가 대안학교네.

○**전문위원 김사우** 예.

○**이용선 위원** 그러면 혜택 대상이 되는 건데요?

○**통일부차관 김수경** 예, 인가 대안학교는 해당이 되기 때문에.

○**권칠승 위원** 인가 대안학교만 된다는 거예요?

○**이용선 위원** 그렇지. 비인가는 너무 편차가 심하고……

○**통일부차관 김수경** 예, 너무 열악한 데도 많고 해서……

○**이용선 위원** 열악해서 실제 이런 걸 매입을 하거나 이럴 수 있는 여력이 안 되는 경우들은 태반이에요. 합리적인 판단인 것 같은데요.

○**소위원장 김건** 그다음에 37항의 보호 및 정착지원 업무 종사자 교육 실시, 이게 법안에 들어가야 되는 내용인가요? 그러니까 지금 원래 당연히 교육을 실시하는 것 아닌가요? 이게 특별히 이렇게……

○**통일부차관 김수경** 교육을 실시하고 있는데 만약에 법안이 마련된다면 저희로서도 좀 더 그 중요성을 강조할 수도 있고 더 체계적인 교육이 가능할 것으로 보입니다. 현재도 하고 있습니다.

○**이용선 위원** 마무리하시지요. 하나 통과시킵시다.

○**소위원장 김건** 예. 그러면 34항 영어·영림까지 포함하는 건 지금 별 문제가 없는 것 같고, 그다음에 박지원 의원님이 하신 것은 조금 더 심사를 해야 될 것 같고, 그다음에 박충권 의원이 하는 연금 그것은 아직 조금 더 봐야, 논의를 좀 더 해야 될 것……

○**이용선 위원** 기재부랑 협의를 적극적으로 하실 필요가 있을 것 같습니다.

○**통일부차관 김수경** 알겠습니다.

○**소위원장 김건** 그다음에 박충권 의원이 발의한 교육하는 것은 해도 되고 안 해도 되는 상황인 것 같은데 어떻게……

○**이용선 위원** 그건 포함시키지요.

○**소위원장 김건** 예, 그러면 하는 것으로 하고. 한정애 의원님 건 아까 말씀 주신 대로 수정해서 매각, 그러니까 비인가 학교는 안 들어가게 해서……

○**권칠승 위원** 그런데 위원장님, 아까 인요한 위원님께서 말씀하셨는데 북한이탈주민들에 대해서 특별하게 마약 관련 교육을 한다는 게 명문화되는 게……

○**소위원장 김건** 그것은 그다음 항입니다, 안상훈 의원 건. 여명학교 관련 사항이었습니다.

그다음에 안상훈 의원님이 하는 마약 교육은 낙인효과도 있고 그래서 이것은 하고 있으니까 굳이 안 하는 것으로, 그렇게 하려고 그러니까 마지막으로 전문위원님 정리해 주시고 그리고 결의하겠습니다.

○**전문위원 김사우** 소위원장님께서 말씀하신 대로 제34항은 원안대로 반영을 하고 제35항, 36항 그리고 39항은 계속 심사를 하는 것으로, 그리고 제37항은 수정의견을 반영해서 대통령령 위임 근거를 만들어서 수정하는 것으로, 그리고 제38항은 지원 대상은 대안교육기관까지만 하는 것이고 지원 범위는 공유재산 특례로서 매각까지 포함하는 것으로 그렇게 결정이 되었습니다.

○**소위원장 김건** 37항은 원안 그대로 하는 게 아니라 뭐 어떤 걸 수정하는 건가요, 박충권 의원이 교육한다는 것은?

○**전문위원 김사우** 이게 아까 말씀드린 네 가지 업무에 대해서만 교육을 하도록 되어 있는데 이렇게 되면 네 가지 업무 말고는 기존과 같이 또 법적 근거 없이 계속 교육을 하게 되는 문제가 생기기 때문에 여지를 주는 겁니다. 대통령령으로 위임할 수 있는 근거를 줘 가지고 약간 여지를 주는 부분입니다.

○**소위원장 김건** 통일부 입장은 어떠십니까?

○**통일부차관 김수경** 수용입니다.

○**소위원장 김건** 그러면 위원님들 동의하시면 그렇게 의결하도록 하겠습니다.

○**이용선 위원** 좋습니다.

○**소위원장 김건** 의사일정 제34항·제37항 및 제38항은 그 취지가 반영되었으므로 각각 본회의에 부의하지 아니하기로 하고 이들을 통합 조정한 대안을 우리 위원회안으로 제안하고자 하는데 이의 없으십니까?

　　(「예」 하는 위원 있음)

　가결되었음을 선포합니다.

　나머지 35항·36항·39항은 계속 심사토록 하겠습니다.

　이제는 오늘은 여기서 그만 산회를 하시는……

○**김기웅 위원** 마무리하시지요.

○**소위원장 김건** 예.

　오늘 심사 의결한 안건의 체계·자구에 관한 사항은 소위원장에게 위임하여 주시기 바랍니다.

　그러면 오늘 회의는 이것으로 모두 마치도록 하겠습니다.

　위원님 여러분 수고 많으셨습니다.

　김수경 차관님을 비롯한 관계 직원 여러분, 전문위원 등 위원회 직원과 의원 보좌진 여러분 모두 수고 많으셨습니다.

　산회를 선포합니다.

(18시11분 산회)

○**출석 위원(7인)**

　권칠승　김건　김기웅　김준형　위성락　이용선　인요한

○**출석 전문위원**

　수석전문위원　곽현준

　전문위원　김사우

○**정부측 및 기타 참석자**

　외교부

　　제1차관　김홍균

　　인사기획관　황소진

　　아시아태평양국장　김상훈

　　북미국장　홍지표

국제기구·원자력국장　이철
　개발협력국장　박종한
　국제법률국장　황준식
　국제경제국장　김지희
　유럽국심의관　박형철
　기획재정담당관　문인석
　영사안전정책과장　유병석
　여권과장　정재훈
　공공외교총괄과장　허정애
통일부
　차관　김수경
　기획조정실장　오대석
　통일정책실장　김병대
　인권인도실장　강종석
남북관계관리단
　단장　소봉석
국립통일교육원
　원장　고영환
재외동포청
　차장　변철환
　기획조정관　오진희

비상대책위원회의 주요내용

3월 6일 비상대책위원회의 주요내용은 다음과 같다.

– 권영세 비상대책위원장

어젯밤 참으로 경악할 사실이 언론에 보도되었다. 곽종근 전 특수사령관이 가까운 친구와 통화 녹취가 공개되었는데 내용이 참으로 기가 막힌다. '나를 내란죄로 엮으려 한다. 살려면 양심선언을 하라고 한다' 작년 12월 6일 곽 전 사령관은 민주당 김병주 의원 유튜브 채널에 출연해서 '대통령이 국회의원을 끌어내라고 명령했다'고 주장했다.

그리고 민주당은 이러한 곽 전 사령관의 주장을 대통령 탄핵심판과 내란죄의 핵심 근거로 삼아왔다. 그런데 얼마 전 김현태 707특임단장은 민주당 박범계, 부승찬 의원이 유튜브 출연 하루 전인 12월 5일 곽종근 전 사령관을 1시간 30분간을 회유했고, 질문과 답변을 적어주고 리허설까지 시켰다고 증언한 바 있다.

이 통화는 바로 그날 저녁에 있었던 일이다. 하루종일 '살려면 시키는 대로 하라'는 민주당의 겁박에 시달리고 와서 친구에게 하소연하는 내용이 그대로 담겨있다. 민주당 국회의원들이 내란죄를 엮기 위해 곽 전 사령관을 회유, 겁박한 사실이 명확하게 드러난 것이다.

이로써 홍장원의 메모 조작에 이어, 곽종근의 진술 조작까지, 내란죄 주장의 핵심근거들이 모두 오염된 것으로 밝혀졌다. 그리고 그 오염의 주범은 바로 민주당으로 확인되었다. 이제 진짜 양심선언을 해야 될 사람들은 바로 이러한 조작에 관여한 박선원, 김병주, 박범계, 부승찬 의원 등 민주당 국회의원들이다. 곽종근, 홍장원 등에 대한 회유와 겁박 사실을 계속 감추려 한다면, 더 큰 국민적 분노와 심판에 직면할 뿐임을 엄중히 경고한다.

또한, 공수처의 수사가 이러한 '조작 증거'에 근거를 뒀던 만큼 검찰은 지금이라도 그동안의 수사를 전면 검토해서, 계엄 전후 벌어진 일들에 대해 실체적 진실을 규명해야 할 것이다. 법원 역시 이처럼 명백한 사실들이 드러난 만큼 대통령의 구속을 즉각 취소하고 방어권을 보장해야 할 것이다. 지금 우리 국민들께서는 그 어느 때보다 무거운 심정으로 대통령 탄핵 심판을 지켜보고 계신다. 헌법재판의 졸속심리로, 국민들의 신뢰가 뚝 떨어진 상황에서 이처럼 오염된 진술들을 근거로 잘못된 판결을 내린다면 국민들께서 절대로 납득 하시지 못할 것이다.

선관위의 초법적 일탈 행위들이 속속 밝혀지면서 국민들, 특히 우리 청년들의 분노가 들끓고 있다. 아들을 채용하기 위해 면접방식을 바꾸고, 가짜 경력추천서까지 써주는가 하면, 여성채용이 지나치게 많다고 해놓고는 정작 자신의 딸을 특혜 채용하는 등 그야말로 불공정과 편파의 막장드라마를 그대로 보여주고 있다.

이러한 가족 특혜 채용으로 정작 합격자격을 갖춘 청년들이 이유도 모른 채, 어이없이 탈락해야만 했다. 이들이 입은 상처는 그 무엇으로도 치유될 수 없다. 선거 공정성을 책임져야 할 선관위가 오히려 불공정의 주범이 된 현실을 개탄하지 않을 수 없다. 노력의 결실보다 아빠찬스, 엄마찬스의 결실이 더 크고, 아무리 공부해 봐야 부모 잘 둔 친구 못 이기는 사회를 만드는 것이야말로 우리 청년들의 미래와 희망을 갉아먹는 악질 중의 악질 범죄이다. 더욱이 많은 국민들은 이러한 가족 채용, 특혜 채용이 선거부실과 부정으로 이어진 것이 아니냐는 의혹까지 제기하고 있다. 그런데도 헌법재판소가 이런 선관위의 손을 들어주었으니 도대체 어느 국민들이 이해할 수 있겠는가.

어제 노태악 선관위원장이 발표한 대책을 보면 문제의 본질은 외면한 채 '위장 셀프개혁'으로 사태를 덮기에 급급하다. 내부감찰 강화와 인사제도 개선 미봉책을 내놓으며, 사태를 무마하려는 모습이 역력하다. 선관위는 수사의 대상이지 개혁의 주체가 될 수 없다. 지금 국민이 원하는 것은 해체수준의 선관위 개혁이다. 선관위는 지금이라도 스스로 나서서 수사를 받아야 하고, 특혜 채용을 시킨, 인사들과 특혜 채용된 직원들을 모두 퇴출 시켜야 한다.

상황이 이런데도 민주당은 침묵과 방조로 선관위를 돕고 있다. 선거 카르텔, 불법의 동맹이 아니라면 있을 수 없는 일이다. 국민들은 민주당이 선관위를 감싸고 도는 이유가 무엇인지 묻고 있다. 그리고 선관위와 민주당의 특혜 카르텔을 결코, 용납하지 않을 것이다. 국민의힘은 선관위가 국민의 신뢰를 받는 기관으로 다시 태어날 수 있도록 특혜와 부정의 뿌리를 뽑고 관련 제도를 완전히 새롭게 하겠다.

상속세 개편은 국민의 요구이다. 최근 여론조사에 따르면 52%의 국민이 상속세를 낮춰야 한다고 응답했고, 상속세 최고세율을 현행 50%에서 40%로 조정하는 방안에 10명 중 7명이 찬성했다. 이러한 국민적 요구에 정치가 응답해야 한다. 국민의힘은 시대 변화를 반영해, 오랜 불합리를 바로 잡고 가족의 미래를 지킨다는 각오로 상속세 개편안을 준비하였다.

개편의 대원칙은 글로벌 스탠다드에 맞추는 것이다. OECD 국가 중 10개국이 상속세를 폐지했고, 다른 국가들도 최고세율을 낮추고 공제액을 올려왔다. 우리나라도 이런 흐름에 맞춰 상속세 징벌성을 없애야 한다. 핵심은 바로 배우자 상속세 전격 폐지와 상속받은 만큼 내는 세금이다.

첫째, 배우자 상속세를 전면 폐지하도록 하겠다. 함께 재산을 일군 배우자 간의 상속은 세대 간 부의 이전이 아니다. 미국, 영국, 프랑스 등 대부분의 선진국은 배우자 상속에 과세하지 않는다.

둘째, 현행 유산세 방식에서 유산 취득세 방식으로 전환해서 상속인이 실제로 상속받은 만큼만 세금을 내도록 하겠다. 이는 OECD 국가 중 20개국이 채택하고 있는 방식으로 더 공정하고 합리적인 과세를 가능하게 한다. 민주당의 상속세 개편안은 여전히 과도한 세금부담을 안기는 징벌적 성격을 유지하고 있으며 시대에 뒤떨어진 가부장적 사고방식에 매몰되어 있다.

민주당의 관심은 진정한 상속세 개편에 있지 않고 오로지 '이재명의 세금 깎아줬다'라는 선전 구호를 만들려는 욕구뿐이다. 그러면서 이런 무늬만 개편안을 패스트트랙으로 지정하겠다며, 또다시 의회 폭거 본능을 드러내고 있다. 국민의힘은 민주당의 선동형 가짜 개편안을 반드시 막아내고, 제대로 된 진짜 상속세 개편을 완수할 것이다. 올바른 개편으로 국민들이 피땀 흘려 일군 재산권을 보호하고 가족의 미래를 든든하게 지켜내겠다.

- 권성동 원내대표

한덕수 대통령 권한대행 탄핵에 대해 헌재가 또다시 이해할 수 없는 꼼수를 썼다. 이미 변론이 종결된 사안에 대해 추가 증거 채택 신청을 받아준다는 것 자체가 말이 안 된다. 한덕수 총리 탄핵소추는 이미 내란죄가 철회되었을 뿐만 아니라 국정조사 특위에서도, 검찰에서도 아무런 혐의를 찾아내지 못했다. 그래서 검찰도 한덕수 총리를 기소하지 못하고 있는 실정인데, 검찰 수사기록을 받아서 무엇을 확인하겠다는 건가.

헌재법 제32조는 '범죄 수사가 진행 중인 사건의 기록은 송부를 요구할 수 없다'고 되어 있는데, 그것도 변론이 모두 끝난 탄핵 심판에 대해 수사기록을 요구하는 것은 위법의 소지가 크다. 헌법재판소가 국정 운영은 어떻게 되든 말든 오로지 민주당의 이익을 위해 한덕수 총리의 직무 정지를 장기화시키기 위한 꼼수이다. 문형배 헌재소장 대행은 꼼수 부릴 생각 그만하고, 국정 안정을 위해 당장 한덕수 총리 탄핵을 각하할 것을 촉구한다.

지난 2023년 노태악 중앙선관위원장은 신년사를 통해, 20대 대선 사전투표 준비 부족과 부실 대처에 대해 대국민 사과를 했다. 그해 5월에는 선관위 고위직 간부의 자녀 특혜 채용 문제에 대해 두 번째 대국민 사과를 했다. 어제 노태악 위원장의 세 번째 대국민 사과가 있었다. 선관위 간부 자녀들의 특혜 채용 문제와 복무기강 해이에 대한 사과였다. 2023년 5월 대국민 사과와 사실상 똑같은 내용이었다. 약 2년 만에 3번이나 사과한 것입니다만, 사과하면 뭐 하는가.

지난 2년 동안 선관위는 개선된 것이 단 하나도 없다. 2년 전 부정 채용된 고위직 자녀 10명 중 5명만 업무에서 배제했다가 슬그머니 복귀시켰다. 이번에도 10명에 대해 징계는 안 하고, 업무 배제만 시킨다고 한다. 여론이 잠잠해지면 또 슬그머니 복귀시킬 심산 아니겠는가. 솜방망이 대책으로 일관하는 선관위에게 더 이상 자정 기능을 기대할 수가 없다.

국민의힘은 오늘 부패의 온상으로 전락한 선관위의 국민적 신뢰 회복을 위한 특별감사관법을 발의할 예정이다. 국회가 원내의 제1, 2 교섭단체의 추천을 받은 2명의 후보자를 추천하면, 대통령이 7일 이내에 1명을 선택해 특별감사관으로 임명하고, 감사원, 대검찰청, 경찰청 등 관계기관으로부터 총 50명 이내의 공무원을 파견받을 수 있도록 하겠다. 특별감사관은 중앙선관위의 채용을 비롯한 인력 관리 실태, 출퇴근 근태 실태, 선거관리시스템, 조직·인사·회계 관리 등 중앙선관위 업무 전반에 걸쳐 감사할 수 있도록 하겠다. 아울러 특별감사관은 국가공무원법 등 법률상 규정된 징계 사유에 해당하는 공무원에 대해 징계 요구를 할 수 있는 권한을 갖도록 하겠다.

이번에 드러난 선관위 채용 비리와 복무기강 해이 사태는 제2의 '인국공 사태'를 넘어 제2의 '조국 사태'라고 해도 과언이 아니다. 이번에도 흐지부지 넘어간다면 하루하루 성실히 살아가며 취업을 준비하는 청년들에게 정치권이 공정한 사회를 약속할 자격이 사라질 것이다.

아울러 선관위에 대한 신뢰가 무너지면, 선거 관리시스템에 대한 불신으로 이어지고, 민주주의 꽃이라 할 선거에 대한 불신으로 직결된다. 선거 관리시스템에 대한 불안감을 불식시키기 위해서라도 부패 선관위에 대한 개혁은 더 이상 늦출 수 없는 과제가 되었다. 특별감사관 도입을 통해 선관위가 더 이상 '헌법상 독립기관'이라는 일곱 글자에 안주하여 불공정과 부패를 자행할 수 없도록 경종을 울릴 수 있기를 기대한다.

간첩법 개정안이 민주당의 지연 전술 때문에 법사위 문턱을 넘지 못하고 있다. 이미 법사위 소위에서 가결되었고, 이후 전체회의도 14번이나 했는데, 민주당의 반대로 법사위 전체회의에 상정조차 되지 않고 있다. 간첩법 개정안은 형법 제98조에서 간첩죄의 적용 범위를 적국에서 외국 또는 이에 준하는 단체로까지 확대하는 것이 주요 골자이다. 늑장을 부릴 이유가 없다.

지금처럼 간첩죄를 적국에만 한정할 경우 북한의 지령을 받은 간첩만 처벌할 수 있다. 반면 북한이 아닌 중국 등 다른 나라들의 산업스파이나 자생적인 간첩은 간첩죄로 처벌이 어렵다. 예를 들면 중국인이 우리나라에 입항한 미국 항공모함과 국정원을 불법 촬영을 해도, 대기업 임원이 첨단 기술을 중국으로 유출해도 간첩죄로 처벌할 수 없다.

2022년 중국 해외 비밀경찰서 운영 의혹으로 국민들에게 큰 충격을 준 '동방명주'의 주인도 고작 횡령 혐의로만 수사받고 있을 뿐, 간첩죄로 수사받지 못하고 있다. 사실상의 간첩 행위를 했지만, 법령상의 미비로 간첩죄를 적용할 수 없는 지경인 것이다. 반면 중국에서는 지난 2023년 우리 대한민국 사업가가 반도체 기술을 유출했다는 혐의로 구속까지 당했다. 당시 법적 근거가 바로 중국의 반간첩법이다.

OECD 국가 중 간첩죄를 적국에만 한정하는 나라는 오직 대한민국뿐이다. 미국, 영국, 독일, 대만, 중국은 자국의 핵심기술 유출에 대한 간첩죄나 국가보안법 위반 등으로 처벌하는 입법을 강화하는 추세이다. 이와 같이 세계적 추세에 역행하는 정치 세력이 바로 민주당이다. 지금 민주당은 대통령 탄핵심판 결과가 나온 이후 간첩법 개정과 관련한 공청회를 잡자고 주장하고 있다. 서로 상관없는 탄핵과 간첩법 개정을 엮어서 간첩죄 입법 사보타지를 하고 있는 것이다.

과거 냉전 시대의 남파 간첩을 막았던 간첩법으로는 21세기 기술 패권 경쟁 시대의 산업 스파이를 막아낼 수가 없다. 기술 탈취 범죄를 제대로 처벌하지 못하는 국가에서 산업을 보호하고 발전시킬 수가 없다. 이미 민주당은 반도체법 주 52시간제 예외 조항 삭제, 상속세율 인하 반대, 노란봉투법 강행, 'K-NVIDIA' 지분 30% 국민공유 주장 등 극단적인 반기업 행태를 보여주었다. 이번 간첩법 개정 사보타지 역시 반기업적인 인식의 연장선상에 있다.

민주당은 기업만 때리면 정치를 잘 하는 줄 안다. 이와 같은 민주당의 과학적인 반기업 정치는 반기업 새디즘 이라고 해도 과언이 아닐 것이다. 민주당은 반국가적인 일이고 반기업적인 사보타지를 즉시 중단하고, 여당의 간첩법 개정에 협조해야 한다. 도둑한테 문 열어주고 어떻게 나라의 재산을 지키겠는가. 망상 가득한 국부펀드 소리는 그만하고, 이미 있는 국부부터 먼저 지켜야 새로운 국부도 창출할 수 있다는 말씀을 드린다.

– 김상훈 정책위의장

민주당은 오늘 예정된 국정협의회에서 반도체법, 연금법, 상속세법의 합리적 개편 방향을 전향적으로 논의해야 한다. 언론 보도에 따르면, 민주당이 반도체특별법에 이어서 상속세법 개정안도 신속처리안건 지정을 추진한다고 한다. 민주당은 이제 패스트트랙 중독인가.

반도체특별법 패스트트랙처럼, 상속세법 패스트트랙 역시 오히려 상속세 체계의 합리적 개편 처리 시점만 뒤로 늦추는 슬로우트랙으로 전락할 뿐이다. 상속세법 개정안이 신속처리안건으로 지정되면 최장 330일이 소요될 수 있기 때문이다. 이는 진정으로 반도체특별법과 상속세 체계 합리화를 신속히 처리하려는 태도가 아니다.

상속세의 합리적 개편과 주52시간제 예외적용을 원하는 국민과 현장의 목소리에도 불구하고, 이를 수용하고 싶지 않은 속마음을 패스트트랙이라는 벽 뒤로 숨는 표리부동 행위일 뿐이다. 민주당은 국민의힘이 상속세 논의에 제대로 임하고 있지 않다고 비판하였는데, 작년 12월 10일 상속세 및 증여세법 개정안을 부결시킨 것은 민주당이었고, 작년 정기국회에서 상속세 및 증여세법 논의에 소극적이었던 것도 민주당이다.

특히 올 2월 임시국회 기재위에서 국민의힘이 상속세 관련 논의를 요청했지만, 회피한 것도 민주당이다. OECD 국가 평균 최고세율 26%에 거의 2배 가까운 50%에 상속세 최고세율을 손도 대지 않고 세액공제 한도확대 내용으로만 상속세법 패스트트랙은 골치 아픈 일을 뒤로 던져버리는 회피성 슬로우트랙에 불과하다.

지난 1일 산업부가 발표한 2025년 2월 수출입 동향에 따르면, 2월 반도체수출은 전년 동월 대비 3% 감소한 96억 달러를 기록하였다. 작년 12월 145억 달러 수출에 비해, 49억 달러나 감소하였다. 1월에도

101억 달러 수출에 그친 만큼 2개월 연속 수출이 대폭 감소한 것이다.

반도체 산업 위기와 산업 전반의 경기하강이 현실화되고 있다. 이런 시기일수록 연구에 전념할 수 있도록 만들어 주고, 기업의 혁신 의지와 투자 의지를 북돋아 주는 것이 근본적인 기업경쟁력을 키우고 경기를 회복시키는 지름길이다. 그래서 주52시간제 적용 예외를 포함하는 반도체특별법 원안과 상속세 체계의 합리적 개편은 신속히 처리되어야 한다. 민주당은 더 이상 패스트트랙 뒤에 숨지 말고, 두 법안에 대해서 국정협의회에서 전향적으로 논의할 것을 강력히 촉구한다.

가상자산시장에 변화의 소용돌이가 예상 되고있다. 지난 1월 출범한 트럼프 행정부는 가상자산 시장에 대한 정책 행보를 가속화하고 있다. 1월 23일, 달러 기반 스테이블코인 활성화 추진 등을 골자로 한 행정명령을 발표했고, 3월 3일에는 트럼프 대통령이 개인 SNS에서 비트코인, 이더리움, 리플, 솔라나, 에이다 등 가상자산 비축 계획을 공개했다. 3월 7일에는 가상자산 업계 창업자 · 최고경영자들이 참석하는 가상자산 관련 정상회담을 열고, 향후 트럼프 2기 가상자산 정책을 구체화 시킬 것으로 보인다.

이러한 행보는 '트럼프가 가상자산 시장을 장악하고 해외자본을 흡수하려는 전략'이라는 평가를 받고 있다. 미국의 이러한 움직임에 대비하지 않으면 우리 경제가 피해를 입을 수밖에 없다. 현재 국내 가상자산시장의 시가총액은 약 104조원에 달하며, 투자자는 1,019만명으로, 국민 5명 중 1명이 가상자산에 투자하고 있다. 특히, 2030세대가 전체 투자자의 47.8%를 차지하고 있어, 가상자산이 젊은 세대의 주요한 재산 증식 수단이라고 볼 수 있을 것이다.

이에 국민의힘은 내일 오전, 금융위원회, 금융감독원 등과 함께 가상자산시장의 건전한 발전을 위한 정책과제 민 · 당 · 정 간담회를 개최할 예정이다. 이번 간담회에는 정부 · 여당뿐만 아니라 국내 주요 가상자산거래소, 업비트, 빗썸, 코빗, 코인원 관계자 및 현장 전문가도 참석하여, 가상자산 규율체계 추진 방향 및 자금세탁위험 관리방안, 이용자 보호를 위한 자율규제 및 불공정거래 대응방안 등에 대하여 심도 있게 논의할 예정이다. 빈 수레가 요란한 법이다. 툭하면 '정책 토론' 운운하는 보여주기식 정치는 지양해야 한다. 국민의힘은 국민 여러분께 반드시 필요한 정책을 우공이산의 마음으로 국민만 바라보며 차분히 준비하겠다.

– 최형두 비상대책위원

이번주 초에 저희 당은 개헌특위를 출범시켰다. 엊그저께는 서울대학교 국가 미래전략원에서 전직 역대 정부의 총리, 국회의장, 정계 원로들이 모여서 개헌이야말로 대한민국 정치를 시급하게 복원하고, 광복 80주년에 대한민국이 정치 때문에 망하지 않고, 정치가 경제와 국방과 안보를 다시 돕도록 하는 민생을 돕도록 하는 절대적인 개헌의 필요성을 강조했다.

국회의장 역시도 국회의 개헌 자문위원회를 만들어서, 개헌에 대한 강력한 의사를 표명한 바 있다. 이제 국회가 개헌특위를 출범시켜서 이 탄핵소추를 둘러싼 극심한 국론 분열 속에서 국민을 통합시키고, 광복 80주년의 대한민국을 다시 일으켜야 될 중요한 과업을 시작해야 된다. 민주당 내에서도 역대로 개헌에 대한 여론이 높았다. 민주당 의원들 하나하나 만나보면 전부 개헌에 동의하고 있다. 단 한 사람 때문에 개헌 작업이 이루어지지 않고 있다. 재앙적 당 대표가 지금 대한민국 정치를 이렇게 망쳤고, 탄핵소추에 극단적인 분열 상태를 불러왔다.

정치만 아니면 대한민국이 벌써 세계 3대 강국이 되었을 것이라고 한다. 이 정치를 고치고 나라를 바로 세우기 위해서 광복 80주년의 대한민국을 우뚝 세우기 위해서 개헌 작업이 절실하다. 만일 이재명 대표가 빨리 결심해서 민주당 내 개헌특위와 국회 개헌특위를 통해서 개헌 작업에 박차를 가하지 않는다면, 이재명 대표 역시도 여러학자들이 지적한 것처럼 곧 탄핵이라는 거센 물결에 휩싸이게 될 것임을 명심해야 할 것이다. 대한민국 정치를 다시 살리는 길, 정치 때문에 국민이 고통받고 정치 때문에 경제가 침체하고 안보가 위협받는 일이 없도록 개헌작업을 속히 서둘러야 할 것이다.

– 김용태 비상대책위원

어제 미국 트럼프 대통령의 의회 연설을 보면서 저는 전후 체제의 몰락을 실감했다. 2차 세계대전 후 국제사회는 GATT와 WTO라는 자유무역체제에 기반해 성장해 왔고, 이 체제를 주도한 나라는 미국이다. 그러나 트럼프 대통령은 이제 자유무역체제는 끝났다며, 미국산이 아닌 모든 제품에 관세를 부과하겠다고 선언했다. 만약 이것이 현실화 된다면 세계는 관세 전쟁에 돌입할 것이다. 자유무역체제의 혜택을 크게 본 우리나라는 매우 큰 어려운 상황에 처하게 된다.

그러나 위기를 기회로 본다면 중국이 세계 시장에서 우위를 점하고 있는 조선과 해운에 대한 강력한 견제 정책을 트럼프 대통령이 추진하고 있는 만큼 대한민국이 전략적으로 강화 시켜야 할 산업 영역이 확대될 수도 있다. 또 트럼프 대통령이 밝힌 알래스카 가스관 사업 참여도 에너지 안보 차원에서 우리가 적극 대응할 필요가 있다. 이러한 국가 산업 전략 재구성 관점에서 지금은 매우 중요한 시기이다.

그럼에도 불구하고 지금의 국내 정치 상황은 극단적인 대결로 혼란스럽다. 그 극단의 정치 한 축에 민주당의 이재명 대표가 있다. 이재명 대표는 압도적 다수 의석을 가지고 국회를 무법천지로 만들었다. 대화와 합의, 협치는 사라졌다. 대신 탄핵과 특검, 예산안과 위헌적 법안을 일방적으로 통과시켜 국정을 마비시켰다. 그래놓고 이제와서 중도 보수를 외치고, 한국판 NVIDIA를 만들겠다며 혹세무민하고 있다.

정말 NVIDIA와 같은 기업을 만들고 싶다면 먼저 반도체 기업들이 요구하는 주52시간제 특례부터 허용하면 될 일이다. 좌충우돌하는 이재명식 사고방식대로라면 아무리 많은 국민 세금과 국민연금을 투입해도 그 기업은 제2의 화천대유 밖에 될 수 없다. 트럼프발 경제 · 안보 위기에 대응하려면 이재명식 극단 정치를 극복하는 것이 그 첫걸음이 되어야 한다.

- 최보윤 비상대책위원

우리 청년들은 공정을 원한다. 선관위에 묻겠다. 선관위는 과연 이 땅에 청년들에게 공정하다고 자신할 수 있는가. 공정한 기회에 목마른 청년들을 외면하고 가족 채용의 비리로 얼룩진 선관위와 이를 비호하는 민주당 행태에 말씀드리겠다.

선관위는 최근 10년간 291차례 경력직 채용에서 878건의 규정 위반을 저질렀다. 내부에서조차 '가족회사'라 자인할 정도로 고위직 자녀와 친인척 부정채용이 조직적으로 이루어졌고, 그 수법이 매뉴얼로 만들어져 공유될 정도로 부패의 심각성이 극에 달했다.

특히 문재인 정권 시절 김세환 전 사무총장의 아들의 경우, 채용과정에서 맞춤형이라고 할 수 있을 정도의 다양한 특혜가 적용되었고, 입사 후에도 초고속 승진과 초고속 전보, 관사 무상 지원, 미국 출장 기회에 이르기까지 단순 채용 비리를 넘어, 유례없는 전방위적 특혜가 부여된 것으로 드러났다.

더욱 충격적인 사실은 김세환 전 사무총장의 아들을 포함해, 부정 채용된 고위직 자녀, 친인척 10여 명이 적발 후에도 버젓이 정상근무 중이라는 점이다. 선관위는 규정이 없다는 핑계로 아무런 징계 없이 직무 배제 조치만 하겠다고 한다. 어느 국민이 이런 처사에 대해 납득 할 수 있겠는가.

선관위가 공정한 기회를 갈망하는 우리 청년들에게 연이어 씻을 수 없는 상처와 좌절을 안겨 주고 있는 것이다. 이러한 조직적 부패구조는 자체 개혁만으로는 결코 해결될 수 없다. 2022년 3월 대선 '소쿠리 사전투표' 논란, 2023년 10월 고위직 자녀특혜 채용 의혹 등 문제가 불거질 때마다 선관위는 자체 혁신위원회나 외부 전문가 참여, 감사위원회 등을 구성했지만 셀프 개혁의 한계만 드러냈을 뿐, 뿌리 깊은 부패 관행은 전혀 개선되지 않았다.

이러한 상황에서 제1야당인 민주당의 행태는 더욱 개탄스럽다. 선관위 가족채용문제가 불거지자 민주당은 오히려 선관위를 감사원 감사 대상에서 제외하는 감사원법 개정안을 서둘러 발의했다. 행정안전위원회 차원에서 선관위 비리 감사를 위한 현안질의를 제안했지만 이마저 거절했다.

선관위 개혁에 대한 국민 여론은 외면하고, 고용세습 비리를 적극적으로 비호하는 민주당의 행태는 공정한 기회를 갈망하는 청년들에 대한 용납할 수 없는 배신이며, 민주주의의 근간을 뒤흔드는 파렴치한 행위이다. 선관위 개혁은 더 이상 미룰 수 없는 시대적 과제이다. 선관위의 구조적 비리 문제가 확대되면 선거 결과에 대한 더한 불신으로 이어질 수 있으며 이는 국가적 재난과도 같다. 더 늦기 전에 망가진 선관위를 바로 세우는 것은 정파를 초월한 국가적 소명임을 민주당은 깊이 인식해야 할 것이다.

국민의힘은 선관위 개혁을 위한 5대 선결과제로 외부감시견제강화를 위한 특별감사관 도입, 선관위 사무총장 국회 인사청문회 도입, 법관의 선관위원장 겸임 금지, 시도선관위 대상 행정안전위원회 국정감사 도입, 지방선관위 상임위원 임명자격을 외부인사로 확대하기 위한 선관위법 시행규칙 개정을 추진하겠다고 밝힌 바 있다.

선관위는 국민적 비판에 직면하여 궁색한 핑계만 늘어놓을 뿐 이미 수차례 증명된 바와 같이 자정할 역량도 의지도 전혀 없다. 따라서 국민의힘이 제시한 5대 선결과제를 전면 수용하고, 철저한 외부 감시 체제를 즉각 구축하는 것만이 유일한 해결책이다. 이재명 대표와 민주당 역시 국가의 미래인 청년들을 위해, 민주주의 신뢰 회복을 위해 책임감 있는 행동에 나설 것을 강력히 촉구한다.

2025. 3. 6.
국민의힘 공보실

더불어민주당
제32차 정책조정회의 모두발언

□ 일시 : 2025년 3월 6일(목) 오전 9시 30분
□ 장소 : 국회 본청 원내대표회의실

– 박찬대 원내대표

명태균 특검을 해야 할 이유가 천 가지, 만 가지 쌓이고 있습니다. 명태균 게이트가 윤석열 김건희의 여론조작 부정선거 의혹, 김건희의 공천 개입 · 국정농단 의혹을 넘어 국민의힘 핵심부의 불법 부정 의혹에까지 이르고 있습니다. 명태균은 최근 변호인을 통해 '국민의힘 주요 정치인 30명을 죽일 카드가 있다. 증거가 있다.'고 말했다고 합니다.

명태균은 특히 오세훈 서울시장과 홍준표 대구시장을 콕 집어서 '이야기할 것이 많다. 민낯을, 껍질을 벗겨 놓겠다.'며 거칠게 비난했다고 합니다. 두 시장이 명태균의 비공표 여론조사 결과를 받아 활용해 놓고도 이를 모두 부인하고 있다는 이유에서입니다. 홍준표 시장은 기존 대납 의혹 이외에 명태균 측이 진행한 국민의힘 복당 여론조사 비용을 측근이 대납했다는 추가 보도까지 나왔습니다. 오세훈 시장 역시 2021년 서울시장 재보선에서 명태균이 선거 참모 역할을 했다는 의혹을 사고 있습니다.

이뿐만이 아닙니다. 명태균의 휴대폰에서 원희룡 전 국토부 장관 · 김진태 강원도지사 · 이준석 개혁신당 의원 등과 찍은 사진이 나왔고, 검찰이 지난해 이미 사진들을 확보한 상태라는 보도도 나왔습니다. 명태균의 폰에서는 또 윤석열 명절 선물과 코바나컨텐츠 봉투 사진, 김건희와 주고받은 텔레그램 캡처, 국민의힘 내부 자료 추정 문건 등도 발견됐다고 합니다. 2022년 6월 재보선에서 김영선 공천을 청탁하며 명태균이 보낸 '대통령님과 사모님의 충복이 되겠다.'는 문자 원본도 이미 공개됐습니다. '당선인 뜻이다. 잘될 거다.'라는 김건희의 육성도 만천하에 드러났습니다.

검찰이 오늘 명태균 씨 추가 조사를 진행한다고 합니다. 그러나 검찰은 위에서 언급한 수많은 증거를 이미 확보하고도 내란 세력 눈치를 보며 시간을 끌었습니다. 특검이 답입니다. 명태균 게이트는 12.3 비

상계엄의 트리거였고, 명태균 특검은 12.3 내란 사태의 원인과 내막을 밝혀낼 열쇠입니다. 최상목 대행은 명태균 특검을 즉시 공포하기를 바랍니다. 특검을 거부하는 자가 바로 내란 비호 세력이요, 불법 부정의 범인입니다.

삼부토건 100억 대 주가조작 의혹 역시 특검으로 진상을 밝혀야 합니다. 민주당은 이 사건이 김건희 · 윤석열 부부가 연루된 계획된 주가조작 의혹이라고 줄기차게 지적해 왔습니다. 최근 언론 보도로 특검의 당위성을 재확인한 만큼, 김건희 특검을 통해 사건의 진상을 반드시 밝혀내겠습니다.

민주당은 3월 국회에서 민생의 봄을 꽃피우겠습니다. 올해 경제성장률 전망치는 1.5%로, IMF 외환 위기 때와 비슷한 총체적 위기 상황입니다. 최근 생산, 소비, 투자가 급격히 위축되고, 반도체 수출도 16개월 만에 마이너스로 전환했습니다. GDP 6조 3천억을 날려버린 12.3 내란 사태의 충격이 매우 큽니다. 설상가상으로 트럼프의 관세 전쟁으로 경제 전망은 어둡기만 합니다.

내수 경기 회복과 위기 대응을 위한 민생 추경이 당장 필요합니다. 국민의힘이 이야기하는 '핀셋 추경'은 언 발에 오줌 누기에 불과합니다. 민주당이 제안한 민생 추경 30조 원 규모는 되어야 효과를 볼 수 있습니다. 오늘은 여야 국정협의체 회의가 있습니다. 민생 회복을 최우선 가치로 삼고, 추경과 연금 개혁 등 현안을 국민 눈높이에서 논의하겠습니다. 3월 국회에서 민생 추경과 민생 입법, 모두 성과를 내기 위해 최선을 다하겠습니다. 내란 수괴 윤석열 파면 이후의 대한민국, 민생 회복과 국가 정상화라는 희망의 청사진을 마련하는 데에도 온 힘을 쏟겠습니다.

– 진성준 정책위의장

글로벌 기술 패권 경쟁에서 살아남기 위한 각국의 대응 전략이 참 치열합니다. 미국 트럼프 대통령은 지난달 대규모 국부펀드 설치를 위한 행정명령에 서명했습니다. 영국과 아일랜드 등 주요국들도 이미 다양한 펀드를 조성해서 첨단기술 투자를 위한 총력전에 나섰습니다. 우리도 기술 주권을 강화하는 국가적인 투자와 인적 · 물적 역량의 결집이 필요합니다. 대한상공회의소도 한국판 테마섹을 건의한 바 있습니다.

민주당은 국내 첨단전략산업의 글로벌 경쟁력 강화를 위해서 대규모 국민펀드 조성 방안을 마련하겠습니다. 국민 · 기업 · 정부 · 연기금 등 모든 경제주체를 대상으로 국민참여형 펀드(PPP, Public Private

Partnership)를 최소 50조 원 규모로 조성하고, 이를 국내 첨단전략산업 기업이 발행하는 주식이나 채권 등에 집중적으로 투자하도록 하겠습니다. 일반 국민과 기업이 투자하는 금액에 대해서는 소득공제나 비과세 등과 같은 과감한 세제 혜택도 제공하겠습니다. 시중 여유자금이 국내 첨단전략산업으로 흐를 수 있는 물꼬를 트겠습니다. 또한 정부, 정책금융, 연기금 등이 펀드에 투자할 경우에는 중순위나 후순위로 출자를 해서 투자 리스크를 일정 부분 부담하도록 하겠습니다. 이를 통해 일반 국민께서는 보다 안정적으로 참여할 수 있는 여건이 마련될 것입니다.

국민펀드는 우리 국민에게 (과도한 재정지출 없는) 자산 증식의 기회도 제공하게 것입니다. 그렇게 펀드에 투자하면 그에 따른 배당수익을 국민이 가져갈 수 있는 것입니다. 이렇게 하자는 이재명 대표의 주장을 사회주의라고 국민의힘이 규정했습니다. 도대체 무엇이 사회주의라고 하는 것인지 모르겠습니다. 인공지능(AI) 등 첨단산업기업들은 대규모 자금을 확보할 수 있게 되고, 궁극적으로 글로벌 총력전을 선도할 국가경쟁력을 확보하는 선순환이 될 것입니다. 또, 국민에게는 자산 증식의 기회가 될 것입니다. 단기적인 이익을 넘어서 국가 경제의 지속 가능한 성장을 이끌고 미래를 설계할 모멘텀을 민주당이 반드시 마련하겠습니다.

이와 관련해서 이재명 당대표께서 국민의힘에 인공지능(AI)을 비롯한 미래산업의 정책 현안을 논의하기 위한 공개 토론을 제안했습니다. AI는 여야, 보수와 진보를 떠나 국가의 사활이 걸린 미래 핵심 전략 산업입니다. 양당 토론회의 성사를 위해 형식과 방식, 시기와 장소 등을 함께 협의할 것을 국민의힘 정책위원회 의장께 요청드립니다. 권성동 국민의힘 원내대표를 비롯해서 국민의힘 여러 인사 등이 "토론을 언제든지 환영한다"고 했습니다. 이번에 AI 토론회를 반드시 성사시켜서 여야가 이 나라의 미래 첨단 전략산업의 활로를 모색하는 계기를 마련하게 되기를 소망합니다.

3월 임시국회가 시작됐습니다. 봄을 여는 국회이니만큼 공전 중인 추경과 민생경제 회복을 위한 법안 처리에 박차를 가해야 합니다.

우리 경제의 상태를 보여주는 생산·소비·투자 3대 지표가 1월 일제히 마이너스로 전환했습니다. 이러한 '트리플 감소'가 나타난 건 두 달 만이라고 합니다. 경제가 정점을 찍고 내리막에 접어드는 '피크 코리아' 신호가 선명해졌다는 우려도 크게 제기되고 있습니다. 당장 내수부진을 만회할 추가경정예산 편성이 정말 시급합니다. 전문가들은 "이미 추경 시점이 지났다." 이렇게도 얘기합니다. "3월부터는 자영업자들이 견딜 힘이 없는 만큼 지금이라도 빠르게 협의해야 한다."고 강조합니다. 재차 말씀드리지만, 국민의힘이 제안한 방식으로는 소비의 진작을 기대하기 어렵습니다. 오늘 오후에 예정된 여야협의회에서 추경을 최우선에 두고 합의가 이뤄지길 기대합니다.

민생법안들도 조속히 처리해야 합니다. 특히 국민의힘이 상임위원장을 맡고 있는 상임위원회에 계류된 법안들이 좀처럼 속도를 내지 못하고 있습니다. 은행법, 가맹사업법, 상속세법, 반도체특별법 등이 대표적입니다. 중산층 부담을 완화하고, 자영업·소상공인의 든든한 울타리가 되며, 반도체 산업의 경쟁력을 강화하는 주요한 민생법안들인 만큼 하루속히 처리해야 합니다. 하지만 '전부 아니면 전무'라는 국민의힘 태도에 발이 붙잡혀서 한 발도 나아가지 못하고 있습니다. 합의처리에 마지막까지 노력하겠습니다만, 국민의힘이 끝내 몽니를 부린다면 더는 기다리지 않겠습니다.

반도체특별법을 포함해 은행법, 가맹사업법, 상속세법 등 주요 4법을 국회법 절차에 따라 신속처리안건으로 지정하겠습니다. 12.3윤석열의불법계엄 선포 후 3개월, 경제는 흔들리고 민생은 위기의 연속입니다. 그런데도 국민의힘은 내란동조, 망언·망발, 법치 무시 외에 제대로 한 일이 없습니다. 회복과 성장을 위한 민생 입법에는 죄다 반대하고 또 조건 붙이는 것으로 일관했습니다. 어제가 땅속에서 동면하던 동물들이 깨어나는 경칩이었습니다. 이제, 국민의 힘도 잠에서 깨어나서 내란의 밤을 넘어 희망의 봄을 국민께 드리는 데 협조하기를 촉구합니다.

– 이정문 정책위수석부의장

저도 한 말씀 더 드리겠습니다. 앞서 원내대표님과 원내운영수석님께서도 발언이 있으셨는데요. 도이치모터스 주가조작 사건에서 김건희 여사의 계좌 관리인이었던 이종호가 깊이 연루된 의혹이 있는 삼부토건 주가조작 사건의 실체가 하나씩 밝혀지고 있습니다. 어제 이복현 금융감독원장은 일부 이해관계자들이 100억 원대 이상의 이익을 실현했다는 사실을 공식적으로 인정했습니다. 이제 더 이상 단순한 의혹이 아닙니다. 민주당은 그동안 삼부토건 주가조작 사건의 핵심으로 윤석열 대통령과 김건희 여사를 지목하며 금융 당국과 수사 기관이 철저한 진상 규명에 나설 것을 촉구해 왔습니다. 이제 금융감독원의 시간입니다. 한국거래소는 이미 지난해 10월 삼부토건의 이상 거래 심리 보고서를 금감원에 제출했습니다. 금감원이 조사에 착수한 지도 반년 가까이 지났습니다.

금감원은 그동안 조사 중이라는 이유로 침묵을 유지했지만 100억 원대 이상의 시세 차익이 확인된 이상, 이 사건은 반드시 수사로 이어져야 합니다. 주가조작은 단순한 금융 범죄가 아닙니다. 이는 시장 질서를 교란하고 무고한 투자자들에게 피눈물을 남긴 중대한 범죄입니다. 금감원은 더 이상 지체 말고 이 사건의 전모를 낱낱이 밝혀야 합니다. 그러나 윤석열 정권의 검찰은 여전히 침묵하고 있습니다. 김건희 상설 특검만이 유일한 해답입니다. 민주당은 이미 김건희 특검법 안에 삼부토건 주가조작 의혹을 포함시켜 이를 추진한 바 있습니다. 그러나 윤석열 정부와 국민의힘은 번번이 특검을 거부하며 진실로부터 도망쳐 왔습니다. 이제 선택의 여지는 없습니다. 떳떳하다면 특검을 거부할 이유도 없습니다. 김건희 상설 특검은 공정과 상식을 회복하는 첫걸음이자 법치주의를 바로 세우는 결정적 계기가 될 것입니다. 민주당은 반드시 김건희 상설 특검을 관철시키고 권력형 주가조작의 실체를 낱낱이 밝히기 위해 총력을 다하겠습니다. 국민과 함께 진실 발견을 위해 끝까지 노력하겠습니다.

– 박성준 원내수석부대표

헌법재판소가 마은혁 재판관을 임명하라는 결정을 내린 지 벌써 일주일이 지났습니다. 최상목 권한대행은 헌정 질서의 위기를 초래하고 있습니다. 대통령 권한대행은 누구보다 법질서를 지켜야 할 의무가 있습니다. 그런데, 최상목 권한대행은 법질서를 무시하고 임의로 이를 처리하고 있습니다. 권한대행이 극우파들의 눈치를 보며 국회와 헌법재판소의 결정을 무시하고 있는데, 일선 공직자들이 법질서를 제대로 지키겠습니까? 극우의힘이 되어버린 여당과 아스팔트 극우파의 눈치나 보며 좌고우면하는 비겁한 권한대행의 행태가 지금 대한민국의 현주소이고 국가적 위기의 본질입니다. 극우파들이 헌법재판소와 재판관을 위협해도 일언반구 없는 것이 최상목 권한대행입니다. 자신이 지금 무엇을 해야 하는지, 무엇이 옳은 일인지 구분 못 하고 있으니 참으로 갑갑합니다.

국민의 인내심도 바닥이 나고 있습니다. 최상목 권한대행이 키우고 있는 헌정 질서의 위기를 더 이상 지켜볼 수 없습니다. 최 대행은 헌법재판소의 결정을 따라 마은혁 헌법재판관을 당장 임명해야 합니다. 계속 임명을 미루고 시간을 끈다면, 최상목 권한대행은 그에 상응하는 책임을 져야 할 것입니다.

한 말씀 더 붙이겠습니다. 어제 이복현 금감원장이 이런 이야기를 했습니다. 삼부토건 100억대 차익 부인하긴 어렵다. 이 이야기는 무엇입니까? 주가조작이 있었다고 하는 것을 이복현 금감원장이 확인하는 것 아니겠어요? 삼부토건의 주가조작 의혹이 이제는 사실로 드러났다고 볼 수가 있고, 이 사건은 엄청난 큰 사건입니다. 왜 그러냐면, 우크라이나 재건 사업과 외교를 활용한 전무후무한 주가조작 사건이고, 이것은 국가기관이 활동에 의해서 미리 예고되고, 그것이 누군가에게 정보가 새고, 주가조작으로 이어졌다고 하는 것이 '지난 2024년 6월에 이미 언론 보도를 통해서 많은 의혹이 제기가 되고 있었기 때문에 검찰도 이 사실을 알았을 가능성이 매우 크다', 그리고 '이복현 금감원장도 검찰 출신이고, 이것을 특수부 수사를 하면서 알았던 당사자이기 때문에 이미 인지하고 있을 가능성이 크다'고 밖에 볼 수가 없습니다.

우리 여기 언론인들도 아시겠지만, 2024년 6월에 그 채 해병 관련된 언론 보도들이 이어지면서 이종호가 함께 있었던 그 해병대원들의 단톡방이 아마 공개가 되면서 이종호가 이런 이야기를 하지 않았습니까? "삼부 내일 체크하라." 그러면서 이 주식이, 천 원짜리 주식이 그 이후에 오천 원까지 올라가면서 다섯 배 올라갔고, 많은 주식 전문가들도 그렇고 우리 정치권에서도 주가조작 의혹을 제기했었습니다. 그런데 이종호가 도대체 누구입니까? 김건희와 매우 친분 있는 사람 아니에요? 그 친분은 김건희의 도이치 모터스 주가조작 사건의 가장 중요한 핵심 이종호였고, 더 나아가서 삼부토건 주가조작의 당사자라고 하는 이종호가 연루가 되었기 때문에 이 사건은 김건희에게 연루될 가능성이 크다고 민주당에서도 많은 얘기를 했었고 언론에서도 그런 지적들이 있었습니다. 근데 그동안에 어떻게 했습니까? 묻어놓은 것 아니겠습니까?

참 권력이라고 하는 것이 항상 상승기, 하락기 이런 현상들을 볼 때, 김건희와 관련된 의혹들이 이제 사실로 드러나고 있는데, 여기서 하나 더 이야기를 드리면 이복현 금감원장의 입장이 저는 궁금합니다. 저는 도이치모터스 주가조작 추후에 이 문제에 대해서 사실로 드러날 가능성이 매우 크다고 보고 있고 "삼부토건의 주가조작 관련된 부분에 대해서도 이제는 김건희 상설 특검에서 금감원에 대한 부분도 수사 대상에 넣어야 되는 것 아니냐?" 이렇게 말씀드리겠습니다. 그래서 당장 김건희 상설 특검뿐만 아니라 김건희에 대한 수사와 관련된 검찰, 그리고 금감원의 주가조작과 관련된 사항들에 대해서 지켜보면서 저희는 김건희 상설특검법을 체계적으로 준비해서 통과시키도록 하겠습니다.

- 서미화 원내부대표

소리로 보는 시각장애인, 더불어민주당 원내부대표 서미화 의원입니다. 지난주 안창호 국가인권위원회 위원장이 세계국가인권기구 간리에 국민의 50%가 헌법재판소를 믿지 못한다는 근거 없는 주장과, 헌재가 형사소송법을 준용하지 않고 불공정한 재판을 진행하고 있다면서 몇몇 헌법재판관의 과거 행적까지 거론하면서 헌법재판소의 신뢰 회복이 필요하다는 서한을 보냈습니다. 헌법재판관 출신인 안창호 위원장은 전 국민이 알고 있는 헌법재판소와 형사소송법의 차이를 진정 모르는 것입니까? 사법부를 부정하는 것도 모자라서, 자신의 과거까지 부정하는 궤변을 펼치고 있습니다.

안창호 위원장님, 국제사회에 아무리 헌법재판소를 욕보이고, 내란 수괴 윤석열을 비호해도 소용없습니다. 이미 비상계엄 당시 많은 외신이 우리나라 민주주의 침해를 목격했고, 수백만의 국민들이 빛의 혁명을 통해 내란수괴 윤석열의 탄핵을 가결시켰습니다. 안창호 위원장은 비상계엄 당시 발 뺀고 자고 있던 것도 모자라서, 윤석열 구하기에는 발 벗고 나서는데, 지금은 인권위는 누구를 위한 인권위입니까. 군을 동원해 민의의 전당을 짓밟고, 민주주의와 기본권을 침해한 국가 폭력 가해자 방어권 보장에 혈안이 된 지금의 인권위는 약자 인권을 위해 무엇을 할 수 있습니까?

국가인권위 역사상 이보다 더 끔찍한 위원장은 없었습니다. 거기다가 인권위 김용원 위원은 지난달 페이스북에 '헌재가 국민 뜻을 거슬러 탄핵하면, 두들겨 부숴 없애야 한다.'고 말했습니다. 내란을 선동하는 공직자는 즉각 파면해야 마땅합니다. 또 이를 묵인한 것은 물론 국제인권기구에 몰염치한 서한을 보낸 안창호 위원장도 탄핵되어야 마땅합니다. 하지만 국민의 인권만을 위해 존재하라고 부여된 독립성과 권한이 철옹성 권력이 되어 역사적 오명을 남기고 있습니다.

안창호 위원장과 김용원 위원에게 경고합니다. 자신들을 임명한 윤석열에 대한 보은 행위를 즉각 멈추십시오. 윤석열 파면의 날은 인권위를 망가뜨린 안창호, 김용원의 심판의 날이 될 것입니다. 더이상 국민과 맞설 생각조차 하지 마십시오.

2025년 3월 6일
더불어민주당 공보국

요새 국민의힘 '대선주자'들의 움직임을 보면 현란합니다. 한동훈 전 대표는 책을 내고 북콘서트를 하러 다닙니다. 오세훈 서울시장은 본업을 잊고 하루가 멀고 대선급 담론을 던집니다. 홍준표 대구시장도 이에 질세라 주파수를 온통 여의도를 향해 뻗치고 있습니다. 안철수 의원과 유승민 전 의원도 마찬가지입니다. 이들을 보고 있으면 내란수괴 윤석열이 이미 탄핵당한 것 같습니다. 대선일이 확정된 것처럼 보입니다. 참 염치가 없습니다. 국민의힘 '1호 당원'인 윤석열은 국민이 위임한 권력으로 국민을 향해 총부리를 겨눴던 자입니다. 그런 '윤석열 보유정당'이 어떻게 다시 유권자들께 표를 달라고, 이번에는 잘해보겠다고 합니까? 국민의힘은 "비상계엄 선포는 잘못"에서 "계엄 선포는 불가피"로 후퇴하더니, 요새는 '뭐가 문제냐'는 태도입니다. 심지어 이 모든 게 "하느님의 계획이었다"는 정신 나간 자도 있습니다. 장동혁·서천호·윤상현·김기현·나경원 등은 '계몽'된 것이 틀림없습니다. 탄핵 반대 집회에 몰려다니면서 "윤석열을 구출하자", "끝까지 싸우자", "헌재를 쳐부수자"고 선동합니다. 내란 선동죄로 처벌해야 합니다.

– 조국혁신당 수석대변인 김보협, 3월 6일 논평

제77차 최고위원회의 모두발언

2025.3.6.(목) 09:30 본관 당회의실(224호)

– 김선민 당대표 권한대행

안녕하십니까, 조국혁신당 대표 권한대행 김선민입니다.

최상목 부총리에게 대통령 권한을 제대로 대행하라고 촉구합니다. 요즘 뉴스 보기가 무섭습니다. 가슴이 철렁합니다. 윤석열 정부의 무모한 의대 증원 추진으로 전공의들이 대규모 사직한 지 1년이 훌쩍 넘었습니다.

2025학년도 의대 정원 문제를 해결하지 못했습니다. 2026학년도 정원을 결정할 '2월 데드라인'도 지났습니다. 의대 10곳에서는 신입생 중 한 명도 수강 신청을 안 했습니다. 의료대란은 해결될 기미가 보이지 않습니다.

정부는 오락가락합니다. 이주호 교육부 장관은 내년 의대 정원을 증원 이전 수준으로 동결할 수 있음을 시사했습니다. 하지만 보건복지부 박민수 차관은 결정한 바 없다고 합니다. 환자, 수험생, 재학생 그리고 그 가족은 누구 말을 믿어야 합니까?

최 부총리는 헌법재판관 임명에 여야 합의를 종용했습니다. 정작 본인은 교육부와 복지부 합의조차 못 이뤄냅니다. 기껏 의료개혁특위 민간위원들과 만났습니다. "갈등을 이유로 의료개혁 논의를 또다시 미룬다면 정부의 직무유기"라고 남의 일처럼 말했습니다.

의료대란은 윤석열 정부가 만든 난장판입니다. 결자해지, 윤석열 정부가 풀어야 합니다. 대통령 대행인 최상목 부총리가 직접 해결해야 합니다. 이것도 여야가 협의해야 나설 겁니까?

최 부총리가 하도 하는 일 없이 내란 세력 눈치만 보니까 희한한 이야기가 다 나옵니다. 윤석열이 파면 돼도 조기 대선이 안 열릴 수 있다는 것입니다.

헌법 68조 제2항, 공직선거법 35조 제1항에 따라, 대통령 파면 이후 10일 안에 대선을 공고하고 60일 이내에 차기 대선을 실시해야 합니다.

그런데 최상목 부총리가 대선을 공고하지 않을 수 있다는 것입니다. "여야 합의가 되면 대통령 선거일을 공고하겠다"거나 "정무적인 판단이 필요하다"며 미룰 수 있다는 말입니다.

최 부총리는 이미 여야 합의가 안 됐다고 마은혁 헌법재판관 임명을 거부했습니다. 헌재가 임명하라고 결정을 했어도 정무적 판단이 필요하다고 지금도 임명하지 않고 있습니다. 이러니 최 부총리를 대통령 권한 대행이 아니라 내란 대행이라고 부르는 것입니다.

교육부, 복지부나 민간위원회 뒤에 숨지 말고 하루라도 빨리 의료 당사자들을 만나 해결책을 모색하십시오. 마은혁 재판관도 즉각 임명하십시오. 내란 세력 눈치만 보는 것으로도 직무 유기죄가 충분합니다. 혹시라도 윤석열 파면 후 대선 공고를 미루면 내란 주요 종사자가 될 것입니다.

귀하가 그 자리에 앉아 있는 이유는 국민이 뽑아서가 아닙니다. 관운이 좋아서입니다. 그 운마저 탄핵으로 날려버리지 말라고 경고합니다.

감사합니다.

– 황운하 원내대표

조국혁신당이 제안한 야권연합 오픈프라이머리에 대해서 김부겸 전 총리, 김동연 경기지사, 또 김경수 전 지사가 환영의사를 밝혔습니다. 다가오는 조기대선에서 민주진보진영이 보다 확실한 승리, 보다 큰 승리를 얻기 위해서는 새로운 다수파 연합이 절실히 요구되기때문에 당연한 반응이라고 봅니다.

오픈프라이머리를 통해서 선출된 후보는 다수파연합의 단일후보로서 강력한 경쟁력을 갖게 됩니다. 여기에다가 역동적인 오픈 프라이머리가 전개된다면 범야권의 외연이 확장되고 또 연대가 강화되는 계기가 될 것입니다.

이재명 대표를 포함해서 어느 후보에게도 불리한 제도가 절대 아닙니다. 어느 후보도 수용하지 못할 하등의 이유가 없습니다. 오히려 여권의 후보선출 과정보다 훨씬 더 흥행이 될 수 있도록 오픈 프라이머리 빅이벤트를 위해서는 조국혁신당이 제안했던 원샷에서 더 나아가서 투샷방식까지 적극 고려해야 할 것입니다.

대승적인 결단을 촉구합니다.

—

검찰의 내란 사태 가담이 하나둘 사실로 확인되고 있습니다. 검찰 지도부를 비롯한 관련자들에 대한 철저한 수사가 요구됩니다.

여인형 당시 방첩사령관은 방첩사 1처장에게 "중요한 임무는 검찰과 국정원에서 할 것이니 그들을 지원하라"고 말했습니다. 검찰에게 내란죄의 중요임무 종사 역할이 주어졌던 것입니다. 검찰의 이런 역할은 검찰총장이나 법무부 장관 등 검찰 지휘부의 깊숙한 개입, 묵인, 방조 없이는 불가능하다고 봅니다. 퍼즐을 이렇게 맞춰보면 그간 검찰이 왜 그렇게 내란수사를 방해했는지 이해가 됩니다.

검찰은 내란 수사를 담당해온 국수본과 공수처를 오히려 압수수색하면서 수사를 방해했습니다. 김성훈 경호차장과 이광호 본부장의 구속영장은 세 차례나 기각했고, 내란사태의 핵심 증거인 비화폰 수색은 온몸으로 막았습니다.

이렇게 보면 윤석열이 내란 실행을 위해 가장 크게 의지했던 조직은, 자신이 가장 잘 알고 있는 검찰조직이 아니었나 생각됩니다. 내란 실행 과정 곳곳에서 검찰의 역할이 확인되고 있습니다.

지금도 내란수괴 윤석열은 검찰을 통해서 본인이 형사재판을 받고 있는 내란죄. 이에 대해서 '무죄 뒤집기'를 시도하고 있다는 말이 파다합니다. 내란 특검을 통해서 윤석열 내란죄의 전모를 밝혀야 할 것이고, 특히 검찰의 내란 범죄 가담 실상 또한 낱낱이 밝혀야 할 것입니다.

조국혁신당은 검찰에게 내란범죄의 책임을 끝까지 묻겠습니다. 이상입니다.

– 황명필 최고위원

최고위원 황명필입니다.

문재인 정부는 고위공직자 범죄수사처를 만들었습니다. 노무현 대통령이 곧 22년이 되는 2003년 3월 9일 검사와의 대화를 하시면서, 검사들에게 조롱을 당하면서도 이루고자 했던 일이고, 그 결과 그의 서거라는 비극으로 귀결되며 실패했던 일입니다.

난도질 당해 쪼그라들었지만, 공수처는 탄생했습니다. 수많은 사람들의 희생 위에서, 마지막으로 조국 장관 스스로와 그의 일가족이 제물로 바쳐져 이룩한 성과입니다. 그리고 공수처는 마침내 그 역할을 해 냈습니다.

공수처를 만든 취지는 간단했습니다. 권력이 있으면 기소조차 되지 않는 현상을 막기 위해, 고위공직자의 범죄를 전담하는 기관을 만든다. 모든 국민이 법앞에 평등하다는 헌법에 부합하겠다는 것입니다.

검찰에게는 눈에 가시였을 것입니다. 끼리끼리 뭉쳐서, 어떤 범죄를 저질러도 자신들이 기소하지 않으면 처벌받지 않는 특권을 누리며 살았는데, 갑자기 자신들을 기소할 수 있는 기관이 탄생했으니까요.

이런 경우 보통 사람들이라면 죄를 짓지 않기 위해 한층 조심하겠지만, 과연 검사들의 사고는 다릅니다. 어떤 이유인지 공수처를 압수수색합니다. 기가 막힐 노릇입니다.

하지만 국민 여러분. 권력이 서로 견제한다는 점에서 우리에겐 희망이 있습니다. 공수처가 경찰이 신청한 김성훈 대통령경호처 차장에 대한 구속영장을 반복적으로 반려한 검찰에 대한 수사에 착수했습니다. 예전 같으면 검찰이 스스로를 수사하거나 기소하진 않을테니 발만 동동 굴렀을 일입니다. 공수처는 존재의 이유를 충분히 입증했으니, 내란에 동조한 증거가 드러나고 있는 검찰에게는 마지막 기회만 남았습니다.

저는 대학때부터 주식을 해왔습니다. 투자권유상담사 자격증도 있으니 나름 전문가인 셈입니다. 해외 공사를 한번도 해보지 않은 삼부토건을 원희룡 장관이 해외에 대농하고, 단기간에 주가가 5배 급능. 이거 주식하는 사람들은 누구나 알 수 있는 주가조작의 전형입니다.

그런데 2023년 5월에 있었던 100억대 주가조작을 지금까지 조사하다 이제서야 발표합니까? 우리나라 공무원들 능력이 얼마나 좋은데 2년을 묵히고 있습니까? 이것은 피해자를 막기 위해 시급하게 일을 처리해야하는 금감원의 모습이 아니라, 캐비넷에 정보를 넣어두고 하나씩 풀던 검찰의 습성을 보여주는 모습입니다. 평생을 검사생활하다 CPA자격증 하나로 금감원장이 된 이복현 금감원장의 성향이 반영된 것 아닐까요?

거기에 더해 삼부가 골프장 아니냐고 되도 않은 물타기를 하는 국민의힘 의원들. 그러니 국민의힘이 다 같이 연루되어 있어서 김건희 특검을 반대하는 것 아니냐는 소릴 듣는 것입니다. 늦은 감이 있지만, 금감원과 검찰이 이번 일을 철저히 규명하는 것이 당신들게 주어진 마지막 기회일 것입니다.

마지막으로 부정선거 운운하며 극우논리에 동조하는 일부 국민의힘 의원들게 말씀드립니다. 국익과 외교는 안중에도 없는 것입니까? 극우 유튜버의 말대로 중국이 배후에서 모든 선거를 조작해 당선자를 만들어 낼 수 있을 것 같으면, 당신들 따위의 사람들을 당선시킬 이유가 있습니까?

그런 논리의 부정선거가 진실이라면 당신들은 사실 중국에 잘보여 당선된 사람들이라는 의미가 됩니다. 그리고 그런 일이 가능한 중국이라면 이미 세계를 정복했고, 당신들은 중국어를 쓰고 있겠죠. 거짓말 좀 작작 하십시오. 국회의원이잖아요. 보편적인 국민들 생각을 좀 하십시오.

– 서왕진 최고위원

최고위원 서왕진입니다.

거대 양당이 감세 경쟁에 이어 성장주의 경쟁에 돌입했습니다. 이재명 대표의 '성장우선론' 기습에 놀란 국민의힘은 '영혼 없는 보수 정책 베끼기'라며 볼멘소리를 하고 있습니다.

최근 오세훈 시장은 이명박 전 대통령을 만나 트럼프의 마가(MAGA)를 흉내낸 것으로 보이는 구호인 KOGA(KOrea Growth Again)를 자랑하면서 규제 완화로 경제성장률을 5%까지 올릴 수 있다고 자신했습니다.

정치 브로커 명태균에게 '코가 페인' 오세훈 시장이 김문수에게도 지지율이 뒤지자 마음이 급했나 봅니다. 비자금을 만들어 횡령하고, 재벌로부터 뇌물을 받아 구속된 파렴치범을 찾아 정치적 후광을 얻으려 애쓰는 오세훈 시장의 모습은 서울시민의 수치입니다.

이명박을 찾아가 경제성장론을 제기하는 오세훈 시장은 이명박 정부와 윤석열 정부의 경제실패의 원인에 대한 무지를 자랑할 뿐입니다. 이명박 정부는 '성장이 최고의 복지다'라는 구호 아래 인위적으로 성장률을 높이는 데만 집중한 결과, 경제 질서를 어지럽혔을 뿐만 아니라 불평등과 양극화의 심화라는 최악의 결과를 낳았습니다.

윤석열 정부의 경제정책은 정확하게 이명박식 성장우선주의의 아류입니다. 실효성 없는 감세정책, 대규모 토건을 통한 경기부양, 고환율 구조 하의 기업 수출 촉진 등이 바로 그것입니다.

윤석열 정부의 경제정책 방향은 한마디로 '민간주도 확증편향'이었습니다. 부의 낙수효과라는 신화를 맹신했고, 법인세를 인하하면 어떤 상황에서도 기업의 투자와 고용이 늘어난다고 믿었습니다. 종합부동산세 완화, 가업상속공제 요건 완화, 주식 양도소득세 과세 대상 기준 완화에 이어서 금융투자소득세마저 폐지하며 조세 정의를 심각하게 훼손했습니다.

그러나 현실은 어땠습니까? 정부 출범 직후 대기업들은 수백조 원의 투자를 약속했지만, 경기 둔화가 계속되면서 이 약속은 공염불이 됐습니다. 법인세 완화와 긴축재정 기조는 국가재정을 악화시켰고, 경제위기를 극복하기는커녕 대규모 세수결손을 초래했습니다. 복합 경제위기라는 전쟁통 한복판에서 정부가 스스로 재정 운용의 폭을 좁히는 자충수를 둔 것입니다.

오세훈 시장은 한술 더 떠 헌법재판소에 경제 상황이 심각하니 한덕수 국무총리 탄핵 심판을 서둘러 달라고 촉구했습니다. 한덕수가 돌아온다고 경제가 살아나고, 뜻도 모르는 아무 말이나 던진다고 경기가 회복됩니까?

오세훈 서울시장에게 분명히 경고합니다. 여권 차기 대선 주자 경쟁에서 뒤처지더라도 본질을 호도하지는 맙시다. 대한민국이 처한 경제위기를 타개하기 위한 첫 단추는 한덕수 국무총리의 복귀가 아니라, 내란수괴 윤석열에 대한 조속한 탄핵 인용입니다.

지금 우리가 당면한 과제는 붕괴된 세입기반을 확충하고 미래세대를 위해 지속가능하고 공정한 조세개혁을 추진하는 것입니다. 그런 차원에서 조국혁신당은 국회 조세개혁특위를 제안했습니다.

윤석열의 파면 못지않게 중요한 것은 그가 남긴 지난 2년 7개월 동안의 정책 실패를 바로잡는 일입니다. 보편타당한 상식에 입각해 윤석열이 망쳐놓은 대한민국의 경제와 사회 정책을 바로잡는 데 조국혁신당이 앞장서겠습니다.

감사합니다.

– 조윤정 최고위원

최고위원 조윤정입니다.

오늘은 제가 조국혁신당 최고위원으로서 마지막 발언을 하는 날입니다. 어떤 주제를 할까 고민했습니다. '이 시대 가장 힘들게 사는 사람은 누구일까?'

생각해 보니, 먼저는, 방에서 몇 년째 안 나오고 있는 지인의 아들이 생각이 났습니다. '은둔형 외톨이', 전국에 약 50만 명이라고 추산합니다. 주변을 둘러보면, 청년들은 지쳐있습니다. 너무 이른 나이에 시작된 야만적 경쟁에 아이들은 인생마라톤 시작도 하기 전부터 방전된다고 합니다. 분명 개개인이 가진 잠재력이 다르고, 꽃을 피우는 시기도 다를 건데, 너무 일찍 아이들을 내신 등급, 수능 점수로 우등생, 열등생으로 갈라버립니다.

자식들 교육과 뒷바라지에 인생을 건 대부분의 부모들 고충도 큽니다. 버는 족족 자식 뒷바라지 하지만, 그 자식들이 부모의 노후를 책임져 줄 수 없는 사회구조입니다. 부모들은 이제 은퇴할 나이가 됩니다. 긴 인생 살아가려면 돈도 필요하고, 최소한의 자존감을 지킬 수 있는 활동들도 필요한데, 그 많은 중노년들을 위한 사회 인프라는 턱없이 부족합니다. 쉬지 않고 소처럼 일만 해온 이 땅의 아버지들은 일터에서 퇴직하고 나니, 기다리고 있는 건 고독과 빈자리, 불안한 미래, 막상 설 자리가 없음을 깨닫고 위축되고 우울해집니다.

요양병원에 누워있는 노부모도 고통스럽긴 마찬가지입니다. 내가 살던 집, 내가 살던 동네가 눈앞에 선한데, 당신이 누워있는 자리는 한 평도 안 되는 요양병원 철제 침대입니다. 자식에게 폐 끼칠 수 없으니, 초점 없는 눈으로 죽음을 맞이합니다.

언제부턴가 우리는 대한민국을 선진국이라고 부릅니다. 그러나 "나 힘들어요! 나 좀 살려줘요! 나 좀 도와줘요!"라고 외칠 힘도, 의지도 없는 이들, 자포자기해 버린 이들이 사회의 그늘에 많이 숨어 있습니다. 그분들을 찾아내서 다시 일어서게 하는 것, 저는 그것이 '국가의 역할'이라고 생각합니다. 정치라도 희망을 주어야 하는데, 정치판이 제일 후진석이라고 국민들은 말합니다.

윤석열이 대통령이 된 후 우리 국민들의 불안과 불만이 최고치입니다. 불행합니다. 민주주의는 퇴보했고, 경제지수도 뒷걸음질쳤습니다. 극우는 준동하고, 트럼프가 내밀 청구서도 걱정입니다.

김대중 대통령님이 말씀하셨던 몇 마디가 생각납니다. "정의가 강물처럼 흐르고, 자유가 들꽃처럼 만발하는 나라" 그런 나라를 만들기 위해 국민 여러분! 우리가 행동하는 양심이 됩시다. 행동하지 않는 양심은 악의 편입니다. 우리 국민들은 그리 할 테니 정치권은 제발 "국민보다 반보만 앞서 주십시오. 더 바라지도 않습니다."

이제는 우리 국민들의 눈물을 닦아주는 지도자, 국민들의 마음을 시원하게 해주는 지도자, 국민들에게 새로운 희망을 줄 수 있는 지도자를 우리가 직접 뽑읍시다. 그것이 바로 우리 국민들 모두가 깨어 있어야 할 이유입니다.

이상입니다.

제75차 최고위원회의 모두발언 주요 내용

○ 일시 : 2025년 3월 6일(목) 09:30
○ 장소 : 개혁신당 대회의실 (국회 본관 170호)
○ 참석 : 천하람 원내대표 겸 당대표 권한대행, 이기인 · 전성균 최고위원, 이주영 정책위의장
○ 배석 : 김철근 사무총장, 이경선 조직부총장, 이동훈 수석대변인

– 천하람 원내대표 겸 당대표 권한대행

선관위는 가족 회사도 성역도 아니다. 부정 선거 음모론이 선관위의 황금 방패가 되어서는 안 된다. 물론 선관위에 일부 채용 비리가 있다 하더라도 부정 선거가 일어나는 것은 불가능하다. 개표 과정에 한 번이라도 참여해 본 정치인은 누구나 다 알 것이다.

개표 과정은 선관위 직원뿐만 아니라 대표 지원을 나온 선관위 소속이 아닌 여러 일반 공무원, 각 정당이 추천한 개표 참관인 등에 의해 진행되고 감시된다. 개표 참여자 중 소수에 불과한 선관위 직원이 개표 결과를 조작하는 것은 불가능하다. 부정선거 음모론은 근거가 없고 부정 선거를 주장하며 선관위를 공격하는 것은 부당하다. 그러나 선관위가 부정선거 음모론에 의한 부당한 공격을 받고 있다고 해서 선관위의 채용 비리까지 감싸서는 안 된다.

선관위의 가족 채용 비리, 소위 아빠 찬스는 공직자를 꿈꾸는 수험생들, 그리고 그 부모까지 비참하게 만들 뿐만 아니라 헌법기관인 선관위의 공정성과 신뢰성을 근본적으로 흔드는 심각한 문제다. 노태악 중앙선거관리위원장은 어제 서면 사과문을 발표하고 특혜 채용 당사자인 고위급 자녀 직원 10명에 대한 직무 배제 조치를 했다. 재발 방지 대책으로 인사 규정 정비 및 감사기구 독립성 강화를 비롯해 외부 인사가 주도하는 한시적 특별위원회 구성 검토 등을 거론했다. 하지만 선관위는 2년 전 부정 채용이 드러났을 때도 이들을 직무 배제했다가 논란이 조금 잦아들자 슬그머니 업무에 복귀시킨 바 있다. 재발 방지 대책 역시 기존 방안을 재탕한 수준이다. 특혜 채용 당사자는 직무 배제만 할 것이 아니라 적극적으로 임용 취소, 파면 등 즉각적인 엄정한 조치를 취해야 한다.

자정 능력을 상실한 선관위에게 자체적으로만 감사와 개혁을 맡겨둘 수는 없다. 헌법재판소 역시 감사원의 직무 감찰 대상에서 중앙선관위가 배제된다고 하면서도 이러한 배제가 곧바로 부패 행위에 대한 성격의 인정으로 호도되어서는 안 된다라고 명확하게 판시했다. 헌재는 국민의 대표인 국회에 의한 국정조사와 국정감사, 그리고 수사 기관에 의한 외부적 통제까지 배세되는 것이 아님은 물론이고, 감사원의 직무 감찰을 허용하지 않는 것은 이를 대신할 수 있는 독립성과 전문성을 갖춘 자체 감찰 기구가 마련될 것이라는 것을 전제로 한 것이라고 밝혔다. 국회 차원의 국정조사는 물론이고 이번 기회에 선관위에 대한 실효성 있는 외부 통제 방안을 적극적으로 마련해야 한다.

개혁신당은 가장 공정해야 할 선관위에서 다시는 가족 회사라는 소리가 나오지 않도록 공직자를 꿈꾸는 수험생들이 부당한 박탈감을 느끼지 않도록 신중하면서도 엄격한 개선책을 마련하겠다.

– 이기인 최고위원

이재명 당 대표의 K-NVIDIA 논란이 거세다. 저는 여기서 말꼬리 잡고 논쟁을 위한 논쟁은 하지 않겠다. 상대의 헛소리라도 최대한 선의를 찾아서 토론하는 것이 책임 윤리를 가진 정치인의 몫이라고 믿기 때문이다.

연일 민주당이 예로 드는 대만의 TSMC는 그 주장대로 정부의 지분이 있는 것이 맞다. 그러나 TSMC가 성공한 진짜 이유는 정부의 투자 지분 때문이 아니라 창업가가 관치로부터 자유로웠기 때문이다. 아무렇게나 막 갖다 붙인다고 NVIDIA가 되지 않는다. 무턱대고 갖다 붙이면 귤이 바다를 건너서 탱자가 된다. 민간 기업을 정부의 산하기관처럼 여기는 우리 경제에서 국가가 혁신 기업의 지분을 30%나 가진다면 과연 어떻게 되겠습니까? 당장 하루가 멀다 하고 국정감사장 끌려가랴 정치권 민원 들어주랴 정권 바뀔 때마다 걸핏하면 인사 물갈이에 낙하산 떨어지는 일, 대관팀 만들어서 수시로 불려다니고 연말 연시에 달력이나 돌려가며 나아가 특혜 채용 비리까지 터지는 일 이것은 예언이 아니다. 우리가 살고 있는 현실이고 생생히 지나온 과거다.

그뿐이겠습니까? 스튜어드십 코드 운운하면서 공적 책임 ESG라는 이름하에 온갖 규제를 강요당한다. 성별 채용 맞추랴 청년 채용 맞추랴 그거 못 맞추면 연기금 투자를 어찌겠다느니 겁박히던 것이 민주당 정부였다. 민간 기업들에게 호통치던 국회의 모습들, 거기서 정부가 해당 기업들의 1% 지분이라도 가지고 있었습니까? 민주당은 이에 대해서 단 한 번이라도 성찰한 적이 없다. 선거 때가 돼서 중도 확장이 필요하니 그저 머리 극적이면서 영구 없다 하고 있을 뿐이다.

저는 정치가 해야 할 일을 두 글자로 요약한다. 바로 책임이다. 첫째로 규제하려는 욕망, 통제하려는 욕망에서 벗어나야 한다. 특히 민주당의 규제 습성은 DNA에 각인되어 있다. 기업은 물론 국민의 사회 문화적 자유마저 옥죄는 것이 그들의 특기다. 두 번째로 적어도 회피하지 말아야 한다. 최근 쏘카의 이재웅 대표가 민주당을 향해서 타다를 금지시킨 이후부터 반성하라고 했다. 저는 타다의 사업 모델이 혁신 그 자체라고 생각하지는 않는다. 그러나 신기술의 등장과 기존 전통적 산업 사이에서 발생하는 갈등과 입법 미비는 정치가 조정하고 해결해야 할 일이지, 성수동과 운수업계 사이에 표 계산기를 두드려가면서 한쪽을 아작 내는 일이 아니다. 기만적이게도 민주당은 늘 그렇게 했다. 그러니 혁신이니 중도 보수이니 해도 국민들께 일도 진정성을 인정받지 못하는 걸 거다.

저는 솔직히 민주당이 집권하면 하늘이 두쪽 난다고 생각하지는 않는다. 그러나 최소한 이번 기회에 이재명 당 대표와 민주당이 정신 좀 차렸으면 좋겠다. NVIDIA와 국부펀드, TSMC를 말하기 이전에 그들이 행했던 통제의 욕망과 여전한 무책임의 관습에서 좀 벗어났으면 좋겠다. 대한민국은 그렇게 한가하지 않기 때문이다. 듣지도 들리지도 않을 벽이지만 저와 개혁신당은 국민들과 함께 저 무책임한 이들의 비겁함을 끝까지 지적하겠다.

– 전성균 최고위원

이재명 대표가 2024년 6월 19일 국회 교섭단체 대표 연설에서 불체포 특권 포기를 선언했다. 친명과 지지자들은 역시 이재명이다라고 했다. 그로부터 3개월 후 이재명 체포 동의안 국회 표결을 하루 앞두고 불체포 특권 포기를 뒤집고 부결을 호소했다. 많은 사람들이 역시 이재명이라고 이야기했다.

구차하다. 이재명 대표도 본인이 생각해도 구질구질했을 것이다. 그렇다 보니 강성 지지층이 많이 보는 유튜브에 나가서 부결 호소의 비겁함을 비명계가 검찰, 국민의 힘과 내통했기 때문이라고 세탁하십니까? 그간 포용의 행보를 걸었지만 비명계를 내통 세력으로 만드는 것으로 보고 저도 역시 이재명이다라고 생각했다. 갈라치기 하고 말 바꾸고 남 탓하고 말로는 책임 정치라고 이야기하면서 책임은 회피하고 남의 당 이야기를 이렇게 하는 이유는 국민 여러분 한번 상상해 보십시오. 국민의힘의 무능 정치를 피해 이재명의 무책임 정치를 선택하면 국민은 더 갈라질 것이고, 성장 없이 분배만을 강조하는 사회가 될 것이고, 국민 탓으로 책임을 회피하는 딱 제2의 윤석열 정부가 될 것이다.

앞을 보는 개혁신당을 선택해 주십시오. 용기 있는 그 결단이 정치가 국민을 두려워하는 시작이 될 것이고 정치 개혁이 시작될 것이다.

– 이주영 정책위의장

대한민국 정부에 한치 앞을 볼 줄 아는 곳은 도대체 어디입니까? 정치와 행정, 외교의 공백을 넘어 최후의 보루여야 할 국방까지 답이 없다.

국방부는 신입학과 진급을 앞둔 지난 2월, 의무 장교 선발 및 입영 등에 관한 훈령을 개정하여 의무장교 선발대상자 중 초과인원을 '현역미선발자'로 따로 분류하겠다고 발표했다. 사직 전공의들은 최장 4년간 '의무사관후보생'으로 관리됨을 의미한다.

원칙은 수련을 중단하거나 전문의 자격을 취득할 경우 가장 빠른 시기에 입대하는 것이었으니 국방부입장에서 상황이 바뀌어 어쩔 수 없다면 대한민국의 청년에게도 복무의 다른 방법이 다시 주어졌어야 한다. 수년 이상에 걸쳐 언제 입대가 결정될지 모르고 사병 복무조차 금지되는 상황이라면 군이 의무사관으로 지원하지 않았을 것이기 때문이다.

보통의 대한민국 청년에게 18개월까지 줄어든 국방의 의무를 38개월씩 져 가며 의무사관 후보생 서약을 한 것은 그들이 배우고 있는 공부와 술기를 공백 없이 이어갈 수 있다는 단 하나의 이유였다. 사병 복무의 선택지도 없는 상태에서 입대 이전의 인생에까지 언제라도 국가가 마음대로 개입하여 가장 큰 도약을 이룰 20대, 수년간의 궤적이 흐트러지게 된다면 그들은 이제 아무도 그런 선택은 하지 않을 거다.

1년이 넘어가고 있는 의료개악의 그림자는 이토록 넓고 어둡다. 올해 군의료로 유입된 군의관의 대다수는 전문의가 아닌 일반의다. 민간에서는 일반의의 역할이 다양하고 풍부할 수 있지만, 외상과 재난의학에 특화되어야 하고 언제라도 기민한 전문성을 발휘할 준비가 되어 있어야 할 군 의료는 다르다.

일반의가 10명이 있어도 다친 뼈를 맞추고 수술해 줄 정형외과 전문의 없이는 우리의 장병들을 살릴 수 없다. 일반의 100명이 있더라도 외과 전문의 없이 배에 찔린 상처를 고칠 수는 없을 거다. 일반의 1000명이 있다 해도 한 명의 흉부외과 없이는 가슴에 박힌 총탄을 빼고 이 나라의 군인을 살려 낼 수 없을 거다. 그리고 정부가 그토록 폄하하는 피부과 전문의 없이는 군화발에 짓무른 장병들의 발과 단체 생활로 언제라도 발생할 수 있는 전염성 피부질환에 속수무책일 뿐이다.

전국의 고년차 전공의들이 이제 입대한다. 군의료는 단 일 년만에 전문진료, 특화진료가 아닌 일반 진료로 전환된다. 앞으로 이 상황은 3년 시한부 의무사관 후보생의 시대를 거쳐 더 이상 아무도 지원하지 않아 종말을 맞는 파국으로 향할 위험에 처해 있다.

전국의 의국은 또 어떻게 될 것 같습니까? 맨투맨으로 가르쳐 줄 고년차 없이는 저년차들이 혼자 배울 도리가 없으니 자동으로 폭파 될 거다. 그들 없이 이미 과부하에 빠진 교수진들은 지방부터 차례로 도미노처럼 무너지는 중이다. 장병들에게도 국민들에게도 전문의 진료라는 건 이제 아스라한 과거의 추억이 되어가고 있다.

국방부는 제발 준비하라고, 개혁신당은 군 의료에 대해 작년부터 말해왔다. 교육위원회와의 연석회의에서, 예결위에 참석한 국방부와, 복지부 앞에서도 끊임없이 외쳐 왔다. 정부는 그 동안 무엇을 준비했고 무엇을 개선했습니까?

대한민국 의료, 이제 예전의 영화는 사라졌고 정부가 국민의 건강을 볼모로 이것저것 시험해도 되는 골든타임은 끝났다. 정부는 책상 앞 관료들끼리의 밀실 상상 정책을 멈추고 이제는 현장이 돌아갈 만한 정책으로 진짜 일을 해야 한다. 재건과 멸망의 기로에 선 3월, 정부는 대한민국 장병과 국민들에게 양질의 전문의 진료를 돌려주기 바란다.〈끝〉

2025. 3. 6.
개혁신당 공보국

어제 국회 과학기술정보방송통신위원회 증인으로 나온 방송통신심의위원회 간부가 류희림 위원장의 '민원 사주'와 관련해 류희림 위원장에게 보고한 적이 있다는 진술을 했습니다. 심지어 국민권익위원회 조사에서 보고 사실을 부인하는 진술한 뒤 류희림 위원장이 '고맙다, 잘 챙겨 주겠다'라는 인사까지 받았다는 겁니다. 기존의 진술을 뒤집은 양심고백입니다. 이것으로 류희림 위원장이 뻔뻔하게 가족, 친지를 동원해 민원을 사주하고 업무를 방해했으며, 이해충돌방지법 위반이 만천하에 드러났습니다. 자신의 범죄를 덮으려 위증뿐 아니라 직위를 남용해 직원 사주까지 했습니다. 방송의 공정성과 독립성의 훼손이자, 심각한 범죄입니다. 검찰은 이 사건을 철저히 수사하여, 류희림 위원장을 비롯한 관련자들에게 법적 책임을 물어야 합니다. 특히 그동안 경찰, 권익위, 방심위가 형식적인 조사로 이 사건을 덮으려 했다는 점에서, 제대로 진실을 밝혀 바로잡는 것이 너무나도 중요합니다.

– 진보당 부대변인 이미선, 3월 6일 서면브리핑

홍성규 수석대변인 브리핑

□ 일시 : 2025년 3월 6일(목) 오전 10시 50분
□ 장소 : 국회 소통관

■ 검찰과 국정원의 내란관여 정황! 특검으로 모두 철저히 밝혀내야!

끔찍하고 참담한 내란이 자행된 작년 12월 3일 그 밤, 국군방첩사령부 대령이 검찰·국정원 간부들과 은밀히 통화했던 내역이 속속 확인되고 있습니다. 당사자인 방첩사 대령은 중앙선거관리위원회 서버를 확보하라는 지시와 함께 '검찰·국정원 등 전문가 그룹이 올 것'이란 말을 들었고, 이들의 첫 통화는 12월 4일 새벽 0시53분이었습니다.

관련자들의 해명이 참으로 가관입니다. 방첩사 대령은 "안부를 묻는 정도"라 했고, 해당 검사와 국정원 간부도 모두 '안부 전화', '특별히 기억에 남는 대화가 없다'는 취지로 발뺌했습니다. 중선관위 서버를 확보하라는 지시를 받고 선관위에 출동한 군인이, 그것도 새벽 0시53분에, 그것도 하필이면 검찰과 국정원의 지인과 참으로 한가롭게 안부를 주고받았다는 것입니까? 까마귀 날자 그야말로 배가 우수수 떨어졌다는 이 상황을 납득할 수 있는 국민은 단 한 사람도 없습니다.

검찰의 수상쩍은 행보야 어디 이 뿐만입니까? 내란시도가 실패하자 마치 안전한 피신처라도 찾아가듯 김용현은 자진하여 검찰 속으로 들어갔고, 압수수색과 협조요청에 완강히 거부하던 김성훈 경호차장도 최근 경찰을 훌쩍 뛰어넘어 검찰에 '비화폰 불출내역'을 제출한 바 있습니다. 이른바 '믿는 구석'이 있기에 가능한 일이라는 것이 합리적 추론입니다.

특검이 시급한 이유입니다. 윤석열 정권 탄생의 돌격대였던 검찰과 국정원이 유독 내란사태에서만 아무런 역할을 하지 않았다고 보는 것이야말로 비상식입니다. 검찰과 국정원의 내란관여 정황, 특검으로 모두 철저히 밝혀내야 합니다.

■ '허무맹랑' 거짓해명 홍준표! 대통령은커녕 대구시장 자격도 없다!

"앞으로 명태균 사기꾼 일당이 떠드는 허무맹랑한 소리에는 일일이 대꾸하지 않겠다"는 홍준표 대구시장의 호언에도 불구하고, 정작 우리 국민늘에게 '허무맹랑'하게 들리는 것은 나날이 확인되는 '거짓해명' 뿐입니다.

'여론조사를 의뢰한 적도 조사 결과를 인용한 적도 없다'는 홍 시장의 해명에, 명태균의 배우자는 'TV홍카콜라'의 지난 2021년 5월 11일 영상 캡쳐 화면으로 응수했습니다. 명태균이 실소유주로 알려진 미래한국연구소의 여론조사 결과가 버젓이 인용되었습니다. "명태균과 한 번이라도 만난 일이 있었어야 여론조작 협잡을 하든지 말든지 할 것 아닌가"란 항변에는 홍 시장과 명태균이 함께 참석한 행사의 인증샷들이 줄줄이 올라오고 있습니다. 2014년 중소기업융합연합회 정기총회 및 이취임식, 제2회 창조경제 CEO 아카데미 조찬회 등에서 홍준표 시장은 명태균을 만났습니다. 내놓는 해명마다 족족 거짓으로 확인되고 있습니다.

게다가 불법부정행위 의혹, 명태균과의 긴밀한 유착설 또한 여전합니다. 여론조사를 의뢰하고 제3자가 대납했다는 의혹은 조금도 풀리지 않았고, "홍카콜~은 누가 지어줬지?"란 질문에도 답을 해야 할 판입니다.

이런 와중에도 홍준표 시장은 '선제 사퇴'까지 호언하며 대선 도전 의사를 굽히지 않고 있습니다. 참으로 뻔뻔하고 파렴치합니다. 대통령은커녕 대구시장 자격도 없습니다. 대구시민의 안녕을 위해서라도 즉각 사퇴하고 검찰 수사대로 향함이 마땅합니다.

"어디다 무릎을 꿇어야 하나", 최근 홍 시장이 SNS에 올린 이육사 시인의 싯구입니다. 답을 알려드릴까요? 우리 국민들 앞에, 대구 시민들 앞에 무릎을 꿇으면 됩니다.

2025년 3월 6일
진보당 수석대변인 홍성규*

---

* 동일 일자 보도자료 3개를 함께 실었음을 밝힙니다.

국가인권위원회법 일부개정법률안
(박지원의원 대표발의)

의 안 번 호	8691

발의연월일 : 2025. 3. 6.

발 의 자 : 박지원·조계원·박용갑
민병덕·민형배·안태준
송재봉·윤건영·문대림
최민희·오세희·이광희
소병훈·임미애·한정애
서미화·이개호·박홍배
서영교·권향엽·허 영
의원(21인)

제안이유 및 주요내용

현행법은 국가인권위원회(이하 "위원회"라 함)의 위원 구성은 국회 선출 4명(상임위원 2명 포함), 대통령 지명 4명(상임위원 1명 포함), 대법원장이 지명하는 3명으로 하되, 위원장은 위원 중에서 대통령이 임명하도록 하고 있고 대통령이 지명하는 상임위원은 군인권보호관을 겸직하도록 하고 있음.

최근 위원회 위원 일부가 국헌을 문란케 한 내란수괴 피의자를 옹호하는 내용을 위원회 안건으로 제출하고, 헌법 기관인 헌법재판소를 부숴 없애야 한다고 발언하는 등 헌법과 법률에 반하는 행위를 반복하고 있어 문제가 되고 있음.

그러나, 위원회 위원은 인간으로서의 존엄과 가치를 실현하고 민주적 기본질서 확립에 이바지한다는 막중한 책무에도 불구하고 탄핵절차가 규정되어 있지 않아 헌법이나 법률을 위배할 때에도 이에 대한 책임을 묻기 어렵다는 지적이 있음.

또한 군인권보호관을 겸직하는 상임위원은 대통령이 일방적으로 임명함으로써 대통령이 임명하는 국방부장관을 비롯한 정부 측과 유사한 정치적 입장에서 군의 인권 문제를 바라볼 개연성이 높다는 지적도 있음.

이에 위원회 위원이 헌법이나 법률을 위반한 때에 국회의 탄핵 소추의 근거를 명시하고 군인권보호관은 위원회 상임위원 중 국회가 선출하는 상임위원이 겸직하도록 함으로써 위원회의 기본적 인권 보장 기능을 제고하고자 하는 것임(안 제8조 등).

법률 제   호

국가인권위원회법 일부개정법률안

국가인권위원회법 일부를 다음과 같이 개정한다.

제8조 본문 중 "금고"를 "탄핵 또는 금고"로 한다.

제9조제1항에 제5호를 다음과 같이 신설한다.

　5. 탄핵결정에 따라 파면된 후 5년이 지나지 아니한 사람

제50조의2 중 "제5조제2항제2호에 따라 대통령이 지명하는 상임위원"

을 "제5조제1항의 상임위원 중 국회가 선출하는 상임위원"으로 한다.

　　　　　　　　부　　　　칙

제1조(시행일) 이 법은 공포한 날부터 시행한다.

제2조(탄핵 소추에 관한 적용례) 제8조의 개정규정은 이 법 시행 이전

　에 발생한 사유의 경우에도 적용한다.

제3조(군인권보호관의 겸직에 관한 적용례) 제50조의2의 개정규정은

　이 법 시행 이전에 군인권보호관을 겸직하고 있는 상임위원의 경우

　에도 적용한다.

신·구조문대비표

현 행	개 정 안
제8조(위원의 신분 보장) 위원은 <u>금고</u> 이상의 형의 선고에 의하지 아니하고는 본인의 의사에 반하여 면직되지 아니한다. 다만, 위원이 장기간의 심신쇠약으로 직무를 수행하기가 극히 곤란하게 되거나 불가능하게 된 경우에는 전체 위원 3분의 2 이상의 찬성에 의한 의결로 퇴직하게 할 수 있다.	제8조(위원의 신분 보장) ------ <u>탄핵 또는 금고</u>------------ ----------------------- ----------------------- ------. ------------------ ----------------------- ----------------------- ----------------------- ----------------------- ----------------------.
제9조(위원의 결격사유) ① 다음 각 호의 어느 하나에 해당하는 사람은 위원이 될 수 없다.	제9조(위원의 결격사유) ① ----- ----------------------- -----------------------.
1. ~ 4. (생 략)	1. ~ 4. (현행과 같음)
<u><신 설></u>	<u>5. 탄핵결정에 따라 파면된 후 5년이 지나지 아니한 사람</u>
② (생 략)	② (현행과 같음)
제50조의2(군인권보호관) 군인권보호관은 <u>제5조제2항제2호에 따라 대통령이 지명하는 상임위원</u>이 겸직한다.	제50조의2(군인권보호관) ------- --------<u>제5조제1항의 상임위원 중 국회가 선출하는 상임위원</u>----------.

공공기관 주요 임원 자리에 내란세력 관계자들이 이미 임명되었거나 임명될 것으로 보입니다. 내란세력들의 '알박기 인사'는 갈등을 조장하고 국정혼란을 부추기는 행위입니다. 즉각 중단 되어야합니다. 내란사태 이후 멈췄던 공공기관 주요 임원 인사가 다시 진행되고 있습니다. 그 수도 적지 않습니다. 진행 중인 23곳을 포함하여, 총 59곳에 달하는 것으로 확인되었습니다. 그런데, 주요 임원 자리에 내란세력과 깊은 연관이 있는 사람들이 임명되었거나 임명 예정이 라는 하마평이 돌고 있습니다. 내란세력들이 이제 공공기관을 장악하려 들고 있습니다. 고액 연봉으로 알려진 한국마사회장에는 김회선 전 새누리당 의원이 유력하게 거론되고 있습니다. 김 전 의원은 내란수괴 윤석열의 서울대 법대 선배로 알려져 있습니다. 한편 항공안전기술원 장에는 충암고 출신 인물이 이미 임명되었습니다. 이들의 '알박기 인사'는 비교적 이목이 떨어 지는 소규모 공공기관도 예외는 아닙니다. 인천국제공항공사 자회사인 '인천공항보안' 사장에 는 대통령경호처 출신이 내정되었고, '인천공항에너지' 상임이사에도 대통령실 행정관 출신이 내정되었다는 소문이 이미 파다합니다. 최상목 권한대행에게 묻습니다. 내란세력들의 공공기 관 장악행위를 몰랐습니까? 아니면 알고도 묵인했습니까? 몰랐다면 무능력자고, 알았다면 내 란세력 동조자입니다. 즉시 공공기관 임원인사를 중단한다고 밝히십시오. 또한, 마은혁 헌법 재판관도 더 이상 지연하지말고 즉시 임명하십시오.

- 더불어민주당 원내대변인 노종면, 3월 6일 서면브리핑

2025년 3월 7일

윤석열 구속 취소 청구 인용

윤석열 탄핵은 우리 민주공화국의 정치 시스템의 문제를 적나라하게 드러냈습니다. '반 내란 연합전선'을 유지할 수 있는지부터 의문입니다. 과거의 촛불연대와 달리 지금 우리의 정치 시스템은 김상욱 의원 같이 내란에 반대했던 민주적 보수주의자들이 생존할 수 있는 시스템이 아닙니다. 내란 종식을 진정으로 원하는 국민들, 대통령 탄핵을 바라는 국민 다수의 마음은 다음 정부가 연합정부가 되어서 갈갈이 찢긴 국민들을 서로 다르다 해도 '공존'할 수 있는 나라를 만들어주는 것입니다. 진보적인 시민들의 목소리도 담길 수 있고, 온건한 민주 보수의 목소리도 담길 수 있는 정치 시스템을 만들어야, 극우 세력의 발호를 막고, 윤석열 시대와 완전히 결별할 수 있습니다. 이런 정치 시스템을 만들어야 하는 역사적 사명을 이룰 가장 큰 책임과 힘은 민주당에게 있습니다. 2017년 촛불연합 정부가 되지 못하면서 결국 2025년 극우세력이 등장했습니다. 당시에 꼭 필요했던 진보적인 의제를 제대로 개혁하지 못했기 때문에 극우세력이 등장한 것입니다. 완전한 내란종식은 아슬아슬한 정권교체가 아니라 압도적인 승리를 통한 정권교체, 즉 민주당 후보가 50% 이상의 지지율을 확보하는 것입니다. (…) 87년 민주화로 인한 직선제, 1인 2표제의 확보 등의 발전이 있었지만, 여전히 표의 비례성과 등가성이 무너진 선거제도가 우리 사회의 공적 권력을 결정합니다. 이런 시스템에서는 결국 온건 보수가 극단적 극우세력에 기생해야만 살 수 있습니다. '자기 자리'를 찾을 수가 없습니다. 가장 아름다운 풍경이 모든 것이 제자리로 돌아가는 풍경이라면, 민주공화국을 수호하기 위해 애썼던 모든 세력들이 "제 자리를 잡을 수 있는" 정치혁명이 필요합니다.

– 사회민주당 대표 한창민, 3월 7일 시민사회 토론회 토론문

원내대책회의 주요내용

3월 7일 원내대책회의 주요내용은 다음과 같다.

– 권성동 원내대표

어제 경기도 포천에서 전투기 오폭으로 인명피해가 발생하는 사고가 있었다. 부상자분들의 조속한 쾌유를 기원하고, 피해를 입은 포천 노곡리 주민들께 깊은 위로의 말씀을 드린다. 정부는 사고 진상파악과 피해복구 및 보상에 최선을 다하기를 바라고 군도 철저한 재발방지대책을 마련해야 하겠다.

또한, 이번 사고가 이번 10일 개시될 예정인 한미연합훈련 '자유의 방패'에 지장을 주어서는 안 된다. 전 장병은 한미연합훈련에 적극 임해서 빈틈없는 안보 태세를 구축할 것을 강력히 당부드린다. 마지막으로 최상목 대행께 다시 한번 촉구한다. 한미 연합훈련 '자유의 방패'를 앞둔 가운데 초유의 전투기 오폭 사고까지 발생한 만큼 군 지휘 계통의 난맥상을 더 이상은 방치할 수가 없다. 조속히 국방부 장관을 임명하기를 바란다.

지난 5일 민주당 이재명 대표가 유튜브 방송에 출연하여 21대 국회에서 본인의 체포동의안 가결이 검찰과 당내 일부가 짜고 한 것이라고 주장했다. 심지어 체포동의안 가결이 폭력집단과 암거래라고 주장하면서 가결 찬성 의원들은 결국 총선에서 정리가 되었다고 했다.

특히 "내가 배제한 사람은 7명"이라면서, 본인이 직접 개입하였다는 것을 자인했다. 본인 스스로 정치적 반대파를 숙청했다고 자백한 것이다. 대놓고 정치 보복했다고 자인한 것이다. 이재명 대표는 일주일 전 방송에 나와서 지난 일을 따져서 뭐 하냐면서 대통령이 되면 정치보복을 하지 않겠다고 말했다. 그런데 일주일도 안 돼서 지난 일을 따져서 정치보복을 했다고 자백한 것이다.

이재명 대표는 2023년 6월 교섭단체 대표연설에서 불체포특권 포기를 약속했다가 석달만에 부결표를 던져달라는 호소문을 내었다. 이재명 대표는 이렇게 말바꾸기 한 이유가 본인이 부결을 호소했는데도,

가결 표를 던진 의원을 알아내기 위함이라고 했다. 당내 반대파 색출을 위한 정치공작을 자인한 셈이다. 숙청, 정치보복, 정치공작, 말 바꾸기, 이것이 정치인 이재명의 민낯이다.

체포동의안 표결은 무기명투표이기 때문에 누가 찬반을 했는지 짐작을 할 뿐이고, 사실관계는 확인할 수가 없다. 검찰과 당내 일부가 짜고 했다는 주장도 본인의 심증일 뿐, 아무런 근거가 없다. 그런데 이재명 대표는 단순한 짐작만으로 비명횡사 공천숙청을 했던 것이다. 이러한 행태가 궁예의 관심법과 무엇이 다른가. 정치인 이재명의 머릿속에는 망상이, 가슴속에는 복수심이 가득한 것이다.

최근 이재명 대표는 당내 비명계 인사들과 식사를 하고 정당의 생명력은 다양성에서 나온다고 말하는 등 연일 통합을 내세우고 있다. 그러나 이와 같은 행보와 언어를 그대로 믿어줄 사람은 아무도 없다. 본인이 필요할 때는 통합이지만, 필요가 없어지면 언제나 암거래 집단이라는 낙인을 찍어 숙청할 사람이 이재명이다. 최근 이재명 대표는 대통령이 되겠다면서 전국을 돌아다니고 있다. 그런데 같은 당의 국회의원도 망상 어린 복수심으로 숙청하고, 정치 보복하는 사람이 만에 하나 집권하게 된다면 어떤 일이 벌어지겠는가. 대한민국을 피의 숙청으로 물들여 나라를 더 큰 혼란에 빠뜨릴 것이다. 위험한 민주당. 끔찍한 이재명. 이것이 바로 이재명 세력의 본질이다.

문형배 헌재소장 대행에게 공개적으로 묻는다. 한덕수 대통령 권한대행 탄핵 심판에 대한 최종 변론을 마치고 평의를 열었는가 안 열었는가. 평의를 열고 나서 탄핵결정문을 썼는가. 안 썼는가. 보도자료를 작성했는가. 안 했는가. 최종 변론이 끝난 지 2주가 지나지 않았는가. 거짓 없이 답하기를 바란다.

한덕수 대행 탄핵 변론에서 정청래 위원장이 검찰수사 기록을 받아야 한다고 주장하자 문형배 대행은 이를 거부하고 변론을 종결시켰다. 그런데 이제와서 20일만에 본인의 결정을 뒤집고 국회 측의 검찰 수사기록 신청을 수용해서 결정을 늦춘 이유가 무엇인가. 이렇게 이유를 알 수 없는 엿장수 마음대로 식의 진행을 하니까 문형배 대행에 대한 불신이 커지는 것이다.

오늘로 한덕수 총리가 직무 정지된 지 70일째이다. 직무 정지 70일 동안 제주항공여객기 참사, 통상관세전쟁, 어선전복, 고속도로 건설현장 붕괴사고, 전투기 오폭 사고 등등 온갖 일들이 있었다. 최상목 부총리는 경제부총리로서 경제업무에 전념하고, 총리가 대통령 권한대행으로서 국정을 수습했어야 할 일들이다. 문형배 대행이 정치적 유불리만 따지면서 주판알을 튕기는 동안 국정 마비와 국정불안은 더 커져만 가고 있다. 한덕수 대행 탄핵 심판은 더 늦어서는 안 된다. 평의를 진행했으면 더 따지지 말고 빨리 결론을 발표하기를 바란다.

– 김상훈 정책위의장

정부의 첨단전략산업기금 신설 관련이다. 지난 4일 최상목 대통령 권한대행이 산업은행을 통해 50조 원 규모의 첨단전략산업기금 신설을 발표했다. 이와 함께 당정이 산업은행법을 개정하기로 협의한 바가 있다. 그런데 이틀 뒤에 규제강화정당 민주당이 첨단전략산업 국민펀드를 제안했다. 정부 정책에 무임승차, 숟가락 얹기를 시도하려는 것으로밖에 보이지 않는다. 국민펀드를 논하기 전에 기업규제 완화, 인재 양성과 같은 기업환경 개선이 결여된 상태에서 국민 재산만으로 혁신 기업이 인위적으로 배출될 수는 없을 것이다. 이 펀드의 손실이 발생할 경우는 누가 책임져야 하는지에 대해서도 면밀한 검토가 필요하다.

국민의힘은 어제 AI 전문가들과 현장에서 직접 소통하며, 과도한 AI규제 개혁, AI인재 양성을 위한 파격적인 국가장학제도 도입, 미래전략산업 지원 예산 편성 요청 등을 논의했다. 이를 토대로 국민의힘은 추경을 통한 미래전략산업 지원 예산 편성뿐만 아니라 AI 경쟁력 강화를 위한 실질적인 방안 마련에도 박차를 가하겠다. AI경쟁력강화특위에서 곧 구체적인 청사진도 발표할 예정이다. 민주당이 진정 AI 등 첨단산업의 발전을 원한다면, 주 52시간제 적용 예외를 포함한 반도체특별법과 기업의 혁신의지 제고를 위한 상속세 체계 합리화부터 초당적으로 협조해야 할 것이다.

어제 국정협의회가 진행되었다. 국민연금 개혁에 대해서는 모수개혁의 시급성을 감안하여 국민의힘에서는 이번 연금법에서 보험료율 13%, 소득대체율 43% 선 합의 처리와 함께 추후 연금특위에서 자동조정장치 도입을 논의할 것을 제안했다. 이에 민주당도 검토하겠다는 의사를 밝혀 일정 부분 성과가 있을 것으로 예상하고 있다. 추경에 대해서는 국민의힘과 정부가 먼저 협의한 후에 추경실시 시기와 규모를 추후 논의하기로 했다. 추경의 재원은 현재 상태에서는 나랏빚, 국채 발행을 할 수밖에 없고, 미래 세대에게 부담이 된다는 점을 감안할 때 기초생활수급자, 차상위수급자 등의 생활 안정, 소상공인자영업자 경영지원, AI 산업 기반 확충 등 반드시 필요한 분야에 편성되어, 혈세가 낭비되지 않도록 국민의힘이 면밀히 살펴보도록 하겠다.

이렇게 양당의 입장이 좁혀진 부분도 있으나, 여전히 평행선을 달리는 부분도 있다. 주 52시간제 적용 예외에 대해서는 여전히 의견차를 좁히지 못하고 있다. 국민의힘은 근로기준법상의 특별연장근로시간 제도를 반도체특별법에 도입해서 현재의 절차적 문제를 완화하고 보다 더 필요한 시에는 연장근로를 할 수 있도록 하는 그런 절충안을 제시한 바도 있습니다만, 민주당은 여전히 반대하고 있는 입장이다.

지난 5일 한국경제인협회에서 10년 만에 민주당과 함께 만난 자리에 이재명 대표는 민주당이 무엇을 해야 할지 말씀해 달라고 이야기를 했는데, 반도체 주 52시간제 특례 등을 거부하고 기존 입장을 고수했다. 여전히 민주노총과 같은 귀족 강성 노조의 눈치를 보고, 이대로는 경쟁이 힘들다는 경제 현장의 목소리에 귀를 막고 있는 것이다.

한국경제인협회는 '위기의 한국 주력 산업 돌파구는 없는가?'라는 세미나를 개최하고, 글로벌 경쟁에서 실기하지 않도록 R&D 분야에서 한시적으로 근로시간 규제 완화를 다시 한번 호소했다. 국민의힘은 국민과 기업의 간절한 목소리와 함께하겠다. 반도체 산업 위기 극복을 위한 주 52시간제 적용 예외 명문화를 위해 마지막까지 최선을 다하겠다.

김용태 의원의 제안 사항이다. 포천 군 오폭 사고와 관련해서 군사 훈련 중 민간 피해 보상에 대한 특별법이 제정되어야 한다는 요지이다. 현재 군사 훈련 중에 발생 되는 피해 보상에 관한 법률은 지뢰 피해자 지원에 관한 특별법, 군 사격장 소음 방지 피해 보상에 관한 법률 등이 있습니다만, 앞으로도 군사 훈련 중에 다양한 민간 피해가 발생할 수가 있다. 민간 피해가 발생되면, 신속한 피해 조사 및 피해 지역 주민들에 대한 치료와 긴급 지원이 절실하다.

이번 사건에서도 포천시가 중앙 정부의 보전을 전제로 예비비에서 선지원하고 이후 다시 중앙 정부에 요청해야 하는 실정이다. 따라서 군사 훈련 중 민간의 피해가 발생할 수 있는 다양한 경우를 검토하여 신속한 실제 조사 및 긴급 피해 지원이 가능하도록 하며, 일상적으로 가해지는 군 소음과 도비탄 등의 피해에 대해서도 합당한 보상이 이루어지도록 군사 훈련 중 민간 피해 보상에 관한 특별법 제정에 당이 함께하도록 하겠다는 말씀을 드린다.

– 이양수 사무총장

최근 민주당과 이재명 대표가 한 인터넷 방송에서 2년 전 체포동의안 가결은 검찰과 비명계가 짜고 한 짓이라고 주장을 했다. 비명계는 '앞에서 웃고 뒤에서 칼 꽂는 격, 통합 지도자 면모를 갖추기 위한 노력들이 다 가려질 것이다. 국민 통합을 시대정신으로 제시해 놓고 당내 분열부터 조장하는 이 대표의 본모습이 무엇이냐' 등 성토가 이어지고 있다.

그런데 이번 발언은 실수가 아니라 철저히 계산된 행동이라는 분석이 나오고 있다. 오는 26일 이재명 대표의 공직선거법 위반 항소심 선고가 예정되어 있다. 이재명 대표가 항소심에서도 유죄 선고를 받을 경우 비명계를 중심으로 강한 반발에 직면할 것은 명약관화하다. 이재명 대표의 이번 발언은 이 같은 상황에 대비해 미리 강성 지지층의 결집을 노리고 한 의도적 행위라는 분석이 힘을 얻는 이유이다. 어제 발표된 한 여론조사에서 2030 세대가 꼽은 가장 위험한 정치인 1위가 바로 민주당 이재명 대표였던 결과가 괜히 나온 것은 아닌 것 같다. 불안한 민주당, 두려운 이재명 국민이 느끼는 심정이다.

이재명 대표의 재판 지연 꼼수가 선거법 위반 사건에 이어 대장동 사건에서 또다시 반복되고 있다. 법관 정기 인사 이후 재개된 대장동 위례 백현동 성남 FC 사건 재판에서 이재명 대표 측만 유일하게 절차 간소화에 대해 반대 의사를 분명히 주장했기 때문이다. 지난 2년간 69차례 진행된 공판에 20만 페이지가 넘는 증거 기록에 대한 녹취록 조사에 수시 녹음 재생까지 요구할 경우 장기간의 재판 지연이 이루어질 것은 불을 보듯 뻔하다.

이재명 대표는 앞서 공직선거법 위반 사건에서도 서류 수령 회피와 변호사 선임 지연, 급기야는 위헌법률 심판 제청을 신청하며 갖은 꼼수로 재판을 지연시켰다. 그러다 보니 이 대표 선거법 위반 사건 1심에 소요된 기간만도 26개월, 이것은 일반 국민 평균 재판 기간보다 무려 4배나 긴 시간이었다. 지연된 정의는 정의가 아니다. 법원은 재판 지연 방지를 위해 최근 개정한 형사소송규칙의 엄격한 적용으로 이재명 대표의 꼼수 재판 지연 시도에 엄정 대응해야 한다.

– 박형수 원내수석부대표

민주당 이재명 대표의 현란한 말 뒤집기에 이제 국민들은 어지러워서 쓰러질 지경이다. 어제 있었던 한국경제인협회와의 간담회에서 언론 앞에 공개발언에서는 정치권이 불필요하게 기업 활동에 장애 요인을 만드는 것을 최소화해야 한다고 말했다. 그런데 곧이어 이어진 비공개 대담에서는 이사 충실의무를 확대하는 상법 개정을 중단해달라는 재계의 호소에 결코 양보할 수 없다는 입장을 밝혔다고 한다.

이 상법 개정안이 통과되면 회사 경영진은 회사의 이익과 모든 주주의 이익을 동시에 고려하여야 하는데, 이는 현실적으로 불가능하거나 상호 충돌할 우려가 크고 이 과정에서 주주가 일부 피해라도 본다면 경영진을 상대로 배임죄로 고소하거나 손해배상 소송을 제기할 수 있게 되기 때문이다.

결국, 회사의 경영진은 소극적인 의사결정만 하게 될 것이고 이는 새로운 투자를 불가능하게 하여 결국 우리 경제에 커다란 악영향을 미치게 될 것이다. 이재명 대표는 이렇게 커다란 문제점이 있는 상법 개정을 중단해달라는 재계의 요구를 거부하며 엉뚱하게 상법상 배임죄 폐지는 필요하다는 취지로 답변했다고 한다.

이재명 대표 자신도 배임죄 재판을 받고 있다면서 상법상 배임죄 폐지의 필요성에는 공감한다는 취지로 말했다는 것이다. 상법상 배임죄가 폐지되더라도 형법과 특경법상 배임죄는 그대로 남아있기에 이는 하나 마나 한 이야기가 아닐 수 없다. 법조인이기도 한 이재명 대표가 이를 모를 리 없을 텐데도 굳이 말장난에 불과한 발언을 한 이유는 본인이 재판을 받고 있는 대장동 게이트에서의 배임행위 역시 사실상 폐지대상에 불과한 가벼운 사안이라고 국민들을 호도하기 위함이다.

이재명 대표가 한입 가지고 두말하는 것은 이제 헤아릴 수도 없을 정도로 많다. 자신의 허위사실공표죄 혐의 2심 재판이 신속하게 진행될 것이라고 하더니, 정작 2심에서는 소송을 지연시키기 위해 위헌법률심판 제청 신청까지 했다. 또 반도체 기업과의 토론회에서는 주 52시간제 특례적용의 필요성을 공감한다면서 반도체특별법에 특례 조항을 포함시킬 듯하더니 민노총과 당내반발을 이유로 하루아침에 '불가' 방침으로 돌변했다.

원내대표도 말씀하셨습니다마는 이왕 말이 나온 김에 이재명 대표의 말 뒤집기를 한 가지 더 말씀드리겠다. 최근 이재명 대표가 유튜브 채널에 출연하여 23년 9월 이 대표 체포동의안이 통과된 것은 민주당 당내 일부와 검찰이 짜고 한 짓이라고 발언하였다.

이재명 대표는 자신의 사법리스크에 대한 여론의 압박이 거세지자 23년 6월 19일 교섭단체 대표연설에서 호기롭게 불체포특권 포기선언을 한 바 있다. 그러다가 자신에 대한 구속영장 청구가 임박하자 뜬금없이 민주주의 훼손에 대한 대통령 사과, 일본 핵 오염수 방류반대, 전면적 개각 단행 등을 요구하며 단식에 들어갔다. 누가 봐도 뻔한 자신의 사법리스크에 대한 최후의 방어용 단식 투쟁이었다.

이후 검찰이 구속영장을 청구하자 민주당은 이재명 대표 체포동의안에 대하여 자유 표결을 하기로 하였고, 당시 부결을 자신할 수 없는 분위기가 감지되었다. 그러자 갑자기 표결 하루 전인, 23년 9월 20일 이재명 대표는 구차하게도 자신의 SNS에 체포동의안을 부결시켜달라는 취지의 글을 올렸다.

당시 이러한 이재명 대표의 노골적인 셀프 구명 운동은 국민은 물론 민주당 내에서도 많은 비난을 자초하였고, 결국 그 이튿날 이 대표의 체포동의안은 가결되었다. 이재명 대표는 이후 단식에서 복귀하면서, 체포동의안 처리 과정의 일로 더 이상 왈가왈부하지 않기를 바란다며 통합의 메시지를 내놓은 바 있다.

그런데 이제 와서 자신의 체포동의안 표결에 찬성표를 던진 비명계 의원들과 검찰의 뒷거래 의혹을 제기하면서 자신은 결코 과거를 잊지 않고 있음을 보여주고 있는 것이다. '지난 9월에 네가 한 일을 알고 있다'라는 것이다. 한마디로 통합하자고 했더니 진짜 통합하는 줄 알았냐며 최근 당내 비명계와의 통합 행보가 보여주기식 쇼였다는 사실을 자인하고 있는 것이다.

국민을 상대로 말 뒤집기를 하다가 하다가, 이제는 같은 당 동료들 상대로 말 뒤집기를 하는가. 이재명 대표는 스스로 한 정당의 대표 자격이 있는지, 대한민국의 정치지도자 자격이 있는지를 돌아보기를 바란다.

- 박성훈 기획재정위원회 위원

이재명 대표가 마치 자신들만 상속세 공제 확대를 주장한 것처럼 포장한 것도 모자라, 민주당은 대뜸 상속세 개정안을 패스트트랙으로 추진하겠다고 한다. 상속세법 개정안은 이미 작년 12월 정부안과 함께 송언석 의원 안이 세입예산 부수법안으로 지정돼 본회의에 자동 부의되어있었다. 민주당이 마음만 먹으면 언제든지 처리할 수 있었고, 지금도 다르지 않다. 지금까지 한사코 논의를 거부하더니 국민의힘 안은 패싱하고 패스트트랙으로 추진하겠다는 것은 본인들만 공제 혜택을 늘리는 것처럼, 국민들의 눈과 귀를 막겠다는 얄팍한 꼼수이며, 검은 속내를 드러낸 것이다.

민주당과 이재명 대표는 NVIDIA와 TSMC와 같은 기업이 우리나라에 출연하기를 바란다고 했다. 국민의힘도 마찬가지이다. 하지만 이를 위해서는 30% 국민 지분, 50조 국민 펀드와 같은 급조된 정책이 아닌 경제 활력을 불어넣고, 기업 현장의 고충을 해결하며 규제 폐해를 없애려는 노력이 필요하다. 반도체 특별법 주 52시간 예외 적용은 반대하면서, NVIDIA와 같은 기업이 나오길 바란다는 건 제비 다리 부러뜨려 놓고 박씨를 물어오라는 못된 심보와 다를 바 없다.

최고세율 인하와 최대주주 할증 개편, 기업 승계가 곧 부의 대물림으로 여겨지는 사회적 분위기 혁파야말로 정부와 정치권이 해야 될 일이다. 기업의 지속 가능성이 확보되고, 고용이 안정되어야 법인세 증가로 이어지는 선순환이 가능하다. 이재명 대표는 세금 때문에 집을 팔고 떠나지 않게 하겠다고 했다.

그런 논리라면 일자리를 만들어내는 기업이야말로 세금 부담 때문에 문을 닫지 않도록 해야 하지 않겠는가.

실제 상속받은 유산에 세금을 매기는 유산 취득세 논의에도 적극 나서야 한다. 유산취득세 도입은 1950년 상속세법 이후 74년 만의 대전환으로 납세 능력에 따라 부담하는 응능부담 원칙에 부합하고, 증여세와의 과세체계 일관성을 확보하며, OECD 38개국 중 한국 등 4개국만 유산세를 채택한다는 점에서 보다 합리적으로 정비할 수 있다. 1997년 대비 물가는 2배, 주택 가격은 2.2배 상승했지만, 공제 수준은 변하지 않았다.

그동안 과세자 비율은 2007년 0.7%에서 2023년 6.8%로 증가했으며, 서울만 하더라도 2.2%에서 15%로 크게 증가했다. 중산층 부담을 줄이기 위한 유산취득세 도입은 피할 수 없는 시대적 과제이자 시급한 현안이다. 이재명 대표와 민주당은 정쟁과 이분법적 사고에서 벗어나 현실을 반영한 합리적인 상속세 개편에 나서주길 바란다.

– 유상범 법제사법위원회 간사

변론 종결이 되면 새로운 주장이나 증거를 제출할 수 없다는 것이 민사소송법의 내용이자 판례의 확립된 태도이고, 헌법재판소법과 규칙도 이를 준용하고 있다. 이를 잘 알고 있는 헌법재판소가 느닷없이 한덕수 국무총리 탄핵 사건에 대한 변론을 종결한 뒤인 지난 4일 국회 측의 신청을 받아 추가증거를 채택하며 절차위법의 논란을 또다시 자초하였다.

변론 재개 절차도 없이 별도 증거조사를 진행하는 것은 명백한 소송절차 위반이며 판사들 사이에서도 듣도 보도 못한 이례적인 일이라고 한다. 변론 종결 후 시행된 기록검증에 대한 검증조서를 증거로 사용하는 것은 법률위반이라는 서울고법의 판결에서도 보듯이, 이는 당사자의 절차적 권리를 침해하고 무기평등의 원칙에 위배될 수 있기 때문이다.

검찰에서 어제 헌재로부터 받은 수사기록 '인정등본 송부 촉탁' 요청을 거절하였다. 이것은 헌재가 재판, 소추, 수사 중 사건 기록에 대해 송부요청할 수 없다는 헌재법 제32조 단서를 '인정등본 송부 촉탁'이라는 형식으로 법률위반을 우회하는 법꾸라지 행태에 일침을 가한 것이다.

한덕수 총리에 대한 국회의 탄핵은 정족수에 미달 된 불법탄핵이며, 탄핵 사유가 없다는 것은 명확하다. 국민적 비판으로 신뢰를 잃고 있는 상황에서 또다시 절차위반을 하면서 한덕수 총리에 대한 선고를 미루는 헌재의 이해할 수 없는 돌발행동은 마은혁 재판관 임명이 지연되자 국무총리 선고를 늦추고, 최상목 대행을 압박하여 임명 강행시키려는 정치적 의도'라는 거센 비판이 일고 있다.

헌재가 졸속재판, 공정성 상실을 반복하며 국민적 신뢰를 상실하고 있어, 헌재가 가루가 되어 없어질 수 있다는 헌법학 대가 허영 교수님의 고언을 재판관들은 무겁게 받아들이기를 바란다. 검찰이 진술조서 제출을 거부하였고, 비상계엄 당시 국무회의 상황은 이미 충분히 확인 되었음으로, 정치적 배경이 없다는 구차한 변명을 할 것이 아니라 신속히 탄핵을 각하하거나 기각하여 국정 공백이 최소화 되도록 해야 할 것이다.

- 김미애 보건복지위원회 간사

많은 어려움이 있지만 국민의힘은 현장 목소리에 귀 기울이며 의료 환경을 개선해 나가겠다. 어제 의료 안전망 강화를 위한 정책 토론회가 있었다. 기존 소송 중심의 의료 분쟁 해결 방법은 신뢰를 기초로 인연을 맺은 의료인 환자에게 큰 부담으로 작용하므로 모두에게 이익이 되는 정책 방향을 고민하는 자리였다. 민형사 소송 부담은 고위험 저수가 구조인 필수 의료를 기피하는 주된 원인 중 하나이고, 이를 완화해야 한다는 게 의료계의 강력한 요구이다.

반면 환자 입장에서는 의료사고 발생 시 진솔한 사과 외에도 충분한 설명조차 듣지 못한다는 불만이 가득하다. 어제 토론장에서도 의료계와 환자, 시민단체 입장이 팽팽하게 맞섰다. 매우 어려운 문제이지만 접점을 찾고 소통, 신뢰 중심의 합리적 대안 마련을 위해 최선을 다할 것이다. 이견이크다고 해서 논의를 중단하거나 아무것도 하지 않으면 우리는 한 발짝도 나아가지 못한다. 희망적인 것은 현재의 분쟁해결 방법을 개선해야 한다는 데 양쪽 모두 동의했다. 신속하고 충분한 보상을 전제로 최선을 다한 진료는 보호받아야 한다.

아울러 지난 3일 국무회의 의결을 통해 산부인과의 불가항력적인 분만 사고의 보상 한도를 최대 3천만 원에서 3억원으로 10배 상향한 것처럼 공적 배상책임을 강화하는 정부의 적극적인 노력도 필요하다. 문제를 보고도 흙탕물이 튈까 봐 못 본 척 외면한다면 그 피해는 고스란히 국민께 돌아간다. 시간이 걸리고 조금 더디더라도 지금의 의료 개혁을 통해 국민께 질 높은 의료 서비스가 지속적으로 제공될 수 있도록 끝까지 최선을 다하겠다는 말씀 드린다.

– 조은희 행정안전위원회 간사

부정채용 때는 아빠찬스, 사표 낼 때는 자녀의지라는 가족회사 선관위의 실태에 온 국민이 분노를 금치 못했다. 어제 김대웅 중앙선관위 후보자에 대해 인사청문회에서 국민의힘은 선관위 채용 비리에 심각성과 무대책 지도부에 대한 질타에 집중했다.

매번 똑같은 서면 사과를 반복한 채 국회 출석 요구는 회피한 노태악 선관위원장, 규정 탓하며 아빠찬스 채용자 자를 수 없다. 국회, 법원, 헌재와 동등한 대우를 받아야 하니 외부감사 못 받는다는 김용빈 사무총장 아빠찬스로 딸을 부정 채용시키고 승진은 시켰지만, 자진 사퇴시킬 의사 있느냐는 본의원에 질문에 내 뜻이 아닌 자식 뜻이라는 박찬진 전 사무총장과 송봉섭 전 사무차장, 그리고 이에 동조해 징계도 없이 국민들 공분에 잠깐 직무배제로 눈 가리고 아웅 하다가 직무 복귀시킨 뒤 또 감사원 감사 결과로 국민의 분노가 들끓자 또 잠시 직무배제 시키는 선관위의 합작 공조 민낯에 온 국민이 경악을 금치 못했다.

이렇게 선관위 지도부가 책임을 회피하는 사이 부정 채용된 전직 사무총장의 딸과 전직 경북선관위 상임위원장의 딸은 승진 가도를 달렸고 친인척 채용 수는 당초 발표보다 1.6배 증가한 것으로 드러났다. 오죽하면 선관위원 후보자까지 선관위원장과 사무총장이라도 책임을 지고 사퇴해야 된다는 본의원의 질의에 "수긍할 부분이 있다."라고 했겠는가.

이 사태를 지켜봐 온 선관위 공채출신의 직원도 이렇게 말한다. "창피해 죽겠다. 내부에서는 이게 잘못인지도 모른다. 내가 왜 여기에 들어왔는지 모르겠다. 회의감이 든다. 쪽팔린다." 이렇게 말한다. 선관위 지도부에 재차 경고한다. 내부 자정 의지도 대책도 없는 선관위 지도부는 책임을 져야 한다. 그 첫걸음으로 선관위는 국민의힘이 제시한 특별감사관 도입 등 선관위개혁 5대 과제를 조건 없이 적극 수용해야 한다.

– 정희용 농림축산식품해양수산 간사

어제 민주당은 동료 의원의 발언을 문제 삼아서 실명 까지 직접 거론하는 비방용 피켓을 붙인 채 상임위를 일방적으로 진행하였다. 회의 안건과 전혀 무관한 정쟁용 행위와 발언으로 정상적인 상임위원회 진행을 가로막고, 다수 의석의 힘으로 상임위원회를 독단적으로 운영하고 있는 민주당에 깊은 유감을 표한다.

민주당은 해당 발언에 대한 동료 의원의 해명은 아랑곳하지 않고 본 취지를 왜곡하고 일부만을 발췌하여 내란 프레임으로 몰아가고 있다. 오히려 논란이 될 만한 과격한 발언은 민주당 의원들이 더 많이 했다. 차마 입에 담고 싶지 않아서 이 자리에서 소개하지는 않겠다. 말꼬투리 잡아 정쟁을 유발할 생각은 그만하고 자신들의 과거 막말부터 국민들께 사과한 적이 있는지 돌아보길 바란다. 민주당은 동료 의원에 대한 최소한의 존중도 없이 상임위원회를 오로지 정쟁의 장으로 몰아가려는 정치 공세를 즉각 중단하기 바란다.

– 권성동 원내대표

어제 행정안전위원회의 선관위원에 대한 청문회를 보니까 정말 부끄럽다는 생각이 들었다. 선거관리위원회 사무총장은 장관급이고, 사무처장은 차관급이다. 이 장ㆍ차관을 역임한 사람이 자기 자식들을 부정 채용해 놓고, 그 자식들이 자진사퇴하라고 요구하는 의원들에 대해서 '그건 내가 결정할 문제가 아니고, 내 자식이 결정할 문제다' 이렇게 얘기를 하는 걸 보면서, 어떻게 저런 사람들이 장관 자리까지 오르고 차관 자리까지 올랐는지 이해할 수가 없었다.

이게 현대판 음서제 아니겠는가. 그러니까 '쪽팔리는 거는 잠시고, 경제적 이득은 영원하다.' 그 생각에서 그렇게 하는 것을 보면서 '정말 염치가 없구나, 이게 참 부끄러워할 줄 알아야 되는데, 부끄러움을 전혀 모르는 사람들이 저기까지 올라갔구나.' 아마 그 장ㆍ차관까지 가는 과정도 자기 실력이나 능력으로 간 것이 아니라 또 다른 무언가가 있었던 것이 아닌가 저는 그런 생각이 들면서, 그렇기 때문에 이 중앙선관위는 자정 능력을 상실한 것이다.

그래서 국회에서 임명하는 특별감사관을 통해서 대대적으로 이런 잘못된 행태를 발본색원해야 선관위가, 조금 전에 선관위 공채로 들어온 직원의 그 절규처럼, 내가 선관위 직원이라는 것을 떳떳하게 밝히고 다닐 수 있을 것이 아닌가 그런 생각이 든다.

그리고 오늘 우리 수석께서 위원장님하고 상임위원장님하고 간사님들한테 다 보내주시기 바란다. 오늘 정희용 간사가 오셨는데, 정희용 간사가 농해수위 간사이다. 그런데 농해수위 유관단체가 많이 있는데, 그 유관단체 행사에 꼬박꼬박 참석해서 우리 당의 입장을 밝히고, 알려드리고 또 그분들의 민원을 청취해서 민심과 교감하는 일에 앞장서고 계신다.

그런데 다른 상임위원회나 간사들은 그런 면이 부족하다. 어떻게 그렇게 해서 우리 당이 국민들한테, 국민들에게 표를 달라고 할 수 있겠는가. 그런 행사에 참석해서 그분들과 소통하는 것이 우리 당이 국민들에게 다가가는 그 제1원칙이다. 저는 그렇게 생각을 하고 있다. 그래서 앞으로 위원장님하고 간사가 못 가면은 그 상임위원 중에서도 누구든지 꼭 보내시기 바란다. 가보면 민주당하고 너무 비교되는 거다. 그래서 이거를 공개적으로 제가 우리 위원님들한테 요청을 드린다. 그리고 앞으로 확인을 하도록 하겠다.

세 번째는 어제 국회의장 주재 여야 회의에서 '반도체특별법 주 52시간제 예외를 좀 둬라, 왜 못하느냐, 1년 만이라도 좀 한시적으로 하자'고 그랬다. '1년 해보고 안 되면 그때 가서 민주당이, 어차피 민주당이 절대 다수당인데 여러분들이 동의 안 하면 할 수 있는 게 하나도 없다, 그러니까 1년 만이라도 한번 해보고 그래도 부작용이 생기고 여러분들의 생각이 맞는다, 그러면 하지 말자, 당신들 그때 가서 안 하면 되는 거 아니냐' 이렇게 얘기를 했는데, 계속해서 '근로기준법상 특별연장근로 제도를 절차를 간소화해서 하라'라고 계속해서 이렇게 우겼다.

결국, 합의에 이르지 못했는데 반도체 기업인들이 그토록 목매어서 요구하는 것을 들어주지 않는 것을 보면서, 이 민주당은 정말 국가 미래에 대해 관심이 없구나, 오로지 표만 생각하는구나, 민주노총에서 주장하니까 거기에 따라가는 거다. 국민연금도 마찬가지다. 그러니까 정말 이재명 대표가 국가 지도자로서 최고 지도자가 되고 싶으면, 좀 손해 보는 것도 할 줄 알고, 자기 지지자들이 반대하는 것도 설득할 수 있는 그런 용기가 있어야 된다. 저는 그렇게 생각을 한다.

2025. 3. 7.
국민의힘 공보실

선거관리위원회 특별감사 실시와 국민 신뢰 회복을 위한 특별감사관 임명 등에 관한 법률안

(권성동의원 대표발의)

의 안 번호	8736

발의연월일 : 2025. 3. 7.

발 의 자 : 권성동・강대식・강명구
강민국・강선영・강승규
고동진・곽규택・구자근
권영세・권영진・김 건
김기웅・김기현・김대식
김도읍・김미애・김민전
김상욱・김상훈・김석기
김선교・김성원・김소희
김승수・김예지・김용태
김위상・김은혜・김장겸
김재섭・김정재・김종양
김태호・김형동・김희정
나경원・박대출・박덕흠
박상웅・박성민・박성훈
박수민・박수영・박정하
박정훈・박준태・박충권
박형수・배준영・배현진
백종헌・서명옥・서범수
서일준・서지영・서천호
성일종・송석준・송언석
신동욱・신성범・안상훈

안철수 · 엄태영 · 우재준
유상범 · 유영하 · 유용원
윤상현 · 윤영석 · 윤재옥
윤한홍 · 이달희 · 이만희
이상휘 · 이성권 · 이양수
이인선 · 이종배 · 이종욱
이철규 · 이헌승 · 인요한
임이자 · 임종득 · 장동혁
정동만 · 정성국 · 정연욱
정점식 · 정희용 · 조경태
조배숙 · 조승환 · 조은희
조정훈 · 조지연 · 주진우
주호영 · 진종오 · 최보윤
최수진 · 최은석 · 최형두
추경호 · 한기호 · 한지아
의원(108인)

제안이유

선거관리위원회는 최근 부실한 인력관리 실태 결과(2013년부터 2022년까지 실시한 167회 경력경쟁채용을 전수 점검 결과, 총 662건의 규정 위반 사례 적발 등), 국가정보원 등의 보안점검 결과(정보통신기반보호법을 중심으로 관리<6개>, 시스템보안<11개>, 인원 및 자산<7개>, 위기대응<7개> 등 31개 점검 항목에서 평가 점수 31.5점이 나왔으며, 31개 항목 중 0점을 받은 항목이 15개에 달함), 사법부 법관의 선관위 겸직에 따른 불신 증폭, 최근 친인척 특혜채용 의혹 관련 선관위 관계자 영장청구 기각 사례 등으로 인해 선관위 선거관리 시스템과 조직·인사·회계 관리 전반에 대한 불신이 대두되고 있음.

그동안 선거관리위원회는 채용비리를 고발하는 투서 등을 받고도 "가족기업"이라며 묵살하는 태도를 보이고, 헌법기관이라는 이유로 감사를 거부하는 등 제도개선 등 문제 해결을 위한 노력이 미진하였고 조직의 폐쇄성으로 인하여 자정 능력을 기대하기 어려운 상황이 되었음.

어느 조직보다 투명하고 공정해야 할 선거관리위원회가 그동안 감시와 견제의 사각지대로 자체 감사의 권능을 상실하여 부정과 비리로 얼룩져 왔고, 헌법재판소의 선관위에 대한 감사원 직무감찰에 대한 권한침해 결정(2023헌라5)으로 외부 제도적 감시의 장치를 기대할 수 없게 되었음.

따라서 그동안의 선거관리위원회에 대한 국민 불신을 해소하고 국민의 신뢰를 회복하기 위한 노력이 필요함. 이에 독립적 지위를 갖는 특별감사관을 임명하여 선거관리위원회의 운영 전반을 점검하고 재발방지대책을 마련하고자 함.

주요내용

가. 선거관리위원회의 특별감사와 국민 신뢰 회복을 위하여 독립적인 지위를 가지는 특별감사관 임명과 직무 등에 관하여 필요한 사항을

규정함을 목적으로 함(안 제1조).

나. 특별감사의 감사 대상은 선거관리위원회 선거관리, 조직·인사·회계 관리업무 전반을 대상으로 함(안 제2조).

다. 대통령은 국회의장으로부터(원내 제1·2교섭단체의 추천을 받은 자) 2명의 특별감사관 후보자를 추천받고, 이 중 1명을 특별감사관으로 임명하도록 함(안 제3조).

라. 특별감사관은 그 직무를 수행함에 있어서 필요한 경우에는 감사원, 대검찰청, 경찰청 등 관계 기관의 장에게 소속 공무원의 파견근무와 이에 관련되는 지원을 요청할 수 있다. 다만, 파견 공무원의 수는 50명 이내로 함(안 제8조).

마. 특별감사관은 특별감사에 필요한 출석·답변, 관계문서·물품 등의 자료제출, 금융기관의 정보 등을 요구할 수 있음(안 제9조).

바. 특별감사관은 등은 직무상 알게 된 비밀을 누설하여서는 아니 되고, 특별한 경우를 제외하고는 감사 내용을 공표하거나 누설하여서는 아니 되며, 파견된 공무원은 직무수행 중 지득한 정보를 소속 기관에 보고하여서는 아니 됨(안 제10조).

사. 특별감사관은 준비기간이 만료된 날의 다음 날부터 6개월 이내에 제2조 각 호의 감사에 대한 감사를 완료하고 제도개선, 징계요구 등 특별감사결과를 보고 함(안 제11조, 제12조).

아. 특별감사관은 징계요구, 변상책임, 시정·개선 요구, 고발 등을 할 수 있음(안 제13조 및 제14조, 제16조부터 제19조까지).

자. 특별감사관은 탄핵 또는 금고 이상의 형을 선고받지 아니하고는 파면되지 아니함(안 제23조).

법률 제   호

선거관리위원회 특별감사 실시와 국민 신뢰 회복을 위한 특별감사관 임명 등에 관한 법률안

제1조(목적) 이 법은 중앙선거관리위원회(시도 선거관리위원회를 포함한다)의 특별감사를 통하여 국민의 신뢰를 회복하고 재발방지대책 마련을 위하여 독립적인 지위를 가지는 특별감사관 임명과 직무 등에 관하여 필요한 사항을 규정함을 목적으로 한다.

제2조(특별감사관의 감사 대상 등) 이 법에 따른 특별감사관의 감사 대상은 다음 각 호 및 중앙선거관리위원회 업무 전반을 대상으로 한다.

1. 선거관리 시스템을 비롯한 선거관리(외부 해킹 논란, 투·개표 시스템의 취약점으로 선거관리위원회 망 분리(인터넷망/업무망/선거망) 개선여부, 통합선거인명부 관리정도, 투표용지 인쇄관리 및 보안대책, 온라인시스템 대리투표 방지 관련 취약 점검, 선상투표 관리, 재외선거망 관리, 개표 DB해킹 보안유지 대책 마련여부, 선거관리위원회시스템 관리 외부 위수탁 업체의 보안유지대책 마련여부, 용역업체 수의계약 등 위반점검, 기타사항 등) 및 점검이행여부

2. 중앙선거관리위원회 조직·인사·회계 관리

3. 중앙선거관리위원회 채용 등 인력관리 실태

4. 중앙선거관리위원회 복무 등 근태 실태

5. 기타 중앙선거관리위원회 업무 전반

제3조(특별감사관의 임명) ① 국회의장은 제2조 각 호의 특별감사를 실시하기 위하여 이 법 시행일부터 3일 이내에 1명의 특별감사관을 임명할 것을 대통령에게 서면으로 요청한다.

② 대통령은 제1항에 따른 요청서를 받은 날부터 7일 이내에 1명의 특별감사관을 임명하기 위한 후보자 추천을 국회에 서면으로 의뢰하여야 한다.

③ 국회의장은 서면 추천 요청을 받은 날로부터 3일 이내에 「감사원법」 제17조의 직에 20년 이상, 제17조의2의 직급에 근무한 사람 중에서 원내 제1·2교섭단체의 추천을 받은 2명의 특별감사관 후보자를 대통령에게 서면으로 추천하여야 한다.

④ 제3항에 따라 2명의 특별감사관 후보자를 추천받은 대통령은 추천서를 받은 날부터 7일 이내에 추천 후보자 중에서 1명을 특별감사관으로 임명하여야 한다.

제4조(특별감사관의 결격사유) 다음 각 호의 어느 하나에 해당하는 자는 특별감사관으로 임명할 수 없다.

1. 대한민국 국민이 아닌 자

2. 「국가공무원법」 제2조 또는 「지방공무원법」 제2조에 따른 공무원

3. 정당의 당적을 가진 자이거나 가졌던 자

4. 「공직선거법」에 따라 실시하는 선거에 후보자(예비후보자를 포함한다)로 등록한 사람

5. 「국가공무원법」 제33조 각 호의 어느 하나에 해당하는 자

제5조(특별감사관의 정치적 중립 및 직무상 독립) 특별감사관은 정치적으로 중립을 지켜야 하며, 독립하여 그 직무를 수행한다.

제6조(특별감사관의 직무 범위와 권한 등) ① 특별감사관의 직무 범위는 다음 각 호와 같다.

1. 제2조 각 호의 특별감사에 대한 총괄 및 특별감사결과 확정

2. 제7조에 따라 임명된 특별감사관보, 감사관, 직무보조를 위하여 채용된 자 및 제8조의 관계 기관으로부터 파견받은 공무원에 대한 지휘·감독

② 특별감사관은 특별감사와 관련한 서류 및 자료를 중앙선거관리위원회에 요구할 수 있고 중앙선거관리위원회는 증거서류 및 그 밖의 자료를 특별감사관에게 제출하여야 한다.

③ 특별감사관은 특별감사를 수행함에 있어서 필요한 경우에는 관계 기관의 장에게 제2조 각 호의 감사와 관련된 자료의 제출과 감사 활동의 지원 등 협조를 요구할 수 있다.

제7조(특별감사관보와 감사관) ① 특별감사관은 「감사원법」 제17조의 직에 15년 이상, 제17조의2의 직급에 근무한 사람 중에서 2명의 특별감사관보 후보자를 선정하여 대통령에게 특별감사관보로 임명할 것을 요청할 수 있다. 대통령은 요청을 받은 날로부터 7일 이내

에 2명의 특별감사관보를 임명하여야 한다.

② 특별감사관보는 특별감사관의 지휘·감독에 따라 제2조 각 호의 내용과 관련된 특별감사를 담당하고 감사관 및 관계 기관으로부터 파견 받은 공무원에 대한 지휘·감독을 한다.

③ 특별감사관보는 그 직무를 수행함에 있어서 필요한 경우에는 5명 이내의 감사관을 임명할 수 있다.

④ 감사관은 제2조 각 호의 특별감사의 직무를 수행한다.

⑤ 특별감사관보와 감사관의 결격사유에 관하여는 제4조를 준용한다.

제8조(관계 기관의 협조) ① 특별감사관은 그 직무를 수행함에 있어서 필요한 경우에는 감사원, 대검찰청, 경찰청 등 관계 기관의 장에게 소속 공무원의 파견근무와 이에 관련되는 지원을 요청할 수 있다. 다만, 파견 공무원의 수는 50명 이내로 한다.

② 특별감사업무를 위하여 정부부처 및 국회의 예산지원은 보장한다.

③ 제1항 및 제2항의 요청을 받은 관계 기관의 장은 반드시 이에 따라야 하며 관계 기관의 장이 이에 따르지 아니할 경우 특별감사관은 관계 기관의 장에 대한 징계를 요청할 수 있다.

제9조(출석 답변·자료·장부 등 제출·봉인 등) ① 특별감사관은 특별감사에 필요하면 다음 각 호의 조치를 할 수 있다.

1. 관계자 또는 특별감사 사항과 관련이 있다고 인정된 자의 출석·

답변의 요구

2. 관계 문서 및 장부, 물품 등의 자료 제출 요구

3. 창고, 금고, 문서 및 장부, 물품 등의 봉인

② 특별감사관은 이 법에 따른 특별감사를 위하여 필요하면 다른 법률에도 불구하고 인적 사항을 적은 문서(「정보통신망 이용촉진 및 정보보호 등에 관한 법률」에 따른 전자문서를 포함한다. 이하 같다)에 의하여 금융기관의 특정 점포에 금융거래의 내용에 관한 정보 또는 자료의 제출을 요구할 수 있으며, 해당 금융기관에 종사하는 자는 이를 거부하지 못한다.

③ 제1항제3호에 따른 봉인 및 제2항에 따른 금융거래의 내용에 관한 정보 또는 자료의 제출 요구는 감사에 필요한 최소 한도에 그쳐야 한다.

④ 제2항 및 제3항에 따라 금융거래의 내용에 관한 정보 또는 자료를 받은 자는 그 정보 또는 자료를 다른 사람에게 제공 또는 누설하거나 해당 목적 외의 용도로 이용하여서는 아니 된다.

⑤ 특별감사관은 특별감사를 위하여 제출받은 개인의 신상이나 사생활에 관한 정보 또는 자료를 감사 목적 외의 용도로 이용하여서는 아니 된다. 다만, 본인 또는 자료를 제출한 기관의 장의 동의가 있는 경우에는 그러하지 아니하다.

제10조(특별감사관 등의 의무) ① 특별감사관, 특별감사관보, 감사관 및 제8조에 따라 파견된 공무원 및 특별감사관의 직무보조를 위하

여 채용된 자는 직무상 알게 된 법령에 의한 비밀을 재직 중과 퇴직 후에 누설하여서는 아니 된다.

② 특별감사관 등과 제8조에 따라 파견된 공무원 및 특별감사관의 직무보조를 위하여 채용된 자는 제11조제3항 및 제4항, 제12조에 따른 경우를 제외하고는 감사 내용을 공표하거나 누설하여서는 아니 된다.

③ 제8조에 따라 파견된 공무원은 파견되어 직무를 수행하는 가운데 지득한 정보를 소속 기관에 보고하여서는 아니 된다.

④ 특별감사관 등은 영리를 목적으로 하는 업무에 종사할 수 없으며 다른 직무를 겸할 수 없다.

제11조(특별감사기간 등) ① 특별감사관은 임명된 날부터 30일 이내에 특별감사에 필요한 시설의 확보, 특별감사관보 및 감사관 임명요청 등 직무수행에 필요한 준비를 할 수 있다. 다만, 감사 준비기간 중이라도 자료요구 등 특별감사를 위한 사전 준비를 할 수 있다.

② 특별감사관은 제1항에 따른 준비기간이 만료된 날의 다음 날부터 6개월 이내에 제2조 각 호의 감사에 대한 특별감사를 완료하고 제도개선, 징계요구 등 특별감사 결과를 조치한다.

③ 특별감사관은 제2항의 기간 이내에 특별감사를 완료하지 못하거나 재발방지대책 마련을 위하여 1회에 한정하여 감사기간을 60일 연장할 수 있고, 그 사유를 대통령과 국회에 서면으로 보고하여야 한다.

④ 제3항에 따른 보고는 감사기간 만료 3일 전까지 하여야 한다.

제12조(특별감사 결과의 보고) ① 특별감사관은 제2조 각 호의 특별감사에 대하여 감사가 완료된 경우 즉시 그 결과를 대통령과 국회에 서면으로 보고하여야 한다.

② 제13조, 제14조, 제16조부터 제18조까지를 요구를 받은 기관의 장은 그 조치 또는 개선의 결과를 국회에 통지하여야 한다.

제13조(징계요구 등) ① 특별감사관은 「국가공무원법」과 그 밖의 법령에 규정된 징계 사유에 해당하거나 정당한 사유 없이 이 법에 따른 감사를 거부하거나 자료의 제출을 게을리한 공무원에 대하여 기관의 장에게 징계를 요구할 수 있다.

② 제1항에 따른 징계 요구를 받은 기관의 장은 그 요구를 받은 날부터 10일 이내(기한을 정한 경우에는 해당 날까지로 한다)에 해당 징계위원회 또는 인사위원회 등에 그 의결을 요구하여야 한다. 기관의 장은 그 의결이 있은 날부터 30일 이내에 특별감사관에게 통보하여야 한다.

③ 특별감사관은 법령에서 정하는 징계 규정의 적용을 받지 아니하는 사람으로서 법령 또는 소속 단체 등이 정한 문책 사유에 해당한 사람 또는 정당한 사유 없이 이 법에 따른 감사를 거부하거나 자료의 제출을 게을리한 사람에 대하여 그 감독기관의 장 또는 해당 기관의 장에게 문책을 요구할 수 있다.

제14조(변상책임 요구 등) ① 특별감사관은 특별감사 결과에 따라 따

로 법률에서 정하는 바에 따라 회계관계직원 등에 대한 변상책임의 유무를 결정 할 수 있다.

② 특별감사관은 제1항에 따라 변상책임이 있다고 확정하면 변상책임자, 변상액 및 변상의 이유를 분명히 밝힌 변상명령 요구를 해당 기관의 장에게 송부한다.

③ 제2항의 변상명령 요구를 받은 해당 기관의 장은 그 송부를 받은 날부터 30일 이내에 해당 변상 책임자에게 교부하여 변상하게 하여야 한다.

제15조(징계·문책 사유의 시효 정지 등) ① 특별감사관이 조사 중인 특정사건에 대하여는 해당 기관의 장은 제2항에 따른 조사 개시의 통보를 받은 날부터 징계 또는 문책 절차를 진행하지 못한다.

② 특별감사관은 특정 사건의 조사를 시작한 때와 마친 때에는 10일 이내에 해당 기관의 장에게 해당 사실을 통보하여야 한다.

③ 제1항 및 제2항에 따라 징계 또는 문책 절차를 진행하지 못하여 법령 또는 소속 단체 등이 정한 징계 또는 문책 사유의 시효기간이 끝나거나 그 남은 기간이 1개월 미만인 경우에는 그 시효기간은 제2항에 따른 조사 종료의 통보를 받은 날부터 1개월이 지난 날에 끝나는 것으로 본다.

제16조(시정 등의 요구) ① 특별감사관은 특별감사 결과 위법 또는 부당하다고 인정되는 사실이 있을 때에는 해당 기관의 장에게 시정·주의 등을 요구할 수 있다.

② 제1항의 요구가 있으면 해당 기관의 장은 특별감사관이 정한 날까지 이를 이행하여야 한다.

제17조(재발방지대책 수립 및 개선 등의 요구) ① 특별감사관은 특별감사 결과 법령상·제도상 또는 행정상 모순이 있거나 그 밖에 개선할 사항이 있다고 인정할 때에는 재발방지대책의 수립과 해당 기관의 장에게 법령 등의 제정·개정 또는 폐지를 위한 조치나 제도상 또는 행정상의 개선을 요구할 수 있다.

② 제1항의 요구가 있으면 해당 기관의 장은 특별감사관이 정한 날까지 이를 이행하여야 한다.

제18조(권고 등) ① 특별감사관은 특별감사 결과 다음 각 호의 어느 하나에 해당하는 경우에는 해당 기관의 장에게 그 개선 등에 관한 사항을 권고하거나 통보할 수 있다.

1. 제13조, 제14조, 제16조 및 제17조에 따른 요구를 하는 것이 부적절한 경우

2. 관계 기관의 장이 자율적으로 처리할 필요가 있다고 인정되는 경우

3. 행정운영 등의 경제성·효율성 및 공정성 등을 위하여 필요하다고 인정되는 경우

② 제1항의 요구가 있으면 해당 기관의 장은 특별감사관이 정한 날까지 이를 이행하여야 한다.

제19조(고발) ① 특별감사관은 이 법에 따른 감사를 받는 자로서 감사

를 거부하거나 자료제출의 요구를 따르지 아니한 자, 감사를 방해한 자, 특별감사 결과 범죄 혐의가 있는 자는 수사기관에 고발할 수 있다.

② 국회는 제13조, 제14조, 제16조부터 제18조까지를 요구 받은 기관의 장이 제12조제2항의 조치를 이행하지 아니할 경우 고발할 수 있다.

제20조(보수 등) ① 특별감사관의 보수와 대우는 차관급의 예에 준한다.

② 특별감사관보의 보수와 대우는 고위공무원단의 예에 준한다.

③ 감사관의 보수와 대우는 3급부터 5급까지 상당의 별정직 국가공무원의 예에 준한다.

④ 정부는 예비비에서 특별감사관의 퇴직 시까지 특별감사관 등의 직무수행에 필요한 경비를 지급한다.

⑤ 특별감사관은 특별감사 등의 직무수행에 필요한 사무실과 통신시설 등 장비의 제공을 국가 또는 공공기관에 요청할 수 있다. 이 경우 요청을 받은 기관은 정당한 사유가 없으면 이에 따라야 한다.

제21조(퇴직 등) ① 특별감사관 등은 정당한 사유가 없으면 퇴직할 수 없으며, 퇴직하고자 하는 경우에는 서면에 의하여야 한다.

② 대통령은 특별감사관 등이 사망하거나 제1항에 따라 사퇴서를 제출하는 경우에는 지체없이 이를 국회에 통보하여야 하고, 제3조, 제7조에 따른 임명 절차에 따라 후임 특별감사관 등을 임명하여야

한다. 이 경우 후임 특별감사관 등은 전임 특별감사관의 직무를 승계한다.

③ 제2항에 따라 후임 특별감사관을 임명하는 경우 제11조의 감사기간 산정에 있어서는 전임·후임 특별감사관의 감사기간을 합산하되, 특별감사관이 사퇴서를 제출한 날부터 후임 특별감사관이 임명되는 날까지의 기간은 감사기간에 산입하지 아니한다.

④ 특별감사관 등은 제12조에 따른 감사보고서를 제출한 때에 당연히 퇴직한다.

제22조(해임 등) ① 대통령은 다음 각 호의 어느 하나에 해당하는 경우를 제외하고는 특별감사관 등을 해임할 수 없다.

1. 제4조 각 호에 따른 결격사유가 발견된 경우

2. 특별감사관이 그 직무수행을 위하여 대통령에게 특별감사관보, 감사관의 해임을 요청하는 경우

3. 제10조를 위반한 경우

② 대통령은 특별감사관을 해임한 경우에는 지체 없이 이를 국회에 통보하고 제3조에 따른 임명절차에 따라 후임 특별감사관을 임명하여야 한다. 이 경우 직무승계에 관하여는 제21조를 준용한다.

③ 특별감사관은 그 직무수행을 위하여 필요한 때에는 직무보조를 위하여 채용된 자를 해임하거나 파견공무원에 대하여 소속 기관의 장에게 교체를 요청할 수 있다.

제23조(신분보장) 특별감사관은 탄핵 또는 금고 이상의 형을 선고받지

아니하고는 파면되지 아니한다.

제24조(회계보고 등) 특별감사관은 감사 기간이 만료되면 10일 이내에 비용지출 및 활동 내역 등에 관한 사항을 대통령에게 서면으로 보고하고, 보관하고 있는 업무 관련 서류 등을 감사원에 인계하여야 한다.

제25조(행정소송과의 관계) 감사 처분을 받은 자는 해당기관의 장의 처분에 대하여 해당 처분청을 당사자로 하여 해당 결정의 통지를 받은 날부터 90일 이내에 행정소송을 제기할 수 있다.

제26조(벌칙) 이 법에 따른 감사를 거부한 자, 자료제출 요구에 따르지 아니하거나 감사를 방해한 자, 위계 또는 위력으로 특별감사관 등의 직무수행을 방해한 자는 5년 이하의 징역에 처한다.

제27조(벌칙) ① 특별감사관 등이나 제8조에 따라 파견된 공무원 또는 특별감사관의 직무보조를 위하여 채용된 자가 제10조제1항을 위반하여 직무상 알게 된 법령에 의한 비밀을 누설한 때에는 3년 이하의 징역, 5년 이하의 자격정지 또는 3천만원 이하의 벌금에 처한다.

② 제8조에 따라 파견된 공무원이 제10조제3항을 위반하여 직무수행 중 지득한 정보를 소속 기관에 보고한 때에는 3년 이하의 징역, 5년 이하의 자격정지 또는 3천만원 이하의 벌금에 처한다.

제28조(벌칙 적용에서의 공무원 의제) 특별감사관, 특별감사관보, 감사관 및 직무보조를 위하여 채용된 자는 「형법」이나 그 밖의 법률에 따른 벌칙을 적용할 때에는 공무원으로 본다.

부   칙

제1조(시행일) 이 법은 공포한 날부터 시행한다.

제2조(유효기간) 이 법은 제11조에 따라 만료하는 날까지 그 효력을 가진다.

제3조(실효의 효과에 대한 특례) 이 법의 실효는 제26조부터 제28조까지에 따른 벌칙에 영향을 미치지 아니한다.

제4조(세부 운영 기준) 이 법의 운영을 위하여 필요한 사항은 특별감사관이 소관 상임위원회의 승인을 받아 그 운영 기준을 마련할 수 있다.

더불어민주당

제85차 최고위원회의 모두발언

□ 일시 : 2025년 3월 7일(금) 오전 9시 30분
□ 장소 : 국회 본청 당대표회의실

- 이재명 당대표

어제 국정협의회에서 연금 관련 모수개혁을 우선 논의하기로 결정했다고 합니다. 신속하게 연금 개혁에 관한 처리가 이루어지기를 기대합니다. 다음 회의에서는 민생 회복을 위해서 추경이 시급합니다. 진전된 성과를 내기를 바랍니다. 현장의 국민들의 삶이 너무 어렵고, 특히 자영업자들이 정말로 심각한 상황입니다. 따뜻한 방에서 시중을 내려다보면 아름답게 보일지 몰라도, 그 아름다운 거리 속의 사람들은 참으로 고통스럽다는 사실을 잊지 마시기 바랍니다.

트럼프 미 대통령이 의회 연설에서 대한민국의 미국산 제품에 대한 관세가 미국 관세보다 4배가 높다, 이렇게 말하면서 무언가 대책을 수립할 듯이 이야기했습니다. 정보를 잘못 알고 있는 것으로 보여지는데, 잘못된 정보에 의해서 잘못된 결정이 내려지지 않도록 정부 차원에서 신속하게 이 잘못된 정보를 교정하도록 노력해야 될 것입니다.

포천시에서 오발사고가 발생했습니다. 군 훈련 중에 폭탄이 민가에 떨어지는 사고로 국민들께서 다치셨다고 보도되고 있는데, 민가에 떨어진 것이 아닙니다. 민가를 상대로 사격한 것입니다. 좌표를 잘못 찍었다고 한다는데, 원인을 명확하게 밝혀서 이런 사고가 다시는 재발하지 않도록 조치해야 되겠습니다. 부상당한 국민들의 빠른 회복을 기원하고, 또 해당 지역 주민들께도 위로 말씀 드립니다. 정부가 신속한 피해 수습, 그리고 충분한 배상이 이루어지도록 만전을 기하기 바랍니다. 오늘 국방위원들이 현장을 방문할 텐데, 민주당도 피해 복구를 위해서 최선을 다하겠다는 말씀을 드립니다.

제가 국회, 여의도에 온지가 한 3년이 되어 가는데, 여기에 이상한 고질병이 하나 있는 것 같습니다. 그게 뭐냐 하면, 합의된 것을 처리하면 되는데 꼭 관계 없는 것을 연관을 지어서 발목을 잡는 것이 아주 습

관처럼 되어 있는 것 같습니다. 여야간에 어떤 법안이나 정책에 대해서 합의가 되면, 의견이 일치한 것은 일치한 대로 처리하면 될 텐데 쌍방이 다 동의되는 것에 꼭 자기들의 부당한 요구를 하나 엮어가지고 연환계를 쓰는 그런 이상한 습관이 있는 것 같습니다.

이것이 국민의힘의 고질병인 것 같은데, 지금 반도체지원법이 그렇습니다. 민주당이 반도체 지원을 해 주겠다고 하지 않습니까? 세제 지원도 그렇고, 거기다가 기반시설 부담도 해 주겠다는데, 뜬금없이 주 52시간 예외 어쩌고 저쩌고를 들고 나왔습니다. 국민 여러분께서 다 살펴보신 것처럼, 공개토론에서 확인된 바가 그렇습니다. 총 노동시간을 늘리지 않는다, 그리고 노동 시간을 변형하는데 따른 연장근로수당, 주말근로수당, 심야근로수당을 다 지급한다. 그리고 반도체 영역의 고액 연구자에 한한다. 이렇게 하니까 실제로 이 점을 다 동의하지 않았습니까?

그런데 이렇게 해 놓고 보니까 필요가 없는 것입니다. 기존에 있는, 이미 4개의 근로시간 예외 제도가 이것보다 사업자 측에 더 유리합니다. 그 제도를 쓰면 총 노동시간을 늘릴 수도 있고, 또 수당을 안 주고도 쓸 수 있게 되어 있기 때문에 그 제도를 이용하는 것이 훨씬 유리합니다. 그래서 산업계 경영계에서 그런 상황이라면 굳이 필요 없겠다, 라고 하지 않습니까?

그래서 결국은 해당 산업계에서 그런 요청을 했습니다. 주 52시간제 예외 말고 기존의 예외 제도를 노동부가 인가를 할 때 좀 빨리 쉽게 하기만 해주면 되겠다. 그래서 심지어 지금 대통령 권한대행도 공식적으로 그렇게 이야기하지 않습니까? 그것 필요 없고, 노동부가 기존의 근로시간 예외제도를 인가할 때 반도체 산업계의 특성을 고려해 달라, 이런 조항만 하나 넣어달라고 하지 않습니까? 그것 필요도 없지 않습니까?

그래서 제가 물어봤습니다. 왜 그런 것이 필요하냐? 그냥 하면 되지. 노동부가 지금 3개월 단위로 하고 있는데, 고시를 바꿔서 4개월·5개월 하면 되는데 혹시 그렇게 하면 욕을 먹을지 모르니까 그런 조항을 넣어주면 욕을 덜 먹지 않겠느냐, 그렇게 이야기를 합니다. 제가 황당무계했습니다. 법이 무슨 명분 챙기는 장식품입니까? 제가 노동계에다가 이것을 또 물어봤더니 필요가 없는 것을 왜 굳이 법에 넣느냐, 왜 우리가 그것을 양보해야 되느냐, 제가 들어보니까 그 말이 맞습니다.

그래서 제가 산업계 쪽에 이야기를 했습니다. 왜 그런 것을 요구하느냐? 우리는 꼭 필요한 것은 아닌데요. 그래서 결국은 이것이 보니까 국민의힘쪽 요구인 것 같습니다. 정부의 요구도 그렇습니다. 국민의힘 눈치를 보느라 그렇겠지요. 필요는 꼭 없지만 이런 것을 넣어줘야 명분이 살지 않냐, 이런 태도인 것 같습니다. 그런 것을 왜 합니까? 결국은 국민의힘이 발목을 잡아서 그런 것이지요. 그리고 나서는 지금도 주 52시간제 노래를 부릅니다. 필요 없다지 않습니까?

그리고 왜 관계를 짓습니까? 관계없는 것을. 아주 못된 습관이 있는 것 같습니다. 저는 복잡한 문제일수록 단순하게 합의된 것은 합의된 대로 처리하자, 쉽고 단순한 일부터 빨리 처리하자, 그렇게 해야 일이 되잖아요? 다 합의됐는데 그것을 왜 합의 안 된 것을 엮어가지고 못하게 합니까? 국정을 담당하는 사람들의 태도가 아니지요. 좀 이러지 마시기 바랍니다.

상속세 개편 문제도 같습니다. 초고액 상속자에 대한 세금을, 상속세를 깎아주자, 국민들이 동의하겠습니까? 야당이 동의하겠습니까? 그래서 집 한 채 가진 사람들 상속세 때문에 집 팔고 원래 살던 데 떠나야 되는 이런 안타까운 현실은 교정하자, 그래서 배우자와 피상속자들, 자녀들의 공제를 좀 올려주자, 18억까지는 올려서 웬만한 집 팔지 않고 살게 해 주자, 부모나 배우자가 사망했을 때.

이것을 굳이 태클을 걸더니 이것이 아닌가 싶었던 모양인데, 배우자는 아예 그냥 상속세를 없애버리자, 이런 제안을 했습니다. 배우자에 대한 상속세 면제는 사실 나름의 타당성이 조금 있습니다. 수평이동이기 때문에, 사실 이혼을 하거나 이럴 때 재산 분할을 하는 것까지 고려하면 나름의 타당성이 있습니다.

그래서 제가 제안을 드립니다. 상속세 일괄공제·기초공제·기본공제를 올리는 것하고 동의하는 것 같으니까, 배우자 상속세 면제·폐지, 이것을 우리도 동의할 테니까 이번에 처리하면 좋겠습니다. 그리고 또 여기다가 무슨 이상한 초부자 상속세 감세 같은 조건 붙이지 말고, 저희가 동의할 테니까 이 건은 처리하면 좋겠습니다.

지금도 부모나 배우자가 사망해서 안타까운 상황인데도 집값, 상속세 때문에 집을 떠나야 되는 그런 일을 겪는 분들이 계실 것입니다. 저희도 패스트트랙에 이것을 요청을 해 놨는데, 하루라도 빨리 이런 안타까운 일이 생기지 않도록 합의된, 동의된 부분 신속하게 처리하기를 다시 한번 제안 드리면서, 일을 하려면 합의된 것은 처리하고 불필요하게 연관 짓는 이런 발목잡기 전략을 더 이상 하지 말기를 요청 드립니다.

3.8 세계여성의날, 차별과 혐오 넘어 다시 만날 대한민국을 기대합니다.

심각한 내수경기를 살리기 위한 추경편성이 시급합니다. 우리나라 생산·소비·투자 3대 지표가 1월 일제히 마이너스로 전환됐고, 매출 감소로 문 닫는 자영업자들이 늘어나고 있습니다.

내수 회복의 골든타임을 놓치지 않기 위해 추경을 서둘러야 합니다. 어제 열린 여야 국정협의회에서도 추경의 필요성에 대해서는 공감대를 형성했지만, 정부와 국민의힘의 태도는 매우 소극적입니다. 추경 얘기가 나온 게 언제인데, 아직까지도 정부와 국민의힘 모두 추경안도 없고, 서로 협의도 한적 없었다는 것이 말이나 됩니까?

추경 편성에 가장 큰 책임이 있는 최상목 기재부장관은 대통령 놀음이나 하고 있고, 국민의힘은 벌써부터 야당 연습을 하고 있는 것 같습니다. 정치가 국민의 어려움을 적극적으로 해결하려고 해야지 외면하는 것은 스스로 존재이유를 저버리는 것입니다. 다음 주 월요일까지 구체적인 추경안을 들고 오기를 바랍니다.

국민의힘 관계자들의 온갖 범죄 의혹들이 수면 위로 떠오르고 있습니다. 정권 실세 V0 김건희가 관여했을 것으로 의심받는 삼부토건 주가조작 의혹의 실체가 드러나고 있습니다.

이복현 금융감독원장은 일부 이해관계자들이 100억대 시세차익을 실현했다는 사실을 더 이상 부인하지 못하고 사실상 인정했습니다. 삼부토건 주가조작에 원희룡의 국토부가 개입한 정황도 드러났습니다. 사실이라면 국가기관을 주가조작에 동원한 전무후무한 파렴치범죄입니다. "선거는 패밀리 비즈니스"라고 말했던 윤석열의 말이 생각납니다.

원조 윤핵관, 장제원 의원은 성폭력 혐의로 수사를 받고 있습니다. "그렇게 가 버리면 내 마음은 어떡하느냐". 탈당했다고 해서 범죄 의혹이 사라지지 않습니다.

또 다른 윤핵관 이철규 의원은 아들이 마약사건에 연루된 사실이 뒤늦게 드러났고, 외압이 있었던 것 아니냐는 의혹도 나왔습니다.

'바이든 날리면' 김은혜 국민의힘 의원은 공천비리 의혹이 불거졌습니다. 2022년 지방선거 국민의힘 성남시의회 비례대표 후보 선출 당시 특정 인사를 공천하기 위한 '부정공천'을 자행했다는 것입니다. 부정공천으로 당선된 박광순은 시의회 의장 선거에서 동료 의원들에게 금품을 제공한 혐의로 징역 10개월, 집행유예 2년형을 받아 의원직을 박탈당했습니다. 그런데 김은혜 의원은 언론사의 확인취재에 답을 회피하고 있다고 합니다.

윤석열과 일란성 쌍둥이라는 비판을 받았던 류희림 방송통신심의위원회 위원장은 이른바 '민원사주' 의혹과 관련해 거짓 진술을 한 직원의 양심고백이 나오자 갑자기 자취를 감췄습니다.

대선주자로 분류되는 홍준표 대구시장과 오세훈 서울시장은 명태균과 관련한 새로운 의혹들이 계속 제기되고 있습니다.

윗물도 썩고 아랫물도 썩고, 주변물도 썩었습니다. 이쯤 되면 국민의힘은 종합비리세트, 범죄자집단이라고 할 만 합니다. 국민의힘이 내란특검과 명태균특검을 반대하는 이유는 뻔하지 않습니까? 검찰의 비호를 받는 범죄자집단이기 때문에 특검을 반대하는 것입니다. 그러나 아무리 수사를 방해해도 죄를 지은 자는 처벌받게 될 것입니다. 민주당은 특검으로 공정과 상식과 정의를 바로 세우겠습니다.

서울고검 영장심의위원회가 김성훈 경호처 차장에 대한 구속영장 청구가 적정하다는 결론을 내렸습니다. 그동안 김성훈 차장에 대한 구속영장 청구를 반려하면서 경찰의 비화폰 수사를 방해한 검찰의 행위가 매우 부적절하다는 것이 확인됐습니다. 김성훈 차장을 구속하고 내란의 블랙박스인 비화폰 서버 압수수색까지 진행할 수 있도록 검찰은 적극 협조하길 바랍니다. 또다시 수사를 방해한다면, 검찰도 한통속, 내란 동조세력일 수밖에 없습니다.

- 김민석 최고위원

대한민국 극우전선엔 전광훈, 전한길에 이어 전두환 아들 전재국까지 등장했습니다. 난데없는 쓰리전입니다. 윤석열이 파면되면 유혈 사태라는 전한길과 부정 선거 운운하며 피 흘릴 준비가 되어 있냐는 전재국의 발언이 섬뜩하고 불길합니다. 전광훈이 선동했던 법원 폭동을 헌재에서 재현하려 하는 극우 폭력의 불씨를 반드시 미리 잡아야 합니다. 헌재를 때려 부수자는 서천호 의원의 폭력 선동마저 비호하는 국힘은 이재명 반대만 외치면 된다는 집단 환각에서 깨어나 정말 정신 차려야 합니다. 내란 비호를 넘어 폭력 선동으로 폭주하는 겁니까?

헌재 판결 이후 평화적인 국가 정상화가 최대의 국가적 과제입니다. 폭력의 씨앗은 윤석열이 뿌렸지만 헌재 판결 이후에 폭력 사태를 막는 것은 전적으로 국힘의 책임이 될 것입니다. 헌재 승복, 폭력 불가로 헌재 판결 전에 명확히 선을 그어야 합니다. 국힘의 지도부와 의원, 대선 희망자들이 모두 나서서 한목소리로 극우 폭력의 불씨를 냉각시키지 않으면 국힘은 영원히 아웃될 것입니다. 부디 나라부터 생각하기 바랍니다.

– 전현희 최고위원

어제 이재명 대표와 함께 부산을 찾았습니다. 지구온난화 기후 위기는 역설적으로 북극항로의 중심 부산에게 새로운 도약의 기회가 열립니다. 얼어붙었던 북극항로가 열리면, 유라시아 대륙으로 운행 시간을 기존 40일에서 30일로 단축시켜서 물류 운송비용을 30% 정도 획기적으로 절감할 수 있습니다. 세계 6대 무역 강국인 대한민국에서 항만은 국가 물류의 핵심적인 역할을 수행합니다. 부산항은 전 세계 100개국 500여 개 항만과 연결된 세계 4위의 항만 연결성을 가진 물류산업 중심지입니다. 부산에서 21세기 한반도 해양 강국의 시대를 열어야 하는 이유입니다. 부산이 세계로 향하는 동북아 글로벌 물류 중심의 관문이 될 수 있습니다. 어제는 이러한 부산의 잠재력과 가능성을 확인하는 매우 의미 있는 행사였습니다. 부산을 동북아 북극항로 허브로 도약시켜, 글로벌 해운·철도·항공 트라이포트로 완성시켜야 합니다. 노무현 대통령이 꿈꾼 '평화와 번영의 동북아시대'를 부산항을 중심으로 이재명 대표와 함께 민주당이 다시 꿈꾸겠습니다.

김건희 특검이 '코리아 디스카운트' 해법입니다. 금감원장이 삼부토건 주가조작 사건의 수사 필요성을 인정했습니다. 작년부터 시작된 조사를 이제 와서 뒷북치기 발표한 금감원의 부실 대응도 진상규명이 필요합니다. 윤석열, 원희룡이 국가권력을 이용하여 우크라이나 재건 사업을 띄우고, 김건희와 가족처럼 가깝다는 주가 조작범들이 이를 활용해서 100억 대가 훨씬 넘는 천문학적 시세차익을 챙겼습니다. 주가 사기꾼 돈주머니로 흘러간 돈은 미래의 꿈을 저당 잡힌 개미들의 눈물입니다. 삼부토건 주가조작 커넥션은 도이치모터스 주가조작과는 그 차원이 다른 권력형 중대 범죄입니다. 이상 거래 심리 보고서를 제출받는 등 명백한 주가조작 정황에도 6개월 넘게 사건을 덮어 온 금감원도 삼부토건 주가조작책임에서 자유로울 수 없습니다. '김건희 면죄부 전문 기관' 검찰은 수사를 맡을 자격조차 없습니다. 성역 없는 특검만이 정답입니다. 국민의힘은 이제라도 정신 차리고 김건희 특검에 협조하십시오. 특검을 반대할수록,

국힘도 공범이라는 국민의 확신만 커질 뿐입니다.

검찰총장이 김용현의 비화폰 번호를 묻고, 또 대검차장이 김용현과 비화폰으로 통화한 사실이 드러난 상황에서 검찰이 연거푸 구속영장을 기각한 것은 검찰 스스로가 내란 세력과 한통속이라는 자백과 다름 없습니다. 어제 서울 고검 영장심의위원회가 김성훈 경호차장과 이광우 경호본부장의 구속영장을 청구해야 한다는 결론을 내렸습니다. 검찰의 내란 수사 방해로 내란의 진상규명이 지연되고 증거인멸 가능성이 높아졌습니다. 즉각 구속영장을 청구해야 합니다. 또, 범죄자 김건희를 비호하던 검사들의 탄핵이 계엄의 또 다른 사유였다는 사실도 드러났습니다. 계엄 이틀 전에 윤석열이 김건희 무혐의 처분 검사들의 탄핵에 분노하며 김용현과 계엄을 논의했다고 합니다. 대통령이 배우자의 범죄를 덮은 검사들을 지키기 위해서 계엄을 했다는 사실이 도저히 믿겨지지 않습니다. 대통령의 권력을, 사익을 위해서 활용한 그야말로 파렴치한 정권이었습니다. 범죄자 김건희를 비호한 검찰이 결국 계엄의 트리거이자 내란의 공범이었습니다. 헌재는 사익을 위해서 검찰을 동원하고 국민을 짓밟은 파렴치범, 내란수괴 윤석열을 즉각 파면해줄 것을 엄숙히 요청드립니다.

– 한준호 최고위원

요즘 대한민국 곳곳에서 많이 들리는 단어 중 하나가 통합인 것 같습니다. 내란 수괴 윤석열이 집권 3년도 안 되어서 나라를 가루로 만든 덕분 아닌가 싶습니다. 이런 상태를 더는 지속해서는 안 된다는 국민의 걱정스러운 마음이 곳곳에서 분출하고 있는 것입니다. 더불어민주당 또한 이런 우려에 깊이 공감하면서 통합과 연대를 위한 노력을 계속해 나가도록 하겠습니다.

그런데 일각에서는 국민 통합은커녕 갈라치기를 시도하는 자들이 활개를 치고 있습니다. 지난 5일 국민의힘 권영세 비상대책위원장이 경북 경주에서 열린 기초의원 연수 행사에서 이런 말을 했다고 합니다. "영남에 와 보니까 여기 계신 분들을 가지고 그냥 나라를 하나 만들어도 되겠다라는 생각이 든다."라고 했답니다. 100번 양보해서 농담이라 손 쳐도 한반도 일부만 떼어내서 다른 나라를 만들자고 하는 것, 즉 과거 형법에 명시했던 국토 참절 그런 것을 내란이라고 부릅니다.

지역 갈등을 조장해서 국민 편 가르기에 나선 것은 권영세 비대위원장뿐만이 아닙니다. 어제 박형준 부산시장이 부산에서 이재명 대표를 만났는데요. 북극 항로 개척을 위한 간담회 자리였고 그래서 장소도 부산 신항 홍보관으로 결정이 됐던 것입니다. 애초에 만나서 논의하기로 한 의제가 북극 항로였던 것인데 박형준 시장은 갑자기 부산 민심을 외면했다는 등 뚱딴지같은 소리를 하면서 조악한 언론 플레이를 했습니다. 간담회의 주제와 핵심도 파악을 못 해서야 이 부산 시정을 잘 살필 수 있을지 걱정입니다. 부산 현안이 많은 만큼 민주당과 더 자주 활발히 만나서 해법을 찾아보시기 바랍니다.

한편 청년층을 은근슬쩍 비하하는 발언도 나왔습니다. 영상 한번 먼저 보시겠습니다. 정말 다들 미쳐가는 것 같습니다. 전한길 씨의 망발에는 문제점이 한 두 가지가 아닙니다. 전한길은 온유하고 절제하지만 2030은 혈기가 앞서서 통제 불가 취지로 발언을 하면서 우리 청년들이 유혈 사태를 일으킬 무질서한 존재로 매도를 했습니다. 심지어 이런 유혈 사태를 4.19 혁명에 비유하면서 대한민국 민주주의를 오독했습니다. "2030 폭도들 인생 망치는 것을 강 건너 불구경하듯이 지켜만 볼 거면서 선동질을 한다", "2030을 총알받이로 들이밀겠다는 심산인가?" "2030 젊은 분들이 당신보다 훨씬 성숙하다" 이런 분노에 찬 반응들이 댓글로 수두룩하게 달리기도 했습니다. 미래를 준비하는 청년에게 역사를 가르친다는 사람이 사상이 이렇게 분열적이고 왜곡돼서 되겠습니까? 매우 개탄스럽고 우려스럽습니다. 세대를 갈라 낙인찍고 청년들을 비하하는 것도 모자라 유혈 사태를 부추긴 이 발언은 즉각 사과를 해야 됩니다.

가장 악질적인 것은 한동훈 전 대표의 발언입니다. SNS에 "이재명 민주당은 벌써 계엄 중"이라는 의미를 이해할 수조차 없는 문구 한 줄을 올려놨습니다. 얼굴 허옇게 떠서 갈 곳 몰라 헤매던 그 내란의 밤, 국회의원도 아닌 한 전 대표를 본회의장 안으로 피하게 한 건 이재명 민주당이었고, 계엄을 일으켜 한 전 대표를 체포 명단에 올려 제거하려 했던 것은 형님이라고 불렀던 윤석열이었습니다. 그렇게 사리 분별을 못하니까 형님이라고 불렀던 사람이 체포 명단에 이름을 올린 거 아니겠습니까? 이재명 대표를 잣대 삼아 전 국민을 이 세력과 저 세력으로 편 가르기 하는 후진 정치를 할 바에는 대권 도전은 접는 편이 유익해 보입니다. 서로를 향한 혐오를 조장하고 국민 사회를 갈라치려는 갈등 유발자들의 행태는 국익에 어떤 도움도 되지 않습니다. 속 좁고 쪼잔한 언행들로 국민께 상처 그만 주시고 진정한 국민 통합을 위해 민주당과 함께 노력해 주실 것을 당부드립니다.

– 김병주 최고위원

경제는 민주당, 안보도 민주당입니다. 오늘 세계 여성의 날을 맞이해서 성평등을 외쳤는데 제가 발표 순서를 앞에서 하나, 뒤에서 하나 항상 중간이었는데 오늘 사리 순으로 하니까 두 번째라서, 발표이 평등해줘서 두 번째로 할 수 있었습니다. 감사합니다. 대표님.

어제 경기도 포천에서 발생한 포탄 오발 사고로 인해 15명의 무고한 시민들이 다쳤습니다. 피해자분들께 깊은 위로의 말씀을 드리면서 빠른 회복을 기원합니다. 특히 이번 사고는 인재로 보입니다. 국방부에 따르면 폭탄을 떨어뜨릴 위치의 좌표를 조종사가 잘못 입력한 것으로 파악되고 있습니다. 만약 좌표 입력 실수가 맞다면 좌표를 크로스 체크하는 과정이 생략된 것은 아닌지 철저한 조사와 함께 재발 방지책 또한 시급히 마련해야 할 것입니다. 민주당 국방위원들은 오늘 오후에 현장을 찾아 상황을 점검하고 주민들을 만나볼 예정입니다. 잘 듣고 와서 깊이 고민하겠습니다. 민주당과 국회, 국방위 차원에서 할 수 있는 모든 노력을 기울이겠습니다.

그런데 이런 엄중한 상황에서 국민의힘 국방위원들은 매우 부적절한 기자회견을 열었습니다. 국민의 목숨이 왔다 갔다 하는데 이미 끝난 사안을 놓고 또 정치 공세를 펼쳤습니다. 곽종근 전 특수전사령관에 대해 민주당이 회유했다는 억지 주장을 하는 기자회견을 했습니다. 포탄 오발 사고가 발생하고 참혹한 피해 현장이 잇따라 보도되는 상황에서 곽종근 흔들기에만 급급했습니다. 군에 의한 사고가 발생했고 여러 사람이 다쳤는데 관련 언급은 전혀 없었습니다. 국민의 생명과 안전을 책임져야 할 공직자의 태도는 찾아볼 수가 없습니다. 피도 눈물도, 국민의 아픔도 없는 정권 유지를 위한 권력욕에 사로잡힌 선동 기자회견으로 보입니다. 기자회견 내용 또한 아주 엉터리였습니다. 최근 한 언론이 공개한 곽종근의 녹취를 근거로 민주당이 곽종근에게 양심선언을 강요하며 협박했다는 주장입니다.

그런데 곽종근 측 변호사에 따르면 그 양심선언을 언급한 사람은 정치권이 아니라 곽종근의 고등학교 동창들입니다. 그 변호인은 그러면서 김병주 의원이 내란죄 처벌을 언급했다면 만나지 않았을 것이라고 곽종근의 발언을 공개했습니다. 이미 곽종근 전 사령관은 회유는 없었고 양심에 따라 진술했다고 아주 여러 번 밝힌 바 있습니다. 또 곽종근의 녹취를 TV조선에 제공한 사람은 국민의힘 경기도 지역 당협위원장이라고 변호인은 밝혔습니다. 국민의힘은 윤석열 탄핵 심판이 임박하니까 최후의 발악을 하는 겁니다. 그렇다고 최소한의 검증도 없이 엉터리 의혹을 제기합니까? 진짜로 한심합니다.

참으로 한심합니다. 곽종근 회유 논란은 이미 끝난 일입니다. 곽종근 본인은 물론 이상현 특전사 1공수여단장, 1공수여단 작전참모, 김영권 방첩부대장 등 이미 여러 명이 국회의원을 끄집어내라는 대통령의 지시가 있었다고 한목소리로 증언했습니다. 그렇습니다. 곽종근 회유는 누군가의 말처럼 호수 위에 떠 있는 달그림자와 같습니다. 파란색을 빨간색이라고 우기며 회유하고 조작하고 선동하는 것은 진작 국민의힘이라고 보여집니다. 국민의힘이 대한민국이 공당이라면 더 이상 엉터리 의혹에 매달리지 마십시오. 그럴 시간에 국민의 생명과 안전부터 챙기기 바랍니다.

채 상병 순직 사건의 진실을 밝히기 위해 헌신한 박정훈 대령이 인사근무 차장이라는 새 보직을 받았습니다. 오늘 첫 출근이라고 합니다. 항명 혐의로 해병대 수사단장에서 해임된 지 1년 6개월 만에 입니다. 빈 사무실에서 혼자 아무 일 하지 않고 1년 반이나 허송 세월을 보냈습니다. 우선 보직을 받은 건 다행입니다. 그러나 인사 근무처장 보직은 군의 적재적소 원칙에 맞지 않습니다. 이 자리는 보병이 가는 자리입니다. 군사 경찰 본연의 보직을 부여한 게 아니기 때문입니다. 채 상병 순직 사건과 관련해 모든 진상을 밝혀야 합니다. 외압의 몸통이 누구인지도 철저히 밝혀야 합니다. 군의 인사 원칙과 박정훈 대령의 명예 회복을 위해 박 대령의 신속한 수사단장직과 군사 경찰 병과장 복귀를 촉구합니다.

– 이언주 최고위원

얼마 전에 트럼프 미국 대통령이 미국 의회 합동 연설에서 "한국의 평균 관세가 미국보다 4배 높다. 군사적으로 아주 많은 다른 방식으로 도와주는데도 우방이 이렇게 하고 있다."라고 하면서 미국의 자국 우선주의 표명을 다시 한 번 했습니다. 이렇게 얘기를 했지만 사실 한국의 평균 관세가 미국보다 4배 높다는 것은 근거가 딱히 없습니다. 그리고 또한 사실과도 다릅니다. 한미 FTA에 따라서 상품 대부분 무관세 대상이 됩니다. 왜 이렇게 했는지 모르지만 아마도 이것은 곧 한국을 겨냥해 관세 압박을 할 것을 예고하고 있다고 보입니다. 트럼프 대통령은 압박한 뒤에 협상으로 자국의 이익을 극대화하는 전략을 취하고 있습니다. 그래서 일각에서는 거래의 기술이라고 일컫기도 합니다.

대한민국에서는 트럼프 대통령의 관세 압박을 대상으로 우리의 전략을 나름대로 펴야 할 텐데요. 트럼프 대통령은 의회 연설에서도 얘기를 했지만 여러번 알래스카 프로젝트에 한국의 파이프라인 공사를 비롯해서 한국과 일본의 참여를 기대한다고 얘기한 바가 있습니다. 그런데 그 파이프라인 공사만 해도 440억 달러, 우리 돈으로 대략 64조 원 정도 됩니다. 그런데 우리가 카타르라든가 걸프만에 투자를 할 경우 공사 금액이 약 200억 달러 정도에 불과합니다. 그러니까 약 2배 넘는 차이가 나기 때문에 이것이 과연 경제성이 있냐는 생각을 안 할 수가 없습니다. 그렇기 때문에 미국의 대형 자원 개발 회사인 엑슨 모빌도 이 프로젝트에서 철수한 바가 있습니다.

우리가 LNG 천연가스 개발 사업의 수입선을 다변화하는 것도 필요합니다. 하지만 한국 입장에서는 경제성을 꼼꼼하게 따져야 하는데요. 이 문제와 관련해서 석어도 미국에서 한국의 참여를 요청하려면 대한민국은 한미 동맹도 있고 당연히 관심을 갖고 있지만, 적어도 이렇게 큰 갭에 대해서 나름대로 미국이 반대급부를 내놔야 한다고 생각을 합니다. 그건 여러 가지가 있을 것입니다. 아마도 알래스카주의 보조금이 있을 수가 있을 것이고요. 연방 정부의 세액 공제나 보조금이 있을 수 있습니다. 파이프라인을 쓰려면 대한민국 건설, 엔지니어링 업체가 아마도 대한민국의 철강을 써야 할 겁니다. 근데 지금 철강에 관세를 25% 정도의 굉장히 고율 상호 관세를 부과하겠다는 식으로 예고가 되고 있기 때문에, 그렇다면 대한민국의 철강에는 관세를 면제한다든지 등의 여러 가지 반대급부가 있어야 될 거고요.

그것뿐만 아니라 또 조선 얘기도 하고 있습니다. 그런데 조선은 한미 동맹의 일환으로 그냥 단순한 조선이 아니라 군함이라든가 수송선에 대한 조선도 있을 수 있기 때문에 이런 것들을 하려면 아까 말씀드린 군사적으로 많은 방식으로 도와주고 있다는, 그러니까 방위비 협상이라든지 이런 것들이 예상이 되는데 방위비도 마찬가지예요. 우리가 조선을 만약에 도와주면 방위비가 그냥 따로 노는 것이 아니에요. 그래서 방위비 협상을 할 때도 우리가 미국의 조선 협력을 해준다고 하면 이 부분이 충분히 감안되어야 한다고 생각을 합니다.

또한 배터리라든가 이런 것들이 우리가 그냥 미국에서 많은 이익을 얻고 있는 걸로 생각이 되겠지만, 사실은 중국과 유일하게 전 세계에서 경쟁하고 있는 품목들입니다. 그러 만약에 그렇게 압박을 통해서 한국 배터리 산업이라든가, 이뿐만이 아니라 중국과 유일하게 세계 시장을 분점하고 있는 산업이 죽게되면 중국 산업이 전 세계를 독점하게 될 텐데 그게 미국이 전략적으로 원하는 것인지 또한 한번 생각해봐야 될 겁니다.

그리고 마지막으로 북한 핵 문제입니다. 북한의 핵을 보유한 것으로 사실상 인정하는 여러 가지 발언들이 트럼프 정부에서 나오고 있는데, 사실 대한민국 입장에서는 분단된 국가에서 북한과 바로 경계를 마주 보고 있는데 북한을 공식적으로 핵보유국으로 인정되게 되면 우리의 안보에 심각한 문제가 생깁니다. NPT 제10조에 의하면 당사국의 주권을 행사함에 있어서 본 조약상의 문제에 관련된 비상사태가 자국의 지상 이익을 위태롭게 하고 있음을 결정하는 경우에는 본 조약으로부터 탈퇴할 수 있는 권리를 가진다는 조항도 있습니다. 그래서 사실 엄밀히 얘기하면 미국이 만약에 공식적으로 북한을 핵보유국으로 인정하게 되는 경우에는 이 10조에 의거해서 대한민국은 NPT를 탈퇴하고 핵 개발까지도 할 수 있는 상황이 됩니다.

이런 문제에 대해 가볍게 생각할 수 없다는 말씀을 드리고, 어쨌든 여러 가지 한미 원자력 협정 개정 문제를 비롯해서 대한민국에서도 굉장히 할 얘기가 많고 미군 기지가 과거에 의정부에 있을 때와 달리 평택으로 이전했을 때는 그 평택의 미군 기지가 과연 대한민국을 그냥 방어하는 목적, 북한에 대한 방어 목적만 있습니까? 사실은 미군이 거기 있음으로써 대한민국을 위한 것도 있지만 전체적인 동북아에서의 미군의 동아시아 전략의 일환도 있는 것이라는 말씀을 드립니다.

– 송순호 최고위원

국민의힘의 도 넘은 생떼 정치에 국민은 부글부글합니다. 마은혁 헌법재판관 후보자 임명을 반대하며 무기한 단식 농성에 돌입한 국민의힘 박수영 의원이 나흘 만에 단식을 중단했습니다. 의료진 검토 결과 '더 이상 단식을 하게 되면 건강에 치명타로 결론이 났다. 병원 이송 의견이 있어서 당 지도부도 박 의원을 병원으로 강제 이송시켜 치료받게 하라고 했다'고 합니다. 누가 들으면 단식을 십수일 한 것 같습니다. 겨우 나흘 단식입니다. 아마 정치인이 공개적으로 선언한 단식 중 가장 짧은 단식이 아닌가 합니다. 보통 단식은 최소 10일, 보통은 15일, 길게는 30일까지 하기도 합니다. 여기 계신 이재명 대표님도 24일 단식을 했고, 돌아가신 노회찬 의원도 30일, 문재인 전 대통령도 10일을 했습니다. 저도 윤석열 하야를 촉구하며 14일 단식을 했었는데, 하루 이틀 삼일은 견딜만합니다. 왜냐하면 처음에 의지와 결기가 있기 때문에 무난히 넘어갑니다. 가장 힘든 것은 4일, 5일째 가장 힘듭니다. 가장 힘든 이유는 다른 게 아닌, 허기와 배고픔입니다. 아마 명분은 건강상의 이유를 들었지만, 배고팠기 때문에 단식을 중단했다고 확신합니다.

눈물 젖은 빵과 치열한 삶을 살아보지 않고 함부로 단식하겠다고 덤비는 것 아닙니다. 단식은 곡기를 끊는 것입니다. 그만큼 단식은 사회적 약자 또는 소수의 세력이 목숨 걸고 하는 최후의 수단입니다. 사회적으로 정의롭고 대의를 위한 일은 단식이 기본입니다. 그런데 박수영은 헌법재판소가 지난달 27일 최 권한대행이 마 후보자를 임명하지 않은 것은 국회 권한을 침해한 위법한 행위라고 만장일치로 결정했음에도, 박 의원은 마은혁 후보자를 임명하지 말 것을 촉구하며 단식투쟁을 한 것입니다. 법과 헌법을 지키지 말라는 단식, 겨우 나흘 만의 병원 이송 단식은 들어본 적도 없고 본 적도 없는 첫 단식입니다. 단식쇼에 생떼쇼입니다. 의지도 없고 명분도 없고 아예 시작을 말지 비굴하게 비루한 정치인의 모습에 그저 한숨만 나옵니다.

누리꾼들 사이에서도 비판적 반응이 쏟아졌습니다. 한 누리꾼은 '원래 단식은 목숨을 건다는 의사표시'라며 기본도 안된 정치인의 단식쇼라고 지적했습니다. 또 다른 누리꾼은 '법을 지키지 말라고 단식을 하는 사람은 처음 본다', '건강 목적으로 단식원에 들어가도 저 정도는 하겠다', '단식 디톡스냐' 하는 조롱 섞인 반응이 주를 이루고 있습니다. 겨우 나흘 단식을 하고 단식 중단 명분을 건강 때문이라고 했지만, 실상 그 속내는 용기나지 않는 억지 주장과 헌법재판소의 결정을 막는 위법·위헌 행위가 더 이상 용인되지 않는 데 따른 백기투항일 것입니다. 약자가 취할 수 있는 최후의 투쟁수단인 단식을 내란죄 피고인인 대통령을 지키는 방법으로 활용한 박 의원의 단식은 아무리 생각해도 절대 해서는 안 될 극악한 행동입니다.

서부지법 청사 난입 사건을 통해 우리는 극우 폭도들의 위법한 행위가 어떤 처참한 결과를 낳는지 똑똑히 보았습니다. 그런데 개개인이 헌법기관임을 자처하는 국회의원이 위법을 종용하며 단식을 감행한 사실은 어떤 말로도 정당화될 수 없습니다. 위험사회를 만드는 신호가 될 수도 있기 때문입니다. 단식으로 윤석열의 내란을 덮을 수도 없고, 단식으로 마은혁 헌법재판관 임명을 막을 수도 없습니다. 그것은 손바닥으로 하늘을 가릴 수 없는 것과 같은 이치입니다. 윤석열 파면, 마은혁 헌법재판관 임명은 국민의 요구이자 헌법적 책무입니다. 국민의힘은 탐욕의 생떼 정치쇼를 멈추기 바랍니다. 헌법재판소는 피청구인 윤석열을 신속하게 파면하길 촉구합니다.

– 홍성국 최고위원

엄격하게 재정 준칙을 유지하던 독일 신정부가 재정 준칙 완화를 통해 공격적인 재정 확대 정책에 나설 계획입니다. 기독교민주당 등 차기 연립 정부를 구성한 3개당은 운송, 에너지, 그리드 및 주택 인프라 투자를 위해 10년간 무려 5천억 유로의 특별기금을 마련하기로 합의했습니다. 지난해 독일 연방 정부 예산이 4,657억 유로였으니까 연간 예산의 10% 이상을 미래에 투자한다는 결정입니다. 한국으로 계산하게 되면 1년에 약 70조씩 10년간 700조를 미래를 위해서 투자하겠다는 결정입니다. 독일 경제는 지난 2년간 마이너스 성장을 보였습니다. 전력 인프라가 낡고 내연기관차 중심의 산업구조 때문에 성장의 한계에 빠져 있었습니다. 여기에 지금 관세 전쟁이 불가피하고 있고요. 국방비도 증액해야 합니다. 그래서 GDP가 독일 같은 경우는 국방비 조달에 필요할 경우 GDP의 1% 넘는 부채를 허용하는 헌법의 부채 제한 규정을 개정하는데 연립 3당이 합의를 했습니다.

유럽의 병자로 불리던 독일 입장에서는 미래를 새로 만들기 위해 그렇게 오랫동안 지속했던 재정 준칙마저 포기하려고 하고 있습니다. 동시에 지금 중국에서는 양회가 열리고 있습니다. 여기서 중국은 디플레이션에 빠진 중국 경제를 살리기 위해 중앙정부 재정은 4% 내외의 적자, 그리고 추가로 지방정부와 기금까지 감안하면 GDP의 거의 9% 재정을 투여하겠다고 합니다. 한국 돈으로 계산하게 되면 약 2,22~30조의 재정 적자가 나겠다라는 것으로 우리가 추정할 수 있습니다. 지금 한국은 독일과 마찬가지로 새로운 기술 경쟁에서 뒤처지지 않기 위한 과감한 투자가 필요한 상황입니다. 또 중국과 같이 디플레이션에 빠지지 않기 위한 노력도 동시에 해야 되고요. 새로운 보호무역 시대에 대비하기 위한 내수 경기 부양이 절실한 상황입니다. 그러나 극우 세력들은 긴축 재정을 종교처럼 떠받들고 있습니다. 모든 투자에는 타이밍이 있습니다. 시간이 지연되면 효과가 없습니다. 이런 역사적인 순간에 혼란을 장기화하려는 극우 세력들의 선동을 우리 국민들은 깊이 기억하시고 반대로 응징해야 될 것 같습니다.

　한 가지 더 말씀드리겠습니다. 지금 홈플러스 파문이 일파만파로 커지고 있고 현재 진행형입니다. 우선은 납품 업체라든가 추가로 더 폐점할 곳이 많기 때문에 고용 동향들을 잘 살펴야 될 것 같습니다. 약 2천억 원 정도로 추산되는 어음, 그리고 ABS TV라고 하는 카드 대금, 이런 것 관련해서 많은 투자가들이 연루돼 있습니다. 이 사건의 본질이 MBK의 과도한 탐욕이 원인으로 볼 수 있습니다. 금융 투기 자본은 경제에 윤활유가 작용을 하기도 하지만 영향력이 너무 커지면 산업자본이 위축되는 부작용이 있습니다. 특히 인수한 후 단기 수익을 높이는 경영이 일반화되면 우리 경제에 악영향을 미치게 됩니다. 예를 들어서 이마트와 롯데마트는 장사가 안 되는 곳을 점포를 줄였는데, 홈플러스는 장사가 잘 되는 데를 팔아 갖고 그 돈으로 본인들에 투자한 자본을 회수했습니다. 회사가 지속 가능하지 않도록 경영하면서 투기 금융자본이 모든 이익을 단기적으로 독점했던 이런 상황입니다. 지금과 같이 산업 구조조정이 크게 늘어날 상황이기 때문에 육안 정책 당국에서는 잘 살피고 여기서 한 분도 피해자가 없도록 해야 될 것 같습니다. 경제는 민주당이고요. 미래는 민주당이 마련하겠습니다.

2025년 3월 7일
더불어민주당 공보국

2025초기619 사건 재판부 설명자료

[서울중앙지방법원 2025고합129]

2025. 3. 7.   서울중앙지방법원 제25형사부

[사건 개요]

□ 사건번호 : 2025초기619 구속취소 (서울중앙지방법원 2025고합129 내란우두머리)

□ 피 고 인 : 윤 석 열

□ 결정일 : 2025. 3. 7.(금)

□ 결정요지

  - 피고인의 구속을 취소함

[주요 쟁점]

1. 구속기간이 만료된 상태에서 공소가 제기되었는지 여부

① 형사소송법은 구속 전 피의자심문을 위하여 수사 관계 서류 등이 법원에 있었던 기간을 구속기간에 불산입하도록 규정되어 있는바(즉 그만큼 구속할 수 있는 기간이 늘어나게 됨), 위 구속기간을 날로 계산하여 온 종래의 산정방식이 타당한지 여부

☞ 판단 : 위 구속기간은 날이 아닌 실제 시간으로 계산하는 것이 타당함

☞ 이유 : 헌법과 형사소송법이 정한 신체의 자유, 불구속수사의 원칙 등에 비추어 볼 때, 수사 관계 서류 등이 법원에 있었던 시간만큼만 구속기간에 불산입하도록 해석하는 것이 타당함
그렇게 해석하지 않는다면 ㉮ 실제 수사 관계 서류 등이 법원에 있었던 시간 이상만큼 구속기간이 늘어나게 되고, ㉯ 언제 서류가 접수·반환되느냐에 따라 늘어나는 구속기간이 달라지는 등의 불합리가 발생함

기술의 발달로 정확한 서류의 접수·반환 시간 확인 등이 가능하고 이를 관리하는 것이 어렵지도 않아 수사기관의 구속 피의자 관리나 구속수사에 많은 부담을 주게 될 것으로 보이지도 않음

② 체포적부심사를 위하여 수사 관계 서류 등이 법원에 있었던 기간을 구속기간에 불 산입하여야 하는지(그만큼 구속기간이 늘어나게 되는지) 여부

☞ 판단 : 구속기간에 불산입하여야 한다고 보기 어려움

☞ 이유 : 형사소송법은 ㉮ 구속 전 피의자심문, ㉯ 구속적부심사의 경우에 수사 관계 서류 등이 법원에 있었던 기간은 구속기간에 불산입된다는 명문의 규정을 두고 있는데, 체포적부심사를 위하여 그러한 규정을 두고 있는지는 명확하지 않음(체포적부심사를 위하여 수사 관계 서류 등이 법원에 있었던 기간은 48시간의 구금 제한시간에 불산입된다는 규정은 존재함)

이러한 경우 헌법과 형사소송법이 정한 신체의 자유, 불구속수사의 원칙 등에 비추어 볼 때, 문언대로 피의자에게 유리하도록 엄격하게 해석하는 것이 타당함

③ 검사가 공소를 제기할 당시 피고인의 구속기간이 만료되었는지 여부

☞ 판단 : 위와 같은 ①, ②의 법리에 비추어 보면, 피고인의 구속기간이 만료된 상태에서 공소가 제기된 것으로 봄이 상당함

☞ 이유 :

㉮ 피고인이 체포된 시기는 2025. 1. 15. 10:33경 (∴ 예정된 구속기간 만료 시기는 2025. 1. 24. 24:00)

㉯ 구속 전 피의자심문을 위해 수사 관계 서류 등이 법원에 접수된 시기는 2025. 1. 17. 17:46경 전후이고, 구속영장이 발부되어 수사 관계 서류 등이 수사기관에 반환 된 시기는 2025. 1. 19. 02:53경 → 대략 33시간 7분이 소요됨 (∴ 예정된 구속기간 - 2 만료 시기가 2025. 1. 26. 09:07경으로 늘어나게 됨)

2. 그 밖의 사정에 의하더라도 구속취소 사유가 인정되는지 여부

☞ 판단 : 설령 위와 달리 구속기간이 만료되지 않은 상태에서 공소가 제기된 것이라 하더라도, 구속취소의 사유가 인정된다고 판단됨

☞ 이유

㉮ 피고인의 변호인들은 다음과 같은 사정을 들면서 피고인에 대한 구속이 위법하다는 주장을 하고 있음

- 공수처법상 수사처의 수사범위에 내란죄는 포함되어 있지 않음. 수사처는 공수처법 제2조 제4

호 라목에 따라* 직권남용권리행사방해죄의 관련범죄여서 내란죄에 대한 수사권이 있다고 주장하지만, 실제 수사처가 직권남용권리행사방해죄의 수사 과정에서 내란죄를 인지하였다고 볼 만한 증거나 자료가 없음

- 수사처와 검찰청은 서로 독립된 수사기관임. 그런데 수사처검사와 검사는 아무런 법률상 근거 없이 형사소송법이 정한 구속기간을 서로 협의해서 나누어 사용하였고, 그 과정에서 피고인의 신병을 이전하면서도 신병인치 절차를 거치지 않았음

㉯ 피고인의 변호인들이 들고 있는 위 사정들에 대해 공수처법 등 관련 법령에 명확한 규정이 없고, 이에 관한 대법원의 해석이나 판단도 없는 상태인바, 절차의 명확성을 기하고 수사과정의 적법성에 관한 의문의 여지를 해소하는 것이 바람직하므로 구속 취소 결정을 하는 것이 상당함. 만약 이러한 논란을 그대로 두고 형사재판 절차를 진행하는 경우 상급심에서의 파기 사유는 물론, 한참 시간이 지난 후에도 재심 사유가 될 수 있음(예를 들어 최근 김재규 사건의 재심결정 등)

---

* 제2조(정의) 이 법에서 사용하는 용어의 정의는 다음과 같다.

　4. "관련범죄"란 다음 각 목의 어느 하나에 해당하는 죄를 말한다.

　라. 고위공직자범죄 수사 과정에서 인지한 그 고위공직자범죄와 직접 관련성이 있는 죄로서 해당 고위공직자가 범한 죄

형사소송법 제97조(보석·구속의 취소와 검사의 의견)

① 보석에 관한 결정을 함에는 검사의 의견을 물어야 한다. 단, 검사가 3일이내에 의견을 표명하지 아니한 때에는 보석허가에 대하여 동의한 것으로 간주한다.

② 구속의 취소에 관한 결정을 함에 있어서도 검사의 청구에 의하거나 급속을 요하는 경우 외에는 제1항과 같다.〈개정 1995.12.29〉.

③ 구속을 취소하는 결정에 대하여는 검사는 즉시항고를 할 수 있다.〈개정 1995.12.29〉

김대식, 박수민 원내수석대변인 논평

■ 국민의힘은 헌법과 법률에 따라 판단을 내린 법원의 결정을 존중합니다

7일 서울중앙지법이 윤석열 대통령에 대한 구속 취소 결정을 내렸습니다. 절차적 정당성이 확보되지 않은 상태에서 강행된 구속 기소가 결국 혼란을 초래했다는 점에서, 검찰은 수사의 방식과 법적 근거를 철저히 돌이켜 봐야 할 것입니다.

법원이 지적한 핵심 사항은 두 가지입니다. 첫째, 구속 기한이 만료된 뒤 기소가 이루어졌다는 점, 둘째, 검찰이 구속 기소를 강행하면서 법적 절차를 엄격히 준수하지 않았다는 점입니다. 특히, 공수처가 법적 권한 없이 내란죄 수사를 진행한 문제와 현직 대통령의 신병을 넘기는 과정에서 발생한 절차적 하자는 수사의 정당성을 심각하게 훼손할 수 있는 사안입니다.

이제 헌법재판소의 탄핵 심판이 남았습니다. 서울중앙지법이 절차적 하자를 이유로 구속 취소 결정을 내린 만큼, 헌법재판소도 탄핵 심판 과정에서 법적 절차가 엄격히 준수되었는지, 국민이 납득할 수 있는 판단이 이루어졌는지 면밀히 검토해야 합니다. 헌정질서와 법치주의를 흔드는 위험한 선례가 되지 않도록 국민이 납득할 수 있는 절차와 과정에 따라 판단을 내려주길 요청합니다.

민주주의는 국민이 합의한 법과 원칙 위에서만 온전히 설 수 있습니다. 법과 원칙이 흔들린다면, 어떤 결정도 국민의 신뢰를 얻을 수 없습니다. 국민의힘은 헌법과 법률에 따라 판단을 내린 법원의 결정을 존중합니다. 앞으로도 국민과 함께 법과 원칙이 지켜지는 대한민국을 만들겠습니다.

2025. 3. 7.
국민의힘 원내수석대변인 김대식

■ 대한민국 사법 절차의 정상화, 대통령 구속 취소 결정을 환영합니다

법원의 대통령 구속 취소 결정은 무리한 정치적 수사와 절차적 하자를 바로잡고, 대한민국 사법 체계를 정상화하는 중요한 이정표가 되었습니다. 법과 원칙이 흔들려선 안 된다는 대한민국 법치주의의 근본 원칙을 다시금 확인한 것입니다.

재판부 설명자료에 따르면, 대통령 변호인은 ▲공수처의 수사 범위에 내란죄 미포함 ▲신병인치 절차 미실시 ▲공수처와 검찰의 자의적 구속 기간 설정 등의 문제점을 지적했으며, 법원은 공수처법 등 관련 법령에 명확한 규정이 없고 이에 대한 대법원의 해석이나 판단도 없다는 점을 들어 수사 과정의 적법성에 관한 의문을 해소하는 것이 바람직하다며 구속 취소 결정을 했습니다.

특히 이 상황에서 형사재판 절차를 강행할 경우, 상급심의 파기 사유는 물론 향후 재심 사유가 될 수밖에 없다는 점을 분명히 했습니다.

법원의 대통령 구속 취소 결정은 이러한 모든 문제를 정상화한 중요한 결정입니다. 법원의 결정을 환영합니다.

더불어, 금번 법원의 결정을 계기로, 헌법재판소도 헌법과 법률에 따른 적법 절차와 판결로 복귀해야 합니다. 그간의 사법 절차의 흠결과 혼란이 이번 결정으로 치유되어야 합니다.

2025. 3. 7.
국민의힘 원내대변인 박수민[*]

---

[*] 동일 일자 보도자료 2개를 함께 실었음을 밝힙니다.

한민수 대변인, 강유정 원내대변인 브리핑

– 한민수 대변인 브리핑

□ 일시 : 2025년 3월 7일(금) 오후 3시 30분
□ 장소 : 국회 본청 당대표회의실 앞

■ 내란 수괴 윤석열 구속취소 청구 인용 관련 브리핑

내란 수괴 윤석열에 대한 석방이 웬말입니까? 검찰은 즉시 항고해야 합니다.

이번 법원 결정은 헌법재판소의 윤석열 탄핵 심판과는 전혀 무관합니다. 영향을 주지 않을 것입니다.

2025년 3월 7일
더불어민주당 공보국

– 강유정 원내대변인

□ 일시 : 2025년 3월 7일(금) 오후 10시 55분
□ 장소 : 국회 본청 원내대표회의실

■ 윤석열 구속취소 인용 관련 브리핑

검찰의 윤석열 석방지휘는 있을 수 없는 자기부정입니다.

내란수괴가 거리를 활보하는 일은 결코 용납할 수 없습니다.

검찰에게 경고합니다. 검찰이 헌법과 법률을 중대하게 위반한 윤석열을 석방한다면 국민이 용서하지 않을 것입니다.

검찰은 그에 상응하는 혹독한 댓가를 반드시 치러야 합니다.

2025년 3월 7일
더불어민주당 공보국

조국혁신당

윤석열 구속취소 관련 긴급 기자회견

2025.03.07.(금) 15시 국회소통관

안녕하십니까, 조국혁신당 대표 권한대행 김선민입니다. 내란 우두머리 윤석열 구속 취소에 깊고 깊은 분노를 표합니다.

이 결정은 윤석열의 죄가 없다는 것이 아닙니다. 검찰이 구속 시간을 잘못 계산한 것입니다. 검찰이 이러한 중차대한 일에 시간 계산을 잘못할 리가 없습니다. 고의라고 밖에 볼 수 없습니다. 아무리 봐도 불필요했던 지난 1월 27일 검사장 회의로 하루를 잡아 먹었습니다. 검찰은 윤석열 수사팀과 지휘 선상에 있는 자들을 감찰하여 왜 이같은 일이 벌어졌는지 밝혀내야 합니다.

무엇보다 시급한 일이 있습니다. 검찰은 즉각 법원의 구속 취소 결정에 항고하십시오. 그게 공직자로서 국민에 대한 책무입니다. 또한, 심우정 검찰총장과 검찰 수뇌부는 한 명도 빠지지 말고 책임을 지고 사퇴할 것을 국민의 이름으로 강력히 촉구합니다. 윤석열이 내란죄로 이미 기소가 되어 있기에 검찰은 다시 구속할 수 없는 상황입니다.

다행히 또 다른 안전장치가 있습니다. 법원은 재판 중 필요하면 피의자를 직권으로 구속할 수 있습니다. 윤석열은 또한 현재의 대통령이라는 지위를 악용해 사건 당사자들을 회유하고 협박함으로써 헌재의 파면 심판과 내란죄의 수사를 방해하고 심각하게 왜곡시킬 우려가 있습니다. 즉, 증거인멸의 우려가 상당한 자입니다. 또한, 헌법재판소에서 보여주었던 망언과 같이 스스로 가짜뉴스의 진원지가 되어 외국에 선관위 부정 선거 가짜뉴스를 퍼뜨리고 야당과 시민사회를 반국가세력으로 몰아붙이는 등 극우파시즘을 퍼뜨릴 것으로 보입니다.

이 같은 상황을 일개 형사 피고인의 수사 혹은 재판을 뛰어넘는 매우 심각한 사태로 대한민국 미래 방향을 뒤틀 우려가 있는 심대한 상황입니다. 재판부는 다른 이유를 제외하더라도 증거 인멸과 수사, 재판을 왜곡시킬 우려가 있는 윤석열을 직권으로 구속해야 합니다.

윤석열이 석방됨으로써 대한민국은 다시 한 번 쪼개질 우려가 있습니다. 윤석열이 머무를 한남동 관저 앞은 내란 옹호자들과 극우 파시스트들의 둥지가 될 것입니다. 이들은 내란을 옹호하고, 헌정질서를 수호하려는 국민들을 모욕하고 혐오와 배제의 바이러스를 퍼뜨리고 있습니다.

아울러 헌법재판소는 참담한 소동에도 굴하지 말 것을 요청합니다. 신속하게 평의를 진행하여 국민 눈높이에 부합하는 결론을 내기를 국민과 함께 고대하겠습니다. 조국혁신당은 이번 사태가 국민간의 큰 갈등으로 번지지 않도록 기원하며 윤석열 재구속을 위해 최선의 노력을 다할 것입니다.

2025. 3. 7 조국혁신당 대표 권한대행
김선민

윤석열 대통령 구속취소… 불법계엄과 내란, 본질은 변함이 없다

법원이 7일 윤석열 대통령의 구속 절차에 문제가 있었다는 점을 인정해 구속을 취소하라고 결정했습니다. 개혁신당은 법원의 판단을 존중하며, 동시에 내란 혐의와 관련한 검찰 및 공수처의 미숙한 대응은 비판받아야 한다고 강조합니다.

이번 법원의 결정은 절차적 하자를 지적한 것으로, 윤 대통령이 저지른 불법적 계엄과 내란 사태의 본질에는 변함이 없습니다. 따라서 '헌법재판소 평의 전면 재검토'나 '애초에 구속하지 말았어야 한다'는 국민의힘의 주장은 타당하지 않음을 분명히 지적합니다.

2025. 3. 7.

개혁신당 수석대변인 이 동 훈

검찰의 안일한 법 집행이 윤석열 내란수괴 구속취소로 이어졌습니다. 구속기소 시한에 해석상 논란의 여지가 있다면 안전한 시한을 택해 기소했어야 합니다. 그럼에도 검찰은 공수처 견제에 눈이 팔려 본연의 역할을 소홀히 했습니다. 반헌법적 친위쿠데타를 주도하고도 반성은커녕 '계몽령'을 운운한 자. 체포영장이 불법이고 무효라면서 법치를 부정하고 극우의 폭동을 선동한 자. 경호처를 총동원해 대통령실·관저 압수수색을 막으며 내란의 증거를 인멸하기에 바빴던 자. 윤석열이 구속될 이유가 없다면, 도대체 대한민국에 구속되어야 할 사람이 누가 있겠습니까. 총칼을 든 쿠데타 세력을 맨몸으로 막아낸 민주공화국의 국민들이 차마 납득할 수 없는 결과입니다. 검찰은 이제라도 즉시항고 등 주어진 권한을 최대한 활용해 내란수괴의 구속 상태 유지에 최선을 다해야 합니다. 또한 헌법재판소는 내란수괴 윤석열에 대한 신속한 파면에 나서야 합니다. 윤석열은 탄핵심판 내내 위헌적 내란을 정당화하고 극우 지지자들의 폭력행위를 선동했습니다. 최종적으로 석방이 된다면, 직무정지 중임에도 권력 유지를 위해 서슴없이 헌정질서를 훼손하는 선동과 책동을 멈추지 않을 것이 불보듯 훤합니다. 헌법재판소 본연의 임무인 헌정질서 안정을 위해서라도 최대한 빠르게 탄핵시켜야 합니다. 대한민국은 민주공화국입니다. 윤석열 내란수괴가 있어야 할 곳은 대통령실이 아닌 감옥입니다.

– 기본소득당 대표 용혜인, 3월 7일 입장문

진보당

윤석열 구속취소 결정에 분노,
내란종식과 민주헌정 수호를 위해 더 큰 힘을 모으자

윤석열 구속취소 결정에 참을 수 없는 분노를 느낍니다. 어떻게 내란수괴가 석방될 수 있다는 말입니까!

법원의 구속취소 결정은 윤석열의 죄를 물을 수 없다는 것이 아니라, 구속기소 절차상의 문제를 해석한 것에 불과합니다. 사법정의 운운하는 내란세력의 말은 그저 헛소리일 뿐입니다.
국민의 불안과 걱정을 불식시킬 수 있는 빠른 조치가 필요합니다.

검찰은 법원의 결정에 즉각 항고해야 합니다. 구속기소 시한에 논란의 여지가 있었음에도 이를 간과한 검찰의 행태에 책임을 묻지 않을 수 없습니다.

아울러 헌법재판소는 신속 파면 결정으로 이 혼란에 종지부를 찍어야 합니다. 대한민국의 헌정질서 수호가 헌법재판소의 역할에 달려있습니다.

국민 여러분! 내일 3월 8일 윤석열 탄핵 광장으로 모여주십시오! 지난주에 이어, 내일도 야 5당은 윤석열 파면 촉구 공동집회를 개최합니다. 광화문 동십자각 앞을 비롯한 전국 각지의 민주주의 광장이 어느 때보다 뜨겁게 달아오르기를 기대합니다.

불법계엄을 막아냈던 민주시민의 힘으로, 윤석열 파면의 역사적 시간을 당겨주십시오. 내란종식과 민주헌정수호를 위해 더 큰 힘을 모아주십시오

2025년 3월 7일
진보당 상임대표 김재연

2025년 3월 8일

검찰의 항소 포기, 윤석열 대통령 석방

법원이 어제(7일) 윤석열에 대한 구속취소 인용 결정을 했습니다. 내란수괴가 거리로 나와 활보하는 것은 결코 용납할 수 없습니다. 만약 검찰이 즉시항고하지 않는다면 이는 스스로 검찰의 공소제기 적법성을 부인하는 자가당착이고, 의도적인 윤석열 처벌 방해이며, 내란공범임을 자백하는 것입니다. ▲12.3 계엄당시 대검과장이 방첩사간부와 네 차례 통화하고, ▲계엄당일 선관위로 출동한 의혹이 있으며, ▲윤석열 공소장에 '선관위에 검찰이 오면'을 '선관위에 수사기관이 오면'으로 은폐하고, ▲윤석열 공소장에 경호처를 빠뜨렸으며, ▲내란범 김성훈 경호처장 구속영장을 3번 기각했고, ▲검찰총장이 내란주요임무종사자 김용현 비화폰번호를 물었으며, ▲대검차장이 김용현과 비화폰으로 통화한 사실에 대해 답하지 않음. 이 모든 정황은 검찰이 이미 스스로 내란수사 대상이 되었음을 의미합니다. 검찰은 윤석열에 대한 석방 지휘는 꿈도 꾸지 마십시오. 검찰이 즉시항고하지 않는다면, 스스로 내란공범으로 법의 심판대에 오를 것임을 강력경고합니다.

— 더불어민주당 사법정의실현 및 검찰독재대책위원회, 3월 8일 보도자료

윤석열 대통령 석방 메시지

먼저, 불법을 바로잡아준 중앙지법 재판부의 용기와 결단에 감사드립니다.

그동안 추운 날씨에도 불구하고 응원을 보내주신 많은 국민들, 그리고 우리 미래세대 여러분께 깊이 감사드립니다.

국민의힘 지도부를 비롯한 관계자 여러분께도 감사드립니다.

저의 구속에 항의하며 목숨을 끊으셨다는 안타까운 소식을 접하고 너무나 마음이 아팠습니다. 진심으로 명복을 빕니다.

또, 저의 구속과 관련하여 수감되어있는 분들도 계십니다. 조속히 석방이 되기를 기도합니다.

대통령의 헌법상 권한에 따라 공직자로서 맡은 바 임무를 수행하다가 고초를 겪고 계신 분들도 있습니다. 조속한 석방과 건강을 기도하겠습니다.

단식투쟁을 하고 계신 분들도 계신데, 건강 상하시지 않을까 걱정입니다. 뜻을 충분히 알리신 만큼, 이제 멈춰주시면 좋겠습니다.

다시 한 번 국민 여러분께 고개 숙여 감사드립니다.

사상 초유의 대통령 불법 감금 사태가 일어날 거라고는 상상조차 하지 못했다. 법원이 어제 대통령에 대한 구속취소 결정을 내렸다. 그런데 검찰이 합당한 이유 없이, 석방 지휘를 하지 않고 구속 상태를 지속시키고 있다. 사법부의 결정에 대한 반헌법적인 불법이고, 형법상의 불법 감금죄에 해당한다. 사법부의 결정에 불복하고 대통령을 불법 감금하고 있는 검찰을 강력 규탄한다. 그런데 자정이 넘어, 오늘 정오까지 구속을 연장 시키는 것은 어떠한 이유로도 설명이 안 된다. 즉시 항고 여부를 검토하느라고 늦어졌다. 말도 안 된다. 5분도 걸리지 않을 검토이다. 2012년 법원의 구속 집행정지 결정에 대한 검찰의 즉시 항고는 위헌이라는, 헌법재판소의 결정이 있었다. 구속 집행정지에 대해서도 위헌인데, 그보다 더 강한 조치인 구속 취소에 대한 항고는, 당연히 위헌이다. 5분도 걸리지 않을 검토를 20시간이나 넘게 질질 끌면서 검토하고 있다는 것은 납득할 수 없는 일이다.

- 국민의힘 원내대표 권성동, 3월 8일 긴급 의원총회

신동욱 수석대변인 논평

■ 윤석열 대통령의 즉각 석방을 강력히 촉구합니다.

어제 법원이 윤석열 대통령에 대한 구속 취소를 결정했습니다. 내란죄 수사 권한 논란, '영장 쇼핑' 의혹 등 온갖 혼란과 불신을 자초했던 검찰과 공수처의 수사가 처음부터 끝까지 절차적 하자가 난무한 '위법'이었음이 인정된 것입니다.

당연한 판결입니다. 헌재는 과거 결정에서 "법원이 피고인의 구속 또는 그 유지 여부의 필요성에 관하여 한 재판의 효력이 검사나 다른 기관의 이견이나 불복이 있다 하여 좌우되거나 제한받는다면 이는 영장주의에 위반된다"고 명시한 바 있습니다.

이는 법원의 판단이 내려졌다면 지체없이 집행되어야 하며, 검찰이 이의를 제기할 권한이 없다는 것을 의미합니다. 대통령에 대한 구속 기간이 만료된 상태에서 위법하게 기소된 것이 명백히 드러난 만큼, 검찰은 지금이라도 자신들의 실책을 인정하고 대통령을 즉각 석방해야 합니다.

더욱이 이번 결정은 신체의 자유, 불구속 수사 원칙에 비춰 피의자에게 유리하도록 해석해야 한다는 기본 헌법 원리가 엄격하게 적용되었습니다.

구속 취소 결정이 내려졌음에도 불필요한 법적 공방으로 석방을 지연시키는 것은 명백한 법치주의 위반입니다. 검찰이 지금처럼 석방을 지연시킨다면 대통령에 대한 '불법 구금' 논란을 피할 수 없을 것입니다.

검찰은 더 이상 불법에 불법을 쌓는 '위법의 탑'을 쌓지 말아야 합니다. 검찰이 만에 하나라도 더불어민주당의 눈치를 보는 것이라면, 대한민국의 사법 정의와 헌법 수호를 부르짖는 국민들의 준엄한 저항에 직면할 것입니다.

윤석열 대통령의 즉각 석방을 강력히 촉구합니다.

■ 윤석열 대통령 구속 취소와 석방은 너무나도 당연한 결정이며 왜곡된 법치주의를 바로 잡는 계기가 되기를 바랍니다.

법원의 구속 취소 결정에 이어 검찰이 윤석열 대통령 석방 결정을 내렸습니다. 시간이 지체된 것은 유감이지만 늦게라도 현명한 결정을 내린 것을 환영합니다.

이로써 공수처의 '불법 수사'로 시작된 대통령에 대한 체포 구속 전 과정이 정당한 법치를 무너뜨리려는 불온한 시도였다는 점이 다시 한번 확인되었습니다.

수사권이 없는 공수처가 수사를 하고 영장쇼핑을 통해 대통령을 불법 체포하고 구속한 일은 대한민국 헌정사의 오점으로 남을 것입니다.

이제 헌법재판소의 시간입니다. 법원이 잘못된 결정을 바로잡은만큼 헌법재판소의 평의 역시 원점에서 다시 검토되어야 할 것입니다.

무리한 법적 해석과 정치적 고려가 개입되지 않았는지, 헌정 질서를 훼손한 요소는 없었는지도 철저히 검토할 것을 강력히 촉구합니다.

민주당 역시 그동안 무리한 내란몰이로 국론을 분열시키고 대통령 불법 구금을 압박한 데 대해 국민 앞에 사죄하기 바랍니다.

국민의힘은 자유 대한민국의 법치 수호와 정의 구현을 위해 국민과 끝까지 함께하겠습니다.

2025. 3. 8.
국민의힘 수석대변인 신동욱[*]

---

[*] 동일 일자 보도자료 2개를 함께 실었음을 밝힙니다.

조승래 수석대변인 서면브리핑

■ 심우정 총장은 검찰 독재 연장의 헛꿈을 꾸지 말고 즉시 항고를 지시하십시오

심우정 검찰총장은 역사의 죄인이 되려고 작정했습니까?

언론 보도를 통해, 내란 수괴 석방이라는 악몽에 온국민이 밤잠 설치게 만든 장본인이 심우정 총장임이 드러났습니다. 수사팀의 반발에도 불구하고 항고조차 없는 석방 지휘를 지시한 것입니다.

심우정 총장은 정녕 내란 공범은 구속하고 내란 수괴는 풀어주는 자기 부정을 저지를 셈입니까? 심우정 총장이 검찰 독재 연장의 헛꿈을 꾸고 있는 것인지 묻지 않을 수 없습니다.

심우정 총장이 수사팀의 반발에도 끝내 윤석열의 석방을 밀어붙인다면 모든 후과를 책임져야 할 것입니다.

심우정 총장은 지금까지의 행적만으로도 내란세력과 한 몸이라는 의심을 받기에 충분합니다. 검찰이 무능하고 미온적인 수사를 넘어 내란에 연루됐다는 의혹의 정점에 심우정 총장이 있습니다.

온 국민께서 윤석열의 내란을 지켜본 만큼 내란 수괴가 되살아날 일은 결코 없습니다. 내란은 반드시 종식될 것이며, 내란수괴와 일당은 물론이고 가담자와 추종세력도 단죄될 것입니다.

심우정 총장과 검찰도 예외일 수 없습니다. 심우정 총장으로 인해 검찰이 내란 가담의 멍에를 쓰고 역사의 죄인이 되는 일이 없기를 바랍니다.

■ 내란 수괴의 졸개를 자처한 검찰이 대한민국과 국민을 위기에 빠뜨렸습니다. 신속한 파면만이 이 위기를 극복할 유일한 길입니다.

검찰이 끝내 내란 수괴 윤석열을 석방했습니다. 어떤 말로도 변명할 수 없는 굴복입니다. 국민 대신 내란 수괴에게 충성할 것을 선언했습니다. 내란 수괴의 졸개이기를 자처한 심우정 검찰총장과 검찰은 국민의 가혹한 심판을 각오해야 할 것입니다.

윤석열의 행태 또한 가관입니다. 차량에 탑승해 지지자들에게 주먹을 불끈 쥐는 등 개선장군 같은 모습을 보였습니다. 자신이 여전히 내란 우리머리 혐의로 기소된 피의자임을 부정하는 파렴치한 태도입니다.

윤석열의 파렴치한 모습을 보면 내란 세력과 추종 세력들의 난동이 더욱 극렬해질 것을 우려할 수밖에 없습니다. 윤석열은 이미 난동을 부추기기 시작했습니다. 검찰의 국민 배신이 법질서는 물론이고 대한민국과 국민을 위험에 빠트린 것입니다.

그러나 오늘의 석방이 윤석열의 파면을 조금도 흔들 수 없을 것입니다. 온 국민이 두 눈으로 목격한 내란과 국헌 문란 범죄를 묵인한다면 대한민국은 유지될 수 없기 때문입니다.

내란 수괴에 대한 신속한 파면만이 헌정 질서를 지킬 수 있는 유일한 길입니다. 헌법재판소는 하루라도 빠른 파면 결정으로 국민의 불안과 사회적 혼란을 차단해주시길 촉구합니다.

2025년 3월 8일
더불어민주당 공보국*

---

* 동일 일자 보도자료 2개를 함께 실었음을 밝힙니다.

조국혁신당 긴급의원총회 모두발언

25.3.8.(토) 20:00 본관 당회의실(224호)

─ 김선민 당대표 권한대행

안녕하십니까. 조국혁신당 대표 권한대행 김선민입니다.

우려했던 일이 터졌습니다. 오늘 검찰은 내란수괴 윤석열을 석방했습니다. 알량한 이유를 댔지만, 핑계이자 잠꼬대입니다.

오늘 일은 검찰 독재 정권의 면모를 여실히 보여줬습니다. 검찰은 가장 극적인 형식으로 윤석열을 풀어줬습니다. 이유는 하나입니다. 윤석열 지지자들을 고취하고 헌법재판소에 영향을 끼치려는 것입니다. 검찰 연출, 윤석열 주연의 이 막장 내란 드라마는 검찰독재 정권의 마지막 절규일 뿐입니다.

국회에 세 가지를 제안합니다. 첫째, 심우정 검찰총장을 탄핵해야 합니다. 심 총장은 윤석열을 처벌하려는 마음이 없습니다. 심우정 총장은 윤석열을 석방함으로써 내란세력을 옹호하려는 그랜드 플랜을 자백한 것입니다. 대검 지휘부 전원과, 비상계엄 특별수사본부장 박세현 서울고검장도 탄핵해야 합니다. 이들은 부당한 총장 지시에 굴복해 직업적 양심을 내다 버렸습니다.

둘째, 3대 특검을 처리해야 합니다. 윤석열 내란 특검을 처리해 향후 수사권 시비를 차단해야 합니다. 검찰 내란옹호 특검, 명태균 특검도 반드시 처리해야 합니다.

셋째, 검찰을 해체해야 합니다. 검찰개혁 4법을 처리해야 합니다. 더 긴 설명, 하지 않겠습니다. 오늘로 검찰의 시대는 종언했습니다. 검찰은 더 이상 국민을 위해 일하는 공무원이 아니라 내란 잔당, 내란 옹호 집단일뿐입니다.

법원에 촉구합니다. 윤석열을 직권 구속하십시오. 윤석열은 이미 기소됐기에 법원은 그의 신병을 결정할 수 있습니다. 윤석열은 오늘 풀려나면서 관련자들에게 진술 가이드 라인을 내렸습니다. 증거 인멸과 회유를 계속 시도할 것입니다. 서울서부지법 폭도들을 옹호했습니다. 구속할 사유는 차고 넘칩니다.

주요 내란 임무 종사자들은 구속상태에서 재판받고 있습니다. 그런데 그 수괴는 거리를 활보합니다. 이게 정의입니까?

헌법재판소는 흔들리지 말고 윤석열 파면을 결정하십시오. 윤석열에게는 헌법과 법률을 지킬 마음이 손톱만큼도 없습니다. 단 한순간도 대통령 자리에 둘 수 없는 위험천만한 자입니다.

헌법재판소는 1987년, 국민이 피 흘려 쟁취한 개헌으로 탄생했습니다. 오직 국민만을 보고, 국민에 봉사해야 합니다. 전진하려는 국민, 퇴행·분열시키려는 내란 세력, 헌재가 어느 편에 서야 할지 자명합니다.

최상목 부총리에게 마지막으로 경고합니다. 마은혁 헌법재판관을 즉각 임명하십시오. 귀하에게는 그의 임명을 거부할 권리가 없습니다.

국민 여러분, 윤석열 석방은 그를 대통령으로 만든 검찰이 일으킨 소동에 불과합니다. 헌법재판소의 탄핵심판과 무관합니다. 내란죄 피의자 윤석열의 범죄 판단과도 무관합니다.

민주주의는 힘듭니다. 땀과 피를 머금고 큽니다. 그래서 우리는 더 노력해야 합니다.

조국혁신당은 담대하게 국민만 믿고 갑니다. 저들이 저급하게 가도, 우리는 뚜벅뚜벅 정도를 가면 됩니다. 밤이 아무리 어두워도 새벽을 밀어내지 못하고, 겨울이 아무리 추워도 봄을 막지 못합니다.

감사합니다.

– 황운하 원내대표

내란수괴가 거리를 활보하는 기괴한 일이 현실로 됐습니다. 법원의 구속취소 결정, 그리고 검찰의 즉시항고 포기는 법에 대한 최소한의 국민적 상식을 무너뜨리는 역사적 반동(反動)입니다.

이제 대한민국의 법치주의, 그리고 민주주의는 누란지위의 위기에 직면했습니다.

법원은 구속기간의 '시간단위 계산'이라는 전례없는 판단을 내세워서 윤석열 구속 취소를 결정했습니다. 이것은 형사소송법 규정에도 반하고, 수십 년간 확고하게 정립되어 온 법원의 판례와 실무관행에도 어긋나는 매우 이례적인 결정이고, 그래서 도무지 납득할 수 없는 결정입니다.

법원은 내란의밤에 특전사 군인들이 국회를 침탈하는 장면을 목격하지 못했습니까? 서부지법 난입 폭동 사태를 벌써 잊었습니까? 국회와 사법부 공격을 감행한 헌법파괴의 주범, 내란세력의 우두머리를 어떻게 법원이 풀어줄 수 있습니까?

전 세계에 전해질 이 소식의 부끄러움은 또 우리 국민들의 몫입니다. 법원의 결정을 다시 한 번 강력히 규탄합니다. 아울러서 사법부의 윤석열에 대한 직권 재구속을 강력히 촉구합니다.

검찰의 즉시항고 포기는 더욱 충격적입니다. 즉시항고 시늉이라도 낼 줄 알았습니다. 그 흔한 검사장 회의라도 한 번 할 줄 알았습니다. 그런데 이렇게 빨리, 노골적으로 스스로 내란공범임을 공개선언할 줄은 몰랐습니다.

조국혁신당은 민주당 등 제야당과 협의해서 내란수괴가 풀려나게 된 상황에 대한 총체적인 책임을 물어서 심우정 검찰총장의 탄핵을 즉각 추진하겠습니다. 민주당과 제야당의 빠른 동참과 응답을 요청합니다.

심우정 검찰총장은 오늘 법원의 구속취소 결정을 존중해서 특수본에 윤석열에 대한 석방을 지휘한다고 했습니다. 법리적으로 잘못된 법원의 결정에 대해서 불복하고, 즉시 항고를 통해서 이를 시정할 필요가 있다는 특수본의 의견을 일축해버렸습니다.

즉시항고 해야한다는 국민적 목소리에 대해서 위헌판단 운운하며 법원의 결정을 평계삼아 내란수괴 석방을 실행에 옮겼습니다.

애초부터 심우정은 윤석열 구속에 매우 소극적이었습니다. 지난 1월 26일에도 구속기간 만료를 하루 앞두고 검사장회의를 여는 등 쓸데없이 시간을 허비한 까닭에, 이번 사태가 벌어졌다는데 대해 아무도 이견이 없을 것입니다.

내란죄 수사를 지속적으로 방해해온 그간 검찰의 행태를 볼 때, 이번 일은 윤석열 측과 사전교감하에 짜고치기를 감행한 것 아닌가 의심이 됩니다.

정황을 종합적으로 판단해 보면, 심우정은 윤석열의 석방 기획에 관여하고 실행에 옮긴 주범으로 의심이 됩니다. 그게 아니라면 검찰총장으로서는 도무지 부적합한 무능과 무지로, 내란수괴의 구속기소를 유지하지 못한 책임을 져야 합니다. 어떤 판단이 되었건, 심우정 검찰총장에 대한 탄핵은 불가피합니다.

권력과 결탁된 사법카르텔의 반동은 우리가 예상치 못했던 바는 아닙니다. 그러나 현실로 나타나는 저들의 실체는 갈수록 놀랍습니다.

조국혁신당은 윤석열 내란수괴 탄핵 완성과 함께 검찰개혁 4법의 완성, 또 사법 카르텔의 해체, 사법개혁 고삐를 단단히 움켜쥐겠습니다.

이상입니다.

– 정춘생 원내수석부대표

내란수괴 윤석열이 결국 석방됐습니다.

마치 조폭의 세계 같습니다. 윤석열의 석방은 조직을 지키기 위해서라면, 온갖 폭력과 불법을 마다하지 않는 조폭의 의리, 그 이상 그 이하도 아닙니다.

검찰 우두머리 출신 내란 우두머리는 검찰 우두머리를 임명하고, 검찰 우두머리는 내란 우두머리를 풀어 줬습니다. 검찰이란 조직이 내란세력의 마지막 방패막이라는 사실이 다시 한번 드러났습니다.

검찰은 국민을 배신하고, 자신의 큰 형님, 윤석열을 선택했습니다.

이런 검찰에게 '기소청'이니 '수사권 조정'이니 논하는 것도 사치입니다. 해체가 답입니다. 검찰개혁 4법 더 이상 미룰 수 없습니다. 다가오는 본회의에서 최우선 과제로 처리할 것을 민주당에 촉구합니다.

검찰조폭의 두목, 내란수괴 윤석열, 당신의 봄날은 며칠 가지 않을 것입니다. 헌법재판소는 피청구인 윤석열을 파면할 것입니다. 내란수괴 윤석열이 헌법의 심판을 받는날, 대한민국은 비로소 헌법 질서를 회복할 것입니다.

이상입니다.

- 신장식 원내부대표

조국혁신당 신장식입니다.

지금 대한민국에는 윤석열에게만 적용되는 형사소송법과 국민들에게 적용되는 형사소송법이 따로 있는가 봅니다. 검찰과 지귀연 판사를 규탄하지 않을 수 없는 상황입니다.

하지만 검찰 독재 정권이 아무리 저항해도 윤석열의 파면과 검찰 해체를 막을 수 없습니다. 꽃샘추위가 아무리 드세도 목련꽃 한 송이조차 막지 못하는 것과 마찬가지입니다.

국민 여러분, 조국혁신당과 야당, 광장의 응원봉을 믿고 불안한 마음을 다잡아 주십시오. 조국혁신당은 윤석열 파면과 검찰독재정권의 완전한 종식을 위해 맨 앞에서 맨 마지막까지 싸우겠습니다.

심우정 검찰총장을 비롯해 대검 수뇌부가 내란수괴 윤석열을 풀어주기 위해 중대한 위법을 저지르고 있습니다. 〈채널A〉 등 일부 언론의 보도를 보면, 대검이 어제 법원의 윤석열 구속취소 판결에 즉시항고를 않기로 뜻을 모았다고 합니다. 2012년 '구속정지결정'에 대한 헌법재판소의 위헌판결을 그 근거로 들었다고 합니다. 이 보도가 사실이라면 이는 중대한 위법행위입니다. 결론부터 얘기하면 별개의 사건에 대한 헌재의 판결을 엉뚱하게 끌어다가 윤석열 석방의 근거로 쓰고 있습니다. 법률은 폐지 또는 헌재에 의해 위헌 결정이 내려지지 않는 한 그 효력이 있습니다. 법률기속의 원리의 지배를 받는 공무원이 폐지되지 않은 엄연한 실정법의 적용을 임의로 회피하는 것은 중대한 위법에 해당합니다. 2012년 헌재의 위헌 결정은 구속집행정지에 대한 것이었고 추후 개정이 되었습니다. 구속취소도 비슷한 면이 있으나 위헌결정 대상은 아니어서 현행법에 남아 있습니다. 현행법에 남아 있고 검찰은 10년 이상 아무런 얘기가 없었습니다. 그런데 법원의 윤석열 구속취소 결정 이후 대검이 "위헌 소지" 운운하는 것을 보면, 법원의 결정에 기대어 내란수괴 윤석열을 석방하고 싶어 안달이 난 모양입니다. 따지고 보면, 어제 법원의 결정도 심우정 검찰총장이 전국검사장회의를 소집해 시간을 허비하는 바람에 빌미를 준 것 아닙니까? 검찰이 만약 법원의 어제 결정에 즉시항고하지 않는다면, 이는 그간 이번 비상계엄사태와 관련하여 검찰이 보여준 김성훈 경호처 차장에 대한 구속영장신청 기각, 도저히 상상하기 어려운 가장 기본적인 구속기간의 도과 등 이해 못할 여러가지 행동들이 모두 윤석열 석방과 내란세력 옹호를 위한 계획적인 행동이었음을 보여주는 명백한 증거가 될 것이며 검찰은 이에 대한 국민적 분노를 벗어나기 어려울 것입니다.

– 조국혁신당 탄탄대로 탄핵점검단장 서상범, 3월 8일 보도자료

홍성규 수석대변인, 정혜경 원내대변인 서면브리핑

■ 윤석열 석방지시? 검찰, 상관없는 척하더니 기어이 '내란본색' 드러내 '국민의 적'이 되려는가!

우리 국민들의 하늘을 찌르는 분노와 노도와 같은 거센 항의에도 불구하고, 기어이 검찰에서 '내란수괴 윤석열 석방'을 강행하겠다는 참담한 소식이 전해지고 있습니다. 언론보도에 따르면 심우정 검찰총장이 검찰 특수본에 법원 결정에 따른 후속조치로 '윤석열 석방' 지휘를 지시했다고 합니다.

끔찍하고 참담한 12.3내란 시도 이후 검찰은 마치 아무 상관도 없는 척하며, 윤석열 정권의 출범과 지속기간 내내 빗발처럼 쏟아졌던 '검찰독재'라는 비판에서 벗어나기라도 한 것처럼 행세했습니다. 그러나 정권탄생의 돌격대였던 그 전력이 갑자기 어디로 사라졌겠습니까? 극우폭력세력의 무도한 준동으로 사회 곳곳이 혼란스러운 작금의 이 순간, 기어이 '내란본색'을 드러내 '국민의 적'을 자처하려는 검찰의 행태를 강력히 규탄합니다.

굳이 법 전문가가 아닌 일반 국민들의 상식적인 기준에서도 전혀 납득할 수 없습니다. 법리적 다툼의 여지가 있는 결정에 법원의 최종 해석도 구하지 않고 불복을 포기한다는 것이 과연 상식적입니까? 지금까지 검찰이 이랬던 적이 있었습니까? 그러니 '심우정 검찰'의 행태는 만인이 아니라 '내란수괴 윤석열' 개인만을 위한 명백한 특혜를 노골적으로 선언하겠다는 것에 다름 아닙니다.

내란을 진압하고 민주주의를 지키자는 우리 국민들의 명령이 이토록 준엄한 상황에서, 이 당연한 상식을 짓밟는 분노스러운 결정에 검찰 수뇌부가 만장일치로 임했다는 소식 또한 당혹스러움을 넘어 충격적입니다. 그 모든 궤변일랑 당장 집어치우고, 오직 우리 국민들의 명령만을 좇아 즉시항고를 제기하는 것만이, 검찰이 당장 해야 할 유일한 조치입니다.

2025년 3월 8일
진보당 수석대변인 홍성규

■ 내란수괴 석방, 용납할 수 없다. 국민이 다시 감옥으로 보낼 것이다.

윤석열이 석방됐습니다. 체포된지 52일 만에 윤석열은 한남동 관저로 걸어 들어갑니다. 충격과 경악의 시간입니다.

검찰은 국민과 민주공화국을 완전히 배신했습니다. '사형 혹은 무기징역'에 해당하는 내란범죄를 묻어 버렸고, 내란 우두머리를 세상에 풀어놓았습니다. 내란수괴 졸개, 심우정 검찰총장의 책임을 묻고, 검찰 권력을 반드시 해체하겠습니다.

지금 대한민국은 윤석열과 함께 퇴행의 시대로 후퇴할지, 윤석열을 넘어 새로운 시대를 만들 것인지 분기점에 서 있습니다. 분명히 말씀드립니다. 지금 석방된다 한들, 윤석열의 범죄는 모두 그대로입니다. 윤석열은 곧 파면될 것이고, 윤석열의 여생은 감옥에서 보낼 것입니다.

진보당은 빛의 혁명을 이끈 국민들과 함께 끝까지 싸우겠습니다. 모든 힘을 쏟아부어 저 사악한 윤석 열과 내란세력들을 몰아내겠습니다. 끝내 국민이 승리하고, 윤석열이 패배할 것입니다. 그 길에 진보당 은 최전선에서 한치의 타협없이 싸우겠습니다.

2025년 3월 8일
정혜경 진보당 원내대변인[*]

---

[*] 동일 일자 보도자료 2개를 함께 실었음을 밝힙니다.

검찰총장 심우정과 검찰이 특별수사본부의 명백하고 합리적인 이의 제기를 무시하고 법원 결정에 항소하지 않기로 한 것은 국가 치욕의 순간입니다. 이는 법적 판단이 아니라 배신 행위이며, 우리 민주주의의 근간을 위협하는 세력에 대한 항복입니다. 검찰은 국민을 외면하고 헌정 질서를 위협한 자의 뜻에 따르기로 택한 것입니다. 더욱 충격적인 것은 석방된 윤석열 대통령의 행동입니다. 그는 차에서 내려 지지자들 앞에서 주먹을 치켜들었습니다. 이러한 극적이고 도발적인 제스처는 자신이 여전히 내란 혐의로 기소된 피의자라는 현실을 부정하는 행위입니다. 그의 오늘 행동은 이미 위기에 처한 국가를 더욱 분열시키고 불안하게 할 뿐입니다. 오늘은 결코 평범한 날이 아닙니다. 법치 수호를 책임져야 할 기관들이 스스로 그 책무를 포기한 날이며, 정의가 침묵하고 불의가 득세하는 날입니다. 실패한 내란의 수괴가 사법 체계의 묵인 속에서 더욱 대담해지고, 사회를 분열시키는 불씨를 키우는 날입니다. 그의 언행은 지지자들을 더욱 극단적인 행동으로 몰아가고 있으며, 이에 따라 우리는 심각한 위기를 마주하고 있습니다. 내란 세력이 점점 세를 불려 가는 지금, 이는 단순히 법치의 위기가 아니라 국가의 통합과 존립 자체가 위협받는 중대한 사태입니다.

– 더불어민주당 외신대변인 염승열, 3월 8일 서면브리핑

2025년 3월 9일

야5당 대표 비상시국 원탁회의

내란 우두머리 윤석열이 결국 풀려났습니다. 윤석열의 내란 우두머리 혐의사실을 온 국민이 똑똑히 봤습니다. 이런 상황에서 윤석열을 풀어준 것은 있을 수 없는 일이며 있어서도 안되는 내란동조 행위입니다. 국민을 배신하고 내란 우두머리에 충성하는 비겁한 행위입니다. 이번 사태의 가장 큰 책임은 검찰에 있고, 그 중심에 심우정 검찰총장이 있습니다. 법원의 구속취소 결정은 재판과정에서 적용하는 구속기간 적영 실무와 선례에 반하는 매우 이례적인 결정이었습니다. 검찰은 잘못된 법원 결정에 바로 잡을 책임과 의무가 있습니다. 그러나 심우정 검찰은 즉시항고 하여 상급심의 판단을 받아볼 기회를 스스로 포기했습니다. 직무유기입니다. 심우정 검찰이 내란 수괴 윤석열을 풀어주기 위해 교묘하게 법기술을 사용했습니다. 즉시항고를 강력히 주장한 박세현 본부장 등의 의견을 짓눌렀습니다. 직권남용입니다. 구속취소 결정에 대한 즉시항고 제도에 관하여 위헌결정이 난 적이 없습니다. 엄연히 형사소송법 97조 제4항에 규정되어 있는 살아있는 법입니다. 그럼에도 검찰이 아무런 시도도 하지 않고 위헌 가능성을 고려해 항고를 포기했다면 그것은 윤석열을 석방해 주려는 의도가 아니고 무엇이겠습니까? 마치 위헌인 것처럼 거짓 논리를 펼친 심우정의 직권남용입니다. 또한, 심우정 검찰총장은 법원이 1차로 구속기간 연장을 불허했을 때 즉시 기소했어야 함에도 검사장들의 의견을 듣는다는 핑계로 귀중한 시간을 낭비했습니다. 검찰과 심우정 검찰총장은 스스로 자기 역할과 존재 가치를 부정한 것을 넘어, 국민과 역사 앞에 씻을 수 없는 큰 죄를 지었습니다. 심우정 검찰총장은 즉각 사퇴해야 합니다. 심우정 검찰총장은 윤석열 내란죄의 동조범입니다.

– 더불어민주당 내란진상조사단, 3월 9일 보도자료

권성동 원내대표, 현안 관련 기자간담회 주요내용

권성동 원내대표는 2025. 03. 09.(일) 14:00, 현안관련 기자간담회를 가졌다. 주요내용은 다음과 같다.

– 권성동 원내대표

법원에서 윤석열 대통령 구속 취소 결정이 나온 직후, 민주당은 검찰을 비난하고 대통령 파면을 압박하며, 총력 정치 투쟁을 선포했다. 이번 구속 취소 결정은 국가기관이 절차적 흠결을 저지르면서까지, 그 누구의 인권도 침해할 수 없다는 헌법적 가치를 확인해 준 것이다.

그런데도 민주당은 검찰을 향해 내란수괴의 졸개, 교묘한 법기술과 같은 극언을 퍼부었다. 평소에 그렇게도 인권을 떠들어대던 집단이 이번에는 위법적인 인권 침해를 사주하고 있는 것이다. 나아가 민주당 의총에서는 아무런 잘못도 없는 최상목 대통령 권한대행, 심우정 검찰총장을 탄핵해야 한다는 목소리까지 나오고 있다. 법과 원칙을 무시하고, 자기 마음에 안 들면 무조건 탄핵부터 시키고 시켜야 한다는 심산이다.

이재명 표 국정 파괴라는 질병이 또다시 도질 모양이다. 이미 민주당은 29번의 탄핵을 했다. 민주당은 한 달에 한 번꼴로 친목 모임 하듯이, 탄핵을 하는 집단이다. 그러나 만약 30번째, 31번째 탄핵을 한다면 그것은 민심의 철퇴로 되돌아올 것이다. 대통령에 대한 수사는 국가의 중대사이다. 그래서 적법 절차의 원칙 준수와 절차적 완결성이 중요하다.

하지만 공수처는 이 모든 것을 무너뜨렸다. 애초부터 공수처는 내란죄 수사 권한이 없다. 대통령을 수사할 만한 능력도 없었다. 이처럼 자격도 없고, 능력도 없는 공수처의 무면허 수사 폭주와 위법과 탈법의 쇠사슬로 대통령을 옭아맨 것이다. 그리고 공수처를 준연동형 비례대표제와 정략적 거래를 통해 탄생시킨 것도 바로, 민주당이다. 즉 민주당은 자신이 만든 공수처라는 괴물에게 수사 폭주를 사주해 놓고, 이것이 실패하자 분을 못 이겨 악다구니하는 것이다.

헌법재판소와 검찰에 촉구한다. 민주당의 겁박에 휘둘리지 마십시오. 법과 원칙을 준수하십시오. 민주당 눈치를 보면서 이재명 대표에게 줄을 서 봤자 돌아오는 것은 토사구팽밖에 없다. 궁예처럼 관심법으로 동료 의원마저 가차 없이, 보복 수청 한 사람이 바로 이재명 대표이다. 사법기관의 명예는 법과 원칙을 통해 지키는 것이다. 사법기관의 구성원이 명예를 상실하면 모든 것을 잃는다. 그것이 법복의 무게이다.

앞서 말씀드렸다시피 민주당의 이재명 세력은 심우정 검찰총장에 대한 탄핵 소추를 논의하고 있다. 이재명 세력의 탄핵 중독은 이제 형법상 특수협박죄로 다뤄야 할 지경에 이르렀다. 이재명 마음에 안 들면 탄핵, 민주당 말 안 들으면 탄핵, 여차하면 탄핵으로 직무 정지시키겠다는 직무 정지시키겠다고 협박하는 것이다. 검찰이 마음에 들지 않는 결정을 내렸다는 이유로, 검찰총장을 직무정지 시켜, 조직 전체를 마비시키겠다는 분풀이 보복을 가하겠다는 것 아닌가.

이재명 세력이 이렇게 아무렇지 않게 탄핵의 칼을 협박 도구로 쓰는 것은 헌재의 느림보 선고 때문이다. 어차피 한 번 탄핵 소추하고 나면 70일, 100일 직무정지가 기본이기 때문이다. 기각돼도 손해가 아니라는 것이다. 헌재는 조속히 한덕수 총리 탄핵 선고를 내리기 바란다. 그래야 이재명 세력의 탄핵 폭거에 브레이크를 걸고 국정 안정을 도모할 수 있다.

일각에서 제기되는 대통령 총리 동시 선고는 국정 파탄을 불러올 수 있는 불러올 수 있기때문에 일고의 가치도 없는 사안이다. 대통령의 탄핵 선고 결과가 어떻게 나더라도 사회적 혼란이 예상되는 가운데, 비슷한 시점에 대통령 권한대행이 바뀌는 일이 생기면 행정부마저 대혼란에 빠지게 된다. 한덕수 대행의 신속한 직무 복귀가 국정안정의 제1 요건이다. 문형배 대행은 친구 이재명의 안위보다 대한민국의 미래를 먼저 생각하기 바란다.

아울러 헌재는 최종 변론을 마친 최재해 감사원장, 이창수 중앙지검장 등 검사들의 탄핵 선고도 신속하게 이루어져야 한다. 특히 부당한 중앙지검장 탄핵을 조속히 기각시켜 심우정 검찰총장에 대한 보복성 탄핵 협박에 경종을 울릴 것을 촉구한다.

2025. 03. 09.
국민의힘 공보실

야5당

야5당 대표 비상시국 공동 대응을 위한 원탁회의 모두발언

□ 일시 : 2025년 3월 9일(일) 오후 3시
□ 장소 : 국회 본청 316호

– 더불어민주당 대표 이재명

우리가 잠시 웃었긴 하지만, 상황이 매우 엄중합니다. 벌써 석 달 전인 것 같은데, 12월 3일 온 국민이 전혀 상상하지도 못한 황당무계한 불법적 계엄이 선포됐습니다. 그야말로 그 내란의 밤이 아직도 끝나지 않고 계속되고 있습니다.

내란 수괴가 희한한 법 해석을 통해서 구속을 면했다는 사실이 여전히 믿기지가 않습니다. 내란 업무를 수행한 부하들은 다 구속되어 있습니다. 내란의 수괴가 사형 또는 무기징역에 해당하는 내란의 수괴가 어떤 절차상의 문제가 있어서 특히 산수 문제 때문에 이렇게 석방이 되어야 된다 라고 하는 것을 어떤 국민이 쉽게 납득할 수가 있겠습니까? 저는 이것이 약간의 의도, 의도가 작동했다고 생각합니다.

검찰이 불구속 기소를 하기 위해서 참으로 애썼고, 그 흔한 초보적인 산수를 제대로 못했다는 것이 믿어지지가 않고, 당연히 항고해야 되는데 항고를 안 한 게 아니라 포기했다는 사실이 이해가 되지 않습니다. 일정한 의도에 따른 기획이 아닌가 하는 그러한 의심을 갖지 않을 수가 없습니다. 결국 검찰이 이번 내란사태의 주요 공범 중에 하나라는 사실을 은연중에 보여준 것이다 라고 생각이 됩니다.

우리 국민들께서 매우 불안해하십니다. 제가 조금 전에 점심 먹으러 갔을 때도 우연히 만난 어떤 분이 "참 너무 불안해요" 이러면서 제 손을 꼭 잡으셨습니다. 그러나 국민 여러분, '아무리 밤이 길어도 결국 새벽을 이기지는 못합니다.' '겨울이 아무리 깊어도, 봄은 옵니다.' 우리 대한민국 국민들은 지금의 이 어려움, 경제 10위권의 대국 대한민국에서 군사쿠데타가 벌어졌다는 전 세계인이 믿기 어려운 이 현실을 다시 우리 국민들은 응원봉을 들어서 빛의 혁명을 통해 이겨냈다, 무혈의 혁명을 또 한 번 해냈다 라는 사실로 전 세계인에게 찬사 받게 될 것으로 믿습니다.

지금도 많은 불안감이 엄습하고는 있지만, 여기 함께하신 우리 야5당 지도부, 당원, 국민 여러분과 함께 반드시 이 어려움을 이겨낼 수 있도록 최선을 다하겠습니다. 오늘은 새로운 희망을 또 확인하는 자리가 될 것 같습니다. 원래 정치가 다 책임져야 되는데, 다시 광장에서 우리 비상행동 지도부 어른들께서 단식농성을 하신다는 이야기를 듣고 참으로 죄송하다는 생각을 하게 됐습니다. 오늘 논의를 통해서 우리 국민들을 대신해야 되는 우리가 국민들보다 더 정면에서 더 치열하게 어떻게 싸워나갈지를 함께 논의하도록 하겠습니다.

– 조국혁신당 대표 권한대행 김선민

조국혁신당 대표 권한대행 김선민입니다.

비상시국에 공동 대응을 하기 위해서 야5당 대표 원탁회의를 열게 되었습니다. 어제 국민들께서 많이 놀라셨습니다. 그리고 불안해하십니다. 검찰이 내란 우두머리 윤석열을 석방했습니다. 이 섬뜩한 막장 공포극은 심우정 검찰총장이 연출한 것입니다.

조국 전 대표와 이재명 대표 수사에서는 먼지 한 톨 놓치지 않고 뒤지던 검찰입니다. 어떻게 구속 일수를 잘못 계산할 수 있겠습니까? 하필 구속기소가 시급했던 1월 26일 그 시간에 심우정 총장은 검사장 회의를 소집해 하루를 허비합니까?

법 기술을 최대한 활용한 정교한 책략입니다. 이게 바로 검찰 독재 정권의 면모입니다. 검찰개혁의 필요성은 윤석열 석방으로 모든 국민께 각인이 되었습니다. 검찰은 고쳐 쓸 수 없는 조직입니다. 욕망과 이기심으로 똘똘 뭉친 법 기술자 무리입니다.

이제 수사권과 기소권을 분리해야 합니다. 검찰을 해체 수준으로 개혁해야 합니다. 저희 조국혁신당이 국회에 제출한 검찰개혁 4법을 조속히 처리해야 할 때입니다.

찬란한 응원봉 빛으로 내란을 제압했던 국민 뜻을 저희가 제대로 받들지 못했습니다. 공당의 대표로서 책임 있게 행동하겠습니다. 약속드립니다. 사즉생의 각오로 막겠습니다. 윤석열이 파면되는 날까지 지치지 않고 정진하겠습니다.

여기 계신 야5당 대표님들도 같은 생각이실 겁니다. 작은 차이를 내려놓고 윤석열 파면, 검찰 독재 정권 퇴진에 매진할 때입니다. 국민을 안심시키고 힘을 북돋는 좋은 대책을 마련하겠습니다.

헌법재판소에 촉구합니다. 윤석열을 신속하게 파면해 혼란을 정비해 주시기 바랍니다. 헌정을 수호하고 민주주의를 회복하는 유일한 방법입니다.

국민께 호소합니다. 김대중 대통령께서는 "집회에 나가고 인터넷에 글을 올리고 하다못해 담벼락에 욕이라도 할 수 있다"라고 말씀하셨습니다. 지금이 바로 그때입니다. 광장에서 민주주의를 외치고, 헌법재판소에 꽃과 편지를 보내주십시오. 헌재 게시판에 응원의 글을 올려주십시오.

윤석열 탄핵으로 찬란한 봄을 함께 맞이합시다. 감사합니다. | 끝 |

– 진보당 대표 김재연

국회와 국민의 가슴을 정조준해 총부리를 겨누었던 끔찍한 내란의 우두머리 윤석열이 감옥문을 걸어 나왔습니다. 절대로 있어서는 안 될 일이 벌어졌습니다.

윤석열을 감옥에서 풀어준 심우정 검찰총장의 선택은 또다시 국민의 가슴에 총부리를 겨눈 것입니다. 용서할 수 없으며, 탄핵을 포함해 그 책임을 끝까지 묻겠습니다.

피땀으로 일군 대한민국의 민주주의와 헌정질서가 밑바닥부터 흔들리고 있습니다. 비상한 태세로 전면전을 각오하고 싸워야 할 때입니다.

불법계엄을 막아내고 윤석열의 직무를 정지시킨 힘도, 관저농성 중이던 내란수괴를 구속시켰던 힘도 시민들의 결연한 의지와 행동에서 나왔습니다. 어제밤 광화문 앞에서는 내란수괴 석방 소식에 애타는 심정으로 광장에 나온 시민들이 은박담요를 덮고 밤을 지새웠습니다. 도저히 잠을 이룰 수 없을 것 같아서, 계엄의 밤에 국회 앞을 지키지 못했던 것이 미안해서, 작은 힘이라도 보태고 싶어서 함께 농성에 참여하겠다는 시민들의 목소리가 애타게 울려퍼졌습니다.

어제부터 당원 비상체제에 돌입한 진보당은 서울 광화문 앞 시민 농성장을 거점으로 윤석열 즉각 파면을 촉구하는 광장 행동에 함께하고 있습니다. 내란종식과 민주헌정질서 수호에 큰 책임을 짊어진 야5당도 광장의 시민들과 함께 하기를 제안합니다. 진보당은 민주주의 공동체를 지키고자 하는 우리 국민들의 열망을 믿고 앞장서 싸우겠습니다.

– 기본소득당 대표 용혜인

존경하는 국민 여러분, 기본소득당 대표 용혜인입니다.

많은 국민들께서 윤석열 내란수괴 구속취소와 석방 소식에 또다시 민주주의가 무너지고, 내란세력을 청산하지 못하게될까 불안에 떨고 계십니다. 외신 또한 '국가분열이 극심해지고 정치적 불확실성이 커졌다'며, 깊은 우려를 표하고 있습니다.

이럴 때일수록 정치가 국민의 불안을 가라앉히고 민주주의의 대원칙을 지켜야 합니다. 그런데 국민의힘은 지금 무얼 하고 있습니까. 윤석열 내란수괴는 어젯밤 권성동 원내대표와 통화하며, "지도부가 역할을 잘 해줬다"는 감사인사를 전했다 합니다. 심지어 국민의힘은 윤석열 석방이 마치 '면죄부'라도 되는 것마냥 '헌법재판소 평의를 원점에서 재검토하라'는 후안무치한 주장에 나섰습니다.

내란수괴와 내통하고, 사회혼란을 가중시키겠다는 국민의힘의 반민주적이고, 무책임한 행태를 규탄할 수 밖에 없습니다. 기본소득당은 지금이야말로 헌법이 정한 각 기관이 본연의 역할을 다하며, 국민께서 느끼는 불안과 걱정을 덜어드려야 한다고 생각합니다.

가장 먼저, 헌법재판소에 요청합니다. 윤석열이 석방되어, 헌정질서 파괴의 우려가 더욱 커진 만큼 헌법재판소에서 더욱 적극적이고 신속하게 헌정수호와 국민통합의 역할을 해주실 것을 엄중히 당부드립니다.

윤석열 탄핵심판 변론 종결 이후, 12일이 지났습니다. 박근혜 전 대통령 탄핵심판은 변론 종결 이후 11일 후, 노무현 전 대통령 탄핵심판은 14일 후에 선고가 나왔습니다. 윤석열 탄핵심판의 선고도 더 이상 밀려서는 안됩니다. 최소한 이번주가 끝나기 전에, 국민께 결과를 전해드려야 합니다. 헌법재판소는 최대한 빠르게 최종선고를 추진해주시고, 또한 최종선고 일정에 대해 최대한 빠르게 공고해 주십시오. 그래야만 정치적, 사회적 혼란을 최소화하고 국민들께 헌정질서가 회복될 수 있다는 믿음을 드릴 수 있습니다.

또한 심우정 검찰총장에게 요구합니다. 검찰은 스스로 인정한 내란수괴 혐의자가 자유롭게 대한민국을 활보하게 한 것에 대한 응당한 책임을 져야 합니다. 검찰은 구속취소 결정 이후, 26시간 만에 즉시항고 대신 석방을 선택했습니다. 내란수괴의 구속 상태를 유지하기 위한 그 어떤 의지도 보이지 않은 것입니다.

즉 윤석열 석방은 단순히 검찰의 무능과 실책을 넘어, 검찰 조직의 내란수괴 윤석열에 대한 적극적인 충성의 결과인 것입니다. 심우정 검찰총장은 지금 당장 국민께 사과하고, 사퇴하십시오.

국민 여러분, 오늘 야5당의 대표들이 한자리에 모인 것은 국민통합과 사회안정, 민주헌정 수호의 길을 굳건히 이어가겠다는 다짐과 약속입니다. 야5당이 굳세게 힘을 모아내, 민주헌정질서를 수호하고 주권자 국민과 함께 빛의 혁명을 완수하겠습니다.

국민들께서도 끝까지 함께 힘모아 주십시오. 우리는 곧 승리할 것입니다.

– 사회민주당 대표 한창민

존경하는 국민 여러분, 사회민주당 대표 한창민입니다.

대한민국 법치주의가 흔들리는 초유의 사태가 발생했습니다. 지난 100일 동안 우리 국민들은 윤석열이 일으킨 내란이 민주주의와 법치주의의 원칙에 의해 종식되기를 바라며 인내하고 있었습니다.

윤석열 일당과 극우 세력들이 수없이 이 나라를 내전 상황으로 몰고 가려 획책했지만 다수의 시민들은 평화의 광장에서, 삶의 일터에서 민주공화국을 수호하며 하나의 마음이 되기 위해 애썼습니다.

그러나 윤석열을 탄생시킨 검찰공화국의 실체가 드러났습니다. 보통의 시민들은 도저히 빠져나가기 힘든 촘촘한 법망을 검찰총장 출신 윤석열은 유유히 피해갔습니다. 법 앞에 만인이 평등하지도 않고, 만명만 평등한 것도 아닌, 오직 법 앞에 검찰 출신들만 특혜받는 나라인 것이 드러났습니다.

3월 8일은 대한민국 검찰이 국민 다수에게 버림받은 날로 기록될 것입니다. 곧 기소청으로 사라질 권력기관이 마지막 발악을 벌인 날로 기억될 것입니다. 즉시항고를 포기하고 대한민국 검찰을 내란수괴의 수호대로 몰락시킨 심우정 검찰총장을 공수처에 고발되어야 합니다. 이는 국민으로부터 권력을 위임받은 국회가 당연히 수행해야 할 책무입니다.

내란을 완전히 종식하고, 헌정질서를 수호하기로 결의한 야5당은 이제부터 내란 세력에 대한 공동 대응을 더욱 강하게 해나가야 할 것입니다.

사회민주당은 야5당 원탁회의를 중심으로 우리의 소중한 공화국이 내전을 불사하려는 윤석열 세력의 농간에 휘둘리지 않도록 단호히 대처할 것입니다. 국민 다수를 하나로 묶는 정치, 국민들을 안심시키는 과감하지만 단단한 연합정치를 보여드리겠습니다.

꽃샘 추위가 강하다 해도 오는 봄을 막을 수 없습니다. 국민 여러분, 민주주의 봄까지 조금만 더 힘을 내십시오.*

---

* 동일 일자 보도자료 5개를 함께 실었음을 밝힙니다.

더불어민주당

박찬대 원내대표, 비상의원총회 입장 발표

□ 일시 : 2025년 3월 9일(일) 오전 11시 50분
□ 장소 : 국회 본청 로텐더홀 계단

– 박찬대 원내대표

내란 수괴 윤석열이 풀려났습니다. 국민적 분노와 불안이 확산되고 있습니다. 다른 사람도 아닌, 국민을 상대로 총부리를 겨눴던 내란 수괴가 버젓이 거리를 활보할 수 있다는 상황을 어떤 국민께서 납득하시겠습니까.

윤석열은 내란 수괴입니다. 평온했던 날 저녁에 느닷없이 비상계엄을 선포하고, 경찰과 군대를 동원해 국회를 통제하고 침탈하던 모습을 온 국민이 생중계로 지켜봤습니다. 비상계엄이 헌법과 법률에서 정한 요건과 절차를 중대하게 위배했다는 사실도 명백합니다. 비상계엄이 영구집권을 획책했던 내란이자 친위쿠데타라는 사실도 분명합니다.

12.3 비상계엄은 헌정질서와 민주주의 파괴였습니다. 국격과 외교와 안보와 경제를 무너뜨리는 심각한 중대범죄였습니다. 비상계엄으로 GDP 6조 3천억 원이 증발했고, 윤석열의 구속 취소 소식에 주가가 곤두박질치고 환율은 치솟았습니다. 윤석열 석방은 위기와 혼란을 증폭시켰습니다. 지금의 위기와 혼란을 그대로 방치하거나 지연시키는 것은 대한민국을 파멸에 이르게 하는 길입니다. 조속한 윤석열 파면이 이 사태를 가장 빠르고 확실하게 수습하는 방법입니다.

헌법재판소의 윤석열 탄핵심판 변론이 종결된 지 오늘로 13일째입니다. 과거 두 차례의 대통령 탄핵심판 절차에 비춰보면 선고를 내리기에 충분한 기간이 경과했습니다. 쟁점이 명확하고 증거도 넘치는 만큼, 헌법재판소가 신속하게 선고를 내려주시길 요청합니다.

헌법재판소는 헌법수호의 책무를 지니고 있습니다. 헌법과 민주주의의 최후의 보루로서 헌법재판관들

이 오직 헌법과 양심에 따라 신속하게 결정해 주길 바랍니다. 헌법재판소의 결정에 대한민국의 운명이 걸려 있다는 점을 명심해주시길 당부 드립니다.

심우정 검찰총장은 즉각 사퇴해야 합니다. 심우정 검찰총장은 이번 사태에 가장 큰 책임이 있습니다. 1심 법원의 이해할 수 없는 판단에 대해 즉시항고하고 상급심의 판단을 다시 받아볼 기회를 스스로 포기하고, 내란 수괴 윤석열을 풀어줬습니다. 다른 이야기할 필요도 없이 그 자체만으로 심우정 총장은 옷을 벗어야 합니다.

구속기간 연장을 불허한 법원의 결정에도 불구하고, 즉시 기소하지 않고 검사장 회의를 열어 시간을 허비한 큰 책임이 심우정 총장에게 있습니다. 도저히 용인할 수 없는 짓을 저질러 놓고 아무 일도 없었던 것처럼 넘어갈 수는 없습니다. 민주당은 심우정 총장에 대해 즉시 고발조치를 취하고, 심우정 총장 스스로 즉각 사퇴를 거부한다면, 탄핵을 포함해 모든 조치를 취하겠습니다.

헌정질서와 민주주의를 지키는 것은 국회의 의무입니다. 더불어민주당은 그 의무에 따라 국민과 나라를 지키기 위해 할 수 있는 모든 것을 다 하겠습니다.

2025년 3월 9일
더불어민주당 공보국

조국혁신당

비상당무회의 결의문

　우리는 이 거대한 반동을 뚫고 앞으로 나아갈 것이다. 어제 검찰총장 심우정은 법원의 윤석열 구속 취소 결정에 대하여 즉시항고를 포기하고 윤석열 석방을 지휘하는 실로 역사에 영원히 기록될 패악질을 저질렀다. 법원의 기이한 결정과 검찰의 반동적 조치로 윤석열은 만면에 환한 미소를 띠고 경호원들의 호위를 받으면서 용산 대통령관저로 돌아갔다.

　실로 경악할만한 상황이다. 국민들께서 보여주신 헌정수호의 강력한 의지로 윤석열의 12.3 비상계엄 및 내란책동이 좌절되었고, 이후 윤석열에 대하여 국회의 탄핵 의결 및 헌법재판소 심리와 체포, 구속 수감, 형사기소라는 일련의 수순이 진행되어 왔다. 대한민국의 헌정시스템과 형사사법체계에서 윤석열의 헌법재판소 파면 결정과 형사재판에서의 내란죄 유죄 판결은 예정된 것으로 받아들여졌다. 그런데 어제 심우정 검찰은 대한민국 헌법 질서에 대한 국민들의 기대와 신뢰를 정면으로 배반하였다.

　검찰의 국민배반적 결정으로 윤석열은 자유의 몸이 되어 거리를 활보할 것이다. 내란의 정당성과 당위성에 관한 궤변을 노골적으로 늘어 놓을 것이다. 탄핵반대세력을 규합하고 나라를 준내전 상태로 몰고 갈 것이다. 윤석열 탄핵을 반대해온 극우세력은 더욱 기승을 부릴 것이다. 그로 인하여 우리의 공동체는 파괴될 것이다. 어떠한 경우에도 이와 같은 상황은 용납될 수도, 용납되어서도 안된다. 5,000만 대한국민의 힘과 지혜를 모두 모아 이들의 반헌법적, 반민주적 기도와 음모를 패퇴시켜야 한다. 어떻게 지켜온 대한민국의 민주주의이며, 어떻게 가꾸어온 공동체인가?

　우리 조국혁신당 당무위원들은 지금 목도되고 있는 이 반헌법적 상황 앞에서 우리가 가진 모든 힘과 역량을 모아 총력을 기울여 싸울 것임을 다짐하면서 엄숙한 마음으로 다음과 같이 결의한다.

　1. 심우정 검찰총장의 죄과에 대한 책임은 매우 엄중하게 추궁되어야 한다. 조국혁신당은 심우정에 대한 검찰총장 탄핵 절차를 즉각 개시할 것을 선언하면서, 심우정의 죄과에 대한 수사를 즉각 개시할 것을 공수처 등 수사기관에 강력히 요청한다.

1. 헌법재판소는 지난 2월 25일 윤석열 탄핵사건에 대한 심리를 종결한 이후 열흘이 지났음에도 최종 결정을 하지 못하고 있을 뿐만 아니라, 선고기일조차 잡지 못하고 있다. 신속한 파면결정을 통하여 작금의 헌정질서의 혼란을 질서있게 정리할 것을 헌법재판소에 촉구한다.

1. 야 5당은 국민들에게 내란종식 민주헌정수호 새로운 대한민국 원탁회의를 통하여 지금 상황을 진압할 책임있는 대안을 내놓아야 한다. 즉각 내란종식 민주헌정수호 새로운 대한민국 원탁회의를 가동하여 작금의 내란 상황을 종식시킬 공동행동 방안을 마련하여 실천에 옮길 것을 제안한다.

1. 우리는 작금의 반동적 사태가 가능했던 것은 비대하고 거대한 검찰권임을 다시 한번 확인한다. 검찰 해체의 필요성과 당위성을 환기하면서 조국혁신당이 발의한 검찰개혁4법을 국회에서 신속하게 처리할 것을 민주당에 촉구한다.

1. 윤석열에게 경고한다. 잠시 석방의 기쁨에 취해 망동을 자행하고 있을 것이나, 자중자애하기 바란다. 사필귀정의 상식과 헌정수호에 대한 국민들의 강력한 의지가 당신을 다시 단죄할 것임을 우리는 믿어 의심치 않는다.

'3년은 너무 길다'라는 강력한 구호를 국민들께 제시하고 실천한 우리 조국혁신당은 이 헌법수호 투쟁의 맨 앞에 서서 윤석열이 파면되는 그날까지 사즉생의 각오로 싸울 것이다. 그리하여 윤석열 내란 일당의 반헌법적 기도를 물리치고 탄핵을 넘어 마침내 새로운 대한민국을 건설해 갈 것이다.

2025. 3. 9.
조국혁신당 당무위원 일동

윤석열이 있어야 할 곳은 감옥입니다. 시급히 재구속해야 합니다. 첫째, 법원이 직권으로 구속하면 됩니다. 법원은 재판 과정에서 구속 사유가 발생하면 직권으로 구속영장을 발부할 수 있습니다. 윤석열의 경우 구속기간을 넘겨 기소됐다는 이유로 구속취소됐으나, 사안이 중대하고, 증거인멸 우려가 있어 구속 사유가 충분한 상황입니다. 또 김용현 등 다른 공범들이 똑같은 혐의로 구속 수감돼 있는 상황에서, 내란 우두머리인 윤석열만 불구속 상태로 재판을 받는 것은 명백히 형평성에 어긋나기 때문입니다. 둘째, 윤석열 파면 이후에는 내란죄 이외의 범죄로 윤석열을 구속하면 됩니다. 이미 검경 등이 수사 중인 △명태균 게이트 관련 공천 개입 의혹 △체포영장 집행 방해 의혹 등과 관련해 윤석열에 대한 구속수사가 가능합니다. 셋째, 내란죄 수사권 논란이 없는 경찰에서 새로운 증거를 추가해서 내란죄 등으로 재구속하거나 내란 특검을 통과시켜서 구속하면 됩니다. 동일 범죄에 대한 재구속은 불가능하지만, 새로운 증거가 발견되는 경우 예외로 인정된다. 특검이 통과될 경우 수사 결과에 따라 파면 여부와 관계없이 내란 우두머리 혐의로 다시 구속 할 수 있습니다. 심우정 탄핵도 서둘러야 합니다. 그러나 심우정 탄핵은 미봉책을 뿐입니다. 검찰에는 그 자리를 대체할 인물들이 줄을 서 있습니다. 검찰조직을 해체하여 근본부터 혁신하지 않으면, 우리는 어리석은 역사를 또 반복하게 될 것입니다. 다시, 과제는 검찰개혁으로 돌아왔습니다. 수사 · 기소 분리 검찰개혁을 실패한 원죄로 여기까지 왔습니다. 이번 일을 겪고도 검찰개혁을 서두르지 않는다면 검찰개혁의 진정성을 의심하지 않을 수 없습니다.

— 조국혁신당 원내대표 황운하, 3월 9일 긴급의원총회 모두발언

2025년 3월 10일

심우정 검찰총장 고발

민주당을 비롯한 야5당이 심우정 검찰총장을 직권남용 혐의로 고발하고, 사퇴를 거부하면 탄핵까지 추진하겠다고 나섰습니다. 법원의 지극히 당연한 결정을 따랐다는 이유로 고발하겠다는 것입니다. 법치 파괴도 이쯤 되면 헤어날 수 없는 지경에 이르렀습니다. 법원은 구속기간 계산만이 아니라 공수처가 내란죄를 수사할 법적 근거조차 없다는 점을 지적했습니다. 이재명 대표는 검찰이 "초보적인 산수도 못 했다"며 조롱했지만, 정작 법원의 본질적인 지적에 대해서는 못 본 체합니다. 더 황당한 건, 온갖 위법·불법 수사 논란으로 폐지 여론이 들끓는 공수처에 검찰총장을 고발한 것은 불법 기관에 법을 지킨 공직자 수사를 맡기겠다는 것과 다를 바 없다는 것입니다. 민주당이 법을 지킨 자는 처벌하고, 불법을 저지른 자는 감싸다 보니, 공수처에 위법·불법 수사를 사주하는 것 아니냐는 말이 나오는 것 아닙니까. 이러니 국민들이 공수처를 민주당의 '하청 기관'으로 부르는 것도 무리가 아닙니다. 민주당의 탄핵 남발로 국정은 이미 마비 수준입니다. 이제는 하다 하다 검찰까지 정치 도구로 전락시키고, 법치까지 완전히 짓밟으려 하고 있습니다.

– 국민의힘 수석대변인 신동욱, 3월 10일 논평

비상대책위원회의 주요내용

3월 10일 비상대책위원회의 주요내용은 다음과 같다.

- 권영세 비상대책위원장

지난 금요일 법원에 윤석열 대통령에 대한 구속취소 판결이 있었고, 52일만에 대통령이 석방되었다. 내란몰이 광풍에도 정치적 압력에 굴하지 않고, 법치 질서를 지켜낸 서울중앙지법의 결단에 경의를 표한다.

어찌 보면 너무나 당연한 판결이 나온 것인데도, 이재명 대표와 민주당은 상식 밖의 대응을 펼치고 있다. 검찰청에 달려가서 대통령을 석방하지 말라고 압박하더니 검찰총장을 고발하고 탄핵을 겁박하고 철야농성에 장외 집회까지 나섰다. 사법부를 정치화하고 법치를 파괴하려는 참으로 한심한 일이다. 검찰총장의 석방 지휘는 법원의 결정에 따른 당연한 조치인 만큼, 이런 무도한 행위를 즉각 멈춰야 한다.

특히 이재명 대표는 검찰의 산수 잘못 운운하고 있는데, 이 대표의 국어능력에 상당한 심각한 문제가 있어 보인다. 법원은 구속 기간 계산만을 문제로 시작한 것이 아니다. 공수처의 내란죄 수사 권한에 법적 근거가 없다는 점을 지적하면서 내란몰이에 의해 자행된 불법, 위법 수사 전반에 제동을 건 것이다. 판결문을 읽어보면 충분히 알 수 있는데도 이런 주장을 하는 것을 보면 아예 판결문을 읽어보지 않았든지, 읽고도 이해를 못하는 것이든지 그게 아니라면 알면서도 억지를 부리고 우기는 것이다.

민주당에도 율사 출신 의원들이 꽤 있는 것으로 아는데, 이재명 대표에게 판결문 내용을 제대로 좀 알려주기를 바란다. 또한, 이재명 대표는 정작 판결을 내린 법원에 대해서는 한마디 말도 못 하면서 주구장창 검찰만 공격하고 있다. 본인 재판이 코앞에 있으니 겁이 나서 법원에는 감히 말도 못 꺼내고, 검찰에 대해서는 시대착오적인 음모론까지 들고나오고 있다. 한심한 일이다. 또 이재명 대표는 헌재 판단에 아무 영향을 안 줄 것 이라고 주장하는데, 본인의 희망사항을 사실인 것처럼 말하고 있다.

헌법재판소가 법적 논란에도 피의자 신문조서, 수사 기록 등을 증거로 삼은 만큼 수사의 부당성을 지적한 이번 판결을 헌재도 당연히 살펴봐야 할 것이다. 헌재의 올바른 판단이 있을 것으로 기대한다. 지금은 국민을 선동할 때가 아니고, 차분하게 민생을 살피면서 헌재의 판결을 기다릴 때이다. 헌법재판관들은 야당의 초헌법적 주장에 흔들리지 않고, 각자의 양심과 소신, 법리적 판단에 따라 올바른 결정을 내려야 할 것이다.

국민의힘은 헌재의 올바른 판단을 기다리면서 국정안정과 국민통합, 그리고 법치 수호에 최선을 다할 것이다. 이번 법원의 결정으로 공수처는 존재 이유가 없음이 다시금 입증되었다. 법원은 공수처의 내란죄 수사에 대해 사실상 법적 근거가 없다고 판단했다. 공수처는 수사권도 없이, 공명심만 쫓아 무리하게 수사를 진행했고 민주당에 동조하며, 권력에 줄을 서는 행태를 보였다.

특히 대통령의 체포, 조사, 구속과정에서 저지른 일련의 불법행위들은 수사기관이 아니라 범죄 집단을 연상시킬 정도였다. 공권력을 행사하는 기관이 법적 정당성을 갖추지 못한다면, 이는 조직폭력배와 다를 바가 없다. 단연 압권은 영장쇼핑 이다. 공수처가 대통령을 단독 피의자로 적시한 압수수색영장을 중앙지법에 청구해서 발부받았던 사실이 확인되었다.

중앙지법 영장은 형사소송법 제110조 준수, 책임자 승낙, 임의제출 등을 담은 법치주의에 충실한 영장이었다. 그런데 공수처는 이런 영장으로는 마음대로 수사를 하지 못한다고 판단되자, 중앙지법 영장청구와 발부 사실은 숨긴 채, 우리법연구회가 장악한 서부지법으로 갔다. 그리고 서부지법은 형사소송법 제110조, 제111조를 제외한다는 기상천외한 압수수색영장을 발부해 주었다. 처음부터 끝까지 위법, 탈법, 불법의 릴레이였고 이를 감추기 위해 일부 자료를 빼다가 영장 일련번호가 누락 되었다는 의혹까지 제기되었다.

오동운 공수처장은 더 이상 수사기관의 수장이 아닌 국민을 속인 범죄혐의자이며 명백한 수사대상이다. 국민의힘은 공수처의 불법행위에 대해서 끝까지 책임을 물을 것이며, 적폐 다름 아닌 공수처를 반드시 폐지할 것이다. 그런데도 민주당은 공수처의 불법과 우리법연구회 판사들의 일탈에 대해서는 일언반구조차 없다. 민주당, 공수처, 우리법연구회로 이어지는 사법카르텔의 정황이다. 반법치, 반헌법세력은 바로 민주당과 그 동조자들이다. 누가 내란세력이고 범죄 집단인지 국민이 똑똑히 보고 있다. 국민의힘은 법치주의에 대한 공격을 막아내고 대한민국의 자유민주주의를 반드시 지켜낼 것이다.

오늘 10일부터 한미연합훈련이 실시 된다. 우리 국민과 나라를 지키기 위한 자위적이고 방위적인 훈련이다. 그런데도 북한 정권은 고장 난 레코드판처럼 비난과 위협을 반복하고 있다. 북한 김정은 정권에 강력히 경고한다. 이번 훈련을 빌미로 도발할 경우 한미연합군은 결코 좌시하지 않을 것이며, 잘못된 선택이 독재정권의 종말로 이어질 수 있음을 명심해야 할 것이다.

이처럼 중요한 훈련을 앞두고, 지난 6일 포천에서 전투기가 민가에 폭탄을 투여하는 사고가 발생했다. 군인뿐만 아니라 민간인 부상자도 다수 발생했고, 삶의 터전을 잃고 대피소에서 지내는 주민들도 계신다. 정부가 피해지역을 특별재난지역으로 선포한 만큼 주민들께서 불편함이 없도록 지원할 것이며, 우리당에서도 더욱 세심하게 살피겠다.

국민의 생명과 안전보다 우선하는 것은 없다. 이런 사고가 다시는 발생하지 않도록 군은 작은 것 하나까지도 꼼꼼하게 점검하고 또 점검하길 바란다. 국민의힘은 이번주 연합훈련 상황을 면밀히 챙기고 안전관리에 최선을 다하겠다.

– 권성동 원내대표

윤석열 대통령이 석방되자 야당 인사들은 공공연히 내전을 들먹이며, 공포 분위기를 조성하고 있다. 급기야 이재명 세력은 대통령 탄핵 심판 선고까지 매일 국회에서의 철야농성, 장외 탄핵 촉구 집회에 참석하는 비상행동체제에 돌입하였다. 권력 장악을 위해 국가를 내전과 같은 상태로 몰아넣겠다는 선전 포고이다.

이재명 세력은 지난해 12월 국회 탄핵소추안 표결 당시, 국회를 시위대로 둘러싸고 보좌진과 당원들을 국회 본청 안까지 동원해 여당 국회의원들에게까지 표결을 압박하는 공포 분위기를 조성했다. 우리당 의원들의 자택 앞에 흉기, 지역 사무실 앞에 근조 화환을 가져다 놓으며 협박을 가했다. 우리당을 상대로 조성했던 강압적 분위기를 이제 헌재를 상대로 써먹겠다는 것이다.

안전과 수습은 정치권의 책무이다. 국민의힘은 오로지 질서 있는 수습과 안정을 위해 책임 있는 노력을 기울일 것이다. 이재명 대표는 오로지 본인의 생존과 권력 찬탈을 위해 내전 촉발, 사회 혼란 유발을 서슴지 않는 경거망동을 중단하길 바란다.

어제 야 5당은 심우정 검찰총장이 사퇴하지 않으면 탄핵을 추진하기로 결정했다. 기어이 30번째 탄핵을 결정한 것이다. 법원이 대통령 구속취소를 결정한 이유는 내란죄 수사 권한이 없는 공수처가 대통령을 수사하고, 구속 기간을 검찰과 쪼개어 나눠쓰기를 하는 등 적법 절차를 훼손하였기 때문이다. 사법기관이라도 절차적 흠결을 저지르면서까지 인권을 침해할 권한은 없다.

법원의 결정은 이와 같은 헌법적 가치를 확인한 것이다. 그런데도 민주당은 검찰총장이 법원 결정을 이행하였다는 이유로, 또 즉시 항고라는 위헌적 행위를 하지 않았다는 이유로 탄핵하려고 한다. 즉 검찰총장이 법을 지켰다고 탄핵하는 것이다. 나아가 이재명 대표는 '검찰이 불구속 기소를 위해 애썼다. 일정한 의도에 따른 기획이다. 검찰이 내란 사태의 공범이다'라며 망상적 음모론을 쏟아냈다. 지금 이재명 대표는 현실이 자기 마음대로 되지 않으니 거대한 음모가 뒤에 있다고 생각하고 있다. 이러한 태도는 음모론자의 전형적 태도이다.

한편 야 5당은 심우정 검찰총장을 공수처에 고발하기로 합의했다. 법원이 대통령에 대한 구속취소를 결정한 이유가 무엇인가. 바로 공수처의 불법적·탈법적 수사와 구속 때문이다. 반면 검찰은 뒤늦게나마 법치주의를 준수하며 대통령을 석방했다. 따라서 야당이 심우정 검찰총장을 공수처에 고발한 것은 불법에게 합법을 수사하라고 사주하는 기막힌 현실이다.

또한, 이번 고발은 결국 공수처가 야당의 사법 흥신소에 불과하다는 것을 보여준다. 지금 공수처에 필요한 것은 일감이 아니라 폐지이다. 기어이 민주당이 검찰총장 탄핵안을 발의한다면 탄핵안 30번을 채우게 된다. 헌정사에 유례가 없는 폭주의 기록을 또다시 갱신한 것이다. 거대 야당의 막강한 권력을 망상과 음모에 취해서 휘두른다면 결국에는 민심의 심판을 받게 될 것이다.

끝으로 심우정 검찰총장에게 촉구한다. 야당의 사퇴 요구에 불복하면 검찰총장이 불법과 위헌에 백기를 드는 것이다. 탄핵 협박에 굴하지 않고 검찰의 수장으로서 당당하게 명예를 지켜주기 바란다.

– 김상훈 정책위의장

오늘은 세 번째 맞는 국정협의회가 예정되어 있는 날이다. 국회 의장실에서는 아직까지 국정협의회와 관련된 특별한 동향이 없다고 했으며, 예정대로 개최될 것으로 예상하고 있다. 윤석열 대통령에 대한 사법부의 석방 결정 등을 이유로 시급한 국정 현안을 논의하는 국정협의회의 참석 여부와 연계되는 '협량의 정치'가 있어서는 안 되겠다.

상속세에 대해서 한 말씀 드리겠다. 지난 7일 한국중견기업연합회는 기획재정부의 2025년 중견기업계 세제 건의를 제출하면서 상속 증여세율 현행 50%에서 30%, 인하와 최대주주 보유주식 할증평가 폐지 등 상속·증여세 체계 합리화를 촉구했다. 우리나라 상속세 최고율은 50%로 일본에 이어 세계 두 번째이며, OECD 평균인 26%보다 무려 2배 가까이 높다. 최대주주할증 20%까지 감안하면 실질적으로는 최고세율 60%로 세계 최고 수준이다.

이러한 과도한 상속세 부담으로 세계 1위 손톱깎기 회사였던 쓰리세븐은 매각된 후에 적자 기업으로 전락했고, 국내 1위 가구 업체인 한샘, 밀폐 용기의 대명사였던 락앤락 등도 상속·증여세 이슈로 경영권이 사모펀드 등에 넘어갔다. 모두 창업자들이 자신의 의지에 반해 경영권을 상실하고, 경쟁력을 잃은 사례들이다.

언론 보도에 따르면 작년 연말 중견기업 대상으로 조사된 기업승계 실태조사에서 상속세 부담이 기업 경영에 미치는 영향으로 경영악화 33.1%, 사업축소 13.2%로 꼽혔다고 한다. 국내 고용 시장의 80.9%를 중소·중견 기업이 담당하고 있다는 점에서 상속세 부담으로 기업 경영이 위축될 경우 결국 국민 전체가 타격을 받게 될 것이다.

다행스럽게도 상속세 공제 한도 확대, 배우자 상속세 폐지 등 국민 부담 경감을 위한 상속세 체계 개편 논의가 활발하다. 하지만 안타깝게도 그 논의가 경제 활성화와 좋은 일자리 제공을 위한 논의까지 이어지지는 못하고 있다. 지난 7일 민주당 최고위원회의에서 이재명 대표는 상속세 체계 합리화를 여전히 초부자 감세 프레임으로 왜곡하며, 국민을 편 가르려 하고 있다. 경제 활성화와 안정적인 일자리 확대를 위한 상속세 체계 합리화 논의가 왜 초부자 감세인가. 국민의힘은 상속세 공제 규모 확대, 배우자 상속세 폐지에 이어 앞으로도 세율 인하 등 상속세 체계 합리화를 위해 최선을 다할 것을 약속드린다.

반도체 산업과 관련해서 한 말씀 드리겠다. 지난 6일 시장조사 업체 트렌드포스는 2030년이 되면 미국의 첨단 반도체 생산 능력 점유율이 현재 11%에서 22%로 증가할 것으로 전망했다. 반면 한국의 점유율은 12%에서 7%로 급감할 것으로 예측되었다. 이는 미국이 반도체 시장에서의 영향력을 빠르게 확대하는 반면 한국의 입지가 급격히 약화되고 있음을 의미한다.

글로벌 반도체 시장에서 중국의 영향력 확대도 전망했다. 2027년 범용 파운더리 점유율 전망에서 중국은 24%에서 25%로 증가하고, 이에 반해 한국은 현재 9%에서 더 떨어진 7%로 예상했다. '메모리 반도체의 한국, 시스템 반도체의 대만'이라는 기존의 반도체 강국 구조가 미국과 중국, G2 중심으로 재편되고 있는 것이다.

우리가 뒤처지는 사이 중국의 반도체 연구 역량을 빠르게 성장하고 있다. 2018년부터 23년까지 중국의 반도체 연구 논문 수는 약 16만 건으로 이는 미국의 2배 이상, 우리의 약 5.6배에 달하는 압도적인 연구 능력이다. 이재명 대표는 경제계와 국민의힘의 주 52시간제 적용 예외 논의 요구를 관계없는 부당한 요구라며, 못된 습관, 이상한 습관이라고 평가절하했다.

이 대표의 주장이야말로 강성 귀족 노조의 입맛만 생각하는 부당한 주장이다. 반도체 산업을 발목 잡는 못된 버릇 아닌가. 관계없는 부당한 요구라면 반도체산업협회와 한국경제인협회가 애타는 성명서를 발표한 것은 무엇인가. 대한상의의 실태조사는 무엇인가. 반도체 산업을 살리고자 하는 국민과 경제계의 목소리를 못된 습관, 이상한 습관으로 폄훼하지 말고 민주당은 주 52시간제 적용 예외 논의에 보다 더 전향적으로 임해야 한다. 경제 활성화와 국가 경쟁력 강화를 위해 민주당도 적극적인 논의에 동참할 것을 다시 한번 촉구한다.

- 임이자 비상대책위원

형사 피고인 이재명 대표가 지금껏 대통령이라도 된 양 무소불위의 힘을 과시하며 점령군 행세를 하다가 지난 7일 윤석열 대통령에 대한 구속취소가 결정된 이후에, 이제는 다시 광장시위로 선동으로 국민 분열을 획책하고 있다. 이와 관련해서 이진곤 전 국민일보 주필께서 기고한 글이 매우 시의적절하다고 생각하며 국민 여러분께 직접 읽어드리겠다. 함께 생각해주시고 고민해주시면 감사하겠다.

윤석열 대통령은 문재인 정부의 검사총장에서 일약 제1야당의 대선후보로 부상, 마침내 정권을 장악하는 데 성공했다. 그러나 야당인 민주당이 21대에 이어 22대 총선에서도 절대적 다수의석을 차지함으로써, 고립무원의 처지에 놓이게 되었다. 그런 대통령으로서 국정 지휘권을 거의 포기해야 할 지경에 이르렀다.

"거대 야당은 제가 취임하기 전부터 대통령 선제 탄핵을 주장했고, 줄 탄핵, 입법 폭주, 예산 폭거로 정부의 기능을 마비시켜 왔습니다."

윤 대통령이 25일 헌법재판소에서 행한 최종 의견 진술을 통해 한 말이다. 이는 모든 국민이 지켜봐 온 그대로 사실이다. 민주당은 입법권을 마구잡이로 휘둘렀다. 이재명 당 대표가 취임한 2022년 8월 이후 한덕수 국무총리 겸 대통령 권한대행에 대한 탄핵소추 발의 때까지 2년 4개월 동안 민주당은 무려 29차례나 이를 거듭했다. 대통령이 취임한 이후라고 해도 마찬가지고, 이 중 13건이 본회의를 통과해서 헌법재판소에 넘겨졌다. 같은 기간 민주당이 발의한 특검도 20건에 이른다.

"지금 우리나라는, 제왕적 대통령이 아니라 제왕적 거대 야당의 시대이다. 그리고, 제왕적 거대 야당의 폭주가 대한민국의 존립의위기를 불러오고 있습니다." 윤 대통령은 민주당이 국헌 문란 행위를 지속해 왔다고 주장했다. 맞는 말 아닌가.

"제가 정말 제왕적 대통령이라면, 공수처, 경찰, 검찰이 앞다퉈서 저를 수사하겠다고 나서고, 내란죄 수사권도 없는 공수처가 영장 쇼핑, 공문서위조까지 해가며 저를 체포할 수 있었겠습니까?" 윤 대통령으로서는 정말 기가 막혔을 법하다. 국민 직선의 대통령에 대해서 상응하는 존경과 존중의 마음을 표하기는커녕 마치 적장을 거꾸러뜨려 공을 세우겠다는 투로 각 기관이 수사 경쟁을 벌였고, 공수처의 경우 이를 위한 체포와 구금에 혈안이 된 모습을 보였다.

"거대 야당은, 대통령의 헌법상 권한에 기해서 선포된 계엄을 불법 내란으로 둔갑시켜 탄핵소추를 성공시켰습니다." 윤 대통령의 말 그대로다. 사법부의 판단이 나기도 전에 야당은 비상계엄선포를 '내란'으로, 윤 대통령을 '내란수괴'로 부르고 있다. 대통령을 한껏 모욕주면서 스스로는 국회의원입네, 정당 대표입네 으쓱대는 모습들이 가관이다. 특히 12개 범죄 혐의로 5개 법정을 들락거려야 하는 상황에서 대통령을 죄인으로 몰아대는 민주당 이 대표는 자기 행동이 창피하지도 않은지 궁금하다. 윤 대통령은 다음과 같이 말을 이어갔다.

"그러고는 헌법재판소 심판에서는 탄핵 사유에서 내란을 삭제하였습니다. 그야말로 초유의 사기 탄핵이 아닐 수 없습니다. 거대 야당과 소추단이 헌재 심판 대상에서 내란을 삭제한 이유는, 심리 시간을 단축 시키려는 아니라 내란의 실체가 없기 때문입니다." 탄핵 사유에서 '내란'을 삭제했다면 소추를 취하하거나 다시 국회의 의결을 거쳐야 한다. 헌재도 주요 사유가 사라진 소추안이라면, 각하하는 게 옳다. 탄핵이라는 결과를 끌어내기 위해 탄핵소추단과 헌재가 탈법적 방식을 정당하다고 우기면서 기어이 선고까지 강행할 때 그 결과를 수긍하고 수용할 국민은 많지 않을 것이다.

대화와 타협, 그리고 상호 양보의 방식으로 국정 리더십을 회복할 가능성은 거의 없었다. 계엄령은 윤 대통령이 택할 수 있는 유일한 통치권 회복 방안이었다. 다른 방법이 있을 수 있었다면 민주당이 지금이라도 그걸 설명해 줘야 한다. 계엄령은 윤 대통령이 말한 것처럼 헌법이 부여한 대통령의 권한이다. 비상한 상황에서 비상한 조처를 할 수밖에 없다.

헌법이 몇몇 비상한 조치권을 대통령에 부여한 까닭이 그렇다. 이를 즉각 '내란죄'로 몰면서 현직 대통령을 구속부터 하고 헌재의 탄핵 심판을 청구한 야당이나, 이를 바로 받아서 '내란죄' 철회 조언까지 해가며 심판에 열을 올리는 헌재가 인식하는 정치란 무엇인지 궁금하기 짝이 없다. '제왕적 대통령'이기는커녕 야당 대표의 사법 리스크 해소 및 대통령이 되기 위한 제단에 바쳐진 '인질 대통령', '희생양 대통령' 신세가 된 윤 대통령을 헌재까지 나서서 핍박하는 광경이 아주 황당하다. 이 대표와 민주당이 이런 독수로 윤 대통령을 몰아내고 집권하면 대통령의 권한과 권위를 회복시킬 수 있는 묘안이라도 있긴 있는 건가.

자주색 법복을 입고 재판관석에 오연히 앉아서 대통령을 심판하고 있는 헌법재판관들에 대해서도 한 마디는 해야겠다. 자주색은 황제의 색으로 최고의 권위와 고귀함, 숭고함을 상징한다고 한다. 헌법재판관의 자주색 법복은 헌재의 위상과 권위를 표현한다고들 하던데 정말 그런가. 그런 의미가 조금이라도 들어있다면 그 권위를 국민과 역사로부터 인정받을 수 있는 결정을 내려줘야 할 것이다.

윤 대통령은 이날 최종의견에서 직무에 복귀한다면 잔여임기에 연연하지 않고 개헌과 정치개혁을 이뤄내겠다고 뜻을 밝혔다. 일개 서생이 보기에도, 아쉬운 대로 합당한 해결방안이 될 듯하다. 정치권이나 헌재, 헌정사에 또다시 회복 불가능한 상처를 남기지 않고 상생의 해결책을 찾아내는 데 지혜를 모아주시라.

이것을 반드시 헌법재판소가 듣고 이렇게 해야 한다고 생각한다. 국민 여러분들께서도 저와 생각이 같으신가. 반드시 이렇게 되어야만 국민통합으로 갈 수 있고 국민화합을 이루어낼 수 있는 것이다. 범죄 피고인 이재명 대표, 똑똑히 들으시길 바란다. 당신은 점령군도, 대통령도 아니다. 그저 범죄 피고인일 뿐이다.

– 최형두 비상대책위원

오늘 국회에서 한미의원연맹이 출범한다. 한미동맹은 2차 대전 이후, 미국이 우방 국가와 맺은 동맹 중에 가장 모범적인 동맹이었다. 올해 2차 대전 종전 80주년, 대한민국 광복 80주년, 한미동맹 속에서 두

나라는 지난 80년간 아시아에서 자유민주주의, 시장경제 공동 번영 기반을 만들어 왔다. 대한민국은 2차 대전 이후 독립국 중에서 식민지 폐허를 딛고, 선진국으로 도약한 유일한 나라이자, 서방 선진 7개국 정상회의 G7 가입 논의가 진행될 만큼 글로벌 중추 국가로 발돋움했다.

지금 트럼프 행정부 출범, 러시아-우크라이나 침공, 북한의 핵 위협 강화, 중국의 대국굴기 속에서 한미동맹과 동북아는 새로운 도전에 직면해 있다. 세계 평화와 동북아 안정과 공동 번영을 이루어야 할 중요한 업무가 대한민국과 미국 양국의 한미의원연맹에 주어졌다. 한일의원연맹, 한중의원연맹이 한일·한중 관계의 격랑 속에서도 두 나라 국민을 이어주는 교량이 된 것 이상으로 한미의원 연맹은 동아시아, 인도, 태평양, 그리고 유럽 대륙에까지 자유민주주의 등불이 되도록 최선을 다할 것이다.

윤석열 대통령이 석방되었다. 이제 이재명 민주당에게 묻는다. 누가 누구를 탓하는가. 수사권 없는 공수처가 적법 절차를 위반하며 위법적 증거 수집의 탑을 쌓아가도록 밀어붙인 사람들은 누구인가. 검수완박으로 검찰과 공수처의 내란죄 수사권을 박탈한 사람들이 누구인가. 수사권이 있는 경찰 국가수사본부에서 조사받도록 해달라는 윤 대통령의 호소를 걷어찬 사람들이 누구인가.

대통령을 '내란수괴'로 탄핵소추하고, 정작 헌법재판소에서는 '내란죄' 소추를 철회한 사람들은 또 누구인가. 선거법 재판의 재판시한 1심 6개월, 2심 3개월, 3심 3개월을 무한 연장하며, 법원의 적법 절차를 무너뜨리고 있는 사람은 누구인가. 이재명 민주당은 헌법재판소를 겁박할 것이 아니라, 이제 이재명 대표의 선거법 재판을 법정 시한대로 빨리해달라고, 법원에 촉구해야 하지 않겠는가. 누가 법치주의를 허물고 있는가. 이재명 민주당에 국민들이 묻고 있다.

- 김용태 비상대책위원

지난 6일 경기도 포천시 이동면 노곡리에서 발생한 전투기 오폭 사고는 있어서도 안 될 일이며, 상상조차 하지 못한 일이었다. 이 자리를 빌려 부상당한 주민들과 군 장병 여러분의 쾌유를 기원하고, 삶의 터전을 잃은 주민들이 안전하게 귀가할 수 있도록 우리 국민의힘과 정부가 모든 노력을 다하겠다는 말씀을 드리겠다. 또 신속하게 특별재난지역을 선포한 최상목 대통령 권한대행께 포천 시민을 대표해 감사의 말씀을 드린다.

노곡리를 비롯한 경기 북부 및 강원 북부 접경 지역은 군사시설과 민간 주거지가 공존하는 지역이며,

남북 대치 상황의 첨병에 위치한 평화 안보 지역이다. 포천 지역에는 승진훈련장 외에 모두 7곳의 화력 시험장이 있다. 이번 이동면 노곡리뿐만 아니라 영중, 영북, 창수, 관인면 등 곳곳에서 최근 10년간 발생한 유탄 및 도비탄 사고로 인한 피해는 총 29건에 달하며, 민간 피해가 지속적으로 발생되고 있는 상황이다. 따라서 이번 사고는 그동안 방치되어 온 군사 훈련 중 민간 피해 상황이 대형 사고로 터진 것이라고 볼 수 있다.

저는 이틀 전 사고 현장에서 이번 사태와 관련해 3가지 수습 방안을 말씀드린 바 있다. 첫 번째는 군사 훈련 중 민간 피해 보상 및 배상에 대한 특별법 제정이다. 이 법은 이번 사건에만 국한되는 특별법이 아니다. 현재 국가배상법은 절차가 너무 복잡하고 느리며, 피해에 대한 배상에 대한 한계가 있다. 보다 신속하고 적극적인 지원을 통해 우리 군에 대한 국민의 신뢰를 회복할 필요가 있다.

둘째는 이번과 같은 실수가 다시는 반복되지 않도록 철저한 안전 검증 시스템을 만드는 것이다. 저는 이번 사고에도 불구하고 대한민국 공군을 믿는다. 대신에 요구한다. 좌표 입력 시 군사 지역과 민간 지역을 구분하는 등, 2중, 3중의 안전을 검증하는 시스템이 설치될 수 있도록 개선책을 마련해 주시기 바란다.

셋째로 각종 군사 훈련과 중첩 규제로 피해를 입는 접경 지역에 대한 과감한 지역 회생 정책이 필요하다. 경기 북부와 강원 북부 접경 지역은 오랜 기간 안보를 위해 지역 발전의 기회를 박탈당해 온 안보희생 지역이다. 이번 사태로 접경 지역에 대한 국민의 인식과 주민들의 삶은 더 어려운 처지에 놓였다. 정부와 군 당국이 군사시설 인근 지역을 매입하거나 아니면 민군상생 발전의 비전을 제시해 주시기 바란다.

정부가 경기 북부 접경 지역의 일방적인 안보 희생과 수도권 중첩 규제를 당연시하지 않는다면 경기 북부 접경 지역의 평화경제특구 지정과 남북협력기금 사용, 기회발전 특구 등 그동안 부당하게 방치되어 왔던 지역회생 정책을 조속하게 시행해 주시기 바라겠다. 노곡리의 피해는 경기 북부의 안보 희생을 대표하고 있다. 더 이상 일방적인 안보 희생이 방치될 수 없으며, 평화와 안보가 공존하는 민군 복합 발전의 비전이 실현되기를 촉구한다.

– 최보윤 비상대책위원

윤석열 대통령께서 52일간의 불법 구금에서 석방되셨다. 대한민국 사법시스템에서 법과 원칙이 정상적으로 작동했음을 보여주는 의미 있는 결정이자 사법질서 회복에 매우 중요한 진전이었다. 다만 이 과정에서 검찰이 법원의 석방 결정 이후 집행까지 28시간을 지연시킨 부분은 법치주의에 대한 도전으로 책임을 져야 할 것이다. 또한, 민주당이 심우정 검찰총장에 대해 대통령 석방 지휘 직후 일방적 사퇴요구 및 탄핵소추 위협을 하는 것은 법치주의보다 정치적 이해관계를 앞세우는 거대야당 전횡의 전형적 사례로 지탄받아야 할 것이다.

지난 일련의 사태에서 우리는 대한민국 곳곳에 비정상 시스템을 목도한 바 있다. 사회 곳곳에 깊이 뿌리내린 곪아있는 제도적 병폐의 실상을 직시하고 환부를 과감히 도려내는 결단과 개혁이 시급하다.

첫째, 훼손된 사법질서를 회복해야 한다. 사법부는 자유민주주의와 법치주의의 최후에 보루여야 하나 사법부의 공정에 대해 국민의 의심은 날로 커져가고 있다. 서울서부지법은 영장쇼핑의 주체가 되었다. 헌법재판소는 재판관 구성에 이념적 편향성 논란과 함께 위법적 증거 채택과 증인 제한 등 대통령 방어권 침해, 납득하기 어려운 탄핵 심판 순서 등으로 국민의 우려를 사고 있다. 이런 일련의 사태는 법치주의 근간을 심각하게 위협하는 사법의 정치 완상으로 비춰지고 있다. 적법 절차 원칙에 보장되지 않고는 진정한 민주주의도 국민통합도 결코 이룰 수 없다.

둘째, 공수처는 폐지되어야 한다. 서울중앙지법이 지적했듯이 공수처는 내란죄 수사권이 없음에도 월권적 수사를 강행했고, 그 과정에서 판사쇼핑과 영장 은폐, 허위공문서 작성으로 헌정사상 초유의 현직 대통령 불법 체포와 불법 구속이 이루어졌다. 이로 인해 우리 사회는 씻을 수 없는 상처와 함께 심각한 분열과 혼란에 빠져들었다. 법치주의에 근간을 흔드는 무법과 불법, 졸속과 거짓이 반복되며, 권력견제라는 설립 취지와 상반되게 완전한 정치적 도구로 전락한 공수처는 폐지됨이 마땅하다.

셋째, 선관위 부패를 바로 잡아야 한다. 공정한 선거를 관리해야 할 중추 기관이 고용세습 비리와 조직적 부패로 오염되어 국민의 신뢰를 철저히 져버렸다. 선관위 개혁은 단순한 조직문제가 아니라 공정한 선거를 통해 민주주의 근간을 지키기 위한 필수 과제이다. 선관위는 수차례 셀프 개혁실패로 자정 능력이 전무함이 입증된 만큼 외부의 강력한 감시체제 구축과 투명한 운영원칙 확립만이 국민의 신뢰를 회복할 수 있는 길이다.

넷째, 의회민주주의 회복을 위해 거대 야당의 일방독주를 반드시 견제해야 한다. 헌정사상 유례없는 29번의 탄핵 시도, 23번의 특검법 발의, 38번의 재의요구권 유도, 다수당 예산삭감 단독처리 등을 국회의 협치와 견제 기능이 완전히 상실된 현실을 여실히 보여준다. 국민의 삶과 직결된 입법과 정책예산이 충분한 검토와 숙의 없이 오직 다수의 힘으로 밀어 붙여질 때 그 피해는 고스란히 민생과 국가경쟁력 약화로 이어질 것이다. 이러한 심각한 제도적 병폐들로 인해 대한민국은 본연의 잠재력을 발휘하지 못하고 발전 동력을 상실하고 있다.

지금 우리에게 절실히 필요한 것은 진정한 소통과 국민적 합의를 이끌어 낼 수 있는 열린 담론의 장이다. 사회 각계에 지혜를 모아 위기의 본질을 정확히 진단하고 실효성 있는 해결책을 함께 모색해야 한다. 이러한 국가적 위기를 직시하고 과감히 극복해 나갈 때 대한민국은 더 견고한 민주주의와 법치주의 토대 위에서 재도약할 것이다.

국민의힘은 헌법 수호와 법치주의 회복, 자유민주주의 가치 수호라는 역사적 소명을 위해 치열하게 고민하고 흔들림 없이 앞장서 나가겠다. 이 중대한 변화의 순간에서 국민을 위해, 국민과 함께 더 공정하고, 강한 대한민국을 만들어 가겠다.

2025. 3. 10.
국민의힘 공보실

형사소송법 일부개정법률안
(유상범의원 대표발의)

의 안 번 호	8760

발의연월일 : 2025. 3. 10.

발　의　자 : 유상범·박대출·김기현
　　　　　　김정재·이양수·김석기
　　　　　　박성민·서천호·최은석
　　　　　　이철규 의원(10인)

제안이유

　과거 헌법재판소는 법원의 구속집행 결정에 대하여 검사가 즉시항고 할 수 있도록 한 조항에 대해 2011헌가36 결정으로 "검사의 불복을 그 피고인에 대한 구속집행을 정지할 필요가 있다는 법원의 판단보다 우선시킬 뿐만 아니라, 사실상 법원의 구속집행정지결정을 무의미하게 할 수 있는 권한을 검사에게 부여한 것이라는 점에서 헌법 제12조 제3항의 영장주의 원칙에 위배"된다고 판시하였음.

　헌법재판소는 1993년에도 법원의 보석허가 결정에 대한 검사의 즉시항고권 역시 헌법상 영장주의 및 적법절차원칙 등에 위반된다는 이유로 위헌 결정을 한 바 있음.

　구속취소 결정의 요건이 보석이나 구속집행정지보다 더욱 엄격하다는 점을 고려하면 현행법상 남아있는 구속취소 결정 이후 즉시항고 조항을 이유로 석방을 지연하는 것 역시 위헌 소지가 다분함.

이에 따라 과거 헌법재판소의 결정 취지대로 법원의 구속취소 결정에 대한 검사의 즉시항고 조항도 삭제하여 사법권의 독립이 보장된 법관의 결정이 무력화되지 않도록 하고자 함(안 제97조제4항 삭제).

주요내용

법원의 구속 취소 결정에 대한 검사의 즉시항고권을 삭제함(안 제97조제4항 삭제).

법률 제   호

형사소송법 일부개정법률안

형사소송법 일부를 다음과 같이 개정한다.

제97조제4항을 삭제한다.

부   칙

이 법은 공포한 날부터 시행한다.

신·구조문대비표

현 행	개 정 안
第97條(保釋, 拘束의 取消와 檢事의 意見) ① ~ ③ (생 략)	第97條(保釋, 拘束의 取消와 檢事의 意見) ① ~ ③ (현행과 같음)
④ 拘束을 取消하는 決定에 대하여는 檢事는 卽時抗告를 할 수 있다.	<삭 제>

공직선거법 일부개정법률안
(신동욱의원 대표발의)

의 안 번 호	8778

발의연월일 : 2025. 3. 10.

발 의 자 : 신동욱·김 건·조배숙
김소희·나경원·유용원
배준영·인요한·구자근
이만희 의원(10인)

제안이유 및 주요내용

현행법은 선거일의 투표 이외에도 선거일 전 5일부터 2일간 사전투표를 할 수 있도록 하고, 투표시간은 원칙적으로 오전 6시부터 오후 6시까지로 하되 보궐선거등의 경우에는 오후 8시까지로 연장하여 선거인의 투표편의를 제공하고 있음.

하지만 선거일과 사전투표기간과의 간극으로 인해 선거운동 기간에 이루어지는 후보자와 유권자 간 상호작용이 위축되거나, 사전투표자와 선거일 투표자 간 정보 차이가 발생한다는 지적이 있음.

이에, 사전투표기간을 2일에서 1일로 단축하여 사전투표일을 '선거일 전 3일이 되는 날'로 하고, 투표시간은 선거의 종류와 관계없이 오전 6시부터 오후 8시까지로 확대함으로써, 투표율을 제고하고 유권자들의 참정권 보장을 강화하려는 것임(안 제148조제1항 및 제155조제1항 등).

공직선거법 일부개정법률안

공직선거법 일부를 다음과 같이 개정한다.

제6조의2제1항 중 "사전투표기간"을 "사전투표일"로 한다.

제44조의2제4항 전단 중 "사전투표기간 종료 후"를 "사전투표일 후"로 한다.

제148조제1항 각 호 외의 부분 본문 중 "선거일 전 5일부터 2일 동안(이하 "사전투표기간"이라 한다)"을 "선거일 전 3일이 되는 날(이하 "사전투표일"이라 한다)"로 한다.

제155조제1항 본문 중 "오후 6시(보궐선거등에 있어서는 오후 8시)에"를 "오후 8시에"로 하고, 같은 조 제2항 전단 중 "사전투표기간 중 매일"을 "사전투표일"로, "오후 6시에"를 "오후 8시에"로 하며, 같은 조 제5항 중 "오후 6시(보궐선거등에 있어서는 오후 8시)까지"를 "오후 8시까지"로 하고, 같은 조 제6항 본문 중 "투표소를 오후 6시 30분(보궐선거등에 있어서는 오후 8시 30분)에 열고 오후 7시 30분(보궐선거등에 있어서는 오후 9시 30분)에 닫으며, 사전투표소(제148조제1항제3호에 따라 설치하는 사전투표소를 제외하고 사전투표기간 중 둘째 날의 사전투표소에 한정한다. 이하 이 항에서 같다)는 오후 6시 30분에 열고 오후 8시에 닫는다"를 "투표소 및 사전투표소(제148조제1항제3호

에 따라 설치하는 사전투표소를 제외한다)는 오후 8시 30분에 열고 오후 9시 30분에 닫는다"로 하며, 같은 조 제8항 중 ""선거일 오후 6시"는 각각 "선거일 오후 7시 30분"으로, "오후 8시"는 각각 "오후 9시 30분"으로"를 ""선거일 오후 8시"는 각각 "선거일 오후 9시 30분"으로"로, ""오후 6시" 및 "오후 8시""을 ""오후 8시""로 한다.

제158조제1항 중 "사전투표기간 중에"를 "사전투표일에"로 하고, 같은 조 제6항 각 호 외의 부분 중 "사전투표기간 중 매일의 사전투표마감 후 또는 사전투표기간 종료 후"를 "사전투표마감 후"로 한다.

제162조제2항 중 "사전투표기간 중에는"을 "사전투표일에는"으로 한다.

제176조제4항 중 "오후 6시(보궐선거등에 있어서는 오후 8시)후에"를 "오후 8시 후에"로 한다.

제218조의4제1항제1호 중 "사전투표기간 개시일"을 "사전투표일"로 한다.

제218조의16제2항 중 "오후 6시(대통령의 궐위로 인한 선거 또는 재선거는 오후 8시를 말한다)까지"를 "오후 8시까지"로 한다.

제218조의24제2항 중 "오후 6시(대통령의 궐위로 인한 선거 또는 재선거는 오후 8시를 말한다. 이하 이 조에서 같다)"를 "오후 8시"로 하고, 같은 조 제3항 중 "오후 6시까지"를 "오후 8시까지"로 하며, 같은 조 제4항 중 "오후 6시 이후에"를 "오후 8시 이후에"로 한다.

제1조(시행일) 이 법은 공포한 날부터 시행한다.

제2조(사전투표 및 투표시간 변경에 관한 적용례) 이 법의 개정규정은

　이 법 시행 이후 선거인명부를 작성하는 선거부터 적용한다.

신·구조문대비표

현 행	개 정 안
제6조의2(다른 자에게 고용된 사람의 투표시간 보장) ① 다른 자에게 고용된 사람이 <u>사전투표기간</u> 및 선거일에 모두 근무를 하는 경우에는 투표하기 위하여 필요한 시간을 고용주에게 청구할 수 있다.	제6조의2(다른 자에게 고용된 사람의 투표시간 보장) ① ---------------------------<u>사전투표일</u>--.
②·③ (생 략)	②·③ (현행과 같음)
제44조의2(통합선거인명부의 작성) ① ~ ③ (생 략)	제44조의2(통합선거인명부의 작성) ① ~ ③ (현행과 같음)
④ 읍·면·동선거관리위원회는 선거일에 투표소에서 사용하기 위하여 제148조제1항에 따른 <u>사전투표기간 종료 후</u> 중앙선거관리위원회가 제2항에 따라 기술적 조치를 한 선거인명부를 출력한 다음 해당 읍·면·동선거관리위원회위원장이 이를 봉함·봉인하여 보관하여야 하며, 그 보관과정에 정당추천위원이 참여하여 지켜볼 수 있도록 하여야 한다. 이 경우 정당추천위원이 그 시각까지	④ ---<u>사전투표일 후</u>--. -----------------------------------

참여하지 아니한 때에는 참여를 포기한 것으로 본다.

⑤·⑥ (생 략)

제148조(사전투표소의 설치) ① 구·시·군선거관리위원회는 <u>선거일 전 5일부터 2일 동안(이하 "사전투표기간"이라 한다)</u> 관할구역(선거구가 해당 구·시·군의 관할구역보다 작은 경우에는 해당 선거구를 말한다)의 읍·면·동마다 1개소씩 사전투표소를 설치·운영하여야 한다. 다만, 다음 각 호의 어느 하나에 해당하는 경우에는 해당 지역에 사전투표소를 추가로 설치·운영할 수 있다.

1. ~ 4. (생 략)

② ~ ⑥ (생 략)

第155條(投票時間) ① 投票所는 選擧日 오전 6시에 열고 <u>오후 6시(보궐선거등에 있어서는 오후 8시)</u>에 닫는다. 다만, 마감할 때에 投票所에서 投票하기 위하여 대기하고 있는 選擧人에게는 番號票를 부여하여 投票하게 한 후에 닫아야 한다.

---.

⑤·⑥ (현행과 같음)

제148조(사전투표소의 설치) ① ----------------------------<u>선거일 전 3일이 되는 날(이하 "사전투표일"이라 한다)</u>---. --.

1. ~ 4. (현행과 같음)

② ~ ⑥ (현행과 같음)

第155條(投票時間) ① -------------------------------<u>오후 8시에</u>----------------------------. ---.

② 사전투표소는 <u>사전투표기간 중 매일</u> 오전 6시에 열고 <u>오후 6시에</u> 닫되, 제148조제1항제3호에 따라 설치하는 사전투표소는 관할 구·시·군선거관리위원회가 예상 투표자수 등을 고려하여 투표시간을 조정할 수 있다. 이 경우 第1項 但書의 規定은 사전투표소에 이를 準用한다.

③·④ (생 략)

⑤ 사전투표·거소투표 및 선상투표는 選擧日 <u>오후 6시(보궐선거등에 있어서는 오후 8시)까지</u> 管轄區·市·郡選擧管理委員會에 도착되어야 한다.

⑥ 제1항 본문 및 제2항 전단에도 불구하고 격리자등이 선거권을 행사할 수 있도록 격리자등에 한정하여서는 <u>투표소를 오후 6시 30분(보궐선거등에 있어서는 오후 8시 30분)에 열고 오후 7시 30분(보궐선거등에 있어서는 오후 9시 30분)에 닫으며, 사전투표소(제148조제1항제3호에 따라 설치하는 사전</u>

② ------------<u>사전투표일--</u> <u>---------------------오후</u> <u>8시에</u>------------------------ ---------------------------------- ---------------------------------- ---------------------------------- ---------------------------------- ---. ---------------------------------- ---.

③·④ (현행과 같음)

⑤ ---------------------------------- --------------<u>오후 8시까지</u>-- ---------------------------------- ----------------=------ ---------------------------------.

⑥ ---------------------------------- ---------------------------------- ---------------------------------- -----------------<u>투표소 및 사전투표소(제148조제1항제3호에 따라 설치하는 사전투표소를 제외한다)는 오후 8시 30분에 열고 오후 9시 30분에 닫는다.</u> ------------------- ----------------------------------

투표소를 제외하고 사전투표기간 중 둘째 날의 사전투표소에 한정한다. 이하 이 항에서 같다)는 오후 6시 30분에 열고 오후 8시에 닫는다. 다만, 중앙선거관리위원회는 질병관리청장과 미리 협의하여 감염병의 전국적 대유행 여부, 격리자등의 수, 공중보건에 미치는 영향 등을 고려하여 달리 정할 수 있다.

⑦ (생 략)

⑧ 제6항 본문에 따라 투표하는 경우 제5항, 제176조제4항, 제218조의16제2항 및 제218조의24제2항부터 제4항까지의 규정 중 "선거일 오후 6시"는 각각 "선거일 오후 7시 30분"으로, "오후 8시"는 각각 "오후 9시 30분"으로 보되, 제6항 단서에 따라 투표하는 경우 "오후 6시" 및 "오후 8시"는 각각 "격리자등의 투표시간을 포함한 투표 마감시각"으로 본다.

제158조(사전투표) ① 선거인(거소투표자와 선상투표자는 제외

--.

⑦ (현행과 같음)

⑧ ---"선거일 오후 8시"는 각각 "선거일 오후 9시 30분"으로--"오후 8시"--.

제158조(사전투표) ① ---

한다)은 누구든지 <u>사전투표기간 중에</u> 사전투표소에 가서 투표할 수 있다.

② ~ ⑤ (생 략)

⑥ 사전투표관리관은 <u>사전투표기간 중 매일의 사전투표마감 후 또는 사전투표기간 종료 후</u> 투표지를 인계하는 경우에는 사전투표참관인의 참관 하에 다음 각 호에 따라 처리한다.

1.·2. (생 략)

⑦·⑧ (생 략)

제162조(사전투표참관) ① (생 략)

② 정당·후보자·선거사무장 또는 선거연락소장은 후보자마다 사전투표소별로 2명의 사전투표참관인을 선정하여 선거일 전 7일까지 구·시·군선거관리위원회에 서면으로 신고하여야 하고, 필요한 경우 언제든지 신고한 후 교체할 수 있으며 <u>사전투표기간 중에는</u> 사전투표소에서 교체신고를 할 수 있다.

③ ~ ⑥ (생 략)

제176조(사전투표·거소투표 및

----------------<u>사전투표일에</u>----------------------------.

② ~ ⑤ (현행과 같음)

⑥ ----------------<u>사전투표마감 후</u>--.

1.·2. (현행과 같음)

⑦·⑧ (현행과 같음)

제162조(사전투표참관) ① (현행과 같음)

② --<u>사전투표일에는</u>----------------------------------.

③ ~ ⑥ (현행과 같음)

제176조(사전투표·거소투표 및

선상투표의 접수·개표) ① ~ ③ (생 략)

④ 제1항에 따른 우편투표함과 제2항에 따른 사전투표함은 開票參觀人의 參觀하에 選擧日 오후 6시(보궐선거등에 있어서는 오후 8시)후에 開票所로 옮겨서 一般投票函의 投票紙와 별도로 먼저 開票할 수 있다.

⑤ (생 략)

제218조의4(국외부재자 신고) ① 주민등록이 되어 있는 사람으로서 다음 각 호의 어느 하나에 해당하여 외국에서 투표하려는 선거권자(지역구국회의원선거에서는 「주민등록법」 제6조제1항제3호에 해당하는 사람과 같은 법 제19조제4항에 따라 재외국민으로 등록·관리되는 사람은 제외한다)는 대통령선거와 임기만료에 따른 국회의원선거를 실시하는 때마다 선거일 전 150일부터 선거일 전 60일까지(이하 이 장에서 "국외부재자 신고기간"이라 한다) 서면·전자우편 또는 중앙

선상투표의 접수·개표) ① ~ ③ (현행과 같음)

④ ---

오후 8시 후에---.

⑤ (현행과 같음)

제218조의4(국외부재자 신고) ① ---

선거관리위원회 홈페이지를 통하여 관할 구·시·군의 장에게 국외부재자 신고를 하여야 한다. 이 경우 외국에 머물거나 거주하는 사람은 공관을 경유하여 신고하여야 한다.

1. <u>사전투표기간 개시일 전 출</u>국하여 선거일 후에 귀국이 예정된 사람

2. (생 략)

② ~ ⑤ (생 략)

제218조의16(재외선거의 투표방법) ① (생 략)

② 재외투표는 선거일 <u>오후 6시(대통령의 궐위로 인한 선거 또는 재선거는 오후 8시를 말한다)까지</u> 관할 구·시·군선거관리위원회에 도착되어야 한다.

③·④ (생 략)

제218조의24(재외투표의 개표) ① (생 략)

② 재외투표함은 개표참관인의 참관 아래 선거일 <u>오후 6시(대통령의 궐위로 인한 선거 또는 재선거는 오후 8시를 말한다.</u>

----. -----------------------------

------------------------.

1. <u>사전투표일</u>-------------

----

2. (현행과 같음)

② ~ ⑤ (현행과 같음)

제218조의16(재외선거의 투표방법) ① (현행과 같음)

② -------------------<u>오후 8시 까지</u>-------------------

--.

③·④ (현행과 같음)

제218조의24(재외투표의 개표) ① (현행과 같음)

② ------------------------------------
-----------------<u>오후 8시</u>--

이하 이 조에서 같다) 후에 개표소로 옮겨서 다른 투표함의 투표지와 별도로 먼저 개표할 수 있다.	---------------------------- ---------------------------- ---------------------------- -----.
③ 제1항에도 불구하고 중앙선거관리위원회는 천재지변 또는 전쟁·폭동, 그 밖에 부득이한 사유로 재외투표가 선거일 <u>오후 6시까지</u> 관할 구·시·군선거관리위원회에 도착할 수 없다고 인정하는 때에는 해당 재외선거관리위원회로 하여금 재외투표를 보관하였다가 개표하게 할 수 있다.	③ ------------------------ ---------------------------- ---------------------------- ---------------------<u>오</u> <u>후 8시까지</u>---------------- ---------------------------- ---------------------------- ---------------------------- ------------.
④ 재외선거관리위원회가 제3항에 따라 개표하는 때에는 선거일 <u>오후 6시 이후에</u> 개표참관인의 참관 아래 공관에서 개표하고, 그 결과를 중앙선거관리위원회에 보고하며, 중앙선거관리위원회는 관할 선거구선거관리위원회에 그 결과를 통지한다.	④ ------------------------ ---------------------------- ----<u>오후 8시 이후에</u>-------- ---------------------------- ---------------------------- ---------------------------- ---------------------------- ---------------------------- ---.
⑤·⑥ (생 략)	⑤·⑥ (현행과 같음)

심우정 검찰총장 공동 고발 기자회견문

"내란공범 자인한 심우정 검찰총장을 고발한다"

심우정 검찰총장이 내란공범임을 스스로 자백했습니다. 내란수괴 윤석열에 대한 즉시항고를 포기하고 석방 지휘를 지시했기 때문입니다.

헌법기관인 국회와 선관위에 무장병력을 투입시킨 12월 3일 밤에 이어, 내란수괴가 세상 밖으로 당당히 풀려나는 상식 밖의 일이 또 한 번 발생했습니다. 검찰이 내란세력에 동조한 것입니다.

검찰은 윤석열과 국민의힘 주장을 그대로 받아쓰며 내란수괴 윤석열 구하기에 앞장섰습니다. 과거 위헌 결정이 내려진 것은 '구속 취소'가 아닌 '구속집행정지'에 대한 즉시항고였습니다. 이는 형사소송법 97조 제4항에 분명히 규정되어 있습니다. 법 기술자 검찰이 모를 리 없는 사실입니다. 그럼에도 마치 즉시항고가 위헌인 듯 국민을 속이며 내란수괴를 비호한 것입니다.

윤석열을 수사해 온 검찰 특수본 수사팀은 법원의 구속취소 결정에 반발하고 즉시항고를 주장했습니다. "수십 년 간 확고하게 운영된 법원 판결례와 실무례에 반하는 독자적이고 이례적인 결정"이라며 법원의 구속취소 판단에 이의를 제기했습니다.

심우정 검찰총장은 이를 묵살한 채 즉시항고 포기를 결정했습니다. 상급심에서 다퉈볼 기회도, 여지도, 근거도 충분한 상황에서 너무나도 손쉽게 투항했습니다. 내란수괴를 풀어주기 위한 검찰의 큰 그림이 명확합니다.

대한민국은 법치국가입니다. 하지만 몇 년 동안 모든 국민에게 적용되는 법과 원칙이 김건희 여사 앞에만 가면 무력화되더니 이번에는 내란수괴 윤석열 앞에서 멈춰 섰습니다. 검사 출신 윤석열에 대한 예우입니까? 심우정이 내란세력 공범이기 때문입니까? 아니면 검찰이 내란세력 그 자체이기 때문입니까? 묻지 않을 수 없습니다.

내란수괴를 풀어준 3월 8일은 검찰이 우리 국민을 포기한 검찰 사망의 날로 기억될 것입니다. 국민의 검찰이 아닌, 내란수괴의 하수인이자 부역자임을 선언한 날로 기억될 것입니다.

　야5당은 국민을 대신해서 내란수괴에 충성하고 국민을 저버린 심우정 검찰총장에 대해 응분의 책임을 묻겠습니다. 윤석열을 풀어주고 즉시항고를 포기한 것에 대한 직권남용의 죄를 묻겠습니다. 야5당은 오늘 이 회견 직후, 공수처에 심우정 검찰총장을 고발할 것입니다.

　심우정 검찰총장에게도 경고합니다. 내란수괴 비호에 대한 책임을 지고 사퇴하십시오. 이것이 국민에 대한 최소한의 예의입니다.

　공수처는 심우정 검찰총장에 대한 직권남용 혐의를 철저히 수사해 주십시오. 헌법재판소는 내란수괴 윤석열에 대한 파면 선고를 신속히 진행해 주실 것을 촉구합니다. 내란세력이 붕괴시킨 헌정질서를 회복시키고 국가 정상화를 이루는 유일한 길입니다.

　야5당은 우리 대한민국이 다시 자랑스러운 모습을 되찾고 우리 국민의 일상이 회복될 수 있도록 끝까지 최선을 다할 것을 약속드립니다.

2025년 3월 10일
기본소득당 · 더불어민주당 · 사회민주당 · 조국혁신당 · 진보당

더불어민주당

제86차 최고위원회의 모두발언

□ 일시 : 2025년 3월 10일(월) 오전 9시 30분
□ 장소 : 국회 본청 당대표회의실

– 이재명 당대표

윤석열 대통령의 석방 때문에 온 국민이 불안해하고 있습니다. 경제도 불안해져서 환율이 폭등하고 주가가 폭락하고 있습니다. 대체 누구를 위한 일인지 납득하기 어렵습니다. 이 나라 질서 유지의 최후 보루여야 할 검찰이 해괴한 잔꾀로 내란 수괴를 석방해 줬습니다.

저런 계산 방법을 동의할 수도 없거니와, 당연히 상급심의 판결을 받아 봐야 되는데, 무죄가 판결되더라도 악착같이 항소 · 상고해 가면서 괴롭히는 검찰이 윤석열 대통령에게 대해서만 왜 이리 관대한지 잘 모르겠습니다. 아마 한 패라서 그런 것이겠지요. 내란 수괴의 내란 행위에 사실상 검찰이 핵심적으로 동조할 뿐만 아니라, 주요 임무 종사를 하는 것이 아닌가, 또 주요 임무에 종사했던 것이 아닌가라는 의심이 듭니다.

그럼에도 불구하고, 대한민국의 위대한 국민들은 언제나 이런 기득권자들에 의해서 만들어진 위기를 슬기롭게 극복해 왔습니다. 이번 빛의 혁명도 이러한 반동을 이겨내고 반드시 승리할 것이고, 그 전면에 더불어민주당이 서겠습니다. 반드시 이길 것입니다.

– 박찬대 원내대표

증거인멸 방조, 범인도피 책임지고 심우정 총장은 즉각 사퇴하십시오. 윤석열의 구속사유는 여전히 사라지지 않았습니다. 애초 법원은 윤석열에 대한 구속사유, 즉 증거인멸 등의 우려가 있다고 판단하여 구속영장을 발부했습니다. 만일 윤석열이 구속사유에 해당하지 않았다면 구속영장 발부 자체가 되지 않았

거나, 발부됐다고 해도 구속적부심에서 풀려났을 것입니다. 분명한 구속사유가 있다고 판단했기 때문입니다.

그런데 느닷없이 구속 취소 결정이 나왔습니다. 내란 주요임무종사자들은 죄다 구속되어 있는데, 내란 수괴만 구속 취소하는 것이 맞느냐는 형평성 문제도 있지만, 윤석열에게 여전히 구속사유, 즉 증거인멸 우려가 존재한다는 것은 더 큰 문제입니다.

1심 법원의 결정에 대해 검찰은 즉시항고를 하여 상급심에서 이를 바로 잡을 권한이 있습니다. 그런데, 검찰은 스스로 그 권한을 포기했습니다. 구속의 주요사유인 증거인멸 우려가 여전히 살아있는 상황에서 구속취소 결정에 항고를 하지를 않음으로써, 증거인멸의 기회를 준 것 아닙니까?

공교롭게도 내란의 블랙박스인 비화폰 서버를 경호처가 관리하고, 김성훈 경호처 차장이 윤석열을 지키고 있습니다. 검찰은 김성훈 차장에 대한 구속영장 신청을 내내 거부하고 있습니다. 때문에 검찰이 내란 수괴 윤석열에게 증거인멸 기회를 제공하고, 범인 도피를 도운 것으로 봐야 합니다.

심우정 검찰총장이 이 모든 사태의 원흉입니다. 쓸데없이 시간을 끌며 기소를 늦춰 꼬투리를 제공했고, 법에 규정된 권한행사를 포기하도록 지시하여 범인을 도피시키고 증거인멸 할 시간을 벌어줬습니다. 염치가 있다면 스스로 사퇴하고 사과해야 마땅하지 않겠습니까? 양심이라는 것이 있다면 구질구질하게 굴지 말고 즉시 사퇴하십시오.

헌법재판소에 신속한 결정을 요청드립니다. 12.3비상계엄은 대한민국의 헌정질서와 민주주의 파괴 시도였습니다. 만일, 비상계엄이 성공했더라면 대한민국은 헌법과 법률이 전면 부정당한 채 테러가 난무하는 후진국, 독재국가가 되었을 것이 자명합니다.

헌법해석 최고기관인 헌법재판소는 헌법과 민주주의의 최후의 보루입니다. 헌법재판소가 작금의 혼란을 수습해야 할 막중한 책임이 있습니다. 탄핵심판 과정에서 5가지 쟁점에 대해 충분히 살폈습니다. 12.3 비상계엄 선포가 위헌·위법했고, 포고령 1호는 위헌이며, 경찰을 동원해 국회를 통제하고, 군대를 동원해 헌법기관인 국회와 선관위를 침탈한 사실이 확인되었으며, 정치인과 사법부 등에 대한 체포 지시가 있었고, 윤석열이 헌법 수호 의지가 없다는 사실이 확인되지 않았습니까? 헌법재판소가 윤석열을 파면해야 할 근거와 이유가 차고 넘칩니다.

2025년 3월 10일

탄핵심판 변론이 모두 종결된 지 2주째입니다. 국민적 혼란과 국가적 피해를 최소화하고 헌정질서와 민주주의 수호를 위해 신속한 결정을 국민과 함께 요청드립니다.

헌법재판관 한 분, 한 분의 결정에 대한민국이 헌정질서가 작동하는 민주주의 국가로 남느냐, 아니면 헌정질서가 무력화된 독재국가로 전락하느냐가 달려 있다는 점을 명심하시고, 오직 헌법과 양심에 기초해 신속하게 결정을 내려주시길 바랍니다.

– 김민석 최고위원

역사적 카운트다운이 시작되었습니다. 헌법수호냐 헌법파괴냐? 헌재수호냐 헌재방해냐? 헌법과 헌재수호가 정의고, 헌법과 헌재 침해는 불의입니다. 윤석열의 헌법파괴를 심판하는 헌재를 응원하고, 극우 세력의 압박에서 지켜야 합니다. 헌법파괴자 윤석열을 풀어놓은 심우정의 책임부터 묻겠습니다.

헌재의 완결적 구성을 방해해온 최상목 대행의 책임은 더 근본적입니다. 경제의 책임자임을 방패로 민생을 인질 삼아 헌법파괴와 헌재무시의 책임을 마냥 뭉개온 범죄적 뻔뻔함을 규탄합니다. 마은혁재판관을 임명하고 명태균특검법을 공포할 것을 요구합니다. 이번 주가 최종시한입니다. 경제무능, 헌법파괴 최상목을 탄핵하라는 국민의 요구가 급속히 높아지고 있음을 가벼이 보지 마십시오. 윤석열 내란 하청의 역사적 책임은 반드시 묻겠습니다. 민주당은 국민과 함께 헌법과 헌재를 지키겠습니다.

– 전현희 최고위원

심우정 검찰총장이 검찰을 부정하고 검찰의 몰락을 자초했습니다. 내란 수괴는 대통령 불소추특권도 지킬 수 없는 흉악범입니다. 민주사회에서 영원히 격리 조치되어야 합니다. 그런데 내란죄를 단죄해야 할 검찰의 수장이 내란 수괴를 탈옥시켰습니다. 심우정 총장은 검찰 조직의 수장으로서 정의와 법치를 수호해야 하는 검찰의 존재의미를 무너뜨리고 스스로 내란을 엄호하는 '내란총장'이 되었습니다.

심우정 총장이 특수본의 즉시항고 의견을 묵살하고, 윤석열을 석방 지휘한 것은 명백한 직권남용입니다. 심 총장이 석방지휘를 하면서 주장한 즉시항고의 위헌주장은 그동안 검찰이 해온 모든 구속 관련 원칙을 부정하는 패륜적 모순입니다. 검찰은 10년 전에 "구속집행정지에 대한 헌재의 위헌결정을 구속취소에는 적용하면 안 된다"라는 입장을 피력한 바 있습니다. 해당 주장을 한 장본인이 바로 김주현 대통령비서실 민정수석입니다.

김주현 당시 법무부차관은 "구속집행정지는 장례식 참석 같이 한시적인 사유가 대부분인데, 구속취소는 종국적인 신병을 결정하는 사안으로 즉시항고가 필요하다"는 취지의 발언을 한 바 있습니다. 10년 전에 검찰과 국힘의 반대로 구속취소 즉시항고 건이 현행법에 그대로 존치된 사실을 숨기고 마치 위헌인 것처럼 국민을 기만하여 내란 수괴 구하기에 동원된 심우정 검찰총장은 이미 내란공범임을 자인한 것입니다.

또 대검 예규에는 특수본은 독립해서 직무를 수행하고 검찰총장은 특수본의 수사결과만 보고받도록 규정하고 있습니다. 특수본의 독립성을 지켜줘야 할 총장이 오히려 특수본의 결정을 묵살하고 촌각을 다투는 긴박한 상황에서 절차에도 없는 전국 고검장 회의를 열었습니다. 그리고 하루 반씩이나 구속 기간을 도과시켰습니다. 심우정 총장이 자신을 임명해 준 '내란 수괴 윤석열 구속취소라는 큰 그림을 그리기 위해서 일부러 시간을 끈 것이 아닌가'라는 의혹이 드는 대목입니다.

민주당은 주가조작범 긴건희에 면죄부를 발부한 검찰수장 심우정에게 이미 탄핵을 경고한 바 있습니다. 그러나 당시 심 총장이 고검에서 수사지휘권을 제대로 발동해서 "김건희 도이치 주가조작사건을 제대로 수사를 하겠다"라고 해서 그동안 지켜보고 있었습니다. 그러나 이번 사태로 김건희와 윤석열에 대한 면죄부 발부는 심우정 검찰총장에 자신을 임명한 보수에 대한 사적 인연에 대해서 진심이었음이 확인이 된 것입니다.

검찰을 부정하고 사적인연을 앞세운 심우정 검찰총장의 위법한 결정의 나비효과는 이미 시작되었습니다. 명태균이 자신의 구금이 위법하다며 구속취소를 신청한다고 합니다. 앞으로도 윤석열에게 적용된 구속기준을 자신에게도 적용시켜달라며 전국의 수많은 피고인들과 이미 구속이 되었던 많은 죄인들이 줄줄이 구속취소를 신청할 것입니다.

검찰이 자신이 구속한 내란 수괴를 스스로 탈옥을 시킨 자가당착으로 검찰의 존재이유를 망각했습니다. 심우정 총장은 스스로 '탄핵의 강'을 건너고 있습니다. 만인은 법 앞에 평등하다는 헌법정신을 깡그리 짓밟은 심우정 총장은 즉각 사퇴하십시오. 심 총장이 뻔뻔하게 물러나지 않는다면, 국회는 국민의 이름으로 심판할 것입니다.

내란 수괴 윤석열이 석방됐다고 기뻐 날뛰는 국힘은 분노하는 국민의 목소리가 들리지 않습니까? 법원의 윤석열 구속취소 결정은 절차에 관한 문제이지, 12.3비상계엄의 위헌·위법 여부와는 무관한 별개 사안입니다. 따라서 헌재결정의 본안 심판에 아무런 영향을 미칠 수가 없습니다. 헌법재판소도 국힘과 윤석열 측이 위법수집 증거라고 우기는 "공수처 수사 자료는 탄핵심판 증거로 사용되고 있지 않다"라고 분명히 밝혔습니다.

국힘 주장과 달리 법원은 "이미 공수처가 직권남용수사의 관련 사건으로 내란죄에 수사 권한이 있다"라는 점을 이번 결정에도 사실상 적시했습니다. 이미 또 3번이나 구속영장과 관련된 법원의 판단에서 공수처의 수사권은 인정되었습니다. 이것을 부인하고 흔드는 국힘의 저의는 헌재를 겁박해서 탄핵심판에 영향을 미치려는 것임이 이번 참에 만천하에 드러났습니다.

검찰과 짜고 친 석방으로 마치 사면된 것처럼 으스대는 내란 수괴 윤석열에게도 경고합니다. 경거망동을 삼가고 역사와 국민 앞에 무릎 꿇고 속죄하십시오. 천지가 뒤집혀도 윤석열은 파면입니다. 헌법재판소는 오직 국민만 믿고 하루속히 피청구인 윤석열을 만장일치로 파면해줄 것을 다시 한 번 정중히 요청 드립니다.

– 한준호 최고위원

지난 8일, 검찰이 내란 수괴 윤석열을 세상 밖에 다시 내놓았습니다. 검찰은 대한민국에서 가장 위험한 인물을 방생해버렸고, 내란 수괴는 마치 개선장군처럼 당당하게 걸어 나왔습니다. 윤석열과 그 공범들에 의해 수거당할 뻔했던 사람들의 두려움은 커졌고, 내란의 밤에 계엄군에 맞섰던 국민은 다시 불면의 밤을 맞게 되었습니다. 이것은 검찰 발 내란, 즉 '3.8 검란'이라는 말로밖에 표현할 수 없을 것 같습니다.

이번 검란을 계기로 검찰의 존재가치를 다시 숙고하도록 하겠습니다. '검찰주의자' 윤석열을 구하기 위해 퇴직한 검사들의 모임 '검찰동우회'가 발벗고 나섰고, 검찰은 선제적으로 위헌적 요소를 억지로 발굴해 즉시항고를 포기하는 빈약한 평계로 내세웠습니다. 그 과정에서 내란 수괴 윤석열을 위해 법기술자들이 대거 동원됐고, 그들의 잔재주를 동원해서 발굴해 낸 '위헌성' 주장을 검찰이 고스란히 받아들였습니다. 그 잔머리로 뭔가 해낸 것 같겠지만 검찰은 결국 자멸의 길에 들어섰습니다. 죽은 권력이나 수사하면서 사람 사냥을 서슴지 않던 하이에나 같던 검찰이 이번에는 죽어가는 권력의 뒷배를 자청하면서 존재 의미를 스스로 부정하지 않았습니까? 틈만 나면 각종 카르텔을 척결하자고 했던 윤석열이, 사실은

'검찰 카르텔'의 정점에 서 있었습니다. 이런 '검찰 카르텔'은 반드시, 완전히 청산해야 할 것입니다. 오늘 더불어민주당을 비롯한 야5당은 심우정 검찰총장을 직권남용 혐의로 고발합니다. '12.3 내란'에 이은 '3.8 검란'의 책임 절대 피해 갈 수 없을 것입니다

법을 우습게 여기는 풍조가 사회 곳곳에 퍼지고 있습니다. 그동안 법의 영역에서 상식적인 사안으로 판단되었던 것들을 비틀고, 절단 내고, 뒤집어서 기어이 허술한 틈을 만들어내는 행각들이 버젓이 자행되고 있습니다. 이번 윤석열 석방과 관련해서 재판부가 내놓은 결정이 바로 그런 것입니다. '날'이냐 '시간'이냐, 이 불필요한 혼란을 촉발한 것은 희대의 논란거리로 남을 것입니다. 정부도 마찬가지입니다. 최상목 대통령 권한대행은 마은혁 헌법재판관 후보자를 아직도 임명하지 않으면서 위헌 상태를 지속하고 있고, 이진숙 방통위원장을 비롯한 정부부처 수장들은 위법적 행태를 계속하면서도 뻔뻔하기 이를 데 없습니다. 이것이 내란 수괴 윤석열이 세운 최악의 업적입니다.

가장 사적인 목적을 위해 가장 자의적인 수단으로 법을 오남용하며, 결국 법을 빈껍데기로 만들지 않았습니까? 위헌적 내란을 일으키고도 '유혈사태가 없었다,' '두 시간짜리 계엄이 어딨느냐,' '대국민 호소용 계몽령이었다'라는 거짓 주장을 반복하면서 스스로 합법성을 부여하려고 한 자입니다. 이런 자가 대한민국의 대통령으로 있는 한, 법치주의는 흔적도 없이 말살되지 않겠습니까? 탄핵되어 대통령의 권한은 정지되었지만 한남동으로 돌아간 윤석열의 탈법적 상왕정치는 계속될 것입니다. 석방된 뒤에 "대통령실이 국정 중심을 잘 잡아달라"고 당부했다는 보도가 있었고, 국민의힘 윤상현 의원을 통해 윤석열이 "참모들부터 순차적으로 만날 것"이라는 소식이 전해지기도 했습니다. 여전히 권력을 쥐고 있는 참모들과 국민의힘 정치인들을 수족처럼 부리며, 또 다른 내란을 기획하려고 할 것입니다.

8년 전 오늘 헌재는 대통령 박근혜를 파면했습니다. 이제 헌법재판소의 시간입니다. 헌법재판소만이라도 법의 의미를 정확히 살펴서 내란 수괴 윤석열 파면으로 법치주의의 근본을 온전히 보존해 주실 것을 간곡히 요청드립니다. 이상입니다.

– 김병주 최고위원

12.3 비상계엄 당시 계엄군의 만행이 또 드러났습니다. JTBC 보도에 따르면 12.3 비상계엄 당일 윤석열의 담화가 시작되자 문상호 당시 정보사령관은 이제부터 모든 행동은 합법이라며 선관위 장악을 지시했습니다. 이후 정보사 대원들은 선관위 직원들의 휴대전화를 영장도 없이 빼앗았습니다. 무고한 직원들

을 건물 안에 감금하고, 이어 고문까지 준비했습니다. 화장실까지 따라다니며 직원들의 동선도 감시했습니다. 이들을 조사하는 과정에선 작두형 재단기를 비롯해 야구 방망이와 안대 등도 발견됐습니다. 노상원의 지시로 재단기를 구입한 정 모 대령은 선관위 직원들을 위협하기 위해 구매했다고 검찰에 진술했습니다. 어떻게 위협했겠습니까? 손가락을 자른다, 팔목을 자른다, 이렇게 위협하지 않았겠습니까? 이처럼 내란 수괴 윤석열 일당의 만행을 뒷받침하는 정황은 지금도 계속 나오고 있습니다.

이런 가운데 윤석열의 탄핵 심판 선고일이 다가오고 있습니다. 그만큼 극우세력들의 헌법재판소 흔들기 또한 도를 넘고 있습니다. 최후의 발악입니다. 하지만 윤석열에 대한 국민의 심판은 이미 끝났습니다. 12.3 내란은 전 국민이 지켜보았고 전 국민이 증인이기 때문입니다. 위헌, 위법적인 12.3 비상계엄 선포에 만약 면죄부를 준다면 노상원 수첩에 담긴 끔찍한 만행은 곧바로 현실이 될 것입니다. 이뿐만이 아니라 만약 윤석열이 복귀한다면 12.3 비상계엄으로 망가진 경제는 또다시 폭망할 것입니다. 우리나라는 40년, 50년 전후로 후퇴할 것입니다. 이런데도 극우 세력들은 윤석열의 복귀를 주장하고 있습니다. 정녕 대한민국을 망칠 셈입니까? 대한민국을 사랑한다면 대한민국의 밝은 미래를 원한다면 법치 국가 최후의 보루인 헌법재판소를 더 이상 흔들지 마십시오.

이 와중에 내란 수괴 윤석열이 풀려났습니다. 검찰이 나서서 범인을 도피시킨 것과 같아 보입니다. 이를 틈 타 극우 세력들은 더욱 헌재 흔들기에 나서고 있습니다. 헌정 질서를 완전히 무너뜨릴 태세입니다. 그렇다고 물러설 수 없습니다. 물러서서는 안 됩니다. 더욱 단단하게 더욱 강인하게 더욱 가열차게 뭉쳐야 합니다. 윤석열이 임명한 심우정 검찰총장은 수사팀의 반발에도 불구하고 즉시 항고를 포기했습니다. 극우 세력과 한 몸임을 자백한 것입니다. 심우정은 즉각 사퇴해야 합니다. 게다가 윤석열을 풀어준 심우정의 행태는 내란 수괴에게 증거를 인멸할 기회를 준 것이나 다름없습니다. 이제 피고인 윤석열은 얼마든지 자유롭게 경호차 안에 있는 비화폰과 그 서버를 훼손할 수 있게 됩니다. 심우정이 만약 자진 사퇴를 거부한다면 탄핵을 포함한 모든 조치를 강력하게 단행할 것입니다.

— 이언주 최고위원

윤석열이라는 자는 역대급으로 안하무인인 자입니다. 석방되자마자 정말 뻔뻔스럽게 양승태 이름을 거론하면서 안타까워하는 척하는 걸 보니까 참으로 가증스럽습니다. 사법부에서 양승태 대법원장 사건을 아는 법관이라면 누구든 윤석열 검찰의 잔인무도한 수사 방식과 그런 사건을 이용해서 스스로를 영웅처럼 으스대는 글을 보면서 통탄했을 것입니다. 양승태 대법원장뿐이 아닙니다. 수많은 명예로운 고위법관들의 명확한 증거도 없이 무슨 파렴치범이라도 되는 양 언론 플레이를 해대면서 잔인하게 내려찍었던 것을 모두들 기억하실 겁니다. 줄줄이 포토 라인에서 망신을 당하고 윤석열 검찰의 셀프 영화와 선동 프레임으로 흥분한 대중들에게 조리돌림을 당했습니다. 그 사건들은 대부분 무죄로 끝났습니다. 그러니 사법부는 그에 대해 치를 떨 수밖에 없습니다. 덩달아 윤석열을 임명한 민주당도 사법부의 불신을 받게된 계기였습니다. 참으로 유감스럽게 생각합니다.

의견은 다들 다를 수 있지만 분명 과도하고 잔인한 수사였습니다. 이후 대통령이 된 후에도 윤석열의 사법부에 대한 무시와 겁박은 하늘을 찔렀습니다. 아마도 평생 검찰, 그것도 특수부에서 공권력을 과도하게 남용하면서 상대를 떨게 해서 지배하는데 희열을 느낀 윤석열의 입장에서 그걸 견제해 온 사법부에 대한 콤플렉스가 있었을지도 모르겠습니다. 물론 이것은 반성으로 볼 수도 없는 거만하고 그 어정쩡한 태도를 보면서 다시 한번 기가 찹니다. 과거 사법농단 수사를 누가 구체적으로 지휘했습니까? 누가불구속 수사해도 충분한 걸 사법 농단이라는 프레임을 만들어서 마치 죽을죄라도 진 양 언론 플레이를 하면서 잔인할 정도로 온갖 망신을 주면서 조리돌림을 했습니까? 누가 그 사건들을 잔인하게 처리하면서 흥분한 대중을 선동 이용하면서 영웅처럼 굴었습니까? 저는 일찍이 여러 번 그 사건에 대해서 정치권의 자성을 촉구하면서 윤석열을 비판해 왔습니다. 이제 와서 천연덕스럽게 자신의 살길을 찾으면서 언제그랬느냐는 듯 이렇게 천연덕스럽게 나오는 뻔뻔한 윤석열의 태도는 정말 가증스럽기 짝이 없습니다. 인간이 어찌 그럴 수가 있습니까?

윤석열의 구속 취소, 트럼프 관세 등 대내외적 악재로 한국의 경제 지표가 불확실성이 커지고 있습니다. 윤석열의 구속 취소 소식으로 코스피 낙폭이 확대되고 7일, 3일 만에 하락세로 마감했습니다. 환율도 전날 대비 올라서 1446.8원으로 7일 날 마감을 한 바가 있습니다. 그나마 겨우 12.3 내란 사태 이후 안정을 찾아가던 우리 사회가 다시 혼란과 악다구니의 소용돌이로 빠지고 있습니다. 윤석열은 또다시 온 세상을 시끄럽게 하면서 혼자 살기 위해 발버둥을 치면서 광기 어린 혼란을 부추길 것입니다. 국가 발전 경제 안정에 치명적 해악을 미칠 것입니다. 그래서 이 신속한 윤석열 파면이야말로 우리 경제의 불안정성 해소의 시작입니다. 전문가들은 탄핵 심판 결론 시에 경제 반등이 전망된다. 헌재에서는 그래서 이런 국내의 정치적 불확실성을 조속히 해소하고 우리 경제를 다시 살릴 수 있도록 신속하게 다시 한번 말씀드리지만, 우리 헌법을 수호하고 더 이상의 혼란을 키우지 않기 위해서라도 신속하게 탄핵 결정을 해 주시기 바랍니다. 우리 재판부의 현명한 결정 그리고 사법부의 나라를 걱정하는 그 마음을 믿습니다.

- 송순호 최고위원

내란 수괴 윤석열이 구치소를 탈출했습니다. 검찰은 대한민국 국민들을 끝내 배신했습니다. 검찰이 '검찰'했습니다. 국민의 상식을 뛰어넘는 법꾸라지들의 특권 의식이 대한민국을 혼란의 나락으로 몰아내었습니다. 윤석열은 구치소를 나서며 국민들에 대한 사죄는커녕, 자신의 지지자들을 향해 마치 개선장군이나 된 듯 두 주먹을 불끈 쥐어 올렸습니다. 내란 수괴가 카퍼레이드를 했고, 거리를 활보하며 내란을 선동했습니다. 12·3 내란의 밤을 기억하는 우리 국민들은 윤석열의 구속 취소와 동시에 또 다른 공포의 도가니에서 불면의 밤을 지새워야 했습니다. 검찰이 윤석열과 한패를 먹고 내란 수괴 윤석열을 탈출시킨 결과입니다.

검찰은 명태균 게이트와 관련해 윤석열의 정치자금법 위반을 1년 전부터 인지하고도 방치했습니다. 심우정 검찰총장은 법원이 윤석열 구속 기간 연장을 불허했을 때도 검사장들의 의견을 듣겠다는 핑계로 시간을 허비했습니다. 또한, 검찰은 김성훈 대통령 경호처 처장에 대한 경찰의 구속영장을 무려 3차례나 기각했고, 비화폰 서버에 대한 압수수색을 막았습니다. 검찰이 김성훈과 비화폰 서버를 목숨 걸고 지키려는 이유가 무엇인지 묻지 않을 수 없습니다. 검찰도 내란의 공범이라는 것이 드러나는 것이 두려운 것 아닙니까?

공무원은 모든 국민에 대한 봉사자입니다. 그런데, 심우정 검찰총장은 국민을 버리고 내란 우두머리 윤석열을 선택했습니다. 역사의 죄인이 된 순간입니다. 공무원으로서 국민의 신의를 저버린 심우정은 검찰총장의 자격을 잃었습니다. 자격을 잃은 자의 사퇴는 당연합니다. 심우정 검찰총장의 사퇴를 촉구합니다. 심우정이 내란 수괴를 탈출시키기 위해 항고 포기와 석방을 지휘한 것은 명백한 직권 남용입니다. 검찰총장의 부당한 지위에 맞서지 않고 항고를 포기한 특수본 역시 직무 유기입니다. 결과를 보면 검찰총장과 특수본이 짜고 친 고스톱입니다.

공수처에 촉구합니다. 심우정 검찰총장과 특수본의 직권남용과 직무유기에 대해 즉시 체포하고 수사해야 합니다. 헌법재판소에도 촉구합니다. 신속한 파면만이 헌정 질서를 지킬 수 있는 유일한 길입니다. 하루라도 빠른 파면 결정으로 국민의 불안과 사회적 혼란을 차단해야 합니다.

마지막으로 윤석열과 내란 동조하는 분들께 고합니다. 윤석열은 구치소에서 잠시 나왔을 뿐 여전히 내란 우두머리 피의자일 뿐입니다. 그 찰나의 석방이 윤석열 파면을 조금도 흔들 수 없고 내란죄에 대한 처벌은 피할 수 없다는 사실을 명심하기를 바랍니다. 내란 수괴 윤석열 파면이 답입니다.

윤석열 파면과 관련해서 투자가 입장에서 한번 말씀드리겠습니다. 우리가 어느 회사 주식을 살 때 가장 먼저 고려해야 될 것은 그 회사의 경영이 법규와 사규에 맞게 잘 가동되어 있는지 살피는 것입니다. 그래야만 안정성이 있고 예측 가능해지죠. 그다음이 그 회사가 돈을 얼마나 버는지 살펴보면서, 미래 희망이 있나, 없나, 이런 것들을 살피면서 주식에 투자하게 됩니다. 여기서 경영자는 두 가지 책임이 있습니다. 법규를 위반했을 경우는 회사의 존립 기반이 흔들리기 때문에 당연히 그 자리에서 물러나야 됩니다. 또 다른 책임은 기업이 경영 실적이 나쁘면 책임을 지고 물러나야 됩니다. 요즘 주총 시대인데요, 주주총회에서 많은 CEO들이 물러나는 이유가 이 두 가지에서 찾을 수 있습니다. 어찌 됐든 이런 것들이 제도와 관행으로 정착된 것이 시장경제입니다.

기업의 상황을 국가로 비유하면은 규정을 준수하는 것은 헌법을 수호하는 것부터 시작됩니다. 헌법은 나라의 골격에 해당됩니다. 경제 즉, 국민들의 살림살이가 어려워지는 것 역시 집권세력은 책임을 져야 합니다. 그런데 탄핵이 인용되면 헌재를 때려 부순다는 말은 우리나라의 골격을 스스로 때려 부수겠다는 의미입니다. 작은 힘줄 하나가 생겨도 참 불편하죠. 그런데 우리나라의 골격을 없애겠다는 말을 서슴지 않는데요, 경제를 파괴하겠다는 의미입니다. 이번 탄핵 사태는 남의 일이 아니라 국민 여러분 개개인의 삶, 경제적 삶에 아주 큰 영향을 주는 중차대한 사건임을 다시 한 번 인지하셔야 됩니다.

12.3 계엄 이전에 이미 우리 경제는 무너지고 있었습니다. 그러나 윤석열 정부는 자신들의 치부를 가리고 정권을 영구하기 위해서 미봉책만 남발하면서 국가 경영책임을 은폐했습니다. 이 시점에서 한국 밖에 있는 외국인 투자가 입장에서 한국을 봤으면 좋겠습니다. 극우 정치권을 넘어서 검찰마저 국가의 골격을 스스로 흔들고 비상식적 주술이 판치는 리더가 경영하는 나라에 여러분이라면 과연 투자하시겠습니까? 국내적으로도 마찬가지입니다. 경제는 무너지는데 장기 대책 없이 나라의 골격마저 파괴되고 있습니다. 이런 상황에서 어떤 기업인이 투자를 늘리겠습니까. 지난 1월 설비 투자가 전월 대비 14%나 줄어든 것에서 여실히 확인됩니다. 윤석열은 대통령에 취임하면서 대한민국 1호 영업사원이 되겠다고 했는데요. 결과적으로는 1호 영업파괴사원이 되었습니다.

현재의 경제 위기를 타개하는 가장 중요한 해법은 서둘러 대한민국의 골격을 복구하고 정상화시키는 것입니다. 지난 금요일 구속 취소 사태가 나자, 그 당시 주가가 어느 정도 상향 트렌드를 보이고 있다가요. 주가가 단기간에 12%나 하락한 것을 가벼이 봐서는 안 됩니다. 윤석열과 정치검찰이 코리아 디스카운트의 본질이라는 것을 투자가들이 확인시켜 준 것입니다. 헌재의 윤석열 파면은 단순히 범죄자를 처벌하는 법률적 차원을 넘어선 상황입니다. 우리 국민들의 현재의 삶과 대한민국의 미래가 달려있습니다. 헌재는 대한민국의 미래를 위해 가장 빠른 시간에 윤석열을 파면해 주시기를 바랍니다. 경제는 민주당, 대한민국의 새로운 골격은 민주당이 바로 세우겠습니다.

2025년 3월 10일
더불어민주당 공보국

지난 3월 7일, 국민 모두는 헌재의 윤석열 탄핵 심판 선고 기일 발표를 기다렸습니다. 그런데, 마른 하늘에 날벼락처럼 서울중앙지법의 윤석열 구속 취소 결정이 내려졌습니다. 검찰은 내란 공범임을 자백하듯 즉시항고를 포기하면서 윤석열은 석방됐습니다. 윤석열이 마치 무죄를 선고받은 듯 득의만만한 표정으로 거리를 활보하는 모습을, 온 국민은 끓어오르는 분노감을 억누르며 허탈하게 지켜봤습니다. (…) 국정의 불안정, 불확실성은 더욱 커져서 대한민국이 망하면 어쩌나 이렇게 걱정하고 계십니다. 그래서 헌법재판소에 절박한 호소를 전달드리고 싶지만, 혹시라도 선고 결과에 좋지 않은 영향을 미치게 될까, 혹은 압력으로 비칠까, 묵묵히 응원만 보내고 있습니다. 그렇게 자중자애하며 헌재를 응원하신 분들은 국민의힘 일부 의원이나 극우 인사들의 헛소리처럼 누군가 헌재를 공격하려고 하면, 기꺼이 헌재 앞으로 달려와서 '헌법재판소 수호대'가 될 것입니다. 윤석열 탄핵 심판 최종변론은 지난 2월 25일에 끝났습니다. 그날로부터 벌써 14일이 흘렀습니다. 박근혜 전 대통령 탄핵 심판은 최종변론 종결 후 11일 만에, 노무현 전 대통령 탄핵심판은 14일 만에 선고가 이루어졌습니다. 이제 헌재가 불안과 공포에 떨고 있는 국민들께서 간절하게 바라고 있는 바 그대로 결정을 내려주실 때입니다. "주문(主文), 피청구인 대통령 윤석열을 파면한다!" 헌법재판소 재판관들께서 조속히 탄핵 심판을 선고해주시길 바랍니다. 이제는 탄핵 심판 평의를 마무리하고, 선고기일을 지정해 주십시오.

– 조국혁신당 일동, 3월 10일 기자회견문

제79차 최고위원회의 모두발언

2025.3.10.(월) 09:30 본관 당회의실(224호)

– 김선민 당대표 권한대행

조국혁신당 대표 권한대행 김선민입니다.

내란 우두머리 윤석열이 풀려나더니 착각에 빠진 듯합니다. 여당 지도부와 소통하고 비서실 업무 보고도 받습니다.

정말 어이가 없습니다. 아무리 잘 봐줘야 윤석열은 직무 정지된 대통령입니다. 검찰과 짜고 쳐서 석방된 마당에 개선장군처럼 어깨에 힘을 잔뜩 줍니다. 그런데 대통령직 복귀를 준비하고 있습니다.

이 순간 대한민국은 퇴행하고 있습니다. 사회는 엉망, 경제는 폭망, 외교는 난망, 국민은 절망하고 있습니다. 이를 바로 잡을 유일한 헌법기관은 헌법재판소입니다.

헌재는 헌법과 법률을 수호하기 위해 세워졌습니다. 이를 파괴하는 자들에게 추상같이 판단해왔습니다. 헌정 수호 의지가 없다고 박근혜 씨의 대통령직을 박탈했습니다.

윤석열은 더 흉악한 범죄자입니다. 헌법 수호자가 아니라, 헌법 파괴범입니다. 권력을 사적으로 유용하는 절대 군주를 꿈꾼 자입니다.

윤석열이 대통령직에 복귀하면 대한민국은 '친위 쿠데타가 허용되는 국가'로 자리매김할 것입니다. 윤석열이 반국가 세력으로 찍은 의원, 정치인, 언론인, 선관위 직원, 판사, 노조원은 수거 대상이 될 것입니다. 걸핏하면 '계몽과 경고용'이라며 계엄을 선포할 것입니다. 앞서 헌재가 용인했다는 이유를 댈 것입니다.

남북 갈등은 가팔라져 충돌이 격화할 것입니다. 부자만 살판나고, 서민 경제는 파탄 날 것입니다. 언론은 검열당하고, 거부하면 단전·단수될 것입니다. 백골단과 서울서부지법 폭도들은 윤석열 자경단을 만들어 국민을 검문하고 발음이 나쁘면 폭행할 것입니다.

윤석열은 파면돼야 합니다. 그게 정의고, 깨어있는 국민의 뜻입니다. 헌법재판소는 국민이 부여한 권능에 따라 오로지 헌법과 국민 뜻만을 받들어 주십시오. 신속하게 윤석열 파면을 결정해 혼란상을 바로잡아주길 촉구합니다.

국민 여러분께 요청드립니다. 조금만 더 힘을 내주십시오. 광장에서 민주주의를 외쳐주십시오. 국민의 올바른 뜻을 표출해주십시오. 헌재에 윤석열 파면을 촉구해주십시오.

대한민국 국민은 군부독재를 역사 속으로 보냈습니다. 검찰독재 또한 역사의 뒤안길로 퇴장시킬 때입니다.

조국혁신당은 국민의 강철대오, 맨 앞에 서겠습니다. 사즉생의 각오로 싸우겠습니다. 한눈팔지 않겠습니다. 윤석열 파면을 위해 모든 것을 총동원하겠습니다. 민주공화정의 신념이 확고한 국민이 연대해주시면 대한민국과 민주주의는 결코 무너지지 않습니다.

감사합니다.

– 황운하 원내대표

이번주 중으로 윤석열에 대한 헌재의 탄핵심판 선고가 내려질 것으로 예상이 됩니다.

박근혜 대통령은 탄핵심판 변론 종결 후 11일 만에, 노무현 대통령의 경우에는 14일만에 탄핵심판 선고가 이루어졌습니다.

오늘로, 헌재 최종변론으로부터 13일이 지났습니다. 헌법재판소는 조속히 탄핵 심판을 선고함으로써, 국민들이 겪는 정치적 혼란을 최소화해야 할 것입니다. 조속히 평의를 마무리하고, 선고기일을 지정하기 바랍니다.

다시, 과제는 검찰개혁으로 돌아왔습니다. 수사·기소 분리 검찰개혁이 성공했더라면, 애초부터 수사 적법성 논란이 발생하지 않았을 것입니다. 검찰의 구속기간 연장 시도 자체가 있지 않았을 겁니다. 이번 구속취소 결정도 즉시항고포기도 없었을 것입니다. 검찰개혁 실패가 천추의 한으로 남습니다.

심우정 검찰은 윤석열과 한통속임을 공개선언했습니다. 강고한 검찰카르텔의 실체가 드러났습니다. 법을 내세워서 법을 우롱하고, 국민 위에 군림하려는 검찰제도는 이제 종언을 고할 때가 됐습니다. 검찰은 해체되어야 하고, 공소청으로 거듭나게 해야 합니다.

검찰에 대한 국민적 분노가 하늘을 찌릅니다. 이런 상황에서도 검찰개혁 4법 입법을 서두르지 않는다면 국민을 대변해야 하는 정치인의 본령을 망각하는 것입니다.

또한 검찰개혁의 진정성을 의심하지 않을 수 없습니다. 민주당에 다시 한 번 요청합니다. 검찰개혁 4법을 즉각 처리합시다. 최상목 권한대행의 거부권 행사가 예상된다는 핑계는 그만 합시다. 언제부터 민주당이 거부권 걱정해서 법안처리 안했습니까.

민주당이 민주헌정수호세력 대연합에 과연 진심이라면, 또 들러리 세울 때만 야5당 연합이 필요한 게 아니라 진정으로 다수파 연합이 필요하다고 생각한다면 진정성 있는 검찰개혁 입법 로드맵을 제시하기 바랍니다. 그게 아니라면 검찰개혁의 진심이 무엇인지 솔직하게 응답하기 바랍니다.

윤석열 정권의 본질은 검찰독재정권입니다. 검찰은 이번 내란사태의 핵심이고 주범입니다. 내란사태의 종지부를 찍기 위해서는 검찰개혁 4법이 반드시 통과되어야 할 것입니다.

이상입니다.

– 황명필 최고위원

"내가 책임진다."

심우정 검찰총장이 이렇게 말하며 윤석열의 석방을 지시했다고 합니다. 참 멋있는 말입니다. 자신이 정말 정의를 위해 스스로의 불이익을 각오하고 하는 것이라면.

그런데 윤석열 정부에서 승승장구하면서, 늘 정권의 입맛에 맞는 일만 한 사람의 말이라 공허할 뿐입니다. 자신의 치부가 드러나거나, 자신의 영달이 무너질까봐 기존에 없던 법해석에 힘을 실은 것을 모두가 알고 있기 때문입니다.

또한 평생 검찰 생활을 한 그가, 삶의 단순한 진리를 전혀 모르고있기 때문이기도 합니다. 신이 아닌 이상, 세상엔 책임질 수 없는 일들이 있는 것입니다. 나의 결정이 다른 사람에게 피해를 입히고, 돌이킬 수 없는 상실을 줄 수 있기 때문에 보통 사람들은 결정에 신중합니다. 그런데 일개 검찰총장이 500명의 수거대상과, 그 가족과, 대한민국의 민주주의를 어떻게 책임지겠다는 말입니까?

지귀연 판사의 경우도 마찬가지입니다. 인터넷에서 회자되고 있는 판사의 개인 성향에 대한 얘기는 하지 않겠습니다. 이 판결만을 갖고 말하자면, 자신이 받기 싫은 공을 떠넘긴 것 같습니다. 순진하게 상급 법원 심판을 받아보자는 생각이었을 수도, 검찰이 즉시항고할 것이라고 생각했을수도 있겠지요.

그런데 검찰은 자신이 어떤 짓을 저질렀는지 모르는 책상물림 판사의 생각보다 훨씬 미친 집단입니다. 항고하라고 건내준 공을 갖고 도망쳐버렸으니 이를 어쩝니까? 그 결과 윤석열은 풀려났고, 이제 전국에서 난리가 났습니다.

명태균이 자신도 풀어달라며 서류를 준비하고 있고, 가족이 감옥에 있는 사람들의 동우회에서는 '정보공개신청을 해서 체포날짜와 시간을 잘 알아보고, 구속영장 발부 시간을 체크해서 소를 제기하자'는 글이 올라오고 있습니다.

물론 윤석열에게만 특별하게 적용한 것이라서 받아들이지 않을 것이라고 생각합니다만, 가중될 일선의 업무부하와 궁색한 변명, 법앞에 모두가 평등하다는 헌법조항은 어떻게 할 것입니까?

오랜 세월 대한민국은 검사, 재벌 등 기득권의 카르텔이 지배해 왔습니다. 군부가 이들을 통제한 시절도 있었죠. 양심을 지켜온 존경받는 판사들이 일부 계시지만, 대부분 강자앞에 약하고 약자앞에 강한 이들은 조폭의 의리로 뭉쳐져 있습니다.

검찰동우회에서 보낸 문자가 그것을 극명하게 입증하잖습니까? '동우회 회원님들의 도움과 협조로 윤석열 대통령님께서 석방되셨습니다' 라니요.

계엄을 하고, 사람을 떼로 죽일 모의를 해도, 우리 편이면 돕는 조폭의 의리. 검찰 출신들의 이런 작태를 보기에 저는 수사팀이 크게 반발했다는 말을 믿지 않습니다.

특수활동비가 깎였을 때는 실질적인 감봉이라며 집단 반발하던 일선 검사들. 항의의 표시로 사표까지 내던 부장검사. 돈에는 그렇게 민감하더니, 이 중대한 일에 있어서 검찰의 게시판은 조용하기만 한데 어떻게 반발했다는 말을 믿습니까?

같은 검찰의 범죄에 대해서는 일부러 공소시효를 넘겨 기소하는 집단. 항고하면 인용될까봐 항고를 포기하는 집단. 조국혁신당이 한결같이 검찰개혁 4법을 주장하는 이유가 여기에 있습니다. 고쳐쓰지 못할 족속들은 폐기해야 합니다. 썩은 사과 하나가 사과 상자 전체를 망치는 법이니까요. 그리고 그런 폐기는 빠를 수록 좋습니다.

어서합시다. 검찰개혁!

– 서왕진 최고위원

최고위원 서왕진입니다.

구치소를 나온 윤석열의 악마적 당당함과 미소를 목도한 많은 국민이 불안과 우울감을 호소하고 있습니다. 최악의 상황을 예견하고 대비했어야 할 책임이 있는 정치인의 한 사람으로서 죄송하다는 말씀을 먼저 드립니다.

감사하게도 많은 국민들께서 다시 광장에 모이고 있습니다. 실망과 좌절을 딛고 광장을 빛으로 밝히며, 민주공화국 대한민국을 지켜내겠다는 군건한 의지를 보여주고 있습니다. 헌법재판소가 내란세력의 위협에 굴하지 않고, 오직 헌법과 법률에 따라 탄핵심판을 완수하기를 바라는 국민들의 간절한 열망입니다. 헌재의 신속하고 단호한 파면 선고를 강력히 촉구합니다.

동시에 이러한 헌정질서 위협과 국가적 혼란을 야기한 문제의 근본을 해결해야 함을 다시 한번 강조합니다. 바로 검찰개혁과 정치개혁입니다.

현재 대한민국의 헌정질서의 위기는 주권자인 국민으로부터 선출되지 않은 검찰이 제도의 허점을 악용하여 스스로 최고권력이 된 데서 비롯되었습니다. 그 직접적 출발은 2019년 윤석열의 검찰 쿠데타였으며, 2022년 대통령 당선과 이번 내란으로 이어졌습니다.

윤석열 집권 이후, 최고권력의 내용과 형식을 모두 갖춘 검찰은 지난 3년 내내 선택적 수사와 기소로 윤석열 정권의 만능 해결사 역할을 자임했습니다. 능력과 무관하게 주요 국가기관의 책임자로 발탁된 검찰 출신 인사들은 국정운영을 좌지우지했습니다.

그러나 검찰독재 정권은 총선에서 국민적 심판을 받았고, 그 결과로 구성된 입법부의 정당한 견제에 직면했습니다. 이에 저항하기 위해 입법과 사법체계까지 통제하며 영구집권을 꾀한 행위가 바로 12.3 내란입니다.

내란이 저지되자 검찰은 행동 대장 격인 군의 뒤에서 눈치를 보며 내란 수사를 통해 변신을 시도하고, 다시 권력을 유지하려 했습니다. 그러나 내란 세력의 본체라는 본질을 감출 수는 없었습니다. 엉성한 내란 수사와 이번 구속취소 결정 과정을 통해 국민은 검찰권의 실체를 똑똑히 확인했습니다.

조국혁신당은 22대 국회 개원 직후 검찰개혁 4법을 발의했으며, 이번 내란사태 초기부터 수사 및 기소 과정에 검찰이 개입하지 말 것을 경고한 바 있습니다. 검찰 집단의 정치 권력화를 근본에서 차단하는 검찰개혁은 더 이상 미룰 수 없는 국민적 과제입니다.

대한민국 헌정체제의 위기의 근원을 해결하기 위해 정치개혁 또한 반드시 이루어져야 합니다. 이번 내란사태의 처리 과정에서 드러난 사법체계의 불안정성도 심각한 문제지만, 정치의 실종과 사법화가 빌미를 제공했다는 점도 부정할 수 없습니다. 정치의 사법화는 극단적 진영정치의 산물입니다. 정치가 협의와 문제해결 역량을 보여주기 보다 법적 쟁송을 통해 문제를 떠넘기고, 법조인 출신이 압도적으로 정치의 중심에 서 있는 것이 지금의 현실입니다.

정치를 회복하기 위한 핵심 방안 중 하나는 거대양당의 극단적 진영정치를 완화하는 다당제 질서의 확립입니다.

선거법과 정당법 개정을 통해 국민의 다양한 선택권이 제대로 반영될 수 있도록 해야 합니다. 교섭단체 기준을 정상화하고 결선투표제를 도입하며 정치자금법을 개정해 소수 정당의 역할을 강화해야 합니다. 개헌을 통해 국민소환제와 국민발안을 도입함으로써, 주권자인 국민이 직접 정치에 참여할 수 있는 구조를 만들어야 합니다.

대한민국 민주주의는 국민의 희생과 노력으로 여기까지 왔습니다. 지금의 위기는 이를 더욱 굳건히 지켜낼 기회가 될 것입니다. 이번 주가 매우 중요한 고비가 될 것입니다. 12.3 비상계엄의 수괴 윤석열에 대한 파면을 매듭짓고, 검찰개혁과 정치개혁 그리고 사회대개혁을 통해 대한민국을 근본부터 혁신하는 데 힘을 모아주시기 바랍니다.

감사합니다.

– 이해민 최고위원

최고위원 이해민입니다. 영화를 보면 가장 쎈 빌런은 맨 마지막까지 살아남고 맨 마지막에 드러납니다. 끈질기다는 특징도 가지고 있습니다. 그리고 늘 절실한 쪽이 이깁니다.

헌재에서 탄핵심판이 진행되는 동안, 피청구인 측과 국회 측에서 부르는 증인은 참으로 다양했습니다. 방첩사령관, 수도방위사령관, 경찰청장, 국정원 차장, 중앙선관위 사무총장, 국가안보실장, 707특수임무단장, 대통령실 경제수석 등등, 모두 12.3 비상계엄을 놓고 직간접적으로 피청구인 윤석열과 관계가 된 증인들이었습니다.

법원에서 진행되는 내란죄에 대한 재판 또한 공소장에 적시된 사건관계인들도 거의 겹치는데, 노상원 전 정보사령관이 눈에 띕니다.

이렇게 다양한 관계 속에서 그동안 정말 드러나지 않았던 조직이 있으니 바로 검찰인데요, 이번 피청구인 윤석열 석방과정에서야 드디어 화려하게 등장을 했습니다. 언제부터 검찰이 법원의 판단을 그렇게 순순하게 받아들였을까요. 이러한 검찰의 자아비판, 혹은 자기부정, 아니면 겸손함. 어떻게 권력 앞에서만 나타날까요?

설마, 심사기간을 구속기간에 넣고 안넣고, 덧셈뺄셈 못한, 창피함에 항고도 못하는 걸까요? '9시간 45분 초과'라는 사상 초유의 시간 계산방법 앞에 "네, 그렇군요"하고 온순하게 항고를 하지 않는 검찰, 국민이 이해하겠습니까? 오히려 이 상황은 법원과의 약속대련처럼 보입니다.

자 이제, 비상계엄 뿐만 아니라 윤석열 정권을 밑바닥부터 움직이던 검찰이라는 세력이 내란수괴 석방을 통해 수면 위로 올라왔습니다.

영화의 끝을 향해 가고 있나봅니다. 위기를 기회로 삼는다면, 영화의 마무리는 평화로운 일상의 대한민국이라는 해피엔딩으로 끝날 수 있겠죠. 그렇게 하기 위해서라도 검찰개혁, 이번에 해내야 합니다.

막판에 가서야 드러나는 이름이 검찰이라면, 아직 드러나지 않은 이름이 있습니다. 바로 대통령 배우자 김건희 씨입니다. 끈질기게 숨어있지만 결국 명태균 특검, 내란 특검, 김건희 특검 등을 통해 이제 등장할 때가 다가옵니다.

우리가 바라는 그러한 엔딩이 오기까지, 필요한 수순이 있습니다. 그 첫 번째 단계로, 신속한 헌재의 파면 결정이 이루어져야 다음 진행을 할 수 있습니다. 헌재 앞을 중심으로 한 전국의 내란공범 진영은 사실 진심으로 절실했던 것 같습니다. 그들의 절박함이 윤석열 구속취소라는 모습으로 나타났습니다. 지금은, 특히 이번주는 이 절실함의 싸움입니다.

내란수괴 석방이 가져온 국론분열과 극심한 혼란을 막기 위해서라도, 빌런들이 다 드러나 처벌받게 하기 위해서라도, 평화로운 일상을 회복하는 대한민국을 향해 가기 위해서라도, 헌재의 파면결정은 신속하게 이뤄져야 합니다. 우리는 그렇게 하기위해 헌재가 옳은 길에서 흔들리지 않도록 힘을 실어줘야합니다.

끈질기기 그지없는 빌런들을 물리치고 일상회복을 하는 그 해피엔딩을 향해, 조국혁신당은 국민과 함께 전진하겠습니다.

감사합니다.

제76차 최고위원회의 모두발언 주요 내용

○ 일시 : 2025년 3월 10일(월) 09:30
○ 장소 : 개혁신당 대회의실 (국회 본관 170호)
○ 참석 : 천하람 원내대표 겸 당대표 권한대행, 이기인 최고위원, 이주영 정책위의장
○ 배석 : 김철근 사무총장, 이경선 조직부총장, 이동훈 수석대변인, 구혁모 개혁연구원 상근부원장

― 천하람 원내대표 겸 당대표 권한대행

검찰총장 탄핵에 반대한다. 탄핵은 공무원이 그 직무 집행에 있어서 헌법이나 법률을 위배한 때에 할 수 있는 것이다. 심우정 검찰총장이 도대체 어떤 헌법과 법률을 위배했습니까? 즉시 항고를 하지 않은 결정은 부당하고 부적절했다고 생각한다. 그러나 법률적으로 구속 취소 결정에 대한 즉시항고는 의무가 아니다. 비판은 할 수 있지만 법적 의무가 아닌 일을 하지 않았다고 해서 탄핵을 할 수는 없다.

검찰과 재판부가 구속 취소를 짜고 친 것도 아니다. 이재명 대표는 의도에 따른 기획이다라고 하지만 더불어민주당 스스로도 이번 구속 취소 결정을 매우 이례적이라고 한다. 실제로 이번 사법부의 구속 기간 불산입에 관한 판시는 기존 실무와는 다른 예상할 수 없었던 결정이다. 민주당도 예상하지 못한, 그 누구도 예상하기 어려웠던 매우 이례적인 결정을 검찰이 어떻게 예상하고 기획합니까? 더불어민주당은 검찰을 혐오하고 악마화하면서도 누구보다 검찰을 과대 평가한다.

묵직해지자. 더불어민주당이 습관적 탄핵, 예방적 탄핵, 보복적 탄핵을 남발해 왔기 때문에 탄핵이 한 없이 가벼워졌다. 이제는 국회가 탄핵 소추를 해도 국민들이 무겁게 받아들이지도 않는다. 어쩌면 그것이 무거운 탄핵 사유를 갖고 있는 윤석열 대통령에 대한 탄핵 소추에 대해서도 일부 국민들의 신뢰가 낮은 근본 원인일지도 모른다. 헌법재판관들이 보기에도 국회가 마구잡이로 탄핵을 한다고 보여서는 결코 안 된다. 국회가 명확한 탄핵 사유를 갖고 엄격한 기준에서 무겁게 탄핵을 해야 한다. 특히 지금 국회의 탄핵이 가벼워 보여서는 결코 안 된다.

차분해지자. 구속 취소로 인해 변한 것은 아무것도 없다. 헌법재판소가 탄핵 심판과 구속 취소는 아무 런 상관이 없다는 것을 누구보다 잘 알고 있을 것이다. 탄핵 심판이 장기화되고 국론이 더 분열되는 상황 이 초래되는 것을 막아야 한다는 것 헌법재판소가 잘 알고 있을 것이다. 우리 정치권은 헌법재판소를 믿 고 호들갑 떨지 말고 차분하게 결정을 기다립시다.

– 이기인 최고위원

민주당은 광란의 칼춤을 멈춰 주십시오. 피청구인 윤석열 대통령의 구속 취소를 두고 민주당이 또 탄 핵 카드를 꺼냈다. 계엄 전 28번, 계엄 후 한 번, 그리고 최근에 언급된 최상목 권한대행과 심우정 검찰 총장까지 탄핵하면 무려 이 정권 들어서 31번째. 민주당에게 탄핵이란 골라 먹는 31가지 아이스크림 쯤으로 생각하나 본데 이 정도면 환자 수준이다. 탄핵 도착증이라도 있는 겁니까? 당의 심기를 거스르면 자신들의 부모라도 탄핵할 기세다.

대통령의 석방에 대해서 이견을 가질 수 있다. 당연히 불법 계엄을 선포한 대통령의 인신 구속 취소에 대해 불만을 품을 수 있다. 그러나 그 수준이 입법의 보완 정도가 아니라 자신들의 정념에만 사로잡힌 눈 먼 탄핵과 좌표찍기라면 민주당은 전광훈 아스팔트와 다를 게 없음을 시인하는 거다. 세상 가장 극악무 도한 범죄 피의자라 할지라도 국가와 사회가 규정한 절차적 하자를 범하면서 그의 인권을 박탈할 수 없 듯이, 제아무리 불법적 계엄과 내란이라 할지라도 절차의 당위와 정당성을 엎어놓고 그의 직을 파면할 수 없다. 듬성듬성 하자투성이의 탄핵은 법치의 정상적 판결을 훼방하고 극렬 지지층에 자연분만 주게 되어 정치적 분쟁만 야기할 뿐이다. 그래서 탄핵은 기초부터 가장 정밀하게 증명되면서 정확하게 이루어 져야 한다. 이재명의 선고 방패로 쓰여지기 위해서 부실하게 다뤄지면 절대 안 될 일이다.

대통령은 반드시 탄핵될 거다. 그러나 그것은 어디까지나 대한민국 법치주의의 엄정한 판결에서 비롯 되어야지 민주당의 광란의 칼춤으로 되어서는 안 된다. 민주당은 검찰총장의 탄핵 진행을 멈추고 부디 이성을 찾으시길 바란다.

한편 검찰의 항고 포기는 역사의 오점으로 남을 것이다. 일반 피고인의 구속 취소 사유가 대개 받아들 여지지 않는 상황에서 유독 권력을 가진 대통령의 경우에 구속 취소가 인정되는 것은 특혜로 비춰지기 충분하다. 무엇보다 이번 결정으로 인해서 사법부가 피고인의 신병을 구속하는 절차에서 권력자의 인권 이 일반인의 인권보다 더 무겁게 부각되어 보일 수 있음을 저는 우려한다. 대한민국 헌법과 형사소송법에선 권력을 가진 국민과 일반 국민의 인권에 차등을 둔 근거는 없다. 검찰은 앞으로의 역사 속에서 이 결정에 상응하는 책임을 마땅히 져야 할 것이다.

 마지막으로 공수처다. 공수처는 폐지되어야 한다. 말이 좋아서 고위 공직자의 비리 수사처이지 사실상 지난 정부에서 적폐 청산이라는 미명 하에 정적을 죽일 목적으로 급조된 정권의 하명기구다. 비리와 비위와 상관없이 어떤 트집이라도 잡아서 정치적 상대를 죽이려는 전가의 보도와도 같다. 전 세계 어느 나라에도 없는 기형적인 기구인 만큼 공수처법의 대폭 개정을 통해서 폐지 또는 개편의 필요성을 저는 이 자리에서 공론화한다.〈끝〉

2025. 3. 10.
개혁신당 공보국

유엔 '인종차별철폐협약'(ICERD) 정부보고서 심사를 앞두고 국가인권위원회(인권위)가 인종차별 독립보고서를 심의하고 있습니다. 하지만 유엔의 요구를 대폭 수정하거나 삭제해 정부보고서보다 오히려 심각하게 후퇴하고, 사실상 의미 없는 권고안으로 논의되고 있어 걱정입니다. 인권위가 본연의 역할을 망각하고 정치적 선동의 장으로만 만들어가고 있는 현실이 참담합니다. 특히, 윤석열 정부하에서 임명된 일부 인권위원들은 인권 문제에 대한 전문성뿐 아니라 감수성까지 떨어져, 인권위원 입에서 "인신매매와 인종차별이 무슨 관계냐?"는 질문이 부끄럼 없이 나오는가 하면, 어떤 의원은 "외국인과 똑같은 법제를 만들자는 것은 국내 근로자에게 차별"이라는 궤변까지 내놓고 있습니다. 이러한 안창호 위원장과 일부 인권위원의 처사는 인권위의 본래 기능을 무시하고, 정치적 목적을 위해 인권 문제를 왜곡하는 것입니다. 내란 수괴 윤석열에게 저항권까지 보장하자는 인권위에 무슨 기대를 할 수 있을까 싶으면서도, 인권위의 권고를 통해 자신의 인권을 보장받길 바라는 시민들을 생각하면 얼마나 절망스러울까 싶어 분노를 감출 수 없습니다. 국가의 인권을 추락시키는 상황은 해도 너무합니다. 당장 바로잡아야 합니다.

– 진보당 부대변인 이미선, 3월 10일 서면브리핑

홍성규 수석대변인, 정혜경 원내대변인 브리핑

■ '내란비호 사회혼란'이 소신이라는 심우정, 즉각 탄핵해야!

'내란수괴 윤석열 석방' 진두지휘로 우리 국민들에게 큰 충격과 분노를 던진 심우정 검찰총장이, 그 어떤 사죄나 반성은커녕 "적법 절차 원칙에 따라 소신껏 결정을 내렸다"고 거듭 강변했습니다. 용납할 수도, 용서할 수도 없습니다. 12.3내란에 이어 그 충격이 채 가시기도 전에 다시 노골적으로 두번째 총부리를 겨눈 심우정 총장을 즉각 탄핵해야 합니다.

이제 와 '적법절차' 운운은 정말이지 가소롭기 짝이 없습니다. 피땀으로 일구어온 우리 대한민국의 소중한 민주주의를, 그 어떤 적법절차 없이 무참하게 난자했던 내란세력의 끔찍한 범죄 앞에서는 찍소리도 안하고 있었던 자들 아닙니까!

얼마 전까지도 '검찰독재'라는 비판에 직면했던 검찰의 입에서 난데없는 '인권보장'이라니, 지나가던 소가 하품할 소리입니다. 내란 이후 밤잠도 제대로 청하지 못한 5,200만 우리 국민 모두의 인권은 다 내팽개치고, 그들 스스로 돌격대가 되어 대통령 자리에 옹립했던 '내란수괴 윤석열'의 인권만을 챙기겠다는 것 아닙니까!

참으로 뻔뻔하고 파렴치한 집단입니다.

즉시항고로 상급심의 판단을 받을 기회를 스스로 걷어찬 것만으로도 심우정은 그 자리에 있을 자격이 조금도 없습니다. 이미 제 야당은 '자진 사퇴'의 길을 열어주었는데도 끝까지 그 자리를 고수하겠다면, 결국 심우정의 그 알량한 '소신'이라는 것은 오직 '윤석열 내란세력 비호'밖에는 없다는 것 아니겠습니까!

민주공화국 대한민국의 지엄한 헌법정신에 따라, '즉각 탄핵'으로 그 죗값을 매우 무겁게 물어야 합니다.

2025년 3월 10일
진보당 수석대변인 홍성규

■ 내란세력의 총반격에 맞서, 더 압도적 광장의 힘으로 尹파면 총력전에 나서자

윤석열이 석방되며 내란 이후 대혼란은 정점을 향해 가고 있습니다. 내란세력들은 사활을 걸고 총반격에 나섰습니다.

검찰은 늑장기소로 '구속취소'의 빌미를 제공했고, '즉시항고'를 포기하며 윤석열을 풀어줬습니다. 지시를 받은 내란주범들은 감옥에 있는데, 지시를 내린 우두머리가 풀려나는 기막힌 사태입니다. 역사에 남을 치명적 오판입니다. 관저에 다시 똬리를 튼 윤석열은 총력을 다해 지지자 결집과 증거인멸 및 조작에 나설 것입니다.

기세가 오른 국민의힘은 '탄핵각하' 혹은 '변론재개' 하라며 더 노골적으로 헌재를 때렸습니다. 여기에 국힘 당 지도부와 의원들은 물론 시도지사장들도 총동원됐습니다. 오동운 공수처장은 고발했고, '공수처 폐지'를 거론하며 겁박도 했습니다. 극우세력들은 헌재 앞에서 일주일째 24시간 소동을 피우고 있는데, 국힘 원외당협위원장들도 가세하여 텐트치고 농성에 들어갔습니다. 내란세력들은 양심도 헌법질서도 모두 무시한 채 내란 우두머리 지키기에 미쳐 날뛰고 있습니다.

내란세력의 마수가 어디까지 뻗쳐있는지 알 수 없습니다. 지금부터 헌재 판결까지 일주일 상간에 또 어떤 충격적인 일이 벌어질지 모릅니다. 이제 믿을 것은 민주주의 최후의 보루, 민주시민들의 '압도적인 광장의 힘' 밖에 없습니다.

국민 여러분, 진보당 당원여러분, 호소드립니다. 지금 우리는 '빛의 혁명'의 가장 중요한 분기점에 서있습니다. 윤석열 파면까지 총력투쟁에 분연히 떨쳐나서 주십시오. 진보당 의원들도 모든 것을 걸고 총력을 다해 싸우겠습니다. 尹 파면까지 진보당 의원들은 광화문 동십자각을 사무실 삼아 매일 농성, 매일 집회, 매일 의총을 진행합니다. 가용한 모든 당력을 쏟아부어 윤 파면에 매진하겠습니다. 저들의 발악을 누르고, 끝내 국민과 함께 승리하겠습니다.

2025년 3월 10일
정혜경 진보당 원내대변인*

---

* 동일 일자 보도자료 2개를 함께 실었음을 밝힙니다.

검찰이 내란수괴에 대한 즉시 항고를 포기하면서, 스스로 법질서를 유린하고 내란수괴와 한 몸임을 자인했습니다. 이로 인해 사법 신뢰는 철저히 무너졌습니다. 이러한 검찰의 태도를 비웃기라도 하듯, 명태균 또한 구속 취소를 신청했다고 합니다. 심우정 총장은 이제 명태균까지 풀어줄 겁니까? 그동안 검찰이 윤석열, 김건희의 하수인 역할을 하며, 명태균 관련 수사를 의도적으로 미뤄왔다는 의혹이 끊임없이 제기되어 왔습니다. 지난해 4월 김영선 전 의원 공천과 관련해 명태균이 윤석열 부부를 만나 여론조사 비용을 받으러 갔다는 강혜경 씨의 진술 이후 수사는 사실상 중단된 상태였고, 명태균의 황금폰 관련해서도 '전자레인지에 휴대전화를 돌려 폐기하라'는 증거 인멸을 종용했다는 주장도 언론을 통해 보도된 바 있습니다. 뿐만 아니라, 오세훈 시장이 '21년 시장선거를 앞두고 명태균과 여러차례 통화하며 '서울로 빨리 올라오라'고 말한 진술도 확인되었고, 홍준표 시장 역시 약 9차례에 걸친 비공표 여론조사와 비용 대납 정황 등이 속속 드러나고 있습니다. 그런데도 검찰은 언제까지 권력의 눈치를 보며 법치주의를 망가뜨릴 작정입니까? 검찰이 더 이상 역사의 죄인으로 남지 않으려면, 윤석열, 김건희를 비롯한 오세훈, 홍준표 시장 등 관련된 모든 의혹과 관련자들에 대해 철저히 수사하십시오. 최상목 권한대행은 국민의 요구에 부응해 명태균 특검법을 수용하고, 대한민국의 민주주의 회복을 위해 결단을 내려야 할 것입니다.

– 명태균게이트 진상조사단 대변인 김용만, 3월 10일 보도자료

2025년 3월 11일

외교통일위원회 현안 질의 외,
야5당 야외 투쟁

윤석열 구속이 취소된 직후부터 우리 시민들이 다시 거리로, 광장으로 나와 우리의 민주주의를 지키기 위해 애쓰고 계십니다. 정치가 가장 앞장서 시민들과 함께 해야 합니다. 오늘 '윤석열탄핵 국회의원연대'가 광화문에 천막 농성장을 차렸습니다. 앞으로 윤석열 파면 선고 때까지 '윤탄연' 의원 마흔 아홉 분이 릴레이 단식 농성에 합류합니다. 오늘 첫날 민주당 박수현 의원님, 민형배 의원님, 김준혁 의원님, 강득구 의원님, 진보당 윤종오 의원님이 단식을 시작하셨습니다. 추운 날씨에 의정활동까지 병행하며 앞서주신 동료 의원들께 진심으로 감사드립니다. 저도 일정이 가능한 한 함께 농성장을 지킬 예정입니다. 윤석열 석방으로 아직 강고한 내란세력을 확인했습니다. 검찰공화국을 향한 국민들의 분노와 불안이 가중되고 있습니다. 이럴 때일수록 더 큰 우리가 되어 단호하게 맞서 나가야 합니다. '의원연대'는 국회에서 윤석열 탄핵을 먼저 주도했던 것처럼, 윤석열 탄핵의 맨 마지막까지, 완전한 내란종식의 날까지 최선을 다할 것입니다. 광화문 광장에 더 차려질 농성장 자리가 없을 정도로 윤석열 파면을 바라는 마음은 점점 더 커지고 있습니다. 저와 사회민주당도 그 간절함이 반드시 민주공화국의 정의를 되찾도록 끝까지 함께 하겠습니다.

– 사회민주당 대표 한창민. 3월 11일 보도자료

제423회 국회
(임시회)

국토교통위원회회의록
(교통법안심사소위원회)

제 1 호

국 회 사 무 처

일　시　2025년3월11일(화)

장　소　국토교통위원회회의실

의사일정

1. 대도시권 광역교통 관리에 관한 특별법 일부개정법률안(권영진의원 대표발의)(의안번호 2203392)
2. 대도시권 광역교통 관리에 관한 특별법 일부개정법률안(김윤덕의원 대표발의)(의안번호 2200108)
3. 대도시권 광역교통 관리에 관한 특별법 일부개정법률안(이춘석의원·권성동 의원 대표발의)(의안번호 2202233)
4. 대도시권 광역교통 관리에 관한 특별법 일부개정법률안(조배숙의원 대표발의)(의안번호 2202309)
5. 대도시권 광역교통 관리에 관한 특별법 일부개정법률안(이성윤의원 대표발의)(의안번호 2204620)
6. 대도시권 광역교통 관리에 관한 특별법 일부개정법률안(이건태의원 대표발의)(의안번호 2202237)
7. 대도시권 광역교통 관리에 관한 특별법 일부개정법률안(민홍철의원 대표발의)(의안번호 2202341)
8. 대도시권 광역교통 관리에 관한 특별법 일부개정법률안(서범수의원 대표발의)(의안번호 2203708)
9. 생활물류서비스산업발전법 일부개정법률안(염태영 의원 대표발의)(의안번호 2203021)
10. 생활물류서비스산업발전법 일부개정법률안(이강일의원 대표발의)(의안번호 2204697)
11. 생활물류서비스산업발전법 일부개정법률안(윤종오의원 대표발의)(의안번호 2205830)
12. 생활물류서비스산업발전법 일부개정법률안(윤종오의원 대표발의)(의안번호 2205946)
13. 생활물류서비스산업발전법 일부개정법률안(이연희의원 대표발의)(의안번호 2206558)
14. 생활물류서비스산업발전법 일부개정법률안(안태준의원 대표발의)(의안번호 2208647)
15. 화물자동차 운수사업법 일부개정법률안(이연희 의원 대표발의)(의안번호 2201357)
16. 화물자동차 운수사업법 일부개정법률안(김정재 의원 대표발의)(의안번호 2201815)
17. 화물자동차 운수사업법 일부개정법률안(홍기원 의원 대표발의)(의안번호 2201986)
18. 화물자동차 운수사업법 일부개정법률안(윤종오 의원 대표발의)(의안번호 2203433)
19. 화물자동차 운수사업법 일부개정법률안(황운하의원·윤종군 의원 대표발의)(의안번호 2203879)

20. 화물자동차 운수사업법 일부개정법률안(엄태영 의원 대표발의)(의안번호 2206097)
21. 여객자동차 운수사업법 일부개정법률안(손명수 의원 대표발의)(의안번호 2204206)
22. 교통시설특별회계법 일부개정법률안(김도읍 의원 대표발의)(의안번호 2205398)
23. 한국공항공사법 일부개정법률안(윤재옥 의원 대표발의)(의안번호 2206266)
24. 대구경북통합신공항건설을 위한 특별법 일부개정법률안(윤재옥 의원 대표발의)(의안번호 2206664)
25. 항공안전법 일부개정법률안(김도읍 의원 대표발의)(의안번호 2207026)
26. 도시철도법 일부개정법률안(민홍철 의원 대표발의)(의안번호 2202268)
27. 도시철도법 일부개정법률안(정준호 의원 대표발의)(의안번호 2201343)
28. 도시철도법 일부개정법률안(이헌승 의원 대표발의)(의안번호 2204858)
29. 도시철도법 일부개정법률안(민홍철 의원 대표발의)(의안번호 2203209)
30. 철도의 건설 및 철도시설 유지관리에 관한 법률 일부개정법률안(복기왕 의원 대표발의)(의안번호 2205321)
31. 생활물류서비스산업발전법 일부개정법률안(문진석 의원 대표발의)(의안번호 2205794)

상정된 안건

○**소위원장 문진석** 의석을 정돈해 주시기 바랍니다.

성원이 되었으므로 제423회 국회(임시회) 제1차 교통법안심사소위원회를 개의하겠습니다.

오늘 회의에서 31건의 법률안을 상정하여 심사하도록 하겠습니다.

그런데 실제로 현실적으로 심사가 어려울 것 같은데요. 11시 20분까지 심사하도록 하겠습니다. 국민의힘 위원들의 의견을 반영해서 그렇게 운영하겠습니다.

소위원회 심사자료를 기반으로 하여 전문위원의 설명과 정부 측의 의견을 들은 다음에 위원님들께서 질의·토론하시는 순서로 진행하도록 하겠습니다. 그리고 배석하고 계신 분이 답변을 하는 경우 원활한 회의 진행과 회의록 작성을 위하여 위원장으로부터 발언권을 얻은 후에 답변하여 주시고 답변 모두에 소속, 직위, 성명을 말씀해 주시기 바랍니다.

그러면 의사일정에 들어가도록 하겠습니다.

먼저 의사일정 제1항부터 심사해야 합니다마는 위원님들께서 양해해 주신다면 의사일정 제15항부터 20항까지를 먼저 심사하고자 합니다.

이의 없으십니까?

(「예」 하는 위원 있음)

그러면 의사일정 제15항부터 20항까지를 심사하도록 하겠습니다.

---

15. **화물자동차 운수사업법 일부개정법률안**(이연희 의원 대표발의)(의안번호 2201357)
16. **화물자동차 운수사업법 일부개정법률안**(김정재 의원 대표발의)(의안번호 2201815)
17. **화물자동차 운수사업법 일부개정법률안**(홍기원 의원 대표발의)(의안번호 2201986)
18. **화물자동차 운수사업법 일부개정법률안**(윤종오 의원 대표발의)(의안번호 2203433)
19. **화물자동차 운수사업법 일부개정법률안**(황운하 의원·윤종군 의원 대표발의)(의안번호 2203879)
20. **화물자동차 운수사업법 일부개정법률안**(엄태영 의원 대표발의)(의안번호 2206097)

○**소위원장 문진석** 의사일정 제15항부터 20항까지 이상 6건의 화물자동차 운수사업법 일부개정법률안을 일괄하여 상정합니다.

먼저 전문위원 보고해 주시기 바랍니다.

○**전문위원 임종수** 전문위원입니다.

화물자동차 운수사업법 일부개정법률안 소위자료입니다.

1쪽입니다.

화물자동차 운수사업법 일부개정법률안은 이연희 의원안, 김정재 의원안, 홍기원 의원안, 윤종오 의원안, 황운하·윤종군 의원안, 엄태영 의원안 등 모두 6건입니다.

이 중 안전운임제를 재도입하고자 하는 이연희 의원안과 홍기원 의원안, 안전운임제 대신 표준운임제를 새로 도입하고자 하는 김정재 의원안은 지난 소위에서 대략적으로 논의된 바 있습니다. 지난 소위 이후에 안전운임제를 재도입하면서 일부 확대하는 것을 내용으로 하는 윤종오 의원안 및 황운하·윤종군 의원안과 표준운임제 도입을 내용으로 하는 엄태영 의원안이 추가로 발의되었습니다.

지난 소위에서 논의된 사항을 간략히 보고드리겠습니다.

지난 소위에서는 2022년 6월 정부가 안전운임제를 3년 연장할 것을 발표한 바 있고 화주가 운송사업자에게 지급하는 운임이 결과적으로 차주에게 전달되는 측면을 고려할 때 화주가 지급하는 운임도 강제할 필요가 있다는 점에서 안전운임제 재도입에 찬성하는 의견과 안전운임제의 3년간 시행 결과 교통안전 제고 효과가 불분명하고 대형 운수사들의 고정이윤 보장이 불합리하다는 점에서 차주에 대한 운임만 강제하는 표준운임제 도입이 필요하다는 의견이 각각 제시된 바 있습니다.

추가적으로 차주를 근본적으로 보호하기 위하여 화주-차주 간 직접거래 활성화를 통해 우리나라 화물자동차 운송시장의 구조적 문제를 해소할 필요가 있다는 의견도 제시되었습니다.

6쪽입니다.

지난 소위 이후에 발의된 3건의 법률안 내용을 기존 소위에서 심사하였던 개정안들과 비교해서 간략히 말씀드리겠습니다.

윤종오 의원안과 황운하·윤종군 의원안은 이연희 의원안, 홍기원 의원안과 같이 안전운임제를 재도입하고자 하는 내용입니다. 두 개정안은 안전운임을 구성하는 요소로써 안전운송원가에 적정이윤을 더하는 것 외에 적정소득을 구성 요소로 추가하는 내용을 담고 있습니다. 또한 운임위원회 설치와 관련해서 화주와 운수사업자가 의무적으로 준수해야 하는 안전운임 부대조항을 위원회에서 심의·의결하는 사항으로 추가하고 위원회 구성 내용도 법률에 직접 명시하고 있습니다.

다음 쪽입니다.

윤종오 의원안과 황운하·윤종군 의원안에서는 안전운송원가, 안전운임 및 안전운임 부대조항 공표, 차종별 운송품목의 수를 확대하여 규정하고 있습니다.

먼저 윤종오 의원안 같은 경우에는 적용 품목 및 차량을 기존의 수출입컨테이너, 시멘트 외에 환적컨테이너를 포함하고 최대적재량 1t, 5t, 12t, 25t 등의 화물자동차로 운송되는 모든 품목을 포함하도록 하고 있습니다. 황운하·윤종군 의원안도 윤종오 의원안과 비슷한 형태로 적용 품목을 확대하여 규정하고 있습니다.

그리고 다음 쪽 5번, 운임의 효력에 있어서도 윤종오 의원안과 황운하·윤종군 의원안은 기존 품목과 확대된 품목 등 모든 품목에 대해서 안전운임 이상의 운임 지급을 강제하도록 하고 있습니다. 그리고 엄태영 의원안은 김정재 의원안과 같이 표준운임제 도입을 내용으로 하고 있는데 대체로 김정재 의원안과 동일하며 일부 법 시행 시기를 법 시행 후 3년간 한시적으로 운영하도록 일몰제를 규정하고 있습니다.

위원님들께서 양해해 주신다면 우선 지난 소위 내용과 추가로 발의된 법률안에 대한 보고를 간략히 마치고, 참고로 추가로 발의된 법안들 포함해서 전체 법안들의 운임제 관련 사항에 대한 이해관계자들 의견은 소위자료 95쪽부터 100쪽의 표로 정리해 두었습니다.

이상입니다.

○**소위원장 문진석** 다음은 정부 측 답변해 주시기 바랍니다. 의견을 말씀해 주십시오.

○**국토교통부제2차관 백원국** 안전운임제는 과도한 시장 개입 또 경영 혁신 동기 제약 또 중소 화주로부터 대기업 운수사의 이윤을 보장하는 등의 부작용이 있기 때문에 신중 검토가 필요합니다. 시장 기능은 최대한 존중하면서 화물차주의 보호는 유지하는 표준운

임제를 도입하는 것이 타당하다고 생각이 됩니다.

아울러 위·수탁제 개선을 통해서 화물차주를 보다 강하게 보호하고 과적에 대한 근절 등 화물차의 교통안전 강화 방안을 포함하고 있는 김정재 의원안과 엄태영 의원안에 동의합니다.

○**소위원장 문진석** 위원님들께서 의견 있으시면 말씀해 주십시오.

이연희 위원님.

○**이연희 위원** 이게 논의가 아주 오래 됐던 사안인데, 안전운임제 일몰되기 전에 정부도 시행에 대해서 찬성했던 법안인데 다시 내용을 변경해서 의원 입법안으로 제출하셨는데 안전운임제와 표준운임제의 차이는 결국은 화주에 대한 강제성을, 어떻게 해서 운임제에 안정성과 효율성을 가질 것인가 하는 부분인데 강제성이 없으면 표준운임제를 하더라도 그것이 지켜질지, 운임이라는 것이 여러 차례 토론이 되었기 때문에……

그리고 안전운임제와 관련해서 실제로 소득이 증가하는 그리고 근로 수행이 감소하면서 화주의 안전 이런 부분들이 많이 증가되겠다라고 하는 부분들이 증명이 되었고 그리고 이것이 도입된 논의의 과정이 화물노동자들의 과로, 장시간 운전 이것에 따른 아주 치명적인 고속도로 교통사고 이런 부분들이 문제가 됐기 때문에 법안이 발의된 것입니다. 그런데 이것이 이제 일몰로 삭제가 됐는데 그것을 다시 복원하자는 취지기 때문에 제가 발의한 대로 원안대로 법안이 통과되기를 바랍니다.

○**소위원장 문진석** 엄태영 위원님 말씀해 주십시오.

○**엄태영 위원** 오랜 논의를 하다 보니까 이연희 의원님 안에 대해서도 잘 알고 있고요. 여러 의원님이 냈었지요. 홍기원 의원님, 윤종오 의원님, 황운하, 윤종군, 우리 야당 의원님들도 많이 내셨는데 우리가 차주 운임을 강제하는 데 포커스를 맞추는 게 아니고 화주의 운수사 운임에 대해서 강제를 하는 데 자꾸 논의의 초점이 있다 보니까 논의만 길어지고 결론이 안 나는 것 같습니다.

사실 일방적인 얘기라고 들릴지 모르지만 안전운임제 도입한 이후 안전이 오히려 퍼센티지가 더 다운됐다는 그런 자료도 있고 또 우리 정부 측에서도 얘기했지만 중소 화주에 대기업 운수사 몫을 보장해 주는 여러 가지 불합리한……

대기업 운수사가 이걸 요구하지는 않거든요, 가만히 앉아 있어도 자기들은 득이 되니까. 그런데 정말 답답한 영세 차주들의, 근로자들의 운임을 강제함으로써 법의 보호를 받게 하자는 취지인데 엉뚱한 쪽에 자꾸 논의가 분산되는 것 같아요. 그래서 저는 현장의 목소리를 다시 한번 듣고 정말 영세 근로자들이 안전운임제의 모순을 알고 있는지 그런 것에 대해서 좀 논의해서 그쪽의 동의를 얻어서 최소한 절충안으로 빨리 결론을 냈으면 좋겠습니다.

이게 대기업 운수사 몫의…… 대표적인 CJ대한통운 같은 데는 그냥 앉아서 13%인가 이렇게 이득을 취하다 보니까 영업도 안 하고 내부 개선도 안 하고 여러 가지 문제점이 유발됐잖아요. 그런 것을 감안해서라도 일단 제가 제출한 표준운임제가 더 합리적인 것 같고 실제 혜택이 가는, 실제 혜택을 받아야 되는 영세 근로자들한테 좀 더 설득하는 과정도 필요한 것 같다.

정부 측에서 탁상행정만 하시지 말고 정말 민노총이나 뭐나 어려운 현장 사람들의 얘기를 들으면서 홍보도 하고 이렇게 가는 게 좋지 않겠냐. 그래서 그쪽의 동의를 받아서 야당 위원님들의 오해도 없도록 빨리 마무리 지었으면 좋겠습니다. 이 자리에서 계속 얘기해 봤자 똑같은 얘기만 되니까 하여튼 정부 측에서 더 노력해 주시기 바랍니다.

이상입니다.

○**소위원장 문진석** 손명수 위원님 말씀해 주십시오.

○**손명수 위원** 간단하게 말씀드리겠습니다.

어려운 얘기인데요, 어려운 문제고. 그런데 사실 안전운임제를 처음에 도입할 때 굉장히 논란이 많이 있었지요. 그런데 많은 논란에도 불구하고 사실 여야 합의로 또 정부도 당시에 다 동의해 가지고 이 제도를 도입을 했었거든요.

그런데 도입하자마자 시행 첫해에 코로나가 터졌습니다. 그래 가지고 딱 안전운임제 일몰되고 나서 코로나가 끝났습니다. 안전운임제를 도입하고 딱 3년 동안 코로나 기간이었습니다.

그래서 이게 어려운 얘기고 존경하는 엄태영 위원님 말씀도 일리가 있고 그런데 이제 정부 측에서도 이것을 표준운임제로 바꾸겠다고 말씀을 하셨는데 사실 논의를 다 할 수 있습니다. 그러나 어렵게 여야 합의로 통과한 이 제도를 사실 조금 더 해 봐야 됩니다. 해 봐서 효과를 다시 보고, 그게 순리가 아닌가 그런 생각이 듭니다.

이것을 왜 화주한테, 운송사가 아닌 화주한테 이 운임을 강제하느냐, 일리 있는 말씀입니다. 그러나 그것은 대한민국 현실이 그렇습니다. 대한민국 특히 대형트럭 운송구조 상당수가 지금 지입제로 운영이 되고 있고 화주가 이것을 부담하는 구조입니다.

그렇기 때문에 이런 현실을 감안해서 어렵게 여야 합의로 만든 제도인 만큼 적어도 몇 년은 더 해 보고 이것을 바꿀 것인지, 이 제도의 도입 취지가 있는지 없는지 해 보고 하는 게 맞지 않나. 특히 해 본 기간이 딱 코로나하고 겹쳐 가지고 특수한 시장 환경이었잖아요. 그런 점을 정부도 좀 다시 한번 생각해 보시고.

그리고 특히 사실 3년 정도 더 연장하자고 정부도 동의했던 사항이잖아요, 여야 다. 그것을 갑자기 이렇게 말을 바꿔 버리면 신뢰성의 문제도 좀 있고 그래서 다시 한번 좀 검토해 보시기 바랍니다.

○**윤종오 위원** 저도 한마디만 짧게……

○**소위원장 문진석** 윤종오 위원님 말씀하십시오.

○**윤종오 위원** 짧게 한말씀만……

○**소위원장 문진석** 말씀하세요.

○**윤종오 위원** 안전운임제, 과적을 막고 과속을 막고 과로를 막아서, 도로 파손도 막고 사고의 위험도 좀 제거하고 이렇게 해서 긍정적으로 일단 도입을 했던 것 아닙니까?

정착되어서 조금 더 확대해 나가는 게 더 바람직스럽다고 생각하는데 동료 위원님께서 어디서 가져온 통계인지 모르겠지만 안전운임제를 도입했는데 사고가 더 많이 났다, 사실 있을 수 없는 통계라고 저는 생각하거든요. 물론 안전운임제에 해당하는 차량 숫자가 극소수다 보니까, 제가 알고 있기로 한 6% 정도밖에 안 되는 걸로 알고 있는데 그러다 보니까 전체 사고에 대비하는 것에 있어서 좀 무리한 통계가 나왔지 않나 그렇게 사실 추정이 됩니다. 당연하게 과속을 하지 않고 과적을 하지 않고 안전하게 운전하는데 사고가 더 많이 난다, 이건 있을 수 없는 일이라고 생각이 들고요.

정부가 이미 하겠다고 이야기했던 내용 아닙니까? 그렇지요? 그래서 그런 것 같으면 조금 더 전향적으로 자세를 취해서 최소한 확대는 못할망정 유지도 못 하고 더 축소한다는 것은 있을 수 없는 일이라고 생각합니다. 정부에서 좀 전향적인 자세를 가져 줄 것을 다시 한번 당부드리겠습니다.

○소위원장 문진석 김도읍 위원님 먼저 말씀하십시오.

손을 먼저 들었어요.

○김희정 위원 예.

○김도읍 위원 차관님, 이 논의가 오래됐지요?

○국토교통부제2차관 백원국 그렇습니다.

○김도읍 위원 조금 전에 윤종오 위원님도 말씀하셨고 이연희 위원님도 말씀하셨고 손명수 위원님도 말씀하셨는데 궁극의 목적은 과로 또 과속에 의한 사고 위험에 노출된 차주, 운전하시는 분들을 위한 대책이지요, 이게 궁극적으로?

○국토교통부제2차관 백원국 그렇습니다. 약자 보호 측면이 강합니다.

○김도읍 위원 거기에 대해서는 이견이 없단 말이에요. 그런데 지금 저희 당에서 주장하는 표준운임제는……

표준운임제나 안전운임제나 차주 보호에 차이가 있습니까?

○국토교통부제2차관 백원국 없습니다.

○김도읍 위원 그렇지요?

○국토교통부제2차관 백원국 예.

○김도읍 위원 그런데 지금 민주당을 포함한 또 민노총에서도 주장하는 게 안전운임제인데 이것은 차주를 보호하는 것 플러스 대형 운수사, 지입회사 이런 회사들이 별 노력 없이 아니면 나름대로 노력은 하지만 거기에 대해서 운임을 강제한다, 이게 대한민국이 지금 시장경제를 추구하는 국가인데 여기에 부합합니까?

○국토교통부제2차관 백원국 그 부분에 대해 문제가 있다고 봅니다.

○김도읍 위원 여기에서 정부나 저희 국민의힘이 표준운임제를 통해서 차주를 보호하자 그러면 궁극의 목적을 달성한다. 그다음에 화주와 운수사는 시장 논리에 맡기자 지금 정부 입장 그거지요?

○국토교통부제2차관 백원국 그렇습니다.

○김도읍 위원 지금 그러지 않아도 트럼프 정부가 들어서면서 보호무역주의를 강화하고 있고 지금 저희들이 해외 시장에서 살아남을 수 있는 경쟁력은 기술력도 나아지고 있지만 결국은 제품의 가격 문제인데, 가격 경쟁력을 가져야만 그래도 살아남을 가능성이 좀 더 높다. 맞지요?

○국토교통부제2차관 백원국 예.

○김도읍 위원 그러면 국내에서 수출 품목이라든지 이런 부분에 대해서 가격 경쟁력을 가질 수 있도록 저희들이 도와주는 게 사실은 정치권이나 정부가 할 도리다. 어떻습니까?

○국토교통부제2차관 백원국 그렇습니다.

○김도읍 위원 그래서 여야 없이, 차주를 보호하자는 궁극의 목적을 달성하는 데 있어서는 차관님께서 말씀하셨다시피 표준운임제는 맞다. 그러나 안전운임제로 들어가면 이거는 시장경제주의에 맞지 않다. 이것 아닙니까?

○**국토교통부제2차관 백원국** 그렇습니다.

○**김도읍 위원** 그래서 지금 엄태영 의원님이나 김정재 의원님이 발의해 놓은 표준운임제를 시행하는 것이 저는 맞다고 말씀드리고 싶습니다.

○**소위원장 문진석** 차관님, 물어볼게요.

안전운임제가 여야 합의로 통과된 거지요, 지금은 일몰이 됐지만?

○**국토교통부제2차관 백원국** 그 당시 2018년도에……

○**소위원장 문진석** 민주당에서만 주장했던 것은 아니지요?

○**국토교통부제2차관 백원국** 2018년도 말씀인가요?

○**소위원장 문진석** 그러니까요. 여야 합의로 통과된 법이었잖아요.

○**국토교통부제2차관 백원국** 그때도 몇 가지의 논란은 있었습니다만……

○**소위원장 문진석** 그때는 괜찮고 지금은 달라진 이유가 뭡니까?

○**국토교통부제2차관 백원국** 일단 2022년도 6월 달에 파업이 있었고 11월 말부터 12월 초, 한 12일간도 파업이 두 차례 있었습니다. 그때 화주에 대한 처벌 규정이 다소간에 문제는 있다 하더라도 국가적 물류 대란을 막기 위해서 일단 3년 더 연장해 보자라는 것을 대안으로 얘기를 했었고, 그때 화물연대는 파업을 하기는 했습니다.

그래서 지금 말씀하신, 그때 협상카드로 그런 것을 테이블에 올려놓고 일단 대화를 했는데 파업이 되었고요. 그 파업 이후에 화주, 차주, 운수사 또 우리 교통연구원을 비롯한 민간 전문가들 또 국토부 이렇게 다채널 협의체가 구성이 돼서……

○**소위원장 문진석** 그러니까 이해관계인들이 다 모여서 합의를 한 거잖아요.

○**국토교통부제2차관 백원국** 아닙니다. 그렇게 해서 논의를 한 끝에 나온 게 표준운임제입니다. 그래서 말씀하신 그 부분은 아주 대과거고요.

○**소위원장 문진석** 제가 지금 안전운임제를 묻잖아요, 표준운임제를 얘기하는 게 아니고. 어쨌든 안전운임제는 그 당시 2018년에 여야 그다음에 화물연대, 화물차사업자, 운송사업자 그다음에 화주가 모여서 논의한 결과가 안전운임제로 만들어진 거잖아요.

○**국토교통부제2차관 백원국** 그렇습니다.

○**소위원장 문진석** 안전운임제를 처음부터 주장했습니까? 그런 건 아니잖아요.

○**국토교통부제2차관 백원국** 위원장님, 제가 드리는 말씀은 그건 18년도 버전이고요. 그렇게 해서 법이 통과돼서 진행이 되다가 3년의 일몰이 다가왔을 때……

○**소위원장 문진석** 제대로 시행도 해 보지 못하고 일몰이 온 거잖아요. 그래서 정부도 2022년 6월에 안전운임제 일몰을 연기하겠다 이렇게 발표한 적도 있지요. 그때하고 지금하고 달라진 게 뭐가 있어요? 상황이 바뀌었습니까?

○**국토교통부제2차관 백원국** 말씀드렸다시피……

○**소위원장 문진석** 차관이 주장하는 내용은 알아요. 왜 화주한테 강제조항을 적용시키냐, 화물차 운송사업자한테 적용시키는 게 맞지 않냐. 뭐 그것도 일견 타당성이 있다고 봐요. 그런데 지금 안전운임제냐 표준운임제냐 이걸 논의하기보다는 화물차주들이 제대로 된 운송료를 보장받을 수 있는 제도가 필요한 건 맞잖아요. 그렇지요?

○**국토교통부제2차관 백원국** 그렇습니다.

○**소위원장 문진석** 그러면 지금 국토부에서는 화물연대라든가 운송사업자 또는 화주하고 의견을 나누고 있습니까?

○**국토교통부제2차관 백원국** 일단 계속해서 화물연대 쪽에는 지금 지입제 개혁과 표준운임제가 필요하다는 부분에 대해서 소통을 하고 있습니다.

○**소위원장 문진석** 운임제도 관련해서 차관 얘기도 일리는 있어요. 왜 화주한테만 강제성을 부여하냐, 일리가 있는데. 그러면 화주도 강제성을 부여하고 운송사업자한테도 강제성 부여하면 되는 것 아니에요?

○**국토교통부제2차관 백원국** 말씀드렸다시피 화주한테……

○**소위원장 문진석** 시장경제 얘기하지 마세요. 시장경제를 보완하는 게 국가가 해야 될 일이고 정치가 해야 될 일이지 자유시장경제를 계속 방임하는 게 정치와 국가가 할 일은 아니지 않습니까?

○**김도읍 위원** 위험한 말씀이신데.

○**소위원장 문진석** 아니, 보완을 하는 거지요. 우리가 지금 전부 자유시장경제 100% 하고 있습니까? 원래는 자유시장경제에 국가가 개입하면 안 돼요.

○**김도읍 위원** 위험한 말씀이신데요, 그거는.

○**국토교통부제2차관 백원국** 위원장님, 말씀 좀 드리겠습니다.

지금 기본적으로 차주가 약자기 때문에, 약자를 보호하자는 것이 입법 정신이지 않습니까?

○**소위원장 문진석** 그렇지요.

○**국토교통부제2차관 백원국** 그 부분에 대해서는 전적으로 공감합니다. 그러면 그 사이에 있는 운수사가 과연 약자냐, 오히려 화주가 더 약자인 경우가 훨씬 많습니다.

그래서 지금 이 전단에 있는, 화주를 규제해서 운수사에게 고정된 이윤을 주자고 하는 것은 약자 보호 원칙에도 안 맞다는 겁니다.

○**소위원장 문진석** 알아요. 화주 중에서도 약자가 있어요. 대형 화주도 있겠지만 중소 화주도 있습니다. 그렇기 때문에 그 조항을, 강제조항을 화주한테도 적용시키고 화물운송사업자한테도 적용시키면 간단한 문제 아니에요? 우리가 당초 목표했던 법안의 효과를 훨씬 더 정확하게 달성할 수 있는 것 아니에요?

○**국토교통부제2차관 백원국** 그래서 운수사가 차주한테 주는 위탁 운임에 대해서는 확실히 작동될 수 있도록 장치를 만들고 앞단에 있는 이 부분에 대해서는 약자가 오히려 강자한테 고정 이윤을 지금 주라고 정부가 개입하는 건데 그거는 안 맞지 않느냐는 겁니다. 지금 저희가 통계적으로 보니까……

○**소위원장 문진석** 그러면 좋습니다. 약자 화주는 그렇다 치고 거대 화주들은 어떻게 통제합니까? 정부에서 어떻게 담보를 할 수 있습니까?

○**국토교통부제2차관 백원국** 지금 저희가 통계적으로 보면요 거대 화주라고 하는 부분들은 사실 퍼센티지로 보면 대기업·중견기업에서 1% 정도씩밖에 안 됩니다. 1%, 1%. 대부분의 화주들은 중소 화주입니다.

○**소위원장 문진석** 1%든 2%든 그게 중요한 게 아니고, 그 규모는 중소 화주보다는 전체 숫자는 작지만 전체 화물 물량은 훨씬 많잖아요, 1%라고 해도. 그렇지요?

○**국토교통부제2차관 백원국** 예.

○**소위원장 문진석** 그거는 어떻게 담보를 할 거냐는 얘기예요.

○**국토교통부제2차관 백원국** 위원장님, 그 비중은 말입니다 중소 화주가 대기업·중견기

업과 거래하는 매출액 기준으로 56%나 됩니다.

○**소위원장 문진석** 그러니까요. 56%면 44%는 어떻게 됩니까?

○**국토교통부제2차관 백원국** 그게 무슨 말씀인가 하면 대부분의 중소 화주가 대기업·중견기업하고 계약을 한다는 겁니다. 그런 측면에서 보면 절반 이상은 오히려 화주가 더 약자라는 얘기가 되는 거거든요.

그래서 운수사를 겨냥해서 이 부분에 대해서 국가가 나서서 특별하게 이윤을 보장해 줘야 된다는 것은 사리에 맞지 않다고 봅니다.

○**소위원장 문진석** 좋습니다. 하여튼 정부가 적극적으로 화물연대라든가 운송사업자하고 대화를 하시면 좋겠고……

○**국토교통부제2차관 백원국** 위원장님, 하나만 더 말씀……

○**소위원장 문진석** 만약에 이게 계속 진도가 안 나가면 국회 입장에서는 뭔가 결단을 내릴 수밖에 없다 저는 그렇게 판단하거든요. 적극적으로 좀 대화하세요.

○**국토교통부제2차관 백원국** 예, 그렇게 하겠습니다.

위원장님, 한 말씀만 더 드리겠습니다, 공통된 질문이 나왔기 때문에.

왜 정부 입장이 바뀌었냐라는 말씀을 하십니다. 그런데 지금 정부 입장이 바뀐 거는요 딱 하나입니다. 화주에 대한 처벌 규정을 독소조항이기 때문에 빼야 된다라는 주장을 일관되게 하는 겁니다. 나머지 부분에 대해서는 3년 더 해 보자는 것에 대해서는……

○**소위원장 문진석** 독소조항인지 아닌지는 정부의 판단인 거고……

○**국토교통부제2차관 백원국** 그런데 그게 왜 그런가 하면요 화물연대 파업이 있었고 그러고 나서 아까 말씀하신, 범사회적으로 논의해서 나온 안의 결정체가 표준운임제였던 겁니다.

○**소위원장 문진석** 알겠어요. 정부 입장을 제가 충분히 알겠어요. 알겠는데 독소조항인지 아닌지는 다시 판단할 필요가 있다고 보고.

하여튼 적극적으로 좀 대화를 하시고 뭔가 접점이 이루어지면 다시 논의하도록 하겠습니다.

그리고 김희정 위원님 마지막으로 하실 말씀이 있으면…… 없습니까?

○**김희정 위원** 저는 운임제 부분에 대해서는 합의를 못 하고 있는데 여야 위원님들 말씀하시는 중에 품목이라든지 시한이라든지 합의 볼 수 있는 부분이 있는 것 같아서 그 부분에 대한 말씀을 드리려고 했는데 오늘 확정 짓지 않으면 다음번 회의 때 상세히 논의하도록 하겠습니다.

○**소위원장 문진석** 알겠습니다.

○**송기헌 위원** 저도 간단히 한 1분만……

○**이연희 위원** 위원장님.

○**송기헌 위원** 차관님, 국회든 정부든 어려운 일이 뭐냐 하면 이해관계가 대립하는 그것을 조정해서 하는 게 굉장히 어려워요.

처음에 이거 만들 때도 화주, 차주, 운수 하는 분들 다 이해관계가 대립돼 있는 걸 조정해서 겨우 합의해서 만들었어요. 그러면 국회든 정부든 다음 논의가 될 때는 어렵게 타협한 것을 전제로 해서 얘기를 해야지 그것을 깨고 다시 하자는 식으로 하면 처음부터 논의가 되는 거예요. 그렇게 되면 발전을 할 수가 없어요.

지금 말씀하신 것처럼 화주가 작고 그 부분이 조절이 필요하다 그러면 전체적인 틀 안에서 그거에 대한 원인을 보고서 조정할 생각으로, 그게 받아들여지지 않으면 일단은 현행대로 기존의 합의를 유지하는 길로 나가야 돼요. 그래야 싸움이 안 생기는 거란 말이에요. 그렇지 않고 새로운 걸 만들자라고 하면 이게 어떻게 발전하겠어요. 그러면 처음부터 그전에 얘기했던 걸 다시 갖고 나오는 거예요. 처음 합의하기 이전에, 합의할 때 갖고 나왔던 저것을 다시 가지고 나오잖아요, 화물연대도 다른 것 더 갖고 나오고. 그렇게 합의가 깨져 버리면 유지가 되겠어요? 그러면 정치가 무슨 의미가 있어요? 합의하는 게 무슨 의미가 있어요?

기본적으로 국회든 정부든, 원래 정치라는 것은 합의했던 것은 가장 존중을 하고 그걸 전제로 다음 단계로 가야지만 조금이라도 나가는 거란 말이에요. 정부는 이걸 좀 생각해 주시기 바랍니다, 우리도 마찬가지지만.

○소위원장 문진석 그만, 이제 추가로 논의할 것 없고.

○이연희 위원 이것 연결해서, 아까 그 팩트 관련해서 좀 확인할 게 있어서……

○소위원장 문진석 어떤 거요?

○이연희 위원 아까 차관님이 말씀하셨는데 팩트 관련해서……

존경하는 송기헌 위원님 말씀 연장해서, 국회에서 합의 이런 것들이 굉장히 중요한데 지금 국토부가 이 사안에 대해서 입장이 계속 오락가락해요. 왔다 갔다 해. 그런 게 지금 이 논의를 좀 혼란시키고 있다고 보거든요.

방금 차관님 화주에 대한 과태료, 처벌 조항에 대해서, 이것 2022년 11월 25일 날 이미 논의가 됐고 국토부도 입장을 밝힌 적이 있잖아요. 국토부 관련 법안이 발의됐지만 당정협의를 통해서 당일 철회됐다 그러면서 3년 연장하는 내용이 핵심이다 이런 말을 11월 25일 날 하셨어요, 물론 그다음 한 달 뒤에 또 입장이 바뀌었지만. 그러니까 안전운임제를 논의하는 데 있어서 정치권에서 합의를 한 내용을 가지고 지금 정부가 입장이 계속 오락가락하는 게 이 논의를 진척하는 데 굉장히 장애를 갖고 있어요. 그래서 그 입장을 좀 정확하게 하시고.

또 한 가지는 아까 위원장님이 말씀하신 대로 화물연대 노조하고의 청취, 소통을 좀 더 강화하세요. 그래서 그분들 의견을 듣고…… 아까 처음 이 법의 발의 취지가 약자를 위한 법이라면서요. 그러면 당연히 어떤 강제성이랄지 처벌 조항이랄지 이걸 넣을 수밖에 없는 거지요, 공공성을 띨 수 있게끔. 그런 법의 취지를 잘 감안해서 입장을 좀 분명하게, 원칙을 가지고 정치권의 합의를 존중해서 그런 방향으로 좀 처리해 주시기 바랍니다.

○김도읍 위원 위원장님, 저도……

○소위원장 문진석 그만 정리할게요.

○김도읍 위원 아니, 1분만 할게요.

○소위원장 문진석 정리할게요. 아까 하셨잖아.

○김도읍 위원 쟁점이 아니라고. 1분만……

○소위원장 문진석 아니아니, 그만해요. 시간도 없잖아요. 11시 20분에 간다며, 이러면 회의 12시까지 연장하겠습니다.

○김도읍 위원 그러시든지요. 1분만 좀 이야기할게요.

○**윤재옥 위원** 아니, 그건 안 돼.

○**소위원장 문진석** 아니요, 아니요.

○**윤재옥 위원** 의총 한다고 서로……

○**소위원장 문진석** 그러니까 지금 논의힐 수 있는 시간이 없잖아요, 오늘 논의를 해야 될 게 많은데.

○**김도읍 위원** 위원장님, 여기가 헌법재판소입니까, 발언 제한하게?

○**소위원장 문진석** 아니요, 무슨…… 충분히 얘기하셨잖아요. 얘기하셨습니다. 좋습니다. 의사일정……

○**김도읍 위원** 아니, 1분만 이야기한다니까요.

○**소위원장 문진석** 아니요, 아까 하셨잖아요.

○**김도읍 위원** 1분만 이야기 좀 합시다.

○**소위원장 문진석** 결론 나지도 않을 것을……

○**김도읍 위원** 아니, 결론 나는…… 이거하고 달리……

○**소위원장 문진석** 그러면 빨리 하세요.

○**김도읍 위원** 차관님, 이 모든 게 제가 볼 때는 전 세계에 유례없는 지입회사, 운수사 문제예요. 맞지요?

○**국토교통부제2차관 백원국** 그걸 바탕으로 하고 있습니다.

○**김도읍 위원** 그러니까. 조금 전에 차관님 말씀 중에 지입 제도에 대한 개혁안을 지금 준비하고 있다고 그랬지요?

○**국토교통부제2차관 백원국** 그게 지금 포함이 되어 있습니다. 김정재 법안과……

○**김도읍 위원** 그게 꼭 법으로 해야 되는 거예요? 법 외에 정부에서 대대적으로 개혁할 수 있는 방법은 없나요?

○**국토교통부제2차관 백원국** 지금 당장 급한 부분에 대해서는 시행규칙과 하위 법령에서 개정을 했고요. 법에서 지금 개정해야 될 사항들이 한 네다섯 꼭지가 있습니다. 그 부분이 되어야만 진정한 차주 보호를 두텁게 할 수 있다고 봅니다.

○**김도읍 위원** 하여튼 지입 제도 이 부분에 대해서는 차관님 소신을 가지고 개혁해 주십시오.

○**국토교통부제2차관 백원국** 그렇게 하겠습니다.

○**소위원장 문진석** 하여튼 정부 측은 오늘 의견을 주신 엄태영 위원님 그다음에 이연희 위원님, 손명수 위원님 그리고 윤종군 위원님, 송기헌 위원님, 김도읍 위원님, 김희정 위원님의 의견을 잘 참고하셔서 화물연대하고 적극적으로 소통하고 합의를 이루어 낼 수 있도록 노력해 주십시오.

○**국토교통부제2차관 백원국** 예, 열심히 노력하겠습니다.

○**소위원장 문진석** 의사일정 15항부터 20항까지 이상 8건의 법률안은 심도 있는 심사를 위하여 계속해서 소위원회에서 심사하도록 하겠습니다.

---

1. **대도시권 광역교통 관리에 관한 특별법 일부개정법률안**(권영진 의원 대표발의)(의안번호 2203392)

2. **대도시권 광역교통 관리에 관한 특별법 일부개정법률안**(김윤덕 의원 대표발의)(의안번호

2200108)

3. **대도시권 광역교통 관리에 관한 특별법 일부개정법률안**(이춘석 의원·권성동 의원 대표발의)
(의안번호 2202233)

4. **대도시권 광역교통 관리에 관한 특별법 일부개정법률안**(조배숙 의원 대표발의)(의안번호 2202309)

5. **대도시권 광역교통 관리에 관한 특별법 일부개정법률안**(이성윤 의원 대표발의)(의안번호 2204620)

6. **대도시권 광역교통 관리에 관한 특별법 일부개정법률안**(이건태 의원 대표발의)(의안번호 2202237)

7. **대도시권 광역교통 관리에 관한 특별법 일부개정법률안**(민홍철 의원 대표발의)(의안번호 2202341)

8. **대도시권 광역교통 관리에 관한 특별법 일부개정법률안**(서범수 의원 대표발의)(의안번호 2203708)

(10시50분)

○**소위원장 문진석** 다음은 의사일정 1항부터 8항까지 이상 8건의 대도시권 광역교통 관리에 관한 특별법 일부개정법률안을 일괄하여 상정합니다.

전문위원 보고해 주십시오.

○**전문위원 임종수** 의사일정 제1항인 권영진 의원안 보고드리겠습니다.

이 법안은 지난 소위에서 위원님들 간에 논의를 마친 바 있는 법안입니다. 하여, 소위 심사 결과를 보시는 소위 자료에 별지로 마련했습니다.

한 가지 말씀드릴 사항은 개정안의 시행일 중에 광역교통 개정 관련 규정의 시행 시기에 관해서 국토부에서 추가적으로 의견을 낸 사항이 있습니다.

이상 보고를 마치겠습니다.

○**소위원장 문진석** 정부 측 의견 말씀해 주십시오.

오늘 정부 측 의견은 대광위 위원장님께서 해 주시기로 미리 이야기가 됐습니다. 참고해 주십시오.

○**대도시권광역교통위원장 강희업** 전문위원 검토보고에 동의를 하고요. 저희가 추가적으로 소요 기간이 필요해서 그거는 의견을 제시했습니다.

○**소위원장 문진석** 위원님들 의견 있으시면 말씀 주십시오.

사실 제1항은 지난 소위에서 이미 논의를 했기 때문에 추가로 논의할 것은 없다 이렇게 보는데 동의하십니까?

(「예」 하는 위원 있음)

그러면 2항부터 5항까지 논의를 진행하겠습니다.

전문위원 보고해 주시기 바랍니다.

○**전문위원 임종수** 2항부터 5항까지 김윤덕 의원안, 이춘석·권성동 의원안, 조배숙 의원안, 이성윤 의원께서 각각 발의하신 개정안 4건에 대해서 말씀드리겠습니다.

이 안건들은 현행법상 대도시권의 범위를 확대하는 것에 관한 내용입니다. 지난 두 번 소위 심사에서 국가균형발전 측면과 현행 법률의 취지에 관해서 논의가 있었고 차후 관계 부처 간 협의를 통해서 정부 측 대안을 마련하고 이를 바탕으로 논의를 하는 것으로 결론을 내신 바 있습니다.

　소위 자료 1쪽에 법안의 주요 내용을 비교한 표와 지난 소위에서 논의하신 내용들을 정리해 두었습니다.

　이상입니다.

○**소위원장 문진석** 　정부 측 말씀해 주십시오.

○**대도시권광역교통위원장 강희업** 　이 건은 굉장히 여러 번 논의가 됐기 때문에 주요 내용에 대해서는 제가 설명할 필요는 없을 것 같고요. 저희 국토부 입장에서는 지역 격차 해소 그다음에 국토균형발전을 위한 취지 이런 걸 봤을 때 전반적으로 입법 취지에 공감하고 있습니다. 다만 이게 예산 소요라든지 여러 다른 이슈 때문에 기재부와 협의를 아직 완전히 마치지 못했다는 말씀 드리고요. 그 부분에 대해서는 오늘 논의를 계속 해 주시면 좋을 것 같습니다.

○**소위원장 문진석** 　위원님들께서 의견 있으면 말씀해 주십시오.

　이춘석 위원님.

○**이춘석 위원** 　제가 대표발의한 법안이기 때문에 한말씀만 드리겠습니다.

　아마 여기 계시는 존경하는 위원님들이 지방에 지역구를 두고 계시는 위원님들은 저와 같은 애로점을 같이 느끼실 거라고 생각을 합니다. 존경하는 여당 위원님들 그다음에 국토위나 기재위가 이 법의 취지의 개정안이 맞느냐 여기에 대해서 문제 제기를 하는 걸로 알고 있습니다.

　저도 국토위에 오기 전에 법사위에서 11년 넘게 체계·자구만 전문으로 검토를 한 입장이기 때문에 체계·자구에 대해서는 잘 압니다. 그런데 엄격한 체계·자구의 잣대를 댔을 때 과연 모든 법이 다 통과할 수 있는 거냐 이런 부분에 대해서는…… 그런데 저도 국토위를 오기 전까지는 이런 생각을 못 했는데.

　이 대광법은 대도시 광역을 연결하는 도로인데, 우리나라에 17개 광역단체가 있습니다. 그중에 섬인 제주도를 제외하고는 16개 광역단체 중에 광역교통망이 없는 게 유일하게 전라북도입니다.

　이 특별법이 제정돼서 특정 부분에 대해서 이익을 주는 법에 대해서는 맞지만 대다수 지역에 대해서는 다 이익을 주면서 특정 지역 딱 한 곳을 찍어서 거기에만 안 해 주겠다 이게 헌법에서 정한 균형발전에 맞는 거냐 하는 것에 대한 심대한 문제 제기를 저는 하고. 이렇게 소외된 전라북도를 체계·자구 부분에서 다른 생각을 가지고 있다 하더라도 조금 협조해 주실 것을 간곡히 부탁드리고, 특히 우리 기재부도 여기 오셨는데 사실 나름대로 대안을 제시하고 노력한 점에 대해서 본 위원은 감사하게 생각합니다, 국토교통부도 마찬가지고.

　그래서 제가 그 대안들을 가지고 다른 위원들이나 도하고 상의를 했는데 저는 이 대광법이 통과된다고 전라북도에 얼마나 도움이 될 것이냐에 대해서 의문을 가지고 있는데 또 그런 사람들은 이 대광법이 힘없는 전라북도를 차별하는 대표적인 법이다, 이게 상징적 의미를 가지고 있다 해서 사실은 받아들이기 어렵다 하는 부분들이 있습니다. 그래서 이 부분에 대해서 끝없는 논의를 한다고도 해결책이 나올 것 같지는 않고요.

　사실은 열악한 위치에 처해 있는 전라북도 그리고 실질적으로 이 법이 통과된다 하더라도 막대한 예산 소요가 되거나 실질적으로 광역교통이 구성될 수 있을 거냐, 왜냐하면 전주가 중심지가 되고 인근 지역이 익산 김제 완주 지역밖에 없습니다. 거기에 도를 넣는다고 해서 얼마나 넣을 거냐 이 실효성에 대해서는 저도 극히 의문을 제기하는 법이지만, 이 법 자체가…… 지금 밖에도 오늘 보니까 전라북도 기자들 쭉 와 있어서 어떻게 할 거냐 뭐 이런 얘기를 계속합니다. 그러니까 우리 위원님들도 지역구로 두고 있는 분들은 저와 똑같은 애로점을 느낄 거라고 생각합니다.

그래서 좀 체계·자구라든가 다른 생각을 가진다 하더라도 그런 부분에 대해서 좀 배려하자는 차원에서 이 법이 지금 한 1년 가까이 논의가 되고 있는데 전향적으로 통과될 수 있도록 많이 도와주실 것을 간곡히 호소드립니다.

○소위원장 문진석 위원님들 다른 의견 있으면 주십시오.

○송기헌 위원 기재부에서 누가 나오셨나요?

○기획재정부경제예산심의관 강윤진 예, 경제예산심의관 나와 있습니다.

○송기헌 위원 경제예산심의관님.

금방 이춘석 위원님 말씀하신 내용처럼 대광법이 이게 지방과 특히 수도권하고 차별을 하는 건 맞는 것 같아요. 그렇지요, 기본적으로? 어떻게 생각하세요?

○기획재정부경제예산심의관 강윤진 저희가 광역교통법을 볼 때는 이 광역교통법이라는 것은 서로 다른 광역시도 간의 어떤 연결 문제가 잘 해결되지 않아서…… 광역시도 위에는 중앙정부지 않습니까? 그래서 중앙정부가 개입을 해서 우리 대광위원회를 통해서 그것을 조정하는 그 측면이 이 법의 목적입니다.

○송기헌 위원 조정하는 건 좋은데 예산까지 주니까 문제가 되는 거잖아요. 그렇지요?

○기획재정부경제예산심의관 강윤진 그러니까 그 예산도 광역교통시설은 아까 존경하는 이춘석 위원님 말씀하신 대로 이게 국비로 100%를 주는 게 아니고요. 지방비하고 국비 분담을 해서 50 대 50으로 지원을 하고 있고 지금 말씀하신 전북의 경우에는, 이게 전주권이지 않습니까? 기초자치단체 간의 문제거든요. 그러면 결국에는 그 상위 자치기구인 전북도청에서 이것을 충분히 조정할 수 있고 그다음에 아시다시피 저희가 국가지원지방도라든지 국도라든지 이런 것을 지방도로 승격한다든지 교통량이 늘어나는 경우에는 그런 제도들이 있기 때문에 저희도 그런 대안을 충분히 말씀을 드렸고요.

그다음에 제주를 제외하고 전북도와 강원도는 도내에 대도시 즉 특광역시가 존재하지 않기 때문에 특별히 저희는 특자도법이라고 그래서 전북과 강원도는 특별자치도로 지정을 해서 특별자치도법 체계 내에서 또 특별히 지원을 하고 있습니다. 그러니까 그런 체계들을 종합적으로 감안을 해서 이 법을 봐 주시는 게 좋을 것 같습니다.

○송기헌 위원 아직은 현실적으로 특별한 지원은 안 되고 있는데 앞으로 기재부에서 말씀하신 대로 특자도법에 따라서 강원특별자치도에도 특별한 지원을 해 주실 것을 요청드리면서, 한 가지만 물어볼게요.

지금 원주는 경강선에 따라서 복선 전철이 진행되고 있고 그건 국철로 진행되고 있잖아요.

○기획재정부경제예산심의관 강윤진 예.

○송기헌 위원 그런데 지금 수서에서 여주까지는 수도권 전철이에요. 그렇지요? 그런데 수도권 전철이 여주까지 온 것을 원주까지 이어 가려면 원주에서 여주까지의 구간은 수익자부담을 해서 원주가 부담해야 되는 거예요. 그래서 원주 사람들이 똑같은 수도권 전

철을 통해서 수서 판교까지 가는데, 여주 사람들은 여주에 부담이 하나도 없이 다닐 수 있는데 원주 사람들은 딱 그 경계선 하나 넘으면서 원주가 수익자부담을 해서 원주가 부담을 해야 되는 거예요. 맞아요, 이거? 수도권 전철.

○기획재정부경제예산심의관 강윤진 그 문제는 제가 좀, 기술적인 문제라서……

○대도시권광역교통위원장 강희업 저기, 제가 담당은 아니지만 그 수도권 전철 말씀하시면 그 GTX를 말씀……

○송기헌 위원 아니, GTX 아니고 수도권 전철 다니는 거 있어요, 15분마다 하나씩 다니는 거. 그냥 전철 그야말로 서울에 다니는 전철이……

○대도시권광역교통위원장 강희업 예, 전철이요.

○송기헌 위원 여주까지는 와 있어요. 그래서 여주까지 온 것은 원주까지 그 전철을 이용해서 쉽게 얘기하면 65세 이상 되시는 분들이 그냥 무상으로 서울까지 이렇게 다니고 그렇게 할 수 있게 되는 건데. 그렇게 되면 여주는 그렇게 하는데 딱 그 경계 너머에 있는 원주는 그렇게 안 된다 하고 그렇게 하려고 그러면 원주가 운영비 부담해야 되고 또 추가로 플랫폼 같은 것 개설하는 거라든지 차량들 이런 거라든지 이런 것은 또 원주가 수익자부담을 해야 되는 거예요. 그것은 좀 안됐어요.

○대도시권광역교통위원장 강희업 일반적인 말씀을 드리면요 저기 2차관실에서는 철도국에서 담당은 하고 있습니다만 그 부분에 대해서는 별도로 계획이 정부 차원에서 수립을 했는데 그것을 지자체에서 요청을 했을 때 그것은 수익자가 부담한다는 조건에서 그걸 건설할 수 있도록 그렇게 해 놨습니다. 그러다 보니까……

○송기헌 위원 잠깐, 처음에 여주까지 갈 때는 수익자부담이 아니었잖아요.

○대도시권광역교통위원장 강희업 예, 그렇습니다. 그래서 추가적인 요청을 할 때는 지자체에서 그걸 부담한다는 조건으로 하기 때문에……

○송기헌 위원 그게 처음에는 그 조건도 아니었지요, 그냥. 지금 와서 다 하고 난 다음에 추가로 늘리려고 하니까, 늘리려고 하면 지자체가 부담을 해라 이렇게 하는 거지요. 처음부터 해 준다 그랬으면 원주까지 하자고 다 찬성하지 누가 그때 했겠어요? 처음 설계할 때 여주까지만 설계했으니까 그렇게 하는 거지요. 물론 그 중간에 여주까지 있는 가운데 여주하고 광주 사이에 추가로 이런 걸 설치한다 그러면 그것은 추가로 수익자부담을 하는 게 맞을 수가 있어요. 그런데 기존에 설계하지 않았던 그 구간을 확장해서 원주까지 하는 것 같으면 그것은 여주하고 원주를 차별을 둘 필요가 없다는 거지요. 그것은 그렇게 생각한다고 그러면 경기도와 강원도를 차별하는 거란 말이에요.

그런데 이건 좀 다른 기술적인 문제기 때문에 앞으로 여러 차례 제가 대광위에 할 얘기는 아니고 2차관실하고 할 거 같고, 기재부에서 오셨다길래 제가 말씀 물어보는 거거든요. 이런 문제가 있다는 말씀을 드리면서 앞으로 여러 차례 논의할 테니까 참고하시길 부탁드리겠습니다.

이상입니다.

○소위원장 문진석 또 다른 의견 없습니까?

○손명수 위원 제가 좀……

2·3·4·5항이 있잖아요. 그런데 지금 정부 측에서 정확하게 말씀을 안 하셨어요. 2·3·4·5항이 범위가 다른데 이 내용이 지금 여러 번 논의가 됐는데, 우리 위원회에서도. 이춘석

위원님은 2·3·4·5 다 괜찮다, 아무거나?

○**이춘석 위원** 저는 명분을 찾는 거니까 지금 입장에서는……

○**손명수 위원** 다 괜찮다는 입장이고.

○**이춘석 위원** 어떤 형태든 간에 대광법 속에 포함만 시켜 달라라는 겁니다.

○**손명수 위원** 그런데 이게 좀 결론을 내야 될 것 같은데 대광위 위원장님하고 옆에 우리 경제예산심의관님께서, 2·3·4·5항이 범위가 좀 달라요. 그런데 2항이 제일 좁고 5항이 제일 넓고 그렇습니다. 그런데 여기에 대해서 좀 그래도 결론을 내야 되니까 2항 정도는 좀 이게 사실 체계의 문제가 있음에도 불구하고 좀 충분히 검토를 하겠다든지 뭔가 이렇게 좀 얘기를 해 주셔야지 우리가 결론을 내지, 지금 보니까 2·3·4·5 아무 대상을 정하지 않고 논의를 하고 있어서. 제가 참고로 사회자는 아니지만……

○**대도시권광역교통위원장 강희업** 참고가 될 수 있을지 모르지만 대광위부터 우선 말씀을 드리겠습니다.

위원님들이 이렇게 제시한 게 있는데 저희 대광위에서 보기에는 만약에 이걸 한다고 한다면 그게 김윤덕 의원님께서 제시한 전주시하고 연접, 거기를 하는 것이 바람직할 거다, 여러 안 중에서는, 그렇게 보고 있습니다. 그러면 그게 취지에도 맞고, 예를 들면 이성윤 의원님 이런 안들은 지역격차 해소 이런 취지기 때문에 법에서는 좀 어울리지 않는, 부합하지 않는 이런 부분들이 있고 나머지 의원님 법안들도 너무 과하다 하는 느낌도 좀 있기 때문에 만약에 초점을 맞춘다면 김윤덕 의원님 정도가 좋지 않을까 보고 있습니다.

○**손명수 위원** 경제예산심의관님도 답변을 좀 해 주시면요.

○**기획재정부경제예산심의관 강윤진** 아까 처음 말씀드렸듯이 저희는 이 광역교통법에 특광역시가 아닌 다른 도시, 어떤 기준을 넣더라도 만약에 이게 들어가는 순간 이 법체계가 분명히 안 맞다고 말씀을 드리고요. 그다음에 어떤 기준이 들어가는 순간 결국에는 나중에 전주도 들어갔는데 왜 다른 시는 안 되냐라는 얘기가 분명히 나올 수 있습니다. 왜냐하면 법체계가 이미 무너져 버렸으니까요.

그래서 저희는 여기 제시된 대안 모두에 대해서 저희는 조금 체계가 안 맞기 때문에 지난번에도 한번 말씀드렸듯이 도로법 개정에 특자도를 고려할 수 있는 그런 게 법체계에 훨씬 더 잘 맞다고 저희들은 생각하고 있고요. 아니면 특자도법에 이런 아까 말씀드렸듯이 전북이나 강원도를 특별히 고려할 수 있는 특자도법이 이미 존재하기 때문에 그 특자도법 내에서 해결하는 게 저희들은 맞다고 생각하고 있습니다.

○**소위원장 문진석** 경제심의관.

○**기획재정부경제예산심의관 강윤진** 예.

○**소위원장 문진석** 기재부가 법체계까지 따지는 겁니까?

○**기획재정부경제예산심의관 강윤진** 저는 광역교통법에 대해서 말씀드리는 겁니다.

○**소위원장 문진석** 아니, 기재부는 예산을 투여하는 게 맞다 틀리다 이것만 하면 되는 것이지 무슨 법체계를 가지고 기재부가 법체계에 안 맞기 때문에 좀 곤란하다 이렇게 얘기하면 어떻게 합니까, 이게?

○**기획재정부경제예산심의관 강윤진** 이게 교통시설의……

○**소위원장 문진석** 법체계는 이미 법사위에서 논의하게 돼 있잖아요.

○**손명수 위원** 위원장님, 제가 조금……

이 법을 가지고 사실 저희가 지금 소위에서만 몇 번째 협의를 하고 있거든요. 그리고 국토부하고도 여러 번 얘기를 했고 또 여야 위원님들 간에도 많은 얘기를 했는데 지금 국장님 말씀이 원론적으로 맞는 말씀이에요, 법체계상.

그럼에도 불구하고 지금 광역교통이 없는 도가 유일하게 전라북도예요. 제주도를 제외하고 제주도는 섬이니까 빼고, 다른 나머지 시도는 다 있는데 전라북도만 없다. 그래서 사실 제가 존경하는 이춘석 위원님께도 개인적으로 좀 말씀을 드렸는데 이 법을 개정해서 전주가 2안으로 들어가더라도 우리 기재부 국장님도 아시겠지만 대광법과 그 연계되는 특별회계, 대광특별회계에 이런 예산 지원의 근거가 또 있잖아요. 실질적으로 이 법이 개정이 돼도 전라북도에 대광법에 의해서 지원할 수 있는 사업이 없어요. 그럼에도 불구하고 지금 상징적 의미에서 이 법을 꼭 통과시켜 달라는 게 여러 번 우리가 논의를 거쳐서 여기까지 온 거예요. 그러니까 그런 점을 감안해서 기재부에서도 법체계상 안 맞기 때문에 계속 반대다 이래 버리면……

지금 우리가 여야 간에 그리고 또 국토부와 수차례 회의를 거쳐서 어느 정도 지금 2안은 딱 전주 하나만 들어가요. 그런데 이게 들어가도 실질적으로 지원할 수 있는 게 없어요. 그걸 다 알아요. 전라북도도 알아요. 그런 상황이니까 이것을 합의로 하는 게 바람직하잖아요. 여야 간에도 어느 정도 지금 상당히 합의가 이루어졌는데, 국토부도 많이 이해를 하고 있고 그런데 기재부에서 끝까지 우리는 법체계상 반대입니다 이래 버리면 모양새가 나오지 않아요.

그런 점을 감안해서 오늘 우리 소위에서 적어도…… 제가 지금 자꾸 이렇게 말씀을 드리는 이유가 2항으로 하면 매우 이게 좁혀져요, 5항으로 가면 너무 넓어지고. 그래서 법체계상 정말 문제가 생기는데 2항 정도는 기재부에서 제가 보기에는 양해하셔도…… 그리고 실제로 사업이 없어요. 예산 들어갈 일이 없습니다. 그런 것을 감안해서 의견을 제시해 주기 바랍니다.

○**정점식 위원** 위원장님.

○**소위원장 문진석** 예.

○**정점식 위원** 지난번 소위에서는 저하고 아마 김도읍 위원님께서 조금 전에 기재부에서 말씀하신 것처럼 이게 소위 대광법의 기본 취지에 맞지 않는 거다라는 말씀으로 이제 반대 의견을 표시했고, 그때 논의된 게 그러면 국토부와 기재부가 대안을 만들어 봐라, 똑같은 혜택을 줄 수 있는. 그래서 만든 대안이 결국은 지금 대광위원장 말씀이나 기재부 경제심의관 말씀처럼 특자도법을 개정해서 동일한 취지의, 소위 동일한 정도의 지원을 해 줄 수 있는 방안을 제시했습니다. 그런데 실질적으로 아무런 혜택이 없을 것이라고 하는 대광법 개정을, 소위 법 취지와 맞지 않게 개정을 한다는 그 부분에 대해서 저희들이 쉽게 동의를 하기는 어렵다고 생각합니다. 그래서 조금 더 한번 기재부하고 대광위가 좀 더 논의를 해 보시는 게 어떨까라는 생각을 가지고 있습니다.

이상입니다.

○**이춘석 위원** 저도 한 말씀만 더, 마지막……

○**소위원장 문진석** 제가 말씀을 드릴게요. 이게 지금 법체계가 맞냐, 안 맞냐로 끊임없이 논란이 이어지고 있는 게 현실인데 어쨌든 여야 위원님들께서 다 국토균형발전이라는

측면 또 어느 특정 지역이 소외돼서는 안 된다는 이런 취지에 대해서 공감하시는 거잖아요? 그렇다고 한다면 모든 법률이 다 법체계에 딱 맞아떨어집니까? 저는 그것도 좀 의문이에요. 모든 법률이 법체계에 다 100% 완벽하게 맞아떨어진다고 이렇게 주장할 수는 없을 거라고 보고.

이 논란을 끊임없이 이어가는 것보다는 뭔가 정리를 하고 가야 될 것 같아요. 그래서 이춘석 위원님, 2·3·4·5 법안 중에 어떤 법안이 가장……

○**이춘석 위원** 저는 어떤 법안이라도 받아들이겠다라고 하고, 실질적인 논의가 이루어진 것이 전주와 인근 도시, 가장 범위가 좁거든요. 실제로 할 수 있는 일이 많지 않아요. 사실은 전라북도 의원들이나 도가 좀 영악했다고 하면 사실 경제심의관님이 대안으로 제시한 안을 받는 게 훨씬 이익이에요, 제가 볼 때는. 그런데 전라북도는 숭늉 먹고 이쑤신다고 명분을 다 주장하고 그렇게 하니까, 제 입장에서도 실리를 쫓아가면 마치 이걸 통과시키지…… 하여튼 정치적 능력이 없으니까 그러는 거다, 토론하다 보니 여기까지 미쳤거든요, 사실은.

그래서 여당 위원님들 충정, 경제심의관의 말씀을 다 이해하고 이것을 계속해서 논의를 하자, 더 대안을 찾아 달라라고 해야, 거기서 계속 이 다람쥐 쳇바퀴를 돕니다. 그래서 가능하면 이게 합의 처리가 되었으면 좋겠고 합의 처리가 불가능하시다고 하면 지금 이 정도에서 사실은 표결로 결정을 해 주셔서 이걸 마무리를 지어야지, 또 다음 번에도 안건이 올라오면 또 같은 절차가 계속 반복될 겁니다. 그래서 위원님들이 양해해 주셔서 합의 처리가 될 수 있게 해 주시고 안 된다고 하면 표결 절차라도, 이 부분은 종결시켜 주시고 그러면 체계 자구라든가 그런 부분들은 법사위 단계에서 또 논의할 수 있으니까 거기서 논의하게 하는 게 어떻겠느냐는 생각이 들고 저는……

이건 의사진행발언인데요. 제가 국토위 때 항상 기재부가 와서 체계 자구에 맞지 않다, 예산 소위에 가 봐야 된다는 얘기를 하는데 국토위는 체계 자구를 하는 심사위원이니까 저는 충분히 그게 가능하다고 봐요. 그런데 개별 상임위에 의견을 내는 건 괜찮지만 왜 기재부가 배석해서 자기들 의견을 내서 그게 된다, 안 된다 하는 것이 저는 맞는 건가, 이게. 위원회를 운영하는 방법에 있어서 그 부분에 대해서는 위원장님이 참조해 주시길 부탁드립니다.

○**소위원장 문진석** 앞으로 운영하는 데 참고하도록 하겠습니다.

○**손명수 위원** 저도 의사진행발언입니다. 30초만 하겠습니다.

존경하는 정점식 위원님 비롯해서, 저는 이게 정치의 영역이라고 생각합니다. 대광법의 이걸 가지고 여러 번 논의를 했는데 이것은 정치의 영역인 것 같습니다. 그래서 이걸 표결하지 말고, 또 국토위의 전통이 있습니다. 그래서 이 법을 가지고 표결하는 건 저는 정말 바람직하지 않다고 생각하고 이것은 좀 양해를 해 주시고 2항 정도로 해서 합의 처리를 하는 게 저는 국토위의 전통도 살리고 또 기재부에서도 이 정도 합의해 주셔도 법체계상 제가 볼 때 예산 집행에 문제없습니다. 저도 뭐 정부에서 오래 일했습니다마는, 그러니까 이런 것은 정치의 영역으로 이해하시고 꼭 합의 처리를 했으면 좋겠다는 의사진행발언을 하겠습니다.

○**윤종군 위원** (손을 듦)

○**소위원장 문진석** 윤종군 위원님.

○**윤종군 위원** 저도 좀 의사진행발언을 하겠습니다.

기재부 경제심의관님의 어떤 인식이나 이런 거에 대해서 도저히 저는 납득할 수가 없습니다. 법체계에 대해서 논의하는 거 굉장히 월권이고 잘못된 태도다 이렇게 생각을 합니다. 위원장님께서 경제심의관에게 해서 제가 지금부터 얘기하는 얘기를 최상목 경제부총리에게 꼭 전달하고 어떤 입장인지 좀 받아 왔으면 좋겠습니다.

지금 법체계에 대해서 계속 얘기를 하시는데 최상목 권한대행이 지금 헌법재판소에서 마은혁 임명하라고 했는데도 임명 안 하고 있어요. 헌법재판소의 법체계가 문제가 있어서 안 하는 겁니까?

정치적 발언하겠습니다.

여기 상임위예요, 국토위 상임위. 기재부가 와 가지고 법체계를 얘기하고 그것 때문에 못 한다 이런 발언이 어떻게 가능합니까? 지금 심의관이 모시고 있는 최상목 총리한테 제가 방금 전에 한 질문에 대해서 물어보고 입장을 반드시 받아서 저한테 보고해 주시기 바랍니다.

○**김도읍 위원** 저도 한마디 하겠습니다.

아니, 이렇게 논의가 가면 안 되지요. 조금 전에 저는 문진석 소위원장님 말씀하신 부분도 동의할 수 없습니다. 아니, 법치 국가에서 모든 법이 체계에 맞아야 된다고 보지 않는다?

○**소위원장 문진석** 아니, 맞아야 된다고 보지 않는 게 아니라……

○**김도읍 위원** 맞는 것이 아니다.

○**소위원장 문진석** 맞다고, 맞는 거냐, 모든 법안이 체계에 맞냐 이 얘기입니다.

○**김도읍 위원** 아니, 그러니까 대한민국 국회 법사위 상임위에서 최대한 체계에 맞춰서 만들어라.

○**소위원장 문진석** 그러니까 거르지 못한 부분도 있을 수 있다는 거지요.

○**김도읍 위원** 가만히 있어 보세요.

○**정점식 위원** 맞도록 해야지요.

○**김도읍 위원** 만들어라……

○**소위원장 문진석** 그 논쟁을 위한 논쟁을 하는 게 아니고.

○**김도읍 위원** 그럼에도 불구하고 법사위에서 다시 한번 체계와 자구가 맞느냐고 보는 거 아닙니까. 그럼에도 불구하고 지금 우리가 헌법재판소에서 위헌으로 결정이 나는 법률들이 많아요. 그것은 우리 입법부의 수치입니다. 300명이 앉아 가지고 위헌 결정 계속 나도록 하는 것은 그것은 수치고요. 분명히 체계에 맞아야 됩니다. 정점식 위원이나 제가 하는 게 이춘석 위원님 도와드리고 싶고, 이춘석 위원님 제가 존경하는 선배입니다. 그렇지만 이 법 제명이 뭡니까? 조금 전에 강윤진 심의관도 말씀을 하셨고, 법 제명이 뭡니까? 우리가 '전북 도와주지 말자' 이야기 한 번도 한 적이 없습니다. 제가 시종일관하는 이야기가 다른 방법을 통해서……

조금 전에 이춘석 선배님은, 위원님은 뭐라고 하느냐면 정치력 이런 부분 말씀을 하시는데 그것은 우리가 따로 또 정치력을 복원하고 다른 방법을 찾을 수 있지만 적어도 법안 심사할 때는 이것은 정치 영역보다는 입법부로서의 고유의 권능을 행사하고 고유의 기능을 발휘해 줘야 되는 겁니다. 법 자체가 대도시권 광역교통 관리에 관한 특별법인데 지금 전주만을, 이것은 안 맞지요. 이것은 정치를 해서 되는 게 아닙니다. 지금 저희들은 정치를 하는 게 아니고 입법을 하는 겁니다. 그러니까 저희들이 조금 전에 정점식 위원님도 마찬가지고 하자는 겁니다. 도와드릴 수 있는 방법을 찾자는 겁니다. 지금 또 전북은……

○**이춘석 위원** 그러니까요, 김도읍 위원님.

○**김도읍 위원** 전북은 특별자치도로 또 특별법에서 관리가 되고 있지 않습니까.

○**이춘석 위원** 아니, 아니요. 김도읍 위원님.

○**소위원장 문진석** 알겠습니다. 잠깐만요. 김도읍 위원님은 그동안 심의 과정에서 충분히 법체계에 안 맞다는 말씀을 하셨기 때문에……

○**이춘석 위원** 제가 마지막으로 한 말씀만 더 드리겠습니다.

○**소위원장 문진석** 잠깐만요.

○**이춘석 위원** 정점식 위원님하고 김도읍 위원님……

○**소위원장 문진석** 정리할게요.

○**이춘석 위원** 아니, 제가 한 말씀만……

　말씀 잘 알겠습니다. 지금 사실 전주라는 곳이 기존의 대도시광역권이 아니기 때문에 안 맞다고 하지만 이 법을 정의할 때, 이 대도시권을 정의할 때 사실은 기존에 있는 특별시와…… 저기 어디지요? 광역시, 광역시를 포함하지만 인구 50만 도시에 도청 소재지가 존재하는 곳도 대도시광역권 여기다 편입시키기 때문에 대도시광역권의 범위를 넓히는 겁니다, 사실은. 넓힌다고 하는 것을 승인한다고 하면, 사실은 이게 엄격한 잣대로 따질 때 전주가 대도시권이 되냐 안 되냐가 논란이 있을 수 있지만 법체계상으로는 대도시권이 인구 50만의 도청 소재지는 거기에 포함한다는 규정이 있기 때문에 형식적 법체계상으로 부합하지 않는다 하는 것을 최소화한 법입니다, 실질적으로는.

○**엄태영 위원** 비슷한 얘기가 오가는데 저기……

○**소위원장 문진석** 잠깐만요. 그러니까 기존의 논의를 반복하실 것 같으면……

○**엄태영 위원** 아니, 전혀 다른 얘기입니다.

○**소위원장 문진석** 말씀하십시오.

○**엄태영 위원** 저희는 여야 간의 합의를 아주 상당히 자랑스럽게 또 자부심을 가지고 있는데…… 위원장님, 오늘 합의 본 것 중에서 11시 10분에 끝내기로 했잖아요. 지금 의총 때문에……

○**소위원장 문진석** 아니에요, 오늘 결론을 지어야 돼요.

○**엄태영 위원** 그래서 저는 참 이게 어제오늘 논의한 것도 아니고, 맞습니다. 저도 역지사지 입장에서 이춘석 위원님 말씀 충분히 이해하고 입장 이해합니다. 또 저희 충청도 출신 위원들은 균형발전이라는 얘기만 들으면 무조건 동의입니다. 그런데 또 존경하는 김도읍 법사위원장님 출신께서 하신 말씀은 저도 충분히 일리가 있다고 보고요.

　또 재건축 특례법 관련해서도 민주당에서 또 여러 논의 중에 찬반 의견이 있어서 딜레이시킨 것도 알고 있는데 합의된 시간은 시간이고 민주당도 오늘 또 의총도 있다고 하시니까 시간을 좀 가지고 이따 오후로 그렇게 하면 안 될까요?

○**소위원장 문진석** 그렇게 하면 안 됩니다. 안 돼요, 안 돼.

　잠깐만요, 지금 법체계에 완전히……

○윤재옥 위원 (손을 듦)

○소위원장 문진석 잠깐만, 제가 먼저 말씀드릴게요. 법체계에 완전히 문제가 있다고 얘기하시는데 '대도시권'이라는 말이 들어가 있잖아요, 이 법에. 그래서 이 대도시권을 충족시키는 기준을 가지고 있는 도시를 포함하는 것도 그렇게 완벽하게 무리가 있다고 보지는 않아요. 왜냐하면 전주, 인구 50만 이상의 도시를 대도시라고 하잖아요.

○엄태영 위원 차라리 전주시 광역교통 하면 더 빠를 텐데.

○소위원장 문진석 맞지요? 그래서 법명에 '대도시권'이라는 말이 들어가 있습니다.

○김도읍 위원 그러면 광역은?

○소위원장 문진석 그러니까 두 가지 중에 하나만 충족시키면 되는 거 아니에요?

○엄태영 위원 그래서 저희 당도……

○소위원장 문진석 그래서……

○김도읍 위원 입법 취지라는 게 있어요, 입법 취지라는게.

○엄태영 위원 권성동 의원이 낸 안도 여기에 있다 보니까 또 충돌되는 부분도 있고 하니까 좀 시간을 조금만 더 가지고……

○소위원장 문진석 아니요, 아니요, 아니요, 오늘 결론 내야 됩니다.

○이춘석 위원 해결책이 안 나오니까요 오늘 표결 처리해……

○김도읍 위원 아니, 왜 이것만 오늘 결론 내야 돼요?

○윤재옥 위원 위원장님.

○소위원장 문진석 소위 운영상 이 법을 가지고 계속 논의할 수 없기 때문에, 계속 논의해도 합의가 안 되잖아요. 그러면 뭔가 결론을 내야지요.

○김도읍 위원 아니, 그런 법안이 한두 건도 아닌데 위원장님이 이것만 왜 그렇게 독단적으로 하십니까?

○윤재옥 위원 위원장님.

○소위원장 문진석 독단이 아니에요. 논의하되 표결 처리해야지요, 합의 안 되면.

○윤재옥 위원 제가 한 말씀 드려도……

○소위원장 문진석 말씀하세요.

○윤재옥 위원 여야 위원들이 다 같이 전라북도의 어려운 사정을 다 이해하고 있고 도와야 되겠다는 생각은 다 같이하고 있습니다. 그런데 이게 지금 우리 상임위 간사하고 사전에 문진석 간사하고 상의가 되지 않았다고 저는 봅니다, 이 통과에 대해서.

○소위원장 문진석 아니, 그게 왜 합의, 간사 간 합의도 필요합니까, 법안소위에서? 소위 위원들의 합의가 필요한 거지.

○윤재옥 위원 그래요 여튼, 물론 위원장님이 생각할 때……

○소위원장 문진석 아니, 이것은 보여 주기 잖아요.

○윤재옥 위원 제 생각에는 여야 간에 합의를 해서 처리하는 것이 좋겠다. 왜냐하면 우선 정부가 부처 간에 지금 이견을 보이고 있고.

○소위원장 문진석 합의했잖아요, 그때……

○윤재옥 위원 이런 식으로 이 법을…… 아니, 위원장님. 이런 식으로 통과를 시키면 전라북도 도민의 명예를 훼손하는 걸로 저는 생각합니다.

○소위원장 문진석 아니, 그렇지……

○**윤재옥 위원** 아니, 그렇지 않습니까.

○**소위원장 문진석** 아니, 이미 합의를 했어요. 엄태영 위원, 지난……

○**윤재옥 위원** 아니, 위원장님. 이춘석 위원님 좀 답답하고 여러 가지 어려움이 있겠지만 이것은 아까 입법의 영역이냐 정치의 영역이냐고 이렇게 서로 이견이 있었지만 이런 쟁점이 있고 이견이 있는 법안은, 특히 지역 현안과 관련된 것은, 아까 위원장께서는 오늘 이제까지 계속 논의했으니까 오늘 결론을 안 내면 안 된다고 했지만 이게 어느 정도 시간이 필요합니다.

○**이춘석 위원** 그러면 앞으로 TK 공항이나……

○**소위원장 문진석** 잠깐만요, 잠깐만요, 잠깐만요.

○**윤종오 위원** 제가 진행발언 좀 하겠습니다.

○**소위원장 문진석** 잠깐만.

○**이춘석 위원** 가덕도 공항 같은 것 엄격한 잣대로 보면 하나도 통과 못 하는 거예요, 다.

○**소위원장 문진석** 잠깐만요.

○**이춘석 위원** 다 특혜를 주는 법이에요, 지역에.

○**윤재옥 위원** 시간이 다 필요해서……

○**소위원장 문진석** 알겠습니다. 무슨 말씀인지 취지는 알겠습니다.

○**이춘석 위원** 그러면 다 잡아 가지고 끝냅시다, 그냥.

○**김도읍 위원** 아니, 이춘석 위원님.

○**소위원장 문진석** 잠깐만요.

○**김도읍 위원** 이것 때문에 가덕도 공항 통과 못 시킨다고 그랬습니까?

○**이춘석 위원** 아니, 그 뜻이 아니라……

○**김도읍 위원** 그래서 부산 글로벌 허브도시 특별법을 안 시켜 주는 겁니까? 그래서 산업은행법 안 해 주는 겁니까?

○**이춘석 위원** 아니, 글로벌 허브도시가 뭔지 나는 몰라요, 제가.

○**김도읍 위원** 알겠습니다.

○**소위원장 문진석** 아니, 김도읍 위원님.

○**이춘석 위원** 몰라요.

○**김도읍 위원** 알겠습니다.

○**소위원장 문진석** 그 논의도 안 된 걸 뭘 그렇게 얘기를 하세요.

○**김도읍 위원** 아니, 이춘석 위원님이 말씀하시잖아요.

○**소위원장 문진석** 잠깐만요, 잠깐만.

공개 회의 석상에서 제가 말씀드릴 수는 없지만 엄태영 교통소위 간사님께서 지난 저번에 회의 연기시킬 때 하신 말씀이 있어요. 합의해 주겠다고 했어요. 합의해 주겠다고 했는데 지금 또 오늘 와서 '나중에 한 번 더 시간 갖고 처리하자' 이렇게 얘기하는 것은……

○**윤재옥 위원** 소위 간사라는 것은 편의상 지정한 것이…… 국토위 간사는 우리 당의 간사가 정해져 있습니다.

○**소위원장 문진석** 그러니까 여당 간사님도 동의한다고 얘기를 하셨어요.

○**윤재옥 위원** 그것은 그러면……

○**소위원장 문진석** 여당 간사가 동의한다고 했는데 개별 위원들이 지금 반대하시는 분들이 계시잖아요.

○**윤재옥 위원** 아니, 여당 간사가 동의한다는 얘기를 못 들었어요.

○**소위원장 문진석** 그러면……

○**정점식 위원** 여당 간사가 우리한테 그 이야기를 한 적이 없습니다.

○**소위원장 문진석** 그러니까 간사 간의 그런 얘기는 제가 공개하고 싶지 않은데 그 얘기를 했단 말이지요.

○**윤재옥 위원** 위원장님, 이런 식으로 이 법안 통과시키면 안 돼요.

○**소위원장 문진석** 했는데 위원들이 동의하지 않으면 방법이 없잖아요. 계속……

○**윤재옥 위원** 아니, 이게……

○**소위원장 문진석** 아니, 다음에 논의하면 이게 합의 처리가 됩니까?

○**윤재옥 위원** 3월에 안 하면 4월에 하면 되는 거고 서로 상의를 해서 합의해서 처리해야지, 이런 법을……

○**소위원장 문진석** 아니, 그러니까 다음에 논의하면 합의 처리가 됩니까?

○**윤재옥 위원** 애를 써야지요.

○**소위원장 문진석** 뭔 애를 씁니까, 정해져 있는데. 법체계 안 맞으니까 도저히 안 된다라는 게 김도읍 위원님의 주장이시고 엄태영 위원님은 '국토균형발전 취지에 나는 동의하니 어지간하면 합의하겠다' 이런 얘기고, 동의하겠다는 말씀이고……

○**윤재옥 위원** 무슨 동의를 해요?

○**소위원장 문진석** 엄태영 위원님은 그렇게 하시고 또……

○**윤재옥 위원** 아니, 엄태영 위원이 무슨 동의를 해요, 오늘 통과시키는 것을.

○**소위원장 문진석** 아니, 그러니까 이 논의가 어제오늘 논의가 아니잖아요. 그래서 계속 논의만 할 수는 없으니……

○**윤재옥 위원** 그렇게 하면 안 돼요. 이런 법안을 그렇게 통과시키면 됩니까?

○**소위원장 문진석** 표결로 그냥 처리하는 게 맞다……

○**윤종오 위원** 저도 이야기 한번 합시다.

저도 민주당 위원님들 말씀 이해가 안 가는 부분은 아닙니다마는 제가 삼자 입장에서 볼 때―저는 전북도 아니고 울산인데요―일단 시급성 그다음에 실효성 이런 부분에서 솔직히 떨어집니다. 그래서 오늘 이걸 강제로 표결 처리하는 것은 저는 그렇게 바람직스럽다고 생각하지 않습니다. 그래서 한 번 더 심사숙고하자는데 한번 하시고 도저히 안 되면 다음번에 그런 결단을 하시든지 하시고……

○**소위원장 문진석** 아니, 지금 세 번째예요.

○**윤종오 위원** 그리고 오늘 시간이 없어요. 오늘 시간이 없습니다.

○**소위원장 문진석** 윤종오 위원님, 취지는 알겠어요. 윤종오 위원님이 주장하시는 취지는 알겠는데 지난 소위 하기 전에 소위를 연기할 때 여당 간사께서 저한테 하신 말씀이 있다니까요. 하신 말씀이 있는데 그러면……

○**윤종오 위원** 그래서 제가 웬만하면 지금까지 민주당 위원님들 말씀하신 것 다 동의해서 늘 처리했는데 오늘은 지금 시간이, 11시 20분에 가시기로 했고 저도 지금 기자회

견이 있어서 또 가야 되고 그래서 지금……

○소위원장 문진석 그러면 일정 있는 사람은 가시면 됩니다. 우리가 다시 논의해서……

○윤종오 위원 제가 이 정도 이야기하면 그냥 좀 정리하시지요.

○소위원장 문진석 아니요, 이것 오늘 결론 내야 됩니다.

○윤재옥 위원 아니, 오늘 결론 내야 된다는 게 무슨 경우입니까, 이게?

○소위원장 문진석 그전까지 논의했는데 앞으로 논의해도 달라질 것이 없는데 계속 논의를 하자는 것은 하지 말자는 얘기밖에 더 됩니까?

○윤재옥 위원 아니, 이런 법을 여야 간의 합의로 처리하면 얼마나 좋아요.

○소위원장 문진석 아니, 하지 말자는 얘기잖아요.

○이춘석 위원 매번 합의하자 그러고 다음번에 하자 하자 그렇게 하고 하지 않으니까……

○윤재옥 위원 위원님, 오늘은 아니에요. 이런 식으로……

○소위원장 문진석 아니, 그러니까 잠깐만…… 논의를 진행해서 합의 처리가 될 것 같으면 논의를 천 번, 만 번이라도 하겠는데 합의 처리 안 돼요. 왜냐하면 분명한 의지를 가지고 있기 때문에.

○윤재옥 위원 어떻게 그렇게 단정적으로 이야기합니까?

○소위원장 문진석 아니, 그때 얘기를 하셨는데도 오늘 또 이게 무산이 되고 있잖아요.

○윤재옥 위원 아니, 이 법이 합의 처리가 안 된다니, 우리가 전북 애로사항을 모른다는 이야기도 아니고 합의 처리 안 된다는 그런 단정적인 발언을 위원장님이 어떻게 하십니까?

○소위원장 문진석 아니요, 오늘 뭐냐 하면……

○윤재옥 위원 위원장님이 무슨 근거로 그런 이야기를 하세요?

○윤종군 위원 지난번에 하기로 했다가 안 하니까 그러는 것 아니에요.

○소위원장 문진석 논의를 세 번 했잖아요, 세 번.

○윤재옥 위원 아니, 시간을 가지고 하자 그러잖아요. 윤종오 위원까지 그런 이야기를 하는데 이런 식으로 법안을 처리해요?

○이춘석 위원 표결 처리해 주십시오, 그냥.

○소위원장 문진석 자, 오늘 표결 처리하겠습니다.

○윤재옥 위원 나가요.

○윤종오 위원 위원장님!

○윤재옥 위원 이건 전라북도 도민들한테 대한 모욕이지. 말이 안 되는 거지.

○김도읍 위원 아니, 이재명이를 위해서 표결 처리하고 이래 저래 해서 표결 처리하고……

○소위원장 문진석 왜 또 이재명 이야기 하는 겁니까?

○김도읍 위원 지금 2조를 보세요, 2조를.

○소위원장 문진석 방송에도 안 나와. 이재명 얘기를 왜 해요, 여기서 지금. 아이, 진짜……

○김도읍 위원 방탄을 위해서 표결하고 이것도 표결하고……

○소위원장 문진석 표결합니다. 표결 처리하겠습니다.

○**윤종군 위원** 윤석열이나 지키세요, 그러면. 여기서 이재명 얘기가 왜 나옵니까?

○**소위원장 문진석** 이재명 얘기 왜 하냐고, 방송에 나오지도 않는 걸.

○**김도읍 위원** 해도 해도 너무하네.

○**소위원장 문진석** 아니, 위원님이 약속했잖아요.

○**윤종군 위원** 오늘은 처리하기로 했던 거잖아요.

○**김도읍 위원** 누가 그래요?

○**윤종군 위원** 지난번에 간사들이 얘기한 것 아닙니까. 그것을 지금 국민의힘이 깬 거예요.

○**김도읍 위원** 간사 없는 자리에서 확인 안 되는 이야기 하지 마세요.

○**윤종군 위원** 아니, 방금 전에 얘기하셨잖아요.

○**윤재옥 위원** (위원장석 옆에서)

문진석 위원장, 이렇게 하면 안 돼.

○**소위원장 문진석** (위원장석 옆에서)

아니, 약속을 했어, 약속을. 약속을 하고……

○**윤재옥 위원** (위원장석 옆에서)

아니, 권영진 간사하고 한 번 더 상의해서 다음 회의 때 하든지 하지 권 간사도 모르고 있는데 이런 식으로 하면 되나?

○**소위원장 문진석** (위원장석 옆에서)

내가 그동안 계속 여당 간사 얘기를 많이 존중해 주고 했는데 이런 식으로 또 약속을 깨고 그러면 어떻게 합니까?

○**윤재옥 위원** (위원장석 옆에서)

아니, 문 간사님……

○**김도읍 위원** 이 대광법 2조를 보라고. 전부 다 광역시, 특별시…… 이런 시도별로 문제 되는 걸 해결하려고 하는……

○**소위원장 문진석** 대도시권도 들어가잖아요, 대도시권도.

○**김도읍 위원** 그 뒤의 광역교통을 수식하는 게 대도시권이지요.

(일부 위원 퇴장)

○**소위원장 문진석** 진행하겠습니다.

위원님들 의견 주십시오.

더 이상 의견 없으시면 토론을 종결하고 의결하도록 하겠습니다.

의사일정 3항부터 8항까지 대도시권 광역교통 관리에 관한 특별법 일부개정법률안은 소위에서 계속 심사하고 의사일정 1항, 의사일정 제2항은 각각 본회의에 부의하지 아니하고 지금까지 심사한 결과를 반영하여 이를 하나의 위원회 대안으로 제안하고자 하는데 이의가 없으십니까?

(「예」 하는 위원 있음)

가결되었음을 선포합니다.

회의를 더 진행하고 싶은데 여당 위원들이 다 퇴장하셨으니까 오늘 회의를 여기서 마치도록 하겠습니다.

오늘 소위원회에서 심사 의결한 법률의 심사보고, 수정안 및 대안의 작성, 기타 체계·

자구의 정리 등에 관해서는 소위원장에게 위임하여 주시기를 바랍니다.

원활한 회의 진행에 협조해 주신 위원님 여러분, 차관을 비롯한 관계 공무원 여러분, 국회 직원 여러분 그리고 보좌직원 여러분 모두 수고하셨습니다.

산회를 선포합니다.

(11시30분 산회)

○**출석 위원(13인)**

김도읍 김희정 문진석 손명수 송기헌 엄태영 윤재옥 윤종군 윤종오 이연희 이춘석 정점식 정준호

○**출석 전문위원 및 입법심의관**

전문위원 임종수

○**정부측 및 기타 참석자**

국토교통부

제2차관 백원국

교통물류실장 엄정희

대도시권광역교통위원회

위원장 강희업

상임위원 김수상

기획재정부

경제예산심의관 강윤진

검찰이 윤석열의 구속 취소에 즉시 항고하지 않자 국민의힘은 한술 더 떠서 '즉시항고권 삭제'를 골자로 하는 법안을 발의했습니다. '즉시 항고' 조항을 이유로 석방을 지연하는 것은 위헌 소지가 다분하다는 설명에 헛웃음만 나옵니다. 검찰이 법 기술을 쓰니 국민의힘은 입법 기술자가 되려고 합니까? 국민의힘은 대체 얼마나 더 추해질 셈입니까? 내란 수괴의 졸개 노릇에 취해 입법 충성 경쟁이라도 벌이려고 하는 것인지 묻지 않을 수 없습니다. 심지어 나경원 의원은 내란수괴 윤석열에 대한 공소 자체를 기각해야 한다고 주장했습니다. 국민의힘 시도지사협의회도 비슷한 주장을 하고 있습니다. 기가 찰 노릇입니다. 12월 3일 밤 국민과 전 세계가 두 눈으로 지켜본 내란입니다. 주권자인 국민이 허깨비로 보이십니까? 국민의힘은 국민을 우롱하지 마십시오. 헌법을 파괴하는 것은 내란을 일으킨 윤석열 내란세력과 내란수괴를 여전히 성역으로 받드는 검찰, 내란 선동에 적극 가담한 국민의힘입니다. 국민의힘은 주권자인 국민의 손을 외면하고 내란수괴 윤석열과의 공멸을 선택한 것을 두고두고 뼈저리게 후회하게 될 것입니다. 더불어민주당은 반드시 윤석열과 검찰, 국민의힘을 비롯한 내란 동조 세력들을 준엄하게 심판하고 대한민국의 민주주의를 바로 세우겠습니다.

– 더불어민주당 원내대변인 윤종군, 3월 11일 서면브리핑

일 시 2025년3월11일(화)

장 소 과학기술정보방송통신위원회소회의실

의사일정
1. 합성생물학 육성법안(최수진 의원 대표발의)(의안번호 2203884)

상정된 안건

(10시35분 개의)

○**소위원장 최형두** 의석을 정돈하여 주시기 바랍니다.

성원이 되었으므로 제423회 국회(임시회) 제1차 과학기술원자력법안심사소위원회를 개의하겠습니다.

오늘 회의에서는 지난 회의에서 논의하였던 합성생물학 육성법안을 계속해서 심사하도록 하겠습니다.

오늘 법안 심사를 위해서 과기정통부1차관과 관계 공무원들께서 참석하고 있습니다.

어서 오십시오.

배석한 관계 공무원께서 답변하는 경우 먼저 위원장에게 말씀해 주시고 직책과 성명을 밝혀 주시기 바랍니다.

법안 상정하겠습니다.

---

1. 합성생물학 육성법안(최수진 의원 대표발의)(의안번호 2203884)

○**소위원장 최형두** 의사일정 제1항 최수진 의원이 대표발의한 합성생물학 육성법안을 상정합니다.

지금 언론인 계십니까, 혹시? 소위는 보통 합의가 있으면 하는데 언론 공개를 하지 않아서 언론 공개는 여기까지로 하겠습니다. 협조 부탁드리고요.

그러면 의사일정 제1항에 대해 전문위원께서는 보고해 주시기 바랍니다.

○**전문위원 임명현** 보고드리겠습니다.

합성생물학 육성법안 최수진 의원 대표발의 건입니다.

소위자료 1페이지 봐 주시면 되겠습니다.

심사 경과 말씀드리겠습니다.

지난 2월 26일 회의에서 사실상 축조심사는 다 마쳤습니다. 의결만 남은 상태였는데 그때 의결을 하지 못한 이유는 제정법으로서 공청회 실시 여부에 대한 간사 간 협의를 거쳐야 되는데 그것을 마치지 못했기 때문입니다.

그간 공청회 생략하기로 합의가 이루어져서 오늘 전체회의에서 법안을 상정할 예정입니다. 그래서 소위에서 공청회 생략을 전제로 오늘 의결을 해 주시면 되겠습니다.

이상입니다.

○소위원장 최형두 다음은 정부 측 의견 말씀해 주십시오.

○과학기술정보통신부제1차관 이창윤 이렇게 바쁘신데도 저희 법안 심사를 위해서 위원님들 시간 할애해 주셔서 너무 감사말씀 드리고 합성생물학 육성법에 대해서 저희 정부에서 잘 준비하도록 하겠습니다.

○소위원장 최형두 위원님들 말씀하시기 전에 제가 먼저 말씀을 좀 드리겠습니다.

오늘 법안 하나지만 이 합성생물학에 대해서 우리가 소위에서 논의할 때 과연 이것을 별도의 법으로 만들어야 되느냐 이런 논의도 있었습니다. 그런데 합성생물학이라는 것이 굉장히 그 역할이 중요해지면서 선진국의 사례에서도 별도의 입법 사례 또 합성생물학을 적극 육성시키겠다는 정부와 국회의 의지를 보여 줄 수 있고 실질적인 방법론이 될 수 있기 때문에 이 법안을 별도의 법안으로 추진하되 상당 부분 이미 세계적으로나 국내적으로 이 분야에 대한 정의라든가 역할이라든가 실질적인 방향 같은 것이 잡혀져 있기 때문에 속도를 내기 위해서 공청회는 따로 하지 않는다라고 여야 간에 합의를 하게 되었습니다.

그리고 아울러서, 마침 하고 보니 뜻깊은 것은 내일 우리 과기소위 차원에서 오전 8시부터, 이미 공지가 떴을 겁니다만…… 지금 보스턴 지역, 그러니까 하버드·MIT가 있고 또 지난번에 mRNA가 개발되고 했던 바이오로 유명한 보스턴 지역의 한인 과학자들이—주로 하버드하고 MIT의 의대라든가 자연과학 분야에서 일하는 한인 과학자들입니다—NEBS(New England Bioscience Society)라는 게 있는데 그 사람들로부터 내일 오전 8시부터 한 1시간 정도 영상회의를 통해서 지금 이 합성생물학법 통과뿐 아니라, 의결뿐 아니라 바이오 분야에서 한국이 더 나아가기 위해서는 어떤 게 필요하다라는 것을 재미과학자들 입장에서 이야기하고 저희들이 그걸 청취하는 그런 시간을 가졌으면 좋겠습니다.

그래서 마침 외국에서 공부하는 우리 인재들에게도 오늘 의결이 되면 참 뜻깊은 뉴스가 되겠다 싶어서 특별히, 오늘 법안은 하나지만 굉장히 보람찬 회의다 이걸 강조하고 싶습니다.

위원님들 말씀해 주십시오.

○황정아 위원 제가 지난번 소위에서 이 법안에 대해서 공청회 필요성에 대해서 말씀드렸습니다. 그 이후에 제가 설명을 들었는데 2022년도부터 현장의 의견을 수렴해 왔고 소위 현장의 문제 제기 이후에 추가적인 의견 수렴을 진행해 왔던 것을 고려해서 공청회는 생략하는 것을 수용하겠습니다.

다만 전제조건은 결국 합성생물학법을 통해서 만들어진 정책이 현장의 연구자들에게 직접적인 혜택으로 연결되어야 한다는 점입니다. 특히 생명연구원 등의 바이오파운드리와 국가첨단전략산업 특화단지로 지정된 대전의 바이오혁신신약 특화단지 등과 연계한 추가 사업 등의 로드맵이 구축되어야겠습니다.

관련해서 사업 현황을 확인하고 사업 관련 계획 등을 저희 의원실에 보고해 주시기 바랍니다.

이상입니다.

○**소위원장 최형두** 김우영 위원님 발언하시겠습니까?

○**김우영 위원** 저는 공식 발언 안 하겠습니다.

○**소위원장 최형두** 알겠습니다.

지난번에 굉장히 중요한 지적을 해 주셔 가지고 제가 큰 도움이 되었습니다.

○**김우영 위원** 하나는 얘기할 수 없잖아요.

○**소위원장 최형두** 장관께서 최근에 보니까 우리가 만약 인재를 육성한다면 AI 그리고 바이오 이렇게 예상했던데, 오늘 사실 현안 논의는 할 시간이 별로 없을 것 같은데 합성생물학법이 소위 논의가 조금 시간이 있으니까 바이오 인재 육성 같은 거라든가 이런 데 대해서 차관님이 조금 말씀을 하시겠습니까?

○**과학기술정보통신부제1차관 이창윤** 사실 바이오 부분은 그동안 저희들이 산업 생태계가 당초 생각했던 것만큼 확장적으로 조성이 안 되었다라는 평가가 있었고 바이오 쪽에서 양성되는 인력들이 조금 과잉 공급된다라는 그런 의견들도 있었습니다. 그래서 저희들은 산업 생태계를 더 확장해야 된다라는 관점에서 합성생물학 육성법도 많은 기여를 할 수 있으리라 생각이 들고요.

간사님 말씀하신 것처럼 해외 우수 인재 유치에 대한 부분은 저희들은 탑티어(top-tier)에 있는 석학급 연구원과 그리고 학생 연구원처럼 우리나라에 와서 교육을 받고 성장해 나가는 두 그룹으로 나누어서 특성화 대학이나 출연연에서 유치 수요들을 저희들이 지금 기관들과 같이 발굴 작업을 진행하고 있습니다. 그런 것들이 잘 발굴이 되면 정부가 갖고 있는 재정 지원 프로그램이나 비자 제도와 연계해서 저희들이 기관을 지원해 나갈 그럴 계획으로 있습니다. 그거는 상세한 어떤 추진 계획이 확정이 되면 별도로 보고말씀을 드리도록 하겠습니다.

○**소위원장 최형두** 위원님들 계속 발언해 주십시오.

○**박민규 위원** 아까 말씀, 바이오 인력 과잉 공급이 되고 있다고 인식했다는 근거하고, 좀 궁금해서 그런 거고요.

두 번째는 해외 탑티어 인재 영입이야 사실 돈만 준다고 되는 게 아니니까 매우 복잡한 단체에서…… 여기서 답변 못 들을 것 같긴 한데 아까 얘기했던 것처럼 두 번째, 석박사 수준의 가용 인력들을 좀 더 육성하는 거에 집중하겠다, 그 두 가지 중에. 후단 같은 경우에는 예산이 거의 다 경직성으로 짜여져 있으니까 쉽진 않겠지만 차관님의 재량권이 있다면 기본적으로 바이오 생태계 또는 바이오 스타트업 분들의 연구협력사업에 있어서 과기부에 혹시나 석박사 인력 육성 예산이 있다면 좀 더 방점을 현재 자금난으로 고생하고 있고 인재를 붙잡지 못해서 고생하고 있는 지역별 또는 분야별 스타트업 기업과의 지원쪽으로 재량범위 내에서 한번 검토해 주십사 부탁드리고.

첫 번째, 왜, 뭐가 많다고 생각하시는지 좀 말씀해 주십시오.

○**과학기술정보통신부제1차관 이창윤** 이거는 저희들이 바이오 부분에 대해서 정부가 투자를 시작하는 부분들이 꽤 오래됐습니다. 그래서 산업체에서 그런 인력, 양성된 인력들을 고용을 하기에 아주 충실하게 산업이 성장하지 못한 부분에 있어서 인력이 과잉 공급됐다라는 부분들을 말씀드린 거고. 어찌 보면 인력이 과잉 공급돼 있기 때문에 저희들이 다양한 바이오 부분에 있어서의 스타트업이라든가 이런 부분들이 오히려 더 성장할

수 있는 그런 계기도 됐었던 것 같습니다.

○**박민규 위원** 왜냐하면 어쨌든 우리나라가 바이오 관련된 정부 지원 및 과학기술 투자가 꽤 오래됐는데……

○**과학기술정보통신부제1차관 이창윤** 오래됐습니다.

○**박민규 위원** 예상보다 바이오 기업들의 어떤 숫자나 규모의 상승 폭은 적었기 때문에 갭이 있있고……

○**과학기술정보통신부제1차관 이창윤** 갭이 있었다는 말씀을 드립니다.

○**박민규 위원** 갭에 의해서 도리어 다양한 방식의 도전들이 진행되었다가 현상이라는 거지요?

○**과학기술정보통신부제1차관 이창윤** 그렇습니다.

○**박민규 위원** 그렇기 때문에 제가 다시 말씀드리지만, 그런데 데스밸리가 왔으니 좀 더 할 수 있는 부분을 찾아주시라는 뜻입니다.

○**과학기술정보통신부제1차관 이창윤** 예, 알겠습니다. 유념하겠습니다.

○**소위원장 최형두** 다른 위원님들 발언 없으십니까?

　　(「없습니다」 하는 위원 있음)

　그러면 합성생물학 육성법안은 제정법안으로 의결을 위해서는 국회법 제58조에 따라 공청회가 필수이며 생략을 위해서는 위원회 의결이 필요합니다. 이와 관련하여 공청회 생략 건에 대하여서는 여야 간사 간에 합의하였다는 말씀을 드립니다.

　의사일정 제1항은 수정한 것은 수정한 대로 그 외는 원안대로 의결하고자 는데 이의 없으십니까?

　　(「없습니다」 하는 위원 있음)

　이의가 없으시므로 가결되었음을 선포합니다.

　이상으로 짧지만 오늘 굉장히 보람 있는 회의를 마치도록 하겠습니다.

　오늘 수정 의결한 법률안의 작성과 체계·자구 정리에 관해서는 소위원장에게 위임해 주시기 바랍니다.

　존경하는 위원 여러분 정말 수고 많으셨습니다.

　감사합니다, 이렇게 긴급하게 해 주셨는데.

○**박정훈 위원** 특별히 수고가 많았던 것 같아요.

○**소위원장 최형두** 민주당 위원님들의 큰 도움 잊지 않겠습니다.

　이창윤 과기정통부제1차관을 비롯한 공직자 여러분도 수고 많으셨습니다.

　이상으로 산회를 선포합니다.

(10시46분 산회)

○**출석 위원(6인)**
　김우영　박민규　박정훈　조인철　최형두　황정아
○**출장 위원(1인)**
　박충권
○**청가 위원(1인)**
　이준석

○**출석 전문위원 및 입법심의관**
　　전문위원　임명현
○**정부측 및 기타 참석자**
　　과학기술정보통신부
　　　제1차관　이창윤
　　　기초원천연구정책관　권현준

법무부가 조국혁신당 박은정 의원실에 제출한 '김현태 전 제707특수임무단장 등 군 지휘부 7명의 내란 중요임무 종사 및 직권남용 권리행사 방해 혐의 공소장'에는 윤석열-김용현-노상원으로 이어지는 내란 비선의 중요 증거가 담겨있습니다. 윤석열이 친위쿠데타 내란을 일으켰던 지난 12월 3일, 민간인이자 역술인인 노상원은 군 지휘관만 쓴다는 비화폰을 소지하고 있었습니다. 하루 전날인 12월 2일, 김용현 전 국방부장관이 김성훈 대통령경호처 차장에게 요청해 받은 비화폰을 노상원에게 건넨 것입니다. 노상원은 정치인 등 500여 명에 대한 체포·살해·유기, 심지어는 북한 소행으로의 공작을 수첩에 작성하며 '내란 기획'을 주도했던 자입니다. 김용현은 "노씨의 사적 메모일 뿐"이라며 비상계엄과 관계없는 개인의 일탈행동으로 포장했지만 실은 비화폰을 직접 건넸다는 게 검찰 수사로 드러난 것입니다. 노상원의 수첩 내용이 정말 개인의 망상이라면 도대체 김용현은 왜 그런 망상에 빠진 자를 계엄 직전에 4일 연속으로 만났고 비화폰을 몰래 전달한 것일까요? 답은 하나입니다. 윤석열-김용현-노상원은 내란에 있어서 머리-몸통-팔다리, 즉 한 몸이었던 것입니다. 머리가 좋지 않아서 내란이 실패로 돌아간 것이 대한민국에는 천운이었지만 말입니다. 비화폰은 내란에 대한 전모를 밝힐 중요한 직접 증거입니다. 김성훈 경호차장을 구속하고 비화폰 서버를 당장 압수수색해도 모자랄 판에 내란수괴 윤석열은 구치소에서 풀려나 버젓이 거리를 활보했습니다. 검찰에 공범들이 있기에 가능한 일입니다. 하루빨리 내란을 종식하고 대한민국을 정상사회로 회복시키기 위해서는 관련자들에 대한 신병 및 증거 확보가 필요합니다.

– 조국혁신당 청년대변인 한가선, 3월 11일 논평

일 시 2025년3월11일(화)

장 소 과학기술정보방송통신위원회회의실

의사일정
1. 현안질의 불출석 증인 고발의 건
2. 합성생물학 육성법안(최수진 의원 대표발의)(의안번호 2203884)
3. 방송통신심의위원회위원장(류희림)의 민원사주와 은폐 의혹과 관련한 감사원에 대한 감사요구안(위원회안)(추가)
4. 방송통신심의위원회위원장(류희림) 사퇴 촉구 결의안(위원회안)(추가)

상정된 안건

(11시06분 개의)

○**위원장 최민희** 의석을 정돈하여 주시기 바랍니다.

성원이 되었으므로 제423회 국회(임시회) 제2차 과학기술정보방송통신위원회를 개의하겠습니다.

오늘 회의에서는 소위에서 심사한 법안을 의결하고 이어서 현안질의에 불출석한 증인에 대한 고발을 의결하도록 하겠습니다.

보고사항은 단말기 자료를 참고해 주시기 바랍니다.

(보고사항은 끝에 실음)

먼저 과학기술원자력법안심사소위에서심사 완료한 법안을 상정하겠습니다.

2. 합성생물학 육성법안(최수진 의원 대표발의)(의안번호 2203884)

○**위원장 최민희** 의사일정 제2항 최수진 의원 대표발의 합성생물학 육성법안을 상정합니다.

최형두 과학기술원자력법안심사소위원장님나오셔서 심사 결과를 보고해 주시기 바랍니다.

○**소위원장 최형두** 과학기술원자력법안심사소위원장 최형두입니다.

우리 과학기술원자력법안심사소위원회는 오늘 법안심사소위원회를 개의하여 합성생물학 육성법안에 대해 심도 있는 심사를 거쳐 의결하였습니다.

주요 내용을 중심으로 심사 결과를 말씀드리겠습니다.

최수진 의원이 대표발의한 합성생물학 육성법안은 합성생물학의 체계적인 육성을 위한 기본계획의 수립, 연구개발 지원, 안전성 확보, 공공 바이오파운드리 같은 핵심 인프라 구축, 연구데이터의 사용 촉진 등에 관하여 규정하려는 것입니다.

합성생물학은 생명공학의 한 분야에 해당하므로 제정안이 현행 생물공학육성법과 충돌하지 않고 유기적으로 연계될 수 있도록 정비하고 안전한 연구환경 조성을 위해 안전관리체계 운영 시 연구개발 지침을 반영하도록 하는 등 일부 조문을 수정하여 의결했습니다.

여러 바쁜 일정 중에도 오늘 과학기술소위 위원님들 그리고 최민희 위원장님과 김현 간사님, 오늘 이 법안을 신속하게 의결하게 도와주셔서 고맙습니다.

이상으로 과학기술원자력법안심사소위원회의 심사 결과를 보고드렸습니다.

보다 자세한 내용은 배부해 드린 유인물을 참조해 주시기 바랍니다.

○**위원장 최민희** 최형두 소위원장님 수고하셨습니다.

소위 위원님 여러분께서도 수고 많으셨습니다.

그러면 방금 법안심사소위에서 보고한 심사 결과에 대해서 의견이 있으시면 말씀해 주시기 바랍니다.

없으십니까?

○**최형두 위원** 잠깐만 제가……

○**위원장 최민희** 최형두 간사님.

○**최형두 위원** 역사적인 법안이라고 생각을 합니다. 우리 바이오의 새로운 도약을 위한 중요한 디딤돌이라고 생각하고.

마침 이 법안이 오늘 상임위에서 의결되고 나면 내일 오전 8시에, 지난번 미국의 MIT·하버드 바이오 과학자들과의 영상회의가 과기소위로 되어 있습니다. 위원장님과 김현 간사님 그리고 우리 상임위의 여러 위원님들께서 잠시 국회 의원회관 영상회의장에 들러 주셔서 미국의 가장 우수한 우리 재미 과학자들의 의견을 듣고 합성생물학 육성법안의 상임위 의결 소식도 전하고 하면 우리 과학기술 쪽에서 매우 의미 있는 일정이 될 것 같습니다.

여러 바쁜 중에도 저희가 이런 법안 같은 것, 특히 과학기술을 육성해야지만이 되고 또 과학기술의 R&D 투자 같은 것도 신속하게 이루어지는 중요한 시점입니다. 여러 현안이 많지만 우리 과방위 위원들께서 힘을 모으셔서 오늘 이 법안을 함께 의결하게 되어서 정말 뜻깊습니다. 우리 여야 위원님들께 모두 감사인사 드립니다.

○**위원장 최민희** 또 의견 있으신 위원님 계신가요?

황정아 위원님 말씀하십시오.

○**황정아 위원** 유상임 장관님께 질의드리겠습니다.

법이 있는 이유가 무엇입니까? 지키라고 있는 것이겠지요. 법을 지키지 않는다면 오늘 우리 과방위에서 합성생물학법을 통과시킬 이유가 있겠습니까? 권력자가 멋대로 하면 되는 것이지요. 법을 지키기 위해서 우리가 통과시키는 것입니다.

또한 법치주의, 민주주의 국가에서 법원의 판결은 행정행위든 우리의 일상생활이든 모두 따라야 됩니다. 동의하시지요?

○**과학기술정보통신부장관 유상임** 예.

○**황정아 위원** 법원의 판결을 비판할 수는 있지만 그 기속력은 우리 모두에게 적용되는 것이 법치주의입니다. 그렇지요?

○**과학기술정보통신부장관 유상임** 예.

○**황정아 위원** 특정 집단의 정무적 판단에 의해서 법원의 판결이 무시당하면 어떻게 되겠습니까? 사회가 존속할 수 있겠습니까? 법치가 살아 있을 수 있겠습니까? 없겠지요?

○**과학기술정보통신부장관 유상임** 예, 법은 지켜야 된다고 생각합니다.

○**황정아 위원** 대한민국의 헌법 제111조 3항에 의하면 헌법재판관 중 3인은 국회에서 선출하는 자를, 3인은 대법원장이 지명하는 자를 임명한다라고 되어 있습니다. 그 어디에도 대통령이 검토하여 반려할 수 있다라는 조항은 없습니다.

헌법재판소 역시 3인은 국회가, 3인은 대법원장이 지명하는 자를 임명하도록 한 것은 권력 상호 간에 견제와 균형을 도모하고 헌법 수호와 국민의 기본권 보장을 사명으로 하는 헌법재판소가 중립적인 지위에서 헌법재판 기능을 수행하도록 하기 위한 것입니다. 헌법이 국회에 부여한 선출권은 헌법재판소를 구성할 권한을 의미하는 것으로 보아야 한다고 명시적으로 결정을 했습니다.

대통령은 재판관으로 임명할 헌법상 의무를 부담하고 대통령이 궐위 또는 사고로 인하여 그 직무를 수행할 수 없는 경우에는 대통령의 권한을 대행하는 국무총리 또는 국무위원 역시 대통령과 마찬가지로 이와 같은 헌법상 의무를 부담한다, 즉 8 대 0 전원일치로 마은혁 재판관 임명 거부를 위헌이라고 판단하며 마은혁 재판관을 임명하라고 밝히고 있는 것입니다.

그런데 국무회의에서 참담한 소식이 들려왔습니다. 윤석열 정권이 법을 얼마나 우습게 알고 있었는지 자백하고 윤석열 지키겠다고 기본적인 대한민국 국민이 지켜야 할 합리와 상식을 모두 배신하겠다는 소리를 내뱉고 있는 것이나 다름없습니다. 국무위원 전원이 마은혁 재판관 임명을 숙고해야 한다고 밝혔다고 합니다. 이게 제정신입니까? 그 누구보다 법을 더 지켜야 할 권력자들이 헌법마저 무시하겠다는 것입니다.

유상임 장관도 국무위원이시지요?

○**과학기술정보통신부장관 유상임** 예, 그렇습니다.

○**황정아 위원** MWC 참석하시느라고 아마 해당 국무회의에는 참석을 못 하셨을 텐데 지금 본인의 견해를 한번 밝혀 보시면 좋겠습니다. 헌재가 판결한 내용을 저렇게 뭉개는 게 법치주의입니까?

○**박정훈 위원** 저건 지금, 여기서 지금 그 얘기 하자는 게 아니잖아요.

○**위원장 최민희** 그래서 끊었어요.

○**최형두 위원** 황 위원님, 우리 우선 이 법안 의결하고 하시지요.

○**황정아 위원** 예, 마무리하겠습니다.

법치주의입니까?

○**과학기술정보통신부장관 유상임** 이 문제는 제가 지금 여기서 답변드리는 게 적절하

다고 생각이 들지 않습니다.

　　(발언시간 초과로 마이크 중단)

───────────────────────────────

　　(마이크 중단 이후 계속 발언한 부분)

○황정아 위원　법원의 판결을 무시하는 게 합리적이거나 상식적입니까?

○김장겸 위원　저도 의사진행발언 조금 하겠습니다.

○황정아 위원　마은혁 재판관 임명 어떻게 해야 됩니까? 지금 당장 해야 되는 거 아닙니까?

○위원장 최민희　정리하고 드릴게요, 좀 이따.

○황정아 위원　이상입니다.

───────────────────────────────

○위원장 최민희　김장겸 위원님, 지금 법안을 의결해 달라는 요청이 있고 지금은 사실은 이 질의응답을 할 시간은 아닙니다. 그래서 저희가 간사께 잘라 달라고 얘기해서 잘랐고요. 그리고 김장겸 위원님도 의사진행발언은 법안 의결한 뒤에 하시면 어떻겠습니까?

○김장겸 위원　예, 그렇게 하겠습니다.

○위원장 최민희　이제 의결하도록 하겠습니다.

　오늘 의결하는 합성생물학 육성법안과 관련하여 예산 또는 기금상의 조치를 수반하는 수정안에 대하여 국회법 제66조제3항 단서 등에 따라 비용추계서 첨부를 생략하고자 하는데 이의 없으십니까?

　　(「없습니다」 하는 위원 있음)

　가결되었음을 선포합니다.

　다음 공청회 생략 의결을 하겠습니다.

　국회법 제58조제6항 단서에 따라 합성생물학 육성법안에 대한 공청회 또는 청문회를 생략하고자 하는데 이의 없으십니까?

　　(「없습니다」 하는 위원 있음)

　가결되었음을 선포합니다.

　의사일정 제2항 합성생물학 육성법안은 제정법률안이므로 의결하기에 앞서 축조심의하도록 하겠습니다.

　먼저 법안의 제명과 제1조부터 제4조까지 의견 있으신 위원님 계십니까?

　　(「없습니다」 하는 위원 있음)

　다음은 제5조부터 제13조까지 의견 있으신 위원님 말씀해 주시기 바랍니다.

　　(「없습니다」 하는 위원 있음)

　다음은 제14조부터 제24조까지 의견 있으신 위원님 말씀해 주시기 바랍니다.

　　(「없습니다」 하는 위원 있음)

　다음은 25조부터 부칙까지 의견 있으신 위원님 말씀해 주시기 바랍니다.

　　(「없습니다」 하는 위원 있음)

　의견이 없으시면 이상으로 축조심사를 끝내고 의결하겠습니다.

　의사일정 제2항 합성생물학 육성법안은 법안심사소위에서 심사보고한 수정안대로 의결하고자 하는데 이의 있으십니까?

　　(「없습니다」 하는 위원 있음)

　이의가 없으시면 가결되었음을 선포합니다.

　이상으로 법안심사소위원회에서 심사를 완료한 법안에 대한 의결이 모두 끝났습니다. 오늘 의결한 법안의 체계와 자구 정리에 대해서는 위원장에게 위임해 주시기 바랍니다.

　그러면 법안 의결과 관련하여 과기정통부장관의 인사말씀을 듣도록 하겠습니다.

　유상임 장관 나오셔서 인사해 주시기 바랍니다.

○과학기술정보통신부장관 유상임 존경하는 최민희 위원장님 그리고 과학기술정보방송통신위원회 위원님 여러분!

　과기정통부 소관 법률안인 합성생물학 육성법 제정안을 심의 의결해 주셔서 감사를 드립니다.

　합성생물학 분야는 바이오 기술과 AI 및 빅데이터 등 디지털 기술이 융합된 분야로 미래산업의 게임체인저가 될 것입니다.

　이번 합성생물학 육성법 제정으로 합성생물학의 체계적이고 집중적인 육성을 통하여 우리나라가 글로벌 바이오경제 시대를 선도할 수 있는 기반을 마련하였습니다. 정부에서도 합성생물학의 핵심 인프라인 바이오파운드리 구축 등 국가 바이오제조 역량을 확보할 수 있는 토대를 마련해 나가겠습니다.

　법안 통과에 힘써 주신 법안1소위 최형두 위원장님과 위원님들께 깊은 감사의 말씀을 드립니다.

　법안 심의 과정에서 위원님들께서 주신 고견과 현장의 의견을 반영하여 정책 추진에 만전을 기하도록 하겠습니다.

　감사합니다.

○위원장 최민희 수고하셨습니다.

　최수진 의원님도 제정법안 통과에 대해서 축하드립니다.

○최수진 위원 저 발언 잠깐, 1분만 감사인사……

○위원장 최민희 예.

○최수진 위원 애써 주신 최민희 위원장님과 과학1소위 간사님 그리고 위원님들께 진심으로 감사드립니다.

　본 법안은 바이오와 케미컬이 합쳐진 융합된 법안입니다. 우리가 코로나 백신이, 결국은 우리를 빨리 치유하고 적응할 수 있게 만들어 준 그 기술이 시발점이 되었습니다.

　최근 합성생물학이 2023년에 1550억 달러이고 30년도에는 520억 달러를 차지할 것으로 예상하고 있습니다. 생명기술과 공학기술이 접목되고 AI 기술이 접목된 기술입니다. 미국, 영국에 이어서 우리나라가 이 법을 통과하였습니다. 이는 저희 과방위 위원님들이 정말 과학기술을 위하는, 우리나라의 미래 먹거리를 살리는 일이라고 생각을 합니다.

　진심으로 감사드립니다.

○위원장 최민희 김장겸 위원님 2분 드리십시오.

○김장겸 위원 오랜만에 합성생물학 육성법안하고 과학기술법안을 심사하는 줄 알고 왔는데 지금 또 유감스럽게도 헌재 이야기가 나오고 정쟁성 발언을 들었습니다.

　지난번 회의에서 김현 간사님이 고 오요안나 씨 사건과 관련해서 유족 측이 청문회를 원하지 않는다라고 말씀하셨는데 저희 의원실에서 접촉한 결과 사실과 달랐습니다.

고 오요안나 씨의 극단적 선택 배경에 직장 내 갑질, 인권침해 의혹이 있는 것 관련해서 지금 사회가 굉장히 들끓고 있는데 진상을 밝히고 MBC의 도덕성과 노동환경을 점검하는 것이 국민적 요구임에도 민주당은 외면하고 있습니다. 지난번에 권태선 방문진 이사장과 안형준 MBC 사장의 증인 채택을 막았고요, 정쟁이 아닌 진상 규명을 원한다는 위족의 뜻을 왜곡해서 청문회도 반대했습니다.

MBC와 민주당의 행태의 유족들은 분노하고 있습니다. 오죽하면 고인의 유족이 청문회를 반대할 이유가 없다는 입장을 냈겠습니까. 심지어 유족들은 우리 보좌진을 통해서 국회에서 부르면 직접 출석해 증언하겠다라는 뜻을 전해 왔습니다. 약자의 눈물을 닦아 주겠다던 민주당은 어디로 갔습니까? 약자의 눈물보다 내 편인 MBC를 지키는 것이 우선입니까?

민주당은 지금이라도 불필요한 정쟁을 멈추고 고 오요안나 사건의 진상규명에 적극적으로 나서기를 기대합니다. 이 자리를 빌려서 과방위 차원의 오요안나 씨 직장 내 괴롭힘 의혹 진상규명을 위한 청문회를 제안합니다. 국회가 국민을 위한 공간이라는 점을 다시 한번 상기하며 올바른 방향으로 나아가기를 촉구합니다.

감사합니다.

○**위원장 최민희** 제가 관련 청문회 요청을 받은 바가 없었습니다. 오늘 처음 요청하시는 건데 이게 이례적이지요. 보통은 간사님이 요청하는 것인데, 일단 요청을 하셨기 때문에 양당 간사께서 의논해 주시기 바랍니다.

왜냐하면 저는 공식적으로 청문회 요청이 들어왔다는 보고를 받은 바가 없고요. 그다음에 직장 내 갑질 문제는 그게 MBC라도, KBS라도, SBS라도, TV조선이라도, 어디라도 국회는 그 진상을 밝힐 의무가 있습니다.

그리고 지금 김현 간사님의 지난 회의 발언에 대하여 문제 제기가 들어왔기 때문에 김현 간사님께도 2분 드리겠습니다.

○**김현 위원** 일단 최형두 간사님, 혹시 합의된 내용입니까, 청문회 하자는 주장이?

○**최형두 위원** 아니, 그것은……

제가 말씀드려도 됩니까?

○**김현 위원** 예, 먼저 얘기하시지요.

○**위원장 최민희** 아니, 잠깐만요.

○**김현 위원** 아니, 그러니까 왜냐하면……

○**최형두 위원** 제가 이야기를 드릴게요.

○**위원장 최민희** 먼저 얘기하시고 기회를 드리겠습니다.

○**김현 위원** 저는 최형두 간사님으로부터 고 오요안나 죽음과 관련된 청문회 제안에 대해서 들은 바가 없습니다. 그래서 돌출적인 제안에 대해 이렇게 하는 것에 대해서 매우 유감스럽다는 말씀 드리고요.

두 번째로는 1월 30일 날 유가족 측이 전화를 통해서 청문회를 원하지 않는다, 정쟁화가 되는 것을 원치 않는다. 두 가지가 있었습니다. 민주당이 적극적으로 이 문제를 다뤄 달라는 것하고 억울한 죽음이 발생하지 않도록 법과 제도를 잘 정비해 달라는 얘기였습니다. 최근에도 만났습니다. 청문회 원치 않는다는 입장은 변함이 없습니다.

이상 마치겠습니다.

○**최형두 위원** 제가 말씀드리겠습니다.

청문회의 공식적인 제안 여부는 별론으로 하고, 사실 이 문제는 김현 간사님이나 저나 우리 언론계 또 우리 과방위를 지켜보는 많은 국민들이 왜 고 오요안나 씨의 직장 내 따돌림 사건, 그로 인한 비극적 사건을 다루지 않느냐라는 여러 가지 여론을 듣고 있었습니다. 그래서 김현 간사님이랑 이 문제를 한번 해 보면 어떻겠느냐는 이야기를 했는데, 우리 당 내에서도 이 문제가 여러 상임위에 제기되어서 이게 노동조건 차원이니까 환노위에서 적극적으로 하면 좋겠다고 그래서 지금 환노위에서 제기를 하고 있습니다. 있는데, 환노위에서 답이 없어요, 환노위 민주당에서.

그래서 오늘 김장겸 위원님 말씀의 요지는 뭐냐 하면 상임위 상황으로는 노동조건의 문제니까 방송사라고 해서 방송보다는 환노위가 좋겠다라는 것이 제 판단이었고 또 우리 원내대책회의에서도 판단이었는데 환노위에서 지금 계속 타진을 해도 환노위 위원장님이나 환노위의 민주당 간사님이나 이런 분들이 여기에 적극적 의지가 없는 것 아니냐라는 회의론이 일고 있습니다. 그러다 보니까 다시 우리 과방위가 다뤄야 되는 것 아니냐 이렇게 핑퐁처럼 오고 가고 있는데.

그래서 제가 오늘 제안하고 싶은 것은 아까 김장겸 위원님이 그 말씀 하시길래 그렇다면 위원장님께서, 지금 우리가 만나 보는 유족들이나 변호사 이야기하고 김현 간사님께서 듣고서 하신 이야기가……

○**김현 위원** 듣고 있는 게 아니라 만났다고 얘기했습니다.

○**최형두 위원** 만난 것하고 좀 해석이 다르니 위원장님께서 공식적으로 한번 확인해 보고, 그래서 우리 과방위에서 원한다면 과방위에서 청문회 하는 것이 어떠냐 이렇게 수정 제안하고 싶습니다.

○**위원장 최민희** 이렇게 하겠습니다. 일단 지금까지 과방위 차원에서 여야 간에 청문회 제안이 들어오고 논의된 바가 없다 이것은 확인합니다.

그리고 두 번째는, 유족께서 청문회를 원하느냐 안 원하느냐 하는 문제는 주장이 엇갈리고 있습니다. 그러니까 위원장이 직접 유족들과 접촉해 보겠습니다.

(손을 드는 위원 있음)

잠깐만요, 잠깐만요.

여기까지만 정리하고 이후 제가 만나 본 결과를 양당 간사께 보고드리도록 하겠습니다.

그리고 개인적으로 저는 어떠한 문제가 발생했을 때 피하면 안 된다고 생각합니다. 이 원칙하에 정리를 해 가도록 하겠습니다. 그러나 제가 김현 간사님으로부터 유족 측과 접촉하고 보고를 받았을 때 유족들께서 이 문제가 긍정적인 방향으로, 법과 제도의 개선으로 더 이상 비정규직 노동자가 희생되는 일이 없도록 하라는 데 방점이 두어졌다고 보고를 받았기 때문에 당연히 그렇게 생각했는데 김장겸 위원님 쪽에는 다른 얘기가 올라왔기 때문에 확인하겠습니다.

관련해서 말씀하실 위원님들……

(손을 드는 위원 있음)

이훈기 위원님이 먼저 손 드셔서 먼저 드리고 드리겠습니다.

2분씩 드리세요.

○**이훈기 위원** 인천 남동을의 이훈기 위원입니다.

고 오요안나 건에 대해서는 지난 전체회의 때 저도 되게 발언을 자제했어요. 그런데 그 이유는, 저는 유족의 입장을 정확히 모르겠지만 지금도 의견이 갈리시는 것 같고 지금 그 내의 인사들로 구성된 진상조사위원회가 일단 굴러가고 있잖아요. 그리고 두 번째는 노동부에서 특별근로감독을 하고 있고 또 세 번째는 경찰에서 수사를 하고 있는데.

그리고 MBC는 그날 나왔고 사과를 했고 그리고 이 조사 결과에 무조건 따르겠다 그랬어요. 제가 작년에 국정감사 할 때 삼성전자 피폭 사고 있을 때 삼성전자는 결과에 안 따랐어요. 사과는 하지만 결과에 절대 안 따르겠다고 그러고 아직도 정리가 안 돼 있어요. 그런데 MBC는 분명히 따르겠다 그랬는데, 자꾸 모든 국민들이 보는 앞에서 여러 가지 얘기를 하고 이게 2차 가해 우려도 있고, 솔직히 저는 이게 맞나 싶습니다. 국민들이 모르던 것까지 알고 개인 신상에 관한 것부터 모든 게 청문회 하면 파헤쳐질 텐데 저는 이게 옳은 길인지에 대해서 상당히 회의감을 갖고 있고 이렇게 세 가지, 여러 가지 조사나 근로감독이 이루어지고 있는데 저는 이걸 지켜보고……

MBC가 충분히 다 수용을 하고 반성을 한다 그랬는데, 그래서 저는 청문회를 하거나 이걸 더 공론화시키는 게 맞는지에 대해서 상당히 고민스럽고 회의적입니다. 그리고 분명히 이것은 2차 가해로 이어질 수 있다는 그런 우려가 아주 큽니다. 그래서 좀 신중했으면 좋겠습니다.

○**위원장 최민희** 의견 참고하겠습니다.

노종면 위원님 말씀하십시오.

○**노종면 위원** 질문에 가까운 건데요. 존경하는 김장겸 위원님께서 유족 측의 입장을, 말씀을 듣고 말씀하신 거고 또 더 나아가서 청문회가 열리면 유족께서 직접 참석할 수 있다고 했는데 그 의견이 대리인을 통해서 확인된 것인지 아니면 직접 유가족…… 왜냐하면 저희는 유가족께서 이렇다 저렇다 그런 입장을 파악해서 알고 있는 것이라 정말 나오셔서 입장을 내고 하실, 질문을 받아서 답변하고 그러실 의향이 있다는 건지 그것 분명히 좀……

○**김장겸 위원** 유족 측입니다. 유족입니다, 유족.

○**노종면 위원** 그러니까 유족 측……

○**위원장 최민희** 둘이 질문하지 마시고요.

○**김장겸 위원** 아니, 이것은 확인…… 대리인 아닙니다. 유족입니다.

○**위원장 최민희** 잠깐만요, 위원 간에 하지 마시고요. 저에게 얘기하시면 정리해 드리겠습니다.

○**노종면 위원** 해소됐습니다.

○**위원장 최민희** 해소됐나요.

일단 이 부분은 아까 김현 간사님의 보고와 김장겸 위원님의 말씀이 다르잖아요. 그렇기 때문에 이것은 제가 확인하고 그 과정에서 같이 확인해서 보고드리도록 하겠습니다.

박정훈 위원님.

○**박정훈 위원** 박정훈입니다.

저는 최민희 위원장이 조금 전에 말씀하신 그 원칙이 상당히 올바른 방향이라고 생각합니다. 그게 어떤 매체든 또 어떤 성향의 매체든 그런 것들이 중요한 것 같지는 않고요. 그리고 유족들이 만약에 지금 충분히 진상규명이 되고 있다고 느낀다면 굳이 이런 청문회를 열 필요가 없겠지요.

다만 조사 과정에서 고인에 대해서 여러 가지 불리한 얘기들이 다 흘러나오고 이런 것들에 대해서 유족들이 지금 상당히 불편한 감정을 갖고 있는 것도 사실인 것 같습니다. 김장겸 위원님 접촉하신 내용을 저도 회의 들어오기 전에 들어 봤는데 출석해서 이 내용들을 좀 구체적으로 밝히고 싶다는 부분들이 분명히 의사 전달이 됐기 때문에 그 부분을 존중해서 판단해 주셨으면 좋겠고요.

지금 경찰 수사나 위원회 조사 이런 것들이 진행되고 있기 때문에 더 이상 이 문제를 국회에서 거론하는 것은 옳지 않다고 말씀하셨고, 2차 가해 우려가 있다는 부분도 충분히 공감합니다. 다만 유족들이 어떻게 생각하고 있느냐가 가장 중요한 변수지요. 왜냐하면 지금 경찰 수사나 위원회 별도의 조사가 있는 경우에도 민주당이 의회의 주도권을 쥐고 있는 상황에서 민주당이 필요하다고 생각하는 것들은 얼마든지 하고 있지 않습니까. 그러면 저희들이 제기한 문제 제기 그리고 그게 유족들의 의견과 어느 정도 맥이 닿아 있다고 판단이 된다면 굳이 막을 이유는 없다고 생각합니다. 아마 간사 간의 논의를 거쳐서 위원장께서 결정을 하실 텐데 유족들의 의견을, 지금 김현 간사가 그동안 접촉해 온 분 말고도 다른 분들이 또 있는 것 같고 또 여러 가지 감정의 변화들이 있는 것 같아요.

유족이 여러 명 있습니다, 여러 명. 그 논의를 하는 과정이 있더라고요, 보니까. 그러니까 그 과정들을 충분히, 김현 간사님이 접촉하시는 그 창구 말고도 충분히 더 파악을 하셔서 그렇게 해서 결정을 해 주시기를 부탁드리겠습니다.

이상입니다.

○**위원장 최민희** 우리가 '유족들' 이렇게 얘기하면 어쩌면 범위가 더 넓어질 수 있을 텐데요. 제가 가장 가까운 분부터 접촉하도록 하겠습니다. 그게 맞겠지요. 그렇게 하겠습니다.

또 혹시 의견 주실 위원님 계십니까?

안 계시면 다음 안건으로 넘어가겠습니다.

---

1. 현안질의 불출석 증인 고발의 건

(11시31분)

○**위원장 최민희** 의사일정 제1항 현안질의 불출석 증인 고발의 건을 상정합니다.

이 안건은 정당한 이유 없이 우리 위원회의 현안질의에 불출석한 증인 류희림 방송통신심의위원회 위원장을 국회에서의 증언·감정 등에 관한 법률 제12조 및 제15조에 따라 불출석 등의 죄로 고발하고자 하는 것입니다.

배부해 드린 바와 같이 현안질의 불출석 증인 고발의 건을 의결하고자 하는데 이의 있으십니까?

○**최형두 위원** 예, 이의 있습니다.

○**위원장 최민희** 2분 드리세요.

○**최형두 위원** 의사진행발언이기는 한데 오늘 과기부장관님에 대한 현안질의가 없습니

까, 이후에?

○**위원장 최민희** 예, 없지요.

○**최형두 위원** 그렇다면 과기부장관님과 과기부 공직자들은 이석하셔도……

○**위원장 최민희** 예, 이석하셔도 좋습니다.

수고하셨습니다.

○**최형두 위원** 과학기술정책에 더욱더 열심히 노력해 주십시오.

그리고 앞으로도 저희들은 현안이 있으면 현안이 있는 부처 공직자 중심으로 가고 시간차를 하든지 아니면 소위 중심으로 하든지 이렇게 했으면 좋겠습니다.

○**위원장 최민희** 다시 2분에서 시작하세요.

○**김현 위원** 그렇게 했어요.

○**최형두 위원** 존경합니다. 김현……

○**김현 위원** 그런데 여당이 그런 것을 가지고 야당이 그런 것처럼 얘기하지 마시고요, 그런 것에 있어서는.

○**최형두 위원** 그러니까 좀 더 합리적인 방안을 찾으면 좋겠다. 우리 위원장님 허락해 주셔 가지고 오늘 국무회의도 있고…… 여러 과학기술정책에서 지금 따져야 될 게 많은데 관련 없는 질의라면 저분들이 없어도 되겠다 싶어서 했습니다.

이 사안은, 사실은 지금 담당이 있지만 방송심의위원회의 핵심이 무엇이냐? 그러니까 불공정하거나 또는 허위거나 이런 뉴스에 대한 심의를 하는 기능을 맡는 공공기관의 기관장입니다. 그 기관장이 심의를 하는 과정에서 지금 노조 쪽과의 충돌로 해서 심의를 요청한 사람들이 특정인이다라고 하는 것들이 또 고발되고, 그래서 이것은 민원 사주라는 이름으로 진행되고 있는데 크게 주객이 전도된 사건이라고 생각을 합니다. 이른바 정말 꼬리로 몸통 전체를 흔들려는 사안이 아닌가 생각하는데, 그 사안은 지금 수사도 진행되고 있고 지금 노조 측과 또 민주당에서도 수사를…… 해서 경찰 조사가 진행 중입니다. 진행되고 있고, 또 실제로 이게 아마 일부 방송사들이 지난번에 대통령선거 때 윤 커피 사건 그거였지요? 그 사안을 가지고서 이게 허위 조작 뉴스 맞느냐 이런 데 대한 것들을 빨리 심사해 달라라는 내용의 것이 그 민원의 요지였는데 그 민원의 본질은 따지지 않고 민원을 제기한 사람이 특정인들이다, 이렇기 때문에 이렇다 저렇다고 하는 것은 논란의 본질을 벗어난 거라고 생각합니다.

실제로 윤 커피 사건에 대해서 JTBC 같은 경우는 그것이 잘못된 보도다 또 일부 발췌·왜곡되었다는 것들도 사과방송까지 했는데 여전히 이와 관련된 다른 방송사는 그 문제에 대해서는 정정보도나 시정을 하고 있지 않습니다. 때문에 이것을 고치는 게 중요한 문제고, 지금 이른바 민원 사주 의혹 그것은 경찰의 수사가 이루어지고 있기 때문에 결과가 나올 거라고 생각을 합니다. 그것은 맡겨 두는 게 좋지 않을까. 지금 우리 상임위가 이 문제를 가지고서 본질과……

○**위원장 최민희** 이것은 의사진행발언 안 받고 제가 정리하겠습니다.

왜냐? 그 내용에 대한 다툼은 위원님들 간에 하십시오. 그러나 그렇다고 방송통신심의위원장이 국회가 부르는데 안 나오는 것은 별개 사안입니다. 그래서 지금 민주당 위원님들께서 말씀하시면 반대 얘기 하실 수 있어요. 그런데 그런 토론이 지금 필요하지 않습니다.

지난번에 밝혀졌던 장경식 단장의 증언에 의하여 적어도 류희목, 류희림 위원장 동생이 민원을 넣었다는 사실이 류희림 위원장에게 보고되었다는 게 확인되었습니다. 그리고 그동안 지속적으로 이 자리에 나와서 류희림 위원장이 위증을 했다는 게 확인되었습니다. 그리고 그런 일이 있은 뒤에 본인의 자의적인 판단으로 위원회에 안 나오십니다.

방송통신심의위원회 만들 때, 방통위원회 만들 때 제가 방송위원회 부위원장으로 그 논의를 정부 측 입장에서 관여했던 사람으로서 그러라고 방송통신심의위원회를 민간 독립기구로 둔 것 아닙니다. 심의의 독립성, 중립성, 공정성, 객관성을 보호해 주기 위해서 그랬던 건데 이것은 본인의 잘못을 감추기 위하여 방송통신심의위원회의 독립적 구조를 악용하고 있다고 제가 보기 때문에 이 부분은 완전히 다른 얘기를 하고 계신 겁니다.

그 토론은 최형두 간사님과 민주당 위원님들이 하세요, 지금부터. 그러나 저는 출석·불출석 문제 그리고 위증했던 문제에 대하여 저희가 사퇴 요구하는 것, 이것은 국회의 의무라고 생각합니다.

이정헌 위원님 말씀하시지요.

○**이정헌 위원** 서울 광진구갑 국회의원 이정헌입니다.

류희림 방심위원회는 비판 보도를 틀어막는 윤석열 정권의 첨병이었습니다. 언론 탄압과 방송 장악의 선두에 섰던 기관입니다. 그리고 류희림 위원장을 지키기 위해서 공권력이 동원됐습니다. 류희림 민원 사주의 실체는 이미 만천하에 드러나지 않았습니까. 아들과 동생, 제수, 조카, 처제, 동서, 과거 직장 동료, 단체 관계자까지 동원됐습니다. 권익위는 공익제보자를 보호해야 할 책무마저 잊어버렸습니다. 온 나라, 온 공공기관, 경찰과 권익위까지 나서서 공익제보자를 보호하지 않고 류희림 한 사람을 지키는 그런 모습을 보여 왔습니다.

류희림 위원장은 휴가라든지 개인 일정 등을 이유로 말도 안 되는 출석 거부를 일삼아 왔습니다. 국회의 권위를 무시했고 무조건 버티기만 해 왔습니다. 아무리 감추고 도망가려고 해도 거짓말은 드러나게 마련이고 진실은 결국에는 밝혀지게 됩니다.

2023년 9월 4일 방송통신심의위원회에 민원이 접수되기 시작했고 사흘가량 188건 정도, 200건 가까운 민원들이 접수가 됐습니다. 가족과 지인들이 민원을 일삼았고 이와 관련해서 류희림 위원장이 사실을 알고 있음에도 불구하고 전혀 회피하지 않았습니다. 이해충돌방지법까지도 무시했습니다. 방심위 임직원들이 이해충돌방지규칙에 대해서 문제를 제기했고 류희림 위원장을 향해서 인용보도 안건 심의위에서 회피하라고 주장을 했습니다. 방심위 사무처 팀장도 가족으로 추정되는 민원 신청 현황에 대해서 보고했음에도 불구하고 보고했다라고 하는 사실조차도 부인하면서 계속 방치하고 버티기로 일관했습니다.

(발언시간 초과로 마이크 중단)

....

(마이크 중단 이후 계속 발언한 부분)
고발은 물론이고 자진 사퇴가 답이라고 저는 다시 한번 강력하게 말씀드립니다.
이상입니다.

....

○**위원장 최민희** 신성범 위원님 말씀하십시오.

○**신성범 위원** 경남 산청·함양·거창·합천의 신성범 위원입니다.

저도 류희림 위원장이 나와서 답변하거나 아니면 이러저러한 이유로 답변을 못 하겠다고 했으면 좋을 거라는 생각을 하면서도 이 사안을 보면 동생이 민원 신청 후에 스스로 취하했다는 사실은 또 이미 나와 있습니다.

그리고 장경식 단장이라는 분이 국회에 나와서 말씀을 바꾸셨는데 그것도 제가 듣기로는 그 과정에 대해서는 지금 국민권익위원회가 재조사를 한다고 그래요. 재조사 결과를 지켜보는 게 맞지 않겠나 생각이 들고.

무엇보다도 지난 5일 날 류희림 위원장이 안 나왔지만 안 나온 것에 대해서 우리가 다시 한번 무슨 결의를 했다든지 하는 그 절차는 밟지 않았습니다. 그러니까 굳이 이야기하면 야당 위원들만 나오라고 요구하고 시간 체크하고 비서실장한테 채근하고 이런 단계를 밟았기 때문에 저는 이게 고발까지 갈 사안이냐에 대해서 회의적입니다. 그래서 좀 더 판단을 잘해 주시기 바라고, 만약에 그렇게 해도 또 표결로 고발을 의결할 경우에는 저희들은 반대하겠습니다.

○**위원장 최민희** 아니, 좀 아까 오요안나 씨 건 관련하여 민주당 위원 쪽에서 이게 지금 내부에서 조사 중이고 경찰도 조사하고 그러니까 그걸 다 지켜보고 하자 이 말씀 했을 때 국민의힘 쪽에서 다른 의견이셨지요? 이것도 권익위가 재조사한다, 경찰이 다시 조사하지 않겠느냐 등등의 논리로 국회가 해야 될 절차를 하지 말자는 것하고 둘이 똑같은 겁니다.

○**신성범 위원** 단순 비교는 안 되지.

○**위원장 최민희** 아니지요. 이게 더 큰 건이에요, 어떻게 보면.

○**신성범 위원** 아니, 누가 크고 작은······

○**위원장 최민희** 양쪽 다 큽니다, 국가기관. 그다음에 이건 정말 중요한 두 일인데 잣대는 똑같이 갑시다.

한민수 위원님 말씀하세요.

○**한민수 위원** 서울 강북을 국회의원 한민수입니다.

결론부터 말씀드리면 저는 위원장님께, 류희림 방심위원장에 대해서는 불출석뿐만 아니고 위증에 대한 고발도 반드시 필요하다고 생각합니다.

저는 이 민원사주 사건이 만약에 2020년 충격적인 고발사주 사건이 제대로 진상 규명이 됐다면 윤석열 정권에서 민원을 사주하는 일이 있었을까 이런 생각이 듭니다.

우리 기억을 잠시 되돌려 보면 윤석열 검찰총장, 피해자가 3명을 적시했습니다, 윤석열, 김건희, 한동훈. 그러면서 당시 유시민 작가를 비롯한 십수 명의 당시 여당 인사들—지금 야당 인사들이지요—고발을 사주합니다. 공수처 수사에 의해서 현직 검사가 징역형을 받았습니다. 그때 우리 국민들이 참 충격을 많이 받았습니다, 어떻게 검찰총장이 검사들을 사적으로 이용해서 고발을 사주할까.

류희림 위원장, 윤석열 정권에서 정말 파렴치한 사람입니다. 그렇지 않습니까? 가족들을 동원해서 민원을 사주했습니다. 그러고도 끝까지 국회에 나와서 수차례 위증을 했습니다. 그런데 이게 드러났어요, 부하 직원에 의해서. 양심선언이 있었습니다.

저는 여기서 우리가 국회 차원도 그렇고 수사기관, 지금까지 경찰이 수사를 했습니까, 1년이 넘도록? 수사가 명명백백하게 이루어져야 되고, 앞으로 어떠한 정권에서도 이런 말도 안 되는 고발사주, 민원사주 사건들이 나오지 않도록 하기 위해서는 정권의 유무, 보수정권·진보정권을 떠나서 이런 일들은 일벌백계해야 됩니다. 우리 위원회 차원에서 류희림 위원장은 고발해야 됩니다.

○**위원장 최민희** 답변드리면 류희림 위원장은 이미 2025년 1월 16일 위증 등과 관련하여 고발되어 있는 상태입니다. 저희가 살펴보았는데 그 이후에는 위원회에 안 나온 것 같습니다. 그래서 증인의 신분으로 나온 적이 없기 때문에 추가 고발이 필요하지 않습니다.

○**최형두 위원** 위원장님, 제가……

○**노종면 위원** 이건 사실관계 명확한데 빨리 진행해 주시지요.

○**위원장 최민희** 간사님께 2분 드리겠습니다.

○**최형두 위원** 반대 입장을 분명히 다시 밝힙니다.

그리고 지금 민원사주라는 이 프레임조차도 잘못된 이야기입니다. 더 중요한 것은 그 민원을 했던 사람의 개인 신분을 누가 어떻게 그렇게 해 가지고 다 공개를 합니까? 그렇게 할 경우에 앞으로 방심위에서 어떤 방송에 대해서 어떤 분야에 대해서 민원을 넣어서 이 분야를 심의하게 하려는 다른 사람을 모조리 살펴보고 있다라는 무서운 교훈을 주는 셈인데 이런 문제에 대해서도, 지금 경찰이 조사를 하고 있습니다만 이런 문제의 심각성도 봐야 됩니다.

그리고 지금 우리가 더 중요한 것이 방송심의위원회의 역할이 무엇이냐, 어느 방송사는 스스로가 사과한 문제를 어느 방송사는 아직도 고집을 피우고 사과도 하지 않고 고칠 생각도 하지 않고 있습니다. 방송심의위원회가 이런 문제에 대해서는 빨리 결론을 내려야 된다고 생각을 합니다.

그런데 지금 이 사안이 마치 꼬리가 몸통을 흔들듯이 이렇게 되어 가지고 방심위 자체가 이런 심의 자체를 못 하게 하는 기능이 있다는 것을 우리 잘 알고 있지 않습니까.

그래서 저는 오늘 이 문제에 대해서는 방송심의위원장도 분명히 출석해서 답변해야 된다고 생각을 합니다. 그러나 이것을 연거푸 국회가 고발하는 조건으로, 불출석을 고발의 방법을 통해서 국회가 거기에 자꾸 무슨 형사적인 책임을 묻는 방식으로 하는 것은 바람직하지 않다고 생각합니다.

그래서 이 문제는 추후에 저희들이 소위건 아니면 별도의 회의를 통해서 충분히 따지더라도 오늘 국회가 특정인에 대해서 계속적으로 보복하듯이 그래서 어떤 프레임을 강요하듯이 이렇게 고발하는 것은 적절치 않다 생각하고 저희 당 전체는 반대합니다.

○**위원장 최민희** 관련 인용 보도에 대해서 이미 방심위가 결론을 내렸습니다. 그래서 방심위 역사상 없는 수천만 원의 과징금을 때렸고 그에 대하여 방송사들이 불복해서 지금 재판이 진행되고 있습니다. 방심위는 이미 결론을 내렸습니다.

그리고 그 과정에 대하여 위원님들 입장이 다르시겠지요. 저는 매우매우 위법한 결정들이 진행됐다고 생각하는 쪽입니다.

황정아 위원님 말씀하십시오.

○**황정아 위원** 윤석열 정권 3년 동안에 정의는 무너지고 공정은 왜곡되고 상식은 사라졌습니다. 거짓말을 뻔뻔스럽게 늘어놓으면서 윤석열, 김건희를 뒷배로 호가호위하던 자들은 승승장구하고 양심에 따라서 직무를 수행하던 사람들은 핍박받고 구속되고 좌천당

했습니다.

'진술이나 서면답변에 거짓이 있으면 위증의 벌을 받기로 맹서합니다', 지난해 6월 25일 류희림 증인의 증인 선서입니다. 그날에만 위증이 수도 없이 나왔습니다.

영상 한번 보시겠습니다.

(영상자료 상영)

아무런 잘못도 없다면 왜 자기는 민원사주를 보고받은 적이 없다고 거짓말을 했겠습니까. 왜 위증을 종용했겠습니까. 민원사주가 이해충돌에 해당됨을 본인도 명명백백하게 알고 있었기 때문에 미꾸라지처럼 피해 가기 위해서 온갖 협잡을 부린 것입니다.

윤석열과 김건희를 위한 땡윤·땡건 뉴스를 만들기 위해서 거짓의 탑을 쌓아서 국민을 기만하고 괴기스러운 방심위를 만든 파렴치하고 철면피스러운 자를 가만두어서는 안 됩니다. 망상병처럼 극우의 레토릭만 반복하며 자신의 잘못을 모두 부하에게 떠넘기는 한없이 가볍디 가벼운 대통령 윤석열에만 충성하며 법을 조롱하고……

(발언시간 초과로 마이크 중단)

──────────────────────────────

(마이크 중단 이후 계속 발언한 부분)

법치를 우롱하고 자유민주주의를 통째로 무너뜨리는 그 위헌 세력에게 단 한 줌의 관용도 베풀어서는 안 됩니다.

증인 불출석 건은 물론이고 위증으로도 고발 필요합니다.

이상입니다.

──────────────────────────────

○**위원장 최민희** 더 이상 의견 들어 봐야 소용이 없기 때문에 토론을 종결하고 표결에 부치도록 하겠습니다.

표결 방법은 거수로 하도록 하겠습니다.

○**박정훈 위원** 위원장님, 준비해 온 게 있으시니까 들어 보시지요. 아니, 이쪽은 많이 하셨잖아요, 저희는 한 분밖에 안 하셨고.

○**위원장 최민희** 아니요, 간사님이 너무 많이 하셨습니다.

일단 의결하고 그다음에 기회 드리겠습니다.

현안질의 불출석 증인 고발의 건에 대해서 이의가 있으므로 표결에 부치도록 하겠습니다.

표결 방법은 거수로 하도록 하겠습니다.

○**최형두 위원** 저희들은 전부 반대합니다. 퇴장하겠습니다.

○**위원장 최민희** 현안질의 불출석 증인 고발의 건을 찬성하시는 위원님 거수해 주시기 바랍니다.

(거수 표결)

○**최형두 위원** 반대합니다. 우리 전부 전원 퇴장합니다.

○**위원장 최민희** 몇 명입니까?

반대하시는 위원님 거수해 주시기 바랍니다.

(일부 위원 퇴장)

그러면 어떻게 해야 됩니까? 반대하시는 위원님 안 계십니까?

결과를 말씀드리겠습니다.

표결 결과 찬성 12명으로 가결되었음을 선포합니다.

불출석 증인 고발과 관련한 고발장 작성 등은 위원장에게 위임하여 주시기 바랍니다.

위원님 여러분께 양해말씀 드립니다.

당초 오늘 회의 안건에는 없었지만 노종면 위원께서 의사일정과 관련하여 하실 말씀이 있다고 하십니다.

노종면 위원님 말씀하십시오.

○**노종면 위원** 류희림 위원장과 관련된 얘기들을 쭉 하는 과정이어서 간단히 말씀드려도 될 것 같습니다.

류희림 위원장은 가족과 지인을 동원해서 민원을 넣었고 또 민원을 직접 심의했다는 의혹에 대해서 한결같이 이곳 상임위에 출석해 부인해 왔습니다. 심지어 보고 자료와 보고 사실이 기록된 메시지 증거가 나와 있는데도 쌍둥이 동생 민원에 관한 건까지 보고받지 않았다고 주장해 왔습니다.

그런데 지난 3월 5일 바로 이곳 과방위 현안질의에서 장경식 전 단장의 양심선언 고백이 나왔습니다. 2023년 9월 14일 류희림 위원장에게 쌍둥이 동생과 관련된 민원을 보고했다, 그간 권익위 조사에서 위원장에게 보고한 적이 없다고 거짓으로 진술하고 난 뒤에 류희림으로부터 고맙다, 잘 챙겨 주겠다 이런 말을 들었다는 고백까지 했습니다. 지금까지 민원사주와 관련된 의혹을 부인해 왔던 류희림의 모든 진술, 증언이 거짓인 것으로 판명되는 순간이었습니다.

이제 류희림의 민원사주 의혹은 더 짙어졌고 사실상 범죄로 확인되고 있습니다. 류희림이 사적 이해관계자의 민원을 알고도 심의하면서 이해충돌방지 의무를 위반했다는 사실까지 드러났습니다. 또 이런 사실을 숨기기 위해서 국회 등에서 수십 차례 위증을 한 것도 모자라 직원들에게 위증을 교사하기도 했습니다.

그런데도 장장 6개월에 걸친 방심위 내부감사를 했지요. 그러나 방심위는 불법 여부를 확인할 수 없다는 결론으로 류희림 위원장에게 면죄부를 줬습니다. 뿐만 아니라 류희림은 오히려 공익신고자를 색출하려는 목적으로 수사를 의뢰하고 또 비판의 목소리를 내는 직원에게 인사상 불이익을 주면서 사실상 보복행위를 자행해 왔습니다. 류희림은 명백하게 방심위의 공정성과 공공성을 훼손했습니다. 여야를 막론하고 우리 과방위 차원에서 엄정하게 대응해야 합니다.

따라서 저는 최민희 위원장님께 그리고 여야 과방위원님들께 류희림의 사퇴를 촉구하는 결의안 그리고 류희림의 민원사주 또 은폐 의혹 전반에 대한 감사원 감사요구안을 의사일정에 추가해서 오늘 국회 과방위 명의로 의결해 주실 것을 요청드립니다.

이상입니다.

---

o **의사일정 변경동의의 건**

(11시52분)

○**위원장 최민희** 이에 대해 찬성하시는 위원님 계십니까?

(「찬성합니다」 하는 위원 있음)

찬성하시는 위원이 계시므로 의사일정 변경동의의 건은 의제로서 성립이 되었습니다.

국회법 제77조에 의하면 의사일정의 순서를 변경하거나 안건을 추가하는 동의의 경우에 대해서는 토론을 하지 않고 표결하도록 규정하고 있습니다. 이에 따라서 방송통신심의위원회 위원장(류희림)의 민원사주와 은폐 의혹과 관련한 감사원에 대한 감사요구안과 방송통신심의위원회 위원장 사퇴 촉구 결의안을 의사일정에 추가할 것인지의 여부에 대하여 표결하도록 하겠습니다.

의사일정 추가에 찬성하시는 위원님 손을 들어 주시기 바랍니다.

(거수 표결)

표결 결과를 말씀드리겠습니다.

재석 위원 12명 중 찬성 12명으로 가결되었음을 선포합니다.

---

3. 방송통신심의위원회 위원장(류희림)의 민원사주와 은폐 의혹과 관련한 감사원에 대한 감사요구안(위원회안)

4. 방송통신심의위원회 위원장(류희림) 사퇴 촉구 결의안(위원회안)

○**위원장 최민희** 방송통신심의위원회 위원장의 민원사주와 은폐 의혹과 관련한 감사원에 대한 감사요구안과 방송통신심의위원회 위원장 사퇴 촉구 결의안 이상 2건의 안건을 상정합니다.

자세한 내용은 배부해 드린 자료를 참고해 주시기 바라며 이 두 안건에 대하여 의견 있으신 위원님 말씀해 주시기 바랍니다.

(「없습니다」 하는 위원 있음)

더 이상 의견이 없으시므로 의결하도록 하겠습니다.

의사일정으로 추가된 방송통신심의위원회 위원장(류희림)의 민원사주와 은폐 의혹과 관련한 감사원에 대한 감사요구안에 대해 의결하고자 합니다.

이의 있으신 위원님 계십니까?

(「없습니다」 하는 위원 있음)

가결되었음을 선포합니다.

다음 의사일정으로 추가된 방송통신심의위원회 위원장 사퇴 촉구 결의안을 우리 위원회안으로 본회의에 부의하고자 하는데 이의 있으신 위원님 계십니까?

(「없습니다」 하는 위원 있음)

가결되었음을 선포합니다.

오늘 의결한 감사요구안과 결의안의 체계·자구 등 기타 정리가 필요한 사항은 위원장에게 위임해 주시기 바랍니다.

류희림 위원장에 대한 옹호는 그게 누구라도 있을 수 없는 일입니다. 국회에 불출석한 것뿐만 아니라 그동안에 류희림 위원장을 옹호해 왔던 방심위 간부가 이 자리에 나와서 류희림 위원장의 위증과 이해충돌 의혹을 폭로하지 않았습니까? 이것까지 옹호하는 건 정말 이해할 수 없다고 생각합니다.

오늘 준비한 안건을 모두 마무리하였습니다.

아까 약속드린 대로 고 오요안나 님과 관련하여서는 위원장이 유족들과 관계자들을 접촉해서 그 사실을 위원님 여러분께 보고하도록 하겠습니다.

위원 여러분 수고 많으셨습니다.

이것으로 오늘 회의를 마치겠습니다.

산회를 선포합니다.

(11시55분 산회)

○**출석 위원(18인)**

　김우영　김장겸　김 현　노종면　박민규　박정훈　신성범　이상휘　이정헌　이해민
　이훈기　정동영　조인철　최민희　최수진　최형두　한민수　황정아

○**출장 위원(1인)**

　박충권

○**청가 위원(1인)**

　이준석

○**출석 전문위원 및 입법심의관**

　수석전문위원　이복우

　전문위원　임명현

　입법심의관　정석배

○**정부측 및 기타 참석자**

　과학기술정보통신부

　　장관　유상임

　　제1차관　이창윤

　　제2차관　강도현

　　과학기술혁신본부장　류광준

　　연구개발정책실장　황판식

　　네트워크정책실장　류제명

　　과학기술혁신조정관　임요업

　　정책기획관　전영수

　　국제협력관　황성훈

　　기초원천연구정책관　김성수

　　정보통신정책관　엄열

　　소프트웨어정책관　황규철

　　정보통신산업정책관　박태완

　　정보보호네트워크정책관　최우혁

　　통신정책관　이도규

　　전파정책국장　김남철

　　과학기술정책국장　강상욱

　　규제개혁법무담당관　이기선

【보고사항】

○**의안 회부**

원자력안전법 일부개정법률안

(2025. 3. 4. 윤준병 의원 대표발의)(의안번호 2208619)

방송통신위원회의 설치 및 운영에 관한 법률 일부개정법률안

(2025. 3. 4. 이훈기 의원 대표발의)(의안번호 2208622)

　　이상 2건 3월 5일 회부됨

전기통신사업법 일부개정법률안

(2025. 3. 5. 이수진 의원 대표발의)(의안번호 2208648)

　　3월 6일 회부됨

○관련의안 회부

특례시 지원에 관한 특별법안

(2025. 3. 4. 권칠승 의원 대표발의)(의안번호 2208627)

　　3월 5일 의견제시기간을 소관위원회의 심사의결일 전일까지로 정하여 회부됨

방송통신심의위원회 위원장(류희림) 사퇴 촉구 결의안

의 안 번 호	8819

제안연월일 : 2025. 3.

제 안 자 : 과학기술정보방송통신위원장

주 문

방송통신심의위원회 위원장 류희림은 민원사주 의혹과 관련하여 이해충돌방지 의무를 위반하고, 본인의 위법사실을 감추려는 목적으로 국회 과학기술정보방송통신위원회 회의 등에서 여러 차례 명백한 거짓 증언을 하였을 뿐만 아니라, 본인의 지위와 권한을 악용해 직원들에 대한 위증 교사 및 부실한 내부감사와 보복인사 등을 통해 방송통신심의위원회의 공공성과 공정성을 훼손하였는바, 이에 대한민국 국회는 방송통신심의위원회의 정상화를 위해 다음과 같이 결의한다.

1. 대한민국 국회는 방송통신심의위원회 위원장 류희림이 본인의 불법행위를 은폐하기 위해 국회에서 반복적으로 위증을 하고 내부 구성원들에게 회유, 보복을 자행해 왔다는 점에서 류희림의 즉각적인 사퇴를 촉구한다.

2. 대한민국 국회는 류희림의 민원사주 및 은폐 의혹 등과 관련해 국민권익위원회와 경찰의 엄정하고 신속한 재조사 및 수사를 촉구한다.

제안이유

방송통신심의위원회는 방송 내용의 공공성 및 공정성을 보장하고 정보통신에서의 건전한 문화 창달과 올바른 이용환경 조성을 위하여 설립된 독립기관으로서, 방송통신심의위원회 위원장은 기관의 설립 목적과 취지를 앞장서 준수해야 할 책무가 있음.

이와 관련하여 2023년 9월경 방송통신심의위원회에 특정 보도에 대한 다수의 민원이 제기되었는바, 해당 민원에서는 서로 내용이 유사하거나, 심지어 오타까지 똑같은 사례가 발견되었고, 상당수의 민원인이 방송통신심의위원회 위원장 류희림의 사적이해관계자 등이라는 사실이 드러나면서 류희림이 민원을 사주한 것 아니냐는 의혹이 제기되어 왔음.

류희림은 이러한 민원사주 의혹에 대해 전면 부인하며, 본인은 민원인의 정보에 대해 일체 보고받지 않았기 때문에 민원인의 정보, 본인과의 관계를 전혀 알 수 없었다고 주장함.

하지만 2025년 3월 5일 열린 국회 과학기술정보방송통신위원회 현안질의에서 방송통신심의위원회 간부는 2023년 9월 14일 류희림에게 '쌍둥이 동생 민원'을 보고했다고 밝힘.

2023년 9월 14일 방송통신심의위원회 간부가 보고한 내용의 핵심은 류희림의 쌍둥이 동생이 2023년 9월 5일 제기한 민원이 방송통신심의위원회 방송소위의 안건으로 상정될 예정인바, 이해충돌 방지를 위해 류희림이 이를 심의해선 안 된다는 것임.

류희림은 해당 내용을 보고받은 후로도 최소 7차례에 걸친 방송소위 및 전체회의에 참석하여 사적이해관계자 등이 제기한 민원을 직접 심의하였고, 이는 「방송통신위원회 설치 및 운영에 관한 법률」, 「공직자의 이해충돌 방지법」 등에 규정된 이해충돌방지 의무를 위반한 것임.

뿐만 아니라 류희림은 본인의 위법사실을 감추려는 목적으로 국회 과학기술정보방송통신위원회 회의 등에서 사적이해관계자 등의 민원 제기 관련 내용을 보고받은 적이 없다고 수십 차례 주장한 바, 이 역시 명백한 거짓 증언이라는 사실이 드러남.

한편 방송통신심의위원회 간부는 류희림의 부패신고(이해충돌방지법 위반 및 행동강령 위반)와 관련한 국민권익위원회 조사에서 '위원장에게 보고한 적이 없다'고 거짓으로 진술하고 난 후 류희림으로부터 "고맙다", "잘 챙겨주겠다"는 말을 들었으며 이후 수차례에 걸친 국회 과학기술정보방송통신위원회 회의에서도 '보고한 적이 없다'는 거짓 진술을 했다고 증언함. 이는 류희림이 본인의 지위와 권한을 악용해 위증을 교사했다는 사실을 보여줌.

사실관계가 이러함에도 방송통신심의위원회는 2024년 7월부터 2025년 1월까지 6개월에 걸쳐 류희림의 민원사주 의혹 등에 대한 감사를 진행하였으나 '불법 여부를 확인할 수 없다'는 결과를 도출해 류희림에게 면죄부를 줌으로써 부실 감사 의혹이 제기되고 있음.

또한 류희림은 2023년 12월 공익신고자 색출을 목적으로 수사를 의뢰하고, 본인의 위법사실에 대한 의혹 등을 제기해온 직원들에게 인사상 불이익을 주는 등 사실상의 보복 행위를 자행해 왔음.

이에 대한민국 국회는 류희림이 민원사주 의혹, 이해충돌방지 의무 위반 등으로 방송통신심의위원회의 공공성과 공정성을 훼손하였고, 본인의 불법행위를 은폐하기 위해 국회에서 반복적으로 위증을 하며 내부 구성원들에게 회유, 보복을 자행해 왔다는 점에서 류희림의 즉각적인 사퇴를 촉구하기로 결의함.

아울러 류희림의 민원사주 및 은폐 의혹 등과 관련해 국민권익위원회와 경찰의 엄정하고 신속한 재조사 및 수사를 촉구함.

방송통신심의위원회 위원장(류희림)의 민원사주와 은폐 의혹과 관련한 감사원에 대한 감사요구안

의 안 번 호	8820

발의연월일 : 2025. 3.

제 안 자 : 과학기술정보방송통신위원장

주   문

「국회법」 제127조의2에 따라 감사원에 대하여 다음 사항에 대한 감사를 요구한다.

1. 방송통신심의위원회 위원장 류희림이 가족과 지인들(이하 '사적이해관계자 등'이라 함)을 이용하여 민원을 사주하였다는 의혹에 대한 감사

2. 방송통신심의위원회 위원장 류희림이 사적이해관계자 등의 민원을 인지하고도 이를 직접 심의하여 「방송통신위원회의 설치 및 운영에 관한 법률」, 「공직자의 이해충돌 방지법」 등을 위반한 사실에 대한 감사

3. 방송통신심의위원회 위원장 류희림이 민원사주 및 이해충돌방지 의무 위반 사실을 숨기기 위해 국회 등에서 수십 차례 거짓 증언을 반복하고, 방송통신심의위원회 간부 등에게 위증을 교사한 사실에 대한 감사

4. 방송통신심의위원회가 방송통신심의위원회 위원장 류희림의 민원사
   주 의혹 등에 대한 감사를 부실하게 진행한 의혹에 대한 감사

5. 방송통신심의위원회 위원장 류희림이 공익신고자 색출을 목적으로
   수사를 의뢰하고, 본인의 위법사실에 대한 의혹 등을 제기해온 직
   원들에게 인사상 불이익을 주는 등 사실상의 보복 행위를 자행한
   과정에 대한 감사

제안이유

1. 방송통신심의위원회 위원장 류희림이 가족과 지인들(이하 '사적이해
   관계자 등'이라 함)을 이용하여 민원을 사주하였다는 의혹에 대한
   감사

2023년 9월경 방송통신심의위원회에 특정 보도에 대한 다수의 민원이
제기됨. 해당 민원에서는 서로 내용이 유사하거나, 심지어 오타까지
똑같은 사례가 발견되었고, 상당수의 민원인이 류희림의 사적이해관계
자 등이라는 사실이 드러나면서 류희림이 민원을 사주한 것 아니냐는
의혹이 제기되고 있으므로 이에 대한 감사가 필요함.

2. 방송통신심의위원회 위원장 류희림이 사적이해관계자 등의 민원을
   인지하고도 이를 직접 심의하여 「방송통신위원회의 설치 및 운영

에 관한 법률」, 「공직자의 이해충돌 방지법」 등을 위반한 사실에 대한 감사

2025년 3월 5일 열린 국회 과학기술정보방송통신위원회 현안질의에서 방송통신심의위원회 간부는 2023년 9월 14일 방송통신심의위원회 위원장 류희림에게 '쌍둥이 동생 민원'을 보고했다고 밝힘.

2023년 9월 14일 방송통신심의위원회 간부가 보고한 내용의 핵심은 류희림의 쌍둥이 동생이 2023년 9월 5일 제기한 민원이 방송통신심의위원회 방송소위의 안건으로 상정될 예정인 바, 이해충돌 방지를 위해 류희림이 이를 심의해선 안 된다는 것임.

하지만 류희림은 해당 내용을 보고받은 후로도 최소 7차례에 걸친 방송소위 및 전체회의에 참석하여 사적이해관계자 등이 제기한 민원을 직접 심의하였고, 이는 「방송통신위원회의 설치 및 운영에 관한 법률」, 「공직자의 이해충돌 방지법」 등에 규정된 이해충돌방지 의무를 위반한 것이므로 이에 대한 감사가 필요함.

3. 방송통신심의위원회 위원장 류희림이 민원사주 및 이해충돌방지 의무 위반 사실을 숨기기 위해 국회 등에서 수십 차례 거짓 증언을 반복하고, 방송통신심의위원회 간부 등에게 위증을 교사한 사실에

대한 감사

류희림은 본인의 위법사실을 감추려는 목적으로 국회 과학기술정보방송통신위원회 회의 등에서 사적이해관계자 등의 민원 제기 관련 내용을 보고받은 적이 없다고 수십 차례 주장하였으나 이 역시 명백한 거짓 증언이라는 사실이 드러남.

한편 방송통신심의위원회 간부는 류희림의 부패신고(「공직자의 이해충돌 방지법」 위반 및 공무원 행동강령 위반)와 관련한 국민권익위원회 조사에서 "위원장에게 보고한 적이 없다"고 거짓으로 진술하고 난 후 류희림으로부터 "고맙다", "잘 챙겨주겠다"는 말을 들었으며, 이후 수차례에 걸친 국회 과학기술정보방송통신위원회 회의에서도 "보고한 적이 없다"는 거짓 진술을 했다고 증언함. 이는 류희림이 본인의 지위와 권한을 악용해 위증을 교사했다는 사실을 보여주는 것이므로 류희림의 위증 및 위증교사에 대한 감사가 필요함.

4. 방송통신심의위원회가 방송통신심의위원회 위원장 류희림의 민원사주 의혹 등에 대한 감사를 부실하게 진행한 의혹에 대한 감사

위와 같은 사실관계에도 불구하고 방송통신심의위원회는 2024년 7월부터 2025년 1월까지 6개월에 걸쳐 류희림의 민원사주 의혹 등에 대

한 감사를 진행하였으나 '불법 여부를 확인할 수 없다'는 결과를 도출해 류희림에게 면죄부를 줌으로써 부실 감사 의혹이 제기되고 있으므로 이에 대한 감사가 필요함.

5. 방송통신심의위원회 위원장 류희림이 공익신고자 색출을 목적으로 수사를 의뢰하고, 본인의 위법사실에 대한 의혹 등을 제기해온 직원들에게 인사상 불이익을 주는 등 사실상의 보복 행위를 자행한 과정에 대한 감사

2023년 12월 류희림은 민원사주 의혹 등을 감추고, 공익신고자를 색출하기 위한 목적으로 서울남부지검에 수사를 의뢰하였음. 또한 민원사주 등 불법행위에 대한 의혹을 제기하고, 가짜뉴스 심의 추진 등과 관련해 비판적 의견을 표명한 직원들에게 인사상 불이익을 주는 등 사실상의 보복 행위를 자행하였으므로 이에 대한 감사가 필요함.

법원의 구속 취소와 검찰의 항고 포기로 대한민국 법치의 근간이 흔들리고 있습니다. 법원과 검찰 내부에서조차 그 근거를 따져 물으며 혼란스러워하고 있습니다. 범죄인 가족들이 활동하는 '옥바라지 카페' 등에선 윤석열의 사례를 이용해 구속 취소를 주장하자는 글까지 올라오고 있습니다. 법원의 판결은 차치하고 검찰은 불과 2년여 전 법원이 구속 취소를 결정하자 즉시 항고권을 행사했습니다. 그때는 맞고, 지금은 틀린 이유가 무엇입니까? 윤석열은 내란 수괴가 되어도 검찰의 성역입니까? 과연 윤석열이 아니었더라도 검찰이 이 같은 무리수를 두었을 것으로 믿는 국민은 없습니다. 검찰이 앞으로 윤석열의 공소 유지를 제대로 할 수 있을지도 의문스럽습니다. 내란공범 검찰총장 등의 입김에서 벗어난 독립적인 특검 도입이 필요하다는 것이 명확히 확인되었습니다. 최상목 권한대행은 더 이상 미루지 말고 즉시 내란 특검을 추천하십시오. 독립적인 내란 특검만이 내란 세력에게 제대로 책임을 물을 수 있습니다.

– 더불어민주당 원내대변인 윤종군, 3월 11일 서면브리핑

외교통일위원회회의록
(임시회의록)

국 회 사 무 처

일 시 2025년3월11일(화)

장 소 외교통일위원회회의실

의사일정

1. 국제개발협력기본법 일부개정법률안(권칠승 의원 대표발의)(의안번호 2204968)
2. 국제개발협력기본법 일부개정법률안(민형배의원 대표발의)(의안번호 2206598)
3. 국제개발협력기본법 일부개정법률안(대안)
4. 여권법 일부개정법률안(김성원 의원 대표발의)(의안번호 2206578)
5. 2012년 12월 11일 서울에서 서명된 대한민국 정부와 키르기즈공화국 정부 간의 소득과 자본에 대한 조세의 이중과세 방지와 탈세 예방을 위한 협정을 개정하는 의정서 비준동의안 (의안번호 2207717)
6. 대한민국 정부와 바레인왕국 정부 간의 투자의 증진 및 보호를 위한 협정 비준동의안(의안번호 2207714)
7. 대한민국과 안도라공국 간의 소득에 대한 조세의 이중과세 방지와 탈세 및 조세 회피의 예방을 위한 협약 비준동의안(의안번호 2207713)
8. 해양법에 관한 국제연합협약에 따른 국가관할권 이원지역의 해양생물다양성 보전 및 지속가능한 이용에 대한 협정 비준동의안(의안번호 2208169)
9. 굳건한 한미동맹 관계 지속발전 지지 결의안(김건 의원 등 108인 발의)(의안번호 2207927)
10. 한반도 평화를 위한 한미동맹 지지 결의안(김병주 의원 등 82인 발의)(의안번호 2207678)
11. 한미동맹 지지 결의안(대안)
12. 북한이탈주민의 보호 및 정착지원에 관한 법률 일부개정법률안(김건의원 대표발의)(의안번호 2205836)
13. 북한이탈주민의 보호 및 정착지원에 관한 법률 일부개정법률안(박충권의원 대표발의)(의안번호 2206182)
14. 북한이탈주민의 보호 및 정착지원에 관한 법률 일부개정법률안(한정애의원 대표발의)(의안번호 2205603)
15. 북한이탈주민의 보호 및 정착지원에 관한 법률 일부개정법률안(대안)
16. 재외동포기본법 일부개정법률안(김건 의원 대표발의)(의안번호 2206354)
17. 재외동포기본법 일부개정법률안(김기현 의원 대표발의)(의안번호 2206675)
18. 재외동포기본법 일부개정법률안(이용선의원 대표발의)(의안번호 2207462)
19. 재외동포기본법 일부개정법률안(대안)
20. 현안질의

상정된 안건

(14시02분 개의)

○**위원장 김석기**　의석을 정돈해 주시기 바랍니다.

성원이 되었으므로 제423회 국회(임시회) 제1차 외교통일위원회를 개의하겠습니다.

위원회로 회부된 의안 등 보고사항은 의석에 배부된 유인물을 참고하여 주시기 바랍니다.

(보고사항은 끝에 실음)

회의 진행에 앞서 안내말씀 드리겠습니다.

지난 2월 26일자로 유용원 위원님께서 우리 위원회의 위원으로 보임이 되셨다는 것을 지난 상임위 때 말씀을 드렸습니다마는 아직 유 위원님께서 인사말씀을 못 드렸는데 오늘 간단히 인사말씀을 듣도록 하겠습니다.

유용원 위원님 인사말씀해 주시기 바랍니다.

○유용원 위원 안녕하세요. 유용원입니다.

원래 지난번 회의 때 인사드렸었어야 됐는데 제가 해외출장 관계로 인사를 못 드렸습니다. 송구스럽다는 말씀 드리고요.

저는 그동안 국방 분야에서 주로 일해 왔기 때문에 외교통일 분야에는 문외한입니다. 앞으로 가르쳐 주시면 열심히 배우겠습니다. 잘 부탁드립니다.

감사합니다.

○위원장 김석기 감사합니다.

그리고 3월 21일로 예정된 2025년 APEC 정상회의 관련해서 외교통일위원회에서 경주 현장 방문 그 일정안을 각 위원님 자리에 배부를 해 드렸습니다. 경주 현장에서 준비 상황을 보고를 받으시고 정상회의장, 숙박시설, 만찬장 등주요 인프라 시설을 둘러볼 예정이니까 많은 위원님들의 관심과 참여를 부탁드립니다.

그리고 장원삼 한국국제협력단 이사장 및 김기환 한국국제교류재단 이사장께서 오늘 국외 출장을 이유로 불출석사유서를 제출해 왔습니다. 자세한 불출석 명단 및 상세 사유는 배부해 드린 유인물을 참고해 주시기 바랍니다.

오늘 회의에서는 지난 3월 6일 법안심사소위원회에서심사한 안건들을 먼저 의결을 하고 현안질의를 실시하도록 하겠습니다.

그러면 먼저 법안심사소위원회에서심사한 안건들을 의결하도록 하겠습니다.

---

1. **국제개발협력기본법 일부개정법률안**(권칠승 의원 대표발의)(의안번호 2204968)
2. **국제개발협력기본법 일부개정법률안**(민형배 의원 대표발의)(의안번호 2206598)
3. **국제개발협력기본법 일부개정법률안**(대안)
4. **여권법 일부개정법률안**(김성원 의원 대표발의)(의안번호 2206578)
5. **2012년 12월 11일 서울에서 서명된 대한민국 정부와 키르기즈공화국 정부 간의 소득과 자본에 대한 조세의 이중과세 방지와 탈세 예방을 위한 협정을 개정하는 의정서 비준동의안**(의안번호 2207717)
6. **대한민국 정부와 바레인왕국 정부 간의 투자의 증진 및 보호를 위한 협정 비준동의안**(의안번호 2207714)
7. **대한민국과 안도라공국 간의 소득에 대한 조세의 이중과세 방지와 탈세 및 조세 회피의 예방을 위한 협약 비준동의안**(의안번호 2207713)
8. **해양법에 관한 국제연합협약에 따른 국가관할권 이원지역의 해양생물다양성 보전 및 지속가능한 이용에 대한 협정 비준동의안**(의안번호 2208169)
9. **굳건한 한미동맹 관계 지속발전 지지 결의안**(김건 의원 등 108인 발의)(의안번호 2207927)
10. **한반도 평화를 위한 한미동맹 지지 결의안**(김병주 의원 등 82인 발의)(의안번호 2207678)
11. **한미동맹 지지 결의안**(대안)
12. **북한이탈주민의 보호 및 정착지원에 관한 법률 일부개정법률안**(김건 의원 대표발의)(의안번호 2205836)
13. **북한이탈주민의 보호 및 정착지원에 관한 법률 일부개정법률안**(박충권 의원 대표발의)

(14시04분)

○**위원장 김석기** 　의사일정 제1항 국제개발협력기본법 일부개정법률안부터 의사일정 제 19항 재외동포기본법 일부개정법률안(대안)까지 이상 19건을 일괄하여 상정합니다.

　김건 법안심사소위원장님 나오셔서 심사 결과를 보고해 주시기 바랍니다.

○**소위원장 김건** 　법안심사소위원회 김건 위원장입니다.

　우리 소위원회는 지난 3월 6일 소위원회를 열어 외교부 소관 18건의 법률안과 4건의 동의안, 7건의 결의안, 통일부 소관 33건의 법률안, 재외동포청 소관 3건의 법률안에 대해 심도 있는 심사를 실시하였습니다.

　그 결과 우리 소위원회가 의결한 외교부 소관 3건의 법률안, 4건의 동의안, 2건의 결의안, 통일부 소관의 3건의 법률안 및 재외동포청 소관의 3건의 법률안에 대하여 심사한 결과를 보고드리겠습니다.

　먼저 정부가 제출한 2012년 12월 11일 서울에서 서명된 대한민국 정부와 키르기즈공화국 정부 간의 소득과 자본에 대한 조세의 이중과세 방지와 탈세 예방을 위한 협정을 개정하는 의정서 비준동의안은 기존 협정을 개정하여 불합리한 과세에 대한 상호합의 절차의 신청 국가를 양 체약국으로 확대하고 양국의 정보교환 협조 의무를 강화하며 조세 회피 목적의 거래에 대해서는 협정에 따른 혜택이 부여되지 않도록 하려는 것으로 우리나라의 과세권 보호 및 납세자 권리 강화에 기여할 수 있는 것으로 기대되는 점 등을 고려하여 원안대로 의결하였습니다.

　다음, 정부가 제출한 대한민국 정부와 바레인왕국 정부 간의 투자의 증진 및 보호를 위한 협정 비준동의안은 우리나라와 바레인왕국 정부 간 투자의 증진 및 보호를 위한 제도적 기반을 마련함으로써 양국 간 경제협력을 강화하려는 것으로 바레인을 거점으로 우리 기업들의 중동 시장 진출 확대가 예상됨에 따라 바레인에 진출한 우리 기업들에 대한 보호가 강화될 필요가 있다는 점에서 원안대로 의결하였습니다.

　다음, 정부가 제출한 대한민국과 안도라공국 간의 소득에 대한 조세의 이중과세 방지와 탈세 및 조세 회피의 예방을 위한 협약 비준동의안은 우리나라와 안도라공국의 과세권 경합을 조정하고 조세 회피 목적의 거래에 대해서는 협약의 혜택을 부여하지 않도록 하는 것으로 양국 국민과 기업의 이중적인 조세 부담을 방지하여 양국 간의 경제 교류를 활성화하고 조세협력을 증진하는 데 기여할 수 있을 것으로 기대되므로 원안대로 의결하였습니다.

　다음, 정부가 제출한 해양법에 관한 국제연합협약에 따른 국가관할권 이원지역의 해양 생물다양성 보전 및 지속가능한 이용에 대한 협정 비준동의안은 국가관할권 이원지역의 해양유전자원 채집 및 관리에 대한 정보 공유와 이익 공유를 의무화하고 구역기반관리수단과 환경영향평가에 대하여 규정하며 개발도상국의 역량강화를 위하여 선진국이 해양기술 이전을 하도록 하는 것으로 해양유전자원의 이익을 공정하게 배분하고 해양생물다양성을 보호하며 해양자원의 지속가능한 이용과 국제협력 강화에 기여할 수 있을 것으로 기대되므로 원안대로 의결하였습니다.

다음, 김병주 의원이 대표발의한 한반도 평화를 위한 한미동맹 지지 결의안과 본 의원이 대표발의한 굳건한 한미동맹 관계 지속발전 지지 결의안, 2건은 이를 통합 조정한 위원회 대안을 제안하기로 하고 각각의 결의안은 본회의에 부의하지 아니하기로 의결하였습니다.

대안의 주요 내용을 말씀드리면 첫째, 한미동맹이 한반도 평화를 유지하는 기반이자 세계 평화와 번영의 핵심축임을 재확인함과 더불어 한미동맹 강화와 한반도 평화 협력에 대한 적극적 지지를 결의하고 둘째, 미국 도널드 트럼프 대통령의 취임과 신행정부 출범을 맞아 한미 간 모든 분야에서 굳건한 한미동맹 관계 발전을 위한 노력과 정책을 지지하는 한편 셋째, 한미 양국이 굳건한 한미동맹을 기반으로 국제사회의 평화와 안정을 위해 함께 노력할 것을 기대하고 넷째, 한미 양국 번영의 교량 역할을 해 온 재미 한인동포 사회의 기여를 높게 평가하려는 것입니다.

다음, 권칠승 의원과 민형배 의원이 각각 대표발의한 2건의 국제개발협력기본법 일부개정법률안은 이를 통합 조정한 위원회 대안을 제안하기로 하였으며 대안의 주요 내용은 첫째, 모든 인권 취약계층 인권 향상을 국제개발협력의 기본정신으로 하고 둘째, 매년 11월 25일을 국제개발협력의 날로 정하며 셋째, 국제개발협력위원회가 국제개발협력 통계 관련 전자정보시스템 운영 업무를 전문기관에 위탁할 수 있도록 하고 넷째, 국가와 지방자치단체가 국제개발협력에 기여한 공로가 현저한 자를 선정하여 포상할 수 있도록 하였습니다.

다음, 김성원 의원이 대표발의한 여권법 일부개정법률안은 18세 미만인 사람이 친권자의 소재불명, 수감 등 사유로 법정대리인의 동의를 받지 못하는 경우에 법정대리인 동의의 예외 조항을 신설하여 여권을 발급받을 수 있도록 함으로써 미성년자의 해외여행의 자유를 보장하려는 것으로 일부 자구를 수정하여 의결하였습니다.

다음 한정애 의원, 박충권 의원 그리고 본 의원이 각각 대표발의한 3건의 북한이탈주민의 보호 및 정착지원에 관한 법률 일부개정법률안은 이를 통합 조정한 위원회 대안을 제안하기로 하였으며 대안의 주요 내용은 첫째, 북한이탈주민에 대해 영농 정착지원 외에 영어·영림 정착지원도 제공하도록 하고 둘째, 통일부장관이 북한이탈주민의 보호 및 정착지원 업무에 종사하는 자를 대상으로 북한이탈주민 이해 증진과 효율적 업무 수행에 필요한 교육을 실시하도록 하며 셋째, 탈북 청소년이 다니는 학교에 지방자치단체가 보유하고 있는 공유재산을 대부·사용·수익뿐만 아니라 매각도 가능할 수 있도록 하였습니다.

다음 김기현 의원, 이용선 의원 그리고 본 의원이 각각 대표발의한 재외동포기본법 일부개정법률안 3건은 이를 통합 조정하여 우리 위원회 대안으로 제안하기로 하고 각각의 법률안은 본회의에 부의하지 아니하기로 의결하였습니다.

대안의 주요 내용을 말씀드리면 첫째, 재외동포 정책의 범위에 재외동포의 대한민국

정착지원 정책을 추가하고 재외동포 정책 시행계획에 대한 추진 실적과 자체 평가 결과의 제출 방식을 동일하게 하며 둘째, 재외동포협력센터의 명칭을 동포교류진흥원으로 변경하고 재외동포를 대상으로 하는 홍보 사업을 업무 범위에서 제외하였으며 셋째, 재외동포 정책 관련 사업을 실시하는 지방자치단체 또는 재외동포 단체에 내한 국고 보조에 관한 근거를 마련하는 한편 해외 소재 재외동포 관련 단체에 대해서는 보조금 관리를 위한 별도의 전자정보시스템을 사용할 수 있도록 하는 내용입니다.

보다 자세한 내용은 배부해 드린 유인물을 참조하여 주시고 아무쪼록 우리 소위원회에서 제안하고 심사보고드린 대로 의결하여 주시기 바랍니다.

감사합니다.

○**위원장 김석기** 수고하셨습니다.

안건 심사를 위해 수고해 주신 김건 법안심사소위원회 위원장님을 비롯한 법안심사소위원회 위원님들께 깊은 감사의 말씀을 드립니다.

그러면 법안심사소위원회의 심사보고에 대해서 혹시 질의나 의견이 있으신 분 있으십니까?

○**이재정 위원** 의견 하나만 드리겠습니다.

○**위원장 김석기** 이재정 위원님 말씀하십시오.

○**이재정 위원** 심사된 내용과 관련해서 결의안과 관련해서도 말씀드려도 되는 거지요?

○**위원장 김석기** 결의안은 아직 안 했지 않습니까?

○**이재정 위원** 결의안은 제외한 건가요? 그러면 법안만?

○**위원장 김석기** 지금 심사보고 결과 말씀드린 중에서……

○**이재정 위원** 그러면 좀 이따가 하겠습니다.

○**위원장 김석기** 그러면 심사보고에 대해서는……

○**김영배 위원** 결의안 포함해서 설명하신 거잖아요.

○**김건 위원** 한미동맹 지지 결의안은 있습니다.

○**위원장 김석기** 예.

이재정 위원님 하십시오.

○**이재정 위원** 소위에서 애써 주신 위원님들이 충분히 논의를 하셨고 또 그렇게 합의한 문구라는 점에서, 저도 법안소위 위원장도 해 본 입장에서 다른 방식의 이의 제기는 아닙니다마는 그래도 회의록에는 남길 필요가 있어서 말씀드립니다.

한미동맹 지지 결의안 내용 그다음 부분에, 4번에 '북한의 비핵화'라는 말이 있습니다. 맞습니다. 북한의 핵이 고도화되고 이 부분 비핵화 문제를 설시하는 방식은 맞지만 통상 국회 결의안에서는 '한반도 비핵화'라고 해서 우리 한반도의 평화 구축을 위한 궁극적 목표의 단어로서 거의 고유명사화 된 단어만을 사용했습니다. 아마 북한의 비핵화를 넣은 결의안으로서는 최초의 결의안이 될 것 같아서……

단어가 가지는 힘이라는 게 있고 이것에 어떤 의사를 가지고 있지 않았다 할지라도 이것이 또 어떻게 해석될 건지 등에 대한 우려를 고려한다면 이 논의가 충분히 이루어졌는지에 대한 우려가 있는 것은 사실입니다.

또한 제가 윤석열 정부의 것들을 충분히 살펴보지는 않았지만 문재인 정부하에서 한미 공히 공유한 문서에서는 미국 측도 북한의 비핵화라는 말 대신에 한반도 비핵화를 통해서 역내 평화 구축을 위한 노력을 분명히 하였다는 점에서 다소 단시한적인 표현이 아닌가, 큰 틀에서 한반도의 비핵화 그리고 역내 평화 구축을 위해서 노력해 오고 그 단어를 신중히 선택했던 기왕의 노력들에 대해서 제가 말씀드리고자 발언 요청을 드립니다.

이제 논의한 내용에 대해서는 충분히 숙고하신 뒤고 지금의 전체회의 과정에서 다른 논의가 불가능하다면 거기에 동의하겠습니다마는 이 부분에 대한 아쉬움이 있습니다.

○**위원장 김석기** 수고하셨습니다.

아마 그 부분은 법안심사소위원회 때 여야 위원님들의 심도 깊은 논의가 있었던 것으로 알고 있습니다.

이제 안건들을 의결할 차례입니다만 이에 앞서서 오늘 의결할 안건들 중에서 국제개발협력기본법 일부개정법률안(대안)등 안건들에 대해서 축조심사 및 비용추계 생략을 위한 의결을 하도록 하겠습니다.

먼저 의사일정 제3항, 제4항, 제15항 및 제19항의 일부개정법률안과 의사일정 제11항 등 안건들은 법안심사소위원회에서 조문별로 상세하게 심사하였으므로 국회법 제58조제5항에 따라 축조심사를 생략하고자 하는데 이의 없으십니까?

(「없습니다」 하는 위원 있음)

가결되었음을 선포합니다.

다음으로 국회법 제66조제3항 단서 및 제79조의2제3항 단서규정에 따라 예산상 또는 기금상의 조치를 수반하는 안건들에 대한 비용추계를 생략하고자 하는데 이의 없으십니까?

(「없습니다」 하는 위원 있음)

가결되었음을 선포합니다.

이제 안건들을 의결하도록 하겠습니다.

먼저 의사일정 제1항 및 제2항 등 2건의 국제개발협력기본법 일부개정법률안은 그 취지가 반영되었으므로 각각 본회의에 부의하지 아니하기로 하고 법안심사소위원회에서 제안한 바와 같이 의사일정 제3항의 대안을 우리 위원회안으로 제안하고자 하는데 이의 없으십니까?

(「예」 하는 위원 있음)

가결되었음을 선포합니다.

다음, 의사일정 제4항 여권법 일부개정법률안은 법안심사소위원회에서 보고한 바와 같이 수정 의결하고자 하는데 이의 없으십니까?

(「없습니다」 하는 위원 있음)

가결되었음을 선포합니다.

다음, 의사일정 제5항 2012년 12월 11일 서울에서 서명된 대한민국 정부와 키르기즈공화국 정부 간의 소득과 자본에 대한 조세의 이중과세 방지와 탈세 예방을 위한 협정을 개정하는 의정서 비준동의안은 원안대로 의결하고자 하는데 이의 없으십니까?

(「예」 하는 위원 있음)

가결되었음을 선포합니다.

다음, 의사일정 제6항 대한민국 정부와 바레인왕국 정부 간의 투자의 증진 및 보호를 위한 협정 비준동의안은 원안대로 의결하고자 하는데 이의 없으십니까?

(「예」 하는 위원 있음)

가결되었음을 선포합니다.

다음, 의사일정 제7항 대한민국과 안도라공국 간의 소득에 대한 조세의 이중과세 방지와 탈세 및 조세 회피의 예방을 위한 협약 비준동의안은 원안대로 의결하고자 하는데 이의 없으십니까?

(「예」 하는 위원 있음)

가결되었음을 선포합니다.

다음, 의사일정 제8항 해양법에 관한 국제연합협약에 따른 국가관할권 이원지역의 해양생물다양성 보전 및 지속가능한 이용에 대한 협정 비준동의안은 원안대로 의결하고자 하는데 이의 없으십니까?

(「없습니다」 하는 위원 있음)

가결되었음을 선포합니다.

다음, 의사일정 제9항 굳건한 한미동맹 관계 지속발전 지지 결의안 및 제10항 한반도 평화를 위한 한미동맹 지지 결의안은 그 취지가 반영되었으므로 각각 본회의에 부의하지 아니하기로 하고 법안심사소위원회에서 제안한 바와 같이 의사일정 제11항 한미동맹 지지 결의안(대안)을 우리 위원회안으로 제안하고자 하는데 이의 없으십니까?

(「예」 하는 위원 있음)

가결되었음을 선포합니다.

다음, 의사일정 제12항, 제13항 및 제14항 등 3건의 북한이탈주민의 보호 및 정착지원에 관한 법률 일부개정법률안은 그 취지가 반영되었으므로 각각 본회의에 부의하지 아니하기로 하고 법안심사소위원회에서제안한 바와 같이 의사일정 제15항의 대안을 우리 위원회안으로 제안하고자 하는데 이의 없으십니까?

(「없습니다」 하는 위원 있음)

가결되었음을 선포합니다.

마지막으로 의사일정 제16항, 제17항 및 제18항 등 3건의 재외동포기본법 일부개정법률안은 그 취지가 반영되었으므로 각각 본회의에 부의하지 아니하기로 하고 법안심사소위원회에서 제안한 바와 같이 의사일정 제19항의 대안을 우리 위원회안으로 제안하고자 하는데 이의 없으십니까?

(「예」 하는 위원 있음)

가결되었음을 선포합니다.

방금 의결한 안건들에 대한 체계·자구 정리 및 심사보고와 관련된 세부적인 사항은 위원장에게 위임하여 주시기 바랍니다.

오늘 의결한 법률안 등 안건들과 관련하여 정부 측 인사말씀을 듣겠습니다.

먼저 조태열 장관 나오셔서 인사말씀해 주시기 바랍니다.

○**외교부장관 조태열** 존경하는 김석기 위원장님 그리고 외교통일위원회 위원님 여러분!

오늘 2012년 12월 11일 서울에서 서명된 대한민국 정부와 키르기즈공화국 정부 간의 소득과 자본에 대한 조세의 이중과세 방지와 탈세 예방을 위한 협정을 개정하는 의정서 비준동의안 등 외교부 소관 의안 4건을 의결해 주신 데 대해 감사드립니다.

2012년 12월 11일 서울에서 서명된 대한민국 정부와 키르기즈공화국 정부 간의 소득과 자본에 대한 조세의 이중과세 방지와 탈세 예방을 위한 협정을 개정하는 의정서 비준을 통해 키르기스스탄과의 조세 협력을 위한 법적 기반이 재정비되고 양국 간 조세 회피 방지를 위한 협력이 증진되어 인적·물적 교류도 더욱 활성화될 것으로 기대됩니다.

또한 대한민국 정부와 바레인왕국 정부 간의 투자의 증진 및 보호를 위한 협정 비준은 바레인에 진출하는 우리 국민과 기업에 대한 투자 보호와 양국 간 경제 교류 및 협력 강화에도 기여할 것으로 보입니다.

대한민국과 안도라공국 간의 소득에 대한 조세의 이중과세 방지와 탈세 및 조세 회피의 예방을 위한 협약 비준을 통해서는 안도라에 진출하는 우리 국민과 기업의 조세 부담 경감 및 양국 간 경제협력 관계 증진을 위한 법적 기반 정비에 따른 인적·물적 교류 활성화가 기대됩니다.

해양법에 관한 국제연합협약에 따른 국가관할권 이원지역의 해양생물다양성 보전 및 지속가능한 이용에 대한 협정 비준은 공해 생물다양성 보호 및 활용 논의에 대한 우리의 주도적 참여를 통한 국익 보호, 나아가 국제규범 형성을 선도하는 국가로서 우리나라의 위상을 제고하는 데 기여할 것으로 보입니다.

여타 의원 발의로 통과된 외교부 소관 국제개발협력기본법 일부개정법률안과 여권법 일부개정법률안, 한미동맹 지지 결의안도 국회가 추진한 취지에 맞게 차질 없이 이행될 수 있도록 준비하겠습니다.

끝으로 이번 동의안을 심사해 주신 김건 법안소위 위원장님과 소위원님들의 노고에 감사드립니다.

아울러 오늘 외교부 소관 안건을 심사 의결해 주신 외통위원장님과 위원님들께도 다시 한번 감사의 말씀을 드립니다.

감사합니다.

○**위원장 김석기** 수고하셨습니다.

다음은 김영호 통일부장관님 나오셔서 인사말씀해 주시기 바랍니다.

○**통일부장관 김영호** 존경하는 김석기 위원장님 그리고 외교통일위원회 위원님 여러분!

오늘 김건 의원님, 박충권 의원님, 한정애 의원님께서 각각 대표발의하신 내용을 통합 조정한 북한이탈주민의 보호 및 정착지원에 관한 법률 개정안을 의결해 주셔서 감사드립니다.

이번에 개정되는 북한이탈주민법이 시행되면 영어·영림을 희망하는 북한이탈주민들이 안정적으로 지역사회에 정착하여 자립할 수 있도록 적극 지원해 나갈 것입니다.

또한 지역사회에서 북한이탈주민의 자립을 지원하는 정착업무 종사자에게도 필요한 전문교육을 강화함으로써 탈북민들이 우리 사회에서 안정적으로 정착할 수 있도록 필요한 지원을 아끼지 않을 것입니다.

아울러 탈북 청소년을 위한 일부 대안학교 학생들이 불안정한 환경에서 교육을 받고 있는 상황에서 공유재산을 십분 활용함으로써 보다 안정적인 교육환경에서 통일 인재로 성장해 나갈 수 있도록 지원해 나가겠습니다.

북한이탈주민과 통일부 소관 업무에 대한 위원님들의 관심과 애정에 깊이 감사드립니다.

○**위원장 김석기** 수고하셨습니다.

다음, 이상덕 재외동포청장님 나오셔서 인사말씀해 주시기 바랍니다.

○**재외동포청장 이상덕** 존경하는 김석기 위원장님 그리고 외교통일위원회 위원님 여러분!

김건·김기현·이용선 의원님께서 각각 대표발의하신 재외동포기본법 일부개정법률안에 대한 대안을 의결해 주신 데 대하여 깊이 감사드립니다.

재외동포기본법이 개정되면 재외동포청 산하기관인 재외동포협력센터의 명칭과 기능을 정책 환경 변화에 맞게 조정함과 더불어 재외동포청이 재외동포의 국내 정착을 더욱 안정적으로 지원할 수 있는 동력을 얻게 될 것으로 기대합니다.

재외동포청은 이번 법 개정의 취지를 살려서 대한민국과 재외동포 사회가 동반성장할 수 있는 환경을 조성하기 위해 배전의 노력을 다해 나가겠습니다.

오늘 재외동포청 소관 법안을 심사하고 의결해 주신 위원장님과 위원님들께 다시 한번 깊이 감사드립니다.

○**위원장 김석기** 수고하셨습니다.

---

20. 현안질의

(14시25분)

○**위원장 김석기** 다음으로 의사일정 제20항 현안질의를 상정합니다.

현안질의는 배부된 순서에 따라 일문일답으로 하고 주질의는 답변 시간을 포함해 간사 간 협의로 7분으로 하며 부족한 부분은 나중에 보충질의 시간을 드리도록 하겠습니다.

그러면 맨 먼저 홍기원 위원님 질의해 주시기 바랍니다.

○**홍기원 위원** 외교부장관님께 질문하겠습니다.

이틀 전에 미국에서 원자력 연구개발 그리고 핵무기 프로그램 업무를 담당하는 에너지부가 한국을 민감국가로 분류해서 규제하려 한다 그런 기사가 보도됐는데요. 잘 알고 계시지요?

○**외교부장관 조태열** 예.

○**홍기원 위원** 외교부는 이걸 언제 알게 됐습니까?

○**외교부장관 조태열** 제가 정확한 날짜는 말씀드리기 어렵고요. 최근에 알았습니다.

○**홍기원 위원** 당연히 언론 보도 이전에 아셨겠지요?

○**외교부장관 조태열** 이전에 파악은 했는데 훨씬 이전에 파악은 아니고 며칠 전에 파악을 했습니다.

○**홍기원 위원** 민감국가 목록이라는 게 어떤 겁니까?

○**외교부장관 조태열** 그게 에너지부와 밑에 산하 국책연구소, 17개 연구소의 어떤 정보라든가 연구활동에 제약을 가하는, 정책적인 참고를 해야 되는 나라로 분류된 걸로 알고 있습니다.

○**홍기원 위원** 그런데 언론 보도 내용을 보면 미국은 아직 우리나라를 그 목록에 넣은 게 아니라 검토 중이다 그런 얘기도 있고 또 그게 아니고 4월 15일부터 시행되는데 이미 명단이 확정된 거다 그런 얘기도 있는데 정확하게 어떻습니까?

○**외교부장관 조태열** 아직 최종 확정된 게 아니라는 게 맞는 것 같습니다.

○**홍기원 위원** 지금 말씀하시는 게 단정적이지 않고 '아닌 것 같습니다' 이렇게 얘기하

셨는데 아직 확정된 게 아닌 게 맞습니까, 아니면……

○**외교부장관 조태열** 주미대사관과 주한미국대사관을 통해서 확인한 바로는 아직 확정된 게 아닙니다.

○**홍기원 위원** 그러면 에너지부에서는 검토하고 있고 그거에 대해서 우리 외교부나 관계 당국의 의견을 요구받은 겁니까?

○**외교부장관 조태열** 내부적으로도 지금 아마 경위를 파악하지 못하고 있는 것으로 압니다. 미국도 그 관련 경위를, 정확하게 배경과 경위를 저희들한테 설명해 줄 수 있는 사람이 아직은 없고 아마 내부적으로 뭔가 상황이 파악된 다음에 저희에게 의논을 할 것으로 압니다.

○**홍기원 위원** 저는 답변이 잘 이해가 안 되는데요.
에너지부에서 이런 명단을 만드는 거잖아요, 목록을. 그런데 뭐를 파악을 아직 못 했다는 거지요?

○**외교부장관 조태열** 에너지부에서 우리에게 사전 통보를 해서 우리가 알게 된 게 아니고 비공식 경로를 통해서 알게 된 걸 우리가 문제 제기를 해서 에너지부에서 지금 다시 자체 내부 상황을 파악하고 있는 단계라는 말씀 드립니다.

○**홍기원 위원** 그러면 미국 에너지부에서 외교 경로를 통해서 우리한테 공식적으로 통보가……

○**외교부장관 조태열** 통보가 왔기 때문에 우리가 한 게 아니고요 다른 비공식 경로를 통해서 우리가 알게 돼서 우리가 재차 문의를 하니까 거기에 대해서 정확한 경위 파악을 하고 있는 사람이 아직 없어서 내부 조사와 상황 파악을 한 다음에 우리에게 알려 주겠다 하는 게 지금 현재의 상황입니다.

○**홍기원 위원** 그 이전에 혹시 민감국가 목록에 우리나라가 들어가거나 또는 들어가는 문제를 검토하기 위해서 우리한테 연락이 오거나 한 적은 있습니까?

○**외교부장관 조태열** 그런 적이 없는 것으로 알고 있습니다.

○**홍기원 위원** 그러면 이번에 언론에 보도돼서 인지하기 전까지는 에너지부에 이런 목록이 있다는 것 자체도 몰랐다 그런 보도도 있던데 그건 맞습니까?

○**외교부장관 조태열** 그건 목록 분류가 세 가지로 분류돼 있다는 건 아는데 거기에 우리나라는 없었으니까요.

○**홍기원 위원** 그런데 이번에 들어갔는지 안 들어갔는지는 아직 모르고 지금 에너지부에서는 검토 중에 있다 이렇게 파악만 하고 있다는 거지요?

○**외교부장관 조태열** 비공식 제보 받은 걸 가지고 상황 파악을 하고 있는 중이라는 말씀을 드립니다.

○**홍기원 위원** 에너지부 홈페이지에 따르면 민감국가로 분류되는 이유로 세 가지가 지금 명시되어 있던데 국가안보, 아마 미국의 국가안보에 영향을 미치는 나라를 말하는 것 같고 또 핵 비확산 그리고 테러 지원 이렇게 세 가지가 있더라고요. 그것도 혹시 알고 계세요?

○**외교부장관 조태열** 하여간 분류 기준이 있는 것은 저희들이 파악하고 있습니다.

○**홍기원 위원** 그런데 우리나라가 이 세 가지 중에 어느 것에 해당이 돼서 검토 대상인지 이런 거는 아직……

○**외교부장관 조태열** 예, 아직 그 경위와 배경조차 파악이 안 돼 있으니까 그런 세부사항에 대한 답을 들을 상황은 아니지요.

○**홍기원 위원** 그러면 결국 장관님 말씀은 미국 에너지부로부터 또는 미국 정부로부터 외교 채널을 통해서 공식적으로 온 건 없고 이런 게 언론에 보도됐는데 우리가 대사관을 통해서 물어보니 자기네들도 이게 왜 그렇게 정보가 밖으로 나가서 언론에 보도됐는지 지금 파악 중에 있다 이런 단계라는 거예요?

○**외교부장관 조태열** 그 내부 사실관계며 여러 가지를 지금 파악 중에 있다라는 겁니다.

○**홍기원 위원** 그러면 민감국가 리스트에 만약에 우리나라가 포함이 된다고 하면 언론보도나 또는 에너지부 홈페이지에 있는 그런 내용을 보면 첨단 분야 또는 핵 분야 이런 쪽에 있어서 미국과의 협력에 상당한 제한이 있는 걸로 그렇게 나오던데 어떻게 지금 판단하고 계십니까?

○**외교부장관 조태열** 하여간 예단하고 있지는 않겠고요. 그런 일이 없도록 살펴서 적극적으로 하겠습니다.

○**홍기원 위원** 아니, 포함되느냐 안 되느냐는 그 이후의 문제고 제 질문은 포함이 되면 원자력 분야나 또는 AI 분야나 또는 여러 첨단 분야에 있어서 미국의 연구 기관들과 협력하는 데 있어서 상당한 제약이 있다 그렇게 언론보도도 있고 또 에너지부 홈페이지에 있는 내용을 보면 그런 사항들이 있던데 이거를 어느 정도로 판단하고 계시느냐 이거지요.

○**외교부장관 조태열** 그렇게 되면 공동 연구하고 그러는 데 일부 제한이 있다는 것으로 알고 있습니다.

○**홍기원 위원** 상당한 제한이 있는 거 아니겠습니까? 이게 언제 적 거인지는 모르겠지만 에너지부에 있는 홈페이지에서 저희가 자료를 확인한 건데 아마 몇 년 된 것 같아요. 25개 국가가 이 목록에 있고 상당수 국가는 테러리스트로 이렇게 부가 설명이 돼 있고 또 대부분의 국가 이름들을 보면 미국 입장에서 봤을 때 안보상 위험이 있거나 또는 테러를 지원한 국가거나 또는 핵확산에 좀 안 좋은 그런 일을 하는 국가들을 집어넣은 것 같은데 우리나라가 여기에 검토 대상 리스트로 들어갔다는 것 자체가 큰 문제 아닌가요?

○**외교부장관 조태열** 지금 단계에서 제가 거기에 대해서 이렇다 저렇다 하는 말씀을 드리는 건 적절치 않은 것 같습니다.

○**홍기원 위원** 언론보도에 따르면 한국이 여기 민감국가 리스트 목록에 들어간 가장 중요한 이유가 우리 국내에서 특히 여당 의원들이 우리나라의 핵무장 필요성을 제기하거나 또는 최근에 보면 트럼프 2.0 시대 한국형 핵추진 잠수함 도입 전략과 비전 토론회도 열고 이런 문제들이 크게 영향을 미쳤을 거다 그런 평가가 있는데 어떻게 보세요?

○**외교부장관 조태열** 보도에 그런 내용이 들어가 있는 건 제가 알고 있습니다만 그것 또한 추측에 불과하다는 말씀을 드리고 싶습니다.

○**홍기원 위원** 이따 하겠습니다.

○**위원장 김석기** 수고하셨습니다.

　다음 한정애 위원님 질의해 주시기 바랍니다.

○**한정애 위원** 외교부장관께 이어서 질의를 좀 드리겠습니다.

크리스 라이트 미 에너지부 장관이 취임 일성에서 '우리는 4년 내에 확장 가능한 양자컴퓨팅과 AI의 융합을 보게 될 것이다', 굉장히 대담한 비전을 제시를 한 거지요.

그런데 확장 가능한 양자컴퓨팅이나 AI 융합은 우리가 미국과 함께 협력하고 싶어 하는 정말 몇 안 되는 과학기술 발전 분야 사업 중의 하나에 속합니다. 또 하나는 지금 우리가 SMR을 개발을 하고 있는 단계인데 그 부분도 역시 미국과의 협력이 아니면 흔히 말하는 타개해 나가기가 어려운 상황이기도 하고요.

그러한 상황에서 지금 민감국가로 지정된다라고 하는 것은 향후에 있는 원자력이든 인공지능이든 흔히 말하는 미국의 첨단기술 분야와의 교류·협력 부분에 있어서는 아주 엄격하게 제한된다라고 하는 단어를, 단어를 엄격하게 제한된다라고 하는데 이건 사실상 제대로 협력하기 힘들다라고 하는 거 아니겠습니까? 그래서 지금 민감국으로 지정되어 있는 그 안에서도 테러지원국이라든지 위험국이라든지 하는 나라들과는 실질적으로 이런 분야와 관련해서 과학기술 협력을 하고 있는 나라가 없습니다.

그런데 우리나라가 그중의 하나로 분류를 하겠다라고 하는 것으로 검토한다는 것에 솔직히 말하면 경악할 수밖에 없고요. 왜냐하면 지난 몇 년 동안 한미 관계는, 한미동맹은 그 어떤 때보다도 견고하고, 특히나 우주기술, 과학기술 AI, 첨단산업 분야에 대해서는 더 깊은 협력을 하겠다라고 했는데 이런 일이 벌어졌습니다, 아주 짧은 기간 내에.

존경하는 홍기원 위원도 말씀을 해 주셨습니다만 에너지부가 민감국가를 지정하는 이유는 몇 가지가 있는데 그게 국가안보, 핵 비확산, 지역적 불안정성, 경제안보 위협, 테러 지원 등인데 여기에 우리가 미국의 국가안보에 위협이 되지도 않고요. 지정학적으로 우리가 북한과 대치하고 있다는 건 이미 오래전부터 알고 있기 때문에 아시아·태평양 전략에서 우리가 얼마나 중요한 위치에 있는지는 이미 미국도 잘 알고 있고요. 우리가 경제·안보적으로 미국을 위협하기보다는 지금 미국의 대미 투자국 1위인 나라이고요, 앞으로도 협력을 많이 해야 되는 것이고요. 우리가 테러를 지원한 적도 없고요. 그러면 최근 들어서 달라진 것은 한국 내에서 약간 무차별적으로 제기되고 있는 핵무장론 그 이슈가 좀 크게 작동을 하지 않았나라고 하는 의심은, 의혹은 하지 않을 수가 없습니다. 뭔가 간절히 원하는 게 있을 때는 치밀하게 준비하고 그리고 협상을 하고 해야 되는데 제대로 된 협상이 되기 전에 일단 질러 놓고 그다음에 이렇게 민감국가로 지정이 되고 이제 과학기술 분야 협력하기가 어려워지고 경제가 더 힘들어지고, 이거는 해서는 안 되는 방식이지요.

그런데 지금 이 과정에서 한국에 어떠한 정보를 사전적으로 준 것 같지도 않고요. 우리가 지금 뒤늦게 이것을 알고 이 과정에 대해서 살펴보고, 어쨌든 민감국가로 지정되지 않기 위해서 지금은 총력을 기울여야 할 때라고 봅니다.

우리는 북한의 비핵화뿐 아니라 한반도 비핵화와 관련한 그 입장에서 변함이 없고 국내에서 여러 방식으로 핵무장과 관련한 의사 표현이나 이런 것들은 있을 수 있지만 정부의 방침이나 국가적인 방침은 전혀 변함이 없고 이것은 굳건하다라고 하는 것을 말씀을 하셔서 절대적으로 민감국가로 지정되거나 분류되지 않게 하기 위해서 저는 외교적 또는 민관 할 것 없이 총력을 기울여야 한다고 생각합니다. 왜냐하면 일단 지정이 되어서 분류가 되고 나면 그 후과는 감당하기가 어렵습니다. 그렇지 않습니까?

○**외교부장관 조태열** 예.

○**한정애 위원** 그래서 부탁의 말씀을 드리겠습니다. 지금은 총력을 다해서 미 조야 관계든 또는 에너지부와든 또는 요즘 NNSA, 핵안보청이라고 하나요, 핵안전청이라고 하나요? 여기에서 전체적으로 방첩과 관련된 기관과 함께 해서 분류를 하고 하는 작업을 하는 것 같은데 우리의 명확한 의지를 제대로 밝혀 줄 필요가 있다. 그래서 지금은 지정되지 않도록 최선을 다해 달라라고 할 수밖에 없습니다. 그리고 필요하다라고 하면 우리 위원회 차원이든 국회 차원의 어떤 결의라도 좀 해야 하지 않을까 하는 말씀을 위원장님께 간곡하게 부탁 말씀도 좀 드리겠습니다.

이것은 대한민국 경제와 관련한 사항이고 앞으로 미래 먹거리와 관련한 사항입니다. 위원님들이 의정활동을 하시면서 본인이 본인이 가고자 하는 방향에 대해서 이런 말씀 저런 말씀을 할 수도 있습니다만 그런 것들이 어떻게 우리에게 후과적으로 닥칠 수 있는지에 대해서는 이 사안을 계기로 조금 더 면밀하게 검토해 주시고 발언을 해 주셨으면 좋겠다는 말씀을 드립니다. 장관님, 이 부분은 좀 열심히 해 주십시오.

○**외교부장관 조태열** 예, 상황 파악부터 먼저 하고 그다음에 여러 가지 협의를 강도 있게 밀도 있게 하겠습니다.

○**한정애 위원** 그렇게 부탁드리겠습니다.

그리고 또 하나는 지금 분쟁지역에서의 NGO 구호 활동 관련한 부분인데요. 이게 해외 구호 활동 관련한 여권 사용 제한이 아주 예외 사유로 규정되어 있어서 비정부단체인 NGO의 분쟁지역에서의 구호 활동이 지금 현재 거의 불가능한 상태입니다. 실질적으로 여권이 허가가 난 적이 거의 없으니까요.

세계 분쟁·재난 지역에서는 국제적인 NGO 단체도 그렇고 대한민국의 뛰어난 의료진이라든지 특히 국경없는의사회나 이런 데에서는 의료기술 또 구호물품 보급 역량을 활용한 인도적 구호 활동 부분들을 긴급하게 요청을 하고 있는 상태인데 분쟁지역에서 해외 구호 활동을 일괄적으로 금지하고 위반하는 경우에는 형사처벌하는 국가는 OECD 국가 중에 대한민국이 유일합니다. 유일합니다.

제가 지난해 국정감사에서 지적한 바와 같이 최근 5년 동안에 여행금지국가에서 외교부로부터 예외적 여권 사용 허가를 받은 건수는 2만 7000여 건밖에 되지 않았는데 실질적으로 해당 여행금지국가에서의 해외 로밍 건수는 10만 건을 넘었습니다. 그러니까 NGO 단체가 실제 인도적 구호 활동을 목적으로 해서 관련 법규·절차를 성실하게 지키면서 예외적 여권 사용 허가를 신청하는 것은 불허되는데 정작 여행금지국을 무단으로 방문하는 이들은 단속도 안 되고 이런 상황이지요.

(발언시간 초과로 마이크 중단)

⋯⋯

(마이크 중단 이후 계속 발언한 부분)

여행금지제도가 지금 현재는 유명무실한 상태이기도 합니다.

몇 가지 사유를 대셨어요. NGO 단체에 대한 범위 또는 기준 이런 것들이 명확하지 않기 때문에 하기가 어렵다라고 하는데 저는 안전대책 등 요건을 갖춘 NGO 단체라고 하는 기준이나 이런 것들을 충분히 설정할 수 있을 거라고 봅니다. 국경없는의사회 회장께서도 안전대책이든 대책들이 우선되고 사람들을 파송하는 것으로 되어 있기 때문에 그것이 충분히 가능하다고 했기 때문에요. 저는 이런 가운데에서는 전면적인 개방이 어렵다면 형태와 규모, 목적과 성격, 조직의 운영체계라든지 안전대책과 지원체계 등 외교부가 정하는 요건과 기준에 부합하는 NGO에 대해서 우선 허가할 수 있도록 하는 것으로 하는 것이 좋겠다, 그런 방식으로 법안을 풀 수 있으면 좋겠다는 생각이 듭니다.

그래서 이 건에 대해서는 조금 더 전향적으로 검토를 하셔서 여권법에 대한 개정안에 대한 외교부의 의견을 저희 의원실로 별도로 보고해 주시기 바랍니다.

○**외교부장관 조태열** 예, 그렇게 하겠습니다.

· ·

○**위원장 김석기** 수고하셨습니다.

다음 이용선 위원님 질의해 주시기 바랍니다.

○**이용선 위원** 지금도 12·3 비상계엄 소위 내란 행위로 인해서 국가 위기, 헌정 위기가 지속되고 있습니다. 아직 매듭을 짓지 못하고 있는 위기 상황인데요.

지금 헌재 구성과 관련돼서 아직 1명의 재판관이 임명이 지연되고 있는데요. 우선 지난주 화요일인가요? 3월 4일 최상목 권한대행이 국무회의 전에 국무위원 비공개 간담회를 통해 1명의 헌법재판관 후보자 임명에 관해서 의견 수렴을 했다라는 보도가 있습니다.

그런데 언론에 따르면 국무위원 전원 또는 대다수 국무위원들이 후보자 임명은 숙고해야 된다, 즉 상당히 보류적인 부정적인 의견들을 개진한 걸로 이렇게 되어 있고 그리고 오늘로 벌써 12일이 지나고 있습니다만 지금 아직도 최상목 대행은 임명을 하지 않고 있는 상황인데, 어떻습니까? 오늘도 아마 국무회의를 하고 오신 걸로 알고 있습니다만 지난 일주일 전 의견수렴절차 과정에서 두 장관께서, 외교부장관이랑 통일부장관 각각 어떤 입장이셨는지 궁금합니다. 입장을 좀 밝혀 주시면 좋겠습니다.

○**외교부장관 조태열** 구체적인 입장을 여기서 밝히는 것은 제가 보기에 적절치 않은 것 같고 거기 국무위원 대다수가 그런 의견을 같이 해서 그런 결론에 도달했다라는 그 속에 다 담겨 있다고 저는 생각합니다.

○**이용선 위원** 그러니까 입장을……

○**외교부장관 조태열** 여러 가지 의견들이 나왔고……

○**이용선 위원** 그러니까 장관님의 입장은 뭐냐 이거지요. 밝히기 곤란하다는 건가요?

○**외교부장관 조태열** 제가 그 얘기를 외통위에서 하는 것은 적절치 않은 것 같습니다.

○**이용선 위원** 통일부장관님은 어떻습니까?

○**통일부장관 김영호** 저도 통일부장관으로서 헌법재판관 임명에 대해서 제 개인적인 입장을 공개적으로 표명하는 것은 적절치 않다 이렇게 생각합니다.

○**이용선 위원** 재판관 1명 미임명, 소위 국회에서 의결됐음에도 불구하고 선출됐음에도 불구하고 대행이 임명하지 않는 것과 관련돼서 헌법재판소에서 부작위에 관한 권한쟁의 심판을 통해서 약 두 달 지연에 대해서 헌재에서는 8명 전원 일치로 헌재 구성권을 침해한 것으로 판결을 한 바 있지요. 그건 아시지요?

○**외교부장관 조태열** 예.

○**이용선 위원** 지금 헌정 위기를 해결하는 최후의 기구가 헌재입니다. 소위 헌법과 민주주의 수호의 최종적 기구인데 헌재가 지금 제대로 구성되지 않고 있는 점은 매우 중대한

문제이고 빨리 헌재 구성을 완성하는 것이 헌재에 지금 당면한 시대적 소명, 탄핵 등등의 중요한 과제를 해결하는 데 있어서 매우 중요한 숙제지요. 그런데 이런 헌재에서 위헌 판결을 했음에도 불구하고 10여 일이 지난 지금까지도 대행은 임명을 하지 않고 있는 것은 직무유기이자 또한 위헌 행위라고 이렇게 지적할 수 있을 거라고 봅니다.

그래서 지금 이 문제와 관련돼서는 두 분은 외교나 통일 문제가 아니라고 회피할 문제가 아니고 국무위원으로서 헌재 구성과 관련된 헌재의 판결을 집행해야 될 대행에 대한 의견 개진을 정확하게 할 책무가 있다고 생각합니다. 그래서 지금은 입장을 밝힐 수 없다 했습니다만 임명을 조속하게 할 수 있도록 대행에게 국무위원으로서 권고할 용의는 없는지 이거에 대해서 묻고 싶습니다.

○**외교부장관 조태열** 국무위원으로서 필요한 역할을 하겠다는 총론적인 답변으로 대신할 것 같습니다.

○**이용선 위원** 통일부장관님 혹시……

○**통일부장관 김영호** 권한대행께서도 위원님의 지적에 유념해서 판단하시리라 그렇게 생각합니다.

○**이용선 위원** 하루속히 마은혁 재판관 임명을 헌재의 결정대로 빨리 신속하게 해서 헌재 구성을 완성하기를 촉구하고……

감사합니다.

이만 마치겠습니다.

○**위원장 김석기** 수고하셨습니다.

다음은 안철수 위원님 자리에 안 계십니까?

조정식 위원님 질의해 주시기 바랍니다.

○**조정식 위원** 조정식 위원입니다.

먼저 통일부장관께 확인 질의 하나 드리겠습니다.

지난 12월 3일 비상계엄 이후 외통위 전체회의가 열렸을 때 통일부 업무보고에서 대북전단 살포 단체에 자제를 요청했다 그렇게 보고했었지요?

○**통일부장관 김영호** 제가 '자제'라는 표현을 쓰지는 않은 것 같습니다.

○**조정식 위원** 그러면 뭐라고 그랬지요?

○**통일부장관 김영호** 상황에 유의해서 탈북 전단 단체들이 신중하게 거기에 대응했으면 좋겠다 아마 그렇게 했던 것으로 기억합니다.

○**조정식 위원** 상황이 굉장히 유동적이고 그때 뭐 여러 가지……

○**통일부장관 김영호** 그렇습니다.

○**조정식 위원** 위중한 상황이기 때문에 돌발상황들이 발생하지 않도록 대북전단 살포 단체에 신중히 할 것을 요청했다고 그러지 않았었나요?

○**통일부장관 김영호** 예, 그렇습니다.

○**조정식 위원** 맞잖아요, 그렇지요?

○**통일부장관 김영호** 예.

○**조정식 위원** 자제를 요청한 거지요.

이제 봄철이 다가오면서, 아시겠지만 바람의 방향이 남동풍 또는 남서풍, 그러니까 남에서 북쪽으로 바람의 방향이 바뀌어요. 그래서 겨울에는 저러고, 이제 풍향이 바뀌는 거지요. 그래서 통상적으로 보면 대북전단 살포 단체들이 풍선 살포를 재개하는 시기가 도래한 겁니다. 그렇지요?

○**통일부장관 김영호** ……

○**조정식 위원** 맞습니다.

그래서 그런 일이 없도록 통일부가 이걸 지속적으로 저는 관리해야 된다고 봐요. 특히 더군다나 지금 국내외 정세가 대단히 유동적이고 아직 불안한 상황 아닙니까? 그래서 통일부는 특히나 우리 외교안보, 남북 관계에서 이런 돌발적인 불안한 상황들이 발생하지 않도록 철저히 세심하게 관리하는 게 저는 특히 중요하다고 보거든요, 현 단계에서는.

○**통일부장관 김영호** 위원님 말씀 유념해서 한반도 상황의 안정적 관리에 통일부가 만전을 기하도록 하겠습니다.

○**조정식 위원** 특히나 우발적인 전단 살포나 이런 것들, 물론 북에 대해서도 오물풍선이 날아오지 않도록 계속 우리가 주의도 주고 경고도 해야 됩니다. 그런데 마찬가지로 남측에서도 그런 빌미가 될 수 있는 대북전단 살포, 중단 내지 자제될 수 있도록 통일부가 엄격하게 관리를 하셔야 된다고 봐요.

○**통일부장관 김영호** 예, 단체들과 계속 소통해 나가도록 하겠습니다.

○**조정식 위원** 그리고 조태열 외교부장관님께 하나 묻겠습니다.

지난 4일, 얼마 전에 트럼프 대통령이 첫 의회 합동 연설을 했습니다. 그때 한국에 대한 언급이 있었지요. 고율관세와 알레스카 가스관 참여 등등 이런 얘기가 언급이 됐는데 이와 관련해서 미 행정부와 우리 정부와 사전 협의나, 이렇게 서로 협의됐던 게 있습니까?

○**외교부장관 조태열** 취임 이전부터 취임 이후, 각 레벨에서 우리가 협의 가능한 상대방하고 계속 관련 사항을 총론적으로 논의해 왔고요, 관세 문제를 포함해서. 그런데 의회 합동 연설에 들어갈 내용에 관해서는 저희들이 구체적으로 협의한 게 없습니다.

○**조정식 위원** 트럼프 대통령이 한국의 대미 평균 관세율이 미국보다 4배 높다고 얘기를 했어요. 이게 사실입니까?

○**외교부장관 조태열** 사실이 아닙니다.

○**조정식 위원** 사실이 아니지요?

○**외교부장관 조태열** 예.

○**조정식 위원** 그것 분명하게 정부에서 미 정부에게 다시……

○**외교부장관 조태열** 이미 전달하고 있습니다.

○**조정식 위원** 설명을 하고 전달했나요?

○**외교부장관 조태열** 예, 전달했고 계속 할 겁니다.

○**조정식 위원** 한국과 미국이 서로 FTA 체결 국가 아닙니까. 상호 간에 수출입 품목이 무관세가 꽤 많아요. 그래서 대미 평균 관세율 자료를 보면 0.79%입니다.

○**외교부장관 조태열** 그게 실행관세율하고 MFM 관세율이라는 게 따로 있는데 저희가 보기에는 소위 MFM 관세율이라는 걸 가지고 말씀하신 게 아닌가 그렇게 추측만 하고 있습니다.

○**조정식 위원** 물론 트럼프 대통령 스타일이 있는데 이런 사항들에 대해서 우리 정부가 관계 부처나 미 정부에 대해서 상황과 팩트를 정확하게 전달을 하고 아주 세심하게

저는 대응을 할 거라고 생각을 합니다.

그리고 당장 내일, 3월 12일부터 철강과 알루미늄에 대한 25% 관세 부과가 예정돼 있지요?

○**외교부장관 조태열** 예.

○**조정식 위원** 그리고 4월 2일부터 상호관세 부과를 지금 예고하고 있는데 트럼프 대통령이 추가로 한국산 제품에 대한 고율관세 부과를 검토할 경우에 정부에서 어떻게 대응 전략을 검토하고 있나요?

○**외교부장관 조태열** 지금 권한대행 주관 경제현안간담회를 매주 1회씩 월요일 날 하고 있고 또 산업부, 통상교섭본부와 함께 구체적인 대안을 지금 다 마련하고 있습니다. 그래서 필요한, 주요 인사들 방미 기회도 카운터파트들하고 협의를 하고 또 실무 레벨에서도 계속 정보 교환하면서 우리들 입장을 전달하고 또 필요할 경우에 지금 대비하고 있습니다.

○**조정식 위원** 장관님, 트럼프 대통령과 행정부의 지금 관세정책이나 전 세계를 대상으로 던지는 여러 가지 어젠다들 보면 굉장히 공격적이잖아요. 또한 가변적이라는 속성을 동시에 안고 있다고 저는 생각을 해요. 그리고 거기에는 또 실제로는 거래와 협상의 측면에서 보면 다른 목적을 관철하기 위한 수단도 같이 동반돼 있는 것들이 있잖아요. 그래서 이런 부분들을 여러 가지 불확실성을 잘 보면서 우리가 아주 치밀하게 접근이 필요하다고 생각을 합니다.

예를 들면 일본 수상이 얼마 전에 미국에 건너가서 미일 정상회담을 했는데 일본은 트럼프 2기 행정부 출범 직후부터 관방장관을 중심으로 해 가지고 범부처 대응팀을 구성해서 앞으로 미국에서 이러이러한 것들 요구가 예상된다고 보고, 1기를 경험해 봤으니까. 그리고 대미 투자 확대나 무역 흑자 축소 계획 이런 다양한 딜의 카드들을, 시나리오를 많이 만들어서 그때그때마다 아주 탄력적으로 대응을 하고 있다는 겁니다. 그런데 우리 정부도 그런 준비 하고 있나요?

○**외교부장관 조태열** 그렇게 하고 있다고 믿으시면 좋겠습니다.

○**조정식 위원** 지금 최상목 권한대행 중심으로 해서 어쨌든 외교 공백을 메우려고 하고 있는 거지요?

○**외교부장관 조태열** 예.

○**조정식 위원** 그런데 지금 우리 대한민국이 대통령 공백과 권한대행 체제에 의해서 근본적인 한계와 입지가 약화되어 있는 상황입니다.

(발언시간 초과로 마이크 중단)

....

(마이크 중단 이후 계속 발언한 부분)

본 위원도 미국을 방문해서 미 전문가들 만나 보면 딱 얘기가 그래요. 트럼프 대통령은 대통령만 상대한다 이렇게 얘기를 합니다. 그건 장관도 잘 아실 겁니다. 그래서 우리가 현재의 공백을 메우기 위해서 저는 무엇보다 외교부와 장관님의 역할이 중요하다고 생각을 합니다. 그래서 장관께서 그리고 외교부가 관련 부처와 항상 긴밀히 협의하면서 정보를 공유해야 된다고 생각하고.

그리고 어제 국회에서 한미의원연맹이 출범하지 않았습니까? 그래서 또 의회 차원에서도 서로 촘촘히 묶어서 협력하면서 대미 외교 공백을 최소화하도록 해야 된다고 생각을 해요. 그런 방향에서 장관님이 사명을 갖고 최선을 다해 주시기 바랍니다.

○**외교부장관 조태열** 예, 최선을 다하겠습니다.

⋯⋯

○**위원장 김석기** 수고하셨습니다.

다음, 인요한 위원님 질의해 주시기 바랍니다.

○**인요한 위원** 장관님, 우선 먼저 민감국가라는 것이 참 기분이 나쁘거든요. 기분 나쁜 얘기예요. 우리 대한민국이 뭘 잘못했기에 민감국가가 돼야 되는데⋯⋯ 이것에 대한 적절한 항의는 하셨는지요, 외교 채널을 통해서.

○**외교부장관 조태열** 사실관계 확인된 다음부터⋯⋯

○**인요한 위원** 확인한 다음에?

○**외교부장관 조태열** 적극적으로 하겠습니다.

○**인요한 위원** 그러니까 언론에서만 나오는 얘기일 수도 있다는 말입니까, 아니면⋯⋯

○**외교부장관 조태열** 하여간 제가 지금 말씀드리기는 시기상조고요. 좀 알게 되면 그다음에 보고드리도록 하겠습니다.

○**인요한 위원** 저는 이거 읽어 보는 순간에 굉장히 불쾌했어요. 그래서 그런 요청을 드립니다.

그다음에 북쪽에서 핵잠수함 건조하고 있다는데, 호주도 미국 기술을 받아서 핵잠수함을 만들고 또 북쪽에서 하는 게 SLBM도 아마 가능하다고 그러는데 우리도 거기에 좀 뒤떨어져 있다 이런 기분이 들거든요. 이거에 대해서 미국 쪽하고 협상해 나가는 데 앞으로 계획이 뭔지요?

○**외교부장관 조태열** 그 질문은 여러 번 나와서 제가 원론적인 답변을 드렸고 우리 정부의 기본 입장을 말씀드렸는데 그런 입장하에 대처를 하겠습니다.

그리고 아까 민감국가 그런 거와 연관돼서 논의되는 얘기들도 충분히 정책 결정 과정에 또 영향을 미칠 수 있는 소지도 있을 수 있기 때문에 조용히 신중하게 검토하도록 하겠습니다.

○**인요한 위원** 사실 미국이 오바마 정권하고 바이든 정권에서 적극적으로 북한하고 협상을 안 했어요. 방치를 한 것같이 보여요. 그래서 핵에 이렇게 우리가 위협을 받고 있는데.

저는 그렇게 생각합니다. 핵 자체는 좋아서 우리가 핵을 따로 보유하려는 게 아니라 형평성 때문에 또 억제력 때문에 핵을 가질 수밖에 없는⋯⋯ 저는 굉장히 파격적인 얘기인데 오히려 대한민국이 어떤 형태로든지 핵을 갖고 그다음에 북쪽하고의 어떤 제재는 그냥 풀어 버렸으면 하는 그런 아주 굉장히 진취적인 생각도 갖고 있습니다. 그런데 핵 문제에 대해서 대한민국이 패싱이 될까 봐, 트럼프 정권이 북쪽하고 직접 얘기할까 봐 많이 우려스럽습니다.

다른 말씀 드리고자 하는데요.

4배 관세라는 것 혹시 계산 방법에 대해서, 제가 보좌관들도 부탁을 해서 이걸 굉장히 깊이 조사를 해 봤는데 관세가 4배라는 것은 근거가 어디 있는지 도대체 알 수가 없어요, 트럼프 대통령이 말씀하신 한국이 4배를 더 가하고 있다.

○**외교부장관 조태열** FTA를 체결했으면 아까 조정식 위원님 말씀대로 실행관세율이 제로에 가까운 거기 때문에요 4배라는 것은 실행관세율에 비춰서는 사실과 동떨어져도 한참 동떨어진 얘기고요.

그래서 4배라는 게 어디서 나왔는지 모르겠는데 하여간 관세율에 여러 가지 종류가 있습니다. FTA를 체결하지 않은 상태에서의 관세율, 관세율 표를 가지고 비교할 수도 있고 그러니까 제가 그쪽에서 어떻게 무슨 근거로 했는지를 예단하기는 어렵고요. 하여간 사실과 동떨어진 말씀이라는 것은 분명합니다.

○**인요한 위원** 옆에 존경하는 유용원 위원께서 우크라이나를 다녀왔는데 북쪽 군인이, 최소한 부상 포로 2명 중의 한 분은 대한민국을 오고 싶다는 의사를 밝혔다는데요. 좀 우려스러운 것은 미국이 우크라이나하고 협상을 하기 때문에 미국 쪽으로 먼저 선택할까 봐 걱정스러운데 혹시 그거에 대한 내용은 알고 계신 것 있는지요.

○**외교부장관 조태열** 보도에 그런 얘기가 나온 적이 있는데 포로 문제에 대해서는 저희들이 외교 채널을 통해서 우크라이나 정부에 분명히 우리 입장을 전달했고요. 포로의 인권 문제 그리고 또 본인의 자유의사가 가장 중요한 부분이라는 것도 분명히 전달했기 때문에 그런 틀 속에서 우크라이나 정부와 계속 협의를 하도록 하겠습니다.

○**인요한 위원** 통일부장관님께서는 혹시 그거에 대해서, 그분들이 다시 돌아오게 되면 굉장히 편안하게 안정적으로 해야 될 텐데 그런 회의를 갖거나 준비하는 과정을 겪고 계십니까?

○**통일부장관 김영호** 그렇습니다. 통일부는 그분들이 자유의사에 따라서 한국으로 입국하게 될 경우에 그분들이 잘 정착하고 여기서 살아갈 수 있도록 만반의 준비를 하고 있다 이렇게 말씀드립니다.

○**인요한 위원** 외교부장관님, 아마 알래스카 가스선을 묻으려고 그런 것 같다, 묻지 않고 노출하지요. 그 가스 파이프를 묻으려고 그런 것 같은데, 유출할 것 같은데 일본하고 같이 요구를 했단 말입니다.

그런데 트럼프는 철저한 협상가입니다. 책도 보니까 모든 게 영어로 '딜메이킹 (dealmaking)'이래 가지고 하는데 우리가 거기에 끌려 들어가는 게 꼭 대단히 나쁘다고 생각하지는 않습니다. 그러나 협상에 있어서 그게 완공됐을 때 대한민국이 그거에 대한 대가 플러스 훨씬 더 많은 이익을 얻을 수 있도록 준비해야 되는데 그런 태스크포스나 협상에 대해서 준비하고 계시는지요? 이게 마지막 질문입니다.

○**외교부장관 조태열** 알래스카 LNG를 우리가 구매해 달라 그리고 거기 공동 개발하는 프로젝트에 참여해 달라 하는 게 미국의 관심 사항입니다. 그 대상 국가가 지금 한국하고 일본이고 또 대만도 일부 관여하고 있는 것 같은데 아직은 협의 초기 단계이기 때문에요 결정된 바 없고 우리도 서로 상호 윈윈할 수 있는 그런 길이 있기 때문에 그런 것들을 하나하나 모색해 가면서 협의에 임하도록 그렇게 하겠습니다.

○**인요한 위원** 제가 아까 얘기한, 대한민국이 핵을 꼭 보유해야 된다는 건데 불가피하게 되지 않았냐 이런 뜻에서 말씀드린 겁니다, 워낙 오랫동안 이북, 북쪽에서 이걸 준비해 왔기 때문에.

이상입니다. 감사합니다.

○**위원장 김석기** 수고하셨습니다.

다음 이재강 위원님 질의해 주시기 바랍니다.

○**이재강 위원** 더 큰 정치 더 큰 평화, 의정부시을 국회의원 이재강입니다.

조태열 장관님, 독일 공영방송에서 방영된 계엄 옹호 다큐멘터리 보셨습니까?

○**외교부장관 조태열** 보지는 못했습니다. 다 내려 가지고 서는 못 봤습니다.

○**이재강 위원** 저희들이 독일 방송을 캡처한 게 있는데, 다큐 내용입니다. 한번 PPT 보여 주십시오.

(영상자료를 보며)

이게 독일에 그대로 방영이 될 예정이었는데 마치 계엄이 합법적인 것처럼, 아무 문제가 없는 것처럼 윤석열이 주장하는 일방적인 내용이 여과 없이 그대로 방송되었습니다. 보십시오. 전광훈이 당당하게 나와 가지고 사실과 완전 다른 부정선거를 운운하고 있고 타국의 방송이 대한민국 야당에 대해 친중국·친북한 사법 카르텔이라는 근거 없는 허무 맹랑한 소리로 국격을 떨어뜨리고 있는데 외교부는 왜 가만히 있습니까? 이렇게 국격을 떨어뜨리는 사실과 다른 타국의 언론보도에 대해서 삭제·정정 보도 요청을 하는 것은 외교부의 업무입니까, 아닙니까?

○**외교부장관 조태열** 이미 그 해당 방송사가 삭제하고 내렸습니다.

○**이재강 위원** 잠시만요.

잣대가 다릅니다. 작년 대통령 체코 순방 때 김건희보고 사기꾼이라 했다고 한국대사관이 즉각 기사 삭제 조치를 요구했습니다. 그때 수정된 내용입니다. 한번 보십시오. 우리 측 대사관이 언론보도에 대해서 삭제를 요구했고 당시 언론사는 기사 전체를 삭제하지는 않고 사기꾼이라는 표현만 삭제했습니다. PPT 보시면 그때 수정된 사항입니다. 제목이 바뀌었지요. '사기꾼이 파벨의 성에? 대한민국 영부인은 거짓말을 하고 수백만 달러로' 이렇게 이렇게 했는데 이렇게 수정이 됐지요. '흠결 있는 영부인이 파벨 앞에? 한국의 대통령 부인이 여러 차례 조사받았다', 그렇지요. 첫 문장도 삭제되었습니다.

이때 외교부 당국자가 뭐라고 했는지 기억하십니까? PPT 한번 보십시오. 이게 외교부 당국자가 한 이야기입니다. 잘못된 보도를 내보내는 언론사에 대해 적극 대처하는 것은 재외공관 업무 중의 하나라고 했습니다. 잘못된 보도를 내보낸 언론사에 대해 적극 대처하는 것은 재외공관의 업무 중의 하나라고 했습니다. 이게 재외공관 업무가 맞습니까? 이런 잘못된……

○**외교부장관 조태열** 예, 그런 사례가 많습니다.

○**이재강 위원** 그런데 이번에 방송이 안 됐다지만 윤석열의 불법 계엄과 내란을 옹호하는 독일 방송에 대해서 외교부는, PPT 한번 보여 주세요. 저희들이 확인한 겁니다. 타국 공영방송의 보도 내용에 대한 정부 차원의 대응이 바람직하지 않다고 판단했다는 답변을 했습니다. 이게 외교부의 공식 답변입니다.

김건희한테 사기꾼이라 했다고 체코 언론에는 즉각 삭제 요청을 해 놓고 이 건은 정부 차원의 대응이 바람직하지 않은 겁니까? 왜 잣대가 달라졌습니까? 김건희의 이야기가 없어서 그렇습니까?

○**외교부장관 조태열** 그거는 영부인에 대한 인신공격성 보도고요. 이거는 국내 정치 상황에 대한 공영방송의 보도니까 내용이 다르지요.

○**이재강 위원** 전혀 사실이 아닌 내용을 보도했는데 그게 왜 다릅니까?

○**외교부장관 조태열** 사실이 아니냐 맞냐 그거에 대한 판단을 타국 정부가 어떤 다른 나라 언론 방송에 잣대를 대고서 얘기를 할 수 있겠습니까?

○**이재강 위원** 그런 기준으로 보시는데 잣대가 왜 다르냐 말입니까?

○**외교부장관 조태열** 개인에 대한 인신공격성 보도하고 국내 정치 상황에 대한 보도하고 같을 수가 없지요.

○**이재강 위원** 그런데 이 영상을 삭제했다고 다 끝난 게 아닙니다. 그 영상 풀버전으로 지금 유튜브에 돌고 있습니다. 이런 것들도 찾아서 삭제 조치해야 되는 것 아닙니까?

○**외교부장관 조태열** 그런 동영상이 지금 수백만 개가 전 세계에 돌아다니는 그런 상황입니다.

○**이재강 위원** 아닙니다. 지금 제가 말하는 것은 독일 공영방송 이야기입니다. ARD하고 ZDF 이야기입니다.

○**외교부장관 조태열** 글쎄요, 그런 것들을 어떻게 일일이 찾아다니면서 저희들이 삭제 요구를 하겠습니까?

○**이재강 위원** 김건희는 공직자도 아니고 일개 개인일 뿐입니다. 김건희 개인에 대한 기사는 발작하듯이 삭제 요청한 거 아닙니까? 그런데 이렇게 국격을 훼손시키는 계엄 옹호 보도에 대해서는 완전히 다른 태도를 보이고 있는 것은 문제가 있는 것 아닌가요?

○**외교부장관 조태열** 제 답변을 드린 것 같습니다.

○**이재강 위원** 아니, 이거는 외교부 태도가 다른 잣대로 업무를 판단하고 할 일을 안하고 있다는 뜻 아닙니까?

○**외교부장관 조태열** 누누이 국내 정치 상황과 인신공격성 보도의 차이라고 말씀을 드렸습니다.

○**이재강 위원** 혹시 외교부가 이러는 데 다 이유가 있는 것 아닌가 하는 의심이 들 수도 있습니다. 왜냐하면 이 내란의 성격이 친위 쿠데타이기 때문입니다.

임상범 주독일 대사 아시지요?

○**외교부장관 조태열** 예.

○**이재강 위원** 윤석열 정부의 첫 안보전략비서관입니다. 김태효 안보실 1차장이랑 가까운 사이인 것은 익히 알려져 있습니다. 그런데 본 위원이 독일에서 이 영상이 제작돼 방송된 것에 대해서 독일대사관이 적극적으로 개입할 수 있겠다는 의심이 들기도 합니다. 그런 의심이 드는데 지금 방송이 좌절되었지만 이것이 방송이 되었더라면 얼마나 큰 문제가 됐을까 하는 생각이 듭니다. 그래서 저는 생각할 때 이 영상이 제작 방송된 것에 대해서 공식 항의하는 것이 외교부의 제대로 된 입장이 아닌가 생각합니다. 그렇게 생각하지 않습니까?

○**외교부장관 조태열** 그게 처음 방송된 건 2월 27일인가로 제가 들었고요. 대사관이 알게 된 건 3월 4일인 걸로 제가 알고 있고요. 그것도 아마 독일에 있는 교포 한 분이 방송을 보고 연락해서 알게 된 걸로 알고 저희가 보고받은 건 3월 6일로 들었습니다. 저는 그때 출장 중이어서 사실은 몰랐습니다.

○**이재강 위원** 그때 방송이 나왔을 때 그 방송 내용을 비판하는 한국의 신 모 교수님 것을, 독일 베를린자유대학에 있는 이은정 한국학과 교수가 그거에 대응하는 것을 전국에 전파를 다 했습니다. 실제로는 외교부가 할 일을 일 개인이 한 거지요. 그렇지 않습니

까?

○**외교부장관 조태열** 그 방송의 시청률이 0.00몇 %랍니다.

○**이재강 위원** 아니, 지금 그것이 중요한 것이 아니지 않습니까? 왜 잣대가 다르냐는 그 이야기를 하는 거고. 그리고 여전히 시중에 풀버전 영상이 돌고 있습니다. 그래서 이런 부분에 대해서 좀 제대로 된 조치를 해 주시는 것이 옳지 않겠나 하는 생각이 드는데 이 방송이 제작된 경위를 좀 파악할 수는 없습니까?

○**외교부장관 조태열** 글쎄요, 그거는 지금 이미 다……

○**이재강 위원** 이게 문제가 심각합니다. 이게 지금 엄청난 문제가 되고 있지 않습니까?

○**외교부장관 조태열** 자체 판단에 의해서 내리고 삭제하고 그랬으면 저는 충분히 방송사로서는 했다고 생각이 됩니다.

○**이재강 위원** 저는 외교부가……

(발언시간 초과로 마이크 중단)

⋯⋯⋯⋯⋯⋯⋯⋯⋯⋯⋯⋯⋯⋯⋯⋯⋯⋯⋯⋯⋯⋯⋯⋯⋯⋯⋯⋯⋯⋯⋯⋯⋯

(마이크 중단 이후 계속 발언한 부분)

이 건에 대해서 해야 할 일을 방기했다고 봅니다. 혹시 방송이 제작된 경위를 파악해서 본 위원에게 보고할 수는 있습니까? 보고해 주시면 안 되겠습니까?

○**외교부장관 조태열** 글쎄요, 대사관이 파악할 수 있는 범위가 어느 정도인지 모르겠습니다만 알아보겠습니다.

○**이재강 위원** 꼭 좀 보고하시기 바랍니다.

○**외교부장관 조태열** 예.

⋯⋯⋯⋯⋯⋯⋯⋯⋯⋯⋯⋯⋯⋯⋯⋯⋯⋯⋯⋯⋯⋯⋯⋯⋯⋯⋯⋯⋯⋯⋯⋯⋯

○**위원장 김석기** 수고하셨습니다.

다음 차지호 위원님 질의해 주시기 바랍니다.

○**차지호 위원** 외교부장관님께 질문드리겠습니다.

아마도 저는 외교와 과학기술 그런 걸 가지고 있으니까 이 민감국가 문제들에 대해서 조금 더 질의를 드려야 될 것 같습니다.

사실 예전에 외교는 국방과 안보 문제가 전통적인 외교의 중요한 문제였다가 지금 21세기에 들어와서는 글로벌 기술 패권이 사실 우리의 경제와 산업 그리고 민생에 굉장한 영향을 주기 때문에 이 기술 패권 경쟁이 전 세계의 외교 관계의 주요한 축으로 등장한 건 당연히 알고 계실 겁니다. 그리고 외교와 과학기술 그리고 산업과 경제 이 사이의 시너지를 확보하는 게 한국이 적어도 글로벌 중추 국가로 나아가거나 아니면 그 언저리라도 남아서 갈 수 있는 유일한 길이라고 생각이 듭니다. 그랬을 때 대한민국에서 중점으로 잡는 미래 산업 먹거리가 뭔지 알고 계십니까?

○**외교부장관 조태열** AI라든가 바이오 그런 컴퓨팅 컨트롤……

○**차지호 위원** 예, 잘 알고 계실 겁니다. 사실 국민의 대부분이 알고 계실 겁니다. 특히 AI와 양자컴퓨터 같은 고성능컴퓨터 같은 경우는 사실 한반도의, 한국의 미래 생존과 연관돼 있습니다. 왜냐하면 AI는 단순히 특정 산업에만 전환시키는 게 아니고 우리의 전체 경제 산업구조를 전체적으로 바꿔 놓을 것이기 때문입니다. 그래서 미국과 중국 이런 나라들은 그 어떤 때보다 AI 관련돼서 격심한 경쟁을 벌이고 있고 한국은 글로벌 3강의

지위에 있기 위해서 굉장히 다각적인 노력을 하고 있습니다. 그중의 하나 중요한 게 글로벌 협력입니다, AI 분야. 이런 첨단기술 같은 경우는 한 나라에서 만들 수 있는 기술이 한계가 있고 여러 국가들과 기술 협력에서 도외시되고 소외돼 버린다고 하면 사실 그 국가는 아무리 큰 내재적인 자원이 있어도 이 기술 패권 경쟁에서 살아남기가 쉽지 않은 게 현실입니다. 그런데 아까 민감국가로 올라와 있던 부분들에 대해서 외교부장관이 얘기하실 때 이거를 어떤 연구 협력이나 이런 부분이 좀 잘 안 되는 정도라고 서술하신 것 같아서 그게 좀 오해가 생길 수 있을 것 같습니다.

아시다시피 에너지부가, 과학기술을 하는 데가 왜 민감국가 카테고리를 만들었을까요? 그거는 핵무장과 같이 특정 과학기술을 가지고 미국의 국가 안보에 영향을 줄 수 있는 국가들, 주로 리스트가 된 국가들을 보면 테러리스트 국가들이었지요. 그런 국가들을 특별하게 관리를 해서 과학기술이 그쪽으로 넘어가지 않게 통제하기 위해서 리스트업 하는 겁니다. 그리고 이게 단순하게 연구 협력만의 제한이 만들어지는 게 아니고 그 국가에 투자하려는 미국 기업 혹은 그 국가에서 미국과 기술 교류를 하기 위해서 들어오게 되는 그룹들, 그러니까 이 국가와 연관된 모든 기술 협력들에 대해서 경고 사인이 붙는 것과 마찬가지입니다. 그러면 안 그래도 우리가 전 세계의 글로벌 AI 경쟁 이런 기술 경쟁에서 살아남기 위해서 온 국가가 엄청 노력을 하고 있지 않습니까? 국회 보시면 이거 관련된 협의나 거버넌스 모델을 만든다 이런 것도 엄청 하시고 외교부장관님께서도 취임하신 이래로 AI 국제 거버넌스에 대해서 중추적인 역할을 맡기 위해서 노력을 하셨던 걸로 생각이 됩니다.

그런데 그 모든 노력이 사실 이 핵무장과 같은 굉장히 좀 너무 안타까운 주제지요, 이게 설명드릴 수 있는 게 많은데 그런 것과 연관돼서 사실 우리가 실효성도 없고 지금 당장 할 수도 없는 일 가지고 우리가 한국이 살아남을 수 있는 이 기술 경쟁의 시대, 우리가 앞으로 민생을 지탱할 수 있는 경제가 달린 이 문제들에 대해서 거의 파괴하다시피 하는 조건들을 만들어 놓고 있는 것 같습니다. 실제 민감국가로 우리가 들어가서 고위험 국가, 아까 인요한 위원님 말씀대로 이건 굉장히 우리가 불쾌하고 화가 나야 될 일입니다. 한국이 그런 국가군 안에 들어가서 해외투자나 아니면 우리가 기술교류나 이런 부분들이 막혔을 때 그간에 한국이 했던 외교부를 넘어선 과학기술부나 아니면 각 기업들 그리고 온 AI와 양자컴퓨터 같은 첨단산업을 연구하는 이 그룹들이 만들어 놓은 그 지난 십수 년간의 노력은 단순간에 굉장히 큰 위협을 받게 되는 것 같습니다. 이런 부분에 대해서 국민들이 조금 더 제대로 인식할 수 있게 이 문제의 중요성을 밝혀 주셔야 될 것 같고요. 단순히 이게 중요하지 않다, 일부 연구의 문제다, 협력의 문제다라고 보는 것은 문제를 지나치게 축소시키는 것 같습니다.

제가 장관님과 여러 가지 질의들을 하면서 겪게 된 많은 현안 중에 저는 이것만큼 경고 사인이 들었던 부분들이 많지 않습니다. 지금 한국 계엄 이후의 이 과도기적 상황에서 한국 정부가 제대로 기능들을 하기 어려울 때 이런 특정 정치권의 목소리, 핵무장론 같은 목소리가 결국 우리 경제와 산업과 과학기술을 파괴시켜 버리는 이런 영향들 그리고 그 영향들을 미리 예측하거나 관리하지 못하고 그리고 이런 일이 발생했을 때 아주 적극적으로 이걸 해결할 수 없는 위치에 놓여 있다는 게 저는 사실 참담할 뿐입니다.

그래서 이 부분에 대해서 외교부장관님께서 중요성을 축소하지 마시고 더 중요한 부분이라고 생각을 하시고 밀고 나가시고 국민들, 특히 국민들과 함께 외교부 외 과학기술부나 산업부 이 전반적인 정책 부처들과 협의를 하셔서 이 문제에 대해서 공동 대응하실 필요가 있을 것 같습니다.

지금 이 문제가 이 몇 달간의 과도기적 상황 안에서 막혀 버린다고 하면 한반도의 미래 먹거리가 산산이 그 토대를 잃게 되는 위험이 있습니다. 미국과 같은 나라, AI나 양자컴퓨팅에서 가장 앞선 기술들을 가진 나라와 연구 협력 혹은 산업 협력, 투자 협력이 안 된다고 하는 것은 우리는 여기서 완전히 도태될 수 있을 위험성을 가지고 있습니다. 좀 심각성을 인식하시고 계획을 세워서 보고해 주시기 바라겠습니다.

○**외교부장관 조태열** 예, 알겠습니다. 위원님 우려를 충분히 공감하고 있고요 경각심을 가지고 이 문제를 대처하겠습니다. 그런데 아직은 사실관계 파악을 한 후에 걱정을 해도 되지 않을까, 일단은 사실관계 파악을 하고 그다음에 심각성이 있을 경우에는 당연히 그에 맞춰서 저희들이 행동을 하겠습니다.

○**차지호 위원** 부디 그 사실관계 파악하는 과정에 여러 전략들이 이미 활동적으로 만들어지고 있고 이 문제에 대한 심각성을 사실관계를 파악한다는 그 말씀 이전에 이미 충분한 심각성을 느끼고 준비하고 계시기를 바라고요. 그리고 이것은 외교부 차원의 일이 아닙니다.

○**외교부장관 조태열** 예, 알고 있습니다.

○**차지호 위원** 국가 여러 부처, 경제 부처 산업 관련된 부처 과학기술 부처 전반과 비상적으로 대응을 해야 되는 일입니다.

○**외교부장관 조태열** 예, 그렇게 생각하고 있습니다.

○**차지호 위원** 이 두세 달간에 이런 일들이 망가지지 않게 꼭 잡아주시기를 바라겠습니다.

○**외교부장관 조태열** 예, 그렇게 하겠습니다.

○**위원장 김석기** 수고하셨습니다.

다음 권칠승 위원님 질의해 주시기 바랍니다.

○**권칠승 위원** 권칠승입니다.

외교부장관님, 이재강 위원님 질문에 이어서 질문을 드리도록 하겠습니다. 장관님은 계엄 이후에 이 상황을 보시면서 이렇게 평가를 하신 적이 있습니다, '민주적인 복원력이 작동한다, 대한민국이' 그렇게 말씀하신 적이 있습니다. 물론 개인적인 평가라고 생각을 합니다만 지금도 그 생각에는 변함이 없으시지요?

○**외교부장관 조태열** 국제사회의 평가입니다.

○**권칠승 위원** 동의를 하시는 거지요?

○**외교부장관 조태열** 예.

○**권칠승 위원** 지난 2월 25일 독일 공영방송, 아까 이재강 위원님께서 말씀하신 그 방송의 내용을 보면 황당합니다. 조금 요약을 하자면 한국인의 절반 이상이 윤석열 지지로 돌아섰고 지금 국회를 구성한 총선은 부정선거 가능성이 높고 야당과 탄핵 찬성자들이 중국과 북한의 영향하에 있다 이런 정도로 볼 수 있는데 이 세 가지 주장이 다 동의하기 어렵지요?

○**외교부장관 조태열** 그 방송사가 다른 언론의 보도에 의하면 균형을 잃은 보도라고

판단해서 내리기로 했다라고 스스로 얘기하는 것으로 제가 들었습니다.

○**권칠승 위원** 그게 무슨 말, 다시 한번 말씀해 주시지요.

○**외교부장관 조태열** 그 방송이, 그 다큐멘터리가 나중에 재방송되기 전에, 내리기 전의 판단의 근거가 균형을 잃은 보도였다라고 스스로 판단해서 삭제하기로 했다라는 게 해당 방송사……

○**권칠승 위원** 균형을 잃은 보도라고 판단했다……

○**외교부장관 조태열** 균형을 잃었다고요.

○**권칠승 위원** 예.

그런데 이 관련해서 아까 잠깐 질문이 있었는데요 외교부 답변이 있었습니다. '국내 정치 상황에 대한 타국 공영방송의 보도 내용에 대해 정부 차원에서 대응하는 것이 바람직하지 않다', 당연하고요. 그다음에 덧붙여 있습니다. '바람직하지 않다는 일차적 판단이 있었다' 이렇게 답변해 왔습니다. 그 말은 어떤 단위에서인가 이 부분에 대해서 판단을 했고 판단의 결과 아무 조치를 하지 않았다 이런 의미 아니겠습니까? 이 판단을 누가 했습니까?

○**외교부장관 조태열** 대사관에서 일단 상황 파악하는데 3월 4일 날 처음 알아서 6일 날 그 해당 사가 내릴 때까지 이틀 정도가 있었는데 그 상황 파악하는 사이에 그게 상황이 종료돼 버린 겁니다.

○**권칠승 위원** 그러니까 이런 것에 대해서 판단을 누가 합니까?

○**외교부장관 조태열** 당연히 대사관에서 무슨 대응을 하려면 이게 뭔가, 무슨 배경인가를 사실관계를 파악을 해야 되지 않겠습니까?

○**권칠승 위원** 이 최종 판단하고 조치를 내릴 때까지 책임자가 해당 대사관이다 하는 말씀이신가요?

○**외교부장관 조태열** 보고하느라고, 그 대사관은 모니터해 가지고 보고하다가 상황이 종료가 된 겁니다. 저는 이미 상황 종료된 후에 출장 과정에서 보고를 받았고요.

○**권칠승 위원** 장관님은 그러실 수 있습니다. 그런데 일차적 판단, 이것은 대응 안 하는 게 좋겠다고 하는 일차적 판단이 있었다 이렇게 답변이 왔습니다. 어디에서인가 판단을 했을 것 아닙니까, 이것 대응하지 말자.

○**외교부장관 조태열** 그 이틀 동안에 대응을 하지 않은 것은 상황 파악을 하는 과정에서……

○**권칠승 위원** 아니, 그렇지 않습니다. 대응하는 것이 바람직하지 않다라는 판단을 했다는 겁니다. 그냥 이것저것 상황 파악하다가 아무런 판단을 못 한 게 아니고 이것은 대응 안 하는 게 좋다라고 하는 판단을 했었다 그렇게 답변이 와 있습니다. 이 판단을 누가 했는가를 제가 궁금해서 물어보는 겁니다.

○**외교부장관 조태열** 제가 지금 말씀드린 겁니다.

○**권칠승 위원** 답변이 안 되는데요, 말씀하신 것은?

○**외교부장관 조태열** 그러니까 현지 공관에서 서울에 보고하는 과정에서 즉각, 무슨 뭐가 상황이 판단이 돼야 즉각 대응을 하고 할 텐데……

○**권칠승 위원** 판단이 안 됐다는 게 아니라니까요. 일차적 판단을 했어요.

○**외교부장관 조태열** 아니, 바로 상황…… 국내 정치 상황에 대한 보도인데 거기에 대

해서 대사관이……

○**권칠승 위원** 장관님, 이것 혹시 장관님 처음부터 알고 계셨어요?

○**외교부장관 조태열** 제가 말씀드렸지만……

○**권칠승 위원** 독일에서 이런 방송이 있는데 이것 어떻게 대응을 할까요 말까요……

○**외교부장관 조태열** 몰랐다니까요. 제가 파리 출장 갔다 3월 7일 날 처음 들었습니다.

○**권칠승 위원** 그러면 장관님은 모르셨겠지만 장관님 예하 누군가가 이 내용을 알고 이런 판단을 한 것 아닙니까? 그러니까 이런 답변이 왔지요.

○**외교부장관 조태열** 아니요, 이틀 사이에 뭔가 할 수 있었음에도 안 한 것에 대해서 물으시니까 그것은 상황 파악……

○**권칠승 위원** 제가 이 문언에 따라서 질문하는 게, 제가 드리는 말씀이 논리적으로 맞잖아요? 일차적 판단이 있었다고 답변이 왔는데 판단한 사람이 없다는 게, 그런 취지로 답변을 하시면 이해가 안 되잖아요.

○**외교부장관 조태열** 아니, 공관에서 그렇게 해서, 일차적인 판단을 공관에서 하지요.

○**권칠승 위원** 그러면 공관입니까? 아까 제가 그렇게 질문했잖아요.

○**외교부장관 조태열** 공관이 즉각 대응하지 않고 서울에 보고를 하는 그 이틀 동안의 판단이 그런 판단이었다는 거지요.

○**권칠승 위원** 아니, 자꾸 끝을 흐리지 마시고요.

공관에서 판단했다는 겁니까?

○**외교부장관 조태열** 그렇겠지요.

○**권칠승 위원** 공관에서 판단한 것으로 제가 알고 나중에 더 찾아보겠습니다.

그런데 이게 영국 더 타임스도 그렇고 대파 논란도 있었고 김건희 여사 문제도 있었어요. 아까 김건희 여사는 인신공격성 발언이기 때문에 수정 요청을 했다 이런 취지로 답변을 하셨잖아요. 그런데 듣기에 좀 불편하실지 모르지만 그 내용은 사실일 가능성이 굉장히 높습니다.

그다음에 대파 관련해서는요, 제가 여러 방송에 나온 것 말씀드릴게요. 외신입니다. 프랑스 AFP 통신 '대파의 외침. 보잘 것 없는 야채가 한국 선거를 휘젓다. 김치를 포함해 한국 요리에 널리 사용되는 대파가 4월 10일 투표를 앞두고 논의를 지배하고 있다'. 그다음에 아시아뉴스네트워크 또 AP, AFP 다 나왔습니다. 미국 ABC 등등등 굉장히 많습니다. '정치적인 대파. 대파가 선거 공격수가 되다. 한국인들이 사랑하는 채소 대파가 예상치 못하게 야당이 윤석열 대통령과 여당을 공격하는 최신 무기가 됐다'.

이런 게 대응할 내용인가요? 어떻습니까? 답변을 한번 해 보십시오.

○**외교부장관 조태열** 그것에 대해서 제가 답변할 필요를 잘 못 느끼겠습니다.

○**권칠승 위원** 그러면 필요를 못 느끼는데 왜 저런 대응을 하셨어요, 외교부에서?

○**외교부장관 조태열** 사기꾼이니 뭐니 하는 그런 얘기가 인신공격성 보도가 분명하지 않습니까? 어떻게 그런 것을 내버려두겠습니까?

○**권칠승 위원** 그러면 대파는요?

○**외교부장관 조태열** 대파는 대파지요. 대파가 무슨 문제가 있는 이름은 아니지 않습니까?

○**권칠승 위원** 그렇습니다. 그래서 대응을 하실 내용이 아니었다 이 말입니다. 그런데

대응을 하셨어요, 외교부에서.

○**외교부장관 조태열** 사기꾼이니 뭐니 이런 얘기들을 보고서 대응한 거지요.

○**권칠승 위원** 그렇지 않습니다. 이게 따로따로 나온 보도입니다. 사기꾼 문제는 체코에서 했고요.

제가 더 질문하면 답변이 더 궁색해지실 것 같은데 장관님께서 이런 부분들은 너무……
(발언시간 초과로 마이크 중단)

(마이크 중단 이후 계속 발언한 부분)

한쪽에 편들어서 대응하지 마십시오.

○**외교부장관 조태열** 공무원이 편들고 그러는 것은 아니지 않습니까? 공무원은 정치적 중립을 지키면서 일을 하고 있는 거지요.

○**권칠승 위원** 그것은 아주 원칙적인 말씀인데 제가 더 수집해 놓은 것들이 많습니다. 비상계엄을 지지하는 그런 외교부가 되시면 안 되고요. 또 비상계엄에 반대한 게 장관님의 방침이기도 하잖아요. 아까 독일 방송 같은 것을 알고도 가만히 놔뒀다, 가만히 놔두는 게 바람직하겠다 이런 일차적 판단을 했다는 게 앞뒤가 안 맞는 조치 아닙니까?

○**외교부장관 조태열** 저는 몰랐습니다, 아예 팩트 자체를.

○**권칠승 위원** 그러니까 장관님이 그런 방침을 갖고 있는데 외교부에서 누군가가 그런 판단을 해서 지금 대응이 된 것 아닙니까? 그런 부분에 대해서는 장관님 챙겨 주십시오.

○**위원장 김석기** 수고하셨습니다.

다음은 유용원 위원님 질의해 주시기 바랍니다.

○**유용원 위원** 외교부장관님, 최근 폴란드 다녀오셨지요?

○**외교부장관 조태열** 예.

○**유용원 위원** 폴란드 며칠 다녀오셨습니까?

○**외교부장관 조태열** 1박 2일 했습니다.

○**유용원 위원** 아주 짧은 출장에 타이트한 일정을 보내신 것으로 아는데 주로 K-방산 수출 관련해서 고위 관계자들과 회의도 하시고 일부 현장 방문도 하신 것으로 알고 있는데 어떠셨습니까?

○**외교부장관 조태열** 우리 방위산업의 저력을 현장에서 실감을 했고요. 민스크 공군기지의 FA-50 전투기는 제가 직접 올라가서 시승도 해 보고 거기서 일어나고 있는 현장에서의 경험이 굉장히 저한테는 교육적이었습니다. 그리고 우리에 대한 인식이 제가 생각했던 것보다 훨씬 중요한 파트너로 인식하고 있다는 것을 확인했고요.

○**유용원 위원** 저도 우크라이나 들어가기 전후로 폴란드에 방산, K-방산 수출 현황을 좀 받고 민스크 기지도 가 봤는데 장관님 말씀하신 것처럼 폴란드 공군 관계자들도 높은 평가를 하고 있어서 저도 아주 인상이 깊었습니다.

그리고 보도에 따르면 지금 우리 K-방산 수출에서 큰 고비로 평가받는 게 K2 전차 2차 사업입니다. 장관님께서도 잘 알고 계시고 이번에 노력하신 것으로 아는데 언론 보도들에 따르면 장관님께서 노력하신 결과 조만간 계약 관련해서 좋은 소식이 있을 것이다 이런 보도들도 나오는데요 어떤가요? 실제로는 어떻습니까?

○**외교부장관 조태열** 제가 노력해서 되는 것은 아니고요 그동안 다 노력해서 90% 이상 됐는데 마지막 협상 마무리 단계에 와 있는데 한두 가지 장애 요소들이 있는 것 그것들을 정부가 개입해서 원만하게 풀자 하는 그런 양해가 있었기 때문에 좀 더 스피디하게 남은 협상이 이루어지지 않을까 하는 기대를 하고 있습니다.

○**유용원 위원** 조만간 좋은 결과가 되기를 바라겠습니다.

제가 이번에 우크라이나를 간 게 마침 우크라이나 개전 3주년을 전후해서였습니다. 지난달 24일에 키이우에서 젤렌스키 대통령 주재로 온라인 오프라인으로 해서 총 37개국 정상이 참석한 가운데 우크라이나전 3주년 특별 정상회의가 열렸었습니다.

제가 거기에 원래 예상치 않았었는데 운 좋게 옵저버(observer)로 참석을 해서 정상회의 분위기를 잘 느낄 수 있었는데요. 그때 제가 느낀 것은 아시다시피 트럼프 대통령하고 푸틴 대통령이 여러 형태의 거래를 하면서 우크라이나는 물론이고 EU 등 유럽 국가들이 소외된 데 대해서 강한 불만, 어떤 경우는 거의 분노에 가까운 감정을 표출한 경우도 있었고 공통적으로 방위비 증액, 군사력 증강 그리고 우크라이나 지원 의지를 밝혔었습니다. 그런데 그 뒤에 아시다시피 그 유명한 백악관에서의 트럼프 대통령과 젤렌스키 대통령이 충돌하는 그러한 사안이 있었고 그래서 유럽은 더욱더 방위비 증액, 군사력 증강에 대한 의지를 더욱 다지는 분위기 같습니다. 실제로 그런 발표도 있었고요.

그래서 그런 점에서 보면 우리 K-방산에도 기회가 올 수 있다 해서 방산 주식도 많이 오르고 그랬습니다만 저는 그렇게 꼭 낙관적이지만은 않다고 생각합니다. 유럽이 스스로 EU, 나토 국가에서 만든 무기를 위주로 구입하는 쪽으로 방향을, 성을 쌓고 있기 때문에 사실은 우리한테 열려 있는 기회의 창이 그렇게 시간이 길지는 않다 그런 말씀을 좀 드리고 싶고요.

그런 맥락에서, 외교부도 방산 수출을 지금 지원하고 있지 않습니까? 그런 맥락에서 조금 지엽적인 것으로 느끼실지 모르겠지만 하나만 여쭙겠습니다. 이게 좀 작은 사안이어서 장관님께서 모르실 수도 있을 것 같습니다만 혹시 미국과 독일에서 우리나라에서 생산되고 있는 155㎜ 모듈형 추진장약, 이 장약은 포탄에 추진력을 부여해 주는 그러한 구성품으로 보시면 되는데 그것에 대한 수입 요청이 온 게 있습니다. 혹시 장관님께서 알고 계신가요?

○**외교부장관 조태열** 구체적인 그런 것은 외통위에서 논의하는 게 적절치 않은 것 같습니다.

○**유용원 위원** 그런가요?

○**외교부장관 조태열** 예.

○**유용원 위원** 하여튼 민감하게 판단하셔서 그러신 것 같은데, 요지는 전에 폴란드에 크랩이라는 자주포를 수출할 때 우리가 차체만 수출했습니다. 그런데 이게 우크라이나에도 지원됐는데 그것에 대해서는 승인을 했습니다. 왜냐하면 차체 자체는 살상용 무기로 보지 않았기 때문에 그런 것인데 장약의 경우도 그렇게 볼 수 있는 측면이 있다고 저는 봅니다. 그래서 외교부에서도 그런 측면을 감안해서 전향적으로 판단해 주시면 좋지 않을까 그런 생각을 합니다.

다음은 북한군 포로 문제에 관련해서 여쭙고 싶은데요. 아까 존경하는 인요한 위원님께서 질의를 하셨지만, 일부 언론에 보도가 됐습니다. 미국과 러시아 간의 거래에 의해서 북한군 포로가 최악의 경우 북한으로 갈 수 있다 이런 우려도 있는데 실제로 그와 관련해서 가시적인 움직임이 있습니까?

○외교부장관 조태열 여러 가지 설과 루머만 있고 구체적인 것은 우크라이나 외교부하고 저희가 본격적으로 협의하게 되면 모든 게 드러날 것 같습니다. 본인의 의사가 뭔지 다른 관계국들한테 무슨 움직임이 있었는지 그런 것들은 아직 밝혀진 게 없습니다.

○유용원 위원 제가 알기로 북한군 포로가 우리나라에 오려면 우리와 우크라이나의 협의·협력도 중요하지만 그 전에 국제적십자사 같은 국제적으로 공인받은 기관의 객관적인 검증이 필요한 것으로 알고 있습니다, 포로가 정말 한국에 가고 싶어 하는지. 그런데 지금 그런 국제적십자사의 확인 작업은 거친 상태인가요?

○외교부장관 조태열 아직은 거기까지 안 가 있습니다.

○유용원 위원 그러면 포로 송환 관련해서 우리 컨트롤타워가 어디입니까? 외교부입니까, 통일부입니까, 아니면 국정원입니까?

○외교부장관 조태열 그것은 조금씩 다 관여가 돼 있겠는데 그것은 하여간 관계부처 협의해서 한다는 정도만 말씀드리겠습니다.

○유용원 위원 제가 봤을 때 포로 송환 문제도 시간이 많지 않기 때문에 하여튼 외교부가 주도하든 적극적으로 나서서 신속하게 추진해 주시면 감사하겠습니다.

○외교부장관 조태열 예.

○위원장 김석기 수고하셨습니다.

다음은 윤후덕 위원님 질의해 주시기 바랍니다.

○윤후덕 위원 잠깐만요, 위원장님. 공기가 탁해서 문 좀 열지요.

○위원장 김석기 예, 그러시지요.

윤후덕 위원님 질의해 주시기 바랍니다.

○윤후덕 위원 경기도 파주 국회의원 윤후덕입니다.

외교부장관님, 어제지요, 어느 언론에서, 여러 언론에서 미국의 에너지부가 우리나라 한국을 민감국가(sensitive country)로 분류한다 그런 기사가 많이 나왔어요. 그래서 그것을 보니까, 인요한 위원님도 그런 얘기를 하잖아요, '기분 나빴다. 그리고 화가 난다' 이런 말씀들을 하시는 분도 있어요.

그런데 앞서서 홍기원 위원님이 질의하실 때 장관께서 그런 얘기를 하셨어요. '완전히 분류된 게 아니다. 아직 확인된 것이 아니다. 경위를 파악하고 있는 중이다. 공식적인 라인에서 확인하고 있는데 아직 확인되지 않고 있다' 이런 말씀을 하셨지요?

○외교부장관 조태열 예.

○윤후덕 위원 그러면 아직 확인된 것은 아니지요?

○외교부장관 조태열 예.

○윤후덕 위원 그리고 확정된 것도 아니지요?

○외교부장관 조태열 예.

○윤후덕 위원 그러면 언론에 나온 것을 잘 읽어 보니까 에너지부에서 17개의 산하기관—국립연구기관들이지요—거기에 공문을 보낸 것에 근거해서 기사를 썼더라고요, 이 공문. 그런데 그 내용에는 그렇게 돼 있어요. 3월 초에 에너지부가 17개 산하기관에다가 공문을 통보했는데 '4월 15일 날부터 실행한다' 그런 정도의 기간이 있는 것 같더래요.

그렇게 기록이 돼 있어요. 그러면 이것은 사실인 것 같아요, 여기까지는. 그렇지요?

○외교부장관 조태열 예, 그렇다고 추정……

○윤후덕 위원 3월 초에 에너지부에서 공문을 만들어서…… 내부의 문서잖아요. 내부 문서를 다른 나라한테 알려 주는 경우는 없잖아요, 사실은. 그렇잖아요?

○외교부장관 조태열 그렇다고 봐야 되겠지요.

○윤후덕 위원 그러면 아직 완전히 확정된 게 아니고 17개 기관들한테 보내 줘서 이대로 되면 그런 나라들 그런 나라들 그런 나라들은 한국을 포함해서 연구하는 사람들한테 신원조회를 확인하고 이것도 연구에 대해서 경각심을 가져라 이런 식의 내용을 가지고 있을 것 아니에요. 그러면 4월 15일 날 확정되는 거잖아요.

○외교부장관 조태열 그 보도에 의하면 그렇습니다.

○윤후덕 위원 이 공문에 의하면 그럴 거예요. 그러면 외교부에서도 이 정도 공문은 확보했으리라고 생각을 해요. 그러니까 그것 아니에요, 미국 국책연구원 그런 데서 공부하고 연구하는 한국인 연구자들이 불안하니까 이렇게저렇게 알려 주고 그런 거예요, 사실은. 그래서 공문이 나온 거라고 생각을 해요. 외교부에서도 가지고 있고 주미대사관에서도 가지고 있으리라고 봐요. 그것은 서로 맞다 그렇게 얘기를 합시다. 그러면 4월 15일까지, 지금 이제 3월 11일이잖아요. 아직 시간이 있잖아요.

○외교부장관 조태열 예.

○윤후덕 위원 민감국가라는 게 뭐예요. 사실은 그런 나라에는 중국, 러시아, 북한, 사우디 등등 해 가지고 그중에서는 테러국가도 있고 핵 불량국가도 있고 그렇잖아요.

○외교부장관 조태열 테러국가는 또 따로 분류되는 것 같습니다.

○윤후덕 위원 따로 있지요. 그런 식으로 돼 있는 분류로 돼 있는 게 그전까지 21개 나라가 있더라고요. 그리고 이번에 5개 나라를 또 분류하려고 하는 거더라고요. 그러면 이 시간에 외교력을 집중해서 4월 15일 확정돼서 시행되기 전까지 이것을 해지시키고 한미동맹이라는 정신에 의해서 외교력을 좀 발휘해야 되는 것 아닙니까?

○외교부장관 조태열 예, 하여간 상황 파악하고 경위 파악하고 그다음에 총력을 기울이겠습니다.

○윤후덕 위원 이 사실은 맞는데 아직 진행 중인 거니까 열심히 노력하고 있다 그런 말씀이지요?

○외교부장관 조태열 예.

○윤후덕 위원 반드시 이것 해제될 수 있게, 거기에 분류되지 않게 꼭 좀 해 주십시오.

○외교부장관 조태열 예, 노력하겠습니다.

○윤후덕 위원 그렇지 않으면 걱정되는 게 많아요. 이게 AI, 과학기술 이런 것에 대한 아주 첨단기술에 대해서 미국의 국책기관들하고 공동협력하는 것에 제한을 받잖아요. 아까 홍기원 위원 얘기하실 때 답변하실 때도 공동연구에 제한을 받는다라고 했잖아요. 그런데 미국이 그 많은 원천기술하고 그런 기술을 많이 가지고 있지 않습니까? 거기서 공동연구를 하지 않으면 우리나라의 첨단산업이 계속 처지게 되잖아요. 너무너무 중요하더라고요. 이것 심각한 거더라고요. 장관님, 이것 꼭 해지시켜 주십시오. 제가 그렇게 응원을 드리고, 꼭 해 주십시오.

○외교부장관 조태열 예, 엄중하게 받아들이겠습니다.

○**윤후덕 위원** 아니, 검토가 아니라 해내야 됩니다.

○**외교부장관 조태열** 예, 받아들이도록 하겠습니다.

○**윤후덕 위원** 다음은 통일부장관님, 지난번에 대북전단 풍선 그리고 대남 오물 풍선 이런 것은 요즘은 없어요. 그런데 확성기는 계속하잖아요. 내북 확성기, 대남 확성기에 의해서 그 지역 주민들의 고통이 엄청 커요. 그것 알고 계시지요?

○**통일부장관 김영호** 예, 잘 알고 있습니다. 알고, 굉장히 안타깝게 생각하고 있습니다.

○**윤후덕 위원** 안타까운 정도가 아니라, 제가 한번은 여기 외통위의 국정감사 가려고 인천공항에 나가서 이렇게 가는데 괴음이 계속 들리는 거예요. 그것 듣다 듣다 보니까 이게 북한에서 북한 놈들이 송출하는 대남 확성기에 의해서 그 괴음이더라고요. 외국 사람들도 다 이것 듣고 있어요. 이것 좀 어떻게 해결 좀 해 주세요.

○**통일부장관 김영호** 우선 정부에서 민방위기본법을 개정을 했습니다. 하고, 시행령을 지금 만들고 있고 피해 주민들의 어려움을 완화할 수 있도록 정부가 계속 애를 쓰고 있습니다.

○**윤후덕 위원** 아니요 장관님, 장관님이 말씀하시는 민방위기본법의 시행령 그것은 불편한 것을 지원하는 예산을 확보하자 그런 얘기잖아요. 그런데 이것은 국방부가 대북 확성기를 계속 때리는 거예요, 하루에 16시간 동안. 그러니까 북쪽에서 그에 대응해 가지고 고출력을 만들어서 계속 때리는 거예요. 그러면 NSC에 가서 국방부에다가 이것은 좀 자제하라고 그렇게 확실하게 얘기를 해 달라는 얘기예요.

○**통일부장관 김영호** 지난번 회의에서 김영배 위원님께서도 말씀하신 것처럼 저희들이 이 문제와 관련해서는 실무선에서 일단 국방부하고 소통을 했습니다. 했고, 지금 국방부는 한미연합훈련으로 지금 조금 바쁜 것 같습니다. 연합훈련이 끝나고 나면 저희들이 그 문제에 대해서 더 소통을 하도록 그렇게 하겠습니다.

(발언시간 초과로 마이크 중단)

⋯⋯

(마이크 중단 이후 계속 발언한 부분)

○**윤후덕 위원** 위원장님, 1분만 하고 마무리하겠습니다.

○**위원장 김석기** 추가질의를 안 하시겠다는 겁니까?

○**윤후덕 위원** 그러면 그냥 할게요.

재외동포청장님, 해외입양자들에 대해서 많이 관심을 가져 주셔서 감사드리고요. 아주 의미 있는 파주의 엄마품동산에 와 주셔서 감사드리고요. 그리고 6월 달에 그것보다 더 큰 의미의 행사가 있습니다. 꼭 관심을 가져 주십사 하는 부탁을 드리겠습니다.

○**재외동포청장 이상덕** 예, 그렇게 하겠습니다.

○**윤후덕 위원** 감사합니다.

⋯⋯

○**위원장 김석기** 수고하셨습니다.

다음은 김태호 위원님 질의해 주시기 바랍니다.

○**김태호 위원** 지금 저희들이 미 에너지부에서 센서티브 컨트리(sensitive country)로 분류됐다는 이 이야기 자체가 이런 말이 어쨌든 확인되지는 않았지만 굉장히 우려가 되고 있고요. 대외적으로 코리아 디스카운트가 급격히 진행되고 있다는 상징성이 있다고

보는 내용입니다. 그래서 방금 전 차지호 위원의 그런 우려, 굉장히 중요한 지적을 했다고 봅니다. 이런 우려에 대해서 굉장히 심각성을 가지고 면밀하게 상황을 주시하고 대처해 주시기를 바랍니다.

○**외교부장관 조태열** 예, 그렇게 하겠습니다.

○**김태호 위원** 제가 이번에 여야 의원 해서 국제 글로벌펀드 기구, 민간단체의 초청으로 영국 런던과 스위스 제네바의 많은 기구들을 만나 봤습니다. 만나 봤는데, 지금 미국 트럼프 2기 정부의 출범 이후에 글로벌 사우스 지역에 대한 지원 예산을 대폭 삭감하겠다는 그런 내용을 두고 거의 멘붕에 빠졌어요. 지금 말라리아라든지 결핵이라든지 에이즈라든지 이런 부분에 연차계획이 있잖아요. 이런 계획이 지금 엄청난 차질을 빚으면서 우려를 하고 있고 텐션의 강도가 굉장히 높다는 것을 봤습니다.

거기에 비해서 우리 한국을 보는 시각은 매우 다르게 다른 각도에서 달라지고 있다. 우리 ODA 사업이 최근 한 4배 이상 다 줄어드는 그런 국가의 흐름에 반대로 더 늘어나는 그런 구조에서 굉장한 기대와 그런 반응들을 저희들이 실제 확인했습니다. 특히 스위스의 외무부 산하로 알고 있습니다, 개발청. 개발원조청이 있는 것 알고 계시지요?

○**외교부장관 조태열** 예.

○**김태호 위원** 여기의 주요 키맨들을 만났는데 정말 지역사회, 의회, 시민단체 이 3년의 계획을 굉장히 타이트하고 세밀하게 이렇게 서로 논의하고 그것을 스위스 자국의 이익뿐만 아니라 이미지 제고를 위해서 엄청나게 심도 있는 노력을 하고 있는 것을 확인했습니다. 그러면서 우리의 상황을 한번 돌아봤습니다. 돌아보니까, 우리가 한 40여 단체 정도가 ODA 사업에 참여를 하고 어떻게 보면 코디네이터는 관계성이 굉장히 좀 불투명해서 과연 ODA 효과성이 있는가에 대한 우려도 지금 낳고 있거든요.

그래서 향후 스위스가 이런 개발청을 통해서 인도주의 사업이라든지 또 민주주의 확산, 평화공존 촉진, 빈곤 완화, 다양한 양자·다자 간의 그런 프로그램들을 가지고 있더라고요. 그래서 우리도 이제 우리의 국격에 걸맞은 위원회든지 청이라든지 이런 정도의 기구는 통합적 관리 차원에서 있어야 되겠다, 그리고 이 통합적 관리를 그냥 위원회에서, 청에서만 하는 게 아니라 국민과 함께하는 그런 형태의 이미지로 가야 되겠다, 그런 마음이 꽤 앞섰어요. 장관님, 그런 부분에 대해서 고민이 좀 있습니까?

○**외교부장관 조태열** 어제오늘이 아니고 외교부가 개발협력의 주무부처가 돼서 일원화되는 것이 좋다라는 게 저희 외교부 입장으로 10여 년 전부터 그런 통합시스템을 만들기 위해서 노력을 했습니다만 정부 내의 이견이 있고요. 또 기재부는 유상원조를 담당하고 있고 외교부는 무상원조를 담당하는 이원화 시스템이기 때문에 거기서 생기는 약간의 비용이 있고 또 국무조정실이 종합·통합하는 부처로 관여하고 있어서 약간의 분절화 현상이 오래된 고질이기는 합니다. 그런데 조직을 통합해서 만드는 문제는 간단치가 않습니다, 지난 10여 년 동안 노력에도 불구하고 이루지 못한 성과이기 때문에. 그러나 저는 위원님 말씀에 공감을 합니다.

○**김태호 위원** 그래서 이제는 우리 양적, 질적에 많은 변화가 이루어지고 있고 그런 고민 위에 실질적인, 가시적인 결과가 나올 수 있도록 좀 더 적극적으로 이 부분에 대한 고민을 좀 해 주셨으면 좋겠다, 부탁을 드립니다.

○**외교부장관 조태열** 예.

○**김태호 위원** 그러면서 동시에 통일부장관님, 지금 우리가 남북한 접경지역에 말라리아, 이게 2023년도 보니까 1월에서 6월 사이 전년 동기 대비해서 3배 이상 엄청나게 증가된 환자 수가 생겼어요. 물론 여기에 여러 가지 원인이 기후변화에 대한 모기 서식지의 그런 문제라든가, 특히 남북 간의 공동방역이 지금 중단돼 있잖아요?

○**통일부장관 김영호** 예, 그렇습니다.

○**김태호 위원** 그래서 이런 원인을 꼽고 있는데 사실 이런 질병의 문제 이런 부분들은 진짜 남북체제의 문제도 아니고 우리 전체 생명체에 대한 공동의 동등한 가치에 대한 철학의 문제이기도 한데 이런 부분에 대해서 장관님은 고민을 좀 해 봤습니까?

○**통일부장관 김영호** 위원님 말씀에 전적으로 공감합니다. 과거에는 남북한에 경기도라든지 도에서 말라리아 문제에 대해서는 북한과 교류도 하고 지원을 한 것으로 그렇게 알고 있습니다. 그런데 최근에는 북한에서 국제기구라든지 이런 문제와 관련해서 일체 접촉을 원하지 않기 때문에 만약에 북한에서 그런 부분에 대해서 논의를 원한다고 하면 정부는 언제든지 그 채널을 열어 놓고 대화를 하겠다 그런 생각을 갖고 있음을 분명히 말씀을 드립니다.

○**김태호 위원** 장관님, 예를 들어서 실제 세계보건기구라든지 이런 네트워크 관계를 통해서 지금 북의 문제, 북의 문제가 이제 우리의 문제라는 게 바로 연결돼 있잖아요. 그렇지요?

○**통일부장관 김영호** 그렇습니다.

○**김태호 위원** 이런 문제에 대해서 한번 접촉한 사례가 있습니까?

○**통일부장관 김영호** 지금 북한이 코로나 이후에 국제기구 요원들을 아직까지 북한 내부, 평양 이쪽으로 받아들이지를 않고 있습니다. 그래서 우선 북한이 국제기구 요원을 받아들이는 그 움직임을 정부도 예의주시하고 있고 거기에 맞추어서 정부도 움직이려고 그렇게 하고 있습니다.

○**김태호 위원** 물론 저는 컨틴전시 플랜이 A, B로 이렇게 시나리오가 있어야 된다고 봅니다. 그런 상황에 대해서 좀 국제적 네트워크라든지 그런 상황의 변화에 대해서 좀 주의 깊게 상황 대처를 해 주시기 바랍니다.

○**통일부장관 김영호** 예, 그렇게 하겠습니다.

○**김태호 위원** 이상입니다.

○**위원장 김석기** 수고하셨습니다.

　다음 위성락 위원님 질의해 주시기 바랍니다.

○**위성락 위원** 위원장님 감사합니다.

　외교부장관님께 질의드리겠습니다.

　장시간 고생이 많으신데요. 에너지부 문제를 저도 조금 추가로 질문드리겠습니다.

○**외교부장관 조태열** 예.

○**위성락 위원** 아직 민감국가로 지정이 된 것은 아니고 그렇게 한다고 확정된 것은 물론 아닙니다만 유사한 지정 과정을 보면 일단 우리가 거기에 타깃이 된 것으로 보이고, 그러면 지정의 과정 속에 우리가 들어가 있는 것으로 보입니다. 그리고 만약에 지정이 되면 거기서 파생되는 파장, 타격은 상당히 클 것 같고 앞으로 또 추가로 그런 일이 있을 수도 있다는 생각에서 잠재적인 우려가 크다고 봅니다.

4월 15일부터 분류한다는 정보가 일차적으로 있는 건데요. 지금부터 그때까지 확정하기까지의 절차가 어떻게 되는 건가요? 혹시 우리가 소명을 하거나 우리 입장을 밝힐 그럴 기회가 있는 겁니까, 아니면 그냥 미국에서 일방적으로 하는 건가요?

○**외교부장관 조태열** 그 절차도 사실관계가 확인돼야 그다음에 절차 문제가 논의될 텐데 지금 이게 어떻게 된 거냐는 경위와 사실관계 자체를 에너지부 내부에서 파악을 하고 그러고 나서 우리한테 연락을 하겠다 하는 이런 상황에 있습니다.

○**위성락 위원** 그러면 좀 미 측하고 알아보시고 그러는 동안에는 우리가 어떻게 대처할지 입장도 좀 세워야 될 것 같습니다.

그런데 여기 나와 있는 명목을 보면 여러 가지가 있습니다만 우리에게 해당이 될 것으로 추정할 수 있는 영역은 대개 한 가지 정도라고 봅니다. 핵 비확산일 가능성이 꽤 높아 보입니다. 지역 불안정성 같은 것도 있지만 우리가 거기에 꼭 해당될 것 같지는 않습니다.

그러면 왜 핵 비확산 문제가 제기됐을까 따져 볼 때, 사실 국내에 핵무장에 관한 논의가 상당히 비등하지 않습니까? 여론도 지지를 많이 하고 한국 내 핵무장을 지지하는 분도 굉장히 많고 그렇기 때문에 아마 미 측에서 우려에 따라서 이렇게 하는 게 아닌가 추정이 되는데 만약에 민감국가로 분류가 되면 파장이 너무 크기 때문에 정부가 잘 대처해 주기를 바라고 그런 대처 과정에서 제 전제가 맞다면 핵무장론에 대한 우리 입장을 잘 소명하지 않고는 이것을 막지 못할지도 모른다는 생각이 듭니다.

그러니까 정부가 대처를 함에 있어서 우리 입장 정립을 잘 하셔야 될 것 같습니다. 어떻게든 민감국가로 지정이 되지 않아야 하기 때문에 외교부는 물론이고 과기부 등등 범정부적으로 잘 대처해 주실 것을 기대합니다. 어떻게 생각하시는지 말씀을 좀 주십시오.

○**외교부장관 조태열** 여러 가지 추정하는 논리 중의 하나로 그런 말이 도는 것은 일응 이해되는 측면이 있고요. 그러나 반드시 그것만인지는 좀 봐야 되겠고요. 어떻게 보면 내부 경위가 지금 불투명하기 때문에 우리가 생각하는 것보다는 심각하지 않은 어떤 요인 때문에 생긴 일회성, 그럴 가능성을 배제할 수도 없고 그래서 일단은 예단하지는 않는 게 좋겠다는 생각이고. 그다음에 경위가 차차 밝혀진다면 그 모든 원인과 배경을 다 샅샅이 검토해서 저희들이 효율적으로 대응하도록 그렇게 하겠다는 말씀을 드리겠습니다.

○**위성락 위원** 예단하지 않는 것은 좋습니다. 그런데 예단하지 않다가, 우리가 대비가 미진해서는 안 되니까 잘 대처하시기 바랍니다.

○**외교부장관 조태열** 예.

○**위성락 위원** 다음으로는 지금 대통령의 직무가 정지되고 권한대행이 들어서서 권한대행이 업무를 하고 있는데 권한대행이 고위직 인사를 하는 데는 좀 신중해야 된다고 생각을 합니다. 더욱이 대통령의 직무정지 사유가 비상계엄이고 또 그것에 따른 탄핵과 수사 절차가 진행되고 있기 때문에 더 그렇다고 생각이 됩니다.

제가 왜 이 말씀을 드리는가 하면 최근 보도를 보면 공관장 인사를 준비하고 있고 특임공관장으로 방문규 전 산업통상부장관이 인도네시아에 간다 또 그 외에도 군 출신 특임공관장이 몇 분 더 있다 이런 보도가 있습니다. 이런 인사가 추진되고 있는 건가요?

○**외교부장관 조태열** 그것은 이미 진행되고 있던 과정에서 여러 가지 국내 사정에 변화가 있었기 때문에 조금 지연이 되고 있는 측면이 있고 또 아그레망이 늦게 도착한

나라도 있고 그래서 사안별로 일률적으로 판단할 사안은 아니고요. 저희들이 임명 경위와 그 사람의 전문성과 또 여러 가지를 감안해서 순차적으로 공관장 임명을 하고 있는데 제가 정확한 숫자는 기억이 안 납니다만 1차 공관장 임명을 했고 신임장도 부여를 했고요. 나중에 부임할 준비를 하는 공관장도 있고 또 순치적으로 지금 남아 있는 공관장님이 몇 분이 있다는 정도로만 말씀을 드리겠습니다.

○**위성락 위원** 특임공관장은 정치적 임명입니다. 그리고 지금 진행해 왔다는 말씀은 윤석열 대통령이 정치적 임명을 추진했다는 말이 됩니다. 지금 직무수행이 정지된 윤 대통령이 정치적으로 임명하려던 인사가 권한대행에 의하여 임명이 된다, 적절치 않다고 생각합니다. 아니기를 바라고 이런 일이 꼭 없기를 바랍니다.

○**위원장 김석기** 수고하셨습니다.

다음은 이재정 위원님 질의해 주시기 바랍니다.

○**이재정 위원** 저도 민감국가 지정과 관련해서 잠시 몇 가지만 짚고 질의 이어 가겠습니다.

외교부장관님한테 여쭙겠습니다.

에너지부에서 산하기관에 보낸 문서의 내용으로 확인되었다라고 언론에 나옵니다. 장관님도 그렇게 보고받으신 거지요?

○**외교부장관 조태열** 예.

○**이재정 위원** 그 문서를 보신 적은 있습니까?

○**외교부장관 조태열** 저는 문서 자체는 못 봤고 내용만 제가 보고를 받았습니다.

○**이재정 위원** 그리고 이것은 비단 외교부만 관계된 게 아니니까 저도 여러 부처에 크로스 체크를 하는 과정에서 가장 문제되는 사유로는 대한민국 내에서 제기되고 있는 핵무장론과 관련된 우려 때문이다라고 타 부처에도……

○**외교부장관 조태열** 그 보도 내용이 그렇습니다.

○**이재정 위원** 보도 내용인 것이고 타 부처에서는 그렇게 보고가 된 것으로 저는 알고 있는데……

○**외교부장관 조태열** 아닙니다.

○**이재정 위원** 그런 보고 안 받으셨고, 그 이유에 대해서는 일체 보고받으신 적이 없습니까?

○**외교부장관 조태열** 아니, 에너지부 자체가 경위를 모르고 있습니다, 지금. 이러이러한 이유 때문에 이렇게 됐다라고 저희들한테 밝히지를 못하고 있는 상황이기 때문에……

○**이재정 위원** 여러 가지 다양한 정보선을 통해서 취합한 내용을 일응 정리해서 장관님께는 보고할 것 같은데……

○**외교부장관 조태열** 아니요, 전혀. 보도에 나온 수준 정도로……

○**이재정 위원** 4월 15일 시행이 될 건데 최선을 다해서 외교력을 발휘하려면 대체 무슨 이유로 이렇게 지정되려는 것인가에 대한 분석이 끝나야 뭘 회복이라도 할 것 아닙니까.

○**외교부장관 조태열** 그렇지요.

○**이재정 위원** 그냥 가서 '저희 빼 주세요' 한다고 빼 줄 나라가 어디 있어요.

○**외교부장관 조태열** 그러니까 에너지부하고 긴밀히 그것에 대해서 접촉을 하고 있다

는 말씀을 드립니다.

○**이재정 위원** 장관님이 이 문제를 기꺼이 단언에 얘기하시기 얼마나 불편하실까, 알고 있습니다. 그런데 우리 모두가 보도에서 확인하고 있고 저도 다른 부처 또는 여러 경로로 크로스 체크하기로는 핵 문제와 관련된 핵 비확산의 지점에 대한 한국에 대한 우려입니다.

그럴 만도 하겠다 싶습니다. 다른 사람도 아니고 윤석열 대통령이, 나라의 수장이 마음만 먹으면 1년 안에 핵무장 할 수 있는 그 정도는 된다라는 얘기를 설혹 그렇다 할지라도 서슴없이 했고요. 그리고 다른 분들도 아니고 그저 코멘터리하는 일개 의견을 가지신 기자나 평론가들이 아닌 여당 의원들이 무분별하게 한미동맹의 근간을 흔드는 얘기들을 꾸준히 해 왔기 때문이라고 저는 생각합니다.

장관님, 혹시 이 일이 있기 전 또는 핵무장론이 무수히 제기되던 당시에 미국 조야를 만나면서 한국 내 자체 핵무장론에 대한 상황이 어떠한지에 대한 질문을 받으신 적은 있습니까?

○**외교부장관 조태열** 싱크탱크에 있는 분들은 한국 상황을 계속 주시하고 관찰하고 있기 때문에 그런 여러 가지 정세 동향을 논의하는 가운데 가끔씩 나온 얘기는 있었던 것으로 저는 기억을 합니다. 정부 차원에서 나온 얘기는 없습니다.

○**이재정 위원** 저는 유독 이상하다고 생각했던 게 핵무장론이 국내에서 제기된 얼마 후부터 말씀하신 싱크탱크는 물론이고, 미국의 의원 만나기만 하면 그간의 그런 핵무장론에 대한 국내의 삐죽삐죽한 문제 제기들이 없었던 게 아닌데 왜 자꾸 이 문제만 주구장창 물어볼까 하는 우려가 있었습니다. 저는 그러한 전조들이 오늘의 결정까지 결국은 빌드업 된 게 보입니다.

저는 이 문제를 풀 사람, 물론 외교 현장에 있는 우리 부처의 노력도 중요합니다마는 저는 이 문제 제기를 먼저 하셨던 책임져야 될 정치인들, 특히 다른 정치인들도 아니고 여당의 정치인들이 서슴없이 이런 얘기 하시고 대통령 입에서 핵무장이라는 얘기를 했던 그 당사자가 적극 나서서 해결해야 될 문제라는 생각입니다.

장관님, 계엄 선포가 영어로 뭐예요?

○**외교부장관 조태열** 디클러레이션 오브 마셜 로(declaration of martial law)요.

○**이재정 위원** 계엄 선포 우리 한글로 줄이면 한자를 차용하다 보니까 네 자인데 참 길더라고요. 저도 최근에 유엔 제네바, 뉴욕 포함해서 10여 국의 의원들을 만났어요. 양자회담을 제가 요청을 해 가지고 다 만났는데 저는 힘들게 계엄 선포에 대해서 긴 영어 단어로 얘기를 했더니 일축해서 묻는 사람들이 너무 많았어요. '쿠데타'라고 물었습니다.

저는 장관님의 답변은 듣지 않겠습니다마는 계엄 선포 자체가 가져온 한국인만이 아닌 전 세계인의 충격과 계엄 선포 자체에 이미 평가되어 있는 상식적인 시민들의 인식이 있다고 봅니다.

사진 하나 보여 드리겠습니다.

(영상자료를 보며)

이런 게 홍보가 되고 있어요, '탄핵이 불법이다'. 그리고 이런 홍보가 외교부 산하 공무원 또는 외교부로부터 정부의 지원을 받는 단체가 이런 홍보한다면 어떨 것 같아요? 부적절하겠지요?

○**외교부장관 조태열** 어떤 단체가 그런……

○**이재정 위원** 만약에 외교부 산하의 공무원이든 정부 지원을 받는 단체가 이런 홍보를 한다면 부적절하겠지요? 이 자체에 대한 평가적 언어는 제가 요청드리는 게 아닙니다.

○**외교부장관 조태열** 글쎄요, 어떤 관계에 있느냐에 따라 다르겠지요.

○**이재정 위원** 다시 보겠습니다.

민단 지부의 간부가 민단의 소통 채널을 통해서 홍보를 하고 있습니다. 물론 상식적인 분들이라면 여기에 대해서 문제 제기를 하겠지요. 노란색 대화방이 아마 거기에 대한 문제 제기인 것 같습니다. 민단은 응당 중립적이어야 한다라고 얘기했더니 정보 공유 차원에서 얘기를 했다라고 했는데 아니, 이런 집회를 홍보하는 게 정보 공유인지 모르겠습니다.

민단에는 저희 정부에서 매년 얼마나 지원하고 있지요, 장관님?

○**외교부장관 조태열** 제가 숫자를 기억을 못 하겠습니다.

○**이재정 위원** 80억입니다. 그리고 이 부분에 있어서는 제가 야당의 간사이면서도 증액을 요청할 만큼 민단이 하고 있는 역할들 그리고 또 일본에서, 그 역사 안에서 해 왔던 역할들에 대한 존경심과 존중도 포함되어 있다고 생각합니다.

그런데 그 민단 안에서 간부로 선임되어서 공적인 역할을 하는 분들이 이렇게 그 구성원들도 동의할 수 없는 이런 편파적인 정치 홍보 그리고 극우적·반헌법적 집회를 홍보하는 방식으로 하고 있는 부분은 문제가 있다고 생각하는데 관련해서 한번 점검해 보실 수 있겠습니까?

○**외교부장관 조태열** 예, 살펴보겠습니다.

○**위원장 김석기** 수고하셨습니다.

다음, 김건 위원님 질의해 주시기 바랍니다.

○**김건 위원** 김건입니다.

지금 저는 독일 공영방송이 한 다큐멘터리에 대해서 조금 다른 생각을 갖고 있습니다. 저는 그 다큐멘터리를 다 봤습니다. 다 봤는데, 한번 보시는 게 좋을 것 같습니다. 왜냐하면 외국 사람들 입장에서 보면 현 국내 정치 상황이 조금 이해가 어려운 게 있습니다. 뭐냐 하면 계엄을 선포했다가 이게 해제가 된 다음에 탄핵으로 가지 않았습니까. 탄핵으로 갔는데 그다음에 일어나는 상황은 대통령의 국내적 지지도가 엄청 높아지고 그다음에 길거리에는 탄핵을 반대하는 사람들이 훨씬 많은 숫자로 나와서 데모를 하고 그런 현상이 사실은 외국 사람 입장에서는 이해가 되기가 힘듭니다. 이게 왜 이렇게 되는 걸까? 그래서 그것을 탐사한 겁니다, 독일 공영방송이. 탐사를 해서, 그러니까 그런 것 주장하는 사람들을 찾아다니면서 어떤 주장을 하는지 취재한 것이고 그걸 보여 주면서 나름대로 자기들이 균형을 유지하려 그랬지만 결국은 목적이 그거다 보니까 시위를 주도하는 전광훈 목사라든가 이런 분의 목소리도 담고 다 담긴 거지요.

담긴 거지만 이 사람들이 하고자 했던 것은 그냥 국내 정치 이런 것뿐만이 아니라 여기에는 어떤 미중 갈등이라는 요소도 이 안에 다 녹아들어서 이런 현상이 벌어지는 게 아니겠느냐 이런 얘기를 하고 싶어서 이런 것을 했는데 이것이 편파적이라고 본다 그러면 제가 봤을 때는 너무 우리 사회가 가지고 있는 관용이나 개방성에 문제가 있는 것 같거든요. 더군다나 남의 나라 방송이 하는 언론의 보도에 대해서 우리가 이렇게 감 놔라 배 놔라 하는 게 사실 맞지 않는다고 저는 생각하고요. 그다음에 그것을 견딜 수 없어 하시는 것 같아 저는 좀 의아했습니다.

그런데 거기에 대해서 3월 7일 날 더불어민주당의 국제외교협력본부가 우리외교부를 극우 외교협력부라고 여기에 대해서 대응 조치를 안 한다고 하고, 심지어 장관님의 고조부, 조부, 선친의 이름까지 거명하면서 막 비난을 하지 않았습니까. 저는 이런 것에 대해서 상당히 유감스럽게 생각하는데 장관님은 어떻게 생각하십니까?

○**외교부장관 조태열** 저도 심히 유감스럽게 생각해서 제 입장을 밝혔습니다.

○**김건 위원** 그래서 여기에 대해서는 도망가듯이 할 필요는 저는 없다고 생각합니다. 여기에 대해서는 분명하게 지금 야당의 요구사항은 지나친 것이고 적절하지 않다 그렇게 입장을 취해야 된다고 저는 생각하고 있습니다.

그다음은 4월 2일 날, 미국이 상호관세를 발표하지 않았습니까?

○**외교부장관 조태열** 예.

○**김건 위원** 애당초 상호관세에 대해서는 우리는 한미 FTA가 있기 때문에 관세가 거의 0%니까 별로 해당되지 않는다 이렇게 생각하고 있었습니다. 맞지 않습니까?

○**외교부장관 조태열** 예.

○**김건 위원** 그랬는데 지난번에 트럼프 대통령이 연설하는 걸 들어 보면 우리가 상호관세 대상이 될 걸로 지금 보입니다. 왜냐하면 우리가 관세가 4배가 높다 그러고 이런 얘기들이 나오는데, 그래서 상호관세에 대해서, 우리가 상호관세의 대상이 될 거라고 지금 예상을 하시나요, 장관님? 어떻게 보시고 계십니까?

○**외교부장관 조태열** 캐나다하고 멕시코도 자유무역협정을 체결한 나라인데 이미 상호관세를 때렸고요. 그런 것에는 관세만이 아니라 지금 미국이 얘기하는 것은 비관세장벽도 관세화해서 그래 가지고 또 무역수지와 관련시켜 가지고 공격을 하고 있기 때문에 여러 가지 비관세장벽 문제까지도 감안해서 미국이 우리에게 요구하는 사항이 있을 것으로 생각하고 지금 대비하고 있습니다.

○**김건 위원** 그래서 만약 상호관세 조치에 우리가 해당된다고 하면 관세를 얻어맞을 텐데 거기에 대해서, 사실 제 사무실에 찾아오는 많은 미국 사람들이나 회의에서 만난 미국 사람들이 저한테 묻는 게 그러면 한국은 거기에 대해서 보복관세 또는 보복 조치를 할 거냐 이런 얘기를 묻고 있습니다. 여기에 대해서 정부는 지금 어떤 입장을 갖고 계십니까?

○**외교부장관 조태열** 우리는 보복이나 대립적인 것보다는 윈윈하는 해법을 찾기 위해서 협의를 통해서 해결할 생각을 하고 있습니다.

○**김건 위원** 그렇지만 윈윈하는 해법이, 지금 캐나다하고 멕시코도 윈윈하는 해법을 찾기 위해서 노력했는데 그러지 않았기 때문에 지금 보복 또는 대응 조치에 들어간 거지 않습니까?

○**외교부장관 조태열** 예.

○**김건 위원** 그런데 우리나라는 전혀 그럴 생각은 없으신 건가요?

○**외교부장관 조태열** 미리 예단해서 말씀드리지는 않겠습니다.

○**김건 위원** 알겠습니다. 저는 거기에 대해서도 우리가 효과적인 대응 조치, 왜냐하면

똑같은 물품에 대해 똑같은 관세를, 보복관세를 부과한다든가 이런 것은 의미가 없기 때문에, 그렇지만 효율적인 대응 조치는 항상 생각한다 이 정도의 자세는 유지해야 된다고 생각합니다.

○**외교부장관 조태열** 하여간 가능성을 다 열어 놓고서 저희 국익에 뭐가 합당한지를 검토하겠습니다.

○**김건 위원** 지금 북한에서 갑자기 핵잠수함 얘기를 꺼내고 있지 않습니까?

○**외교부장관 조태열** 예.

○**김건 위원** 그래서 지금 북한이 5대 전략무기를 개발한다고 자기들이 얘기하고 있는데 5대 전략무기에 대해서 이게 뭔지는 정확지가 않습니다. 저는 개인적으로 5대 전략무기를 5개로 생각하고 있습니다. 첫 번째가 다탄두 ICBM, 두 번째가 극초음속 미사일, 세 번째가 정찰위성, 네 번째가 여기에 나오는 핵잠수함, 마지막 다섯 번째가 우리를 향한 전술핵무기 이렇게 저는 생각을 하고 있습니다.

그 생각을 하고 있는데 그중에서 차례차례 다, 지금 자기들이 개발하고 있는 걸 공개하고 실험 들어가고 했는데 이제까지 안 나오고 있던 게 핵잠수함이었습니다. 핵잠수함은 김군옥영웅함이 나올 때는 북한 김정은이 어떻게 얘기를 했냐면 핵미사일을 쏠 수 있으면 자기는 핵잠수함을 생각한다 이렇게 얘기하다가 이번에는 정말로 핵잠수함이 나왔거든요. 그래서 이 얘기는 북한이 추구하는 5대 전략무기가 마지막을 향해 간다는 것이고 그렇다면 이것이 북한도 대미 협상에 준비를 하는 것 아니냐 이런 해석도 일응 되는데 장관님은 어떻게 생각하십니까?

○**외교부장관 조태열** 그런 여러 가지 바게닝 레버리지(bargaining leverage)를 높이기 위한 것을 하나씩 하나씩 지금 내놓고 있다고 생각합니다.

○**위원장 김석기** 수고하셨습니다.

다음은 주질의 마지막 순서입니다.

김영배 위원님 질의해 주시기 바랍니다.

○**김영배 위원** 김영배입니다.

태영호 처장 심심하실 것 같아서요, 애니 챈이라고 지난번에 제가 여쭤봤지요?

○**민주평화통일자문회의사무처장 태영호** 예.

○**김영배 위원** 부정선거를 주장하고 그분 남편분이 홍콩분이라고 하던데 그래서 아마 애니 챈, 그렇지요?

○**민주평화통일자문회의사무처장 태영호** 예.

○**김영배 위원** 이분이 만든 부정선거를 확산시키려고 하는 노력이 있는 단체의 고문으로 태영호 처장이 올라 계시는데 그것 삭제하라고 요구하셨습니까?

○**민주평화통일자문회의사무처장 태영호** 지난번 전체회의 때 저도 처음 알게 돼서 전체회의 끝난 뒤에 알아보고 삭제 요청을 했고 그래서 단체에서 삭제한 것으로 통보받았습니다.

○**김영배 위원** 그리고 이분 평통자문위원회에서 해촉해야 되지 않느냐라고 제가 물어봤는데 거기에 대한 입장은 뭡니까?

○**민주평화통일자문회의사무처장 태영호** 해촉 사유가 되는지는 저희가 검토하고 있고요, 본인의 개인적인 그런 활동에 대해서 아직까지도 이 해촉 사유에 해당하는지……

○**김영배 위원** 검토하고 있다? 검토하고 있다 이거지요? 알겠습니다.

　PPT 띄워 주세요.

　　(영상자료를 보며)

　외교부장관님, 독일 방송의 프로그램이 뭐가 문제인지 같이 한번 보시지요. 읽어 드릴 게요.

　'한국의 야당은 수십 년간 북한과 중국 두 정권과 가까운 정당으로 알려져 왔습니다', '소위 북한과의 연방제 통일을 위해 보수적인 친미 여당과 대통령과는 달리 야당은 미국과 일본과의 긴밀한 군사 협력을 매우 비판적으로 봅니다'.

　넘기시지요.

　'야당 정치인들은 반복적으로 점령군이라고 불렀습니다', '야당의 중심에는 이재명이 있습니다. 비판자들은 그가 정부와 대통령을 무너뜨리려 한다고 말하고 있습니다'.

　다음.

　'중국과 북한은 한국에서 적극적인 작전을 수행합니다. 중국은 한국에 거주하는 약 100만 명의 화교들을 기반으로, 북한은 간첩활동을 통한 침투로 말입니다. 그들은 적극적으로 요원을 모집합니다'. 여기서 요원이 윤석열 대통령이 말하는 요원인지는 제가 잘 모르겠는데 이런 내용들이 있어요.

　그다음 페이지.

　'국가정보원 보고에 따르면 과거에 북한으로부터 여러 차례 해킹 공격이 있었습니다. 중요 기관 특히 국가선거관리위원회에 대한 공격이 있었습니다', 이런 내용이에요. 이게 지금 공정한 내용으로 보이십니까? 어떻게 판단하십니까?

○**외교부장관 조태열** 하여간 언론을 본 뿐만 아니고……

○**김영배 위원** 어떻게 판단하시냐고요.

○**외교부장관 조태열** 아니, 그 다양한 의견들이 나오는 것 중의 하나……

○**김영배 위원** 다양한데, 이게 독일 공영방송에 방송이 됐는데요. 공직자로서, 대한민국의 장관으로서, 대한민국의 국무위원으로서 저 방송 내용이 공정하다고 보십니까 아니면 문제가 있다고 보십니까?

○**외교부장관 조태열** 그것에 대한 판단을 제가……

○**김영배 위원** 공직자로서의 답변을 묻는 겁니다, 국무위원으로서.

○**외교부장관 조태열** 다양한 의견들이 있는……

○**김영배 위원** 대한민국의 국무위원으로서 저 내용에 대해서 어떻게 생각하시냐고 묻는 겁니다.

○**외교부장관 조태열** 국무위원으로서 다양한 생각을 가진 사람들이 있다라는 걸 제가……

○**김영배 위원** 아, 외국에서 저런 내용이 나와도 대한민국의 국무위원으로서는 그냥 다양한 의견이니까 가만히 있는 게 맞다 이렇게 보십니까?

○**외교부장관 조태열** 저거에 정반대되는 의견을 가진 사람들도 있으니까요.

○**김영배 위원** 그러니까 저렇게 방송되는 것에 대해서 전혀 다른, 국무위원으로서 가지시는 생각이 없다 이 말입니까?

○**외교부장관 조태열** 아니요, 생각이라는 게 어떤 가치판단의 문제가 아니라……

○**김영배 위원** 좋습니다. 이러니까 문제지요.

3월 8일 날 파리에서 돌아오셨지요?

○**외교부장관 조태열** 3월, 예.

○**김영배 위원** 폴란드 가셨다가요?

○**외교부장관 조태열** 토요일 날 저녁에 왔습니다.

○**김영배 위원** 그동안에 모르셨다고 아까 말씀하셨지요?

○**외교부장관 조태열** 3월 7일 날 금요일 날 파리에서 들었습니다.

○**김영배 위원** 좋습니다.

그러면 외교부는 장관 부재 시에 업무보고를 어떻게 합니까? 매일 합니까, 일주일에 한 번 합니까, 안 계실 때는 보고 안 합니까?

○**외교부장관 조태열** 거의 매일 합니다.

○**김영배 위원** 매일 보고를 하지요?

○**외교부장관 조태열** 예.

○**김영배 위원** 그 보고를 누구로부터 받습니까? 이메일로 혹은 다른 방식으로 누가 보고합니까?

○**외교부장관 조태열** 제 보좌관이 따라왔기 때문에 각 부서로부터⋯⋯

○**김영배 위원** 보좌관이 하는데요 보좌관이 누구로부터 보고를 받냐고요. 기조실장은 기조실장, 모아서 보고하지요?

○**외교부장관 조태열** 아닙니다. 그냥 각 담당 국장들이나 1급들이 저한테⋯⋯

○**김영배 위원** 아, 그렇습니까? 그러면 이 독일 방송과 관련된 내용을 장관께 누락한 겁니까, 보고에서? 모르셨다고 하지 않았습니까?

○**외교부장관 조태열** 누락한 게 아니라 3월 4일 날 대사관이 본부에 처음으로 연락을 받고, 이러이런 게 있으니 알아봐라라는 연락을 받고 알아보고 모니터한 결과를 보고한 게 이틀 정도 주고받은 게 있는 걸로⋯⋯

○**김영배 위원** 며칟날 보고받으셨습니까?

○**외교부장관 조태열** 3월 4일하고 6일 사이에 그런 걸로 알고 있습니다.

○**김영배 위원** 그러면 아까 모르셨다는 것은 틀린 말이네요, 그렇지요?

○**외교부장관 조태열** 아니, 제가⋯⋯

○**김영배 위원** 3월 6일 날 인지하셨지요?

○**외교부장관 조태열** 저한테 3월 7일 날 했다니까요.

○**김영배 위원** 이 영상이 삭제된 게 3월 8일입니다. 그 사이에 무슨 일이 있었냐면 아까 3월 4일 날 방송되고 나서요 교민 사회하고 대한민국이 난리가 났습니다. 그래서 교민들도 인터넷이나 그 방송사에 항의를 하고 메일을 보내고 그래 가지고 결국에 그 방송사가 어떻게 판단을 하느냐? KBS가 질의한 피닉스의 대답이 이렇습니다. '피닉스의 저널리즘 기준을 충족하지 못한 것으로 결국 판단이 돼서 삭제하기로 결정했다'. 즉 그 방송사도 이 방송의 내용이 적절하지 않고 문제가 있다라는 판단을 했다는 겁니다.

그러면 대한민국의 국무위원으로서 장관께서는 아무 생각이 없고 대한민국 외교부는 장관한테 보고도 제대로 안 하고 그리고 대한민국 외교부와 대한민국의 공관은 여기에 대해서 하등 한마디도 안 했다 이게 지금 말이 되는 일입니까? 외교부가 도대체 뭐 하는

데입니까?

아까 김건희 여사 잠깐만 올려 보세요.

김건희 여사 관련해서 한번 봐 보세요. 저기에 외교부가 지금 사기꾼이라는 말뿐만 아니라 여기에 보면 거짓말도 했고 자신을 풍요롭게 하기 위해 수백만 달러 썼다 등등의 내용이 들어가 있는데 저게 다 거짓말은 아니잖아요. 저게 다 사기꾼이라는 말만 들어가 있는 게 아니란 말입니다. 저게 팩트도 포함돼 있다고요.

그런데 왜 유독 김건희 여사 건에 대해서는 저렇게 엄중하게 항의를 하고 대한민국의 정체성, 민주주의 국가로서의 근본적 정체성을 위협하는 야당에 대해서…… 잘 아시겠지만 미국의 석학들이 쓴 '어떻게 민주주의는 무너지는가' 그 책에 보면 민주국가가 무너지는 핵심 중의 하나가 야당을 야당으로 인정을 안 하는 거잖아요. 야당을 저렇게 아주 노골적으로 그냥 반국가세력으로 몰고 있는 저런 방송이 버젓이 방송되고 있는 상황에서 민주공화국의 국무위원이 어떻게 '그냥 하나의 의견일 뿐이니까……', 거기에 대해서 모르쇠로 일관할 수 있단 말입니까?

○외교부장관 조태열 제가 모르쇠로 일관한다는 답변 드리지 않았습니다.

○김영배 위원 그러면 뭐라 하셨나요?

○외교부장관 조태열 저하고 다른 의견을 가진 사람들이 좌우에 다 있다고 저는 생각합니다.

○김영배 위원 아니, 어떤 행위를 하셨는지 보고를 받은 시점으로부터……

(발언시간 초과로 마이크 중단)

⋯⋯

(마이크 중단 이후 계속 발언한 부분)

뒤에까지 어떤 행위를 하셨는지에 대한 답을 달라 이 말입니다.

○외교부장관 조태열 제가 보도를 봤을 때 이미 상황이 끝났습니다. 저는 민주당을 비판한 보도를 처음으로……

○김영배 위원 아니, 6일 날 보고받으셨다는데 8일 날 삭제가 됐는데 어떻게……

○외교부장관 조태열 아니, 저는 6일이 아니라 파리 시간으로 3월 7일이니까 우리 시간으로는 3월 8일일 겁니다.

○김영배 위원 아까 6일이라고 말씀하셨잖아요. 속기록 볼까요?

○외교부장관 조태열 6일 날 내렸다는 것이고요. 저는 파리의 시간이 3월 7일이니까 서울 시간으로 3월 8일입니다.

○김영배 위원 다시 하겠습니다만 국장들이 보고한 것 중에 아까 장관이 말씀하신 보고받은 그 자료를 저한테 가져오세요. 제출해 주시기 바랍니다.

○외교부장관 조태열 그것을 밝히면 밝힐수록 외교부와 저한테 대한 그 비판하신 보도자료의 부당성이 더 커질 뿐입니다.

⋯⋯

○위원장 김석기 의사진행발언하세요.

○김건 위원 존경하는 김영배 위원님 말씀 잘 들었습니다만 아까 그 내용들이 독일 공영방송의 내용이면, 독일 공영방송이 그렇게 얘기한 거면 그것은 문제가 심각한 겁니다. 그런데 제가 그 프로를 봤을 때 그 모든 내용들은 취재를 한 겁니다. 취재하는 사람들이

한 내용이다. 가령 예를 들어서 마지막에 '12345' 그것은 윤석열 대통령이 얘기한 겁니다. 그래서 방송사 입장이 아니고 방송사가, 언론사가 취재를 한 것을 내보내는데, 그다음에 현실적으로 그런 얘기들이 다 있는데 그것이 어떤 문제가 된다면 저는 잘 모르겠습니다.

○**한정애 위원** 위원장님, 이것은 의사진행발언 내용으로 적절하지 않습니다.

○**위원장 김석기** 지금 회의가 시작된 지 2시간 15분이 지났습니다. 그래서 효율적인 회의 진행을 위해서 잠시 정회를 했다가 4시 35분에 회의를 속개하도록 하겠습니다.

정회를 선포합니다.

(16시17분 회의중지)

(16시36분 계속개의)

○**위원장 김석기** 의석을 정돈해 주시기 바랍니다.

회의를 속개하겠습니다.

다음, 보충질의를 시작하겠습니다.

보충질의 시간은 간사 간 협의에 따라 3분으로 하겠습니다.

질의 순서에 따라서 홍기원 위원님 질의해 주시기 바랍니다.

○**홍기원 위원** 외교부장관님께 질문하겠습니다.

트럼프 2기가 시작되면 국제질서에 큰 변동이 있을 거다 다들 예상을 했지 않습니까?

○**외교부장관 조태열** 예.

○**홍기원 위원** 그런데 일반적인 예상을 훨씬 뛰어넘는 것 같다는 생각이 드는데, 장관님 잘 아시겠지만 지금 우크라이나 전쟁 종결과 관련한 미국의 태도 보면 당사자인 우크라이나 배제하고 유럽도 배제하고, 또 미국이 그렇게 많은 돈·무기 지원하면서 우크라이나를 도와줬다가 지금은 오히려 트럼프가 푸틴하고 통화하고 또 종전과 관련한 협상에서 가장 러시아에 유리한 그런 입장을 취하고 있지 않습니까?

지난 3년간 푸틴과 러시아는 국제사회에서 왕따가 됐었는데 오히려 트럼프는 푸틴과 러시아 편을 드는 듯한 모습을 취하고 있잖아요. 또 파리기후변화협약, 1기 때처럼 다 탈퇴했고 또 심지어 유엔 인권이사회까지 탈퇴했지 않습니까, 미국이?

한마디로 말해서 동맹으로 생각했던 EU나 NATO 또는 자기들이, 미국이 전적으로 지원했던 우크라이나를 오히려 적대시하고 러시아와 그런 태도 취하고 있고요. 또 미국에 가장 가깝고 오랜 우방이었던 캐나다에 하는 그런 정책이나 태도를 봐도 그렇고요.

사실 윤석열 대통령이 집권한 후 제일 먼저 갔던 국제회의가 뭔지 기억하세요? NATO 정상회의지요?

○**외교부장관 조태열** 예.

○**홍기원 위원** 스페인에서 했었던 NATO 정상회의는 NATO가 중국을 새로운 적대 세력으로 규정한 회의 아니었습니까? 거기에 우리가 적극적으로 참여했고 또 앞장섰고요. 그런데 지금 트럼프는 NATO를 오히려 저렇게 멀리하고 그럼으로써 유럽이 중국과 다시 가까워지려는 그런 모습을 보이고 있고요. 한마디로 말해서 기존의 국제질서가 완전히 무너지고 또 동맹이니 또는 가치 공유니 이런 게 지금 다 허물어지고 있잖아요. 그러면 우리는 어떻게 해야 됩니까?

장관님은 지난번에도 기존의 윤석열 정권의 그런 외교·안보 노선 유지하면서 어쩌고 이렇게 말씀하셨는데 뭐든지 지금 다 거꾸로 가고 있잖아요. 가치 무시하고 동맹 무시하고 또 러시아하고 우리가 굉장히 적대적 태도를 취해 왔었는데 오히려 미국은 러시아하고 더 가까워지고 등등……

지금도 같은 생각이신가요, 아니면 앞으로 우리가 어떻게 해 나가야 됩니까? 저는 문제만 제기합니다.

○**외교부장관 조태열** 적응하고 조정해야 될 부분이 많아졌다는 데는 동의를 하고요. 그렇다고 하루아침에 기조를 다 바꾸려면 모든 나라들이 미국의 기조에 맞춰서 다 바뀌어야 될 텐데, 유럽도 그런 데 고민이 있는 것 같고 또 인태 지역의 우리와 같은 유사 입장을 가진 나라들도 같은 고민을 갖고 있고, 제가 이번에 출장을 나가서 만난 모든 주요 국가들의 외교 장관들이 다 저희와 같은 고민을 공유하고 있다는 것을 확인했습니다.

상황에 맞춰서 조율할 것은 조율하고 조정할 것은 조정해야 되겠지만 그 기조를 유지한다는 게 그냥 무조건 지금까지 하던 대로 밀고 나가겠다는 뜻이 아니고 그 기조 속에서 변화를 모색하고 또 조율할 것은 조율하겠다 그렇게 이해를 해 주시면 좋겠습니다.

○**홍기원 위원** 그러면 많은 조정과 변화가 필요하다는 것을 느끼고 계신 거지요?

○**외교부장관 조태열** 예, 그것은 당연하지요.

○**홍기원 위원** 마치겠습니다.

○**위원장 김석기** 수고하셨습니다.

한정애 위원님 질의해 주시기 바랍니다.

○**한정애 위원** 외교부장관께 질의하겠습니다.

방금 존경하는 홍기원 위원 질의에 대해서 답변을 해 주셨는데요. 상대가 있는 협상이기도 하기 때문에 미국의 상황에 따라서 우리가 유연하게 접근을 해야 되겠지만 말씀하신 것처럼 저희도 특사단을 꾸려서 EU와 영국 등을 방문했을 때 해당 국가에서도 상당히 여러 우려와 걱정을 많이 말씀하셨습니다. 왜냐하면 오랜 기간 동안 전 세계를 지배해 왔던 자유무역과 관련된 기조가 전체적으로 흔들리는 것에 대한 우려와 걱정이 분명히 있는 것이지요.

그래서 그러한 비슷한 가치를 공유하는 나라들과는 좀 더 긴밀하고 적절한 연계를 할 수 있도록, 네트워킹을 할 수 있도록 하는 것은 지속적으로 노력을 해 주시기 바랍니다.

○**외교부장관 조태열** 예.

○**한정애 위원** 반드시 필요하다고 봅니다.

오늘 독일 공영방송 관련한 문제 제기가 좀 있었는데요. 결론적으로 보면 말씀하신 것처럼 해당 방송국에서 이것은 편파적이고 문제가 있다라고 해서 방송을 내렸습니다. 그것은 문제가 있다는 것을 인정한 것이지요. 1시간 내내 방송을 하는데 이게 방송에서 방송의 앵커 목소리를 통해서 방영한 것이 아니라 누구누구의 주장을 실었다라고 하지만 그 주장만으로 쭉 나열된 것은 결국 옳지 않은 방송이지요, 왜냐하면 그게 마치 진실인 것처럼 보여지니까.

내용 중에 보면 국회의원 중의 절반은 부정선거로 당선되었다, 그 뒤에는 중국이 있고 북한 해커가 있어서 우리 선거시스템을 어떻게 하려고 한다라고 하지만 이러한 부정선거와 관련한 것은 예를 들어서 대법원에서 그것이 아니라고 아예 배척이 되었다라든지 하는 아주 클리어한 메시지가 같이 진행된다라면 이런 문제가 아마 없었을 겁니다. 그렇지 않았기 때문에 그런 것이고요.

우리가 문제 제기를 하는 것도, 장관께서 지난번 계엄이 났을 때 이런 말씀 하셨습니다, 계엄에 반대했던 이유가 외교적 파장뿐 아니라 대한민국이 지난 70여 년간 쌓아 올린 모든 성취가 한꺼번에 무너질 수 있다라고 하는.

민주국가를 구성하고 있는 것 중의 하나가 직접, 자유, 비밀이 보장되는 투표 체제를 통해서 사람들이 당선이 된다라고 하는 것입니다. 그런데 그것을 완전히 부정하는, 마치 부정선거로 인해서 대한민국 국회의 절반은 이상한 사람들이 들어와서 있고 한 것이 버젓이 방영이 되는데 그것에 대해서 그렇지 않다라고 하는 문제 제기를 하지 않았던 재독 공관에 이것은 문제가 있다라고 하는 것이지요.

사실이 아닌 것은 사실이 아닌 것이라고 분명히 말을 해야 된다라고 저는 생각합니다. 그 부분은 장관께 보고가 언제 됐느냐는 중요한 것이 아니라 사실 현실적인 판단을 하는 것이 해당 공관에서 해야 되는 것인데 적절하지 않았다고 보고요.

○**외교부장관 조태열** 공관이 파악한 게 너무 늦게 파악됐고요. 그리고 동영상이 내려간 사이, 하루이틀 밖에는 없었다는 말씀을 제가 강조해서 드린 겁니다.

○**한정애 위원** 그런데 국회에 낸 답변은 국내적 정치 상황에 대해서 공관이 이래저래 관여하는 것은 적절하지 않다라고, 차라리 그렇게 답변을 했었으면 저희가 오히려 뭔가……

(발언시간 초과로 마이크 중단)

(마이크 중단 이후 계속 발언한 부분)
이게 핑계가 되겠구나라고 생각을 하겠습니다. 그런데 그렇지 않았지 않습니까? 국회에 낸 답변에는 그런 답변이 아니었어요. '저희가 파악이 늦었습니다. 안 그랬으면 제대로 조치했을 텐데 파악이 늦어서 적절한 조치가 늦었습니다'가 아니라 '국내적 정치 상황에 대한 것이기 때문에 관여하는 것이 적절하지 않다'라고 하는 답변이 왔습니다.

그것은 정말 적절하지 않은 것 아닌가요?

○**외교부장관 조태열** 저는 국내 정치 상황에 대한 많은 소견들에 대해서 일일이 대응한다는 게 적절치 않다고 지금도 생각합니다.

○**한정애 위원** 정치적인 상황에 대해서 대응을 하라고 하는 게 아니지 않습니까. 대한민국의 선거시스템이 부정되고 있고 그것이 타국의 공영방송에서 버젓이 방영되고 있는데 그것이 사실이 아니라고 얘기는 해야 되는 것이지요. 그러면 대한민국 공관이 도대체 왜 존재합니까? 대한민국 시스템을 부정하는 방송이 공영방송에서 버젓하게 방영이 되고 있는데요.

그것에 대해서는 재외공관에 대해서 향후에라도 제대로 적절하게 조치할 수 있도록 그렇게 해 주시기 바랍니다.

○**위원장 김석기** 한정애 위원님 수고하셨습니다.

다음은 김기웅 위원님 질의해 주시기 바랍니다.

○**김기웅 위원** 저는 며칠 전에 있었던 '북한 핵잠수함 건조', 그렇게들 보도를 하지요. 미사일 발사 관련해서 질의를 좀 드리겠습니다.

3월 8일 날 북한 조선중앙통신이 김정은 위원장이 건조 중인 핵동력 전략유도탄잠수함

진행 상황을 점검했다 이렇게 공개적으로 보도를 했고, 어제 3월 10일 날 단거리미사일 수 발을 발사했다 이렇게 했습니다. 그런데 이게 그냥 나오는 게 아니라 자기들 나름대로는 굉장히 치밀하게 계산된 기획이라고 읽혀지는데요.

우선은 트럼프 1기 행정부 때 2019년에 북한이 단거리미사일을 쐈을 때 트럼프 대통령께서 전혀 실망하거나 화가 나지 않고 단거리미사일이고 매우 일반적이다, 특별히 문제가 없다는 투로 얘기를 하셨었거든요, 1기 트럼프 행정부 때. 그러니까 북한 입장에서 보면 단거리미사일을 보도하지 않는 이유는 이게 이제 일반적인 거다 특별한 게 아니다라는 걸 과시하고 싶은 면도 있고, 우리나 미국이 이거에 대해서 어떻게 반응하는지 서로가 약간의 견해 차이를 보이는지 불협화음이 있는지도 한번 보고 싶고.

그런가 하면 일명 자기들 말대로 핵동력유도탄 잠수함이라는데 자기들이 핵 능력의 또 다른 축을 조만간 가질 수 있다는 걸 과시하면서 이거에 대해서도 한미 우리 정부와 미국이 어떻게 반응하는지에 대한, 어떻게 보면 좀 이렇게 반응을 보고 싶었던 것 같아요.

그런데 잘된 거는 어쨌든 간에 한미가, 우리 합참도 그렇고 미국의 인도태평양사령부가 동시에 단거리미사일에 대해서 규탄하는 성명을 낸 건 아주 잘된 일이라고 생각을 합니다. 그건 한미가 협조가 잘 된 것 같고요.

그런데 북한이 생각했던 결과는 아니고 북한이 기대했던 것과는 좀 다르게 트럼프 2기 행정부가 출범했지만 한미가 이런 탄도미사일에 대해서는 아주 긴밀히 또 같은 원 보이스로 대응하고 있다는 사인을 준 거기 때문에 좋은데 제가 하나 아쉬운 거는 자기들 말대로 핵동력유도탄 잠수함 건조 중이라고 하는데, 이게 사실은 지금 1만 이삼천 명 보내 가지고 한 3분의 1이 사상자가 나고 한 사람당 2500불에서 한 1억 달러 벌이가 됐을 것 같은데 그런가 하면 지금 북한의 환율이 1달러에 8000 북한 원화 하던 게 지금 2만 2000 원화가 돼 있거든요, 쌀값도 많이 올라 있고.

김정은 위원장 자기 말대로 쌀밥에 고깃국 먹이겠다고 한 지가 10년이 넘었는데 북한 주민들이 갈수록 곤궁한 삶을 살아가고 있는데, 또 많은 사람이 죽어 가면서까지 지금 루블화인지 달러인지 1억 달러를 벌었는데 이걸 온통 지금 이런 공격용 무기, 민족 공멸을 초래할 수 있는 곳에다 재원을 넣고 있는 거에 대해서 우리 정부나 미국 정부가 왜 아무런 멘트를 하지 않는가가 일단 제가 좀 궁금해서 외교부장관께서 혹시 한미 간에……

(발언시간 초과로 마이크 중단)

⋯⋯⋯⋯⋯⋯⋯⋯⋯⋯⋯⋯⋯⋯⋯⋯⋯⋯⋯⋯⋯⋯⋯⋯⋯⋯⋯⋯⋯⋯⋯⋯⋯⋯⋯⋯⋯⋯⋯

(마이크 중단 이후 계속 발언한 부분)
어떤 협의를 좀 하신 게 있으면 그리고 협의한 게 없으시면 왜 아무런 멘트를 안 하셨는지를 얘기해 주시면 좋겠습니다.

○**외교부장관 조태열** 제 경험으로는 그 멘트는 북한인권 문제 얘기할 때 주로 쓰는 저희들의 주장이었고 핵미사일 발사할 때는 별로 쓰지 않았던 것 같습니다. 뭐 특별한 무슨 이유 때문에, 이유가 있어서 그걸 안 한 건 아니라고 저는 생각이 듭니다.

⋯⋯⋯⋯⋯⋯⋯⋯⋯⋯⋯⋯⋯⋯⋯⋯⋯⋯⋯⋯⋯⋯⋯⋯⋯⋯⋯⋯⋯⋯⋯⋯⋯⋯⋯⋯⋯⋯⋯

○**위원장 김석기** 수고했습니다.
권칠승 위원님 질의해 주십시오.

○**권칠승 위원** 권칠승입니다.

외교부장관님, 저희 방에서 제보를 하나 받은 게 있는데 자료를 요구하니까 외교부에서 안 주셔서 그냥 여쭤보겠습니다. 작년 정도부터 최근까지 혹시 베트남 공관에서 자체 징계를 했거나 징계 요청을 했거나 등등 그런 사안이 있습니까?

○**외교부장관 조태열** 모르겠는데요. 저는 아직 보고받은 게 없습니다.

○**권칠승 위원** 그러면 감사관님 혹시 나오셨어요?

있습니까, 없습니까? 그것만 답변해 주십시오.

○**외교부감사관 임동혁** 있습니다.

○**권칠승 위원** 있습니까?

○**외교부감사관 임동혁** 예.

○**권칠승 위원** 그러면 왜 없다고 답변을 하십니까, 외교부에서?

○**외교부장관 조태열** 공개하기가 어렵다고 답을 한 거 아닌가 싶습니다.

○**권칠승 위원** 그렇지 않습니다. 전화통화에서 없다고 했는데, 그러면 차후 좀 더 자료를 받아보고 결정을 하도록 하고 자료를 제출할 수 있도록 장관님께서 협조를 좀 부탁드리겠습니다.

○**외교부장관 조태열** 그게 감사보고서라면 아마 제출하기가 어려울 것 같습니다.

○**권칠승 위원** 감사보고서도 다 제출을 합니다. 또 감사보고서라고 제출 안 한다는 규정이 어디 있습니까?

○**외교부장관 조태열** 저는 한 번도 감사보고서 제출했다는 보고받은 적이 없습니다.

○**권칠승 위원** 그건 잘못된 겁니다. 감사원 감사보고서도 다 제출하잖아요.

그다음에 통일부장관님, 김용현 전 국방부장관이 북한에 무인기를 보낸 것에 대해서 사실상 인정을 하는 발언을 했잖아요, '확인해 줄 수 없다' 이러면서. '그런 적 없다' 했다가 '확인해 줄 수 없다' 이렇게 입장을 선회했기 때문에 더더욱 그런 의심이 듭니다.

그런데 혹시 이 문제가 남북 간에 상당히 안 좋은 악영향을 미치는 요인인 것은 분명한데 통일부장관으로서 국방부의 이런 행동이 남북 간의 관계를 해친다 이런 거에 대해서 좀 표현이 그렇습니다만 주의를 주거나 문제 제기를 하신 적이 있습니까?

○**통일부장관 김영호** 그 문제에 대해서 따로 제가 딱히……

○**권칠승 위원** 없지요?

○**통일부장관 김영호** 예.

○**권칠승 위원** 그러시면 안 돼요. 정부 내부에 보시면요 산업 진흥을 하는 부처 산업부나 중기부 같은 데서 막 하면 환경부나 노동부 이런 데서 그 문제점들이나 부작용들에 대해서 계속 문제 제기를 하면서 규제도 만들고 하잖아요. 이게 남북 간의 관계에 악영향을 미치는 게 분명한데 통일부장관님이 거기에 대해서 문제 제기를 안 하면 어떡합니까?

○**통일부장관 김영호** 그런데 특정 사안에 대해서는 통일부가 제가 여기 위원회에서도 그 문제에 대해서는 말씀을 드렸지만 그 사실 관계라든지 거기에 대해서 알고 있는 게 없기 때문에……

○**권칠승 위원** 하셔야 됩니다. 전무후무입니다, 그거. 다른 말씀하시지 말고요.

그다음에 외교부장관님, 국제민간항공기구에 북한이 이번 3월 달에 안건으로 올린다고 들었거든요. 안건으로 올렸다고 제가 확인을 했습니다. 이것 어떻게 대응할 것인지 말씀 좀 해 주십시오.

○**외교부장관 조태열** 그거 정치적인 토론의 장으로 만들려는 악의를 갖고 하는 거기 때문에 그에 맞춰서 대응하겠습니다.

(발언시간 초과로 마이크 중단)

⋯⋯⋯⋯⋯⋯⋯⋯⋯⋯⋯⋯⋯⋯⋯⋯⋯⋯⋯⋯⋯⋯⋯⋯⋯⋯⋯⋯⋯⋯⋯⋯⋯⋯⋯⋯

(마이크 중단 이후 계속 발언한 부분)

○**권칠승 위원** 아니, 이게 사실상 국방부에서 인정을 했는데 그런 식으로만 대응을 해서 대응이 되겠습니까?

○**외교부장관 조태열** 미국 등하고 저희 동맹 우방국하고 같이 공조해서 대응하겠습니다.

○**권칠승 위원** 아니, 공조해서 될 일이 아니고요. 이게 사실상 인정을 해 버린 거 아닙니까? 그렇기 때문에 그냥 공조하겠다, 그냥 정치적으로 활용하려고 하지 마라 이런 정도는 안 된다고 생각합니다. 국방부하고 사실관계를 정확하게 확인하고 그것을 근거로 해서 대응을 마련하셔야지요.

○**외교부장관 조태열** 그렇게 하겠습니다.

○**권칠승 위원** 마치겠습니다.

⋯⋯⋯⋯⋯⋯⋯⋯⋯⋯⋯⋯⋯⋯⋯⋯⋯⋯⋯⋯⋯⋯⋯⋯⋯⋯⋯⋯⋯⋯⋯⋯⋯⋯⋯⋯

○**위원장 김석기** 수고하셨습니다.

다음, 유용원 위원님 질의해 주시기 바랍니다.

○**유용원 위원** 앞의 질의에서 우크라이나에서 잡힌 북한군 포로 관련해서 좀 여쭙겠습니다.

외교부장관님, 이 사람들이 전쟁 포로 아닙니까?

○**외교부장관 조태열** 예.

○**유용원 위원** 그러면 제가 알기로 1953년 정전협정 체결 이후에 전쟁 포로 신분으로 우리 쪽에 귀순한 사례가 있나요?

○**외교부장관 조태열** 귀순 그게, 전쟁 포로의 신분 얘기가 제가 실무자였을 때 동해에 잠수함 침투했을 때 북한군 몇 명이 민간 복장 입고 상륙해 가지고 올라왔을 때 그게 전쟁 포로냐 아니냐 그런 논란이 있었던 케이스는 제가 기억하는 게 있습니다만, 북한이 전쟁에 참여한 게 처음 아닙니까, 우크라이나전이?

○**유용원 위원** 예, 그렇지요. 해외 파병이 본격적으로 공식적으로 대규모로 한 것은 처음이지요.

○**외교부장관 조태열** 그러니까 그런 게 있을 리가 없겠지요.

○**유용원 위원** 그래서 그런 점에서 통할하는 데 있어서 어떤 법적인 어려움이나 문제는 없을까요?

○**외교부장관 조태열** 글쎄요, 좀 더 검토해 봐야겠습니다만 우선 북한이 전쟁 당사자로 참여한 게 아니라 러시아군의 일부로 참여했다는 게 특수한 케이스고요. 그래서 전쟁 당사자 자격이 없다라는 게 저의 생각이고요.

그러나 전장에서 생포된 건 또 사실이고요. 그렇기 때문에 그렇게 될 경우에 그걸 어떻게 처리해야 될지에 대한 법적인 스테이트, 지위의 문제는 좀 있을 수 있다고 생각합니다.

○**유용원 위원** 제가 이번에 두 사람 다 만나봤는데 언론에도 보도됐습니다만 한 사람은 26살 한 사람은 20살, 제 아들뻘 되는 그런 사람들이고 난방도 안 되고 온수도 안 되고 언어도 안 통하고 정말 열악한 환경에 있었는데 그런 점에서 연민의 정도 느껴지고, 또 북한에서 나 몰라라 하고 있는 거 아닙니까? 내팽개쳐진 이러한 존재가 된 건데요. 그래서 북한 정권에 대한 분노 이런 것도 좀 생겼는데 그런 점에서 송환이 좀 시급하다 아까 말씀드렸지만 생각하고요.

그런데 제가 갔을 때까지는 한 사람은 꼭 가고 싶다, 우리 쪽 오고 싶다는 의사가 거의 100%였고 한 사람은 좀 반반이었던 것 같습니다. 다른 한 사람이 마음을 굳힐 때까지 얼마나 걸릴지 모르는 상황 아닙니까? 그래서 그런 점에서 이미 명확하게 의사를 밝힌 한 사람이라도 먼저 송환하는 것도 필요하지 않나 생각하는데 장관님께서는 어떻게 생각하십니까?

○**외교부장관 조태열** 명확하게 답변드리기는 어려울 것 같고요. 하여간 본인의 의사가 중요하다라는 기본 원칙 그리고 국제법과 인도주의적 원칙 그런 것들을 다 감안해서 한 사람만 따로 취급할지 아니면 같이 하게 될지 상황에 따라서 좀 다를 수 있을 것 같아서 종합적으로 고려해 보겠습니다.

○**유용원 위원** 알겠습니다.

이상입니다.

○**위원장 김석기** 수고하셨습니다.

위성락 위원님 질의해 주시기 바랍니다.

○**위성락 위원** 감사합니다.

지금 독일 방송에 나온 걸 가지고 많은 논란이 있습니다. 그러나 독일 방송 스스로가 문제점을 인식하고 그걸 내렸기 때문에 일단락은 되었습니다. 그런데 나중을 위해서 한 번 저는 이런 질문을 던져 보고 우리 서로가 냉정하게 생각해 봤으면 좋겠습니다.

만약에 독일 방송이 '여당 의원 대다수가 미국 해커의 개입으로 부정선거로 당선이 되었다' 이런 말을 했으면 현지 대사관이나 외교부가 지금처럼 하지는 않았을 겁니다. 좀 역지사지해서 문제를 보았으면 좋겠다 그런 말씀을 드리고요.

외교부장관께 질문드리고 싶은 것은 유창호 부대변인이 지난번의 PG 건 때문에 징계위원회에 회부되었다고 알려져 있습니다. 지금 어떤 상태에 있습니까?

○**외교부장관 조태열** 아직 회부돼 있는 상황입니다.

○**위성락 위원** 지금 결과를 기다리고 있나요?

○**외교부장관 조태열** 예.

○**위성락 위원** 장관께서는 유 부대변인으로부터 이 건에 대해서 사전에 보고받은 적은 있습니까?

○**외교부장관 조태열** 없습니다.

○**위성락 위원** 혹시 또 이 건으로 무슨 청탁을 받거나 뭐 그런 적은 없습니까?

○**외교부장관 조태열** 없습니다.

○**위성락 위원** 좋습니다.

하여튼 이 문제는 외교부 조직 운영이 공정하냐, 신뢰를 줄 수 있느냐 그런 문제하고 관련이 되고 많은 직원들이나 언론이나 국회가 다 보고 있기 때문에 공명정대한 처리가 이루어지기를 바랍니다.

○**위원장 김석기** 수고하셨습니다.

이재정 위원님 질의해 주시기 바랍니다.

○**이재정 위원** 그런 음모론에 따르면 부정선거로 당선된 리스트 중에 제 이름이 있더라고요. 짧은 기간 안에 해외에 계신 의원님들이나 유엔 기구분들이 우리나라에 대해서 물을 때 제가 농담 삼아 '저 부정선거로 당선된 이재정 의원입니다' 이렇게 얘기하면 같이 하하호호 웃어요. 그 정도로 희화화된 얘기예요. 그런 이야기가 국격을 실추시킬까 봐 그런 거예요. 특정 정당을 옹호하고 아니고의 문제를 떠나서 대한민국 국격을 실추시키는 게 민망한 요즘입니다.

내일부터 철강에 대해서 25% 관세 예고돼 있고 또 우리가 지금 리더십 공백 상태이기는 하지만 일본의 사례, 특히 여러 가지 국방과 관련해서 본인들의 부담을 2배로 올리고 그리고 투자를 1조 달러까지 하고 등등 다소 예상 못 했던 방식의 파격적인 제안을 하면서 그런 협상이 이루어진 거 발표도 하고 또 대만 같은 경우도 TSMC가 2나노 공장을 미국에 지으면서 1000억 달러 이상 추가 투자를 하겠다라고 한 것도 사실은 대만이 안보를 위해서 경제적인 부분에 있어서 상당한 양보를 한 거다. 그러니까 종합적인 대책들이 이루어지고 있어요.

그 하나하나의 내용들이 부처 간의 칸막이나 분절화를 통해서, 우리가 ODA 얘기할 때 분절화 하는데 이런 협상이야말로 굉장히 다면적인 여러 가지 것들이 정보가 취합되어야 될 필요성이 있고 무엇보다 리더십이 있다면 그 안에서 통합될 필요가 있는데, 물론 대행 체제라고 하지만 이 모든 것을 총괄해 내고 톱다운 방식의 어떤 의사 결정을 하기는 굉장히 힘든 구조입니다. 그럼에도 불구하고 부처별로 관련된 정보에 대해서는 기민하게 종합될 필요가 있고 또 각 부처의 역할에 맞춰서 취합될 필요가 있다고 생각하거든요.

혹시 일본의 이런 협상 과정의 이야기를 어쨌든 간에 외교부 관계자들이 굉장히 외교 현장에서 역할을 한 것들이 있으니까 들어보신 적이 있는지 또는 대만의 이런 TSMC 투자와 관련된 그 막후의 여러 안보 상황이라든지 이런 부분이 트럼프 정부와 논의되는 그 이면들이 있는지에 대해서……

○**외교부장관 조태열** 다 정보 수집하고 있고 그것을 관계 부처와 다 공유를 하고 있다는 말씀을 드리고요. 생각보다, 위원님이 걱정하시는 것보다 훨씬 지금 권한대행 체제하에서의 관련 부처 장관과의 협의회가 아주 긴밀하게 조율 잘 되고 있다는 말씀 드립니다.

○**이재정 위원** 여기 계신 위원님들도 취합을 해 보니까 정말 일본이든 아니면 대만이든 미국이든 각 현장에서 일하는 일선의 분들께까지도 경청하고 있어요. 그런데 종합해 보지요, 외교부에서 현재 이 자리에서 노출하지 못하더라도 위원님들께 상의할 수 있는 정도의 오픈 마인드로는 접근을 해 주셨으면 좋겠어요. 무엇보다 지금 관세라고 하지만 관세청과 관련해서……

(발언시간 초과로 마이크 중단)

(마이크 중단 이후 계속 발언한 부분)

기존에 국토교통부와 유사한 청의 방식으로 존재했던 것을 결국은 국세청과 동일한 방식으로, 국세청을 인터널(internal)이라고 한다면 관세를 관세청이 아니라 익스터널(external)이라고 해서 아예 그게 수입인 것처럼 명명하고 있는 것부터가 철학이 느껴지거든요.

다만 그렇기 때문에 실패할 것 같다, 국내의 물가를 올리면서 그리고 노동자들의 반발을 초래할 향후의 대책에 대한 그런 고민들이 분명히 있을 거예요. 그래서 그런 부분들은 비단 외교부만이 아니라 미국과 관련해서 산업과 관련된 부처 등등 여러 가지 정부들이 취합될 필요가 있고 그런 관련된 내용들 가운데 예민하게 수집된 정보가 있다면 국회와도 같이 공유해 주시면 좋겠습니다.

○외교부장관 조태열 살펴보겠습니다.

○위원장 김석기 수고하셨습니다.

다음은 김건 위원님 질의해 주시기 바랍니다.

○김건 위원 외교부장관님, 글로벌 사우스 국가들이 중요해지고 있습니다. 팬데믹 상황에서 백신에 배타적인 선진국들에 맞서서 서로 긴밀히 협력하면서 이걸 이겨냈고 또 우크라이나 전쟁과 가자 전쟁 등 국제적 갈등 상황에서 독자적 입장을 취하면서 지금 존재감을 키우고 있습니다.

그런데 우리나라가 향후 올림픽을 유치하거나 ICJ 재판관을 배출하거나 뭘 하려고 그래도 글로벌 사우스 국가들의 지지가 반드시 필요합니다. 그리고 또 경제적으로도 우리가 느끼는 것 이상으로 글로벌 사우스 국가들이 우리에게 중요합니다. 가령 우리가 중개무역지, 네덜란드, 홍콩 뭐 이런 데 수출하는 거 상당 부분이 또 글로벌 사우스 국가들로 재수출돼서 통계 안 잡히더라도 우리의 큰 고객들이기도 합니다.

제가 아프리카 코트디부아르에 근무할 때 보면 길거리에 한국 차들이 너무 넘쳐 나가지고요 '이 차들이 도대체 어디서 왔냐?' 이렇게 하니까, 우리 중고차도 있고 우리가 유럽에 수출했던 차들이 중고차로 다시 팔려 오고 결국은 다 우리의 중요한 커스터머(customer)들이더라고요. 그래서 경제적으로도 사실 중요한데……

그래서 글로벌 사우스에 뭔가 새로 대응하는 어떤 아이디어가 있어야 되지 않을까 싶어서 글로벌 사우스 외교 전략 세미나를 최근에 개최한 바가 있었습니다. 그때 세미나에 참여한 전문가분들이 이구동성으로 얘기하는 게 두 가지가, 같이 가야 되겠다. 하나는 글로벌 사우스 국가들에 대한 우리의 대전략 이게 만들어져야 되겠다. 두 번째는 각 지역과 국가의 특성에 맞는 맞춤형 전략을 동시에 같이 만들어야 되겠다. 그래서 이 둘을 아주 균형 있게 추진해 가야 의미가 있겠다 이런 얘기를 저희가 들었습니다.

그래서 사실 글로벌 사우스 국가들에 대해서 우리가 외교적으로 대응하는 게 물론 언론의 큰 관심을 못 받을지라도 우리 외교에 있어서 중요한 부분이 되고 그 결과가 우리한테 미친 영향이 클 거라고 생각되는데 여기에 대해서 지금 어떻게 준비하고 계신지 좀 말씀해 주십시오.

○외교부장관 조태열 그 두 가지 포인트, 글로벌 사우스 외교 전략의 두 가지 측면은 가장 잘 나타낸 게 작년에 6월에 있었던 한-아프리카 정상회의였다고 저는 생각을 하고

요. 한-아프리카 대륙 전체를 상대로 한 상당히 전략적인 우리의 어프로치(approach)를 아프리카 국가들이 다 평가를 했고 거기서 그치지 않고 참가한 모든 나라에 대해서 테일러드(tailored)된 프로그램을 가지고 대했다라는 것이 다른 강대국들이 아프리카를 대하는 것과 굉장히 차별화된다 하는 얘기를 이구동성으로 저한테만 했을 뿐만 아니라, 대통령, 총리께 다 정상들이 와서 했기 때문에 저는 상당히 성공적인 우리의 글로벌 사우스 전략의 외교 성과 중에 하나였다 이렇게 생각하고 그런 기조 속에서 앞으로도 글로벌 사우스를 대할 생각이고요.

아까 김태호 위원님께서 ODA 관련해서 말씀하시면서 유럽이 재무장하면서 다들 그 ODA를 줄여 가는 데 한국의 기여에 대한 기대가 크다는 말씀을 하셨는데 제가 최근에 느끼고 있는 것이 그렇습니다. 유럽이 지금 안보를 방위력을 향상하자는, 재원이 없으니까 ODA를 줄여서 그걸 방위력 행사하는 데다 투입을 하다 보니까 전체적인 글로벌 차원에서의 개발협력자금이 완전히 동결 내지는 줄어드는 상황이 돼서 우리나라와 같은 나라의 기여에 대한 관심과 기대가 큰데 우리도 유럽같이 줄이는 것 아니냐라는 질문을 받아서 '아직 그렇지 않다'라는 답변을 하니까 굉장히 고마워하고 좋아하는 그런 반응을 보였습니다.

그래서 그런 측면에서 우리가 ODA를 잘 활용하면 글로벌 사우스에서 선진국과 더 차별화될 수 있는 그런 기회가 있지 않나 하는 생각도 해 봅니다.

○**위원장 김석기** 수고하셨습니다.

보충질의 마지막 순서입니다.

김영배 위원님 질의해 주시기 바랍니다.

○**김영배 위원** 김영배입니다.

장관님, 작년에 외교부 전략기획과에서 해외외교 독립운동 관련 조사 및 연구라고 하는 용역을 발주한 게 있거든요. 내용은 좀 아십니까?

○**외교부장관 조태열** 압니다.

○**김영배 위원** 그게 작년에 대통령이 3·1절 연설을 하고 나서 후속으로 지금 발주가 됐다 이렇게 실무자가 얘기했다는데 맞지요?

○**외교부장관 조태열** 3·1절 때 대통령께서 여러 가지 무장독립운동뿐만이 아니라 다른 측면에서의 외교독립운동, 문화운동 그런 것까지 다 총괄해서 포괄적으로 하는 게 필요하다는 말씀하신 것과 연관성이 있습니다.

○**김영배 위원** 특별히 독립운동 중에서도 외교독립운동 이렇게 해서 용역을 한 거예요.

내용을 한번 보시지요.

(영상자료를 보며)

그런데요 이 내용 중에 보면 중국 내에서 한국 독립운동이 굉장히 침체가 돼 가지고 제대로 되지를 않아 가지고 우리가 중국한테 잘 보이려고 여러 운동을 했다, 그중에 윤봉길 의사의 의거가 중국한테 잘 보이려고 했다 이런 내용이 지금 포함되어 있습니다.

그리고 중국은 한국을 동원하려고 동원 대상으로 하려고 도와줬다 이렇게 돼 있고요. 반면에 이승만이라는 이름은요 500페이지에 달하는 보고서 중에 723번 나오는데 나머지 외교독립운동을 했던 신채호, 안창호…… 아주 훌륭한 분들 많지 않습니까? 조소앙, 다 합쳐서 525번밖에 안 나온답니다. 그래서 자세하게, 이승만 전 대통령이 어디 가서 연설한 것까지 저렇게 목록을 쫙 해 가지고…… 초등학생한테 무슨 쪽지를 받았다는 것까지 넣어 놨어요.

그런데 보니까 발주가 된, 그래서 맡은 연구진이 말이지요 다 친일 내지는 아니면 뉴라이트 내지는, 확실한 건 9명 중 6명이 이승만연구원 관련이거나 이승만 전공자라는 겁니다. 그러니까 즉 말해서 이 용역이 이승만을 맞춤형으로 부각시키기 위해서, 3·1절 기념사 이후에 외교독립운동이라는 명목으로 이승만을 찬양하기 위해서 이 용역을 진행했다라고 볼 수밖에 없는 상황이에요. 김명섭 연구책임자가 이승만연구원장 출신이고요. 그 교수들 다 봐 보세요. 이승만연구원 출신, 이승만기념재단 출신, 이승만 연구 수행을 다수 했고 우남이승만장학금을 수상했다는 의혹도 있고 이런 분들이 했거든요. 이 내용 아십니까?

○**외교부장관 조태열** 압니다. 저 내용을 정확히 다 읽어 보지는 않았지만 용역을 발주하고 그러는 과정에서 제가 초반에 보고를 받았기 때문에 압니다.

○**김영배 위원** 그러니까 외교부가 이렇게 용역을 통해서 친일 혹은 아니면……

(발언시간 초과로 마이크 중단)

(마이크 중단 이후 계속 발언한 부분)

편향성 왜곡, 뉴라이트 이렇게 볼 수밖에 없는 내용을 전략기획과에서 편파적으로, 그것도 사실을 저렇게 왜곡해 가면서 하는 게 저는 심각하게 좀 문제가 있다고 생각이 들거든요. 내용을 한번 점검을 해 보고 다시 한번 평가를 해 봐야 된다고 생각하는데 어떻게 생각하십니까?

○**외교부장관 조태열** 이승만 대통령의 외교적인 활동이 압도적이어서 그런 결과가 나왔다고 저는 생각하고요. 앞으로 미국 뿐만이 아니라 유럽, 중남미까지 다 확장해서 용역 사업을 발주할 생각이기 때문에 좀 더 균형 있는 결과가 나오리라고 생각을 합니다.

○**위원장 김석기** 보충질의까지 다 끝났습니다마는 혹시 추가로 질의하실 위원님 계시는지요? 추가로 한 분만.

김영배 위원님, 더 하시겠습니까? 3분입니다.

○**김영배 위원** 저밖에 없습니까?

○**위원장 김석기** 혼자……

○**김영배 위원** 간단하게 할게요.

제가 다른 거가 아니고 SBS 그것이 알고싶다에, 외교부장관님께 여쭙겠는데요. 거기 보면 캄보디아에 최근에 우리 국민이 납치, 감금당하는 사례가 23년 전에 16명이었는데 작년 8월 달, 8개월 만에 105명이라고 합니다. 그래 가지고 SBS에 나온 게 뭐냐면 캄보디아에 간 청년이, 이게 불체자 같아요. 그런데 이분이 한국으로 오고 싶은데 공관에 이야기를 못 하는, 법적 신분이든 여러 사정이 있는 것 같거든요. 그런데 문제는 이분만 그런 게 아니고 아까 말씀드린 대로 급격하게 이런 사례가 지금 늘고 있고 그러다 보니까 사실은 지금 캄보디아의 특성상 캄보디아 정부하고 이게 굉장히 공조가 돼야만 일단 교민 보호가 가능한 일차적 조건이 될 것 같고.

그 이외에 나머지 불체자나 여러 조건들에 있는, 그럼에도 불구하고 우리 교민 아닙니까? 우리 국민이고 이런 경우에 어떤 대책을 해야 되느냐 이런 고민이 생길 수밖에 없지 않습니까. 물론 어려움은 아는데 이게 우리가 앞으로도 이런 일이, 지난번에 필리핀도 마찬가지, 어제도 보니까 필리핀 현지 교민 1명이 현장에서 이렇게 강도를 당해 가지고 총을 맞고 사망을 했다는 뉴스를 봤거든요. 그러니까 이런 일이 점점 늘어나고 있는 상황이잖아요. 그러니까 교민 보호를 위해서 좀 대책이 필요할 것 같은데 혹시 뭐 아시는지 혹은 어떤 대책을 지금 갖고 계시는지 한번……

○**외교부장관 조태열** 작년 10월에 지금 1명을 대사관 증원을 했고요. 위원님 말씀하신 대로 지금 피해자가 급증하고 있는데 이게 사기 취업 사례가 뭔가 유혹의 강도가 높아지고 금전적인 혜택이 커지니까 거기에 빠지는 사람들이 점점 늘어나는 것 같습니다. 그래서 근원적인 해결이 없는 한은 앞으로 계속 그런 상황이 지속될 것 아닌가 싶어서 일단은 증원된 1명이 예방 또 피해 대책 그런 것들을 더 열심히 하도록 노력을 하고 대책을 강구해 보도록 하겠습니다.

○**김영배 위원** 1000만 명이 넘게 본 영화 중에 하나 보면, 거기 보면 교민 보호 혹은 범인 잡으려고 국내에서 건너간 형사들이 그냥 막 활약하는 이런 영화도 나오잖아요. 그러니까 이게 전형적으로 우리나라 경찰에는 혹은 우리나라 대사관에는 해 봤자 소용도 없고 주먹 쎈 사람이 그냥 우리를 보호해야 돼 이런 식의 인식을 반영하는 거라는 말입니다. 그러니까 저는 어쨌든 이게 적극적으로 대책이 필요하다고 생각이 듭니다. 그러니까 종합적으로 우리 상임위에서도 논의가 필요하지 않을까 싶은데 하여튼 대책을 같이 강구를 해 봤으면 좋겠다 하는 생각이 들고요.

마지막으로는 아까 제가 여쭤본 거기는 한데요. 아까 말씀하신 것 중에 윤봉길 이 문제는, 이승만 이 문제는 차라리 그냥 이승만 대통령을 독립적으로 이승만 이름을 붙여서 용역을 하시고요. 같은 데 저렇게 다른 분들을 찌그러뜨리면 어떻게 합니까?

(발언시간 초과로 마이크 중단)

・・・

(마이크 중단 이후 계속 발언한 부분)
저런 방식은 저는 정정당당하지도 않을 뿐만 아니라 국익에도 도움이 안 되고 우리 후손들한테도 도움이 안 되고, 외교부라고 하는 정부 부처가 저렇게 할 일은 아니잖아요. 그러니까 저거는 관리 감독이 좀 저는 필요하다고 생각을 합니다. 그거 한번 살펴봐 주셨으면 좋겠습니다.

○**외교부장관 조태열** 연구자의 독립성도 더 존중해 가면서 살펴보도록 하겠습니다.

・・・

○**위원장 김석기** 질의하시겠습니까?
권칠승 위원님 질의해 주시기 바랍니다.

○**권칠승 위원** 권칠승입니다.
외교부장관님, 방금 김영배 위원님께서 제기하셨던 그 정책연구 관련한 문장 취지에 대해서 문제점에 대해서 지적을 했기 때문에 그 점은 제외하고 내용을 그냥 조금만 보여 드리겠습니다. 한번 보시고 나중에 자체적으로 점검을 좀 부탁드리겠습니다.

(영상자료를 보며)
첫 피티 보시면 위에 외교부에서 낸 이번 문서이고요. 밑에 게 논문인데 이거 똑같습니다. 그다음 그 밑에 거 보시면 쭉 가서 '군사훈련과 상통했다'인데 이거를 '군사훈련과 상통하는 바가 있었다' 이렇게 돼 있고요. 단어만 살짝 바꾼 거지요.

다음 페이지요.

'대한인'이라는 호명은 어쩌고저쩌고…… '조선'과 '한국'이라는 호명은 똑같은 이야기인데 그 말을 조금씩 바꿨지요.

다음 페이지요.

그리고 95라고 쓰여져 있는 거 밑에서 두 번째 보면, '약 20만 명까지 팽창했던' 이게 밑에 보면 '약 20만 명이 거주하고 있던'. 말만 살짝살짝 바꾼 거지요.

다음 페이지요.

이거 보시면 그 '청국'이라고 돼 있는 걸 '중국인'이라고 바꿨어요. '대한인'이라고 이민 이렇게 된 거지요. 하와이에 사는 한국 사람이라는 의미인데 '하와이 한인' 이렇게 바꿔 놨어요. 앞에서 언급한 이거는 앞에서 언급한 사람 실명을 썼고 차이가 전혀 없는 거지요.

이게 굉장히 많았거든요, 정리를 다 못 할 정도로. 그래서 이런 부분에 대해서도 장관님이 지시를 한번 내리십시오. 내용상의 이런 부실함이나, 의도는 김영배 위원님께서 말씀을 하셨으니까 차치하고 내용상의 부실함에 대해서도 꼭 한번 체크해 봐 주시기를 부탁드리겠습니다.

○**외교부장관 조태열** 들여다보겠습니다.

○**권칠승 위원** 이상입니다.

○**위원장 김석기** 수고하셨습니다.

더 이상 질의할 위원님이 안 계시기 때문에……

○**한정애 위원** 위원장님, 짧게 하나만 하겠습니다.

○**위원장 김석기** 한정애 위원님 질의하시기 바랍니다.

○**한정애 위원** 강인선 차관 잠깐 앞으로 나와 주십시오.

지난번 전체회의 때 해외출장 중이셔서 얘기를 못 드렸는데 저희가 12월 달에 전체회의를 할 때 12·3 계엄이 나고 골드버그 대사하고 12월 4일 날 계엄이 해제되고 난 뒤에 소통을 했다라고 말씀을 하셨어요. 12월 3일 날 12·3 계엄이 있고 계엄이 해제되기 전에 소통을 한번 하셨지요?

○**외교부제2차관 강인선** 예.

○**한정애 위원** 무슨 대화를 했습니까?

○**외교부제2차관 강인선** 장관님께서 지난번에 말씀하신 걸로 알고 있습니다. 말하자면 이후에 외교와 대외관계에 있어서 달라지는 점이 없을 것이다 그런 내용이었습니다.

○**한정애 위원** 어떤 면에서 달라지는 점이 없을 거라는 거지요? 계엄이 나서……

○**외교부제2차관 강인선** 그렇지요.

○**한정애 위원** 계엄 해제되지 않고 계엄 상황에 있어도……

○**외교부제2차관 강인선** 계엄 이후에도 달라지지……

○**한정애 위원** 달라지지 않을 것이다?

○**외교부제2차관 강인선** 예, 그렇게……

○**한정애 위원** 미국이 그것을, 골드버그 대사가 그것을 억셉트를 하시던가요?

○**외교부제2차관 강인선** 억셉트라고 말을 해야 될지는 제가 잘 모르겠는데 골드버그 대사…… 외교적인 소통에 대해서 제가 구체적으로 확인드리기는 어려운데 그 이후 미국의 공식적인 반응을 감안하시면 골드버그 대사가 어떻게 반응했을지는 짐작하실 수 있을 거라고 생각합니다.

○**한정애 위원** 그러면 그 골드버그 대사와 통화를 한 내용은 용산이나 장관으로부터 지시를 받아서 그렇게 답변을 하신 겁니까?

○**외교부제2차관 강인선** 예, 그렇습니다.

○**한정애 위원** 그런데 왜 12월 달에 그렇게 말씀을 안 하셨어요?

○**외교부제2차관 강인선** 제가 그 기록을 다시 보고 정확하게 기억을 하고 있는데 위원님께서 그 질문을 하실 때는 간부회의 이후의 소통에 대해서 말씀하셨습니다. 사실 간부회의는 아니었고 저희들이 모여 있었던 시간이었는데 그 이후 상황에 대해서 물었기 때문에 그것에 대답하셨습니다.

○**한정애 위원** 간부회의 이후에 계엄이 해제되기 전에 소통이 있었냐고 그랬지요.

○**외교부제2차관 강인선** 아닙니다. 그러니까 그 질문은 위원님하고 장관님하고 얘기를 하셨고 그 이후에 이어져서 나옵니다.

○**한정애 위원** 우리가 어떤 대화를 할 때 어떤 대목만 떼 가지고 보면 그렇지요. 그런데 죽 질의를 한 내용은 계엄이 선포되고 미국과 소통했느냐. 그날 위원님들의 대부분의 질의가 계엄이 선포되고 미국과 소통했느냐, 저뿐 아니라 굉장히 많은 분들이 그 질의를 하셨고 그거였습니다. 그런데 소통 안 했다고 했고 4일 날 아침에 계엄이 해제되고 소통했다고 하셨어요.

○**외교부제2차관 강인선** 그렇지 않았습니다. 그 맥락에서는 그 회의가 끝난 이후의 소통에 대해서 물으셨습니다.

○**한정애 위원** 대한민국 공직자가 이렇게밖에 일을 못 한다면 참 답답하네요. 부끄러워하셔야 됩니다.

○**외교부제2차관 강인선** 제가 맥락을 정확하게 이해하고 말씀드렸다고 생각합니다.

○**한정애 위원** 본인은 여기서 부끄러워하면 본인의 존재 가치가, 존재 이유가 좀 그렇게 하니까 그렇겠지만 저는 그 당시 그런 식으로 답변을 하고 피해 나가려고 했던 것에 대해서 부끄러워해야 된다고 생각합니다.

○**외교부제2차관 강인선** 그렇지 않습니다.

○**한정애 위원** 들어가셔도 좋습니다. 됐습니다.

○**위원장 김석기** 수고하셨습니다.

더 이상 질의할 위원님이 안 계시기 때문에 외교부 및 통일부 등 소관 부처에 대한 현안질의를 종결하도록 하겠습니다.

윤후덕 위원님께서 서면질의가 있었습니다. 서면질의한 내용에 대해서는 관련 기관은 신속하고 성실하게 답변하여 주시기 바랍니다. 서면질의와 서면답변은 회의록에 게재하도록 하겠습니다.

이상으로 오늘 회의는 모두 마치겠습니다.

위원님 여러분 수고 많으셨습니다.

조태열 외교부장관님, 김영호 통일부장관님을 비롯한 관계 공무원 여러분, 수석전문위원 등 위원회 직원과 의원 보좌진 여러분 모두 수고하셨습니다.

　산회를 선포합니다.

(17시18분 산회)

○**출석 위원(19인)**

　권칠승　김 건　김기웅　김기현　김석기　김영배　김태호　안철수　위성락　유용원
　윤후덕　이용선　이재강　이재정　인요한　조정식　차지호　한정애　홍기원

○**청가 위원(1인)**

　김준형

○**출석 전문위원**

　수석전문위원　곽현준

　전문위원　김사우

○**정부측 및 기타 참석자**

　외교부

　　장관　조태열

　　제1차관　김홍균

　　제2차관　강인선

　　기획조정실장　배종인

　　2025APEC정상회의준비기획단기획실장　김지준

　　감사관　임동혁

　　조정기획관　문인석

　　아시아태평양국장　김상훈

　　북미국장　홍지표

　　유럽국장　임형태

　　영사안전국장　윤주석

　　국제법률국장　황준식

　　국제경제국장　김지희

　　양자경제외교국장　김진동

　　한반도정책국장　이준일

　　언론담당관　김용환

　　유네스코협력TF팀장　하위영

　　한국국제협력단

　　　경영전략본부장　김동호

　　한국국제교류재단

　　　기획협력이사　이종국

　　한·아프리카재단

　　　이사장　김영채

　　통일부

　　　장관　김영호

2025년 3월 11일

차관　김수경

　기획조정실장　오대석

　통일정책실장　김병대

　인권인도실장　강종석

　정보분석국장　홍진석

　통일협력국장　황태희

남북관계관리단

　단장　소봉석

국립통일교육원

　원장　고영환

민주평화통일자문회의사무처

　사무처장　태영호

　사무차장　동승철

　자문건의국장　박학민

　위원지원국장　송순철

북한이탈주민지원재단

　사무총장　이주태

남북교류협력지원협회

　회장　정낙근

　경영기획본부장　이병도

재외동포청

　청장　이상덕

　기획조정관　오진희

　재외동포정책국장　이기성

　교류협력국장　김민철

재외동포협력센터

　센터장　김영근

　경영기획실장　이미경

【보고사항】

○의안 회부

남북협력기금법 일부개정법률안

(2025. 2. 25. 박정 의원 대표발의)(의안번호 2208414)

　2월 26일 회부됨

북한이탈주민의 보호 및 정착지원에 관한 법률 일부개정법률안

(2025. 2. 26. 송옥주 의원 대표발의)(의안번호 2208451)

북한이탈주민의 보호 및 정착지원에 관한 법률 일부개정법률안

(2025. 2. 26. 박충권 의원 대표발의)(의안번호 2208457)

　이상 2건 2월 27일 회부됨

북한이탈주민의 보호 및 정착지원에 관한 법률 일부개정법률안

(2025. 2. 27. 송옥주 의원 대표발의)(의안번호 2208556)

　　2월 28일 회부됨

남북경제협력사업자 등의 피해 보상 및 청산에 관한 특별법안

(2025. 3. 4. 홍기원 의원 대표발의)(의안번호 2208621)

　　3월 5일 회부됨

남극활동 및 환경보호에 관한 법률 일부개정법률안

(2025. 3. 5. 박성훈 의원 대표발의)(의안번호 2208671)

　　3월 6일 회부됨

○행정입법 제출

구분	행정입법명	공포일	제출일
대통령령 제35292호	외교부와 그 소속기관 직제	2025. 2. 25.	2025. 2. 25.
외교부령 제144호	외교부와 그 소속기관 직제 시행규칙	2025. 2. 25.	2025. 2. 25.
외교부령 제145호	외무공무원의 승격에 관한 규칙	2025. 2. 27.	2025. 2. 27.
외교부훈령 제238호	자율기구 "국제인공지능외교과" 설치 및 운영에 관한 규정	2025. 2. 25.	2025. 2. 25.
외교부예규 제282호	「2025년 외교부 성과급 지급 지침」	2025. 2. 26.	2025. 2. 26.
외교부공고 제2025-40호	외무공무원임용령 일부개정령안 입법예고	2025. 3. 7.	2025. 3. 7.
외교부예규 제283호	「외교부 소관 비영리법인 사무처리 규정」	2025. 3. 10.	2025. 3. 10.
통일부령 제135호	「통일부와 그 소속기관 직제 시행규칙」	2025. 2. 25.	2025. 2. 25.

정무위원회회의록
(임시회의록)

국 회 사 무 처

일 시 2025년 3월 11일(화)

장 소 제3회의장(245호)

의사일정
1. 홈플러스·MBK 파트너스 사태에 대한 긴급 현안질의 관련 증인등 출석요구의 건

상정된 안건

(16시05분 개의)

○**위원장 윤한홍** 의석을 정돈하여 주시기 바랍니다.

성원이 되었으므로 제423회 국회(임시회) 제1차 정무위원회를 개회하겠습니다.

오늘 회의에서는 다음 주 18일 날 긴급 현안질의와 관련한 증인 등 출석 요구의 건을 의결하고자 합니다.

그러면 의사일정에 들어가도록 하겠습니다.

1. 홈플러스·MBK 파트너스 사태에 대한 긴급 현안질의 관련 증인등 출석요구의 건

○**위원장 윤한홍** 의사일정 제1항 홈플러스·MBK 파트너스 사태에 대한 긴급 현안질의 관련 증인등 출석요구의 건을 상정합니다.

○**신장식 위원** 위원장님, 의사진행발언 있습니다.

○**위원장 윤한홍** 잠깐만요. 조금 이따가 시간 드릴게요. 조금 있어 보세요.

이 안건은 3월 18일—다음 주 화요일입니다—실시 예정인 홈플러스·MBK 파트너스 사태에 대한 긴급 현안질의와 관련해서 국회법 제129조제1항과 국회에서의 증언·감정 등에 관한 법률에 따라 증인 등의 출석을 요구하려는 것입니다.

우리 위원회는 여야 간의 합의로 김병주 MBK 파트너스 회장, 김광일 MBK 파트너스 부회장 겸 홈플러스 공동대표, 조주연 홈플러스 공동대표, 금정호 신영증권 사장, 강경모 홈플러스 입점협회 부회장, 이상 5명의 증인을 출석시키고자 합니다.

자세한 내용은 배부해 드린 유인물을 참고해 주시기 바랍니다.

그러면 5명의 증인에 대한 출석 요구를 배부해 드린 유인물과 같이 의결하고자 하는데 이의가 없으십니까?

(「예」하는 위원 있음)

이의가 없으므로 가결되었음을 선포합니다.

(증인 명단은 끝에 실음)

의사진행발언, 신장식 위원님……

1분만 드리세요.

○**신장식 위원** 저는 정무위원회가 지난 6월 달, 7월 달, 9월 달에 걸쳐서 굉장히 눈부신 활동을 했다라고 생각을 합니다. 특히 지난주 가장 큰 금융권 이슈가 홈플러스 회생 신청이었고, 그다음에 하나는 아까 말씀드린 6, 7, 9월, 10월에 걸쳐서 삼부토건 주가조작 사건 관련해서 최초로 문제 제기를 한 곳이 이곳 정무위원회였고, 여기에서 6월 금융위 원장 인사청문회 때 첫 주장 했고 7월 달에 한국거래소 이상거래 심리 이끌어 냈고 9월에 한국거래소 이상거래 심리 결과 금감원으로 넘어왔고 10월부터 본격 조사돼서 결국 며칠 전에 이복현 금감원장이 이해관계자들의 100억 원대 이익 실현이 있었다는 보도가 됐는데 금감원도 부인하기 어렵다라고 인정을 했어요.

그런데 위원장님과 강준현 간사님, 존경하는 강민국 간사님 간에……

(발언시간 초과로 마이크 중단)

어떤 말씀들이 오갔는지 모르겠는데……

의사진행발언도 제한이 있습니까?

○**위원장 윤한홍** 조금 더 드리세요. 시간 더 드려.

○**신장식 위원** 정식 현안으로 채택되지 않은 것에 대해서 저는 위원장님과 두 분 간사님께 굉장히 심각한 문제 제기를 드립니다.

이것 정무위원회에서 작년 6월 달에 처음 얘기해 가지고 여기까지 왔는데 정무위원회에서 이 얘기를 논의하지 않는 것에 대해서 저는 좀 납득하기 어렵고요. 관련해서 이것을 정식 현안으로, 다음 주에 분명히 현안질의 안건으로 올려 주시고요.

관련해서 한국거래소 정은보 이사장님은 꼭 증인으로 출석시킬 수 있도록 위원장님과 양당 간사님 간에 협의를 좀 해 주셨으면 좋겠습니다. 정무위에서 여기까지 이 사안을 끌고 왔는데 이것 왜 현안질의 안 합니까? 저로서는 좀 납득하기가 어렵습니다, 위원장님, 양당 간사님.

○**위원장 윤한홍** 또 의사진행발언 계시면 제가 다 모아서 이야기를 할게요.

한창민 위원님.

○**한창민 위원** 존경하는 신장식 위원님께서 혼자 말씀을 하시면 이 사안이 중요하지 않다고 판단할 수 있는 여지가 있기 때문에 저도 다시 한번 강조합니다.

똑같은 이야기는 반복하지 않겠습니다. 왜 그러냐 하면 이 사안 자체가 국민적으로도 매우 중요하게 현안으로 대두되어 있고 금감원장이 그런 보도가 나자마자 어쩔 수 없이, 저희가 많이 요청했는데도 불구하고 함구하고 있다가 어쩔 수 없이 관련자들의 100억 대 이익 실현이 있었다 이렇게까지 이야기 나온 마당에 우리 정무위에서 이 현안을 다루지 않는다는 게 말이 됩니까?

이것은 정당의 이해관계 때문에 이야기하는 게 아니라고 하면 국민적인 입장에서 반드시 현안으로 주요하게 다뤄 주십사 저도 강조합니다.

○**이강일 위원** 위원장님, 저도 한마디……

○**위원장 윤한홍** 똑같은 말씀 같으면 내가 답변드릴게요.

○**이강일 위원** 아니, 저 조금 다른 얘기 하고 싶어서요.

○**위원장 윤한홍** 그러면 존경하는 이강일 위원님 1분 드리세요.

○**이강일 위원** 사안이 같다 그래도 이유가 달라서 저도 한 말씀 꼭 드려야 되겠습니다.

금감원장이 이런저런 얘기할 때 특히 여기 오늘 나온 얘기, 삼부토건 얘기 같은 것 할 때 저희들이 먼저 나중에 와서 좀 보고를 해 달라고 얘기했고 결과에 대해서 보고하겠다는 약속까지 여러 번 했어요.

○**위원장 윤한홍** 그러면 제가 답변드릴게요.

○**이강일 위원** 잠시만요.

그런데 위원들한테 보고하기 전에……

○**위원장 윤한홍** 아니, 우리가 반대하는 게 아니니까 간사님들 합의해서 추가하세요.

○**이강일 위원** 기록이라도 남겨야 되니까 끝까지 좀 얘기를 해야지.

○**위원장 윤한홍** 전혀 반대하지 않아요.

○**이강일 위원** 제가 얘기를 끝까지 해야지요, 내가 하고 싶은 얘기가 있으니.

○**위원장 윤한홍** 삼부토건 반대한 적도 없고 반대하지 않습니다. 그러니까 하세요.

○**이강일 위원** 무슨 말씀인지 이해……

그러니까 그것하고 좀 다른 각을 얘기하는 거예요.

그래서 금감원장의 저러한 자세가 분명히 시정이 돼야지 된다라는 것을 위원장님한테 말씀드리고 싶은 겁니다.

○**위원장 윤한홍** 알겠습니다.

다음 주 화요일 날 회의 때 금감원장, 금융위원장 당연히 참석하기 때문에 그것은 문제가 없고, 우리 당에서 삼부토건 현안질의 하는 것 반대하지 않습니다.

○**한창민 위원** 그러면 빨리 합의해 주십시오.

○**위원장 윤한홍** 우리 당에서 반대한 것처럼 오해를 하시는데 그게 아니니까 전혀…… 하시면 돼요.

우리 간사님들 다시 합의해 주세요.

○**강준현 위원** 예, 알겠습니다.

○**위원장 윤한홍** 협의해서 하시면 됩니다.

○**신장식 위원** 그러면 증인 관련해서요 한 말씀만 더 드리겠습니다.

사실, 금감원장님이 나오나요?

○**위원장 윤한홍** 예, 다 나옵니다.

○**신장식 위원** 금감원장님하고 금융위원장님 나와서 계속해서 이상거래 징후는 거래소에서 기계적으로 체크한다라고 했거든요. 그런데 그게 제대로 기계적으로 체크가 됐는데 묵혔던 건지 아니면 이런 부분들을 거래소 정은보 이사장님 증인으로 출석시켜서 좀 물어볼 필요가 있을 것 같습니다.

○**위원장 윤한홍** 정은보 이사장님도 나오도록 하겠습니다.

○**신장식 위원** 예, 정은보 거래소장님 꼭 출석시켜 주십시오.

○**위원장 윤한홍** 그러세요.

○**이인영 위원** 그러면 여기에서 마저 의결을 하시지요.

○**강민국 위원** 아니아니, 그것은 안 돼.

○**위원장 윤한홍** 아니, 이것은 기관이기 때문에……

○**강민국 위원** 제가 말씀드릴게요.

그런데 상임위 운영이, 지금 아시다시피 선수도 많으신 분도 계시고 한데 양 간사에게 사실은 얘기를 해야 됩니다. 그리고 저도 이번에 오늘 이것도 하면서 모든 증인들 다 취합하라고 이미 다 통보를 했습니다, 의원실에. 맞잖아요. 상임위가 양 간사에 의해서 협의해서 또 이렇게 다 위원님들 의견을 받아서 하는데 갑자기 속기록용인지 방송·언론용인지 잘 모르겠는데 이런 식으로 이야기하면 상임위 운영이 안 돼요. 그것도 좀 그만하시고.

그러니까 필요한 것 있으면 간사실로 얘기를 해 주십시오. 여기에서 얘기해 가지고는 될 수도 없고 갑자기 여기서 의결해서 되는 것도 아니고요. 그러니까……

○**한창민 위원** 저 1분만 더 주십시오, 이 부분에 대해서.

○**강민국 위원** 아니, 그러니까 얘기를 해 주시라고.

○**한창민 위원** 아니아니, 저 이것은 문제 제기해야 되겠습니다.

○**위원장 윤한홍** 아니, 여기서……

○**한창민 위원** 그러니까 지금 현안 관련해 가지고 어떤 것을 다룰……

○**위원장 윤한홍** 잠깐만……

○**한창민 위원** 아니, 이 말씀을 드려야 되겠습니다.

○**위원장 윤한홍** 아니, 잠깐 있어 보세요.

내가 회의를 진행……

○**한창민 위원** 아니, 지금 여당 간사님께서 저렇게 말씀하셨는데 얘기를 해야지요.

○**위원장 윤한홍** 아니, 잠깐만, 회의를 일문일답식으로 진행하면 안 되잖아요.

○**한창민 위원** 아니, 딱 한마디는 해야 되지 않겠습니까?

○**위원장 윤한홍** 말씀하실 분 차례대로 하세요, 일문일답식으로 하면 안 되고.

민병덕 위원님 아까 손 드셨는데 말씀하시고.

○**민병덕 위원** 저도 짧게 말씀드릴게요.

두 가지만 말씀드리겠습니다.

홈플러스 사태는 지난해에 우리가 심각하게 가졌던 티메프, 티몬·위메프 사태가 있었잖아요. 그것의 오프라인 판이라고 보면 됩니다. 여기에서 또 수십만의 분들이 계실 거고 또 여기는 노동자들이 계십니다.

그런데 다행히 홈플러스와 관련해서 긴급 현안질의를 열어 주시는 것 고마운데 여기 증인에 노조 대표는 빠졌습니다, 이해관계자들 중에서. 노조 위원장 정도는 들어와야지 이들도 본인들이 거기에서 불안한 것들을 얘기할 수 있는 기회는 한 번 있겠다라는 측면이고.

두 번째는, 삼부토건 같은 경우는 저희 직전 현안질의 때도 제가 금감원장한테 물었던 그 내용입니다. 그런데 언론에는 나오고 우리한테는 아무런 얘기를 해 주지 않는, 금감원이 정무위원회를 정말 무시하는 겁니다. 그렇기 때문에 이 부분은 꼭 해야 된다라는 말씀을 드립니다.

○**위원장 윤한홍** 또 말씀하실 분……

그러면 한창민 위원님 1분 하세요.

그러니까 회의를 일문일답식으로 주고받으면 안 됩니다.

○**한창민 위원** 알겠습니다.

지금 강민국 간사님께서 이 현안질의를 하기 위해서 각 의원실에 의견을 다 묻고 취합해서 간사 간 협의가 됐다 하는데 저희들한테 그런 것 물어본 적 있습니까? 왜 그렇게 말씀을 하시는지요. 그렇게 물어봤다고 하면 당연히 그 의제에 삼부토건의 문제를 올려야 된다.

특히나 지금 다른 위원님들도 얘기했듯이 우리 정무위에서 한두 번 다룬 게 아니고요. 이상 심리 그러니까 심리 조사부터 해서 그 관련된 내용도 보고해 달라고 몇 차례 얘기했는데도 불구하고 언론에는 나고 저희들은 이 상황을 언론을 보고 아는 상황이기 때문에 우리 주 상임위에서 그것을 당연히 다뤄야 된다고 이야기했을 겁니다.

그런데도 불구하고 사전에 의원실에 다 통보를 했고 거기에서 의견이 조율이 돼서 간사 간 협의로 이 안만 다루기로 했다 이렇게 말씀하시면 팩트가 완전히 어긋나기 때문에 말씀을 드리는 것이고요. 만약에 그런 부분이 양 교섭단체만의 의견이었다 이렇게 또 한정을 하신다고 하면 그것도 적절하지 않다고 판단합니다.

○위원장 윤한홍 알겠습니다. 위원님 말씀 다 잘 들었고요.

아마 우리 양 간사님들께서 충분히 협의를 하셔서 이렇게 했는데 제목이 '홈플러스·MBK 파트너스 사태에 대한 긴급 현안질의' 이렇게 돼 있습니다마는 아마 18일 날 참석 대상이 공정거래위원장뿐만 아니라 금융위원장, 금감원장 다 옵니다. 오고 또 조금 전에 정은보 거래소 이사장도 와 달라고 했으니까 우리가 출석하라고 하면 될 것 같아요.

그러면 그날 여러분들이 삼부토건에 대한 질의도 얼마든지 할 수 있다 저는 그렇게 보기 때문에 문제가 없다고 보고 양 간사께서 합의해 주시면 3월 18일 긴급 현안질의 제목을 '홈플러스·MBK 파트너스, 삼부토건에 대한 긴급 현안질의' 이렇게 하면 될 것 같습니다. 어떻습니까?

(「좋습니다」 하는 위원 있음)

그렇게 하시고……

○강민국 위원 같이 의논해 볼게요.

○위원장 윤한홍 그리고……

○신장식 위원 증인 채택도 좀 해 주시지요.

○위원장 윤한홍 그것은 우리 간사……

○한창민 위원 협의해서 추가적으로 증인 채택……

○위원장 윤한홍 의논해 보세요.

○강준현 위원 예, 알겠습니다.

○위원장 윤한홍 의논해 보시기 바라고 다른 이야기 없으면 회의를 마치도록 하겠습니다.

○김현정 위원 잠깐만요.

삼부토건 있잖아요. 삼부토건 관련된 증인도 필요한 것은 저희가 추가적으로 말씀드릴 테니까 협의해 주셨으면 좋겠습니다.

○위원장 윤한홍 간사님과 협의하세요.

○강준현 위원 예, 알겠습니다.

○민병덕 위원 하루는 홈플러스 하고 하루는 삼부토건을 해야지 맞다고 생각을 합니다.

○**위원장 윤한홍** 그러면 이틀 하자는 얘기인가요?

○**민병덕 위원** 예.

○**위원장 윤한홍** 그러면 우리 완전히 새로 협의를 하셔야 돼. 완전히 새로 하셔야 돼.

○**이강일 위원** 그냥 그날 좀 길게 하더라도 하루에 끝낼 수도 있으면 하는 거니까 양당 간사가 합의해서 하세요.

○**위원장 윤한홍** 그러니까 위원님들 생각이 다 다르기 때문에 그래서 우리 간사님들이 필요한 것 아닙니까? 그렇지요?

　오늘 회의는 일단 여기서 마치고 간사님들 협의해 주시기 바랍니다.

　여러분 수고 많으셨습니다.

　오늘 회의는 이것으로 마치겠습니다.

　산회를 선포합니다.

(16시17분 산회)

· ·

증인 명단
증인(5인)

성명	직업(소속 및 직위)	출석 요구일	신문요지 및 신청이유
김병주	MBK 파트너스 회장	3. 18. (화)	홈플러스·MBK 파트너스 사태에 대한 긴급 현안 관련
김광일	MBK 파트너스 부회장 / 홈플러스 공동 대표		
조주연	홈플러스 공동 대표		
금정호	신영증권 사장		
강경모	홈플러스 입점협회 부회장		

○**출석 위원(22인)**

　강민국　강준현　강훈식　권성동　김남근　김병기　김상훈　김승원　김용만　김재섭　김현정　민병덕　박상혁　신장식　유동수　유영하　윤한홍　이강일　이인영　이정문　전현희　한창민

○**청가 위원(1인)**

　강명구

○**출석 전문위원**

　수석전문위원　정명호

　전문위원　황승기

　전문위원　최기도

원내대책회의 주요내용

3월 11일 원내대책회의 주요내용은 다음과 같다.

– 권성동 원내대표

제3차 국정협의회가 민주당의 발목잡기로 인해 성과를 내지 못했다. 민주당은 불참에 대한 비판을 의식하여 마지못해 참석했지만, 정작 소득대체율을 핑계 삼아 민생논의를 원천봉쇄 했다. 대단히 유감이다.

이미 지난달 28일에도 민생법안과 추경 논의를 위한 여·야·정 국정협의회가 민주당의 일방적인 불참으로 무산된 바가 있다. 당시 우원식 국회의장까지 나서서 추경만큼은 다른 사항과 연계하지 말고 추진하자고 요청했지만, 이재명 대표는 끝내 외면했다. 어제도 민주당은 형식적으로 잠시 자리를 채웠을 뿐, 정략적인 이유로 민생을 내팽개쳤다. 내전 공포 분위기 조성을 위해서는 밤샘 농성과 장외 집회를 서슴지 않으면서, 국정협의회에 겨우 30분만을 할애했을 뿐이다.

13일 처리를 예고한 법안들을 봐도 위헌적인 특검법들만 있을 뿐, 민생법안은 하나도 없다. '잘사니즘''민생''경제'를 외치던 이재명 대표의 진심이 어디에 있는지 스스로 드러난 것이다. 지금 국민들은 정말 하루하루가 힘든 상황이다. 올해 폐업자 수가 100만명을 넘어설 것이라는 전망이 나온다.

매일 2,700개 이상의 사업장, 매시간 110개 넘는 점포들이 문을 닫는 셈이다. 2차 국정협의회가 지연된 6일 동안에도 수 많은 소상공인들이 가게 문을 닫으며, 삶의 터전을 잃었을 뿐이다. 민주당은 더 이상 이 절망을 외면하지 않기를 바란다.

어제 국정협의회에서 우리당은 민주당이 요구하는 대로 향후 추경을 어떻게 진행할 것인지에 대해서 소상하게 우리당의 입장을 밝히고 함께 논의해나가자고 그랬다. 그리고 거기에 정부 대표인 최상목 권한대행에 대해서 인정을 안 하니까 그럼 2차관을 참석시켜서 실무협의회를 개최하자고까지 저희들이 합의를 해줬다.

그런데 그 전 회의에서 소득대체율 정부 여당 42%를 주장했고, 민주당은 44~45%를 주장해서, 제가 그 중간선인 43%로 하자라고 제안했다. 왜 그러냐면 원래 우리 측 제안은 보험료율 13%에다가 자동안정장치 도입, 그리고 소득대체율 42%였다. 그런데 민주당이 자동안정장치를 도입하면, 소득대체율이 낮아지는 효과가 있다고 주장을 하면서 그거는 못 받겠다고 해서, 그러면 소득대체율을 43%에서 조정하자라고 제가 제안을 했다.

우리당에도 연금특위위원장인 박수영 의원을 비롯해서 전부 대다수의 연금특위 위원들이 반대했다. 자동조정장치 도입 없는 소득대체율 44%는 절대 받을 수가 없고, 43%도 받을 수 없다고 우리당 의원들이 반대했음에도 불구하고, 하루에 적자가 788억씩 적자가 쌓이고 있다. 손해를 보고 있다.

이런 상황에서 또 우리 청년들도 여기에 대해서 반대를 하고 있다. 그렇지만 우리가 소수당이고, 민주당의 동의 없이는 단 하나의 법률도 통과시킬 수 없는 이러한 절박한 상황에서 그래도 보험료율을 9%에서 13%로 올리는 것이 연금재정의 지속성이라든가 이런 측면에서 봤을 때 국가에 도움이 된다.

국민들에게 도움이 된다는 판단하에서 그 모든 비판과 비난은 원내대표인 제가 받겠다는 그런 각오 하에 0.5%만 내려달라고 사정 사정을 했고, 민주당은 거기에 대해서 긍정 검토를 하겠다라고 지난번에 약속했다. 그래서 어제 저는 이 부분이 타결될 줄 알았는데, 민주당이 여전히 43.5%를 고집하는 바람에 모든 논의가 수포로 돌아갔다.

정말 민주당이 43.5인데 0.5%를 양보를 못 하고 44%를 고집한 것이다. 그래서 민주당이 의장 중재안이 43.5였다. 그런데 제가 0.5%만 좀 내려라. 소득대체율 1% 차이가 나중에 가면, 한 300조원 정도 차이가 난다. 그래서 내려달라고 사정을 했는데 민주당이 못했다. 과연 민주당이 이게 민생을 위하는 정당인지, 국민을 위한 정당인지, 경제를 위한 정당인지, 정말 어제 실망을 해서 결국은 회의가 파열음만 내고 끝냈다.

지금이라도 민주당이 민생과 경제를 위하고, 그다음에 미래세대를 위한다고 그런다면 불충분하지만, 우리가 제안한 조건을 좀 수용을 하고, 나머지 문제는 국회연금특위를 구성해서 1년의 시한을 두고 자동안정장치를 비롯해서 다층연금제도에 대해서 함께 논의하기를 기대한다.

민주당은 이미 대한민국을 심리적 내전 상태로 몰아넣은 것도 모자라 실제 내전으로 몰아넣겠다는 시도를 계속하고 있다. 30번째 줄 탄핵, 정치 특검, 명분 없는 단식, 철야농성 등 민주당 이재명 세력이 자행하는 일들은 모두 헌재의 대통령 탄핵 이후 대한민국을 내전 상태로 몰아넣겠다는 시도들이다.

민주당이 심우정 검찰총장을 탄핵하겠다는 사유가 무엇인지 국민은 납득 할 수 없다. 법원의 판결을 따른 검찰총장이 무슨 죄를 저질렀다는 것인가. 구속취소와 석방이 잘못된 결정이라고 판단한다면, 이러한 결정을 한 법원에 책임을 묻는 것이 정상이 아니겠는가. 본인은 8개 사건, 12개 혐의, 5개 재판에 악영향이 갈까 봐 판사탄핵은 못 하고, 법원의 판결을 따랐을 뿐인 검찰총장만 탄핵하겠다는 것 아닌가.

그동안 거대 야당의 29번 줄 탄핵으로 4억 6,000만원의 혈세가 낭비되었다고 한다. 고위공직자 직무정지에 따른 혼란으로 인해 우리 사회가 치른 경제적 비용은 그보다 훨씬 더 큰 '조 단위'일 것이다. 내전이냐, 안정이냐 지금 대한민국은 선택의 기로에 서 있다. 지금 국회의 제1 책무는 안정과 수습이다. 국민의힘은 오직 국민만 바라보며 국정안정과 민생수습에 매진하겠다. 이재명 세력 역시, 내전 조장을 위한 30번째 줄 탄핵과 명분 없는 단식이 아닌, 국민을 위한 길로 돌아올 것을 강력히 촉구한다.

- 김상훈 정책위의장

한국은행이 지난주에 발표한 자료에 따르면, 우리나라 2024년도 1인당 명목 국민총소득은 3만 6,624달러로 전년 대비 1.2% 증가하는 데 그쳤다. 2014년도에 3만 달러를 넘어선 이후에 11년째 정체된 수치이다. 요즘 한국의 석유화학 산업, 철강 산업도 활력을 잃어가고 있다. 미국 상황도 만만치 않다. 뉴욕 증시는 트럼프 관세 정책의 불확실성으로 미국 경제가 침체에 빠질 수 있다는 투자자들의 우려로 급락했다. 경기 침체와 물가 상승이 미국장에도 동시에 나타나는 스태그플레이션 현상이 일어나고 있다.

저는 여당의 정책위의장으로 최근 이런 생각을 해보고 있다. 우리나라의 현재 명목 국내총생산이 2,549조인데 추경의 20~30조의 재정 지출을 통해서 경제를 살릴 수 있을 것이라는 그 기대감을 주는 거는 저는 이거는 현실에 맞지 않다라고 생각한다. 재정 지출을 통해서 국가 경제를 견인해 나가는 시대는 이제 저물어 가고 있다 이렇게 생각한다. 그렇다면 민간 기업들이 기술 혁신을 하고, 또 정부는 규제를 완화해 주는 그 길을 이제 대한민국은 걸어가야 되는 게 아닌가 라는 생각을 하고 있다.

현재 대한민국은 과도한 규제로 경제 성장에 발목이 묶여 있다. 주 52시간 규제에 묶여 있는 반도체 등 첨단산업, 기업 경영 활동에 발목을 잡고 있는 상법 개정안, 과도한 재건축·재개발 규제, 최근에 민주당은 금리 산정을 법제화하는 은행법까지 지금 발의를 해놓고 있는데, 일률적인 금융 및 대출 규제, 핀테크 디지털 금융 규제, 원격 의료 규제, 소형모듈 원자로 등 차세대 원전 개발 규제 이런 게 대표적인 사례라고 본다.

민간 기업 스스로 창조와 성장의 길을 갈 수 있도록 길을 열어주는 것이 정치권과 정부가 해야 될 일이 아닌가 라는 그런 생각을 하고 있다. 국민의힘은 기업과 국민의 경제적 기회를 확대할 수 있도록 불필요한 규제를 완화하는 법안을 법안과 정책에 더욱 관심을 갖고 추진 하겠다. 민주당도 규제강화 정당이라는 오명을 벗을 수 있도록 같이 좀 동조할 수 있는 그런 협조를 부탁을 드린다.

최근에 건설 산업의 상황이 정말 심상치가 않다. 건설업은 GDP의 15%를 차지하는 핵심 산업인데, 건설사들이 줄도산하고 있고, 법정관리 신청 건수가 급격하게 늘어나고 있고, 이와 더불어서 일자리도 건설업 분야에서 급격하게 감소하고 있다. 올 1월에 건설업 취업자는 2013년 이후 가장 큰 폭인 16만 9천명이 감소했다. 청년 일자리도 이에 따라서 6만 1천개가 사라졌다. 법정관리를 신청한 중견급 건설사도 신동아건설, 대저건설, 안강건설, 삼정기업 등 6곳에 이르고 있다.

제가 이런 이야기를 하는 이유는 최근에 건설 산업의 심각한 상황에 비추어 봤을 때 정부의 대책이 굉장히 안일한 미봉적 조치에 그치고 있다 이렇게 생각을 하고 있다. LH에 의한 분양가 이하 가격 직접 매입, 매입형 등록임대의 지방 준공 후 미분양 아파트 제한적 허용, CR리츠 상반기 출시 지원, 현장에서는 현실성이 부족하다는 지적들이 연이어 나오고 있다.

국토부와 금융위, 또 관계 부처에서는 건설 산업의 심각한 상황을 비추어 봤을 때 몸 사리기에 급급할 그럴 때가 아니다. 비수도권 미분양 사태 해결 등등을 위해서라도 DSR 대출 규제 과감하게 완화할 때가 됐다고 보고, 또 비수도권에 대한 부동산 세제 개편도, 과감하게 지금은 한시적 조치라도 정부가 검토를 해야된다 이렇게 판단을 하고 있다.

여당으로서 정부 측과 함께 다시 한번 긴밀한 대화를 할 필요가 있다. 지금 시국이 이렇다 보니까, 각 부처의 수장들도 몸을 사리고 혹시 모를 리스크로 본인이 또는 본인이 속한 부처가 책임을 져야 되는 어떤 그런 일이 생기지 않을까 우려할 수 있는 그런 현실이긴 합니다만, 보다 과감한 그런 대책 마련과 추진이 필요하다는 말씀을 드리겠다.

이재명 대표와 민주당이 또다시 음모론을 내세우며 괴담 정치에 나서고 있다. 윤 대통령 석방이 결정되자 검찰을 향해 '내란수괴의 졸개'라는 망언을 서슴지 않고 있다. 그런데 정작 '구속취소' 결정을 내린 법원에 대해서는 일언반구조차 하지 않는다. 이재명 대표의 공직선거법 위반 항소심 선고를 앞두고 법원의 눈치를 보고 있다. 법원은 적법 절차에 따른 법리적 판단으로 구속취소를 결정했다. 검찰 역시 법에 따라 즉시 항고를 하지 않았다.

이를 두고 검찰이 내란 행위에 동조했다고 하는 것은 근거 없는 음모론이다. 법원에서 뺨 맞고, 검찰에 화풀이하는 격이다. 민주당은 검찰 비판에 앞서 29차례나 무분별한 탄핵으로 국론을 분열시키고, 국정을 마비시킨 행태에 대해서 사과부터 하는 것이 순리이다. 그리고 정치적 이해에 따라 선택적으로 법치를 주장하는 이중적 행태에서 벗어나야 한다.

아울러 법원에 요청한다. 2,000만원이 넘는 과일값 등 경기도 예산 1억여원을 이재명 대표가 사적으로 유용한 사건에 대한 재판을 빨리 진행해 주십시오. 그리고 작년 이 대표 측의 법관 기피신청 기각 이후 중단된 쌍방울 불법 대북송금사건의 조속한 재개를 촉구한다.

"나누는 문제보다, 만들어 가는 게 중요하다." 이재명 대표가 올 1월 진행된 신년 기자회견에서 기본소득 정책 재검토를 언급하며 한 말이다. 그런데 불과 2주 뒤 국회 연설에서는 기본사회를 위한 회복과 성장위원회를 설치하겠다고 말을 바꿨다.

내일 이재명 대표 산하 직속 기구로 기본사회위원회를 출범시킨다고 한다. 이재명 대표가 줄곧 주장해오고 있는 기본사회, 기본소득 정책은 이미 해외 여러 나라에서 실패한 정책으로 평가받고 있다. 기본소득이 근로자의 근로 의욕과 고용 가능성을 모두 낮추는 것으로 드러났기 때문이다. 무작정 현금을 지급하는 방식이 국민 삶에 긍정적인 영향을 주기 어렵다는 명백한 증거이다. 다른 나라에서 이미 실패한 정책을 군이 추진하겠다는 이유가 무엇인가. 실패로 귀결된 정책을 끝까지 고집하며 무리하게 추진하는 것은 아집과 오기일 뿐이다. 이재명 대표는 지금이라도 정책 실패가 뻔한 기본사회 정책을 전면 철회하길 바란다.

민주당 등 야당이 심우정 검찰총장을 공수처에 고발하면서. 심 총장이 자리에서 물러나지 않는다면 30번째 탄핵을 추진하겠다고 협박했다. 민주당은 고발 및 탄핵 추진 사유로 심 총장이 윤석열 대통령에 대한 구속취소 결정과 관련해 즉시 항고 절차도 밟지 않고 석방을 지휘하는 등 내란에 동조했기 때문이라고 주장했다.

심지어 이재명 대표는 검찰이 해괴한 잔꾀로 내란수괴를 석방해 줬다면서 마치 검찰이 의도적으로 구속 기간을 도과시킨 후 기소한 것처럼 비난했다. 검찰에 잔꾀라고 하려면 그동안 법원이 오랜 관행으로 일 단위로 계산해오던 구속기간 불산입 기준을 시간 단위로 계산하리라는 것을 검찰이 미리 예견하고 있었어야 한다. 이것이 가당키나 한 소리인가.

검찰이 무슨 재주로 어떤 재판부에 배당될지 모르는 기소 단계에서 장래에 사건을 배당받을 판사의 마음을 미리 꿰뚫어 보고 기소를 한단 말인가. 아무리 정치적인 비난이라고 하더라도 최소한의 근거나 합리성은 갖춰야 한다고 생각한다. 검찰의 즉시항고권 포기에 대한 비난도 마찬가지이다. 과거 헌법재판소는 법원의 구속집행정지 결정에 대한 검사의 즉시항고와 보석 허가 결정에 대한 즉시항고에 대한 위헌으로 결정한 바 있어 구속취소 결정에 대한 즉시항고 역시 위헌으로 귀결되리라는 것은 법조인이라면 누구나 알 수 있는 상식이다.

이렇게 위헌임일 뻔한 즉시 항고권을 행사하여 피고인을 석방하지 않는다면. 검찰은 인권 보호기관으로서의 직무를 포기하는 것이고 오히려 불법 감금 등의 형사책임도 문제 될 수 있다. 따라서 검찰이 헌법재판소의 위헌결정 취지에 맞게 즉시항고를 포기하고, 대통령에 대한 석방을 결정한 것은 법리에 충실한 타당한 결정이다. 또한, 즉시항고가 가능하다고 지정된 경우에는 보통항고를 할 수 없다라고 보는 것이 통상적인 견해이기 때문에 검찰은 보통항고 역시 제기하지 않고 본안 재판에서 이 부분을 다투기로 한 것이다. 여기에 무슨 잔꾀가 있고 불법이 있는가.

그런데 왜 이재명 대표와 민주당은 구속 기간 불산입 기준을 일 단위에서 갑자기 시간 단위로 계산한 법원에 대해서는 한마디도 못 하는 것인지 모르겠다. 갑자기 이재명 대표와 민주당이 사법부의 권위를 존중해야겠다는 경외감이라도 생긴 것인가. 아니면 이재명 대표의 명줄을 쥐고 있는 법원의 심기를 거스르지 않겠다는 것인가. 그 대답은 이재명 대표도 알고 국민도 모두 알고 있다. 갑자기 법원에 대한 경외감이 생긴 것이든, 법원의 심기를 거스르지 않겠다는 것이든 상관하지 않겠습니다만 애꿎은 검찰만 때리는 것은 너무 비겁하지 않는가.

사실 이 모든 사태의 근원은 공수처라는 사실을 다시 한번 지적하지 않을 수 없다. 공수처는 내란죄에 대한 수사 권한도 없는 상태에서 작년 12월 8일과 13일, 당초 경찰과 검찰이 각각 수사 중이던, 윤 대통령 사건에 대한 이첩을 요구했다. 민주당이 만든 공수처법상에 이첩요청권에 기한 것이다. 이에 경찰을 12월 16일 대통령 사건을 공수처에 이첩했고, 검찰 또한 12월 18일 공수처에 사건을 이첩했다. 이후 공수처는 주지하다시피 영장쇼핑, 무리한 체포영장 집행 등 보여주기식 쇼와 무리수를 남발하는 바람에 수사 과정의 적법성이 문제 되어 결국 법원이 구속취소 결정을 하게 된 것이다. 민주당은 애꿎은 검찰 때리기와 30번째 탄핵 추진 대신, 공수처를 탄생시킨 원죄부터 겸허한 마음으로 돌아보기를 바란다.

– 김미애 보건복지위원회 간사

어제 모처럼 국회에서 보건복지위 입법조사처가 의사협회, 전공인협회와 함께 의료개혁 과제 중 하나인 전공의 수련환경 개선을 주제로 토론회를 가졌다. 의정갈등 후 국회에서 공식적인 정책 논의는 처음이라는 생각이 든다. 전공의 수련환경은 매우 혹독하다. 과거보다 나아졌다고 하지만 법적으로 주당 근무시간이 80시간, 연속 근무시간은 무려 36시간이다.

이마저도 현장에서 잘 지켜지지 않고, 상당수가 충분한 수면 및 휴식 시간을 얻지 못한 채 주 100시간 이상을 일하고 있다고 한다. 전공의는 근로자와 피수련자라는 이중적 성격이 있긴 하지만 근로기준법상 최대 근로시간이 주 52시간인 점을 감안하면 개선되어야 마땅하다. 우리가 양질의 의료서비스를 제공받을 수 있었던 바탕에는 전공의들의 희생이 있었음에도 그 심각성을 미처 알지 못했다. 전공의 수련환경은 환자 안전과 직결된다는 인식하에 이제라도 현장 목소리를 반영하여 획기적으로 개선해야 한다.

올해 보건복지부 신규사업으로 지도전문의 지원 등 전공의 수련환경 혁신에 2,332억원, 전공의 등 수련 수당도 415억원을 투입한다. 첫술에 배부를 수 없듯이 당장 현장을 만족시킬 수 없겠지만, 의료개혁의 일환으로 전공의 수련 국가책임제를 실시하며, 국민의힘과 정부는 수련환경 개선을 위해 진심을 다해 정책을 펼쳐 나갈 것을 말씀드린다.

지난주 국민의힘과 정부는 고심 끝에 내년도 의대 모집 인원을 증원 전으로 동결하겠다고 발표했다. 많은 비판의 목소리가 있지만, 그것을 감수하더라도 교육 정상화와 의료 공백을 더 이상 방치해서는 안 된다는 절박함이 있었다. 이제 의대생과 전공의 여러분께서도 학교와 의료 현장으로 돌아와 주시길 간곡히 요청드린다. 교육 현장과 의료 현장으로 돌아오셔서 교육의 질 담보, 소송 부담을 완화하는 의료사고 안전망 강화 대책, 공정한 수가 체계 등 산적한 의료 현안을 함께 논의합시다. 그리고 지금 이 시간에도 여러분을 기다리는 고통받는 환자가 있다는 사실을 꼭 기억해 주셨으면 좋겠다.

– 김건 외교통일위원회 간사

지난 3월 7일 더불어민주당 국제외교협력본부가 우리 외교부에 대해 '극우 외교협력부'라고 비난하는 논평을 낸 것에 대해 매우 유감스럽게 생각한다. 이 논평은 급기야 외교부 장관의 조부, 선친의 존함마저 거론하면서, 비난하는 무리수를 저질러 눈살을 찌푸리게 했다. 이는 밤이고 낮이고 소리 없는 전쟁터인 전 세계 외교 현장에서 국익을 위해 헌신하고 있는 외교부 직원들에 대한 모독이다.

독일 공영방송의 해당 다큐멘터리는 '인사이드 코리아-미국, 중국 그리고 북한'이라는 제목으로 현 국내 정치 상황을 글로벌 체제 경쟁의 맥락에서 해석하는 내용이다. 이런 시각은 상당 부분 민주당이 1차 탄핵소추안에 북한, 중국, 러시아를 적대시하고, 일본 중심의 기이한 외교 정책을 고집하여 동북아에서 고립을 자초하고 전쟁의 위기를 촉발 시켰다는 소추 사유를 포함 시킨 것이 불러온 것이다.

그런데 민주당은 이러한 탄핵소추 내용이 잘못 포함되었다고 반성하고 해명하는 것이 아니라, 국제 사회의 비판적 시각을 그저 극우 세력의 거짓 주장으로 몰면서 재갈을 물리려 하고 있다. 그리고 외교부가 이러한 시도에 수족처럼 움직이지 않는다고 비난하고 있다.

더불어민주당은 남의 나라 언론 자유마저 탄압하려는 시도는 그만두고, 판단은 다큐멘터리를 시청하는 온 세계 시청자들의 몫으로 남겨야 할 것이다. 전 세계가 언론 자유를 억압하는 제1야당 민주당의 행태를 예의주시할 것이다. 이제라도 논평을 낸 더불어민주당 국제외교협력본부는 이를 철회할 것을 촉구한다. 그리고 국가를 위해 헌신하고 있는 외교부 직원들에게 모멸감을 준 것에 대해서는 사과하시기 바란다.

– 박수영 기획재정위원회 간사

미국의 대표적인 싱크탱크인 헤리티지재단이 발간한 '2025 경제자유도 보고서'가 어제 발표되었다. 이 보고서에 따르면 한국은 전체 12개 평가항목 중에서 노동시장 부문에서 56.4점을 얻는데, 그쳐서 평가대상 184개국 가운데 100위를 차지했다. 작년 87위에서 무려 13등급이나 떨어진 것이고, 완전 자유로부터 억압까지 5단계로 나뉜 등급에서 4번째 단계, 즉 끝에서 2번째 단계인 부자유(Mostly Unfree)로 분류가 되었다. 한국 경제 전체로는 종합순위 17위인데. 노동시장 후진성이 한국 경제 평균을 깎아 먹고 있는 것이다.

잘 아시듯이 우리나라 노동시장의 문제는 노동시장 및 근로 시장의 유연성 제고, 성과 중심의 임금체계 개편, 노동시장 이중 구조 해소 등 과제가 비교적 명확합니다만, 그 어느 하나도 제대로 추진되고 있지 못하고 있기 때문에 처참한 점수를 받은 것이다.

다시 한번 이재명 대표에 촉구한다. 노동시장의 숙제를 전부 해결하지는 못하더라도 반도체특별법의 주 52시간 근로 예외 규정을 포함 시키는 것부터라도 시작했으면 좋겠다. 글로벌 기업과의 경쟁으로 속도가 생명인 반도체 업종에서 R&D직군의 고연봉자만을 대상으로 노사합의라는 조건을 걸고 필요할 때 몰아서 일할 수 없다면 어떻게 전면적인 노동 개혁이 우리나라에서 가능하겠는가.

어제 리얼미터 여론조사도 나왔다. 반도체산업 주 52시간 근무제 예외허용을 찬성하는 의견이 58%로, 반대의견 27%보다 2배 이상 많았고, 심지어 더불어민주당 지지층에서도 절반이 찬성했다. 더불어민주당이 민노총의 청부 입법정당이라는 지위만 버리면 되고, 이재명 대표가 나라 전체를 볼 수만 있으면 되는 것이다.

– 유상범 법제사법위원회 간사

지난 7일 서울중앙지법은 공수처가 윤석열 대통령 내란죄 수사를 권한 없이 하였다고, 사실상 인정하여 구속취소 청구를 인용하였다. 그 결정은 대통령에 대한 형사재판은 물론, 헌법재판소 탄핵 심판에도 크나큰 경종을 울리는 결정이었다. 지금의 헌법재판소 역시 졸속 탄핵 심판을 위해 벌인 적법 절차 위반과 불공정 논란으로 많은 헌법학자의 공개적 비판과 임계치를 넘은 국민적 불신에 직면해 있다.

먼저 대통령 탄핵소추의 핵심 사유였던 '내란죄'의 일방적 철회는 소추 사실의 동일성을 중대하게 훼손하는 사안이므로, 국회의 재의결을 거치지 않는 한 원천 무효로 마땅히 탄핵 심판은 각하되어야 한다.

둘째, 헌재가 '재판·소추 또는 범죄 수사가 진행 중인 사건의 기록에 대하여는 송부를 요구할 수 없다'라는 헌재법 제32조 단서조항에도 불구하고, 자체 심판규칙을 핑계로 국회 측의 '수사 서류 송부 촉탁'을 수용한 것 역시 명백한 헌법재판소법 위반이다. 하위법으로 상위법을 어기는 초법적 발상으로, 헌재 스스로 탄핵 심판의 정당성 훼손을 자초하는 행태이다.

셋째, 탄핵 심판 절차는 형사소송법을 준용하며, 2020년 개정된 형소법은 피고인 동의 없이는 신문 조서를 재판 증거로 사용할 수 없다. 그럼에도 윤석열 대통령은 물론 다른 계엄 관계자들이 동의하지 않는 검찰 신문 조서를, 헌재가 탄핵 신문 증거로 사용하는 것은 법률 위반을 넘어 헌재 판결의 정당성이 부정될 수밖에 없다.

게다가, 대통령보다 먼저 변론 종결된 한덕수 대통령 권한대행에 대한 탄핵 심판 선고가 아무런 이유 없이 지연되고 있다. 이에 한 총리를 대통령보다 먼저 선고하며 기각할 경우, '최상목 권한대행이 임명한 2명의 헌법재판관 임명이 무효'가 되고, '대통령 탄핵 심판에 자격 없는 재판관들이 참여했다'라는 주장이 제기될 것이 두려워 대통령과 같이 선고하기 위해 무한정 선고를 미루고 있다는 의혹까지 강하게 제기되고 있다.

우원식 국회의장이 정족수를 위반해 의결한 것 또한 헌재주석서에 명확히 규정되어 있고, 한 총리에 대한 탄핵 심판 사유 또한 위헌·위법 사유가 없으므로 신속히 각하되거나 기각되어야 한다. 법치주의의 핵심은 적법 절차의 준수이다. 헌법재판소가 윤석열 대통령 탄핵 사건에서 중대한 적법 절차를 준수하지 않는 것은, 1988년 헌법재판소 설립을 주도한 헌법학계 최고 석학인 허영 교수님 말대로 "헌재가 헌법 위에 군림하려 한다" 할 것이다.

– 이상휘 미디어특별위원회 위원장

지난 8일 윤석열 대통령의 석방과 관련된 송출된 방송의 편향된 보도에 대해 몇 가지 짚고 넘어가겠다. 지금 보시는 이 판넬이 방송 3사가 메인뉴스 아이템 을 편성한 것이다. MBC, KBS, SBS 방송 주요 3사의 멘트인데, 서너가지만 소개를 해드리겠다.

MBC의 아이템 중에서 11건 정도가 망라가 됐는데 주먹 불끈한 윤, 내란우두머리 개선장군, 분노한 시민들 거리로, 이 나라 상식은 어디에, 천신만고 끝에 체포한 석방한 윤, 석방은 맥없이, KBS와 SBS의 아이템 중에 한두 가지만 소개해드리자면, 국정중심 잘 잡아달라 이 시각 대통령실, 검 가혹한 심판 각오 해야 당연한 결정 등등으로 객관적인 아이템 분류를 했다.

그냥 이렇게 두고만 보더라도, 들고만 보더라도 MBC, KBS, SBS 3사의 메인뉴스 아이템이 MBC쪽이 얼마나 편향된 것인지를 바로 짐작할 수 있다. 다음은 MBC 인트로 멘트이다. 메인뉴스 오프닝 멘트이 다. 제가 읽어드리겠다. MBC와 KBS와 SBS이다. MBC의 인트로 멘트, 메인뉴스의 오프닝 멘트, 아시다 시피 메인뉴스 오프닝 멘트는 전체적인 뉴스의 큰 여론에 반향을 일으키기에 굉장히 중요하다. MBC가 이렇다.

오늘 많이 어이없고, 황당하고, 답답하셨을 것 같습니다. 내란우두머리 혐의로 재판에 넘겨진 대통령 이 환한 미소로, 주먹을 쥐고, 손을 흔들며 버젓이 거리를 활보하는 일이 벌어졌습니다. 이것이 MBC의 오프닝 멘트이다. KBS와 SBS의 오프닝 멘트는 말씀드리지 않겠다.

귀를 의심할 정도의 수준이다. "오늘 많이 어이없고 황당하고 답답하셨을 것 같다." 이런 표현이 과연 메인 뉴스의 공영방송의 적합한지 한번 상식적으로 표현해도 이해가 되실 것으로 생각이 된다. 이것이 언론으로 보실지, 아니면 특정 기관의 방송으로 봐야 될지, 언론임을 아마 포기하는 것이 MBC가 아닐까 생각이 들고, 시청자에게 분풀이하고 하소연하고 싶은 것이 아닌가라는 생각이 든다. 이러니까 시중에서 는 MBC가 아니라 민노총의 '민BC', 민주당의 '민BC', 좌파의 '좌BC'라고 이야기하는 것이다.

MBC는 주요 정치현안을 보도하는 과정에서 국민의힘과 대통령실에 불리한 보도를 집중적으로 내보 내고 있다. 반면 민주당에 대한 비판적 보도는 축소 보도하는 경향을 명백히 보이고 있다. 이러한 보도 태도는 국민의 알 권리를 침해하는 것과 다름없다. MBC는 사실을 왜곡하거나 과장하여 국민을 호도하 는 사례를 반복하고 있다. 이는 분명히 언론 윤리에 위배 되는 것이다.

윤석열 대통령의 석방마저도, 마치 무슨 기회라도 잡은 듯이 국민을 흔들려는 차원에서 접근하는 MBC의 준동에 우려를 표한다. 그 옛날, 만나면 좋은 친구였던 MBC가 이제는 특정 세력에만 좋은 친구 로 전락한 듯해서 매우 안타깝다. MBC가 하루빨리 공영방송의 제 모습을 되찾기를 많은 사람들이 기원 하고 있다는 것 유념하시길 바라겠다.

－ 권성동 원내대표

아주 날카로운 분석으로 MBC의 실체가 잘 드러났다. 이렇게 생각하고 있다. 우려가 아니라 규탄 대상이 되어야 마땅하다. 이렇게 생각한다. 그와 관련해서 국회의 국회의원들 목욕탕이 있는데, 과거에는 여·야가 선호하는 방송이 차이가 있기 때문에 YTN이나 연합뉴스TV를 틀어놓는 것을 묵시적인 관행으로 삼았는데, 요즘은 가보면 민주당 의원들이 많아서 그런지 맨날 MBC만 틀어놓는다. 오늘 아침에도 MBC를 연합뉴스TV로 바꿔놨다. 왜 편향적인 방송을 좋아하는지 이해할 수가 없다.

2025. 3. 11.
국민의힘 공보실

더불어민주당
제31차 원내대책회의 모두발언

□ 일시 : 2025년 3월 11일(화) 오전 9시 30분
□ 장소 : 국회 본청 원내대표회의실

– 박찬대 원내대표

심우정 검찰총장은 내란 수괴 석방의 대가를 치르게 될 것입니다. 내란 수괴 윤석열을 풀어줌으로서 국민 불안과 불필요한 혼란을 가중시켰고, 윤석열에게 결정적인 증거 인멸과 도피의 기회를 만들어 줬습니다. 외신들은 윤석열 구속 취소가 한국의 정치적 위기와 진영 간 대립을 심화시킬 것이라고 일제히 우려했습니다. 국민의 분노가 하늘을 찌르고 있습니다. 이 모든 사태의 원흉, 심우정 검찰총장은 구구한 변명을 대며 사퇴를 거부했습니다. 일말의 양심과 명예는 온데간데 없고, 권력바라기의 비루함만 남았습니다. 대가를 치르게 될 것입니다.

나라를 혼돈의 늪으로 밀어 넣은 최상목 부총리의 죄행, 단죄 받아야 합니다. 최상목 부총리는 12.3 비상계엄 이후 지금까지 말과는 달리 실제 행동은 정확히 내란에 부역하고 헌법과 법률을 위반하고 있습니다. 내란 수사 특검법에 거부권을 행사해 내란 수사를 방해하고, 윤석열 체포영장 집행을 방해하는 경호처를 두둔해 공권력을 무산시켰습니다. 내란 관여 의혹을 받는 자를 파격 승진인사했고, 국회가 선출한 헌법재판관 임명을 선별 거부했으며, 지체 없이 이행해야 할 내란 상설특검 추천 의뢰를 석 달째 뭉개고 있습니다.

특히 국회추천 헌법재판관 3인의 임명동의안 본회의 통과 75일째, 헌법재판소의 위헌 결정 12일째인 오늘까지도 마은혁 재판관 임명을 거부하고 있습니다. 처음에는 여야 합의가 확인되면 임명하겠다고 했다가, 헌재 결정을 보고 결정하겠다고 했다가, 헌재가 만장일치로 임명하라는 결정을 내린 뒤에는 국무위원들의 의견을 들어봐야 한다고 말을 바꾸더니 여태까지 감감무소식입니다. 살다 살다 이렇게까지 헌재 결정을 노골적으로 무시하는 공직자는 처음 봅니다.

윗물이 맑아야 아랫물도 맑다는 말처럼, 권력자가 헌법과 법률을 무시하면 공동체는 무법천지가 된다는 사실을 최상목 부총리를 통해 날마다 확인하고 있습니다. 12.3 비상계엄 이후 혼란이 수습되기는커녕 확산된 이유가 여기에 있습니다. 권한대행이 앞장서서 헌법과 법률을 지키지 않으니, 국가기관들이나 극우세력들이 헌법과 법률을 무시하고 도처에서 헌정질서와 법지를 어지럽히는 폭동과 선동이 난무하는 것입니다. 따라서, 최상목 부총리는 내란 수괴 윤석열 못지않게 죄질이 나쁩니다. 내란을 방치하고 폭도들이 설치는 혼돈의 나라를 만든 책임이 매우 큽니다.

국회 입법권 침해도 심각합니다. 대행이 된 후 한 달 동안 무려 일곱 개 법안에 거부권을 행사했고, 이제 명태균 특검법에 대한 거부권도 만지작거리고 있습니다. 오늘 국무회의에 명태균 특검법을 상정하지 않을 가능성이 높다고 하던데, 이번에도 시간을 끌다가 거부하겠다는 속셈입니까?

최상목 부총리에게 경고합니다. 시간이 지날수록, 국가를 무법천지로 만든 책임이 태산처럼 쌓입니다. 헌정 파괴 행동대장 노릇 중단하고 헌정질서 수호에 나서십시오. 즉시 마은혁 재판관 임명, 내란 상설특검 추천 의뢰로 헌정질서 수호 의지를 밝히고, 명태균 특검법 공포로 불법은 누구든 엄단한다는 원칙을 밝히십시오. 마지막 기회를 놓치지 마시기를 바랍니다.

– 진성준 정책위의장

지금 우리 경제 가장 큰 위협 요소는 윤석열 리스크입니다. 12.3 불법 계엄 이후 경제는 매일 롤러코스터를 타고 있습니다. 윤석열 구속 취소 후에 환율이 또 다시 1,450원 선을 뚫어버렸습니다. 코스피도 지난 금요일 낙폭을 확대하면서 3일 만에 하락세로 돌아섰습니다. 소비와 투자, 수출은 일제히 하락하고 경제 성장률 전망치도 1.5%로 추락했습니다. 최근 두 달 새 코스피와 코스닥 하락으로 약 100조 원의 시가총액이 증발했고, 자영업자 수도 20만 명이 급감했습니다.

한국개발연구원이 정치적 불확실성에 따른 경제 불안에 석 달 연속 경기 하방 위험이 커지고 있다고 경고합니다. 윤석열이라고 하는 불확실성을 해소하지 않고서는 우리 경제 회복을 기대할 수 없습니다. 전문가들도 오는 14일 이전 탄핵 심판이 나면 국내 정치적 불확실성 해소와 원화 강세가 이어져서 외국인들의 수급 개선 변수가 될 것이라고 전망합니다. 조기 대선 국면으로 전환할 경우, 정책에 대한 기대로 인해서 증시 모멘텀 유입도 가능하다고 내다봤습니다. 실제로 2016년 박근혜 탄핵 때에도 파면부터 대선까지 계속 주가가 오르면서 우리 경제가 안정을 되찾았습니다.

하지만 내란 세력들은 탄핵 기각까지 주장하면서 갈등과 분열을 더욱 부추기고 있습니다. 홍준표 대구시장은 "기각되면 혼란이고 인용되면 전쟁이다" 이렇게 얘기했습니다. 노골적인 탄핵 불복 선동이자 내전 선포라고 하지 않을 수가 없습니다. 윤석열 파면이 곧 경제 회복의 신호탄입니다. 헌법재판소의 평의가 왜 길어지는지 알 수 없습니다만, 이 불확정의 시간이 늘어날수록 국민의 고통과 경제적 피해가 가중된다는 점을 헌재가 깊이 인식해 주기를 바랍니다.

불법 계엄 이후에 이 정권의 공공기관 알박기 인사가 정말 심각합니다. 민주당 박홍배 의원에 따르면 계엄 다음날인 12월 4일부터 2월 20일까지 인사 공고된 것만 쉰 세 건입니다. 정상적인 상황이라면 기관장 임기가 만료되었으니, 원칙에 따라서 인사를 해야겠지요. 하지만 지금은 윤석열 정권이 자행한 내란으로 대통령의 직무가 정지된 상태 아닙니까. 여태 장기간에 걸쳐서 공석으로 두다가 호떡집에 불난 것마냥 왜 이렇게 서두르는 것입니까. 윤석열 정권의 부역자들에게 자리를 나눠주어서 세력을 구축하려는 의도가 아닙니까.

12.3 내란 직후 국민의힘 대변인 출신을 한국고용정보원장에 앉혔습니다. 최근에는 산업통상자원부 산하 공기업인 남부발전에 신규 상임감사위원 후보에 장제원 국민의힘 의원 보좌관 출신 인사가 포함된 것으로 알려졌습니다. 고용노동부, 산업통상자원부 뿐만 아니라 농림축산식품부의 마사회, 농어촌공사, 국토교통부의 JDC, SR, 문화체육관광부의 한국관광공사, 콘텐츠진흥원 등 전방위적으로 인사가 벌어지고 있습니다. 헌법재판소가 위헌으로 판결한 마은혁 재판관에 대한 임명은 13일째 거부하면서, 뒤로는 부역자 알박기에 여념이 없는 것입니다. 내란 동조 세력을 불리기 위한 인사가 아닌지 모르겠습니다.

민주당은 이 알박기 인사를 즉각 중단할 것을 여러 차례 촉구했습니다. 그럼에도 전혀 상황이 개선되지 않고 있습니다. 민주당은 대통령과 기관장의 임기를 일치시키는 공공기관 운영법 개정을 추진하겠습니다. 대통령과 국정 철학을 같이 하는 기관장 및 임원 선출을 통해서 대통령의 공약을 충실히 이행하고, 그에 따른 책임도 지도록 하겠습니다. 국내에서도 2022년 대구광역시를 시작으로 단체장과 그 산하의 출자 출연기관의 장과 임원의 임기를 일치시키는 조례가 여러 지방자치단체에서 제정되어왔습니다. 국민의힘과 정부는 공공기관장 인사 전횡을 멈추고, 공운법 개정에 동참하기를 촉구합니다.

- 이정문 정책위수석부의장

민주당 정무위원회 위원들은 삼부토건 주가조작 사건에 대한 신속하고 철저한 조사를 촉구하기 위해 어제 금융감독원을 항의 방문했습니다. 혹시나 했지만 역시나 이복현 원장은 부재중이었습니다. 국민적 관심이 집중된 사안에 대해 묻고자 방문한 정무위원들에게 단 한 마디의 설명도 없이 자리를 비운 이복현 원장을 두고, 오죽하면 '증발'했다는 금융가 찌라시까지 돌았겠습니까? 이 정도면 무책임을 넘어선 고의적 회피라고 볼 수밖에 없습니다.

이복현 원장은 과연 '삼부 내일 체크'의 진실을 밝힐 의지가 있는지 묻고 싶습니다. 금감원이 한국거래소의 이상 거래 심리보고서를 받아 조사에 착수한 지도 이미 반년 가까이 지났습니다. 그동안 "최선을 다하고 있다"는 말로 시간을 끌더니, 정작 담당 인원은 1명뿐이었습니다. 심지어 "최근 1명 더 붙은 것 같다"는 식의 안일한 태도를 보이고 있습니다. 금감원이 의도적으로 미적대고 있는 것이 아니라면, 이는 스스로 무능력을 인정한 꼴입니다.

이복현 원장의 마지막 임무가 '김건희 지키기'입니까? 강제 수사권이 없는 금감원이 조사 시간을 질질 끌 하등의 이유가 없습니다. 금감원은 김건희가 주가조작의 몸통임을 숨기려는 것이 아니라면, 즉각 강제 수사권이 있는 검찰에 수사 의뢰해야 합니다. 만약 계속해서 사건을 쥐고 시간만 끌 경우, 국회 차원의 강력 대응에 나설 것임을 분명히 밝힙니다. 민주당은 시장 질서를 교란하고 국민의 소중한 재산을 위협한 이 중대 범죄의 실체를 끝까지 파헤칠 것입니다. 관련 책임자들이 법적 책임을 피할 수 없도록 김건희 상설특검법을 반드시 통과시키겠습니다.

최근 기업 회생 절차에 돌입한 홈플러스 사태가 대한민국 유통업계를 넘어 국민 경제 전반에 심각한 위기를 초래하고 있습니다. 홈플러스 소유주인 MBK파트너스가 배를 불리는 동안 피해는 고스란히 노동자, 협력업체, 소비자들에게 전가되었습니다. 홈플러스에서 일하는 수많은 노동자들은 일자리 불안을 호소하고 있으며, 협력업체들은 대금 지급 지연에 대한 우려를 제기하고 있습니다. 상품권 처분에 나선 소비자들의 모습은 '제2의 티메프' 사태를 떠올리게 하며 불안을 가중시키고 있습니다.

홈플러스 사태의 본질은 단순한 경영 실패가 아닙니다. 이는 명백한 '사모펀드 먹튀 자본의 폐해'입니다. 2015년 MBK가 인수한 이후, 홈플러스는 유통업체가 아닌 부동산 투자 상품으로 전락했습니다. 핵심 점포들을 매각한 수익으로 투자자들에게 배당하거나 차익 실현의 도구로 활용되었습니다. MBK가 지난 10년간 홈플러스를 경영하며 집중한 것은 '기업의 지속가능한 성장'이 아닌 '이익 회수'뿐이었습니다. 그 결과 홈플러스는 유통업체로서의 경쟁력을 상실하고, 현재의 기업 존립 자체가 위태로운 상황에 놓였습니다.

김병주 MBK파트너스 회장은 이번 사태에 대한 책임을 피할 수 없습니다. 오늘 개회되는 정무위원회의 증인 출석 요구에 응하고, 국민 앞에 나와 답할 것을 촉구합니다. 아울러 정부와 금융당국에게도 책임을 묻겠습니다. 국회는 지금까지 MBK가 한국 사회에서 기업을 어떻게 '수익 창출 도구'로 악용해왔는지 철저히 검증하겠습니다. 그리고 그 과정에서 발생한 피해자에 대한 사회적 책임을 다할 것을 강력이 요구하겠습니다.

민주당은 더 이상 대한민국 경제가 사모펀드의 먹잇감이 되는 것을 방관할 수 없습니다. 홈플러스 사태를 통해 사모펀드의 책임을 명확히 하고, 국민이 그 폐해를 떠안는 악순환이 되지 않도록 제도적 대책을 마련하겠습니다. 민주당은 그 무엇보다도 홈플러스 사태의 피해를 최소화할 수 있도록 총력을 기울이겠습니다.

– 박성준 원내운영수석부대표

윤석열 내란수괴에 대해서 합법을 가장해 도피시킴에 따라서 이 법은 만인에게 평등하다는 원칙은 이제 선언적인 규정이 된 것입니까? 대한민국에 특권 계층이 존재한다는 것을 법원과 검찰이 증명했습니다. 윤석열의 구속 기간이 문제라는 중앙지법 지귀연 판사에게 묻습니다. 지귀연 판사가 집필에 참여한 형사소송법 해설서에 구속 기간 계산은 시간이 아닌 날로 한다, 그러니까, 일로 한다고 명시된 것으로 확인이 되었습니다. 70년 동안 적용해 온 날짜 단위 구속 기간 계산이 윤석열부터 시간 단위로 바뀐 것입니다. 이렇게 되면 윤석열 계산법 아닙니까? 도대체 이해할 수가 없는데요. 윤석열 계산법은 이렇게 되는 것 아니에요? 그동안 날로 계산을 해왔던 것이 70년 간의 관행이었고, 그렇게 법 적용을 해왔다는 것이 지귀연 판사의 해설서에도 나왔는데, 이렇게 되면 윤석열은 날로 먹는 거 아니겠어요? 어떻게 이렇게 법 적용을 임의적으로 할 수가 있는 것이겠습니까?

그렇다 보니까 윤석열을 통해 새롭게 적용된 논리 때문에 지금 국민이 형사 실무 상황까지 확인하고 있는 상황입니다. 어떻게든 윤석열을 풀어주려고 그동안의 관행을 무시하고 새로운 논리를 적용했다는 의심을 지울 수밖에 없습니다. 그렇기 때문에 윤석열 계산법이 나오게 된 것입니다. 윤석열에게 적용한 기준을 지귀연 판사가 돈도 백도 없는 사람에게 적용하는지 지켜볼 것입니다. 국민이 묻습니다. 이러한 윤석열 계산법에 의한 첫 특혜가 왜 윤석열에게 적용되었는지 묻고 있습니다. 즉시 항고를 포기하며 윤석열 왕정복고를 시도한 심우정 검찰총장에게도 경고합니다. 이번 결정은 검찰 역사의 최대의 오명이 될 것입니다. 완전한 패착입니다. 더불어민주당은 검찰에 누가 윤석열의 비화폰을 받아서 불법적인 일을 해

왔는지, 그리고 내란에 얼마나 가담했고, 윤석열의 복귀를 위해 어떤 법 기술을 써왔는지 반드시 밝혀낼 것입니다.

최상목 권한대행에게도 한 말씀 드립니다. 좌고우면하며 윤석열 눈치만 보면서 마은혁 재판관 임명을 보류하고, 내란 특검도 임명하지 않고, 명태균 특검도 수용하지 않는 최상목 권한대행의 책임이 매우 큽니다. 내란 사태를 수습해야 할 본인의 책무를 망각하고 오히려 내란 수괴의 복귀를 준비하는 것이나 다름없습니다. 대통령 권한대행 자리를 감당할 능력이 없는 내란 대행일 뿐입니다. 위기에 빠진 대한민국을 바로 세우기 위해서 지금 시점에 물러나는 것이 현명한 처사입니다.

최상목의 우유부단함과 심우정의 영악함이 국민의 내란 트라우마를 더욱더 키우고 있습니다. 윤석열의 이러한 범인 도피 행각으로 인해서 또다시 국민의힘이 경거망동하고 있습니다. 계속 그렇게 하길 바랍니다. 결국 국민에게 외면 받고 곁에는 극단적인 세력만 남게 될 것입니다. 이 나방이 불에 뛰어드는 것은 그러한 모습과 함께 국민의힘이 그런 불 속으로 뛰어드는 모습입니다. 지금 시점에서 결정해야 될 일은, 지금의 국가 위기를 극복하는 유일한 길은 바로 내란 수괴 윤석열을 파면하는 것이 국민의 고통을 덜어주고 위기를 극복하는 길입니다.

– 김용민 원내정책수석부대표

헌법을 수호해야 하는 행정부 임시 책임자 최상목 권한대행은 그 역할을 망각하고 헌법과 법치주의를 파괴하고 있으며, 민주주의의 근간인 삼권 분립을 무시하는 괴물이 되었습니다. 2024년 대한민국의 민주주의 지수는 12.3 내란 사태가 일어나고 극우 세력의 폭동으로 인해 완전한 민주주의에서 결함 있는 민주주의로 하락했습니다. 대한민국 민주주의 지수 하락의 중심에는 최상목 권한대행이 있습니다.

최상목 권한대행은 민주주의의 근간인 삼권분립의 한 축인 국회와 헌법재판소의 결정을 무시하는 괴물이 되었습니다. 국회 추천 헌법재판관 3명 중 2명만 임명을 하고, 마은혁 헌법재판관 임명을 거부했습니다. 이는 국회의 선출권을 무시하고 헌법재판관 9인 체제를 파괴한 것입니다. 또한 마은혁 미임명은 "헌법상 구체적인 자기 의무의 불이행에 해당한다"라고 한 헌법재판소의 결정에 대해 "헌법재판소의 판결은 존중한다"라고 말만 하면서 임명하지 않으며 헌법재판소의 판결을 조롱하고 있습니다. 독재자들도 하지 않는 초유의 사태를 저지르고 있는 것입니다. 최상목 권한대행은 대한민국 법치주의를 파괴하는 괴물이 되고 있습니다.

국회는 12.3 내란 사태를 조기 종식하기 위해서 지난 12월 10일 위헌적 비상 계엄 선포를 통한 내란 행위의 진상 규명을 위한 특별 검사 수사 요구안을 통과시켰습니다. 상설 특검은 검찰총장 출신인 내란 우두머리 윤석열과 함께 했던 검사들이 요직을 차지하고 있는 검찰이 아니라, 정치적 중립성과 독립성을 갖춘 특별 검사를 통해 공정한 수사를 진행하기 위해서 꼭 필요한 조치였습니다. 하지만 최상목 권한대행은 특검법 제3조에 따른 특검 후보자 추천 의뢰 규정을 무시하고 석 달째 의뢰하지 않고 있으면서 법치주의를 유린하고 있습니다. 거기에 그치지 않고 국민의힘의 요구를 거의 그대로 수용했던 내란 특검법에 대해서는 거부권마저 행사했습니다.

한편 최상목 권한 대행은 윤석열 대통령의 결정과 대법원마저 무시하는 괴물이 되었습니다. 지난해 11월 조희대 대법원장은 마용주 대법관 후보자를 지명해 대통령에게 임명을 제청했습니다. 윤석열은 탄핵 소추되기 전인 12월 12일 임명 동의안을 국회에 제출했습니다. 그리고 국회는 12월 26일 인사청문회를 진행하고, 27일 본회의를 열어 임명 동의안을 가결했습니다. 하지만 최상목 권한대행은 헌법 제104조 '대법관은 대법원장의 제청으로 국회의 동의를 얻어 대통령이 임명한다'라는 규정을 정면으로 무시하면서, 권한대행이 대통령의 결정마저 뒤집는 월권을 하고 있습니다. 그리고 대법원의 제청권과 국회의 동의권을 무참히 짓밟고 있습니다.

임시로 행정부를 이끄는 최상목 권한대행은 민주주의 파괴와 헌법과 법치주의를 유린하는 행위를 당장 멈춰야 할 것입니다. 지금이라도 마은혁 재판관과 마용주 대법관을 임명하며 내란 특검 후보자 추천을 의뢰해야 합니다. 헌법과 법치주의를 지키고 권한대행의 의무를 충실히 해야 할 것을 경고합니다. 그렇지 않을 경우에는 내란 세력의 맨 앞에서 가장 강도 높은 심판을 받게 될 것이라고 강력히 경고합니다.

내란 수괴 윤석열의 구속 취소와 반성 없는 복귀로 국민의 불안감이 커지고 있습니다. 이 불안정성을 해결할 유일한 기관은 이제 헌법재판소뿐입니다. 국민과 헌정 질서를 수호하기 위해서 신속하게 파면 결정을 하기 바랍니다.

– 안태준 원내부대표

검찰이 윤석열에 대한 법원의 구속 취소 결정에 즉시 항고를 포기하면서 내란 수괴가 탈옥했습니다. 검찰이 사실상 윤석열을 탈옥시켜 준 것입니다. 이로써 심우정 검찰총장이 내란에 동조했다는 사실은 더욱 명확해졌습니다. 대한민국의 사법 질서를 수호해야 할 검찰이 국가와 국민을 배신한 것은 물론 사적 관계를 위해 법치라는 민주주의의 대원칙을 사유화한 파괴적인 범죄를 저지른 것입니다. 심우정 총장은 보석 및 구속 집행정지에 대한 즉시 항고는 위헌 결정이 있었다, 이렇게 위헌 판결 취지에 따라 즉시 항고를 포기했다고 밝혔습니다만, 이 발언은 그동안 검찰이 해온 모든 구속 관련 원칙을 부정하는 것입니다.

자기모순을 감수하면서까지 윤석열을 따뜻한 아랫목으로 안내한 검찰은 과연 모든 범죄 수사에 이 원칙을 적용할 수 있겠습니까? 심 총장은 씻을 수 없는 선례를 만들어낸 반 법치 총장, 탈옥 총장으로 영원히 기억될 것입니다 또 심우정 총장이 기자들 앞에서 이야기한 적법 절차와 인권 보장은 내란 수괴 윤석열에게만 선택적으로 적용되는 것입니까? 스스로 윤석열의 졸개임을 인정한 심우정은 국민의 심판에서도 자유로울 수 없습니다.

국민 여러분 긴급 계엄으로 경제적 손실에 대해 생각해 보셨습니까? 세계의 주요 신용 평가 기관들은 정치 리스크와 안정성, 정책의 예측 가능성 등 정치 영역을 경제 성장의 주요 평가 항목으로 포함하고 있습니다. 그런 측면에서 우리가 감당해야 하는 경제적 손실은 상상을 초월합니다. 미국의 포브스는 이미 윤석열을 GDP 킬러라고 표현하면서 그 대가는 5,100만 한국인이 할부로 갚아야 한다라고 지적했습니다. 그러면서 12.3 내란 사태가 해외 기업과 투자자들의 신뢰를 영구적으로 훼손했다라고 표현했습니다. 영국의 캐피탈 이코노믹스는 정치적 위기 등을 이유로 한국의 올해 GDP 경제성장률 전망치를 1%까지 끌어내렸습니다.

한국은행 역시 올해 경제성장률 전망치를 1.9%에서 1.5%까지 하향 조정했습니다. 그런데도 경제 수장이라는 최상목 대행은 국내 정세 변화에 따른 외환, 금융 시장은 정부의 시장 안정 조치에 따라 안정적이다라고 말하고 있습니다. 한국전쟁 당시 라디오 녹음 방송으로 국민을 호도하던 이승만과 다를 것이 없습니다. 특히 포브스의 지적은 매우 가슴이 아픕니다. 우리나라는 분단이라는 현실 때문에 항시 코리아 리스크에 시달리고 있습니다. 이제는 외부 환경이 아니라 내부의 문제까지 터져 나왔습니다. 단합된 힘으로 경제 위기의 파고를 넘어야 하는 시점에서 최악의 판단을 해버린 것입니다. 국가와 국민은 안중에도 없었습니다. 이처럼 윤석열은 우리 국민의 어깨에 무거운 짐을 더 얹었습니다. 자신의 안위를 위해 나라를 망친 윤석열입니다. 3살 아이부터 90대 노인까지 분노하고 또 분노해도 모자랍니다. 우리 가족에게 평생 갚아야 할 빚을 안긴 사기범을 풀어준다고 해도 환영하며 손을 흔들 수 있겠습니까?

계엄 직후인 1월 산업 동향입니다. 제조업 생산이 전년 대비 4.2% 줄었습니다. 이는 마이너스 6.6%를 기록한 2023년 7월 이후 18개월 만에 가장 큰 폭의 하락입니다. 환율은 1달러당 1,300원대로 유지됐었지만, 지난 12월 3일 이후 급등해서 이제는 1,500원을 향해 달리고 있습니다. 원자재 수입과 제품 수출에 비상이 걸린 것입니다. 골목 상권의 아우성은 어제 오늘의 일이 아닙니다.

그런데 윤석열은 연말 연초의 반짝 특수마저 빼앗아 갔습니다. 지난 2월 통계청이 발표한 산업 동향에 따르면 지난해 12월 소매 판매 지수는 마이너스 2.2%를 기록했습니다. 신용카드 대란 사태가 있던 2003년 마이너스 3.2% 이후 21년 만에 가장 큰 하락폭입니다. 장사가 안 되면서 자영업자들의 폐업도 증가하고 있습니다. 통계청의 어제 발표에 따르면 1월 기준 자영업자 수는 550만 명으로 11월 570만 명보다 20만 명이나 줄었습니다. 이는 IMF 위기 당시보다도 더 적은 수입니다.

이럴 때일수록 정치와 정치인들이 바로 서야 합니다. 정치인은 원칙에 충실하고 국민만 바라보는 충복이 돼야 합니다. 특정인을 위한 정치는 국가와 국민을 배신하는 반민족 행위입니다. 대한민국을 다시 일으켜 세우는 일에 앞장서야 합니다. 더불어민주당은 대한민국 국민의 저력을 믿습니다. 끝까지 함께 하겠습니다.

– 정준호 원내부대표

검찰 동호회 문제로 논란이 된 한상대 회장은 엄밀히 말씀드리면 일개 동호회장이 아니라 전직 검찰총장입니다. 검찰의 옛 수장이 앞장서서 검찰 출신 인맥을 동원하고, 내란 수괴의 석방을 청원한 사실이 밝혀진 것입니다. 내란 사범조차 전관예우를 해주는 모습에 우리나라가 여전히 검찰 공화국임을 뼈저리게 느낍니다. 검찰은 이제 기개마저 사라졌습니다. 그 한상대 총장은 가짜 검찰 개혁을 추진하다가 후배 검사들의 반발로 결국 옷을 벗었습니다.

그러나 지금 검찰을 보십시오. 심우정 총장이 말도 안 되는 이유로 즉시 항고를 포기하고, 검찰 내부망에 "앞으로 기준이 뭐냐"라며 혼란스러워하고 있지만, 직을 걸고 총장에게 직언했다는 뉴스는 전혀 찾아볼 수가 없습니다. 이런 검찰이 내란 수괴 공소 유지를 제대로 할 수나 있을지, 그리고 설사 그런 검사가 있다 해도 검찰 조직이 지켜줄 수 있을지 정말 진심으로 우려됩니다.

어제 선배, 동료 의원님들과 대검을 방문해 이진동 차장을 만났습니다. 김주현 민정수석이 법무부 차관이던 시절, 지금과는 정반대로 검찰이 즉시 항고를 주장한 사실을 지적했습니다. 그러자 이진동 차장은 "그때는 그때고 지금은 심우정 총장 때"라는 말도 안 되는 궤변으로 답했습니다. 법률 적용의 시점에 따라, 사람에 따라, 편의에 따라 달라지면 검찰이 자기 마음대로 원님 기소하겠다는 말 아닙니까? 그리고도 공익의 대표자라고 자임할 수 있다는 말씀입니까?

 검찰 출신 대통령이 나라를 망쳤습니다. 그리고 검찰은 그 대통령을 봐주며 법치를 비웃고 있습니다. 단언컨대, 그 웃음이 결코 오래가지 못할 것입니다. 오늘은 12.3 불법 개헌 내란 사태가 발생한 지 97일째 되는 날입니다. 무너진 헌정 질서와 빼앗긴 법치주의를 바로 세울 골든타임이 정말 얼마 남지 않았습니다. 불법적인 내란 사태가 100일 천하를 넘지 않도록 헌법재판소에서 당장 오늘이라도 선고 기일을 잡아주실 것을 간절한 마음으로 호소 드립니다.

2025년 3월 11일
더불어민주당 공보국

헌법재판소법 일부개정법률안
(이건태의원 대표발의)

의 안 번 호	8785

발의연월일 : 2025. 3. 11.

발 의 자 : 이건태·임광현·조인철
　　　　　이개호·박지혜·주철현
　　　　　김승원·안규백·문진석
　　　　　백선희 의원(10인)

제안이유 및 주요내용

현행법에 따르면, 헌법재판소가 재판을 진행할 때 증거자료는 수사·소추·재판의 증거기록에 의존할 수밖에 없음.

그러나 검찰은 검사 탄핵 사건 등에서 수사·소추·재판이 진행 중이라는 이유로 수사·소추·재판기록 제출을 거부하고 있으며, 이로 인해 실체적 진실 발견이 어렵고 헌법재판이 부실하게 이루어지는 문제가 발생하고 있음. 헌법재판소의 재판이 증거조사의 한계로 인해 충분한 심리가 이루어지지 못하면, 헌법재판에 대한 국민의 신뢰가 저하되고 그 효용성이 감소할 우려가 있음.

이에 헌법재판소가 사실조회 및 기록송부를 요구할 경우 국가기관 및 공공단체가 반드시 응하도록 명확히 규정하고, 재판·소추·수사 중인 사건의 기록도 개인정보 보호 조치를 거쳐 제출하도록 하되, 재판부가 제출받은 기록을 검토하여 심판에 필요하지 않은 부분은 즉시 반환하도록 하여, 헌법재판의 신뢰성과 효율성을 제고하려는 것임(안 제32조).

법률 제   호

헌법재판소법 일부개정법률안

헌법재판소법 일부를 다음과 같이 개정한다.

제32조 본문 중 "있다"를 "있고, 요구받은 기관, 단체는 따라야 한다"로 하고, 같은 조 단서 중 "기록에 대하여는 송부를 요구할 수 없다"를 "기록은 개인정보 보호조치를 하여 제출하고, 재판부는 제출받은 즉시 검토하여 심판에 필요하지 아니한 기록은 반환하여야 한다"로 한다.

부   칙

이 법은 공포 후 6개월이 경과한 날부터 시행한다.

신 · 구조문대비표

현 행	개 정 안
제32조(자료제출 요구 등) 재판부는 결정으로 다른 국가기관 또는 공공단체의 기관에 심판에 필요한 사실을 조회하거나, 기록의 송부나 자료의 제출을 요구할 수 <u>있다</u>. 다만, 재판·소추 또는 범죄수사가 진행 중인 사건의 <u>기록에 대하여는 송부를 요구할 수 없다</u>.	제32조(자료제출 요구 등) ----- ------------------- ------------------- ------------------- ------------------- ----- <u>있고, 요구받은 기관, 단체는 따라야 한다</u>. ---------- --- <u>기록은 개인정보 보호조치를 하여 제출하고, 재판부는 제출받은 즉시 검토하여 심판에 필요하지 아니한 기록은 반환하여야 한다</u>.

제55차 의원총회 모두발언

25.3.11.(화) 09:30 본관 당회의실(224호)

– 황운하 원내대표

심우정 검찰총장이 사퇴 요구를 일언지하에 거절했습니다. 대검을 항의 방문한 야당 의원들을 만나지도 않고 외면했습니다.

이제 야당은 더 이상 좌고우면할 필요가 없습니다. 즉각 탄핵안을 발의해서 심우정의 직무를 정지시켜야 합니다. 내란수괴의 복귀를 꿈꾸면서 열심히 내란 대행 노릇을 해온 최상목 권한대행도 마땅히 심우정과 함께 탄핵되어야 합니다.

내란 특검에 수차례 거부권을 행사해 수사를 방해하고, 국회에서 합의된 헌재 재판관을 내란세력의 눈치를 보느라고 임명하지 않은 것이, 결국 저들의 준동을 더욱 부추겼습니다. 이미 헌법재판소 앞마당은 내란준동 세력의 놀이터가 된 지 오래입니다.

이제 야당의 인내는 끝났습니다. 힘겹게 구속시켰던 내란수괴가 풀려난 마당입니다.

민주당에 제안합니다. 오는 13일 임시회에서 심우정, 최상목 탄핵안을 동시에 처리합시다.

내란수괴를 고의 내지는 중대한 과실로 풀어준 내란패거리 행동대장 심우정은 물론 헌재의 무력화를 시도한 최상목 내란대행에게 마땅한 책임을 물어야 합니다.

지금은 조기대선을 의식한 표계산을 할 때가 아닙니다. 묵묵히 국민만을 바라보고 가야 합니다. 지금 국회가 할 수 있는 모든 것을 다해야 합니다. 그것이 국민들에 대한 국회의 도리일 것입니다.

이상입니다.

– 정춘생 원내수석부대표

심우정 검찰총장은 내란사태에서 어떤 역할을 했습니까. 내란중요임무종사자 아닙니까? 그렇지않고서야 윤석열의 석방을 설명할 수 없습니다.

나라의 운명이 걸린 국면에서, 심우정 총장은 권력자의 하수인임을 스스로 증명했습니다. 정적들에게는 먼지털이식 수사로 없는 죄까지 만들고, 조직을 지키기 위해서라면 명백한 범죄조차 없던 일로 만들 수 있는 것이 대한민국 검찰입니다.

- '별장 성접대' 사건 김학의 전 차관 무혐의 (2022년 8월)
- 대기업의 코바나컨텐츠 전시회 후원에 대한 청탁무혐의 (2023년 3월)
- '명품백 수수' 사건 관련, 김건희 무혐의 (청탁금지법 위반, 2024년 10월)
- 김건희 씨와 어머니 최은순의 주가조작 사건 불기소 (2024년 10월)
- 김성훈 경호처 차장에 대한 구속영장신청 세 차례 기각

뿐만 아니라, 명태균 게이트로 김건희, 윤석열 부부의 공천개입이 밝혀졌는데도 검찰은 지금도 수사를 하지 않고 있습니다.

검찰동우회 회장은 내란 수괴 윤석열의 석방을 두고, 회원들에게 "도움과 협조로 윤석열이 구속 취소됐다"며 감사를 전했습니다.

심우정 총장은 원칙에 따라 소신껏 내린 결정이라며, 잘못이 없다고 변명과 거짓말을 했습니다. 심 총장은 '위헌 소지 때문에 법원의 구속 취소 결정에 즉시 항고하지 않은 것'이라고 했지만, 2년 전, 이번과 똑같은 사건에 검찰은 즉시항고를 했습니다.

윤석열 구속 취소를 결정한 지귀연 재판장이 집필에 참여한 '주석 형사소송법'에는 '구속기간 계산은 시간이 아닌 일(日)로 한다'고 명시되어 있습니다. (2022년 10월 발간) 그때의 지귀연과 지금의 지귀연 재판장은 다른 사람입니까?

심우정 검찰총장에게 묻겠습니다. 지난 1월 26일 검사장 회의를 소집한 이유는 무엇입니까? 즉시항고를 포기하도록 지휘한 이유와 근거는 무엇입니까? 윤석열 씨에게 면죄부를 주면서도, 여전히 검찰의 중립성을 주장할 것입니까?

국가와 국민이 아닌 윤석열을 위해 법기술을 부리는 심우정 총장을 즉각 탄핵해야 합니다. 검찰도 이대로 둘 수는 없습니다.

조국혁신당은 검찰개혁 4법을 당론으로 발의했습니다. 만약 검찰개혁 4법이 통과됐다면, 애초부터 수사 적법성 논란이 발생하지 않았을 것입니다. 검찰의 구속기한 연장도 없었을 것이고, 구속취소 결정도 즉시항고 포기도 없었을 것입니다. "검찰 개혁은 대선 후에 해도 늦지 않다"는 말은 검찰개혁의 의지가 없다는 뜻입니다.

지금 검찰개혁을 미룬다면, 검찰 권력은 여전히 살아남아 '괴물검찰'이 되어 권력을 지키기 위해 지금보다 더한 온갖 만행을 자행할 것입니다.

검찰에 대한 국민의 분노가 하늘을 찌르고 있습니다. 군사독재에 이은 검찰독재, 그 악몽은 이번으로 끝내야 합니다. 민주당에 거듭 요청드립니다. 검찰개혁 4법을 즉각 처리합시다.

김대중 대통령님의 말씀으로 마무리 하겠습니다. "악의 세력과 다퉈서 이기는 것도 아주 쉽고, 지는 것도 아주 쉽습니다. 아무것도 안 하면 집니다."

감사합니다.

– 강경숙 원내부대표

2024년 12월 14일, 윤석열 대통령은 국회에 의해 탄핵소추 되었습니다. 오늘자로 88일이 흘렀습니다.

12월 3일 밤, 집에서 그리고 국회에서, TV와 스마트폰으로 온 국민이 보았듯이, 국회에 총을 들고 들어와 창문을 깨부수며 난입한 수백의 군인들을 목격했고, 선관위와 정당의 당사, 여론조사 기관에도 군인들이 들어왔죠. '싹 잡아들여라'라는 말처럼, 정치인과 민간인 체포조도 운용되었습니다. 500여 명의

'수거 대상' 목록도 나왔습니다.

탄핵소추로 받은 번호는 '사건번호 2024 헌 나8'입니다. 오늘도 헌재 재판관들은 이 탄핵소추에 대한 평의를 진행 중입니다. 올 2월 25일 탄핵심판 변론이 종결된 이후에 14일째입니다. 벌써 2주가 되어갑니다.

노무현 전 대통령 때 14일간 11번, 박근혜 전 대통령 때 11일간 8번 평의를 했으니 충분한 시간입니다.

단순히 시간만 그런 것이 아닙니다. 11차례 변론에 16명의 증인을 불렀고, 증인 하나하나가 정보기관 수장, 경찰 수장, 군 핵심 관계자였습니다.

국민들도 다 아시듯이, 내용상으로도 분명합니다. 먼저, 비상계엄의 요건으로 드는 헌법 제77조 제1항을 윤석열은 명확히 어겼습니다. 생각해 보십시오. 12월 3일 전후 상황이 '전시 · 사변 또는 이에 준하는 국가비상사태'였습니까? '공공의 안녕질서를 유지할 필요'가 있었던 때였습니까? 비상계엄 선언상의 '북한 공산 세력의 위험'이니, '파렴치한 종북 반국가 세력'도 근거 없는 윤석열만의 주장임을 만천하가 다 압니다.

계엄법 제2조의 '계엄 사유가 발생한 경우, 국무총리를 거쳐 대통령에게 계엄의 선포를 건의할 수 있다.'는 규정조차 어겼습니다. 한덕수 전 총리는 "전혀 알지 못했고 저를 거치지 않았다."고 진술하지 않았습니까? 다수의 국무위원들도 정식 국무회의가 아니라고 진술했습니다.

계엄 포고령은 또 어떻습니까? 포고령 1호 1조 '국회와 지방의회, 정당의 활동과 정치적 결사, 집회, 시위 등에 일체의 정치활동을 금한다'는 조항은 헌법과 계엄법 어디에도 부여하지 않은 권한입니다.

이제 헌법재판소는 좌고우면 하지 말고, 심판 선고일을 알려줘야 합니다. 이미 충분한 증인과 증거, 변론과 평의를 거쳤습니다. 이번 주는 하늘이 두쪽나도 심판의 결과를 발표해야 합니다.

헌법재판소법 제4조에는 '재판관은 헌법과 법률에 의하여 양심에 따라 독립하여 심판한다.'고 되어 있고, 제9조에는 '재판관은 정치에 관여할 수 없다'라고 적시되어 있습니다.

헌법재판소를 누구도 흔들 수 없습니다. 극우 세력도, 내란동조당 국민의힘도 흔들 수 없습니다. 민주주의로 만든 87년 헌법 이후, 5만 1,247건을 처리하고, 위헌성 결정도 2,173건을 처리한 헌법재판소입니다.

다시 한번 이 말을 반복하고 국민의 이름으로 금주 내 조속한 심판을 촉구합니다. "헌법재판관은 헌법과 법률에 의하여 양심에 따라 독립하여 심판해주십시오." 이제 헌재는 윤석열 탄핵 심판을 이번 주 안에 마무리할 때입니다.

이상입니다. 감사합니다.

심우정이라는 자가 수장인 현재의 검찰은 '내란수괴인 윤석열을 어떻게 하면 풀어줄 수 있을까' 이렇게 골몰하는 기관으로 전락해버렸습니다. 알량한 법 기술로 온갖 악행을 자행하는 법비, 법꾸라지가 돼버렸습니다. (…) 조국혁신당은 윤석열 내란수괴 구속 취소의 총체적 책임을 물어 심우정 검찰총장의 즉각적인 사퇴를 촉구합니다. 윤석열 석방에 대해 책임지고 사퇴하지 않으면, 조국혁신당은 더불어민주당 등 야5당과 함께 국회에서 심우정 검찰총장 탄핵을 소추할 것입니다. 심우정은 법원이 윤석열 구속 취소 결정을 해서 어쩔 수 없이 석방했다고 거짓말을 합니다. 내란 수사를 하고 있는 특별수사본부는 즉시항고를 주장했었습니다. 그런데 심우정은 구속취소와 상관없는 별개의 사안에 대한 위헌 사례를 들면서 사기를 쳤습니다. 스스로 내란세력의 공범임을 자백한 것입니다. 윤석열 구속기간 만료를 앞두고, 전국검사장회의를 열어 미적거릴 때, 그때부터 의심스러웠습니다. 법원의 구속취소 결정의 빌미를 제공한 것입니다. 위헌 소지가 있어 즉시 항고하지 않았다는 변명은 새빨간 거짓말로 밝혀졌습니다. 검찰은 불과 2년 전, 법원의 구속 취소 결정에 즉시항고를 한 바 있습니다. 2023년 9월, 울산지검은 공동공갈 혐의로 구속된 피고인 2명에 대해 울산지법이 구속 취소를 결정하자 석방한 후 즉시항고 한 바 있습니다. 검찰조직의 오랜 습관대로 이현령비현령(耳懸鈴鼻懸鈴)입니다. 덮고 싶을 때는 마음껏 덮고, 또 풀어주고 싶은 사람은 마음껏 풀어줍니다. 그런데 이번엔 형사소송법 규정도, 실무관행도 모두 비틀어서 내란수괴를 풀어주고 말았습니다.

– 조국혁신당 일동, 3월 11일 기자회견문

이재명 대표님, 음모론과 망상에 빠진 지도자는
윤석열 대통령 한 명으로 족합니다.

이재명 더불어민주당 대표님께서는 최근 윤석열 대통령의 구속 취소와 관련해 "검찰과 윤 대통령이 한패"라며, "검찰이 내란 혐의에 동조하고 주요 임무를 수행한 것이 아니냐"고 말씀하셨습니다. 또한, "일정한 의도에 따른 기획"이라고도 하셨습니다. 그러나 이러한 발언에는 구체적인 사실관계나 근거가 제시되지 않았습니다. 이는 국민을 혼란스럽게 만드는 무책임한 선동에 불과하다고 생각합니다.

이 대표님의 이런 언행은 한두번이 아닙니다. 본인의 체포동의안 가결과 관련해 최근 "민주당 내 일부가 검찰과 공모했다"고 주장하시며 동료 의원들에게까지 책임을 돌렸습니다.

공군 오폭 사고와 관련해서도 "민가를 상대로 사격한 것"이라고 말씀하셨는데, 이는 마치 군이 고의적으로 민간인을 공격한 것처럼 오해를 불러일으킬 수 있는 표현입니다.

한 언론을 향해 "악의적인 프레임을 씌워 자신을 공격한다"고 하셨습니다. 이런 반복적인 음모론 제기와 선동적 발언은 국민들에게 혼란을 초래할 뿐입니다.

국가 지도자가 이러한 방식으로 언행하면 어떤 결과를 초래하는지, 우리 국민은 이미 뼈저리게 경험하고 있습니다. 윤석열 대통령은 불법 계엄을 자행하고도 국민을 계몽한다는 망상에 빠져 자기합리화를 하고 있습니다. 부정선거 음모론을 내세워 국민을 분열시키고 있습니다.

이 대표님, 망상과 선동으로 나라를 혼란에 빠뜨리는 지도자는 윤 대통령 한 사람으로 충분합니다. 개혁신당은 더 이상은 이런 국가 지도자가 등장해서는 안 된다고 생각합니다.

2025. 3. 11.
개혁신당 수석대변인 이동훈

민주당이 검찰총장 탄핵까지 언급하며 연일 검찰 때리기에 혈안입니다. 법원에서 구속일자 계산법과 무관하게 공수처 수사 관할 문제를 직격하며 인용이 합당하다고 판단했는데, 보고싶는 것만 보는 아전인수격 허수아비 때리기가 아닐 수 없습니다. 중앙지법은 공수처가 기각당한 사실을 숨긴 윤 대통령 관련 통신, 압색 영장을 기각했을 때도, 공수처로부터 사건을 인계받은 검찰의 구속기간 연장 신청을 불허했을 때도, 윤 대통령 측의 구속취소 청구를 인용했을 때도 일관되게 '수사 관할권' 문제를 지적했습니다. 민주당이 무리하게 공수처를 준동하여 불법 수사를 자행하게 만들고, 검찰을 압박해 무리한 구속기소를 종용하지 않았다면 이 같은 파국은 없었을 거란 뜻입니다. 자기가 날린 부메랑에 뒤통수 맞고, 자기가 낳은 공수처에 뺨 맞고선 시선 돌리기용 검찰 때리기라니 졸렬하기 그지 없습니다. 이성을 되찾고 밥먹듯 입법 폭거를 자행한 민주당에게 조만간 되돌아올 또 다른 부메랑은 없는지부터 숙고해보기 바랍니다.

– 국민의힘 대변인 박민영, 3월 11일 논평

고위공직자범죄수사처 설치 및 운영에 관한 법률 폐지법률안

(이준석의원 대표발의)

의 안 번 호	8804

발의연월일 : 2025. 3. 11

발 의 자 : 이준석·천하람·이주영
김상훈·서범수·최형두
김용태·윤상현·박성민
김상욱·강대식·박준태
의원(12인)

제안이유 및 주요내용

고위공직자의 부패를 척결하겠다며 출범한 고위공직자범죄수사처(공수처)는 출범 이후 설립 취지와는 다르게 성과 부족, 검찰 및 경찰과의 중복 수사 문제, 정치적 편향성 등에 대한 지적이 끊이지 않고 있음.

공수처는 연간 평균 운영비가 200억에 달하지만 출범 5년차까지 직접 기소한 사건은 5건, 유죄 판결을 받은 사건은 1건에 불과해 무용론 지적이 계속 있어왔음.

특히 최근 내란죄 수사권, 체포 영장 집행 관련 경찰 지휘권 논란 등이 발생하며 공수처의 수사 범위와 권한을 둘러싼 혼란이 가중되고 있는 상황임.

이에 본래의 설립 목적을 달성하지 못하고 있는 공수처를 폐지하고,

그 기능을 검찰과 경찰이 수행하도록 하여 수사기관 간의 역할을 명확히 하고 국민의 신뢰를 회복하고자 하는 것임.

법률 제   호

고위공직자범죄수사처 설치 및 운영에 관한 법률 폐지법률안

고위공직자범죄수사처 설치 및 운영에 관한 법률을 폐지한다.

부   칙

제1조(시행일) 이 법은 2026년 1월 1일부터 시행한다.

제2조(수사처의 사무 및 수사 중인 사건에 관한 경과조치) 이 법에 따른 수사처의 사무 및 수사 중인 사건은 「검찰청법」 제3조에 따른 관할 검찰청으로 이관한다.

제3조(재판 중인 사건에 관한 경과조치) 이 법에 따라 수사처 검사에 의해 공소 제기되어 법원에서 재판 중인 사건은 해당 법원에 대응하는 검찰청 소속 검사가 이관받아 공소를 유지한다.

제4조(조직폐지에 따른 공무원 등에 관한 경과조치) 이 법 시행 당시 수사처에 소속된 검사·수사관과 그 밖의 직원은 대통령령으로 정하는 바에 따라 중앙행정기관 중 어느 하나의 소속으로 본다. 다만, 수사처에 파견된 공무원 및 관련기관·단체의 직원은 이 법 시행 후 6개월 이내에 그 원소속기관으로 복귀한다.

제5조(다른 법률의 개정) ① 검찰청법 일부를 다음과 같이 개정한다.

제4조제1항제1호나목 중 "경찰공무원(다른 법률에 따라 사법경찰관리의 직무를 행하는 자를 포함한다) 및 고위공직자범죄수사처 소속 공무원(「고위공직자범죄수사처 설치 및 운영에 관한 법률」에 따른 파견공무원을 포함한다)이"를 "경찰공무원(다른 법률에 따라 사법경찰관리의 직무를 행하는 자를 포함한다)이"로 한다.

② 공공재정 부정청구 금지 및 부정이익 환수 등에 관한 법률 일부를 다음과 같이 개정한다.

제2조제1호가목 중 "국가인권위원회, 고위공직자범죄수사처, 중앙행정기관"을 "국가인권위원회, 중앙행정기관"으로 한다.

제27조 중 "감사원·고위공직자범죄수사처는"을 "감사원은"으로 한다.

③ 공직자의 이해충돌 방지법 일부를 다음과 같이 개정한다.

제2조제1호가목 중 "감사원, 고위공직자범죄수사처, 국가인권위원회"를 "감사원, 국가인권위원회"로 한다.

④ 국가정보원법 일부를 다음과 같이 개정한다.

제4조제1항제4호가목 중 "국가인권위원회, 고위공직자범죄수사처"를 "국가인권위원회"로 한다.

⑤ 국제형사사법 공조법 일부를 다음과 같이 개정한다.

제15조제1항제1호 중 "검사장(이하 "검사장"이라 한다) 또는 고위공직자범죄수사처장에게"를 "검사장(이하 "검사장"이라 한다)에게"로 한다.

제16조 중 "검사장 또는 고위공직자범죄수사처장"을 "검사장"으로 한다.

제20조제1항 중 "지방검찰청 또는 고위공직자범죄수사처"를 "지방검찰청"으로 한다.

제21조제1항 중 "검사장 또는 고위공직자범죄수사처장"을 "검사장"으로 한다.

제29조 중 "검사 또는 고위공직자범죄수사처장은"을 "검사가"로 한다.

제37조 단서를 삭제한다.

⑥ 공무원범죄에 관한 몰수 특례법 일부를 다음과 같이 개정한다.

제13조제2항 중 "검찰청 또는 고위공직자범죄수사처"를 "검찰청"으로 한다.

제24조제3항 중 "판사에게 하여야 하며, 고위공직자범죄수사처에 소속된 검사의 경우에는 그에 대응하는 법원의 판사에게 하여야"를 "판사에게 하여야"로 하고, 같은 조 제5항 단서 중 "지청 또는 고위공직자범죄수사처의"를 "지청"으로 한다.

제44조제3항 후단 중 "검찰청 또는 고위공직자범죄수사처"를 "검찰청"으로 한다.

⑦ 국회법 일부를 다음과 같이 개정한다.

제37조제1항제2호라목을 삭제하고, 같은 호 마목부터 아목까지를 각각 라목부터 사목까지로 한다.

제65조의2제2항제1호 중 "고위공직자범죄수사처장, 국세청장"을 "국세청장"으로 한다.

⑧ 군사법원법 일부를 다음과 같이 개정한다.

제228조제3항 중 "고위공직자범죄수사처, 경찰청"을 "경찰청"으로 한다.

제286조 전단 중 "고위공직자범죄수사처의 수사처검사, 경찰청"을 "경찰청"으로 한다.

⑨ 마약류 불법거래 방지에 관한 특례법 일부를 다음과 같이 개정한다.

제23조제2항 중 "지청, 고위공직자범죄수사처"를 "지청"으로 한다.

제34조제3항 중 "판사에게 하여야 하고, 고위공직자범죄수사처에 소속된 검사의 경우에는 그에 대응하는 법원의 판사에게 하여야"를 "판사에게 하여야"로 하고, 같은 조 제5항 단서 중 "지청 또는 고위공직자범죄수사처"를 "지청"으로 한다.

제54조제3항 후단 중 "검찰청 또는 고위공직자범죄수사처"를 "검찰청"으로 한다.

제77조 중 "판사에게 하여야 하고, 고위공직자범죄수사처에 소속된 검사의 경우에는 그에 대응하는 법원의 판사에게 하여야"를 "판사에게 하여야"로 한다.

⑩ 미술진흥법 일부를 다음과 같이 개정한다.

제2조제14호나목 중 "국가인권위원회 및 고위공직자범죄수사처"를

"국가인권위원회"로 한다.

⑪ 범죄인 인도법 일부를 다음과 같이 개정한다.

제42조제2항 중 "지청장 또는 고위공직자범죄수사처장"을 "지청장"으로 한다.

제42조의2제1항 중 "지청장 또는 고위공직자범죄수사처장"을 "지청장"으로 한다.

제42조의3제1항 중 "검사 또는 고위공직자범죄수사처장은"을 "검사는"으로 한다.

제42조의4제2항 전단 중 "검사 또는 고위공직자범죄수사처장은"을 "검사는"으로 한다.

제47조 단서를 삭제한다.

⑫ 변호사법 일부를 다음과 같이 개정한다.

제97조의2제1항 중 "지방검찰청검사장 또는 고위공직자범죄수사처장"을 "지방검찰청검사장"으로 한다.

제97조의4제3항 중 "지방검찰청검사장 또는 고위공직자범죄수사처장"을 "지방검찰청검사장"으로 한다.

⑬ 부정청탁 및 금품등 수수의 금지에 관한 법률 일부를 다음과 같이 개정한다.

제2조제1호가목 중 "국가인권위원회, 고위공직자범죄수사처"를 "국가인권위원회"로 한다.

⑭ 부패방지 및 국민권익위원회의 설치와 운영에 관한 법률 일부를

다음과 같이 개정한다.

제2조제1호다목 중 "감사원, 「고위공직자범죄수사처 설치 및 운영에 관한 법률」에 따른 고위공직자범죄수사처(이하 "수사처"라 한다)"를 "감사원"으로 한다.

제59조제6항 각 호 외의 부분 중 "검찰, 수사처"를 "검찰"로 한다.

제84조 중 "감사원 또는 고위공직자범죄수사처"를 "감사원"으로 한다.

⑮ 부패재산의 몰수 및 회복에 관한 특례법 일부를 다음과 같이 개정한다.

제15조제3항을 삭제한다.

제21조 단서를 삭제한다.

⑯ 불법정치자금 등의 몰수에 관한 특례법 일부를 다음과 같이 개정한다.

제12조제2항 중 "검찰청 또는 고위공직자범죄수사처"를 "검찰청"으로 한다.

제23조제3항 중 "판사에게 하여야 하고, 고위공직자범죄수사처에 소속된 검사의 경우에는 그에 대응하는 법원의 판사에게 하여야"를 "판사에게 하여야"로 하고, 같은 조 제5항 단서 중 "지청, 고위공직자범죄수사처"를 "지청"으로 한다.

제43조제3항 후단 중 "검찰청 또는 고위공직자범죄수사처"를 "검찰청"으로 한다.

⑰ 인사청문회법 일부를 다음과 같이 개정한다.

제6조제3항 중 "국가인권위원회 위원장·고위공직자범죄수사처장"을 "국가인권위원회 위원장"으로 한다.

⑱ 통신비밀보호법 일부를 다음과 같이 개정한다.

제9조의2제1항 단서를 삭제하고, 같은 조 제5항 단서 중 "다만, 수사처검사가 제4항에 따라 통지를 유예하려는 경우에는 소명자료를 첨부하여 미리 수사처장의 승인을 받아야 하고"를 "다만"으로 한다.
제9조의3제1항 단서를 삭제한다.

제13조의3제1항제1호 각 목 외의 부분 단서 중 "다음 각 목의 어느 하나에 해당하는"을 "사법경찰관이 「형사소송법」 제245조의5제1호에 따라 검사에게 송치한 사건으로서 검사로부터 공소를 제기하거나 제기하지 아니하는 처분(기소중지 또는 참고인중지 결정은 제외한다)의 통보를 받은"으로 하고, 같은 호 가목 및 나목을 각각 삭제하며, 같은 항 제2호 각 목 외의 부분 단서 중 "다음 각 목의 어느 하나에 해당하는"을 "사법경찰관이 「형사소송법」 제245조의5제1호에 따라 검사에게 송치한 사건으로서 검사로부터 기소중지 또는 참고인중지 결정의 통보를 받은"으로 하고, 같은 호 가목 및 나목을 각각 삭제하며, 같은 조 제3항 단서를 삭제한다.

⑲ 특정 금융거래정보의 보고 및 이용 등에 관한 법률 일부를 다음과 같이 개정한다.

제10조제1항 각 호 외의 부분 중 "고위공직자범죄수사처장, 국세청

장"을 "국세청장"으로 하고, 같은 조 제4항 중 "검찰총장, 고위공직자범죄수사처장"을 "검찰총장"으로 한다.

⑳ 형사사법절차 전자화 촉진법 일부를 다음과 같이 개정한다.

제2조제2호 중 "해양경찰청, 고위공직자범죄수사처"를 "해양경찰청"으로 한다.

제5조제1항 단서 중 "해양경찰청 및 고위공직자범죄수사처"를 "해양경찰청"으로 한다.

제10조제1항 중 "해양경찰청 차장 및 고위공직자범죄수사처 차장"을 "해양경찰청 차장"으로 한다.

제17조 중 "해양경찰청 및 고위공직자범죄수사처"를 "해양경찰청"으로 한다.

내란수괴 윤석열 즉각 파면 긴급행동 발언문

- 김재연 진보당 상임대표

오늘도 광장을 지켜주신 시민 여러분 고맙습니다. 나흘째 단식을 이어가고 계신 비상행동 의장단들과 오늘부터 단식농성에 돌입한 국회의원들께도 감사드립니다.

윤석열은 툭하면 새벽까지 술판을 벌이는 술꾼으로 알려져 있습니다. 그런데 그 자가 삼겹살에 폭탄주를 마시면서 팝송이나 부르고 놀기만 했을까요? 김건희가 명품백 수집이나 신경쓰며 희희낙낙 즐기고만 살았을까요? 명태균 게이트 녹음파일에서도 확인되었듯, 저들은 보궐선거 국회의원 한명까지 자기 사람으로 채워넣으려 불법도 개의치않고 부지런하게 움직였습니다. 저 자들이 챙긴 자리가 김영선 한 명이었겠습니까? 저들의 손발이 되어 '죽을 때까지 은혜를 잊지 않겠다'며 충성을 맹세했던 사람이 명태균 뿐이었겠습니까? 수백 수천의 명태균이, 수천 수만의 김영선이 한국사회 곳곳에 똬리를 틀고 앉아 있지 않을까요?

이준석, 윤상현, 오세훈, 홍준표, 나경원 같은 정치인들부터, 관료집단과 검찰, 사법부, 군대, 언론, 재벌, 개신교, 학계 등의 내부에 깊숙이 뿌리내린 내란세력들은 지난 80년, 아니 그보다 더 긴 시간동안 자신들만이 세상을 주무를 수 있다고 믿고 살아왔습니다. 그런데, 지금 저들의 처지가 달라졌습니까? 윤석열도, 김건희도, 한덕수, 추경호, 이진숙도 모두 그 지위를 유지하고 있습니다. 그래서 우리는 지난 석달간 어렵고 힘든 싸움을 하고 있는 것입니다. 술과 망상에 찌든 대통령 하나를 내쫓기 위한 싸움이 아니라 거대하고 촘촘한 지배권력과의 최후의 한판 승부를 펼치고 있는 것입니다. 여러분, 우리는 역사적 항쟁의 한가운데에 서 있습니다. 맞습니까?

지난 1월 6일, 국민의힘 권성동 원내대표는 헌법재판소를 찾아가 한덕수 총리, 최재해 감사원장, 이창수 등 검사 3명의 탄핵사건을 윤석열 탄핵사건보다 먼저 심리하라고 요구했습니다. 헌재가 절차의 공정성을 갖춰야 재판 결과에 국민이 승복할 것이라면서 겁박했습니다. 권성동은 이튿날 또다시 헌재 사무처장을 불러 '문형배, 이미선 두 재판관 임기가 끝나는 4월 18일 전에 윤석열 탄핵심판 결론을 내지 말라'

고 압박했습니다. '6인 체제'가 된 헌재가 탄핵심판을 못하도록 하려는 노골적 외압이었습니다.

그런데 지금 어떻게 됐습니까? 그동안 사건의 중대성을 고려해 윤석열 탄핵심판을 최우선 심리하겠다던 헌재가 입장을 바꾸어 감사원장과 검사 탄핵사건을 먼저 선고하겠다 합니다. 헌법재판소가 내란세력의 압력에 흔들리고 있는 것은 아닌지 우려됩니다. 윤석열 석방 이후 내란세력은 절차적 공정성을 운운하며 헌재에 변론 재개 요구를 높이고 있고, 어떻게든 4월 18일까지 버티자고 합니다. 최상목 권한대행은 아직도 마은혁 재판관을 임명하지 않고 있습니다. 상황이 만만치 않습니다.

설마 계엄을 하겠어? 설마 정치인들을 죽이려했겠어? 설마 한덕수가, 설마 최상목이, 설마 법원이, 설마 검찰이, 설마…..? 극우내란세력은 우리의 상식으로는 상상조차 할 수 없는 일들을 계획하고, 실행해왔습니다. 윤석열 파면은 시간문제이고 내란세력은 결코 재집권할 수 없을거라고 장담할 수 있습니까?

지난 두 달간 자영업자 20만명이 폐업을 했습니다. 내란사태의 혼란이 지속되면 국민의 삶이 파탄납니다. 내란을 하루빨리 종식시키지 않으면 회복 불능의 사회로 접어들 수 있습니다. 지금 우리는 대한민국의 미래가 걸린 고비를 넘고 있습니다.

여러분, 사생결단의 각오로 싸웁시다! 상식과 지성을 잃지 않으려는 모든 세력과 손잡고 최대치의 힘을 모아야 합니다. 자신들의 타락한 욕망대로 이 사회를 지배할 수 있다고 믿는 자들에게 이대로 대한민국을 내어줄 수 없지 않습니까? 이 나라는 한 줌의 내란세력이 아니라, 평범한 국민 모두에게 주권이 있는 민주공화국이지 않습니까?

끝으로 헌법재판소에 촉구합니다. 내란세력의 압력에 굴하지 마십시오. 어차피 저들은 헌재 결정에 승복할 생각이 없는 자들 아닙니까. 작은 법 하나도 지키면서 살아온 시민들이 광장에 모여 애타게 호소하고 있습니다. 내란수괴 윤석열을 조속히 파면하라! 진보당은 오늘의 항쟁이 혁명의 역사로 기록될 때까지 시민여러분과 함께 싸우겠습니다.

2025년 3월 11일
진보당 대변인실

윤석열 파면의 광장으로 모여주십시오. 국민은 12.3 계엄의 밤을 똑똑히 기억합니다. 계엄이 진압되었지만 윤석열 탄핵안이 부결되던 그 이후, 국민의 염원은 오로지 신속한 윤석열의 탄핵이었습니다. 여의도에 수많은 응원봉이 모여들었고 국회를 둘러싼 그 빛의 혁명이 윤석열 탄핵 가결을 이끌어 냈습니다. 내란우두머리 윤석열이 활보하는 모습을 보는 순간 국민들에게는 계엄의 밤, 그 시간이 되살아났습니다. 내란은 현재 진행형입니다. 계엄의 밤의 불안과 공포를 끝내고 내란을 종식시키기 위한 그 첫 번째 관문은 윤석열 탄핵의 완성, 헌법재판소의 파면결정입니다. 최상목 권한대행, 심우정 검찰총장까지 내란공범들이 득실거립니다. 국민은 이제 아무도 믿지 못합니다. 믿을 것은 오직 주권자 국민의 의지입니다. 국민 여러분 윤석열 탄핵 가결을 이끌어낸 그 의지를 다시 보여주십시오. 가족과 지인들 손에 손을 잡고 윤석열 파면의 광장으로 모여주십시오. 우리의 염원은 오직, 윤석열의 신속한 파면입니다.

– 진보당 원내대변인 정혜경, 3월 11일 비상농성장 의원총회 모두발언

부록

대한민국헌법

[시행 1988. 2. 25.] [헌법 제10호, 1987. 10. 29., 전부개정]

제1장 총강

제1조 ①대한민국은 민주공화국이다.

②대한민국의 주권은 국민에게 있고, 모든 권력은 국민으로부터 나온다.

제2조 ①대한민국의 국민이 되는 요건은 법률로 정한다.

②국가는 법률이 정하는 바에 의하여 재외국민을 보호할 의무를 진다.

제3조 대한민국의 영토는 한반도와 그 부속도서로 한다.

제4조 대한민국은 통일을 지향하며, 자유민주적 기본질서에 입각한 평화적 통일정책을 수립하고 이를 추진한다.

제5조 ①대한민국은 국제평화의 유지에 노력하고 침략적 전쟁을 부인한다.

②국군은 국가의 안전보장과 국토방위의 신성한 의무를 수행함을 사명으로 하며, 그 정치적 중립성은 준수된다.

제6조 ①헌법에 의하여 체결·공포된 조약과 일반적으로 승인된 국제법규는 국내법과 같은 효력을 가진다.

②외국인은 국제법과 조약이 정하는 바에 의하여 그 지위가 보장된다.

제7조 ①공무원은 국민전체에 대한 봉사자이며, 국민에 대하여 책임을 진다.

②공무원의 신분과 정치적 중립성은 법률이 정하는 바에 의하여 보장된다.

제8조 ①정당의 설립은 자유이며, 복수정당제는 보장된다.

②정당은 그 목적·조직과 활동이 민주적이어야 하며, 국민의 정치적 의사형성에 참여하는데 필요한 조직을 가져야 한다.

③정당은 법률이 정하는 바에 의하여 국가의 보호를 받으며, 국가는 법률이 정하는 바에 의하여 정당운영에 필요한 자금을 보조할 수 있다.

④정당의 목적이나 활동이 민주적 기본질서에 위배될 때에는 정부는 헌법재판소에 그 해산을 제소할 수 있고, 정당은 헌법재판소의 심판에 의하여 해산된다.

제9조 국가는 전통문화의 계승·발전과 민족문화의 창달에 노력하여야 한다.

제2장 국민의 권리와 의무

제10조 모든 국민은 인간으로서의 존엄과 가치를 가지며, 행복을 추구할 권리를 가진다. 국가는 개인이 가지는 불가침의 기본적 인권을 확인하고 이를 보장할 의무를 진다.

제11조 ①모든 국민은 법 앞에 평등하다. 누구든지 성별·종교 또는 사회적 신분에 의하여 정치적·경제적·사회적·문화적 생활의 모든 영역에 있어서 차별을 받지 아니한다.

②사회적 특수계급의 제도는 인정되지 아니하며, 어떠한 형태로도 이를 창설할 수 없다.

③훈장등의 영전은 이를 받은 자에게만 효력이 있고, 어떠한 특권도 이에 따르지 아니한다.

제12조 ①모든 국민은 신체의 자유를 가진다. 누구든지 법률에 의하지 아니하고는 체포·구속·압수·수색 또는 심문을 받지 아니하며, 법률과 적법한 절차에 의하지 아니하고는 처벌·보안처분 또는 강제노역을 받지 아니한다.

②모든 국민은 고문을 받지 아니하며, 형사상 자기에게 불리한 진술을 강요당하지 아니한다.

③체포·구속·압수 또는 수색을 할 때에는 적법한 절차에 따라 검사의 신청에 의하여 법관이 발부한 영

장을 제시하여야 한다. 다만, 현행범인인 경우와 장기 3년 이상의 형에 해당하는 죄를 범하고 도피 또는 증거인멸의 염려가 있을 때에는 사후에 영장을 청구할 수 있다.

④누구든지 체포 또는 구속을 당한 때에는 즉시 변호인의 조력을 받을 권리를 가진다. 다만, 형사피고인이 스스로 변호인을 구할 수 없을 때에는 법률이 정하는 바에 의하여 국가가 변호인을 붙인다.

⑤누구든지 체포 또는 구속의 이유와 변호인의 조력을 받을 권리가 있음을 고지받지 아니하고는 체포 또는 구속을 당하지 아니한다. 체포 또는 구속을 당한 자의 가족등 법률이 정하는 자에게는 그 이유와 일시·장소가 지체없이 통지되어야 한다.

⑥누구든지 체포 또는 구속을 당한 때에는 적부의 심사를 법원에 청구할 권리를 가진다.

⑦피고인의 자백이 고문·폭행·협박·구속의 부당한 장기화 또는 기망 기타의 방법에 의하여 자의로 진술된 것이 아니라고 인정될 때 또는 정식재판에 있어서 피고인의 자백이 그에게 불리한 유일한 증거일 때에는 이를 유죄의 증거로 삼거나 이를 이유로 처벌할 수 없다.

제13조 ①모든 국민은 행위시의 법률에 의하여 범죄를 구성하지 아니하는 행위로 소추되지 아니하며, 동일한 범죄에 대하여 거듭 처벌받지 아니한다.

②모든 국민은 소급입법에 의하여 참정권의 제한을 받거나 재산권을 박탈당하지 아니한다.

③모든 국민은 자기의 행위가 아닌 친족의 행위로 인하여 불이익한 처우를 받지 아니한다.

제14조 모든 국민은 거주·이전의 자유를 가진다.

제15조 모든 국민은 직업선택의 자유를 가진다.

제16조 모든 국민은 주거의 자유를 침해받지 아니한다. 주거에 대한 압수나 수색을 할 때에는 검사의 신청에 의하여 법관이 발부한 영장을 제시하여야 한다.

제17조 모든 국민은 사생활의 비밀과 자유를 침해받지 아니한다.

제18조 모든 국민은 통신의 비밀을 침해받지 아니한다.

제19조 모든 국민은 양심의 자유를 가진다.

제20조 ①모든 국민은 종교의 자유를 가진다.

②국교는 인정되지 아니하며, 종교와 정치는 분리된다.

제21조 ①모든 국민은 언론·출판의 자유와 집회·결사의 자유를 가진다.

②언론·출판에 대한 허가나 검열과 집회·결사에 대한 허가는 인정되지 아니한다.

③통신·방송의 시설기준과 신문의 기능을 보장하기 위하여 필요한 사항은 법률로 정한다.

④언론·출판은 타인의 명예나 권리 또는 공중도덕이나 사회윤리를 침해하여서는 아니된다. 언론·출판이 타인의 명예나 권리를 침해한 때에는 피해자는 이에 대한 피해의 배상을 청구할 수 있다.

제22조 ①모든 국민은 학문과 예술의 자유를 가진다.

②저작자·발명가·과학기술자와 예술가의 권리는 법률로써 보호한다.

제23조 ①모든 국민의 재산권은 보장된다. 그 내용과 한계는 법률로 정한다.

②재산권의 행사는 공공복리에 적합하도록 하여야 한다.

③공공필요에 의한 재산권의 수용·사용 또는 제한 및 그에 대한 보상은 법률로써 하되, 정당한 보상을 지급하여야 한다.

제24조 모든 국민은 법률이 정하는 바에 의하여 선거권을 가진다.

제25조 모든 국민은 법률이 정하는 바에 의하여 공무담임권을 가진다.

제26조 ①모든 국민은 법률이 정하는 바에 의하여 국가기관에 문서로 청원할 권리를 가진다.

②국가는 청원에 대하여 심사할 의무를 진다.

제27조 ①모든 국민은 헌법과 법률이 정한 법관에 의하여 법률에 의한 재판을 받을 권리를 가진다.

②군인 또는 군무원이 아닌 국민은 대한민국의 영역 안에서는 중대한 군사상 기밀·초병·초소·유독음식물공급·포로·군용물에 관한 죄중 법률이 정한 경우와 비상계엄이 선포된 경우를 제외하고는 군사법

원의 재판을 받지 아니한다.

③모든 국민은 신속한 재판을 받을 권리를 가진다. 형사피고인은 상당한 이유가 없는 한 지체없이 공개재판을 받을 권리를 가진다.

④형사피고인은 유죄의 판결이 확정될 때까지는 무죄로 추정된다.

⑤형사피해자는 법률이 정하는 바에 의하여 당해 사건의 재판절차에서 진술할 수 있다.

제28조 형사피의자 또는 형사피고인으로서 구금되었던 자가 법률이 정하는 불기소처분을 받거나 무죄판결을 받은 때에는 법률이 정하는 바에 의하여 국가에 정당한 보상을 청구할 수 있다.

제29조 ①공무원의 직무상 불법행위로 손해를 받은 국민은 법률이 정하는 바에 의하여 국가 또는 공공단체에 정당한 배상을 청구할 수 있다. 이 경우 공무원 자신의 책임은 면제되지 아니한다.

②군인·군무원·경찰공무원 기타 법률이 정하는 자가 전투·훈련등 직무집행과 관련하여 받은 손해에 대하여는 법률이 정하는 보상 외에 국가 또는 공공단체에 공무원의 직무상 불법행위로 인한 배상은 청구할 수 없다.

제30조 타인의 범죄행위로 인하여 생명·신체에 대한 피해를 받은 국민은 법률이 정하는 바에 의하여 국가로부터 구조를 받을 수 있다.

제31조 ①모든 국민은 능력에 따라 균등하게 교육을 받을 권리를 가진다.

②모든 국민은 그 보호하는 자녀에게 적어도 초등교육과 법률이 정하는 교육을 받게 할 의무를 진다.

③의무교육은 무상으로 한다.

④교육의 자주성·전문성·정치적 중립성 및 대학의 자율성은 법률이 정하는 바에 의하여 보장된다.

⑤국가는 평생교육을 진흥하여야 한다.

⑥학교교육 및 평생교육을 포함한 교육제도와 그 운영, 교육재정 및 교원의 지위에 관한 기본적인 사항은 법률로 정한다.

제32조 ①모든 국민은 근로의 권리를 가진다. 국가는 사회적·경제적 방법으로 근로자의 고용의 증진과 적정임금의 보장에 노력하여야 하며, 법률이 정하는 바에 의하여 최저임금제를 시행하여야 한다.

②모든 국민은 근로의 의무를 진다. 국가는 근로의 의무의 내용과 조건을 민주주의원칙에 따라 법률로 정한다.

③근로조건의 기준은 인간의 존엄성을 보장하도록 법률로 정한다.

④여자의 근로는 특별한 보호를 받으며, 고용·임금 및 근로조건에 있어서 부당한 차별을 받지 아니한다.

⑤연소자의 근로는 특별한 보호를 받는다.

⑥국가유공자·상이군경 및 전몰군경의 유가족은 법률이 정하는 바에 의하여 우선적으로 근로의 기회를 부여받는다.

제33조 ①근로자는 근로조건의 향상을 위하여 자주적인 단결권·단체교섭권 및 단체행동권을 가진다.

②공무원인 근로자는 법률이 정하는 자에 한하여 단결권·단체교섭권 및 단체행동권을 가진다.

③법률이 정하는 주요방위산업체에 종사하는 근로자의 단체행동권은 법률이 정하는 바에 의하여 이를 제한하거나 인정하지 아니할 수 있다.

제34조 ①모든 국민은 인간다운 생활을 할 권리를 가진다.

②국가는 사회보장·사회복지의 증진에 노력할 의무를 진다.

③국가는 여자의 복지와 권익의 향상을 위하여 노력하여야 한다.

④국가는 노인과 청소년의 복지향상을 위한 정책을 실시할 의무를 진다.

⑤신체장애자 및 질병·노령 기타의 사유로 생활능력이 없는 국민은 법률이 정하는 바에 의하여 국가의 보호를 받는다.

⑥국가는 재해를 예방하고 그 위험으로부터 국민을 보호하기 위하여 노력하여야 한다.

제35조 ①모든 국민은 건강하고 쾌적한 환경에서 생활할 권리를 가지며, 국가와 국민은 환경보전을 위하여 노력하여야 한다.

②환경권의 내용과 행사에 관하여는 법률로 정한다.

③국가는 주택개발정책등을 통하여 모든 국민이 쾌적한 주거생활을 할 수 있도록 노력하여야 한다.

제36조 ①혼인과 가족생활은 개인의 존엄과 양성의 평등을 기초로 성립되고 유지되어야 하며, 국가는 이를 보장한다.

②국가는 모성의 보호를 위하여 노력하여야 한다.

③모든 국민은 보건에 관하여 국가의 보호를 받는다.

제37조 ①국민의 자유와 권리는 헌법에 열거되지 아니한 이유로 경시되지 아니한다.

②국민의 모든 자유와 권리는 국가안전보장·질서유지 또는 공공복리를 위하여 필요한 경우에 한하여 법률로써 제한할 수 있으며, 제한하는 경우에도 자유와 권리의 본질적인 내용을 침해할 수 없다.

제38조 모든 국민은 법률이 정하는 바에 의하여 납세의 의무를 진다.

제39조 ①모든 국민은 법률이 정하는 바에 의하여 국방의 의무를 진다.

②누구든지 병역의무의 이행으로 인하여 불이익한 처우를 받지 아니한다.

제3장 국회

제40조 입법권은 국회에 속한다.

제41조 ①국회는 국민의 보통·평등·직접·비밀선거에 의하여 선출된 국회의원으로 구성한다.

②국회의원의 수는 법률로 정하되, 200인 이상으로 한다.

③국회의원의 선거구와 비례대표제 기타 선거에 관한 사항은 법률로 정한다.

제42조 국회의원의 임기는 4년으로 한다.

제43조 국회의원은 법률이 정하는 직을 겸할 수 없다.

제44조 ①국회의원은 현행범인인 경우를 제외하고는 회기 중 국회의 동의없이 체포 또는 구금되지 아니한다.

②국회의원이 회기 전에 체포 또는 구금된 때에는 현행범인이 아닌 한 국회의 요구가 있으면 회기 중 석방된다.

제45조 국회의원은 국회에서 직무상 행한 발언과 표결에 관하여 국회 외에서 책임을 지지 아니한다.

제46조 ①국회의원은 청렴의 의무가 있다.

②국회의원은 국가이익을 우선하여 양심에 따라 직무를 행한다.

③국회의원은 그 지위를 남용하여 국가·공공단체 또는 기업체와의 계약이나 그 처분에 의하여 재산상의 권리·이익 또는 직위를 취득하거나 타인을 위하여 그 취득을 알선할 수 없다.

제47조 ①국회의 정기회는 법률이 정하는 바에 의하여 매년 1회 집회되며, 국회의 임시회는 대통령 또는 국회재적의원 4분의 1 이상의 요구에 의하여 집회된다.

②정기회의 회기는 100일을, 임시회의 회기는 30일을 초과할 수 없다.

③대통령이 임시회의 집회를 요구할 때에는 기간과 집회요구의 이유를 명시하여야 한다.

제48조 국회는 의장 1인과 부의장 2인을 선출한다.

제49조 국회는 헌법 또는 법률에 특별한 규정이 없는 한 재적의원 과반수의 출석과 출석의원 과반수의 찬성으로 의결한다. 가부동수인 때에는 부결된 것으로 본다.

제50조 ①국회의 회의는 공개한다. 다만, 출석의원 과반수의 찬성이 있거나 의장이 국가의 안전보장을 위하여 필요하다고 인정할 때에는 공개하지 아니할 수 있다.

②공개하지 아니한 회의내용의 공표에 관하여는 법률이 정하는 바에 의한다.

제51조 국회에 제출된 법률안 기타의 의안은 회기 중에 의결되지 못한 이유로 폐기되지 아니한다. 다만, 국회의원의 임기가 만료된 때에는 그러하지 아니하다.

제52조 국회의원과 정부는 법률안을 제출할 수 있다.

제53조 ①국회에서 의결된 법률안은 정부에 이송되어 15일 이내에 대통령이 공포한다.

②법률안에 이의가 있을 때에는 대통령은 제1항의 기간내에 이의서를 붙여 국회로 환부하고, 그 재의를 요구할 수 있다. 국회의 폐회 중에도 또한 같다.

③대통령은 법률안의 일부에 대하여 또는 법률안을 수정하여 재의를 요구할 수 없다.

④재의의 요구가 있을 때에는 국회는 재의에 붙이고, 재적의원 과반수의 출석과 출석의원 3분의 2 이상의 찬성으로 전과 같은 의결을 하면 그 법률안은 법률로서 확정된다.

⑤대통령이 제1항의 기간 내에 공포나 재의의 요구를 하지 아니한 때에도 그 법률안은 법률로서 확정된다.

⑥대통령은 제4항과 제5항의 규정에 의하여 확정된 법률을 지체없이 공포하여야 한다. 제5항에 의하여 법률이 확정된 후 또는 제4항에 의한 확정법률이 정부에 이송된 후 5일 이내에 대통령이 공포하지 아니할 때에는 국회의장이 이를 공포한다.

⑦법률은 특별한 규정이 없는 한 공포한 날로부터 20일을 경과함으로써 효력을 발생한다.

제54조 ①국회는 국가의 예산안을 심의·확정한다.

②정부는 회계연도마다 예산안을 편성하여 회계연도 개시 90일 전까지 국회에 제출하고, 국회는 회계연도 개시 30일 전까지 이를 의결하여야 한다.

③새로운 회계연도가 개시될 때까지 예산안이 의결되지 못한 때에는 정부는 국회에서 예산안이 의결될 때까지 다음의 목적을 위한 경비는 전년도 예산에 준하여 집행할 수 있다.

1. 헌법이나 법률에 의하여 설치된 기관 또는 시설의 유지·운영
2. 법률상 지출의무의 이행
3. 이미 예산으로 승인된 사업의 계속

제55조 ①한 회계연도를 넘어 계속하여 지출할 필요가 있을 때에는 정부는 연한을 정하여 계속비로서 국회의 의결을 얻어야 한다.

②예비비는 총액으로 국회의 의결을 얻어야 한다. 예비비의 지출은 차기국회의 승인을 얻어야 한다.

제56조 정부는 예산에 변경을 가할 필요가 있을 때에는 추가경정예산안을 편성하여 국회에 제출할 수 있다.

제57조 국회는 정부의 동의 없이 정부가 제출한 지출예산 각항의 금액을 증가하거나 새 비목을 설치할 수 없다.

제58조 국채를 모집하거나 예산 외에 국가의 부담이 될 계약을 체결하려 할 때에는 정부는 미리 국회의 의결을 얻어야 한다.

제59조 조세의 종목과 세율은 법률로 정한다.

제60조 ①국회는 상호원조 또는 안전보장에 관한 조약, 중요한 국제조직에 관한 조약, 우호통상항해조약, 주권의 제약에 관한 조약, 강화조약, 국가나 국민에게 중대한 재정적 부담을 지우는 조약 또는 입법사항에 관한 조약의 체결·비준에 대한 동의권을 가진다.

②국회는 선전포고, 국군의 외국에의 파견 또는 외국군대의 대한민국 영역 안에서의 주류에 대한 동의권을 가진다.

제61조 ①국회는 국정을 감사하거나 특정한 국정사안에 대하여 조사할 수 있으며, 이에 필요한 서류의 제출 또는 증인의 출석과 증언이나 의견의 진술을 요구할 수 있다.

②국정감사 및 조사에 관한 절차 기타 필요한 사항은 법률로 정한다.

제62조 ①국무총리·국무위원 또는 정부위원은 국회나 그 위원회에 출석하여 국정처리상황을 보고하거나 의견을 진술하고 질문에 응답할 수 있다.

②국회나 그 위원회의 요구가 있을 때에는 국무총리·국무위원 또는 정부위원은 출석·답변하여야 하며, 국무총리 또는 국무위원이 출석요구를 받은 때에는 국무위원 또는 정부위원으로 하여금 출석·답변하게 할 수 있다.

제63조 ①국회는 국무총리 또는 국무위원의 해임을 대통령에게 건의할 수 있다.

②제1항의 해임건의는 국회재적의원 3분의 1 이상의 발의에 의하여 국회재적의원 과반수의 찬성이 있어야 한다.

제64조 ①국회는 법률에 저촉되지 아니하는 범위 안에서 의사와 내부규율에 관한 규칙을 제정할 수 있다.

②국회는 의원의 자격을 심사하며, 의원을 징계할 수 있다.

③의원을 제명하려면 국회재적의원 3분의 2 이상의 찬성이 있어야 한다.

④제2항과 제3항의 처분에 대하여는 법원에 제소할 수 없다.

제65조 ①대통령·국무총리·국무위원·행정각부의 장·헌법재판소 재판관·법관·중앙선거관리위원회 위원·감사원장·감사위원기타 법률이 정한 공무원이 그 직무집행에 있어서 헌법이나 법률을 위배한 때에는 국회는 탄핵의 소추를 의결할 수 있다.

②제1항의 탄핵소추는 국회재적의원 3분의 1 이상의 발의가 있어야 하며, 그 의결은 국회재적의원 과반수의 찬성이 있어야 한다. 다만, 대통령에 대한 탄핵소추는 국회재적의원 과반수의 발의와 국회재적의원 3분의 2 이상의 찬성이 있어야 한다.

③탄핵소추의 의결을 받은 자는 탄핵심판이 있을 때까지 그 권한행사가 정지된다.

④탄핵결정은 공직으로부터 파면함에 그친다. 그러나, 이에 의하여 민사상이나 형사상의 책임이 면제되지는 아니한다.

제4장 정부

제1절 대통령

제66조 ①대통령은 국가의 원수이며, 외국에 대하여 국가를 대표한다.

②대통령은 국가의 독립·영토의 보전·국가의 계속성과 헌법을 수호할 책무를 진다.

③대통령은 조국의 평화적 통일을 위한 성실한 의무를 진다.

④행정권은 대통령을 수반으로 하는 정부에 속한다.

제67조 ①대통령은 국민의 보통·평등·직접·비밀선거에 의하여 선출한다.

②제1항의 선거에 있어서 최고득표자가 2인 이상인 때에는 국회의 재적의원 과반수가 출석한 공개회의에서 다수표를 얻은 자를 당선자로 한다.

③대통령후보자가 1인일 때에는 그 득표수가 선거권자 총수의 3분의 1 이상이 아니면 대통령으로 당선될 수 없다.

④대통령으로 선거될 수 있는 자는 국회의원의 피선거권이 있고 선거일 현재 40세에 달하여야 한다.

⑤대통령의 선거에 관한 사항은 법률로 정한다.

제68조 ①대통령의 임기가 만료되는 때에는 임기만료 70일 내지 40일 전에 후임자를 선거한다.

②대통령이 궐위된 때 또는 대통령 당선자가 사망하거나 판결 기타의 사유로 그 자격을 상실한 때에는 60일 이내에 후임자를 선거한다.

제69조 대통령은 취임에 즈음하여 다음의 선서를 한다.

"나는 헌법을 준수하고 국가를 보위하며 조국의 평화적 통일과 국민의 자유와 복리의 증진 및 민족문화의 창달에 노력하여 대통령으로서의 직책을 성실히 수행할 것을 국민 앞에 엄숙히 선서합니다."

제70조 대통령의 임기는 5년으로 하며, 중임할 수 없다.

제71조 대통령이 궐위되거나 사고로 인하여 직무를 수행할 수 없을 때에는 국무총리, 법률이 정한 국무위원의 순서로 그 권한을 대행한다.

제72조 대통령은 필요하다고 인정할 때에는 외교·국방·통일 기타 국가안위에 관한 중요정책을 국민투표에 붙일 수 있다.

제73조 대통령은 조약을 체결·비준하고, 외교사절을 신임·접수 또는 파견하며, 선전포고와 강화를 한다.

제74조 ①대통령은 헌법과 법률이 정하는 바에 의하여 국군을 통수한다.

②국군의 조직과 편성은 법률로 정한다.

제75조 대통령은 법률에서 구체적으로 범위를 정하여 위임받은 사항과 법률을 집행하기 위하여 필요한 사항에 관하여 대통령령을 발할 수 있다.

제76조 ①대통령은 내우·외환·천재·지변 또는 중대한 재정·경제상의 위기에 있어서 국가의 안전보장 또는 공공의 안녕질서를 유지하기 위하여 긴급한 조치가 필요하고 국회의 집회를 기다릴 여유가 없을 때에 한하여 최소한으로 필요한 재정·경제상의 처분을 하거나 이에 관하여 법률의 효력을 가지는 명령을 발할 수 있다.
②대통령은 국가의 안위에 관계되는 중대한 교전상태에 있어서 국가를 보위하기 위하여 긴급한 조치가 필요하고 국회의 집회가 불가능한 때에 한하여 법률의 효력을 가지는 명령을 발할 수 있다.
③대통령은 제1항과 제2항의 처분 또는 명령을 한 때에는 지체없이 국회에 보고하여 그 승인을 얻어야 한다.
④제3항의 승인을 얻지 못한 때에는 그 처분 또는 명령은 그때부터 효력을 상실한다. 이 경우 그 명령에 의하여 개정 또는 폐지되었던 법률은 그 명령이 승인을 얻지 못한 때부터 당연히 효력을 회복한다.
⑤대통령은 제3항과 제4항의 사유를 지체없이 공포하여야 한다.

제77조 ①대통령은 전시·사변 또는 이에 준하는 국가비상사태에 있어서 병력으로써 군사상의 필요에 응하거나 공공의 안녕질서를 유지할 필요가 있을 때에는 법률이 정하는 바에 의하여 계엄을 선포할 수 있다.
②계엄은 비상계엄과 경비계엄으로 한다.
③비상계엄이 선포된 때에는 법률이 정하는 바에 의하여 영장제도, 언론·출판·집회·결사의 자유, 정부나 법원의 권한에 관하여 특별한 조치를 할 수 있다.
④계엄을 선포한 때에는 대통령은 지체없이 국회에 통고하여야 한다.
⑤국회가 재적의원 과반수의 찬성으로 계엄의 해제를 요구한 때에는 대통령은 이를 해제하여야 한다.

제78조 대통령은 헌법과 법률이 정하는 바에 의하여 공무원을 임면한다.

제79조 ①대통령은 법률이 정하는 바에 의하여 사면·감형 또는 복권을 명할 수 있다.
②일반사면을 명하려면 국회의 동의를 얻어야 한다.
③사면·감형 및 복권에 관한 사항은 법률로 정한다.

제80조 대통령은 법률이 정하는 바에 의하여 훈장 기타의 영전을 수여한다.

제81조 대통령은 국회에 출석하여 발언하거나 서한으로 의견을 표시할 수 있다.

제82조 대통령의 국법상 행위는 문서로써 하며, 이 문서에는 국무총리와 관계 국무위원이 부서한다. 군사에 관한 것도 또한 같다.

제83조 대통령은 국무총리·국무위원·행정각부의 장 기타 법률이 정하는 공사의 직을 겸할 수 없다.

제84조 대통령은 내란 또는 외환의 죄를 범한 경우를 제외하고는 재직 중 형사상의 소추를 받지 아니한다.

제85조 전직대통령의 신분과 예우에 관하여는 법률로 정한다.

제2절 행정부

제1관 국무총리와 국무위원

제86조 ①국무총리는 국회의 동의를 얻어 대통령이 임명한다.
②국무총리는 대통령을 보좌하며, 행정에 관하여 대통령의 명을 받아 행정각부를 통할한다.
③군인은 현역을 면한 후가 아니면 국무총리로 임명될 수 없다.

제87조 ①국무위원은 국무총리의 제청으로 대통령이 임명한다.
②국무위원은 국정에 관하여 대통령을 보좌하며, 국무회의의 구성원으로서 국정을 심의한다.
③국무총리는 국무위원의 해임을 대통령에게 건의할 수 있다.
④군인은 현역을 면한 후가 아니면 국무위원으로 임명될 수 없다.

제2관 국무회의

제88조 ①국무회의는 정부의 권한에 속하는 중요한 정책을 심의한다.

②국무회의는 대통령·국무총리와 15인 이상 30인 이하의 국무위원으로 구성한다.

③대통령은 국무회의의 의장이 되고, 국무총리는 부의장이 된다.

제89조 다음 사항은 국무회의의 심의를 거쳐야 한다.

1. 국정의 기본계획과 정부의 일반정책
2. 선전·강화 기타 중요한 대외정책
3. 헌법개정안·국민투표안·조약안·법률안및 대통령령안
4. 예산안·결산·국유재산처분의 기본계획·국가의 부담이 될 계약 기타 재정에 관한 중요사항
5. 대통령의 긴급명령·긴급재정경제처분 및 명령 또는 계엄과 그 해제
6. 군사에 관한 중요사항
7. 국회의 임시회 집회의 요구
8. 영전수여
9. 사면·감형과 복권
10. 행정각부간의 권한의 획정
11. 정부 안의 권한의 위임 또는 배정에 관한 기본계획
12. 국정처리상황의 평가·분석
13. 행정각부의 중요한 정책의 수립과 조정
14. 정당해산의 제소
15. 정부에 제출 또는 회부된 정부의 정책에 관계되는 청원의 심사
16. 검찰총장·합동참모의장·각군참모총장·국립대학교총장·대사 기타 법률이 정한 공무원과 국영기업체관리자의 임명
17. 기타 대통령·국무총리 또는 국무위원이 제출한 사항

제90조 ①국정의 중요한 사항에 관한 대통령의 자문에 응하기 위하여 국가원로로 구성되는 국가원로자문회의를 둘 수 있다.

②국가원로자문회의의 의장은 직전대통령이 된다. 다만, 직전대통령이 없을 때에는 대통령이 지명한다.

③국가원로자문회의의 조직·직무범위 기타 필요한 사항은 법률로 정한다.

제91조 ①국가안전보장에 관련되는 대외정책·군사정책과 국내정책의 수립에 관하여 국무회의의 심의에 앞서 대통령의 자문에 응하기 위하여 국가안전보장회의를 둔다.

②국가안전보장회의는 대통령이 주재한다.

③국가안전보장회의의 조직·직무범위 기타 필요한 사항은 법률로 정한다.

제92조 ①평화통일정책의 수립에 관한 대통령의 자문에 응하기 위하여 민주평화통일자문회의를 둘 수 있다.

②민주평화통일자문회의의조직·직무범위 기타 필요한 사항은 법률로 정한다.

제93조 ①국민경제의 발전을 위한 중요정책의 수립에 관하여 대통령의 자문에 응하기 위하여 국민경제자문회의를 둘 수 있다.

②국민경제자문회의의조직·직무범위 기타 필요한 사항은 법률로 정한다.

제3관 행정각부

제94조 행정각부의 장은 국무위원 중에서 국무총리의 제청으로 대통령이 임명한다.

제95조 국무총리 또는 행정각부의 장은 소관사무에 관하여 법률이나 대통령령의 위임 또는 직권으로 총리령 또는 부령을 발할 수 있다.

제96조 행정각부의 설치·조직과 직무범위는 법률로 정한다.

제4관 감사원

제97조 국가의 세입·세출의 결산, 국가 및 법률이 정한 단체의 회계검사와 행정기관 및 공무원의 직무에 관한 감찰을 하기 위하여 대통령 소속하에 감사원을 둔다.

제98조 ①감사원은 원장을 포함한 5인 이상 11인 이하의 감사위원으로 구성한다.
②원장은 국회의 동의를 얻어 대통령이 임명하고, 그 임기는 4년으로 하며, 1차에 한하여 중임할 수 있다.
③감사위원은 원장의 제청으로 대통령이 임명하고, 그 임기는 4년으로 하며, 1차에 한하여 중임할 수 있다.

제99조 감사원은 세입·세출의 결산을 매년 검사하여 대통령과 차년도국회에 그 결과를 보고하여야 한다.

제100조 감사원의 조직·직무범위·감사위원의 자격·감사대상공무원의 범위 기타 필요한 사항은 법률로 정한다.

제5장 법원

제101조 ①사법권은 법관으로 구성된 법원에 속한다.
②법원은 최고법원인 대법원과 각급법원으로 조직된다.
③법관의 자격은 법률로 정한다.

제102조 ①대법원에 부를 둘 수 있다.
②대법원에 대법관을 둔다. 다만, 법률이 정하는 바에 의하여 대법관이 아닌 법관을 둘 수 있다.
③대법원과 각급법원의 조직은 법률로 정한다.

제103조 법관은 헌법과 법률에 의하여 그 양심에 따라 독립하여 심판한다.

제104조 ①대법원장은 국회의 동의를 얻어 대통령이 임명한다.
②대법관은 대법원장의 제청으로 국회의 동의를 얻어 대통령이 임명한다.
③대법원장과 대법관이 아닌 법관은 대법관회의의 동의를 얻어 대법원장이 임명한다.

제105조 ①대법원장의 임기는 6년으로 하며, 중임할 수 없다.
②대법관의 임기는 6년으로 하며, 법률이 정하는 바에 의하여 연임할 수 있다.
③대법원장과 대법관이 아닌 법관의 임기는 10년으로 하며, 법률이 정하는 바에 의하여 연임할 수 있다.
④법관의 정년은 법률로 정한다.

제106조 ①법관은 탄핵 또는 금고 이상의 형의 선고에 의하지 아니하고는 파면되지 아니하며, 징계처분에 의하지 아니하고는 정직·감봉 기타 불리한 처분을 받지 아니한다.
②법관이 중대한 심신상의 장해로 직무를 수행할 수 없을 때에는 법률이 정하는 바에 의하여 퇴직하게 할 수 있다.

제107조 ①법률이 헌법에 위반되는 여부가 재판의 전제가 된 경우에는 법원은 헌법재판소에 제청하여 그 심판에 의하여 재판한다.
②명령·규칙 또는 처분이 헌법이나 법률에 위반되는 여부가 재판의 전제가 된 경우에는 대법원은 이를 최종적으로 심사할 권한을 가진다.
③재판의 전심절차로서 행정심판을 할 수 있다. 행정심판의 절차는 법률로 정하되, 사법절차가 준용되어야 한다.

제108조 대법원은 법률에 저촉되지 아니하는 범위 안에서 소송에 관한 절차, 법원의 내부규율과 사무처리에 관한 규칙을 제정할 수 있다.

제109조 재판의 심리와 판결은 공개한다. 다만, 심리는 국가의 안전보장 또는 안녕질서를 방해하거나 선량한 풍속을 해할 염려가 있을 때에는 법원의 결정으로 공개하지 아니할 수 있다.

제110조 ①군사재판을 관할하기 위하여 특별법원으로서 군사법원을 둘 수 있다.
②군사법원의 상고심은 대법원에서 관할한다.

③군사법원의 조직·권한 및 재판관의 자격은 법률로 정한다.

④비상계엄하의 군사재판은 군인·군무원의 범죄나 군사에 관한 간첩죄의 경우와 초병·초소·유독음식물공급·포로에 관한 죄 중 법률이 정한 경우에 한하여 단심으로 할 수 있다. 다만, 사형을 선고한 경우에는 그러하지 아니하다.

제6장 헌법재판소

제111조 ①헌법재판소는 다음 사항을 관장한다.
 1. 법원의 제청에 의한 법률의 위헌여부 심판
 2. 탄핵의 심판
 3. 정당의 해산 심판
 4. 국가기관 상호간, 국가기관과 지방자치단체간 및 지방자치단체 상호간의 권한쟁의에 관한 심판
 5. 법률이 정하는 헌법소원에 관한 심판
 ②헌법재판소는 법관의 자격을 가진 9인의 재판관으로 구성하며, 재판관은 대통령이 임명한다.
 ③제2항의 재판관중 3인은 국회에서 선출하는 자를, 3인은 대법원장이 지명하는 자를 임명한다.
 ④헌법재판소의 장은 국회의 동의를 얻어 재판관 중에서 대통령이 임명한다.

제112조 ①헌법재판소 재판관의 임기는 6년으로 하며, 법률이 정하는 바에 의하여 연임할 수 있다.
 ②헌법재판소 재판관은 정당에 가입하거나 정치에 관여할 수 없다.
 ③헌법재판소 재판관은 탄핵 또는 금고 이상의 형의 선고에 의하지 아니하고는 파면되지 아니한다.

제113조 ①헌법재판소에서 법률의 위헌결정, 탄핵의 결정, 정당해산의 결정 또는 헌법소원에 관한 인용결정을 할 때에는 재판관 6인 이상의 찬성이 있어야 한다.
 ②헌법재판소는 법률에 저촉되지 아니하는 범위 안에서 심판에 관한 절차, 내부규율과 사무처리에 관한 규칙을 제정할 수 있다.
 ③헌법재판소의 조직과 운영 기타 필요한 사항은 법률로 정한다.

제7장 선거관리

제114조 ①선거와 국민투표의 공정한 관리 및 정당에 관한 사무를 처리하기 위하여 선거관리위원회를 둔다.
 ②중앙선거관리위원회는 대통령이 임명하는 3인, 국회에서 선출하는 3인과 대법원장이 지명하는 3인의 위원으로 구성한다. 위원장은 위원 중에서 호선한다.
 ③위원의 임기는 6년으로 한다.
 ④위원은 정당에 가입하거나 정치에 관여할 수 없다.
 ⑤위원은 탄핵 또는 금고 이상의 형의 선고에 의하지 아니하고는 파면되지 아니한다.
 ⑥중앙선거관리위원회는 법령의 범위 안에서 선거관리·국민투표관리 또는 정당사무에 관한 규칙을 제정할 수 있으며, 법률에 저촉되지 아니하는 범위 안에서 내부규율에 관한 규칙을 제정할 수 있다.
 ⑦각급 선거관리위원회의 조직·직무범위 기타 필요한 사항은 법률로 정한다.

제115조 ①각급 선거관리위원회는 선거인명부의 작성 등 선거사무와 국민투표사무에 관하여 관계 행정기관에 필요한 지시를 할 수 있다.
 ②제1항의 지시를 받은 당해 행정기관은 이에 응하여야 한다.

제116조 ①선거운동은 각급 선거관리위원회의 관리하에 법률이 정하는 범위 안에서 하되, 균등한 기회가 보장되어야 한다.
 ②선거에 관한 경비는 법률이 정하는 경우를 제외하고는 정당 또는 후보자에게 부담시킬 수 없다.

제8장 지방자치

제117조 ①지방자치단체는 주민의 복리에 관한 사무를 처리하고 재산을 관리하며, 법령의 범위 안에서 자치에 관한 규정을 제정할 수 있다.
 ②지방자치단체의 종류는 법률로 정한다.

제118조 ①지방자치단체에 의회를 둔다.

②지방의회의 조직·권한·의원선거와 지방자치단체의 장의 선임방법 기타 지방자치단체의 조직과 운영에 관한 사항은 법률로 정한다.

제9장 경제

제119조 ①대한민국의 경제질서는 개인과 기업의 경제상의 자유와 창의를 존중함을 기본으로 한다.

②국가는 균형있는 국민경제의 성장 및 안정과 적정한 소득의 분배를 유지하고, 시장의 지배와 경제력의 남용을 방지하며, 경제주체간의 조화를 통한 경제의 민주화를 위하여 경제에 관한 규제와 조정을 할 수 있다.

제120조 ①광물 기타 중요한 지하자원·수산자원·수력과 경제상 이용할 수 있는 자연력은 법률이 정하는 바에 의하여 일정한 기간 그 채취·개발 또는 이용을 특허할 수 있다.

②국토와 자원은 국가의 보호를 받으며, 국가는 그 균형있는 개발과 이용을 위하여 필요한 계획을 수립한다.

제121조 ①국가는 농지에 관하여 경자유전의 원칙이 달성될 수 있도록 노력하여야 하며, 농지의 소작제도는 금지된다.

②농업생산성의 제고와 농지의 합리적인 이용을 위하거나 불가피한 사정으로 발생하는 농지의 임대차와 위탁경영은 법률이 정하는 바에 의하여 인정된다.

제122조 국가는 국민 모두의 생산 및 생활의 기반이 되는 국토의 효율적이고 균형있는 이용·개발과 보전을 위하여 법률이 정하는 바에 의하여 그에 관한 필요한 제한과 의무를 과할 수 있다.

제123조 ①국가는 농업 및 어업을 보호·육성하기 위하여 농·어촌종합개발과 그 지원등 필요한 계획을 수립·시행하여야 한다.

②국가는 지역간의 균형있는 발전을 위하여 지역경제를 육성할 의무를 진다.

③국가는 중소기업을 보호·육성하여야 한다.

④국가는 농수산물의 수급균형과 유통구조의 개선에 노력하여 가격안정을 도모함으로써 농·어민의 이익을 보호한다.

⑤국가는 농·어민과 중소기업의 자조조직을 육성하여야 하며, 그 자율적 활동과 발전을 보장한다.

제124조 국가는 건전한 소비행위를 계도하고 생산품의 품질향상을 촉구하기 위한 소비자보호운동을 법률이 정하는 바에 의하여 보장한다.

제125조 국가는 대외무역을 육성하며, 이를 규제·조정할 수 있다.

제126조 국방상 또는 국민경제상 긴절한 필요로 인하여 법률이 정하는 경우를 제외하고는, 사영기업을 국유 또는 공유로 이전하거나 그 경영을 통제 또는 관리할 수 없다.

제127조 ①국가는 과학기술의 혁신과 정보 및 인력의 개발을 통하여 국민경제의 발전에 노력하여야 한다.

②국가는 국가표준제도를 확립한다.

③대통령은 제1항의 목적을 달성하기 위하여 필요한 자문기구를 둘 수 있다.

제10장 헌법개정

제128조 ①헌법개정은 국회재적의원 과반수 또는 대통령의 발의로 제안된다.

②대통령의 임기연장 또는 중임변경을 위한 헌법개정은 그 헌법개정 제안 당시의 대통령에 대하여는 효력이 없다.

제129조 제안된 헌법개정안은 대통령이 20일 이상의 기간 이를 공고하여야 한다.

제130조 ①국회는 헌법개정안이 공고된 날로부터 60일 이내에 의결하여야 하며, 국회의 의결은 재적의원 3분의 2 이상의 찬성을 얻어야 한다.

②헌법개정안은 국회가 의결한 후 30일 이내에 국민투표에 붙여 국회의원선거권자 과반수의 투표와 투표

자 과반수의 찬성을 얻어야 한다.

③헌법개정안이 제2항의 찬성을 얻은 때에는 헌법개정은 확정되며, 대통령은 즉시 이를 공포하여야 한다.

부칙 <헌법 제10호, 1987. 10. 29.>

제1조 이 헌법은 1988년 2월 25일부터 시행한다. 다만, 이 헌법을 시행하기 위하여 필요한 법률의 제정·개정과 이 헌법에 의한 대통령 및 국회의원의 선거 기타 이 헌법시행에 관한 준비는 이 헌법시행 전에 할 수 있다.

제2조 ①이 헌법에 의한 최초의 대통령선거는 이 헌법시행일 40일 전까지 실시한다.

②이 헌법에 의한 최초의 대통령의 임기는 이 헌법시행일로부터 개시한다.

제3조 ①이 헌법에 의한 최초의 국회의원선거는 이 헌법공포일로부터 6월 이내에 실시하며, 이 헌법에 의하여 선출된 최초의 국회의원의 임기는 국회의원선거후 이 헌법에 의한 국회의 최초의 집회일로부터 개시한다.

②이 헌법공포 당시의 국회의원의 임기는 제1항에 의한 국회의 최초의 집회일 전일까지로 한다.

제4조 ①이 헌법시행 당시의 공무원과 정부가 임명한 기업체의 임원은 이 헌법에 의하여 임명된 것으로 본다. 다만, 이 헌법에 의하여 선임방법이나 임명권자가 변경된 공무원과 대법원장 및 감사원장은 이 헌법에 의하여 후임자가 선임될 때까지 그 직무를 행하며, 이 경우 전임자인 공무원의 임기는 후임자가 선임되는 전일까지로 한다.

②이 헌법시행 당시의 대법원장과 대법원판사가 아닌 법관은 제1항 단서의 규정에 불구하고 이 헌법에 의하여 임명된 것으로 본다.

③이 헌법 중 공무원의 임기 또는 중임제한에 관한 규정은 이 헌법에 의하여 그 공무원이 최초로 선출 또는 임명된 때로부터 적용한다.

제5조 이 헌법시행 당시의 법령과 조약은 이 헌법에 위배되지 아니하는 한 그 효력을 지속한다.

제6조 이 헌법시행 당시에 이 헌법에 의하여 새로 설치될 기관의 권한에 속하는 직무를 행하고 있는 기관은 이 헌법에 의하여 새로운 기관이 설치될 때까지 존속하며 그 직무를 행한다.

계엄법

[시행 2017. 7. 26.] [법률 제14839호, 2017. 7. 26., 타법개정]

국방부(기획총괄담당관) 02-748-6523

제1조(목적) 이 법은 계엄(戒嚴)의 선포와 그 시행 및 해제 등에 필요한 사항을 정함을 목적으로 한다.
[전문개정 2011. 6. 9.]

제2조(계엄의 종류와 선포 등) ① 계엄은 비상계엄과 경비계엄으로 구분한다.
② 비상계엄은 대통령이 전시·사변 또는 이에 준하는 국가비상사태 시 적과 교전(交戰) 상태에 있거나 사회질서가 극도로 교란(攪亂)되어 행정 및 사법(司法) 기능의 수행이 현저히 곤란한 경우에 군사상 필요에 따르거나 공공의 안녕질서를 유지하기 위하여 선포한다.
③ 경비계엄은 대통령이 전시·사변 또는 이에 준하는 국가비상사태 시 사회질서가 교란되어 일반 행정기관만으로는 치안을 확보할 수 없는 경우에 공공의 안녕질서를 유지하기 위하여 선포한다.
④ 대통령은 계엄의 종류, 시행지역 또는 계엄사령관을 변경할 수 있다.
⑤ 대통령이 계엄을 선포하거나 변경하고자 할 때에는 국무회의의 심의를 거쳐야 한다.
⑥ 국방부장관 또는 행정안전부장관은 제2항 또는 제3항에 해당하는 사유가 발생한 경우에는 국무총리를 거쳐 대통령에게 계엄의 선포를 건의할 수 있다.<개정 2013. 3. 23., 2014. 11. 19., 2017. 7. 26.>
[전문개정 2011. 6. 9.]

제3조(계엄 선포의 공고) 대통령이 계엄을 선포할 때에는 그 이유, 종류, 시행일시, 시행지역 및 계엄사령관을 공고하여야 한다.
[전문개정 2011. 6. 9.]

제4조(계엄 선포의 통고) ① 대통령이 계엄을 선포하였을 때에는 지체 없이 국회에 통고(通告)하여야 한다.
② 제1항의 경우에 국회가 폐회 중일 때에는 대통령은 지체 없이 국회에 집회(集會)를 요구하여야 한다.
[전문개정 2011. 6. 9.]

제5조(계엄사령관의 임명 및 계엄사령부의 설치 등) ① 계엄사령관은 현역 장성급(將星級) 장교 중에서 국방부장관이 추천한 사람을 국무회의의 심의를 거쳐 대통령이 임명한다.<개정 2017. 3. 21.>
② 계엄사령관의 계엄업무를 시행하기 위하여 계엄사령부를 둔다. 이 경우 계엄사령관은 계엄사령부의 장이 된다.
③ 계엄사령관은 계엄지역이 2개 이상의 도(특별시, 광역시 및 특별자치도를 포함한다)에 걸치는 경우에는 그 직무를 보조할 지구계엄사령부(地區戒嚴司令部)와 지구계엄사령부의 직무를 보조하는 지역계엄사령부를 둘 수 있다.
④ 계엄사령부의 직제는 대통령령으로 정한다.
[전문개정 2011. 6. 9.]

제6조(계엄사령관에 대한 지휘·감독) ① 계엄사령관은 계엄의 시행에 관하여 국방부장관의 지휘·감독을 받는다. 다만, 전국을 계엄지역으로 하는 경우와 대통령이 직접 지휘·감독을 할 필요가 있는 경우에는 대통령의 지휘·감독을 받는다.
② 제1항에 따라 계엄사령관을 지휘·감독할 때 국가 정책에 관계되는 사항은 국무회의의 심의를 거쳐야 한다.
[전문개정 2011. 6. 9.]

제7조(계엄사령관의 관장사항) ① 비상계엄의 선포와 동시에 계엄사령관은 계엄지역의 모든 행정사무와 사법사무를 관장한다.
② 경비계엄의 선포와 동시에 계엄사령관은 계엄지역의 군사에 관한 행정사무와 사법사무를 관장한다.

제8조(계엄사령관의 지휘·감독) ① 계엄지역의 행정기관(정보 및 보안 업무를 관장하는 기관을 포함한다. 이하 같다) 및 사법기관은 지체 없이 계엄사령관의 시휘·감독을 받아야 한다.

② 계엄사령관이 계엄지역의 행정기관 및 사법기관을 지휘·감독할 때 그 지역이 1개의 행정구역에 국한될 때에는 그 구역의 최고책임자를 통하여 하고, 2개 이상의 행정구역에 해당될 때에는 해당 구역의 최고책임자 또는 주무부처의 장(법원의 경우에는 법원행정처장)을 통하여 하여야 한다.

제9조(계엄사령관의 특별조치권) ① 비상계엄지역에서 계엄사령관은 군사상 필요할 때에는 체포·구금(拘禁)·압수·수색·거주·이전·언론·출판·집회·결사 또는 단체행동에 대하여 특별한 조치를 할 수 있다. 이 경우 계엄사령관은 그 조치내용을 미리 공고하여야 한다.

② 비상계엄지역에서 계엄사령관은 법률에서 정하는 바에 따라 동원(動員) 또는 징발을 할 수 있으며, 필요한 경우에는 군수(軍需)로 제공할 물품의 조사·등록과 반출금지를 명할 수 있다.

③ 비상계엄지역에서 계엄사령관은 작전상 부득이한 경우에는 국민의 재산을 파괴 또는 소각(燒却)할 수 있다.

④ 계엄사령관이 제3항에 따라 국민의 재산을 파괴 또는 소각하려는 경우에는 미리 그 사유, 지역, 대상 등 필요한 사항을 그 재산의 소재지를 관할하는 행정기관과 그 재산의 소유자, 점유자 또는 관리자에게 통보하거나 공고하여야 한다.

제9조의2(재산의 파괴 또는 소각에 대한 보상) ① 제9조제3항에 따라 발생한 손실에 대하여는 정당한 보상을 하여야 한다. 다만, 그 손실이 교전 상태에서 발생한 경우에는 그러하지 아니하다.

② 국방부장관은 미리 보상청구의 기간 및 절차 등 보상청구에 필요한 사항을 10일 이상의 기간을 정하여 공고하여야 한다.

③ 국방부장관은 보상금 지급결정을 하였을 때에는 지체 없이 보상대상자에게 보상금 지급통지서를 송부하여야 한다.

④ 관할 행정기관의 장은 재산의 파괴 또는 소각으로 인한 손실액을 판단하는 데에 필요한 조사서, 확인서, 사진 등 증명자료를 기록·유지하여야 한다.

⑤ 이 법에서 규정한 사항 외에 보상금 지급 등에 필요한 사항은 대통령령으로 정한다.

제9조의3(보상기준 등) ① 제9조의2제1항에 따른 손실보상은 다른 법률에 특별한 규정이 있는 경우를 제외하고는 현금으로 지급하여야 한다.

② 손실액의 산정은 파괴 또는 소각으로 인하여 재산이 멸실될 당시의 과세표준을 기준으로 한다.

③ 제2항에 따른 과세표준은 대통령령으로 정한다.

제9조의4(보상 제외) 파괴 또는 소각으로 인하여 멸실된 재산이 국유재산이거나 공유재산인 경우에는 제9조의2제1항에도 불구하고 보상을 하지 아니한다.

제9조의5(공탁) 국방부장관은 다음 각 호의 어느 하나에 해당하게 되어 보상대상자에게 보상금을 지급할 수 없을 때에는 해당 보상금을 보상대상자의 주소지를 관할하는 지방법원 또는 그 지원(支院)에 공탁(供託)하여야 한다.

1. 보상대상자가 보상금의 수령을 거부하는 경우
2. 대통령령으로 정하는 기간 이내에 제9조의2제3항에 따른 보상금 지급통지서에 응답하지 아니한 경우

제9조의6(보상청구권의 소멸시효) 보상청구권은 제9조의2제2항에 따른 공고기간 만료일부터 5년간 행사하지 아니하면 시효의 완성으로 소멸한다. 다만, 공고 사실을 알지 못한 경우에는 그 사실을 안 날부터 계산한다.

[전문개정 2011. 6. 9.]

제10조(비상계엄하의 군사법원 재판권) ① 비상계엄지역에서 제14조 또는 다음 각 호의 어느 하나에 해당하는 죄를 범한 사람에 대한 재판은 군사법원이 한다. 다만, 계엄사령관은 필요한 경우에는 해당 관할법원이 재판하게 할 수 있다.<개정 2015. 1. 6.>
　1. 내란(內亂)의 죄
　2. 외환(外患)의 죄
　3. 국교(國交)에 관한 죄
　4. 공안(公安)을 해치는 죄
　5. 폭발물에 관한 죄
　6. 공무방해(公務妨害)에 관한 죄
　7. 방화(放火)의 죄
　8. 통화(通貨)에 관한 죄
　9. 살인의 죄
　10. 강도의 죄
　11. 「국가보안법」에 규정된 죄
　12. 「총포·도검·화약류 등의 안전관리에 관한 법률」에 규정된 죄
　13. 군사상 필요에 의하여 제정한 법령에 규정된 죄
② 비상계엄지역에 법원이 없거나 해당 관할법원과의 교통이 차단된 경우에는 제1항에도 불구하고 모든 형사사건에 대한 재판은 군사법원이 한다.
[전문개정 2011. 6. 9.]

제11조(계엄의 해제) ① 대통령은 제2조제2항 또는 제3항에 따른 계엄 상황이 평상상태로 회복되거나 국회가 계엄의 해제를 요구한 경우에는 지체 없이 계엄을 해제하고 이를 공고하여야 한다.
② 대통령이 제1항에 따라 계엄을 해제하려는 경우에는 국무회의의 심의를 거쳐야 한다.
③ 국방부장관 또는 행정안전부장관은 제2조제2항 또는 제3항에 따른 계엄 상황이 평상상태로 회복된 경우에는 국무총리를 거쳐 대통령에게 계엄의 해제를 건의할 수 있다.<개정 2013. 3. 23., 2014. 11. 19., 2017. 7. 26.>
[전문개정 2011. 6. 9.]

제12조(행정·사법 사무의 평상화) ① 계엄이 해제된 날부터 모든 행정사무와 사법사무는 평상상태로 복귀한다.
② 비상계엄 시행 중 제10조에 따라 군사법원에 계속(係屬) 중인 재판사건의 관할은 비상계엄 해제와 동시에 일반법원에 속한다. 다만, 대통령이 필요하다고 인정할 때에는 군사법원의 재판권을 1개월의 범위에서 연기할 수 있다.
[전문개정 2011. 6. 9.]

제13조(국회의원의 불체포특권) 계엄 시행 중 국회의원은 현행범인인 경우를 제외하고는 체포 또는 구금되지 아니한다.
[전문개정 2011. 6. 9.]

제14조(벌칙) ① 거짓이나 그 밖의 부정한 방법으로 이 법에 따른 보상금을 받은 자 또는 그 사실을 알면서 보상금을 지급한 자는 5년 이하의 징역 또는 3천만원 이하의 벌금에 처한다. 다만, 해당 보상금의 3배의 금액이 3천만원을 초과할 때에는 그 초과 금액까지 벌금을 과(科)할 수 있다.
② 제8조제1항에 따른 계엄사령관의 지시나 제9조제1항 또는 제2항에 따른 계엄사령관의 조치에 따르지 아니하거나 이를 위반한 자는 3년 이하의 징역에 처한다.
③ 제1항에 규정된 죄의 미수범은 처벌한다.
④ 제1항의 징역형과 벌금형은 병과(倂科)할 수 있다.
[전문개정 2011. 6. 9.]

　부칙 <법률 제14839호, 2017. 7. 26.> (정부조직법)

제1조(시행일) ① 이 법은 공포한 날부터 시행한다. 다만, 부칙 제5조에 따라 개정되는 법률 중 이 법 시행 전에 공포되었으나 시행일이 도래하지 아니한 법률을 개정한 부분은 각각 해당 법률의 시행일부터 시행한다.

제2조 부터 제4조까지 생략

제5조(다른 법률의 개정) ①부터 <41>까지 생략

<42> 계엄법 일부를 다음과 같이 개정한다. 제2조제6항 및 제11조제3항 중 "행정자치부장관"을 각각 "행정안전부장관"으로 한다.

<43>부터 <382>까지 생략

제6조 생략

헌법재판소법

[시행 2025. 1. 31.] [법률 제20769호, 2025. 1. 31., 일부개정]

헌법재판소(법제과) 02-708-3693

제1장 총칙

제1조(목적) 이 법은 헌법재판소의 조직 및 운영과 그 심판절차에 관하여 필요한 사항을 정함을 목적으로 한다.
[전문개정 2011. 4. 5.]

제2조(관장사항) 헌법재판소는 다음 각 호의 사항을 관장한다.
 1. 법원의 제청(提請)에 의한 법률의 위헌(違憲) 여부 심판
 2. 탄핵(彈劾)의 심판
 3. 정당의 해산심판
 4. 국가기관 상호간, 국가기관과 지방자치단체 간 및 지방자치단체 상호간의 권한쟁의(權限爭議)에 관한 심판
 5. 헌법소원(憲法訴願)에 관한 심판
[전문개정 2011. 4. 5.]

제3조(구성) 헌법재판소는 9명의 재판관으로 구성한다.
[전문개정 2011. 4. 5.]

제4조(재판관의 독립) 재판관은 헌법과 법률에 의하여 양심에 따라 독립하여 심판한다.
[전문개정 2011. 4. 5.]

제5조(재판관의 자격) ① 재판관은 다음 각 호의 어느 하나에 해당하는 직(職)에 15년 이상 있던 40세 이상인 사람 중에서 임명한다. 다만, 다음 각 호 중 둘 이상의 직에 있던 사람의 재직기간은 합산한다.
 1. 판사, 검사, 변호사
 2. 변호사 자격이 있는 사람으로서 국가기관, 국영·공영 기업체, 「공공기관의 운영에 관한 법률」 제4조에 따른 공공기관 또는 그 밖의 법인에서 법률에 관한 사무에 종사한 사람
 3. 변호사 자격이 있는 사람으로서 공인된 대학의 법률학 조교수 이상의 직에 있던 사람
 ② 다음 각 호의 어느 하나에 해당하는 사람은 재판관으로 임명할 수 없다.<개정 2020. 6. 9.>
 1. 다른 법령에 따라 공무원으로 임용하지 못하는 사람
 2. 금고 이상의 형을 선고받은 사람
 3. 탄핵에 의하여 파면된 후 5년이 지나지 아니한 사람
 4. 「정당법」 제22조에 따른 정당의 당원 또는 당원의 신분을 상실한 날부터 3년이 경과되지 아니한 사람
 5. 「공직선거법」 제2조에 따른 선거에 후보자(예비후보자를 포함한다)로 등록한 날부터 5년이 경과되지 아니한 사람
 6. 「공직선거법」 제2조에 따른 대통령선거에서 후보자의 당선을 위하여 자문이나 고문의 역할을 한 날부터 3년이 경과되지 아니한 사람
 ③ 제2항제6호에 따른 자문이나 고문의 역할을 한 사람의 구체적인 범위는 헌법재판소규칙으로 정한다. <신설 2020. 6. 9.>
[전문개정 2011. 4. 5.]

제6조(재판관의 임명) ① 재판관은 대통령이 임명한다. 이 경우 재판관 중 3명은 국회에서 선출하는 사람을, 3명은 대법원장이 지명하는 사람을 임명한다.

② 재판관은 국회의 인사청문을 거쳐 임명·선출 또는 지명하여야 한다. 이 경우 대통령은 재판관(국회에서 선출하거나 대법원장이 지명하는 사람은 제외한다)을 임명하기 전에, 대법원장은 재판관을 지명하기 전에 인사청문을 요청한다.

③ 재판관의 임기가 만료되거나 정년이 도래하는 경우에는 임기만료일 또는 정년도래일까지 후임자를 임명하여야 한다.

④ 임기 중 재판관이 결원된 경우에는 결원된 날부터 30일 이내에 후임자를 임명하여야 한다.

⑤ 제3항 및 제4항에도 불구하고 국회에서 선출한 재판관이 국회의 폐회 또는 휴회 중에 그 임기가 만료되거나 정년이 도래한 경우 또는 결원된 경우에는 국회는 다음 집회가 개시된 후 30일 이내에 후임자를 선출하여야 한다.

[전문개정 2011. 4. 5.]

제7조(재판관의 임기) ① 재판관의 임기는 6년으로 하며, 연임할 수 있다.

② 재판관의 정년은 70세로 한다.<개정 2014. 12. 30.>

[전문개정 2011. 4. 5.]

제8조(재판관의 신분 보장) 재판관은 다음 각 호의 어느 하나에 해당하는 경우가 아니면 그 의사에 반하여 해임되지 아니한다.

1. 탄핵결정이 된 경우
2. 금고 이상의 형을 선고받은 경우

[전문개정 2011. 4. 5.]

제9조(재판관의 정치 관여 금지) 재판관은 정당에 가입하거나 정치에 관여할 수 없다.

[전문개정 2011. 4. 5.]

제10조(규칙 제정권) ① 헌법재판소는 이 법과 다른 법률에 저촉되지 아니하는 범위에서 심판에 관한 절차, 내부 규율과 사무처리에 관한 규칙을 제정할 수 있다.

② 헌법재판소규칙은 관보에 게재하여 공포한다.

[전문개정 2011. 4. 5.]

제10조의2(입법 의견의 제출) 헌법재판소장은 헌법재판소의 조직, 인사, 운영, 심판절차와 그 밖에 헌법재판소의 업무와 관련된 법률의 제정 또는 개정이 필요하다고 인정하는 경우에는 국회에 서면으로 그 의견을 제출할 수 있다.

[전문개정 2011. 4. 5.]

제11조(경비) ① 헌법재판소의 경비는 독립하여 국가의 예산에 계상(計上)하여야 한다.

② 제1항의 경비 중에는 예비금을 둔다.

[전문개정 2011. 4. 5.]

제2장 조직

제12조(헌법재판소장) ① 헌법재판소에 헌법재판소장을 둔다.

② 헌법재판소장은 국회의 동의를 받아 재판관 중에서 대통령이 임명한다.

③ 헌법재판소장은 헌법재판소를 대표하고, 헌법재판소의 사무를 총괄하며, 소속 공무원을 지휘·감독한다.

④ 삭제<2025. 1. 31.>

[전문개정 2011. 4. 5.]

제12조의2(헌법재판소장의 권한대행) ① 헌법재판소장이 일시적인 사고로 인하여 직무를 수행할 수 없을 때에는 재판관 중 임명일자 순으로 그 권한을 대행한다. 다만, 임명일자가 같을 때에는 연장자 순으로 대행한다.

② 헌법재판소장이 궐위(闕位)되거나 1개월 이상 사고로 인하여 직무를 수행할 수 없을 때에는 재판관 중 재판관회의에서 선출된 사람이 그 권한을 대행한다. 다만, 그 권한대행자가 선출될 때까지는 제1항에 해당하는 사람이 권한을 대행한다.

③ 제2항 단서의 권한대행자는 제2항의 사유가 생긴 날부터 7일 이내에 제2항 본문의 권한대행자를 선출하기 위한 재판관회의를 소집하여야 한다.

④ 제2항 본문의 권한대행자는 재판관 전원의 3분의 2를 초과하는 인원의 출석과 출석인원 과반수의 찬성으로 선출한다. 다만, 1차 투표결과 피선자(被選者)가 없을 때에는 최고득표자와 차점자에 대하여 결선투표를 하여 그 중 다수득표자를 피선자로 하되, 다수득표자가 2명 이상일 때에는 연장자를 피선자로 한다.

[본조신설 2025. 1. 31.]

제13조 삭제<1991. 11. 30.>

제14조(재판관의 겸직 금지) 재판관은 다음 각 호의 어느 하나에 해당하는 직을 겸하거나 영리를 목적으로 하는 사업을 할 수 없다.

1. 국회 또는 지방의회의 의원의 직
2. 국회·정부 또는 법원의 공무원의 직
3. 법인·단체 등의 고문·임원 또는 직원의 직

[전문개정 2011. 4. 5.]

제15조(헌법재판소장 등의 대우) 헌법재판소장의 대우와 보수는 대법원장의 예에 따르며, 재판관은 정무직(政務職)으로 하고 그 대우와 보수는 대법관의 예에 따른다.

[전문개정 2011. 4. 5.]

제16조(재판관회의) ① 재판관회의는 재판관 전원으로 구성하며, 헌법재판소장이 의장이 된다.

② 재판관회의는 재판관 전원의 3분의 2를 초과하는 인원의 출석과 출석인원 과반수의 찬성으로 의결한다.<개정 2022. 2. 3.>

③ 의장은 의결에서 표결권을 가진다.

④ 다음 각 호의 사항은 재판관회의의 의결을 거쳐야 한다.

1. 헌법재판소규칙의 제정과 개정, 제10조의2에 따른 입법 의견의 제출에 관한 사항
2. 예산 요구, 예비금 지출과 결산에 관한 사항
3. 사무처장, 사무차장, 헌법재판연구원장, 헌법연구관 및 3급 이상 공무원의 임면(任免)에 관한 사항
4. 특히 중요하다고 인정되는 사항으로서 헌법재판소장이 재판관회의에 부치는 사항

⑤ 재판관회의의 운영에 필요한 사항은 헌법재판소규칙으로 정한다.

[전문개정 2011. 4. 5.]

제17조(사무처) ① 헌법재판소의 행정사무를 처리하기 위하여 헌법재판소에 사무처를 둔다.

② 사무처에 사무처장과 사무차장을 둔다.

③ 사무처장은 헌법재판소장의 지휘를 받아 사무처의 사무를 관장하며, 소속 공무원을 지휘·감독한다.

④ 사무처장은 국회 또는 국무회의에 출석하여 헌법재판소의 행정에 관하여 발언할 수 있다.

⑤ 헌법재판소장이 한 처분에 대한 행정소송의 피고는 헌법재판소 사무처장으로 한다.

⑥ 사무차장은 사무처장을 보좌하며, 사무처장이 부득이한 사유로 직무를 수행할 수 없을 때에는 그 직무를 대행한다.

⑦ 사무처에 실, 국, 과를 둔다.

⑧ 실에는 실장, 국에는 국장, 과에는 과장을 두며, 사무처장·사무차장·실장 또는 국장 밑에 정책의 기획, 계획의 입안, 연구·조사, 심사·평가 및 홍보업무를 보좌하는 심의관 또는 담당관을 둘 수 있다.

⑨ 이 법에 규정되지 아니한 사항으로서 사무처의 조직, 직무 범위, 사무처에 두는 공무원의 정원, 그 밖에 필요한 사항은 헌법재판소규칙으로 정한다.

[전문개정 2011. 4. 5.]

제18조(사무처 공무원) ① 사무처장은 정무직으로 하고, 보수는 국무위원의 보수와 같은 금액으로 한다.

② 사무차장은 정무직으로 하고, 보수는 차관의 보수와 같은 금액으로 한다.

③ 실장은 1급 또는 2급, 국장은 2급 또는 3급, 심의관 및 담당관은 2급부터 4급까지, 과장은 3급 또는 4급의 일반직국가공무원으로 임명한다. 다만, 담당관 중 1명은 3급 상당 또는 4급 상당의 별정직국가공무

원으로 임명할 수 있다.

④ 사무처 공무원은 헌법재판소장이 임면한다. 다만, 3급 이상의 공무원의 경우에는 재판관회의의 의결을 거쳐야 한다.

⑤ 헌법재판소장은 다른 국가기관에 대하여 그 소속 공무원을 사무처 공무원으로 근무하게 하기 위하여 헌법재판소에의 파견근무를 요청할 수 있다.

[전문개정 2011. 4. 5.]

제19조(헌법연구관) ① 헌법재판소에 헌법재판소규칙으로 정하는 수의 헌법연구관을 둔다.<개정 2011. 4. 5.>

② 헌법연구관은 특정직국가공무원으로 한다.<개정 2011. 4. 5.>

③ 헌법연구관은 헌법재판소장의 명을 받아 사건의 심리(審理) 및 심판에 관한 조사·연구에 종사한다. <개정 2011. 4. 5.>

④ 헌법연구관은 다음 각 호의 어느 하나에 해당하는 사람 중에서 헌법재판소장이 재판관회의의 의결을 거쳐 임용한다.<개정 2011. 4. 5.>

1. 판사·검사 또는 변호사의 자격이 있는 사람

2. 공인된 대학의 법률학 조교수 이상의 직에 있던 사람

3. 국회, 정부 또는 법원 등 국가기관에서 4급 이상의 공무원으로서 5년 이상 법률에 관한 사무에 종사한 사람

4. 법률학에 관한 박사학위 소지자로서 국회, 정부, 법원 또는 헌법재판소 등 국가기관에서 5년 이상 법률에 관한 사무에 종사한 사람

5. 법률학에 관한 박사학위 소지자로서 헌법재판소규칙으로 정하는 대학 등 공인된 연구기관에서 5년 이상 법률에 관한 사무에 종사한 사람

⑤ 삭제<2003. 3. 12.>

⑥ 다음 각 호의 어느 하나에 해당하는 사람은 헌법연구관으로 임용될 수 없다.<개정 2011. 4. 5.>

1. 「국가공무원법」 제33조 각 호의 어느 하나에 해당하는 사람

2. 금고 이상의 형을 선고받은 사람

3. 탄핵결정에 의하여 파면된 후 5년이 지나지 아니한 사람

⑦ 헌법연구관의 임기는 10년으로 하되, 연임할 수 있고, 정년은 60세로 한다.<개정 2011. 4. 5.>

⑧ 헌법연구관이 제6항 각 호의 어느 하나에 해당할 때에는 당연히 퇴직한다. 다만, 「국가공무원법」 제33조제5호에 해당할 때에는 그러하지 아니하다.<개정 2011. 4. 5.>

⑨ 헌법재판소장은 다른 국가기관에 대하여 그 소속 공무원을 헌법연구관으로 근무하게 하기 위하여 헌법재판소에의 파견근무를 요청할 수 있다.<개정 2011. 4. 5.>

⑩ 사무차장은 헌법연구관의 직을 겸할 수 있다.<개정 2011. 4. 5.>

⑪ 헌법재판소장은 헌법연구관을 사건의 심리 및 심판에 관한 조사·연구업무 외의 직에 임명하거나 그 직을 겸임하게 할 수 있다. 이 경우 헌법연구관의 수는 헌법재판소규칙으로 정하며, 보수는 그 중 고액의 것을 지급한다.<개정 2011. 4. 5., 2014. 12. 30.>

[제목개정 2011. 4. 5.]

제19조의2(헌법연구관보) ① 헌법연구관을 신규임용하는 경우에는 3년간 헌법연구관보(憲法研究官補)로 임용하여 근무하게 한 후 그 근무성적을 고려하여 헌법연구관으로 임용한다. 다만, 경력 및 업무능력 등을 고려하여 헌법재판소규칙으로 정하는 바에 따라 헌법연구관보 임용을 면제하거나 그 기간을 단축할 수 있다.

② 헌법연구관보는 헌법재판소장이 재판관회의의 의결을 거쳐 임용한다.

③ 헌법연구관보는 별정직국가공무원으로 하고, 그 보수와 승급기준은 헌법연구관의 예에 따른다.

④ 헌법연구관보가 근무성적이 불량한 경우에는 재판관회의의 의결을 거쳐 면직시킬 수 있다.

⑤ 헌법연구관보의 근무기간은 이 법 및 다른 법령에 규정된 헌법연구관의 재직기간에 산입한다.

[전문개정 2011. 4. 5.]

제19조의3(헌법연구위원) ① 헌법재판소에 헌법연구위원을 둘 수 있다. 헌법연구위원은 사건의 심리 및 심판에 관한 전문적인 조사·연구에 종사한다.

② 헌법연구위원은 3년 이내의 범위에서 기간을 정하여 임명한다.

③ 헌법연구위원은 2급 또는 3급 상당의 별정직공무원이나 「국가공무원법」 제26조의5에 따른 임기제공무원으로 하고, 그 직제 및 자격 등에 관하여는 헌법재판소규칙으로 정한다.<개정 2012. 12. 11.>
[본조신설 2007. 12. 21.]

제19조의4(헌법재판연구원) ① 헌법 및 헌법재판 연구와 헌법연구관, 사무처 공무원 등의 교육을 위하여 헌법재판소에 헌법재판연구원을 둔다.
② 헌법재판연구원의 정원은 원장 1명을 포함하여 40명 이내로 하고, 원장 밑에 부장, 팀장, 연구관 및 연구원을 둔다.<개정 2014. 12. 30.>
③ 원장은 헌법재판소장이 재판관회의의 의결을 거쳐 헌법연구관으로 보하거나 1급인 일반직국가공무원으로 임명한다.<신설 2014. 12. 30.>
④ 부장은 헌법연구관이나 2급 또는 3급 일반직공무원으로, 팀장은 헌법연구관이나 3급 또는 4급 일반직공무원으로 임명하고, 연구관 및 연구원은 헌법연구관 또는 일반직공무원으로 임명한다.<개정 2014. 12. 30.>
⑤ 연구관 및 연구원은 다음 각 호의 어느 하나에 해당하는 사람 중에서 헌법재판소장이 보하거나 헌법재판연구원장의 제청을 받아 헌법재판소장이 임명한다.<신설 2014. 12. 30.>
1. 헌법연구관
2. 변호사의 자격이 있는 사람(외국의 변호사 자격을 포함한다)
3. 학사 또는 석사학위를 취득한 사람으로서 헌법재판소규칙으로 정하는 실적 또는 경력이 있는 사람
4. 박사학위를 취득한 사람
⑥ 그 밖에 헌법재판연구원의 조직과 운영에 필요한 사항은 헌법재판소규칙으로 정한다.<신설 2014. 12. 30.>
[전문개정 2011. 4. 5.]

제20조(헌법재판소장 비서실 등) ① 헌법재판소에 헌법재판소장 비서실을 둔다.
② 헌법재판소장 비서실에 비서실장 1명을 두되, 비서실장은 1급 상당의 별정직국가공무원으로 임명하고, 헌법재판소장의 명을 받아 기밀에 관한 사무를 관장한다.
③ 제2항에 규정되지 아니한 사항으로서 헌법재판소장 비서실의 조직과 운영에 필요한 사항은 헌법재판소규칙으로 정한다.
④ 헌법재판소에 재판관 비서관을 둔다.
⑤ 재판관 비서관은 4급의 일반직국가공무원 또는 4급 상당의 별정직국가공무원으로 임명하며, 재판관의 명을 받아 기밀에 관한 사무를 관장한다.
[전문개정 2011. 4. 5.]

제21조(서기 및 정리) ① 헌법재판소에 서기(書記) 및 정리(廷吏)를 둔다.
② 헌법재판소장은 사무처 직원 중에서 서기 및 정리를 지명한다.
③ 서기는 재판장의 명을 받아 사건에 관한 서류의 작성·보관 또는 송달에 관한 사무를 담당한다.
④ 정리는 심판정(審判廷)의 질서유지와 그 밖에 재판장이 명하는 사무를 집행한다.
[전문개정 2011. 4. 5.]

제3장 일반심판절차

제22조(재판부) ① 이 법에 특별한 규정이 있는 경우를 제외하고는 헌법재판소의 심판은 재판관 전원으로 구성되는 재판부에서 관장한다.
② 재판부의 재판장은 헌법재판소장이 된다.
[전문개정 2011. 4. 5.]

제23조(심판정족수) ① 재판부는 재판관 7명 이상의 출석으로 사건을 심리한다.
② 재판부는 종국심리(終局審理)에 관여한 재판관 과반수의 찬성으로 사건에 관한 결정을 한다. 다만, 다음 각 호의 어느 하나에 해당하는 경우에는 재판관 6명 이상의 찬성이 있어야 한다.
1. 법률의 위헌결정, 탄핵의 결정, 정당해산의 결정 또는 헌법소원에 관한 인용결정(認容決定)을 하는 경우

2. 종전에 헌법재판소가 판시한 헌법 또는 법률의 해석 적용에 관한 의견을 변경하는 경우
[전문개정 2011. 4. 5.]

제24조(제척·기피 및 회피) ① 재판관이 다음 각 호의 어느 하나에 해당하는 경우에는 그 직무집행에서 제척(除斥)된다.
1. 재판관이 당사자이거나 당사자의 배우자 또는 배우자였던 경우
2. 재판관과 당사자가 친족관계이거나 친족관계였던 경우
3. 재판관이 사건에 관하여 증언이나 감정(鑑定)을 하는 경우
4. 재판관이 사건에 관하여 당사자의 대리인이 되거나 되었던 경우
5. 그 밖에 재판관이 헌법재판소 외에서 직무상 또는 직업상의 이유로 사건에 관여한 경우
② 재판부는 직권 또는 당사자의 신청에 의하여 제척의 결정을 한다.
③ 재판관에게 공정한 심판을 기대하기 어려운 사정이 있는 경우 당사자는 기피(忌避)신청을 할 수 있다. 다만, 변론기일(辯論期日)에 출석하여 본안(本案)에 관한 진술을 한 때에는 그러하지 아니하다.
④ 당사자는 동일한 사건에 대하여 2명 이상의 재판관을 기피할 수 없다.
⑤ 재판관은 제1항 또는 제3항의 사유가 있는 경우에는 재판장의 허가를 받아 회피(回避)할 수 있다.
⑥ 당사자의 제척 및 기피신청에 관한 심판에는 「민사소송법」 제44조, 제45조, 제46조제1항·제2항 및 제48조를 준용한다.
[전문개정 2011. 4. 5.]

제25조(대표자·대리인) ① 각종 심판절차에서 정부가 당사자(참가인을 포함한다. 이하 같다)인 경우에는 법무부장관이 이를 대표한다.
② 각종 심판절차에서 당사자인 국가기관 또는 지방자치단체는 변호사 또는 변호사의 자격이 있는 소속 직원을 대리인으로 선임하여 심판을 수행하게 할 수 있다.
③ 각종 심판절차에서 당사자인 사인(私人)은 변호사를 대리인으로 선임하지 아니하면 심판청구를 하거나 심판 수행을 하지 못한다. 다만, 그가 변호사의 자격이 있는 경우에는 그러하지 아니하다.
[전문개정 2011. 4. 5.]

제26조(심판청구의 방식) ① 헌법재판소에의 심판청구는 심판절차별로 정하여진 청구서를 헌법재판소에 제출함으로써 한다. 다만, 위헌법률심판에서는 법원의 제청서, 탄핵심판에서는 국회의 소추의결서(訴追議決書)의 정본(正本)으로 청구서를 갈음한다.
② 청구서에는 필요한 증거서류 또는 참고자료를 첨부할 수 있다.
[전문개정 2011. 4. 5.]

제27조(청구서의 송달) ① 헌법재판소가 청구서를 접수한 때에는 지체 없이 그 등본을 피청구기관 또는 피청구인(이하 "피청구인"이라 한다)에게 송달하여야 한다.
② 위헌법률심판의 제청이 있으면 법무부장관 및 당해 소송사건의 당사자에게 그 제청서의 등본을 송달한다.
[전문개정 2011. 4. 5.]

제28조(심판청구의 보정) ① 재판장은 심판청구가 부적법하나 보정(補正)할 수 있다고 인정되는 경우에는 상당한 기간을 정하여 보정을 요구하여야 한다.
② 제1항에 따른 보정 서면에 관하여는 제27조제1항을 준용한다.
③ 제1항에 따른 보정이 있는 경우에는 처음부터 적법한 심판청구가 있은 것으로 본다.
④ 제1항에 따른 보정기간은 제38조의 심판기간에 산입하지 아니한다.
⑤ 재판장은 필요하다고 인정하는 경우에는 재판관 중 1명에게 제1항의 보정요구를 할 수 있는 권한을 부여할 수 있다.
[전문개정 2011. 4. 5.]

제29조(답변서의 제출) ① 청구서 또는 보정 서면을 송달받은 피청구인은 헌법재판소에 답변서를 제출할 수 있다.
② 답변서에는 심판청구의 취지와 이유에 대응하는 답변을 적는다.
[전문개정 2011. 4. 5.]

제30조(심리의 방식) ① 탄핵의 심판, 정당해산의 심판 및 권한쟁의의 심판은 구두변론에 의한다.

② 위헌법률의 심판과 헌법소원에 관한 심판은 서면심리에 의한다. 다만, 재판부는 필요하다고 인정하는 경우에는 변론을 열어 당사자, 이해관계인, 그 밖의 참고인의 진술을 들을 수 있다.

③ 재판부가 변론을 열 때에는 기일을 정하여 당사자와 관계인을 소환하여야 한다.

[전문개정 2011. 4. 5.]

제31조(증거조사) ① 재판부는 사건의 심리를 위하여 필요하다고 인정하는 경우에는 직권 또는 당사자의 신청에 의하여 다음 각 호의 증거조사를 할 수 있다.

1. 당사자 또는 증인을 신문(訊問)하는 일

2. 당사자 또는 관계인이 소지하는 문서·장부·물건 또는 그 밖의 증거자료의 제출을 요구하고 영치(領置)하는 일

3. 특별한 학식과 경험을 가진 자에게 감정을 명하는 일

4. 필요한 물건·사람·장소 또는 그 밖의 사물의 성상(性狀)이나 상황을 검증하는 일

② 재판장은 필요하다고 인정하는 경우에는 재판관 중 1명을 지정하여 제1항의 증거조사를 하게 할 수 있다.

[전문개정 2011. 4. 5.]

제32조(자료제출 요구 등) 재판부는 결정으로 다른 국가기관 또는 공공단체의 기관에 심판에 필요한 사실을 조회하거나, 기록의 송부나 자료의 제출을 요구할 수 있다. 다만, 재판·소추 또는 범죄수사가 진행 중인 사건의 기록에 대하여는 송부를 요구할 수 없다.

[전문개정 2011. 4. 5.]

제33조(심판의 장소) 심판의 변론과 종국결정의 선고는 심판정에서 한다. 다만, 헌법재판소장이 필요하다고 인정하는 경우에는 심판정 외의 장소에서 변론 또는 종국결정의 선고를 할 수 있다.

[전문개정 2011. 4. 5.]

제34조(심판의 공개) ① 심판의 변론과 결정의 선고는 공개한다. 다만, 서면심리와 평의(評議)는 공개하지 아니한다.

② 헌법재판소의 심판에 관하여는 「법원조직법」 제57조제1항 단서와 같은 조 제2항 및 제3항을 준용한다.

[전문개정 2011. 4. 5.]

제35조(심판의 지휘와 법정경찰권) ① 재판장은 심판정의 질서와 변론의 지휘 및 평의의 정리(整理)를 담당한다.

② 헌법재판소 심판정의 질서유지와 용어의 사용에 관하여는 「법원조직법」 제58조부터 제63조까지의 규정을 준용한다.

[전문개정 2011. 4. 5.]

제36조(종국결정) ① 재판부가 심리를 마쳤을 때에는 종국결정을 한다.

② 종국결정을 할 때에는 다음 각 호의 사항을 적은 결정서를 작성하고 심판에 관여한 재판관 전원이 이에 서명날인하여야 한다.

1. 사건번호와 사건명

2. 당사자와 심판수행자 또는 대리인의 표시

3. 주문(主文)

4. 이유

5. 결정일

③ 심판에 관여한 재판관은 결정서에 의견을 표시하여야 한다.

④ 종국결정이 선고되면 서기는 지체 없이 결정서 정본을 작성하여 당사자에게 송달하여야 한다.

⑤ 종국결정은 헌법재판소규칙으로 정하는 바에 따라 관보에 게재하거나 그 밖의 방법으로 공시한다.

[전문개정 2011. 4. 5.]

제37조(심판비용 등) ① 헌법재판소의 심판비용은 국가부담으로 한다. 다만, 당사자의 신청에 의한 증거조

사의 비용은 헌법재판소규칙으로 정하는 바에 따라 그 신청인에게 부담시킬 수 있다.

② 헌법재판소는 헌법소원심판의 청구인에 대하여 헌법재판소규칙으로 정하는 공탁금의 납부를 명할 수 있다.

③ 헌법재판소는 다음 각 호의 어느 하나에 해당하는 경우에는 헌법재판소규칙으로 정하는 바에 따라 공탁금의 전부 또는 일부의 국고 귀속을 명할 수 있다.

1. 헌법소원의 심판청구를 각하하는 경우

2. 헌법소원의 심판청구를 기각하는 경우에 그 심판청구가 권리의 남용이라고 인정되는 경우

[전문개정 2011. 4. 5.]

제38조(심판기간) 헌법재판소는 심판사건을 접수한 날부터 180일 이내에 종국결정의 선고를 하여야 한다. 다만, 재판관의 궐위로 7명의 출석이 불가능한 경우에는 그 궐위된 기간은 심판기간에 산입하지 아니한다.

[전문개정 2011. 4. 5.]

제39조(일사부재리) 헌법재판소는 이미 심판을 거친 동일한 사건에 대하여는 다시 심판할 수 없다.

[전문개정 2011. 4. 5.]

제39조의2(심판확정기록의 열람·복사) ① 누구든지 권리구제, 학술연구 또는 공익 목적으로 심판이 확정된 사건기록의 열람 또는 복사를 신청할 수 있다. 다만, 헌법재판소장은 다음 각 호의 어느 하나에 해당하는 경우에는 사건기록을 열람하거나 복사하는 것을 제한할 수 있다.

1. 변론이 비공개로 진행된 경우

2. 사건기록의 공개로 인하여 국가의 안전보장, 선량한 풍속, 공공의 질서유지나 공공복리를 현저히 침해할 우려가 있는 경우

3. 사건기록의 공개로 인하여 관계인의 명예, 사생활의 비밀, 영업비밀(「부정경쟁방지 및 영업비밀보호에 관한 법률」 제2조제2호에 규정된 영업비밀을 말한다) 또는 생명·신체의 안전이나 생활의 평온을 현저히 침해할 우려가 있는 경우

② 헌법재판소장은 제1항 단서에 따라 사건기록의 열람 또는 복사를 제한하는 경우에는 신청인에게 그 사유를 명시하여 통지하여야 한다.

③ 제1항에 따른 사건기록의 열람 또는 복사 등에 관하여 필요한 사항은 헌법재판소규칙으로 정한다.

④ 사건기록을 열람하거나 복사한 자는 열람 또는 복사를 통하여 알게 된 사항을 이용하여 공공의 질서 또는 선량한 풍속을 침해하거나 관계인의 명예 또는 생활의 평온을 훼손하는 행위를 하여서는 아니 된다.

[전문개정 2011. 4. 5.]

제40조(준용규정) ① 헌법재판소의 심판절차에 관하여는 이 법에 특별한 규정이 있는 경우를 제외하고는 헌법재판의 성질에 반하지 아니하는 한도에서 민사소송에 관한 법령을 준용한다. 이 경우 탄핵심판의 경우에는 형사소송에 관한 법령을 준용하고, 권한쟁의심판 및 헌법소원심판의 경우에는 「행정소송법」을 함께 준용한다.

② 제1항 후단의 경우에 형사소송에 관한 법령 또는 「행정소송법」이 민사소송에 관한 법령에 저촉될 때에는 민사소송에 관한 법령은 준용하지 아니한다.

[전문개정 2011. 4. 5.]

제4장 특별심판절차

제1절 위헌법률심판

제41조(위헌 여부 심판의 제청) ① 법률이 헌법에 위반되는지 여부가 재판의 전제가 된 경우에는 당해 사건을 담당하는 법원(군사법원을 포함한다. 이하 같다)은 직권 또는 당사자의 신청에 의한 결정으로 헌법재판소에 위헌 여부 심판을 제청한다.

② 제1항의 당사자의 신청은 제43조제2호부터 제4호까지의 사항을 적은 서면으로 한다.

③ 제2항의 신청서면의 심사에 관하여는 「민사소송법」 제254조를 준용한다.

④ 위헌 여부 심판의 제청에 관한 결정에 대하여는 항고할 수 없다.

⑤ 대법원 외의 법원이 제1항의 제청을 할 때에는 대법원을 거쳐야 한다.
[전문개정 2011. 4. 5.]

제42조(재판의 정지 등) ① 법원이 법률의 위헌 여부 심판을 헌법재판소에 제청한 때에는 당해 소송사건의 재판은 헌법재판소의 위헌 여부의 결정이 있을 때까지 정지된다. 다만, 법원이 긴급하다고 인정하는 경우에는 종국재판 외의 소송절차를 진행할 수 있다.
② 제1항 본문에 따른 재판정지기간은 「형사소송법」 제92조제1항·제2항 및 「군사법원법」 제132조제1항·제2항의 구속기간과 「민사소송법」 제199조의 판결 선고기간에 산입하지 아니한다.
[전문개정 2011. 4. 5.]

제43조(제청서의 기재사항) 법원이 법률의 위헌 여부 심판을 헌법재판소에 제청할 때에는 제청서에 다음 각 호의 사항을 적어야 한다.
1. 제청법원의 표시
2. 사건 및 당사자의 표시
3. 위헌이라고 해석되는 법률 또는 법률의 조항
4. 위헌이라고 해석되는 이유
5. 그 밖에 필요한 사항
[전문개정 2011. 4. 5.]

제44조(소송사건 당사자 등의 의견) 당해 소송사건의 당사자 및 법무부장관은 헌법재판소에 법률의 위헌 여부에 대한 의견서를 제출할 수 있다.
[전문개정 2011. 4. 5.]

제45조(위헌결정) 헌법재판소는 제청된 법률 또는 법률 조항의 위헌 여부만을 결정한다. 다만, 법률 조항의 위헌결정으로 인하여 해당 법률 전부를 시행할 수 없다고 인정될 때에는 그 전부에 대하여 위헌결정을 할 수 있다.
[전문개정 2011. 4. 5.]

제46조(결정서의 송달) 헌법재판소는 결정일부터 14일 이내에 결정서 정본을 제청한 법원에 송달한다. 이 경우 제청한 법원이 대법원이 아닌 경우에는 대법원을 거쳐야 한다.
[전문개정 2011. 4. 5.]

제47조(위헌결정의 효력) ① 법률의 위헌결정은 법원과 그 밖의 국가기관 및 지방자치단체를 기속(羈束)한다.
② 위헌으로 결정된 법률 또는 법률의 조항은 그 결정이 있는 날부터 효력을 상실한다.<개정 2014. 5. 20.>
③ 제2항에도 불구하고 형벌에 관한 법률 또는 법률의 조항은 소급하여 그 효력을 상실한다. 다만, 해당 법률 또는 법률의 조항에 대하여 종전에 합헌으로 결정한 사건이 있는 경우에는 그 결정이 있는 날의 다음 날로 소급하여 효력을 상실한다.<신설 2014. 5. 20.>
④ 제3항의 경우에 위헌으로 결정된 법률 또는 법률의 조항에 근거한 유죄의 확정판결에 대하여는 재심을 청구할 수 있다.<개정 2014. 5. 20.>
⑤ 제4항의 재심에 대하여는 「형사소송법」을 준용한다.<개정 2014. 5. 20.>
[전문개정 2011. 4. 5.]

제2절 탄핵심판

제48조(탄핵소추) 다음 각 호의 어느 하나에 해당하는 공무원이 그 직무집행에서 헌법이나 법률을 위반한 경우에는 국회는 헌법 및 「국회법」에 따라 탄핵의 소추를 의결할 수 있다.
1. 대통령, 국무총리, 국무위원 및 행정각부(行政各部)의 장
2. 헌법재판소 재판관, 법관 및 중앙선거관리위원회 위원
3. 감사원장 및 감사위원
4. 그 밖에 법률에서 정한 공무원
[전문개정 2011. 4. 5.]

제49조(소추위원) ① 탄핵심판에서는 국회 법제사법위원회의 위원장이 소추위원이 된다.

② 소추위원은 헌법재판소에 소추의결서의 정본을 제출하여 탄핵심판을 청구하며, 심판의 변론에서 피청구인을 신문할 수 있다.

[전문개정 2011. 4. 5.]

제50조(권한 행사의 정지) 탄핵소추의 의결을 받은 사람은 헌법재판소의 심판이 있을 때까지 그 권한 행사가 정지된다.

[전문개정 2011. 4. 5.]

제51조(심판절차의 정지) 피청구인에 대한 탄핵심판 청구와 동일한 사유로 형사소송이 진행되고 있는 경우에는 재판부는 심판절차를 정지할 수 있다.

[전문개정 2011. 4. 5.]

제52조(당사자의 불출석) ① 당사자가 변론기일에 출석하지 아니하면 다시 기일을 정하여야 한다.

② 다시 정한 기일에도 당사자가 출석하지 아니하면 그의 출석 없이 심리할 수 있다.

[전문개정 2011. 4. 5.]

제53조(결정의 내용) ① 탄핵심판 청구가 이유 있는 경우에는 헌법재판소는 피청구인을 해당 공직에서 파면하는 결정을 선고한다.

② 피청구인이 결정 선고 전에 해당 공직에서 파면되었을 때에는 헌법재판소는 심판청구를 기각하여야 한다.

[전문개정 2011. 4. 5.]

제54조(결정의 효력) ① 탄핵결정은 피청구인의 민사상 또는 형사상의 책임을 면제하지 아니한다.

② 탄핵결정에 의하여 파면된 사람은 결정 선고가 있은 날부터 5년이 지나지 아니하면 공무원이 될 수 없다.

[전문개정 2011. 4. 5.]

제3절 정당해산심판

제55조(정당해산심판의 청구) 정당의 목적이나 활동이 민주적 기본질서에 위배될 때에는 정부는 국무회의의 심의를 거쳐 헌법재판소에 정당해산심판을 청구할 수 있다.

[전문개정 2011. 4. 5.]

제56조(청구서의 기재사항) 정당해산심판의 청구서에는 다음 각 호의 사항을 적어야 한다.

1. 해산을 요구하는 정당의 표시
2. 청구 이유

[전문개정 2011. 4. 5.]

제57조(가처분) 헌법재판소는 정당해산심판의 청구를 받은 때에는 직권 또는 청구인의 신청에 의하여 종국결정의 선고 시까지 피청구인의 활동을 정지하는 결정을 할 수 있다.

[전문개정 2011. 4. 5.]

제58조(청구 등의 통지) ① 헌법재판소장은 정당해산심판의 청구가 있는 때, 가처분결정을 한 때 및 그 심판이 종료한 때에는 그 사실을 국회와 중앙선거관리위원회에 통지하여야 한다.

② 정당해산을 명하는 결정서는 피청구인 외에 국회, 정부 및 중앙선거관리위원회에도 송달하여야 한다.

[전문개정 2011. 4. 5.]

제59조(결정의 효력) 정당의 해산을 명하는 결정이 선고된 때에는 그 정당은 해산된다.

[전문개정 2011. 4. 5.]

제60조(결정의 집행) 정당의 해산을 명하는 헌법재판소의 결정은 중앙선거관리위원회가 「정당법」에 따라 집행한다.

[전문개정 2011. 4. 5.]

제4절 권한쟁의심판

제61조(청구 사유) ① 국가기관 상호간, 국가기관과 지방자치단체 간 및 지방자치단체 상호간에 권한의 유무 또는 범위에 관하여 다툼이 있을 때에는 해당 국가기관 또는 지방자치단체는 헌법재판소에 권한쟁의심판을 청구할 수 있다.

② 제1항의 심판청구는 피청구인의 처분 또는 부작위(不作爲)가 헌법 또는 법률에 의하여 부여받은 청구인의 권한을 침해하였거나 침해할 현저한 위험이 있는 경우에만 할 수 있다.

[전문개정 2011. 4. 5.]

제62조(권한쟁의심판의 종류) ① 권한쟁의심판의 종류는 다음 각 호와 같다.<개정 2018. 3. 20.>
  1. 국가기관 상호간의 권한쟁의심판
    국회, 정부, 법원 및 중앙선거관리위원회 상호간의 권한쟁의심판
  2. 국가기관과 지방자치단체 간의 권한쟁의심판
    가. 정부와 특별시·광역시·특별자치시·도 또는 특별자치도 간의 권한쟁의심판
    나. 정부와 시·군 또는 지방자치단체인 구(이하 "자치구"라 한다) 간의 권한쟁의심판
  3. 지방자치단체 상호간의 권한쟁의심판
    가. 특별시·광역시·특별자치시·도 또는 특별자치도 상호간의 권한쟁의심판
    나. 시·군 또는 자치구 상호간의 권한쟁의심판
    다. 특별시·광역시·특별자치시·도 또는 특별자치도와 시·군 또는 자치구 간의 권한쟁의심판
② 권한쟁의가 「지방교육자치에 관한 법률」 제2조에 따른 교육·학예에 관한 지방자치단체의 사무에 관한 것인 경우에는 교육감이 제1항제2호 및 제3호의 당사자가 된다.

[전문개정 2011. 4. 5.]

제63조(청구기간) ① 권한쟁의의 심판은 그 사유가 있음을 안 날부터 60일 이내에, 그 사유가 있은 날부터 180일 이내에 청구하여야 한다.

② 제1항의 기간은 불변기간으로 한다.

[전문개정 2011. 4. 5.]

제64조(청구서의 기재사항) 권한쟁의심판의 청구서에는 다음 각 호의 사항을 적어야 한다.
  1. 청구인 또는 청구인이 속한 기관 및 심판수행자 또는 대리인의 표시
  2. 피청구인의 표시
  3. 심판 대상이 되는 피청구인의 처분 또는 부작위
  4. 청구 이유
  5. 그 밖에 필요한 사항

[전문개정 2011. 4. 5.]

제65조(가처분) 헌법재판소가 권한쟁의심판의 청구를 받았을 때에는 직권 또는 청구인의 신청에 의하여 종국결정의 선고 시까지 심판 대상이 된 피청구인의 처분의 효력을 정지하는 결정을 할 수 있다.

[전문개정 2011. 4. 5.]

제66조(결정의 내용) ① 헌법재판소는 심판의 대상이 된 국가기관 또는 지방자치단체의 권한의 유무 또는 범위에 관하여 판단한다.

② 제1항의 경우에 헌법재판소는 권한침해의 원인이 된 피청구인의 처분을 취소하거나 그 무효를 확인할 수 있고, 헌법재판소가 부작위에 대한 심판청구를 인용하는 결정을 한 때에는 피청구인은 결정 취지에 따른 처분을 하여야 한다.

[전문개정 2011. 4. 5.]

제67조(결정의 효력) ① 헌법재판소의 권한쟁의심판의 결정은 모든 국가기관과 지방자치단체를 기속한다.

② 국가기관 또는 지방자치단체의 처분을 취소하는 결정은 그 처분의 상대방에 대하여 이미 생긴 효력에 영향을 미치지 아니한다.

[전문개정 2011. 4. 5.]

제5절 헌법소원심판

제68조(청구 사유) ① 공권력의 행사 또는 불행사(不行使)로 인하여 헌법상 보장된 기본권을 침해받은 자는 법원의 재판을 제외하고는 헌법재판소에 헌법소원심판을 청구할 수 있다. 다만, 다른 법률에 구제절차가 있는 경우에는 그 절차를 모두 거친 후에 청구할 수 있다.

② 제41조제1항에 따른 법률의 위헌 여부 심판의 제청신청이 기각된 때에는 그 신청을 한 당사자는 헌법 재판소에 헌법소원심판을 청구할 수 있다. 이 경우 그 당사자는 당해 사건의 소송절차에서 동일한 사유를 이유로 다시 위헌 여부 심판의 제청을 신청할 수 없다.

[전문개정 2011. 4. 5.]

[한정위헌, 2016헌마33, 2016. 4. 28., 헌법재판소법(2011. 4. 5. 법률 제10546호로 개정된 것) 제68조 제1항 본문 중 "법원의 재판을 제외하고는" 부분은, 헌법재판소가 위헌으로 결정한 법령을 적용함으로써 국민의 기본권을 침해한 재판이 포함되는 것으로 해석하는 한 헌법에 위반된다.]

[단순위헌, 2014헌마760, 763(병합), 2022.6.30. 헌법재판소법(2011. 4. 5. 법률 제10546호로 개정된 것) 제68조 제1항 본문 중 '법원의 재판' 가운데 '법률에 대한 위헌결정의 기속력에 반하는 재판' 부분은 헌법에 위반된다.]

제69조(청구기간) ① 제68조제1항에 따른 헌법소원의 심판은 그 사유가 있음을 안 날부터 90일 이내에, 그 사유가 있는 날부터 1년 이내에 청구하여야 한다. 다만, 다른 법률에 따른 구제절차를 거친 헌법소원의 심판은 그 최종결정을 통지받은 날부터 30일 이내에 청구하여야 한다.

② 제68조제2항에 따른 헌법소원심판은 위헌 여부 심판의 제청신청을 기각하는 결정을 통지받은 날부터 30일 이내에 청구하여야 한다.

[전문개정 2011. 4. 5.]

제70조(국선대리인) ① 헌법소원심판을 청구하려는 자가 변호사를 대리인으로 선임할 자력(資力)이 없는 경우에는 헌법재판소에 국선대리인을 선임하여 줄 것을 신청할 수 있다. 이 경우 제69조에 따른 청구기간은 국선대리인의 선임신청이 있는 날을 기준으로 정한다.

② 제1항에도 불구하고 헌법재판소가 공익상 필요하다고 인정할 때에는 국선대리인을 선임할 수 있다.

③ 헌법재판소는 제1항의 신청이 있는 경우 또는 제2항의 경우에는 헌법재판소규칙으로 정하는 바에 따라 변호사 중에서 국선대리인을 선정한다. 다만, 그 심판청구가 명백히 부적법하거나 이유 없는 경우 또는 권리의 남용이라고 인정되는 경우에는 국선대리인을 선정하지 아니할 수 있다.

④ 헌법재판소가 국선대리인을 선정하지 아니한다는 결정을 한 때에는 지체 없이 그 사실을 신청인에게 통지하여야 한다. 이 경우 신청인이 선임신청을 한 날부터 그 통지를 받은 날까지의 기간은 제69조의 청구기간에 산입하지 아니한다.

⑤ 제3항에 따라 선정된 국선대리인은 선정된 날부터 60일 이내에 제71조에 규정된 사항을 적은 심판청구서를 헌법재판소에 제출하여야 한다.

⑥ 제3항에 따라 선정한 국선대리인에게는 헌법재판소규칙으로 정하는 바에 따라 국고에서 그 보수를 지급한다.

[전문개정 2011. 4. 5.]

제71조(청구서의 기재사항) ① 제68조제1항에 따른 헌법소원의 심판청구서에는 다음 각 호의 사항을 적어야 한다.

1. 청구인 및 대리인의 표시
2. 침해된 권리
3. 침해의 원인이 되는 공권력의 행사 또는 불행사
4. 청구 이유
5. 그 밖에 필요한 사항

② 제68조제2항에 따른 헌법소원의 심판청구서의 기재사항에 관하여는 제43조를 준용한다. 이 경우 제43조제1호 중 "제청법원의 표시"는 "청구인 및 대리인의 표시"로 본다.

③ 헌법소원의 심판청구서에는 대리인의 선임을 증명하는 서류 또는 국선대리인 선임통지서를 첨부하여야 한다.

[전문개정 2011. 4. 5.]

제72조(사전심사) ① 헌법재판소장은 헌법재판소에 재판관 3명으로 구성되는 지정재판부를 두어 헌법소원

심판의 사전심사를 담당하게 할 수 있다.<개정 2011. 4. 5.>

② 삭제<1991. 11. 30.>

③ 지정재판부는 다음 각 호의 어느 하나에 해당되는 경우에는 지정재판부 재판관 전원의 일치된 의견에 의한 결정으로 헌법소원의 심판청구를 각하한다.<개정 2011. 4. 5.>

1. 다른 법률에 따른 구제절차가 있는 경우 그 절차를 모두 거치지 아니하거나 또는 법원의 재판에 대하여 헌법소원의 심판이 청구된 경우

2. 제69조의 청구기간이 지난 후 헌법소원심판이 청구된 경우

3. 제25조에 따른 대리인의 선임 없이 청구된 경우

4. 그 밖에 헌법소원심판의 청구가 부적법하고 그 흠결을 보정할 수 없는 경우

④ 지정재판부는 전원의 일치된 의견으로 제3항의 각하결정을 하지 아니하는 경우에는 결정으로 헌법소원을 재판부의 심판에 회부하여야 한다. 헌법소원심판의 청구 후 30일이 지날 때까지 각하결정이 없는 때에는 심판에 회부하는 결정(이하 "심판회부결정"이라 한다)이 있는 것으로 본다.<개정 2011. 4. 5.>

⑤ 지정재판부의 심리에 관하여는 제28조, 제31조, 제32조 및 제35조를 준용한다.<개정 2011. 4. 5.>

⑥ 지정재판부의 구성과 운영에 필요한 사항은 헌법재판소규칙으로 정한다.<개정 2011. 4. 5.>

[제목개정 2011. 4. 5.]

제73조(각하 및 심판회부 결정의 통지) ① 지정재판부는 헌법소원을 각하하거나 심판회부결정을 한 때에는 그 결정일부터 14일 이내에 청구인 또는 그 대리인 및 피청구인에게 그 사실을 통지하여야 한다. 제72조 제4항 후단의 경우에도 또한 같다.

② 헌법재판소장은 헌법소원이 제72조제4항에 따라 재판부의 심판에 회부된 때에는 다음 각 호의 자에게 지체 없이 그 사실을 통지하여야 한다.

1. 법무부장관

2. 제68조제2항에 따른 헌법소원심판에서는 청구인이 아닌 당해 사건의 당사자

[전문개정 2011. 4. 5.]

제74조(이해관계기관 등의 의견 제출) ① 헌법소원의 심판에 이해관계가 있는 국가기관 또는 공공단체와 법무부장관은 헌법재판소에 그 심판에 관한 의견서를 제출할 수 있다.

② 제68조제2항에 따른 헌법소원이 재판부에 심판 회부된 경우에는 제27조제2항 및 제44조를 준용한다.

[전문개정 2011. 4. 5.]

제75조(인용결정) ① 헌법소원의 인용결정은 모든 국가기관과 지방자치단체를 기속한다.

② 제68조제1항에 따른 헌법소원을 인용할 때에는 인용결정서의 주문에 침해된 기본권과 침해의 원인이 된 공권력의 행사 또는 불행사를 특정하여야 한다.

③ 제2항의 경우에 헌법재판소는 기본권 침해의 원인이 된 공권력의 행사를 취소하거나 그 불행사가 위헌임을 확인할 수 있다.

④ 헌법재판소가 공권력의 불행사에 대한 헌법소원을 인용하는 결정을 한 때에는 피청구인은 결정 취지에 따라 새로운 처분을 하여야 한다.

⑤ 제2항의 경우에 헌법재판소는 공권력의 행사 또는 불행사가 위헌인 법률 또는 법률의 조항에 기인한 것이라고 인정될 때에는 인용결정에서 해당 법률 또는 법률의 조항이 위헌임을 선고할 수 있다.

⑥ 제5항의 경우 및 제68조제2항에 따른 헌법소원을 인용하는 경우에는 제45조 및 제47조를 준용한다.

⑦ 제68조제2항에 따른 헌법소원이 인용된 경우에 해당 헌법소원과 관련된 소송사건이 이미 확정된 때에는 당사자는 재심을 청구할 수 있다.

⑧ 제7항에 따른 재심에서 형사사건에 대하여는 「형사소송법」을 준용하고, 그 외의 사건에 대하여는 「민사소송법」을 준용한다.

[전문개정 2011. 4. 5.]

제5장 전자정보처리조직을 통한 심판절차의 수행

제76조(전자문서의 접수) ① 각종 심판절차의 당사자나 관계인은 청구서 또는 이 법에 따라 제출할 그 밖의 서면을 전자문서(컴퓨터 등 정보처리능력을 갖춘 장치에 의하여 전자적인 형태로 작성되어 송수신되거나 저장된 정보를 말한다. 이하 같다)화하고 이를 정보통신망을 이용하여 헌법재판소에서 지정·운영하

는 전자정보처리조직(심판절차에 필요한 전자문서를 작성·제출·송달하는 데에 필요한 정보처리능력을 갖춘 전자적 장치를 말한다. 이하 같다)을 통하여 제출할 수 있다.

② 제1항에 따라 제출된 전자문서는 이 법에 따라 제출된 서면과 같은 효력을 가진다.

③ 전자정보처리조직을 이용하여 제출된 전자문서는 전자정보처리조직에 전자적으로 기록된 때에 접수된 것으로 본다.

④ 제3항에 따라 전자문서가 접수된 경우에 헌법재판소는 헌법재판소규칙으로 정하는 바에 따라 당사자나 관계인에게 전자적 방식으로 그 접수 사실을 즉시 알려야 한다.

[전문개정 2011. 4. 5.]

제77조(전자서명 등) ① 당사자나 관계인은 헌법재판소에 제출하는 전자문서에 헌법재판소규칙으로 정하는 바에 따라 본인임을 확인할 수 있는 전자서명을 하여야 한다.

② 재판관이나 서기는 심판사건에 관한 서류를 전자문서로 작성하는 경우에 「전자정부법」 제2조제6호에 따른 행정전자서명(이하 "행정전자서명"이라 한다)을 하여야 한다.

③ 제1항의 전자서명과 제2항의 행정전자서명은 헌법재판소의 심판절차에 관한 법령에서 정하는 서명·서명날인 또는 기명날인으로 본다.

[본조신설 2009. 12. 29.]

제78조(전자적 송달 등) ① 헌법재판소는 당사자나 관계인에게 전자정보처리조직과 그와 연계된 정보통신망을 이용하여 결정서나 이 법에 따른 각종 서류를 송달할 수 있다. 다만, 당사자나 관계인이 동의하지 아니하는 경우에는 그러하지 아니하다.

② 헌법재판소는 당사자나 관계인에게 송달하여야 할 결정서 등의 서류를 전자정보처리조직에 입력하여 등재한 다음 그 등재 사실을 헌법재판소규칙으로 정하는 바에 따라 전자적 방식으로 알려야 한다.

③ 제1항에 따른 전자정보처리조직을 이용한 서류 송달은 서면으로 한 것과 같은 효력을 가진다.

④ 제2항의 경우 송달받을 자가 등재된 전자문서를 헌법재판소규칙으로 정하는 바에 따라 확인한 때에 송달된 것으로 본다. 다만, 그 등재 사실을 통지한 날부터 1주 이내에 확인하지 아니하였을 때에는 등재 사실을 통지한 날부터 1주가 지난 날에 송달된 것으로 본다.<개정 2022. 2. 3.>

⑤ 제1항에도 불구하고 전자정보처리조직의 장애로 인하여 전자적 송달이 불가능하거나 그 밖에 헌법재판소규칙으로 정하는 사유가 있는 경우에는 「민사소송법」에 따라 송달할 수 있다.

[전문개정 2011. 4. 5.]

제6장 벌칙

제79조(벌칙) 다음 각 호의 어느 하나에 해당하는 자는 1년 이하의 징역 또는 100만원 이하의 벌금에 처한다.

1. 헌법재판소로부터 증인, 감정인, 통역인 또는 번역인으로서 소환 또는 위촉을 받고 정당한 사유 없이 출석하지 아니한 자

2. 헌법재판소로부터 증거물의 제출요구 또는 제출명령을 받고 정당한 사유 없이 이를 제출하지 아니한 자

3. 헌법재판소의 조사 또는 검사를 정당한 사유 없이 거부·방해 또는 기피한 자

[전문개정 2011. 4. 5.]

부칙 <법률 제20769호, 2025. 1. 31.>
이 법은 공포한 날부터 시행한다.

윤석열 구속 취소
(3.6.~3.11.)

초판인쇄 2025년 3월 28일
초판발행 2025년 3월 28일

지은이   한국학술정보(주)
펴낸이   채종준
펴낸곳   한국학술정보(주)
주 소   경기도 파주시 회동길 230(문발동)
전 화   031-908-3181(대표)
팩 스   031-908-3189
투고문의   ksibook1@kstudy.com
등 록   제일산-115호(2000. 6. 19)

ISBN   979-11-7318-313-3 94340